Holzapfel/Pöllath
Unternehmenskauf in Recht und Praxis

RWS-Skript 135

Unternehmenskauf in Recht und Praxis

Rechtliche und steuerliche Aspekte

15. Auflage

Begründet von

RA Dr. Hans-Joachim Holzapfel, München
RA Professor Dr. Reinhard Pöllath, München/Berlin

Federführend bearbeitet von

RA Dr. Timo Engelhardt, München
RA Dr. Ralf Bergjan, München
RA Alexander Pupeter, München

Weitere Bearbeiter:

Dr. Konrad Berger, Dr. Philip Schwarz van Berk, Martina Farkas, Minkus Fischer, Christine Funk, Dr. Georg Greitemann, Otto Haberstock, Dr. Benedikt Hohaus, Dirk Horcher, Jens Hörmann, Dr. Barbara Koch-Schulte, Dr. Jens Linde, Adalbert Makos, Ruprecht Freiherr von Maltzahn, Bernd Meyring, Dr. Christoph Philipp, Sören Reckwardt, Dr. Christoph Rödter, Ingo Sappa, Verena Schäfer, Thomas Schulz, Raphael Söhlke, Christian Tönies, Dr. Stephan Viskorf, Patricia Volhard, Dr. Sabine Vorwerk, Dr. Michael Weiß, Dr. Niclas von Woedtke

RWS Verlag Kommunikationsforum GmbH · Köln

Die Deutsche Nationalbibliothek verzeichnet diese Publikation in der Deutschen Nationalbibliografie; detaillierte bibliografische Daten sind im Internet über http://dnb.d-nb.de abrufbar.

© 2017 RWS Verlag Kommunikationsforum GmbH
Postfach 27 01 25, 50508 Köln
E-Mail: info@rws-verlag.de, Internet: http://www.rws-verlag.de

Das vorliegende Werk ist in all seinen Teilen urheberrechtlich geschützt. Alle Rechte vorbehalten, insbesondere das Recht der Übersetzung, des Vortrags, der Reproduktion, der Vervielfältigung auf fotomechanischem oder anderen Wegen und der Speicherung in elektronischen Medien.

Satz und Datenverarbeitung: SEUME Publishing Services GmbH, Erfurt
Druck und Verarbeitung: rewi Druckhaus Winters GmbH, Wissen

Vorbemerkung

Die erste Auflage dieses RWS-Skriptes erschien 1984. Seither hat sich der rechtliche Rahmen des Unternehmenskaufs kontinuierlich und unter zahlreichen Aspekten auch grundlegend verändert. Hinzu kam der in vielerlei Hinsicht praxisprägende angelsächsische Einfluss. Diese Entwicklungen haben die beiden Begründer dieses Werkes über die vergangenen drei Jahrzehnte in den bisherigen vierzehn Ausgaben begleitet.

Für die nunmehr vorliegende 15. Auflage hatten sich die Unterzeichner vorgenommen, die Bearbeitung in jüngere Hände zu legen. Wir freuen uns daher sehr, dass wir als neue federführende Autoren Dr. Timo Engelhardt, Dr. Ralf Bergjan und Alexander Pupeter gewinnen konnten.

Die Staffelübergabe bot dabei eine gute Gelegenheit, das Skriptum nicht lediglich zu aktualisieren, sondern einer grundlegenden Neubearbeitung zu unterziehen. Die übergeordnete Zielstellung blieb hingegen dieselbe. Es soll unverändert ein prägnanter Überblick über die für den Unternehmenskauf relevanten rechtlichen und steuerlichen Aspekte gegeben werden. Das Skript soll dem juristischen Praktiker eine Hilfestellung sein. Dementsprechend wird weiterhin von wissenschaftlichen Erörterungen abgesehen. Zur Vertiefung von Einzelthemen werden weiterführende Hinweise gegeben.

Die Unterzeichner bedanken sich bei der geneigten Leserschaft und wünschen dem Skript auch unter neuer Verantwortung viele erfolgreiche Auflagen.

München, im November 2016
Dr. Hans-Joachim Holzapfel
Prof. Dr. Reinhard Pöllath

Inhaltsübersicht

	Rn.	Seite
Vorbemerkung		V
Inhaltsverzeichnis		IX
Literaturverzeichnis		XLV
A. Der Unternehmenskauf	1	1
I. Marktüberblick und Einführung	1	1
Erster Teil: Grundlegende Aspekte	5	2
II. Kaufgegenstand	5	2
III. Parteien und andere Beteiligte	61	16
IV. Steuerliche Aspekte des Unternehmenskaufs	126	32
Zweiter Teil: Einzelaspekte entlang des zeitlichen Ablaufs	627	142
V. Vorvereinbarungen und vorvertragliche Pflichten	627	142
VI. Erwerbs- oder Unternehmensprüfung (Due Diligence)	685	157
VII. Kaufpreis	783	186
VIII. Haftung	858	204
IX. Abschluss des Unternehmenskaufvertrages	1124	286
X. Der Zeitraum zwischen Signing und Closing	1156	295
XI. Vollzug des Unternehmenskaufvertrages	1213	312
XII. Nachlaufende Vertragspflichten (Post-Closing Covenants)	1256	322
Dritter Teil: Spezielle rechtliche Themen	1298	332
XIII. Besondere Verkaufsverfahren	1298	332
XIV. Zusammenschlusskontrolle/Wettbewerbsrechtliche Aspekte	1347	343
XV. Finanzierung und Besicherung	1413	358
XVI. Arbeitsrecht	1513	387

	Rn.	Seite
XVII. Datenschutz	1624	424
XVIII. Streitvermeidung/-lösung	1649	430
B. Sondersituationen Unternehmenskauf	1695	443
XIX. Private Equity	1695	443
XX. Venture Capital	1798	474
XXI. Beteiligung des Managements	1816	479
XXII. Besonderheiten bei der börsennotierten Aktiengesellschaft	1865	490
XXIII. Carve-out	2099	544
XXIV. Unternehmenskauf mit Auslandsbezug	2186	559
XXV. Familienunternehmen	2252	573
XXVI. Unternehmenskauf aus Krise und Insolvenz	2320	592
XXVII. Banken/Sparkassen/Versicherungen	2409	609
XXVIII. Immobilien-Transaktionen	2449	621
XXIX. Energie	2521	641
Paragraphenregister		659
Stichwortverzeichnis		671

Inhaltsverzeichnis

	Rn.	Seite
Vorbemerkung		V
Literaturverzeichnis		XLV
A. Der Unternehmenskauf	1	1
I. Marktüberblick und Einführung	1	1
Erster Teil: Grundlegende Aspekte	5	2
II. Kaufgegenstand	5	2
1. Allgemeines	5	2
a) Vorbemerkung	5	2
b) Share Deal und Asset Deal als Grundtypen des Unternehmenskaufs und vielfach relevante Strukturierungsfaktoren	6	2
c) Weitere Transaktionsarten	10	4
d) Form	11	5
2. Der Kaufgegenstand beim Erwerb von Gesellschaftsanteilen (Share Deal)	12	5
a) Rechtliche Einordnung und Abgrenzung zum Asset Deal	12	5
b) Gesellschaftsformen	18	6
aa) Kapitalgesellschaften	19	6
(1) Aktiengesellschaft	20	7
(2) Gesellschaft mit beschränkter Haftung	23	7
bb) Personengesellschaften	25	8
c) Exkurs: Erwerb von Vorratsgesellschaften und Mantelgesellschaften	27	9
3. Der Kaufgegenstand beim Erwerb von Vermögensbestandteilen des Unternehmens (Asset Deal)	34	11
a) Erfassung der zum Zielunternehmen gehörenden Vermögensgegenstände	35	11
b) Einzelne Vermögensgegenstände	40	12
aa) Grundstücke	40	12
bb) Bewegliche Sachen	46	13
cc) Eingetragene Schutzrechte, immaterielle Vermögenswerte	52	14
dd) Forderungen, Verbindlichkeiten und Verträge	57	15
ee) Öffentlich-rechtliche Genehmigungen, Konzessionen etc.	60	16

	Rn.	Seite

III. Parteien und andere Beteiligte 61 16
   1. Parteien 61 16
      a) Verkäufer und Käufer 61 16
      b) Veräußerungsbefugnis 63 16
      c) Mehrere Personen auf einer Seite 68 17
          aa) Verknüpfung 68 17
          bb) Einheitliches Schiedsgericht 71 18
   2. Weitere Beteiligte 72 18
      a) Dritte als Partei 72 18
      b) Mitteilungspflichtigen gegenüber Dritten 74 19
      c) Erforderliche Zustimmung Dritter 80 21
          aa) Gesellschaftsrecht 83 21
              (1) Aktiengesellschaft 85 22
              (2) GmbH 93 24
              (3) KG 102 27
          bb) Schuldrecht 104 27
          cc) Familien- und Vormundschaftsrecht 108 28
              (1) Familienrechtliche Beschränkungen 108 28
              (2) Vormundschaftsrechtliche
                  Beschränkungen 113 29
          dd) Erbrecht 116 30
          ee) Insolvenzrecht 117 30
          ff) Öffentliches Recht 120 31
      d) Einholung der Zustimmung 121 31
      e) Rechtsfolge nicht erteilter Zustimmung 122 31

IV. Steuerliche Aspekte des Unternehmenskaufs 126 32
   1. Steuerplanung für sich und die Gegenseite 126 32
      a) Rechtzeitige Planung des Verkaufes 127 32
      b) Steuerplanung des Erwerbers 131 33
      c) Steuerplanung für die Gegenseite 133 33
   2. Erwerb von Einzelwirtchaftsgütern (Asset Deal) 140 35
      a) Natürliche Person als Veräußerer bei Asset Deal 140 35
          aa) Einkommensteuer 140 35
              (1) Volle Steuerpflicht ESt 140 35
              (2) Mitveräußerte Kapitalgesellschafts-
                  beteiligungen 142 35
              (3) Reinvestition § 6b EStG – Immobilien/
                  Kapitalgesellschaftsbeteiligungen 144 35
              (4) Begünstigungen für eine (Teil-)Betriebs-
                  veräußerung/-aufgabe, §§ 16, 34 EStG 147 36
                  (a) Betriebsveräußerung/-aufgabe 148 36
                  (b) Teilbetriebsveräußerung/-aufgabe 150 36
                  (c) „Halber" durchschnittlicher
                      Steuersatz 151 37
                  (d) Freibetrag, § 16 Abs. 4 EStG 152 37

	Rn.	Seite

(e) Progressionsminderung, § 34 Abs. 1 EStG/
Fünftel-Regelung 153 37
(f) Wiederkehrende Leistungen 155 37
(5) Zurückbehaltene Wirtschaftsgüter: Risiko
der Realisierung stiller Reserven
(Betriebsaufgabe/Entstrickung) 156 37
(6) Veräußerungsverlust 158 38
(7) Ausländisches Vermögen 160 39
bb) Gewerbesteuer und -anrechnung 161 39
(1) Gewerbesteuerfreie (Teil-)Betriebs-
veräußerung/-aufgabe 162 39
(2) Gewerbesteueranrechnung, § 35 EStG 164 40
b) Kapitalgesellschaft als Veräußerer bei Asset Deal ... 166 40
   aa) Grundsatz: Volle Steuerpflicht 166 40
   bb) Mitveräußerung von Kapitalgesellschafts-
beteiligungen, § 8b KStG 168 40
   cc) Reinvestition, § 6b EStG 169 41
   dd) Keine unfreiwillige Betriebsaufgabe/
Entnahme 170 41
c) Personengesellschaft als Veräußerer
bei Asset Deal 171 41
   aa) Veräußerungsgewinn und Ergänzungs-
bilanzen 172 41
   bb) EStG/KStG 173 41
   cc) Gewerbesteuer 175 42
d) Übernahme von Verbindlichkeiten und
Belastungen (bilanziert/nicht bilanziert) 178 42
   aa) Verbindlichkeitsübernahme ist Entgelt 178 42
   bb) Nicht (vollständig) bilanzierte Belastungen ... 179 43
(1) Veräußerer der Verbindlichkeit 182 44
(2) Erwerber der Verbindlichkeit 188 45
e) Allokation des Kaufpreises 189 46
   aa) Bedeutung der Kaufpreisallokation für
Erwerber und Verkäufer 189 46
(1) Erwerber 190 46
(2) Veräußerer 192 46
(3) Interessengegensatz 193 47
   bb) Aufteilung des Gesamtkaufpreises 194 47
   cc) Geschäftswert 201 49
f) Erwerber 206 50
   aa) Buchwert-Aufstockung (-Abstockung)
beim Erwerber 207 50
   bb) Abschreibungsdauer 208 51
(1) Abnutzbare Wirtschaftsgüter 209 51
(2) Immobilien 211 51

				Rn.	Seite
			(3) Geschäftswert	213	52
			(4) Praxiswert	216	52
		cc)	Präferenzen des Erwerbers	219	53
			(1) Präferenz-Liste des Erwerbers	222	54
			(2) Erläuterungen zu einzelnen Wirtschaftsgütern und Aufwendungen der „Präferenz"-Liste	223	55
			(a) Sofort abzugsfähige Aufwendungen	223	55
			(b) Anschaffungsnebenkosten	224	57
			(c) Selbständige immaterielle Einzelwirtschaftsgüter	227	58
			(d) Geschäfts(Praxis-)wertbildende Faktoren	231	68
	g)	Nebenverträge		233	71
	h)	Haftung des Betriebsübernehmers, § 75 AO		237	72
3.	Share Deal Kapitalgesellschaft			238	72
	a)	Veräußerung durch eine natürliche Person		239	73
		aa)	Teileinkünfteverfahren § 3 Nr. 40 EStG/ Beteiligungen im Betriebsvermögen und privat gehaltene Beteiligungen über 1 %	240	73
			(1) Begünstigungen, §§ 16, 34 EStG	245	73
			(2) § 6b EStG	246	74
			(3) Gewerbesteuer	247	74
		bb)	Zwergbeteiligungen < 1 %	248	74
			(1) Alt-Anteile unter 1 % im Privatvermögen	248	74
			(2) Neuere Anteile unter 1 % im Privatvermögen	249	74
			(3) Zwergbeteiligung als „große Beteiligung"	252	75
			(4) Zwergbeteiligungen im Betriebsvermögen	254	75
		cc)	Steuerausländer als Verkäufer/Wegzug vor Verkauf	255	75
		dd)	Vorgeschaltete Einbringung – Private Vermögensholding	261	76
		ee)	Veräußerungsgewinn/-verlust	266	77
			(1) Erlös	268	78
			(2) Abzugsposten: Buchwerte/Nebenkosten der Veräußerung	270	78
			(3) Ausfall von Finanzierunghilfen bei Beteiligungen in Privatvermögen	275	79
		ff)	Rückwirkung auf frühere Einbringung eines Einzelunternehmens	276	79
	b)	Kapitalgesellschaft als Veräußerer bei Share Deal		282	80

			Rn.	Seite

      aa) Körperschaftsteuer – Quasi steuerfreie Veräußerung, § 8b KStG 283 80
           (1) Ausnahme: Frühere steuerwirksame Abschreibung/Abzüge 286 81
           (2) Ausnahmen – Holdinggesellschaften/Banken/Versicherungen 287 81
           (3) Steuerpflicht für Streubesitzbeteiligungen? 292 82
           (4) Vorsorge: Aufwertung von steuerpflichtigen Beteiligungen 294 82
      bb) Gewerbesteuer 296 82
      cc) Rückwirkung auf frühere Einbringung eines Teilbetriebes 299 83
  c) Personengesellschaft als Veräußerer bei Share Deal 300 83
  d) Erwerber 304 84
      aa) Keine Buchwertaufstockung/Step-up (ohne Realisierung stiller Reserven) 304 84
           (1) Laufende Abschreibung 305 84
           (2) Verlustgeschäft/Fehlkauf 309 85
      bb) Verrechnung von Finanzierungskosten/Ergebnissaldierung 310 85
      cc) Berateraufwand/Due Diligence-Kosten 311 85
  e) Mitveräußerung thesaurierter Gewinne/„Leichtermachen" der Gesellschaft 314 86
4. Verkauf von Personengesellschaftsanteilen 319 87
  a) Anteile an Personengesellschaften/Transparenz der Personengesellschaft 319 87
  b) Veräußerungsgewinn 321 87
      aa) Gewinnermittlung 321 87
      bb) Negatives Kapitalkonto 322 88
      cc) Abgrenzung Veräußerungsgewinn/laufender Gewinn bis zur Veräußerung 323 88
  c) Natürliche Person als Veräußerer 325 88
      aa) Einkommensteuer 325 88
           (1) Kapitalgesellschaftsbeteiligungen 326 89
           (2) Veräußerung des gesamten Anteils, §§ 16, 34 EStG 327 89
           (3) Gewerbesteueranrechnung, § 35 EStG 331 89
      bb) Gewerbesteuer und -anrechnung 332 90
           (1) Anfall von Gewerbesteuer 333 90
              (a) Gewerbliche Personengesellschaft 333 90
              (b) Gewerbesteuerfreiheit 335 90
              (c) Doppel- und mehrstöckige Personengesellschaften 338 90

XIII

				Rn.	Seite

		(2) Tragung der Gewerbesteuer	340	91
		(3) Kapitalgesellschaftsbeteiligung	342	91
		(4) Gewerbesteueranrechnung, § 35 EStG	343	91

    d) Kapitalgesellschaft als Veräußerer ... 349 ... 93
        aa) Körperschaftsteuer ... 350 ... 93
        bb) Gewerbesteuer ... 352 ... 93
    e) Erwerber ... 355 ... 93
    f) Nicht (eingeschränkt) bilanzierte Verbindlichkeiten der Personengesellschaft ... 357 ... 94
    g) Erwerb aller Anteile und Anwachsung ... 359 ... 94
5. Kombination Asset Deal/Share Deal ... 361 ... 95
    a) Ausgliederung ... 363 ... 95
        aa) Technische Ausgliederung oder Einzelübertragung ... 363 ... 95
        bb) Steuerneutrale Ausgliederung ... 365 ... 95
    b) Verkauf der Gesellschaftsanteile ... 367 ... 96
        aa) GmbH/AG ... 368 ... 96
        bb) GmbH & Co. KG ... 371 ... 96
6. Veräußerung gegen (Rück-)Beteiligung am Erwerber ... 372 ... 96
    a) Einlage eines Kaufpreisteils ... 377 ... 97
    b) Einbringung ... 379 ... 98
        aa) Unternehmen/Unternehmensteil ... 381 ... 98
            (1) Einbringung in Kapitalgesellschaft, § 20 UmwStG ... 382 ... 98
                (a) Barkaufpreis und Einbringung ... 383 ... 98
                (b) Betrieb/Teilbetrieb – wesentliche Betriebsgrundlage ... 384 ... 99
                (c) Rückwirkende Einbringungsbesteuerung nach Einbringung in GmbH/AG ... 386 ... 99
            (2) Einbringung in Personengesellschaft ... 388 ... 99
        bb) Kapitalgesellschaftsbeteiligung ... 389 ... 100
            (1) Einbringung in Kapitalgesellschaft ... 390 ... 100
                (a) Gewährung neuer Anteile/Kapitalerhöhung ... 391 ... 100
                (b) Cash-Kaufpreis und Einbringung ... 392 ... 100
                (c) Veräußerung „unten" und rückwirkende Einbringungsbesteuerung ... 393 ... 100
            (2) Einbringung in Personengesellschaft ... 395 ... 101
        cc) Personengesellschaftsbeteiligung ... 397 ... 101
    c) Verschmelzung ... 399 ... 102
7. Unternehmenserwerb durch Beteiligung an Barkapitalerhöhung ... 405 ... 102

		Rn.	Seite

8. Zeitpunkt der Besteuerung/Rückwirkende Kaufpreisänderung/Wiederkehrende Bezüge/Sach-Gegenleistung ... 411 103
   a) Zeitpunkt der Besteuerung ... 411 103
      aa) Übergang des wirtschaftlichen Eigentums 413 104
      bb) Verzögert ausbezahlte Kaufpreisteile/
           Vendor Loan ... 422 106
      cc) Aufschiebend bedingter Kaufpreisteil ... 425 106
      dd) Kaufpreisverzinsung ... 426 107
   b) Rückwirkende Kaufpreisänderung ... 427 107
      aa) Kaufpreiserhöhung ... 431 107
      bb) Kaufpreisminderung ... 433 108
   c) Veräußerung gegen wiederkehrende Bezüge 436 108
   d) Sach-Gegenleistung ... 441 109
9. Verluste, Verlustvorträge, Zins- und EBITDA-Vorträge, Negativer Kaufpreis ... 446 110
   a) Verlustvorträge und Asset Deal/Mindestbesteuerung ... 446 110
   b) Verlustvorträge und Share Deal (§ 8c KStG) 449 111
      aa) Grundregel ... 450 111
      bb) Ausnahmen ... 457 112
         (1) Stiller-Reserven-Escape ... 457 112
         (2) Weitere gesetzliche Ausnahmen ... 461 113
         (3) Geplante weitere Ausnahme:
              Gortgeführter Geschäftsbetrieb ... 463 114
      cc) Verkauf eines Organkreises ... 464 114
      dd) AdV und Verfassungswidrigkeit ... 468 115
   c) Verlustvorträge bei Erwerb einer Personengesellschaft ... 469 115
   d) Zinsvortrag/EBITDA-Vortrag ... 470 115
   e) Ausgleichspflicht des Gesellschafters ... 471 115
   f) Negativer Kaufpreis ... 474 116
10. Erwerber: Finanzierungs- und sonstige Kosten,
    Steuerliche Integration ... 476 116
    a) Zinsabzug und Ergebnissaldierung ... 476 116
       aa) Asset Deal ... 478 117
       bb) Share Deal (Kapitalgesellschaft) ... 479 117
          (1) Organschaft ... 480 117
          (2) Verschmelzung ... 488 118
             (a) Upstream-Merger ... 489 119
             (b) Downstream-Merger ... 491 119
          (3) Formwechsel in eine GmbH & Co. KG ... 494 119
          (4) Debt-Push-Down ... 499 120
             (a) Mega-Dividende ... 500 121
             (b) Interner Deal ... 503 121
             (c) Darlehen ... 504 121

		Rn.	Seite
(5) Verschiebung der Maßnahmen wegen Verlustvorträgen der Zielgesellschaft		505	121
cc) Erwerb einer (betrieblichen) Personengesellschaft		512	123
b) Einschränkungen des Zinsabzugs		514	123
aa) Zinsschranke		515	123
(1) Verfassungswidrigkeit der Zinsschranke		516	124
(2) Anwendungsbereich		517	124
(a) Zinsen/Fremdkapitalvergütung		518	124
(b) Betrieb		519	124
(3) Abzugsbeschränkung auf 30 % des EBITDA		522	124
(4) Ausnahmen (Escape)		526	125
(a) Ausnahmeregeln		526	125
(aa) Freigrenze		527	125
(bb) Konzernfreier Betrieb (Stand-alone)		529	125
(cc) Konzern und Eigenkapitalquotentest		531	126
(b) Schädliche Gesellschafterfremdfinanzierung im Rahmen der Zinsschranke		534	126
(5) Nicht-abziehbarer Zins löst keine KapErtrSt aus!		536	126
(6) Zinsvortrag und EBITDA Vortrag		537	127
bb) Gewerbesteuer		542	127
cc) Verdeckte Gewinnausschüttung (vGA) bei Gesellschafterdarlehen		545	128
dd) Abzugsbeschränkungen im Privatvermögen		548	128
c) Gesellschafterdarlehen von Steuerausländern		550	129
11. Fehlkauf/Verlustrisiko		554	129
a) Asset Deal und Erwerb einer Personengesellschaft		555	129
b) Share Deal		557	130
aa) Kapitalgesellschaft		558	130
bb) Natürliche Person		562	130
(1) Betriebsvermögen		562	130
(2) Privatvermögen		565	131
(a) Wesentliche Beteiligung (1 % oder darüber)		565	131
(b) Zwergbeteiligung (< 1 %)		566	131
(c) Verlust im Zusammenhang mit Arbeitsverhältnis?		568	131
(d) Gesellschafterdarlehen – Finanzierungshilfen		569	131
12. Grunderwerbsteuer		574	132
a) Veräußerung des Grundstücks (Asset Deal)		576	132

	Rn.	Seite

b) Veräußerung von Gesellschaftsanteilen
(Share Deal) 578 133
    aa) Personengesellschaften 579 133
    bb) Kapitalgesellschaften 586 135
    cc) Konzernumstrukturierungen 590 135
c) Sonstiges 591 136
13. Umsatzsteuer 595 136
    a) Asset Deal 595 136
        aa) Unternehmensverkauf im Ganzen 596 136
        bb) Einzelwirtschaftsgüter 605 138
        cc) Vertragliche Vereinbarung 606 138
        dd) Abtretung des Vorsteuer-Erstattungs-
            anspruchs 609 138
        ee) Transaktionskosten 612 139
    b) Share Deal Kapitalgesellschaft 614 139
        aa) Option zur Umsatzsteuer 615 140
        bb) Transaktionskosten beim Share Deal 618 140
            (1) Veräußerer 618 140
            (2) Erwerber 619 140
    c) Personengesellschaftsbeteiligung 623 141
    d) Beteiligung durch Kapitalerhöhung 626 141

Zweiter Teil: Einzelaspekte entlang des zeitlichen Ablaufs 627 142

V. Vorvereinbarungen und vorvertragliche Pflichten 627 142
    1. Vorbemerkung 627 142
    2. Prozessleitende Vorvereinbarungen 629 142
        a) Vertraulichkeitsvereinbarungen 629 142
            aa) Grundlagen 629 142
            bb) Fallkonstellationen 632 143
            cc) Schutzwirkung einer Vertraulichkeits-
                vereinbarung 635 144
            dd) Pflicht zur Vertraulichkeit 637 144
            ee) Berechtigter Personenkreis 639 145
            ff) Gestufte Zugangsberechtigung 643 146
            gg) Verwendungszweck 644 147
            hh) Verpflichtung zur Rückgabe bzw. Löschung
                von vertraulichen Informationen 645 147
            ii) Kontaktverbote 647 147
            jj) Abwerbeverbote 648 148
            kk) Laufzeit 649 148
            ll) Rechtswahl-, Teilunwirksamkeits- und
                Schriftformklausel 651 148
            mm) Haftung bei Pflichtverletzung 652 148
        b) Prozessbrief (Process Letter) 653 149
        c) Exklusivitätsvereinbarung 655 149

		Rn.	Seite

3. Materielle Vorvereinbarungen 658 150
   a) Eckpunkte- oder Positionspapier bzw.
      Absichtserklärung 660 150
   b) Indikatives Angebot und bindendes Angebot 663 151
   c) Option 666 152
   d) Vorvertrag 670 153
   e) Reliance Letter bzw. Non-Reliance Letter 672 153
4. Vorvertragliche Schuldverhältnisse 673 154
   a) Vorvertragliche Informations- und Aufklärungspflichten 675 154
   b) Pflicht zum Vertragsschluss? 684 156

VI. Erwerbs- oder Unternehmensprüfung
    (Due Diligence) 685 157
    1. Einführung 685 157
    2. Arten von Due Diligence-Prüfungen 689 158
       a) Purchaser Due Diligence/Vendor Due Diligence ... 690 158
       b) Due Diligence vor Signing/Confirmatory
          Due Diligence 691 159
       c) Inhaltliche Schwerpunkte der Due Diligence 692 159
          aa) Legal Due Diligence 693 159
          bb) Steuerliche Due Diligence 697 161
          cc) Finanzielle Due Diligence 698 161
          dd) Compliance Due Diligence 699 161
          ee) Weitere Due Diligence-Bereiche 700 162
              (1) Commercial and Strategic
                  Due Diligence 700 162
              (2) Environmental Due Diligence 702 162
              (3) Cultural Due Diligence 703 162
              (4) Technical Due Diligence 704 163
              (5) Human Resources Due Diligence 705 163
              (6) Insurance Due Diligence 707 163
          ff) Branchen- und sonstige Besonderheiten 708 164
    3. Umfang einer Due Diligence 710 164
       a) Prüfmöglichkeiten 711 164
          aa) Datenraum 711 164
          bb) Management-Interviews/ManagementPräsentation 718 166
          cc) Besichtigungen der Kaufsache 720 166
          dd) Kundengespräche 721 166
          ee) Sonstige Prüfmöglichkeiten 722 166
              (1) Unternehmensregister 723 167
              (2) Gewerbliche Schutzrechte 724 167
       b) Umfang und Gestaltung des
          Due Diligence-Reports 726 168

				Rn.	Seite

4. Rechtliche Aspekte der Due Diligence-Überprüfung 728 169
   a) Rechtliche Verpflichtung zur Durchführung
      einer Due Diligence 728 169
   b) Grenzen der Zulassung einer Due Diligence 730 170
   c) Grenzen der Zulässigkeit einer Due Diligence 731 171
      aa) Datenschutzrechtliche Grenzen 731 171
      bb) Vertraulichkeitsklauseln 733 172
   d) Verschwiegenheitspflicht für erlangte
      Informationen 734 173
   e) Haftung für unvollständige oder unrichtige
      Informationen 735 173
   f) Wissenszurechnung Dritter 737 173
5. Prüfung vor und/oder nach Erwerb? 740 174
   a) Prüfung vor dem Erwerb? 741 175
      aa) Keine kaufrechtliche Prüfungspflicht 744 175
      bb) Anspruchsausschluss durch Offenlegung 745 176
      cc) Offenlegung und Gewährleistung 749 177
      dd) Liste zu prüfender Punkte 751 177
   b) Prüfung nach dem Erwerb? 754 177
   c) Prüfung als zeitlich abgestufter Prozess 756 178
      aa) Möglichst früh, möglichst spät? 757 178
      bb) Frühester Zeitpunkt für die Informations-
           weitergabe 760 179
      cc) Spätester Zeitpunkt für die Informations-
           weitergabe 761 179
6. Interessenkonflikte in der Due Diligence 765 180
   a) Interessenkonflikte bei Gesellschaftern 766 180
   b) Interessenkonflikte bei Managern 767 180
   c) Interessenkonflikte bei Arbeitnehmern 768 180
   d) Interessenkonflikte bei Beratern 769 181
   e) Interessenkonflikte zwischen Verkäufer
      und Käufer 772 181
7. Due Diligence bei Aktiengesellschaften 773 182
8. Due Diligence Kosten 779 184

VII. Kaufpreis 783 186
   1. Der Kaufpreis als wesentliche Gegenleistung 784 186
   2. Bestimmung des Kaufpreises 787 187
      a) Der Kaufpreisfindungsprozess 787 187
      b) Wertfindung 791 188
      c) Preisfindung 794 189
   3. Methoden der Kaufpreisfestlegung 798 189
      a) Fester Kaufpreis 799 190
         aa) „Locked Box"-Modell 800 190
             (1) Letzter (geprüfter) Jahresabschluss 805 191

XIX

			Rn.	Seite
		(2) Zeitraum zwischen wirtschaftlichem Stichtag und Vertragsunterzeichnung	806	192
		(3) Zeitraum zwischen Vertragsunterzeichnung und Vollzug	809	193
	bb)	Adjustierter Festkaufpreis (Closing Accounts)	811	193
		(1) Cash and debt free-Regelungen	814	194
		(2) Anpassung des Nettoumlaufvermögens (Net Working Capital Adjustment)	819	195
		(3) EBIT(DA)-Anpassung	821	196
		(4) Ermittlung des finalen Kaufpreises	823	197
b)	Variabler Kaufpreis (Earn-Out)		829	198
c)	Steuerliche Auswirkungen einer Kaufpreis-Änderung		838	200
4.	Finanzierung durch den Verkäufer; Anteilstausch		839	200
a)	Kaufpreisfinanzierung durch den Verkäufer		839	200
b)	Tausch von Gesellschaftsanteilen		842	201
5.	Besicherung		844	201
a)	Besicherung möglicher Ansprüche des Käufers		844	201
b)	Besicherung des Kaufpreises		853	203
6.	Sonstiges zur Besteuerung des Kaufpreises		854	203
a)	Zeitpunkt der Besteuerung		854	203
b)	Kaufpreisstundung und Verkäuferdarlehen		855	203
c)	Veräußerung gegen Leibrenten oder Kaufpreisraten		856	204
VIII. Haftung			858	204
1. Die Haftung des Verkäufers			858	204
a) Einführung			858	204
	aa)	Hintergrund und Praxis der Vertragsgestaltung	858	204
	bb)	Geltung für unterschiedliche Transaktionsarten	861	205
	cc)	Abgrenzung von kaufpreisbezogenen Regelungen	862	206
b)	Überblick: Selbständige Garantien und Freistellungen als typische Instrumente der Verkäuferhaftung; verwandte Regelungsinstrumente		865	207
	aa) Selbständige Garantien		866	207
	bb) Freistellungen		868	207
	cc) Sonderthema: Carve-out		870	208
	dd) Handlungspflichten des Verkäufers		871	208
c)	Selbständige Garantien des Verkäufers		873	209
	aa) Rechtsnatur		873	209
	bb) Konzeptionelle Aspekte der Ausgestaltung des Garantietatbestandes		876	210

		Rn.	Seite
	(1) Maßgeblicher Zeitpunkt	877	210
	(2) Wesentlichkeitsvorbehalte	883	212
	(3) Kenntnisqualifizierung	886	213
	(4) Einschränkung durch Offenlegung in Anlagen zum Vertrag (sog. Disclosure Schedules)	891	214
	(5) Festlegung von Garantietatbeständen durch Vereinbarung eines Spezialitätsverhältnisses (sog. Ringfencing)	893	215
cc)	Beispielhafter Garantiekatalog	894	216
	(1) Rechtsfähigkeit und Abschlusskompetenz des Veräußerers	895	216
	(2) Rechtsverhältnisse der Gesellschaft	896	216
	(3) Rechtsverhältnisse der zu übertragenden Anteile	897	217
	(4) Jahresabschlüsse	898	217
	(5) Steuern	899	217
	(6) Bewegliche Sachen und dazugehörige Rechte	900	218
	(7) Grundstücke und dazugehörige Rechte	901	218
	(8) Gewerbliche Schutzrechte, Know-how und Informationstechnologie (geistiges Eigentum)	902	219
	(9) Wesentliche Verträge	903	220
	(10) Finanzierungsverträge und Finanzverbindlichkeiten	904	221
	(11) Genehmigungen und Rechtsvorschriften (Compliance)	905	221
	(12) Arbeitnehmer (einschließlich Pensionen)	906	222
	(13) Versicherungen	907	223
	(14) Produkte	908	223
	(15) Rechtsstreitigkeiten	909	224
	(16) Umwelt	910	224
	(17) Ordentlicher Geschäftsverlauf	911	224
	(18) Wesentliche Verschlechterung	912	224
	(19) Vollständigkeit der Informationen	913	225
dd)	Rechtsfolgen von Garantieverletzungen	914	225
	(1) Bestimmung des Verhältnisses zu bzw. Ausschluss von gesetzlichen Ansprüchen und sonstigen Rechten	917	225
	(2) Bestimmung der Kompensationsart, der Kompensationsebene und des ersatzfähigen Schadens	921	227

	Rn.	Seite
(3) Ausschluss der Verkäuferhaftung	925	228
(a) Haftungsausschluss für nachträgliche Änderungen des maßgeblichen Rechts	926	229
(b) Haftungsausschluss aufgrund von Umständen aus der Käufersphäre	927	229
(c) Haftungsausschluss infolge Kenntnis des Käufers	928	230
(d) Haftungsausschluss infolge Berücksichtigung in den relevanten Jahresabschlüssen des Zielunternehmens	929	230
(e) Haftungsausschluss infolge anderweitiger Schadenskompensation	930	230
(f) Haftungsausschluss infolge Ablaufs von Prüfungsfristen	931	231
(g) Ausschluss weitergehender Haftung des Verkäufers aus Neben- oder Vollzugsverträgen	932	232
(4) Generelle Beschränkungen der Verkäuferhaftung	933	232
(a) Betragsmäßige Beschränkung der Verkäuferhaftung	934	232
(aa) Mindestbetrag (de minimis)	935	232
(bb) Freigrenze (threshold/tipping basket) oder Freibetrag (deductible/spilling basket)	936	232
(cc) Haftungshöchstbetrag *(Cap)*	938	233
(b) Zeitliche Beschränkung der Verkäuferhaftung	939	233
(5) Regelung des Umgangs mit Ansprüchen Dritter	942	234
(a) Informationsobliegenheiten des Käufers	943	235
(b) Zustimmungsvorbehalte des Verkäufers für wesentliche Maßnahmen	944	235
(c) Recht des Verkäufers zur Verteidigungsübernahme	945	235
(d) Rechtsfolgen der Verletzung von Käuferobliegenheiten	946	236
(6) Ausgestaltung der Haftung zweier oder mehrerer Verkäufer als Teil- oder Gesamtschuldner	947	236
(7) Ausnahmsweise: Rücktrittsrecht	949	236
(8) Steuerliche Behandlung von Schadensersatzzahlungen	950	237

	Rn.	Seite
d) Freistellungspflichten des Verkäufers	952	237
aa) Hintergrund	952	237
bb) Typische Regelungsbereiche	953	238
(1) Steuern	954	238
(2) Umwelt	955	238
(3) Umstrukturierungen im Zusammenhang mit der Transaktion	956	239
(4) Haftungsrisiken aus nicht-dispositiven gesetzlichen Haftungstatbestände	959	240
(5) Sonderrisiken	961	240
cc) Rechtsfolgen bei Risikoverwirklichung	965	242
(1) Schadensbegriff	966	242
(2) Kein Haftungsausschluss infolge Kenntnis des Käufers	967	242
(3) Eingeschränkte Geltung betragsmäßiger Haftungsgrenzen	968	242
(4) Verjährungsfristen	970	243
e) Versicherung des Risikos der Verkäuferhaftung	971	243
f) Haftungseinbehalt und andere Instrumente zur Erleichterung der Durchsetzung von Ansprüchen gegen den Verkäufer	976	244
2. Haftung des Käufers	977	246
a) Einführung	977	246
b) Haftung des Käufers auf der Grundlage des Unternehmenskaufvertrages	978	246
aa) Garantien des Käufers	979	247
(1) Begrenzte Käufergarantien im Regelfall	979	247
(2) Weitergehende Käufergarantien in bestimmten Konstellationen	980	247
bb) Freistellungspflichten des Käufers zugunsten des Verkäufers	981	248
(1) Freistellungspflichten zur Umsetzung eines einheitlichen Haftungsregimes für den Gesamtvertrag	981	248
(2) Freistellung des Verkäufers von Risiken aus gesetzlichen Haftungstatbeständen	984	248
cc) Verletzung von Handlungs- und Unterlassungspflichten	985	249
c) Haftung des Käufers für Verbindlichkeiten des Verkäufers bzw. des übernommenen Zielunternehmens gegenüber Dritten aufgrund (nicht-dispositiver) gesetzlicher Regelungen	986	249
d) Haftung für Verbindlichkeiten des Verkäufers beim Share Deal	989	250
aa) GmbH	989	250

		Rn.	Seite

       (1) Einlageverpflichtung i. S. v. § 16 GmbHG 991 250
       (2) Rückständigkeit 993 251
       (3) Enthaftung durch Anfechtung? 995 251
    bb) Kommanditgesellschaft 996 252
    cc) Persönlich haftender Gesellschafter, Offene Handelsgesellschaft 1001 254
    dd) Umwandlungsrechtliche Haftung des Käufers 1003 254
e) Haftung für Verbindlichkeiten des übernommenen Zielunternehmens beim Asset Deal 1004 254
    aa) Haftung für Altverbindlichkeiten aus übergehenden Arbeitsverhältnissen im Falle eines Betriebsübergangs nach § 613a BGB 1005 255
    bb) Fortführung eines Handelsgeschäfts unter bisheriger Firma (§ 25 HGB) 1006 255
       (1) Erwerb eines Handelsgeschäfts 1007 256
       (2) Fortführung des Handelsgeschäfts unter der bisherigen Firma 1010 256
       (3) Ausnahmen von der Haftung 1011 257
       (4) Persönliche Haftung des Erwerbers 1012 258
       (5) Handlungsempfehlung für die Praxis 1015 259
    cc) Haftung für Ausgleichsansprüche von Handelsvertretern nach § 89b HGB 1016 259
       (1) Regelung und Hintergrund 1016 259
       (2) Auswirkungen beim Asset Deal 1017 260
       (3) Handlungsempfehlung für die Praxis 1018 260
    dd) Betriebssteuern (§ 75 AO) 1019 260
       (1) Erwerb eines Unternehmens im Ganzen 1020 260
       (2) Ausnahme: Erwerb aus der Insolvenzmasse oder im Vollstreckungsverfahren ... 1024 261
       (3) Reichweite der Haftung 1025 262
          (a) Erfasste Steuern 1025 262
          (b) Erfasste Zeiträume 1028 262
          (c) Haftungssubstrat 1029 262
       (4) Handlungsempfehlung für die Praxis 1031 263
    ee) Haftung für Umweltbelastung, insbesondere Altlasten und schädliche Bodenveränderungen 1032 263
       (1) Überblick und Bedeutung 1032 263
       (2) Zweck des Bodenschutzrechts 1036 264
       (3) Haftungsrisiko des Käufers aus § 4 BBodSchG 1038 264

				Rn.	Seite

	(4)	Gesetzliche Ausgleichsansprüche bei mehreren Sanierungspflichtigen	1043	265
	(5)	Weitere Grundlagen der Käuferhaftung im Zusammenhang mit Altlasten und Bodenverunreinigungen	1047	266
	(6)	Handlungsempfehlungen für die Praxis	1048	267

ff) Haftung für nach Vollzug fällig werdende Altverbindlichkeiten aus Mietverträgen, §§ 566, 578 BGB 1051 268

gg) Haftung für rückständige und laufende Versicherungsprämien gem. § 95 VVG 1053 269

hh) Haftung aus § 33 GWB (Verstoß gegen kartellrechtliche Schutzvorschriften) 1058 270

f) Instrumente zur Erleichterung der Durchsetzung von Ansprüchen gegen den Käufer 1061 270

3. Haftung Dritter 1062 271
   a) Einführung 1062 271
   b) Beraterhaftung 1063 271
      aa) Vorbemerkung 1063 271
      bb) Haftungsgrundlage 1064 271
         (1) Beratungsvertrag 1064 271
         (2) Haftung aus öffentlich-rechtlichen Pflichten 1065 272
      cc) Anspruchsgegner 1066 272
      dd) Aufgaben- und Pflichtenkreis sowie weitere Einzelheiten 1071 273
         (1) Steuerberater 1072 273
         (2) Wirtschaftsprüfer 1076 274
            (a) Haftung im Rahmen von Abschlussprüfungen 1076 274
            (b) Anspruchsgegner 1080 275
               (aa) Haftung gegenüber der Gesellschaft und verbundenen Unternehmen 1080 275
               (bb) Haftung gegenüber Dritten 1081 275
            (c) Haftungsumfang 1082 275
         (3) Rechtsanwalt 1083 276
            (a) Aufgaben- und Pflichtenkreis 1083 276
            (b) Anspruchsgegner 1086 276
         (4) Investmentbanken und vergleichbare M&A-Berater 1089 277
      ee) Verjährung 1093 277
      ff) Beweislast 1094 278
   c) Notare 1095 278
   d) Haftung des Geschäftsführungsorgans der Zielgesellschaft 1099 279

			Rn.	Seite

        aa) Vorbemerkung 1099 279
        bb) Aufgaben- und Pflichtenstellung in Bezug
            auf die Weitergabe von Informationen 1101 279
        cc) Haftung für die Richtigkeit und/oder
            Vollständigkeit weitergegebener
            Informationen? 1104 280
        dd) Inanspruchnahme durch den Käufer für die
            Tätigkeit bis zum Vollzug der Transaktion 1108 281
    e) Haftung der Geschäftsführungsorgane der
       Parteien des Unternehmenskaufvertrages 1114 283

IX. Abschluss des Unternehmenskaufvertrages 1124 286
   1. Vorbemerkung 1124 286
   2. Abschluss beim Share Deal 1126 287
   3. Abschluss beim Asset Deal 1128 288
   4. Zustimmungserfordernisse 1134 289
   5. Formerfordernisse, insbesondere Beurkundungs-
      pflichten 1135 290
      a) Allgemeine Formerfordernisse 1135 290
      b) Einzelheiten 1136 290
           aa) Asset Deal 1136 290
           bb) Einhaltung der Beurkundungs-
               pflicht/Heilung/Erleichterung 1142 292
           cc) Beurkundungen mit Auslandsbezug 1145 292
   6. Abschluss von Nebenverträgen 1149 293
      a) Abschluss von Finanzierungsverträgen 1149 293
      b) Garantien oder Treuhandverträge 1150 293
      c) Übergangsvereinbarungen 1151 294
   7. Vollmachten 1152 294

X. Der Zeitraum zwischen Signing und Closing 1156 295
   1. Gründe für ein zeitliches Auseinanderfallen von
      Signing und Closing 1156 295
      a) Zusammenschlusskontrolle durch zuständige
          Kartellbehörden 1157 295
      b) Außenwirtschaftsrechtliche Investitions-
          kontrolle 1160 297
      c) Sonstige gesetzliche Vorgaben oder
          Besonderheiten 1162 297
      d) Umsetzung eines Carve-outs bzw. Schaffung
          von Schnittstellen 1167 299
      e) Gremienvorbehalte 1169 300
      f) Zustimmung von Vertragspartnern 1171 300
      g) Beseitigung oder Nichtrealisierung von
          Sonderrisiken 1173 301

Inhaltsverzeichnis

	Rn.	Seite
2. Vereinbarung von Vollzugsbedingungen bzw. Vollzugsvoraussetzungen	1174	301
3. Vereinbarung von Pflichten in Bezug auf die Herbeiführung der Vollzugsbedingungen	1177	302
4. Rechtsfolgen bei Ausfall von Vollzugsbedingungen	1180	303
5. Pflichten in Bezug auf die Führung des Zielunternehmens zwischen Abschluss und Vollzug des Unternehmenskaufvertrages	1182	304
a) Allgemeines Kontinuitätsgebot	1185	304
b) Zustimmungsvorbehalt für spezifische Maßnahmen	1186	305
6. Sonstige Pflichten der Parteien zwischen Abschluss und Vollzug des Unternehmenskaufvertrages	1188	306
a) Kaufpreisbezogene Pflichten	1188	306
b) Pflicht zur Beendigung oder Anpassung von Verträgen mit der Verkäuferseite	1189	307
c) Unterstützungspflichten	1190	308
7. Rücktrittsrechte	1191	308
a) Vorbemerkung	1191	308
b) Ausfall oder Nichterfüllung von Vollzugsbedingungen als Hauptrücktrittstatbestand	1196	309
c) Wesentliche nachteilige Veränderung/Auswirkung (Material Adverse Change/Effect)	1201	310
aa) Zugrunde liegende Interessen	1202	310
bb) Typisierung von MAC-Klauseln	1205	311
(1) Unternehmensbezogene MAC-Klausel (business MAC-clauses)	1206	311
(2) Marktbezogene MAC-Klauseln (market MAC-clauses)	1209	312
(3) Force-majeure-Klauseln	1211	312
cc) Rechtsfolgen	1212	312
XI. Vollzug des Unternehmenskaufvertrages	1213	312
1. Begriff und Bedeutung	1213	312
2. Abgrenzung	1215	313
3. Regelmäßige Vollzugshandlungen	1218	314
a) Allgemeines	1218	314
b) Vollzugshandlungen beim Share Deal	1219	314
c) Vollzugshandlungen beim Asset Deal	1221	315
d) Kaufpreiszahlung	1222	315
e) Unterzeichnung des Vollzugsprotokolls	1225	316
4. Gewillkürte Rechtsfolgen des Vollzugs	1228	316
5. Übertragungsstichtag *(Effective Date)*	1232	317
a) Begriff und Bedeutung	1232	317
b) Abweichender Übertragungsstichtag aus Praktikabilitätsgründen	1238	318

			Rn.	Seite
	c)	„Echte" Rückwirkung	1240	318
		aa) Zivilrechtlich	1241	318
		bb) Steuerliches Rückwirkungsverbot	1243	319
		(1) Anteile an Kapitalgesellschaften	1244	319
		(2) Anteile an Personengesellschaften	1245	319
		cc) Steuerlicher Exkurs: Übergang des wirtschaftlichen Eigentums	1248	320
	d)	Gewinnabgrenzung	1253	321
	e)	Nachlaufende Kaufpreisanpassungen	1255	321
XII.	Nachlaufende Vertragspflichten (Post-Closing Covenants)		1256	322
	1. Vorbemerkung		1256	322
	2. Nachlaufende Vertragspflichten zur vollständigen Umsetzung der Transaktion		1257	322
	a)	Kaufpreisbezogene Pflichten	1258	322
	b)	Pflicht zur temporären (Weiter-)Erbringung von bisher konzerninternen Leistungen	1259	322
	c)	Einholung noch ausstehender Zustimmungen von Vertragspartnern	1260	323
	d)	Mitteilungen an Dritte sowie Pressemitteilungen	1264	324
	e)	Mitteilungen an Behörden und Veranlassung von Registeränderungen	1265	324
		aa) Handelsregisteränderungen	1266	324
		bb) Grundbuchänderungen	1269	325
		cc) Umschreibung von gewerblichen Schutzrechten	1270	325
		dd) Mitteilungen an zuständige Steuer- und Zollbehörden	1273	326
	3. Nachlaufende Vertragspflichten: zum Schutz eines spezifischen Interesses mindestens einer Vertragspartei		1274	326
	a)	Wettbewerbsverbote (non-compete undertaking)	1278	327
	b)	Abwerbeverbote (non-solicit undertaking)	1282	328
	c)	Pflicht zur Umstellung des Marktauftritts des Zielunternehmens (Rebranding)	1287	329
	d)	Beschränkung der Weiterveräußerung des Zielunternehmens	1289	330
	e)	Pflichten zur Sicherung des Zielunternehmens	1291	330
	f)	Pflichten in Bezug auf den Umgang mit Ansprüchen Dritter	1294	331
	g)	Informations- und Zugangsrechte	1295	331
	h)	Vertraulichkeitspflichten	1297	332

	Rn.	Seite
Dritter Teil: Spezielle rechtliche Themen	1298	332

XIII. Besondere Verkaufsverfahren 1298 332
   1. Zweck besonderer Verkaufsverfahren und Übersicht 1299 332
      a) Auktionsverfahren 1299 332
      b) Dual Track-Verfahren 1301 333
   2. Ablauf und Vorgehensweisen 1303 333
      a) Auktionsverfahren 1303 333
      b) Dual Track-Verfahren 1310 335
   3. Rechtliche Aspekte 1314 336
      a) Aufklärungspflichten 1315 336
         aa) Gesteigerte Aufklärungspflicht im Auktionsverfahren? 1315 336
         bb) Erfüllung der Aufklärungspflicht durch Zurverfügungstellung eines Datenraums für die Due Diligence? 1318 337
      b) Haftung 1319 338
         aa) Haftung für unzutreffende Angaben zum Unternehmen 1320 338
         bb) Haftung für unzutreffende Angaben zum Verfahren 1324 339
            (1) Auskunft über Existenz anderer Bieter 1324 339
            (2) Abweichungen vom Auktionsverfahren 1330 340
            (3) Haftung wegen vorvertraglicher Pflichtverletzung? 1331 340
      c) Wirksamkeit von Haftungsausschlüssen 1334 341
         aa) Unwirksamer Ausschluss im Vorsatzfall, § 276 Abs. 3 BGB 1335 341
         bb) Haftungsausschluss als unwirksame AGB? 1336 341

XIV. Zusammenschlusskontrolle/Wettbewerbsrechtliche Aspekte 1347 343
   1. Einleitung 1347 343
      a) Sinn und Zweck 1348 343
      b) Implikationen für die Transaktionsplanung 1350 344
   2. Relevante Behörden und Jurisdiktionen 1352 344
   3. EU-Zusammenschlusskontrolle 1361 346
      a) Zusammenschlusstatbestand 1364 346
      b) Unionsweite Bedeutung 1365 346
      c) Untersagungsvoraussetzungen 1371 348
      d) Verfahren 1373 348
   4. Deutsche Zusammenschlusskontrolle 1375 349
      a) Zusammenschlusstatbestände 1376 350
      b) Kontrollpflicht 1388 352

	Rn.	Seite
c) Inlandsauswirkungen	1401	356
d) Verfahren	1404	356
5. Vollzugsverbot	1409	357
6. Kartellrecht in der Due Diligence	1411	358
XV. Finanzierung und Besicherung	**1413**	**358**
1. Finanzierung des Käufers und der Zielgesellschaft	1413	358
a) Finanzierung des Käufers	1413	358
aa) Einfache Akquisitionsstruktur	1413	358
bb) Mehrstöckige Akquisitionsstruktur	1414	359
b) Finanzierung der Zielgesellschaft	1419	359
2. Finanzierungselemente	1420	360
a) Eigenkapital und Gesellschafterdarlehen	1421	360
b) Mezzaninkapital	1422	361
c) Senior Darlehen	1426	362
d) Unitranche	1427	362
e) Verkäuferdarlehen (Vendor Loan)	1431	363
f) Earn-out	1432	364
g) Graphische Darstellung	1433	364
3. Finanzierungsstruktur	1434	365
a) Schuldendienstfähigkeit	1435	365
b) Verfügbarkeit	1438	366
4. Finanzierungsdokumentation	1439	366
a) Kreditvertrag	1440	367
b) Gebührenvereinbarungen	1444	368
c) Gläubigervereinbarung	1445	368
d) Hedging	1446	369
e) Sicherheiten und Sicherheitentreuhand	1447	369
5. Typische Merkmale einer Akquisitionsfinanzierung	1448	370
a) Hebelwirkung (Leverage Effect)	1449	370
b) Cashflow basierte Strukturierung der Finanzierung	1451	371
c) Besicherung durch das Vermögen der Zielgesellschaft	1454	372
aa) Bestellung der Sicherheiten	1454	372
(1) Sicherheiten an der Akquisitionsstruktur	1455	372
(2) Sicherheiten am Vermögen der Zielgesellschaft	1457	373
bb) Beschränkungen	1462	374
(1) GmbH als Zielgesellschaft	1463	375
(aa) Erhaltung des Stammkapitals	1463	375
(aaa) § 30 GmbHG	1463	375
(bbb) Ausnahmen	1468	376
(ccc) Limitation Language	1472	377

	Rn.	Seite
(bb) Haftung wegen Verursachung der Zahlungsunfähigkeit	1477	379
(cc) Haftung wegen existenzvernichtenden Eingriffs	1480	380
(2) AG als Zielgesellschaft	1481	380
(aa) Vermögensbindung	1481	380
(aaa) § 57 AktG	1481	380
(bbb) Ausnahmen	1483	381
(ccc) Limitation Language	1484	381
(bb) Haftung wegen Verursachung der Zahlungsunfähigkeit	1486	381
(cc) Haftung wegen existenzvernichtenden Eingriffs	1487	381
(dd) Verbot der Finanzierung des Erwerbs eigener Anteile	1488	381
(aaa) § 71a Abs. 1 S. 1 AktG	1488	381
(bbb) Ausnahme	1489	382
(3) GmbH & Co. KG als Zielgesellschaft	1490	382
(aa) Erhaltung des Stammkapitals	1490	382
(aaa) § 30 GmbHG	1490	382
(bbb) Ausnahmen	1495	383
(ccc) Limitation Language	1496	383
(bb) Einlagenrückgewähr	1497	383
(4) Asset Stripping Verbot	1498	383
d) Beschränkter Rückgriff auf den Sponsor	1499	384
e) Struktureller Nachrang	1500	384
aa) Beseitigung des strukturelle Nachrangs der Fremdkapitalgeber	1503	385
(1) Upstream Merger	1504	385
(2) Downstream Merger	1506	385
(3) Gesamtrechtsnachfolge	1508	386
(4) Befreiende Schuldübernahme (Debt Push Down)	1509	386
(5) Übertragung der Sicherungsgegenstände	1510	387
(6) Eingliederung	1511	387
bb) Beseitigung des struktureller Nachrangs aus steuerlicher Sicht	1512	387
XVI. Arbeitsrecht	1513	387
1. Asset Deal	1515	388
a) Tatbestandsvoraussetzungen des § 613a BGB	1517	389
aa) Betriebs- und Betriebsteilbegriff	1518	389
bb) Der Übergang eines Betriebs oder Betriebsteils im Einzelnen	1521	390

	Rn.	Seite

(1) Betriebsstilllegung und räumliche Verlagerung ... 1534 394
(2) Wiedereinstellungsanspruch ... 1538 396
(3) Tatsächliche Betriebsfortführung und identitätszerstörende Eingliederung ... 1539 396
    cc) Wechsel der Betriebsinhaberstellung ... 1542 397
    dd) Übergang durch Rechtsgeschäft ... 1545 398
  b) Rechtsfolgen eines Betriebsübergangs ... 1547 399
    aa) Übergang der Arbeitsverhältnisse ... 1548 399
    bb) Zeitpunkt des Betriebsübergangs ... 1554 401
    cc) Eintritt in die Rechte und Pflichten der Arbeitsverhältnisse ... 1555 402
    dd) Haftungsregime des § 613a BGB ... 1563 403
    ee) Kündigung und Betriebsübergang ... 1566 404
    ff) Kollektivrechtliche Auswirkungen eines Betriebsübergangs ... 1570 405
      (1) Kollektivrechtliche Fortgeltung von Betriebsvereinbarungen ... 1571 405
      (2) Kollektivrechtliche Fortgeltung von Tarifverträgen und Bezugnahmeklauseln ... 1575 407
    gg) Modifikation der Rechtsfolgen des § 613a BGB ... 1579 409
      (1) Im Verhältnis zum Arbeitnehmer ... 1579 409
      (2) Im Verhältnis zwischen Betriebsveräußerer und Betriebserwerber ... 1584 411
    hh) Unterrichtung und Widerspruchsrecht der Arbeitnehmer ... 1585 411
2. Share Deal ... 1596 415
3. Grundzüge der betrieblichen Altersversorgung ... 1598 415
  a) Asset Deal ... 1599 416
    aa) Grundsätzliches ... 1599 416
    bb) Fortgeltung von Versorgungszusagen ... 1601 417
  b) Share Deal ... 1603 418
4. Beteiligung von Arbeitnehmervertretungen und Auswirkungen auf Arbeitnehmervertretungen ... 1605 418
  a) Betriebsrat ... 1606 418
    aa) Asset Deal ... 1606 418
    bb) Share Deal ... 1609 419
  b) Wirtschaftsausschuss ... 1611 420
  c) Sprecherausschuss ... 1618 422
  d) Schwerbehindertenvertretung ... 1619 422
  e) Europäischer Betriebsrat und SE-Betriebsrat ... 1622 422
5. Typische Klauseln in Unternehmenskaufverträgen aus arbeitsrechtlicher Sicht ... 1623 423

	Rn.	Seite
XVII. Datenschutz	1624	424
1. Einleitung	1624	424
a) Bedeutung des Datenschutzes beim Unternehmenskauf	1625	424
b) Risiken bei Verstößen	1628	425
aa) Keine Nichtigkeit des Unternehmenskaufs	1628	425
bb) Datenschutzrechtliche Sanktionen	1629	425
c) Sonderthemen in bestimmten Bereichen	1630	425
aa) Bankgeheimnis	1630	425
bb) § 203 StGB	1631	425
2. Datenschutzüberlegungen bei der Strukturierung des Unternehmenskaufs	1632	426
a) Share Deal	1633	426
b) Asset Deal	1634	426
c) Umwandlungen nach Umwandlungsgesetz (Gesamtrechtsnachfolge)	1637	427
3. Datenschutz bei der Due Diligence	1638	427
a) Unterschied zwischen Asset Deal und Share Deal?	1640	428
b) Personenbezogene Daten im Datenraum	1641	428
aa) Art der personenbezogenen Daten	1641	428
bb) Schwärzung?	1642	428
4. Datenschutz bei/nach Unterschrift des Unternehmenskaufs (Signing)	1643	429
5. Datenschutz beim Vollzug des Unternehmenskaufs (Closing)	1644	429
a) Share Deal	1645	429
b) Asset Deal	1646	429
c) Umwandlungen nach Umwandlungsgesetz	1648	430
XVIII. Streitvermeidung/-lösung	1649	430
1. Schiedsverfahren: Vor- und Nachteile	1650	430
2. Die Schiedsvereinbarung	1652	432
a) Begriff und Wirkungen	1652	432
b) Inhalt einer Schiedsvereinbarung	1654	433
aa) Unverzichtbarer Mindestinhalt	1654	433
bb) Fakultativer Inhalt einer Schiedsvereinbarung	1657	433
c) Formerfordernisse	1668	436
d) Abschluss durch Vertreter	1670	437
e) Typische Bereiche für die Regelung einer Schiedsvereinbarung	1671	437
3. Schiedsgutachterverfahren	1682	439
4. Typische Streitigkeiten im Zusammenhang mit M&A Transaktionen	1686	441

XXXIII

			Rn.	Seite
	a)	Post-Closing Disputes	1688	441
	b)	Pre-Closing-Disputes	1692	442

B. Sondersituationen Unternehmenskauf 1695 443

XIX. Private Equity 1695 443
    1. Private Equity im Überblick 1695 443
        a) Wirtschaftliche Bedeutung von Private Equity 1695 443
        b) Private Equity-Markt in Deutschland
           und Europa 1699 444
    2. Grundmodell des Private Equity Fonds 1703 445
        a) Initiator und Investoren 1703 445
           aa) Initiatoren 1704 446
           bb) Investoren 1706 446
        b) Investorenrechte, Beirat 1707 447
           aa) Gesellschafterversammlung 1708 447
           bb) Investorenbeirat (Advisory Board) 1709 448
           cc) Schlüsselpersonen (Key Persons) 1712 449
           dd) Abberufung des Managers 1713 449
        c) Investitionsstrategie 1714 449
           aa) Buyout vs. Venture Capital 1715 450
           bb) Zahl und Identität der Portfolio-
               unternehmen 1717 450
           cc) Beteiligungsformen und sonstige
               Investitionsstrategien 1719 451
        d) Kapitalzusagen und Kapitalabrufe 1721 451
        e) Management Fee 1728 453
        f) Ergebnisverteilung und Carried Interest 1734 455
           aa) Distribution Waterfall 1736 455
           bb) Carried Interest Modelle 1741 456
           cc) Hurdle Rate und Catch-up 1744 458
    3. Besonderheiten beim Unternehmenskauf 1746 458
        a) Struktur 1746 458
        b) Transaktion 1750 459
           aa) Gewährung von Upstream Securities
               im Rahmen der Akquisitionsfinanzierung 1751 459
           bb) Transaktionssicherheit 1752 460
           cc) Besonderheiten bei MAC-Klauseln
               auf Erwerberseite 1753 460
           dd) Zeitliche Begrenzung von Garantien,
               Freistellungen und Sicherheitengewährung 1754 461
           ee) Teilschuldnerische Haftung mehrerer
               Private Equity Fonds auf Verkäuferseite 1755 461
           ff) Einzelgläubiger 1756 461
           gg) Auswirkung des KAGB bei Private Equity
               Transaktionen 1757 462

	Rn.	Seite
(1) Informations- und Vorlagepflichten im Rahmen von M&A Transaktionen	1759	462
(2) Asset Stripping Verbot	1760	463
4. Fondsstrukturen	1761	463
a) Direktinvestierende Fonds	1762	463
b) Parallelfonds	1763	464
c) Feederfonds	1765	464
d) Dachfonds	1767	465
e) Alternative Investmentvehikel (AIV)	1770	466
5. Private Equity und das KAGB	1771	466
a) Auswirkungen des KAGB auf deutsche Private Equity Fondsmanager	1773	467
aa) Anwendungsbereich	1773	467
(1) professionelle/semiprofessionelle Anleger	1774	467
(2) Registrierungs-/Erlaubnispflicht	1777	468
bb) Holdinggesellschaften/Co-Investment und Carry-Vehikel	1783	469
b) Auswirkungen auf nicht-deutsche Private Equity Fondsmanager	1786	470
aa) Vertriebsvoraussetzungen für europäische PE-Fondsmanager	1787	470
bb) Vertriebsvoraussetzungen für Drittstaaten PE-Fondsmanager	1788	471
c) Anti-Asset Stripping Regime	1789	471
aa) Anwendungsbereich	1790	471
bb) Die sich aus den Anti-Asset-Stripping Rules ergebenden Pflichten	1792	472
(1) Kontrollabhängige Pflichten	1793	472
(a) Meldepflichten	1793	472
(b) Informations- und Offenlegungspflicht gegenüber der Zielgesellschaft sowie deren Anteilseignern und der BaFin	1794	472
(c) Rückgewährbeschränkungen	1795	473
(d) Durchschau	1796	473
(2) Kontrollunabhängige Pflichten	1797	474
XX. Venture Capital	1798	474
1. Begriff und Funktionsweise	1798	474
2. Beteiligungs- und Gesellschaftervereinbarung	1802	475
a) Grundlagen	1802	475
b) Kapitalerhöhung	1804	476
c) Garantien	1806	476
d) Verwässerungsschutzrechte	1807	476
e) Informations- und Kontrollrechte	1808	477
f) Exit-bezogene Regelungen	1809	477

	Rn.	Seite
g) Gründer/Management	1811	478
h) Sonstiges	1814	478
aa) Laufzeit	1814	478
bb) Form	1815	479

XXI. Beteiligung des Managements 1816 479
  1. Rechte und Pflichten des Managements
     der Zielgesellschaft 1818 479
    a) Verschwiegenheitspflicht und Due Diligence 1819 480
    b) Wettbewerbsverbot 1823 480
    c) Nutzung von Geschäftschancen 1825 481
    d) Informationspflichten des Managements –
       Garantien 1826 481
    e) Fazit: Neutralitätsgebot für das Management
       im Unternehmenskauf 1829 482
  2. Management Incentives 1830 482
    a) Zielrichtung des Incentives 1831 482
       aa) Verkäufer 1832 482
       bb) Käufer 1835 483
       cc) Zielgesellschaft 1837 483
    b) Art des Incentives 1839 484
       aa) Virtuelle Beteiligungen, Phantom Shares 1840 484
       bb) Aktienoptionen 1841 484
       cc) Fremdkapitalinstrumente 1842 484
    c) Besteuerung und Bilanzierung 1843 485
  3. Managementeigenkapitalbeteiligungen 1848 486
    a) Struktur 1850 486
    b) Wesentliche Vertragsbestandteile der
       Gesellschaftervereinbarung 1854 487
    c) Besteuerung 1855 488
       aa) Wirtschaftliches Eigentum 1857 488
       bb) Konkurrenz zwischen Kapitalüberlassung
           und Arbeitsverhältnis 1860 489
       cc) Praktische Erfahrungen 1862 489

XXII. Besonderheiten bei der börsennotierten
     Aktiengesellschaft 1865 490
  1. Übernahmerecht 1865 490
    a) Allgemeines 1865 490
    b) Übernahmegesetz 1871 491
       aa) Anwendungsbereich des WpÜG 1872 491
       bb) Allgemeine Regeln 1876 492
       cc) Einfache Erwerbsangebote 1877 493
           (1) Entscheidung zur Abgabe eines
               öffentlichen Angebots: Mitteilungs-
               und Veröffentlichungspflichten 1877 493

			Rn.	Seite

		(2) Angebotsunterlage: Notwendige Angaben, Haftung, Veröffentlichung	1881	494
		(3) Untersagung des Angebots	1885	495
		(4) Finanzierung des Angebots, Finanzierungsbestätigung	1888	495
		(5) Annahmefrist	1892	496
		(6) Angebotsgegenleistung	1893	497
		(7) Angebotsbedingungen	1894	497
		(8) Angebotsänderung	1899	498
		(9) Konkurrierendes Angebot	1900	498
		(10) Laufende Veröffentlichungspflichten	1901	498
		(11) Stellungnahme durch Vorstand und Aufsichtsrat der Zielgesellschaft, Werbung	1904	499
	dd)	(Freiwillige) Übernahmeangebote	1906	500
		(1) Erwerb der Kontrolle	1906	500
		(2) Angebotsgegenleistung bei Übernahmeangeboten	1912	501
		(3) Verteidigungshandlungen des Vorstands und des Aufsichtsrats der Zielgesellschaft	1920	503
		(4) Anwendbarkeit der Vorschriften für einfache Erwerbsangebote	1929	504
	ee)	Pflichtangebote	1930	504
		(1) Veröffentlichungs- und Angebotspflicht	1930	504
		(2) Nichtberücksichtigung von Stimmrechten	1940	506
		(3) Befreiungsmöglichkeiten	1945	507
		(4) Gegenleistung	1951	508
		(5) Anwendbarkeit der Vorschriften für einfache Erwerbsangebote und Übernahmeangebote	1953	508
	ff)	Rechtsschutz	1955	509
2.	Nachfolgende Strukturmaßnahmen		1960	510
a)	Beherrschungs- und Gewinnabführungsvertrag		1961	510
	aa)	Begriff und Wirkung	1962	510
	bb)	Vertragspartner	1965	511
		(1) Untergesellschaft	1965	511
		(2) Obergesellschaft	1966	511
	cc)	Angemessener Ausgleich und Abfindung	1967	512
	dd)	Verfahren	1970	513
		(1) Vertragsbericht und Prüfung des Unternehmensvertrags	1970	513

					Rn.	Seite
			(2)	Beschlussfassung in der Hauptversammlung und Eintragung	1972	513
		ee)	Rechtsschutz		1973	514
			(1)	Anfechtungs- und Nichtigkeitsklage	1973	514
			(2)	Freigabeverfahren	1978	514
			(3)	Spruchverfahren	1981	515
	b)	Squeeze-out			1983	515
		aa)	Aktienrechtlicher Squeeze-out		1984	516
			(1)	Voraussetzungen	1984	516
			(2)	Ablauf eines Squeeze-Out-Verfahrens	1985	516
			(3)	Rechtsschutz	1990	518
		bb)	Umwandlungsrechtlicher Squeeze-out		1993	519
		cc)	Übernahmerechtlicher Squeeze-out		2005	522
	c)	Delisting			2009	523
		aa)	Reguläres Delisting		2014	524
			(1)	Entwicklung der Voraussetzungen durch die Rechtsprechung	2016	524
			(2)	Aktuelle Rechtslage	2021	525
		bb)	„Kaltes Delisting"		2023	526
			(1)	Verschmelzung und Formwechsel	2024	527
			(2)	Übertragende Auflösung	2029	527
			(3)	Mehrheitseingliederung	2031	528
3.	Unternehmenskauf und Wertpapierhandelsrecht				2033	529
	a)	Publizitätspflichten			2033	529
		aa)	Kapitalmarktrecht		2035	529
		bb)	Aktienrecht		2056	534
		cc)	Ad-hoc-Publizität		2062	535
			(1)	Insiderinformationen	2064	536
			(2)	Unmittelbare Betroffenheit	2070	537
			(3)	Aufschub der Ad-hoc-Veröffentlichung	2072	538
			(4)	Sanktionen	2078	540
		dd)	Veröffentlichung der Geschäfte von Unternehmensinsidern		2082	540
	b)	Insiderhandel			2085	541
		cc)	Insiderverzeichnisse		2090	542
		dd)	Straftaten und Ordnungswidrigkeiten		2091	543
	c)	Verbot der Marktmanipulation, Art. 15 MMVO			2093	543
XXIII. Carve-out					2099	544
1.	Überblick, Carve-out-Varianten				2099	544
2.	Verkauf einer Kapitalgesellschaft aus dem Konzern				2103	545
	a)	Grundsatz			2103	545
	b)	Beendigung von Vertragsbeziehungen			2104	545
		aa)	Unternehmensverträge		2104	545

				Rn.	Seite

			(1) Beendigung durch Kündigung	2106	546
			(2) Beendigung durch Aufhebung des Unternehmensvertrages	2114	547
			(3) Regelungen im Kaufvertrag	2116	548
		bb)	Cash Pool	2128	549
			(1) Beendigung	2128	549
			(2) Ausgleich	2130	550
			(3) Regelungen im Kaufvertrag	2134	550
		cc)	Sonstige Vertragsbeziehungen	2138	551
	c)	Sonstige Verträge		2141	551
		aa)	Abschluss neuer Verträge	2141	551
		bb)	Zuordnung von Verträgen	2149	552
3.	Verkauf von rechtlich nicht selbständigen Geschäftsbereichen			2152	553
	a)	Direkter Verkauf an einen Dritten		2153	553
	b)	Ausgründung des Geschäftsbereiches in eine selbstständige Gesellschaft mit anschließendem Verkauf der Geschäftsanteile		2157	554
		aa)	Einbringung mit Einzelrechtsnachfolge	2160	554
			(1) Einbringungsvertrag	2161	554
			(2) Gesellschaftsrecht	2164	555
		bb)	Ausgliederung mit Gesamtrechtsnachfolge	2168	556
			(1) Gründe	2169	556
			(2) Die Haftung nach § 133 UmwG	2173	556
			(3) Gesellschaftsrecht	2176	557
			(4) Ausgliederungsvertrag	2178	558
			(5) Information des Betriebsrates	2182	558
XXIV.	Unternehmenskauf mit Auslandsbezug			2186	559
1.	Anwendbares Recht			2187	559
	a)	Kausalgeschäft – Kaufvertrag		2188	559
		aa)	Bestimmung des anwendbaren Sachrechts nach der Rom I-VO	2189	560
		bb)	Reichweite des Vertragsstatuts	2200	562
	b)	Dingliches Vollzugsgeschäft		2201	562
		aa)	Vollzugsgeschäft Share Deal	2202	562
		bb)	Vollzugsgeschäft Asset Deal	2205	563
			(1) Mobilien	2206	564
			(2) Immobilien	2207	564
			(3) Forderungen	2208	564
			(4) Vertragsübernahme	2210	564
			(5) Schuldübernahme und Schuldbeitritt	2211	565
			(6) Immaterialgüterrechte	2212	565
		cc)	Ausgestaltung der Dokumentation	2216	566
	c)	Formfragen		2217	566
		aa)	Formerfordernisse – Begriffsklärung	2218	566

				Rn.	Seite
		bb)	Bestimmung des Formstatuts	2219	567
			(1) Formstatut nach Art. 11 Rom I-VO	2220	567
			(2) Formstatut nach Art. 11 EGBGB	2224	568
	d)		Vollmacht/Vertretungsmacht	2227	568
		aa)	Organschaftliche Vertretungsmacht, kaufmännische Vollmachten	2227	568
		bb)	Vollmacht	2231	569
		cc)	Nachweis der Vertretungsmacht	2233	569
2.	Außenwirtschaftsrechtliche Aspekte beim Beteiligungserwerb durch ausländische Investoren			2237	570
	a)		Sektorübergreifendes Investitionsprüfungsverfahren	2239	570
	b)		Sektorspezifische Investitionsprüfung	2248	572

XXV. Familienunternehmen ... 2252 573
   1. Nachfolge oder Verkauf ... 2252 573

				Rn.	Seite
	a)		Unternehmensübertragung als letzter Akt der Unternehmensführung	2252	573
	b)		Typische Präferenz bei Familienunternehmen:	2258	575
		aa)	Nachfolge vor Veräußerung	2258	575
		bb)	Persönliche Gründe	2259	575
		cc)	Wirtschaftliche Gründe	2260	575
		dd)	Rechtliche Gründe	2262	576
		ee)	Steuerliche Gründe	2264	576
2.	Zivilrechtliche Besonderheiten			2267	577
	a)		Verfügungsbeschränkungen	2268	577
		aa)	Gesellschaftsrechtliche Vinkulierung	2269	577
		bb)	Ausgestaltung im Einzelnen	2271	578
		cc)	Ausschlussmöglichkeit	2274	579
		dd)	Andienungspflichten und Vorkaufsrechte	2275	579
	b)		Stimm- und Verwaltungsrechte	2276	580
		aa)	Nießbrauch	2276	580
			(1) Stimmrecht	2278	580
			(2) Zustimmung nach § 1071 BGB	2283	581
		bb)	Poolverträge	2284	581
3.	Steuerliche Besonderheiten			2285	581
	a)		Erbschaftsteuer	2286	582
		aa)	Voraussetzungen der Begünstigung	2288	582
		bb)	Rechtsfolgen	2298	585
			(1) Bisherige Verschonungsoptionen	2299	586
			(2) Abschmelzmodell	2300	586
			(3) Verschonungsbedarfsprüfung	2301	586
		cc)	Behaltensfrist	2305	587
		dd)	Lohnsummenregelung	2308	588
			(1) Anteile an Kapitalgesellschaften im Betriebsvermögen	2311	589

			Rn.	Seite
	(2)	Anteile an Personengesellschaften im Betriebsvermögen	2312	590
	(3)	Betriebstätten im Betriebsvermögen	2313	590
	(4)	Lohnsumme bei Beteiligungs(ver)-käufen	2314	590
	(5)	Verstoß gegen Lohnsummenregelung	2317	591
b)	Ertragsteuer		2319a	591
aa)	Doppelbelastung		2319a	591
bb)	Anrechnung von Erbschaftsteuer		2319b	591

XXVI. Unternehmenskauf aus Krise und Insolvenz 2320 592
   1. Vorbemerkung 2320 592
   2. Unternehmenskauf aus der Krise 2323 592
      a) Anfechtungsrisiken 2325 593
         aa) Die kongruente Deckungsanfechtung nach § 130 InsO 2329 594
         bb) Die inkongruente Deckungsanfechtung 2333 594
         cc) Die Vorsatzanfechtung 2336 595
      b) Erfüllungswahlrecht des Insolvenzverwalters, §§ 103 ff. InsO 2340 596
      c) Haftungsrisiken 2347 597
   3. Übertragende Sanierung im Insolvenzverfahren 2349 597
      a) Abgrenzung der Verfahrensphasen 2353 598
         aa) Der Unternehmenserwerb im Insolvenzeröffnungsverfahren 2355 598
         bb) Der Unternehmenserwerb im eröffneten Insolvenzverfahren 2359 599
      b) Besonderheiten der insolvenzrechtlichen Verfahrensarten 2364 600
         aa) Das Regelinsolvenzverfahren 2365 600
         bb) Die Eigenverwaltung 2366 600
         cc) Das Schutzschirmverfahren 2372 601
      c) Transaktionsstruktur bei der übertragenden Sanierung 2375 602
      d) Insolvenzverwalter und Gläubiger als weitere Beteiligte 2378 603
         aa) Aussonderungsrechte 2379 603
         bb) Absonderungsrechte 2381 603
      e) Garantien und Gewährleistung bei übertragender Sanierung 2385 604
      f) Arbeitsrechtliche Besonderheiten 2387 605
         aa) Betriebsübergang 2387 605
         bb) Insolvenzarbeitsrecht 2392 606
         cc) Personalabbau durch BQG 2399 607
      g) Kartellrechtliche Besonderheiten 2401 607

	Rn.	Seite
h) Steuerrechtliche Besonderheiten	2403	608
4. Unternehmenskauf im Insolvenzplanverfahren	2405	608
XXVII. Banken/Sparkassen/Versicherungen	2409	609
1. Übertragung von Kredit-, Leasing- und Versicherungsportfolien	2409	609
2. Struktur	2411	609
3. Zivilrechtliche Besonderheiten beim Asset Deal	2414	610
a) Umfang des Portfolios	2415	610
b) Art und Weise der Einzelrechtsübertragung	2416	611
aa) Vertragsübernahme	2417	611
bb) Forderungsabtretung	2420	612
cc) Offenlegung von Kundendaten	2423	613
4. Aufsichtsrechtliche Themen	2429	615
a) KWG	2430	615
aa) Anzeige nach § 2c KWG	2430	615
bb) Besonderheiten bei Fehlen einer Bankerlaubnis nach § 32 KWG	2435	617
b) VAG	2439	618
aa) Anzeige nach § 104 VAG	2440	619
bb) Bestandsübertragungen	2441	619
cc) Maßnahmen nach dem UmwG	2443	620
dd) Wirksamwerden und Informationspflichten	2444	620
5. Ausgewählte Steuerthemen bei Notleidenden Darlehen	2445	620
a) Steuerliche Besonderheiten bei der Übertragung notleidender Darlehen	2445	620
b) Umsatzsteuer (EuGH-Rechtsprechung)	2447	621
XXVIII. Immobilien-Transaktionen	2449	621
1. Abgrenzung Share Deal/Asset Deal	2449	621
2. Immobilienrechtliche Due Diligence	2458	624
a) Allgemeines	2458	624
b) Grundbuch, Belastungen	2462	624
aa) Allgemeines/Eigentümersituation	2462	624
bb) Belastungen in Abteilung II	2466	627
cc) Belastungen in Abteilung III	2471	628
dd) (Tatsächliche) Lage und Bebauung des Grundstücks	2473	629
c) Öffentliche Lasten, Erschließungskosten	2474	630
d) Baugenehmigungen/Altlasten	2478	631
e) Mietverträge	2480	632
aa) Allgemeines	2480	632
bb) Gesetzlicher	2481	632
cc) Gesetzliche Schriftform	2482	633

			Rn.	Seite
3.	Fälligkeitsvoraussetzung für die Kaufpreiszahlung		2488	634
	a)	Fälligkeitsvoraussetzungen	2489	635
		aa) Auflassungsvormerkung	2490	635
		bb) Vorkaufsrechte/städtebauliche Sondergebiete	2491	635
		cc) Löschungsunterlagen für nicht zu übernehmende Belastungen	2493	636
		dd) Freigabeerklärung der finanzierenden Bank (des Verkäufers)	2494	636
	b)	Long Stop Date	2495	636
4.	Besondere Steuerthemen bei Immobilien-Transaktionen		2496	637
	a)	Umsatzsteuer	2497	637
		aa) Geschäftsveräußerung im Ganzen	2497	637
		bb) Steuerfreier Immobilienerwerb/Option zur Steuerpflicht	2504	638
		cc) Teiloption	2511	639
		dd) Vorsteuerabzug und -berichtigung	2513	639
	b)	Gewerbesteuer	2516	640

XXIX.	Energie			2521	641
1.	Hintergrund			2521	641
2.	Zielobjekte			2526	643
	a)	Energieversorgungsunternehmen		2527	643
	b)	Netzbetreiber		2529	643
	c)	Erzeugungsanlagen		2532	644
	d)	Projektrechte		2535	644
	e)	Joint Ventures		2536	644
3.	Besonderheiten bei Due Diligence			2537	645
	a)	Allgemein		2537	645
	b)	Erzeugung		2539	645
	c)	Kauf von Projektrechten		2543	646
	d)	Netze		2545	646
	e)	Vertrieb		2549	647
4.	Besonderheiten bei Unternehmenskaufverträgen			2550	648
	a)	Querverbund		2550	648
	b)	Vorhergehende Umstrukturierung		2553	649
5.	Beschränkungen durch Vorgaben zur Entflechtung			2555	649
	a)	Hintergrund der Entflechtung		2555	649
	b)	Arten der Entflechtung		2560	651
	c)	Modelle der eigentumsrechtlichen Entflechtung		2563	652
		aa) Vollständig eigentumsrechtlich entflochtener Netzbetreiber		2563	652
		bb) Alternativen: unabhängiger Systembetreiber und unabhängiger Transportnetzbetreiber		2567	653

			Rn.	Seite
	cc)	Zertifizierung durch BNetzA	2569	653
	dd)	Umsetzung in der Praxis	2574	654
d)	Auswirkungen auf den Erwerb		2575	655
	aa)	Beschränkung des Erwerbers durch Organisation des Transportnetzbetreibers	2576	655
	bb)	Einfluss des Erwerbers auf Organisationsstruktur des Transportnetzbetreibers	2578	655
e)	Auswirkungen auf die Unternehmensführung (Corporate Governance)		2580	656
6. Beschränkungen nach dem AWG			2585	657

Paragraphenregister 659

Stichwortverzeichnis 671

Literaturverzeichnis

Adler/Düring/Schmaltz
Rechnungslegung nach Internationalen Standards, Stand: 8/2011

Andres/Leithaus
Insolvenzordnung (InsO), 3. Aufl., 2014
(zit.: Andres/Leithaus/*Bearbeiter*, InsO)

Annuß/Lembke/Hangarter
Arbeitsrechtliche Umstrukturierung in der Insolvenz, 3. Aufl., 2016

Ascheid/Preis/Schmidt
Großkommentar zum Kündigungsrecht, 4. Aufl., München 2012
(zit.: A/P/S/*Bearbeiter*, KSchG)

Assmann/Pötzsch/Schneider
WpÜG, 2. Aufl., 2013
(zit.: Assmann/Pötzsch/Schneider/*Bearbeiter*, WpÜG)

Bachner/Köstler/Matthießen/Trittin
Arbeitsrecht bei Unternehmensübergang und Betriebsübergang,
4. Aufl., 2012

Bamberger/Roth
BGB, 3. Aufl., 2012 (zit.: Bamberger/Roth/*Bearbeiter*, BGB)

Bähr
Handbuch des Versicherungsaufsichtsrechts: VAG-Handbuch, 2011
(zit.: *Bearbeiter*, in: Bähr)

Baumbach/Hueck
GmbHG, Kommentar, 20. Aufl., 2013
(zit.: Baumbach/Hueck/*Bearbeiter*, GmbHG

Baumbach/Hopt
Handelsgesetzbuch (HGB), 37. Aufl., 2016
(zit.: Baumbach/Hopt/*Bearbeiter*, HGB)

Baums/Thoma
WpÜG, Loseblatt-Kommentar, Stand 11/2015
(zit.: Baums/Thoma/*Bearbeiter*, WpÜG)

Bechtold
Kartellgesetz – Gesetz gegen Wettbewerbsbeschränkungen, 8. Aufl., 2015

Bechtold/Bosch/Brinker
EU-Kartellrecht, 3. Aufl., 2014

Beck/Samm/Kokemoor
Kreditwesengesetz mit CRR, Stand: 10/2016
(zit.: Beck/Samm/Kokemoor/*Bearbeiter*, KWG)

Beck'scher Bilanz-Kommentar
 hrsg. von Grottel/Schmidt/Schubert/Winkeljohann, 10. Aufl., 2016
 (zit.: Beck Bil-Komm./*Bearbeiter*)
Beck'sches Formularbuch Bürgerliches, Handels- und Wirtschaftsrecht
 hrsg. von Hoffmann-Becking/Rawert, 12. Aufl., 2016
Beck'sches Formularbuch Zivil-, Wirtschafts- und Unternehmensrecht
 hrsg. Walz, 3. Aufl., 2014
Beck'sches Handbuch der AG
 hrsg. von Müller/Rödder, 2. Aufl., 2009
Beck'sches Handbuch der Personengesellschaften
 hrsg. von Prinz/Hoffmann, 4. Aufl., 2014
Beck'sches Mandatshandbuch Due Diligence
 hrsg. von Beisel/Andreas, 2. Aufl., 2010
Beck'sches Mandatshandbuch Unternehmenskauf
 hrsg. von Hettler/Stratz/Hörtnagel, 2. Aufl., 2013
Beck'sches Mandatshandbuch Vorstand der AG
 hrsg. von Lücke/Schaub, 2. Aufl., 2010
Beisel/Klumpp
 Unternehmenskauf, 7. Aufl., 2016
Benkard
 Patentgesetz (PatentG), 11. Aufl., 2015 (zit.: Benkard/*Bearbeiter*, PatentG)
Berens/Brauner/Strauch/Knauer
 Due Diligence bei Unternehmensakquisitionen, 7. Aufl., 2013
Bergjan
 Die Auswirkungen der Schuldrechtsreform 2002 auf den Unternehmenskauf, 2003
Binz/Sorg
 Die GmbH & Co. KG, 11. Aufl., 2010
Birk/Bruse/Saenger
 Forum Unternehmenskauf 2008, 2009
Blank/Börstinghaus
 Miete, 4. Aufl., 2014
Blümich
 EStG, KStG, GewStG, Nebengesetze, Stand: 5/2016
 (zit.: Blümich/*Bearbeiter*)
Böttcher
 Stromleitungsnetze, 2015
Boos/Fischer/Schulte-Mattler
 KWG, Kommentar, 5. Aufl., 2016
 (zit.: Boos/Fischer/Schulte-Mattler/*Bearbeiter*, KWG)

Bork/Schäfer
GmbHG, 3. Aufl., 2015 (zit.: Bork/Schäfer/*Bearbeiter*, GmbHG)

Boruttau
Grunderwerbsteuergesetz (GrEStG), 18. Aufl., 2016
(Boruttau/*Bearbeiter*, GrEStG)

Breithaupt/Ottersbach
Kompendium Gesellschaftsrecht, 2010

Buck-Heeb
Kapitalmarktrecht, 8. Aufl., 2016

Büdenbender
Schwerpunkte der Energierechtsreform 1998, 1999

Bunjes
Umsatzsteuergesetz (UStG), Kommentar, 15. Aufl., 2016
(zit.: Bunjes/*Bearbeiter*, UStG)

Busse/Keukenschrijver
Patentgesetz (PatG), Kommentar, 8. Aufl., 2016

Buth/Hermanns
Restrukturierung, Sanierung, Insolvenz, 4. Aufl., 2014

Cook/Kerse
EC Merger Control, 5. Aufl., 2009

Commandeur/Kleinebrink
Betriebs- und Firmenübernahme, 2. Aufl., 2002

Corten/Reiss
Handbuch Unternehmensführung, 2012

Däubler/Kittner/Klebe/Wedde
BetrVG: Betriebsverfassungsgesetz, Kommentar, 15. Aufl., 2016
(zit.: D/K/K/W/*Bearbeiter*, BetrVG)

Diem
Akquisitionsfinanzierungen, 3. Aufl., 2013

Dötsch/Pung/Möhlenbrock
Die Körperschaftsteuer, Stand: 8/2016
(Dötsch/Pung/Möhlenbrock/*Bearbeiter*)

Drauz/Jones
EU Competition Law, Mergers and Acquisitions, Bd. 2, 2. Aufl., 2011

Ebenroth/Boujong/Joost/Strohn
HGB, 3. Aufl., 2015 (zit.: Ebenroth/Boujong/Joost/Strohn/*Bearbeiter*, HGB)

Ehricke/Ekkenga/Oechsler
WpÜG, 2003

Eilers/Koffka/Mackensen
  Private Equity, 2. Aufl., 2012

Emmerich/Habersack
  Aktien- und GmbH-Konzernrecht, 8. Aufl., 2016

Engelhardt
  Die gerichtliche Entscheidung nach §§ 21 ff. InsO und ihre Auswirkungen auf die vermögensrechtliche Stellung des Insolvenzschuldners, 2002

Erfurter Kommentar zum Arbeitsrecht
  16. Aufl., 2016 (zit.: *Bearbeiter*, in: ErfK Arbeitsrecht)

Ettinger/Jaques
  Beck'sches Handbuch Unternehmenskauf im Mittelstand, 2012

Faull/Nikpay
  The EU Law of Competition, 3. Aufl., 2014

Fikentscher/Heinemann
  Schuldrecht, 10. Aufl., 2006

Fitting/Engels/Schmidt/Trebinger/Linsenmaier
  Betriebsverfassungsgesetz (BetrVG), 28. Aufl., 2016
  (zit.: *Fitting*, BetrVG)

Formularbuch Recht und Steuern
  8. Aufl., 2014

Freund
  Rechtsnachfolge in Unterlassungspflichten, 2008

Frotscher/Geurts
  Einkommensteuergesetz (EStG), Loseblattkommentar, Stand: 2/2016
  (zit.: Frotscher/Geurts/*Bearbeiter*, EStG)

Fuchs
  WpHG, 2. Aufl., 2016 (zit.: Fuchs/*Bearbeiter*, WpHG)

Geibel/Süßmann
  WpÜG, 2. Aufl., 2008 (zit.: Geibel/Süßmann/*Bearbeiter*, WpÜG)

Gemeinschaftskommentar zum Betriebsverfassungsgesetz
  Wiese/Kreutz/Oetker/Raab/Weber/Franzen/Gutzeit/Jacobs, 10. Aufl., 2014
  (zit.: *Bearbeiter*, in: GK-BetrVG)

Glanegger/Güroff
  Gewerbesteuergesetz (GewStG), 8. Aufl., 2014
  (zit.: Glanegger/Güroff/*Bearbeiter*, GewStG)

Götz/Hülsmann
  Der Nießbrauch im Zivil- und Steuerrecht, 10. Aufl., 2014

Gola/Schomerus
  BDSG, 12. Aufl., 2015

Gottwald
Insolvenzrechts-Handbuch, 5. Aufl., 2015
(zit.: Gottwald/*Bearbeiter,* Insolvenzrechts-Handbuch)

Haarmann/Schüppen
Frankfurter Kommentar zum WpÜG, 3. Aufl., 2008

Habersack
Die Mitgliedschaft – subjektives und „sonstiges" Recht, 1996

Hahn/Taylor
Strategische Unternehmensplanung, Strategische Unternehmensführung, 9. Aufl., 2006

Hawk/Huser
European Community Merger Control: A Practitioners Guide, 1996

Heidel/Hüßtege/Mansel/Noack
Bürgerliches Gesetzbuch: BGB, Nomos Kommentar, Bd. 1: Allgemeiner Teil und EGBGB, 3. Aufl., 2016 (NK-BGB/Bearbeiter)

Hennerkes/Kirchdörfer/Lorz
Die Familie und ihr Unternehmen, 3. Aufl., 2015

Henssler/Strohn
Gesellschaftsrecht, Kommentar, 3. Aufl., 2016

Henssler/Willemsen/Kalb
Arbeitsrecht Kommentar, 7. Aufl., 2016 (zit.: HWK/*Bearbeiter*)

Herrmann/Heuer/Raupach
Einkommensteuer- und Körperschaftsteuergesetz (EStG, KStG), Kommentar, Stand: 8/2016 (zit.: Herrmann/Heuer/Raupach/*Bearbeiter*)

Hettler/Stratz/Hörtnagl
Unternehmenskauf, 2. Aufl., 2013
(zit.: *Bearbeiter*, in: Hettler/Stratz/Hörtnagl)

Heymann/Horn
Handelsgesetzbuch (HGB), 2. Aufl., 2012

Hirte/von Bülow
Kölner Kommentar zum WpÜG, 2. Aufl., 2010
(zit.: KK-WpÜG/*Bearbeiter*)

Hirte/Möllers
Kölner Kommentar zum WpHG, 2. Aufl., 2014
(zit.: KK-WpHG/*Bearbeiter*)

Hölscher/Nestler/Otto
Handbuch Financial Due Dilligence, 2007

Hölters
Aktiengesetz (AktG), 2. Aufl., 2014 (zit.: Hölters/*Bearbeiter*, AktG)

Hölters
   Handbuch des Unternehmens- und Beteiligungskaufs, 7. Aufl., 2010, 8. Aufl., 2015

Hölzle
   Praxisleitfaden ESUG, 2. Aufl., 2013

Hüffer/Koch
   AktG, Kommentar, 12. Aufl., 2016

Immenga/Mestmäcker
   Kommentar zum europäischen Kartellrecht, 5. Aufl., 2012

Jaeger
   InsO, Kommentar, 2004 ff. (Jaeger/*Bearbeiter*, InsO)

Jauernig
   Bürgerliches Gesetzbuch (BGB), 16. Aufl., 2015
   (zit.: Jauernig/*Bearbeiter*, BGB)

Jesch/Striegel/Boxberger
   Rechtshandbuch Private Equity, 2010

Jung
   Praxis des Unternehmenskaufs, 1997

Kayser/Thole
   Insolvenzordnung (InsO), Kommentar, 8. Aufl., 2016

Kallmeyer
   GmbH-Handbuch, 1998

Kästle/Oberbracht
   Unternehmenskauf – Share Purchase Agreement, 2. Aufl., 2010

Kilian/Heussen
   Computerrechts-Handbuch, 33. Erg-Lfg., 2016

Klein
   Abgabenordnung (AO), 13. Aufl., 2016 (zit.: Klein/*Bearbeiter*, AO)

Kneip/Jänisch
   Tax Due Diligence, 2. Aufl., 2010

Köhler/Bornkamm
   Gesetz gegen den unlauteren Wettbewerb (UWG), 34. Aufl., 2016
   (zit.: Köhler/Bornkamm/*Bearbeiter*, UWG)

Koller/Kindler/Roth/Morck
   Handelsgesetzbuch (HGB), 8. Aufl., 2015

Korfsmeyer
   Betriebliche Versicherungen in M & A-Transaktionen, 2011

Korn
   Einkommensteuergesetz (EStG), 93 Lfg., 2016
   (zit.: Korn/*Bearbeiter*, EStG)

L

Kossens/von der Heide/Maaß
SGB IX, Rehabilitation und Teilhabe behinderter Menschen mit Behindertengleichstellungsgesetz, Kommentar, 4. Aufl., 2015

Kreft
Insolvenzordnung, Heidelberger Kommentar, 7. Aufl., 2014
(zit.: Kreft/*Bearbeiter*, InsO)

Kübler
HRI – Handbuch Restrukturierung in der Insolvenz, 2. Aufl., 2015
(zit.: *Bearbeiter*, in: HRI Handbuch)

Kübler/Prütting/Bork
InsO – Kommentar zur Insolvenzordnung, Stand: 9/2016
(Kübler/Prütting/Bork/*Bearbeiter*, InsO)

Lademann
Kommentar zum Einkommensteuergesetz (EStG), Stand: 8/2016
(Lademann/*Bearbeiter*, EStG)

Landmann/Rohmer
Umweltrecht, 4 Bde., Loseblatt, Stand 5/2016

Langen/Bunte
Kommentar zum deutschen und europäischen Kartellrecht, Bd. 1 und Bd. 2, 12. Aufl., 2014 (zit.: Langen/Bunte/*Bearbeiter*)

Levy
European merger control law: a guide to the merger regulation, 10. Aufl., 2013

Lindsay/Berridge
The EU Merger Regulation: Substantive Issues, 4. Aufl., 2012

Loewenheim/Meessen/Riesenkampf
Kartellrecht, Kommentar, 3. Aufl., 2016

Lutter/Hommelhoff
GmbHG, Kommentar, 19. Aufl., 2016
(zit.: Lutter/Hommelhoff/*Bearbeiter*, GmbHG)

Marsch-Barner/Schäfer
Handbuch börsennotierte AG, 3. Aufl., 2014

Mehrbrey
Handbuch gesellschaftsrechtliche Streitigkeiten, 2. Aufl., 2015

Michalski
GmbHG, Kommentar, 2. Aufl., 2010
(zit.: Michalski/*Bearbeiter*, GmbHG)

Mittendorfer
Praxishandbuch Akquisitionsfinanzierung, 2007

Mückl
Arbeitsrecht in Krise und Insolvenz, 2014

Müller-Henneberg/Schwartz/Hootz
Gesetz gegen Wettbewerbsbeschränkungen und Europäisches Kartellrecht, Gemeinschaftskommentar, 5. Aufl., 2006

Münchener Anwaltshandbuch Arbeitsrecht
hrsg. von Moll, 3. Aufl., 2012

Münchener Handbuch Gesellschaftsrecht
4. Aufl. (zit.: Münchener Hdb. GesR/*Bearbeiter*)

Münchener Kommentar zum AktG
4. Aufl. (zit.: MünchKomm-AktG/*Bearbeiter*)

Münchener Kommentar zum BGB
7. Aufl. (zit.: MünchKomm-BGB/*Bearbeiter*)

Münchener Kommentar zum Bilanzrecht
2013 (zit.: MünchKomm-BilR/*Bearbeiter*)

Münchener Kommentar zum GmbH-Gesetz
2. Aufl. (zit.: MünchKomm-GmbHG/*Bearbeiter*)

Münchener Kommentar zum HGB
3. Aufl. (zit.: MünchKomm-HGB/*Bearbeiter*)

Münchener Kommentar zur Insolvenzordnung
3. Aufl. (zit.: MünchKomm-InsO/*Bearbeiter*)

Münchener Kommentar zum VVG
2. Aufl. (zit.: MünchKomm-VVG/*Bearbeiter*)

Münchener Kommentar zur ZPO
5. Aufl. (zit.: MünchKomm-ZPO/*Bearbeiter*)

Musielak
Zivilprozessordnung (ZPO), Kommentar, 13. Aufl., 2016
(zit.: Musielak/*Bearbeiter*, ZPO)

Nerlich/Römermann
Insolvenzordnung, Kommentar, Stand: 7/2016
(zit.: Nerlich/Römermann/*Bearbeiter*, InsO)

Neumann/Pahlen/Majerski-Pahlen
Sozialgesetzbuch IX, Rehabilitation und Teilhabe behinderter Menschen: SGB IX, Kommentar, 12. Aufl., 2010

v. Oefele/Winkler
Handbuch des Erbbaurechts, 6. Aufl., 2016

Palandt
BGB, Kommentar, 75. Aufl., 2016
(zit.: Palandt/*Bearbeiter*, BGB)

Park
Kapitalmarktstrafrecht, 3. Aufl., 2013

Picot
Handbuch Mergers & Acquisitions, 5. Aufl., 2012
Picot
Unternehmenskauf und Restrukturierung, 4. Aufl., 2013
Plath
Bundesdatenschutzgesetz (BDSG), Kommentar, 2. Aufl., 2016
(zit.: Plath/*Bearbeiter*, BDSG)
Preis
Erfurter Kommentar zum Arbeitsrecht, 16. Aufl., 2016
(zit.: *Bearbeiter*, in: ErfK Arbeitsrecht)
Preis/Sagan
Europäisches Arbeitsrecht, 2015
Prölss
Versicherungsaufsichtsgesetz (VAG), 12. Aufl., 2005
(zit.: Prölls/*Bearbeiter*, VAG)
Prölls/Martin
Versicherungsvertragsgesetz (VVG), 29. Aufl., 2015
(zit.: Prölls/Martin/*Bearbeiter*, VVG)
Reichert
GmbH und Co. KG, 7. Aufl., 2015
Richardi
Betriebsverfassungsgesetz (BetrVG), Kommentar, 15. Aufl., 2016
Rödder/Hötzel/Mueller-Thuns
Unternehmenskauf/Unternehmensverkauf, 2003
Rödter
Das Gesellschaftskollisionsrecht in Abgrenzung zur Rom I und II-VO, 2014
Röhricht/v. Westphalen/Haas
HGB, 4. Aufl., 2014 (zit.: Röhricht/v. Westphalen/Haas/*Bearbeiter*, HGB)
Römer/Langheid
Versicherungsvertragsgesetz (VVG), Kommentar, 4. Aufl., 2014
Roth/Altmeppen
GmbHG, Kommentar, 8. Aufl., 2015
(zit.: Roth/Altmeppen/*Bearbeiter*, GmbHG)
Rüffer/Halbach/Schimikowski
Versicherungsvertragsgesetz (VVG), 3. Aufl., 2015
Saenger/Inhester
GmbHG, Kommentar, 3. Aufl., 2016
(zit.: Saenger/Inhester/*Bearbeiter*, GmbHG)
Schimansky/Bunte/Lwowski
Bankrechts-Handbuch, 4. Aufl., 2011
(zit.: *Bearbeiter*, in: Schimansky/Bunte/Lwowski)

Schmidt, Andreas
Hamburger Kommentar zum Insolvenzrecht, 5. Aufl., 2015
(zit.: *Bearbeiter*, in: HambKomm-InsO)

Schmidt, Karsten
Gesellschaftsrecht, 4. Aufl., 2001

Schmidt, Karsten
Handelsrecht, 6. Aufl., 2014

Schmidt, Ludwig
Einkommensteuergesetz (EStG), 35. Aufl., 2016
(zit.: Schmidt/*Bearbeiter*, EStG)

Schmitt/Hörtnagel/Stratz
UmwG, 7. Aufl., 2016 (zit.: Schmitt/Hörtnagel/Stratz/*Bearbeiter*, UmwG)

Scholz
GmbHG, Kommentar, 11. Aufl., 2013 ff.
(zit.: Scholz/*Bearbeiter*, GmbHG)

Schulz
Handbuch Windenergie, 2015

Schwab/Walter
Schiedsgerichtsbarkeit, 7. Aufl., 2005

Schwark/Zimmer
Kapitalmarktrechts-Kommentar, 4. Aufl., 2010
(zit.: Schwark/Zimmer/*Bearbeiter*)

Schwartmann
Bundes-Bodenschutzverordnung, Bundes-Bodenschutz- und Altlastenverordnung (BBodSchV), 2012

Schwennicke/Auerbach
Kreditwesengesetz (KWG) mit Zahlungsdiensteaufsichtsgesetz (ZAG), 3. Aufl., 2016 (zit.: Schwennicke/Auerbach/*Bearbeiter*, KWG)

Schwintowski
Bankrecht, 4. Aufl., 2014 (zit.: *Schwintowski*, Bankrecht)

Semler/Stengel
Umwandlungsgesetz (UmwG), 3. Aufl., 2012
(zit.: Semler/Stengel/*Bearbeiter*, UmwG)

Semler/Volhard
Arbeitshandbuch für Unternehmensübernahmen, Bd. 1: 2001, Bd. 2: 2003
(zit.: *Bearbeiter*, in: Semler/Volhard)

Simitis
Bundesdatenschutzgesetz, 8. Aufl., 2014
(zit.: Simitis/*Bearbeiter*, BDSG)

Sinewe
Tax Due Diligence beim Unternehmenskauf, 2. Aufl., 2014
Soergel
BGB, Kommentar, 13. Aufl. (zit.: Soergel/*Bearbeiter*, BGB)
Spindler/Stilz
Kommentar zum AktG, 3. Aufl., 2015
(zit.: Spindler/Stilz/*Bearbeiter*, AktG)
Spitzbart
Das Betriebsvermögen im Erbschaftsteuerrecht, 2000
Stangl/Winter
Organschaft 2013/2014, 2014
Staub
HGB, Großkommentar, 5. Aufl., 2012 ff. (zit.: Staub/*Bearbeiter*, HGB)
Staudinger
BGB, Kommentar (zit.: Staudinger/*Bearbeiter*, BGB)
Stein/Jonas
Kommentar zur Zivilprozessordnung, 22. Aufl., 2013
(zit.: Stein/Joans/*Bearbeiter*, ZPO)
Steinke/Niewerth/Ludwig
Due Diligence bei Grundstücksgeschäften, 2009
Steinmeyer/Häger
WpÜG, 2. Aufl., 2007
Ströbele/Hacker
Markengesetz (MarkenG), 11. Aufl., 2015
(zit.: Ströbele/Hacker/*Bearbeiter*, MarkenG)
Sudhoff
Unternehmensnachfolge, 5. Aufl., 2005
Taeger/Gabel
BDSG und Datenschutzvorschriften des TKG und TMG, 2. Aufl., 2013
(zit.: Taeger/Gabel/*Bearbeiter*, BDSG)
Thaeter/Abbas
WpÜG, 2012
Theiselmann
Praxishandbuch des Restrukturierungsrechts, 2. Aufl., 2013
Theisen/Wenz
Die Europäische Aktiengesellschaft, 2. Aufl., 2005
Töllner/Ost/Barth
Kartellrechtspraxis und Kartellrechtsprechung 2006–2008, 22. Aufl., 2009

Uhlenbruck/Hirte/Vallender
Insolvenzordnung (InsO), 14. Aufl., 2015
(zit.: Uhlenbruck/*Bearbeiter*, InsO)

Ulmer/Habersack/Winter
GmbHG, Großkommentar, 2010
(zit.: Ulmer/Habersack/Winter/*Bearbeiter*, GmbHG)

Versteyl/Sondermann
Bundes-Bodenschutzgesetz (BBodSchG), Kommentar, 2. Aufl., 2005

Wächter
M&A Litigation, 2. Aufl., 2014

Weitnauer
Handbuch Venture Capital, 5. Aufl., 2016

Westermann/Wertenbruch
Handbuch der Personengesellschaften I, Stand: 7/2016

v. Westphalen
Vertragsrecht und AGB-Klauselwerke, 38. Aufl., Stand: 4/2016

Wicke
GmbH-Gesetz (GmbHG), 3. Aufl., 2016

Widman/Mayer
Umwandlungsrecht, Stand: 4/2016

Wiedemann
Handbuch des Kartellrechts, 3. Aufl., 2016

Willemsen/Hohenstatt/Schweibert/Seibt
Umstrukturierung und Übertragung von Unternehmen, Arbeitsrechtliches Handbuch, 5. Aufl., 2016 (zit.: *Bearbeiter*, in: W/H/S/S)

Wimmer
Frankfurter Kommentar zur Insolvenzordnung, 8. Aufl., 2015
(zit.: *Bearbeiter*, in: FK-InsO)

Wolf/Neuner
Allgemeiner Teil des Bürgerlichen Rechts, 11. Aufl., 2016

Zientek
Ungeschriebene Hauptversammlungskompetenzen bei Unternehmensakquisitionen einer Aktiengesellschaft, 2016

Zöller
Zivilprozessordnung (ZPO), Kommentar, 31. Aufl., 2016
(zit.: Zöller/*Bearbeiter*, ZPO)

Zöllner/Noack
Kölner Kommentar zum Aktiengesetz, 3. Aufl., 2016
(zit.: KK-AktG/*Bearbeiter*)

A. Der Unternehmenskauf

I. Marktüberblick und Einführung

Unternehmenstransaktionen in Europa und insbesondere in Deutschland sind in den letzten 30 Jahren zu einem bedeutenden eigenständigen Wirtschaftsfaktor geworden: *„Made in Germany"* ist ein weltweit anerkanntes Qualitätsmerkmal, nach öffentlich zugänglichen Statistiken wurde Deutschland zu einer der weltweit führenden Exportnation, ist Europas größte sowie der Welt fünftgrößte Volkswirtschaft und die politischen Rahmenbedingungen sind seit mehreren Jahrzehnten äußerst stabil. In den letzten Jahren nach der Wiedervereinigung wurden die ostdeutsche Industrie modernisiert und erfolgreich in das deutsche Wirtschaftsleben integriert, der Arbeitsmarkt durch Reformen liberalisiert und bürokratische Hürden abgebaut. Auch wenn die Bürger des Vereinigten Königreichs, Irland und des Commonwealth am 23.6.2016 in einem Referendum für den Austritt aus der Europäischen Union (Brexit) gestimmt haben, zeichnet sich schon heute ab, dass das Vereinigte Königreich auch in Zukunft ein sehr wichtiger Handelspartner für Deutschland und das übrige Europa bleiben wird.

Kein Wunder, dass sich der Standort Deutschland für deutsche, europäische und außereuropäische Investoren zu einem sehr attraktiven Standort entwickelt hat. Käufer und Verkäufer sind mehr geworden, sie stammen nicht mehr nur aus dem Bereichen der Industrie (börsennotierte Unternehmen und Mittelstand/Familiengesellschaften), sondern neben der internationalen Nachfrage haben sich auch Private Equity-Gesellschaften und vermögende Privatpersonen/Family Offices als ständige Nachfrager positioniert. Die Zahl der Transaktionen ist seit der Finanzkrise 2008/2009 bis heute wieder stetig angestiegen. An diesem positiven Trend wird auch der Ausgang der Wahlen in den USA wohl nur wenig ändern.

Analog zur Entwicklung von Wirtschaft und Unternehmenstransaktionen hat sich auch das dazugehörige Recht in Deutschland in diesen Jahren entwickelt. Bereits 2014 feierte *„Unternehmenskauf in Recht und Praxis"* sein 30jähriges Jubiläum. Das Skript hat den langen Weg vom quasi fünfzehnseitigen Standardkaufvertrag, der nicht alles regeln musste, weil er sich weitestgehend auf das in Deutschland kodifizierte Recht stützen konnte, hin zu einer komplexen, sehr internationalen Rechtsmaterie, die auf nicht kodifizierten angelsächsisch geprägten Regelungen beruht, begleitet. Bei Transaktionen in kontinentaleuropäischen Rechtskreisen, insbesondere bei solchen nach deutschem Recht, ist seit ein paar Jahren ein leichter und durchaus zu begrüßender Rückwärtstrend dahingehend zu beobachten, dass die Unternehmenskaufverträge sich in Teilen wieder auf das kodifizierte Recht besinnen und über die „essentialia" hinaus nur die wirklich notwendigen Abweichungen dazu im Unternehmenskaufvertrag regeln. Bei Unternehmenskaufverträgen in anglo-amerikanischen Rechtskreisen ist dieser Rückwärtstrend indes nicht zu beobachten.

A. Der Unternehmenskauf

4 Die Initiatoren des „*Unternehmenskauf in Recht und Praxis*" und Pioniere im deutschen Unternehmenskaufrecht, Dr. *Hans-Joachim Holzapfel* und Prof. Dr. *Reinhard Pöllath*, haben seit der ersten Auflage und kontinuierlich mit dreizehn weiteren Auflagen diese Entwicklung der Rechtsmaterie hin zu einer eigenen Rechtsdisziplin in Deutschland schon sehr früh und basierend auf ihrer eigenen (steuer-)rechtlichen Erfahrungen in der täglichen Praxis mitgeprägt. Wie kaum andere haben sie es verstanden, die gesetzlichen Grundlagen, die Weiterentwicklungen der Methodik durch Rechtsprechung und ihre sehr große Erfahrung aus der Praxis zu einem für jedermann schnell zugänglichen Führer durch die Rechtswelt des Unternehmenskaufs zu verbinden, von Anfang an immer mit dem gleichzeitigen Fokus auf Recht und Steuern sowie auf Wissenschaft und Praxis.

Erster Teil: Grundlegende Aspekte

II. Kaufgegenstand

1. Allgemeines

a) Vorbemerkung

5 Ein Unternehmen als solches ist weder schlicht Sache noch Recht. Ein Unternehmen ist vielmehr eine sich stetig verändernde Gesamtheit von Sachen, Rechten, Verträgen, Wissen, Mitarbeitern, organisatorischen Strukturen, tatsächlichen Beziehungen, Geschäftschancen und vielem mehr. All dies steht in funktionaler, auf den Unternehmenszweck ausgerichteter Zuordnung zueinander. Wird ein Unternehmen verkauft, müssen all diese Teilbereiche berücksichtigt und, soweit rechtlich relevant, erfasst und übertragen werden.[1] Das gilt insbesondere für den dinglichen Regelungsbereich des Unternehmenskaufvertrages, also dem der tatsächlichen Übertragung der relevanten Gegenstände.

b) Share Deal und Asset Deal als Grundtypen des Unternehmenskaufs und vielfach relevante Strukturierungsfaktoren

6 Es lassen sich zwei Grundtypen des Unternehmenskaufs unterscheiden:

- **Share Deal** (vgl. auch Rn. 12 ff.): Veräußerung des Unternehmens durch Übertragung seines Rechtsträgers, also z. B. Veräußerung des von einer GmbH betriebenen Unternehmens durch Abtretung aller Geschäftsanteile der GmbH;
- **Asset Deal** (vgl. auch Rn. 34 ff.): Übertragung des Unternehmens als solches durch Übertragung der einzelnen Wirtschaftsgüter des Unternehmens ohne seinen Rechtsträger, d. h. Abtrennung des Unternehmens von seinem bisherigen Rechtsträger (z. B. einer natürlichen Person als

---

1) Vgl. Staudinger/*Beckmann*, BGB (2014), § 453 Rn. 83.

Einzelkaufmann, aber auch einer Gesellschaft). Hier erfolgt die Übertragung nach den für die jeweiligen Wirtschaftsgüter maßgeblichen rechtlichen Vorschriften.

Im Grundsatz sind auf beide Grundtypen des Unternehmenskaufs dieselben kaufrechtlichen Vorschriften der §§ 433 ff. BGB (i. V. m. § 453 Abs. 1 BGB) anwendbar. 7

Als Kurzformel gilt, dass bei einem Asset Deal besondere Aufmerksamkeit auf den zu übertragenden dinglichen Teil zu richten ist, während bei einem Share Deal besondere Aufmerksamkeit im schuldrechtlichen Teil, d. h. den Vereinbarungen hinsichtlich der Beschaffenheit der zu übertragenden Anteile bzw. des mit diesen zu übertragenden Rechtsträgers, geboten ist. 8

Ob im Einzelfall ein Share Deal oder ein Asset Deal vorzugswürdig ist, hängt von einer Vielzahl von Faktoren ab, die im Einzelfall unterschiedliches Gewicht haben können. Relevant können insbesondere die folgenden sein: 9

- **Steuern:** Steuerliche Aspekte sind nicht selten von ganz entscheidender Bedeutung für die rechtliche Strukturierung des Unternehmenskaufs (vgl. hierzu insbesondere Kapitel IV). Zu berücksichtigen sind dabei die Auswirkungen der Transaktion auf die steuerliche Situation aller Beteiligten in allen relevanten Jurisdiktionen.

- **Haftungsthemen:** Während der Erwerber beim Share Deal den Rechtsträger des Unternehmens grundsätzlich mitsamt seinen Pflichten und Verbindlichkeiten erwirbt, kann beim Asset Deal sehr viel stärker selektiv vorgegangen werden. Dadurch ist es beim Asset Deal grundsätzlich einfacher, Risiken wirtschaftlich vom Unternehmenskauf auszunehmen. Unter diesem Gesichtspunkt bietet sich ein Asset Deal etwa dann an, wenn der Rechtsträger des Zielunternehmens mit Haftungsrisiken belastet ist, die der Käufer nicht übernehmen will oder wenn sich der Rechtsträger des Zielunternehmens in der Krise oder Insolvenz befindet (vgl. hierzu Kapitel XXVI).

- **Einbindung Dritter:** Im Einzelfall mag sich ein Asset Deal als zu kompliziert, langwierig oder verlustrisikobehaftet darstellen. Je größer das Unternehmen, je diverser die Zusammensetzung der relevanten Wirtschaftsgüter und je größer die Zahl der betroffenen Jurisdiktionen desto komplizierter wird die Gestaltung und Umsetzung der vertraglichen Übertragungsmechanik sein. Vielfach wird dann auch die Einbindung zahlreicher Dritter erforderlich sein. So können **Verträge** in der Regel nur mit Zustimmung des jeweiligen Vertragspartners übertragen werden – ein Thema, das sich beim Share Deal meist nur bei Change of Control-Klauseln stellt (vgl. dazu Rn. 15, 1171). Handelt es sich um für den Betrieb des Unternehmens wesentliche Verträge, besteht naturgemäß das Risiko, dass eine Übertragung scheitert und sich die Frage stellt, ob die Parteien eine wirtschaftlich äquivalente Lösung finden. Zudem hat dies

Auswirkungen auf den Wert des Unternehmens und damit – je nach vertraglicher Gestaltung – auf den Kaufpreis. Mit einem Asset Deal geht vielfach ein **Betriebs- oder Teilbetriebsübergang** nach § 613a BGB bzw. entsprechenden gesetzlichen Regelungen in den anderen Ländern der Europäischen Union (**TUPE** – Transfer of Undertakings Protection of Employment) einher; dadurch werden insbesondere Mitteilungspflichten gegenüber sowie Widerspruchsrechte der betroffenen Arbeitnehmer ausgelöst.

- **Genehmigungen:** Öffentlich-rechtliche Genehmigungen werden mitunter anlagenbezogen erteilt, so dass sie im Zuge der Übertragung der entsprechenden Wirtschaftsgüter automatisch mit übergehen. Nicht selten aber sind solche Genehmigungen personenbezogen, so dass ein Erwerber im Rahmen eines Asset Deals sicher stellen muss, dass er die für den Betrieb des Zielunternehmens erforderlichen Genehmigungen neu beantragt und rechtzeitig zum Vollzug des Unternehmenskaufvertrages erteilt bekommt. Diese zusätzliche Hürde besteht beim Share Deal grundsätzlich nicht.

- **Länderspezifische rechtliche Faktoren:** Im Einzelfall mag es unterschiedliche regulatorische oder sonstige rechtliche Anforderungen in relevanten Jurisdiktionen geben, die es vorteilhafter machen, einen Asset Deal oder aber einen Share Deal umzusetzen. Dementsprechend kommt es in der Praxis durchaus auch vor, dass sich ein grenzüberschreitender Unternehmenskauf als Kombination von Share und Asset Deal vollzieht.

c) **Weitere Transaktionsarten**

10 Neben den beiden genannten Grundtypen des Unternehmenskaufs gibt es weitere Transaktionsarten, bei denen sich einige Sonderthemen stellen. Zu erwähnen sind insbesondere die folgenden:

- **Umwandlungsrechtliche Maßnahmen:** Ein Unternehmenskauf kann auch als umwandlungsrechtlicher Maßnahme strukturiert werden. Das bietet sich beispielsweise an, wenn nicht der gesamte Rechtsträger eines Unternehmens, sondern nur ein **Unternehmensteil** erworben werden soll, aber zugleich die Umsetzung der Transaktion im Wege der Kombination einer Vielzahl von einzelnen Übertragungsvorgängen vermieden werden muss. Des Weiteren kann eine solche Strukturierung angebracht sein, wenn lediglich eine **Beteiligung**, nicht aber der Vollerwerb angestrebt wird. Im US-amerikanischen Rechtskreis stellen der *Forward Triangular Merger* und insbesondere der *Reverse Triangular Merger* häufig genutzte Strukturierungsvarianten mit umwandlungsrechtlichen Elementen dar.

- **Joint Venture:** Beim Joint Venture geht es um die Zusammenarbeit zwei oder mehrerer Partner entweder auf rein schuldrechtlicher Grundlage (*contractual joint venture*) oder durch Gründung oder anderweitige Schaffung eines Rechtsträgers, an dem beide bzw. alle Partner beteiligt sind (*equity joint venture*).

- **Share for Share Deal:** Hierbei handelt es sich um eine Spielart des Share-Deals, deren Besonderheit darin besteht, dass die Gegenleistung für die Anteile des Zielunternehmens nicht in der Zahlung eines Kaufpreises in Geld besteht, sondern vielmehr in Anteilen am Käufer.

d) Form

Grundsätzlich ist der Unternehmenskauf als solcher formfrei, wenngleich sich schon aus Dokumentations- und Beweiserwägungen die Schriftform empfiehlt. Nicht selten sind aber spezielle gesetzliche Vorschriften einschlägig, welche die Einhaltung einer strengeren Form gebieten. Bei einem Share Deal sind insbesondere § 15 GmbHG und § 68 AktG zu beachten. Beim Asset Deal hängt die einzuhaltende Form von den zu übertragenden Wirtschaftsgütern ab; eine notarielle Beurkundung ist insbesondere dann erforderlich, wenn es auch um die Übertragung bzw. die Verpflichtung zur Übertragung von Grundstücken oder grundstücksgleichen Rechten geht, für welche die notarielle Beurkundung vorgeschrieben ist (§ 311b Abs. 1 BGB). Dabei ist im Einzelfall jeweils sorgsam zu prüfen, ob sich der für einzelne Wirtschaftsgüter vorgeschriebene Beurkundungszwang auch auf die übrigen vom betroffenen Unternehmenskauf umfassten Wirtschaftsgüter erstrecken und daher der gesamte Vertrag beurkundungspflichtig wird (sog. Gesamtbeurkundungsgrundsatz; vgl. auch Rn. 41). 11

2. Der Kaufgegenstand beim Erwerb von Gesellschaftsanteilen (Share Deal)

a) Rechtliche Einordnung und Abgrenzung zum Asset Deal

Beim Share Deal handelt es sich grundsätzlich um einen **Rechtskauf** i. S. d. § 453 BGB.[2] 12

Nach Einführung der Verweisung des § 453 Abs. 1 BGB auf das Gewährleistungsrecht der §§ 433 ff. BGB spielt die Einordnung des Share Deals als Rechtskauf nur noch eine untergeordnete Rolle. 13

Wie eingangs erwähnt, ist unter einem Share Deal die Veräußerung eines Unternehmens durch Übertragung des Rechtsträgers des Unternehmens, z. B. durch Übertragung der Geschäftsanteile einer GmbH oder der Aktien einer Aktiengesellschaft, zu verstehen. Verkäufer beim Share Deal ist der Inhaber der Gesellschaftsanteile der Zielgesellschaft, die Gegenstand der Transaktion sind. Im Gegensatz hierzu tritt beim Asset Deal die Zielgesellschaft selbst als Veräußerer auf und der Geschäftsbetrieb landet schlussendlich in der Erwerbergesellschaft. 14

Beim Share Deal bleibt das veräußerte Unternehmen selbst unberührt und geht im Ganzen mit seinem **Rechtsträger** über. Im Vergleich zum Asset 15

---

2) Staudinger/*Beckmann*, BGB (2014), § 453 Rn. 90; Palandt/*Weidenkaff*, § 453 Rn. 23; MünchKomm-BGB/*H P. Westermann*, § 453 Rn. 20 ff.

Deal ist der rechtstechnische Vollzug des Share Deals einfacher, da die zu veräußernden Anteile einfach zu beschreiben und auf einheitlichem Wege zu übertragen sind. Wirtschaftsgüter, die der Zielgesellschaft gehören, werden vom Share Deal nicht berührt und gehen mit der Übertragung der Anteile der Zielgesellschaft wirtschaftlich auf den Erwerber über; ihre (direkte) rechtliche Zuordnung bleibt unverändert. Im Einzelfall gibt es davon Ausnahmen. So sehen Verträge bisweilen sog. *„Change of Control"*-Klauseln vor, die Vertragspartnern der Zielgesellschaft bei einem Kontrollwechsel über das Zielunternehmen die Möglichkeit geben, die betreffenden Verträge vorzeitig und außerordentlich zu kündigen.

16 Ein weiterer Unterschied zum Asset Deal besteht darin, dass in der Zielgesellschaft liegende **Haftungsrisiken** beim Share Deal vom Erwerber der Anteile mitübernommen werden, wenngleich – von Fällen der Durchgriffshaftung abgesehen – die Haftung rechtlich dann nicht auf den Erwerber durchschlägt, sondern lediglich die Zielgesellschaft trifft, wenn der Rechtsträger als Organisationsform mit beschränkter Haftung ausgestaltet ist (anders z. B. OHG oder GbR). Beim Asset Deal ist der Erwerber grundsätzlich frei in seiner Entscheidung, welche Unternehmensbestandteile (und damit verbundene Verbindlichkeiten und Risiken) er übernimmt; bei hochverschuldeten Gesellschaften wird der Erwerber oftmals nur gewillt sein, die Vermögensgegenstände des Zielunternehmens zu übernehmen.[3]

17 Zudem bestehen gewisse Unterschiede in Bezug auf die Übertragung der **Arbeitnehmer**: Beim Share Deal gehen die Arbeitnehmer und deren Arbeitsverhältnisse indirekt mit der Übertragung der Anteile der Zielgesellschaft über, bleiben mithin unberührt, wohingegen es beim Asset Deal zu einem Betriebsübergang gem. § 613a BGB bzw. entsprechenden nationalen Vorschriften anderer Jurisdiktionen kommt.[4]

b) **Gesellschaftsformen**

18 Rechtsträger eines Unternehmens – und damit Zielgesellschaft und Gegenstand eines Share Deals – kann eine Kapitalgesellschaft (z. B. GmbH, AG, SE) oder eine Personengesellschaft sein (z. B. OHG, KG, GmbH & Co. KG, GbR). Die gesellschaftsrechtliche Beteiligung des Verkäufers stellt den unmittelbaren Kaufgegenstand dar.

aa) **Kapitalgesellschaften**

19 Bei Kapitalgesellschaften erfolgt die Übertragung der betreffenden Gesellschaftsanteile regelmäßig durch entsprechende **Abtretung**.

---

3) *Kästle/Oberbracht*, Unternehmenskauf – Share Purchase Agreement, S. 4.
4) *Kästle/Oberbracht*, Unternehmenskauf – Share Purchase Agreement, S. 4.

(1) Aktiengesellschaft

Unter Umständen kommt aber auch eine Ausgestaltung als Sachkauf in Betracht, wenn nämlich das Mitgliedschaftsrecht in einem Wertpapier (z. B. Aktie) verkörpert ist. In diesem Fall kann die **Inhaberaktie** gem. §§ 929 ff. BGB durch Einigung und Übergabe der Aktienurkunde übertragen werden. Dann kommt nach allgemeinen sachenrechtlichen Grundsätzen auch gutgläubiger Erwerb in Betracht. Bei fehlender Verbriefung muss die Übertragung dagegen durch Abtretung gem. § 413 BGB i. V. m. § 398 BGB erfolgen;[5] dementsprechend scheidet ein gutgläubiger Erwerb aus. 20

Namensaktien können entsprechend dem Leitbild des § 68 Abs. 1 AktG durch Indossament und Übergabe der Aktienurkunde übertragen werden. In Betracht kommt sowohl das Vollindossament unter Nennung des Namens des Erwerbers als auch das Blankoindossament. In diesem Fall ist gutgläubiger Erwerb gem. § 68 AktG i. V. m. § 16 Wechselgesetz möglich. Voraussetzung ist grundsätzlich, dass der Verkäufer die Namensaktie selbst in Händen hält und eine ununterbrochene Reihe von Indossamenten auf ihn hinführt. Weiß der Käufer dagegen von der mangelnden Berechtigung des Verkäufers oder musste er sie kennen, ist gutgläubiger Erwerb ausgeschlossen. 21

Allerdings ist die Übertragung der Namensaktie durch Indossierung nicht zwingend; es ist auch möglich, das verbriefte Recht dennoch durch **Abtretung** gem. § 413 BGB i. V. m. § 398 BGB zu übertragen. Streitig ist in diesem Fall, ob es für die Wirksamkeit des Rechtsübergangs der Übergabe der Aktienurkunde oder eines Übergabesurrogats bedarf. Vor diesem Hintergrund empfiehlt sich in der Praxis zur Streitvermeidung eine entsprechende Übergabe zu vereinbaren. Zudem benötigt der Erwerber die Urkunde unter praktischen Gesichtspunkten ohnehin für verschiedene Vorgänge (z. B. für die Anmeldung des Rechtsübergangs zur Eintragung in das Aktienregister).[6] 22

(2) Gesellschaft mit beschränkter Haftung

Bei der **Abtretung** von Geschäftsanteilen einer GmbH ist zu beachten, dass gem. §§ 29, 46 Nr. 1 GmbHG der Gewinnanspruch grundsätzlich demjenigen zusteht, der im Zeitpunkt des jeweiligen Gewinnverwendungsbeschlusses Gesellschafter war. Abweichende schuldrechtliche und dingliche Vereinbarungen zwischen den Parteien, die z. B. eine zeitanteilige Verteilung (siehe § 101 Nr. 2 BGB) vorsehen, sind möglich. Um Unklarheiten zu vermeiden, sollte im Unternehmenskaufvertrag auf jeden Fall eine Regelung aufgenommen werden, wem der Gewinn des bei Vollzug laufenden Geschäftsjahres 23

---

5) *Picot*, Unternehmenskauf und Restrukturierung, S. 152 f.; Hölters/*Semler*, Handbuch des Unternehmens- und Beteiligungskaufs, 8. Aufl., Teil VII Rn. 133 f.
6) *Müller/Rödder/Maul*, in: Beck'sches Handbuch der AG, Rn. 112 ff.

und wem die etwa noch nicht ausgeschütteten Gewinne vorausgegangener Jahre zustehen sollen.[7]

24 Nach § 16 Abs. 3 GmbHG ist in bestimmten Fällen **gutgläubiger Erwerb von GmbH-Anteilen** möglich, wenn dieser zu Unrecht in der Gesellschafterliste als Inhaber des abgetretenen Geschäftsanteils eingetragen ist – vorausgesetzt, die unrichtige Eintragung besteht seit mehr als drei Jahren und ist dem wahren Inhaber des Anteils zuzurechnen. Der gutgläubige Erwerb ist ausgeschlossen, wenn dem Erwerber die Unrichtigkeit der Gesellschafterliste bekannt oder infolge grober Fahrlässigkeit nicht bekannt ist.[8] Nachforschungen braucht der Erwerber allerdings nicht anzustellen, wenn keine Anhaltspunkte dafür ersichtlich sind, dass der Veräußerer nicht Inhaber der Geschäftsanteile ist; § 16 Abs. 3 GmbHG soll dem Erwerber insoweit aufwändige Nachforschungen zur Rechtsinhaberschaft ersparen. Maßgeblicher Zeitpunkt für die Gut- oder Bösgläubigkeit des Erwerbs ist grundsätzlich das Wirksamwerden der Abtretung. Demzufolge hat der BGH die Möglichkeit eines gutgläubigen Zweiterwerbs von GmbH-Geschäftsanteilen nach vorheriger lediglich aufschiebend bedingter Erstabtretung konsequenterweise abgelehnt.[9] Zu beachten ist, dass § 16 Abs. 3 GmbHG nicht den guten Glauben des Erwerbers an die Lastenfreiheit des erworbenen Geschäftsanteils schützt; insoweit muss der Erwerber im eigenen Interesse Nachforschungen anstellen oder sich anderweitig vertraglich ausreichend absichern (vgl. hierzu Rn. 98 f.)

bb) Personengesellschaften

25 Beim Erwerb von (Beteiligungen an) Personengesellschaften muss durch genaue Beschreibung des Kaufgegenstandes insbesondere bestimmt werden, ob neben dem Kapitalanteil weitere mit dem Mitgliedschaftsrecht verbundene Rechte und Pflichten übertragen werden sollen (z. B. Guthaben des Veräußerers auf den Gesellschafterkonten). Wurde keine abweichende Parteivereinbarung getroffen, gehen sämtliche **mit dem Gesellschaftsverhältnis verbundenen Rechte und Pflichten** auf den Erwerber über, sofern sie im Rechenwerk der Personengesellschaft Eingang gefunden haben. In jedem Fall empfiehlt es sich, das Kontensystem der konkreten Zielgesellschaften zu prüfen, um einzelfallbezogen angemessene Regelungen treffen zu können.[10] Des Weiteren ist aus steuerlicher Sicht bei der Strukturierung zu beachten, dass Personengesellschafen grundsätzlich transparent sind, sie steuerlich also gewissermaßen als nicht existent anzusehen sind. Allerdings gilt dies nicht ausnahmslos; so kann beispielsweise der Gewinn aus der Veräußerung von

---

7) *Picot*, Unternehmenskauf und Restrukturierung, S. 153.
8) Hölters/*Semler*, Handbuch des Unternehmens- und Beteiligungskaufs, 8. Aufl., Teil VII Rn. 121 f.
9) BGH NZG 2011, 1268.
10) Ausführlich und grundlegend zum Kontensystem von Personengesellschaften immer noch *Huber*, ZGR 1988, 1-103.

Personengesellschaftsanteilen zum Anfall von Gewerbesteuer auf Ebene der Zielgesellschaft führen, was bei steuerlich weniger gut beratenen Käufern bisweilen zu Überraschungen führt (vgl. näher hierzu Rn. 319 ff.).

Der bis zum Übertragungsstichtag erwirtschaftete **Gewinn** steht beim Erwerb einer Personengesellschaft grundsätzlich dem Veräußerer zu; ein Zwischenabschluss ist ohne weiteres möglich, so dass der zeitanteilige Gewinn des Veräußerers auf diesem Wege festgestellt werden kann. Der Ausgleich von etwaigen, zum Übertragungsstichtag bestehenden Verlusten ist je nach vertraglicher Vereinbarung zwischen den Parteien vorzunehmen.[11] 26

c) Exkurs: Erwerb von Vorratsgesellschaften und Mantelgesellschaften

Im Rahmen von Unternehmenskäufen kann sich das Thema der Verwendung von Vorrats- oder Mantelgesellschaften stellen. 27

- Unter einer **Vorratsgesellschaft** versteht man eine Gesellschaft, die zunächst errichtet wird, ohne dass sie – von der Verwaltung ihres eigenen Vermögens abgesehen – ein Unternehmen betreiben soll. Sie soll also zunächst unternehmerisch untätig bleiben, bis sie – meist von einem neuen Gesellschafter – für einen solchen Zweck erstmals aktiviert wird. In diesem Sinne wird die Gesellschaft also auf Vorrat errichtet. Das ist rechtlich nicht zu beanstanden, solange dies offen erfolgt und der Unternehmenszweck entsprechend ausgestaltet ist.[12]

- Von einer **Mantelgesellschaft** wird herkömmlich bei einer Gesellschaft gesprochen, die bereits unternehmerisch aktiv war, deren Aktivitäten jenseits der Verwaltung eigenen Vermögens dann aber eingestellt wurden, wodurch die Gesellschaft dadurch gleichsam unternehmslos wird.

Die Verwendung von **Vorratsgesellschaften** kann einerseits im Rahmen der Schaffung der Akquisitionsstruktur auf Käuferseite relevant werden. Ungeachtet des Umstandes, dass die Gründung von Kapitalgesellschaften deutlich weniger Zeit in Anspruch nimmt als noch vor einigen Jahren, ist der Erwerb von Vorratsgesellschaften von entsprechenden Dienstleistern ein gängiger und Zeit sparender Vorgang. Gerade bei komplexen Erwerbsstrukturen kann dies die zeitliche Taktung und Umsetzung der Transaktion erleichtern. Andererseits kann sich das Thema auch im Rahmen der Due Diligence stellen, wenn nämlich das Zielunternehmen selbst Vorratsgesellschaften verwendet hat; in diesem Fall gilt es zu untersuchen, ob die hierbei geltenden gesellschaftsrechtlichen Vorgaben beachtet wurden. 28

Die Verwendung von **Mantelgesellschaften** kann insbesondere dann relevant werden, wenn ein Konzern entsprechende Gesellschaften aus seinem „Bestand" 29

---

11) *Beisel/Klumpp*, Unternehmenskauf, Kapitel 4 Rn. 8 f., 19; *Picot*, Unternehmenskauf und Restrukturierung, S. 151 f.
12) MünchKomm-AktG/*Pentz*, § 23 Rn. 89; *Hüffer*, AktG, § 23 Rn. 25.

im Rahmen einer Akquisition nutzbar machen will. Entsprechende Vorgänge kann es auch beim Zielunternehmen selbst gegeben haben, die dann entsprechend im Rahmen der Due Diligence näher zu untersuchen sind.

30 Nach herrschender Meinung in Rechtsprechung und Literatur handelt es sich bei der Aktivierung von Vorratsgesellschaft respektive der Reaktivierung von Mantelgesellschaften um eine **wirtschaftliche Neugründung.** Der Begriff rührt daher, dass damit zwar rechtlich keine formale Neugründung verbunden ist, die Gesellschaft aber erstmals oder wieder unternehmerisch nach Außen im Rechtsverkehr und damit „wirtschaftlich" neu bzw. erneut in Erscheinung tritt.

31 Auf die wirtschaftliche Neugründung durch Ausstattung der Vorratsgesellschaft mit einem Unternehmen und erstmalige Aufnahme ihres Geschäftsbetriebes finden die der Sicherstellung der Kapitalausstattung dienenden **Gründungsvorschriften** (einschließlich der registergerichtlichen Kontrolle) entsprechende Anwendung.[13] Der Geschäftsführer einer GmbH hat daher sicherzustellen und gem. § 8 Abs. 2 GmbHG gegenüber dem Registergericht zu versichern, dass die Leistungen auf die Stammeinlagen der Gesellschaft erbracht sind und zu seiner freien Verfügung stehen.

32 Unterbleibt die mit der Versicherung entsprechend § 8 Abs. 2 GmbHG zu verbindende Offenlegung der wirtschaftlichen Neugründung gegenüber dem Registergericht, soll sich laut BGH der Umfang der **Unterbilanzhaftung** auf eine etwaige Deckungslücke zwischen dem Stammkapital und dem – ggf. auch negativen – Gesellschaftsvermögen in demjenigen Zeitpunkt beschränken, in dem die wirtschaftliche Neugründung entweder durch die Anmeldung der eine wirtschaftliche Neugründung begründenden Satzungsänderungen gegenüber dem Registergericht oder durch tatsächliche Aufnahme der wirtschaftlichen Tätigkeit erstmals nach außen in Erscheinung tritt. Der BGH lehnt damit ausdrücklich die weit verbreitete Auffassung einer zeitlich unbegrenzten Verlustdeckungshaftung der Gesellschafter ab.[14]

33 Das **Risiko einer möglichen Unterbilanzhaftung** beim Kauf einer Vorratsgesellschaft ist zwar durch das BGH-Urteil nicht gänzlich entfallen. Jedoch ist es kalkulierbarer geworden. In diesem Zusammenhang sollte der Käufer die bilanziellen Verhältnisse der betreffenden Gesellschaft sowohl im Zeitpunkt der die wirtschaftlichen Neugründung manifestierenden Satzungsänderungen zum Handelsregister als auch im Zeitpunkt der tatsächlichen Aufnahme der (neuen) wirtschaftlichen Tätigkeit prüfen.

---

13) Vgl. BGH ZIP 1992, 689 = NJW 1992, 1824; BGHZ 155, 318.
14) BGH ZIP 2012, 817 = NZG 2012, 539; *Bachmann*, NZG 2012, 579; *Wolfer/Tögel*, GWR 2012, 215.

3. Der Kaufgegenstand beim Erwerb von Vermögensbestandteilen des Unternehmens (Asset Deal)

Im Rahmen eines Asset Deals werden die zum Zielunternehmen gehörenden Wirtschaftsgüter übertragen. Diese umfassen regelmäßig nicht nur dessen bilanziertes Vermögen, sondern auch dessen nicht bilanzierte bzw. nicht bilanzierungsfähige Vermögensgegenstände (z. B. geringwertige Wirtschaftsgüter) einschließlich selbstgeschaffener immaterieller Wirtschaftsgüter (Markenrechte, Lizenzen, Know-how einschließlich Datenträger, wichtige Unterlagen, wichtige Mitarbeiter) sowie vertragliche bzw. sonstige Rechtsverhältnisse (z. B. Miet- bzw. Leasingverträge, behördliche Genehmigungen, Mitgliedschaften).[15]   34

a) Erfassung der zum Zielunternehmen gehörenden Vermögensgegenstände

Beim Asset Deal spielt der sachenrechtliche **Bestimmtheitsgrundsatz** in Bezug auf den Kaufgegenstand eine elementare Rolle. Denn die Übertragung der einzelnen Wirtschaftsgüter erfolgt hier im Rahmen der Singularsukzession nach den jeweils geltenden Übertragungsvorschriften (z. B. §§ 929 ff., 873 ff., 398 ff. BGB). Wird dem Bestimmtheitsgrundsatz nicht genüge getan, kann dies unter Umständen zum Scheitern des Eigentumsübergangs führen.[16]   35

Deshalb ist es erforderlich, alle zum Zielunternehmen gehörenden und ihm dienenden Vermögensgegenstände bereits im Zeitpunkt des Abschlusses des Unternehmenskaufvertrages möglichst genau zu erfassen.   36

Zwar werden in der Praxis die zu übertragenden Sachen und Forderungen in der Regel der Bilanz des Zielunternehmens sowie den Inventarverzeichnissen zu entnehmen sein, doch enthält die Bilanz lediglich Wertansätze bestimmter Arten von Vermögensgegenständen. Nicht bilanziert werden beispielsweise sofort abgeschriebene geringwertige Wirtschaftsgüter des Anlagevermögens (vgl. § 6 Abs. 2 EStG), sonstige voll abgeschriebene Wirtschaftsgüter, selbstgeschaffene immaterielle Wirtschaftsgüter oder sonstige nicht bilanzierungsfähige Rechtsbeziehungen (z. B. noch nicht vollständig erfüllte Verträge). Zudem kommt es vor, dass an sich beim Zielunternehmen bilanzierte Vermögensgegenstände nicht im Eigentum des Zielunternehmens stehen, sondern vielmehr dem Sonderbetriebsvermögen der Gesellschafter zuzuordnen sind. In diesem Fall bedarf es in Bezug auf eine beabsichtigte Übereignung dieser Vermögensgegenstände der Zustimmung des jeweils betreffenden Gesellschafters.[17]   37

---

15) Staudinger/*Beckmann*, BGB (2014), § 453 Rn. 93 ff., 99; *Picot*, Unternehmenskauf und Restrukturierung, S. 138 ff.; Hölters/*Semler*, Handbuch des Unternehmens- und Beteiligungskaufs, 8. Aufl., Teil VII Rn. 76 ff.
16) Staudinger/*Beckmann*, BGB (2014), § 453 Rn. 100; *Beisel*/*Klumpp*, Unternehmenskauf, Kapitel 4 Rn. 23.
17) Hölters/*Semler*, Handbuch des Unternehmens- und Beteiligungskaufs, 8. Aufl., Teil VII Rn. 79.

38 Die genaue Erfassung und Abgrenzung der zu veräußernden Wirtschaftsgüter ist besonders wichtig, wenn lediglich Unternehmensteile veräußert werden; in diesem Fall ist im Rahmen der Vertragsgestaltung gesteigertes Augenmerk auf die Frage der Zuordnung von Wirtschaftsgütern zu legen, die nicht ausschließlich dem zu veräußernden Unternehmensteil dienen (sog. *dual use assets*). Zudem kann insbesondere im Hinblick auf etwaige Gewährleistungsansprüche eine Abgrenzung zwischen Inventarkaufvertrag und Unternehmenskaufvertrag erforderlich sein.[18] In rechtstechnischer Hinsicht kommen beim Verkauf eines Unternehmensteils zwei Möglichkeiten in Betracht: Entweder es wird vereinbart, dass nur die konkret bestimmten Wirtschaftsgüter des Verkäufers auf den Käufer übertragen werden. Oder es wird vereinbart, dass alle mit Ausnahme konkret bestimmter Wirtschaftsgüter des Verkäufers auf den Käufer übertragen werden.

39 In jedem Fall empfiehlt es sich, im Unternehmenskaufvertrag einen Mechanismus zu vereinbaren, der im Falle einer sich nachträglich herausstellenden Fehlzuordnung die Parteien zur Korrektur durch Übertragung auf den Käufer bzw. Rückübertragung auf den Verkäufer verpflichtet (*wrong pockets clause*).

b) Einzelne Vermögensgegenstände

aa) Grundstücke

40 Umfasst der Asset Deal Grundstücke oder grundstücksgleiche Rechte, wie insbesondere Erbbaurechte, bedarf der Unternehmenskaufvertrag grundsätzlich der notariellen Beurkundung (vgl. § 311b Abs. 1 BGB; § 11 ErbbauRG).[19]

41 Dieses Formerfordernis beschränkt sich dann nicht auf die Abreden, welche auf den Verkauf der unternehmenszugehörigen Grundstücke bezogen sind, sondern erfasst sämtliche anderen Abreden, die nach dem Parteiwillen derart (Gesamtbeurkundungsgrundsatz) voneinander abhängen sollen, dass ein Verkauf nur gemeinsam erfolgen soll. Dementsprechend stellen diese Abreden auch unter diesem Gesichtspunkt ein einheitliches Geschäft dar. Häufig ist bildlich davon die Rede, dass die betreffenden Abreden miteinander „stehen oder fallen" sollen.[20]

42 Da sich eine zweifelsfreie Abgrenzung (auch mit den zu § 139 BGB entwickelten Grundsätzen) in der Praxis häufig nicht vornehmen lässt, empfiehlt es sich im Zweifel, alle Abreden, die im Zusammenhang mit dem Unternehmenskauf stehen, zu beurkunden.

---

18) *Beisel/Klumpp*, Unternehmenskauf, Kapitel 4 Rn. 23; Staudinger/*Beckmann*, BGB (2014), § 453 Rn. 99.
19) Lediglich in extremen Ausnahmefällen, in denen ein mit zu übertragendes Grundstück vollkommen untergeordnete wirtschaftliche Bedeutung hat, mag man hiervon absehen können, vgl. BGH DB 1984, 451.
20) Hölters/*Semler*, Handbuch des Unternehmens- und Beteiligungskaufs, 8. Aufl., Teil VII Rn. 82; Staudinger/*Schumacher*, BGB (2011), § 311b Rn. 152 ff.

Verstöße gegen die Formvorschrift des § 311b Abs. 1 BGB führen zur Unwirksamkeit des gesamten Geschäfts, vgl. § 125 BGB, sofern der Formmangel nicht gem. § 311b Abs. 1 S. 2 BGB durch entsprechende Auflassung und Eintragung geheilt wird (die Heilungswirkung erstreckt sich auch auf die Nebengeschäfte). 43

Bei Auslandsberührungen von Grundstücksveräußerungen gilt hinsichtlich des anzuwendenden Rechts im Grundsatz, dass gem. Art. 3 Nr. 1 Buchst. b) EGBGB i. d. F. vom 16.7.2014 i. V. m. Art. 3 Rom I-VO schuldrechtliche Verträge in erster Linie dem von den Parteien ausdrücklich oder stillschweigend gewählten Recht unterliegen. Aus Art. 11 Abs. 4 sowie Art. 43 Abs. 1 EGBGB (vgl. Rn. 2206) folgt jedoch wiederum, dass für ein in Deutschland belegenes Grundstück grundsätzlich deutsches Recht anzuwenden ist. 44

Da Betriebsgrundstücke bisweilen im Sondervermögen von Gesellschaftern, stehen ist dieser Gesichtspunkt auf Erwerberseite im Rahmen der Due Diligence besonders zu prüfen und im Rahmen der Verhandlungen über die Ausgestaltung des Unternehmenskaufvertrages oder die Kaufpreishöhe zu berücksichtigen. 45

bb) Bewegliche Sachen

Um den sachenrechtlich erforderlichen Grad der Bestimmtheit der zu übertragenden beweglichen Sachen zu erreichen, bedarf es **qualitativer Eingrenzungskriterien** (z. B. sachliche Eigenschaften, räumliche und zeitliche Verhältnisse, etc.). Rein quantitative Bestimmungen genügen zumeist nicht. Zumeist ausreichend ist jedoch beispielsweise die Konkretisierung unter Bezugnahme auf ein Inventarverzeichnis.[21] 46

Im Rahmen der Übertragung einer **Sachgesamtheit** aus einem gemischten Bestand müssen fremde Sachen, die nicht übertragen werden sollen, ausgesondert werden. 47

Bei **Anwartschaftsrechten** des Verkäufers (z. B. unter Eigentumsvorbehalt gekaufte Sachen) sollte der Unternehmenskaufvertrag eine Regelung enthalten, wonach dem Käufer insoweit zunächst lediglich die entsprechenden Anwartschaftsrechte übertragen werden, soweit diese nicht bis zum Vollzug des Unternehmenskaufvertrages zum Vollrecht erstarkt sein sollten.[22] 48

Es ist grundsätzlich auch möglich, zum Zeitpunkt des Vertragsabschlusses noch nicht vorhandene, mithin erst **künftig entstehende Sachen** in einen Asset Deals einzubeziehen, sofern die Parteien das spätere Vorhandensein der Sache mit Sicherheit erwarten. Dem Bestimmtheitserfordernis wird ausreichend Rechnung getragen, wenn einfache und leicht erkennbare Kriterien 49

---

21) *Beisel/Klumpp*, Unternehmenskauf, Kapitel 4 Rn. 26 ff.; *Picot*, Unternehmenskauf und Restrukturierung, S. 139.
22) *Beisel/Klumpp*, Unternehmenskauf, Kapitel 4 Rn. 30.

vereinbart werden, anhand derer künftig festgestellt werden kann, ob eine bestimmte Sache übereignet worden ist.²³⁾

50 Zu beachten ist ferner, dass sich die Verpflichtung eines Vertragsteils zur Veräußerung oder Belastung einer Sache in Ermangelung einer anderslautenden vertraglichen Regelung auch auf das **Zubehör** zu dieser Sache erstreckt, vgl. § 311c BGB.

51 Unter den Voraussetzungen der §§ 932 ff. BGB ist bei Sachen **gutgläubiger Erwerb** möglich.

cc) Eingetragene Schutzrechte, immaterielle Vermögenswerte

52 Für die Übertragung immaterieller Vermögenswerte gelten vielfach spezielle Vorschriften.

53 Verträge zur Veräußerung deutscher **Patente** und **Gebrauchsmuster** sind nach § 15 PatG bzw. § 22 Abs. 1 S. 2 GebrMG zwar grundsätzlich formfrei. Nach § 30 Abs. 3 PatG bzw. § 8 Abs. 4 GebrMG bleibt aber der Verkäufer als bisheriger Inhaber nach Maßgabe des Patentgesetzes respektive des Gebrauchsmustergesetzes berechtigt und verpflichtet, solange nicht der Erwerber als neuer Inhaber in das entsprechende Register eingetragen ist. Die Rechtsänderung muss dem Patentamt nachgewiesen werden; für die reibungslose Durchführung dieser Änderung empfiehlt sich eine beglaubigte Abschrift der relevanten Vertragsdokumentation.

54 Im Markenrecht gilt der Grundsatz der Nichtakzessorietät der **Marke** (§ 27 Abs. 1 MarkenG). Gehört die Marke allerdings zu einem Geschäftsbetrieb oder zu einem Teil eines Geschäftsbetriebs, so wird das durch die Eintragung, die Benutzung oder die notorische Bekanntheit der Marke begründete Recht nach § 27 Abs. 2 MarkenG im Zweifel von der Übertragung oder dem Übergang des Geschäftsbetriebs oder des Teils des Geschäftsbetriebs, zu dem die Marke gehört, ebenfalls erfasst. Allerdings lässt sich auf diese Weise in der Praxis nicht immer mit der gebotenen Sicherheit das gewünschte Ergebnis herbeiführen, so dass die Aufnahme einer entsprechenden ausdrücklichen Regelung in den Unternehmenskaufvertrag empfehlenswert ist.²⁴⁾

55 Hat der Käufer ein besonderes Interesse an der Fortführung der **Firma**, ist zu beachten, dass Unternehmenskennzeichen grundsätzlich nicht ohne den zugehörigen Geschäftsbetrieb veräußert werden können; insofern hat sich durch Einführung des Markengesetzes in der Sache nichts an dem bis dahin

---

23) *Beisel/Klumpp*, Unternehmenskauf, Kapitel 4 Rn. 30.
24) *Beisel/Klumpp*, Unternehmenskauf, Kapitel 4 Rn. 37 f.; Hölters/Semler, Handbuch des Unternehmens- und Beteiligungskaufs, 8. Aufl., Teil VII Rn. 88 ff.; *Picot*, Unternehmenskauf und Restrukturierung, S. 141 ff.

unter dem Warenzeichengesetz geltenden Recht geändert.[25] Erforderlichenfalls lassen sich aber Geschäftsbetrieb und Schutzbereich des Kennzeichens deckungsgleich aufteilen, was im Kaufvertrag ausdrücklich geregelt werden sollte. Wird die Firma fortgeführt ist zu beachten, dass nach § 25 HGB (**Haftung bei Firmenfortführung**) der Erwerber grundsätzlich für alle im Betrieb des Geschäfts begründeten Verbindlichkeiten des früheren Inhabers haftet (vgl. hierzu auch Rn. 1006 ff.).

Häufig sind immaterielle Vermögenswerte unterschiedlichster Art (z. B. Kunden- und Lieferantenlisten, Goodwill, Absatzmöglichkeiten, Geschäftsgeheimnisse, etc.) für den eigentlichen Wert des Zielunternehmens entscheidend. Die Vertragsgestaltung sollte daher besondere Aufmerksamkeit auf die genaue Erfassung und Beschreibung der immateriellen Vermögenswerte und deren dauerhaften Schutz richten. Dabei kann nicht immer eine Übertragung im rechtlichen Sinne erreicht und muss dem Interesse des Erwerbers dementsprechend auf andere Weise Rechnung getragen werden. Das zeigt sich beispielsweise für den Kundenstamm, wenn die Kunden nicht durch Verträge mit einer gewissen Mindestlaufzeit an das Zielunternehmen gebunden sind. In diesem Fall bietet es sich an, im Unternehmenskaufvertrag eine gemeinsame Kommunikationsstrategie von Erwerber und Verkäufer gegenüber den Kunden und ggf. auch der Öffentlichkeit zu vereinbaren und darüber hinaus den Verkäufer mit einem nachvertraglichen Wettbewerbsverbot (vgl. hierzu Rn. 1278 ff.) zugunsten des Erwerbers zu belegen. 56

dd) Forderungen, Verbindlichkeiten und Verträge

Bei der Abtretung von **Forderungen** nach den §§ 398 ff. BGB genügt zwar deren Bestimmbarkeit; bloße Mengenangaben sowie die Bestimmung von Höchst- bzw. Mindestbeträgen genügen aber nicht. Sind Forderungen mit Rechten Dritter belastet, empfiehlt es sich zusätzlich zu vereinbaren, dass auch die Rechte des Verkäufers gegen den Sicherungsnehmer (Einziehung und Rückerwerb der Forderung) abgetreten werden.[26] 57

In Bezug auf **Verbindlichkeiten** können Verkäufer und Erwerber ohne Weiteres vereinbaren, dass der Erwerber künftig für deren Erfüllung einstehen soll. Schuldbefreiende Wirkung zugunsten des Verkäufers entfaltet diese Vereinbarung freilich nur mit Zustimmung des jeweiligen Gläubigers (§ 415 BGB). 58

Die wirksame Übertragung von **Verträgen und anderen mehrseitigen Rechtsverhältnissen** erfordert grundsätzlich die Zustimmung aller Beteiligten, sofern das Gesetz keine Sonderregelungen vorsieht. Derartige Sonderregelungen existieren beispielsweise für Mietverträge über Wohnraum (§ 566 BGB), Ar- 59

---

25) BGH, v. 2.5.2002 – I ZR 300/99, GRUR 2002, 972, 974 – „Frommia"; OLG München, v. 15.2.2007 – 29 U 3166/06, GRUR-RR 2007, 211, 213 – „Kloster Andechs".
26) *Beisel/Klumpp*, Unternehmenskauf, Kapitel 4 Rn. 32 ff.; Hölters/*Semler*, Handbuch des Unternehmens- und Beteiligungskaufs, 8. Aufl., Teil VII Rn. 81.

beitsverträge (§ 613a BGB; vgl. hierzu im Einzelnen Kapitel XVI) und Versicherungsverträge (§§ 95, 102 Abs. 2, 122 VVG).

ee) Öffentlich-rechtliche Genehmigungen, Konzessionen etc.

60 Wird ein Zielunternehmen mittels Asset Deals übertragen, muss im Einzelfall geprüft werden, ob der Geschäftsbetrieb des Zielunternehmens behördlicher Genehmigungen und dergleichen bedarf. Soweit diese nicht, wie rein **anlagenbezogene Genehmigungen**, mit dem betreffenden Wirtschaftsgut, für das sie erteilt sind, automatisch übergehen, muss für eine entsprechende Überleitung Sorge getragen werden. Sofern eine Übertragung von Genehmigungen nicht möglich ist, etwa weil es sich um rein **personenbezogene Genehmigungen** handelt, muss zunächst ermittelt werden, ob und unter welchen Voraussetzungen der Erwerber die erforderliche Genehmigung erlangen kann. Des Weiteren muss der Erwerber dafür Sorge tragen, dass ihm die erforderliche Genehmigung rechtzeitig vor Vollzug des Unternehmenskaufvertrages erteilt wird. Denn nur unter dieser Voraussetzung wird die reibungslose Fortführung des Geschäftsbetriebs des Zielunternehmens möglich sein.

III. Parteien und andere Beteiligte

1. Parteien

a) Verkäufer und Käufer

61 Beim **Share Deal** treten auf Verkäuferseite der oder die Gesellschafter des zu verkaufenden Unternehmens auf (nicht selten auch natürliche Personen). Auf der Käuferseite befindet sich aus haftungs- wie auch steuerrechtlichen Gründen regelmäßig keine natürliche Person, sondern eine von dem Käufer bereits gehaltene oder speziell für den Erwerb neu gegründete Käufergesellschaft, in Deutschland regelmäßig eine GmbH.[27]

62 Anders als beim Share Deal tritt beim **Asset Deal** auf Verkäuferseite der Unternehmensträger selbst auf. Häufig sind hier auch „Dritte" auf Verkäuferseite beteiligt. Sie treten regelmäßig als Sicherheitengeber in Bezug auf Garantien und Freistellungen des Verkäufers oder als Verkäufer von (Sonderbetriebs-)Vermögensgegenständen auf, die zum Unternehmen gehören, aber nicht im Eigentum des Unternehmensträgers stehen (siehe auch unten Rn. 64 f.).

b) Veräußerungsbefugnis

63 Die Bestimmung der richtigen, nämlich der befugten Partei, kann vor allem auf der Verkäuferseite problematisch sein. So kann es an der Rechtsinhaberschaft des Verkäufers fehlen. Häufige Fälle mangelnder rechtlicher bzw. wirtschaftlicher Befugnis liegen etwa bei Treuhandverhältnissen, Sicherungs-

---

[27] Zu den Besonderheiten bei einem Private Equity Fonds vgl. Kapitel XIX.

übereignungen oder beim sog. **Sonderbetriebsvermögen** von Personengesellschaften vor. Solches Sonderbetriebsvermögen ist zwar in der Steuerbilanz der Gesellschaft ausgewiesen, rechtlich steht das Sonderbetriebsvermögen (z. B. das Betriebsgebäude) aber nicht im Eigentum der Gesellschaft, sondern eines oder mehrerer Gesellschafter. Selbst bei zutreffendem Ausweis in der Handelsbilanz ist nicht sichergestellt, dass das Eigentum der Gesellschaft zusteht, da zur Bilanzierung die wirtschaftliche Zurechenbarkeit maßgeblich ist.[28]

Häufig werden Wirtschaftsgüter von dem Unternehmer zwar **genutzt**, gehören ihm aber nicht (z. B. Leasing, Lizenzen). Dann muss das nutzungsberechtigte Unternehmen entweder das Wirtschaftsgut noch vor der Unternehmensveräußerung selbst erwerben oder aber die Zustimmung des Berechtigten zur Überleitung des Nutzungsverhältnisses einholen (siehe auch unten Rn. 121 ff.). 64

Ein anderer Aspekt der Befugnis zum Vertragsabschluss ist die **Verfügungs- oder Vertretungsbefugnis**. 65

Beispielsweise kann der **Insolvenzverwalter** mit Eröffnung des Insolvenzverfahrens im Außenverhältnis unbeschränkt über die Vermögensgegenstände des insolventen Unternehmens verfügen (vgl. § 80 Abs. 1 InsO bzw. § 22 Abs. 1 S. 1 InsO für den (starken) vorläufigen Insolvenzverwalter) und rechtswirksam veräußern. Ein Gesellschafter kann einer solchen Veräußerung grundsätzlich auch dann nicht widersprechen, wenn der Firmenname seinen persönlichen Namen erhält.[29] Im Innenverhältnis bedarf es zur wirksamen Verfügung über Vermögensgegenstände jedoch der Zustimmung der Gläubigerversammlung (§§ 74 ff. InsO) bzw. des Gläubigerausschusses, falls ein solcher bestellt wurde (§§ 67 ff. InsO; näher dazu unter Kapitel XXVI sowie unten Rn. 117 ff). 66

Veräußert eine **Gesellschaft bürgerlichen Rechts** (z. B. eine Besitzgesellschaft) Vermögensgegenstände, so bedarf der die Gesellschaft vertretende Gesellschafter dazu der Vollmacht, bzw. Zustimmung, aller seiner Mitgesellschafter. Diese Vollmacht kann auch im Gesellschaftsvertrag enthalten sein,[30] wird jedoch typischerweise gesondert durch die Gesellschafter erteilt. 67

c) Mehrere Personen auf einer Seite

aa) Verknüpfung

Stehen auf einer Seite gleich mehrere (natürliche und/oder juristische) Personen oder Gesellschaften, z. B. bei der Veräußerung von Gesellschaftsan- 68

---

28) BGH ZIP 1996, 70, dazu EWiR 1996, 177 *(Schulze-Osterloh)*.
29) BGH WM 1983, 149; OLG Frankfurt/M. ZIP 1988, 598, dazu EWiR 1988, 825 *(Schricker)*; BGHZ 109, 364 = ZIP 1990, 388 = GmbHR 1990, 211 = WM 1990, 820, dazu EWiR 1990, 491 *(Lepsien)*; vgl. auch *Rohnke*, WM 1991, 1405.
30) Zur Vollmacht bei Auslandsbezug vgl. *Seibold/Groner*, NZG 2009, 126 ff.

A. Der Unternehmenskauf

teilen, so wird sich in der Regel eine Verknüpfung dieser Personen und Gesellschaften zu einer Personengruppe, z. B. Verkäufergruppe, empfehlen. Sollte ausnahmsweise je Verkäufer bzw. Käufer ein getrennter Vertrag abgeschlossen werden, so wären diese Verträge schon aus Kostengründen (insbesondere bei notariell zu beurkundenden Verträgen) miteinander zu verbinden, sofern die Konditionen weitgehend die gleichen sind und es keine Informationsdefizite innerhalb einer Personengruppe gibt bzw. aufrechterhalten bleiben sollen.

69 Wichtig ist die Auslegungsregel des §§ 420, 427 BGB, wonach mehrere zu einer teilbaren Leistung Verpflichtete im Zweifel als Gesamtschuldner haften. Der Unternehmenskaufvertrag hat insbesondere dann Vorkehrungen in Form einer Teilschuldnerschaft ausdrücklich zu treffen, wenn bei mehreren Personen oder Gesellschaften diese nicht als Gesamtschuldner leisten und haften sollen (letzteres ist insbesondere bei Private Equity Fonds der Fall, die nach ihren Statuten, z. B. im Falle einer Veräußerung, nicht für die Garantien und Freistellung der anderen Fonds gesamtschuldnerisch einstehen dürfen (näheres siehe unter Kapitel XIX). Ggf. bedarf es darüber hinaus auch einer Modifikation des gesetzlichen Gesamtschuldnerinnenausgleichs nach § 426 BGB.

70 Personenmehrheiten spielen zudem eine Rolle bei ausnahmsweise im Unternehmenskaufvertrag eingeräumten Rücktrittsrechten der Parteien, z. B. wenn nach Ablauf einer bestimmten Frist, insbesondere unter Berücksichtigung der erforderlichen Kartellfreigabe,[31] ein Vollzug/Closing der Transaktion nicht eingetreten ist (vgl. hierzu Rn. 1180 f.). Hier sind die Rücktrittsrechte wegen des Grundsatzes der Unteilbarkeit von Gestaltungsrechten bei Personenmehrheiten gem. § 351 S. 1 BGB auch stets gemeinschaftlich auszuüben.

bb) Einheitliches Schiedsgericht

71 Das Bedürfnis einer Verknüpfung besteht auch „prozessual": Wird ein Schiedsgericht (oder sofern zulässig ein Gerichtsstand) konkret zwischen den Parteien eines Unternehmenskaufvertrages vereinbart, so ist darauf zu achten, dass alle Streitigkeiten aus und im Zusammenhang mit dem Unternehmenskaufvertrag einschließlich über dessen Gültigkeit durch das Schiedsgericht für alle möglichen Beteiligten endgültig entschieden werden (Näheres siehe unter Kapitel XVIII).

2. Weitere Beteiligte

a) Dritte als Partei

72 Ist Gegenstand des Share Deals der Erwerb von GmbH-Geschäftsanteilen, kann es vorkommen, dass – wie beim Asset Deal – auch die Unternehmens-

---

[31] Vgl. auch Rn. 1297 ff.

träger selbst, also die **Zielgesellschaft**, Partei des Kaufvertrages wird (z. B. wenn zugleich von dem Verkäufer gewährte Gesellschafterdarlehen mitverkauft oder diese abgelöst werden sollen). In diesem Fall können Anzeigen und Zustimmungen (vgl. etwa § 415 BGB) bzw. Genehmigungen der Zielgesellschaft innerhalb des Kaufvertrages erfolgen. Ist die Zielgesellschaft nicht Partei, erfolgen Anzeigen und Zustimmungen lediglich als Anlage zum Kaufvertrag.

Daneben können in seltenen Fällen auch **außenstehende Dritte** als Vertragspartei in Betracht kommen. Beispielsweise Sicherheitengeber auf Verkäufer- oder Käuferseite, um so einen unzulässigen (nicht bindenden) Vertrag zu Lasten Dritter zu vermeiden. Regelmäßig empfiehlt sich jedoch aus Geheimhaltungsgründen auch hier die Zustimmung des Sicherheitengebers außerhalb des Kaufvertrages zu erreichen, wobei diese Zustimmung dem Kaufvertrag dann wieder als Anlage beizufügen ist. 73

b) Mitteilungspflichtigen gegenüber Dritten

Zur ordnungsgemäßen Abwicklung eines Unternehmenskaufs gehören auch die Feststellung, wer welche Informationspflichten gegenüber wem hat und die Regelung, wer diese Informationspflichten in welcher Weise und bis zu welchem Zeitpunkt erfüllt. 74

In diesen Bereich gehören beispielsweise: 75

- **Informationspflichten** gegenüber dem **Betriebsrat** gem. § 111 BetrVG und dem **Wirtschaftsausschuss** gem. § 106 Abs. 3 Nr. 9a BetrVG (zu den Einzelheiten siehe Kapitel XVI, dort insbesondere Rn. 158);[32]

- **Mitteilungspflichten gem. § 20 AktG** (sobald einem Unternehmen mehr als der vierte Teil der Aktien einer Aktiengesellschaft mit Sitz im Inland gehört, hat es dies der nicht börsennotierten Aktiengesellschaft unverzüglich schriftlich mitzuteilen) (zu den Einzelheiten siehe Kapitel XXII, dort Rn. 2060 ff.).[33]

- **Anzeigepflichten nach GwG und EU-Geldwäsche-Richtlinie** gegenüber Kreditinstituten (vgl. zum „Know-Your-Customer"-Prinzip insbesondere auch Rn. 699).

Die gleichen Fragestellungen sind in Bezug auf öffentlich-rechtliche Mitteilungs- und Anmeldepflichten zu stellen. 76

---

32) Vgl. *Schröder/Falter*, NZA 2008, 1097 ff.; zu Informationspflichten im Konzern siehe *Lerch/Weinbrenner*, NZA 2013, 355 ff.
33) Sanktion bei Verstoß: Rechteverlust (vgl. § 20 Abs. 7 AktG), in bestimmten Fällen mit Sechs-Monats-Nachlauf. Daneben kommt Schadensersatzpflicht in Betracht, da § 20 AktG nach allgemeiner Meinung als Schutzgesetze i. S. d. § 823 Abs. 2 BGB zu qualifizieren ist.

77 In diesen Bereich gehören beispielsweise:

- **kartellrechtliche Anzeige- bzw. Anmeldepflichten** (zu den Einzelheiten siehe Kapitel XIV) **Mitteilungspflichten** gegenüber der Bundesanstalt für Finanzdienstleistungsaufsicht *(BaFin)* **bei Börsennotierung** (§§ 21, 25 und 25a WpHG; zu den Einzelheiten siehe Kapitel XXII, dort Rn. 2041 ff.);[34]
- **Mitteilungspflichten alternativer Investmentfonds** (u. a. Private-Equity-Fonds) gegenüber der BaFin und verschiedenen Gesellschaftern und Mitarbeitern der Zielgesellschaft (vgl. etwa § 289 Abs. 2 KAGB; zu den Einzelheiten siehe Kapitel XIX, dort insbesondere Rn. 1793 ff.);[35]
- **Anmeldepflicht beim (Anteils-)Erwerb** an einem inländischen **Medienunternehmen** bei der zuständigen Landesmedienanstalt (§ 29 RStV); parallel dazu muss je nach Landesrecht auch die Genehmigung des Medienrats der jeweiligen Landesmedienanstalt eingeholt werden;
- **Anzeigepflichten nach GwG und EU-Geldwäsche-Richtlinie** gegenüber Kreditinstituten (vgl. neu „Know-Your-Customer-Prinzip" insbesondere auch Rn. 699).

78 Bei einem Erwerb von mindestens 25 % der Stimmrechte eines deutschen Unternehmens durch einen **EU-Ausländer** sind zusätzliche **Genehmigungsrechte** des Bundesministeriums für Wirtschaft und Energie *(BMWi)* zu beachten (zu den Einzelheiten siehe Kapitel XXIV, Rn. 2237 ff.). Dies gilt beispielsweise für den (Anteils-)Erwerb an einem inländischen Hersteller/Entwickler von **Kriegswaffen oder andere Rüstungsgüter** (vgl. §§ 5 Abs. 3 Nr. 1 AWG, 55 ff. AWV *(sektorübergreifende Prüfung)* bzw. 60 ff. AWV *(sektorspezifische Prüfung)*.[36]

79 In diesen Bereich gehört auch die **Anzeigepflicht** gegenüber dem BMWi beim (Anteils-)Erwerb an einem inländischen Hersteller/Entwickler von **hochwertigen Erdfernerkundungssystemen** durch einen Ausländer/ein ausländisches Unternehmen (vgl. im Einzelnen § 10 SatDSiG).

---

34) Vgl. *Brandt*, WM 2014, 543 ff.
35) Seit Juli 2013 ist das Kapitalanlagegesetzbuch (KAGB) in Kraft, das unter anderem die Richtlinie über die Verwalter alternativer Investmentfonds (AIFM-RL, RL 2011/61/EU) implementiert hat und seitdem Grundlage für die in Deutschland regulierte Fondsstrukturen ist. Aufgrund der in das KAGB umgesetzten AIFM-RL und der Level-2-Verordnung der Europäischen Kommission („AIFM-VO", Delegierte VO (EU) Nr. 231/2013) unterliegen alternative Investmentfonds (u. a. Private-Equity-Fonds), sofern sie vom Anwendungsbereich erfasst sind, (sog. AIF) neuen gesetzlichen Pflichten und Beschränkungen im Zusammenhang mit M&A Transaktionen, vgl. etwa *Schröder/Rahn*, GWR 2014, 49 ff.
36) *Besen/Slobodenjuk*, BB 2012, 2390 ff.

c) Erforderliche Zustimmung Dritter

Wichtiger noch als die mitteilungspflichten Dritten sind Zustimmungserfordernisse von Dritten. Dabei ist hier zunächst nur von den erkannten Zustimmungserfordernissen die Rede. Das Risiko der Nichterkennung eines Zustimmungserfordernisses sollte bereits im Rahmen der Due Diligence identifiziert, behoben und ggf. durch zusätzliche Gewährleistungen der Parteien untermauert werden. 80

Auch für Zustimmungserfordernisse ist zunächst festzustellen, welche Zustimmungserfordernisse bestehen, und sodann zu regeln, wer sie wie und wann erfüllt und welche Rechtsfolge bei nicht fristgerechter Zustimmung eintritt. 81

Die vorstehende Aufzählung ist nur beispielhaft.[37] Insbesondere können sich aus Besonderheiten des erworbenen Unternehmens oder des Käufers oder Verkäufers Zustimmungserfordernisse auch ungewöhnlicher Art ergeben, z. B. bei der Beteiligung von minderjährigen Gesellschaftern an einer veräußernden Gesellschaft bürgerlichen Rechts bedarf es unter Umständen der vormundschaftsgerichtlichen Genehmigung (§§ 1821, 1822 Nr. 3 BGB).[38] Dies kann auch bei GmbH-Geschäftsanteilen gelten, wenn die Minderjährigenbeteiligung 50 % übersteigt oder nur Minderjährige beteiligt sind.[39] 82

aa) Gesellschaftsrecht

Auch das Fehlen der **Geschäftsführungsbefugnis** kann dann unter dem Gesichtspunkt des schädigenden Zusammenwirkens *(Kollusion)* sowie bei ausländischen Gesellschaften der Rechtswirksamkeit entgegenstehen. 83

Gesellschaftsrechtliche Einschränkungen ergeben sich aber nicht nur, wenn eine Gesellschaft Verkäufer ist, sondern auch bei einem Geschäfts- bzw. einem Gesellschaftsanteil als veräußertem Gegenstand. So erhält die Satzung bzw. der Gesellschaftsvertrag der veräußernden Gesellschaft regelmäßig **Vinkulierungen**, dass Verfügungen über Geschäftsanteile nur mit Zustimmung der Gesellschafterversammlung, der Gesellschafter oder der Zielgesellschaft zulässig sind. Im Gegensatz zu § 15 Abs. 5 GmbHG bei der GmbH ist bei einer AG, eine Vinkulierung in der Satzung nur bei Namensaktien im Rahmen des § 68 Abs. 2 AktG zulässig; die Zustimmung hat bei vinkulierten Namensaktien durch die Zielgesellschaft zu erfolgen. Bei Personenhandelsgesellschaf- 84

---

37) Vgl. die Auflistung bei *Beisel/Klumpp*, Unternehmenskauf, 8. Kapitel. Zur Veräußerung eines Anteils an einer ärztlichen Gemeinschaftspraxis vgl. *Wertenbruch*, MedR 1996, 485; zum Verkauf einer Anwaltskanzlei: *Michalski/Römermann*, NJW 1996, 1305 (Vertraulichkeitspflicht gegen Mandanten mit eventueller Nichtigkeitsfolge).
38) Bei der Veräußerung der Beteiligung eines Minderjährigen an einer Personengesellschaft ist eine gerichtliche Genehmigung unabhängig von der Anteilshöhe („Zwergbeteiligung") des Minderjährigen erforderlich, vgl. *Hohaus/Eickmann*, BB 2004, 1707, 1711.
39) BGH ZEV 2003, 375; zur Beteiligung Minderjähriger vgl. *Rüst*, DStR 2005, 1942, 1992.

ten setzt die Abtretung des Gesellschaftsanteils dagegen grundsätzlich die Zustimmung aller Gesellschafter voraus. Der Gesellschaftsvertrag kann allerdings eine liberalere Regelung enthalten bzw. die Zustimmung vorab erteilen. Ohne eine solche Regelung ist ein Gesellschafter nur ganz ausnahmsweise aus dem Gesichtspunkt der gesellschaftlichen Treuepflicht gehalten, einem Gesellschafterwechsel zuzustimmen.[40]

(1) Aktiengesellschaft

85 Bei einer **Aktiengesellschaft** als Veräußerin ist die Notwendigkeit der Zustimmung der Hauptversammlung bei Veräußerung einer wesentlichen Tochtergesellschaft stets einer sorgfältigen Prüfung zu unterziehen.[41]

86 So sind nach der „**Holzmüller**"-Entscheidung des BGH aus dem Jahre 1982,[42] unter anderem grundlegende für die Rechtsstellung der Aktionäre der Gesellschaft bedeutsame Entscheidungen der Hauptversammlung der Gesellschaft zur Zustimmung vorzulegen. Dies sei insbesondere dann der Fall, wenn der Vorstand vernünftigerweise nicht annehmen könne, er dürfe diese Entscheidungen in ausschließlich eigener Verantwortung treffen. In seinen beiden „**Gelatine**"-Entscheidungen aus dem Jahr 2004[43] stellte der BGH klar, dass hieran allerdings ein restriktiver Maßstab anzulegen sei. Eine Mitwirkung der Hauptversammlung an Geschäftsführungsmaßnahmen des Vorstands kommt demnach nur bei solchen Maßnahmen in Betracht, welche „an die Kernkompetenz der Hauptversammlung, über die Verfassung der Gesellschaft zu bestimmen, rühren und in ihren Auswirkungen einem Zustand nahezu entsprechen, der allein durch eine Satzungsänderung herbeigeführt werden kann".

87 Davon zu unterscheiden sind **Strukturmaßnahmen** des Vorstands, die eine faktische Satzungsänderung bewirken und daher in jedem Fall eines satzungsändernden Beschlusses der Hauptversammlung bedürfen. Nach dem BGH sind allerdings die Zustimmungsvoraussetzungen nicht nur für den Fall der Ausgliederung von wichtigen Betriebsteilen der Gesellschaft auf eine Tochtergesellschaft (wie in der „Holzmüller"-Entscheidung) gegeben, sondern auch bei einer sonstigen Umstrukturierung des Anteilsbesitzes. Derartige Strukturänderungen führen nach der Auffassung des BGH notwendigerweise zu einer sog. Mediatisierung und damit zu einer Schwächung der Rechtsstellung der Aktionäre, selbst wenn alle Anteile jedenfalls mittelbar in den Händen der Obergesellschaft verbleiben. Anderseits ist eine Mitwirkung der Hauptversammlung an derartigen Umstrukturierungen nach Auf-

---

40) OLG München DB 1997, 567 mit Verweis auf BGH NJW 1997, 952; zu den gesellschaftsrechtlichen Treuepflichten allgemein *Roschmann/Frey*, WiB 1996, 881 ff.; 925 ff.; OLG Koblenz ZEV 2002, 321 zu GbR; vgl. auch OLG Bremen ZIP 2007, 1502.
41) Vgl. *Feldhaus*, BB 2009, 562 ff.
42) BGHZ 83, 122 = ZIP 1982, 568 *(Holzmüller)*.
43) BGH ZIP 2004, 993 = AG 2004, 384 (Gelatine I); BGH DStR 2004, 922 (Gelatine II).

fassung des BGH regelmäßig erst dann geboten, wenn der Bereich, auf den sich die Maßnahme erstreckt, in seiner Bedeutung für die Gesellschaft die Ausmaße der Ausgliederung im „Holzmüller"-Fall (dort waren 80 % des Gesellschaftsvermögens betroffen) erreicht. Dann allerdings sei eine Zustimmung mit Dreiviertelmehrheit wegen der Nähe zur Satzungsänderung erforderlich. Der BGH lehnte sich dabei nicht, wie noch in der „Holzmüller"-Entscheidung, an § 119 Abs. 2 AktG an, sondern spricht von einer offenen Rechtsfortbildung.[44]

Für den hier interessierenden Fall des **Verkaufs einer Tochtergesellschaft oder eines Betriebs** bedeutet dies, dass neben § 179a AktG kein eigenständiger Raum für eine „Holzmüller-Doktrin" verblieben ist.[45] Ob die „Holzmüller/Gelantine"-Grundsätze auch für **Beteiligungserwerbe** gelten, ist umstritten.[46] Die Entscheidung des LG Frankfurt,[47] die dies bejaht, geht aber wohl zu weit. 88

Wird das ganze oder nahezu ganze Vermögen der Aktiengesellschaft übertragen, verlangt **§ 179a AktG** einen **qualifizierten Hauptversammlungsbeschluss** (75 %). Dabei ist kein Wertvergleich maßgeblich, entscheidend ist vielmehr, ob die Aktiengesellschaft mit dem zurückbehaltenen Vermögen ihren in der Satzung festgelegten Unternehmensgegenstand weiter verfolgen kann, wenn auch in eingeschränktem Umfang.[48] Ob Ermächtigungsbeschlüsse zulässig sind, ist strittig. Diese müssten wohl mindestens bis zur nächsten Hauptversammlung anerkannt werden. Bei der Aktiengesellschaft ist der Vertrag, durch den das ganze oder nahezu ganze Vermögen der Aktiengesellschaft übertragen wird und zu dem in der Hauptversammlung die Zustimmung eingeholt wird, entsprechend zur Einsicht der Aktionäre auszulegen und ihnen auf Verlangen eine Abschrift des Vertrags zu erteilen. Zusätzlich ist der wesentliche Inhalt vorab in der Einladung bekannt zu geben.[49] 89

Steht auf Verkäuferseite ein Gründer der Aktiengesellschaft oder ein mit mehr als 10 % beteiligter Aktionär und auf Käuferseite eine Aktiengesellschaft, ist zu prüfen, ob der Unternehmenskauf für den Käufer **ein nachgründungspflichtiges Geschäft i. S. d. § 52 AktG** darstellt. Danach würde der Unternehmenskaufvertrag erst nach **qualifiziertem Hauptversammlungsbeschluss** (75 %) **und Eintragung** in das Handelsregister (wobei gem. § 52 Abs. 6 AktG der Anmeldung der Unternehmenskaufvertrag beizufügen ist) wirk- 90

---

44) Vgl. *Liebscher*, ZGR 2005, 1 ff. m. w. N.
45) So. auch *Reichert*, AG 2005, 150; *Habersack*, AG 2005, 137; *Goette*, DStR 2005, 604; BGH ZIP 2007, 24.
46) Vgl. *Wilsing/Goslar*, EWiR 2010, 201.
47) LG Frankfurt/M. ZIP 2010, 429.
48) BGHZ 83, 122 = ZIP 1982, 568; zum Gesamtkomplex „Holzmüller/Gelatine" vgl. *Simon*, DStR 2004, 1482; *Götze*, NZG 2004, 585; *Fuhrmann*, AG 2004, 339; *Just*, EWiR 2004, 573; *Liebscher*, ZGR 2005, 1 ff.
49) BGH ZIP 2001, 416 = BB 2001, 483; LG Frankfurt/M. ZIP 2005, 579.

sam werden und das aufwendige Verfahren des § 52 AktG einzuhalten ist.[50] Dies kann dann der Fall sein, wenn als Käufer eine „junge" Aktiengesellschaft auftritt, die weniger als zwei Jahre vor der Transaktion eingetragen wurde, wobei es keine Rolle spielt, ob sie im Wege der Neugründung, des Formwechsels oder eines sonstigen Umwandlungsvorgangs entstanden ist, vgl. § 52 AktG, §§ 36 Abs. 2, 67, 125 S. 1, 197, 245 Abs. 1 S. 2, 220 Abs. 3 UmwG. Die Zweijahresfrist kann durch Verwendung einer älteren Vorrats-AG wohl nicht ohne Weiteres umgangen werden. Ob die Zahlungspflicht der Aktiengesellschaft auf einen Zeitpunkt nach Ablauf der zwei Jahre bedingt oder befristet wird, ist für die Anwendbarkeit von § 52 AktG irrelevant.

91 Die **Rechtsfolgen** eines Verstoßes gegen § 52 AktG sind gravierend: Solange der Unternehmenskaufvertrag nicht von der qualifizierten Mehrheit der Hauptversammlung beschlossen und ins Handelsregister eingetragen wurde, sind sowohl der schuldrechtliche Vertrag als auch die dinglichen Vollzugshandlungen **schwebend unwirksam**. Das bedeutet, dass beim **Asset Deal** die erworbenen Vermögensgegenstände nicht Eigentum des Käufers geworden sind. Beim **Share Deal** ist der Verkäufer Inhaber der Gesellschaftsanteile geblieben. Dies hat zur Folge, dass sämtliche Gesellschafterbeschlüsse unwirksam sind, die der Käufer für die Zielgesellschaft gefasst hat. Für den Fall, dass der Käufer Teile des erworbenen Vermögens weiterveräußert hat, hat sie als Nichtberechtigte gehandelt. Dem Käufer steht zwar ein Anspruch auf Rückzahlung des Kaufpreises zu; dieser ist jedoch mit dem Insolvenzrisiko des Verkäufers belastet.[51]

92 Nach Ablauf der Zweijahresfrist besteht die – im Einzelnen umstrittene – Möglichkeit der Heilung des Verstoßes gegen § 52 AktG, die aber wohl nur ex nunc wirkt.[52]

(2) GmbH

93 In der Regel wird der **Gesellschaftsvertrag** bei einem Verkauf wesentlicher Vermögensteile durch eine GmbH einen zustimmenden (qualifizierten) Gesellschafterbeschluss verlangen. Dabei ist das **Stimmverbot** des § 47 GmbHG zu berücksichtigen, wenn ein Gesellschafter gleichzeitig auf der Käuferseite steht, z. B. bei einem Secondary Buy-out unter Rückbeteiligung des bereits beteiligten Managements. Dieses Stimmverbot besteht auch, wenn statt des

---

50) Vgl. zu § 52 AktG *Binz/Freudenberg*, DB 1992, 2281; *Bröcker*, ZIP 1999, 1029; *Diekmann*, ZIP 1996, 2149; *Holzapfel/Roschmann*, in: Festschrift Bezzenberger, 2000, S: 163 ff.; *Knott*, BB 1999, 806; *Krieger*, in: Festschrift Claussen, 1997, S. 223; *Kubis*, AG 1993, 118; *Lutter/Ziemons*, ZGR 1999, 479; *Martens*, ZGR 1999, 548; *Hartmann/Barcaba*, AG 2001, 437 ff.; *Lieder*, ZIP 2010, 964 ff.
51) Vgl. *Holzapfel/Roschmann*, in: Festschrift Bezzenberger, 2000, S. 163 ff.
52) Vgl. hierzu *Weisshaupt*, ZGR 2005, 726 ff.; *Holzapfel/Roschmann*, in: Festschrift Bezzenberger, 2000, S. 163 ff.; *Krieger*, in: Festschrift Claussen, 1997, S. 223, 236; *Bröcker*, ZIP 1999, 1029, 1031.

Gesellschafters eine von ihm beherrschte Gesellschaft Partei ist.⁵³⁾ Schweigt die Satzung, so folgt die Notwendigkeit eines Gesellschafterbeschlusses im Innenverhältnis wohl auch bereits aus dem außerordentlichen Charakter des Geschäfts, für dessen Durchführung die Geschäftsführer im Innenverhältnis eines Beschlusses der Gesellschafter bedürfen.

Die „Holzmüller/Gelatine"-Grundsätze des BGH lassen sich wohl ungeachtet einer anderweitigen Regelung im Gesellschaftsvertrag (z. B. Zuständigkeit des Aufsichtsrats) auf die GmbH übertragen.⁵⁴⁾ 94

Bereits aus Gründen der Vorsicht ist die Zustimmungspflicht aus § 179a AktG analog auch bei der GmbH zu beachten und eine entsprechende Beschlussfassung in der Praxis anzuraten. Strittig ist, ob bei einem Verkauf des gesamten oder nahezu des gesamten Vermögens durch eine GmbH zusätzlich eine **Zustimmungspflicht aus analog § 179a AktG** (Hauptversammlungsbeschluss bei Verkauf des ganzen Gesellschaftsvermögens) anzunehmen ist. Dies würde nicht nur das Innenverhältnis zwischen Geschäftsführer und Gesellschaft betreffen, sondern hätte zur Folge, dass die Vertretungsbefugnis der Geschäftsführer entgegen § 37 Abs. 2 GmbHG (nach außen grundsätzlich unbeschränkte Vertretungsbefugnis) im Anwendungsbereich des § 179a AktG beschränkt und daher ein ohne Zustimmung der Gesellschafter abgeschlossener (schuldrechtlicher) Vertrag über den Verkauf des Vermögens schwebend unwirksam wäre. Erforderlich wäre außerdem eine Mehrheit von 75 % (§ 179 Abs. 2 AktG).⁵⁵⁾ Der BGH hat bislang nur zur GmbH & Co. KG entschieden, dass die Veräußerung des Geschäftsbetriebs auch im Außenverhältnis nur mit Gesellschafterbeschluss wirksam ist; zur GmbH hat er in einem *obiter dictum* lediglich auf die eine analoge Anwendung von § 179a AktG bejahende Literatur verweisen, ohne hierzu eine abschließende Aussage zu tätigen.⁵⁶⁾ 95

Zu Unrecht wird darüber hinaus teilweise vertreten, dass in einem solchen Fall der Gesellschafterbeschluss (wie bei der Aktiengesellschaft der Hauptversammlungsbeschluss) der notariellen Beurkundung bedarf.⁵⁷⁾ Darüber hinaus ist unklar, ob bei einer analogen Anwendbarkeit von § 179a AktG Ermächtigungsbeschlüsse zulässig sind (vgl. hierzu auch bereits Rn. 89). 96

---

53) OLG Braunschweig NJW-RR 2001, 1185.
54) So auch die wohl h. L., statt vieler MünchKomm-GmbHG/*Liebscher*, Anhang GmbH-Konzernrecht, Rn. 1098 m. w. N.; kritisch *Ebenroth*, AG 1988, 1, 3.
55) Vgl. zur analogen Anwendung von § 179a AktG MünchKomm-AktG/*Stein*, § 179a Rn. 14 m. w. N.; *Stellmann/Stoeckle*, WM 2011, 1983; *Leitzen*, NZG 2012, 491, 493 f.
56) Vgl. BGH ZIP 1995, 278 (Zur Anwendbarkeit der Vorgängervorschrift (§ 361 UmwG) auf die GmbH & Co. KG). Von der heute überwiegende Literatur wird diese Entscheidung des BGH dahingehend verallgemeinert, dass der Rechtsgedanke des § 179a AktG auf alle Gesellschaftsformen entsprechend anzuwenden sei; vgl. *Goette*, DStR 1995, 425, 426; *Karsten Schmidt*, ZGR 1995, 675, 679; *ders.*, Gesellschaftsrecht, 4. Aufl., § 13 I 4 b; *Stellmann/Stoeckle*, WM 2011, 1983; *Leitzen*, NZG 2012, 491, 493.
57) Vgl. zur Beurkundungspflicht Münchener Hdb. GesR/*Marquardt*, Bd. 3 GmbH, § 22 Rn. 114 m. w. N.

97 Während Veräußerungsverbote, Vorkaufsrechte, Mitverkaufsrechte und -pflichten, Zustimmungserfordernisse und vergleichbare Beschränkungen in der GmbH aufgrund des Gesellschaftsvertrages leicht feststellbar sind, treten besondere Schwierigkeiten auf für die Feststellung, ob ein Gesellschaftsanteil nicht schon zuvor **abgetreten** worden sein könnte, auch **sicherungsabgetreten** oder **verpfändet**.

98 Durch das MoMiG wurde in § 16 Abs. 3 GmbHG nunmehr aber die Möglichkeit eines **gutgläubigen Erwerbs** von GmbH-Geschäftsanteilen vom Nichtberechtigten geschaffen. Dieser ist möglich, wenn der Verkäufer drei Jahre widerspruchslos in der Gesellschafterliste eingetragen oder die Unrichtigkeit dem Berechtigten zuzurechnen war (und dem Käufer die mangelnde Berechtigung nicht bekannt oder infolge grober Fahrlässigkeit unbekannt war). § 16 Abs. 3 GmbHG schützt allerdings nur den guten Glauben an die Berechtigung des Verkäufers; der gutgläubige Erwerb kann nicht dazu führen, dass gar nicht existente Geschäftsanteile erworben werden oder belastete Geschäftsanteile (z. B. mit einem Pfandrecht) lastenfrei erworben werden.

99 Hier sind zahlreiche Punkte streitig. Insbesondere stellt sich bei **aufschiebend bedingt erfolgten Abtretungen** (bei Unternehmenskäufen zumindest wegen der häufig erforderlichen Freigabe der Kartellbehörden nicht unüblich) die Frage, ob sich der Käufer durch Zuordnung eines Widerspruchs zur Gesellschafterliste gegen Zwischenverfügungen und einen gutgläubigen Erwerb schützen kann.[58] Für den Widerspruch als Möglichkeit der Sicherung des Ersterwerbs sprechen sich die herrschende Lehre[59] und mit ihr das LG Köln[60] aus. Das OLG München[61] hat zuletzt jedoch gegen die Widerspruchslösung entschieden, wobei es auf die fehlende Unrichtigkeit der Gesellschafterliste abstellte. Der Verkäufer verliere erst bei Bedingungseintritt seine Inhaberschaft und bleibe solange „richtiger"Gesellschafter gem. § 16 Abs. 3 S. 2 GmbHG.

100 Sieht der Gesellschaftsvertrag einer GmbH für die Abtretung die Genehmigung der Gesellschaft vor (sog. **Vinkulierung**),[62] so bedarf der Geschäftsführer im Innenverhältnis eines Gesellschafterbeschlusses.[63] Die Umgehung

---

58) Vgl. *Weigl*, NZG 2009, 1173 ff. m. w. N; *Kort*, GmbHR 2009, 169 ff.; OLG München NZG 2009, 1192 ff.; *Reymann*, GmbHR 2009, 343; *Oppermann*, ZIP 2009, 651.

59) Vgl. u. a. *Begemann/Grunow*, DNotZ 2011, 403, 404 ff. m. w. N.; *Weigl*, NZG 2009, 1173 ff. m. w. N.; *Hasselmann*, NZG 2010, 207, 208 ff.; *Hellfeld*, NJW 2010, 411, 412 f.; *Herrler*, BB 2009, 2272, 2274; *Klöckner*, NZG 2008, 841, 842.

60) LG Köln GmbHR 2009, 1215 f. mit Anm. *Wachter*.

61) OLG München DB 2011, 757, 758.

62) Allgemein zu Vinkulierungsklauseln in GmbH-Gesellschaftsverträgen *Blasche*, RNotZ 2013, 515 ff.

63) BGH GmbHR 1988, 260 = NJW 1988, 1182; OLG Hamburg ZIP 1992, 1085, dazu EWiR 1992, 1091 *(Zimmermann)*; zu etwaigen Stimmverboten vgl. *Falkner*, GmbHR 2008, 458.

einer Vinkulierung durch Veräußerung der Zwischenholding kann treuwidrig sein.[64]

Bei der Vertragsgestaltung wird man § 137 BGB (Vorliegen eines schuldrechtlichen Verfügungsverbotes) berücksichtigen und an Sanktionsmöglichkeiten wie Ausschluss denken müssen. Auch satzungsmäßige Andienungspflichten können bei ihrer Missachtung zur Unwirksamkeit der Abtretung führen.[65] 101

(3) KG

Die Veräußerung des Geschäftsbetriebs oder eines Anteils an einer **KG** ist auch im Außenverhältnis nur mit Gesellschafterbeschluss wirksam.[66] Das dürfte für alle Gesellschaftsformen und alle Veräußerungen wesentlichen Gesellschaftsvermögens gelten. 102

Zu beachten ist in diesem Zusammenhang auch das Stimmverbot des § 47 Abs. 4 GmbHG, das unmittelbar für alle Beschlüsse in der Komplementär-GmbH gilt. Bei Beschlüssen in der Kommanditgesellschaft ist § 47 Abs. 4 GmbHG nicht, auch nicht sinngemäß anzuwenden.[67] 103

bb) Schuldrecht

Schuldrechtliche Zustimmungserfordernisse stehen bei einem **Asset Deal** im Vordergrund. So kann die hilfsweise Abtretung der Rechte aus Verträgen durch **Abtretungsverbote** ausgeschlossen sein.[68] Die treuhänderische Abwicklung durch den Verkäufer kann hier helfen. 104

Bei der **Firmenfortführung** nach § 22 HGB, die tatbestandlich nur beim Unternehmenswechsel im Wege eines Asset Deals in Betracht kommt,[69] ist die ausdrückliche Einwilligung in die Fortführung des Unternehmens erforderlich. 105

Zustimmungserfordernisse können sich aus einem mit einem Dritten abgeschlossenen in der Praxis aber sehr selten vorkommenden **Vorvertrag** ergeben. Der Vorvertrag mit der Einräumung eines Erwerbsrechts verpflichtet im 106

---

64) So LG München I, v. 12.9.2002 – 15 HKO 15764/02 (n. v.); dagegen OLG Naumburg NZG 2004, 775; ähnlich auch OLG Karlsruhe v. 13.3.2008 – 8 U 60/07, das eine Erstreckung allenfalls bei Holdingkonstruktionen sieht; vgl. auch NJW-Spezial 2004, 174; weitergehend OLG Köln Az. 21 U 12787, das die Vinkulierung auf die Obergesellschaft erstreckte; vgl. *Loritz*, NZG 2007, 361 ff.; *Heckschen*, GmbHR 2007, 200.
65) BGH NJW-RR 2000, 988.
66) Vgl. BGH ZIP 1995, 278, dazu EWiR 1995, 483 *(Kirsch)*; zum Verfügungsgeschäft aber: BGH ZIP 1991, 1066 = WM 1991, 1552.
67) BGH NJW 1976, 1538; Scholz/*Schmidt*, GmbHG, § 47 Rn. 184.
68) Sehr eingehend zu Sicherungsrechten Dritter *Hadding*, ZGR 1982, 476 ff., und Diskussion, S. 517.
69) *Meyer-Sparenberg*, WiB 1995, 849, 854 f.

Zweifel zur Leistungsbereitschaft für den zukünftigen Hauptvertrag.[70] Hier gilt es zu beachten, dass nach Maßgabe von Vertraulichkeitspflichten oder -erwartungen von Geschäftspartnern u. U. nur der Verkäufer eine Zustimmung einholen kann.[71]

107 Aber auch bei einem **Share Deal** gibt es eine Entsprechung zu solchen Zustimmungserfordernissen, nämlich besondere Kündigungsmöglichkeiten der Gegenseite in Verträgen mit der Gesellschaft, deren Anteile erworben werden (sog. *Change of Control-Klauseln*).[72] Solche Informations-, Kündigungs- und/oder sonstige Beendigungsrechte kommen als sog. **Überfremdungsschutz** häufig vor, z. B. in operativen Verträgen, wie Vertriebsverträgen, Lizenzverträgen, Mietverträgen, Versicherungspolicen oder auch in Arbeitsgemeinschaften oder Gemeinschaftsunternehmen.[73]

cc) Familien- und Vormundschaftsrecht

(1) Familienrechtliche Beschränkungen

108 Ist der Verkäufer eine natürliche Person, die im gesetzlichen Güterstand der **Zugewinngemeinschaft** nach §§ 1363 ff. BGB lebt, ist das Zustimmungserfordernis des Ehegatten gem. **§ 1365 Abs. 1 BGB** zu beachten, sofern es sich bei der Verfügung um eine über das (nahezu) ganze Vermögen des Veräußernden handelt.[74]

109 Ein Rechtsgeschäft über das (nahezu) ganze Vermögen ist nach der Rechtsprechung des BGH anzunehmen, wenn bei größeren Vermögen weniger als 10 %, bei kleineren Vermögen weniger als 15 % des ursprünglichen Gesamtvermögens beim Verfügenden verbleibt.[75] Ein dabei zu berücksichtigender Vermögenswert kann auch das Anwartschaftsrecht auf Erwerb eines GmbH-Geschäftsanteils sein,[76] oder die Übernahme eines Unternehmens.[77] Zustimmungsbedürftig sind auch Verträge über die Veräußerung einzelner Vermögensgegenstände, wenn diese im Wesentlichen das ganze Vermögen

---

70) BGH NJW 1990, 1233; vgl. auch *Rock*, M&A Review 1990, 265.
71) So beim Praxisverkauf, z. B. zum Steuerberater StBK München, Mitteilungen 1991, S. 14 (zu § 57 StBerG): Vor Zustimmung auch keine Aktenübergabe. Zur Anwaltspraxis für Altfälle vgl. BGH EWiR 1993, 745 *(Ring)*; BGH EWiR 1995, 1059 *(Ring)*; jetzt aber § 49b IV BRAO. Ähnliches gilt für die übrigen Fälle des § 203 StGB, vgl. auch § 49b Abs. 4 BRAO.
72) Siehe näher Rn. 696.
73) OLG Hamm NJW-RR 1988, 550 (fristlose Kündigung eines Liefervertrages); vgl. auch *Mielke*, DB 2004, 2515; *Royla/Cramer*, CR 2005, 154.
74) § 1365 BGB ist – durch Ehevertrag – abdingbar.
75) Vgl. Palandt/*Brudermüller*, BGB, § 1365 Rn. 6; BGH FamRZ 2012, 116; BGH NJW 1991, 1739; BGHZ 77, 293 = ZIP 1980, 761.
76) BGH, a. a. O.
77) BGH FamRZ 1996, 792.

des Verkäufers darstellen und der Vertragspartner dies weiß oder zumindest die Verhältnisse kennt, aus denen sich dieses ergibt.[78)]

Bei § 1365 Abs. 1 BGB handelt es sich um ein sog. **absolutes Veräußerungsverbot**, so dass ein Verstoß zur Unwirksamkeit des gesamten Unternehmenskaufvertrages führt.[79)] In der Praxis empfiehlt sich in einem solchen Fall daher die Einwilligung des Ehegatten als Anlage zum Unternehmenskaufvertrag zu nehmen. Die Aufnahme des Ehegatten als zusätzliche Partei zum Unternehmenskaufvertrag kommt aus Geheimhaltungsgründen in der Praxis eher selten vor. 110

§ 1365 BGB findet nach § 6 S. 2 LPartG entsprechende Anwendung auf im gesetzlichen Güterstand der Zugewinngemeinschaft lebende **Lebenspartner** i. S. d. LPartG. 111

Familienrechtliche Verfügungsbeschränkungen bestehen auch bei der heute praktisch selten gewordenen **Gütergemeinschaft** gem. § 1415 ff. BGB. Nach § 1419 Abs. 1, 1450 Abs. 1 S. 1 BGB können in Gütergemeinschaft lebende Ehegatten nur gemeinschaftlich über ihr Vermögen verfügen. Verfügt ein Ehegatte ohne die erforderliche Zustimmung des anderen Ehegatten, so sind Verpflichtungs- und Verfügungsgeschäft gem. §§ 1453 Abs. 1, 1366 Abs. 1 BGB unwirksam. 112

(2) Vormundschaftsrechtliche Beschränkungen

Ist eine Partei zum Zeitpunkt des Vertragsschlusses **minderjährig, beschränkt geschäftsfähig** oder steht sie unter **Vormundschaft**, bedarf der Unternehmenskaufvertrag regelmäßig der **vormundschaftsgerichtlichen Genehmigung** gem. §§ 1643 Abs. 1, 1822 BGB.[80)] 113

§ 1822 Nr. 3 BGB erfasst hierbei nicht nur die Übertragung der Aktiva und Passiva im Wege des Assets Deals, sondern auch den entgeltlichen Erwerb von Gesellschaftsanteilen im Wege des Share Deals.[81)] Für die Erteilung der Genehmigung ist gem. § 1643 Abs. 1 BGB das Familiengericht zuständig. 114

In Fällen, in denen neben dem Minderjährigen auch die Eltern Gesellschafter sind oder werden sollen, ist eine Vertretung des Minderjährigen durch seine Eltern gem. §§ 1629 Abs. 2 S. 1, 1795 Abs. 1 Nr. 1, Abs. 2, 181 BGB regelmäßig ausgeschlossen. Hier ist ein **Ergänzungspfleger** gem. § 1909 Abs. 1 BGB beim Familiengericht zu bestellen. 115

---

78) BGH DStR 1996, 1903.
79) BGH FamRZ 1964, 25.
80) In Betracht kommen insbesondere § 1822 Nr. 1 (wenn der Mündel durch ein Rechtsgeschäft über sein Vermögen im Ganzen verfügt) und Nr. 3 (siehe sogleich). Zu den für den Mündel genehmigungsfreien Rechtsgeschäften siehe insbesondere die Auflistung in Palandt/*Götz*, BGB, § 1822 Rn. 10.
81) RGZ 122, 370; OLG Karlsruhe NJW 1973, 1977.

dd) Erbrecht

116 Bei einem Erwerb von Gesellschaftsanteilen aus einer Erbengemeinschaft ist zu beachten, dass Erbengemeinschaften als Gesamthandsgemeinschaften nach § 2040 Abs. 1 BGB nur gemeinschaftlich über die Geschäftsanteile verfügen können.

ee) Insolvenzrecht[82]

117 Bei einem Unternehmenskauf aus der Insolvenz hat der gem. § 80 InsO verfügungsbefugte Insolvenzverwalter ab Insolvenzeröffnung die Zustimmungserfordernisse der §§ **158 ff.** InsO zu beachten, so dass er im Innenverhältnis regelmäßig der Zustimmung des Gläubigerausschusses bzw. der Gläubigerversammlung, falls ein Gläubigerausschuss nicht bestellt ist, bedarf (vgl. §§ 160 Abs. 1 und 2 Nr. 1, 162 InsO).[83] Außerdem gelten für Veräußerungen an „besonders Interessierte"[84] mit § 162 InsO und für Veräußerungen unter Wert mit § 163 InsO besondere Vorschriften, die zwingend eine Zustimmung der Gläubigerversammlung vorsehen (vgl. § 162 InsO i. V. m. § 138 InsO). Wird die Veräußerung ohne notwendige Zustimmung der Gläubiger durchgeführt, so hat dies auf die Wirksamkeit der Veräußerung keine Auswirkung. Es kommen allerdings eine persönliche Haftung des Insolvenzverwalters (§ 60 InsO) sowie Aufsichtsmaßnahmen des Gerichtes (§§ 59, 60 InsO) in Betracht.[85] Für die Praxis empfiehlt sich daher, die notwendige Zustimmung der Gläubiger (Gläubigerausschuss, Gläubigerversammlung – vgl. § 158, § 160 InsO) als Bedingung für den Erwerb zu vereinbaren; hier kommt es auf die Parteien an, ob diese auch als aufschiebende, oder aber die Verweigerung der Gläubigerzustimmung als auflösende Bedingung vereinbart wird.[86]

118 Im Rahmen einer **angeordneten Eigenverwaltung** gem. § 270 InsO veräußert nicht der Insolvenzverwalter, sondern der Schuldner selber. Er hat aber gem. § 276 i. V. m. § 160 InsO im Falle einer Unternehmens(teil)veräußerung auch die Zustimmung des Gläubigerausschusses bzw. der Gläubigerversammlung einzuholen. Nach ganz herrschender Meinung sind die §§ 162,

---

[82] Zu den Einzelheiten des Unternehmenskaufs aus Krise und Insolvenz siehe unter Kapitel XXVI.
[83] Hat das Gericht vor dem Berichtstermin keinen Gläubigerausschuss eingesetzt, kann der Insolvenzverwalter im Rahmen des § 158 InsO nach eigenem Ermessen handeln, vgl. Kübler/Prütting/Bork/*Onusseit*, InsO, § 158 Rn. 6.
[84] Dies betrifft insbesondere Geschäfte mit Organmitgliedern, persönlich haftenden Gesellschaftern oder sonstigen mit mehr als 25 % beteiligten Gesellschafter sowie deren nahe Verwandte (vgl. § 138 InsO).
[85] Vgl. Kübler/Prütting/Bork/*Onusseit*, InsO, § 160 Rn. 4; BGH ZIP 1985, 425; *Menke*, BB 2003, 1133, 1140; *Morshäuser/Falkner*, NZG 2010, 881; *Claasen*, BB 2010, 2898, 2902.
[86] *Morshäuser/Falkner*, NZG 2010, 881 m. w. N.; *Claasen*, BB 2010, 2898, 2902.

163 InsO, auf die in § 276 InsO nicht verwiesen wird, ebenfalls anwendbar.[87]

Zusätzlich zu der Gläubigerzustimmung sind die Zustimmungserfordernisse auf Seiten des Schuldners zu berücksichtigen (insbesondere gesellschaftsrechtliche Zustimmungserfordernisse), da dieser in seiner Verwaltungs- und Verfügungsbefugnis nicht beschränkt ist. 119

ff) Öffentliches Recht

Im Rahmen der Gewährleistung wird der Verkäufer regelmäßig das Bestehen aller erforderlichen öffentlich-rechtlichen Konzessionen zusichern, z. B. Genehmigungen nach dem Bundesimmissionsschutzgesetz für Anlagen des Unternehmens. Dadurch nicht abzudecken ist das Risiko, dass personenbezogene Konzessionen anlässlich des Unternehmensübergangs dem Käufer versagt werden (siehe auch Kapitel II, dort Rn. 60).[88] 120

d) Einholung der Zustimmung

Der Unternehmenskaufvertrag sollte allgemein regeln, wer welche Zustimmungen bis zu welchem Zeitpunkt einzuholen hat. Gerade bei bestehenden Geschäftsbeziehungen empfiehlt sich die Einholung durch den Verkäufer. In jedem Fall ist die jeweils andere Seite zur Mitwirkung zu verpflichten und zur Information, möglicherweise auch zur Teilnahme an Maßnahmen zur Einholung der Zustimmung zu berechtigen. Grundsätzlich ist es Sache der Verkäufers, erforderliche Zustimmungen einzuholen. Sie sind Teil seiner Liefer-/Übereignungsverpflichtung. 121

e) Rechtsfolge nicht erteilter Zustimmung

Werden Zustimmungen nicht oder nicht in der gesetzten Frist erteilt, so sehen Unternehmenskaufverträge zunächst vor allem **Ersatzlösungen** vor. An die Stelle des Übergangs der Mieterstellung eines Mietvertrags tritt eine Untermiete (wenn durch den Mietvertrag nicht ausgeschlossen). An die Stelle des Übergangs eines gewerblichen Schutzrechts oder einer Lizenznehmerstellung tritt, soweit zulässig, eine Unterlizenz. Nicht übergeleitete Verträge, z. B. Aufträge, werden auf Rechnung des Übernehmers abgewickelt. 122

Entsprechendes gilt umgekehrt für Verpflichtungen, die im Verhältnis zwischen den Unternehmenskaufparteien dem Käufer oder dem Verkäufer zur Last fallen sollten, für die der dritte Gläubiger aber einer Schuldbefreiung nicht zugestimmt hat. Die Ersatzlösung der **Freistellung** im Innenverhältnis kann in wichtigen Fällen durch die Stellung von Sicherheiten ergänzt werden. 123

---

87) Vgl. Nerlich/Römermann/*Riggert*, InsO, § 276 Rn. 6; Kreft/*Landfermann*, InsO, § 276 Rn. 5.
88) Zu anderen öffentlich-rechtlichen Aspekten vgl. *Lindeiner*, M&A Review 2001, 103.

124 Soweit trotz solcher Ersatzlösungen der Käufer einen Schaden erleidet, sollte der Vertrag für den Zeitraum nach Vollzug des Kaufvertrages im Rahmen der Gewährleistung eine Minderung des Kaufpreises oder unter Umständen **Schadensersatz** vorsehen; ein Rücktritt (Rückabwicklung des Unternehmenskaufs) sollte jedoch nur in ganz außerordentlich schwerwiegenden Ausnahmefällen, die den Bestand des Unternehmens berühren vorgesehen werden, das sich ein Unternehmen als lebendiges und sich täglich änderndes Organ in der Praxis kaum rückabwickeln lässt.

125 In jedem Fall ist die unter Umständen sehr weitgehende Konsequenz für den gesamten Unternehmenskaufvertrag zu berücksichtigen, dass sich die endgültige **Abwicklung lange**, möglicherweise nahezu unendlich, hinausschieben kann (z. B. Fortbestehen des Untermiet- oder Unterlizenzvertrags während der Restlaufzeit des Hauptvertrags), insbesondere wenn ein wirksamer Rücktritt zwischen den Parteien streitig ist und erst eine letztinstanzliche Entscheidung eines Gerichts abgewartet werden muss (bis dahin befindet sich das Unternehmen in einer „Schockstarre", die jegliche Investitionen verhindert).

IV. Steuerliche Aspekte des Unternehmenskaufs

1. Steuerplanung für sich und die Gegenseite

126 Unternehmenskauf ist kompliziert, gleich gar die Besteuerung. Da die Summen, um die es geht, hoch sind, ist es lohnend, sich vorweg auch mit den steuerlichen Folgen zu beschäftigen (**Steuerplanung**).

a) Rechtzeitige Planung des Verkaufes

127 Viele Aspekte, die für die Besteuerung eines Unternehmens**verkaufes** relevant sind, können nicht oder nicht mit dem gewünschten Ergebnis kurzfristig beeinflusst werden. Sie müssen vielmehr **rechtzeitig**, also Jahre im Vorhinein, im Hinblick auf den geplanten Verkauf gestaltet werden. **Behaltensfristen** nach einer Einbringung und die **Gesamtplanrechtsprechung** bei der Trennung von Sonderbetriebsvermögen sind nur einige Beispiele dafür, dass ein Verkäufer durch rechtzeitige Strukturierung seines Unternehmens den Verkauf wesentlicher günstiger durchführen kann.

128 Das wird dadurch zusätzlich beschwert, dass sich das Steuerrecht stetig ändert, die steuerlichen Spielregeln im Zeitpunkt des späteren Verkaufes also häufig noch nicht feststehen.

129 Neben diesen Optimierungen muss der Verkäufer aufpassen, dass er im Zuge des Verkaufes nicht in **steuerliche Fallen** tappt: So kann die Veräußerung zurückwirken auf die Vergangenheit, für die die Steuerlast aufgrund der Gegebenheiten oder vertraglicher Regelungen (Steuerklausel siehe Rn. 954) bei ihm liegt.

130 Oder er hat einen Gewinn auch soweit zu versteuern, wie er noch keine oder **keine liquide Gegenleistung** erhält (Vendor note, Rückbeteiligung, Escrow) (siehe Rn. 422 ff.). Dann muss er die Steuer auf die noch nicht (oder nicht in

liquider Form) erhaltene Gegenleistung aus dem sonstigen Nettokaufpreis erbringen; reicht dieser nicht aus, wird möglicherweise auch Vermögen, das mit dem Unternehmenskauf nichts zu tun hat, in Anspruch zu nehmen sein.

b) Steuerplanung des Erwerbers

Der **Erwerber** wird sich bereits bei der Überlegung, ob ein Unternehmen für ihn ein lohnendes Ziel sein könnte, auch über Steuern Gedanken machen müssen. Denn er erwirbt letztlich eine Cashflow-Quelle, und zum **negativen Teil** des **Cashflow** gehört auch die Steuer. Also ist sie grundsätzlich genauso zu berücksichtigen wie Umsatzmöglichkeiten und Kostenentwicklungen des Unternehmens. Neben der Frage, ob er seinen Kaufpreis über **Abschreibungen** (siehe Rn. 207 ff., 305 ff. und 356) geltend machen kann, stellt sich für ihn die Frage, wie er das zu erwerbende Unternehmen in seine Gegebenheiten steuerlich **integrieren** (siehe Rn. 476 ff.), also beispielsweise Finanzierungskosten abziehen oder Gewinne oder Verluste mit anderen Einkünften zum Ausgleich bringen kann, wie sich eine etwaige **Fehlinvestition** für ihn steuerlich auswirken mag (siehe Rn. 554 ff.) und möglicherweise auch, welche Steuerlast durch einen gewinnbringenden **Weiterverkauf** des Unternehmens ausgelöst werden könnte. 131

Daneben muss sich der Erwerber auch Gedanken machen, welche steuerlichen Auswirkungen der Verkauf auf das **Unternehmen selbst** hat (zu Verlustvorträgen siehe Rn. 446 ff.). Denn was immer der Verkauf bei dem Unternehmen steuerlich anrichtet, zunächst muss der Erwerber damit leben. Ob er diese Folgen aufgrund **vertraglicher Regelungen** an den Verkäufer (ganz oder teilweise) zurückgeben kann, steht auf einem anderen Blatt. 132

c) Steuerplanung für die Gegenseite

So konträr die Interessen bei einem Unternehmenskauf zwischen Veräußerer und Erwerber grundsätzlich sind, so wichtig kann es sein, die steuerlichen Interessen der **Gegenseite** nicht nur zu kennen, sondern auch zu berücksichtigen. Die ausschließliche Orientierung an dem eigenen steuerlichen Vorteil kann unter dem Strich, ggf. an anderer Stelle, teurer werden. 133

Häufig macht der steuerliche Vorteil für die eine Seite einen geringeren Betrag (**Barwert** der ersparten Steuer) aus als der Vorteil, den die Gegenseite aus einer anderen Gestaltung hätte. Diese **Differenz** kann genutzt werden, um sonst unvereinbare Positionen zusammenzubringen oder auch einen höherwertigen Vorteil an anderer Stelle einzuhandeln. Die Erkenntnis solcher Möglichkeiten erfordert jedoch, die steuerliche Position der anderen Seite entsprechend zu analysieren und ggf. in einer Modellrechnung nachzubilden. 134

Der **Erwerber** bietet einen Kaufpreis, der vor Steuern ausgedrückt wird. Der Veräußerer wird diesen Preis aber in einen Betrag nach Steuern umrechnen. Deshalb sollte der Erwerber die Besteuerung des Veräußerers in seine Erwägungen einbeziehen. Mindestens sollte die vom Erwerber vorgeschlagene oder 135

A. Der Unternehmenskauf

geforderte Gestaltung dem Veräußerer keine Steuernachteile bringen. Besser wäre es, sie brächte ihm sogar Steuervorteile gegenüber dem Gebot möglicher anderer Erwerber.

136 Häufig ist der Erwerber (insbesondere ein Finanzinvestor) auch ein Profi in Fragen des Unternehmenskaufes, während der Veräußerer Profi in seinem Unternehmen, nicht jedoch bei dessen Verkauf ist. Hier kann es für den Erwerber ein erheblicher Vorteil sein, wenn er dem Verkäufer nicht nur den Kaufpreis, sondern auch eine **vernünftige Strukturierung** des Verkaufes **liefert**. Typischerweise kommt dies vor, wenn der Verkäufer sich rückbeteiligen soll und der Erwerber von sich aus eine steuerschonende Gestaltung vorschlägt (siehe Rn. 372 ff.). Oder der Erwerber möchte einen Teil des Kaufpreises erst zu einem späteren Zeitpunkt bezahlen und bietet dem Veräußerer eine Struktur an, die vermeidet, dass dieser Teil des Kaufpreises beim Veräußerer sofort steuerpflichtig wird (Earn-Out, Optionslösung) (siehe Rn. 411 ff.).

137 Auch für den **Verkäufer** kann es sinnvoll sein, das Unternehmen bereits vor Verkauf so zu gestalten, wie es für einen Erwerber steuerlich günstig ist. Denn damit wird das Unternehmen begehrenswerter, möglichweise lässt sich ein höherer Kaufpreis erzielen oder zumindest ein anderer Nachteil kompensieren.

138 Sollte das Unternehmen beispielsweise über **Verlustvorträge** verfügen, wäre es wichtig, diese soweit als möglich „**transportabel**" zu machen (siehe Rn. 446 ff.). Das mag zu erreichen sein, in dem die stillen Reserven, die sonst möglicherweise in einem anderen Unternehmensteil (Tochtergesellschaft etc.) stecken, mit den Verlustvorträgen zusammengebracht werden, um die Nutzung des Stillen-Reserven-Escape zu gestatten. Oder die Verlustvorträge werden durch einen steuerpflichtigen Step-up (Mindestbesteuerung beachten!) rechtzeitig in Abschreibungspotential gewandelt.

139 Auch das gezielte „**Leichtermachen**" des Unternehmens durch Ausschüttung/ Entnahme thesaurierter Gewinne mag hierzu gehören: Unter Umständen ist es für den Erwerber sowohl von der Finanzierungsseite als auch steuerlich günstiger, einen geringeren Kaufpreis für ein Unternehmen ohne thesaurierte Gewinne zu bezahlen, als die thesaurierten Gewinne mitzukaufen. Dies kann durch rechtzeitige Ausschüttung erreicht werden, insbesondere da beim Veräußerer Ausschüttungen und Verkaufsgewinne typischerweise gleich[89] oder zumindest ähnlich[90] besteuert werden[91] (siehe Rn. 318).

---

89) § 8b KStG für Dividenden und Veräußerungsgewinne bei Kapitalgesellschaften, außer bei Dividenden aus Streubesitzbeteiligungen (§ 8b Abs. 4 KStG); Teileinkünfteverfahren auf Dividenden und Veräußerungsgewinne bei Beteiligungen im Betriebsvermögen oder Abgeltungssteuer auf Dividenden und Veräußerungsgewinn bei Zwergbeteiligungen (< 1 %) im Privatvermögen, wenn diese nach 2008 angeschafft wurden.

90) Teileinkünfteverfahren auf Veräußerungsgewinne bei Beteiligungen im Privatvermögen (größer gleich 1 %), Abgeltungssteuer auf Dividenden hieraus.

91) Etwas anderes gilt bei Zwergbeteiligungen (< 1 %), die vor 2009 angeschafft wurden; dort dürfte der Veräußerer mangels Einfluss auf das Ausschüttungsverhalten der Gesellschaft diese Überlegungen jedoch ohnehin nicht anstellen müssen.

2. Erwerb von Einzelwirtschaftsgütern (Asset Deal)

a) Natürliche Person als Veräußerer bei Asset Deal

aa) Einkommensteuer

(1) Volle Steuerpflicht ESt

Grundsätzlich unterliegt der Gewinn aus einem Asset Deal bei einer natürlichen Person der **normalen, vollen Einkommensteuerpflicht**. Der Steuersatz ist also der persönliche Steuersatz zuzüglich Solidaritätszuschlag (Soli) und ggf. Kirchensteuer. Er hängt nicht nur von der Höhe des Veräußerungsgewinnes, sondern auch von sonstigen, im selben Jahr bezogenen Einkünften, vom Familienstand, Kindern etc. ab. 140

Derzeit beträgt der ESt-Steuersatz in der Spitze 45 %, also incl. **Soli 47,5 %** zzgl. ggf. Kirchensteuer. Mit Kirchensteuer kann die Steuerbelastung auf bis zu 51,5 % steigen. 141

Zu Ermäßigung und Reduzierung siehe unten Rn. 147 ff.

(2) Mitveräußerte Kapitalgesellschaftsbeteiligungen

Wird im Rahmen des Asset Deals auch die Beteiligung an einer Kapitalgesellschaft veräußert, beispielsweise an einer zum Unternehmen gehörenden Vertriebstochtergesellschaft, so unterliegt der hierauf entfallende Teil des Veräußerungsgewinnes dem **Teileinkünfteverfahren** (siehe ausführlich Rn. 240 ff.). Es werden nur 60 % des Veräußerungsgewinnes besteuert, diese mit dem persönlichen ESt-Satz (bis zu 47,5 % incl. Soli). Der effektive Steuersatz beträgt somit bis zu **28,5 % incl. Soli** (ggf. zzgl. Kirchensteuer). 142

Der Veräußerer hat daher ein Interesse, einen möglichst großen Teil des Veräußerungserlöses auf mitveräußerte Kapitalgesellschaftsbeteiligungen zu allokieren; der Erwerber hingegen hat daran regelmäßig ein nur geringeres Interesse, da er die mit dem Unternehmen miterworbene Kapitalgesellschaftsbeteiligung nicht abschreiben kann (zur Kaufpreisallokation siehe Rn. 189 ff.). 143

(3) Reinvestition § 6b EStG – Immobilien/Kapitalgesellschaftsbeteiligungen

Ein Gewinn aus der Veräußerung einer **Immobilie** kann nach § 6b EStG – zumindest vorläufig – steuerfrei bleiben, wenn die stillen Reserven auf eine Reinvestition übertragen werden (zahlreiche Einschränkungen und Gesetzesänderungen im Zeitablauf der letzten Jahre!).[92] Eine solche Übertragung ist auch beim Verkauf von Unternehmensteilen möglich. Ein „Parken" des Veräußerungsgewinns auf Reinvestitionen für 4 bis 6 Jahre ist im Weg einer steuerfreien Rücklage möglich (**6b-Rücklage**). 144

---

[92] Ausführlich R 6b EStR 2012.

145 Dies gilt unter weiteren Einschränkungen (u. a. Obergrenze 500.000 €) auch für einen Gewinn aus der Veräußerung von **Kapitalgesellschaftsbeteiligungen** (§ 6b Abs. 10 EStG).

146 § 6b EStG ist einer der Fälle, in denen die **Aufteilung des Kaufpreises** auch für den Veräußerer von Bedeutung ist (siehe Rn. 189 ff.). Aus seiner Sicht ist es vorzugswürdig, einen möglichst hohen Teil eines Gesamtkaufpreises auf Wirtschaftsgüter zu allokieren, für die er die Begünstigungen aus § 6b EStG in Anspruch nehmen kann.

(4) Begünstigungen für eine (Teil-)Betriebsveräußerung/-aufgabe, §§ 16, 34 EStG

147 Wird der gesamte Betrieb oder ein Teilbetrieb verkauft (**Betriebsveräußerung, Teilbetriebsveräußerung**), so werden verschiedene Begünstigungen gewährt:

(a) Betriebsveräußerung/-aufgabe

148 **Betriebsveräußerung** bedeutet die Veräußerung **sämtlicher wesentlicher** Betriebsgrundlagen an einen Erwerber im Rahmen eines einheitlichen Vorganges.[93] Der Betrieb als **wirtschaftlicher Organismus** bleibt also **erhalten**. Weiterhin setzt sie voraus, dass der Veräußerer seine bisher im Rahmen des veräußerten Betriebes ausgeübte gewerbliche Tätigkeit beendet.

149 Werden die (wesentlichen) Wirtschaftsgüter nicht an einen, sondern an mehrere Erwerber veräußert, der Betrieb also ganz oder teilweise aufgelöst, handelt es sich um eine ebenfalls begünstigte **Betriebsaufgabe** (§ 16 Abs. 3 EStG[94]). Das gilt auch, wenn die Wirtschaftsgüter teilweise nicht veräußert, sondern ins steuerliche Privatvermögen überführt werden (siehe hierzu auch Rn. 156 ff.).

(b) Teilbetriebsveräußerung/-aufgabe

150 Die Begünstigungen gibt es auch bei Veräußerung/Aufgabe eines **Teilbetriebes**. Bei dem veräußerten/aufgegebenen Teil des Betriebes muss es sich um einen „mit einer gewissen Selbständigkeit ausgestatteten, organisch geschlossenen Teil des Gesamtbetriebes handeln, der für sich allein lebensfähig"[95] ist. Die Kasuistik hierzu ist unübersehbar und entspricht häufig nicht mehr den modernen betrieblichen Gegebenheiten.

---

93) Siehe ausführlich Schmidt/*Wacker*, EStG, § 16 Rn. 90 ff.
94) Schmidt/*Wacker*, EStG, § 16 Rn. 170 m. w. N.
95) Schmidt/*Wacker*, EStG, § 16 Rn. 143 m. w. N.

(c) „Halber" durchschnittlicher Steuersatz

Hat der Veräußerer das 55. Lebensjahr vollendet oder ist er dauernd berufsunfähig, kann er für den Veräußerungsgewinn bis zu 5 Mio. € einen ermäßigten Steuersatz (**56 % seines durchschnittlichen** Steuersatzes) in Anspruch nehmen, § 34 Abs. 3 EStG. Dies ist nur einmal im Leben und nur für einen Veräußerungsvorgang möglich.

151

(d) Freibetrag, § 16 Abs. 4 EStG

Weiter wird unter gleichen Bedingungen (55. Lebensjahr oder Berufsunfähigkeit, einmal im Leben) ein **Freibetrag von 45.000 €** gewährt. Der Freibetrag schmilzt ab, soweit der Gewinn den Betrag von 136.000 € übersteigt, § 16 Abs. 4 EStG. Ab einem Veräußerungsgewinn von 181.000 € gibt es also keinen Freibetrag mehr.

152

(e) Progressionsminderung, § 34 Abs. 1 EStG/Fünftel-Regelung

Zur Minderung der Progression wird bei (Teil-)Betriebsveräußerung oder -aufgabe unabhängig vom Lebensalter, auch mehrfach, der Steuersatz so berechnet, als ob der Veräußerungsgewinn nicht geballt in einem Jahr, sondern **verteilt über fünf Jahre** angefallen wäre, § 34 Abs. 1 EStG. Die Versteuerung erfolgt im Jahr des Verkaufes/der Aufgabe, nur für Zwecke der Berechnung des Steuersatzes erfolgt die Verteilung des Veräußerungsgewinnes auf fünf Jahre.

153

Die Regel läuft bei einem Verkäufer leer, der auch ohne den Veräußerungsgewinn mit seinen anderen Einkünften den Spitzensteuersatz erreicht.

154

(f) Wiederkehrende Leistungen

Bei Veräußerung gegen **wiederkehrende Leistungen** (insb. Leibrente) kann der Verkäufer wählen zwischen der Sofortbesteuerung mit dem Barwert und einer laufenden Besteuerung bei Zufluss (siehe Rn. 436 ff.). Wählt er die laufende Besteuerung, bekommt er die Vergünstigungen der §§ 16, 34 EStG nicht.

155

(5) Zurückbehaltene Wirtschaftsgüter: Risiko der Realisierung stiller Reserven (Betriebsaufgabe/Entstrickung)

Ein Asset Deal kann sich steuerlich auch auf Wirtschaftsgüter auswirken, die nicht mitveräußert werden. **Zurückbehaltene Wirtschaftsgüter** des bisherigen Betriebes werden, sofern sie nicht anderweitig betrieblich genutzt werden, steuerlich Privatvermögen.[96] Das kann typischerweise eine nicht mitveräußerte Betriebsimmobilie betreffen. Grundsätzlich gilt das auch, wenn dieses

156

---

96) Zur Möglichkeit einer nicht realisierenden Betriebsverpachtung („Betriebsverpachtung im Ganzen"), die allerdings typischerweise nicht im Zusammenhang mit einem Asset Deal vorkommt, siehe Schmidt/*Wacker*, EStG, § 16 Rn. 690; H 16 (5) EStH 2015.

Wirtschaftsgut dem Erwerber aufgrund eines Miet- oder Pachtverhältnisses überlassen wird, denn Vermietung oder Verpachtung sind dem Privatvermögen zuzuordnende Einkunftsarten (§ 21 EStG).

157 Die Überführung von (bisherigem) Betriebsvermögen in das Privatvermögen gilt steuerlich als **Entnahme** (§ 6 Abs. 1 Nr. 4 EStG), bei der die stillen Reserven zu versteuern sind, auch wenn in diesem Zeitpunkt nichts dafür bezahlt wird. Das gilt auch, wenn sich der Vorgang insgesamt steuerlich als **Betriebsaufgabe** oder Aufgabe eines Teilbetriebes („**Totalentnahme**") darstellt.

Beispiel:

Siehe Rn. 163 zum Zusammenspiel von Entnahmebesteuerung und Gewerbesteuer.

> **Praxistipp:**
>
> Zur Vermeidung der Versteuerung stiller Reserven in nicht mitveräußertem Betriebsvermögen kann es sich anbieten, diese Wirtschaftsgüter zuvor steuerneutral in eine **gewerblich geprägte GmbH & Co. KG** einzulegen (§ 6 Abs. 5 Nr. 1 EStG). Hierdurch wird die Zwangsentnahme bei Veräußerung des übrigen Betriebsvermögens vermieden. Allerdings können dabei auch die Vergünstigungen der Betriebsveräußerung oder -aufgabe (siehe Rn. 149 ff.) verloren gehen.

(6) Veräußerungsverlust

158 Ein Veräußerungsverlust aus einem Asset Deal ist grundsätzlich **normal, also vollständig „steuerwirksam"**. Er kann also mit anderen Einkünften des bisherigen Unternehmensinhabers verrechnet werden. Das gilt unabhängig davon, ob sie aus demselben Unternehmen, einem anderen Unternehmen oder aus anderen Einkunftsquellen (Kapitalvermögen, Mietshaus etc.) stammen. Lediglich soweit **Kapitalgesellschaftsbeteiligungen**, die zum veräußerten Unternehmen gehören, mit Verlust verkauft werden, ist der Verlust nur zu **60 %** anzusetzen (Teileinkünfteverfahren, § 3 Nr. 40 EStG).

159 Bleibt am Ende des Jahres insgesamt ein Verlust, so kann dieser bis zu 1 Mio. € (bei zusammenveranlagten Ehegatten bis zu 2 Mio. €) auf das letzte Jahr zurückgetragen werden, was zu einer sofortigen Liquiditätsersparnis führen kann (Wahlrecht). Oder der Verlust wird in künftige Jahre vorgetragen und kann dort mit anderen Einkünften verrechnet werden (**Verlustvortrag**), allerdings können in jedem Jahr nur bis zu 1 Mio. € (bei Ehepaaren 2 Mio. €) des künftigen Gewinnes eines Jahres vollständig verrechnet werden, darüber hinaus nur 60 % (**Mindestbesteuerung**, § 10d Abs. 2 EStG, siehe hierzu Rn. 446 ff.).[97]

---

97) Die Mindestbesteuerung ist nach Ansicht des BFH nur **verfassungswidrig**, wenn sie endgültig zum Wegfall der Verlustnutzungsmöglichkeit bei Ursachenidentität zwischen Verlust und Gewinn führt, BFH, v. 26.2.2014 – I R 59/12, BStBl II 2014, 1016, Az. BVerfG: 2 BvL 19/14.

(7) Ausländisches Vermögen

Der Verkauf ausländischen unternehmerischen Vermögens durch einen Steuerinländer ist typischerweise in Deutschland **steuerfrei** aufgrund von Doppelbesteuerungsabkommen **(DBA)**, vergleiche Art. 7 Abs. 1, 23A OECD – Musterabkommen. Andernfalls versteuert neben dem ausländischen Staat auch Deutschland, rechnet aber die ausländische Steuer nach § 34d EStG, u. U. nach DBA an. In „Unglücksfällen" (Auslandsvermögen ohne Betriebsstätte, trotzdem Zugriff des ausländischen Fiskus) kann es zu echter Doppelbesteuerung kommen. 160

bb) Gewerbesteuer und -anrechnung

Der Gewinn aus der Veräußerung der Einzelwirtschaftsgüter eines gewerblichen Unternehmens unterliegt grundsätzlich auch der Gewerbesteuer. Das Teileinkünfteverfahren bei Veräußerung einer **Kapitalgesellschaftsbeteiligung** und die steuerfreie Übertragung stiller Reserven nach § 6b EStG (siehe Rn. 144) gelten für die Gewerbesteuer entsprechend. 161

(1) Gewerbesteuerfreie (Teil-)Betriebsveräußerung/-aufgabe

Der Asset Deal ist hingegen **gewerbesteuerfrei**, wenn er sich steuerlich als Veräußerung eines Betriebes oder Teilbetriebes darstellt und durch eine natürliche Person erfolgt.[98] 162

Auch wenn nicht ein steuerlicher Betrieb oder Teilbetrieb veräußert wird, kann der Vorgang gewerbesteuerfrei sein, wenn die **übrigen wesentlichen Betriebsgrundlagen** des Betriebes/Teilbetriebes an einen Dritten **veräußert** oder steuerlich in das **Privatvermögen** überführt werden. In diesen Fällen liegt die gleichfalls begünstigte **Aufgabe des Betriebes/Teilbetriebes** vor (siehe auch Rn. 149). 163

Beispiel:

Einzelunternehmer U betreibt ein Produktionsunternehmen in einer ihm gehörenden Halle. Veräußert er das gesamte Unternehmen mit Immobilie an einen Erwerber, so liegt eine gewerbesteuerfreie Betriebsveräußerung vor. Veräußert er das Unternehmen ohne Immobilie an den Erwerber A und die Immobilie an den Immobilieninvestor B, so liegt keine Betriebsveräußerung vor, da der Erwerber A nicht sämtliche wesentlichen Betriebsgrundlagen übernimmt. Es ist jedoch eine ebenfalls gewerbesteuerfreie Betriebsaufgabe gegeben.

Behält U die Immobilie und verpachtet sie künftig an den Erwerber A, so ist die Verpachtung grundsätzlich steuerlich als private Vermögensverwaltung (Vermietung und Verpachtung, § 21 EStG) anzusehen; die Immobilie ist nicht mehr dem gewerblichen Betriebsvermögen zuzuordnen. Auch hier liegt steuerlich eine

---

98) R 7.1 (3) GewStR 2009, H 7.1 (3) GewStH 2009 „Veräußerungs- und Aufgabegewinne".

gewerbesteuerfreie Betriebsaufgabe vor. (Allerdings muss U auch die stillen Reserven in der Immobilie für Einkommensteuerzwecke versteuern, ohne dass er hierfür einen Kaufpreis erhält (siehe oben Rn. 156 ff.). Unter besonderen Umständen mag U das Recht haben, die Immobilie weiterhin dem Betriebsvermögen zuzuordnen; dann wäre der Vorgang jedoch keine gewerbesteuerfreie Betriebsaufgabe mehr. Allerdings würde auch keine Einkommensteuer auf die stillen Reserven in der Immobilie anfallen.

(2) Gewerbesteueranrechnung, § 35 EStG

164 Sofern auf den Asset Deal Gewerbesteuer anfällt, kann diese auf die persönliche Einkommensteuer **angerechnet** werden, § 35 EStG.[99] Damit stellt die Gewerbesteuer für natürliche Personen typischerweise keine große Zusatzbelastung dar. Allerdings ist die Anrechnung beschränkt auf die Gewerbesteuer, die bei einem kommunalen Hebesatz von 380 % anfiele. Bei „teureren Gemeinden" erfolgt also keine vollständige Anrechnung.

165 Auch aus anderen Gründen kann es zu **Anrechnungsüberhängen** kommen mit der Folge, dass die Gewerbesteuer nicht vollständig angerechnet wird.

b) Kapitalgesellschaft als Veräußerer bei Asset Deal

aa) Grundsatz: Volle Steuerpflicht

166 Veräußert eine Kapitalgesellschaft ihr Unternehmen oder Teile hiervon im Wege eines Asset Deals, so unterliegt ein Veräußerungsgewinn bei ihr grundsätzlich sowohl der normalen **Körperschaftsteuer** als auch der **Gewerbesteuer**. Begünstigungen für die Veräußerung eines (Teil-) Betriebes entsprechend § 16, 34 EStG oder gar Gewerbesteuerfreiheit sind nicht vorgesehen.

167 Die Steuerlast beträgt derzeit je nach kommunalem Gewerbesteuerhebesatz ca. 23 % – 33 %.[100]

bb) Mitveräußerung von Kapitalgesellschaftsbeteiligungen, § 8b KStG

168 Werden im Rahmen eines Asset Deals auch Kapitalgesellschaftsbeteiligungen veräußert, z. B. eine zum Betrieb gehörende Beteiligung an einer Vertriebstochter, so ist der hierauf entfallende Anteil am Veräußerungsgewinn grundsätzlich bis auf 5 % steuerfrei, § 8b Abs. 2 KStG. Der effektive Steuersatz beträgt insoweit ca. 1,2 % – 1,7 % (KStG inkl. Soli plus GewSt). Zur Steuerfreiheit, zu Ausnahmen und zu möglichen Einschränkungen für Streubesitzanteile siehe Rn. 283 ff. Soweit im Rahmen eines Asset Deals Kapitalgesellschaftsbeteiligungen veräußert werden, ist also auch für den Veräußerer die Allokation des Kaufpreises relevant (siehe Rn. 189 ff.).

---

99) Siehe hierzu BMF v. 3.11.2016, DStR 2016, 2653.
100) 15 % KSt, 0,8 % Solidaritätszuschlag, 7 % – 17 % Gewerbesteuer.

cc) Reinvestition, § 6b EStG

Auch für Kapitalgesellschaften besteht die Möglichkeit, realisierte Gewinne aus der Veräußerung einer Immobilie (vorläufig) steuerfrei auf ein Reinvestitionsobjekt zu übertragen, § 6b EStG (siehe Rn. 144 ff.). Im Gegensatz zu natürlichen Personen gilt dies nicht für einen Gewinn aus der Veräußerung einer Kapitalgesellschaftsbeteiligung, § 6b Abs. 10 S. 1 EStG; insoweit ist die Steuerfreiheit des § 8b KStG einschließlich ihrer Ausnahmen vorrangig. 169

dd) Keine unfreiwillige Betriebsaufgabe/Entnahme

Da eine Kapitalgesellschaft stets nur Betriebsvermögen hat, besteht bei ihr anders als bei natürlichen Personen (siehe oben Rn. 156 f.) nicht das Risiko, dass nicht mitveräußertes Vermögen unfreiwillig entnommen, also in steuerliches Privatvermögen überführt wird, und deshalb zu versteuern wäre. 170

c) Personengesellschaft als Veräußerer bei Asset Deal

Veräußert eine Personengesellschaft ihr Unternehmen (ganz oder teilweise) durch einen Asset Deal, so wird der Vorgang ertragsteuerlich weitgehend so behandelt, als ob ihre Gesellschafter selbst das Unternehmen veräußert hätten (**Transparenzprinzip**). 171

aa) Veräußerungsgewinn und Ergänzungsbilanzen

Zur Ermittlung des Veräußerungsgewinnes sind neben der Bilanz der Personengesellschaft (Gesamthandsbilanz) auch die **Ergänzungsbilanzen**[101] der Gesellschafter einzubeziehen (steuerliche Nebenrechnung, in der sich vor allem zusätzliche und individuelle Anschaffungskosten widerspiegeln, insbesondere aus einem früheren Erwerb der Beteiligung an der Personengesellschaft). 172

bb) EStG/KStG

Der Veräußerungsgewinn wird den **Gesellschaftern** zugerechnet und unterliegt bei diesen der Einkommensteuer (natürliche Personen), siehe Rn. 140 ff., oder der Körperschaftsteuer (Kapitalgesellschaften), siehe Rn. 166 ff. Auch die jeweiligen Vergünstigungen sind bei den Gesellschaftern anwendbar. Soweit es dabei darauf ankommt, ob ein Betrieb oder **Teilbetrieb** veräußert/aufgegeben wurde (§§ 16, 34 EStG), ist auch das **Sonderbetriebsvermögen**, das nicht im Eigentum der Gesellschaft steht, mit zu berücksichtigen. 173

Gehört zum veräußerten Vermögen der Personengesellschaft eine **Beteiligung** an einer **Kapitalgesellschaft**, ist der anteilige Veräußerungsgewinn bei den Gesellschaftern nur nach dem Teileinkünfteverfahren zu 60 % steuerpflichtig (natürliche Personen als Gesellschafter, § 3 Nr. 40 EStG) oder wei- 174

---

101) Siehe ausführlich Schmidt/*Wacker*, EStG, § 15 Rn. 460.

testgehend steuerbefreit (Kapitalgesellschaft als Gesellschafter, § 8b KStG).[102] Besteht der Gesellschafterkreis sowohl aus natürlichen Personen als auch aus Kapitalgesellschaften, kann beides gleichzeitig der Fall sein.

cc) Gewerbesteuer

175 Der Veräußerungsgewinn unterliegt der **Gewerbesteuer** auf Ebene der Personengesellschaft. **Sie selbst** ist Steuerschuldner.

176 Gewerbesteuer fällt nur dann nicht an, wenn ein Betrieb oder Teilbetrieb veräußert wird, soweit der Gewinn auf eine **unmittelbar beteiligte** natürliche Person entfällt (§ 7 S. 2 GewStG).[103] Mit anderen Worten: Soweit der Gewinn (anteilig) auf einen Gesellschafter entfällt, der Kapitalgesellschaft oder eine andere Personengesellschaft ist, unterliegt er bei der veräußernden Personengesellschaft der Gewerbesteuer. Das gilt auch, wenn hinter dieser anderen Personengesellschaft natürliche Personen stehen. Die Rechtsform der Gesellschafter wirkt also zurück auf die Gewerbesteuer der Personengesellschaft.

177 Die anfallende Gewerbesteuer kann von denjenigen Gesellschaftern, die natürliche Personen sind, anteilig auf ihre eigene Einkommensteuer **angerechnet** werden, § 35 EStG.[104] Die Anrechnung ist häufig nur teilweise möglich. Sind natürliche Personen über eine andere Personengesellschaft an der veräußernden Personengesellschaft beteiligt, ist eine Anrechnung ebenfalls möglich. Kapitalgesellschaften können jedoch nicht anrechnen.

d) Übernahme von Verbindlichkeiten und Belastungen (bilanziert/nicht bilanziert)

aa) Verbindlichkeitsübernahme ist Entgelt

178 Bei der Berechnung des Kaufpreises, und damit des Veräußerungsgewinnes und der Anschaffungskosten für die übernommenen Wirtschaftsgüter, ist zu beachten, dass die **Übernahme von Verbindlichkeiten** auch Teil des vom Erwerber entrichteten Entgelts für die übergehenden positiven Wirtschaftsgüter ist und daher deren Anschaffungskosten erhöht.

---

102) Vorausgesetzt, die Personengesellschaft selbst ist kein Finanzunternehmen, Bank o. Ä. i. S. v. § 8b Abs. 7, 8 KStG.

103) Es sei denn, auf Veräußerer- und Erwerberseite stehen dieselben Personen als Unternehmer oder Mitunternehmer, § 16 Abs. 2 S. 3 EStG.

104) Auch soweit wegen unmittelbarer Beteiligung natürlicher Personen auf den Gewinnanteil keine Gewerbesteuer angefallen ist.

bb) Nicht (vollständig) bilanzierte Belastungen

Nach ständiger BFH-Rechtsprechung[105] gilt dies unabhängig davon, ob der Ausweis der übernommenen Passivpositionen in der Steuerbilanz einem Ausweisverbot ausgesetzt ist. Denn auch die Übernahme steuerrechtlich zu Recht nicht bilanzierter Verbindlichkeiten ist Teil des vom Erwerber zu entrichtenden Entgelts.

179

Regelmäßig finden sich in einem Unternehmen **Belastungen**, die in der Steuerbilanz nicht oder nicht vollständig abgebildet werden dürfen. Häufigstes Beispiel sind Drohverlustrückstellungen (mit Bilanzierungsverbot, § 5 Abs. 4a EStG) und Pensionsrückstellungen (unterdotiert aufgrund der Bewertungsvorgabe des § 6a EStG). Wird das Unternehmen oder ein Teil veräußert, so reduzieren diese Positionen, soweit sie auf den Erwerber übergehen, den Kaufpreis, und damit auch den Veräußerungsgewinn. Allerdings führen hier **Sonderregeln** bei Übertragung solcher Belastungen zu **Ergebnisverzerrungen** (§§ 4f, 5 Abs. 7 EStG).[106] Gerade bezogen auf Pensionsrückstellungen können diese u. U. erhebliche Ausmaße annehmen. In der Praxis lässt sich beobachten, dass die Folgen dieser Sonderregelungen häufig noch nicht angemessen berücksichtigt werden.

180

Diese Regelungen sind neu, systemwidrig und komplex; vieles ist deshalb noch nicht geklärt. Am besten lassen sie sich anhand eines Beispiels erläutern:

181

Beispiel:

A verkauft einen Teil seines Einzelunternehmens (kein Teilbetrieb) an B. Das steuerliche Kapitalkonto dieses Unternehmensteils ist 1.000, die stillen Reserven im Aktivvermögen betragen 800. Zum Unternehmensteil gehört eine Drohverlustrückstellung von 300, die in der Steuerbilanz nicht passiviert ist. Der Kaufpreis beträgt (1.000 + 800 ./. 300 =) 1.500. Ohne den Umstand, der zur Drohverlustrückstellung geführt hat, hätte der Kaufpreis vermutlich 1.800 betragen.

Prima facie ergibt sich ein Veräußerungsgewinn von 500. Dabei hat sich durch den Ansatz der Drohverlustrückstellung eine Kaufpreisreduzierung und damit eine Gewinnminderung von 300 ergeben. Diese Gewinnminderung von 300 sind bei der Berechnung des steuerpflichtigen Veräußerungsgewinns zu korrigie-

---

105) BFH, v. 12.12.2012 – I R 69/11, BFH/NV 2013, 840 m. w. N.
106) Die Gesetzesänderung (§§ 4f, 5 Abs. 7 EStG) soll einen langjährigen Meinungsstreit zwischen der Rechtsprechung und der Finanzverwaltung über die Behandlung solcher Rückstellungen beenden; vgl. BFH, v. 16.12.2009 – I R 102/08, BStBl II 2011, 566; BMF v. 24.6.2011, BStBl I 2011, 627; BFH, v. 14.12.2011 – I R 72/10, BFH/NV 2012, 635; nach § 52 Abs. 12c und 14a EStG gelten § 4f und § 5 Abs. 7 EStG n. F. grds. mit Wirkung für Wirtschaftsjahre, die nach dem 28.11.2013 enden.
Zu Einzelheiten vgl. ausführlich OFD Magdeburg, Verfügung v. 2.6.2014, DStR 2014, 1546 (zu § 4f Abs. 2 EStG allerdings nach dessen Änderung überholt); *Schmidt/Weber-Grellet*, EStG, § 4f Rn. 1 ff.; § 5 Rn. 503 ff.; *Benz/Placke*, DStR 2013, 2653; *Altendorf*, GmbH-StB 2014, 79; *Veit/Hainz*, BB 2014, 1323; *Schindler*, GmbHR 2014, 561; *Förster/Staaden*, UbG 2014, 1.

ren (§ 4f EStG). Im Jahr der Veräußerung darf nur 1/15 angesetzt werden, also in diesem Beispiel 20. Der steuerliche Veräußerungsgewinn beträgt folglich (1.500 ./. 1.000 + 300 ./. 20 =) 780. Darüber hinaus darf A in den folgenden 14 Jahren jeweils 20 als Betriebsausgabe abziehen.

Bei B sieht es entsprechend aus (§ 5 Abs. 7 EStG): Er aktiviert das erworbene Vermögen mit den Anschaffungskosten von (netto) 1.500. Dabei weist er auch die Drohverlustrückstellungen mit ihrem Verkehrswert von 300 aus. In der Steuerbilanz zum ersten Jahresabschluss muss er jedoch die Drohverlustrückstellung wieder ausbuchen. Der sich daraus ergebende Ertrag von 300 versteuert er zu gleichen Teilen im Jahres des Erwerbs und den darauffolgenden 14 Jahren, also jährlich mit 20.

(1) Veräußerer der Verbindlichkeit

182 Aus der Übertragung einer Verbindlichkeit, für die beim **Veräußerer** in der Steuerbilanz ein **Ansatzverbot** oder eine **Bewertungsbeschränkung** gilt, ergibt sich beim Veräußerer ein Aufwand[107]. Dieser Aufwand kann bereits daraus resultieren, dass der Veräußerer dem Übernehmer der Verbindlichkeit etwas für die Verbindlichkeitsübernahme bezahlt. Insbesondere im Zusammenhang mit einem Unternehmenskauf hat dieser Aufwand jedoch typischerweise den Charakter einer **Kaufpreisminderung**, da der Preis, den der Käufer des Unternehmens bezahlt, um die tatsächliche Belastung gemindert wird. Der Aufwand ist also eine Art „verhinderte Vermögensmehrung". Dieser Aufwand kann steuerlich nicht sofort vollständig geltend gemacht werden, sondern ist auf 15 Jahre (einschließlich des Veräußerungsjahres) zu verteilen, § 4f EStG.

183 Im Ergebnis bedeutet das, dass zunächst ein um vierzehn/fünfzehntel dieser stillen Lasten überhöhter Gewinn versteuert wird. Selbst wenn sich in dem veräußerten Unternehmen(-steil) stille Lasten und stille Reserven mit gleichem Betrag gegenüber stehen, kommt es zu einer Gewinnbesteuerung.

184 Ob der Veräußerer in den folgenden 14 Jahren noch genügend Erträge erzielt, um den weiteren Abzug tatsächlich nutzen zu können, ist eine andere Frage. Insbesondere nach einem Unternehmensverkauf ist dies häufig nicht mehr der Fall.

185 Für den Veräußerer gibt es einige **Ausnahmen:**

- **Veräußerung oder Aufgabe des gesamten Betriebes**

    Derzeit ist streitig, ob diese Ausnahme auch Kapitalgesellschaften als Veräußerer bei einem Asset Deal zugänglich ist[108]. Zweifel bestehen, da Ka-

---

107) Vgl. insb. § 5 Abs. 2a, 3, 4, 4a, 4b, 5 S. 1 Nr. 2 EStG; § 6 Abs. 1 Nr. 3, 3a EStG, § 6a EStG.
108) Dafür: Frotscher/Geurts/*Hörner*, EStG, § 4f Rn. 34 (November 2014); abl. Blümich/*Krumm*, EStG, § 4f Rn. 34 (März 2015).

pitalgesellschaften steuerlich auch als leere Hülle einen „Betrieb" haben, Teilweise wird auch angenommen, dass die Ausnahme bei Kapitalgesellschaften nur im Rahmen der Liquidation anwendbar sei, § 11 KStG[109].

- **Arbeitgeberwechsel eines Arbeitnehmers unter Mitnahme seiner Pensionsansprüche**

  Somit können die Pensionsrückstellungen der noch im Unternehmen tätigen Arbeitnehmer beim Veräußerer vollständig ergebnismindernd mit dem Verkehrswert angesetzt werden. Für die (wirtschaftliche) Übernahme von Pensionsrückstellungen bereits ausgeschiedener Arbeitnehmer gilt dies jedoch nicht.

  Diese Ausnahme gilt wohl auch, wenn Arbeitsverhältnisse im Zuge der Veräußerung eines Unternehmensteils (oder des ganzen Unternehmens) auf einen Erwerber nach § 613a BGB übergehen[110]. Damit sind faktisch bei einem Asset Deal die Pensionsrückstellungen für die noch tätigen Arbeitnehmer beim Veräußerer nicht von dem Abzugsverbot betroffen. Ggf. Absicherung durch verbindliche Auskunft!

- **Kleinunternehmen entsprechend § 7g Abs. 1 EStG** (insbesondere Betriebsvermögen nicht über 235 T€).

Wird ein **Teilbetrieb** veräußert oder aufgegeben, gilt die Regelung für den Veräußerer nicht, wenn insgesamt ein Gewinn entsteht. Nur soweit sich wegen des Ansatzes der nicht oder nicht ausreichend bilanzierten Belastungen ein Verlust ergibt, ist dieser Verlust entsprechend zu verteilen. **186**

Für den **Erwerber** gelten all diese Ausnahmen **nicht**, § 5 Abs. 7 EStG! **187**

(2) Erwerber der Verbindlichkeit

Bei dem **Erwerber** wird der Grundsatz der erfolgsneutralen Behandlung von Anschaffungsvorgängen nunmehr punktuell auf den Zeitpunkt der Übernahme der Verpflichtung beschränkt (§ 5 Abs. 7 EStG n. F.). Er kann erworbene Verpflichtungen, die beim Veräußerer einem Ansatzverbot oder einer anderen Beschränkung unterlagen[111] (relevant v. a. für „**angeschaffte**" **Drohverlust-** und **Pensionsrückstellungen**, zwar zum Zeitpunkt der Übernahme vollständig als Passivposten ansetzen, so dass der Anschaffungsvorgang an sich zunächst erfolgsneutral bleibt. Allerdings ist er in seiner ersten **Folgebilanz** verpflichtet, die entsprechende Rückstellung so zu bilanzieren, wie sie beim ursprünglich Verpflichteten zu passivieren wäre. Die ursprünglichen **188**

---

109) Lademann/*Neumann-Tomm*, EStG, § 4f Rn. 43 (März 2015); *Förster/Staaden*, Ubg 2014, 1.
110) Frotscher/Geurts/*Hörner*, EStG, § 4f Rn. 35 (November 2014), *Benz/Placke*, DStR 2013, 2653; a. A. *Veit/Heinz*, BB 2014, 1323.
111) Vgl. insb. § 5 Abs. 2a, 3, 4, 4a, 4b, 5 S. 1 Nr. 2 EStG; § 6 Abs. 1 Nr. 3, 3a EStG, § 6a EStG.

Ansatzverbote und andere Beschränkungen gelten so für den Übernehmer weiter. Dadurch entsteht ein „**Erwerbsfolgegewinn**", der durch die Bildung und eine nachfolgende Auflösung einer gewinnmindernden Rücklage über 15 Jahre[112] gestreckt werden kann (Wahlrecht).

e) Allokation des Kaufpreises

aa) Bedeutung der Kaufpreisallokation für Erwerber und Verkäufer

189 Die Kaufpreisallokation verbindet steuerlich den Verkäufer mit dem Erwerber.

(1) Erwerber

190 Für den Erwerber hängt – wie schon erwähnt – die Vorteilhaftigkeit eines Asset Deal gegenüber einem Share Deal davon ab, wie die vorhandenen stillen Reserven auf die übergehenden materiellen und immateriellen Einzelwirtschaftsgüter zu verteilen sind und wie schnell diese abgeschrieben werden können. Aus steuerlicher Sicht hat der Erwerber bei hinreichenden Erträgen ein Interesse an möglichst hoher, möglichst schnellerer Abschreibung eines möglichst großen Teils des Kaufpreises.[113]

191 Bei der Beurteilung der Abschreibungseffekte ist die **Allokation des Kaufpreises** von ausschlaggebender Bedeutung. Aus Sicht des Erwerbers sind nämlich folgende Fragen zu beantworten:

- Bestimmung Kaufgegenstand: Welche materiellen und immateriellen Wirtschaftsgüter (inkl. Geschäftswert!) werden übertragen?

- Allokation des Kaufpreises: Wie ist der Gesamtkaufpreis auf die einzelnen Wirtschaftsgüter zu verteilen?

- Berechnung Afa: Welche der übertragenen Wirtschaftsgüter können über welchen Zeitraum und in welcher Höhe abgeschrieben werden?

(2) Veräußerer

192 Auch für den Veräußerer kann die Kaufpreisallokation steuerlich Bedeutung gewinnen, wenn bei ihm der auf bestimmte **einzelne Wirtschaftsgüter** entfallende Veräußerungsgewinn anders besteuert wird als der auf die übrigen Wirtschaftsgüter entfallende Teil. Dies betrifft typischerweise die zu dem veräußerten Betrieb gehörenden **Kapitalgesellschaftsbeteiligungen** (siehe Rn. 142 ff. und 164), Wirtschaftsgüter, die steuerlichen **Behaltensfristen** unterliegen und Wirtschaftsgüter, deren Veräußerungsgewinn gem. § 6b EStG vorläufig steuerfrei bleiben kann (siehe Rn. 144 ff. und 169).

---

112) Für Schuldübertragungen, Schuldbeitritte und Erfüllungsübernahmen, die vor dem 14.12.2011 vereinbart wurden, gilt eine Streckung über max. 20 Jahre.

113) Dieses steuerliche Interesse kann dabei ggf. gegen ein börsengetriebenes Interesse an hohem Ertragsausweis laufen.

(3) Interessengegensatz

Sofern die Kaufpreisallokation für den Veräußerer überhaupt eine Rolle spielt, ergibt sich regelmäßig ein **Interessengegensatz** zum Erwerber. Der Veräußerer bevorzugt die Allokation auf steuerlich begünstigte Kapitalgesellschaftsbeteiligungen (§§ 3 Nr. 40 EStG, 8b KStG) oder Immobilien (§ 6b EStG), während für den Erwerber die Allokation auf diese gar nicht oder nur sehr langsam abschreibbaren Wirtschaftsgüter ungünstig ist. 193

bb) Aufteilung des Gesamtkaufpreises

Beim Erwerber entstehen in Höhe des Kaufpreises (und ggf. der übernommenen Verbindlichkeiten) Anschaffungskosten, die wegen des Grundsatzes der Einzelbewertung[114] auf die übernommenen einzelnen (positiven) Wirtschaftsgüter zu verteilen sind. Wurde im **Kaufvertrag** die **Aufteilung des Gesamtkaufpreises** auf die einzelnen erworbenen Wirtschaftsgüter vorgenommen, ist dieser Aufteilung grundsätzlich auch für steuerliche Zwecke zu folgen.[115] Aus Missbrauchsgründen wird von diesem Grundsatz allerdings eine Ausnahme gemacht, wenn die Aufteilung **nicht von gegensätzlichen Interessen der Vertragspartner** getragen wird, in erster Linie aus Gründen der Steuerersparnis vorgenommen wird und zumindest eine der Vertragsparteien ein besonderes Interesse an einer bestimmten Aufteilung hat.[116] 194

Haben die Parteien lediglich den Gesamtpreis bestimmt oder ist die getroffene vertragliche Regelung über die Einzelpreise aus o. g. Missbrauchsgründen unbeachtlich, so ist der Gesamtpreis auf die einzelnen übernommenen Wirtschaftsgüter zu **verteilen**, um die jeweiligen Anschaffungskosten für die AfA-Bemessungsgrundlage, und, sofern relevant, den anteiligen Veräußerungsgewinn zu bestimmen.[117] 195

Dabei gehört zum Gesamtpreis nicht nur ein Barkaufpreis, sondern auch etwaige **übernommene Verbindlichkeiten**, siehe Rn. 178 ff. Denn die Übernahme der Verbindlichkeiten ist gleichfalls eine Gegenleistung für die Übertragung der (aktiven) Wirtschaftsgüter. 196

---

114) § 6 Abs. 1 S. 1 EStG, § 252 Abs. 1 Nr. 3 HGB.
115) BFH, v. 31.1.1973 – I R 197/70, BStBl II 1973, 391.
116) Schmidt/*Kulosa*, EStG, § 6 Rn. 118 f.; st. Rsp, bspw. BFH, v. 16.9.2004 – X R 19/03, BStBl II 2006, 238 unter II.2.a); BFH, v. 21.8.2014 – X B 159/13, BFH/NV 2014, 1743; BFH, v. 16.9.2015 – IX R 12/14, BStBl II 2016, 397 m. w. N.
117) In § 6 Abs. 1 Nr. 7 EStG kommt missverständlich zum Ausdruck, dass die erworbenen WG grundsätzlich mit dem Teilwert, höchstens jedoch mit den Anschaffungskosten anzusetzen seien. In der Praxis werden die WG mit den (ggf. aufgeteilten) Anschaffungskosten angesetzt, die aber i. d. R. dem Teilwert entsprechen, jedenfalls durch ihn in der Höhe begrenzt sind.

197 Die **Aufteilung** des Gesamtpreises wird grundsätzlich im Verhältnis der Teilwerte[118] der Einzelwirtschaftsgüter wie folgt vorgenommen:[119]

- Zunächst ist der **Teilwert** eines jeden Wirtschaftsguts zu ermitteln, für das ein Teil des Gesamtentgelts geleistet wird.

- **Übersteigt** der Gesamtpreis die Summe der Teilwerte der Einzelwirtschaftsgüter, so sind diese mit dem Teilwert (= Anschaffungskosten) anzusetzen; die Differenz ist als **miterworbener Geschäftswert** anzusetzen.

- **Entspricht** der Gesamtpreis der Summe der Teilwerte der Einzelwirtschaftsgüter, so ist deren Teilwert als Anschaffungskosten anzusetzen.

- **Bleibt** der Gesamtpreis hinter der Summe der Teilwerte der Einzelwirtschaftsgüter **zurück**, so sind diese jeweils mit dem gleichen Anteil ihres Teilwertes anzusetzen; die bisherigen Buchwerte spielen keine Rolle.[120] Ausgenommen sind Bargeld, **Bankguthaben** und ähnliche liquide Mittel, die zwingend mit ihrem Nominalbetrag anzusetzen sind, sie reduzieren somit den Ansatz der übrigen Wirtschaftsgüter.

198 Bei einem Erwerb unter dem Teilwert der Einzelwirtschaftsgüter wird auch von einem „**negativen Geschäftswert**" oder „**bad will**" gesprochen, welcher aber weder in der Steuer- noch in der Handelsbilanz ausgewiesen werden darf.[121] Ggf. ist allerdings ein zusätzlicher **passiver Ausgleichsposten** für erwartete künftige Verluste zu bilden, der gewinnerhöhend aufzulösen ist, sobald die entsprechenden Verluste realisiert werden.[122]

199 **Beachte:** Der **Teilwert**[123] eines Wirtschaftguts entspricht dem Betrag, den ein Erwerber des ganzen Betriebs, den er fortführen möchte, im Rahmen des

---

118) Für handelsrechtliche Zwecke erfolgt die Aufteilung im Verhältnis der Zeitwerte der einzelnen Vermögensgegenstände.
119) Schmidt/*Kulosa*, EStG, § 6 Rn. 119 m. w. N.; MünchKomm-BilR/*Tiedchen*, Bd. 2, § 255 HGB Rn. 43; BFH, v. 17.9.2009 – IV B 82/08, BFH/NV 2010, 50; andere Vorgehensweisen, z. B. die sog. Stufentheorie (Aufteilung zunächst nur auf die beim Verkäufer aktivierten Wirtschaftsgüter, anschließend auf bisher noch nicht aktivierte Wirtschaftsgüter (z. B. selbsterstellte immaterielle Wirtschaftsgüter) und zuletzt auf den Geschäftswert) oder die Aufteilung im Verhältnis der stillen Reserven sind nicht mehr aktuell, siehe auch *Bauer/Baumgartner*, FR 2015, 838.
120) Präzise nach BFH, v. 17.9.2009 – IV B 82/08, BFH/NV 2010, 50: Es ist das Verhältnis des Teilwerts des jeweiligen Wirtschaftsguts zum Gesamtbetrag der Teilwerte zu bestimmen. Der diesem Verhältnis entsprechende Teil des Gesamtentgelts sind die Anschaffungskosten für das betreffende Wirtschaftsgut.
121) Herrschende Ansicht, vgl. Übersicht bei Schmidt/*Weber-Grellet*, EStG, § 5 Rn. 226; so auch FG Schleswig-Holstein, v. 5.12.2003 – 1 K 973/97, EFG 2004, 1324 (offengelassen dagegen in der weiteren Instanz vom BFH, v. 26.4.2006 – I R 49, 50/04, BStBl II 2006, 656).
122) BFH, v. 21.4.1994 – IV R 70/92, BStBl II 1994, 745; BFH, v. 26.4.2006 – I R 49, 50/04, BStBl II 2006, 656.
123) Ausführlich zum Teilwert siehe R 6.7 bis R 6.9 EStR 2012.

Gesamtkaufpreises für das einzelne Wirtschaftsgut ansetzen würde.[124)] Das ist eine typische Asset-Deal-Situation, so dass die aufgeteilten Anschaffungskosten in der Regel den jeweiligen Teilwerten entsprechen werden.

Bei betriebsnotwendigen Wirtschaftsgütern entspricht der Teilwert in der Regel den Widerbeschaffungskosten. 200

> **Praxistipp:**
>
> Durch Vereinbarung von **Einzelpreisen**, die sich an den tatsächlichen Verhältnissen orientieren, kann die oben beschriebene Aufteilung des Gesamtkaufpreises nach Teilwerten vermieden und so Einfluss auf die Verteilung der Anschaffungskosten genommen werden. Für die so ermittelnden Einzelanschaffungskosten gilt eine **Vermutung**, dass diese dem Teilwert des jeweiligen Wirtschaftsguts entsprechen, weil ein Kaufmann für ein Wirtschaftgut in der Regel nur den Preis zu zahlen bereit ist, welchen das Wirtschaftgut ihm wert ist. Die Vermutung kann nur durch den Nachweis entkräftet werden, dass die Anschaffung von vornherein eine Fehlmaßnahme war.[125)]

cc) Geschäftswert

Bei der Allokation des Kaufpreises kommt der Aufdeckung eines **Geschäfts- oder Firmenwerts** i. S. v. § 7 Abs. 1 S. 3 EStG, § 246 Abs. 1 S. 4 HGB (nachfolgend als „Geschäftswert"[126)] bezeichnet) eine besondere Bedeutung zu. 201

Der Geschäftswert ist der Ausdruck von **Gewinnchancen** eines lebenden Unternehmens, die nicht in einzelnen materiellen und immateriellen Wirtschaftsgütern verkörpert, sondern durch den Betrieb im Ganzen gewährleistet sind[127)] und aufgrund besonderer Vorteile des Unternehmens **höher** oder **gesicherter** erscheinen als bei einem anderen vergleichbaren Unternehmen.[128)] Mit anderen Worten: Solche nicht messbaren Faktoren eines Unternehmens wie Ruf, Kundenkreis, Standort, Mitarbeiterstamm, Organisation etc., für die der Erwerber bereit ist, einen Preis zu zahlen, weil er sich davon höhere Gewinnchancen errechnet, bilden in ihrer Gesamtheit den erworbenen Geschäftswert. (Zu den **geschäftswertbildenden Faktoren** siehe Rn. 231 ff.) 202

Die Aktivierung eines Geschäftswertes ist ausgeschlossen, wenn der Erwerber in der Absicht handelt (und auch so verfährt), das erworbene Unternehmen nicht „fortleben" zu lassen, sondern **sofort stillzulegen** und damit zu zerschlagen. Es handelt sich dann vielmehr um nicht aktivierungsfähige Auf- 203

---

124) § 6 Abs. 1 Nr. 1 S. 3 EStG.
125) BFH, v. 27.7.1988 – I R 104/84, BStBl II 1989, 274; BFH, v. 7.5.2014 – X R 19/11, BFH/NV 2014, 1736.
126) Die Bezeichnung eines „Geschäfts- oder Firmenwert" als „Geschäftswert" ist in neuerer Rechtsprechung und Kommentarliteratur üblich, auch wenn sowohl § 246 Abs. 1 S. 4 HGB als auch § 7 Abs. 1 S. 3 EStG von einem „Geschäfts- oder Firmenwert" sprechen. Die Bezeichnung als „Firmenwert" ist dagegen seltener.
127) BFH, v. 28.10.1987 – II R 224/82, BStBl II 1988, 50.
128) BFH, v. 9.8.2011 – VIII R 13/08, BStBl II 2011, 875.

wendungen zur Verbesserung des eigenen Geschäftswerts (sofern die Aufwendungen nicht Anschaffungskosten für erworbene materielle oder immaterielle Einzelwirtschaftsgüter sind).[129]

204 Aufgrund der schweren Messbarkeit eines Geschäftswertes bedeutet dieser für den Erwerber hohes Gestaltungspotenzial bei der Abgrenzung zu sonstigen selbständigen immateriellen Wirtschaftsgütern. Damit verbunden ist aber ggf. auch hohes Streitpotenzial mit Finanzbehörden!

205 Die Bestimmung der Höhe des erworbenen Geschäftswerts erfolgt durch die Abgrenzung des Gesamtkaufpreises für das erworbene Unternehmen zu den Teilwerten der einzelnen erworbenen Wirtschaftsgüter, wobei ein Geschäftswert immer als **letztes** aufzudecken ist, siehe Rn. 197. Voraussetzung für die Berechnung eines Geschäftswerts sind also Erkenntnisse über sonstige übergehende materielle und immaterielle Wirtschaftsgüter.

f) Erwerber

206 Bei entgeltlichem Erwerb eines Betriebs sind die übernommenen Wirtschaftsgüter beim Erwerber **neu** zu **bewerten**. Daraus ergeben sich für ihn die künftigen Abschreibungen.

aa) Buchwert-Aufstockung (-Abstockung) beim Erwerber

207 Ausgangspunkt der Bewertung sind dabei immer die **Anschaffungskosten des Erwerbers** für das einzelne Wirtschaftsgut (siehe oben ausführlich Rn. 194 ff.), und nicht die alten Buchwerte des Veräußerers! Die unten beschriebene Buchwertauf- und -abstockung ist also nur das **Ergebnis** der Neubewertung, nicht aber der Aufteilungsmaßstab.[130]

- Soweit der neu anzusetzende Wert über dem alten Buchwert der übernommenen Wirtschaftsgüter liegt, kommt es insoweit zur „**Buchwertaufstockung**" beim Erwerber, wodurch dieser zusätzliches Abschreibungsvolumen gewinnt.

- Ein erworbener **Geschäftswert** wird beim Erwerber zum ersten Mal bilanziert, da dieser beim Veräußerer als selbstgeschaffener Geschäftswert steuerlich nicht aktiviert werden durfte.[131] Sollte der Veräußerer bereits, bspw. aus einem früheren Asset Deal, einen Geschäftswert aktiviert haben, wird dieser nicht selbständig fortgeführt, sondern fließt in den neu anzusetzenden Geschäftswert mit ein.

---

129) BFH, v. 25.1.1979 – IV R 21/75, BStBl II 1979, 369.
130) Die Aufteilung des Kaufpreises im Verhältnis der stillen Reserven in alten Buchwerten (siehe *Meyering*, DStR 2008, 1008) wird teilweise noch vertreten, ist aber Mindermeinung und nicht mit der Buchwertauf- und -abstockung als Ergebnis der Kaufpreisaufteilung nach Teilwerten zu verwechseln.
131) § 5 Abs. 2 EStG.

- Soweit der neu anzusetzende Wert der Einzelwirtschaftsgüter niedriger[132] als der alte Buchwert ist, sind die Buchwerte des Aktivvermögens zu mindern („**Buchwertabstockung**").[133]
- **Beachte:** Auf Grund der vollständigen Neubewertung ist es ohne Weiteres denkbar, dass es bei einem Teil der erworbenen Wirtschaftsgüter zu einer Buchwertaufstockung und bei (einigen) anderen Wirtschaftsgütern zu einer Abstockung kommt.

bb) Abschreibungsdauer

Wichtiger als die abstrakte Verteilung der Anschaffungskosten ist für den Erwerber, welche Abschreibung sich jeweils in den Folgejahren ergibt. 208

(1) Abnutzbare Wirtschaftsgüter

Für die erworbenen **abnutzbaren** Wirtschaftsgüter ist die **betriebsgewöhnliche Restnutzungsdauer** nach dem Erwerb **neu** zu bestimmen (also Restnutzungsdauer = weder ursprüngliche ./. beim Veräußerer bereits aufgelaufene Nutzungsdauer noch ursprüngliche Nutzungsdauer wie bei neuen Gütern). Für jedes abnutzbare Wirtschaftgut muss der Erwerber also einzeln beurteilen, über welchen Zeitraum dieses von ihm unter technischen (v. a. Verschleiß), wirtschaftlichen (v. a. Rentabilität) und rechtlichen (v. a. Befristung) Gesichtspunkten noch verwertet werden kann. Er kann sich dabei auf die für ihn günstigere Alternative berufen.[134] Aus der Restnutzungsdauer ergibt sich dann die anzusetzende lineare Abschreibung. 209

Beim Erwerb durch **Ausländer** ist zu beachten, dass das ausländische Recht eine schnellere oder langsamere Abschreibung von Wirtschaftsgütern erlauben kann. Das wirkt sich aus, wenn und soweit dieser ausländische Staat die deutschen Gewinne oder Verluste besteuert. 210

(2) Immobilien

Bei der steuerlichen Abschreibung von Immobilien gilt die Besonderheit, dass der Grund und Boden nicht abnutzbar ist. Abgeschrieben werden können daher nur das Gebäude, selbständige Gebäudeteile, Eigentumswohnungen sowie im Teileigentum stehende Räume.[135] 211

---

132) Dass sich niedrigere Buchwerte ergeben können, ist ständige Rechtsprechung, vgl. BFH, v. 21.4.1994 – IV R 70/92, BStBl II 1994, 745; bestätigend in jüngerer Zeit BFH, v. 14.1.2010 – IV R 13/06, BFH/NV 2010, 1483.
133) So auch BFH, v. 21.4.1994 – IV R 70/92, BStBl II 1994, 745 beim Erwerb eines pos. Kommanditanteils für DM 1; BFH, v. 26.4.2006 – I R 49, 50/04, BStBl II 2006, 656; im Einzelnen umstritten, siehe hierzu Schmidt/*Weber-Grellet*, EStG, § 5 Rn. 226; Blümich/*Krumm*, § 5 EStG Rn. 625 ff. (August 2015).
134) Schmidt/*Kulosa*, EStG, § 7 Rn. 101 f.
135) § 7 Abs. 3–5a EStG.

212 Die Abschreibungsdauer dieser Wirtschaftsgüter wird gesetzlich auf 33 bis 50 Jahre festgelegt, je nachdem ob sie sich im Betriebsvermögen befindet, Wohnzwecken dienen und wann der Bauantrag gestellt worden ist.[136] Ist die tatsächliche Nutzungsdauer aber geringer, so gilt diese. Bei Gebäuden im Europäischen Wirtschaftsraum gelten weitere Besonderheiten.[137]

(3) Geschäftswert

213 Der entgeltlich erworbene Geschäftswert ist steuerlich stets linear über **15 Jahre** abzuschreiben.[138]

214 Diese gesetzlich festgelegte Abschreibungsdauer gilt selbst dann, wenn im Einzelfall Erkenntnisse dafür vorliegen, dass die tatsächliche Nutzungsdauer kürzer sein wird. Das kann beispielsweise bei sog. personenbezogenen Betrieben der Fall sein, bei denen der Unternehmenswert so eng mit der Person des Betriebsinhabers verbunden ist, dass nach dessen Ausscheiden mit einer kürzeren Nutzungsdauer des erworbenen Geschäftswerts zu rechnen ist.[139] In so einem Fall ist aber ggf. wegen einer dauernden Wertminderung des Geschäftswerts der Ansatz eines **niedrigeren Teilwertes (sog. Teilwert-AfA)** möglich.[140]

215 Ob bei der Bestimmung einer **dauernden Wertminderung** nur die Entwicklung des übernommenen (derivativen) Geschäftswerts („Trennungstheorie") oder zusätzlich auch die selbstgeschaffenen Geschäftswertkomponenten wie z. B. Neukunden („Einheitstheorie") zu berücksichtigen ist, ist in der Literatur und der Rechtsprechung noch nicht endgültig entschieden.[141]

(4) Praxiswert

216 Beim „Geschäftswert" freiberuflicher Praxen wird wegen der Besonderheiten freiberuflicher Tätigkeit von **„Praxiswert"** gesprochen.[142] Dieser beruht auf dem persönlichen Vertrauensverhältnis der Mandanten zum beratenden Pra-

---

136) § 7 Abs. 4 EStG.
137) § 7 Abs. 5 EStG.
138) § 7 Abs. 1 S. 3 EStG; Es ist eine Abweichung von der Handelsbilanz zu beachten, wo die Abschreibungsdauer von der individuelle Nutzungsdauer abhängt (für Geschäftswert i. d. R. max. 5 Jahre), vgl. auch § 285 Nr. 13 HGB.
139) BMF v. 20.11.1986, BStBl I 1986, 532.
140) BMF v. 20.11.1986, BStBl I 1986, 532; § 6 Abs. 1 Nr. 1 S. 2 EStG; zu Teilwertabschreibung grds. siehe BMF v. 16.7.2014, BStBl I 2014, 1162.
141) Siehe Übersicht bei Schmidt/*Kulosa*, EStG, § 6 Rn. 313 (für Einheitstheorie; diese war bis zur Einführung des § 7 Abs. 1 S. 3 EStG im Jahr 1986 ganz h. M.); Beck Bil-Komm./*Schubert/Andrejewski/Roscher*, § 253 HGB Rn. 675 f. (für Trennungstheorie; diese scheint aktuelle h. M. zu sein); BFH, v. 30.1.2002 – X R 56/99, BStBl II 2002, 387 (ausdrücklich offengelassen).
142) Siehe Rechtsprechungsübersicht bei BFH, v. 13.3.1991 – I R 83/89, BStBl II 1991, 595.

xisinhaber und ist daher personenbezogen, während der Geschäftswert unternehmensbezogen ist.[143)]

Auch ein Praxiswert stellt ein abnutzbares immaterielles Wirtschaftsgut dar. Jedoch ist die für den Geschäftswert normierte betriebsgewöhnliche Nutzungsdauer von 15 Jahren auf den (Einzel- oder Sozietäts-)Praxiswert nicht anwendbar.[144)] Mit dem Ausscheiden eines Freiberuflers aus der Praxis endet zwangsläufig das persönliche Vertrauensverhältnis zum Praxisinhaber, was eine kürzere Abschreibungsdauer rechtfertigt. Von der Rechtsprechung und der Finanzverwaltung wird für einen derivativen Sozietätspraxiswert eine betriebsgewöhnliche Nutzungsdauer von **sechs bis zehn** Jahren und für einen derivativen Einzelpraxiswert eine betriebsgewöhnliche Nutzungsdauer von **drei bis fünf** Jahren angenommen.[145)] 217

Auch eine Kapitalgesellschaft kann im Übrigen einen Praxiswert erwerben, ungeachtet dessen, dass sie kraft ihrer Rechtsform keine Einkünfte aus selbständiger Arbeit haben kann, solange sich ihre Tätigkeit isoliert betrachtet als freiberufliche Tätigkeit darstellt.[146)] 218

cc) **Präferenzen des Erwerbers**

Aus dem oben Gesagten ergeben sich folgende **Faustregeln** für den Erwerber bei einem Asset Deal: 219

> **Praxistipp:**
>
> - Alle Konsequenzen einer hohen, schnellen Abschreibung durchdenken (z. B. auch handelsbilanzielle, Konsolidierung, auch IFRS/US-GAAP, gesellschaftsrechtliche, Verhältnis zu Banken/Börse).
> - Anzusetzende Werte herleiten und dokumentieren (z. B. Schätzer, Drittangebote).
> - Für eine Teilversagung der angesetzten Beträge in einer steuerlichen Außenprüfung vorsorgen (z. B. Liquidität).
> - Dann (und nur dann) Mut zu hohen Ansätzen schnelllebiger Güter!
> - Erfahrungsgemäß verzehren sich die Werte in einem Unternehmen sehr viel schneller, als es dem Erwerber lieb ist, und Betriebsprüfer lassen sich bei richtigem Vorgehen und begründeter eigener Überzeugung auch von vielem überzeugen.

---

143) BFH, v. 24.2.1994 – IV R 33/93, BStBl II 1994, 590; BFH, v. 9.8.2011 – VIII R 13/08, BStBl II 2011, 875; siehe auch Schmidt/*Wacker*, EStG, § 18 Rn. 200 ff.
144) § 7 Abs. 1 S. 3 EStG, der die zwingende Nutzungsdauer von 15 Jahren vorsieht, erstreckt sich ausdrücklich nur auf einen Gewerbebetrieb und einen Betrieb der Land- und Forstwirtschaft, siehe Schmidt/*Kulosa*, EStG, § 7 Rn. 110.
145) BMF, Schreiben v. 15.1.1995 – IV B 2 – S 2172 – 15/94, BStBl I 1995, 14; EStR 2012, R 7.1.; BFH, v. 20.10.2015 – VIII R 33/13, BStBl II 2016, 596.
146) BFH, v. 2.10.2003 – IV R 48/01, BStBl II 2004, 363.

220 Da typischerweise der Erwerber eine etwaige Grunderwerbsteuer trägt, ist er unabhängig von der möglichen Abschreibung an einer zurückhaltenden Zuordnung zu Grund und Boden und Gebäude interessiert, siehe Rn. 576.

221 Nötig ist stets die Untersuchung und Abwägung im Einzelfall. Der Erwerber sollte eingehend die Erfahrungen des Veräußerers (z. B. Betriebsprüfungen) erkunden. Der Veräußerer sollte sich wegen der möglichen Rückwirkungen auf seine eigene Besteuerung in der Vergangenheit über die Absichten des Erwerbers vergewissern und ggf. Regelungen dazu vereinbaren (z. B. Mitwirkungsrechte).

(1) Präferenz-Liste des Erwerbers

222 Nachstehend sehr pauschal eine „Präferenz"-Liste als Hinweis für eine Prüfung der Verteilung des Mehrkaufpreises:

Sofort abzugsfähig:

- laufender Aufwand (u. U. für Beratung, Abfindung, Finanzierungskosten; siehe Rn. 223);
- geringwertige Wirtschaftsgüter mit Anschaffungskosten unter 410 € (§ 6 Abs. 2 EStG);
- kurzlebige Wirtschaftsgüter (betriebsgewöhnliche Nutzungsdauer unter 1 Jahr);
- kurzfristig abgewickelte Aufträge (Verrechnung mit Forderungsaktivierung bei Lieferung im selben Wirtschaftsjahr);
- eventuelle Vorräte (bei Umschlag/Abbau im selben Wirtschaftsjahr).

Kurz- und mittelfristig:

- kurz- und mittelfristig abnutzbare materielle und immaterielle Wirtschaftsgüter mit betriebsgewöhnlicher Nutzungsdauer unter 15 Jahren (vgl. AfA-Tabellen, Beispielsauflistung zu immateriellen WG siehe unten);
- Sammelposten für geringwertige Wirtschaftsgüter mit Anschaffungskosten von 150 € – 1.000 € (§ 6 Abs. 2a EStG, Auflösung über 5 Jahre).

Langfristig:

- Geschäftswert (15 Jahre; aber erst nach allen anderen Einzelwirtschaftsgütern anzusetzen!);
- langfristig nutzbare Wirtschaftsgüter;
- Gebäude (i. d. R. 33–50 Jahre);

Nur eventuelle Teilwertabschreibung:

- Beteiligungen an Kapitalgesellschaften (beachte Beschränkung auf 60 %, § 3 Nr. 40 EStG oder Ausschluss, § 8b KStG, siehe Rn. 558 ff.);
- Grund und Boden;
- andere nichtabnutzbare Wirtschaftsgüter.

(2) Erläuterungen zu einzelnen Wirtschaftsgütern und Aufwendungen der „Präferenz"-Liste

(a) Sofort abzugsfähige Aufwendungen

Aufwendungen, die wirtschaftlich nicht dem Anschaffungsvorgang zuzuordnen sind, sind sofort als Betriebsausgaben abzuziehen. Im Zusammenhang mit dem Erwerb eines Unternehmens sind v. a. folgende sofort abzugsfähige Aufwendungen denkbar: 223

- **Abfindung an einen ausscheidenden Gesellschafter:** Abfindungen, die den Buchwert des Geschäftsanteils eines ausgeschiedenen Gesellschafters einer Personengesellschaft im Zeitpunkt seines Ausscheidens übersteigen, können unter bestimmten Voraussetzungen ausnahmsweise nicht als Anschaffungskosten für einen Anteil an stillen Reserven und/oder am Geschäftswert der Personengesellschaft, sondern als sofort abziehbare Betriebsausgaben zu werten sein, etwa im Falle einer Abfindung für Verlust künftiger Gewinnansprüche bei Nichtbeteiligung des Veräußerers an vorhandenen stillen Reserven einer KG;[147] so auch bei **Abgeltung eines streitigen betrieblichen Schadensersatzanspruchs** an den ausscheidenden Gesellschafter: sofort abzugsfähig nur, wenn und soweit feststeht, dass stille Reserven oder nicht bilanzierte Vermögensgegenstände nicht vorhanden sind; anderenfalls gilt eine tatsächliche Vermutung dafür, dass in den Buchwerten des betrieblichen Gesellschaftsvermögens der Personengesellschaft stille Reserven enthalten sind, dass nicht bilanzierte immaterielle Einzelwirtschaftsgüter und/oder ein originärer und deshalb nicht bilanzierter Geschäftswert vorhanden waren und dass es sich demzufolge bei dem Mehrbetrag um Anschaffungskosten für den anteiligen Erwerb dieser Werte handelte.[148]

- **Beraterhonorar** soweit die Beratung wenn der Vorbereitung einer noch gänzlich unbestimmten und später vielleicht noch zu treffenden Erwerbsentscheidung dient, etwa zur allgemeinen Marktaufklärung und zum Nachweis geeigneter Zielobjekte;[149] siehe auch unten unter Rn. 226 zu „Be-

---

147) So BFH, v. 7.6.1984 – IV R 79/82, BStBl II 1984, 584; bestätigt durch BFH, v. 26.6.2007 – IV R 71/04 (NV), BFH/NV 2008, 347 (NV).
148) BFH, v. 12.6.1975 – IV R 129/71, BStBl II 1975, 807.
149) FG Köln, v. 6.10.2010 – 13 K 4188/07, EFG 2011, 264 m. w. N.

raterhonorar/Gutachterkosten/Due Diligence/Vertragsvorbereitung, -begleitung und -gestaltung".

- **Finanzierungskosten (Geldbeschaffungskosten)** sind grundsätzlich sofort abzugsfähige Aufwendungen, weil die Finanzierung nur mittelbar, nicht aber unmittelbar der Anschaffung dient.[150] Dabei ist es unerheblich, ob als Kreditgeber ein am Geschäft unbeteiligter Dritter oder der Veräußerer selbst auftritt und wie die Zahlungsverpflichtung bezeichnet wurde. Entscheidend ist vielmehr, dass die Zahlung bei wirtschaftlicher Betrachtung des gesamten Vorganges als Vergütung für die Überlassung von Kapital zur Finanzierung der Anschaffungskosten angesehen werden kann (Finanzierungskosten des Erwerbers). Reicht der Veräußerer dagegen nur seine eigenen Schuldzinsen für die Zeit vor der Übergabe des WG dem Erwerber weiter, handelt es sich dabei um Anschaffungskosten.[151]

- **Geringwertige Wirtschaftsgüter** § 6 Abs. 2 EStG; alternativ: Sammelbewertung § 6 Abs. 2a EStG.[152]

- **Gutachterkosten** soweit die Beauftragung eine bloße Maßnahme zur Vorbereitung einer noch gänzlich unbestimmten und später vielleicht erst zu treffenden Erwerbsentscheidung darstellt, wie z. B. bei einer Marktstudie;[153] siehe auch unten unter Rn. 226 zu „Beraterhonorar/Gutachterkosten/Due Diligence/Vertragsvorbereitung, -begleitung und -gestaltung".

- **Grunderwerbsteuer** aufgrund Anteilsvereinigung nach § 1 Abs. 3 Nr. 1 GrEStG[154] oder Übertragung eines Personengesellschaftsanteils nach § 1 Abs. 2a GrEStG,[155] siehe Rn. 594.

- **Haftungsverbindlichkeit:** Aufwendungen aufgrund Inanspruchnahme des Erwerbers durch das Finanzamt als Haftungsschuldner für die offenen Steuerzahlungen des Veräußerers.[156]

- **Werbung:** Werbeaufwendungen des Veräußerers sind in der Regel sofort als BA abziehbar, es sei denn, es handelt sich um auf Vorrat hergestellte Werbemittel (im Fall: Kataloge) für spätere Werbeaktionen; die Höhe des Entgelts richtet sich nach den Aufwendungen, die dem Veräußerer durch die Werbeaktion als solche erwachsen sind und danach, mit welchem Nutzen der Erwerber noch rechnen kann;[157] anders Warenproben und Waren-

---

150) BFH, v. 24.5.1968 – VI R 6/67, BStBl II 1968, 574.
151) BFH, v. 27.7.2004 – IX R 32/01, BStBl II 2004, 1002; Schmidt/*Kulosa*, EStG, § 6 Rn. 140.
152) Siehe R 6.13 EStR 2012.
153) BFH, v. 27.3.2007 – VIII R 62/05, BStBl II 2010, 159.
154) BFH, v. 20.4.2011 – I R 2/10, BStBl II 2011, 761.
155) BFH, v. 2.9.2014 – IX R 50/13, BStBl II 2015, 260.
156) BFH, v. 2.5.1984 – VIII R 239/82, BStBl II 1984, 695.
157) BFH, v. 25.10.1963 – IV 433/62 S, BStBl III 1964, 138.

muster, die einen wirtschaftlichen Wert haben, selbständig bewertungsfähig sind und daher als materielle Wirtschaftsgüter zu aktivieren sind.[158]

(b) Anschaffungsnebenkosten

Die oben genannten sofortabzugsfähigen Aufwendungen sind von den Anschaffungsnebenkosten abzugrenzen. 224

Anschaffungskosten sind alle mit dem Erwerbsvorgang verbundenen Kosten (also der entrichtete Kaufpreis und alle sonstigen (Neben)Aufwendungen des Erwerbers), die in einem wirtschaftlichen Zusammenhang mit der Anschaffung stehen, insbesondere zwangsläufig als Folge der Anschaffung im Zeitpunkt des Erwerbs oder erst im Anschluss hieran anfallen.[159] Zu den Anschaffungskosten gehören auch die Anschaffungsnebenkosten, § 255 Abs. 1 S. 2 HGB; das sind Leistungen, die typischerweise neben dem eigentlichen Kaufpreis an Dritte zu bezahlen sind. 225

Die Abgrenzung erfolgt nach der **Zweckbestimmung** der Aufwendungen.[160] Ein bloßer kausaler oder zeitlicher Zusammenhang mit der Anschaffung ist dagegen nicht ausreichend. Anschaffungs(neben)kosten können auch nach Vollzug des Kaufvertrages anfallen als sog. „nachträgliche Anschaffungskosten". 226

Beispiele für Anschaffungsnebenkosten:

- **Aufwendungen an einen Anfechtungsgläubiger:** Aufwendungen des Erwerbers zur Befriedigung eines den Kaufvertrag nach § 3 Abs. 2 AnfG anfechtenden Gläubigers sind nachträgliche Anschaffungskosten,[161] gleicher Gedanke wie im Falle der Beseitigung von Belastungen, vgl. hierzu Beispiele unten.

- **Beraterhonorar/Gutachterkosten/Due Diligence/Vertragsvorbereitung, -begleitung und -gestaltung** wenn sie nach einer **grundsätzlich gefassten** Erwerbsentscheidung entstehen und nicht lediglich eine Maßnahme zur Vorbereitung einer noch unbestimmten, erst später zu treffenden Erwerbsentscheidung sind, auch wenn Zielobjekte zu diesem Zeitpunkt noch nicht konkret feststehen.[162] Zur Due Diligence als möglichem Abgrenzungszeitpunkt siehe Rn. 311. Wenn das Anschaffungsgeschäft letztlich

---

158) BFH, v. 30.1.1980 – I R 89/79, BStBl II 1980, 327.
159) Vgl. ausführlich hierzu BFH, v. 20.4.2011 – I R 2/10, BStBl II 2011, 761; BFH, v. 17.10.2001 – I R 32/00, BStBl II 2002, 349; zur Abzugsfähigkeit von Aufwendungen der Muttergesellschaft für den Unternehmenskauf durch eine nachgeordnete Konzerngesellschaft vgl. *Pyszka*, DStR 2010, 1468.
160) BFH, v. 17.10.2001 – I R 32/00, BStBl II 2002, 349; BFH, v. 20.4.2011 – I R 2/10, BStBl II 2011, 761.
161) BFH, v. 17.4.2007 – IX R 56/06, BStBl II 2007, 956.
162) BFH, v. 27.03.2007 – VIII R 62/05, BStBl II 2010, 159.

nicht zustande kommt, werden die Anschaffungskosten zu verlorenem Aufwand.

- **Beseitigung von Belastungen,** wenn der Eigentümer nach oder im Zusammenhang mit dem Erwerb die an dem erworbenen Wirtschaftsgut bestehenden Belastungen (wie etwa dingliche Nutzungsrechte) durch eine Zahlung beseitigt und sich dadurch die vollständige rechtliche und wirtschaftliche Verfügungsmacht an dem Wirtschaftsgut verschafft (z. B. Aufwendungen zur Löschung eines Erbbaurechts, zur Ablösung eines Vermächtnisnießbrauchs oder eines Wohnrechts).[163] Dagegen begründet alleine die **Einräumung und Übernahme** von dinglichen Belastungen und Nutzungsrechten im Zusammenhang mit dem Erwerb eines Wirtschaftsgut zu Gunsten des Veräußerers oder eines Dritten keine Anschaffungskosten des erworbenen Wirtschaftsguts; der Erwerber übernimmt auch nicht das Wirtschaftsgut und ein weiteres selbständiges passives Wirtschaftsgut „Belastung", sondern lediglich bereits beschränktes Eigentum an dem Wirtschaftgut; nur dieses ist daher Gegenstand der Bilanzierung und Bewertung.[164]

- **Beurkundungskosten.**[165]

- **Finanzierungskosten** stellen ausnahmsweise dann Anschaffungskosten und keinen sofort abzugsfähigen Aufwand dar, wenn der Veräußerer auf den Erwerber seine eigenen Schuldzinsen für die Zeit vor der Übergabe des Wirtschaftsgutes „umlegt"[166] (zur Abgrenzung siehe oben unter Rn. 223 zum selben Stichwort).

- **Provision** die der Käufer für die Vermittlung eines Geschäfts etwa an einen Makler zahlt, gehört zu den Anschaffungsnebenkosten des gekauften Wirtschaftsgutes.[167]

(c) Selbständige immaterielle Einzelwirtschaftsgüter

227 Oft streitig ist die Abgrenzung des Geschäftswerts von sonstigen immateriellen Einzelwirtschaftsgütern, die bei der Kaufpreisaufteilung vor dem Geschäftswert zu ermitteln sind.

228 Der Ansatz der Aufwendungen für selbständige immaterielle Wirtschaftsgüter (und nicht für den Geschäftswert) setzt voraus, dass die Parteien diese Wirtschaftsgüter zum gesonderten Gegenstand des Erwerbsgeschäfts ge-

---

163) BFH, v. 17.11.2004 – I R 96/02, BStBl II 2008, 296 m. w. N.; BFH, v. 17.4.2007 – IX R 56/06, BStBl II 2007, 956.
164) BFH, v. 17.11.2004 – I R 96/02, BStBl II 2008, 296; BMF v. 30.9.2013 – IV C 1 – S 2253/07/10004, BStBl I 2013, 1184, Rn. 40; ausführlich *Korn/Strahl*, EStG, § 6 Rn. 82 ff.
165) BFH, v. 20.4.2004 – VIII R 4/02, BStBl II 2004, 597.
166) BFH, v. 27.7.2004 – IX R 32/01, BStBl II 2004, 1002; Schmidt/*Kulosa*, EStG, § 6 Rn. 140.
167) BFH, v. 14.12.2011 – I R 108/10, BStBl II 2012, 238 m. w. N.

macht haben (sinnvoll: ausdrückliche Benennung im Kaufvertrag und entsprechende Aufteilung des Kaufpreises) und dass diese wirtschaftliche Werte darstellen, für die eine selbständige Bewertung möglich ist. Ist dies nicht der Fall, handelt es sich um unselbständige geschäftswertbildende Faktoren des Geschäftswerts (siehe Rn. 231).[168]

> **Praxistipp:**
> Für die Unterscheidung in Zweifelsfällen kann es bedeutsam sein, dass die Vertragsparteien bei oder vor Vertragsabschluss im Rahmen der Preisfindung erkennbar **eine rational nachvollziehbare Einzelbewertung** bestimmter tatsächlicher oder rechtlicher Verhältnisse des Unternehmens vorgenommen und damit die selbständige Bewertbarkeit der übergehenden immateriellen Wirtschaftsgüter indiziert haben.[169]

229 Wenn feststeht, dass der Erwerber ein bestimmtes selbständiges immaterielles Wirtschaftsgut erworben hat, muss sodann bestimmt werden, ob dieses **abnutzbar** und daher abschreibbar ist und, wenn ja, über welchen Zeitraum. Es gibt nämlich auch unter immateriellen Einzelwirtschaftsgütern „**nichtabnutzbare, immerwährende**"[170] Wirtschaftsgüter, deren Anschaffungskosten sich erst im Zeitpunkt der Veräußerung oder Entnahme auswirken.[171]

230 Bei immateriellen Wirtschaftsgütern ist dabei insbesondere relevant, ob deren Nutzung unter rechtlichen (z. B. durch vertragliche oder gesetzliche Befristung) oder wirtschaftlichen (z. B. durch Neuerfindungen) Gesichtspunkten **zeitlich begrenzt** ist.[172] Allerdings kann bei zeitlich begrenzten Rechten ausnahmsweise auch dann von einer unbegrenzten Nutzungsdauer ausgegangen werden, wenn sie normalerweise ohne weiteres verlängert werden, ein Ende also nicht abzusehen ist. Im Zweifel ist nach dem Grundsatz der Vorsicht von einer zeitlich begrenzten Nutzung auszugehen.[173]

Beispiele für selbständige immaterielle Einzelwirtschaftsgüter:

- **Abfindung für Verzicht auf ein bestimmtes Recht:** Eine einmalige Aufwendung für die Ausnutzung einer nur für den Erwerber günstigen geschäftlichen Situation ist kein Geschäftswert, sondern ein besonderes absetzungsfähiges Wirtschaftsgut; Abschreibung auf die Dauer des Betriebes (im Fall: Abfindungszahlung für Verzicht auf persönliche Apotheken-

---

168) BFH, v. 7.11.1985 – IV R 7/83, BStBl II 1986, 176.
169) BFH, v. 7.11.1985 – IV R 7/83, BStBl II 1986, 176.
170) BFH, v. 28.5.1998 – IV R 48/97, BStBl II 1998, 775; Schmidt/*Kulosa*, EStG, § 7 Rn. 29.
171) In der älteren Literatur und in den älteren Urteilen findet sich hierzu noch der Begriff „firmen- oder geschäftswertähnlich" (weil der Geschäftswert nach dem alten Recht wie diese Einzelwirtschaftgüter nicht abnutzbar war), der seit dem Jahr 1987 seine ursprüngliche steuerliche Bedeutung verloren hat, vgl. weitere Ausführungen in BFH, v. 9.8.2011 – VIII R 13/08, BStBl II 2011, 875.
172) Schmidt/*Kulosa*, EStG, § 7 Rn. 29.
173) BFH, v. 16.10.2008 – IV R 1/06, BStBl II 2010, 28; BFH, v. 21.10.2015 – IV R 6/12, BFH/NV 2016, 802.

konzession und damit verbundenes lebenslängliches Nutzungsrecht),[174] Abstandszahlungen zur Vermeidung eines Verwaltungsgerichtsverfahrens, sind zu aktivieren, wenn sich der dadurch erlangte Vorteil über mehrere Jahre erstreckt,[175] zweifelhaft.

- **Aufträge:** siehe „schwebende Geschäfte/Verträge".

- **Arzneimittelzulassung** immaterielles abnutzbares WG des Anlagevermögens, da der Vorteil einer Arzneimittelzulassung unter wirtschaftlichen Gesichtspunkten nur zeitlich begrenzt genutzt werden kann; AfA über 15 Jahre, wenn nicht kürzere Nutzungsdauer nachgewiesen ist.[176]

- **Belieferungsrecht,** wenn die Absatzmöglichkeit vereinbart oder sonst rechtlich begründet ist,[177] siehe auch „schwebende Geschäfte/Verträge", etwa:

    – **Exklusivbelieferungsrecht,** wenn konkrete Vereinbarungen zu Preis, Zeitraum und voraussichtlicher Warenmenge getroffen wurden, ggf. auch wenn zwar die Warenmenge nicht festgelegt worden ist, für den Kunden aber nicht die Möglichkeit besteht, auf ein vergleichbares/ähnliches Produkt auszuweichen.[178]

    – **Belieferungsrecht aus Abonnentenverträgen,**[179] auch wenn die Verträge auf unbestimmte Zeit laufen und jederzeit kurzfristig kündbar sind,[180] bei **Fortsetzungs-Sammelwerken** zählen die Belieferungsrechte und -chancen jedoch zum jeweiligen Verlagsobjekt (anders als etwa bei Zeitungen und Zeitschriften) und sind nur mit diesem zusammen abschreibungsfähig,[181] siehe unten „Verlagswerk/Verlagsobjekt".

    – **Bierlieferungen an Gaststätten:** Bierbezugsverpflichtungen gründen sich auf Einzelverträgen mit bestimmten Kunden und sind daher nicht dem Geschäftswert allgemein zuzurechnen (AfA über die Dauer der Vereinbarung über den Bierbezug).[182]

    – **Brennrecht** im Sinne des Rechts, erzeugten Alkohol zu besonders günstigen Bedingungen an die Monopolverwaltung abzuliefern – selbständiges immaterielles Wirtschaftsgut; aufgrund der schrittweisen Ab-

---

174) BFH, v. 19.7.1962 – IV 355/61 U, BStBl III 1962, 390.
175) FG Düsseldorf, v. 29.9.1971 – VII 168/71 K, EFG 1972, 112.
176) BMF v. 12.7.1999, BStBl I 1999, 686; EStR 2012 H 5.5.
177) BFH, v. 3.9.2002 – I B 144/01, BFH/NV 2003, 154; BFH, v. 4.12.2006 – GrS 1/05, BStBl II 2007, 508.
178) FG Münster, v. 1.2.2008 – 9 K 2367/03, EFG 2008, 1449.
179) BFH, v. 3.8.1993 – VIII R 37/92, BStBl II 1994, 444.
180) BFH, v. 14.3.1979 – I R 37/75, BStBl II 1979, 470.
181) BFH, v. 14.3.1979 – I R 37/75, BStBl II 1979, 470 unter Anschluss an BFH, v. 8.6.1972 – IV R 88/68, BStBl II 1972, 853.
182) BFH, v. 17.3.1959 – I 207/58 U, BStBl III 1959, 320.

schaffung des Branntweinmonopols bis spätestens 31.12.2017,[183] AfA oder ggf. Teilwertabschreibung bis zu diesem Zeitpunkt, da die wirtschaftliche Nutzungsmöglichkeit dann wirtschaftlich vollständig entfallen wird; ab dann Teil des Geschäftswerts.

- **Call-/Put-Option:** Das Recht, einen bestimmten Gegenstand zu einem oder bis zu einem bestimmten Zeitpunkt zu einem festgelegten Preis zu kaufen oder zu verkaufen, ist im Zeitpunkt der Einräumung der Option als immaterielles WG zu aktivieren.[184]

- **Datensätze**[185] auf Datenträgern (hier: CDs) bspw. in Form von Zahlenkolonnen gespeicherte Koordinaten des Gebäudebestandes der Bundesrepublik (sog. Geopunkte) oder digitale Luftbildkarten sind immaterielle Wirtschaftsgüter; die Abgrenzung von materiellen Wirtschaftsgütern erfolgt danach, wofür der Kaufpreis bezahlt wird und ob es dem Erwerber auf den maeriellen oder den immateriellen Gehalt ankommt. Siehe auch „Software".

- **Emissionsberechtigung** d. h. die Befugnis zur Emission von einer Tonne Kohlendioxidäquivalent in einem bestimmten Zeitraum (§ 3 Abs. 4 TEHG), ist immaterielles WG, das dem Umlaufvermögen zuzuordnen ist.[186]

- **Filmrecht des Filmherstellers** im Sinne des ausschließlichen Rechts, den Bildträger oder Bild- und Tonträger, auf den das Filmwerk aufgenommen ist, zu vervielfältigen, zu verbreiten und zur öffentlichen Vorführung, Funksendung oder öffentlichen Zugänglichmachung zu benutzen; in der Regel ein immaterielles Wirtschaftsgut des Anlagevermögens; betriebsgewöhnliche Nutzungsdauer grundsätzlich 50 Jahre (§ 94 Abs. 3 UrhG); im Einzelfall kann eine kürzere Nutzungsdauer nachgewiesen werden, wobei künftige Erlöserwartungen zu berücksichtigen sind.[187]

- **Gewinnaussichten** aus schwebenden Geschäften siehe „schwebende Geschäfte/Verträge".

- **Handelsvertreterrecht** im Sinne einer Ablösung des dem Vorgänger-Vertreter zustehenden Ausgleichsanspruchs nach § 89b HGB durch Vereinbarung mit dem Geschäftsherrn; AfA bemisst sich nach der im Schätzungswege für den konkreten Einzelfall zu bestimmenden Nutzungsdauer;[188] der Ermittlung des Teilwerts eines Vertreterrechts kann der Aus-

---

183) Vgl. Gesetz zur Abschaffung des Branntweinmonopols v. 21.6.2013, BGBl I 2013, 1650.
184) BFH, v. 4.12.2006, GrS 1/05, BStBl II 2007, 508; BFH, v. 26.11.2014 – X R 20/12, BStBl II 2015, 325; Schmidt/*Weber-Grellet*, EStG, § 5 Rn. 144.
185) BFH, v. 30.10.2008 – III R 82/06, BStBl II 2009, 421; BFH, v. 2.6.2014 – III B 7/14, BFH/NV 2014, 1590.
186) BMF v. 6.12.2005, BStBl I 2005, 1047; EStR 2012 H 5.5; siehe zur Bilanzierung von Emissionsberechtigungen nach HGB auch IDW RS HFA 15.
187) Vgl. „Medienerlass" BMF v. 23.2.2001, BStBl I 2001, 175.
188) BFH, v. 12.7.2007 – X R 5/05, BStBl II 2007, 959.

gleichsanspruch des Handelsvertreters nach § 89b HGB zugrunde gelegt werden;[189] zum Vertreterrecht an sich siehe unten, Stichwort „Vertreterrecht".

- **Internet** zu unterscheiden ist zwischen:
  - **Domain** i. S. v. numerischer IP-Adresse im Internet, die über ein Domainnamensystem (DNS) einer Zeichenkette zuordnet wird, so dass für den Benutzer ein „Domain-Name" erscheint;[190] immaterielles Wirtschaftsgut, aber nicht abnutzbar, wenn der Vertrag über die Domain auf unbestimmte Zeit geschlossen ist und der Name von werterhaltenden Maßnahmen sowie vom Zeitgeist unabhängig ist, weil er etwa eine bekannte Region bezeichnet (sog. „Generic Domain"); bleibt auch nach der Erstellung der Websites selbständiges WG (zu „Website" siehe unten); TW-Abschreibung, wenn die Verwendung des Domainnamens zivilrechtlich untersagt wird. Vom BFH offengelassen, ob Domainname dann abnutzbar ist, wenn Name aus einem Schutzrecht wie z. B. einer Marke abgeleitet wird (sog. „Qualified Domain").[191]

  - **Website**[192] im Sinne einer abgeschlossenen Einheit von Computerbefehlen in der HTML-Sprache, die Texte, Bild-, Ton- und z. B. Videodateien im Digitalformat einbinden kann,[193] nach h. A. in der Literatur jedenfalls die komplexen Websites, die über Präsentation hinausgehen (etwa „virtuelle Ladeneinrichtungen"), zumeist wohl immaterielle abnutzbare Wirtschaftsgüter des Anlagevermögens mit Nähe zur Software;[194] für die Wirtschaftsgutqualität spricht auch, dass der Gestaltung einzelner Websites Urheberrechtsschutz zukommen kann, soweit die erforderliche Schöpfungshöhe erreicht wird;[195] betriebsgewöhnliche Nutzungsdauer drei Jahre.[196]

- **Kassenarztzulassung** siehe Rn. 232 „Zulassung als Vertragsarzt".

- **Know-how:** Technisches Spezialwissen (Know-how) ist ebenso wie Erfindungen ein gegenüber dem Geschäftswert abgrenzbarer immaterieller Wert, der nach der Verkehrsanschauung ein immaterielles Wirtschaftsgut des Betriebsvermögens ist; es wird wie Diensterfindungen als Wirtschafts-

---

189) BFH, v. 25.10.2012 – X B 99/12 (NV), BFH/NV 2013, 190.
190) Vgl. *Koch*, in: Kilian/Heussen, Computerrechts-Handbuch, 26. Erg-Lfg. 2008, Teil 2 unter „Domains" Rn. 7 ff.
191) BFH, v. 19.10.2006 – III R 6/05, BStBl II 2007, 301.
192) Vgl. generell zur Bilanzierung und Bewertung von Websites und Domains: *Bisges*, StB 12, 309.
193) Vgl. OLG Frankfurt/M., v. 22.3.2005 – 11 U 64/04, MMR 2005, 705.
194) Schmidt/*Weber-Grellet*, EStG, § 5 Rn. 270.
195) OLG Frankfurt/M., v. 22.3.2005 – 11 U 64/04, MMR 2005, 705.
196) *Bisges*, StB 12, 309.

gut des Betriebsvermögens nur angesetzt, wenn es in Lizenz vergeben oder in sonstiger Weise gegen Entgelt einem Dritten zur Ausnutzung überlassen ist;[197] AfA in der Regel 3–5 Jahre.

- **Konzessionen (Genehmigungen)** sind aktivierungspflichtige immaterielle Wirtschaftsgüter; der Vorteil besteht in der Chance, auf dem kontingentierten Markt Gewinne erzielen zu können;[198] grundsätzlich geschätzte Nutzungsdauer zwischen drei und fünf Jahren;[199] nichtabnutzbar, wenn bei zeitlich begrenzten Rechten mit immer neuen Verlängerungen auf unbegrenzte Zeit zu rechnen ist, ohne dass erneute Anschaffungskosten oder herstellungskosten erstehen, oder aus anderen Gründen ein Nutzungsende nicht absehbar ist;[200] z. B.:

  - **Güterverkehrsgenehmigung** selbständiges WG, weil es für die steuerliche Eigenschaft als WG nicht auf die Verkehrsfähigkeit ankommt[201]

  - **Güterfernverkehrskonzession** ist dagegen kein Geschäftswert, sondern Einzelwirtschaftgut, selbst wenn nur zusammen mit dem Unternehmen übertragbar; nicht abnutzbar, wenn diese bei Ablauf der Gültigkeitsdauer regelmäßig und ohne öffentliche Ausschreibung erneut erteilt wird[202]

  - **Personenverkehrsgenehmigungen** sind seit der Novellierung des Personenbeförderungsgesetzes zum 1.1.2013 über die Geltungsdauer der Konzession abschreibbar, wenn die Vergabe der Konzession im Rahmen eines europaweiten Ausschreibungswettbewerbs erfolgte (gilt für Verkehrsunternehmen im Linienverkehr des Personennahverkehrs, in der Regel daher nicht für Taxiunternehmen).[203]

- **Kundenstamm bzw. Kunden- oder Lieferantenliste** ist in der Regel Teil des Geschäftswerts; ausnahmsweise sind jedoch Kundenstamm und Lieferantenbeziehungen, die selbständig übertragen werden können, immaterielle WG und nicht identisch mit dem Geschäftswert; insbesondere dann, wenn die Bindung von Kunden an die Person des Unternehmers statt an das Unternehmen gegeben ist;[204] (siehe Rn. 232 „Kundenstamm")

---

197) BFH, v. 23.11.1988 – II R 209/82, BStBl II 1989, 82; wohl bestätigt durch BFH, v. 4.12.2006 – GrS 1/05, BStBl II 2007, 508.
198) BFH, v. 4.11.1991 – I R 148/90, BStBl II 1992, 383, ohne weitere Begründung auch BFH, v. 4.12.2006 – GrS 1/05, BStBl II 2007, 508.
199) Beck Bil-Komm./*Schubert/Andrejewski/Roscher*, § 253 HGB Rn. 382, 384.
200) BFH, v. 4.11.1991, I R 148/90, BStBl II 1992, 383 (dort auch zu Teilwertabschreibungen), vgl. auch BMF v. 20.11.1986, BStBl I 1986, 532 m. w. N.
201) BFH, v. 9.8.2011 – VIII R 13/08, BStBl II 2011, 875.
202) BFH, v. 17.2.1993 – I R 48/92, BFH/NV 1994, 455; EStR 2012 H 5.5.
203) OFD NRW v. 16.1.2014, DStR 2014, 268; FM SH v. 19.11.2013, StEd 2013, 796.
204) BFH, v. 26.11.2009 – III R 40/07, BStBl II 2010, 609; EStR 2012 H 5.5; FG Münster, v. 1.2.2008 – 9 K 2367/03, EFG 2008, 1449; vgl. auch weitere Abgrenzungskriterien *Rosalius*, in: AfA-Lexikon, Teil I, Stichwort „immaterielle Wirtschaftsgüter", Rn. 42 m. w. N.

abnutzbar, wenn der Unternehmer ständig mit einer Beendigung der Geschäftsbeziehungen rechnen muss;[205] Zum **Mandantenstamm** eines Steuerberaters, der Gegenstand eines selbständigen Übertragungsgeschäfts sein kann, siehe BFH v. 18.12.1996.[206]

- **Lizenz:** Leistungen für die Übertragung der Vertragsrechte aus einem Lizenzvertrag;[207] grundsätzlich eine geschätzte Nutzungsdauer zwischen drei und fünf Jahren.[208]

- **Marken i. S. v. § 1 Nr. 1, § 3 MarkenG (früher „Warenzeichen"):** eine Marke als immaterielles WG kann unter wirtschaftlichen Gesichtspunkten nur zeitlich begrenzt genutzt werden und ist deshalb ein abnutzbares WG, und zwar auch dann, wenn ihr Bekanntheitsgrad laufend durch Werbemaßnahmen gesichert wird,[209] AfA über 15 Jahre, wenn nicht kürzere Nutzungsdauer nachgewiesen ist.[210]

- **Nutzungsrechte:** Zahlungen zur Begründung eines **Rechts auf künftige Nutzung** eines fremden Wirtschaftsgutes sind als AK des selbständigen immateriellen Wirtschaftsgutes „Nutzungsrecht" zu aktivieren;[211] das gilt auch für die **exklusive Nutzungsmöglichkeit „an dem Spieler"**, wenn Ablösezahlungen an einen Verein gezahlt werden, AfA über die Vertragslaufzeit,[212] entschieden auch für die Möglichkeit, einen Tankraum zu benutzen,[213] ein **Erbbaurecht** ist dagegen kein immaterielles WG, sondern gehört zum Sachanlagevermögen.[214]

- **Option:** siehe Call-/Put-Option

- **Patente:** Unabhängig von der Schutzzeit nach § 16 PatG beträgt die durchschnittliche Nutzungsdauer für Patente 8 Jahre und kann aufgrund des inzwischen beschleunigten technischen Fortschritts noch kürzer sein; AfA über 8 Jahre nur bei Überlassungsverträgen über eine längere Nutzungsdauer.[215]

---

205) BFH, v. 28.5.1998 – IV R 48/97, BStBl II 1998, 775.
206) BFH, v. 18.12.1996 – I R 128-129/95, DStR 1997, 917.
207) BFH, v. 1.8.1968 – I 206/65, BStBl II 1969, 66; siehe auch BFH, v. 4.12.2006 – GrS 1/05, BStBl II 2007, 508.
208) Beck Bil-Komm./*Schubert/Andrejewski/Roscher*, § 253 HGB Rn. 382.
209) BFH, v. 2.3.2011 – II R 5/09 (NV), BFH/NV 2011, 1147 (ausdrückl. Aufgabe früherer Rspr. in BFH, v. 4.9.1996 – II B 135/95, BStBl II 1996, 586 und Anschluss an die Ansicht der FinVerw in BMF v. 12.7.1999, BStBl I 1999, 686).
210) BMF v. 12.7.1999, BStBl I 1999, 686.
211) BFH, v. 20.10.2011 – VIII S 5/11 (NV), BFH/NV 2012, 262.
212) BFH, v. 14.12.2011 – I R 108/10, BStBl II 2012, 238.
213) BFH, v. 14.3.2006 – I R 109/04 (NV), BFH/NV 2006, 1812.
214) H 5.5 EStH 2015; zu Nutzungsrechten siehe auch Schmidt/*Weber-Grellet*, EStG, § 5 Rn. 176 f.
215) BFH, v. 2.3.2011 – II R 5/09 (NV), BFH/NV 2011, 1147.

- **Schutzrechte:**[216] grundsätzlich eine geschätzte Nutzungsdauer zwischen drei und fünf Jahren.[217]

- **Schwebende Geschäfte/Verträge** im Falle des Absatzmarktes sind selbständige immaterielle Wirtschaftsgüter, unabhängig davon, wie sie im Einzelnen genannt werden (Gewinnaussichten aus schwebenden Geschäften, Belieferungsrechte, Kundenaufträge, Auftragsbestand) und ob sie Einzel- oder Dauerschuldverhältnisse betreffen, wenn sich aus den Verträgen bereits konkrete Verpflichtungen ergeben; in der Regel aber nicht bei schwebenden Verträgen des Beschaffungsmarktes (etwa Arbeitsverträge), in diesem Fall geschäftswertbildende Faktoren; betriebsgewöhnliche Nutzungsdauer bestimmt sich nach der Laufzeit der Verträge im Zeitpunkt des Erwerbs, die Möglichkeit einer Vertragsverlängerung oder -fortführung ist für die Nutzungsdauer ohne Einfluss.[218] Entschieden u. a. für:

    - **Auftragsbestand/Kundenaufträge** selbständig bewertungsfähiges abschreibbares immaterielles Wirtschaftsgut, jedenfalls dann, wenn für die Parteien von besonderer wirtschaftlicher Bedeutung,[219]

    - **Belieferungsrechte**, wenn die Absatzmöglichkeit vereinbart oder sonst rechtlich begründet ist;[220] vgl. Beispiele oben unter „Belieferungsrechte",

    - **Mietvorauszahlung** Aufgrund einer Mietvorauszahlung wird ein Nutzungsrecht (Mietrecht) nur erworben bei Zahlung eines besonderen zusätzlichen Entgelts;[221] ansonsten Mietvorauszahlung als RAP zu aktivieren.

- **Software**[222] ist ein immaterielles Wirtschaftsgut, und zwar grundsätzlich auch dann, wenn es sich um Standardsoftware handelt, die auf einem Datenträger gespeichert ist,[223] grundsätzlich eine geschätzte Nutzungsdauer von drei Jahren.[224] Nach IDW RS HFA 11[225] wird bei Software wie folgt unterschieden:

---

216) BFH, v. 4.12.2006 – GrS 1/05, BStBl II 2007, 508 für gewerbliche Schutzrechte.
217) Beck Bil-Komm./*Schubert/Andrejewski/Roscher*, § 253 HGB Rn. 382.
218) BFH, v. 15.12.1993 – X R 102/92, BFH/NV 1994, 543; siehe auch Rechtsprechungsübersicht bei FG Münster, v. 1.2.2008 – 9 K 2367/03, EFG 2008, 1449.
219) BFH, v. 1.2.1989 – VIII R 361/83, BFH/NV 1989, 778.
220) BFH, v. 3.9.2002 – I B 144/01 (NV), BFH/NV 2003, 154.
221) FG Bremen, v. 22.12.1987 – II 211-212/84 K, EFG 1988, 205.
222) Ausführlich zur ertragsteuerlichen Behandlung von Computersystemen vgl. *v. Freeden*, in: Kilian/Heussen, Computerrecht, 32. Erg-Lfg. 2013, Teil 9 Rn. 1 ff.
223) BFH, v. 18.5.2011 – X R 26/09, BStBl II 2011, 865; BFH, v. 4.12.2006 – GrS 1/05, BStBl II 2007, 508.
224) Beck Bil-Komm./*Schubert/Andrejewski/Roscher*, § 253 HGB Rn. 382.
225) IDW Stellungnahme zur Rechnungslegung: Bilanzierung entgeltlich erworbener Software beim Anwender, IDW RS HFA 11 v. 23.06.2010, FN-IDW 7/2010, S. 304 ff.

– **Firmware,** d. h. fest mit dem Computer verbundene Programmbausteine, die die Hardware mit der Software verbinden und Elementarfunktionen des Computers steuern → unselbständiger Teil der Hardware, daher mit dieser als materielles Wirtschaftsgut zu aktivieren;

– **Systemsoftware,** d. h. Gesamtheit der im Betriebssystem zusammengefassten Programme, die die Ressourcen des Computers verwalten, Programmabläufe steuern und Befehle der Benutzer ausführen, aber unmittelbar keiner konkreten praktischen Anwendung dienen und **Anwendungssoftware,** d. h. Programme, die die Datenverarbeitungsaufgaben des Anwenders lösen → beide grundsätzlich immaterielle Wirtschaftsgüter, selbst dann, wenn für ein ganz bestimmtes Datenverarbeitungsprogramm angeschafft und ohne dieses nicht nutzbar. Durch das Einspeisen der Software in den Computer verliert diese nicht ihre Eigenschaft als selbständiger Vermögensgegenstand;[226]

Besteht beim sog. **Bundling,** d. h. wenn die Systemsoftware zusammen mit der Hardware ohne gesonderte Berechnung erworben wird, keine Möglichkeit den Kaufpreis aufzuteilen → insgesamt ein materielles Wirtschaftsgut;

Anwendungssoftware, die vornehmlich allgemein zugängliche Datenbestände auf einem Datenträger enthält und bei der nicht die Steuerung von Abläufen durch die Software im Vordergrund steht → materielles Wirtschaftsgut;

Keine immateriellen, sondern abnutzbare bewegliche und selbständig nutzbare Wirtschaftsgüter sind aber aus Vereinfachungsgründen:

– **Trivialprogramme** d. h. geringwertige Software, die nach den o. g. Grundsätzen zu den immateriellen WG gehören würde[227]

– **Computerprogramme** wenn **Anschaffungskosten unter 410 €** liegen, sind wie Trivialprogramme zu behandeln.[228]

Siehe auch „Datensätze".

• **Ungeschützte Erfindungen**[229] (entschieden etwa für die Rezeptur eines Pflanzenschutzmittels); da sich die Rezeptur eines Pflanzenschutzmittels nicht in einem einmaligen Akt verbraucht, sondern grundsätzlich dazu

---

226) Zur Enterprise Resource Planing Software siehe BMF v. 18.11.2005, BStBl I 2005, 1025 – betriebsgewöhnliche Nutzungsdauer grds. 5 Jahre.
227) R 5.5 EStR 2012 Abs. 1 S. 2.
228) R 5.5 EStR 2012 Abs. 1 S. 3.
229) BFH, v. 4.12.2006 – GrS 1/05, BStBl II 2007, 508 m. w. N.

bestimmt ist, dem Geschäftsbetrieb dauernd zu dienen, ist sie dem Anlagevermögen zuzurechnen.[230)]

- **Urheberrecht.**[231)]
- **Verlagsrecht**, d. h. das ausschließliche Recht eines Verlegers zur Vervielfältigung und Verbreitung eines Werkes der Literatur oder der Tonkunst (§§ 1, 8 VerlG); abnutzbares WG des Anlagevermögens,[232)] abzugrenzen vom „Verlagswert/Verlagsobjekt" (siehe unten).
- **Verlagswert/Verlagsobjekt** i. S. v. einzelner Verlagserscheinung, d. h. das durch einen bestimmten Titel gekennzeichnete „Unternehmen" im verlagsrechtlichen Sinn, welches einen selbständigen Gegenstand des Rechtsverkehrs bildet und als solches rechtlich geschützt ist;[233)] abzugrenzen vom „Verlagsrecht" (siehe oben); selbständiges immaterielles Einzelwirtschaftsgut, aufgrund der Vergleichbarkeit mit dem Geschäftswert wie dieser über 15 Jahre abzuschreiben;[234)] bei **Fortsetzungs-Sammelwerken** zählen die Belieferungsrechte und -chancen zum jeweiligen Verlagsobjekt (anders als etwa bei Zeitungen und Zeitschriften) und sind nur mit diesem zusammen abschreibungsfähig, soweit die Nachlieferungsverträge nicht auf bestimmte Zeit fest abgeschlossen sind, sondern auf unbestimmte Zeit laufen und jederzeit kurzfristig kündbar sind.[235)]
- **Vermietungsrecht**: die Vermietbarkeit einer erworbenen Immobilie stellt für sich regelmäßig kein besonderes Wirtschaftsgut neben Grund und Boden und Gebäude dar; für ein zusätzliches immaterielles Wirtschaftsgut „Vermietungsrecht" ist nur Raum, wenn es von besonderer wirtschaftlicher Bedeutung ist und dieser Umstand in den getroffenen vertraglichen Vereinbarungen – etwa in der ausdrücklichen Bemessung eines besonderen Entgelts neben dem Kaufpreis für das Grundstück – eindeutig zum Ausdruck kommt;[236)] entschieden auch für Automatenaufstellplätze mit dem dazugehörigen Kundenkreis, soweit für den Erwerb des Mietrechts für die Aufstellung von Automaten wegen der damit verbundenen geschäftlichen Vorteile AK aufgewendet werden (AfA, wenn sich die Benutzung der Plätze über mehrere Jahre erstreckt).[237)]

---

230) BFH, v. 8.9.2011 – IV R 5/09, BStBl II 2012, 122.
231) BFH, v. 4.12.2006 – GrS 1/05, BStBl II 2007, 508.
232) BFH, v. 14.3.1979 – I R 37/75, BStBl II 1979, 470.
233) BFH, v. 14.3.1979 – I R 37/75, BStBl II 1979, 470.
234) BMF v. 20.11.1986, BStBl I 1986, 532; BFH, v. 28.5.1998 – IV R 48/97, BStBl II 1998, 775.
235) BFH, v. 14.3.1979 – I R 37/75, BStBl II 1979, 470 unter Anschluss an BFH, v. 8.6.1972 – IV R 88/68, BStBl II 1972, 853.
236) BFH, v. 13.8.2008 – IX B 91/08 (NV), BFH/NV 2009, 11; BFH, v. 9.7.2002 – IX R 29/98 (NV), BFH/NV 2003, 21.
237) BFH, v. 17.3.1977 – IV R 218/72, BStBl II 1977, 595.

- **Vertreterrecht**, d. h. rechtlich verfestigte, wirtschaftliche Chance, Provisionseinnahmen in einem bestimmten Bezirk zu erzielen;[238] dieses wird aber nicht mit veräußert, wenn der Handelsvertretervertrag gekündigt wird.[239]
- **Verwendungsrecht:** Zahlungen, die der Besteller von best. Werkleistungen dafür leistet, dass der Lieferer eine Form herstellt (im Fall: Gussform) und diese für die späteren Bestellungen des zahlenden Bestellers verwendet, begründen ein Verwendungsrecht des Bestellers, das ein immaterielles WG ist und über die erwartete Dauer der Lieferungen abzuschreiben ist;[240] dem liegt die Erwägung zu Grunde, dass die vom Zahlungsempfänger eingegangene Leistungsverpflichtung für den Zahlenden eine Rechtsposition begründet, die einen eigenständigen und in die Zukunft hinein fortwirkenden Vermögenswert hat.[241]
- **Wettbewerbsverbot** ist in der Regel Teil des Geschäftswerts, ausnahmsweise dann aber abnutzbares immaterielles WG, wenn dem Wettbewerbsverbot eine besondere Bedeutung zukommt, was der Fall ist, wenn es zeitlich begrenzt ist, sich in seiner wirtschaftlichen Bedeutung heraushebt und wenn dies in den getroffenen Vereinbarungen, vor allem in dem hierfür geleisteten Entgelt, klar zum Ausdruck gelangt;[242] abnutzbar, da zeitlich begrenzt; nach BFH vom 28.5.1998[243] wäre es auch ohne zeitliche Begrenzung abnutzbar, denn der verzichtende Mitbewerber kann und will nicht garantieren, dass nicht irgendwann ein neuer Konkurrent in das Marktgeschehen eingreift.

(d) Geschäfts(Praxis-)wertbildende Faktoren

231 Der Geschäfts- oder Praxiswert setzt sich aus einzelnen, nicht messbaren **Faktoren**, wie Kundenkreis, Ruf des Unternehmens, Absatzmöglichkeiten, Standort, Mitarbeiterstamm, Organisation etc. zusammen[244] (vgl. Beispiele unten). Die wirtschaftlichen oder rechtlichen Positionen, die im Geschäftswert aufgehen und nicht getrennt von ihm aktiviert werden können, sind unselbständige Teile bzw. wertbildende Faktoren eines Geschäftswertes, wie etwa „geschäftswertbildende Rechtsreflexe".[245]

232 **Beachte:** Die nachstehenden Beispiele für die unselbständigen Teile eines Geschäfts- oder Praxiswerts resultieren aus Einzelfallentscheidungen, eine

---

238) BFH, v. 12.7.2007 – X R 5/05, BStBl II 2007, 959, EStR 2012 H 5.5.
239) FG Schleswig-Holstein, v. 19.2.2013 – 3 K 111/12, EFG 2013, 688.
240) BFH, v. 1.6.1989 – IV R 64/88, BStBl II 1989, 830.
241) BFH, v. 29.11.2000 – I R 87/99, BStBl II 2002, 655.
242) BFH, v. 11.3.2003 – IX R 76/99, BFH/NV 2003, 1161 (NV); Übersicht der BFH-Rspr. in FG München, v. 23.5.2007 – 1 K 4243/04, BeckRS 2007, 26023812; vgl. auch Anmerkungen von Best/Ebel, FD-MA 2007, 241768; Schmidt/Weber-Grellet, EStG, § 5 Rn. 270.
243) IV R 48/97, BStBl II 1998, 775.
244) BFH, v. 28.10.1987 – II R 224/82, BStBl II 1988, 50.
245) BFH, v. 9.8.2011 – VIII R 13/08, BStBl II 2011, 875.

andere Beurteilung ist daher denkbar, wenn ein an sich wertbildender Faktor zum gesonderten Gegenstand eines Veräußerungsvorgangs gemacht und dadurch zu einem selbständigen immateriellen Wirtschaftsgut konkretisiert wird.

Beispiele für unselbständige Teile eines Geschäftswerts bzw. eines Praxiswerts:

- **Arbeitsverträge:** Arbeitsleistung der im Unternehmen tätigen Arbeitnehmer ist im Regelfall typischer geschäftswertbildender Faktor und somit Teil des Geschäftswerts; das Vorhandensein eines „eingespielten Teams erfahrener Fachleute" entzieht sich regelmäßig einer selbständigen Bewertung, dies gilt auch für ein „Personalverleihunternehmen"; eine andere Beurteilung ausnahmsweise im Einzelfall möglich, wenn Arbeitsverträge bewertbare Gewinnchancen des Arbeitgebers sind, was aber nicht der Fall sein dürfte, wenn Arbeitsverträge kurzfristig kündbar sind;[246]

- **Archiv:** Verlagsarchiv (Sammlung von Bildern, Texten, Büchern) eines Zeitschriftenverlages ist mit Ausnahme einer Büchersammlung kein selbständig bewertbares immaterielles Wirtschaftsgut, sondern nur ein Teil des allgemeinen Geschäftswertes, wenn es der Erhaltung und Erweiterung des Kundenstammes dient.[247]

- **Firma bzw. Firmenname:** Das Recht zur Fortführung des Firmennamens ist ein unselbständiger geschäftswertbildender Faktor.[248]

- **Geschäftsbeziehungen** sind Teil des Geschäftswertes, wenn der Erwerber ständig mit der Beendigung der Geschäftsbeziehungen rechnen muss,[249] i. E. nach den Regeln zu Gewinnchancen/Gewinnerwartungen zu beurteilen (siehe unten); anders im Falle eines Vertreterrechts und eines Handelsvertreterrechts.[250]

- **Gewinnchancen/Gewinnerwartungen** sind Teil des Geschäftswertes, wenn sich aus den Verträgen noch keine konkreten Verpflichtungen, sondern lediglich Chancen ergeben; sie sind zu unterscheiden von Rechten aus schwebenden Geschäften (vgl. zur Abgrenzung auch Beispiele oben unter Rn. 230 zu „Schwebende Geschäfte/Verträge"). Teile des Geschäftswertes sind z. B.:
  - **Allgemeine Lieferbeziehungen zu Groß- oder Dauerkunden** ohne Abnahmeverpflichtung eröffnen lediglich die Chance einer Beibehal-

---

246) BFH, v. 7.11.1985 – IV R 7/83, BStBl II 1986, 176; bestätigt durch BFH, v. 15.12.1993 – X R 102/92, BFH/NV 1994, 543; EStR 2012 H 5.5.
247) BFH, v. 8.11.1974 – III R 90/73, BStBl II 1975, 104.
248) Schmidt/*Weber-Grellet*, EStG, § 5 Rn. 223; so auch ohne weitere Begründung BFH, v. 16.9.1970 – I R 196/67, BStBl II 1971, 175; vgl. auch FG Nürnberg, v. 10.11.1976 – V 190/73, EFG 1977, 161; anders noch BFH, v. 5.8.1970 – I R 180/66, BStBl II 1970, 804.
249) BFH, v. 17.3.1977 – IV R 218/72, BStBl II 1977, 595.
250) Vgl. zu beiden BFH, v. 12.7.2007 – X R 5/05, BStBl II 2007, 959 und oben unter Rn. 230 zu „Vertreterrecht" und „Handelsvertreterrecht".

tung der Geschäftsbeziehung, daher unselbständiger Teil des Geschäftswerts.[251]

- **Abonnenten-Kartei** gehört zu wesentlichen geschäftswertbildenden Faktoren einer Konzertdirektion und ist daher für einen derivativen Geschäftswert mitbestimmend.[252]

- **Auftragsmöglichkeit:** Gewinnerwartungen aus Rahmenverträgen über Aufträge unbestimmten Volumens sind Teile des Geschäftswerts, wenn die Vereinbarungen nicht zu bestimmten Leistungen verpflichten, wenn also keine konkreten, verbindlich vereinbarten Aufträge i. S. v. schwebenden Geschäften vorhanden sind, die noch nicht (vollständig) erfüllt sind.[253]

- **Kundenbeziehungen, sog. „Auftragswert":** Die Möglichkeit, alte Kundenbeziehungen aus früheren Zeiten faktisch weiter nutzen zu können (im Fall als „Auftragswert" bezeichnet), ist ein typischer Bestandteil eines Geschäftswerts, wenn sie sich nicht zu rechtlichen Beziehungen dergestalt verdichten, dass hieraus ein konkreter Auftragsbestand resultiert.[254]

- **Rahmenverträge** wenn sie die Vertragsparteien nicht zu bestimmten Leistungen verpflichten und lediglich dazu dienen, bei konkreten Aufträgen die immer wiederkehrenden Bedingungen, wie z. B. Stundenlohn und Werkzeuggestellung, nicht jeweils neu festlegen zu müssen.[255]

• **Kundenstamm/Kunden- oder Lieferantenliste/Kundenkartei** in der Regel geschäftswertbildender Faktor, vergleichbar mit einem Rahmenvertrag, der nicht zu bestimmten Leistungen verpflichtet (siehe Rn. 230 „Kundenstamm");[256] Der Kunden- oder Abnehmerkreis gehört v. a. dann untrennbar zum Geschäftswert, wenn dieser auf Faktoren beruht, die einerseits untrennbar miteinander verbunden sind, andererseits auf der Leistungsfähigkeit des Betriebs selbst beruhen (etwa günstige Lage des Geschäfts, guter Ruf bisheriger Inhaber, fehlende Konkurrenz etc.);[257] ausnahmsweise dann selbständiges immaterielles WG, wenn die Persönlichkeit des Unternehmers für seinen Fortbestand von wesentlicher Bedeutung ist, die Kundenbeziehungen wegen ihrer Eigenart mit dem jeweiligen Kunden vertraglich neu begründet werden müssen oder das Entgelt nur dafür bezahlt wird, dass der Verkäufer den Erwerber in die bisherigen persönli-

---

251) FG Münster, v. 1.2.2008 – 9 K 2367/03 K, EFG 2008, 1449.
252) BFH, v. 29.9.1981 – VIII R 18/77, BeckRS 1981, 04949.
253) FG Düsseldorf, v. 20.3.2003 – 15 K 7704/00, DStRE 2003, 1141 m. w. N.
254) FG Niedersachsen, v. 18.3.2004 – 6 K 18/00, EFG 2004, 1428.
255) BFH, v. 7.11.1985 – IV R 7/83, BStBl II 1986, 176.
256) BFH, v. 7.11.1985 – IV R 7/83, BStBl II 1986, 176; BFH, v. 25.11.1981 – I R 54/77, BStBl II 1982, 189; H 5.5 EStH 2015.
257) FG München, v. 8.10.1980 – IX 69/77 E, EFG 1981, 334.

chen Geschäftsbeziehungen einführt, persönlich mit den Kunden bekannt macht und sich verpflichtet, die Kunden nicht Dritten zuzuführen.[258]

- **Organisation** ist regelmäßig geschäftswertbildender Faktor.[259]
- **Ruf des Unternehmens** ist regelmäßig geschäftswertbildender Faktor.[260]
- **Standort** ist regelmäßig geschäftswertbildender Faktor.[261]
- **Zulassung als Vertragsarzt:** Orientiert sich der für eine Arztpraxis mit Vertragsarztsitz zu zahlende Kaufpreis ausschließlich am Verkehrswert, so ist in dem damit abgegoltenen Praxiswert der Vorteil aus der Zulassung als Vertragsarzt in der Regel untrennbar enthalten; allerdings kann sich die Kassenzulassung zu einem eigenständigen Wirtschaftsgut konkretisieren, wenn diese in besonders gelagerten Fällen zum Gegenstand eines Veräußerungsvorgangs gemacht wird.[262]
- **Wettbewerbsverbot,** wenn keine der wesentlichen Grundlagen der Geschäftsübernahme, sondern nur eine Nebenabrede;[263] daher in der Regel Teil des Geschäftswerts, da einem im Rahmen einer Betriebsveräußerung vereinbarten Wettbewerbsverbot im Regelfall keine eigenständige wirtschaftliche Bedeutung zukommt. Es dient vielmehr dazu, das Ziel der Betriebsveräußerung, nämlich dem Erwerber die Gewinnmöglichkeiten des Unternehmens zu verschaffen, auf Dauer sicherzustellen;[264] ausnahmsweise kann abnutzbares immaterielles WG sein, zur Abgrenzung vgl. oben unter Rn. 230 zum selben Stichwort.

g) Nebenverträge

In vielen Fällen sind Nebenverträge wichtig, manchmal wichtiger als der Unternehmenskaufvertrag selbst. Solche Verträge sind z. B. **Beraterverträge, Wettbewerbsverbot**[265] und andere Vereinbarungen zwischen Veräußerer und Erwerber, **Auslastungsgarantien** oder die Fortführung sonstiger bestehender Geschäftsbeziehungen zwischen dem Veräußerer und dem erworbenen Unternehmen. Die Notwendigkeiten und Möglichkeiten einer Gestal-

233

---

258) Vgl. *Rosalius* L. in; AfA-Lexikon, Teil I, Stichwort „immaterielle Wirtschaftsgüter", Rn. 42 m. w. N.
259) BFH, v. 7.11.1985 – IV R 7/83, BStBl II 1986, 176.
260) BFH, v. 7.11.1985 – IV R 7/83, BStBl II 1986, 176.
261) BFH, v. 7.11.1985 – IV R 7/83, BStBl II 1986, 176.
262) BFH, v. 9.8.2011 – VIII R 13/08, BStBl II 2011, 875; OFD Münster, v. 14.12.2011, DStR 2012, 1511; zu den Voraussetzungen für die Konkretisierung zu einem eigenständigen Wirtschaftsgut vgl. anhängiges Verfahren BFH, VIII R 7/14 (Vorinstanz FG Nürnberg, v. 12.12.2013 – 6 K 1496/12, EFG 2014, 1179).
263) BFH, v. 14.2.1973 – I R 89/71, BStBl II 1973, 580.
264) BFH, v. 11.3.2003 – IX R 76/99, BFH/NV 2003, 1161 (NV).
265) Z. B. BFH, v. 17.9.2014 – IV R 33/11, BStBl II 2015, 717.

tung in diesem Bereich sind wirtschaftlich und zivilrechtlich wichtig und steuerlich oft interessant, aber auch gefährlich.

234 Aus der Sicht des **Veräußerers** ist die Zuordnung von Teilen des wirtschaftlichen Gesamtpreises auf solche Nebenleistungen (z. B. Beratungsvertrag) im Allgemeinen unattraktiv, wenn der eigentliche Veräußerungsgewinn steuerfrei oder steuerbegünstigt wäre. Denn dann bringt die Ausgliederung von Vergütungsteilen allenfalls Steuererhöhungen oder jedenfalls Steuerrisiken mit sich. Wenn der Verkäufer aber ohnehin alles voll zu versteuern hat, ob Veräußerungsgewinn oder laufendes Einkommen aus anderen Verträgen, ist er in dieser Beziehung steuerlich sehr flexibel.

235 Aus Sicht des **Erwerbers** ist eine solche Zuordnung von Vergütungsteilen auf andere Verträge als den Unternehmenskaufvertrag wirtschaftlich und ggf. auch zivilrechtlich interessant. Denn der Abzug dieser Aufwendungen in dem gekauften Unternehmen selbst mindert den Kaufpreis, was die Höhe der notwendigen Kaufpreisfinanzierung verringert und die Frage entschärft, in welchem Umfang dieser Kaufpreisteil kurzfristig abschreibbar ist.

236 Umgekehrt liegen in diesem Bereich erhebliche rechtliche und vor allem steuerliche Risiken, ob der Erwerber hier nun bewusst **Steuerplanung** betreibt oder sich der Steuerfolgen gar nicht bewusst ist. Die wirtschaftlich unzutreffende oder unangemessene Zuordnung einer Vergütung (Aufwendung) auf das gekaufte Unternehmen, die eigentlich Kaufpreis sein müsste, kann ggf. gesellschaftsrechtlich wie steuerrechtlich als eine **verdeckte Gewinnausschüttung** (oder eine **Schenkung**) bewertet und erheblich sanktioniert werden.

h) Haftung des Betriebsübernehmers, § 75 AO

237 Zur steuerlichen Haftung des Betriebsübernehmers gem. § 75 AO und anderen Gründen, die zur steuerlichen Haftung des Erwerbers für Steuern des Verkäufers führen können, siehe Rn. 1006 ff. und insbesondere Rn. 1019 ff. Wegen dieser Haftung nach § 75 AO sollte die Anzeige des Betriebserwerbs (§ 138 Abs. 1 AO) möglichst zeitnah nach Vollzug des Asset Deal zur Gemeinde gelangen (siehe Rn. 1019 ff.).

3. Share Deal Kapitalgesellschaft

238 Zumindest bei größeren Unternehmen dürfte der Share Deal[266] die häufigste Variante des Unternehmenskaufes sein. Es werden nicht die einzelnen Teile des Unternehmens verkauft, sondern eine Gesellschaft, die Träger des Unternehmens ist.

---

266) Zum Share Deal und den steuerlichen Folgen siehe auch *Kröner*, BB 2012, 2403 und BB 2013, 2711.

a) Veräußerung durch eine natürliche Person

Bei Veräußerung einer Kapitalgesellschaftsbeteiligung durch eine natürliche Person hängen die steuerlichen Folgen auf Käuferseite davon ab, ob die Beteiligung einem Betriebsvermögen zuzuordnen ist (siehe hierzu Rn. 240 ff.), oder ob sie dem Privatvermögen zuzurechnen ist. Im letzteren Fall ist wiederum zu differenzieren, ob die Beteiligung 1 % oder darüber beträgt (siehe hierzu Rn. 240 ff.) oder darunter bleibt (siehe Rn. 248 ff.). Zum Verkauf durch einen an der Gesellschaft beteiligten Manager siehe auch Rn. 1855. — 239

aa) Teileinkünfteverfahren § 3 Nr. 40 EStG/Beteiligungen im Betriebsvermögen und privat gehaltene Beteiligungen über 1 %

Veräußert eine natürliche Person Anteile an einer Kapitalgesellschaft, so ist grundsätzlich nur **60 %** des **Veräußerungsgewinns** mit dem individuellen Steuersatz des Veräußerers zu versteuern (§ 3 Nr. 40 lit. a–c EStG), sog. **Teileinkünfteverfahren**. Der effektive ESt-Steuersatz beträgt somit bis zu 28,5 % (statt des normalen Steuersatzes von 47,5 %, beides inklusive Solidaritätszuschlag ohne Kirchensteuer). Für die Berechung der Kirchensteuer gilt die Beschränkung auf 60 % des Gewinnes nicht.[267] — 240

Das Teileinkünfteverfahren gilt sowohl für privat gehaltene Beteiligungen von mindestens 1 % am Kapital (§ 17 EStG) als auch für alle Beteiligungen, die zu einem Betriebsvermögen gehören. Lediglich für Beteiligungen unter 1 % im Privatvermögen gelten Sonderregelungen (Abgeltungsteuer oder bei Altfällen Steuerfreiheit), siehe Rn. 248. — 241

Diese (scheinbare) Besserstellung des Verkäufers einer Beteiligung an einer Kapitalgesellschaft gegenüber dem Verkäufer eines Einzelunternehmens (grundsätzlich voller Steuersatz, siehe Rn. 140 ff.) liegt u. a. darin begründet, dass der Erwerber keine zusätzlichen Abschreibungen erhält, siehe Rn. 305. Im Übrigen kann der Gewinn deutlich höher anfallen, als wenn dasselbe Unternehmen von einem Einzelunternehmer verkauft worden wäre, insb. wenn Gewinne thesauriert worden sind. — 242

Veräußerungsverluste aus Kapitalgesellschaftsanteilen können entsprechend grundsätzlich nur zu 60 % abgezogen werden (§ 3c Abs. 2 EStG). — 243

Der Gewinn ist jedoch vollständig, und nicht nur zu 60 % steuerpflichtig, soweit zuvor vollständig steuerwirksame Abschreibungen oder Abzüge nach § 6b EStG erfolgt sind (§ 3 Nr. 40 lit a S. 2 ff. EStG). — 244

(1) Begünstigungen, §§ 16, 34 EStG

Wird die Beteiligung als Bestandteil eines Betriebes oder Teilbetriebes veräußert, so können für die (Teil-)Betriebsveräußerung an sich die Begünstigun- — 245

---

267) § 51a Abs. 2 S. 2 EStG.

gen nach §§ 16 Abs. 4, 34 EStG in Betracht kommen (siehe Rn. 150 ff.). Soweit der Veräußerungsgewinn auf die Beteiligung entfällt, ist jedoch ausschließlich das Teileinkünfteverfahren anwendbar; §§ 16 Abs. 4, 34 EStG sind insoweit ausgeschlossen.

(2) § 6b EStG

246 Einzelunternehmer können bei Verkauf einer zum Betriebsvermögen gehörenden Kapitalgesellschaftsbeteiligung u. U. den Gewinn steuerfrei auf eine neu angeschaffte andere Kapitalgesellschaftsbeteiligung, bewegliches Anlagevermögen oder Gebäude übertragen, § 6b Abs. 10 EStG. Begünstigt ist allerdings ein Gewinn von max. 500 T€ (vor Anwendung des Teileinkünfteverfahrens).

(3) Gewerbesteuer

247 Gehört die Beteiligung zu einem Gewerbebetrieb, unterliegt ein Veräußerungsgewinn grundsätzlich auch der Gewerbesteuer; auch hier sind nur 60 % des Gewinnes steuerpflichtig.[268] Zu Ausnahmefällen, in denen der Veräußerungsgewinn nicht der Gewerbesteuer unterliegt, siehe Rn. 162. Auch die Veräußerung einer 100 %-igen Beteiligung unterliegt der Gewerbesteuer, es sei denn, sie steht im Zusammenhang mit einer Betriebsveräußerung oder -aufgabe.[269]

bb) Zwergbeteiligungen < 1 %

(1) Alt-Anteile unter 1 % im Privatvermögen

248 Die Veräußerung einer Beteiligung unter 1 % im **steuerlichen Privatvermögen** ist steuerfrei, wenn diese vor 2009 angeschafft wurde[270] (siehe aber zu Ausnahmen Rn. 252.) Das gilt auch für einen **Veräußerungsverlust**.

(2) Neuere Anteile unter 1 % im Privatvermögen

249 Die Veräußerung einer Beteiligung unter 1 % aus dem steuerlichen Privatvermögen, die ab 2009 angeschafft worden ist, ist steuerpflichtig mit einem pauschalen Steuersatz von 26,4 % inklusive Solidaritätszuschlag zzgl. ggf. Kirchensteuer, sog. **Abgeltungsteuer**. Auf die Haltedauer (Spekulationsfrist) kommt es nicht an.

---

268) § 3 Nr. 40 EStG, R 7.1 Abs. 3 GewStR 2009.
269) H 7.1 Abs. 3 GewStR 2009; BFH, v. 7.9.2005 – VIII R 99/03, BFH/NV 2006, 608.
270) Die Veräußerung einer im Privatvermögen gehaltenen und vor 2009 angeschafften Beteiligung unter 1 % war auch steuerpflichtig, wenn die Veräußerung innerhalb von 12 Monaten seit der Anschaffung erfolgte („Spekulationsfrist") § 23 Abs. 1 S. 1 Nr. 2 EStG. Diese Regel hat sich für Kapitalgesellschaftsbeteiligungen inzwischen erledigt (§ 23 Abs. 2 EStG), da die Veräußerung von ab 2009 angeschafften Beteiligungen stets steuerpflichtig ist.

Kapitalertragsteuer (KapESt; Quellensteuer) wird auf den Gewinn nur ein- 250
behalten, wenn die Veräußerung über ein inländisches Kreditinstitut erfolgt.[271]
Die Bezeichnung „Abgeltungsteuer" ist insoweit irreführend.

Eine Verlustverrechnung ist stark eingeschränkt (§ 20 Abs. 6 EStG), Werbungs- 251
kosten sind nicht abzugsfähig (§ 20 Abs. 6 EStG).

(3) Zwergbeteiligung als „große Beteiligung"

Unter bestimmten Voraussetzungen wird auch die Veräußerung einer privat 252
gehaltenen Beteiligung unter 1 % behandelt wie die Veräußerung einer „großen" Beteiligung (siehe Rn. 240 ff.), insb. wenn die **Beteiligung innerhalb der letzten 5 Jahre 1 %** oder darüber betrug[272] (auch bei einem Rechtsvorgänger bei unentgeltlicher Rechtsnachfolge). Das gilt für Alt-Anteile[273] wie für Neu-Anteile. Die Besteuerung des Veräußerungsgewinnes erfolgt dann nach dem sog. **Teileinkünfteverfahren**, § 17 i. V. m. § 3 Nr. 40 EStG (siehe Rn. 240).

Auch Beteiligungen, die nach §§ 20 und 23 UmwStG a. F. bis zum 12.12.2006 253
durch Einbringungen unter dem Teilwert erworben wurden (**Alt-Einbringungsgeborene Anteile**), etwa durch Formwechsel einer KG in eine GmbH oder Einbringung eines (Teil-)Betriebes in eine GmbH, unterliegen, auch wenn sie unter 1 % liegen, der Besteuerung nach dem Teileinkünfteverfahren, (§ 21 Abs. 1 UmwStG a. F. i. V. m. § 27 Abs. 3 Nr. 3 UmwStG n. F).[274]

(4) Zwergbeteiligungen im Betriebsvermögen

Wird eine Beteiligung im Betriebsvermögen gehalten, spielt die Beteiligungs- 254
höhe bei der Besteuerung des Veräußerungsgewinnes grundsätzlich keine Rolle; ein Sonderregime für Zwergbeteiligungen gibt es im Betriebsvermögen nicht.

cc) Steuerausländer als Verkäufer/Wegzug vor Verkauf

Der Gewinn aus der Veräußerung einer Beteiligung ab 1 % an einer Kapital- 255
gesellschaft unterliegt bei einer Veräußerung durch einen Steuerausländer zwar in Deutschland der Besteuerung, § 49 Abs. 1 Nr. 2 EStG, jedoch stellt regelmäßig ein entsprechendes DBA diesen Gewinn in Deutschland von der Besteuerung frei. Der Gewinn aus der Veräußerung einer Beteiligung unter 1 % an einer Kapitalgesellschaft ist für Steuerausländer in Deutschland grund-

---

271) § 43 Abs. 1 Nr. 9 i. V. m. § 44 Abs. 1 S. 3 und S. 4 Nr. 1 EStG.
272) § 17 Abs. 1 S. 1 EStG, zu Einzelheiten siehe die Rechtsprechungsnachweise bei Schmidt/ *Weber-Grellet*, EStG, § 17 EStG Rn. 71 ff.
273) Anschaffung bis Ende 2008.
274) Die Veräußerung unterlag auch nicht der Begünstigung des Teileinkünfteverfahren, wenn sie innerhalb von sieben Jahren nach der Einbringung erfolgte (§ 3 Nr. 40 S. 3 und 4 EStG a. F. i. V. m. § 52 Abs. 4d Satz 2 EStG), diese Regel hat sich durch Zeitablauf erledigt.

sätzlich nicht steuerpflichtig. Die Besteuerung im Ausland kann ggf. zu signifikanten Steuervorteilen gegenüber einer Besteuerung in Deutschland führen (Beispiel: Belgien, Schweiz). Daher kann im Einzelfall ein **Wegzug** aus Deutschland zur Steueroptimierung in Betracht kommen.

256 Erforderlich ist der (vollumfängliche) Wegzug aus Deutschland. Die Begründung einer weiteren Ansässigkeit im Ausland genügt nicht.

257 **Vorsicht:** Der Wegzug bewirkt allerdings eine **Sofortversteuerung** der im Zeitpunkt des Wegzugs bestehenden stillen Reserven in der Beteiligung an einer in- oder ausländischen Kapitalgesellschaft (§ 6 Abs. 1 AStG).[275]

258 Steuerpflichtig ist der gemeine Wert der Beteiligung im Zeitpunkt des Wegzugs. Eine Bewertung der Beteiligung muss auf Grundlage von allgemein anerkannten **Ertragswertverfahren** erfolgen.

259 Bei Wegzug eines **EU-Staatsbürgers** in ein anderes EU-Land wird die Steuerlast zunächst nur festgestellt und **unbegrenzt zinslos** (ohne Sicherheitsleistung) **gestundet**. Die Stundung wird jedoch lediglich bis zur Veräußerung der Beteiligung gewährt. Eine Veräußerung wird auch in bestimmten weiteren Fällen (verdeckte Einlage, Wegzug in Drittland etc.) angenommen (§ 6 Abs. 5 S. 4 AStG).

260 Der Veräußernde entgeht damit durch den Wegzug nicht der Besteuerung der bis zum Zeitpunkt des Wegzugs in der Beteiligung angesammelten stillen Reserven. Um signifikante Steuervorteile realisieren zu können, ist daher eine sehr langfristige Planung erforderlich und eine detaillierte Dokumentation des Werts der Beteiligung im Zeitpunkt des Wegzugs unabdingbar.

dd) Vorgeschaltete Einbringung – Private Vermögensholding

261 Attraktiv bei rechtzeitiger Planung (Jahre im Voraus!) ist zudem die Möglichkeit der steuerfreien Einbringung in eine Kapitalgesellschaft (§ 21 UmwStG), häufig eine **private Vermögensholding**. Diese kann dann die eingebrachte Beteiligung zu einem späteren Zeitpunkt (fast) steuerfrei veräußern, § 8b Abs. 2 KStG, siehe Rn. 283 ff.

262 Soweit der Veräußerungserlös anschließend (zu privatem Konsum) entnommen werden muss, unterliegt er allerdings als Dividende der normalen Dividendenbesteuerung, die im Wesentlichen zu einem ähnlichen Ergebnis führt (Abgeltungsteuer, eff. Steuersatz 26,4 %) wie die Besteuerung des Veräußerungsgewinnes nach dem Teileinkünfteverfahren (max. eff. Steuersatz 28,5 %). Die private Vermögensholding ist also regelmäßig nur vorteilhaft, wenn ein signifikanter Teil des Veräußerungsgewinnes wieder investiert und nicht konsumiert werden soll.

---

[275] Anders bei „zurücklassen" einer wesentlichen Beteiligung in einer deutschen originär gewerblichen GmbH & Co. KG. Die erforderliche Zuordnung zu der dadurch begründeten deutschen Betriebstätte bedarf besonderer Maßnahmen, siehe BMF v. 26.9.2014, BStBl I 2014, 1258; *Hruschka*, DStR 2014, 2421.

Die steuerfreie Einbringung erfordert, dass die empfangende Vermögensholding nach Erwerb die **Mehrheit der Stimmrechte** an der eingebrachten Gesellschaft hält. 263

Wird die **eingebrachte Beteiligung** innerhalb einer Sperrfrist von sieben Jahren nach Einbringung durch die Vermögensholding **veräußert**, wird die Einbringung rückwirkend steuerpflichtig, § 22 Abs. 2 UmwStG („Einbringungsgewinn II"). Die Besteuerung des Einbringungsgewinnes schmilzt jedoch über die siebenjährige Haltefrist ab; für jedes volle Jahr, in dem die Beteiligung gehalten wird, reduziert sich der Einbringungsgewinn um 1/7. Wird die eingebrachte Beteiligung nach 4 Jahren veräußert, sind nur 3/7 der im Einbringungszeitpunkt vorhandenen stillen Reserven zu versteuern. Und ein **Wertzuwachs** zwischen dem Einbringungszeitpunkt und der Veräußerung bleibt (fast) steuerfrei; er wird von der rückwirkenden Besteuerung nicht erfasst. Die Einbringung in eine private Vermögensholding kann also selbst dann sinnvoll sein, wenn eine Veräußerung innerhalb der siebenjährigen Behaltensfrist zu erwarten ist. 264

> **Praxistipp:**
> Auch eine erfolgsneutrale Umwandlung der eingebrachten Gesellschaft oder der Vermögensholding kann die Nachversteuerung auslösen. U. U. ist eine Billigkeitsmaßnahme möglich,[276)] bei der sich die Finanzämter jedoch gelegentlich recht schwertun.

Achtung: Nachteilig ist allerdings, dass der Einbringungsgewinn auch dann rückwirkend (ggf. abgeschmolzen) versteuert wird, wenn die eingebrachte Beteiligung anschließend an **Wert verloren** hat und (bspw. im Zuge eines **Notverkaufes**) veräußert wird. Hier können ehemalige stille Reserven versteuert werden, die nie mehr zu Geld gemacht werden können. Dieses Problem wird in der Praxis bei der Einbringung häufig verdrängt. Tritt es dann doch auf, ist es kaum noch vernünftig lösbar. 265

ee) Veräußerungsgewinn/-verlust

Oft wichtiger als die Frage des Steuersatzes ist die Frage nach der Höhe der Bemessungsgrundlage, also der Höhe des Gewinns. 266

Der Veräußerungsgewinn oder -verlust errechnet sich im Wesentlichen wie folgt: 267

Erlös

- ./. steuerliche Buchwerte oder fortgeführte Anschaffungskosten
- ./. Nebenkosten der Veräußerung.

---

276) BMF v. 11.11.2011, BStBl I 2011, 1314, Tz. 22.23.

(1) Erlös

268 Der Veräußerungserlös besteht natürlich primär aus dem unmittelbar bezahlten Kaufpreis. Zum Veräußerungserlös gehören steuerlich jedoch auch sonstige Gegenleistungen (insb. Aktien etc., siehe aber Rn. 441).

269 Die Gegenleistungen sind auch dann im **Zeitpunkt der Veräußerung** als Veräußerungserlös anzusetzen und somit sofort steuerpflichtig, wenn sie erst zu einem späteren Zeitpunkt fällig, also **gestundet**, werden (insb. **Vendor Loan**). Etwas anderes gilt bei aufschiebend bedingten Kaufpreisteilen, insb. **Earn-Out**. Siehe zu nicht sofort fälligen oder nicht liquiden Kaufpreisteilen Rn. 411 ff.

(2) Abzugsposten: Buchwerte/Nebenkosten der Veräußerung

270 Bei Ermittlung des Gewinnes sind abzugsfähig

- die steuerlichen **Buchwerte** und

- etwaige **Nebenkosten** der Veräußerung.

271 Bei der Veräußerung einer Beteiligung im Privatvermögen zählen an Stelle der Buchwerte die **historischen Anschaffungskosten** (einschließlich derer der unentgeltlichen Rechtsvorgänger).

272 Vom Erlös sind weiterhin **Nebenkosten** abzuziehen, die mit der Veräußerung in einem **Veranlassungszusammenhang** stehen (z. B. Honorare, Provisionen und sonstige Aufwendungen) und eine größere Nähe zur Veräußerung als zum laufenden Gewinn haben.[277]

273 Die Interessenlage des Veräußerers kann dabei unterschiedlich sein: Wären solche Nebenkosten auch ohne Zuordnung auf die Veräußerung steuerlich abzugsfähig, so kann die Zuordnung zur Veräußerung steuerlich ungünstig sein (kein oder nur teilweisen Abzug vom Veräußerungsgewinn; keine gewerbesteuerliche Auswirkung; Verlust des umsatzsteuerlichen Vorsteuerabzugs; Minderung einer begünstigten Reinvestition usw.). Anders natürlich, wenn die Nebenkosten nur durch die Zuordnung zur Veräußerung überhaupt abzugsfähig werden, wie z. B. Steuerberatungskosten.

274 Vorsicht bei der Vereinbarung von **M&A-Mandaten** mit der verkauften Gesellschaft statt mit den Verkäufern und entsprechender Honorarbelastung (verdeckte Gewinnausschüttung; nachlaufende Verpflichtungen, z. B. zur Offenlegung von Verkäuferangelegenheiten an den Käufer als neuen Herrn der Gesellschaft!). Dies gilt auch für eigene Kosten der Gesellschaft im Zuge des Verkaufs. Umgekehrt kann die Zuordnung gewisser Kosten angemessen

---

[277] BFH, v. 12.3.2014 – I R 45/13, BStBl II 2014, 719. Kein Werbungskostenabzug, sondern Nebenkosten bei **Vorfälligkeitsentschädigungen**, BFH, v. 6.12.2005 – VIII R 34/04, BStBl II 2006, 265. Zur früheren Abgrenzung von Veräußerungs- und laufenden Kosten anhand des Kriteriums der Unmittelbarkeit vgl. *Pöllath/Raupach*, DB 1985, 616 (zu Vermögensverwaltungskosten).

sein (z. B. Gesellschaftervertrag, Umstrukturierung, auch wenn durch Veräußerung motiviert).

(3) Ausfall von Finanzierunghilfen bei Beteiligungen in Privatvermögen

Der Ausfall von **Gesellschafterdarlehen** und -bürgschaften kann, insbesondere wenn diese als sog. Finanzierungshilfen zu sehen sind, einen Verlust aus der Veräußerung/Liquidation einer **privat** gehaltenen Beteiligung erhöhen (siehe Rn. 569 ff.). 275

ff) Rückwirkung auf frühere Einbringung eines Einzelunternehmens

Die Veräußerung einer Kapitalgesellschaftsbeteiligung durch eine natürliche Person kann – neben der Besteuerung der Veräußerung – auch dazu führen, dass eine frühere Einbringung eines Einzelunternehmens (ganz/teilweise) oder einer Personengesellschaft in diese Kapitalgesellschaft[278] rückwirkend steuerpflichtig wird. Rechtlich handelt es sich hierbei nicht um die Besteuerung der Veräußerung. Wirtschaftlich ist dieser Effekt jedoch als **Steuerbelastung** anzusehen, die **durch den Verkauf** ausgelöst wird. 276

Konkret: Wenn einzelne Wirtschaftsgüter, die einen Betrieb oder Teilbetrieb darstellen, oder ein Mitunternehmeranteil steuerfrei oder jedenfalls steuerlich unter dem Verkehrswert in eine Kapitalgesellschaft gegen Gewährung neuer Anteile nach § 20 Abs. 2 UmwStG eingebracht worden sind,[279] führt die Veräußerung der erhaltenen Anteile **innerhalb einer Sperrfrist von 7 Jahren** ab Einbringung dazu, dass die **Einbringung rückwirkend steuerpflichtig** wird, sog. Einbringungsgewinn I (§ 22 Abs. 1 UmwStG). 277

§ 22 UmwStG zählt eine Reihe von **Missbrauchstatbeständen** (schädliche Ersatztatbestände) auf, die ebenfalls zur rückwirkenden Besteuerung der Einbringung führen. 278

Achtung: Auch eine erfolgsneutrale Umwandlung der aufnehmenden Gesellschaft kann die **Nachversteuerung** gem. § 22 UmwStG auslösen. 279

> Praxistipp:
> Daher sollten entsprechende **Steuerklauseln** in die Einbringungsverträge aufgenommen werden, wenn der Einbringende nicht alleiniger Gesellschafter ist.

Der **Einbringungsgewinn** schmilzt über den Zeitraum der siebenjährigen Sperrfrist um je 1/7 pro Jahr ab (§ 22 Abs. 1 S. 3 UmwStG). Werden die An- 280

---

278) Oder ein Formwechsel einer früheren Personengesellschaft in diese Kapitalgesellschaft nach § 25 UmwStG.
279) Oder eine Personengesellschaft in die Kapitalgesellschaft formgewechselt worden ist, § 25 UmwStG.

teile z. B. nach 3 Jahren verkauft, sind nur noch 4/7 der im Einbringungszeitpunkt vorhandenen und bisher durch die Einbringung nicht aufgedeckten stillen Reserven steuerpflichtig.

281 In Höhe des rückwirkenden Einbringungsgewinns erhält die Kapitalgesellschaft, in die eingebracht wurde, einen steuerlichen **Step-up** der Buchwerte des eingebrachten Vermögens.[280] Außerdem erhöhen sich die Anschaffungskosten des Einbringenden für diese Anteile. Der Gewinn aus der Veräußerung der Anteile sinkt also entsprechend. Da letzerer günstiger besteuert wird, saldieren sich Steuerbelastung und -entlastung nur teilweise.

> **Praxistipp:**
>
> **Empfehlung:** Bei Veräußerungsabsicht die Unternehmensteile möglichst **umgehend** in eine Kapitalgesellschaft einbringen, damit eine zukünftige Wertsteigerung steuerbegünstigt in der Kapitalgesellschaft anfällt und für eine bereits bestehende Wertsteigerung der Abschmelzungszeitraum genutzt wird. Anfertigung einer detaillierten Dokumentation des Werts im Zeitpunkt der Einbringung ist erforderlich, um spätere Streitigkeiten mit der Betriebsprüfung zu vermeiden.

b) Kapitalgesellschaft als Veräußerer bei Share Deal

282 Bei einem Share Deal, bei dem eine Kapitalgesellschaft Veräußerer ist, liegt der steuerliche Schwerpunkt häufig nicht auf der unmittelbaren Besteuerung des Veräußerungsgewinnes, da diese typischerweise sehr gering ausfällt[281], sondern auf den sonstigen steuerlichen Folgen der Trennung der Gesellschaften. Zur Beendigung einer **Organschaft** zwischen Verkäufer und verkaufter Kapitalgesellschaft siehe Rn. 2122 ff.

aa) Körperschaftsteuer – Quasi steuerfreie Veräußerung, § 8b KStG

283 Eine Kapitalgesellschaft, die Anteile an einer anderen Kapitalgesellschaft veräußert, bleibt mit dem Gewinn hieraus zu 95 % **steuerfrei**, § 8b Abs. 2 und 3 KStG.[282] Der effektive Steuersatz auf einen Veräußerungsgewinn beträgt daher lediglich ca. 1,5 %, die sog. **„Wegelagerergebühr"**.[283]

284 Grundsätzlich gibt es keine Mindesthaltefrist oder Mindestbeteiligung. Die Steuerfreiheit gilt auch, soweit eine Kapitalgesellschaft Gesellschafterin einer anteilsveräußernden Personengesellschaft ist, § 8b Abs. 6 KStG.

---

280) Allerdings erst an dem Zeitpunkt der Anteilsveräußerung, nicht rückwirkend, § 23 Abs. 2 UmwStG.
281) § 8b KStG, siehe Rn. 283 ff.
282) Technisch korrekt: 5 % des an sich steuerfreien Veräußerungsgewinns gelten als nichtabzugsfähige Betriebsausgaben (§ 8b Abs. 3 KStG).
283) Die Ausnahme hiervon für Alt-Einbringungsgeborene oder -erworbene Anteile, § 8b Abs. 4 KStG a. F. hat sich Ende 2013 durch Zeitablauf erledigt.

Ein **Veräußerungsverlust** ist vollständig nicht abzugsfähig. Es ist nicht möglich, 5 % steuerlich geltend zu machen. 285

(1) Ausnahme: Frühere steuerwirksame Abschreibung/Abzüge

Soweit früher auf die Beteiligung steuerwirksame Teilwertabschreibungen vorgenommen wurden[284] oder stille Reserven nach § 6b EStG a. F. übertragen wurden, ist ein Veräußerungsgewinn voll steuerpflichtig. Die steuerwirksamen Abzüge werden „zurückgedreht". 286

(2) Ausnahmen – Holdinggesellschaften/Banken/Versicherungen

Bei **Holdinggesellschaften** und andere **Finanzunternehmen**, die eine Beteiligung mit dem Zweck des **kurzfristigen Eigenhandelserfolges** erworben haben, besteht volle Steuerpflicht (§ 8b Abs. 7 S. 2 KStG). Verluste sind dann abzugsfähig (siehe auch Rn. 560). 287

Es ist auf die Absicht des **kurzfristigen Eigenhandelserfolgs** im Zeitpunkt des Beteiligungserwerbs abzustellen.[285] Wichtiges schädliches Indiz hierfür ist der (zutreffende) Ausweis der veräußerten Beteiligung im Umlaufvermögen der Bilanz.[286] Umgekehrt ist die Erfassung im Anlagevermögen ein starkes Indiz gegen die Absicht des kurzfristigen Weiterhandelns.[287] Eine spätere Änderung der Absicht, die sich bspw. in einer Umgliederung in das Aktivvermögen äußert, hat keine Auswirkung, die Beteiligung bleibt im Bereich der vollen Steuerpflicht.[288] In der Praxis nimmt man üblicherweise diese kurzfristige Veräußerungsabsicht nicht an, wenn eine Beteiligung **länger als zwölf Monate** gehalten wird (Indizwirkung einer retrospektiven Betrachtung).[289] 288

Diese Ausnahmeregelung zu Lasten von Holdinggesellschaften und anderen Finanzunternehmen ist nicht anzuwenden auf die Veräußerung von Anteilen einer Gesellschaft, die vom Veräußerer **gegründet** wurde.[290] Offen ist, ob dies auch für Anteile gilt, die im Rahmen einer Kapitalerhöhung übernommen wurden. 289

---

284) Nur soweit nicht bereits eine steuerwirksame Wertaufholung erfolgt ist.
285) BFH, v. 14.1.2009 – I R 36/08, BFH BStBl II 2009, 671.
286) BFH, v. 12.10.2011 – I R 4/11, BFH/NV 2012, 453; dieses Indiz ist nicht zwingend, siehe z. B. FG Münster v. 31.8.2015 – 9 K 27/12, EFG 2016, 59 rkr.
287) BFH, v. 26.10.2011 – I R 17/11, BFH/NV 2012, 613; ähnlich FG München v. 23.3.2015 – 7 K 386/13, BeckRS 2015, 100091; bestätigt durch BFH, v. 11.1.2016 – I B 41/15, BFH/NV 2016, 926.
288) BFH, v. 12.10.2011 – I R 4/11, BFH/NV 2012, 453.
289) BFH, v. 12.10.2011 – I R 4/11, BFH/NV 2012, 453, dort abgelehnt für Wertpapierbereich wegen der dort kaum vorhersehbaren Umsatzentwicklung.
290) BFH, v. 3.5.2006 – I R 100/05, BStBl II 2007, 60; BFH, v. 15.6.2016 – I R 64/14, DStR 2016, 2335.

290 Weitere Ausnahmen von der allgemeinen Steuerfreiheit gelten für Banken, Finanzinstitute und -dienstleistungsunternehmen sowie Lebens- und Krankenversicherungen (§ 8b Abs. 7 und 8 KStG).

291 **Beachte:** Durch eine Gesetzesänderung[291] soll diese Ausnahme für Finanzunternehmen auf den **Bankensektor** beschränkt werden. Die „normale" Holding wäre dann nicht mehr betroffen, sie könnte ihre Beteiligungen unabhängig von der Haltedauer weitestgehend steuerfrei weiterveräußern. Ob diese Regelung (ab 2017?) kommt, bleibt abzuwarten.

(3) Steuerpflicht für Streubesitzbeteiligungen?

292 Seit Dividenden aus Streubesitz (Beteiligung unter 10 %) auch bei Kapitalgesellschaften wieder körperschaftsteuerpflichtig sind (§ 8b Abs. 4 n. F. KStG), wird diskutiert, ob auch Veräußerungsgewinne aus Streubesitz steuerpflichtig werden sollten. Vermutlich hängt dies vom Ausgang der nächsten Bundestagswahl ab.

293 Gelegentlich wird im politischen Raum auch diskutiert, die Steuerfreiheit von Veräußerungsgewinnen vollständig abzuschaffen.

(4) Vorsorge: Aufwertung von steuerpflichtigen Beteiligungen

294 Vor Steuerverschärfungen sind Vorsorgemaßnahmen geboten.

295 Vor einem Wegfall (oder einer Einschränkung) der Steuerfreiheit von Veräußerungsgewinnen zwischen Kapitalgesellschaften werden Kapitalgesellschaften ihre Beteiligungen intern im Konzern „umhängen" und dadurch aufwerten. Die vorbeugenden Gestaltungen sind im Einzelnen strittig; sie sind jedoch grundsätzlich zumindest bei Vorliegen eines wirtschaftlichen Grundes steuerlich anzuerkennen.

bb) Gewerbesteuer

296 Alle Gewinne einer Kapitalgesellschaft sind grundsätzlich gewerbesteuerpflichtig, auch bei vollständiger Betriebsveräußerung und Betriebsaufgabe.[292]

297 Veräußerungsgewinne von Kapitalgesellschaftsanteilen durch Kapitalgesellschaften sind jedoch (ohne Mindestbeteiligungsquote) grundsätzlich zu 95 % steuerfrei (§ 8b KStG), siehe oben Rn. 283 ff. Dies gilt auch für die Gewerbesteuer, mit den dort dargestellten Ausnahmen. Veräußerungsverluste aus Beteiligungen sind vollständig gewerbesteuerneutral.

---

291) Entwurf des Gesetzes zur Umsetzung von Änderungen der EU-Amtshilferichtlinie und von weiteren Maßnahmen gegen Gewinnverkürzungen und Gewinnverlagerungen, „BEPS-I-Gesetz", siehe hierzu *Benz/Böhmer*, DB 2016, 1531.

292) BFH, v. 5.9.2001 – I R 27/01, BStBl II 2002, 155, st. Rsp.

Dividendenbezüge sind hingegen erst ab einer Mindestbeteiligungsquote von 15 % zum 1.1. des entsprechenden Jahres (bis auf 5 %) gewerbesteuerfrei, sonst voll steuerpflichtig (§ 9 Abs. 2a i. V. m. § 8 Nr. 5 GewStG), gewerbesteuerliches Schachtelprivileg. 298

cc) Rückwirkung auf frühere Einbringung eines Teilbetriebes

Die Veräußerung einer Beteiligung an einer Kapitalgesellschaft kann innerhalb von 7 Jahren (Sperrfrist) zurückwirken auf eine frühere Einbringung eines Teilbetriebes (oder Betriebes oder Mitunternehmeranteils)[293] in diese Gesellschaft, § 22 Abs. 1 UmwStG (siehe hierzu ausführlich Rn. 276 ff.). Gleiches gilt bei einem Share Deal durch eine Kapitalgesellschaft. 299

c) Personengesellschaft als Veräußerer bei Share Deal

Wenn eine gewerbliche Personengesellschaft als Veräußerer bei einem Share Deal auftritt, wird der Gewinn den Gesellschaftern als gewerblicher Gewinn zugerechnet. Er unterliegt bei natürlichen Personen[294] zu 60 % der Einkommensteuer (Teileinkünfteverfahren, § 3 Nr. 40 EStG), bei Kapitalgesellschaften nur zu 5 % (§ 8b Abs. 6 KStG). 300

Es kommt jeweils auf die Personengesellschaft selbst an, nicht auf deren Gesellschafter (obwohl diese von der Begünstigung profitieren), ob diese Begünstigungen ausgeschlossen sind (Finanzunternehmen etc., siehe Rn. 287 ff.). 301

Ein Veräußerungsgewinn kann nach § 6b Abs. 10 S. 1 EStG übertragen werden (siehe Rn. 246), der Höchstbetrag von 500.000 € gilt für jeden Mitunternehmer gesondert. Der Gewinn kann entweder auf eine neuangeschaffte Beteiligung, bewegliches Anlagevermögen oder Gebäude der Personengesellschaft selbst oder aber (anteilig) der einzelnen Mitunternehmer[295] übertragen werden. 302

Gewerbesteuer fällt auf Ebene der Personengesellschaft an, die Befreiung durch das Teileinkünfteverfahren (40 %) oder durch § 8b KStG (95 %) sind in Abhängigkeit vom Gesellschafterkreis, ggf. auch anteilig nebeneinander, anwendbar. Gleiches gilt für einen Veräußerungsverlust. Die Gewerbesteuer ist bei ihren Gesellschaftern, die natürliche Personen sind, nach § 35 EStG teilweise anrechenbar. 303

---

293) Oder eines Formwechsels einer Personengesellschaft in diese Kapitalgesellschaft nach § 25 UmwStG.
294) Auch bei natürlichen Personen als Gesellschafter findet unabhängig von der durchgerechneten Beteiligungshöhe die Abgeltungsteuer keine Anwendung, da die Anteile in einem Betriebsvermögen (der Personengesellschaft) liegen (siehe Rn. 254).
295) Schmidt/*Loschelder*, EStG, § 6b Rn. 45.

d) Erwerber

aa) Keine Buchwertaufstockung/Step-up (ohne Realisierung stiller Reserven)

304 Der Erwerber einer Kapitalgesellschaft hat ein Interesse, seine Anschaffungskosten steuermindernd geltend zu machen.

(1) Laufende Abschreibung

305 Der Erwerber eines Unternehmens möchte natürlich, dass sich der von ihm gezahlte Kaufpreis steuermindernd in **laufenden Abschreibungen** auswirkt. Während dies bei einem Asset Deal problemlos der Fall ist (siehe Rn. 206 ff., ist dies beim Erwerb einer Kapitalgesellschaft **nicht möglich**. Der Erwerber kauft nur eine Beteiligung an einer Kapitalgesellschaft, die er, von Verlustfällen abgesehen (hierzu Rn. 557 ff.), nicht abschreiben kann. Und die Gesellschaft selbst ermittelt ihren Gewinn weiterhin unter Fortführung ihrer alten Buchwerte. Ob und wie viel der Erwerber für ihre Anteile bezahlt hat, ist für sie irrelevant.

306 **Achtung:** Im handelsrechtlichen Konzernabschluss des Erwerbers kann es zu einer Neubewertung der Wirtschaftsgüter der erworbenen Gesellschaft kommen (u. U. zum Ansatz eines Geschäftswertes) und damit zu höheren Abschreibungen. Der handelsrechtliche Konzernabschluss ist jedoch steuerlich nicht relevant.[296] Das gilt selbst dann, wenn nach Erwerb eine steuerliche Organschaft gegründet wird (siehe Rn. 480 ff.). Auch dann wird das steuerliche Ergebnis der Gesellschaft zuerst isoliert bei ihr auf Basis ihrer Einzelbilanz ermittelt.

307 Die früher (legal) praktizierten Modelle, den Kaufpreis einer Beteiligung steuerneutral in steuerliches Abschreibungspotential zu wandeln **(Step-up)**, beispielsweise durch Formwechsel[297] oder Verschmelzung, funktionieren nicht mehr. Obwohl die gesamte einschlägige Beraterschaft hieran arbeitet, haben sich bislang sämtliche in der Fachliteratur diskutierten Modelle nicht als praxistauglich erwiesen.

308 Eine Aufstockung der Buchwerte ist nur noch möglich, wenn die so aufgedeckten stillen Reserven zugleich auch versteuert werden. Es ist jedoch in der Regel sinnlos, zunächst stille Reserven zu versteuern, und dadurch in Folgejahren steuermindernde Abschreibungen zu generieren. Etwas anderes kann gelten, wenn der an sich steuerpflichtige Aufstockungsgewinn durch Verlustvorträge oder sonstige günstige Effekte nicht oder nicht vollständig be-

---

296) Ausnahme: Zinsschranke, siehe Rn. 526 ff.
297) § 4 Abs. 6 UmwStG a. F., siehe hierzu auch BFH, v. 24.6.2014 – VIII R 35/10, BFH/NV 2014, 1660; BFH, v. 22.10.2015 – IV R 37/13, BFH/NV 2016, 667; BFH v. 5.11.2015 – III R 13/13, BStBl II 2016, 468; *Levedag*, GmbHR 2016, 261.

steuert wird, die Abschreibungen sich jedoch stärker auswirken. Das ist jedoch in der Regel unabhängig von der konkreten Erwerbssituation.

(2) Verlustgeschäft/Fehlkauf

Zu den steuerlichen Folgen, wenn sich der Erwerb einer Beteiligung als Verlustgeschäft erweist, insbesondere zu den Möglichkeiten einer Teilwertabschreibung, siehe Rn. 558 ff. 309

bb) Verrechnung von Finanzierungskosten/Ergebnissaldierung

Zur Verrechnung von Finanzierungskosten des Erwerbs mit dem Ergebnis der erworbenen Gesellschaft und zur steuerlichen Integration der Gesellschaft in das Unternehmen des Erwerbers siehe Rn. 476 ff. 310

cc) Berateraufwand/Due Diligence-Kosten

Im Zusammenhang mit dem Erwerb fallen u. a. Beraterkosten an (Due Diligence (siehe ausführlich Rn. 685 ff.), Vertragsverhandlung etc.). Diese sind zumindest für einen gewerblichen Erwerber **laufender Aufwand**, soweit sie nicht **Anschaffungsnebenkosten**[298] der erworbenen Beteiligung werden. Letzteres ist der Fall für Kosten, die anfallen, nachdem die **grundsätzliche Erwerbsentscheidung** gefallen ist.[299] Wann die Entscheidung jeweils fällt, ist Frage des konkreten **Einzelfalles** und sollte sorgfältig dokumentiert werden (einschließlich der ebenfalls erwogenen Alternativentscheidungen). Falsch sind alle Pauschalaussagen, denn es ist eine Frage des konkreten Einzelfalles, wie der Entscheidungsprozess abgelaufen ist. 311

Nach FG Köln[300] ist bereits bei Due Diligence und Letter of Intent regelmäßig davon auszugehen, dass eine grundsätzliche Erwerbsentscheidung gefallen ist. Es sei lebensfremd, anzunehmen, dass ein Zielunternehmen einem Interessenten derartig weitgehenden Zugriff auf die Unternehmensinterna eröffnet, ohne dass die Geheimhaltung und ein gemeinsames Ziel (z. B. Kauf, Verschmelzung etc.) vereinbart sei. Die Frage wurde zuletzt vom BFH[301] ausdrücklich offengelassen. Die pauschalen Aussagen des FG Köln stimmen 312

---

298) Zum Begriff Anschaffungsnebenkosten in diesem Kontext siehe ausführlich *Kahle/Hiller*, DB 2014, 500.
299) BFH, v. 27.3.2007 – VIII R 62/05, BStBl II 2010, 159; BFH, v. 28.10.2009 – VIII R 22/07, BStBl II 2010, 469. Die regelmäßigen Diskussionen in Betriebsprüfungen zeigen, dass das Kriterium zur Abgrenzung untauglich ist. Derzeit ist jedoch in der Praxis damit zu arbeiten. Instruktiv für die gelegentlich zu extensive Sichtweise der Finanzverwaltung *Hruschka*, StBg 2012, 1.
300) v. 6.10.2010 – 13 K 4188/07, EFG 2011, 264; kritisch hierzu z. B. *Kahle/Hiller*, DB 2014, 500; i. E. dem FG zustimmend *Hruschka*, Stbg 2012, 1.
301) BFH, v. 9.1.2013 – I R 72/11, BStBl II 2013, 343; anders noch die Vorinstanz FG Baden-Württemberg v. 24.1.2011 – 10 K 5175/09, BeckRS 2012, 95075, das nach einer Würdigung des Einzelfalles (!) im Ergebnis dem FG Köln folgte.

mit der Praxis des Unternehmenskaufes nicht überein. Regelmäßig kann beobachtet werden, dass eine grundsätzliche Erwerbsentscheidung erst getroffen wird, wenn die Due Diligence-Reports vorliegen. Nicht selten wird nach deren Vorlage die Transaktion beendet, nicht weil „Bomben" aufgetaucht wären, sondern weil die auf Fakten gestützte Abwägung im Entscheidungsprozess zu einem negativen Ergebnis geführt hat.

313 Die Kosten eines **gescheiterten** Erwerbs sind bei einem gewerblichen Beinaheerwerber abzugsfähig.[302] Dem steht auch das Abzugsverbot des § 8b KStG nicht entgegen.[303] Bei einem gescheiterten Erwerb im Privatvermögen sollen die Kosten, soweit sie bei erfolgreichen Erwerb Anschaffungsnebenkosten geworden wären, nicht abzugsfähig sein,[304] nicht überzeugend.

e) **Mitveräußerung thesaurierter Gewinne/„Leichtermachen"** der Gesellschaft

314 Veräußert der Gesellschafter einer Kapitalgesellschaft **den Gewinnanspruch** zusammen mit den Gesellschaftsrechten, so wird der Vorgang grundsätzlich einheitlich als Veräußerung der Beteiligung behandelt (unselbständiger preisbildender Bestandteil der Beteiligung).[305] Der Kaufpreisanteil für den Gewinnanspruch wäre hingegen selbständig steuerpflichtig, wenn der Gewinnanspruch gerade ohne die Gesellschaftsrechte veräußert, bei der Veräußerung der Gesellschaftsrechte zurückbehalten und später realisiert oder **gesondert vorweg** verkauft würde (§ 20 Abs. 2 S. 1 Nr. 2 lit. a EStG).

315 Gleichfalls als laufendes Einkommen steuerpflichtig könnte der Gewinnanspruch dann noch sein, wenn er bereits als **Dividende** im Sinne der Einkünfte aus Kapitalvermögen (§ 20 EStG) steuerlich anzusetzen wäre, so bei einem Anspruch auf eine Gewinnausschüttung nach Feststellung des Jahresabschlusses und Gewinnverwendungsbeschluss.

316 Der **Erwerber** kann also grundsätzlich den mit den Anteilen erworbenen Gewinnanspruch **nicht** steuerfrei realisieren, indem er den Gewinnanspruch **gesondert aktiviert** und damit bei Realisierung gegen einen entsprechenden Anteil aus dem von ihm gezahlten Kaufpreis verrechnet, sofern bei Erwerb noch kein Gewinnverwendungsbeschluss gegeben war. Auch eine **Ausschüttungsbedingte Teilwertabschreibung** dürfte in der Regel schon mangels nachhaltiger Wertminderung nicht möglich sein. Im Übrigen wäre sie nur in Betriebsvermögen, das (mittelbar) von natürlichen Personen gehalten wird, zu 60 % steuerwirksam; bei Körperschaften steht ihr § 8b KStG entgegen und im Privatvermögen gibt es keine Teilwertabschreibungen.

---

302) BFH, v. 9.1.2013 – I R 72/11, BStBl II 2013, 343.
303) BFH, v. 9.1.2013 – I R 72/11, BStBl II 2013, 343.
304) FG Hamburg, v. 23.4.2014 – 6 K 248/13, EFG 2014, 1782.
305) BFH, v. 8.2.2011 – IX R 15/10, BStBl II 2011, 684.

Daraus kann sich eine faktische **Doppelbesteuerung** ergeben: Veräußerungs- 317
gewinn beim Verkäufer, Dividendenbesteuerung beim Erwerber. Ärgerlich
insbesondere, wenn der Erwerber einen Teil des Kaufpreises aus Ausschüttungen finanzieren will oder muss.[306] Bei einer Körperschaft als Erwerber
wäre die Dividende zwar fast steuerfrei (§ 8b KStG), aber nicht, wenn die
Beteiligung unter 10 % liegt (§ 8b Abs. 4 KStG) oder gewerbesteuerlich unter 15 % oder im Jahr der Anschaffung erfolgt (§ 9 Nr. 2a GewStG).

> **Praxistipp:**
>
> Soweit möglich (Mitgesellschafter, Liquidität) kann dieser für den Erwerber
> nachteilige Effekt bereits durch den Verkäufer reduziert werden, indem die
> Gesellschaft noch **vor Übertragung** leichter gemacht wird, indem bereits thesaurierte Gewinne **ausgeschüttet** und ggf. eine Vorabausschüttung auf den
> laufenden Gewinn vorgenommen werden. Für einen privaten Veräußerer kann
> die Dividende durch die Abgeltungsteuer (26,4 %) sogar etwas **günstiger besteuert** werden als der Veräußerungsgewinn im Teileinkünfteverfahren (28,5 %).

Wenn der Veräußerer diese Ausschüttung ganz oder teilweise fremdfinan- 318
ziert, kann er damit für den Erwerber wirtschaftlich die Zuordnung des Finanzierungsaufwandes zu der richtigen Stelle, nämlich den Erträgen des operativen Unternehmens erreichen. Das mag für den Erwerber besonders interessant sein, wenn er aus welchen Gründen auch immer gehindert ist, die
sonst üblichen nachgeschalteten Schritte (siehe hierzu Rn. 479 ff.) vorzunehmen, sei es aus regulatorischen Gründen oder weil der das Unternehmen
nicht vollständig erwirbt.

4. Verkauf von Personengesellschaftsanteilen

a) Anteile an Personengesellschaften/Transparenz der Personengesellschaft

Die Veräußerung von Anteilen an einer Personengesellschaft ist zivilrecht- 319
lich ein Verkauf von **Gesellschaftsanteilen**. Steuerlich wird die Veräußerung
in einigen Aspekten ebenso behandelt (so z. B. verkehrsteuerlich).

Weitgehend wird die Veräußerung von Personengesellschaftsanteilen steuer- 320
lich jedoch behandelt, als ob anteilig die **Wirtschaftsgüter** der Personengesellschaft veräußert würden (**Transparenz**).

b) Veräußerungsgewinn

aa) Gewinnermittlung

Der Veräußerer ermittelt seinen Gewinn, indem er den **Verkaufspreis** für 321
seinen Anteil seinem **Kapitalkonto**, und damit seinem Anteil an den Buchwerten des Gesellschaftsvermögens, gegenüberstellt. Soweit für die Veräuße-

---

306) Das gilt vor allem, wenn die Kaufpreisfinanzierung kurz nach Erwerb durch Ausschüttungen heruntergefahren werden soll.

rung einzelner zum Vermögen der Personengesellschaft gehörender Wirtschaftsgüter steuerliche **Sonderregeln** gelten (z. B. für Kapitalgesellschaftsbeteiligungen), ist bereits aus Sicht des Veräußerers der Kaufpreis auf die einzelnen mittelbar veräußerten Wirtschaftsgüter aufzuteilen. Für den Erwerber ist diese Übung zwingend.

bb) Negatives Kapitalkonto

322 Hat der Veräußerer ein **negatives steuerliches Kapitalkonto**, so ist der steuerliche Veräußerungsgewinn die Differenz zwischen dem Kaufpreis und dem negativen Kapitalkonto. Bei einem Kapitalkonto von –80 und einem Kaufpreis von 50 beträgt der Gewinn also 130. In einem solchen Fall kann ein etwaiger, bisher nicht genutzter Verlustvortrag nach § 15a EStG ohne Beschränkung durch die Mindestbesteuerung genutzt werden.[307]

cc) Abgrenzung Veräußerungsgewinn/laufender Gewinn bis zur Veräußerung

323 Die Veräußerung wird steuerlich mit Übergang des **wirtschaftlichen Eigentums** am Anteil wirksam. Eine steuerliche Rückbeziehung ist grundsätzlich nicht möglich. Als Ausnahme wird üblicherweise eine Rückbeziehung um bis zu 3 Monate zur technischen Vereinfachung akzeptiert.[308]

324 Erfolgt die Übertragung nicht zum Ende eines Wirtschaftsjahres der Personengesellschaft, so ist dem Verkäufer noch sein Anteil am **laufenden Gewinn/Verlust** bis zur Übertragung zuzurechnen, für dessen Besteuerung die allgemeinen Regeln gelten. Aus dem Kapitalkonto des Verkäufers einschließlich dieses laufenden Ergebnisses errechnet sich dann der Veräußerungsgewinn. Bei feststehendem Kaufpreis sind also der laufende Gewinn und der (u. U. begünstigte) Veräußerungsgewinn kommunizierende Röhren; je größer der erste desto kleiner der zweite und umgekehrt. Der laufende Gewinn bis zur Übertragung ist durch eine **Zwischenbilanz** oder aber durch **Schätzung** zu ermitteln.[309]

c) Natürliche Person als Veräußerer

aa) Einkommensteuer

325 Für den Veräußerer gilt grundsätzlich sein „normaler" Steuersatz, d. h. bei natürlichen Personen der normale **Einkommensteuersatz** plus Solidaritätszuschlag plus ggf. Kirchensteuer.

---

307) Blümich/*Heuermann*, EStG, § 15a Rn. 73 (November 2014).
308) Schmidt/*Wacker*, EStG, § 16 Rn. 443.
309) Schmidt/*Wacker*, EStG, § 16 Rn. 463.

(1) Kapitalgesellschaftsbeteiligungen

Hält die Personengesellschaft ihrerseits eine Kapitalgesellschaftsbeteiligung, so unterliegt der anteilig hierauf entfallende Gewinn nur dem **Teileinkünfteverfahren**, § 3 Nr. 40 EStG (siehe Rn. 240). Er ist zu 60 % steuerpflichtig. Insbesondere in diesen Fällen ist auch aus Sicht des Verkäufers die steuerliche Aufteilung des Kaufpreises von Bedeutung. 326

(2) Veräußerung des gesamten Anteils, §§ 16, 34 EStG

Veräußert der Verkäufer seine **gesamte Beteiligung** an der Personengesellschaft, so werden, wie bei der Veräußerung eines (Teil-)Betriebes (siehe Rn. 147 ff.), verschiedene Begünstigungen gewährt. Dies setzt jeweils voraus, dass der **gesamte Mitunternehmeranteil** veräußert wird. Wird **wesentliches Sonderbetriebsvermögen** zurückbehalten, können die Vergünstigungen aber dennoch gewährt werden, wenn das Sonderbetriebsvermögen anschließend dem steuerlichen Privatvermögen zuzurechnen ist. Dann handelt es sich insgesamt nicht um die Veräußerung, sondern um die **Aufgabe** eines Mitunternehmeranteils (§ 16 Abs. 3 S. 1 EStG), steuerlich wird dies jedoch gleich behandelt. 327

Die Veräußerung eines **Teils** eines Mitunternehmeranteils ist nicht nach §§ 16, 34 EStG begünstigt (selbst wenn das Sonderbetriebsvermögen anteilig mitübertragen würde). 328

Ist der Veräußerer über **55 Jahre** alt oder dauernd berufsunfähig, so kann er einmal im Leben vom sog. „**halben durchschnittlichen**" Steuersatz profitieren, § 34 Abs. 3 EStG. Konkret wird auf den Veräußerungsgewinn 56 % (also etwas mehr als die Hälfte) des durchschnittlichen Steuersatzes angewandt, soweit der Veräußerungsgewinn **5 Mio. €** nicht übersteigt. Darüber hinaus wird ein **Freibetrag** von 45.000 € gewährt, der allerdings ab einem Gewinn von 136.000 € abschmilzt, § 16 Abs. 4 EStG. 329

Unabhängig vom Alter des Veräußerers und auch mehrmals im Leben kann die sog. **Fünftel-Regelung** in Anspruch genommen werden, § 34 Abs. 1 EStG. Für die Berechnung des Steuersatzes wird fiktiv so getan, als ob der Veräußerungsgewinn auf 5 Jahre verteilt bezogen würde. Hierdurch reduziert sich die Progression. Allerdings läuft diese Regelung leer, wenn der Veräußerer unabhängig vom Veräußerungsgewinn bereits den Spitzensteuersatz erreicht. 330

(3) Gewerbesteueranrechnung, § 35 EStG

Die auf dem Veräußerungsgewinn u. U. entfallende **Gewerbesteuer** (siehe auch Rn. 332 ff.) kann teilweise auf die Einkommensteuer **angerechnet** werden (siehe hierzu Rn. 343 ff.). 331

bb) Gewerbesteuer und -anrechnung

332 Die gewerbesteuerliche Behandlung der Veräußerung von Anteilen an einer gewerblichen Personengesellschaft ist ein Gebiet, das rational einzuordnen nicht möglich ist. Teilweise fällt Gewerbesteuer an, teilweise nicht. Fällt sie an, ist sie von der **veräußerten Personengesellschaft zu tragen**, nicht von dem Veräußerer, obwohl dieser den Kaufpreis erhält. Dann wird die Gewerbesteuer bei den Gesellschaftern, soweit sie natürliche Personen sind, pauschal auf die Einkommensteuer **angerechnet**, aber nicht nur beim Veräußerer (obwohl nur dieser die Einkommensteuer aus der Veräußerung zu tragen hat), u. U. sogar beim Erwerber.

(1) Anfall von Gewerbesteuer

(a) Gewerbliche Personengesellschaft

333 Die Veräußerung eines Anteils an einer gewerblichen Personengesellschaft löst grundsätzlich **Gewerbesteuer** aus.

334 Wird eine Beteiligung an einer Personengesellschaft veräußert, die freiberufliche oder vermögensverwaltende Einkünfte erzielt, unterliegt die Veräußerung nicht der Gewerbesteuer, es sei denn, die Beteiligung an einer vermögensverwaltenden Personengesellschaft[310] wird ihrerseits in einem gewerblichen Vermögen gehalten, sog. **Zebra-Gesellschaft**.

(b) Gewerbesteuerfreiheit

335 Es unterliegt nicht der Gewerbesteuer, wenn eine **unmittelbar beteiligte natürliche Person** ihren gesamten[311] Mitunternehmeranteil an einer gewerblichen Personengesellschaft veräußert, § 7 S. 2 GewStG.

336 Dabei ist das gesamte **wesentliche Sonderbetriebsvermögen** mitzuveräußern oder in Privatvermögen zu überführen (siehe Rn. 327), andernfalls greift die Gewerbesteuerbefreiung nicht.

337 Wird nur ein **Teil der Beteiligung** veräußert, unterliegt die Veräußerung der Gewerbesteuer.

(c) Doppel- und mehrstöckige Personengesellschaften

338 Bei doppel- und mehrstöckigen Personengesellschaften ist es für die Befreiung erforderlich, dass die natürliche Person selber ihre Beteiligung veräußert. Wird durch eine **untere Personengesellschaft** veräußert, ist die Befreiung

---

310) Wenn an einer Personengesellschaft, die an sich freiberufliche Einkünfte erzielt, ein Gesellschafter beteiligt ist, der die Beteiligung in einem gewerblichen Betriebsvermögen hält, wird auch die Personengesellschaft zum Gewerbebetrieb (Schmidt/*Wacker*, EStG § 18 Rn. 43).
311) BFH, v. 14.12.2006 – IV R 3/05, BStBl II 2007, 777.

nicht gegeben, da keine „unmittelbare" Beteiligung einer natürlichen Person vorliegt.

Wenn die Obergesellschaft durch eine natürliche Person veräußert wird, kommt 339 es bei doppel- oder mehrstöckigen Personengesellschaften für die Gewerbesteuerfreiheit nicht darauf an, ob die im Zuge der Veräußerung aufgedeckten stillen Reserven in eigenem Vermögen der Obergesellschaft liegen oder im Vermögen einer Untergesellschaft.

(2) Tragung der Gewerbesteuer

Eine durch Veräußerung einer Personengesellschaftsbeteiligung ausgelöste Ge- 340 werbesteuer wird durch die **veräußerte Personengesellschaft** selbst geschuldet!

> Praxistipp:
>
> Insbesondere dieser Punkt bedarf sowohl für den Erwerber als auch für etwaige Mitgesellschafter besonderer **vertraglicher Regelungen**,[312] da letztere mittelbar mit einer Gewinnsteuer belastet werden, während der entsprechende Erlös ausschließlich dem Veräußerer zufließt, siehe auch Rn. 348.

Wird eine Beteiligung an einer **doppel- oder mehrstöckigen Personengesell-** 341 **schaft** veräußert, fällt (wenn überhaupt) die Gewerbesteuer bei derjenigen Personengesellschaft an, deren Anteile veräußert werden[313], auch wenn die (bezahlten) stillen Reserven im Vermögen einer Personengesellschaft eine oder mehrere Stufen darunter liegen.

(3) Kapitalgesellschaftsbeteiligung

Hält die veräußerte Personengesellschaft auch Kapitalgesellschaftsbeteiligungen, 342 so schlägt das **Teileinkünfteverfahren** auf die Gewerbesteuer durch; ein entsprechender Veräußerungsgewinn oder -verlust ist nur zu 60 % steuerpflichtig.

(4) Gewerbesteueranrechnung, § 35 EStG

Die Anrechnung der durch den Verkauf einer Beteiligung ausgelösten Ge- 343 werbesteuer bei den Gesellschaftern ist eine weitere, in der Ausgestaltung kaum nachvollziehbare Spezialität des deutschen Steuerrechts. Die Gewerbesteuer auf einen Veräußerungsgewinn entsteht (wenn überhaupt) bei der Personengesellschaft selbst, deren Anteile übertragen werden (siehe Rn. 340). Die Anrechnung auf die Einkommensteuer muss jedoch bei den **Gesellschaftern** erfolgen, da nur diese Einkommensteuer zu bezahlen haben.

---

312) Formulierungsbeispiele bei *Scheifele*, DStR 2006, 253.
313) Glanegger/Güroff/*Selder*, GewStG, § 7 Rn. 126.

344 Nach der Praxis der Finanzverwaltung ist auch die anteilige Gewerbesteuer,[314] die durch die Anteilsveräußerung verursacht wird, **allen Gesellschaftern** der Personengesellschaft im Verhältnis ihrer Beteiligung am normalen Gewinn (allgemeiner Gewinnverteilungsschlüssel) zuzurechnen.[315]

345 Bei **unterjähriger** Anteilsübertragung haben nach Auffassung des **BFH**[316] nur der **Erwerber** und die **verbleibenden Gesellschafter** eine Anrechnungsmöglichkeit.

346 Dem **Veräußerer** hingegen soll **keine** Gewerbesteuer angerechnet werden, obwohl er die ESt auf den Veräußerungsgewinn trägt. Die Verwaltung hat sich dieser Sichtweise angeschlossen.[317]

347 Die anteilige Zurechnung erfolgt auch auf Mitgesellschafter, die ihrerseits **Kapitalgesellschaften**[318] (und nicht natürliche Personen) sind, bei denen also die Anrechnung vollständig entfällt.[319]

348 Aufgrund dieser Vorgehensweise entstehen in der Praxis erhebliche **Anrechnungsüberhänge** bei Veräußerung von gewerblichen Personengesellschaftsanteilen.

> Praxistipp:
>
> Sofern eine **vertragliche Abrede** unter den Gesellschaftern (und/oder mit dem Erwerber) über die Tragung der Gewebesteuerlast aus der Anteilsveräußerung getroffen wird, ist diese Minderung der ESt bei den übrigen Gesellschaftern und beim Erwerber durch die Anrechnungsmöglichkeit **kompensatorisch** mit **einzubeziehen**.[320] Da die tatsächliche Steuerminderung durch Anrechnung auch von persönlichen Umständen abhängt und deshalb erst zu einem späteren Zeitpunkt feststeht, sollte mit **pauschalen** Annahmen gearbeitet werden, es sei denn, es ist eine entsprechende Anpassung der Ausgleichszahlung Jahre später (ggf. unter Vorlage der persönlichen Einkommensteuerbescheide) gewollt.

---

314) Technisch korrekt: der anteilige Gewerbesteuermessbetrag.
315) BMF v. 3.11.2016, DStR 2016, 2653; diese pauschale Zuordnung sei verfassungsmäßig, BFH, v. 30.5.2012 – IV B 114/11, BFH/NV 2012, 1440 m. w. N.
316) BFH, v. 14.1.2016 – IV R 5/14, BFH/NV 2016, 1104 und BFH, v. 14.1.2016 – IV R 48/12, BFH/NV 2016, 1024, hierzu auch *Förster*, DB 2016, 1398.
317) BMF v. 3.11.2016, DStR 2016, 2653, Tz. 28.
318) Oder andere Körperschaftsteuersubjekte.
319) Für Kapitalgesellschaften und andere Körperschaftsteuersubjekte gibt es keine den § 35 EStG entsprechende Anrechnung der Gewerbesteuer, dafür ist der Körperschaftsteuersatz entsprechend geringer.
320) Formulierungsbeispiele bei *Scheifele*, DStR 2006, 253.

d) Kapitalgesellschaft als Veräußerer

Veräußert eine Kapitalgesellschaft eine Beteiligung an einer Personengesellschaft, ist die Situation (etwas) einfacher: 349

aa) Körperschaftsteuer

Ein Veräußerungsgewinn unterliegt bei der Veräußerer-Kapitalgesellschaft der normalen **Körperschaftsteuer** von 15,8 % (incl. Soli). Vergünstigungen bei Veräußerung des gesamten Anteils (ähnlich §§ 16, 34 EStG) werden nicht gewährt. 350

Lediglich soweit zum Vermögen der Personengesellschaft wiederum **Kapitalgesellschaftsbeteiligungen** gehören, wird der anteilige Veräußerungsgewinn beim Verkäufer bis auf 5 % steuerfrei gestellt, § 8b Abs. 6 KStG, ein anteiliger Veräußerungsverlust bleibt steuerneutral. In diesen Fällen ist auch aus Sicht des Veräußerers die steuerliche Aufteilung des Kaufpreises, der an sich einheitlich für die Personengesellschaftsbeteiligung bezahlt wird, notwendig. 351

bb) Gewerbesteuer

Der Veräußerungsgewinn unterliegt bei einer gewerblichen Personengesellschaft der Gewerbesteuer, die bei der **veräußerten** Personengesellschaft **selbst** anfällt, siehe Rn. 340. Anders als beim Verkauf durch eine natürlich Person ist eine Befreiung nicht gegeben, § 7 S. 2 GewStG. 352

Soweit die veräußerte Personengesellschaft auch **Beteiligungen** an **Kapitalgesellschaften** hält, wirkt sich § 8b KStG auch auf die Gewerbesteuer aus: Ein anteiliger Veräußerungsgewinn ist nur zu 5 % steuerpflichtig, ein anteiliger Veräußerungsverlust bleibt steuerlich unwirksam. 353

Die durch den Verkauf der Personengesellschaftsbeteiligung ausgelöste Gewerbesteuer kann bei Mitgesellschaftern, die natürliche Personen sind, auf die Einkommensteuer **angerechnet** werden, § 35 EStG. Eine Anrechnung bei der veräußernden Kapitalgesellschaft ist hingegen nicht möglich. Zu Einzelheiten der Anrechnung und zur Berücksichtigung durch vertragliche Abreden siehe Rn. 343 ff. 354

e) Erwerber

Auch für den Erwerber wird der Kauf von Anteilen an einer Personengesellschaft steuerlich dem **Erwerb von Wirtschaftsgütern** nahezu gleichgestellt (Transparenzprinzip): Der Erwerber hat neue Anschaffungskosten auf „seinen" Anteil der von der Personengesellschaft gehaltenen Wirtschaftsgüter. Die Aufteilung des Kaufpreises für den Gesellschaftsanteil auf die anteiligen Wirtschaftsgüter erfolgt **entsprechend** der Aufteilung eines Gesamtkaufpreises bei einem „echten" **Asset Deal**, siehe Rn. 207. 355

356 Da die Bilanz der Personengesellschaft (Gesamthandsbilanz) dies nicht berücksichtigen kann (Bilanzkontinuität), führt der Erwerber die Aufstockung (oder ggf. die Abstockung) der Buchwerte in einer rein steuerlichen **Ergänzungsbilanz** durch. Diese wird Teil der steuerlichen Gewinnermittlung. **Zusätzliche Abschreibung** reduziert den steuerlichen Gewinnanteil dieses Gesellschafters und mindert für die Personengesellschaft die **Gewerbesteuer**. Die Gewinnminderung tritt selbst dann ein, wenn der Verkauf der Beteiligung steuerfrei (siehe Rn. 335 ff.) erfolgte.

> **Praxistipp:**
>
> Als positiver Nebeneffekt schlägt sich die erhöhte Abschreibung nicht in einer handelsrechtlichen Gewinnminderung nieder; die Auswirkung beschränkt sich allein auf die Steuern.

f) Nicht (eingeschränkt) bilanzierte Verbindlichkeiten der Personengesellschaft

357 Häufig verfügt die Personengesellschaft, deren Beteiligung veräußert wird, über **Belastungen**, welche in der **Steuerbilanz** nicht oder nicht in ausreichender Höhe erfasst sind. Typische Fälle hierfür sind **Drohverlustrückstellungen**, die in der Steuerbilanz nicht gebildet werden dürfen, § 5 Abs. 4a EStG, oder Rückstellungen für **Pensionsverbindlichkeiten**, die in der Steuerbilanz deutlich unter ihrem wirtschaftlichen Wert anzusetzen sind, § 6a EStG. In diesen Fällen ist wie bei einem Asset Deal beim Veräußerer der Aufwand aus der Realisierung dieser stillen Last nicht sofort vollständig abzugsfähig, sondern auf 15 Jahre zu verteilen, § 4f EStG.[321] Der Erwerber hat in seiner Ergänzungsbilanz im ersten Schritt die Differenz zum Verkehrswert der Verbindlichkeiten zu passivieren. Zum ersten Bilanzstichtag sind sie wieder auf ihren steuerlichen Wert herabzusetzen, bei einem Aktivierungsverbot sind sie vollständig auszubuchen, § 5 Abs. 7 EStG. Dieser Ertrag kann auf 15 Jahre verteilt werden.

358 Für den Veräußerer besteht eine **Ausnahme** bei Veräußerung des Gesamtmitunternehmeranteils, § 4f Abs. 1 Satz 3 EStG, dies gilt nicht für den Erwerber. Siehe ausführlich Rn. 177 ff.

g) Erwerb aller Anteile und Anwachsung

359 Erwirbt ein Erwerber sämtliche Anteile an einer Personengesellschaft, so kommt es bei ihm zur **Anwachsung**.[322] Das Vermögen der Personengesellschaft geht kraft Gesetzes auf ihn über, die Personengesellschaft erlischt liquidationslos. Diese Anwachsung gilt steuerlich als ein Nullum. Der übernehmende Gesellschafter übernimmt das Vermögen steuerlich so, wie es nach

---

321) Siehe ausführlich *Förster/Staaden*, BB 2016, 1323.
322) Zur Anwachsung als Gestaltungsmodell siehe ausführlich *Freiherr v. Proff*, DStR 2016, 2227 ff.

Anteilsübertragung eine logische Sekunde zuvor bei der Personengesellschaft bestand, also einschließlich seiner etwaigen Ergänzungsbilanz.

Klarstellung: Erwirbt der Käufer den einzigen Kommanditanteil, der zu 100 % am Kapital einer GmbH & Co. KG beteiligt ist, und zugleich alle Anteile an der Komplementär-GmbH, kommt es nicht zur Anwachsung, da die KG weiterhin zwei Gesellschafter hat. 360

5. Kombination Asset Deal/Share Deal

Share Deal und Asset Deal können kombiniert werden durch die vorherige **Ausgliederung** des Unternehmens (oder eines Unternehmensteiles) in eine eigene GmbH und den anschließenden Verkauf der Anteile dieser GmbH. Alternativ käme eine GmbH & Co. KG als Transportwerkzeug in Betracht. 361

In der Praxis kommt dies insbesondere bei einem Carve-out aus einem Konzern vor, Rn. 2099 ff. 362

Zu den Gründen und den zivilrechtlichen Aspekten siehe ausführlich Rn. 2157 ff.

a) Ausgliederung

aa) Technische Ausgliederung oder Einzelübertragung

Die Ausgliederung auf die Tochtergesellschaften kann durch eine technische Ausgliederung (**Gesamtrechtsnachfolge**, § 123 Abs. 3 UmwG) erfolgen. Sinnvoll insb. bei einer Vielzahl von zu übertragenden Verträgen etc. 363

Sie kann jedoch auch durch **Einzelübertragung** vorgenommen werden (Einlage).[323] 364

bb) Steuerneutrale Ausgliederung

Die Ausgliederung (oder Einbringung) eines Betriebes oder **eines Teilbetriebes** (siehe Rn. 150) kann im ersten Schritt ertragsteuerlich **neutral** bleiben, und zwar sowohl bei Ausgliederung in eine Kapitalgesellschaft (§ 20 UmwStG) als auch bei Ausgliederung in eine Personengesellschaft (§ 24 UmwStG). Bei Ausgliederung in eine Personengesellschaft kann sie auch ohne Teilbetrieb steuerneutral erfolgen (§ 6 Abs. 5 S. 3 ff. EStG), wenn nur Aktiva ausgegliedert werden, also die Verbindlichkeiten bei dem bisherigen Unternehmensinhaber verbleiben, und soweit an der Gesellschaft keine anderen Kapitalgesellschaften wirtschaftlich beteiligt sind.[324] 365

---

323) Beides wird hier als Ausgliederung bezeichnet.
324) Nach neuerer Rechtsprechung wäre auch die Mitausgliederung von Verbindlichkeiten bis zum Buchwert des Aktivvermögens unschädlich, Überblick bei Schmidt/*Kulosa*, EStG, § 6 Rn. 697 m. w. N. Die Finanzverwaltung folgt dieser Auffassung derzeit noch nicht, BMF v. 12.9.2013, BStBl II 2013, 1164. In der Praxis sollte daher i. d. R. nur Aktivvermögen ausgegliedert werden. Der dieser Rechtsprechung nicht folgende X. Senat des BFH hat den Großen Senat des BFH hierzu angerufen (BFH, v. 27.10.2015 – X R 28/12, DStR 2015, 2834; es bleibt abzuwarten, ob es diesem gelingt, die Frage abschließend zu klären.

366 Für die steuerliche Seite ist es dabei weitgehend unerheblich, ob die Ausgliederung/Einbringung durch Gesamtrechtsnachfolge oder Einzelübertragung vorgenommen wird (Ausnahme: Bei Sacheinlage in Personengesellschaft ist eine steuerliche Rückwirkung nur bei Gesamtrechtsnachfolge möglich, § 24 Abs. 4 UmwStG).

b) Verkauf der Gesellschaftsanteile

367 Der anschließende Verkauf der Gesellschaftsrechte führt im Ergebnis allerdings dazu, dass der Gesamtvorgang auf beiden Seiten (Verkäufer und Erwerber) weitgehend die **steuerlichen Folgen** eines **Asset Deals** hat:

aa) GmbH/AG

368 Wird in eine GmbH oder eine AG ausgegliedert, so wird der Gewinn, der bei einem Asset Deal anfallen würde, beim Verkauf der Gesellschaftsanteile innerhalb bestimmter Sperrfristen (ganz oder teilweise) als **rückwirkende Besteuerung eines Einbringungsgewinns** realisiert (§ 22 Abs. 1 UmwStG) siehe Rn. 276 ff., 299.

369 Bei Ausgliederung in eine GmbH/AG übernimmt der Erwerber zwar die Gesellschaft; da die Ausgliederung jedoch rückwirkend gewinnrealisierend erfolgte, verfügt die GmbH/AG über die **erhöhten Buchwerte** (§ 23 Abs. 2 UmwStG), und damit über höheres Abschreibungspotential. Die übrigen Integrationsthemen, die sich dem Erwerber bei Erwerb einer Kapitalgesellschaft stellen, bleiben jedoch (siehe Rn. 476 ff.).

370 Lediglich wenn zwischen Ausgliederung und Anteilsverkauf eine **längere Zeit** liegt, kommt es steuerlich zu einer „**gemischten**" Besteuerung: Die Einbringung wird rückwirkend nur abschmelzend besteuert, entsprechend erhält der Erwerber nur geringeres zusätzliches Abschreibungspotential. Der „frei gewordene" Gewinnanteil sowie Wertsteigerungen nach der Ausgliederung werden nach den Share-Deal-Spielregeln besteuert: Teileinkünfte bzw. Freistellung (§ 8b KStG, aber Finanzunternehmen beachten!) beim Verkäufer, insoweit keine zusätzliche Abschreibung beim Erwerber.

bb) GmbH & Co. KG

371 Bei Ausgliederung in und Verkauf einer Personengesellschaft (GmbH & Co. KG) werden Verkauf und Erwerb steuerlich fast so behandelt wie Verkauf und Erwerb der **Assets**, siehe Rn. 319 ff.

6. Veräußerung gegen (Rück-)Beteiligung am Erwerber

372 Nicht selten erhält der Verkäufer (neben oder anstelle) eines Cash-Kaufpreises eine **Beteiligung am Erwerber** („**Rückbeteiligung**"). Die wirtschaftlichen Gründe hierfür sind vielseitig. Die Transaktion kann sich als **Zusammenführung von Unternehmen** darstellen, bei der auch die Inhaber-/Gesell-

schafterkreise zusammengeführt werden. Der Verkaufsaspekt tritt dann in den Hintergrund. Oder der Verkäufer möchte noch an **Synergieeffekte** partizipieren und daher – eher im Sinne einer Kapitalanlage – am Erwerber beteiligt sein.

Häufig geht die Initiative auch vom Erwerber aus, der statt in bar lieber mit eigenen Anteilen "kauft" und dadurch indirekt seine Gesellschafter (Verwässerung) anstelle der Unternehmenskasse bezahlen lässt (**Share for Share Deal**). Besonders beliebt ist dies bei **börsennotierten** Unternehmen, bei denen der Verkäufer dann, ggf. nach einer bestimmten Mindesthaltefrist, die Anteile über die Börse veräußern kann (siehe Rn. 1865 ff.). 373

Wenn der Alteigentümer/-gesellschafter im **Management** des Unternehmens aktiv war und auch bleiben soll, wird vom Erwerber häufig gefordert, dass das künftige Commitment durch eine gewisse (Rest-) Beteiligung zum Ausdruck kommt. Um eine Gleichrichtung der Interessen zu erreichen, soll diese typischerweise an der Erwerbergesellschaft bestehen und nicht an der bisherigen Gesellschaft (siehe ausführlich zu Managementeigenkapitalbeteiligungen Rn. 1848). Regelmäßig ist dies bei Unternehmenskäufen von Private-Equity-Fonds der Fall, da diese nicht über ausreichendes eigenes Managementpotential verfügen (zu Besonderheiten beim Unternehmenskauf durch Private-Equity-Fonds siehe ausführlich Rn. 1746 ff.). Aber auch strategische Investoren legen gelegentlich Wert darauf, dass der „alte Chef" zumindest noch den Übergang mit begleitet. 374

Technisch können diese Rückbeteiligungsvorgänge abgebildet werden durch: 375

- Die Einlage eines Kaufpreisteiles
- eine Einbringung oder
- eine Verschmelzung (seltener).

Steuerlich können bei einer solchen Rückbeteiligung am Erwerber unter Umständen stille Reserven ganz oder teilweise **steuerneutral** übertragen werden („**Roll-Over**"). 376

a) Einlage eines Kaufpreisteils

Der bisherige Unternehmensinhaber kann sich an der Erwerbergesellschaft beteiligen, in dem er einen Teil des **Kaufpreises einlegt**. Technisch kann dies als Zahlung oder als Abtretung der anteiligen Kaufpreisforderung erfolgen (die dann insoweit durch Konfusion erlischt). 377

Der Verkäufer muss in dieser Variante jedoch auch den Teil des Kaufpreises, den er nicht in cash erhält, **sofort versteuern** (siehe Rn. 441). Er erzielt insoweit sog. „**dry income**". 378

A. Der Unternehmenskauf

> **Praxistipp:**
> Eine sofortige Versteuerung anstelle einer der nachfolgend dargestellten zumindest vorläufig steuerneutralen Rückbeteiligung kann im Einzelfall vorzugswürdig sein. Sie ist technisch einfacher umzusetzen. Wird eine grundsätzlich steigende Steuerbelastung erwartet, kann die sofortige Realisierung im Ergebnis günstiger sein. Hält der bisherige Unternehmer seine Beteiligung über eine persönliche Zwischenholding (siehe Rn. 261) ist der Verkauf u. U. fast steuerfrei (siehe Rn. 283), so dass auch die Versteuerung der Rückbeteiligung schon aus Vereinfachungsgründen akzeptabel sein mag. Im Übrigen kann die nahezu steuerfreie Hebung der stillen Reserven als Vorbeugung gegenüber etwaigen Steuerrechtsänderungen dienen (siehe hierzu Rn. 294).

b) **Einbringung**

379 Die in der Praxis typische Rückbeteiligung erfolgt über eine **Einbringung**.

380 Durch Ausgabe **neuer Anteile**[325] im Rahmen einer Kapitalerhöhung kann u. U. teilweise (vorläufige) **Steuerfreiheit** auf dem Nicht-Cash-Teil erreicht werden.

aa) **Unternehmen/Unternehmensteil**

381 Bringt der Altunternehmer sein **Unternehmen** oder einen **Teilbetrieb** in die Erwerbergesellschaft gegen **Gewährung neuer Anteile** ein, müssen die stillen Reserven insoweit nicht versteuert werden, §§ 20, 24 UmwStG.[326]

(1) **Einbringung in Kapitalgesellschaft, § 20 UmwStG**

382 Der in der Praxis typische Fall ist die Rückbeteiligung an einer Erwerber-GmbH oder AG durch Einbringung im Rahmen einer Sachkapitalerhöhung.

(a) **Barkaufpreis und Einbringung**

383 Erhält der Veräußerer neben neuen Anteilen auch einen **Barkaufpreis** (Barkomponente, häufig der wertmäßig größere Teil), so muss der Einbringende die stillen Reseven anteilig versteuern (Neuregelung durch das JStG 2015). Eine vollständige Verrechnung des Barkaufpreises mit dem Buchwert ist möglich, soweit der Barkaufpreis 25 % des Buchwertes oder 500 T€, höchstens jedoch den Buchwert nicht übersteigt.[327]

---

325) Zur Ausgabe bereits bestehender eigener Anteile siehe Rn. 391.
326) Auch eine Barkapitalerhöhung in Verbindung mit Leistung des Betriebes/Teilbetriebes in die Kapitalrücklage wird akzeptiert, BMF v. 11.11.2011, BStBl I 2011, 1314, Tz. 01.44; BFH, v. 7.4.2010 – I R 55/09, BStBl II 2010, 1094.
327) Ausdührlich zu der bereits ab 2015 geltenden Neuregelung *Ortman-Babek/Gauß*, DB 2015, 2470; *Gläser/Zöller*, BB 2015, 1117.

(b) Betrieb/Teilbetrieb – wesentliche Betriebsgrundlage

Wenn der Einbringende jedoch keinen Betrieb oder Teilbetrieb einbringt, ist der Vorgang für ihn bei Einbringung in eine Kapitalgesellschaft vollständig steuerpflichtig.[328]   **384**

Wichtig ist also, dass keine **wesentlichen Betriebsgrundlagen** (z. B. Betriebsgrundstück) beim bisherigen Unternehmensinhaber verbleiben, denn dann läge steuerlich keine Betriebs- oder Teilbetriebseinbringung vor. Das kann insbesondere passieren, wenn Vermögenswerte bisher bilanziell noch gar nicht erfasst sind und deshalb auch bei der Übertragung übersehen werden, insbesondere selbst erstellte immaterielle Wirtschaftsgüter wie **Patente, Know-how** etc.   **385**

(c) Rückwirkende Einbringungsbesteuerung nach Einbringung in GmbH/AG

Wenn der Alteigentümer seine durch die Einbringung erworbenen GmbH-Anteile oder Aktien innerhalb einer Sperrfrist von 7 Jahren veräußert, führt dies zur rückwirkenden Steuerpflicht der Einbringung, wobei diese Steuerpflicht über die 7 Jahre abschmilzt. Ausführlich hierzu siehe Rn. 276 ff. und Rn. 299.   **386**

> **Praxistipp:**
> Sofern der Einbringende bezogen auf seine Anteile eine **Mitverkaufspflicht** („drag along") übernimmt, sollte er darauf achten, dass die daraus resultierenden steuerlichen Nachteile entsprechend berücksichtigt werden.

Hinweis: Es kann zum Problem werden, dass auch bei einem **Notverkauf** der Anteile für die frühere Einbringung der damalige Wert anzusetzen und zu versteuern ist siehe hierzu Rn. 394.

Wenn der Alteigentümer die Anteile „in guten Fällen" lange genug hält (länger als 7 Jahren, sonst anteiliger Effekt), kann er den dann später anfallenden Veräußerungsgewinn günstig nach dem Teileinkünfteverfahren bzw. nahezu steuerfrei gem. § 8b KStG vereinnahmen, statt der vollen Steuerpflicht zu unterliegen.   **387**

(2) Einbringung in Personengesellschaft

Erfolgte die Einbringung in eine Personengesellschaft teilweise steuerneutral, so ist erst die Veräußerung dieser Anteile ihrerseits (fast) wie ein Asset Deal zu besteuern.[329]   **388**

---

[328] In seltenen Fällen mag auch eine Einbringung in eine Erwerber**personen**gesellschaft nach § 6 Abs. 5 S. 3 ff. EStG ohne Teilbetrieb und ohne Übertragung von Verbindlichkeiten funktionieren, wenn kein anderer Gesellschafter der aufnehmenden Personengesellschaft eine Körperschaft ist.

[329] Sofern die Einbringung lediglich nach § 6 Abs. 5 S. 3 ff. EStG steuerfrei war, weil zumindest kein anderer Gesellschafter eine Körperschaft ist, kann der Verkauf innerhalb von 7 Jahren ebenfalls zur rückwirkenden Steuerpflicht der Einbringung führen, allerdings ohne Abschmelzung, § 6 Abs. 5 S. 3 EStG.

bb) Kapitalgesellschaftsbeteiligung

389 Wird ein **Share Deal** (Kapitalgesellschaft) mit einer **Einbringung** kombiniert, bildet eine Kapitalgesellschaftsbeteiligung den Einbringungsgegenstand.

(1) Einbringung in Kapitalgesellschaft

390 Die Einbringung der Kapitalgesellschaftsbeteiligung in eine andere GmbH/AG („Anteilstausch") kann steuerneutral vollzogen werden, wenn die aufnehmende Gesellschaft nach der Einbringung unmittelbar die Mehrheit der Stimmrechte an der eingebrachten Gesellschaft hält (**mehrheitsvermittelnde Anteile**), § 21 UmwStG. Sie muss diese nicht durch die Einbringung erlangen, es wäre z. B. ausreichend, wenn sie diese schon vorher hätte.

(a) Gewährung neuer Anteile/Kapitalerhöhung

391 Die Einbringung muss gegen **Gewährung neuer Anteile**, also im Rahmen einer Kapitalerhöhung erfolgen.[330] Steuerlich würde es also nicht ausreichen, wenn die aufnehmende Gesellschaft (insbesondere börsennotierte AG) bereits **eigene Anteile** hält, die sie ausgibt. Diese Einbringung wäre vollständig steuerpflichtig. (Wenn der bisherige Gesellschafter auch eine Kapitalgesellschaft ist, wäre ihm das jedoch wegen § 8b KStG in der Regel weitgehend egal.)

(b) Cash-Kaufpreis und Einbringung

392 Erhält der Einbringende neben den neuen Anteilen einen Barkaufpreis, gilt Rn. 383 entsprechend.

(c) Veräußerung „unten" und rückwirkende Einbringungsbesteuerung

393 Wenn der Einbringende selbst die Anteile veräußert, die er erhalten hat, führt dies nicht zu einer rückwirkenden Besteuerung der Einbringung. Wenn jedoch die **aufnehmende Gesellschaft** die eingebrachten Anteile innerhalb der Sperrfrist von 7 Jahren veräußert, führt dies bei Einbringung durch eine natürliche Person[331] zu einer rückwirkenden Einbringungsbesteuerung, § 22 Abs. 2 UmwStG. Das gilt auch für andere Tatbestände als die Veräußerung und auch für steuerneutrale Umwandlungen der eingebrachten Gesellschaft.[332] Der anzusetzende Einbringungsgewinn schmilzt über die 7 Jahre ab, siehe Rn. 276 ff. und 299.

---

[330] Auch eine Barkapitalerhöhung in Verbindung mit der Leistung der Anteile in die Kapitalrücklage wird akzeptiert, BMF v. 11.11.2011, BStBl I 2011, 1314, Tz. 01.46; BFH, v. 7.4.2010 – I R 55/09, BStBl II 2010, 1094.

[331] Und eventuell durch ein Finanzunternehmen und andere Kapitalgesellschaften, die nicht durch § 8b KStG begünstigt sind.

[332] BMF v. 11.11.2011, BStBl I 2011, 1314, Tz. 22.23; zur Aufwärtsverschmelzung aber FG Hamburg v. 21.5.2015 – 2 K 12/13, DStR 2015, 2377, Az. Rev: BFH I R 48/15.

> **Praxistipp:**
> Da der Einbringende auf das Verhalten der aufnehmenden Gesellschaft je nach seinen Beteiligungsverhältnissen nur eingeschränkten oder faktisch gar keinen Einfluss hat, ist es besonders wichtig, sich bei Einbringung gegen eine Weiterveräußerung und anderen Maßnahmen vertraglich abzusichern (**Vetorecht**) oder zumindest einen **Ausgleich etwaiger Mehrsteuern** vorzubehalten.

Vorsicht: Die rückwirkende Einbringungsbesteuerung greift auch dann, wenn der Verkauf als **Notverkauf** unter dem Verkehrswert bei Einbringung erfolgt. Die Steuerlast fällt dann beim Einbringenden an; der geringere Veräußerungserlös bei der aufnehmenden Gesellschaft kann typischerweise gerade in der Notsituation nicht an den Gesellschafter weitergeleitet werden (vorrangige Banken, Schuldentilgung etc.). Selbst eine vertragliche Freistellung bezüglich der Mehrsteuern gegen die aufnehmende Gesellschaft ist in diesen Fällen nur von sehr eingeschränktem Wert. Vertragliche Mithaft anderer Gesellschafter durchsetzbar? 394

(2) Einbringung in Personengesellschaft

Kapitalgesellschaftsanteile können steuerneutral nur in eine Personengesellschaft eingelegt werden, wenn es sich um eine 100 %-Beteiligung handelt (§ 24 UmwStG) oder wenn keine andere Körperschaft vermögensmäßig an der Personengesellschaft beteiligt ist (§ 6 Abs. 5 Sätze 3 ff. EStG). Rückbeteiligungen durch Einbringung in eine Personengesellschaft sind daher in der Praxis seltener. 395

Beachte: Sperrfristen, § 6 Abs. 5 Sätze 4 ff. EStG (3 Jahre nach Abgabe der Steuererklärung) und S. 6 (7 Jahre bei Beteiligung einer anderen Körperschaft). 396

cc) Personengesellschaftsbeteiligung

Wird ein Personengesellschaftsanteil im Rahmen der Rückbeteiligung eingebracht, entspricht dies weitgehend der Einbringung eines **Teilbetriebes** (siehe Rn. 381 ff.), § 20 Abs. 1 UmwStG. Wichtig ist, dass kein wesentliches Sonderbetriebsvermögen zurückbleibt.[333] 397

Dabei ist nicht nur dasjenige **Sonderbetriebsvermögen** relevant, das explizit in der bisherigen Buchhaltung als solches erfasst wurde, sondern auch Wirtschaftsgüter (insbesondere selbst erstellte immaterielle Wirtschaftsgüter, **Namensrechte, Patente**) die aufgrund geltenden Rechtes oder eines Versehens nicht in der bisherigen Sonderbilanz aufgeführt wurden. 398

---

333) Zur Komplementät-GmbH und deren Einordnung als wesentlichen Sonderbetriebsvermögen siehe OFD Frankfurt/M. v. 3.12.2015, DStR 2016, 676.

A. Der Unternehmenskauf

> **Praxistipp:**
>
> **Negatives** steuerliches **Eigenkapitalkonto** des Einbringenden in der Steuerbilanz der Personengesellschaft (einschließlich Ergänzungs- und Sonderbilanz) führt zur (teilweisen) Aufdeckung stiller Reserven (§ 20 Abs. 2 Nr. 2 UmwStG). Da Handels- und Steuerbilanz gerade bei Personengesellschaften stark voneinander abweichen können, ist stets die Steuerbilanz zu prüfen!

c) Verschmelzung

399 Wenn das Zielunternehmen als Gesellschaft übertragen werden soll (und nicht in Gestalt eines Asset Deals), bietet sich eine Verschmelzung anstelle der Einbringung an. In der Praxis ist sie wesentlich seltener, obwohl man sich dabei die Sperrfristen erspart.

400 Die Zielgesellschaft wird auf die Erwerbergesellschaft **verschmolzen**, die Altgesellschafter erhalten Gesellschaftsanteile an der Erwerbergesellschaft.

401 Sofern die Altgesellschafter neben der Beteiligung an der Erwerbergesellschaft auch einen **Barkaufpreis** erhalten sollen, wird dies abgebildet, indem sie im ersten Schritt einen Teil ihrer Anteile an die Erwerbergesellschaft **verkaufen** und von dieser den Barkaufpreis vereinnahmen. Im zweiten Schritt wird dann die Zielgesellschaft auf die Erwerbergesellschaft verschmolzen; bei einem vorhergehenden Anteilserwerb ein teilweiser Upstream-Merger.

402 Die Verschmelzung ist für die Altgesellschafter grundsätzlich steuerneutral möglich (§ 13 Abs. 2 UmwStG). Auch auf Ebene der Zielgesellschaft kann die Übertragung in der Regel steuerfrei erfolgen, (§ 11 Abs. 2 UmwStG).

403 Diese Struktur der Rückbeteiligung bietet sich an, wenn als **postakquisitorische** Struktur sowieso eine **Verschmelzung** angedacht ist (siehe Rn. 488 ff.). Sofern die Unternehmen jedoch **getrennt** bleiben sollten, beispielsweise wegen des Bilanzbildes der Zielgesellschaft, scheidet diese Vorgehensweise aus.

404 Ein **Vorteil** der Verschmelzungslösung liegt darin, dass es **keine** anschließenden **Sperrfristen** gibt. Das Risiko einer rückwirkenden Einbringungsbesteuerung im Falle eines **Notverkaufes** stellt sich hier nicht.

7. Unternehmenserwerb durch Beteiligung an Barkapitalerhöhung

405 Eine besondere Form des Unternehmenserwerbs ist die Beteiligung an einer **Barkapitalerhöhung**. Der Erwerber (typischerweise ein **Investor**) nimmt an einer Kapitalerhöhung teil, bei der die Altgesellschafter nicht (oder nur zu einem geringeren Teil) mitmachen. Hierdurch erwirbt der Investor eine Beteiligung am Unternehmen, die die Mehrheit, aber auch eine Minderheit sein kann. Besonders häufig ist diese Form der Beteiligung an einem Unternehmen im **Venture-Capital-Bereich** anzutreffen, siehe ausführlich Rn. 1802 ff., aber auch bei **Unternehmenssanierungen**.

Ökonomisches Ziel ist dabei, dem Unternehmen neue Finanzmittel zuzuführen, mit denen es weiter arbeiten kann. Nicht beabsichtigt ist, dass die bisherigen Gesellschafter Kasse machen. 406

Eine solche Strukturierung ist möglich bei Unternehmen, die als Kapitalgesellschaft (GmbH/AG) oder als Personengesellschaft (KG, OHG) betrieben werden. In der Praxis seltener, aber denkbar wäre die Beteiligung eines Investors an einem Einzelunternehmen durch Begründung einer stillen Gesellschaft, marktgängiger dürfte dann jedoch die vorherige Einbringung des Einzelunternehmens in eine Personengesellschaft mit anschließender Beteiligung des Investors sein. 407

Die **Altgesellschafter** haben in dieser Struktur typischerweise keinen Veräußerungsgewinn, da sie keine (dinglichen) Anteile abgeben. Alleine die quotenmäßige **Verwässerung** (umgangssprachlich häufig auch als Abgabe von Anteilen bezeichnet), führt steuerlich nicht zu einem Veräußerungsvorgang. 408

Ein steuerpflichtiger Veräußerungsgewinn kann sich allerdings ergeben, wenn ein Altgesellschafter **direkt** eine **Vergütung** dafür erhält, dass sich der Investor beteiligen kann. Damit wird steuerlich dem Altgesellschafter sein Bezugsrecht abgekauft.[334] Gleiches kann unter Missbrauchsaspekten gelten, wenn der Investor zwar ausschließlich in die Gesellschaft einbezahlt, aber die Altgesellschafter in engen zeitlichen Zusammenhang hieraus eine **Dividende/ Entnahme** finanzieren.[335] 409

Der **Investor** hat durch seine Einlage **Anschaffungskosten** auf die erworbene Beteiligung (Kapitalgesellschaft) oder auf die von der Personengesellschaft anteilig gehaltenen Wirtschaftsgüter (Transparenzprinzip der Personengesellschaft), siehe Rn. 355 ff., die entsprechend anteilig in der Ergänzungsbilanz des Investors ausgewiesen werden. Bei Beteiligung an einer Kapitalgesellschaft sind – wie beim normalen Share Deal – die Investitionen regelmäßig nicht oder erst bei einer Veräußerung des Investments steuerwirksam (siehe Rn. 304 ff.). Bei Beteiligung an einer Personengesellschaft wandelt sich die Einlage je nach Zusammensetzung des Vermögens der Personengesellschaft in **Abschreibungspotential**, das für Einkommensteuer/Körperschaftsteuer unmittelbar dem Investor, für Gewerbesteuer jedoch der Personengesellschaft zugutekommt (siehe Rn. 356). 410

8. Zeitpunkt der Besteuerung/Rückwirkende Kaufpreisänderung/ Wiederkehrende Bezüge/Sach-Gegenleistung

a) Zeitpunkt der Besteuerung

Grundsätzlich ist bei einem Unternehmensverkauf der Gewinn in dem Zeitpunkt zu versteuern, in dem das **wirtschaftliche Eigentum am Unternehmen** 411

---

334) BFH, v. 24.6.2009 – VIII R 13/07, BStBl II 2009, 993; BFH, v. 19.4.2005 – VIII R 68/04, BStBl II 2005, 1838; BMF v. 11.11.2011, BStBl I 2011, 1314 Tz. 24.11.
335) BFH, v. 19.4.2005 – VIII R 68/04, BStBl II 2005, 1838.

auf den Erwerber übergeht.[336] Das gilt bei einem Asset Deal,[337] bei einem Share Deal aus einem Betriebsvermögen[338] sowie bei dem Verkauf von privat gehaltenen Anteilen > 1 %[339] oder für Anteile, für die § 17 EStG aus anderen Gründen gilt (siehe Rn. 304).[340] Auf den Zeitpunkt, in dem die **Gegenleistung** (in der Regel Kaufpreis) zufließt, **kommt es insoweit nicht an.**[341]

412 Bei einem „normalen" Unternehmenskauf fließt der größte Teil des Kaufpreises Zug um Zug gegen Übertragung des Unternehmens/der Anteile (**Closing**). In diesem Zeitpunkt entsteht typischerweise die Steuer.

aa) Übergang des wirtschaftlichen Eigentums

413 In Ausnahmefällen kann die Besteuerung auch früher entstehen, wenn das **wirtschaftliche Eigentum**[342] bereits vor Closing auf den Erwerber übergeht, z. B. Locked Box-Kaufpreis (siehe Rn. 800), starke Einwirkungsrechte des Erwerbers vor Closing und Abhängigkeit nur von einem Finanzierungsvorbehalt.

414 Das **wirtschaftliche Eigentum an Kapitalgesellschaftsanteilen** geht nach ständiger Rechtsprechung[343] bereits vor der zivilrechtlicher Übertragung der Inhaberschaft über, wenn

- der Erwerber eine auf dem Erwerb gerichtete, **rechtlich geschützte Position** hat, die ihm entgegen seinem Willen nicht mehr entzogen werden kann,

- ihm die wesentlichen Rechte, also insb. das **Gewinnbezugsrecht** und das **Stimmrecht** zustehen und

- er Chance und Risiko einer **Wertsteigerung bzw. Wertminderung** trägt.

---

336) Grundlegend die Entscheidung des Großen Senates des BFH, v. 19.7.1993 – GrS 2/92, BStBl II 1993, 897, seither st. Rsp.
337) Schmitt/*Wacker*, EStG, § 16 Rn. 265 ff., z. B. BFH, v. 17.7.2013 – X R 40/10, BStBl II 2013, 883.
338) BFH, v. 22.12.2010 – I R 58/10, BFH/NV 2011, 711 zu § 8b KStG.
339) Schmitt/*Weber-Grellet*, EStG, § 17 Rn. 131 m. w. N.; BFH, v. 18.11.2014 – IX R 30/13, BFH/NV 2015/489, st. Rsp.
340) Bei einer privat gehaltenen Beteiligung unter 1 % gilt (bei bestimmten Ausnahmen, siehe Rn. 252) die Abgeltungsteuer, § 20 Abs. 2 EStG. Der Veräußerungsgewinn ist im **Zeitpunkt des Zuflusses** zu erfassen, § 11 EStG, Herrmann/Heuer/Raupach/*Buge*, § 20 EStG Rn. 562 (Februar 2014) m. w. N.; a. A. Dötsch/Pung/Möhlenbrock/*Dötsch*/*Pung*, § 20 EStG Rn. 196 (April 2013), unklar BMF v. 22.12.2009, BStBl I 2010, 94, Tz. 85: Zeitpunkt des obligatorischen Geschäftes. Veräußerungskosten werden auf diesen Zeitpunkt bezogen, auch wenn sie in einem anderen VZ anfallen (teilw. Durchbrechung des Zu-/Abflussprinzips), § 20 Abs. 4 S. 1 EStG, Lademann/*Jachmann/Lindenberg*, § 20 EStG Rn. 765 m. w. N. (Juli 2012); Herrmann/Heuer/Raupach/*Buge*, § 20 EStG Rn. 568 (Februar 2014).
341) Für die Bewertung schon, siehe Rn. 429 und 442.
342) Siehe hierzu ausführlich *Kleinheisterkamp/Schell*, DStR 2010, 833; *Denbert/Lewe*, BB 2014, 1835.
343) Siehe vorhergehende Fußnote und Nachweise bei Schmidt/*Weber-Grellet*, EStG, § 17 Rn. 96 ff.

Dabei kommt es auf das **Gesamtbild** aller relevanten Umstände des Einzelfalles an; es müssen nicht alle von der Rechtsprechung aufgestellten Kriterien im vollen Umfang erfüllt sein. 415

Steht die Übertragung unter einer **aufschiebenden Bedingung**, ist vor allem entscheidend, ob deren Eintritt nur vom Käufer abhängt (Kaufpreiszahlung; u. U. Kartell) oder auch vom Verkäufer (z. B. Gremienzustimmung, Durchführung vorbereitender Maßnahmen, bei einem Carve-out) oder von Dritten (Bank, Kartellamt bei Ermessens- oder Beurteilungsspielräumen) abhängt. 416

Das **Gewinnbezugsrecht** kann bereits wirtschaftlich auf den Erwerber übergehen, wenn dem Verkäufer ab Signing eine Ausschüttungssperre auferlegt wird (z. B. Non-Leakage-Klausel, siehe Rn. 1188). 417

Dem Erwerber kann vor Anteilsübergang nicht das **Stimmrecht** übertragen werden (Abspaltungsverbot), aber er kann eine Stimmrechts**vollmacht** bekommen. Für den Übergang des wirtschaftlichen Eigentums (unter diesem Gesichtspunkt) kann es auch ausreichen, wenn der Verkäufer sich verpflichtet, sein Stimmrecht nur nach **Abstimmung** mit dem Erwerber auszuüben (siehe hierzu Rn. 1182 ff.). Vorsicht, evtl. Verstoß gegen kartellrechtliches Vollzugsverbot (!), siehe. Rn. 1409. 418

Das Risiko einer Wertsteigerung oder Wertminderung geht insbesondere bei einem **Festkaufpreis** oder einem **Locked-Box-Kaufpreis** (siehe Rn. 800 ff.) bereits ab Signing auf den Käufer über. Dem kann unter Umständen eine entsprechend weit gefasste MAC-Klausel (siehe Rn. 1201) entgegengehalten werden, mit der der Erwerber zumindest das Risiko der Wertminderung vermeidet oder reduziert. 419

Kaufoptionen (Call-Option) sind geeignet, wirtschaftliches Eigentum zu begründen, wenn nach dem typischen Geschehensablauf tatsächlich mit der Ausübung der Option gerechnet werden kann.[344] **Wechselseitige** Optionen bei gleichem Ausübungspreis können zum vorzeitigen Übergang des wirtschaftlichen Eigentums führen. Typischerweise ist das der Fall, wenn sich bei gleichem Ausübungspreis die Ausübungszeiträume überschneiden, denn eine Seite wird dann in der Regel ausüben, um einen Wertverlust zu vermeiden.[345] Allerdings kann auch bei wechselseitigen, aber zeitlich nicht gleichlaufenden Optionen das wirtschaftliche Eigentum bereits durch Optionseinräumung übergehen.[346] 420

Letztlich handelt es sich hier um einen „Graubereich", bei dem stets zu erwarten ist, dass jede Seite (Finanzamt/Steuerpflichtiger) die Angelegenheit im Rahmen des vertretbaren so qualifiziert, wie es für die eigene Position günstig ist. 421

---

344) BFH, v. 11.7.2006 – VIII R 32/04, BStBl II 2007, 296.
345) BFH, v. 11.7.2006 – VIII R 32/04, BStBl II 2007, 296.
346) BFH, v. 15.10.2013 – I B 159/12, BFH/MV 2014, 291.

> **Praxistipp:**
>
> Wenn also bei einer Transaktion ein bestimmter Zeitpunkt der steuerlichen **Wirksamkeit** besonders wichtig ist, sollte soweit als möglich „**eindeutig**" **strukturiert** werden, auch wenn dies bedeutet, an anderen Stellen nicht die geeignetste Vertragsregel einsetzen zu können.

bb) Verzögert ausbezahlte Kaufpreisteile/Vendor Loan

422 In die Berechnung des Gewinns sind auch Kaufpreisteile einzubeziehen, die erst **später** ausgezahlt werden[347] (z. B. gestundeter Kaufpreis (siehe Rn. 839), Gewährleistungseinbehalt, Escrow). Diese werden vom Veräußerer versteuert, **bevor** er sie erhalten hat. Gelangen sie jedoch endgültig nicht zur Auszahlung, kommt es zur rückwirkenden Änderung der Besteuerung, siehe Rn. 433. Das gilt auch, wenn sich ihr Wert ändert, siehe Rn. 441 ff. (Zum Wahlrecht auf nachgelagerte Besteuerung bei Vereinbarung einer Leibrente oder einer anderen wiederkehrenden Leistung siehe Rn. 436 ff.)

423 **Beachte:** Da Finanzämter bei Veräußerungen von GmbH-Anteilen durch einen inländischen Notar zeitnah vom Verkauf erfahren (§ 54 EStDV), wird gelegentlich – quasi als vorgezogener Steuerbescheid – bei Veräußerungen durch natürliche Personen die Vorauszahlung für das Jahr des Verkaufes um die zu erwartende Steuer auf den Veräußerungsgewinn erhöht. Der Verkäufer kann also nicht mehr sicher davon ausgehen, dass die Steuer erst ein bis zwei Jahre nach dem Verkauf und nach Abgabe seiner Steuererklärung zu bezahlen ist.

424 Die sofortige Besteuerung ist insbesondere bei der Vereinbarung eines **Vendor Loan** (oder **Vendor Note**) (siehe Rn. 840) zu berücksichtigen. Diese mag aus Sicht des Verkäufers eine attraktive Geldanlage sein, aber sie erfolgt (wie jede andere Anlage des Veräußerungserlöses) aus dem **Nettovermögen**. Der Verkäufer muss also genügend Barkaufpreis erzielen, um daraus auch die Steuer auf das Vendor Loan bezahlen zu können.

cc) Aufschiebend bedingter Kaufpreisteil

425 Etwas anderes gilt, wenn der künftige Kaufpreisteil noch von einem (wirklich!) **ungewissen Ereignis** abhängt, also **aufschiebend bedingt** ist, siehe Rn. 431.

> **Praxistipp:**
>
> Es kann also für den Verkäufer steuerlich besser sein, einen echten Earn-Out an Stelle eines gestundeten Kaufpreises zu vereinbaren, wenn er sich subjektiv hinreichend gewiss ist, dass die Bedingung eintritt.

---

[347] BFH, v. 19.7.1993 – GrS 2/92, BStBl II 1993, 897 und st. Rsp.

dd) Kaufpreisverzinsung

Beachte: Zinszahlungen auf eine **gestundete** Kaufpreisforderung gelten nicht als nachträglicher Kaufpreis, sondern als Zinseinnahme. Wird der Kaufpreis (ganz/teilweise) **unverzinslich** gestundet, so ist nur der mit 5,5 % abgezinste Barwert als Kaufpreis anzusetzen (§ 12 Abs. 3 BewG).[348] Die Aufzinsung bei Bezahlung gilt als Zinseinnahme des Verkäufers. 426

b) Rückwirkende Kaufpreisänderung

Ändert sich der Kaufpreis, wird dies steuerlich zurückbezogen auf den Zeitpunkt des Verkaufes, **rückwirkendes Ereignis**, § 175 Abs. 1 Nr. 2 AO.[349] Die für diesen Zeitpunkt anzusetzende Steuer ändert sich entsprechend, auch **bestandskräftige Bescheide** können geändert werden. Gleichermaßen ändern sich für den **Erwerber** rückwirkend seine Anschaffungskosten. Dies gilt auch im Rahmen des § 8b KStG, eine spätere Kaufpreiserhöhung fällt unter die Steuerfreistellung.[350] 427

Für etwaige Steuernachzahlungen wie für Steuererstattungen beginnt der **Zinslauf** erst 15 Monate nach dem Ablauf des Jahres des Ereignisses, § 233a Abs. 2a AO. 428

Beachte: Die Rechtsprechung zur Rückbeziehung einer Kaufpreisänderung bezieht sich regelmäßig auf die Veräußererseite. Für den **Erwerber** sollte jedoch gleiches gelten.[351] Abschließend gesichert ist das jedoch (noch) nicht.[352] 429

Beachte: Bei einer **Sach-Gegenleistung** ist der gemeine Wert der Gegenleistung im Zeitpunkt der Erfüllung der Gegenleistung maßgeblich. Ändert sich dieser Wert zwischen den Zeitpunkt, zu dem der Kaufvertrag steuerlich erfolgt, und der Erfüllung des Gegenleistungsanspruchs, so ist diese Wertänderung wie eine rückwirkende Kaufpreisänderung zu behandeln, siehe ausführlich Rn. 442. 430

aa) Kaufpreiserhöhung

Eine rückwirkende Kaufpreiserhöhung ergibt sich typischerweise daraus, dass ein Teil des Kaufpreises unter einer **aufschiebenden Bedingung** steht. Das kann ein (echter) **Earn-Out**[353] (Beteiligung des Verkäufers am Gewinn/ 431

---

348) Schmidt/*Weber-Grellet*, EStG, § 17 Rn. 136.
349) Schmidt/*Wacker*, EStG, § 16 Rn. 381 ff.; Schmidt/*Weber-Grellet*, EStG, § 17 Rn. 140 m. w. N.
350) BFH v. 12.3.2014 – I R 55/13, BStBl II 2015, 652.
351) So auch BFH, v. 6.3.2007 – IX R 51/04, BFH/NV 2007, 1456 bezogen auf Sonderabschreibungen eines Immobilienerwerbers; a. A. FG Düsseldorf, v. 17.4.2003 – 16 K 5643/02, EFG 2003, 1296 rkr. („keine korrespondierende Behandlung").
352) Siehe ausführlich *Hülsmann*, DStR 2015, 397 m. w. N.; gegen eine Rückwirkung auf Erwerberseite z. B. Schmidt/*Kulosa*, EStG, § 7 Rn. 87.
353) Siehe ausführlich *Braunschweig*, DB 2010, 713.

EBITDA/Umsatz o. Ä. eines Folgejahres) sein (siehe hierzu ausführlich Rn. 829 ff.), aber auch ein Zusatzkaufpreis bei Erreichen eines **Meilensteines** (z. B. behördliche Genehmigung, Zulassung eines Medikaments) oder die **Weitergabe** eines bestimmten Vorteils des verkauften Unternehmens (z. B. Steuererstattung) als **zusätzlicher Kaufpreis** an den Verkäufer aufgrund vertraglicher Abrede. Entscheidend ist, dass der Eintritt der Kaufpreiserhöhung von einem bei Vertragsschluss **ungewissen Ereignis** abhängt, dessen Eintritt nicht „so gut wie sicher" ist.[354]

432 Wenn der aufschiebend bedingte Kaufpreis zugleich **rentenähnlichen** Charakter hat, besteht u. U. ein Wahlrecht zur nachgelagerten Besteuerung (siehe Rn. 436). Ist er zugleich Gewinn/Umsatzabhängig, sollen nur nachträgliche Einkünfte nach § 24 Nr. 2 EStG möglich sein.[355]

bb) Kaufpreisminderung

433 **Gewährleistungsansprüche** oder **Freistellungsansprüche** (zu diesen Ansprüchen siehe ausführlich Rn. 873 ff. und 952 ff.) sind typische rückwirkende Kaufpreisminderungen. Aber auch der **Ausfall einer gestundeten Kaufpreisforderung** (ganz/teilweise) wirkt grundsätzlich als rückwirkendes Ereignis auf die Versteuerung des Verkaufes zurück.

434 Das soll nicht gelten, wenn der gestundete Kaufpreis aufgrund **Novation** in ein Darlehen als zugeflossen gilt; dann wirkt der Ausfall der Darlehensforderung nicht auf den Verkauf zurück, sondern bleibt in der Regel im Privatvermögen folgenlos.

435 Auch **nachträgliche Veräußerungskosten** sind auf den Zeitpunkt der Veräußerung zurück zu beziehen.[356]

c) Veräußerung gegen wiederkehrende Bezüge

436 Veräußert eine natürliche Person einen Betrieb, Teilbetrieb oder einen Mitunternehmeranteil und erhält sie als Gegenleistung **wiederkehrende Bezüge**, insbesondere eine Leibrente oder eine der Versorgung dienende Rente mit einer Laufzeit von mindestens zehn Jahren, so hat der Verkäufer das Wahlrecht, anstelle einer Sofortbesteuerung mit dem Barwert die **Besteuerung im Zuflusszeitpunkt** zu wählen.[357] Sobald die Summe der zugeflossenen Raten den Buchwert zzgl. Veräußerungskosten übersteigt, sind die Raten im Zuflusszeitpunkt als nachträgliche betriebliche Einkünfte zu versteuern (§ 24

---

354) BFH, v. 14.5.2002 – VIII R 8/01, BStBl II 2002, 532.
355) BFH, v. 14.5.2002 – VIII R 8/01, BStBl II 2002, 532.
356) BFH, v. 12.3.2014 – I R 55/13, BStBl II 2015, 658.
357) BFH st. Rsp., z. B. BFH, v. 17.7.2013 – X R 40/10, BStBl II 2013, 883; BFH, v. 11.11.2010 – IV R 17/08, BStBl II 2011, 480; R 16 Abs. 11 EStR 2012; siehe ausführlich Schmidt/*Wacker*, EStG, § 16 Rn. 221 ff.; R 16 Abs. 9 EStR 2012.

Nr. 2 EStG). Die Vergünstigungen nach §§ 16, 34 EStG werden in diesem Fall jedoch nicht gewährt.

Vorsicht: Das Steuerregime für den Verkäufer ist dann das Regime des Zuflusszeitpunktes.[358] Das kann günstig, aber auch ungünstig sein. Erwartet der Verkäufer einen sinkenden persönlichen Steuersatz, da er keine anderweitigen erheblichen Einkünfte erzielt, dürfte sich die Besteuerung im Zuflusszeitpunkt als positiv erweisen. 437

Wählt der Verkäufer hingegen die **Sofortbesteuerung**, ist der Barwert der wiederkehrenden Bezüge (§ 13 BewG) als Veräußerungserlös anzusetzen. Laufen die wiederkehrenden Bezüge kürzer oder länger, als bei der Bewertung angesetzt, handelt es sich nicht um ein rückwirkendes Ereignis. Eine Korrektur des Veräußerungsgewinnes erfolgt nicht,[359] denn dieses Risiko ist bei Berechnung des Barwertes bereits eingepreist. Die in den Ratenzahlungen enthaltenen Ertragsanteile führen bei Zahlung zu laufenden sonstigen Einkünften, § 22 Nr. 1 S. 3a EStG. 438

Lediglich wenn die wiederkehrenden Bezüge **gewinn- oder umsatzabhängig** ausgestaltet sind, bleibt es zwingend bei der Zuflussbesteuerung. Ein Wahlrecht zur Sofortbesteuerung besteht nicht; auch die Erfassung der einzelnen Raten als rückwirkendes Ereignis scheidet aus.[360] 439

Aus Sicht des **Erwerbers** ist unabhängig von der Ausübung des Wahlrechtes durch den Verkäufer der Kauf grundsätzlich bei Übergang des wirtschaftlichen Eigentums vollzogen, er hat seine Zahlungsverpflichtung mit ihrem Barwert als Anschaffungskosten anzusetzen. 440

d) Sach-Gegenleistung

Für den Verkäufer ergibt sich bei einer (illiquiden) **Sach-Gegenleistung** steuerlich ein ähnliches Problem wie bei der verzögerten Kaufpreiszahlung. Das ist typischerweise die „Bezahlung" mit **eigenen Anteilen des Erwerbers** (siehe Rn. 373 ff.), in Ausnahmefällen auch mit einer eine andere Leistung. 441

Die Sach-Gegenleistung ist grundsätzlich in die Berechnung des Veräußerungsgewinnes mit ihrem **gemeinen Wert** bei Erfüllung einzubeziehen.[361] Der Verkäufer muss dann die Steuer auf den gesamten Veräußerungsgewinn aus dem **Cash-Anteil** des Veräußerungserlöses oder aus **anderem** liquiden Vermögen leisten. 442

---

358) BFH, v. 18.11.2014 – IX R 4/14, BStBl II 2015, 526.
359) BFH, v. 17.7.2013 – X R 40/10, BStBl II 2013, 883.
360) BFH, v. 17.9.2014 – IV R 33/11, BStBl II 2015, 717; BFH, v. 17.7.2013 – X R 40/10, BStBl II 2013, 883; BFH, v. 14.5.2002 – VIII R 8/01, BStBl II 2002, 532.
361) BFH, v. 17.9.2014 – IV R 33/11, BStBl II 2015, 717; BFH v. 13.10.2015 – IX R 43/14, BStBl II 2016, 212.

443 Häufig ist es jedoch möglich, die Sachleistung (vorläufig) aus der Besteuerung herauszunehmen, z. B. durch eine insoweit **steuerneutrale Einbringung** gegen Gewährung neuer Anteile (siehe Rn. 379 ff.), oder durch Übertragung einer **§ 6b-EStG-Rücklage**. Irgendwann holt den Verkäufer diese Steuerstundung allerdings ein.

444 Maßgeblich ist der Wert im Zeitpunkt der Erfüllung der **Sach-Gegenleistung**.[362] Wertveränderungen zwischen der Begründung der Forderung auf die Sach-Gegenleistung und ihrer Erfüllung sind rückwirkend noch bei dem Veräußerungsgewinn oder –verlust zu berücksichtigen.

445 **Beachte:** Eine spätere **Wertänderung** der **Sach-Gegenleistung** nach ihrer Übertragung wirkt nicht zurück auf den Unternehmensverkauf.[363] Sie kann allerdings ihrerseits zu einem steuerpflichtigen Gewinn oder Verlust führen. Gleiches gilt für **Erträge** aus der **Gegenleistung**, z. B. Dividenden aus einer Rückbeteiligung.

9. Verluste, Verlustvorträge, Zins- und EBITDA-Vorträge, Negativer Kaufpreis

a) Verlustvorträge und Asset Deal/Mindestbesteuerung

446 Für den Verkäufer kann ein Asset Deal interessant sein, wenn die verkaufende Gesellschaft über **Verlustvorträge** verfügt, so dass für sie ein Gewinn aus der Veräußerung von Unternehmensteilen vorbehaltlich der Mindestbesteuerung (siehe Rn. 448) steuerfrei bliebe.

447 Gerade in solchen Verlustfällen wird aber oft kein oder kein hinreichender Veräußerungsgewinn aus dem Unternehmensverkauf anfallen, um den Verlustvortrag der Gesellschaft aufzubrauchen. Dann bleibt der nicht aufgebrauchte Verlustvortrag bei der veräußernden Gesellschaft zurück.

448 Selbst wenn ein Veräußerungsgewinn entsteht, kann er nur unter den Beschränkungen der **Mindestbesteuerung** mit Verlustvorträgen verrechnet werden. Unterstellt, es liegen Verlustvorträge in ausreichender Höhe vor, so kann ein Gewinn bis zu 1 Mio. € (bei Verheirateten 2 Mio. €) vollständig mit Verlustvorträgen verrechnet werden, ein darüberhinausgehender Teil des Gewinnes nur zu 60 % (§ 10d Abs. 2 EStG). Mit anderen Worten: Ein über **1 Mio. €** (Verh: 2 Mio. €) hinausgehender Gewinn ist trotz ausreichender Verlustvorträge zu **40 % steuerpflichtig**. (Das gilt für natürliche Personen wir für Körperschaften.) Verlustvorträge, die auf Grund der Mindestbesteuerung in einem Jahr nicht aufgebraucht werden, bleiben bestehen und können grundsätzlich zu einem späteren Zeitpunkt genutzt werden. Wenn der Ver-

---

362) BFH, v. 13.10.2015 – IX R 43/14, BStBl II 2016, 212.
363) Z. B. BFH v. 13.10.2015 – IX R 43/14, BStBl II 2016, 212.

käufer des Asset Deals danach jedoch kein Geschäft mehr hat, nutzt das nicht mehr viel.[364]

b) Verlustvorträge und Share Deal (§ 8c KStG)

Bei einem Share Deal ist es für den Verkäufer nur sehr eingeschränkt möglich, für Verlustvorträge der Zielgesellschaft einen zusätzlichen Kaufpreis durchzusetzen. Grund hierfür ist, dass **Verlustvorträge** bei Anteilsübertragungen häufig **verlorengehen** (§ 8c KStG). Entgegen einer in der Praxis verbreiteten Annahme ist das jedoch nicht ausnahmslos der Fall. Je nach Sachverhaltsgestaltung können Verlustvorträge durchaus **transportabel** sein. Da sie den künftigen (Netto-)Gewinn der Zielgesellschaft erhöhen, ist eine entsprechende Vergütung in solchen Fällen auch angemessen. Der Erwerber wird versuchen, sich in diesem Fall eine Garantie auf den Bestand von Verlustvorträgen unmittelbar nach Closing geben lassen. 449

aa) Grundregel

Die Zielrichtung des Gesetzes besteht an sich in der Verhinderung des Handels mit steuerlichen Verlustvorträgen (**Missbrauchsvorschrift**). Standardfall: Veräußerung eines „leeren" GmbH-Mantels, der über steuerliche Verlustvorträge verfügt. 450

Nach vielen gesetzgeberischen Versuchen, das Problem „in den Griff" zu bekommen, ist die jetzige Regelung (§ 8c KStG) bewusst weit gefasst: Werden von **einem Erwerber** mehr als **25 %** einer Kapitalgesellschaft erworben, gehen deren Verlustvorträge **anteilig** mit gleicher Quote unter; bei Erwerb von 30 % gehen also 30 % der Verlustvorträge unter. Werden **mehr als 50 %** von einem Erwerber erworben, gehen die Verlustvorträge **vollständig** verloren. Betroffen sind jeweils Verlustvorträge der Vorjahre, aber auch ein **laufender Verlust** des laufenden Wirtschaftsjahres bis zum Anteilserwerb. Die Regelung gilt auch für die **Gewerbesteuer** (§ 10a S. 10 GewStG). 451

Diese noch relativ einfache Grundregel wird vielfach erweitert. Schädlich ist nicht nur der Erwerb durch einen Erwerber, sondern auch durch einen **Erwerberkreis**.[365] Darunter werden nahestehende Personen und Personen mit gleichgerichteten Interessen verstanden. Da alle Gesellschafter einer Gesellschaft auch gemeinsame Interessen haben, lässt sich in der Praxis häufig 452

---

364) Die Mindestbesteuerung ist nach Ansicht des **BFH** nur **verfassungswidrig**, wenn sie endgültig zum Wegfall der Verlustnutzungsmöglichkeit bei Ursachenidentität zwischen Verlust und Gewinn führt, BFH, v. 26.2.2014 – I R 59/12, BStBl II 2014, 1016, Vorlagebeschluss, Az. BVerfG: 2 BvL 19/14.
Eine derzeit anhängige **Verfassungsbeschwerde** gegen ein früheres BFH-Urteil (BFH, v. 12.8.2012 – I R 9/11, BStBl II 2013, 512, Az BVerfG: 2 BvR 2998/12) stellt die Mindestbesteuerung insgesamt auf den Prüfstand.
Es bleibt abzuwarten, ob sich das BVerfG eine dieser Auffassungen anschließt.
365) BMF v. 4.7.2008, BStBl I 2008, 736 Tz. 3, 25 ff.

nicht voraussehen, wo die Grenze letztlich zu ziehen ist und ob ein bestimmter Erwerb schädlich ist.[366]

453 Weiterhin werden die Erwerbe **der letzten fünf Jahre** zusammengezählt.

454 Neben dem Verkauf kann auch eine Änderung der **Beteiligungsquoten** durch **Kapitalerhöhung** (Erwerberseite bei Erwerb und „Bezahlung" mit eigenen Anteilen, siehe Rn. 405, Beteiligung im Rahmen einer Finanzierungsrunde, siehe Rn. 1802 ff.) schädlich sein.

> **Praxistipp:**
> Aufstockung der Beteiligung nach Überschreiten der 25 %-Grenze und vor Überschreiten der 50 %-Grenze ist nicht schädlich.[367]

Beispiel:

Übertragung von 26 % der Anteile in 01 und 24 % in 02. Damit gehen lediglich 26 % der Verlustvorträge unter; bei Übertragung in einem Schritt wären 50 % der Verlustvorträge nicht mehr nutzbar. Achtung: Risiko Gesamtplanrechtsprechung[368] *oder Gestaltungsmissbrauch.*

455 Betroffen sind nicht nur etwaige Verlustvorträge der Gesellschaft, die verkauft wird, sondern auch deren **Tochtergesellschaften**. Denn die **mittelbare Anteilsübertragung** (aus Perspektive einer Tochtergesellschaft) wird wie eine unmittelbare Anteilsübertragung behandelt.

456 Der Untergang von Verlustvorträgen umfasst auch Verluste gem. §§ 2a, 10d, 15a und § 15 Abs. 4 EStG.[369]

bb) Ausnahmen

(1) Stiller-Reserven-Escape

457 Wichtigste **Ausnahmeregel** ist der sog. „Stille-Reserven-Escape", § 8c Abs. 1 S. 6 ff. KStG. Er ermöglicht in vielen Fällen die Veräußerung von Gesellschaften mit Verlustvorträgen. Soweit die Gesellschaft, deren Verlustvorträge betroffen sind, über **stille Reserven** verfügt, die in Deutschland **steuerpflichtig** sind, bleiben die Verlustvorträge erhalten. Denn in dieser Höhe übernimmt der Erwerber auch latente Steuerlasten, und damit im Saldo keinen wirtschaftlichen Steuervorteil.

---

366) Klärung bringt vielleicht das beim BFH anhängige Verfahren I R 30/15, Rev. zu FG Niedersachsen vom 26.2.2015 – 6 K 424/13, EFG 2015, 1297.
367) Zur umgekehrten Reihenfolge siehe *Suchanek/Rüsch*, FR 2016, 260.
368) Hier nicht einschlägig laut *Neumann*, GmbH-StB 2007, 249, da die Gestaltung bereits in der Gesetzesbegründung beschrieben wird.
369) BMF v. 4.7.2008, BStBl I 2008, 736 Tz. 2.

Die **Höhe** der stillen Reserven kann normalerweise aus einem Vergleich des (anteiligen) Kaufpreises für die Anteile und dem (anteiligen) steuerlichen Eigenkapital berechnet werden. Das Gesetz sieht diese Berechnung ausdrücklich vor. **458**

Bei einem negativen steuerlichen Eigenkapital sind die stillen Reserven im Betriebsvermögen zu ermitteln, § 8c Abs. 1 S. 8 KStG.[370] **459**

Allerdings sind stille Reserven auszuscheiden, die nicht im Inland steuerpflichtig sind. Das betrifft neben Auslandsvermögen vor allem **Beteiligungen an Tochterkapitalgesellschaften**. Wegen § 8b Abs. 2 KStG wäre die Veräußerung von solchen Beteiligungen, und damit die Realisierung dieser stillen Reserven, (fast) steuerfrei, siehe Rn. 283. Gerade bei Verkauf einer mehrstufigen Gruppe passiert es daher häufig, dass der Stille-Reserven-Escape praktisch versagt, obwohl im Vermögen der Gruppe hinreichend stille Reserven sind, die vom Erwerber auch bezahlt werden. Nach Verwaltungsauffassung[371] sind auf Ebene eines Organträgers auch die stillen Reserven im Vermögen einer Organgesellschaft nicht zu berücksichtigen, obwohl sie bei Realisierung unmittelbar bei dem Organträger versteuert werden. **460**

> **Praxistipp:**
> Durch **Verschmelzung** oder **Formwechsel** einer Tochterkapitalgesellschaft in eine Personengesellschaft können im Einzelfall die stillen Reserven mit den Verlustvorträgen noch vor Übertragung der Muttergesellschaft zusammengebracht werden.

(2) Weitere gesetzliche Ausnahmen

Das Gesetz enthält auch eine **Sanierungsklausel** (§ 8c Abs. 1a KStG), die derzeit allerdings nicht angewendet werden darf, da sie gegen EU-Recht verstoßen soll. Gegen einen entsprechenden **Beschluss** der EU-Kommission[372] hat die Bundesrepublik Deutschland verspätet Klage erhoben.[373] Möglicherweise ändert sich die Lage, wenn fristgerecht erhobene Klagen betroffener Unternehmen vom EuGH zu entscheiden sind.[374] Bis zu einer entsprechenden Entscheidung ist die Anwendung der Sanierungsklausel **suspendiert**, § 34 Abs. 6 KStG. **461**

---

370) S. *Klönne/Sauer/Schroer*, DB 2016, 1393.
371) BMF-Entwurf v. 15.4.2014, Rn. 61, **a. A.** z. B. *Eisgruber/Schaden*, Ubg 2010, 73 und die ganz h. L., siehe die nachweise bei Dötsch/Pung/Möhlenbrock/*Dötsch/Leibner*, § 8c Rn. 188 (April 2016) m. w. N.
372) v. 26.1.2011 – C 7/2010, DB 2011, 2069.
373) EuG, v. 18.12.2012 – T-205/11, DStR 2013, 132, Rechtsmittel erfolglos EuGH, v. 3.7.2014 – C-102/13 P, BeckRS 2014, 81187.
374) Siehe ausführlich hierzu und zum Thema insgesamt *de Weerth*, DStR 2014, 2485.

462 Die ebenfalls im Gesetz enthaltene **Konzernklausel** (§ 8c Abs. 1 S. 5 KStG) dürfte bei Unternehmenskäufen typischerweise keine Rolle spielen.[375]

(3) Geplante weitere Ausnahme: Gortgeführter Geschäftsbetrieb

463 Derzeit liegt der Entwurf für eine weitere gesetzliche Ausnahme vor (§ 8d KStG n. F.).[376] Ob er letztlich umgesetzt wird, bleibt abzuwarten. Begünstigt werden soll ein über den Gesellschafterwechsel hinweg **fortgeführter Geschäftsbetrieb**.

cc) Verkauf eines Organkreises

464 Ein besonderes Problem ergibt sich, wenn die (auch mittelbar) veräußerte Gesellschaft **Trägerin** eines **Organkreises** ist. Selbst wenn alle Gesellschaften des Organkreises einschließlich der veräußerten Muttergesellschaft keine Verlustvorträge haben, kann § 8c KStG verheerende Folgen zeitigen.

> **Praxistipp:**
>
> Dieses Problem tritt typischerweise beim Weiterverkauf einer **Erwerbergesellschaft** auf, wenn die Zielgesellschaft über eine ertragsteuerliche Organschaft mit der Erwerbergesellschaft verbunden worden ist. Die Erwerbergesellschaft trägt die Finanzierungszinsen, erwirtschaftet unterjährig (fast) keinen eigenen Ertrag, und zum Ende des Jahres wird ihr der Ertrag der Zielgesellschaft zugerechnet.

465 Kritisch ist es, wenn eine Gesellschaft des Organkreises **unterjährig Verluste** erwirtschaftet, die im Organkreis zum Jahresende saldiert werden[377]. Im Saldo kann der Organkreis dann trotzdem positiv sein. Da das Reizsignal „Verlustvorträge" fehlt, wird dieser Punkt häufig übersehen.

466 § 8c KStG erfasst nicht nur Verlustvorträge, sondern auch **laufende Verluste** bis zum Übertragungszeitpunkt. Die Finanzverwaltung ist der (unzutreffenden) Auffassung, bei unterjähriger Anteilsübertragung sei § 8c KStG auch auf den bis dahin laufenden Verlust der einzelnen Gesellschaften des Organkreises anzuwenden, **ohne** dass eine **Saldierung** mit anderen Organkreisgesellschaften zulässig sei.[378] Mit anderen Worten: Der bis zur Übertragung aufgelaufene Verlust einzelner Organkreisgesellschaften ist gem. § 8c KStG ganz/teilweise verloren. Die typische Erwerbergesellschaft ohne eigene operative Einkünfte verliert also ihren bis dahin aufgelaufenen Zinsaufwand.

467 Der **Stille-Reserven-Escape** hilft in diesen Fällen regelmäßig nicht, da die stillen Reserven gerade nicht im operativen Betrieb dieser Gesellschaft liegen,

---

375) Zur Konzernklausel in der verbesserten Fassung des StÄndG 2015, anzuwenden bereits ab 2010, siehe ausführlich *Suchanek/Hesse*, DStZ 2016, 27.
376) Siehe hierzu *Bergmann/Süß*, DStR 2016, 2185; *Heil*, Handelsblatt-Steuerblog v. 26.10.2016.
377) S. ausführlich *Brinkmann*, StBp 2014, 193.
378) BMF v. 4.7.2008, BStBl I 2008, 736 Tz. 33; a. z. B. Moritz, GmbHR 2016, 861.

sondern auf einer anderen Stufe des Organkreises. Das soll nach Verwaltungsauffassung nicht ausreichen[379] und stille Reserven in Beteiligungen (typischerweise bei der Erwerbergesellschaft) zählen nicht (siehe oben Rn. 460).

dd) AdV und Verfassungswidrigkeit

Ob § 8c KStG **verfassungswidrig** ist, ist heftig umstritten. Klärung wird hoffentlich ein anhängiges Verfahren vor dem BVerfG[380] bringen. Trotz dieses anhängigen Verfahrens wird **Aussetzung der Vollziehung** (AdV) aus diesem Grund weitgehend abgelehnt.[381]   468

c) Verlustvorträge bei Erwerb einer Personengesellschaft

Der Erwerber kann mit den Personengesellschaftsanteilen nicht zugleich die Verlustvorträge der Personengesellschaft erwerben. Einkommensteuerlich (bzw. körperschaftsteuerlich) geht das schon deshalb nicht, weil die Verluste unmittelbar den Gesellschaftern zugerechnet werden, hier also schon den Altgesellschaftern zugerechnet worden sind. Gewerbesteuerlich geht der Verlustvortrag nach Maßgabe des Gesellschafterwechsels anteilig verloren.[382]   469

d) Zinsvortrag/EBITDA-Vortrag

Nach gleichen Regeln wie ein Verlustvortrag kann bei einem Share Deal auch ein Zinsvortrag (Zinsschranke, siehe Rn. 537) verloren gehen. Nicht betroffen wäre ein EBITDA-Vortrag, dafür verfällt dieser nach fünf Jahren automatisch.   470

e) Ausgleichspflicht des Gesellschafters

Geht durch die Übertragung eines Kapitalgesellschaftsanteiles nach § 8c KStG (siehe Rn. 449 ff.) oder eines Personengesellschaftsanteils für Zwecke der Gewerbesteuer (siehe Rn. 469) ein Verlustvortrag der Gesellschaft ganz oder teilweise verloren, so stellt sich die Frage, wer diesen Verlust des Verlustvortrages **wirtschaftlich** zu **tragen** hat. Der Erwerber kann sich durch den Kaufvertrag absichern, in dem er beispielsweise den Verlustvortrag nicht einpreist. Die betroffene Gesellschaft und etwaige Mitgesellschafter können dies nicht. Soweit die Anteilsübertragung ihrer Zustimmung bedarf, können sie diese davon abhängig machen, dass Verkäufer oder Erwerber der Gesell-   471

---

379) BMF-Entwurf v. 15.4.2014, Rn. 61; Dötsch/Pung/Möhlenbrock/*Dötsch/Leibner*, KStG, § 8c KStG Rn. 188 (April 2016).
380) 2 BvL 6/11, Normenkontrollverfahren auf Vorlagebeschluss FG Hamburg, v. 4.4.2011 – 2 K 33/10, DStR 2011, 1172.
381) FG Hamburg, v. 10.5.2012 – 6 V 156/11, BeckRS 2012, 95488, offengelassen in BFH, v. 9.5.2012 – I B 18/12, BFH/NV 2012, 1489.
382) R 10 a.3 Abs. 3 GewStR 2009, st. Rsp. seit BFH (GS), v. 3.5.1993 – GrS 3/92, BStBl II 1993, 616; zu den praktischen Auswirkungen *Kutt/Möllmann*, DB 2010, 1662.

schaft (oder den übrigen Gesellschaftern) den Schaden ersetzen. Das dürfte auch kein treuwidriger Gebrauch des Zustimmungsvorbehaltes sein.

472 Bei frei übertragbaren Anteilen hilft eine entsprechende **Satzungsregel**, die bei mehrgliedrigen Personengesellschaften zum Standardprogramm gehören sollte, bei Kapitalgesellschaften jedoch praktisch nie zu sehen ist. Ohne eine solche Regel dürfte ein Ausgleich kaum durchzusetzen sein, denn allein aus der gesellschaftsrechtlichen Treuepflicht ergibt er sich wohl nicht. Ob er sich durch ergänzende Vertragsauslegung ergibt, ist Frage des Einzelfalles.[383]

473 Bei **mehrgliedrigen Personengesellschaften** wäre die Regelung darüber hinaus noch in Einklang zu bringen mit der Verteilung der bei der Personengesellschaft (!) anfallenden Gewerbesteuerlast aus einem Veräußerungsgewinn (siehe Rn. 333 ff.), der Gewerbesteuerreduzierung aus zusätzlichen Abschreibungen in der Ergänzungsbilanz des Erwerbers (siehe Rn. 356) und um die potentielle Gewerbesteueranrechnung nach § 35 GewStG (siehe Rn. 343 ff.).

f) Negativer Kaufpreis

474 Nicht selten zahlt der Veräußerer eines Problemunternehmens dem Erwerber einen negativen Kaufpreis oder gewährt andere Vergünstigungen. Dann ist steuerlich darauf zu achten, dass dies (entsprechend der wirtschaftlichen Realität)

- weder Einkommen des Erwerbers schafft
- noch den Abzug von Aufwendungen des Unternehmens oder des Erwerbers hindert oder mindert.

475 Der Lösungsansatz liegt oft bei dem Weg über eine Kapitalgesellschaft mit Einlage durch den Veräußerer und anschließendem Anteilsverkauf unter Buchwert, wobei darauf zu achten ist, dass die Einlage in die **Kapitalrücklage** gem. § 272 Abs. 1 Nr. 4 HGB geleistet wird (Sicherstellen der Abgrenzung zwischen steuerneutraler Einlage und steuerpflichtigem Ertragszuschuss, z. B. Veräußerer muss im Zeitpunkt der Leistung noch Gesellschafter sein).

10. Erwerber: Finanzierungs- und sonstige Kosten, Steuerliche Integration

a) Zinsabzug und Ergebnissaldierung

476 Es besteht ein ganz wesentliches Interesse des Erwerbers, die steuerliche **Abzugsfähigkeit seiner Finanzierungsaufwendungen** sicherzustellen. Dies ist dann gewährleistet, wenn der Finanzierungsaufwand mit steuerpflichtigen Erträgen des erworbenen Unternehmens (auch bei einem Share Deal) verrechnet werden kann und durch die eintretende Minderung der Steuerlast der Cash Flow des erworbenen Unternehmens erhöht wird.

---

383) Siehe *Kutt/Möllmann*, DB 2010, 1662.

Der Erwerber ist hierauf ausnahmsweise nicht angewiesen, soweit er die Finanzierungsaufwendungen von anderen steuerpflichtigen Erträgen, beispielsweise eines eigenen operativen Betriebs, abziehen kann. 477

aa) Asset Deal

Die Verrechnungsmöglichkeit der Finanzierungsaufwendungen mit steuerpflichtigen Erträgen des erworbenen Unternehmens ergibt sich bei einem **Asset Deal** automatisch (es sei denn die Finanzierung wäre nicht von dem Erwerber, sondern von einem anderen Unternehmen der Erwerbergruppe aufgenommen worden, z. B. aus Gründen der Bonität). 478

bb) Share Deal (Kapitalgesellschaft)

Werden jedoch Anteile an einer Kapitalgesellschaft durch Share Deal erworben, so versteuert diese ihren Gewinn selbst, und der Zinsabzug des Erwerbers geht zunächst ins Leere. 479

(1) Organschaft

Das wirtschaftlich richtige Ergebnis, der Zinsabzug vom Gewinn vor Steuern, kann durch Herstellung einer steuerlichen Organschaft zwischen der Zielgesellschaft und dem Erwerber erreicht werden. 480

Zur Organschaft bedarf es der **finanziellen Eingliederung** (Stimmrechtsmehrheit) sowie eines auf mindestens fünf Jahre abgeschlossenen **Gewinnabführungsvertrags**, § 14 Abs. 1 KStG.[384] 481

Finanzielle Eingliederung muss seit **Beginn des Wirtschaftsjahres** der Zielgesellschaft vorliegen.[385] 482

> **Praxistipp:**
>
> Wenn nach Erwerb nicht bis zum „normalen" Beginn des nächsten Wirtschaftsjahres der Zielgesellschaft gewartet werden soll, kann nach dem Erwerb das Wirtschaftsjahr der Zielgesellschaft auf einen Zeitpunkt nach Anteilserwerb **umgestellt werden**; die erforderliche Zustimmung des Finanzamtes dazu wird erteilt.[386] Da die Umstellung nur wirksam wird, wenn sie vor dem neuen Stichtag im Handelsregister eingetragen ist (Satzungsänderung), ist in der Praxis mit einem Verzug von ca. **zwei Monaten** nach dem Vollzug des Erwerbs zu rechnen.

---

384) Zu den Vorteilen eines Gewinnabführungsvertrages bei Finanzierungsfragen (Aufwärtssicherheiten) siehe Rn. 1470. Zu Gewinnabführungsverträgen bei börsennotierten Gesellschaften siehe Rn. 1961 ff.
385) § 14 Abs. 1 Nr. 1 KStG.
386) § 7 Abs. 4 KStG, R 14.4 KStR 2015 Abs. 3.

> Zur anschließenden **Rückumstellung** auf das alte Wirtschaftsjahr bedarf es keiner neuerlichen Zustimmung, wenn das alte Wirtschaftsjahr das Kalenderjahr war. Wird aus ernsthaften betrieblichen Gründen (z. B. Saisongeschäft) auf ein anderes Wirtschaftsjahr umgestellt, wird die hierfür erforderliche Finanzamtszustimmung üblicherweise erteilt,[387] wird auf das im Organkreis übliche Wirtschaftsjahr umgestellt, ist sie zu erteilen.[388] Eine Rückumstellung kurz nach Begründung der Organschaft steht der ersten Umstellung nicht entgegen.[389]

483 Ein wesentlicher Nachteil der Organschaft liegt in der mit einem Ergebnisabführungsvertrag verbundenen **Verlustausgleichspflicht**, § 302 AktG (analog bei GmbH). Faktisch wird dadurch der Haftungsschirm der erworbenen Kapitalgesellschaft weitestgehend durchbrochen.

484 Weiterer Nachteil einer Organschaft ist ihre **Fehleranfälligkeit**. Der Ergebnisabführungsvertrag unterliegt bestimmten Vorgaben (Mindestlaufzeit 5 Zeitjahre, dynamischer Verweis auf § 302 AktG bei einer GmbH als Organtochter[390] und er ist während der gesamten Organschaft durchzuführen.[391] Das führt auf Grund der Komplexität der Materie häufig zu Fehlern, die unangenehme Überraschungen bei Betriebsprüfungen oder in einem Verkaufsprozess nach sich ziehen können.

485 Zur **Beendigung einer Organschaft** bei Verkauf der Untergesellschaft siehe Rn. 2104 ff.

486 Zu dem Sonderproblem eines laufenden Verlustes bei **Verkauf eines Organkreises** (Ober- und Untergesellschaft) siehe Rn. 464 ff.

487 Während einer Organschaft können Verlustvorträge der Zielgesellschaft aus der Zeit vor der Organschaft (**Vororganschaftliche Verlustvorträge**) nicht genutzt werden (§ 15 Nr. 1 KStG). Sie werden quasi „auf Eis gelegt". Nach Beendigung der Organschaft sind sie wieder nutzbar. Zur Verschiebung der Organschaft aus diesem Grund siehe Rn. 505 ff.

(2) Verschmelzung

488 Eine weitere Möglichkeit zur Sicherstellung der Verrechnung der Finanzierungsaufwendungen mit den steuerpflichtigen Erträgen der Zielgesellschaft ist eine Verschmelzung der erworbenen Gesellschaft mit dem Erwerber, §§ 2 ff. UmwG. Eine Verschmelzung kann auch aus Finanzierungsgründen, insbesondere zur Beseitung des strukturellen Nachrangs des Fremdkapitalgebers, geboten sein, siehe Rn. 1503 ff.

---

387) H 4a EStR 2012, der entsprechend für § 7 Abs. 4 KStG gilt.
388) R 14.4 KStR 2015 Abs. 3.
389) R 14.4 KStR 2015 Abs. 3.
390) § 17 Abs. 1 KStG.
391) Siehe nur *Scheifele/Marx*, DStR 2014, 1793.

(a) Upstream-Merger

Bei einem **Upstream-Merger** wird die erworbene Kapitalgesellschaft im We- **489**
ge einer Aufwärtsverschmelzung auf den Erwerber verschmolzen.

Durch eine Aufwärtsverschmelzung gehen allerdings etwaige **Verlustvorträ-** **490**
ge der Zielgesellschaft, die die Anteilsübertragung „überlebt" haben sollten,
z. B. wegen der Stillen-Reserven-Klausel (§ 8c Abs. 1 S. 6 ff. KStG), verloren,
§ 12 Abs. 3 i. V. m. § 4 Abs. 2 UmwStG. U. U. können sie im Zuge der Verschmelzung durch eine teilweise **Aufstockung** der steuerlichen Buchwerte
der Zielgesellschaft (**Step-up**) genutzt und in künftiges Abschreibungspotenzial überführt werden. Dies ist allerdings nur im Rahmen der Mindestbesteuerung, § 10d EStG (siehe Rn. 448) möglich. Alternativ bietet sich die
Verschiebung der Verschmelzung an (siehe Rn. 505 ff.) oder eine Abwärtsverschmelzung (siehe nachfolgend Rn. 491).

(b) Downstream-Merger

Die grundsätzlich gleiche Wirkung wie eine Aufwärtsverschmelzung entfaltet **491**
eine Abwärtsverschmelzung (**Downstream-Merger**) der Akquisitionsgesellschaft auf die erworbene Gesellschaft.

Achtung: Beim Downstream Merger ist kein handelsbilanzieller Step-up der **492**
Buchwerte der unteren Gesellschaft zulässig. Zudem kann eine Abwärtsverschmelzung einen Verstoß gegen § 30 GmbHG bei der unteren Gesellschaft
auslösen, insbesondere bei hoher Fremdfinanzierung des Erwerbs (Fremdfinanzierung bei Erwerber ist höher als buchmäßiges freies Eigenkapital der
erworbenen Gesellschaft) mit der steuerlichen Rechtsfolge einer verdeckten
Gewinnausschüttung.[392)]

> **Praxistipp:**
> U. U. kann zur Vorbereitung des Downstream-Merger das handelsbilanzielle Eigenkapital der unteren Gesellschaft steuerunschädlich aufgestockt werden, z. B. durch eine steuerneutrale Ausgliederung (**Hive down**).

Ein etwaiger Verlustvortrag der unteren Gesellschaft, der nach dem Erwerb der **493**
Gesellschaft weiter nutzbar ist, wird auch durch die Abwärtsverschmelzung
nicht zerstört. Jedenfalls entfällt er nicht nach § 12 Abs. 3 UmwStG, und die
im Zuge der Verschmelzung erfolgende weitere Anteilsübertragung dürfte
regelmäßig auch keine weiteren Folgen (insb. bezüglich § 8c KStG, siehe
Rn. 449 ff.) haben als die vorhergehende Übertragung im Zuge des Erwerbes.

(3) Formwechsel in eine GmbH & Co. KG

Die dritte Möglichkeit, steuerlich eine Ergebnissaldierung zu erzielen, ist der **494**
Formwechsel der Zielkapitalgesellschaft in eine KG, §§ 190 ff. UmwG.

---

392) OFD Hannover, v. 5.1.2007, DB 2007, 428; *Rödder/Wochinger* DStR 2006, 684.

495 **Vorteil des Formwechsels:** Die Erwerbergesellschaft übernimmt **nicht** die **persönliche Haftung** für das erworbene Unternehmen. Nachteilig ist, dass die Saldierung für Zwecke der Gewerbesteuer nur eingeschränkt gelingt (siehe unten).

496 Da eine Personengesellschaft gesellschaftsrechtlich mindestens zwei Gesellschafter benötigt, ist, sofern die Zielgesellschaft zu 100 % vom Erwerber gehalten wird, eine zweite GmbH an der Zielgesellschaft zu beteiligen, die dann im Zuge des Formwechsels die Rolle des Komplementärs übernehmen kann. Steuerlich ist der Formwechsel grundsätzlich neutral möglich, §§ 3 ff. UmwStG, allerdings gelten thesaurierte Gewinne der Zielgesellschaft als ausgeschüttet, § 7 UmwStG (**fiktive Vollausschüttung**). Die daraus resultierende etwaige Steuerlast (**Dividendenbesteuerung**) einschließlich des erforderlichen Einbehalts von Kapitalertragsteuer ist zu prüfen und kann dem Formwechsel entgegenstehen (z. B. Gewerbesteuer bei Formwechsel im Jahr des Erwerbes).

497 Für Zwecke der **Einkommensteuer/Körperschaftsteuer** wird das Ergebnis der KG nach dem Formwechsel dem Erwerber (und anderen Gesellschaften) zugerechnet und kann dort mit anderen Einkünften **saldiert** werden.[393] **Gewerbesteuerlich** jedoch ist die KG **verselbständigt**. Der Zinsabzug aus der Erwerbsfinanzierung geht zwar als Sonderbetriebsaufwand in ihr Ergebnis ein,[394] damit wird der Zinsaufwand mit dem erworbenen Ergebnis saldiert. Allerdings findet keine Saldierung mit darüberhinausgehenden anderen Ergebnissen des Erwerbers statt. Das ist nachteilig, falls Erwerber und Zielgesellschaft Ergebnisse mit unterschiedlichem Vorzeichen erzielen.

498 Ein etwaiger **Verlustvortrag** der Zielgesellschaft, der die Anteilsübertragung und § 8c KStG überlebt haben sollte (z. B. Stille Reserven Escape, siehe Rn. 457 ff.), geht durch den Formwechsel verloren, § 4 Abs. 2 UmwStG. Unter Umständen kann er durch einen begrenzten steuerlichen **Step-up** im Rahmen des Formwechsels genutzt werden.[395] Dadurch entsteht in der künftigen Gesellschaft höheres Abschreibungspotential. Für den Step-up sind allerdings die Grenzen der Mindestbesteuerung, § 10d EStG (siehe Rn. 448), zu beachten.

(4) Debt-Push-Down

499 In der Praxis seltener ist ein echter **Debt-Push-Down**.[396] Dabei wird die gesamte oder ein Teil der Finanzierung auf die Tochtergesellschaft verlagert.

---

393) Der Zinsabzug geht technisch als Sonderbetriebsaufwand bereits in die Gewinnermittlung der Personengesellschaft ein, Schmidt/*Wacker*, EStG, § 15 Rn. 522 m. w. N.
394) BMF v. 11.11.2011, BStBl I 2011, 1314 Tz. 04.36.
395) Steuerlich wird der Formwechsel ähnlich einer Übertragung behandelt, so dass ein Step-up möglich ist.
396) „Echter" Debt-Push-Down, da gelegentlich auch die anderen ab Rn. 480 aufgeführten Maßnahmen als Debt-Push-Down bezeichnet werden.

Dieser wird häufig auch von Fremdkapitalgebern gefordert, siehe hierzu ausführlich Rn. 1508.

(a) Mega-Dividende

Die einfachste Vorgehensweise wäre, dass die Tochtergesellschaft eine **Mega-Dividende** an die Erwerber**kapital**gesellschaft[397] auszahlt, dabei aber (anstelle eines Barbetrages) als Sachleistung eine **Schuldübernahme** erklärt (nur mit Zustimmung der Bank als befreiende Schuldübernahme, eher selten zu erwarten). Alternativ kann sie auch die Mega-Dividende bei dem Finanzinstitut der Erwerberin **fremdfinanzieren**, während die Erwerberin die Dividendeneinnahmen nutzt, ihre Verbindlichkeiten zurückzuführen. 500

Natürlich sind die Beschränkungen der **Kapitalerhaltung** zu beachten (§§ 30, 31 GmbHG, § 57 AktG), ggf. müsste soweit möglich noch eine steuerneutrale **Aufstockung** der Buchwerte vorgeschaltet werden. 501

In beiden Fällen ist zu beachten, dass die **Kapitalertragsteuer** auf die Mega-Dividende zwischenfinanziert werden muss (es sei denn, die Auszahlung erfolgt aus dem Einlagekonto), und dass eine Dividende im Jahr des Erwerbs der Beteiligung bei dem Empfänger der Gewerbesteuer unterliegt, § 9 Nr. 2a GewStG. Die „Wegelagerergebühr" (5 % Steuerpflicht nach § 8b KStG) wäre als Transaktionskosten anzusehen. 502

(b) Interner Deal

Wenn möglich, kann die Erwerbergesellschaft andere (Schwester-)Gesellschaften oder weitere im Zuge der Transaktion erworbene Wirtschaftsgüter (Darlehen, Betriebsgrundstücke) an die Tochtergesellschaft veräußern, die dafür als **Gegenleistung** die Verbindlichkeiten ganz/teilweise übernimmt. Fremdvergleichspreise sind anzusetzen, sonst vGA (oder verdeckte Einlage). 503

(c) Darlehen

Alternativ kann die Zielgesellschaft auch die Fremdfinanzierung auf schuldrechtlicher Grundlage übernehmen, die Vergütung durch die Muttergesellschaft wird dann als **Darlehen** stehen gelassen. 504

(5) Verschiebung der Maßnahmen wegen Verlustvorträgen der Zielgesellschaft

Vororganschaftliche Verlustvorträge einer Zielgesellschaft sind während einer Organschaft „auf Eis gelegt", siehe Rn. 487 ff. Im Zuge einer Aufwärtsver- 505

---

[397] Ist der Erwerber eine natürliche Person oder eine Personengesellschaft, hinter der natürliche Personen stehen, ist eine Mega-Dividende steuerlich ungünstig, da sie zu ca. 28 % der Besteuerung unterliegt (Teileinkünfteverfahren), ohne dass ihr eine Wertsteigerung zugrunde läge.

schmelzung der Zielgesellschaft gehen etwaige zu diesem Zeitpunkt bestehende Verlustvorträge unter, siehe Rn. 490. Gleiches gilt für den Fall des Formwechsels der Zielkapitalgesellschaft in eine Personengesellschaft.

506 Aus diesen Gründen bietet es sich bei Erwerb einer **Zielgesellschaft mit Verlustvorträgen** an, die Umstrukturierung nicht unmittelbar nach Erwerb vorzunehmen, sondern die Zielgesellschaft zunächst ihre Verlustvorträge durch Saldierung mit laufenden Erträgen „aufbrauchen" zu lassen. Dabei ist die Mindestbesteuerung zu beachten, lediglich Gewinne bis zu 1 Mio. € können vollständig mit Verlustvorträgen verrechnet werden, darüber hinausgehende Gewinne nur zu 60 %. (siehe Rn. 448).

507 Die Erwerbergesellschaft hat, soweit sie keine anderweitigen positiven Erträge erzielt, in dieser Zeit ihre Finanzierungsaufwendungen und baut hieraus **Verlustvorträge** auf. Diese Verlustvorträge können zu einem **späteren** Zeitpunkt, regelmäßig nach Durchführung der entsprechenden Maßnahmen (Organschaft/Verschmelzung/Formwechsel), genutzt werden, um künftige operative Erträge der Zielgesellschaft steuerlich zu „neutralisieren". Weder die Begründung der Organschaft noch die Aufwärtsverschmelzung stehen der Nutzung der Verlustvorträge der oberen Gesellschaft entgegen.

508 Bei einem **Formwechsel** gilt dies nur für die ESt/KSt, nicht jedoch für die Gewerbesteuer. Gewerbesteuerlich bleibt die KG auch nach dem Formwechsel selbständig, ein Verlustvortrag auf Ebene der Erwerbergesellschaft ist insoweit irrelevant.

509 **Hinweis:** Ein Nettozinsaufwand, der die Zinsschranken-Freigrenze von **3 Mio. €** übersteigt (siehe Rn. 522), kann dazu führen, dass auf Ebene einer reinen Erwerbergesellschaft der Zinsaufwand vollständig nicht mehr abzugsfähig ist. Denn ein steuerlicher EBITDA, der eine Abzugsfähigkeit auch nach Vorgaben der Zinsschranke begründen könnte, liegt bei der Verschiebung der Integration mangels Saldierung mit dem operativen Ergebnis der Zielgesellschaft gerade nicht vor. Es entsteht also kein Verlustvortrag, sondern ein **Zinsvortrag** (siehe Rn. 489 ff.). Dieser kann, ähnlich einem Verlustvortrag, in den Folgejahren genutzt werden und mit dem operativen Ergebnis der Zielgesellschaft nach Durchführung der Saldierungsmaßnahmen saldiert werden. Allerdings führt der Zinsvortrag wiederum dazu, dass der Zinsaufwand in den Folgejahren steigt, u. U. wird gerade hierdurch die 3-Millionen-Grenze auch in den Folgejahren gerissen.[398]

510 Der Verschiebung der genannten Maßnahme sollte also eine vernünftige Planung über die künftigen erwarteten Aufwendungen und Ergebnisse zugrunde liegen. U. U. kann es günstiger sein, auf den erworbenen Verlustvortrag zu verzichten und die Saldierung sofort beginnen zu lassen.

511 Finanzierende Banken verlangen regelmäßig die unverzügliche Umsetzung solcher Maßnahmen, da hierdurch neben der steuerlichen Saldierung auch die

---

[398] BMF v. 4.7.2008, BStBl I 2008, 718 Tz. 49.

Sicherheitenposition des Kreditgebers verbessert wird, siehe hierzu Rn. 1468, 1481 und 1502 ff. Die Verbesserung des Unternehmens-Cashflow sollte jedoch ein gutes Argument auch gegenüber Kreditgebern sein.

cc) Erwerb einer (betrieblichen) Personengesellschaft

Das Problem der steuerlichen Ergebnissaldierung stellt sich nicht bei Erwerb einer betrieblichen Personengesellschaft (**Mitunternehmerschaft**). Zivilrechtlich ist nur der Erwerber Darlehensnehmer, nur er trägt die Finanzierungskosten, so auch in der Handelsbilanz. Steuerlich hingegen werden diejenigen Kosten, die mit dem Erwerb der Beteiligung an der Personengesellschaft zusammenhängen, der Personengesellschaft zugeordnet. Sie gehen dort als „**Sonderbetriebsausgaben**" in die Gewinnermittlung ein und werden dann dem Erwerber als Teil seines Gewinnes zugewiesen.[399] Es kommt also automatisch zur Saldierung von Erträgen der Zielpersonengesellschaft und den Finanzierungsaufwendungen. 512

Auch für Zwecke der **Gewerbesteuer** gehen diese Finanzierungsaufwendungen in die Gewinnermittlung der Personengesellschaft ein und reduzieren dort den Gewerbeertrag. Damit scheiden sie allerdings aus dem eigenen Gewerbeertrag des Erwerbers (falls er ein gewerbliches Unternehmen betreibt) aus und mindern dessen Ergebnis nicht, obwohl sie dort wirtschaftlich getragen werden. 513

b) Einschränkungen des Zinsabzugs

Zinsen stellen grundsätzlich steuerlich abzugsfähige Betriebsausgaben dar. Der Zinsabzug unterliegt jedoch vor allem wegen der hohen Gestaltungsanfälligkeit erheblichen Einschränkungen (Zinsschranke Rn. 515 ff., Gewerbesteuer Rn. 542 ff., Gesellschafterdarlehen Rn. 545 ff., Abgeltungsteuer Rn. 548 ff.) 514

aa) Zinsschranke

Durch die **Zinsschranke** (§ 4h EStG, § 8a KStG)[400] werden sämtliche Zinsaufwendungen eines gewerblichen Unternehmens jedweder Rechtsform einer gesonderten Prüfung ihrer steuerlichen Abzugsfähigkeit unterzogen, unabhängig davon, ob es sich um Gesellschafterdarlehen, gewöhnliche Bankdarlehen oder sonstige Finanzierungen in- oder ausländischer Fremdkapitalgeber handelt. Die Regelung weist eine Fülle an Zweifelsfragen auf und ist derzeit weit entfernt von einer praxisgerechten Anwendbarkeit.[401] 515

---

399) Schmidt/*Wacker* EStG, § 15 Rn. 522 m. w. N.
400) Siehe ausführlich BMF v. 4.7.2008, BStBl I 2008, 718.
401) Im Detail hierzu vgl.: *Köhler/Hahne*, DStR 2008, 1505; *Töben/Fischer*, BB 2007, 974; *Töben/Fischer*, GmbHR 2007, 532; *Lüdenbach/Hoffmann*, DStR 2007, 636; *Scheunemann/Socher*, BB 2007, 1144; *Reiche/Kroschewski*, DStR 2007, 1330; *Töben*, FR 2007, 742; *Kollruss*, BB 2007, 1988, *Fischer/Wagner*, BB 2008, 1872.

(1) Verfassungswidrigkeit der Zinsschranke

516 Der BFH hält die Zinsschranke für **verfassungswidrig** und hat sie dem BVerfG zur Prüfung vorgelegt[402]. Allerdings ist Deutschland durch eine EU-Richtlinie[403] verpflichtet, die Zinsschranke (oder eine stärkere Regelung) bis zum 1.1.2019 einzuführen. Grundsätzlich überlagert dieses Gebot einer EU-Richtlinie auch deutsches Verfassungsrecht. Wie dieser mögliche Konflikt aufgelöst werden wird, ist derzeit noch offen.[404]

(2) Anwendungsbereich

517 Der Zinsschranke unterliegen sämtliche **Vergütungen** eines Betriebs (rechtsformunabhängig) für jede Art von Fremdkapital, die den steuerlichen Gewinn gemindert haben.

(a) Zinsen/Fremdkapitalvergütung

518 Hierzu zählen sowohl Vergütungen an fremde Dritte als auch an Gesellschafter oder Nahestehende, also auch **Zinsen** für gewöhnliche **Bankdarlehen**. In der Praxis werden häufig – zu Unrecht – auch **Bearbeitungsgebühren**, Arrangement-Fee o. Ä., verteilt auf die Laufzeit eines Kredites, als Zins angesehen. Gerade bei komplexeren Finanzierungen sollte stärker getrennt werden zwischen der eigentlichen Vergütung für das überlassene Kapital und einer Vergütung für die Strukturierung und Organisation der Finanzierung. Diese ist, anders als die Vergabe eines Häuslebauer-Kredites, eine eigenständige, aufwendige und komplexe Leistung, die auch eine eigenständige Vergütung rechtfertigt.

(b) Betrieb

519 Grundsätzlich wird die Zinsschranke für jeden Steuerpflichtigen gesondert angewandt. Hierzu bestehen zwei wesentliche **Ausnahmen**:

520 **Betriebliche Personengesellschaften**[405] (Mitunternehmerschaften): Sie werden getrennt von ihren Gesellschaftern gesehen, obwohl das Ergebnis der Personengesellschaft den Gesellschaftern zugerechnet wird.

521 **Organkreise:** Sämtliche Gesellschaften, die durch ertragsteuerliche Organschaften verbunden sind, gelten als eine Einheit.

(3) Abzugsbeschränkung auf 30 % des EBITDA

522 **Grundregel:** Abzugsfähig ist der nach Abzug des Zinsertrages von den Zinsaufwendungen verbleibende Saldo („**Nettozinsaufwand**") lediglich bis zur Höhe von **30 %** des steuerlichen **EBITDA**.

---

[402] BFH v. 14.10.2015 – I R 20/15, DStR 2016, 301; siehe hierzu *Weggemann/Claß*, BB 2016, 1175; *München/Rückel*, DB 2016, 497.
[403] Anti Tax Avoidance Directive.
[404] Siehe *Weggemann/Claß*, BB 2016, 1175; *Pupeter*, Handelsblatt-Steuerblog v. 22.9.2016.
[405] Ausführlich hierzu: *Wagner/Fischer*, BB 2007, 1811; *van Lishaut/Schumacher/Heinemann*, DStR 2008, 2341 und *Kröner/Bolik*, DStR 2008, 1309.

Zu den Ausnahmen (Escape) siehe nachfolgend (Rn. 526 ff.).

Der steuerliche **EBITDA** entspricht dem in Deutschland steuerpflichtigen Gewinn vor Abschreibung und vor Zinsaufwand und -ertrag. 523

Steuerfreie Gewinnbestandteile (Dividendenerträge, steuerfreie Veräußerungsgewinne aus Kapitalgesellschaftsanteilen, freigestellte ausländische Einkünfte) und nicht abzugsfähige Betriebsausgaben fließen nicht in den steuerlichen EBITDA ein. Daher kann das handelsrechtliche EBITDA vom maßgeblichen steuerlichen EBITDA erheblich abweichen. Eine Steuerplanungsrechnung auf Basis eines handelsrechtlichen oder gar IFRS/US-GAAP basierten EBITDA führt häufig zu gravierenden Fehlergebnissen. 524

Beachte: Gerade in schlechten Zeiten, in denen der EBITDA sinkt, werden Zinsen nicht-abzugsfähig. Die Zinsschranke führt dann zu einer **Strafsteuer** für **geschwächte Unternehmen**. 525

(4) Ausnahmen (Escape)

(a) Ausnahmeregeln

Es gibt drei Ausnahmen, welche die 30 %-EBITDA-Regel vermeiden: 526

(aa) Freigrenze

Der Zinsüberschuss des Wirtschaftsjahres ist kleiner als **3 Mio. €** (**Freigrenze**). Bei unterstellten 6 % Zins für eine Fremdfinanzierung bleiben daher ein Finanzierungsvolumen bis zu ca. 50 Mio. € unschädlich. 527

> Praxistipp:
>
> Bei höheren Volumina sollte eine Aufteilung des Unternehmens in kleinere Betriebe (einzelne Gesellschaften, insb. Personengesellschaften oder getrennte Organkreise) erwogen werden.

Achtung: Wird die Freigrenze um 1 € überschritten, ist die Zinsschranke vom ersten Euro an anwendbar. Bei der Planung ist entsprechend „Puffer" einzubauen, z. B. gegen Zinserhöhungen. Häufig wird dabei übersehen, dass auch Gebühren etc. nach Verwaltungsauffassung als Zins gelten (siehe Rn. 518) und den Betrag erhöhen. 528

(bb) Konzernfreier Betrieb (Stand-alone)

Der Betrieb gehört nicht zu einem Konzern (**konzernfreier Betrieb**). Die Befreiung gilt auch bei einer nur anteilsmäßigen Zugehörigkeit zum Konzern (Quotenkonsolidierung, § 310 HGB, typischerweise 50 %/50 % Joint Venture). 529

Konzernfreiheit hilft nicht, wenn eine schädliche Gesellschafterfremdfinanzierung vorliegt, siehe Rn. 534. 530

(cc) **Konzern und Eigenkapitalquotentest**

531 Der Betrieb ist konzernzugehörig, besteht aber den **Eigenkapitaltest:**

532 Die Eigenkapitalquote des Betriebs im stand-alone Jahres-/**Einzelabschluss** (bei Organschaft: Teil-Konzernabschluss für diesen Organkreis) liegt über der **Konzerneigenkapitalquote**[406] oder bleibt max. 2 % hinter ihr zurück. Im Einzelnen eine sehr komplizierte Berechnung mit verschiedenen gesetzlichen Modifikationen. Ggf. ist die Überleitung eines ausländischen Konzernabschlusses erforderlich.

533 Auch der Eigenkapitaltest hilft nicht weiter, wenn eine **konzernexterne** schädliche Gesellschafterfremdfinanzierung besteht, siehe Rn. 534.

(b) **Schädliche Gesellschafterfremdfinanzierung im Rahmen der Zinsschranke**

534 Bei **Kapitalgesellschaften** ist die Zinsschranke trotz Vorliegen eines konzernfreien Betriebes oder eines bestandenen Eigenkapitaltests gleichwohl anzuwenden, wenn eine **schädliche Gesellschafterfremdfinanzierung** vorliegt (§ 8a Abs. 2 und 3 KStG). Das ist der Fall, wenn die Zinsaufwendungen für Darlehen wesentlich beteiligter Gesellschafter (> 25 %) mehr als 10 % des Nettozinsaufwandes betragen. Das gilt auch für Zinsvergütungen an nahe stehende Personen und Dritte, die auf den wesentlich beteiligten Gesellschafter zurückgreifen können (Besicherung, Garantiezusagen, Patronatserklärungen etc.).

535 Im **Konzernfall** bleiben **konzerninterne** Fremdfinanzierung aber außer Betracht, sind demnach unschädlich. Schädlich sind daher im Konzernfall meist nur Darlehen und Sicherheiten von nicht-konsolidierten, aber wesentlich beteiligten Gesellschaftern (d. h. bei einer Beteiligungsquote von mehr als 25 % bis max. 49,9 %). Dafür ist es bereits schädlich, wenn irgendeine Gesellschaft des Konzerns eine schädliche Gesellschafterfremdfinanzierung aufgenommen hat, es muss nicht dort sein, wo die Zinsschranke getestet wird.

(5) **Nicht-abziehbarer Zins löst keine KapErtrSt aus!**

536 **Beachte:** Ein wegen der Zinsschranke nicht-abziehbarer Zinsaufwand gilt nicht als verdeckte Gewinnausschüttung. **Kapitalertragssteuer** ist also **nicht** einzubehalten!

---

406) Zur Bestimmung des relevanten Konzerns siehe nur *Brunsbach*, IStR 2010, 745.

> **Praxistipp:**
> Gerade bei **ausländischen Gesellschaftern** einer Erwerbergesellschaft kann es u. U. primär nicht auf den Zinsabzug als solchen, sondern darauf ankommen, den Gewinn der Erwerbergesellschaft ohne Kapitalertragsteuer aus Deutschland herauszubekommen. Dann kann eine ausgeprägte Gesellschafterfremdfinanzierung trotz Zinsschranke der sachgerechte Weg sein: Der Zinsaufwand ist zwar wegen der Zinsschranke u. U. nicht abzugsfähig; wäre die Finanzierung über Eigenkapital erfolgt, hätte es jedoch auch keinen Abzug gegeben.
>
> Es ist allerdings gerade bei einer ausgeprägten Gesellschafterfremdfinanzierung darauf zu achten, dass die Zinshöhe nicht übertrieben wird, sie also drittüblich bleibt. In diesem Umfang fällt dann keine KapErtrSt an. Soweit überhöht ist der Zinsaufwand als verdeckte Gewinnausschüttung umzuqualifizieren, die dann auch KapErtrSt auslöst (siehe Rn. 545).

(6) Zinsvortrag und EBITDA Vortrag

Zu hohe Zinsaufwendungen (**Zinsvortrag**): Überschreiten die im einem Jahr 537
entstandenen Zinsaufwendungen das abzugfähige Niveau, können die nicht abziehbaren Zinsaufwendungen in die folgenden Wirtschaftsjahre vorgetragen werden[407] (§ 4h Abs. 1 S. 4 EStG). Sie erhöhen die Zinsaufwendungen dieses Wirtschaftsjahres und können so ggf. noch genutzt werden.

Vorsicht: Sie können aber auch dazu führen, dass im Folgejahr die 3-Mio- 538
Freigrenze überschritten wird und der Escape (siehe oben Rn. 526) gerade deswegen auch dann nicht gelingt.[408]

Vororganschaftliche Zinsvorträge von Organgesellschaften werden wohl ana- 539
log zu vororganschaftlichen Verlustvorträgen behandelt, d. h. „eingefroren".[409]

Der Zinsvortrag von Kapitalgesellschaften teilt in der Regel das Schicksal eines 540
steuerlichen Verlustvortrages, der nach § 8c KStG bei schädlichem Anteilseignerwechsel entfallen kann (§ 8a Abs. 1 S. 3 KStG), siehe hierzu Rn. 449 ff., ebenso meist bei Umwandlungen (§§ 4 Abs. 2, 12 Abs. 3 und 15 Abs. 3 UmwStG).

Ein nicht genutztes EBITDA-Volumen (Zinsen < 30 %, kein Escape-Fall) 541
kann für max. fünf Jahre vorgetragen werden (**EBITDA-Vortrag**) und durch späteren Zinsaufwand verbraucht werden (§ 4h Abs. 1 S. 3 EStG).

bb) Gewerbesteuer

Schuldzinsen sind für Zwecke der Gewerbesteuer zu **25 % nicht abziehbar.** 542
Technisch korrekt: Es sind 25 % aller Entgelte für Schulden hinzuzurechnen, § 8 Nr. 1 GewStG. Bis zu 100 T€ sind die Zinsen vollständig abzugfähig

---

407) BMF v. 4.7.2008, a. a. O., Tz. 46.
408) BMF v. 4.7.2008, a. a. O., Tz. 49.
409) BMF v. 4.7.2008, a. a. O., Tz. 48.

(Freibetrag), nur der darüber hinausgehende Zinsaufwand unterfällt der eingeschränkten Abzugsfähigkeit.

543 Die Hinzurechnung von 25 % des Zinsaufwandes kostet bei einem Hebesatz von 350 % etwa noch Gewerbesteuer in Höhe von 3 % der Zinsaufwendungen.

544 Soweit Zinsaufwand bereits als verdeckte Gewinnausschüttung (vGA) oder wegen der Zinsschranke nicht abziehbar ist, erfolgt keine (doppelte) Hinzurechnung für die Gewerbesteuer.

cc) Verdeckte Gewinnausschüttung (vGA) bei Gesellschafterdarlehen

545 Erhält die Erwerbergesellschaft zur Finanzierung der Akquisition ein Darlehen von einem Gesellschafter oder einer einem Gesellschafter nahestehenden Person, ist der Zinsaufwand auf das Darlehen nicht-abzugsfähig, wenn es sich um eine **verdeckte Gewinnausschüttung** handelt.

546 Das wäre der Fall, wenn das **Darlehensverhältnis insgesamt** steuerlich nicht anzuerkennen ist, weil es nicht auf eindeutigen und im Vorhinein geschlossenen Vereinbarungen beruht.[410] Es kann aber auch sein, dass das Darlehensverhältnis dem Grunde nach anzuerkennen ist, nur der Zinsaufwand über das **Drittübliche** hinausgeht; dann ist nur der **überschießende Teil** als verdeckte Gewinnausschüttung nicht abzugsfähig. Dabei ist zu berücksichtigen, dass Gesellschafterdarlehen bereits gesetzlich und regelmäßig auch vertraglich nachrangig zur Bankfinanzierung sind. Ein angemessener Zinssatz enthält also eine höhere Risikokomponente. Auf Grund der Risikostruktur kommt häufig eine Mezzanine-Finanzierung als Drittvergleich in Betracht.

547 Soweit der Zinsaufwand als verdeckte Gewinnausschüttung gilt, ist er steuerlich nicht abzugsfähig. Zusätzlich wäre bei Auszahlung **Kapitalertragsteuer** auf die (fiktive) Dividendenzahlung einzubehalten (was insb. bei ausländischen Gesellschafter-Darlehensgebern den Schaden vergrößert).

dd) Abzugsbeschränkungen im Privatvermögen

548 Sämtliche Zinsaufwendungen, die im Privatvermögen für den Erwerb von Anteilen an einer Kapitalgesellschaft anfallen, sind grundsätzlich nicht mehr als Werbungskosten steuerlich abziehbar[411] (§§ 2 Abs. 2 Nr. 2, 20 Abs. 9 EStG). Die Abzugsbeschränkung ist Teil des **Abgeltungsteuersystems**. Abzugsfähig verbleibt lediglich der Sparerfreibetrag von 801 €.

549 Vermeiden lässt sich der Werbungskostenausschluss bei Dividenden auf Antrag bei einer Beteiligungsquote von **mind. 25 %** oder (§ 32d Abs. 2 Nr. 3 EStG) bei mind. 1 % und gleichzeitiger **beruflicher Tätigkeit** für die Gesellschaft.

---

410) R 8.5 KStR 2015 Abs. 2.
411) Siehe *Levedag*, GmbHR 2016, 261.

> **Praxistipp:**
> Die Abzugsbeschränkung gilt nicht bei dem Erwerb der Kapitalgesellschaftsanteile durch ein gewerbliches Unternehmen. Um im Privatvermögen die Beschränkung der Abzugsfähigkeit von Finanzierungaufwendungen bei dem Erwerb von Kapitalgesellschaftsanteilen zu vermeiden, kann daher die Akquisition über eine **gewerbliche GmbH & Co. KG** durchgeführt werden.
> Dabei ist jedoch neben der Zinsschranke (siehe oben Rn. 515 ff.) eine etwaige Mehrsteuerbelastung aus der Gewerbesteuer und der Anwendung des Teileinkünfteverfahrens (an Stelle der Abgeltungsteuer) zu berücksichtigen. Insbesondere bei hohen Ausschüttungen kann diese Mehrsteuerbelastung den Steuereffekt aus der Abzugsfähigkeit der Finanzierungsaufwendungen neutralisieren bzw. sogar den Direkterwerb günstiger erscheinen lassen.

c) Gesellschafterdarlehen von Steuerausländern

Bei Gesellschafterdarlehen von Steuerausländern ist neben dem Zinsabzug (Saldierung, Abzugsbeschränkung, insb. auch vGA) auch noch die **Kapitalertragsteuer** zu beachten: 550

Feste Zinsen (nicht abhängig vom Gewinn o. Ä.) von Nicht-Banken unterliegen nach nationalem Steuerrecht bzw. Doppelbesteuerungsabkommen meist keiner Quellensteuer. Das gilt auch dann, wenn sie wegen der Zinsschranke nicht-abzugsfähig sind. Unangemessene Zinsen gelten allerdings als vGA und lösen KapErtrSt aus (siehe Rn. 545 ff.). 551

Vergütungen aus einer typisch **stillen Gesellschaft** unterliegen der Kapitalertragsteuer von 25 % (nach wenigen Doppelbesteuerungsabkommen ausnahmsweise 15 %). Gewerbesteuerlich sind die Gewinnanteile dem Ertrag zu einem Viertel hinzuzurechnen. 552

Ein **partiarisches Darlehen** (ähnlich wie gewisse Genussscheine oder -rechte) unterliegt ebenfalls der Kapitalertragsteuer von 25 %; jedoch sehen bisher etliche Doppelbesteuerungsabkommen Kapitalertragsteuerfreiheit oder -reduzierung vor. Das Bundesamt für Finanzen will diese Vergünstigung aber nicht auf partiarische Gesellschafterdarlehen anwenden (in der Praxis i. E. umstritten). 553

11. Fehlkauf/Verlustrisiko

Man sollte stets der Möglichkeit große Beachtung schenken, dass die Gesamtinvestition **verloren** geht oder zumindest einen erheblichen **Wertverlust** erleidet. Einen derartigen Verlust sollte der Erwerber wenigstens steuerlich nutzen können. 554

a) Asset Deal und Erwerb einer Personengesellschaft

Bei einem **Asset Deal** ergibt sich dies automatisch. Ein laufender Verlust des erworbenen Unternehmens fällt direkt beim Erwerber an, und er kann die erworbenen Wirtschaftsgüter, ggf. auch einen Firmenwert, **teilwertberichtigen**.[412] 555

---

[412] Zum Verlust aus der Veräußerung von notleidenden Darlehen siehe Rn. 2445 ff.

A. Der Unternehmenskauf

556 Gleiches gilt nach Erwerb einer **Personengesellschaft (Transparenzprinzip)**, allerdings nur für die ESt/KSt des Erwerbers, mit Einschränkung durch § 15a EStG. Anders für die **Gewerbesteuer**, hier ist die Personengesellschaft selbständig; Verluste und Teilwert-Abschreibungen wirken sich beim Erwerber nicht aus, sondern nur bei der Personengesellschaft.

b) Share Deal

557 Bei einem Share Deal hängt es letztlich von der Person des Erwerbers ab.

aa) Kapitalgesellschaft

558 Ist eine Kapitalgesellschaft Erwerber einer anderen Kapitalgesellschaft, so sind Teilwertabschreibungen auf das Fehlinvestment oder ein Veräußerungsverlust steuerlich grundsätzlich **irrelevant**, § 8b KStG.[413]

559 Gleiches gilt für den Ausfall/Wertverlust eines der Tochtergesellschaft gewährten **Gesellschafterdarlehens**, § 8b Abs. 3 S. 4–6 KStG (Abzug nur bei Beteiligung bis max. 25 % oder Nachweis der Fremdüblichkeit, letzterer ist praktisch kaum zu führen, da drittübliche Sicherheitenbestellungen mit berücksichtigt werden müssen).

560 Bei einem Finanzunternehmen (**Holding!**) kann eine Abschreibung oder ein Veräußerungsverlust steuerlich wirksam sein, § 8b Abs. 7 KStG (siehe Rn. 287 ff.); mangels anderer steuerpflichtiger Einkünfte dürfte sie typischerweise davon jedoch nicht viel haben.

561 Der **laufende Verlust** der erworbenen Gesellschaft kann vom Erwerber genutzt werden, wenn Maßnahmen zur Ergebnissaldierung (Organschaft, Verschmelzung oder Formwechsel) ergriffen worden sind (siehe Rn. 476 ff.). Der Erwerber hat natürlich nur etwas von den steuerlichen Verlusten, wenn er über **andere steuerpflichtige Einkünfte** verfügt, deren Steuer durch die Verlustverrechnung reduziert werden kann.

bb) Natürliche Person

(1) Betriebsvermögen

562 Bei einer natürlichen Person als Erwerber, die die erworbene Beteiligung im **Betriebsvermögen** hält, können Wertminderungen (Teilwert-Abschreibung, Veräußerungsverlust) nach dem **Teileinkünfteverfahren** zu 60 % steuerlich geltend gemacht werden, §§ 3 Nr. 40, 3c Abs. 2 EStG.

563 Verluste aus **Gesellschafterdarlehen** (Ausfall, Tw-Abschreibung) im Betriebsvermögen können seit 2015[414] auch nur zu 60 % geltend gemacht werden

---

[413] Ausnahmen in § 8b Abs. 7 und 8 KStG für Banken, Versicherungen, aber auch Finanzunternehmen (Holdings).

[414] Bis 2014 waren Gesellschafterdarlehen im Betriebsvermögen vollständig abzugsfähig (BMF v. 23.10.2012, BStBl I 2013, 1269; BFH v. 18.4.2012 – X R 5/10, BStBl II 2013, 785 und v. 18.4.2012 – X R 7/10, BStBl II 2013, 791).

(§ 3c Abs. 2 S. 2 ff. EStG n. F.). Dies gilt nicht bei einer Beteiligung bis zu 25 % oder (in der Praxis sehr selten akzeptiert) Nachweis, dass auch ein fremder Dritter das Darlehen zu gleichen Bedingungen gewährt hätte[415].

Grundsätzlich gleiches gilt bei Beteiligungserwerb über eine gewerbliche **Personengesellschaft**, soweit hinter dieser natürliche Personen stehen. 564

(2) Privatvermögen

(a) Wesentliche Beteiligung (1 % oder darüber)

Im steuerlichen **Privatvermögen** ist ein Verlust in der Regel erst bei einer Veräußerung oder Liquidation bei einer **wesentlichen Beteiligung** (1 % oder darüber) an einer Kapitalgesellschaft, und dann nur zu 60 % abzugsfähig (siehe oben Rn. 562. Teilwertabschreibungen sind im Privatvermögen nicht möglich. 565

(b) Zwergbeteiligung (< 1 %)

Wertminderungen von **Zwergbeteiligungen** (< 1 %) im steuerlichen Privatvermögen, die vor 2009 angeschafft wurden, sind nicht steuerwirksam. 566

Bei Anschaffung nach 2008 können Verluste bei Veräußerung oder Liquidation etc. eingeschränkt innerhalb der Kapitaleinkünfte und unter weiteren steuertechnischen Einschränkungen geltend gemacht werden, § 20 Abs. 2 Nr. 1, Abs. 6 EStG. 567

(c) Verlust im Zusammenhang mit Arbeitsverhältnis?

Den Abzug des Verlusts bei den Einkünften aus **nichtselbständiger Arbeit** bei Erwerb durch einen Geschäftsführer-Gesellschafter oder einen anderen Arbeitnehmer lehnt die Rechtsprechung meist ab.[416] 568

(d) Gesellschafterdarlehen – Finanzierungshilfen

Der Ausfall von **Gesellschafterdarlehen** und -bürgschaften kann unter bestimmten Voraussetzungen einen Verlust aus der Veräußerung/Liquidation einer **privat** gehaltenen Beteiligung erhöhen.[417] Durch das Teileinkünfteverfahren wirkt sich das allerdings nur zu 60 % aus. 569

Nach derzeitigem Verständnis gilt dies stets für folgende **Finanzierungshilfen**: In einer Krise gewährte Darlehen („**Krisendarlehen**"), in einer Krise **stehen gelassene** Darlehen, **krisenbestimmte** Darlehen (insbesondere Darle- 570

---

415) Siehe ausführlich *Levedag*, GmbHR 2016, 261.
416) Z. B. BFH, v. 30.3.2013 – VI B 7/13, BFH/NV 2013, 1922; BFH, v. 17.9.2009 – VI R 24/08, BStBl II 2010, 198.
417) Siehe ausführlich *Bayer*, DStR 2009, 2397.

hen mit Rangrücktritt für Krisenfall) und **Finanzplandarlehen** sowie gleichgelagerte Gesellschafter**sicherheiten**.

571 Ihr Ausfall oder der Verzicht auf solche Darlehen führt unabhängig von ihrer Werthaltigkeit in diesem Zeitpunkt zu **nachträglichen Anschaffungskosten** einer privat gehaltenen Beteiligung.[418]

572 Bei **sonstigen Darlehen** an eine privat gehaltene Beteiligunggesellschaft ist der Ausfall steuerneutral, ein Verzicht führt zu nachträglichen Anschaffungskosten nur in der Höhe des **werthaltigen Teils** des Darlehens im Verzichtszeitpunkt.

573 Die Finanzverwaltung hält an diesem Konzept fest, obwohl die gesellschaftsrechtliche Grundlage (Eigenkapitalersatzrecht) im Jahr 2008 durch das MoMiG entfallen ist.[419] Es bleibt abzuwarten, ob der BFH dem folgt.[420] Die Verwaltung lehnt es zu Unrecht ab, solche Ausfälle von Gesellschafterdarlehen als unmittelbar **steuerwirksame Verluste aus Kapitalvermögen**, § 20 Abs. 2 Nr. 7 EStG anzusehen.[421]

12. Grunderwerbsteuer

574 Beinhaltet der Unternehmenskauf auch Grundstücke oder grundstücksgleiche Rechte (z. B. Erbbaurechte) kommt der **Grunderwerbsteuer (GrESt)** eine hohe Bedeutung bei der steuerlichen Optimierung der Transaktion zu.

575 Dies resultiert zum einen aus den seit Jahren stetig steigenden GrESt-Sätzen (per August 2016 reicht die Spanne von **3,5 %** in Bayern und Sachsen bis zu **6,5 %** in Brandenburg, NRW, Schleswig-Holstein, Thüringen (ab 1.1.2017) und im Saarland). Bedeutende Immobilienstandorte wie Berlin und Hessen weisen aktuell einen Satz von 6 % auf. Zum anderen kann im Share Deal die GrESt je nach Sachverhalt vermieden oder verringert werden.

a) Veräußerung des Grundstücks (Asset Deal)

576 Die direkte Veräußerung eines inländischen Grundstücks (**Asset Deal**) im Rahmen des Unternehmenskaufs unterliegt der Grunderwerbsteuer (GrESt). Bemessungsgrundlage ist die Gegenleistung, d. h. der Kaufpreis ggf. einschließlich sonstiger Leistungen des Käufers (§ 8 Abs. 1 i. V. m. § 9 Abs. 1 Nr. 1 GrEStG). Dies gilt auch, wenn der vereinbarte Kaufpreis den Verkehrswert des Grundstücks deutlich unterschreitet, woraus sich Gestaltungen ergeben können. Liegt ein nur symbolischer Kaufpreis vor,[422] ist dagegen

---

418) St. Rsp, z. B. BFH, v. 6.5.2014 – IX R 44/13, BStBl II 2014, 781.
419) BMF v. 21.10.2010, BStBl I 2010, 832.
420) Ausführlich *Moritz*, DStR 2014, 1636.
421) BMF v. 22.12.2009, BStBl I 2010, 49 Tz. 61; a. A. *Bayer*, DStR 2009, 2397.
422) BFH, v. 5.3.1997 – II R 81/94, BFH/NV 1997, 613.

der sog. Grundbesitzwert gem. § 151 Abs. 1 S. 1 Nr. 1 i. V. m. § 157 Abs. 1 bis 3 BewG[423)] maßgeblich.

> **Praxistipp:**
>
> Nahezu immer trägt der Erwerber die etwaig anfallende GrESt, da die Übernahme der GrESt durch den Erwerber nicht als Gegenleistung zählt und andernfalls der wirtschaftlich um die GrESt zu erhöhende Kaufpreis zu einer ineffizienten „GrESt auf GrESt" führen würde.

Grunderwerbsteuerlich erfasst wird auch der Handel mit **Kaufangeboten** (§ 1 Abs. 1 Nr. 5 ff. GrEStG); zu Optionen siehe aber Rn. 592.

577

b) Veräußerung von Gesellschaftsanteilen (Share Deal)[424)]

Der **Share Deal** (auch bzgl. Anteilen an ausländischen Gesellschaften) kann GrESt auslösen, wenn zum Vermögen der Gesellschaft ein im Inland belegenes Grundstück zählt. Trotz erfolgter Gesetzesverschärfungen sind weiterhin Gestaltungen zur Vermeidung der GrESt beim Share Deal möglich. Bei Grundstücksunternehmen hat der Share Deal aufgrund steigender Steuersätze in der Praxis stark an Bedeutung gewonnen.

578

aa) Personengesellschaften

Ändert sich der Gesellschafterbestand einer **Personengesellschaft** innerhalb von 5 Jahren mittelbar oder unmittelbar zu mindestens 95 %, löst dies Grunderwerbsteuer gem. § 1 Abs. 2a GrEStG aus (Ausnahme: Änderung von Todes wegen).[425)] Oft werden deshalb zunächst nur 94,9 % an der Per-

579

---

423) Das BVerfG stellte nach Vorlage des BFH mit Beschluss, v. 23.6.2015 – 1 BvL 13/11, 1 BvL 14/11, BStBl II 2015, 871 die Unvereinbarkeit von § 8 Abs. 2 GrEStG in der Fassung des JStG 1997 sowie in allen seitherigen Fassungen fest. Das BVerfG begründet seine Entscheidung damit, dass die bisher nach §§ 138 ff. BewG als Ersatzbemessungsgrundlage zu ermittelnden Werte (sog. Bedarfswert) im Durchschnitt zu weit unter dem gemeinen Wert liegenden Ergebnissen entsprechend der Regelbemessungsgrundlage nach § 8 Abs. 1 GrEStG führten und auch im Einzelfall stark divergierten. Der Gesetzgeber ist seiner Verpflichtung zur Neuregelung nachgekommen, indem zur Annäherung an den gemeinen Wert nunmehr die erbschaftsteuerlichen Bewertungsregelungen für Grundbesitz im Rahmen des § 8 Abs. 2 GrEStG herangezogen werden. § 23 Abs. 14 GrEStG regelt den Anwendungsbereich der Vorschrift. Der so ermittelte Wert ist grundsätzlich auf alle nach dem 31.12.2008 verwirklichten Erwerbsvorgänge anzuwenden. Für Steuer- und Feststellungsbescheide, die vor dem 6.11.2015 ergangen sind, besteht nach § 176 Abs. 1 Nr. 1 AO Vertrauensschutz.
424) Einführend zum Thema *Tiede*, StuB 2014, 571.
425) Vgl. *Behrens*, DStR 2014, 1526; koordinierter Ländererlass zur Anwendung des § 1 Abs. 2a GrEStG v. 18.2.2014, BStBl I 2014, 561. Der Gesetzgeber hat durch Einfügung der Sätze 2 bis 5 in § 1 Abs. 2a GrEStG im Zuge des StÄndG 2015 nunmehr die Verwaltungsauffassung festgeschrieben (entgegen BFH, v. 24.4.2013 – II R 17/10, BStBl. II 2013, 833), wonach bei mittelbarer Beteiligung an grundstückshaltenden Personengesellschaften zwischen Personen- und Kapitalgesellschaften in der Beteiligungskette zu differenzieren ist. Bei ersteren wird durchgerechnet, diese also als transparent behandelt, bei letzteren ist ein Gesellschafterwechsel von mindestens 95 % der Anteile erforderlich.

sonengesellschaft und erst *nach* Ablauf der 5-Jahresfrist die restlichen 5,1 % erworben.[426)]

580 Bei Erwerb der 5,1 % durch den Käufer, der auch bereits die 94,9 % erworben hat, fällt dann nur auf 5,1 % des Wertes GrESt an (Anteilsvereinigung, § 1 Abs. 3 GrEStG, mit 94,9 % Befreiung). Werden die 5,1 % dagegen dann von einem dem Käufer fremden Dritten erworben, lässt sich die GrESt insgesamt vermeiden.

581 Unterschiede zu § 1 Abs. 3 GrEStG (vgl. Rn. 583): Es zählt bei § 1 Abs. 2a GrEStG nur die vermögensmäßige Beteiligung an der Personengesellschaft[427)] und es werden Erwerbe durch verschiedene Neugesellschafter zusammengerechnet. Die Erhöhung der Beteiligung durch bereits bei Immobilienerwerb beteiligte „Alt-Gesellschafter" der Personengesellschaft ist nicht von der Norm erfasst.

582 **Achtung:** Der § 1 Abs. 2a GrEStG ist nur auf Immobilien anwendbar die während des gesamten Zeitraums des mindestens 95 %igen Gesellschafterwechsels zum Vermögen der Gesellschaft gehört haben. D. h. Immobilien, die von der Personengesellschaft während des 5-Jahres-Zeitraums erst erworben oder bereits veräußert wurden, sind nicht Teil der Bemessungsgrundlage.

583 Zusätzlich führt auch die mittel- und/oder unmittelbare wirtschaftliche Beteiligung von mindestens 95 % am Vermögen der Personengesellschaft nunmehr zu GrESt (vgl. § 1 Abs. 3a GrEStG). Der § 1 Abs. 3 GrEStG hat dagegen bei unmittelbarer Beteiligung eines Gesellschafters an einer Personengesellschaft nur geringe Bedeutung, da er aufgrund der sog. Pro-Kopf-Betrachtung[428)] selten einschlägig ist.

584 Die Bemessungsgrundlage bestimmt sich jeweils nach den § 151 Abs. 1 S. 1 Nr. 1 i. V. m. § 157 Abs. 1 bis 3 BewG (vgl. Fn. 385).

585 Beim Übergang von Immobilien von einem Gesellschafter auf eine Gesamthand (PersG) oder von dieser auf einen Gesellschafter kommen die Befreiungsvorschriften der §§ 5, 6 GrEStG zur Anwendung, wenn die sonstigen Voraussetzungen (u. a. Vor- und Nachbehaltensfristen) erfüllt sind. Dies wird z. B. bei Refinanzierungen genutzt, bei denen Immobilien GrESt-befreit in Tochterpersonengesellschaften ausgegliedert werden (sog. **Hive-down**),[429)]

---

426) Zu den dabei häufig verwendeten Put-/Call-Optionen und Gestaltungen beachte die verschärfte Rspr. des BFH, der nunmehr bei „aggressiven" Gestaltungen auch ohne zivilrechtlichen Gesellschafterwechsel eine mittelbare Änderung des Gesellschafterbestands annimmt: BFH, v. 9.7.2014 – II R 49/12, BFH/NV 2014, 1667.

427) Koordinierter Ländererlass zur Anwendung des § 1 Abs. 2a GrEStG v. 18.2.2014, BStBl I 2014, 561 Tz. 1.3.

428) Vgl. Boruttau/*Fischer*, GrEStG, § 1 Rn. 977. Anders aber bei mittelbarer Beteiligung über eine Personengesellschaft, vgl. BFH, v. 12.3.2014 – II R 51/52, BStBl. II 2016, 356.

429) Siehe bei *Bünning*, BB 2010, 2357.

um der refinanzierenden Bank eine „saubere" Objektgesellschaft bieten zu können und handelsrechtlich stille Reserven zu realisieren.

bb) Kapitalgesellschaften

Die mittel- und/oder unmittelbare **Vereinigung** von mindestens 95 % der Anteile an einer Kapitalgesellschaft, die ihrerseits ein inländisches Grundstück hat, in der Hand eines Erwerbers oder einer Erwerbergruppe (herrschendes und abhängige Unternehmen in sog. grunderwerbsteuerlicher Organschaft nach § 1 Abs. 4 GrEStG) unterliegt nach § 1 Abs. 3 GrEStG der Grunderwerbsteuer.[430] Das kann sowohl der Fall sein, wenn durch Erwerb von Anteilen bei einem Gesellschafter erstmals die 95 %-Schwelle erreicht wird, als auch wenn ein (bereits „vereinigter") Anteil von mindestens 95 % von einem Erwerber übernommen wird. Dabei werden **mittelbare Beteiligungen** i. R. d. § 1 Abs. 3 GrEStG nur berücksichtigt, wenn auf jeder Stufe eine Beteiligung von mindestens 95 % der Anteile besteht, oder eine grunderwerbsteuerliche Organschaft vorliegt.

586

Da § 1 Abs. 3 GrEStG durch Gestaltungen mittels Personengesellschaft (meist KG als sog. **RETT-Blocker**) weitgehend umgangen werden konnte, wurde zusätzlich § 1 Abs. 3a GrEStG eingeführt, nach dem auch eine mittel- und/oder unmittelbare wirtschaftliche Beteiligung von mindestens 95 % am Kapital zu GrESt führt.[431] Hierbei werden mittelbare Beteiligungen anteilig berücksichtigt (sog. Durchrechnung). Dies ist auch zu beachten, wenn i. R. d. Unternehmenskaufs früher etablierte Blocker-Strukturen mit erworben werden.[432]

587

Die **Bemessungsgrundlage** bestimmt sich jeweils nach § 151 Abs. 1 S. 1 Nr. 1 i. V. m. § 157 Abs. 1 bis 3 BewG.

588

Mit der Höhe der GrESt-Sätze steigt die Bedeutung sog. **Co-Investoren**, die zur GrESt-Vermeidung oft einen 5,1 %-Anteil an der zu erwerbenden Gesellschaft übernehmen.

589

cc) Konzernumstrukturierungen

Auch **Umstrukturierungen** im Konzern können § 1 Abs. 2a, 3, 3a GrEStG erfüllen und damit betriebswirtschaftlich sinnvolle Maßnahmen blockieren. In diesem Zusammenhang ermöglicht die Befreiung des § 6a GrEStG GrESt-freie konzerninterne Umstrukturierungen. Dessen Wortlaut ist jedoch zu eng geraten und greift in einer Vielzahl der eigentlichen Anwendungsfälle nicht ein.[433]

590

---

430) Vgl. *Tiede*, StuB 2014, 571, 574 f.
431) Viele Anwendungsfragen der neuen Norm sind noch unklar. Vgl. *Wagner/Mayer*, BB 2014, 279; koordinierter Ländererlass zur Anwendung des § 1 Abs. 3a GrEStG v. 9.10.2013, BStBl I 2013, 1364.
432) Vgl. *Glutsch/Meining*, GmbHR 2013, 743.
433) Vgl. *Teiche*, BB 2012, 2659. Vgl. koordinierte Ländererlasse zur Anwendung des § 6a GrEStG v. 19.6.2012, BStBl I 2012, 662 und v. 9.10.2013, BStBl I 2013, 1375.

A. Der Unternehmenskauf

c) Sonstiges

591 Bei der **Rückabwicklung von Transaktionen** ist auf die Voraussetzungen des § 16 GrEStG zu achten, um die Erstattung der GrESt zu erlangen (oder vor Zahlung der GrESt eine Aufhebung des GrESt-Bescheids zu erreichen). Achtung: Dies erfordert aber eine rechtzeitige und vollständige Anzeige (§ 16 Abs. 5 GrEStG).[434]

592 **Optionsverträge** auf den Erwerb von Grundstücken und von Anteilen an Grundstücks-Gesellschaften bzw. deren jeweilige Abtretung gegen Entgelt können im Einzelfall Grunderwerbsteuer auslösen.[435]

593 Zur Grunderwerbsteuer in **Organschaftsfällen** vgl. den Erlass v. 21.3.2007.[436]

594 Zur **ertragsteuerlichen** Erfassung: Beim Asset Deal ist die GrESt als Anschaffungsnebenkosten zu aktivieren; in Fällen des § 1 Abs. 3 GrEStG[437] und wohl auch bei § 1 Abs. 2a GrEStG[438] ist sie ein sofort abziehbarer Betriebsaufwand.

13. Umsatzsteuer

a) Asset Deal

595 Bei einem Asset Deal ist für Zwecke der Umsatzsteuer zu unterscheiden, ob eine „**Geschäftsveräußerung im Ganzen**" vorliegt oder nicht.

aa) Unternehmensverkauf im Ganzen

596 Der Verkauf eines Unternehmens im Ganzen unterliegt nicht der Umsatzsteuer, § 1 Abs. 1a UStG „**Geschäftsveräußerung im Ganzen**" oder auch „**GiG**".[439]

597 Die Umsatzsteuer entfällt aber nur, wenn das **ganze** Unternehmen oder ein **gesondert geführter Betrieb** im Ganzen übergeht und dabei keine wesentlichen Betriebsgrundlagen zurückbleiben.[440]

598 Die Geschäftsveräußerung im Ganzen spielt insbesondere bei Immobilientransaktionen eine herausragende Rolle, siehe hierzu ausführlich Rn. 2497 ff.

---

434) Der § 16 Abs. 5 GrEStG wurde kürzlich verschärft durch Gesetz v. 25.7.2014, BGBl I 2014, 1266 in Reaktion auf BFH, v. 18.4.2012 – II R 51/11, BStBl II 2013, 830.
435) Stoschek/Peter, DStR 2002, 2108; Boruttau/Fischer, GrEStG, § 1 Rn. 306.
436) Gleichlautender Ländererlass v. 21.3.2007, BStBl I 2007, 422; sowie Boruttau/Fischer, GrEStG, § 1 Rn. 1083 ff.
437) BFH, v. 20.4.2011 – I R 2/10, BStBl II 2011, 761.
438) Vgl. FG Münster, v. 14.2.2013 – 2 K 2838/10 G; F, EFG 2013, 806 und FG München, v. 22.10.2013 – 5 K 1847/13, EFG 2014, 478.
439) Zu § 1 Abs. 1a UStG vgl. A 1.5 UStAE; siehe auch ausführlich Schneider, BB 2013, 2326.
440) A 1.5 UStAE Abs. 1.

Kapitel IV. Steuerliche Aspekte des Unternehmenskaufs

Wenn ertragsteuerlich von der Veräußerung eines Betriebes oder **Teilbetriebes** auszugehen ist, liegt regelmäßig auch eine Geschäftsveräußerung im Ganzen vor.[441] 599

Im Ganzen geht das Unternehmen auch bei **langfristiger Überlassung** wesentlicher Betriebsgrundlagen (Vermietung, Verpachtung von Grundstücken) an den Erwerber[442] über oder bei zeitlich geringfügig versetzten Kausalgeschäften (Tranchen).[443] 600

Umsatzsteuerliche **Fußstapfentheorie**: Der Erwerber tritt in die Umsatzsteuer-Situation des Veräußerers ein (§ 1 Abs. 1a S. 3 UStG), z. B. in dessen Vorsteuerberechtigung oder in die Risiken einer **Vorsteuerkorrektur** (§ 15a UStG). Entgegen verbreiteter Meinung steht der Erwerber damit nicht unbedingt schlechter als bei einem steuerbaren Erwerb. Denn auch dann würde bei einer maßgeblichen Veränderung der Umstände beim Erwerber seine Vorsteuer (dann also: die Vorsteuer aus dem Erwerb) berichtigt. Das Einrücken in die Berichtigungslage des Veräußerers hat für den Erwerber den Vorteil, dass die Berichtigungsfrist (in der Regel zehn Jahre) bereits beim Veräußerer zum Teil abgelaufen ist (§ 15a Abs. 9 UStG), d. h., das Risiko für den Erwerber ist nach Frist und Betrag jedenfalls geringer als bei steuerbarem Erwerb. 601

Das Risiko einer **Fehlbeurteilung**, ob eine Unternehmensveräußerung im Ganzen vorliegt, ist für den Verkäufer hoch: Grundsätzlich 16 % (19/119) des Kaufpreises als echte „verlorene" Mehrkosten. Die Finanzbehörden sind zum Teil unsicher und wegen Betrugsfällen misstrauisch. Trotzdem sind verbindliche Auskünfte erhältlich, seitens des zuständigen Finanzamts des Veräußerers, aber ggf. in Abstimmung auch mit dem Finanzamt des Erwerbers (vor allem bei Rückabwicklungsrisiken). Bis zu einer verbindlichen Auskunft ist die Umsatzsteuer-Lage zwischen den Vertragsteilen offen zu halten und ggf. abzusichern. Jedenfalls sollte der Vertrag eine **Anpassungsklausel** vorsehen, siehe Rn. 606. 602

Im umgekehrten Fall, also zunächst bei Ausweis der Umsatzsteuer, aber später festgestellter Nicht-Umsatzsteuerbarkeit ist eine fehlerhaft dafür angesetzte Umsatzsteuer trotzdem abzuführen, wenn diese fakturiert wurde (§ 14c Abs. 2 UStG); sie berechtigt aber nicht zum Vorsteuerabzug. Eine Berichtigung der Rechnungsstellung ist möglich. 603

Bei einer Geschäftsveräußerung im Ganzen wird der Erwerber zugleich **Haftungsschuldner** für Betriebssteuern des Veräußerers (§ 75 AO) (siehe Rn. 1019 ff.). Der Erwerber haftet also auch für eine für den Asset Deal un- 604

---

441) A 1.5 UStAE Abs. 6; das gilt nicht für die fiktiven Teilbetriebe wie 100 %-Kapitalgesellschaftsanteile oder Mitunternehmerbeteiligung.
442) A 1.5 UStAE Abs. 3, anders als bei der ertragsteuerlichen Abgrenzung eines Teilbetriebes.
443) A 1.5 UStAE Abs. 5.

berechtigt ausgewiesene Umsatzsteuer.[444] (Die umsatzsteuerliche Fußstapfentheorie des § 1 Abs. 1a UStG führt nicht dazu, dass die beschränkte Betriebsübernehmerhaftung über § 75 AO hinaus für die Umsatzsteuer (zeitlich) erweitert wird.[445])

bb) Einzelwirtschaftsgüter

605 Ein Asset Deal, der sich nur auf **Einzelwirtschaftsgüter** bezieht, ist grundsätzlich umsatzsteuerpflichtig. Nur soweit die Wirtschaftsgüter zuvor ausschließlich[446] für umsatzsteuerfreie Zwecke verwendet wurden, ist auch der Verkauf umsatzsteuerfrei, z. B. ein Krankenhaus verkauft alte Betten (§ 4 Nr. 28 UStG). Oder die Veräußerung der Wirtschaftsgüter ist gesondert umsatzsteuerbefreit. Das ist insbesondere für Immobilien der Fall, § 4 Nr. 9 lit. a) UStG mit der Möglichkeit, unter bestimmten Voraussetzungen zur USt zu optieren, § 9 Abs. 1 UStG. Siehe hierzu ausführlich Rn. 2505 ff.

cc) Vertragliche Vereinbarung

606 Fällt Umsatzsteuer an, so muss sie **zusätzlich** zum Kaufpreis ausdrücklich vereinbart sein. Denn ein im Vertrag ausgewiesener Kaufpreis gilt im Zweifel grundsätzlich als Bruttopreis **einschließlich** der Umsatzsteuer.[447]

607 Der Kaufpreis erhöht sich also nicht um die Umsatzsteuer, nur weil der Veräußerer bei Vertragsabschluss annimmt, nicht umsatzsteuerpflichtig zu sein, später aber doch zur Umsatzsteuer herangezogen wird. Anders aber bei **übereinstimmenden Irrtum** über Umsatzsteuerfreiheit, dann **ergänzende Vertragsauslegung**, die jedenfalls bei Vorsteuerabzugsberechtigung des Erwerbers zur zusätzlichen Umsatzsteuer führt.[448]

608 Fällt Umsatzsteuer an, so hat der Erwerber jedenfalls einen Anspruch auf Ausstellung einer **Rechnung** mit getrenntem Ausweis der Umsatzsteuer.[449]

dd) Abtretung des Vorsteuer-Erstattungsanspruchs

609 Zur Liquiditätsersparnis und zur Sicherheit (Haftung nach § 75 AO bei einem Asset Deal siehe Rn. 1019 ff.) wird ein Erwerber versuchen, dem Veräußerer die Umsatzsteuer auf den Kaufpreis nicht auszuzahlen, sondern sogleich mit seinem Vorsteuer-Erstattungsanspruch zu verrechnen. Dazu müsste der Erstattungsanspruch dem Veräußerer abgetreten werden. Abtretbar ist aber nur

---

444) AEAO zu § 75 Abs. 4.1.
445) Haftungsumfang: AEAO zu § 75 AO.
446) Toleranzgrenze 5 % für Verrechnung mit umsatzsteuerpflichtigem Umsatz, 4.2.8.1 UStAE Abs. 2.
447) BGH, v. 28.2.2002 – I ZR 318/99, NJW 2002, 2312.
448) BGH, v. 14.1.2000 – V ZR 416/97, NJW-RR 2000, 1652.
449) Bunjes/*Korn*, UStG, 12. Aufl., § 14 Rn. 24.

der Erstattungsanspruch aufgrund der **Voranmeldung** (vorläufig) oder **Veranlagung** (endgültig), also der Saldo aus allen geschuldeten Umsatzsteuern und allen abzugsfähigen Vorsteuern, nicht dagegen der einzelne Vorsteuerbetrag.

Das erschwert nicht nur die Verrechnung, sondern setzt den Erwerber auch dem Risiko aus, dass ein verrechenbarer Erstattungsanspruch nicht in der erwarteten Höhe besteht/entsteht. Der Verkäufer sollte ggf. **Sicherheit** verlangen. Der Erwerber wird diese nicht gewähren wollen, weil er im Ergebnis den Vorteil der Abtretung damit verliert. Eventuell Teilsicherheit? Verrechnungsmöglichkeit? 610

Haftungsrisiken bestehen umgekehrt auch für etwaige Rückzahlbarkeit des Erstattungsanspruchs (§ 37 Abs. 2 S. 3 AO).[450] 611

ee) Transaktionskosten

Für den **Veräußerer** sind die Vorsteuern aus den Transaktionskosten (Investmentbanken, Anwälte, Wirtschaftsprüfer etc.) abziehbar, soweit eine Geschäftsveräußerung im Ganzen vorliegt und das verkaufte Unternehmen selbst umsatzsteuerpflichtige Umsätze hatte. Außerdem sind sie natürlich abziehbar, soweit beim Verkauf von Einzelwirtschaftsgütern der Verkauf umsatzsteuerpflichtig ist. 612

Bei dem **Erwerber** sind Vorsteuern aus Transaktionskosten abzugsfähig, soweit die erworbenen Wirtschaftsgüter für umsatzsteuerpflichtige Umsätze eingesetzt werden. Auch die neu gegründete Erwerbergesellschaft (noch ohne Umsätze) ist vorsteuerabzugsberechtigt, wenn die Umsätze, auf deren Tätigkeit sie sich vorbereitet, dazu berechtigen (s. auch Rn. 396). Dies gilt auch dann, wenn der Versuch scheitert.[451] 613

b) Share Deal Kapitalgesellschaft

Die Veräußerung von Anteilen an **Kapitalgesellschaften** unterliegt nicht der Umsatzsteuer, wenn der Veräußerer selbst kein Unternehmer[452] ist. Ist er Unternehmer, so ist die Veräußerung zwar umsatzsteuerbar, aber umsatzsteuerfrei, § 4 Nr. 8 lit. f UStG. Eine Geschäftsveräußerung im Ganzen kommt wohl allenfalls in Betracht, wenn eine 100 %-Beteiligung Teil einer eigenständigen Einheit ist, die eine selbständige wirtschaftliche Betätigung ermöglicht und diese Betätigung vom Erwerber fortgesetzt wird.[453] 614

---

450) Z. B. BFH, v. 30.6.2004 – VII B 257/02, BFH/NV 2005, 3; BFH, v. 17.3.2009 – VII R 38/08, BStBl II 2009, 953.
451) A 2.6 UStAE Abs. 1.
452) Im umsatzsteuerlichen Sinn.
453) A 1.5 UStAE Abs. 9, EuGH, v. 30.5.2013 – C – 651/11, DStR 2013, 1166, kritisch Bunjes/*Robisch*, UStG, § 1 Rn. 135; siehe auch *Schneider*, BB 2013, 2326.

aa) Option zur Umsatzsteuer

615 Der Umsatz mit Anteilen kann gleichwohl **optiert**, d. h. umsatzsteuerpflichtig behandelt werden, wenn an einen **anderen Unternehmer** veräußert wird (§ 9 Abs. 1 UStG).

616 Der Veräußerer wird auf die Umsatzsteuerbefreiung verzichten, wenn der Erwerber die ihm berechnete Umsatzsteuer als Vorsteuer abziehen kann und der Veräußerer durch den Verzicht seinerseits das Recht zum Vorsteuerabzug für andere ihm berechnete Vorsteuern erlangt, z. B. aus Honoraren (siehe Rn. 618). In diesen Fällen liegt die Begleichung der Umsatzsteuer[454] an den Veräußerer durch Abtretung des Vorsteuer-Erstattungsanspruches nahe.

617 Zur Vorsteuerabzugsberechtigung von Vorrats- oder Holdinggesellschaften als Erwerber siehe Rn. 620.

bb) Transaktionskosten beim Share Deal

(1) Veräußerer

618 Nur bei Veräußerung mit Option zur Umsatzsteuer kann der Veräußerer Vorsteuer aus Transaktionsrechnungen (Investmentbanker, Anwälte etc.) abziehen.[455]

(2) Erwerber

619 Wenn der Erwerber umsatzsteuerpflichtig ist und die Beteiligung für sein Unternehmen erwirbt, kann er Vorsteuer aus Transaktionsrechnungen abziehen.[456] Das ist unabhängig davon, ob bei dem Verkauf der Beteiligung zur Umsatzsteuer optiert worden ist.

620 Reine **Holdinggesellschaften** sind typischerweise nicht Unternehmer[457] und nicht zum Abzug von Vorsteuer berechtigt. Zur Herstellung der Vorsteuerabzugsberechtigung hat eine Holdinggesellschaft daher umsatzsteuerpflichtige Leistungen gegenüber jeder Beteiligungsgesellschaft zu erbringen, um für Vorsteuern in Zusammenhang mit Erwerb (Beratungskosten, Due Diligence etc.) und Halten der Beteiligungen abziehen zu können. Typischerweise erfolgt dies durch unmittelbare Eingriffe in die Verwaltung der Gesellschaft[458] („**Führungsholding**"). Es bieten sich konzerninterne Beratungs- und Kontrollfunktionen (Controlling, Buchführung, EDV, Personalverwaltung) an, reine Geschäftsführungsaufgaben reichen in der Regel nicht. Die umsatzsteu-

---

454) Präziser: Desjenigen Teiles des Bruttokaufpreises, der der darin enthaltenen Umsatzsteuer entspricht.
455) A 15.22 UStAE Abs. 2.
456) A 15.22 UStAE Abs. 1.
457) A 2.3 UStAE Abs. 2.
458) A 2.3 UStAE Abs. 3 Nr. 3; BMF v. 26.1.2007, BStBl I 2007, 211 Tz. 6.

erliche Organschaft mit den Tochtergesellschaften hindert nicht, es reicht, wenn die erbrachten Leistungen außerhalb einer Organschaft umsatzsteuerpflichtig wären.[459]

Die bisherige Praxis ist durch eine aktuelle Entscheidung des EUGH[460] und der Folgerechtsprechung des BFH[461] bestätigt worden. Es läßt sich allerdings beobachten, dass die Entscheidungen in der Betriebsprüfungspraxis noch nicht vollständig „angekommen" sind. 621

Dennoch sollte bei einer solchen Führungsholding als Erwerber für den **Verkauf** der Beteiligung nicht zur Umsatzsteuer optiert werden. Das Risiko, dass der Vorsteuerabzug auf den Kaufpreis BEI der erwerbenden Holding versagt wird, dürfte angesichts der Höhe der anfallenden Beträge immer noch zu groß sein. 622

c) Personengesellschaftsbeteiligung

Umsatzsteuerlich wird die Personengesellschaft (fast) wie eine Kapitalgesellschaft behandelt. Es gibt also grundsätzlich keine transparente Betrachtung, im Gegensatz zu den Ertragsteuern. 623

Auch der Verkauf eines Personengesellschaftsanteiles kann nur der Umsatzsteuer unterliegen, wenn der Gesellschafter selbst Unternehmer und die Beteiligung der Unternehmersphäre zugeordnet ist. 624

Üblicherweise ist die Veräußerung zwar umsatzsteuerbar, aber **umsatzsteuerbefreit** (§ 4 Nr. 8 lit. f UStG). Das gilt auch, wenn nur der Teil eines Personengesellschaftsanteils veräußert wird.[462] (Ob dabei Sonderbetriebsvermögen zurückbehalten wird, ist für die Umsatzsteuer unerheblich, anders als für die Ertragsteuer, siehe Rn. 327). Zur Option zur Umsatzsteuer und zu Transaktionskosten siehe oben Rn. 615 ff. 625

d) Beteiligung durch Kapitalerhöhung

Die **Aufnahme** eines neuen Gesellschafters (bei Kapitalgesellschaft durch Ausgabe von neuen Anteilen) ist nicht umsatzsteuerbar.[463] Sacheinlagen eines Unternehmer-Gesellschafters hingegen sind umsatzsteuerbar, außer in Fällen einer Geschäftsveräußerung im Ganzen nach § 1 Abs. 1a UStG.[464] 626

---

459) BMF v. 26.1.2007, BStBl I 2007, 211 Tz. 15 ff.
460) EUGH, v. 16.7.2015 – C-108/14, C-109/14, DStR 2015, 1673.
461) BFH, v. 1.6.2016 – XI R 17/11, BFH/NV 2016, 1410.
462) A 4.8.10 UStAE.
463) A 1.6 UStAE Abs. 2.
464) A 1.6 UStAE Abs. 2.

Zweiter Teil: Einzelaspekte entlang des zeitlichen Ablaufs

V. Vorvereinbarungen und vorvertragliche Pflichten

1. Vorbemerkung

627 Bevor es zum Abschluss des eigentlichen Unternehmenskaufvertrages kommt, treffen Verkäufer und Kaufinteressent(en) regelmäßig Vorvereinbarungen. Diese Vorvereinbarungen können unterschiedlichen Zwecken dienen und lassen sich daran ausgerichtet grob in zwei Kategorien unterteilen:

- **Prozessleitende Vorvereinbarungen,** deren wesentliche Funktion darin besteht, dem oder den Kaufinteressenten die Einzelheiten des Verkaufsprozesses mitzuteilen, damit diese sich inhaltlich und zeitlich darauf einstellen und entsprechend planen können. Folglich enthalten prozessuale Vorvereinbarungen Angaben zu den wesentlichen Verfahrensschritten, deren nähere inhaltliche und zeitliche Ausgestaltung sowie Angaben zu weiteren Voraussetzungen, unter denen die Teilnahme am Verkaufsprozess erfolgt (vgl. hierzu näher Rn. 629 ff.).

- **Materielle Vorvereinbarungen** dienen dazu, wesentliche wirtschaftliche oder rechtliche Eckpunkte der noch zu treffenden abschließenden vertraglichen Regelung vorläufig festzuhalten (vgl. hierzu näher Rn. 658 ff.).

628 Nach dem gesetzlichen Leitbild kann es bereits in einem recht frühen Stadium von Vertragsverhandlungen zum Entstehen eines **vorvertraglichen Schuldverhältnisses** kommen, aus dem für beide Seiten Pflichten resultieren können. Vorvereinbarungen dienen unter anderem dazu, den Inhalt solcher vorvertraglichen Schuldverhältnisse zu modifizieren; allerdings sind manche Pflichten einer vertraglichen Modifikation oder Abbedingung nicht zugänglich (vgl. hierzu nachfolgend Rn. 673 ff.).

2. Prozessleitende Vorvereinbarungen

a) Vertraulichkeitsvereinbarungen

aa) Grundlagen

629 Im Frühstadium einer Transaktion werden den Kaufinteressenten verkäuferseitig in der Regel nur wenige grundlegende Angaben zum möglichen Kaufgegenstand mitgeteilt und dies nicht selten auf anonymer Basis. Im Branchenjargon wird ein solcher Kurzüberblick über das Zielunternehmen bisweilen als *teaser* bezeichnet.

630 Darüber hinausgehende Informationen werden in der Regel erst nach Unterzeichnung einer Vertraulichkeitsvereinbarung zur Verfügung gestellt, um dem schutzwürdigen Geheimhaltungsinteresse des Verkäufers und des Zielunternehmens Rechnung zu tragen. Im Englischen ist gleichbedeutend von *Confidentiality Agreement* oder *Non-Disclosure Agreement* (*NDA*) die Rede.

Der Abschluss einer Vertraulichkeitsvereinbarung dient mehreren Zwecken: 631
Der Verkäufer hat regelmäßig ein Interesse daran, dass Einzelheiten des Verkaufsverfahrens nicht im Markt bekannt werden, um seine Verhandlungsposition nicht zu gefährden und zudem vorzeitige Unruhe in der Belegschaft oder bei Geschäftspartnern des Zielunternehmens zu vermeiden. Des Weiteren geht es aus Verkäufersicht darum, die Verfahrensherrschaft zu behalten und entscheiden zu können, wer zu welchem Zeitpunkt welche Informationen zur Verfügung gestellt bekommt. Ferner dient die Vertraulichkeitsvereinbarung aus Sicht des Verkäufers wie der Zielgesellschaft gleichermaßen dem Schutz des Unternehmenswertes; denn schließlich werden dem Interessentenkreis im Rahmen des Verkaufsverfahrens regelmäßig Betriebsgeheimnisse und andere sensiblen Informationen über das Zielunternehmen zugänglich gemacht. Der Abschluss einer Vertraulichkeitsvereinbarung dient schließlich auch dem Interesse der Geschäftsführung des Zielunternehmens, die darauf verpflichtet ist, Unternehmensinterna angemessen zu schützen; damit kommt sie ihrer aus der Organstellung resultierenden Sorgfaltspflicht nach und kann somit einer persönlichen Haftung, etwa aus § 35 Abs. 2 GmbHG oder § 93 AktG, begegnen.[465]

bb) Fallkonstellationen

Bei Vertraulichkeitsvereinbarungen gibt es unterschiedliche Fallkonstellationen 632
in Bezug auf die Parteien.

Die Grundkonstellation ist, dass der Verkäufer auf der offenbarenden Seite 633
steht und der bzw. die verschiedenen Kaufinteressenten auf der Gegenseite Partei der Vertraulichkeitsvereinbarung sind. Steht eine Fremdfinanzierung im Raum, treten die von dem jeweiligen Kaufinteressenten kontaktierten Banken nicht selten auf Seiten des Kaufinteressenten der von diesem mit dem Verkäufer geschlossenen Vertraulichkeitsvereinbarung bei.

Es kann jedoch sein, dass der Verkäufer in einem frühen Stadium eines Auk- 634
tionsverfahrens an einzelne Banken herantritt, um mit diesen deren grundsätzliche Bereitschaft zur Finanzierung der Transaktion auszuloten. Zu diesem Zweck wird dann zwischen Verkäufer und jeweiliger Bank eine Vertraulichkeitsvereinbarung geschlossen. Die Kontaktaufnahme zwischen Verkäufer und Kaufinteressenten folgt zeitlich nach. Entsprechend nachgeschaltet ist dann auch der Abschluss von Vertraulichkeitsvereinbarungen im Verhältnis zwischen Verkäufer und dem einzelnen Kaufinteressenten. Diese Vereinbarungen werden in der Regel jeweils individuell verhandelt und weichen daher häufig inhaltlich voneinander ab. Allerdings beinhalten sie zumeist die Verpflichtung des Kaufinteressenten, dafür Sorge zu tragen, dass bei einer Weitergabe vertraulicher Informationen an Fremdkapitalgeber sich auch letztere

---

465) Siehe hierzu auch *Schlitt*, in: *Semler/Volhard*, Arbeitshandbuch für Unternehmensübernahmen, Bd. 1, S. 202.

an die konkret mit dem Verkäufer getroffene Vertraulichkeitsvereinbarung halten. In der Praxis sehen sich Banken dann nicht selten mit dem Umstand konfrontiert, dass sie in Bezug auf ein und dieselbe Transaktion einer Vielzahl individueller Vertraulichkeitsvereinbarungen beitreten müssten. Dies ist meist weder sachgerecht noch effizient. Daher empfiehlt es sich in solche verkäuferseitigen Vertraulichkeitsvereinbarungen mit Banken aufzunehmen, dass (i) die betreffende Bank einem an sie herantretenden Kaufinteressenten die Tatsache offenlegen darf, dass sie bereits eine Vertraulichkeitsvereinbarung mit dem Verkäufer geschlossen hat (regelmäßig klassifiziert bereits die Existenz der Vertraulichkeitsvereinbarung als vertrauliche Information) und (ii) der betreffende Kaufinteressent deshalb ohne Weiteres vertrauliche Informationen an die betreffende Bank weitergeben darf, ohne noch dafür Sorge tragen zu müssen, dass sich die Bank auf die Einhaltung der konkret zwischen ihm und dem Verkäufer getroffene Vertraulichkeitsvereinbarung verpflichtet. Die Verkäuferinteressen sind durch eine solche Regelung gewahrt, da die Kette der Verpflichtung zur Vertraulichkeit nicht abreißt: sie hat sowohl mit der Bank als auch mit dem Kaufinteressenten Vertraulichkeitsvereinbarungen abgeschlossen. Es erspart jedoch allen Beteiligten Zeit und Ressourcen für langwierige Verhandlungen und den involvierten Banken die Notwendigkeit zur Einhaltung divergierender Vertraulichkeitsvereinbarungen.

cc) Schutzwirkung einer Vertraulichkeitsvereinbarung

635 Insbesondere bei kompetitiven Verkaufsprozessen kommt es vor, dass die Vertraulichkeitsvereinbarung als echter Vertrag zugunsten der Zielgesellschaft oder aber des späteren Käufers ausgestaltet wird, um so dem Käufer direkt oder – über die Zielgesellschaft – indirekt eine Handhabe gegen Pflichtverletzungen seitens nicht zum Zuge gekommener Kaufinteressenten zu geben. Aber auch wenn keine ausdrückliche Regelung getroffen ist, kann durchaus argumentiert werden, dass eine Vertraulichkeitsvereinbarung zumindest ein Vertrag mit Schutzwirkung zugunsten Dritter ist.

636 Problematisch hierbei ist sowohl beim echten Vertrag zugunsten Dritter als auch beim Vertrag mit Schutzwirkung zugunsten Dritter, dass bei Änderungen (z. B. bei der Laufzeit) oder Aufhebungen der Vertraulichkeitsvereinbarung stets im Auge behalten werden muss, ob diese den berechtigten oder begünstigten Dritter betreffen. Diese sind nur mit dessen Zustimmung möglich, es sei denn, die Vertraulichkeitsvereinbarung enthält eine Bestimmung dahingehend, dass eine Zustimmung des Dritten für Änderungen oder Aufhebungen nicht erforderlich ist.

dd) Pflicht zur Vertraulichkeit

637 Von der Pflicht zur Vertraulichkeit umfasst sollten gegenständlich alle Informationen sein, die dem betreffenden Kaufinteressenten im Laufe des Verkaufsverfahrens seitens des Verkäufers oder des Zielunternehmens bzw. seitens der auf Verkäuferseite involvierten Berater zur Verfügung gestellt werden. Es

empfiehlt sich daher, in der Vertraulichkeitsvereinbarung eine genaue Definition des Begriffs „vertrauliche Information" aufzunehmen.

Regelmäßig sehen Vertraulichkeitsvereinbarungen vor, dass eine Information 638 nicht vertraulich ist, soweit bestimmte Voraussetzungen erfüllt sind. Beispielsweise ist dies nicht der Fall, soweit die betreffende Information

- öffentlich bekannt ist oder – ohne Verletzung von Vertraulichkeitspflichten seitens des Kaufinteressenten – öffentlich bekannt wird;
- dem Kaufinteressenten von Dritter Seite mitgeteilt wurde, sofern der Kaufinteressenten bei Kenntniserlangung nicht wusste, dass diese Information unter Verletzung einer Vertraulichkeitspflicht zur Verfügung gestellt wurde oder sonst der Vertraulichkeit unterliegt;
- nach anwendbarem Recht oder nach den Vorschriften einer Börse, an welcher Aktien des Kaufinteressenten gelistet sind, offenzulegen ist; oder
- durch den Kaufinteressenten eigenständig entwickelt wurde und zwar ohne Verwendung von vertraulichen Informationen.

ee) Berechtigter Personenkreis

In der Vertraulichkeitsvereinbarung sollte des Weiteren ausdrücklich geregelt 639 werden, welcher Personenkreis berechtigterweise Zugriff auf die vertraulichen Informationen erhalten dürfen soll. Üblich sind Beschränkungen auf Funktionsträger und Organe des Kaufinteressenten, dessen Repräsentanten (z. B. verbundene Unternehmen und finanzierende Banken) und seine Berater, soweit diese mit der Transaktion befasst sind *(need-to-know basis)*. An sonstige Dritte (z. B. andere Banken im Rahmen der Syndizierung der Finanzierung) dürfen Informationen oft nur nach Zustimmung der Verkäuferseite bzw. nach einem Beitritt des Dritten zur Vertraulichkeitsvereinbarung offengelegt werden.

Von diesem Grundsatz der Zustimmung bzw. des Beitrittserfordernisses gibt 640 es jedoch in der Praxis regelmäßig insoweit Ausnahmen, als entweder der Kaufinteressent sich für die Einhaltung der Vertraulichkeitsvereinbarung durch den Dritten verpflichtet (und dementsprechend haftet) oder aber der Dritte wie z. B. im Falle von Rechtsanwälten berufsständischen oder gesetzlichen Vertraulichkeitspflichten unterliegen.

Weiterhin üblich ist die erlaubte Weitergabe von vertraulichen Informatio- 641 nen in Fällen, in denen eine rechtliche oder gesetzliche Verpflichtung zur Weitergabe besteht. Dies ist z. B. der Fall, wenn

- aufgrund eines entsprechenden Verlangens, Aufforderung oder Anordnung eines Gerichts oder einer Verwaltungs- oder Steuerbehörde, einer Bank- oder sonstigen Regulierungs- oder Aufsichtsbehörde oder einer ähnlichen

Stelle, soweit diese nicht offensichtlich unzuständig ist, offenzulegen ist; oder

- vertrauliche Informationen für Zwecke einer gerichtlichen Auseinandersetzung im Zusammenhang mit der Transaktion verwendet werden sollen.

642 Es ist des Weiteren üblich, dass dem Kaufinteressenten aufgegeben wird offenzulegen, welchen Personen konkret Zugriff gewährt wurde. Hierzu wird der Kaufinteressent verpflichtet, entsprechende Listen zu führen und diese dem Verkäufer auf dessen Verlangen zu übermitteln. Allerdings ist zu beachten, dass es hier schnell zu Konflikten mit dem Bundesdatenschutzgesetz kommen kann. Im Grundsatz besagt das Bundesdatenschutzgesetz, dass die Erhebung, Verarbeitung und Nutzung von personenbezogenen Daten nur aufgrund entsprechender gesetzlicher Grundlage oder mit Zustimmung des Betroffenen statthaft ist. Bei größeren Einheiten ist die Einholung entsprechender individueller Zustimmungen kaum je praktikabel. Ein praxistauglicher und gängiger Kompromiss ist daher die Verpflichtung zur Führung solcher Listen auf *entity*-Basis. Es ist demnach nur der jeweilige Rechtsträger zu erfassen, an den vertrauliche Informationen weitergegeben werden; nicht erforderlich ist dagegen eine Auflistung aller bei diesem eingebundenen natürlichen Personen. Dies ist eine an die Führung einer Insiderverzeichnis nach WpHG angelehnte Übung. Bereits der Emittent hat danach bei Einbindung externer Dienstleister bei Weitergabe von Insiderinformationen an einen solchen Dienstleister lediglich den Zeitpunkt der Weitergabe und den Firmennamen des Dienstleisters sowie einen Ansprechpartner des Dienstleisters mit Telefonnummer zu vermerken.[466] Bindet der Dienstleister einen weiteren Dienstleister zur Erfüllung seines Auftrages ein (z. B. die beauftragte Bank schaltet ihrerseits einen Anwalt ein, der ein Rechtsgutachten erstellt), so ist der von dem Dienstleister eingebundene weitere Dienstleister nicht verpflichtet, für diesen Sachverhalt ein eigenes Insiderverzeichnis zu führen. Es reicht aus, wenn der vom Emittenten kontrahierte Dienstleister den Firmennamen seines Auftragnehmers sowie einen Ansprechpartner bei dem weiteren Dienstleister benennt.[467]

ff) Gestufte Zugangsberechtigung

643 In Bezug auf besonders sensible Daten kann sich der Verkäufer weitergehend dadurch schützen, dass er den Kreis der zugriffsberechtigter Personen weitergehend einschränkt. So kann beispielsweise vorgesehen werden, dass bestimmte Informationen nur von externen Beratern, nicht aber von Vertretern des Kaufinteressenten selbst eingesehen werden können und dass die betreffenden Informationen deshalb in einem gesonderten Datenraum (bisweilen *red data room* genannt) vorgehalten werden (vgl. dazu Rn. 714). Dies muss dann sinnvollerweise mit der Auflage verbunden sein, dass die externen Bera-

---

466) Emittentenleitfaden der BAFIN (2013), Kapitel VII (*Insiderverzeichnisse*), dort VII.2.2.
467) Emittentenleitfaden der BAFIN (2013), Kapitel VII (*Insiderverzeichnisse*), dort VII.2.2.

ter die solchermaßen eingesehenen Informationen auch an den Kaufinteressenten nur eingeschränkt weitergeben dürfen. Der Verkäufer kann sich etwa vorbehalten, dass nur solche auf der Durchsicht der externen Berater beruhenden Arbeitsprodukte an den Kaufinteressenten weitergegeben werden dürfen, die der Verkäufer zuvor durchgesehen und entsprechend freigegeben hat.

gg) Verwendungszweck

Ebenfalls ausdrücklich vorgesehen werden sollte, dass der Kaufinteressent und die konkret zugriffsberechtigten Personen die vertraulichen Informationen ausschließlich für Zwecke der Evaluierung und Finanzierung der Transaktion verwenden dürfen. 644

hh) Verpflichtung zur Rückgabe bzw. Löschung von vertraulichen Informationen

Weiterhin sollte die Vertraulichkeitsvereinbarung regeln, wie der Kaufinteressent mit vertraulichen Informationen für den Fall zu verfahren hat, dass der Kaufinteressent nicht zum Zuge kommt. Insbesondere sollte sich der Verkäufer vorbehalten, dass Unterlagen oder elektronische Daten dann entweder ohne Weiteres oder doch jedenfalls auf entsprechendes Verkäuferverlangen entweder zurückgegeben werden oder aber vernichtet bzw. gelöscht werden. 645

Der Kaufinteressent sollte sich dazu verpflichten, dem Verkäufer auf entsprechendes Verlangen die Vernichtung bzw. Löschung schriftlich bzw. in Textform zu bestätigen. Eine Ausnahme von der Rückgabe, Vernichtung bzw. Löschung der Daten ist üblich bezüglich solcher Daten, die zum Zwecke der Erfüllung aufsichtsrechtlicher, gesetzlicher oder sonstiger Aufbewahrungspflichten (einschließlich automatischer Sicherungskopien) aufbewahrt werden müssen. 646

ii) Kontaktverbote

Regelmäßig enthalten Vertraulichkeitsvereinbarungen die Vorgabe, dass der Kaufinteressent im Zusammenhang mit der Transaktion nur mit namentlich benannten oder ihrer Funktion nach bestimmten Personen auf der Verkäuferseite Kontakt aufnehmen darf. Eine Ansprache anderer Personen auf Verkäuferseite, einschließlich involvierter Berater und Banken ist dann untersagt. Kommt im Rahmen der Akquisitionsfinanzierung eine Syndizierung in Betracht, sollten Banken von dem Kontaktverbot ausgenommen sein. Tritt nämlich eine Bank als Arrangeur (*arranger*) oder Kreditagent (*agent*) an eine Vielzahl in Betracht kommende andere Banken heran, um eine Syndizierung auszuloten, wird es ihr vielfach nicht bekannt sein, ob einzelne dieser Banken zu den Hausbanken des Verkäufers oder der Zielgesellschaft gehören. Dies ist auch deshalb sachgerecht, weil sich gerade auch die Hausbanken regelmä- 647 ßig gerne an der Finanzierung beteiligen, da sie die Zielgesellschaft ja bereits gut kennen.

jj) Abwerbeverbote

648 Viele Vertraulichkeitsvereinbarungen sehen das Verbot vor, Arbeitnehmer und andere der offenlegenden Partei zuzuordnende Personen abzuwerben bzw. anzustellen. Übliche Ausnahme von einer solchen Regelung sind Anstellungen von Personen, die den Kaufinteressenten aufgrund einer Stellenanzeige oder aus eigener Initiative ansprechen oder deren Anstellung aufgrund üblicher Einstellungsmaßnahmen, die sich nicht speziell an den betreffenden Personenkreis wenden, zustande kommt.

kk) Laufzeit

649 Die Laufzeit der Vertraulichkeitsvereinbarung sollte nicht pauschal, sondern besser anhand der Frage bemessen werden, über welchen Zeitraum Dritte aus den vertraulichen Informationen einen relevanten wirtschaftlichen oder sonstigen Nutzen ziehen können. Die Antwort hierauf kann je nach Wirtschaftszweig sehr unterschiedlich ausfallen. Bei Private Equity Transaktionen ist eine Laufzeit von zwei Jahren derzeit Marktstandard. In anderen Bereichen kommen auch Laufzeiten bis zu fünf Jahren vor.

650 Zudem sollte eine Regelung aufgenommen werden, wonach die Pflichten aus der Vertraulichkeitsvereinbarung schon vorher erlöschen, wenn die Parteien der Vertraulichkeitsvereinbarung eine anschließende Vereinbarung eingehen, und in dieser Vereinbarung Vertraulichkeitsregelungen enthalten sind. So wird ein Nebeneinander von unterschiedlichen Vertraulichkeitsregelungen vermieden.

ll) Rechtswahl-, Teilunwirksamkeits- und Schriftformklausel

651 Üblicherweise enthalten Vertraulichkeitsvereinbarungen Regelungen zur Rechtswahl und Teilunwirksamkeit sowie eine qualifizierte Schriftformklausel (d. h. die Abbedingung mündlicher Nebenabreden).

mm) Haftung bei Pflichtverletzung

652 Aus Verkäufersicht kann versucht werden, eine Verletzung der Vertraulichkeitsvereinbarung mit einer Vertragsstrafe bzw. pauschaliertem Schadensersatz zu sanktionieren verbunden mit dem Recht des Verkäufers, einen darüber hinausgehenden Schaden geltend machen zu können. Hintergrund ist, dass in der Praxis zwar bisweilen eine Pflichtverletzung nachgewiesen werden kann, die Beweisführung im Hinblick auf den konkret daraus entstandenen Schaden aber nicht selten deutlich schwieriger ist. Dies wird jedoch nur durchsetzbar sein, wenn der Verkäufer eine sehr starke Stellung hat. Ist dies nicht der Fall und unterliegt die Vertraulichkeitsvereinbarung deutschem

Recht, ist eine detailliertere Regelung der Haftung nicht erforderlich, da das Bürgerliche Gesetzbuch gesetzliche Regelungen enthält, die in den meisten Fällen ausreichend ist.

b) Prozessbrief (Process Letter)

In kompetitiven Verkaufsverfahren erstellt der Verkäufer oder der in seinem Auftrag handelnde M&A Berater meist einen sog. Prozessbrief (*process letter*). Dieser wird den Kaufinteressenten in der Regel nach Abschluss der Vertraulichkeitsvereinbarung zugeleitet. In ihm werden insbesondere die Struktur sowie die zeitliche und inhaltliche Planung des Verkaufsprozesses dargelegt. Nicht selten wird von den Kaufinteressenten erwartet, dass sie auf einer noch recht eingeschränkten Informationsbasis zunächst ein vorläufiges, nicht bindendes Angebot abgeben (*indicative offer*), damit der Verkäufer auf dieser Grundlage eine etwaige Vorauswahl treffen kann. Daran schließt sich regelmäßig die Due Diligence-Phase an, die in der Abgabe eines sog. bindenden Angebots (*binding offer*) mündet (vgl. hierzu auch Rn. 663 ff., 1307). 653

Darüber hinaus enthalten Prozessbriefe in der Regel weitere prozessleitende Vorgaben. So spezifizieren Verkäufer etwa regelmäßig ihre inhaltlichen Anforderungen an das jeweils abzugebende Gebot; dies dient insbesondere dazu, die Vergleichbarkeit der Gebote zu erreichen. Des Weiteren behalten sich Verkäufer meist vor, das geplante Verkaufsverfahren jederzeit und ohne Angabe von Gründen modifizieren oder beenden zu können, ferner auch, dass einzelne Kaufinteressenten ohne Weiteres von dem Verkaufsverfahren ausgeschlossen werden können. Zudem wird in Prozessbriefen in aller Regel ausdrücklich darauf hingewiesen, dass der Prozessbrief unverbindlich ist, insbesondere kein bindendes Verkaufsangebot darstellt. In Fällen mit Auslandsbezug ist es schließlich ratsam, das anwendbare Recht und den Gerichtsstand bzw. Schiedsort festzulegen. 654

c) Exklusivitätsvereinbarung

Ebenfalls prozessleitenden Charakter haben Exklusivitätsvereinbarungen. Darin verpflichtet sich der Verkäufer gegenüber einem Kaufinteressenten für die Laufzeit der Vereinbarung keine Verhandlungen oder sonstigen Gespräche über den Verkauf des Zielunternehmens mit möglichen anderen Kaufinteressenten zu führen. 655

Die eigentliche Schwierigkeit bei Exklusivitätsvereinbarungen besteht dabei weniger in der rechtlichen Ausgestaltung als vielmehr in der richtigen taktischen Vorgehensweise in Bezug auf die Auswahl des präferierten Kaufinteressenten sowie den Zeitpunkt des Abschlusses und der Festlegung der Laufzeit der Exklusivitätsvereinbarung. Bei der Auswahl des präferierten Kaufinteressenten spielt neben den wirtschaftlichen und rechtlichen Konditionen auch der Aspekt der Transaktionssicherheit eine wesentliche Rolle. Daher sollte die Laufzeit der Exklusivitätsvereinbarung einerseits so lange bemessen 656 sein, dass a priori der Abschluss des Unternehmenskaufvertrages vor deren Ablauf realistisch ist. Andererseits sollte sie so kurz gehalten werden, dass zunächst nicht zum Zuge gekommene weitere Kaufinteressenten noch bei der Stange gehalten werden können, ohne dass diese bereits aus dem zeitlichen Verlauf Rückschlüsse über möglicherweise wenig erfolgreiche Verhandlungen mit einem anderen Bieter ziehen können. Derartige Aspekte sollten bereits bei der Abfassung des Prozessbriefes berücksichtigt werden.

657 Im Interesse des Kaufinteressenten sollte die Verletzung der vereinbarten Exklusivität möglichst mit einer Vertragsstrafe oder pauschaliertem Schadensersatz sanktioniert sein.

3. Materielle Vorvereinbarungen

658 Materielle Vorvereinbarungen finden sich vor allem in folgenden Ausprägungen:

- Eckpunkte- oder Positionspapier *(term sheet; heads of terms)* bzw. Absichtserklärung *(letter of intent; memorandum of understanding)*
- indikatives Angebot bzw. bindendes Angebot
- Option
- Vorvertrag

659 Eine gewisse Sonderstellung nehmen sog. *reliance letter* bzw. *non-reliance letter* ein.

a) Eckpunkte- oder Positionspapier bzw. Absichtserklärung

660 Zur Abschichtung des Verhandlungsprozesses kann es sinnvoll sein, dass die Parteien nicht gleich auf Basis eines ausgearbeiteten Kaufvertragsentwurfs in die Verhandlungen einsteigen, sondern zunächst versuchen, in einem ersten Schritt lediglich über die wesentlichen wirtschaftlichen und rechtlichen Parameter Einvernehmen herzustellen. Diese Vorgehensweise ermöglicht eine Konzentration auf eine meist überschaubare Anzahl wichtiger Themen und entbindet zunächst von der feingliedrigen Kompromissfindung hinsichtlich der genauen Formulierung des Vertragstextes. Folglich können sich beide Seiten meist mit einem verhältnismäßig geringen finanziellen und zeitlichen Aufwand einen guten Überblick darüber verschaffen, ob ein Einigungskorridor besteht und dementsprechend der Einstieg in detaillierte Vertragsverhandlungen erfolgversprechend ist.

661 In der Praxis können die Ergebnisse dieses Prozess in Arbeitsprodukte überführt werden, die sich formal und inhaltlich in Nuancen unterscheiden, aber letztlich demselben Zweck dienen, nämlich der Dokumentation des erreichten Verhandlungsstandes. Üblich ist zum einen das reine Eckpunkte- oder Positionspapier, das im Englischen als *term sheet* oder *heads of terms* bezeichnet wird. Dieses beschränkt sich meist auf eine tabellarische Darstellung der be-

sprochenen Punkte. Daneben finden sich Absichtserklärungen, die im Englischen mehr oder weniger gleichbedeutend als *letter of intent* oder *memorandum of understanding* bezeichnet werden. Diese sind entweder als Schreiben eines Verhandlungspartners ausgestaltet, welches von dem anderen Verhandlungspartner gegenzuzeichnen ist, oder aber sogleich als beidseitig zu unterzeichnendes quasi-vertragliches Dokument. Damit weisen Absichtserklärungen regelmäßig einen etwas formelleren äußeren Charakter auf.

In Vorvereinbarungen dieser Art wird zumeist festgehalten, dass sie grundsätzlich unverbindlich sein und auch für keine Seite die Verpflichtung zum Abschluss des eigentlichen Unternehmenskaufvertrages begründen sollen. Dessen ungeachtet kommt ihnen eine hohe faktische und psychologische Bindungswirkung zu. Für die Beteiligten wird es ohne Angabe konkreter Gründe schwierig sein, sich von dem einmal dokumentieren Verhandlungsstand zu entfernen. Dementsprechend sollten auch sie mit großer Sorgfalt erarbeitet werden. Dies gilt umso mehr als derartige Vorvereinbarungen meist eine wichtige Grundlage für weitere Verfahrensschritte darstellen. So dienen sie in aller Regel auf beiden Verhandlungsseiten als Basis für die weitere Entscheidungsfindung in den relevanten internen Gremien. Zudem können Gespräche mit Kapitalgebern, seien dies Banken, Co-Investoren oder mitverkaufende Minderheitsgesellschafter, vertieft werden. 662

b) Indikatives Angebot und bindendes Angebot

In kompetitiven Verkaufsprozessen stellen die Abgabe eines zunächst indikativen Angebots und in einem späteren Stadium eines bindenden Angebots wesentliche Zwischenschritte dar. 663

Indikative Angebote erfolgen zumeist auf der Grundlage einer relativ eingeschränkten Informations- und Evaluierungsbasis. Häufig werden sie lediglich auf der Grundlage eines Information Memorandums erstellt. Aus Verkäufersicht dienen sie dazu, eine erste grobe Vorauswahl unter den in Betracht kommenden Kaufinteressenten vorzunehmen. Indikative Angebote sind in aller Regel als unverbindliche Erklärungen ausgestaltet. 664

An das bindende Angebot, dessen Abgabe meist im Anschluss an die Due Diligence-Phase vorgesehen ist, werden deutlich höhere inhaltliche Anforderungen gestellt. In der Regel werden die Kaufinteressenten aufgefordert, abschließend mitzuteilen, ob und ggf. welche zusätzlichen Informationen benötigt werden bzw. welche weiteren Schritte unternommen oder Bedingungen erfüllt werden müssen, um den Unternehmenskaufvertrag abschließen zu können. Des Weiteren ist dem bindenden Gebot in aller Regel der vom Kaufinteressenten bearbeitete Entwurf des Unternehmenskaufvertrages mit der Bestätigung beizufügen, dass er bereit wäre, den Unternehmenskaufvertrag unter den im bindenden Angebot genannten weiteren Voraussetzungen und Bedingungen in der Fassung des bearbeiteten Entwurfes zu unterzeichnen. Ungeachtet der Bezeichnung sind auch die bindenden Angebote in der 665

Regel nicht verbindlich im Rechtssinne. Auch sie dienen dazu, dem Verkäufer zu ermöglichen, den Kreis der in Betracht kommenden Kaufinteressenten weiter einzuengen. Hat sich der Verkäufer für einen oder mehrere präferierte Kaufinteressenten entschieden, schließen sich die eigentlichen Vertragsverhandlungen auf Basis der jeweiligen Gebote an. Diese können parallel oder exklusiv ausgestaltet sein.

c) Option

666 Die Option gibt einer Partei die einseitige Möglichkeit, den Kaufvertragsabschluss herbeizuführen. Nach der Identität des Berechtigten unterscheidet man zwischen Kaufoption (*call option*) und Verkaufsoption (*put option*).

667 Rechtstechnisch kann die Option dergestalt beschaffen sein, dass dem Optionsinhaber ein entsprechendes Angebot unterbreitet wird, an welches der Anbietende jedenfalls für einen bestimmten Zeitraum gebunden ist. Dabei sollte aus der Formulierung klar hervorgehen, ob sich das Angebot lediglich auf den Kauf oder auch das dingliche Vollzugsgeschäft bezieht. Zudem muss sich der Anbietende verpflichten, im Angebotszeitraum keine kollidierenden Verpflichtungs- oder Verfügungsgeschäfte abzuschließen. Die Option wird bei dieser Gestaltungsalternative durch Annahme des Vertragsangebotes ausgeübt. Dementsprechend sollte das Angebot nicht nur die Essentialia regeln, sondern Bestimmungen für alle aus Sicht des Anbietenden regelungsbedürftigen Aspekte enthalten. Im Unterschied etwa zum Vorkaufsrecht (vgl. § 464 Abs. 1 S. 2 BGB) bedürfen dabei nach herrschender Auffassung sowohl das Angebot als auch dessen Annahme der für das Hauptgeschäft vorgeschriebenen Form.[468] Alternativ können die Parteien auch einen Kauf- und Übertragungsvertrag abschließen, diesen aber aufschiebend bedingt auf die entsprechende Ausübungserklärung des Optionsberechtigten ausgestalten.

668 Wegen des bis zur Ausübung des Optionsrechts bestehenden Schwebezustandes sollte in beiden Fällen ausdrücklich festgelegt werden, auf welchen Zeitpunkt insbesondere Garantieerklärungen abgegeben werden. Des Weiteren sollte geregelt werden, ob, wann und in welchem Umfang der Käufer das Zielunternehmen (nochmals) einer Prüfung unterziehen können darf.

669 In der Praxis finden sich Optionen unter anderem in gestuften Verkaufsprozessen, in denen der Verkäufer zunächst nur einen Teil seiner Gesellschaftsanteile veräußert und die restlichen beim Verkäufer verbliebenen Anteile dann Gegenstand einer entsprechenden Kauf- und/oder Verkaufsoption werden. Des Weiteren kann die Vereinbarung von Optionsrechten zur steuerlichen Optimierung der Transaktionsstruktur sinnvoll sein, etwa zur Vermeidung von Grunderwerbsteuer. Schließlich finden sich Optionsvereinba-

---

468) BGH LM § 433 Nr. 16; BGH NJW 2006, 2843; *Fikentscher/Heinemann*, Rn. 134; *Wolf/Neuner*, BGB AT, § 36 Rn. 8; *Mertens*, JZ 2004, 438; MünchKomm-BGB/*Einsele*, § 125 Rn. 28.

rungen regelmäßig in Gesellschaftervereinbarungen für Gemeinschaftsunternehmen (joint ventures) und zwar für den Fall, dass es unter Gesellschaftern zum Streit kommt und dieser nicht anders gelöst werden kann.[469)]

d) Vorvertrag

Als Vorvertrag bezeichnet man die schuldrechtliche Vereinbarung, durch welche regelmäßig für beide Seiten, seltener nur einseitig, die Pflicht begründet wird, den eigentlichen Hauptvertrag abzuschließen. Ist für den Hauptvertrag eine Formvorschrift einschlägig, welche auch dem Übereilungsschutz dient, gilt diese nach herrschender Meinung auch schon für den Vorvertrag.[470)] 670

Der Vorvertrag bleibt in seiner inhaltlichen Ausgestaltung naturgemäß hinter der im Hauptvertrag erst noch zu treffenden Regelung zurück. Wird im Streitfall der Anspruch auf Abschluss des Hauptvertrages geltend gemacht, kann vielfach zweifelhaft sein, welchen genauen Inhalt der Hauptvertrag in Bezug auf Einzelfragen, zu denen sich im Vorvertrag noch keine Regelung findet, denn eigentlich hat. Die Auflösung dieser Situation mittels ergänzender Vertragsauslegung durch das erkennende Gericht, birgt Risiken, derer man sich bei Abschluss eines Vorvertrages bewusst sein sollte.[471)] 671

e) Reliance Letter bzw. Non-Reliance Letter

Im weiteren Sinne als Vorvereinbarung sind auch sog. Reliance und Non-Reliance Letter zu sehen, da sie Grundlage für begleitende Transaktionsdokumente (v. a. Finanzierungsverträge) sind.[472)] Sie werden meist im Zusammenhang mit der Weitergabe von Due Diligence-Berichten an Dritte abgeschlossen und sollen eine wirksame Haftungsbegrenzung des Ausstellers, in der Regel der Berater des Käufers, bezwecken. Mit dem Reliance Letter wird gegenüber Dritten (z. B. der finanzierenden Bank) für die Richtigkeit des Due Diligence-Reports eingestanden, jedoch wird die Haftung diesem gegenüber in der Regel ausdrücklich begrenzt. Mittels eines Non-Reliance Letters wird hingegen jegliche Haftung für die Vollständigkeit und Richtigkeit des Due Diligence-Berichts ausgeschlossen. Dabei ist in beiden Fällen darauf zu achten, dass der Empfänger das entsprechende Schreiben gegenzeichnet, bevor er den betreffenden Due Diligence-Bericht erhält. 672

---

469) Vgl. hierzu etwa *Schulte/Sieger*, „Russian Roulette" und „Texan Shout-Out" – Zur Gestaltung von radikalen Ausstiegsklauseln in Gesellschaftsverträgen von Joint-Venture-Gesellschaften, NZG 2005, 24 f.
470) BGHZ 61, 48; BGHZ 97, 224; BGH LM § 766 Nr. 8 I; Soergel/*Wolf*, BGB, Vor § 145 Rn. 64; Staudinger/*Bork*, BGB, (2010), Vor § 145 Rn. 60.
471) BGH BB 2000, 2124; *Picot*, in: Handbuch Merger & Acquisitions, S. 60.
472) Weitergehend: *Krebs/Kemmerer*, NZG 2012, 847 ff.

4. Vorvertragliche Schuldverhältnisse

673 Bereits durch die Aufnahme von (Vertrags-)Verhandlungen entsteht zwischen den Parteien ein vorvertragliches Schuldverhältnis i. S. d. § 311 Abs. 2 BGB, aus dem sich für beide Seiten entsprechende Schutzpflichten i. S. d. § 241 Abs. 2 BGB ergeben.

674 Da bereits in diesem frühen Stadium der Vertragsanbahnung Rechte, Rechtsgüter und Interessen der jeweils anderen Partei tangiert sind, ist eine entsprechende Rücksichtnahme durch den Verhandlungspartner erforderlich, um eine Pflichtverletzung und damit ggf. Haftung zu vermeiden. Diese wechselseitige Verpflichtung zur Rücksichtnahme bedeutet aber natürlich keineswegs, dass es zu einem Vertragsabschluss kommen muss.[473] Der gegenseitige Grad an notwendiger Fürsorge und Loyalität steigt aber mit fortschreitendem Verhandlungsstadium und der damit einhergehenden Intensivierung des Vertrauensverhältnisses.[474]

a) Vorvertragliche Informations- und Aufklärungspflichten[475]

675 Einen wesentlichen Teil des vorvertraglichen Pflichtenkanons bilden Informations- und Aufklärungspflichten insbesondere des Verkäufers. Zwar trifft grundsätzlich den Käufer die Obliegenheit, sich über den Kaufgegenstand selbst zu informieren (caveat-emptor-Prinzip).[476] Hiervon gibt es aber Ausnahmen, in denen der Verkäufer auch ungefragt zur Aufklärung verpflichtet ist.

676 Nach ständiger Rechtsprechung trifft den Verkäufer bei Verhandlungen über den Kauf eines Unternehmens oder von Gesellschaftsanteilen im Hinblick auf die wirtschaftliche Tragweite des Geschäfts und die regelmäßig erschwerte Bewertung des Kaufobjekts durch den Kaufinteressenten diesem gegenüber eine gesteigerte Aufklärungs- und Sorgfaltspflicht.[477] Daher muss der Verkäufer insbesondere über solche Umstände aufklären, „die den Vertragszweck (des anderen) vereiteln können und daher für seinen Entschluss von wesentlicher Bedeutung sind, sofern er die Mitteilung nach der Verkehrsauffassung erwarten konnte.[478]" Ebenfalls gesichert ist, dass ein Verkäufer darüber aufklären muss, dass kurz vor Abschluss des Unternehmenskaufvertrages ein ganz erheblicher Anteil der Kundenverträge gekündigt wurde und demzufolge die damit bislang verbundenen Umsätze künftig nicht mehr generiert werden können.[479] Des Weiteren hat der Verkäufer grundsätzlich über

---

473) *Gran*, Abläufe bei Mergers & Acquisitions, NJW 2008, 1410.
474) *Picot*, in: Handbuch Mergers & Acquisitions, S. 33.
475) Weiterführend etwa *Möller*, NZG 2012, 841.
476) BGH NJW-RR 1996, 429 m. w. N.; BGH NJW-RR 1988, 394; vgl. schon BGH NJW 1970, 653, 655; *Koppmann*, BB 2014, 1667.
477) Vgl. nur den amtlichen Leitzsatz zu BGH NJW 2002, 2703.
478) BGH ZIP 2002, 440 = BB 2002, 428, dazu EWiR 2002, 327 *(Wagner)*.
479) BGH NJW-RR 1996, 429.

eine eingetretene oder bevorstehende Zahlungsunfähigkeit des Zielunternehmens aufzuklären.[480]

Es ließe sich noch eine ganze Reihe weiterer Beispiele anführen und in der Literatur wurden darauf aufbauend auch schon verschiedentlich Versuche unternommen, durch Systematisierung und Kategorisierung verallgemeinerungsfähige Aussagen für das Bestehen von Aufklärungspflichten abzuleiten.[481] Angesichts dessen, dass die Rechtsprechung selbst ihre starke Einzelfallorientierung betont, ist insoweit jedoch Vorsicht geboten.[482] 677

Für die anwaltliche Beratungspraxis erscheint es grundsätzlich zielführender, den Verkäufer dahingehend zu beraten, dass er einerseits versuchen sollte, auch die Haftung aus vorvertraglichen Aufklärungspflichten im Unternehmenskaufvertrag auszuschließen, soweit dies rechtlich möglich ist. Damit verbleibt im Kern eine Haftung für vorsätzliche Aufklärungspflichtverletzung. Andererseits sollte der Verkäufer alle ihm bekannten Umstände in Bezug auf das Zielunternehmen offenlegen, die ein vernünftig agierender Kaufinteressent bei seiner Kaufentscheidung berücksichtigen würde, die also aus dessen Sicht für das „Ob" der Transaktion von Relevanz sind. 678

Verkäufer neigen bisweilen zu der Annahme, dass sie ihrer Aufklärungspflicht jedenfalls dann ohne Weiteres nachkommen, wenn sie die relevanten Informationen dem Käufer übermitteln oder in den Datenraum einstellen. Dies wird auch in der Literatur vertreten.[483] Insoweit hat die Rechtsprechung aber bereits vorgegeben, dass dies nicht notwendigerweise ausreichend ist; vielmehr hat die Übermittlung bzw. Zurverfügungstellung von Informationen in einer Weise zu erfolgen, dass vernünftigerweise mit einer entsprechenden Kenntnisnahme seitens des Kaufinteressenten gerechnet werden kann.[484] 679

Dementsprechend ist es für die anwaltliche Beratungspraxis sinnvoll, dem Verkäufer zu raten, dass er für eine angemessene Struktur und Ordnung des Datenraumes sorgen soll und die Dokumente jeweils in Ordner eingestellt werden, in denen man diese vernünftigerweise auch vermuten darf. Es muss also mit anderen Worten für eine logische Systematik und Transparenz gesorgt werden. Dies führt dann regelmäßig auch dazu, dass Kaufinteressenten und ihre Berater eher geneigt sind, sich auf den Inhalt des Datenraums zu verlassen. Andernfalls nimmt bei gut beratenen Kaufinteressenten dagegen häufig der Widerstand zu, sich im Rahmen von Vertragsverhandlungen darauf einzulassen, dass der gesamte Inhalt des Datenraums als offengelegt und damit haftungsausschließend wirkt; vielmehr werden sie dann zumindest darauf drängen, dass die Offenlegung in angemessener Weise erfolgt sein muss 680

---

480) BGH BeckRS 2001, 03986.
481) *Stengel/Scholderer*, NJW 1994, 158; *Hübner*, BB 2010, 1484.
482) Vgl. nur BGHZ 96, 302 = ZIP 1986, 164; BGH ZIP 1987, 452 = NJW 1987, 909.
483) *Wagner*, DStR 2002, 958; ähnlich *Vogt*, DStR 2001, 2027.
484) BGHZ 188, 43 = ZIP 2011, 383, dazu EWiR 2011, 209 (*Ring*); BGH ZIP 2012, 332 = NJW 2012, 846.

und sie insbesondere nicht vor die Aufgabe gestellt werden, sich relevante Sachverhalte mühsam aus der Zusammenschau von Informationen aus den unterschiedlichsten Datenraumbereichen zusammenzusuchen.

681 Gleiches gilt auch im Hinblick auf den Umfang des Datenraums. Stellt ein Verkäufer – getreu dem Motto „viel hilft viel" – ohne jegliche Vorauswahl unter Relevanzgesichtspunkten Unmengen an Informationen zur Sichtung seitens der Kaufinteressenten bereit, kann auch dies die Möglichkeit der effektiven Kenntnisnahme erschweren und zu ähnlichen Widerständen führen. Es gilt also auch unter diesem Gesichtspunkt, dass es sich für den Verkäufer lohnt, bei der Zusammenstellung des Datenraums mit Sorgfalt und Augenmaß zu arbeiten.

682 Wenn, wie regelmäßig, im Unternehmenskaufvertrag die Haftung für Fahrlässigkeit ausgeschlossen ist, muss der Käufer ggf. auch den Vorsatz des Verkäufers darlegen und beweisen. Dieser muss sich dabei auf die zu offenbarenden Umstände sowie die Tatsache beziehen, dass der Käufer den Vertrag bei Kenntnis dieser Umstände nicht oder jedenfalls nicht mit dem konkret vereinbarten Inhalt geschlossen hätte, wobei Eventualvorsatz genügt. Dagegen muss sich der Vorsatz nicht auf die Existenz der Aufklärungspflicht erstrecken.

683 Bei Verletzung von vorvertraglichen Informations- und Aufklärungspflichten, entsteht ein Schadenersatzanspruch nach den § 280 i. V. m. §§ 311 Abs. 2, 241 Abs. 2 BGB, der grundsätzlich auf das negative Interesse gerichtet ist. D. h. der Käufer ist so zu stellen, wie er ohne das schädigende Ereignis stünde. Dementsprechend kann der Käufer unter Umständen sogar die Rückabwicklung des Vertrages verlangen.

b) Pflicht zum Vertragsschluss?

684 Da jede Vertragsverhandlung unter dem Grundsatz der Privatautonomie steht, der es den Beteiligten erlaubt, von dem geplanten Vorhaben Abstand zu nehmen, stellt der Abbruch von Vertragsverhandlungen nur unter sehr engen Voraussetzungen eine Verletzung von vorvertraglichen Handlungspflichten dar. Nur falls nach dem Stand der Verhandlungen zum Zeitpunkt des Abbruchs der Vertragsabschluss als sicher anzusehen war bzw. unmittelbar bevorstand, kommt eine Haftung überhaupt in Betracht. Ein Abbruch ist dann nur noch gerechtfertigt, wenn ein entsprechend triftiger Grund vorliegt, welcher der gesteigerten und gewachsenen Vertrauensposition des Verhandlungspartners Rechnung trägt. Unterliegt der Vertragsabschluss einem Formerfordernis, z. B. gem. § 15 Abs. 3 (und 4) GmbHG, sind die Anforderungen an eine Pflichtverletzung noch höher, da damit letztlich ein indirekter Zwang zum Vertragsschluss begründet würde, was jedoch vielfach dem Schutzweck der jeweils einschlägigen Formvorschrift – keine vertragliche Bindung ohne Einhaltung der Form – zuwiderliefe.[485]

---

485) BGH DStR 2001, 802 ff.; *Picot*, Handbuch Merger & Acquistions, S. 42 ff.

VI. Erwerbs- oder Unternehmensprüfung (Due Diligence)

1. Einführung

Der Begriff Due Diligence entstammt der US-amerikanischen Transaktionspraxis[486] (wörtlich übersetzt: „gebührende Sorgfalt") und steht für eine Prüfung des Kaufobjekts beim Unternehmenskauf. Mit diesem Verfahren der Unternehmensprüfung beschafft sich etwa ein potentieller Käufer (aber unter Umständen auch Verkäufer, Finanzierer und Versicherer) Informationen über das Zielunternehmen. Organe des kaufenden Unternehmens erfüllen damit zugleich die ihnen bei Unternehmenskäufen gegenüber ihrer Gesellschaft obliegende Sorgfaltspflicht (vgl. im Einzelnen Rn. 729). Daher geht einem Unternehmenskauf regelmäßig eine Due Diligence-Prüfung voraus. Gewöhnlich bedient sich der Käufer spezieller Berater (Rechtsanwälte, Wirtschaftsprüfer, Steuerberater und anderer), die die Due Diligence für ihn durchführen.[487]

685

Das Verfahren der Due Diligence ist in Deutschland als solches rechtlich ungeregelt; in der Praxis hat sich jedoch ein gewisser Standard herausgebildet. Die Due Diligence wird (sofern es sich bei dem Verkaufsprozess nicht um eine Auktion handelt) meist durch einen ausführlichen Fragenkatalog des potentiellen Käufers eingeleitet, der dann im weiteren Verlauf der Due Diligence vom Verkäufer abgearbeitet wird.[488] Soweit die Antwort des Verkäufers unvollständig ist, besteht die Möglichkeit zu Nachfragen, sog. „Q&A-Prozess" („Frage-Antwort-Prozess").[489] Die Berater des Käufers erstellen aus den im Q&A-Prozess gewonnen Erkenntnissen jeweils Berichte über die in dem Zielunternehmen schlummernden Risiken (vgl. im Einzelnen unten Rn. 726 f.).

686

Für den Käufer erfüllt die Due Diligence unterschiedliche Aufgaben:

687

- Die Due Diligence dient in erster Linie der **Ermittlung von Risiken aber auch von Chancen** im Zielunternehmen.

- Zeigen sich Risiken im Unternehmen, so ist darauf im Rahmen der Verhandlung des Unternehmenskaufvertrages adäquat zu reagieren. Sofern es

---

486) *Berens/Strauch*, in: Berens/Brauner/Strauch/Knauer, Due Diligence bei Unternehmensakquisitionen, S. 5 ff.
487) *Elfring*, JuS-Beilage 2007, 3 (3); *Rüdiger*, ZIP 2000, 989 (989 f.).
488) Muster für Fragekataloge (sog. „Checklisten") finden sich bei *Beisel/Andreas*, in: Beck'sches Mandatshandbuch Due Diligence, Anhang, S. 683 ff.; *Beisel/Klumpp*, Der Unternehmenskauf, § 19, Ziffer 2; *Berens/Strauch*, in: Berens/Brauner/Strauch/Knauer, Due Diligence bei Unternehmensakquisitionen, S. 929 ff.; *Ettinger*, in: Ettinger/Jaques, Beck'sches Handbuch Unternehmenskauf im Mittelstand, S. 487 ff.; *Fischer*, in: Beisel Steuern, 8. Aufl., B.21.04 (Rechtliche Due Diligence) und B.21.05 (Steuerliche Due Diligence).
489) Zur Nachforschungspflicht des Rechtsanwalts: LG Berlin, v. 14.9.2012 – 2 O 540/11, BeckRS 2012, 19780, Besprechung: *Ulrich*, GmbHR 2012, R293.

sich bei dem Risiko nicht um einen Dealbreaker handelt, wird der Käufer auf Herabsetzung des Kaufpreises oder auf eine Freistellungsklausel im Unternehmenskaufvertrag bestehen.

- Mit den gewonnenen Erkenntnissen kann der Käufer die **Kaufpreisvorstellung** des Verkäufers überprüfen und sein Kaufpreisangebot entsprechend den in dem Zielunternehmen innewohnenden Chancen und Risiken ausrichten.

- Die Due Diligence erleichtert beiden Seiten nach Übergang des Unternehmens die Feststellung, ob und in welchem Umfang der Verkäufer über die Eigenschaften des Unternehmens pflichtgemäß **vorvertraglich informiert** hat.

- Der Due Diligence-Report liefert dem Käufer eine **Momentaufnahme** des Zielunternehmens. Dies erleichtert ihm die Einsetzung und Instruktion seiner eigenen Unternehmensleitung.

- Den Entscheidungsträgern des Käufers dient die Due Diligence darüber hinaus zur internen – **entlastenden** – Dokumentation, sich umfassend über die Risiken der Akquisition informiert zu haben.

688 Wenn für die Finanzierung des Erwerbs Fremdkapital eingesetzt wird, machen die finanzierenden Banken die Vorlage eines Due Diligence-Berichts regelmäßig zur Auszahlungsvoraussetzung für ihre Kredite. Berater verlangen dann im Hinblick auf die Weitergabe dieser Berichte einen sog. Reliance Letter, der im Kern aussagt, dass die Berichte auch von den Banken unter Berücksichtigung einiger Haftungseinschränkungen verwendet werden dürfen. Häufig wird hierfür eine zusätzliche Vergütung bezahlt. Sofern die Berater die Haftung gegenüber dem Dritten vollständig ausschließen, spricht man von einem sog. Non-Reliance Letter.[490]

2. Arten von Due Diligence-Prüfungen

689 Due Diligence-Prüfungen lassen sich unterscheiden nach der Person, die die Prüfung durchführt bzw. durchführen lässt (vgl. im Einzelnen unter Rn. 690) nach dem Zeitpunkt der Durchführung im Laufe des Transaktionsprozesses (vgl. im Einzelnen unter Rn. 691) und nach dem untersuchten inhaltlichen Schwerpunkt (vgl. im Einzelnen unter Rn. 692 ff.).

a) Purchaser Due Diligence/Vendor Due Diligence

690 Im Regelfall wird eine Due Diligence durch den Käufer durchgeführt. Wenn in der Literatur schlicht von „Due Diligence" die Rede ist, ist daher für gewöhnlich eine sog. **Purchaser Due Diligence** gemeint (so auch in diesem Buch). Teilweise werden auch Due Diligence-Prüfungen durch den Verkäu-

---

[490] *Krebs/Kemmerer*, NZG 2012, 847.

fer bzw. durch dessen Berater durchgeführt (sog. **Vendor Due Diligence**). Die Vendor Due Diligence dient dem Verkäufer vornehmlich dazu, Schwachpunkte zu ermitteln, die vor dem eigentlichen Verkaufsprozess noch behoben werden können (umgangssprachlich bezeichnet als „Schmücken der Braut"). Des Weiteren kann die Weitergabe des (ggf. gekürzten) Due Diligence-Reports in Form eines sog. Legal Fact Books an potentielle Käufer vorteilhaft sein. Denn durch die Weitergabe können Informationsassymetrien zwischen Verkäufer und potentiellem Käufer abgebaut, das Interesse des potentiellen Käufers gesteigert und die Verhandlungen beschleunigt werden.[491]

b) Due Diligence vor Signing/Confirmatory Due Diligence

Eine Due Diligence wird normalerweise vor dem Abschluss des Unternehmenskaufvertrages durchgeführt. Die Bezeichnung „Due Diligence" bezieht sich daher regelmäßig auf eine Due Diligence vor Signing. Ausnahmsweise bietet es sich an, zusätzlich zur Due Diligence vor Signing nach erfolgter Transaktion eine weitere Due Diligence durchzuführen, sog. **Confirmatory Due Diligence**. Das ist vor allem dann sinnvoll, wenn der Käufer eine Kaufpreisanpassung zu seinen Gunsten durchführen und Garantieverletzungen aufdecken möchte.[492] Ausführlich zur Wahl des Zeitpunktes einer Due Diligence siehe Rn. 740 ff. 691

c) Inhaltliche Schwerpunkte der Due Diligence

Inhaltlich können Due Diligence-Prüfungen mit folgenden Schwerpunkten unterschieden werden: 692

aa) Legal Due Diligence

Im Rahmen der Legal Due Diligence wird das zu erwerbende Unternehmen auf rechtliche Schwachpunkte hin untersucht. Besonderes Augenmerk wird dabei z. B. auf den Bestand der zu übertragenden Rechte, vertragliche Verpflichtungen des Unternehmens und Haftungsfragen gelegt. Dabei ist der Fokus nicht nur auf den Ist-Zustand zu richten, sondern auch zu berücksichtigen, ob sich die rechtlichen Bedingungen in Folge der Durchführung der Transaktion nachteilig verändern können. Genehmigungen, vorteilhafte Vertragsbeziehungen u. a. müssen also nicht nur bestehen, sondern auch in geeigneter Form auf den Käufer übergehen können bzw. auch nach Abschluss der Transaktion fortbestehen. Spiegelbildlich hierzu soll die Legal Due Diligence dem Käufer rechtliche Risiken und Haftungen des zu erwerbenden Unternehmens aufzeigen, damit diese in seine Bewertung einfließen (Kaufpreisbestimmung) und angemessene vertragliche Gewährleistungen oder Freistellungen ausgehandelt werden können. 693

---

491) *Cannivé*, ZIP 2009, 254; *Weilep/Dill*, BB 2008, 1946; *Spill*, DStR 1999, 1786, 1791 f.
492) *Beisel/Andreas*, in: Beck'sches Mandatshandbuch Due Diligence, § 2 Rn. 13.

694 Die Legal Due Diligence ist häufig in folgende Unterbereiche gegliedert:

- Gesellschaftsrecht (z. B. Prüfung der Gründung, Chain of Title, Kapitalaufbringung und Kapitalerhaltung)[493]
- Finanzierung (z. B. Kreditverträge mit Banken oder inter-company)
- Vertrags- und Vertriebsrecht (z. B. Kunden- und Lieferantenverträge)
- Öffentliches Recht (z. B. Genehmigungen, Subventionen, Umweltrecht)
- Immobiliarrecht (z. B. Eigentum, Lasten, Miete, Pacht, Leasing)
- Gewerbliche Schutzrechte (z. B. Marken, Patente, Lizenzen, Domains)
- Arbeitsrecht
- Rechtsstreitigkeiten.

695 Das Gesetz zur Modernisierung des GmbH-Rechts und zur Bekämpfung von Missbräuchen (MoMiG) hat kaum zu Erleichterungen des gesellschaftsrechtlichen Teils der Legal Due Diligence geführt. Mit der Einführung der Möglichkeit des gutgläubigen Erwerbs von GmbH-Geschäftsanteilen in § 16 Abs. 3 GmbHG hatte der Gesetzgeber das Ziel verfolgt, den lückenlosen Nachweis aller in der Vergangenheit erfolgten Anteilsabtretungen bis zurück zur Gründungsurkunde (sog. Chain of Title) für die Due Diligence entbehrlich zu machen.[494] Dieses Ziel wurde verfehlt, da etwa kein gutgläubiger lastenfreier Erwerb möglich ist und § 16 Abs. 3 S. 2 und 3 GmbHG beachtliche Ausschlussgründe enthält.[495]

696 Im Rahmen von für das Unternehmen wesentlichen Vertragsbeziehungen (insbesondere Verträgen mit wesentlichen Lieferanten und Dienstleistern, Lizenz- oder Mietverträgen) ist insbesondere darauf zu achten, dass die Verträge für den Fall des Kontrollwechsels bei dem zum Verkauf stehenden Unternehmen keine automatische Beendigung und kein Sonderkündigungsrecht vorsehen (sog. „Change of Control"-Klauseln). Umgekehrt wird vor allem der Käufer das Zielunternehmen schnell in seine eigenen Strukturen integrieren wollen, weshalb er in einigen Unternehmensbereichen an den Möglichkeiten zur Kündigung und sonstigen Beendigung von Vertragsbeziehungen besonderes Interesse hat.[496]

---

493) *Zedler/Hasselmann*, AnwBl 2013, 154.
494) BT-Drucks. 16/6140, S. 26.
495) *Schickerling/Blunk*, GmbHR 2009, 337; *Klöckner*, NZG 2008, 841.
496) *Andreas* et al. in; Beck'sches Mandatshandbuch Due Diligence, Teil C; *Hörtnagl/Zwirner*, in: Beck'sches Mandatshandbuch Unternehmenskauf, § 2 IV.1; *Fritzsche/Hitter*, in: Berens/Brauner/Strauch/Knauer, Due Diligence bei Unternehmensakquisitionen, S. 503 ff.

bb) Steuerliche Due Diligence

Die Tax Due Diligence untersucht das Unternehmen auf mögliche Steuerrisiken und legt im Rahmen der umfassenden steuerlichen Strukturierung die Basis für eine steuereffiziente Gestaltung der Transaktion.[497)] **697**

cc) Finanzielle Due Diligence

Zweck der Financial Due Diligence ist die Untersuchung der betriebswirtschaftlichen Situation des Zielunternehmens. Hierzu zählen eine Analyse der Geschäftsentwicklung des Unternehmens, eine Analyse der finanziellen Verhältnisse sowie eine Überprüfung des Rechnungswesens und der Unternehmensplanung. Durchgeführt wird die Financial Due Diligence daher häufig von Wirtschaftsprüfern. Zugrunde gelegt wird der Untersuchung regelmäßig der Zeitraum der letzten drei abgeschlossenen Wirtschaftsjahre. Ziel der Financial Due Diligence sind zum einen die Beschreibung und Analyse der Geschäftsentwicklung des Unternehmens bzw. der Geschäftsführung, zum anderen eine Darstellung der Vermögens-, Finanz- und Ertragslage inklusive einer Zukunftsprognose und einer Untersuchung des Synergiepotentials für den Käufer. Damit ist das Ergebnis der Financial Due Diligence Ausgangspunkt der Unternehmensbewertung.[498)] **698**

dd) Compliance Due Diligence

Auch Fragen der Compliance spielen in der Due Diligence eine immer größere Rolle.[499)] Gerade beim Erwerb eines ausländischen Unternehmens besteht die Gefahr sich fremde Compliance-Themen einzuhandeln, mit der Folge drohender Bußgelder und drohenden Reputationsverlustes.[500)] In diesem Zusammenhang sei erwähnt, dass das Geldwäschegesetz bestimmten Unternehmen (siehe zum Kreis der Verpflichteten § 2 GwG) besondere Compliance-Anforderungen auferlegt. Beispielsweise ist von den Verpflichteten das „Know-Your-Customer"-Prinzip (§ 3 Abs. 1 GwG) zu wahren, d. h. die Identität und Geschäftstätigkeit des Vertragspartners sind festzustellen. Eine besondere Rolle spielt die Compliance Due Diligence etwa beim Unternehmenserwerb durch einen Fonds, da Fondsmanager strengen Compliance-Pflichten unter- **699**

---

497) *Merbecks*, BB 2012, 2423; *Schmidt*, in: Beck'sches Mandatshandbuch Due Diligence, Teil D; *Kneip/Jänisch*, Tax Due Diligence, 2. Aufl., 2010; *Sinewe*, Tax Due Diligence beim Unternehmenskauf, 2. Aufl., 2014.

498) *Bredy/Strack* und *Brauner/Neufang*, in: Berens/Brauner/Strauch/Knauer, Due Diligence bei Unternehmensakquisitionen, S. 415 ff.; *Hölscher/Nestler/Otto*, Handbuch Financial Due Diligence, 2007; *Störk/Hummitzsch*, in: Beck'sches Mandatshandbuch Due Diligence, Teil E.

499) *von Busekist/Timmerbeil*, CZZ 2013, 225; *Behringer*, M&A Review 2009, 431; *Peemöller/Reinel-Neumann*, BB 2009, 206; *Störk/Goertz*, in: Beck'sches Mandatshandbuch Due Diligence, § 41; *Schug*, in: Birk/Bruse/Saenger, Forum Unternehmenskauf 2008, S. 210.

500) *Ulrich*, GmbHR 2012, R113.

liegen. Die Compliance Due Diligence wird in der Praxis häufig im Rahmen der Legal Due Diligence durchgeführt.

ee) Weitere Due Diligence-Bereiche

(1) Commercial and Strategic Due Diligence

700 Die Commercial and Strategic Due Diligence dient dazu, die mit dem Unternehmenskauf verfolgten Ziele und Motive auf deren Realisierbarkeit hin zu überprüfen. Sie soll damit die Frage beantworten, ob der Unternehmenskauf die strategischen Ziele der Akquisition verwirklichen kann.

701 Gegenstand der Commercial Due Diligence ist der wirtschaftliche Gehalt der Geschäftätigkeit des Zielunternehmens. Eckpunkte der Prüfung sind die Untersuchung der Marktposition, der Vertriebskanäle, der Produkte und der zukünftigen Entwicklungsmöglichkeiten.[501]

(2) Environmental Due Diligence

702 Die Environmental Due Diligence bezieht sich auf die Prüfung von Umweltrisiken. Sie hat eine tatsächliche und eine rechtliche Komponente: In tatächlicher Hinsicht ist zunächst durch Besichtigung der Betriebsstätte des Zielunternehmens festzustellen, ob die Produktion umweltrelevanz hat und ob bereits eine Umweltverschmutzung eingetreten ist. In rechtlicher Hinsicht (daher häufig Teil der Legal Due Diligence) ist zwischen der äußeren Umweltrelevanz und der inneren Umweltrelevanz zu unterscheiden: Die äußere Umweltrelevanz erfasst alle umweltrelevanten Rechtsverhältnisse des Unternehmens zu Dritten und Sachen, z. B. die Genehmigungsbedürftigkeit von Anlagen und deren tatsächliche Genehmigung. Im Gegensatz hierzu bezieht sich die innere Umweltrelevanz auf interne Umweltrechtsverhältnisse, wie z. B. das Vorhandensein von Umweltbeauftragten (Emissionsbeauftrager, § 53 BImSchG; Störfallbeauftragter, § 58a BImSchG; Gewässerschutzbeauftragter, § 64 WHG; Abfallbeauftragter, § 59 KrWG).[502]

(3) Cultural Due Diligence

703 Bei der Cultural Due Diligence soll die Unternehmenskultur und deren Kompatibilität mit der des Käufers untersucht werden. Das Ergebnis der Cultural

---

501) *Römer/Groh*, in: Beck'sches Mandatshandbuch Due Diligence, §§ 38–40; *Brauner/Grillo und Lauszus/Kolat*, in: Berens/Brauner/Strauch/Knauer, Due Diligence bei Unternehmensakquisitionen, S. 393 ff., S. 551 ff.; *Brühl*, M&A Review 2002, 312; *Frohn/Arvizu*, M&A Review 2012, 159.

502) *Betko/Reiml/Schubert*, in: Berens/Brauner/Strauch/Knauer, Due Diligence bei Unternehmensakquisitionen, S. 625 ff.; *Bruch*, M&A Review 2004, 370; *Andreas*, in: Beck'sches Mandatshandbuch Due Diligence, S. 678 f.; *Pföhler/Hermann*, WPg 1997, 628.

Due Diligence ist etwa relevant für die Planung der Integration des Unternehmens in die Gruppe des Käufers nach Closing.[503]

(4) Technical Due Diligence

Die technische Due Diligence soll Chancen und Risiken technologischer Potentiale insbesondere bei der Zusammenführung unterschiedlicher Potentiale deutlich machen.[504] Durch die zunehmende Relevanz der Informationstechnologie in Unternehmen, spielt gerade die IT Due Diligence – als Teilbereich der Technical Due Diligence – eine immer wichtigere Rolle.[505] Ist das IT-System des Zielunternehmens nicht mit demjenigen des Käufers kompatibel und sind dadurch erwartete Synergien nicht realisierbar, kann dies zum Scheitern der Transaktion führen. 704

(5) Human Resources Due Diligence

Haben die Menschen im Unternehmen die Erfahrungen und Qualifikationen, um das zu erwerbende Unternehmen zu tragen? In kundenintensiven oder technologielastigen Branchen ist deshalb auch eine Due Diligence über das Management und bestimmte Arbeitnehmer von Bedeutung.[506] Rechtliche Aspekte der Anstellungsverhältnisse oder der Dienstverträge gehören zum Prüfungsgebiet der Legal Due Diligence. 705

Bei der Durchführung der Human Resources Due Diligence ist besonderes Augenmerk auf die datenschutzrechtlichen Grenzen zu legen (siehe unter Rn. 731). 706

(6) Insurance Due Diligence

Insurance Due Diligence-Prüfungen werden meist von Versicherungsbrokern durchgeführt, die später dem Käufer ein neues Versicherungspaket vermitteln.[507] Geprüft wird insbesondere, ob der bisherige Versicherungsschutz adäquat ist oder ob es aus Deckungsdefiziten resultierende Haftungsrisiken 707

---

503) *Ferrari/Rothgängel*, M&A Review 2003, 63 und 120; *Klimkeit/Bäzner*, M&A Review 2009, 225; und *Högemann*, in: Berens/Brauner/Strauch/Knauer, Due Diligence bei Unternehmensakquisitionen, S. 599 ff.
504) *Hilbert*, M&A Review 2002, 376; *Bruch*, M&A Review 2005, 259 ff.; *Andreas*, in: Beck'sches Mandatshandbuch Due Diligence, S. 679 f.
505) *Weidert/Lux/Klüßendorf*, AnwBl 2013, 163; *Koch/Menke*, in: Berens/Brauner/Strauch/Knauer, Due Diligence bei Unternehmensakquisitionen, S. 673 ff.
506) *Labbé/Schirmer*, M&A-Review 2008, 565 ff.; *Dzida*, AnwBl 2013, 159; *Sandmann* und *Gimmy/Biester*, in: Beck'sches Mandatshandbuch Due Diligence, § 20 (Arbeitsrecht) und § 21 (Recht der Altersvorsorge); *Aldering/Högemann*, in: Berens/Brauner/Strauch/Knauer, Due Diligence bei Unternehmensakquisitionen, S. 573 ff.; *Grimm/Böker*, NZA 2002, 193.
507) *Korfsmeyer*, Betriebliche Versicherungen in M&A-Transaktionen, S. 23 ff.; *Andreas*, in: Beck'sches Mandatshandbuch Due Diligence, § 22.

gibt. Des Weiteren wird untersucht, inwieweit nach Closing eine Integration in den bestehenden Versicherungsschutz des Käufers möglich ist.

ff) Branchen- und sonstige Besonderheiten

708 Im Rahmen der Due Diligence sind auch die Besonderheiten der Branche des Zielunternehmens zu beachten. So sind etwa bei Due Diligence-Prüfungen von Unternehmen im Bereich Online-Dienstleistungen das Recht der Domainnamen sowie das Datenschutzrecht von Bedeutung.[508] Eine Due Diligence im Rahmen von Banktransaktionen muss dagegen bankspezifische Risiken berücksichtigen, etwa Liquiditätsrisiken (Mindestreserven) und regulatorische Anforderungen (z. B. nach dem KWG).[509] Bei Immobilientransaktionen ist besonderes Augenmerk auf die öffentlich-rechtlichen Rahmenbedingungen zu legen.[510] Und bei der Akquisition eines Familienunternehmens können Geschäfte mit nahestehenden Personen und privat veranlasste Aufwendungen eine Rolle spielen.[511]

709 Aber auch Besonderheiten der Transaktion selbst beeinflussen die Due Diligence. Bei einem Carve-out, also einem Verkauf einer rechtlich unselbständigen Unternehmenseinheit, sind beispielsweise die Schnittstellen zum bisherigen Unternehmen und zum Konzern zu beachten.[512]

3. Umfang einer Due Diligence

710 Auch wenn eine Due Diligence zu einem wesentlichen Teil daraus besteht, dass das Due Diligence-Team die vom Zielunternehmen in einem Datenraum bereit gestellten Unterlagen prüft, so erschöpft sie sich nicht darin, sondern ist komplexer. Im Folgenden werden die wichtigsten Möglichkeiten der Unternehmensprüfung und der aus ihr hervorgehende Due Diligence-Report vorgestellt.

a) Prüfmöglichkeiten

aa) Datenraum

711 Der Verkäufer kann für den Käufer einen sog. Datenraum (Data Room) einrichten, in welchem er dem Käufer Unterlagen über das Zielunternehmen hinterlegt (Rn. 636).

712 Früher wurden die Datenräume vom Verkäufer physisch angelegt, d. h. die Unterlagen wurden in den Räumlichkeiten des Zielunternehmens oder bei den Beratern des Verkäufers zur Einsicht für die Berater des potentiellen

---

508) *Schulte*, DStR 2000, 1437.
509) *Koesfeld/Timmreck*, M&A Review 2004, 100.
510) *Voß*, ZfIR 2004, 313.
511) *Schoberth/Wittmann*, BB 2012, 759.
512) *Peemöller/Gehlen*, BB 2010, 1139.

Käufers bereitgestellt. Heute werden Datenräume überwiegend virtuell eingerichtet.

Virtuelle Datenräume sind IT-basierte Datenräume, die nur über das Internet zugänglich sind. Die Unterlagen des Zielunternehmens werden für den virtuellen Datenraum eingescannt und die Dateien über eine Webseite in den virtuellen Datenraum hochgeladen. Der Datenraum selbst befindet sich damit virtuell in einem Rechencenter. Die Rechencenter sind zumeist zertifiziert und können, müssen sich aber nicht in Deutschland befinden. Verschiedene Provider bieten die Einrichtung eines solchen virtuellen Datenraums an. 713

Durch die Vergabe von individuellen Zugangsdaten an die jeweiligen Mitglieder der Berater-Teams des Kaufinteressenten kann eine Vielzahl von Benutzern auf den virtuellen Datenraum (gleichzeitig) zugreifen und mit den Dokumenten arbeiten. Der Vorteil von virtuellen Datenräumen liegt in der weltweiten Verfügbarkeit, dem einfachen und genauen Nachweis der Einstellung von Dokumenten einschließlich des Zeitpunkts ihrer Einstellung und der Benachrichtigung des potentiellen Käufers bei jeder Neueinstellung. Ein weiterer Vorteil liegt darin, dass in Auktionsverfahren einer Vielzahl von potentiellen Käufern ohne größeren Aufwand gleichzeitig Zugang zum Datenraum gewährt werden kann. Dabei ist der Datenraum regelmäßig so konfiguriert, dass die konkurrierenden Kaufinteressenten nichts voneinander bemerken. Da die Benutzer häufig die Unübersichtlichkeit und erschwerte Prüfbarkeit der elektronischen Dokumente beklagen (keine gleichzeitige Betrachtung mehrerer Dokumente, kein „Look and Feel"), erlauben Verkäufer häufig den Ausdruck der Dokumente. Um das Risiko der unerlaubten Einsichtnahme streng vertraulicher Dokumente (z. B. durch Weitergabe der Zugangsdaten zum Datenraum oder durch Betrachtung des Datenrauminhaltes vor einem Bildschirm durch mehrere Personen) zu minimieren, werden solche Dokumente nicht in den virtuellen, sondern in einen physischen Datenraum eingestellt. Daher sind physische Datenräume, trotz der ganz überwiegenden Verbreitung virtueller Datenräume, immer noch anzutreffen.[513] 714

Vor der Bereitstellung eines (physischen oder virtuellen) Datenraumes sind von den Beratern, die die Due Diligence für den Kaufinteressenten durchführen, die sog. **„Data Room Procedures"** zu akzeptieren. Im Falle eines physischen Datenraum ist u. a. festgelegt, wer Ansprechpartner für das Due-Diligence-Team ist, zu welchen Zeiten der Datenraum geöffnet ist, wo sich das Team zu Beginn zu melden hat und ob bzw. in welchem Umfang die Anfertigung von Kopien erlaubt ist.[514] Bei virtuellen Datenräumen sind der Zugang und die Nutzerrechte auf den einzelnen Benutzer zugeschnitten, sodass sich die Data Room Procedures auf die Verpflichtung zur Geheimhaltung beschränken können. 715

---

513) *Middelhoff*, M&A Review 2007, 278.
514) Ein Formular für Data Room Procedures findet sich bei *Meyer-Sparenberg*, in: Beck'sches Formularbuch Bürgerliches, Handels- und Wirtschaftsrecht, III.A.11.

716 Die Berater können, sollten die physisch oder virtuell zur Verfügung gestellten Materialien nicht ausreichend Aufschluss geben, konkrete Anfragen an das Unternehmen richten und um die Übermittlung weiterer Unterlagen, Informationen oder Erklärungen bitten (zum Q&A-Prozess siehe oben unter Rn. 686).

717 Für die Bereitstellung des Datenraums sollte ausreichend Zeit eingeplant werden. Die Ordner – ob physisch oder virtuell – sollten übersichtlich gegliedert werden. Dies kann dazu beitragen, Missverständnisse zu verhindern und den Käufer von der guten Organisation des Unternehmens zu überzeugen. Gute Datenräume schaffen Vertrauen, machen den Due Diligence-Prozess effizienter, da viele Fragen sich erübrigen und dienen damit auch dem Verkäufer.

bb) Management-Interviews/Management-Präsentation

718 Ergänzend zur Durchsicht von Unterlagen empfiehlt es sich, auch das Management und das Personal des zu kaufenden Unternehmens zu befragen. Dies setzt voraus, dass die Mitarbeiter zuvor von ihrer Verschwiegenheitspflicht entbunden wurden. Im Regelfall bietet das Unternehmen auch eine Management-Präsentation an, bei der das Management die Ziele des Unternehmens und die Planung für die nächsten Jahre darstellt.

719 Management-Interviews werden wegen der schlechten Kontrollierbarkeit regelmäßig große Skepsis seitens des Verkäufers entgegengebracht. Denn die Loyalität des Managements sinkt spätestens mit der Management-Präsentation, wenn dem Management bewusst wird, dass künftig ein anderer Gesellschafter über die Zukunft des Unternehmens und damit auch des Managements bestimmt.

cc) Besichtigungen der Kaufsache

720 Des Weiteren empfiehlt sich die Besichtigung des Unternehmens. Um keine Unruhe unter den Arbeitnehmern der Zielgesellschaft entstehen zu lassen, wird der Verkäufer einer Besichtigung erst zu einem späten Zeitpunkt zustimmen.

dd) Kundengespräche

721 Kundengespräche vermitteln einen zuverlässigen Eindruck über die Reputation und Leistungsfähigkeit des Unternehmens. Um den Kunden nicht zu verunsichern, wird der Verkäufer ein Kundengespräch jedoch nur im Ausnahmefall gestatten. Unvermeidbar wird dies dann sein, wenn langfristige Verträge, die für das Zielunternehmen von besonderer Wichtigkeit sind, Change-of-Control-Klauseln enthalten und der Kunde daher nach dem Übergang des Unternehmens zur außerordentlichen Kündigung berechtigt ist.

ee) Sonstige Prüfmöglichkeiten

722 Zu einer Due Diligence gehört auch die Prüfung aller öffentlich zugänglichen Informationen über das Unternehmen.

(1) Unternehmensregister

Das Unternehmensregister (www.unternehmensregister.de) ist die zentrale Plattform zur Speicherung von Unternehmensdaten des Bundesministeriums der Justiz. Zugänglich sind die unter § 8b Abs. 2 HGB aufgezählten Informationen, darunter Handelsregisterbekanntmachungen und Insolvenzbekanntmachungen. Letztere sind ebenfalls im gemeinsamen Justizportal des Bundes und der Länder unter www.justiz.de/bekanntmachungen/index.php abrufbar. Des Weiteren können die Jahresabschlüsse derjenigen Gesellschaften betrachtet werden, die der Offenlegungspflicht unterliegen (§§ 326 ff. HGB). Handelsregisterauszüge (kostenpflichtig) sind auch unter www.handelsregister.de erhältlich. Eine Vielzahl von Informationen sind insbesondere bei börsennotierten Gesellschaften öffentlich zugänglich, so etwa Mitteilungen betreffend Beteiligungsverhältnisse nach §§ 21 ff. WpHG oder Ad-Hoc-Mitteilungen nach § 15 WpHG.[515] Das Unternehmensregister stellt somit ein Sammelregister dar, das den Zugriff auf Bekanntmachungen, Mitteilungen und Veröffentlichungen unterschiedlichster Stellen ermöglicht.

723

(2) Gewerbliche Schutzrechte

Eine wichtige Rolle spielt bei der Due Diligence auch der Bereich der gewerblichen Schutzrechte, die häufig einen erheblichen Anteil des Unternehmenswertes ausmachen. Viele Patent- und Markenämter bieten inzwischen einen Online-Zugriff auf ihre amtlichen Register an, in denen der aktuelle Rechtsbestand und der eingetragene Inhaber eines Schutzrechtes überprüft werden können. Während die Eintragung des Inhabers nur deklaratorischen Charakter hat, also die tatsächliche Inhaberschaft vom Registerstand abweichen kann, lässt sich der Rechtsbestand, also ob das jeweilige Schutzrecht überhaupt (noch) existiert, in der Regel recht verlässlich ermitteln. Neben der Überprüfung einzelner, im Datenraum gelisteter Schutzrechte ergibt es bei einem technologie- oder markenlastigen Unternehmen auch Sinn, nach weiteren Schutzrechten zu suchen, die im Namen des Zielunternehmens oder auch der Verkäufer eingetragen sind, um – meist mit Hilfe fachkundiger Technik- oder Marketingexperten des Käufers – überprüfen zu können, ob die Informationen im Datenraum vollständig sind und ob das Zielunternehmen alle geistigen Eigentumsrechte inne hat, die es für die Fortführung seines Betriebes und die Umsetzung des Businessplans benötigt.[516]

724

---

515) *Krämer/Kiesewetter*, BB 2012, 1679.
516) Für die Recherche nach deutschen Marken, Geschmacksmustern, Designs, Patenten und Gebrauchsmustern: http://register.dpma.de/DPMAregister/Uebersicht; für die Recherche nach EU-Marken und EU-Geschmacksmustern: http://oami.europa.eu/en/db.htm; für die Recherche nach international eingetragenen Marken, Patenten und Geschmacksmustern: http://www.wipo.int/ipdl/en/madrid/ (für Marken), http://www.wipo.int/pctdb/en/ (für Patente), http://www.wipo.int/ipdl/en/hague/ (für Geschmacksmuster). Die EU bietet in Kooperation mit nationalen Ämtern auch eine übergreifende Suchmaske an: http://www.tmview.europa.eu/tmview/basicSearch.html.

725 Angemerkt sei an dieser Stelle, dass insbesondere bei für den Unternehmenskauf relevanten Technologien zu prüfen ist, ob das Unternehmen überhaupt Inhaber der Rechte an Technologien bzw. Erfindungen ist, die von externen Entwicklern (z. B. Auftragsforschung) oder Arbeitnehmern gemacht wurden. Nach dem bis zum 30.9.2009 geltenden deutschen Recht musste der Arbeitgeber zur Inanspruchnahme der Diensterfindung besondere Formalien erfüllen (Schriftform, § 6 Abs. 2 ArbNErfG a. F.), deren Nachweis der Käufer im Rahmen der Due Diligence verlangen sollte, da anderenfalls die materielle Berechtigung an der Technologie beim Arbeitnehmererfinder liegen kann.[517] Heute gilt die Inanspruchnahme als erklärt, wenn der Arbeitnehmer die Diensterfindung nicht freigegeben hat (§ 6 Abs. 2 ArbNErfG).

b) Umfang und Gestaltung des Due Diligence-Reports

726 Der Umfang des Due Diligence-Reports richtet sich danach, was der Käufer (bzw. bei einer Vendor Due Diligence: der Verkäufer), als Auftraggeber des Reports, mit seinen Beratern vereinbart hat. Sofern die Transaktion fremdfinanziert ist, wird die Bank die Vorlage eines umfassenden Reports (sog. **Bankable Due Diligence Report**) verlangen. Der Bankable Due Diligence Report ist gewöhnlich wie folgt aufbaut: Zunächst wird dem Report ein **Disclaimer** vorangestellt, in dem der vereinbarte Umfang und Inhalt des Reports, einschließlich der untersuchten Bereiche des Unternehmens dargestellt wird.[518] Häufig wird die Haftung des Beraters auf einen Höchstbetrag beschränkt. Sodann folgt ein kurzer **Überblick über das Zielunternehmen** (bzw. beim Erwerb einer Unternehmensgruppe: über die Beteiligungen der einzelnen Gesellschaften, die zur Zielgruppe gehören). Dem schließt sich der wichtigste Teil des Reports an: die Zusammenfassung der wesentlichen Ergebnisse und Findings (sog. **Executive Summary**). Den umfangreichsten Teil bildet der **Bericht** mit ausführlicher Darstellung der rechtlichen Verhältnisse des Unternehmens. Der Bericht wird häufig unter Zuhilfenahme sog. Templates (Checklisten in Tabellenform) erstellt, die eine standardisierte Erfassung ermöglichen.[519]

727 Sofern ein Bankable Due Diligence-Report nicht notwendig ist oder eine Vendor Due Diligence durchgeführt wird, begnügt sich der Auftraggeber aus Kostengründen oftmals mit einem **Red Flag Due Diligence Report**. Bei diesem werden nur Deal-Breaker mitgeteilt (sog. Red Flags), also Punkte, die zum Zeitpunkt des Abschlusses des Kaufvertrages für die Entscheidung des Käufers, ob er den Vertrag abschließen soll, wesentlich sind. Auf eine umfangreiche Darstellung des Unternehmens darüber hinaus wird verzichtet.[520]

---

517) *Raif*, ArbRAktuell 2010, 441, 443.
518) Zur Zulässigkeit der Beschränkung des Prüfungsumfangs durch Disclaimer: KG, v. 17.9.2013 – 7 U 160/12, AnwBl 2014, 449, Besprechung durch *Chab*, AnwBl 2014, 444.
519) *Elfring*, JuS-Beilage zu Heft 5 aus 2007, 3.
520) LG Düsseldorf, v.15.10.2013 – 7 O 6/12, AnwBl 2014, 450.

4. Rechtliche Aspekte der Due Diligence-Überprüfung

a) Rechtliche Verpflichtung zur Durchführung einer Due Diligence

Der Käufer ist nicht zur Durchführung einer Due Diligence verpflichtet. In der Literatur wird aber diskutiert, ob sich aus § 377 HGB und/oder § 442 Abs. 1 S. 2 BGB eine Obliegenheit des Käufers zur Durchführung einer Due Diligence ergeben könnte.[521] § 377 HGB kann jedoch allenfalls eine Untersuchungspflicht nach Übertragung der Kaufsache auf den Käufer begründen. Des Weiteren ist schon umstritten, ob § 377 HGB auf den Unternehmenskauf überhaupt Anwendung findet.[522] Eine Obliegenheit des Käufers zur Durchführung einer Due Diligence aus § 442 Abs. 1 S. 2 BGB ergäbe sich nur, wenn man die unterlassene/fehlerhafte Prüfung als grobe Fahrlässigkeit i. S. d. § 442 BGB einstufen würde. Auch dies ist umstritten. Dagegen spricht, dass die Beschränkung des § 442 BGB auf grobe Fahrlässigkeit nicht zur Annahme einer allgemeinen vorvertraglichen Nachforschungspflicht passt.[523] Für die Annahme einer Obliegenheit würde jedoch sprechen, wenn sich die Due Diligence inzwischen als „Verkehrssitte" etabliert hätte.[524] Voraussetzung einer Verkehrssitte ist, dass sich eine ständige und hinreichend verfestigte Übung gebildet hat.[525] Angesichts des Verbreitungsgrades der Due Diligence beim Unternehmenskauf in der Praxis erscheint es jedenfalls nicht ausgeschlossen, dass ein Gericht das Vorliegen einer Verkehrssitte in Zukunft bejahen könnte. Ob sich aus § 377 HGB und/oder § 442 Abs. 1 S. 2 BGB tatsächlich eine Obliegenheit des Käufers zur Durchführung einer Due Diligence ergibt, kann in der Praxis häufig dahinstehen, da die genannten Normen in Unternehmenskaufverträgen regelmäßig abbedungen werden.

728

Die Geschäftsführung der Erwerbergesellschaft ist jedoch unter Umständen intern zur Durchführung einer Due Diligence verpflichtet. Der Vorstand einer Aktiengesellschaft hat die Gesellschaft unter eigener Verantwortung zu leiten (§ 76 Abs. 1 AktG). Dabei haben die Vorstandsmitglieder bei ihrer Geschäftsführung die Sorgfalt eines ordentlichen und gewissenhaften Geschäftsleiters anzuwenden (§ 93 Abs. 1 S. 1 AktG). Eine entsprechende Regelung enthält § 43 Abs. 1 GmbHG für die GmbH-Geschäftsführung. Die Eingehung geschäftlicher Risiken ist damit nicht ausgeschlossen. Denn dem Vorstand steht eine Einschätzungsprärogative zu der Frage zu, ob eine Maßnahme im Interesse des Unternehmens ist oder nicht. Erforderlich ist aber die sorgfäl-

729

---

521) *Beisel*, in: Beisel/Klumpp, Der Unternehmenskauf, § 2, Rn. 8–10; *Müller*, NJW 2004, 2196, 2197.
522) Gegen eine Anwendbarkeit des § 377 HGB: *Müller*, in: Ebenroth/Boujong/Joost/Strohn, HGB, § 377 Rn. 2; **a. A.** MünchKomm-HGB/*Grunewald*, Vorbemerkung vor § 373 Rn. 4.
523) *Körber*, BB 2001, 841, 844 noch zu § 460 S. 2 BGB a. F.
524) *Körber*, BB 2001, 841, 845; *Müller*, NJW 2004, 2196, 2197.
525) *Körber*, BB 2001, 841, 846.

tige Ermittlung der Grundlagen der unternehmerischen Entscheidung.[526] Auf eine Due Diligence kann daher nur in Ausnahmefällen verzichtet werden, etwa bei ausreichenden Kenntnissen über das Zielunternehmen.[527] Um die Gefahr einer Vorstandshaftung zu vermeiden, ist folglich eine Due Diligence in der Regel durchzuführen.

b) Grenzen der Zulassung einer Due Diligence

730 Zur Durchführung einer Due Diligence in einer GmbH[528] ist die Mitwirkung der Geschäftsführer der Zielgesellschaft bei der Zusammenstellung der Unterlagen erforderlich. Es stellt sich dabei die Frage, ob ein veräußerungswilliger Gesellschafter die Herausgabe der Unterlagen erzwingen kann. Jedem Gesellschafter steht nach § 51a Abs. 1 GmbHG ein Auskunftsrecht betreffend Angelegenheiten der Gesellschaft und ein Einsichtsrecht hinsichtlich Bücher und Schriften der Gesellschaft zu. Diese Rechte sind nach § 51b GmbHG auch gerichtlich durchsetzbar. Die Geschäftsführer können jedoch gem. § 51a Abs. 2 GmbHG Auskunft und Einsicht verweigern, wenn zu besorgen ist, dass der Gesellschafter die erlangten Informationen zu gesellschaftsfremden Zwecken verwenden und der Gesellschaft dadurch einen Nachteil zufügen wird. Da das Recht auf Veräußerung von Gesellschaftsanteilen Ausfluss der Gesellschafterstellung ist (§ 15 Abs. 1 GmbHG), handelt es sich dabei nicht um einen gesellschaftsfremden Zweck.[529] Begrenzt werden diese umfassenden gesetzlichen Informationsrechte aber durch die Treupflicht des Gesellschafters gegenüber der Gesellschaft und den Mitgesellschaftern.[530] Eine Verletzung der Treupflicht liegt vor, wenn die Geheimhaltungsinteressen der Zielgesellschaft das Interesse des Gesellschafters an der Veräußerung seiner Anteile überwiegen.[531] Ein Überwiegen der Geheimhaltungsinteressen der Zielgesellschaft ist jedenfalls bei Weitergabe der Informationen an einen Konkurrenten anzunehmen,[532] ebenso bei Vinkulierung der zu veräußernden Anteile solange die Zustimmung noch nicht vorliegt.[533] Die Interessen des veräußerungswilligen Gesellschafters überwiegen, wenn ein Missbrauch

---

526) BGH, v. 21.4.1997 – II ZR 175/95, DStR 1997, 880, 882; *Beisel*, in: Beisel/Klumpp, Der Unternehmenskauf, § 2 Rn. 28; *Böttcher*, NZG 2005, 49.
527) OLG Oldenburg, v. 22.6.2006 – 1 U 34/03, NZG 2007, 434, 436.
528) Zur Due Diligence in einer Aktiengesellschaft siehe unten Rn. 773 ff. Die Rechtslage bei der Personengesellschaft ist ungeklärt, entspricht jedoch ehr derjenigen bei der AG als bei der GmbH (*Lutter*, ZIP 1997, 613, 618 f.)
529) *Wachter*, EWiR 2014, 415, 416; *Götze*, ZGR 1999, 202, 207–212; *Zirngibl*, in: Mehrbrey, Handbuch Gesellschaftsrechtliche Streitigkeiten, § 16 Rn. 31 m. w. N.
530) LG Köln, v. 26.3.2008 – 90 O 11/08, BeckRS 2008, 21808.
531) *Zirngibl*, in: Mehrbrey, Handbuch Gesellschaftsrechtliche Streitigkeiten, § 16 Rn. 40; *Götze*, ZGR 1999, 202, 213.
532) OLG Köln, v. 31.10.2013 – 18 W 66/13, BeckRS 2013, 19480; *Götze*, ZGR 1999, 202, 214 f.
533) *Zirngibl*, in: Mehrbrey, Handbuch Gesellschaftsrechtliche Streitigkeiten, § 16 Rn. 39; *Götze*, ZGR 1999, 202, 213.

der Informationen ausgeschlossen werden kann, etwa bei Durchführung der Due Diligence durch einen neutralen, zur Verschwiegenheit verpflichteten Berufsträger, der dem Kaufinteressenten nur die Ergebnisse mitteilt.[534] Alternativ ist vor Weitergabe der Geschäftsunterlagen ein einstimmig gefasster Gesellschafterbeschluss erforderlich.[535] Dabei kann dem veräußerungswilligen Gesellschafter aus Gründen der gesellschafterlichen Treubindung und aus dem Recht auf freie Veräußerlichkeit von GmbH-Geschäftsanteilen (§ 15 Abs. 1 GmbHG) ein Anspruch auf positive Beschlussfassung zustehen, wenn seine Veräußerungsinteressen die Geheimhaltungsinteressen der Gesellschaft überwiegen.[536] Trifft der veräußerungswillige Gesellschafter Vorkehrungen zum Schutz der Gesellschaft vor Missbrauch der zu offenbarenden Informationen (z. B. Vertraulichkeitsvereinbarungen, Anonymisierung, gestufte Informationsweitergabe), kann die Abwägung zu seinen Gunsten erfolgen.[537]

c) Grenzen der Zulässigkeit einer Due Diligence

aa) Datenschutzrechtliche Grenzen

Bei der Durchführung der Due Diligence ist besonderes Augenmerk auf die Grenzen der Übermittlung von **Arbeitnehmerdaten** nach dem Bundesdatenschutzgesetz zu legen. Das Bundesdatenschutzgesetz hat zum Ziel, den Einzelnen davor zu schützen, dass er durch den Umgang mit seinen personenbezogenen Daten in seinem Persönlichkeitsrecht beeinträchtigt wird (§ 1 Abs. 1 BDSG). Ausgangspunkt jeder Prüfung ist dabei § 4 Abs. 1 BDSG. Demnach ist die Erhebung, Verarbeitung und Nutzung personenbezogener Daten verboten, soweit nicht eine gesetzliche Erlaubnis oder eine Einwilligung des Betroffenen vorliegt (sog. Verbot mit Erlaubnisvorbehalt).[538] Damit der Betroffene frei über die Einwilligung entscheiden kann, ist er zuvor über den Zweck der Erhebung, Verarbeitung oder Nutzung aufzuklären (§ 4a Abs. 1 S. 2 BDSG). Da eine Unternehmensveräußerung regelmäßig im Geheimen stattfindet, ist die Einholung von Einwilligungen bei allen Arbeitnehmern unzweckmäßig. Als Erlaubnisnorm für die Übermittlung von Arbeitnehmerdaten an den Kaufinteressenten kommt aber § 28 Abs. 1 S. 1 Nr. 2 BDSG (beim Share Deal in Verbindung mit § 28 Abs. 2 Nr. 1 BDSG) in Betracht.[539] Das demnach zu wahrende Erforderlichkeitsprinzip und die schutzwürdigen Interessen der Beschäftigten machen es notwendig, dass je nach Phase des

731

---

534) LG Köln, v. 26.3.2008 – 90 O 11/08, BeckRS 2008, 21808; *Götze*, ZGR 1999, 202, 216 f.
535) LG Köln, v. 26.3.2008 – 90 O 11/08, BeckRS 2008, 21808; OLG Köln, v. 31.10.2013 – 18 W 66/13, BeckRS 2013, 19480; a. A. *Wachter*, EWiR 2014, 415, 416; *Götze*, ZGR 1999, 202, 227 ff.
536) *Zirngibl*, in: Mehrbrey, Handbuch Gesellschaftsrechtliche Streitigkeiten, § 16 Rn. 38, 40, 51.
537) *Zirngibl*, in: Mehrbrey, Handbuch Gesellschaftsrechtliche Streitigkeiten, § 16 Rn. 40.
538) *Gola/Schomerus*, in: Gola/Schomerus, BDSG, 12. Aufl., § 4 Rn. 3.
539) *Göpfert/Meyer*, NZA 2011, 486, 488, 490.

Verkaufsprozesses bestimmte Vorkehrungen getroffen werden. Als Faustregel mag dienen: Je früher im Verkaufsprozess Informationen preisgegeben werden, desto intensivere Maßnahmen zum Schutze der Vertraulichkeit sind erforderlich. Im frühen Stadium dürfen beispielsweise allenfalls aggregierte oder anonymisierte Daten an den Kaufinteressenten übermittelt werden (vgl. im Einzelnen unter Rn. 1638, 1642). In späteren Stadien kann der Schutz durch Vertraulichkeitsvereinbarungen und Zugangsbeschränkungen zum Datenraum gewährleistet werden.[540] Letzteres gilt nicht für besonders sensible Daten i. S. d. § 3 Abs. 9 BDSG, wie beispielsweise die Gewerkschaftszugehörigkeit und die Gesundheit (Schwerbehinderung), die im Rahmen einer Due Diligence wegen ihrer besonderen Schutzwürdigkeit ausschließlich in aggregierter oder anonymisierter Form weitergegeben werden dürfen (§ 28 Abs. 6 BDSG).[541]

732 Diese datenschutzrechtlichen Grenzen gelten auch für die Weitergabe personenbezogener **Lieferanten- und Kundendaten** (vgl. unter Rn. 1641). Hier dürfte die Problematik hauptsächlich bei Unternehmen mit großem privatem Kundenstamm relevant werden. In diesen Fällen werden allerdings in der Regel ohnehin keine Einzelverträge, sondern allenfalls häufig verwendete Vertragsmuster in den Datenraum eingestellt werden.

Weitergehend zum Datenschutz beim Unternehmenskauf siehe Rn. 1624 ff.

bb) Vertraulichkeitsklauseln

733 Häufig enthalten Verträge des Zielunternehmens mit Dritten (z. B. Lieferanten, Lizenzgeber) Regelungen, die das Zielunternehmen zu Vertraulichkeit verpflichten und eine Weitergabe der Vertragsdokumentation verbieten.[542] Regelmäßig wird dabei die Vertraulichkeitsverpflichtung durch ein Vertragsstrafeversprechen bzw. eine Verpflichtung zur Leistung eines pauschalierten Schadensersatzes im Falle einer Offenlegung ergänzt. Dadurch befindet sich die Zielgesellschaft in dem Konflikt einerseits die Vertragsdokumentation dem Kaufinteressenten im Interesse der Anteilseigner zur Verfügung stellen zu wollen, andererseits aber die mit der Vertraulichkeitsklausel verbundene Sanktion zu riskieren. Der Abschluss einer Vertraulichkeitsvereinbarung mit dem Kaufinteressenten kann die Verletzung der Vertraulichkeitspflicht nicht verhindern. Abhilfe schaffen kann nur die Befreiung von der Vertraulichkeitspflicht durch den betreffenden Vertragspartner, die Anonymisierung und Schwärzung des wesentlichen Inhalts der Vertragsdokumentation oder die Prüfung durch den Verkäufer (Vendor Due Diligence) und Weitergabe nur der Eckdaten und Erkenntnisse an den Kaufinteressent.[543]

---

540) *Göpfert/Meyer*, NZA 2011, 486; *Braun/Wybitul*, BB 2008, 782.
541) *Göpfert/Meyer*, NZA 2011, 486, 489; *Braun/Wybitul*, BB 2008, 782, 785.
542) Zum typischen Inhalt von Vertraulichkeitsklauseln vgl. *Schmitz*, CR 2012, 557 f.
543) *Schiffer/Bruß*, BB 2012, 847.

d) Verschwiegenheitspflicht für erlangte Informationen

Üblicherweise wird zu Beginn einer Due Diligence-Überprüfung eine **Vertraulichkeitserklärung** für im Rahmen der Überprüfung erlangte Informationen unterschrieben.[544] Wird eine derartige Vertraulichkeitsvereinbarung nicht unterzeichnet, so kann sich dennoch aufgrund der engen Zusammenarbeit und des Informationsaustausches der Parteien die Obliegenheit zur Einhaltung entsprechender Vertraulichkeit ergeben.[545] Ohne Vereinbarung einer Vertragsstrafe und ohne verkäuferfreundliche Beweislastregelung dürfte sich ein Regress für entstandene Schäden jedoch schwierig gestalten.

734

e) Haftung für unvollständige oder unrichtige Informationen

Die Due Diligence spielt weiterhin auch bei der Bestimmung des **Haftungsumfangs** der beteiligten Parteien eine entscheidende Rolle. Z. B. dann, wenn es um die Formulierung des Haftungskatalogs im Unternehmenskaufvertrag geht oder an die Kenntnis[546] bestimmter Tatsachen im Unternehmenskaufvertrag besondere Folgen geknüpft wurden.

735

Ferner kann das Verhalten während der Due Diligence Auslöser einer quasivertraglichen Haftung sein. Zwar ist zu dem Zeitpunkt der Durchführung einer Due Diligence noch kein Kaufvertrag über den Unternehmenskauf geschlossen, doch können sich Ansprüche aus c. i. c. (§ 311 Abs. 2 BGB) ergeben. Insbesondere kann der Verkäufer wegen unrichtiger, unvollständiger oder fehlender Auskünfte und Angaben bezüglich wichtiger Fakten des Unternehmens, wie z. B. Vermögens- und Ertragslage, haftbar sein (vgl. Rn. 673 ff.).[547]

736

f) Wissenszurechnung Dritter

Wissenszurechnung spielt sowohl auf Käufer- als auch auf Verkäuferseite eine Rolle: Kennt der Käufer einen Mangel, so sind seine Gewährleistungsrechte ausgeschlossen (§ 442 Abs. 1 S. 1 BGB). Ist ihm der Mangel infolge grober Fahrlässigkeit unbekannt geblieben, so stehen ihm die Gewährleistungsrechte nur zu, wenn der Verkäufer den Mangel arglistig verschwiegen hat (§ 442 Abs. 1 S. 2 BGB), was Kenntnis des Verkäufers voraussetzt. Auf einen vertraglichen Haftungsausschluss kann sich der Verkäufer bei arglistig verschwiegenem Mangel nicht berufen (§ 444 BGB).[548]

737

---

544) *Jaques*, in: Ettinger/Jaques, Beck'sches Handbuch Unternehmenskauf im Mittelstand, S. 166–168; Formularmuster bei *Schaefer*, in: Beck'sches Formularbuch Zivil-, Wirtschafts- und Unternehmensrecht, B.II.16.
545) *Schaefer*, in: Beck'sches Formularbuch Zivil-, Wirtschafts- und Unternehmensrecht, B.II.16, Anm. 2.
546) *Rock*, M&A Review 2002, 4.
547) *Möller*, NZG 2012, 841.
548) Ausführlich zur Haftung des Verkäufers und des Käufers siehe Rn. 858 ff.

738 Waren Dritte mit der Due Diligence-Prüfung betraut, stellt sich die Frage, ob deren Wissen dem Käufer bzw. Verkäufer zuzurechnen ist. Unstreitig wird jedenfalls das Wissen des Abschlussvertreters zugerechnet (§ 166 Abs. 1 BGB). Auch die Zurechnung des Wissens sog. Wissensvertreter ist grundsätzlich anerkannt, jedoch umstritten bei Verträgen, die der notariellen Beurkundung bedürfen, wie beispielsweise bei der Veräußerung und Übertragung von GmbH-Geschäftsanteilen (§ 15 Abs. 3, 4 GmbHG).[549] Wissensvertreter ist jeder, der nach der Arbeitsorganisation des Geschäftsherrn dazu berufen ist, im Rechtsverkehr als dessen Repräsentant bestimmte Aufgaben in eigener Verantwortung zu erledigen und die dabei angefallenen Informationen zur Kenntnis zu nehmen sowie ggf. weiterzuleiten.[550] Zu den Wissensvertretern zählt beispielsweise der Verhandlungsgehilfe, der den Vertragsschluss ohne Abschlussvollmacht vorbereitet.[551] Wissensvertreter ist jedoch nicht, wer den Geschäftsherrn nur intern beraten hat.[552] Beauftragt der Käufer also einen Berater mit der Due Diligence, der an den Verhandlungen des Unternehmenskaufvertrages nicht beteiligt ist, so wird das Wissen dieses Beraters dem Käufer nicht zugerechnet.[553]

739 In der Praxis wird im Unternehmenskaufvertrag häufig eine Klausel aufgenommen, in der die Wissenszurechnung bestimmter Personen sowie die Wissenszurechnung des Inhalts des Datenraumes geregelt sind.

5. Prüfung vor und/oder nach Erwerb?

740 Die praktische Regel, dass eine Due Diligence immer vor dem Erwerb statt nachher durchzuführen ist, trifft beim Unternehmenskauf nicht immer zu. Zum einen schließt eine Prüfung vorher eine weitere Prüfung nachher nicht aus. Beide stehen vielmehr nebeneinander. Zum anderen kommt es auch hier entscheidend auf die Interessenlage an. Auch ohne das Bedürfnis, etwas Unschönes verstecken zu wollen, gibt es ein legitimes Interesse des Verkäufers, einen Kaufinteressenten, oft ein Wettbewerber, nicht zu tief in die Verhältnisse des eigenen Unternehmens blicken zu lassen. Die Prüfung des Unternehmens vor Vertragsabschluss hat daher ihre natürliche Grenzen in der Bereitschaft des Verkäufers, eine solche Prüfung zuzulassen. Weiter können insoweit die durch eine Due Diligence zu erwartenden Irritationen der Mitarbeiter sowie die ggf. entstehenden Kosten eine Rolle spielen. Hintergrund ist jeweils die Befürchtung, dass ein Kaufvertrag später nicht zustande kommt.

---

549) *Goldschmidt*, ZIP 2005, 1305, 1313; *Beisel/Andreas*, in: Beck'sches Mandatshandbuch Due Diligence, § 5 Rn. 17.
550) BGH, v. 24.1.1992 – V ZR 262/90, NJW 1992, 1099.
551) BGH, v. 8.11.1991 – V ZR 260/90, NJW 1992, 899.
552) BGH, v. 24.1.1992 – V ZR 262/90, NJW 1992, 1099.
553) Umfassend zum relevanten Verkäuferwissen *Hoenig/Klingen*, NZG 2013, 1046 und zum relevanten Käuferwissen *Goldschmidt*, ZIP 2005, 1305.

a) Prüfung vor dem Erwerb?

Käufer und Verkäufer haben ein Interesse daran, dass der Käufer die Informationen hat, die er braucht, um ein sachgerechtes und interessantes Angebot zu machen. 741

Ein Kaufinteressent, der sich über wesentliche Punkte des zu erwerbenden Unternehmens unsicher ist, wird im Preis einen Unsicherheitsabschlag machen. Umgekehrt ist dem Verkäufer im Bieterverfahren auch nicht damit gedient, dass ein Kaufinteressent zunächst aus Unkenntnis ein sehr gutes indikatives Angebot macht (weshalb der Verkäufer dann vielleicht sogar andere, vorsichtigere Bieter zurückstellt), dann aber mit zunehmender Kenntnis sein Angebot verschlechtert oder – weil er es nicht verschlechtern kann oder will – Gründe sucht, vom Kauf ganz abzusehen oder – schlimmster Fall! – nach dem Kauf die Möglichkeit zu einer Rückabwicklung oder drastischen Kaufpreiskorrektur nutzt. 742

Der Verkäufer ist also daran interessiert, dass die Kaufinteressenten ihre Angebote auf der Grundlage hinreichender Kenntnis machen können, damit der Verkäufer vom bestgeeignetsten Kaufinteressenten das diesem bestmögliche Angebot erhält und dass er schlechter geeignete Kaufinteressenten (mit denen ein Kaufabschluss zu guten Bedingungen weniger wahrscheinlich ist) frühzeitig erkennen und ggf. aus dem Bieterprozess ausschließen kann. Im Übrigen hat sich in der Praxis gezeigt, dass der Verkäufer unmöglich für jeden Kaufinteressenten voraussagen kann, welche Umstände diesem bei der Entscheidung über Ob und Preis der Transaktion besonders positiv oder negativ erscheinen werden. Selbst bei ein und demselben Interessenten kann sich das im Laufe der Zeit ändern. Vor allem aber wird ein Interessent einen negativen Aspekt, der ihn anfangs vielleicht an einem Angebot gehindert hat oder der ein Angebot jedenfalls negativ beeinflusst hätte, später vielleicht „verdauen" und womöglich ganz unberücksichtigt lassen, wenn er genug Positives über das Unternehmen und dessen Synergiepotential mit anderen – eigenen – Unternehmen kennt. 743

aa) Keine kaufrechtliche Prüfungspflicht

Wenn der Käufer Gewährleistungs- oder Schadensersatzansprüche gegen den Verkäufer aus fehlerhafter oder gebotener, aber unterlassener Information hat, so steht diesen Ansprüchen nicht entgegen, dass der Käufer das Unternehmen nicht oder nicht richtig geprüft hatte. Zu diesem Ergebnis käme man nur, wenn man – wie unter Rn. 728 dargestellt – die unterlassene/fehlerhafte Prüfung als grobe Fahrlässigkeit i. S. d. § 442 BGB einstufen würde. In der Regel ist § 442 BGB bei Unternehmenskaufverträgen jedoch ausgeschlossen, sodass eine kaufrechtliche Prüfungspflicht nicht angenommen werden kann. 744

bb) Anspruchsausschluss durch Offenlegung

745 Gewährleistungs- und ähnliche Ansprüche des Käufers sind im Allgemeinen ausgeschlossen bezüglich Umständen, die er bei Vertragsabschluss kannte. Dies ergibt sich entweder aus § 442 Abs. 1 S. 1 BGB oder beruht auf entsprechender Vereinbarung im Unternehmenskaufvertrag. Die Offenlegung negativer Umstände vor Vertragsabschluss verhindert daher spätere Gewährleistungs- oder Haftungsfolgen für diese Umstände, egal ob der Verkäufer den Umstand „freiwillig" offen legte oder ob der Käufer ihn „herausfand". Nach angelsächsischem Vorbild versuchen Käufer im Allgemeinen, diese Rechtsnachteile einer Offenlegung (Disclosure) für sich zu vermeiden oder einzuschränken, indem sie im Vertrag selbst oder seinen Anlagen (Disclosure Schedule) die Kenntnis auf die ausdrücklich aufgeführten Fakten beschränken oder die Rechtswirkung der Kenntnis abbedingen (Ausschluss § 442 BGB) und eine hiervon unabhängige Haftung des Verkäufers (Garantie) vereinbaren.

746 Ob solche Einschränkungen stets rechtlich beachtlich sind, kann in Zweifel gezogen werden. Der Käufer kann nicht einen Anspruch aus unterlassenen Informationen erheben, wenn er den Umstand tatsächlich kannte. Rechtlich beachtlich sind solche Einschränkungen hingegen bei Vereinbarung einer vertraglichen Garantie: Ein Verkäufer kann das Fehlen eines negativen Umstandes auch dann garantieren (d. h. den Käufer von den Schäden aus dem Vorliegen eines solchen Umstandes freistellen), wenn der Käufer das Fehlen des Umstandes kannte, ja im Extremfall sogar dann, wenn beide Vertragsparteien das Fehlen kannten und/oder von seinem Vorliegen ausgingen. Freilich ist bei der Annahme, ob sie denn wirklich eine solche Garantie wollten, Vorsicht geboten.

747 Stets zweckmäßig ist die **Formalisierung** einer Offenlegung (Disclosure) aus Beweisgründen und zur Vermeidung von Streit. Spätere Zeugenaussagen darüber, wer wem was wann gesagt hatte, sind immer misslich, zumal die Zeugen hier meist ein eigenes Interesse an ihrer persönlichen „Reinwaschung" haben. Eine Klausel, die auf eine Offenlegung nur im Vertrag und seinen Anlagen abstellt, erscheint unter diesem Gesichtspunkt allerdings zu eng. **Jede schriftliche Offenlegung** sollte genügen, z. B. in einem übergebenen Prüfungsbericht zum Jahresabschluss oder sonst in übergebenen Unterlagen. Elektronische Datenräume bieten den Vorteil, dass diese oftmals aufzeichnen, von wem, wann, welches Dokument geöffnet wurde.

748 Umgekehrt bedarf es zum Gewährleistungs- und Haftungsausschluss des **Verkäufers** schon der **wirklichen** Offenlegung des kritischen Umstandes; ein bloßer Hinweis auf ein Dokument oder einen anderen Umstand, woraus der Käufer durch eigene weitere Prüfungen und Schlussfolgerungen auf den negativen Umstand hätte stoßen können oder sollen, genügt grundsätzlich nicht. Denn der Käufer ist gegenüber dem Verkäufer eben zur Prüfung des Unternehmens nicht rechtlich verpflichtet (es sei denn, die Vertragsteile vereinbaren eine solche Verpflichtung).

cc) Offenlegung und Gewährleistung

Offenlegung vor Erwerb einerseits und Gewährleistung und Haftung des Verkäufers nach Erwerb andererseits hängen schließlich in einer weiteren praktischen Weise zusammen. Der Käufer wird oft geltend machen, er brauche eben mehr Garantien, wenn er weniger vor Erwerb prüfen dürfe. Umgekehrt wird der Verkäufer gegenüber dem Wunsch nach Garantien einwenden, der Käufer habe ja schon sehr viel geprüft oder dürfe noch viel mehr prüfen. 749

Allerdings besteht dieser Zusammenhang in der Praxis auch in der umgekehrten Richtung: Der Käufertyp, der am sorgfältigsten im Voraus prüft, verlangt später trotzdem die umfangreichsten Garantien, weil er einfach besonders vorsichtig ist. Oder ein attraktives Unternehmen, dessen Prüfung der Verkäufer im Voraus in keiner Weise gestattet, wird später mit den geringsten Gewährleistungen verkauft, weil der Käufer es sonst eben nicht kriegen würde, es aber unbedingt haben will. 750

dd) Liste zu prüfender Punkte

Die bei einem Unternehmenskauf entscheidenden Einzelpunkte betreffend Eigenschaften des Unternehmens decken sich weitgehend bezüglich 751

- der von einem Käufer zu prüfenden Punkte (Due Diligence) einerseits und
- der in dem Vertrag typischerweise vereinbarten Haftungstatbestände (Reps and Warranties) andererseits.

Im Arbeitsablauf entwickelt sich somit der Unternehmenskaufvertrag aus den Ergebnissen der Due Diligence: Die Checkliste des Käufers (Hinweise auf Muster siehe oben unter Rn. 686) ist zugleich eine Art erster Rohentwurf für die Liste der Haftungstatbestände im Vertrag und für die Offenlegungen die der Verkäufer in Beantwortung der Checkliste macht. 752

Checklisten sind im Übrigen stets wesentlich länger als die spätere Liste der Haftungstatbestände. Denn zum einen erledigen sich in der Prüfung viele Punkte in positiver Weise und tauchen daher später im Vertrag nicht mehr auf. Zum anderen enthält eine Checkliste auch kaufmännische Punkte, die ihrer Natur nach im Vertragstext keinen (direkten) Niederschlag finden, aber für die Verkaufs- und Kaufentscheidung ausschlaggebend sind. 753

b) Prüfung nach dem Erwerb?

Nach dem Erwerb sollte der Käufer ein **Kontroll- und Berichtsystem** einführen, das sicherstellt, dass alle Umstände bekannt und gemeldet werden, die zu Ansprüchen gegen den Verkäufer aus den Gewährleistungen des Kaufvertrages führen können. In diesem Zusammenhang können ergänzend die Erkenntnisse einer vor Erwerb durchgeführten Due Diligence-Überprüfung von Nutzen sein, da Konzernstruktur, wichtige Verträge, Mitarbeiter und 754 besondere Problembereiche in dem Bericht übersichtlich dargestellt sind und daher bei der Prüfung nach Erwerb als Ausgangsbasis dienen können.

755 Zugleich muss der Käufer **Beweissicherung** betreiben, um später beweisen zu können, dass der negative Umstand schon bei Vertragsschluss oder -vollzug vorlag (z. B. Altlasten in Grund und Boden). In diese Nachprüfung sind insbesondere auch die Wissensträger im Unternehmen einzubeziehen (Angestellte, Wirtschaftsprüfer, Berater). Im natürlichen Gang der Dinge geht ihre Loyalität sehr rasch auf den Käufer über, häufig schon vor dem Erwerb. Der Käufer sollte viel dafür tun, diese Loyalität zum Unternehmen für sich zu nutzen und jegliche Frontstellung oder Grenzziehung zwischen den „Alten" und „Neuen" zu vermeiden.

c) **Prüfung als zeitlich abgestufter Prozess**

756 Die Unterscheidung, ob dem Käufer Informationen vor oder nach Signing zugänglich gemacht werden sollen, ist für die Praxis zu grob. Tatsächlich ist die Informationspreisgabe ein in vielen Stufen ablaufender Prozess.

aa) **Möglichst früh, möglichst spät?**

757 Den (berechtigten!) Geheimhaltungsinteressen des Verkäufers ist am besten gedient, wenn er Informationen erst gewährt, wenn sicher ist, dass der Vertrag zustande kommt. Dann allerdings hat der Verkäufer ein Interesse daran, den Käufer mit Informationen zu überschütten, weil das spätere Gewährleistungsansprüche ausschließt oder einschränkt und damit letztlich auch den Bestand des Vertrages sicherer macht.

758 Spiegelbildlich dazu sind die Grundanliegen des Käufers: Er hat ein (gleichfalls berechtigtes) Interesse daran, Informationen möglichst frühzeitig zu erlangen, um sich die Mühen und Kosten unnötiger Analysen und Verhandlungen zu sparen und schon sein Angebot (nicht erst den Vertragsabschluss) auf möglichst sicherer, wohl überlegter Grundlage zu machen. Eine Informationsflut in den letzten Tagen oder Stunden vor Vertragsabschluss oder gar erst durch Übergabe von Unterlagen im Augenblick der Unterschrift ist für den Käufer aus eben den Gründen gefährlich, aus denen der Verkäufer solche Informationen dann gewissermaßen überfallartig gewähren möchte.

759 Aber der Interessengegensatz ist bei genauer Betrachtung nicht ganz so krass. Denn der Verkäufer hat auch ein Interesse daran, dass der Käufer ein möglichst gutes Angebot macht und später möglichst wenige Gründe hat, es wegen neuer Informationen zu verschlechtern. Der Käufer ist bemüht, zwar alle Informationen rechtzeitig zu erhalten, aber doch auch den Verkäufer nicht durch vorzeitige Prüfungen (mit langen Fragebögen, Prüferbrigaden usw.) zu verschrecken. Die Sorge des Verkäufers vor solcher **Ausforschung** ist wahrscheinlich das größte einzelne Hindernis für das Zustandekommen einer Transaktion, und zwar schon weit im Vorfeld. Nur der Käufer, der in

dieser Beziehung das **Vertrauen des Verkäufers** hat oder gewinnt, hat die Chance, mit einem aus freien Stücken handelnden Verkäufer zum Vertrag oder auch nur ins Gespräch zu kommen.

bb) Frühester Zeitpunkt für die Informationsweitergabe

Eine gewisse Formalisierung des Informationsprozesses geschieht durch eine Absichtserklärung (siehe unter Rn. 660). Der Verkäufer gewährt Informationen dann zumindest auf der Grundlage einer (wenn auch rechtlich unverbindlichen) Interessensbekundung des Käufers, möglichst mit Bezeichnung des beabsichtigten Preises (als Zahl, Formel oder Methode). Zugleich ist die Absichtserklärung ein Rahmen für die Vereinbarung von Vertraulichkeitspflicht, Abläufen (z. B. Durchführung der Due Diligence, Orte und Zeitplan für Verhandlungen, Rückgabe von Unterlagen) und Kostentragung. 760

cc) Spätester Zeitpunkt für die Informationsweitergabe

Eine andere, viel weitergehende Abstufung des Prozesses ergibt sich im Fall einer **Trennung** von **Vertragsunterzeichnung** (Signing) und **Unternehmensübertragung** (Closing). Wenn die Parteien die Weitergabe bestimmter Informationen nach Signing vereinbaren, kann der Käufer mehr oder weniger gefahrlos zur Offenlegung schreiten, sofern die Vertragsunterzeichnung bereits zu einer rechtlichen Bindung des Käufers führte. 761

Die Offenlegung von neuen Informationen nach Vertragsunterzeichnung, aber vor Vertragsabwicklung nützen dem Käufer daher nur, wenn er die Vertragsabwicklung trotz des Vertragsabschlusses noch **verweigern** kann. Aus Sicht des Käufers ist es daher optimal, wenn er – jedenfalls unter bestimmten Bedingungen – bis zum Closing ein mehr oder weniger freies **Rücktrittsrecht** hat. 762

Auf der anderen Seite des Spektrums der Möglichkeiten beim Closing liegt eine **uneingeschränkte Verpflichtung** zur Vertragsabwicklung, wenn im Vertragstext genau definierte Closing-Bedingungen ganz formal erfüllt sind, z. B. der Erhalt eines Wirtschaftsprüferberichtes (unabhängig von seinem Inhalt), ein Testat, eine Genehmigung o. Ä. 763

Daher bringt die Trennung von Signing und Closing unter dem Gesichtspunkt der Prüfung des Unternehmens dem Verkäufer keine oder kaum Vorteile, wenn der Käufer in seiner Entscheidung über den Vollzug nach Erhalt der zusätzlichen Informationen im Wesentlichen frei ist. Umgekehrt ist die Informatikonsweitergabe vor einem gesonderten Closing für den Verkäufer umso vorteilhafter, je mehr der Käufer gebunden ist, d. h. je formalisierter und justitiabler die Closing-Bedingungen sind. 764

6. Interessenkonflikte in der Due Diligence

765 Während der Due Diligence treten zahlreiche Interessenkonflikte auf, die es zu beobachten gilt.

a) Interessenkonflikte bei Gesellschaftern

766 Werden die Anteile der Zielgesellschaft von mehreren Gesellschaftern gehalten, besteht unter diesen nicht immer Einigkeit über den Verkauf. Unter Umständen will nur ein einziger Gesellschafter unter vielen seine Anteile verkaufen. Ob und unter welchen Voraussetzungen dieser die Herausgabe der für die Due Diligence notwendigen Unterlagen erzwingen kann, wurde bereits unter Rn. 730 dargestellt.

b) Interessenkonflikte bei Managern

767 Um das erworbene Unternehmen erfolgreich fortzuführen und die Unternehmensplanung wie vorgesehen umzusetzen, ist der Erwerber häufig auf das bestehende Management des Zielunternehmens angewiesen. Zur Motivation wird das Management daher häufig vom Käufer beispielsweise in Form einer Management-Partizipation[554] incentiviert. Da ohnehin die Loyalität des Managements gegenüber dem Verkäufer im Verkaufsprozess zunehmend zugunsten des Käufers (als dem neuen Prinzipal) abnimmt, ist der Verkäufer bestrebt, Gegenanreize in Form von Transaktionsboni zu setzen. Um ein ausgewogenes System an Anreizen und Gegenanreizen schaffen zu können, lassen sich sowohl Erwerber als auch Veräußerer im Unternehmenskaufvertrag zusichern, umfassend über jegliche Incentivierung des Managements informiert worden zu sein.[555]

c) Interessenkonflikte bei Arbeitnehmern

768 Um die Zusammenstellung der Unterlagen für die Due Diligence kümmert sich in der Regel eine ausgewählte Gruppe von Arbeitnehmern des Zielunternehmens. Diese wissen somit frühzeitig um den geplanten Unternehmensverkauf. Ist der potentielle Käufer ein strategischer Investor, werden die Arbeitnehmer erkennen, dass nach Closing zur Erzielung von Synergieeffekten die Zusammenlegung von Arbeitsbereichen zu erwarten ist und damit ein Arbeitnehmerüberhang entsteht, der unter Umständen durch Kündigungen abgebaut werden wird. Aus Arbeitnehmerperspektiver widerstreiten somit

---

554) Zu Managementbeteiligungen siehe unten Rn. 1816.
555) *Pöllath*, How to manage management incentives, Private Equity Lawyer, IFLR Expert Guides 2005, herunterladbar unter http://www.pplaw.com/sites/default/files/publications/2005/04/0504iflrpelawyerspoellath.pdf (zuletzt abgerufen am 20.8.2014); *Hohaus/Inhester*, DStR 2003, 1765; zur Wirksamkeit von Leaver-Klauseln in Beteiligungsverträgen: *Böttcher*, NZG 2005, 992; *Hinderer*, RNotZ 2005, 416.

die Pflicht zur Mitwirkung am Unternehmensverkauf und das Interesse am Erhalt der Arbeitsplätze.

d) Interessenkonflikte bei Beratern

Zur Vermeidung von Interessenkonflikten bei Rechtsanwälten, ist es diesen verboten widerstreitende Interessen zu vertreten (§ 43a Abs. 4 BRAO). Desweiteren unterliegt der Rechtsanwalt der Verschwiegenheitspflicht nach § 43a Abs. 2 BRAO. Eine Verletzung der Verschwiegenheitspflicht kann strafrechtlich relevant sein (§ 203 Abs. 1 Nr. 3 StGB). Rechtsanwaltskanzleien müssen daher Mehrfachvertretungen vermeiden, auch wenn dies gerade im Vorfeld bei Bietungsverfahren unangenehme Entscheidungen verlangt. (Welcher Bieter aus mehreren Mandatsbeziehungen ist der wahrscheinlichere „Gewinner", oder für welchen Bieter lässt man sich „blockieren"?) Der Einsatz sog. Chinese Walls ist nicht ausreichend, um eine Pflichtverletzung eines anderen Anwalts derselben Sozietät zu vermeiden. Vielmehr sind Interessenkonflikte stets im Einverständnis mit den beteiligten Mandanten auszuschließen (§ 3 Abs. 2 S. 2 BORA). Im Einzelnen ist noch vieles ungeklärt.[556] 769

Ein ähnliches Konfliktpotential bieten finanzierende Banken, wenn sie in mehreren möglichen Finanzierungskonsortien involviert sind oder jedenfalls von mehreren Bietern angesprochen werden und Wirtschaftsprüfungsgesellschaften, die Abschlussprüfer des Zielunternehmens sind und zugleich für einen Bieter eine Due Diligence durchgeführt haben. 770

Schließlich widerstreiten bei Beratern das Honorarinteresse und die Pflicht den Mandanten/Auftraggeber kostenschonend zu beraten. 771

e) Interessenkonflikte zwischen Verkäufer und Käufer

Schließlich gibt es auch zwischen Verkäufer und Käufer während der Due Diligence Interessenkonflikte. Während der Käufer die Offenlegung aller wesentlichen Informationen über das Unternehmen begehrt, ist das Interesse des Verkäufers differenzierter: Zwar möchte der Verkäufer gegenüber dem Käufer (als potentiellem Wettbewerber) einerseits möglichst wenige Betriebsgeheimnisse offenbaren, andererseits möchte der Verkäufer nach Closing nicht mit Rechtsstreitigkeiten wegen Garantieverletzung oder Verstoß gegen gesetzliche Offenlegungspflichten überzogen werden. Schlimmstenfalls ficht 772

---

556) BVerfG, v. 3.7.2003 – 1 BvR 238/01, NJW 2003, 2520 steht Chinese Walls beim Sozietätswechsel von Rechtsanwälten aufgeschlossen gegenüber (im vorliegenden Fall wurde das Einverständnis der Mandanten eingeholt); *Schramm*, DStR 2003, 1316, 1320; *Henssler/Deckenbrock*, NJW 2008, 1275, 1278; *Kilian*, WM 2000, 1366 ohne sich zur Notwendigkeit des Einverständnisses der betroffenen Mandanten zu äußern; BRAK-Präsidium, Diskussionspapier des BRAK-Präsidiums zur Berufsethik der deutschen Rechtsanwältinnen und Rechtsanwälte, BRAK-Mitt. 2011, 58, 59 f.; *Hermann*, DB 1997, 1023 lehnt sukzessive Mehrfachvertretung ab.

der Käufer den Unternehmenskaufvertrag an oder erklärt seinen Rücktritt. Dies kann durch umfassende Offenlegung vermieden werden.

7. Due Diligence bei Aktiengesellschaften

773 Due Diligence Überprüfungen werden vermehrt auch in Aktiengesellschaften durchgeführt. Sie finden beispielsweise statt, wenn ein Mehrheitsaktionär sein Aktienpaket **außerhalb** der Börse veräußern möchte. Die Due Diligence Prüfungen in börsennotierten Aktiengesellschaften schaffen schwierige Rechtsfragen: Darf der Vorstand den Beratern des Käufers Zugang zu allen Unterlagen verschaffen und alle Fragen beantworten? Verschafft sich der Käufer damit einen unerlaubten Wissensvorsprung gegenüber Anlegern am Kapitalmarkt, die diese Informationen nicht erhalten? Muss der Vorstand die übrigen Aktionäre der Gesellschaft entsprechend informieren?

774 Beim Verkauf von Aktien einer deutschen Aktiengesellschaft liegt die Besonderheit darin, dass der Verkäufer von Rechts wegen gar keine umfassende Kenntnis über das Unternehmen der Aktiengesellschaft hat (zu den öffentlich zugänglichen Informationen siehe oben Rn. 722) und der Verkäufer und die Aktiengesellschaft dem Käufer eine solche umfassende Kenntnis nur unter Beachtung der gesetzlichen Schutzpflichten verschaffen können, insbesondere der Verschwiegenheitspflicht des Vorstandes (§ 404 Abs. 1 Nr. 1, § 93 Abs. 1 S. 3, Abs. 2 AktG) und dem Verbot der unbefugten Mitteilung von Insiderinformationen (§ 38 Abs. 1 Nr. 2 i. V. m. § 14 Abs. 1 Nr. 2 WpHG).

775 Die zentrale Frage in diesem Zusammenhang ist stets, inwieweit der Vorstand der Aktiengesellschaft befugt ist, vertrauliche Informationen über das Unternehmen der Aktiengesellschaft an den Käufer weiterzuleiten. Zur Beantwortung dieser Frage kommt es entscheidend auf das **objektive Interesse der Aktiengesellschaft** an dem Erwerb der Aktien durch den Kaufinteressenten an. Soweit ein objektives Interesse der Aktiengesellschaft im Einzelfall bejaht werden kann, der Käufer eine entsprechende Geheimhaltungsvereinbarung eingegangen ist und die Durchführung einer Due Diligence durch Beschlüsse des Aufsichtsrats und des Gesamtvorstandes gedeckt sind, sollte die Weitergabe vertraulicher Informationen im Rahmen einer Due Diligence zulässig sein. Entscheidend sind die konkreten Umstände des Einzelfalls. An diesem Punkt sind schon mehrfach Übernahmen im Vorfeld gescheitert.

776 Vereinfachend kann man unterscheiden:

- Informationserteilung an Wettbewerber ist problematischer als an Finanzinvestoren, die nicht auch in Wettbewerbern investiert sind. (Je intensiver der aktuelle oder potentielle Wettbewerb, desto kritischer.)
- Informationserteilung bei hohem Abschlussrisiko (z. B. weit im Vorfeld) ist problematischer als bei oder nach (vorläufigem) Abschluss eines Vertrages („Transaktionssicherheit").

- Je weiter der Empfängerkreis, desto problematischer. Also z. B. restriktive Information bei breitem Bieterkreis

- Eine Gesellschaft hat in der Regel Interesse an einer Stabilisierung ihres Gesellschafterkreises, nicht unbedingt an einem Gesellschafterwechsel.

- Eine Gesellschaft kann Interesse an Kapitalzufuhr (z. B. Kapitalerhöhung) haben oder an Technologiezugang (z. B. Lizenznahme). Aber dieses Interesse muss u. a. gegen Wettbewerbsrisiken abgewogen werden.

- Anders als in USA sind Gesellschafterinteressen nicht entscheidend. Zumindest muss die Wahrung der Interessen aller Gesellschafter gesichert sein, nicht nur die einer verkaufenden Mehrheit. (Ein Übernahmeangebot an alle ist dafür positiv, aber nicht allein entscheidend.)[557]

Eine Auskunftspflicht des Vorstands gegenüber den anderen Aktionären hinsichtlich Informationen, die der Vorstand dem Käufer erteilt hat, besteht **nicht**. Diesen gegenüber wäre die Weitergabe der Informationen unbefugt i. S. d. § 14 Abs. 1 Nr. 2 WpHG. Dem steht auch nicht das Gleichbehandlungsgebot der Aktionäre nach § 53a AktG entgegen. Denn die potentiellen Erwerber eines Aktienpaketes im Rahmen einer außerbörslichen Transaktion unterscheiden sich erheblich von den anderen Aktionären: Letztere verfolgen in der Regel lediglich kurzfristige Kursgewinnziele, während der Erwerber einer wesentlichen Beteiligung unternehmerischen Einfluss auf die Gesellschaft auszuüben beabsichtigt und dafür u. U. auch besondere Pflichten übernimmt.[558]

Der Vorstand kann versuchen, sein Haftungsrisiko bei Durchführung einer Due Diligence durch verschiedene Maßnahmen zu begrenzen:

- So sollte über die Zustimmung zur Due Diligence durch **Beschlüsse des Vorstandes** und des **Aufsichtsrates** (möglichst einstimmig) entschieden werden.

- Aus Beweisgründen sollten die **wesentlichen Motive** der Entscheidung **dokumentiert** werden. Dabei sollten alle Gründe und Gegengründe erörtert und abgewogen werden.

- Die Entscheidung sollte mindestens eine **Absichtserklärung** (Letter of Intent) des potentiellen Käufers zur Grundlage haben. Die Erklärung sollte so bestimmt sein, dass ihr der Vorstand die Ernsthaftigkeit des Erwerbsinteresses und den derzeitigen Stand der Erwerbsverhandlungen entnehmen kann. Zudem sollten ggf. in einer ergänzenden Notiz die wesentlichen Vorteile des Erwerbs für die Gesellschaft umrissen werden,

---

557) *Müller*, NJW 2000, 3452; *Werner*, ZIP 2000, 989; *Ziegler*, DStR 2000, 249; *Körber*, NZG 2002, 263; *Zumbansen/Lachner*, BB 2006, 613; *Hasselbach*, NZG 2004, 1087; zum Erwerb von Minderheitsbeteiligungen: *Banerjea*, ZIP 2003, 1730.
558) *Hemeling*, ZHR 169 (2005), 275, 283 f.; *Werner*, ZIP 2000, 989, 992.

die Pläne des potentiellen Käufers für die Zeit nach der Transaktion in Eckpunkten dargestellt, die Finanzierung der Transaktion erläutert und die kartellrechtliche Seite der Transaktion angesprochen werden.

- Abschluss einer **Vertraulichkeitsvereinbarung** zwischen der Gesellschaft und dem potentiellen Käufer. Diese sollte den **Zweck** der Informationsbeschaffung und den **Kreis der Mitarbeiter** und Berater des potentiellen Käufers umgrenzen. Für den Fall des Scheiterns der Erwerbsverhandlung sollte die **Rückgabepflicht** bzw. Vernichtung der Unterlagen vorgesehen werden. Sinnvoll ist zudem, die Einhaltung der Vertraulichkeitsvereinbarung durch eine **Vertragsstrafe** zu sichern.

- Um Art und Umfang der mitzuteilenden Information zu überwachen, kann der Vorstand dem potentiellen Käufer eine bestimmte, mit den Verhältnissen des Unternehmens vertraute **Auskunftsperson** benennen. Er sollte dazu seine Mitarbeiter anweisen, mündliche Auskünfte nur über bzw. durch diese Auskunftsperson zu übermitteln.

- Der Vorstand sollte **keine unkontrollierte Einsichtnahme** in die in seinen Geschäftsräumen vorhandenen Unterlagen gestatten. In der Praxis wird meistens ein elektronischer **Datenraum** bereitgestellt. In dem Datenraum sollten nur solche Dokumente ausliegen, die aufgrund der Checkliste für die Due Diligence-Prüfung verlangt werden. In kritischen Situationen kann der Vorstand Dokumente von der Offenlegung **gezielt ausnehmen oder teilweise schwärzen**. Dies empfiehlt sich etwa bei Erwerbsverhandlungen mit Wettbewerbern. Ggf. ist auch die Durchführung einer **mehrstufigen Due Diligence-Überprüfung** denkbar, in der die bereitgestellten Informationen im Hinblick auf die Vertraulichkeitsstufe abgeschichtet werden.

- Ist das Risiko einer nachteiligen Verwertung der Informationen besonders groß, empfiehlt sich folgendes Vorgehen: Mit der Due Diligence-Prüfung werden **neutrale Fachleute** beauftragt, die weder mit der Gesellschaft noch mit dem potentiellen Käufer in einem Mandatsverhältnis stehen. Diese werden gemeinsam von der Gesellschaft und dem potentiellen Käufer hierzu beauftragt. Sie werden ferner angewiesen, die ausgewerteten Informationen und Unterlagen nicht weiterzugeben. Vielmehr erstellen sie einen abgekürzten Due Diligence-Bericht, der sich auf die **Auswertung** der Prüfungsergebnisse beschränkt.

8. Due Diligence Kosten

779 Gewöhnlich trägt derjenige die Kosten der Due Diligence, der sie in Auftrag gibt, bei einer Vendor Due Diligence also der Verkäufer und bei einer Purchaser Due Diligence der Käufer. Gelegentlich wird bei einem Bieterverfahren auch vereinbart, dass der Verkäufer bis zu einem bestimmten Betrag die Kosten der Purchaser Due Diligence übernimmt. Dies soll Interessenten motivieren, sich an der Due Diligence zu beteiligen und ein gutes Angebot abzugeben,

von dem während der Vertragshandlungen nicht mehr begründet Abstand genommen werden kann. Das OLG München hat entschieden, dass Vereinbarungen über die Erstattung der Kosten für eine Due Diligence (im entschiedenen Fall als Klausel in einem Letter of Intent enthalten), jedenfalls soweit sie zeitlich und nach oben begrenzt sind, nicht der Form des beabsichtigten Hauptvertrages bedürfen.[559]

Eine Studie aus dem Jahr 2002 von *Berens/Strauch* hat eine empirische Untersuchung der Due Diligence durchgeführt.[560] Die Studie kommt dabei zu dem Ergebnis, dass die durchschnittliche Due Diligence rund 16 Tage dauert und dabei Kosten in Höhe von etwa 1 % des Kaufpreises anfallen.[561]

780

Die Kosten der Due Diligence können durch sorgfältige Schwerpunktsetzung verringert werden.[562] Auch eine zuvor durchgeführte Vendor Due Diligence ist hilfreich, da in diesem Fall das Zielunternehmen zum Zeitpunkt der Purchaser Due Diligence bereits über eine vollständige und geordnete Due Diligence Dokumentation verfügt und daher der Datenaustausch erfahrungsgemäß routinierter geschieht. Stellt der Verkäufer den Vendor Due Diligence Report den Kaufinteressenten zur Verfügung, können diese ihre Schwerpunktsetzung entsprechend ausrichten.

781

In steuerrechtlicher Hinsicht ist zwischen Rechtsprechung und Literatur umstritten, ob es sich bei Due Diligence-Kosten um zu aktivierende Anschaffungsnebenkosten oder sofort abziehbare Betriebsausgaben handelt. Entscheidendes Abgrenzungskriterium zwischen Anschaffungsnebenkosten und Betriebsausgaben ist, ob die Kosten vor oder nach Fassung des grundsätzlichen Erwerbsentschlusses entstanden sind.[563] Nach Ansicht der Finanzgerichte handelt es sich bei Due Diligence-Kosten um zu aktivierende Anschaffungsnebenkosten.[564] Argumentiert wird, dass zum Zeitpunkt der Durchführung einer Due Diligence bereits eine grundsätzlich (wenn auch nicht gänzlich unumstößlich) gefasste Erwerbsentscheidung gefällt worden sei. Es sei lebensfremd, anzunehmen, dass ein Zielunternehmen einem Interessenten derartig weitgehenden Zugriff auf die Unternehmensinterna eröffnet, ohne dass ein gemeinsames Ziel (z. B. Kauf, Verschmelzung etc.) vereinbart würde. Die Gegenansicht ist der Auffassung, dass Due Diligence-Kosten in der Regel sofort abziehbare Betriebsausgaben darstellen, weil es sich um Aufwendungen handelt, die der Entscheidungsvorbereitung dienen.[565]

782

---

559) OLG München, v. 19.9.2012 – 7 U 736/12, NJW-RR 2013, 284.
560) *Berens/Strauch*, WPg 2002, 511.
561) *Berens/Strauch*, WPg 2002, 511, 517, 524.
562) *Hörtnagl/Zwirner*, in: Beck'sches Mandatshandbuch Unternehmenskauf, § 2 Rn. 37.
563) BFH, v. 27.3.2007 – VIII R 62/05, DStR 2007, 1027.
564) FG Köln, v. 6.10.2010 – 13 K 4188/07, DStRE 2012, 724; FG Baden-Württemberg, v. 24.10.2011 – 10 K 5175/09, BeckRS 2012, 95045.
565) *Ditz/Tcherveniachki*, DB 2013, 1634; *Ditz/Tcherveniachki*, DB 2011, 2676; *Peter/Graser*, DStR 2009, 2032.

VII. Kaufpreis

783 Der **Kaufpreis** für ein Unternehmen ist der in einer Zahl und/oder einer Kaufpreisformel ausgedrückte Wert, den der Verkäufer und der Käufer dem Zielunternehmen konkret beimessen. Neben einer in der Regel auf zukünftigen Erträgen basierenden Bewertung des Unternehmens spielen Angebot und Nachfrage in Bezug auf den Kaufgegenstand ebenso eine Rolle, wie die wirtschaftliche Situation innerhalb aber auch außerhalb der konkreten Unternehmensbranche (wie z. B. der aktuelle Geld-, Zins- und Aktienmarkt).

1. Der Kaufpreis als wesentliche Gegenleistung

784 Die Übertragung des Unternehmens auf den Käufer erfolgt zur Absicherung des Verkäufers regelmäßig im Wege eines „Automatismus" gem. § 158 Abs. 1 BGB aufschiebend bedingt auf die vollständige Zahlung des Kaufpreises an den Verkäufer, sofern kein gesonderter Vollzug vorgesehen ist. Anders als bei der Auflassung von Grundstücken, die nach § 925 Abs. 2 BGB nur unbedingt wirksam erfolgen kann, ist eine Übertragung von Unternehmensgegenständen im Wege des Asset Deals (mit Ausnahme von Grundstücken) und/oder Gesellschaftsanteilen im Wege des Share Deals unter einer Bedingung zulässig und insbesondere aus Verkäufersicht der Regelfall.

785 Neben der Pflicht zur Übertragung des kaufgegenständlichen Unternehmens einerseits und der Kaufpreiszahlung andererseits kann die Vereinbarung weiterer Pflichten für den Verkäufer oder Käufer sinnvoll sein. Typisch sind insoweit insbesondere folgende Pflichten der Parteien:

- die Übertragung von Gesellschafterdarlehen, die der Verkäufer dem Zielunternehmen gewährt hat (hiervon will sich der Verkäufer regelmäßig trennen),[566]

- die Übernahme von Haftungen des Verkäufers (insbesondere über Gewährleistungen und Freistellungen),

- Förderpflichten (z. B. das Bemühen, Mitarbeiter, Geschäftspartner etc. zur Fortsetzung ihrer Geschäftsbeziehungen und ihrer Vertragsverhältnisse mit dem Erwerber zu veranlassen, insbesondere bei sog. Change of Control-Klauseln, die es einer Partei eines Vertrages ermöglichen, bei einem Kontrollwechsel den Vertrag zu beenden sowie beim Asset Deal),

- die Übertragung bzw. Gestattung der Nutzung von Namensrechten durch den Verkäufer,

---

566) Gefahr der Mithaftung des Verkäufers bei Rückzahlung des Gesellschafterdarlehens an den Käufer und Insolvenz der Zielgesellschaft binnen eines Jahres ab Übergang der Gesellschaftsanteile, vgl. BGHZ 196, 220 = ZIP 2013, 582 und BGHZ 198, 64; dazu Anm. *Bitter*, ZIP 2013, 1583; *Greven*, BB 2014, 2309; *Pantz*, GmbHR 2013, 393; *Thole*, ZInsO 2012, 661.

- die Gewährung von Sicherheiten durch den Verkäufer (z. B. für Garantien und Freistellungen) aber auch des Käufers (z. B. für die Zahlung des Kaufpreises) und

- die Unterlassung von künftigem Wettbewerb (einschließlich Abwerbung) durch den Verkäufer.

Die gesamten Haupt- und Nebenleistungspflichten von Verkäufer und Käufer sollen durch den Kaufpreis in ein äquivalentes Verhältnis gebracht werden.[567] Den Parteien stehen dabei nahezu unbegrenzte Gestaltungsmöglichkeiten zur Verfügung. Sowohl die Bestimmung des Kaufpreises als auch der Zahlungsmechanismus und die Besicherung der Kaufpreiszahlung bedürfen ganz konkreter Regelungen. Abhängig von der Situation des Zielunternehmens und der Verhandlungsmacht der Parteien können diese einen einfachen Festkaufpreis[568] bis hin zu komplexeren Regelungen über die zukünftige Bestimmung und Anpassung des Kaufpreises[569] vereinbaren.

786

2. Bestimmung des Kaufpreises

a) Der Kaufpreisfindungsprozess

In der Regel wird die Möglichkeit ausscheiden, den Kaufpreis bereits zu Beginn der Verhandlungen mehr oder weniger final festzulegen. Der Käufer benötigt erst weitere Informationen über das Zielunternehmen, die der Verkäufer auch liefern wird, da ihn insoweit eine gesteigerte Aufklärungspflicht gegenüber dem Käufer trifft.[570]

787

Aus Sicht der Parteien ist es sinnvoll, frühzeitig – möglichst noch vor Beginn detaillierter Vertragsverhandlungen – den Rahmen der Preisvorstellungen der jeweils anderen Partei abzutasten und sich einander anzunähern (z. B. im Letter of Intent/Memorandum of Understanding oder bei einem Auktionsverfahren im (Revised Offer Letter).

788

Die angesprochene Äquivalenzfunktion des Kaufpreises macht ein Dilemma deutlich:

789

- Einerseits sollte der Kaufpreis nicht zahlenmäßig festgelegt sein, bevor sich die Parteien sicher sind, in allen wesentlichen wirtschaftlichen Fragen jedenfalls grundsätzlich einer Meinung zu sein. Unterschiedliche Sichtweisen lassen sich dann unter Umständen über die Anpassung des Kaufpreises nach oben oder unten ausgleichen. Die Neu- bzw. Nachverhandlung eines bereits zahlenmäßig fixierten Kaufpreises ist verhandlungspsy-

---

567) Dazu *Weißhaupt*, BB 2013, 2947 ff.
568) Siehe Rn. 799 ff.
569) Siehe Rn. 829 ff.
570) So ausdrücklich BGH, v. 4.4.2001 – VIII ZR 33/00, BeckRS 2001, 30172997 sowie BB 2002, 903, 905 = ZIP 2002, 853; vgl. auch Due Diligence Teil (Kapitel VI).

chologisch eher schwierig und in der Regel nur bei besonderen Umständen (z. B. bestimmte mit hoher Wahrscheinlichkeit eintretenden Due Diligence-Risiken) durchsetzbar.

- Andererseits sollte der Kaufpreis nicht erst zum Ende in den im Übrigen ausgehandelten Vertrag eingesetzt werden (es sei denn, es handelt sich nur noch um das Ergebnis eines vorher vereinbarten Rechenganges oder um eine Festlegung innerhalb eines schon zuvor bestimmten engen Rahmens). Denn wenn der Vertrag im Übrigen verhandelt ist, fällt jedes Preiszugeständnis der einen wie der anderen Seite umso schwerer, als man sich nicht mehr (tatsächlich oder vermeintlich) durch einen Vorteil in irgendeiner anderen Vertragsbestimmung schadlos halten kann.

790 Oft tendieren die Parteien dazu, den Kaufpreis zu früh, wenn nicht gar als erstes zu vereinbaren. Meist ist eine relativ frühe Kaufpreisabstimmung kaum vermeidbar und gerade im Auktionsverfahren (vorbehaltlich der weiteren Ergebnisse der Due Diligence) mittlerweile Standard, um hier „eine Runde weiter" zu kommen. Das erleichtert ein Verlangen nach Nachverhandlung mit allen entsprechenden Risiken.

b) Wertfindung

791 Jede Vertragsseite wird versuchen, für sich den optimalen Preis herauszufinden, der dem Wert des Unternehmens am nächsten kommt. Dabei hat häufig das Unternehmen in den Händen des Verkäufers einen anderen Wert als in den Händen des Käufers, was insbesondere bei strategischen Käufern vor dem Hintergrund einer möglichen Integration in den bereits bestehenden Konzern und möglichen Synergieeffekten der Fall ist.

792 Ausgangspunkt der Kaufpreisfindung ist zunächst die Bewertung des kaufgegenständlichen Unternehmens durch den Verkäufer und den Käufer. Die Bewertung eines Unternehmens hängt im Wesentlichen von dessen zukünftiger Ertragsentwicklung ab. Grundlage der Unternehmensbewertung sind dabei regelmäßig die jüngsten Bilanzkennzahlen der Vergangenheit sowie der von dem Verkäufer in Zusammenarbeit mit dem Management des Zielunternehmens erstellte und aus den Bilanzkennzahlen entwickelte **Business Plan** für die Zukunft. Der Käufer wird die Plausibilität des verkäuferseitig erstellten Business Plans seinerseits anhand der vorgelegten Bilanzkennzahlen überprüfen und für die eigene zukunftsorientierte Bewertung entsprechend adjustieren.

793 Erwirbt der Käufer anstelle der gesamten Beteiligung lediglich eine Minderheitsbeteiligung am Zielunternehmen, so wird der Käufer den Wert der kaufgegenständlichen Beteiligung ebenfalls entsprechend seiner wirtschaftlichen Beteiligung und seiner Einflussnahmemöglichkeiten nach unten korrigieren.

c) Preisfindung

Während die Wertfindung in der Regel eine auf die zukünftige Ertragskraft gestützte Bewertung des Unternehmens ist, ist die Preisfindung und Festlegung demgegenüber eine unternehmerische Entscheidung sowohl vom Verkäufer als auch vom Käufer. 794

Idealerweise sollten Wertfindung und Preisfindung zu möglichst übereinstimmenden Ergebnissen führen. Da aber in der Regel weder der Verkäufer noch der Käufer den Gang ihrer Wertfindung im Rahmen der Kaufvertragsverhandlungen aufdecken und häufig gegen Ende der Preisverhandlungen dogmatisch kaum begründbare Kompromisse gemacht werden, kann die vertragliche Preisbestimmung sich dieser Wertfindung in der Praxis bestenfalls annähern. 795

Eine weitgehende Annäherung von Wert- und Preisfindung können Verkäufer und Käufer ggf. erreichen, wenn sie im Kaufvertrag eine Methode zur Bestimmung des Kaufpreises über eine Bewertungsregelung, die Benennung eines Bewerters oder eine ähnliche Regelung vereinbaren. Solche Bestimmungen eigenen sich insbesondere bei größeren Unternehmenstransaktionen, auch dort jedoch eher zur finalen Feinjustierung des Kaufpreises berechnet auf den Vollzug des Kaufvertrages. 796

Wirtschaftlich interessant wird es dann, wenn die Parteien jeweils einen Kaufpreis für sich gefunden haben, der jedoch nicht unerheblich von der Kaufpreisvorstellung der anderen Partei abweicht. Sofern das Verbleiben einer Minderheitsbeteiligung beim Verkäufer für den Käufer keine Alternative darstellt, gibt es hier in der Praxis folgende Annäherungsmöglichkeiten für einen bestimmten in der Regel eher kleineren Teil des Kaufpreises: 797

- Kaufpreisstundung: Aufschub der Kaufpreisfälligkeit bei Bestehenbleiben der Erfüllbarkeit,[571]

- Verkäuferdarlehen/Vendor Loan/Vendor Note: Gewährung eines in der Regel zur Akquisitionsfinanzierung nachrangigen endfälligen Darlehens[572] und

- Earn-Out: Zahlung eines späteren Kaufpreises in Abhängigkeit des künftigen wirtschaftlichen Erfolges des Zielunternehmens.[573]

3. Methoden der Kaufpreisfestlegung

Die Parteien können den Kaufpreis bei Vertragsschluss fest und endgültig vereinbaren oder aber variabel gestalten. 798

---

571) Zu den steuerlichen Auswirkungen siehe Rn. 269.
572) Siehe dazu Rn. 1431.
573) Siehe dazu Rn. 829 ff.

a) Fester Kaufpreis

799 Die Praxis des Unternehmenskaufs arbeitet hier entweder mit dem zeit- und kostensparenderen Modell eines finalen Kaufpreises bewertet auf den letzten (geprüften) Bilanzstichtag unter „Einfrierung" des Zielunternehmens bis zum Vollzug („Locked Box") oder mit dem wohl genauerem, aber zeit- und kostenaufwendigeren Modell eines vorläufigen Kaufpreises, der dann bei Vollzug der Transaktion durch Aufstellung einer Closing Bilanz genau adjustiert wird („Closing Accounts"). Gelegentlich werden beide Typenmodelle auch miteinander kombiniert, z. B. bei Transaktionen zu Beginn ein Geschäftsjahres, wo zwar nicht bei Unterzeichnung des Kaufvertrages aber beim Vollzug die letzte (geprüfte) Bilanz vorliegt und der Mehraufwand für die Erstellung einer weiteren Closing Bilanz auf den Vollzugstag vermieden werden soll. Das Locked Box-Modell greift dann vom Zeitpunkt der letzten (geprüften) Bilanz bis zum Vollzugstag.

aa) „Locked Box"-Modell

800 Das **Locked Box**"-Modell besticht durch die Einfachheit der vertraglichen Gestaltung und Umsetzung, insbesondere bei kleineren und mittelgroßen Unternehmen als Kaufgegenstand. Es ist in der Regel (verglichen mit einer nachvertraglichen Kaufpreisanpassung) mit geringeren Transaktionskosten verbunden, weil keine zusätzliche Closing Bilanz aufzustellen und ggf. im Wege eines schiedsgutachterlichen Verfahrens[574] zu prüfen ist. Das „Locked Box"-Modell ist daher auch grundsätzlich weniger streitanfällig. Für den Verkäufer bietet das „Locked Box"-Modell aufgrund des von vornherein feststehenden und insbesondere, sofern kein Fall des unzulässigen Wertabflusses („Leakage") voliegt, nicht nach unten anzupassenden Kaufpreises einen nicht unerheblichen Vorteil im Vergleich zum Modell der Closing Accounts.

801 Entscheiden sich Verkäufer und Käufer für die Regelung eines Fest-Kaufpreises in der Variante des „Locked Box"-Modells, so wird der Kaufpreis für das Unternehmen bereits bei Unterzeichnung des Unternehmenskaufvertrages final vereinbart, d. h. als eine feststehende Zahl – der dem von den Parteien beigemessenen Eigenkapitalwert des Unternehmens (Equity Value) entspricht – in den Unternehmenskaufvertrag hineingeschrieben. Anders als in den Fällen der Closing Accounts[575] wird der Kaufpreis für das Unternehmen in der Regel auf den letzten (geprüften) Bilanzstichtag ermittelt und durch entsprechende vertragliche Regelungen dafür Sorge getragen, dass seit diesem Bilanzstichtag und bis zum Vollzugstag keine unzulässigen Wertabflüsse an diesem Zielunternehmen eintreten werden bzw. bereits eingetretene unzulässige Wertabflüsse ausgeglichen oder vom Kaufpreis abgezogen werden. Der wirtschaftliche Stichtag (Effective Date), also der Tag, an dem un-

---

574) Siehe unter Rn. 1682 ff.
575) Siehe dazu nachfolgend unter Rn. 811 ff.

abhängig vom dinglichen Vollzug alle Rechte (insbesondere Gewinnbezugsrechte) und Pflichten auf den Käufer übergehen, ist hier zugleich der gewählte Bilanzstichtag.

Eine erneute Unternehmensbewertung auf den Vollzugstag und eine daraus resultierende mögliche nachträgliche Kaufpreisanpassung findet beim „Locked Box"-Modell, außer in den Sonderfällen eines unzulässigen Wertabflusses, „Leakage"[576] nicht statt. Stattdessen erhält der Verkäufer, sofern nicht bereits im Kaufpreis bereits reflektiert, eine Verzinsung des Kaufpreises vom wirtschaftlichen Stichtag bis zum Vollzugstag. Bei der Höhe der Zinsen wird der Verkäufer nicht selten einen für Unternehmensbewertungen üblichen zweistelligen Risikozins verlangen, während der Käufer in den heutigen Zeiten immer gerne auf den gegen „Null" gehenden Geld- und Kapitalmarktzins verweist und nur diesen zu zahlen bereit ist. Wirtschaftlich treffen sich die Parteien hier nicht selten und je nach Verhandlungsposition und -macht irgendwo zwischen dieser beiden Extrempositionen. 802

Für den Käufer ist das „Locked Box"-Modell dagegen umso risikoreicher, je weiter der Vollzug des Kaufvertrages vom Stichtag der zugrundegelegten Bilanz („wirtschaftlicher Stichtag") entfernt ist und je volatiler das Geschäft der Zielgesellschaft (insbesondere bei Projektgeschäften oder Geschäften mit hohen saisonalen Schwankungen) ist. In diesen Fällen erhöht sich die Gefahr, dass sich die Situation des Zielunternehmens zwischen dem wirtschaftlichen Stichtag und dem Vollzugstag unkalkulierbar und in der Regel zum Nachteil des Käufers verändert. 803

Das unternehmerische Risiko einer Verringerung des Unternehmenswertes vom wirtschaftlichen Stichtag bis zum Vollzugstag trägt allein der Käufer. Akzeptiert der Käufer das „Locked Box"-Modell ist er zwingend darauf angewiesen, sich für die Zeiträume zwischen wirtschaftlichem Stichtag und Unterzeichnung des Kaufvertrages durch besondere Garantien sowie zwischen Unterzeichnung und Vollzug durch besondere Verhaltenspflichten des Verkäufers (sog. Covenants) abzusichern. Geschützt werden soll der Käufer vor einer Aushöhlung des bereits auf den letzten Bilanzstichtag festgelegten Unternehmenswertes, insbesondere vor Ausschüttungen und vergleichbaren Leistungen jedweder Art an den Verkäufer und ihm nahestehende Personen außerhalb des gewöhnlichen Geschäftsbetriebs der Zielgesellschaft. 804

(1) Letzter (geprüfter) Jahresabschluss

Anknüpfungspunkt für die Bewertung des Zielunternehmens ist der auf den wirtschaftlichen Stichtag aufgestellte (geprüfte) Jahresabschluss des Zielunternehmens einschließlich Bilanz, Gewinn- und Verlustrechnung sowie ggf. und abhängig von der Größe des Zielunternehmens ergänzt um Anhang und Lagebericht. Da es beim „Locked Box"-Modell keine Closing Bilanz gibt und 805

---

576) Siehe nachfolgende Rn. 806.

die Kaufpreisermittlung dieser letzte (geprüfte) Jahresabschluss zugrunde gelegt worden ist, hat der Verkäufer diesen Jahresabschluss zumindest in der Weise im Wege einer selbständigen Garantie i. S. v. §§ 311 Abs. 1, 241 Abs. 1 BGB zu garantieren, dass dieser unter Beachtung der Grundsätze ordnungsgemäßer Buchführung ein den tatsächlichen Verhältnissen entsprechendes Bild der Vermögens-, Finanz- und Ertragslage gem. § 264 Abs. 2 HGB vermittelt (sog. true and fair view-Prinzip).

(2) Zeitraum zwischen wirtschaftlichem Stichtag und Vertragsunterzeichnung

806 Aufgrund der Anknüpfung an einen zurückliegenden wirtschaftlichen Stichtag trägt der Käufer das wirtschaftliche Risiko einer Verringerung des Unternehmenswertes zwischen dem wirtschaftlichen Stichtag und dem Vollzug. Um einer wesentlichen Veränderung des Zielunternehmens zwischen dem Bilanzstichtag und Unterzeichnung des Kaufvertrages entgegenzuwirken, garantiert der Verkäufer dem Käufer üblicherweise für diesen Zeitraum ebenfalls im Wege einer selbständigen Garantie i. S. v. §§ 311 Abs. 1, 241 Abs. 1 BGB, dass

- es bei der Zielgesellschaft keinerlei Mittelabflüsse oder sonstige außerordentlichen Leistungen jedweder Art an den Verkäufer oder ihm nahestehende Personen nach § 1 Abs. 2 AStG gegeben hat (sog. „**Leakage**"); ausdrücklich auszunehmen hiervon sind solche Leistungen der Zielgesellschaft, die nach dem Willen der Parteien erlaubt sein sollen (sog. „**Permitted Leakage**"), wie z. B. Gehaltszahlungen an den Verkäufer-Geschäftsführer oder Rückzahlung nicht mitverkaufter Gesellschafterdarlehen[577] und

- die Zielgesellschaft mit der Sorgfalt eines ordentlichen Kaufmanns i. S. v. § 347 HGB im Rahmen der ordnungsgemäßen Geschäftsführung und in Übereinstimmung mit der bisherigen Geschäftstätigkeit fortgeführt worden ist.

807 Hinsichtlich der vorstehenden Garantien sollten die Garantiebeschränkungen auf Rechtsfolgenseite, wie z. B. eine Haftungshöchstgrenze (Cap), Haftungsuntergrenze (De Minimis) und eine kurze Verjährung wie bei den sonstigen operativen Garantien, ausdrücklich ausgeschlossen sein.

808 Darüber hinaus sollte der Verkäufer im Kaufvertrag bei Vollzug im Rahmen der Vollzugshandlungen dazu verpflichtet sein, dem Käufer eventuelle außerordentliche Leistungen („Leakages") ausreichend vor Vollzug mitzuteilen, damit der Käufer diese vor Zahlung des Kaufpreises noch kaufpreismindernd berücksichtigen und ausnahmsweise vom Kaufpreis abziehen darf. Hierzu bedarf es regelmäßig einer ausdrücklichen Öffnung des Aufrechnungs- und

---

[577] Zum Problem der Anfechtbarkeit der Darlehensrückzahlung siehe auch § 135 Abs. 1 Nr. 2 InsO.

Zurückbehaltungsverbots im Kaufvertrag. Diese Vorgehensweise erspart dem Käufer eine spätere Geltendmachung im Rahmen eine Garantieverletzung und eine Zahlung trotz einem bereits bei Vollzug bestehenden Leakage.

(3) Zeitraum zwischen Vertragsunterzeichnung und Vollzug

Der Käufer erwirbt die rechtliche Kontrolle über das Zielunternehmen erst mit dem Übergang des Unternehmens bei Vollzug. Er ist daher auch hinsichtlich des Zeitraums zwischen Kaufvertragsunterzeichnung und dem Vollzugstag in dem gleichen Umfang wie in dem Zeitraum zwischen dem wirtschaftlichen Stichtag und der Kaufvertragsunterzeichnung schutzbedürftig. Der Verkäufer hat daher zumindest (wenn nicht unmittelbar ausgestaltet als selbständige Garantien nach § 311 Abs. 1 i. V. m. § 241 Abs. 1 BGB)[578] solche Verhaltenspflichten (sog. „**Covenants**") zu gewähren, damit auch für diesen Zeitraum keine Verringerung des Unternehmenswertes eintritt. Typisch sind insoweit Verhaltenspflichten des Verkäufers als Mindeststandard zwischen Kaufvertragsunterzeichnung und Vollzugstag, wonach 809

- es bei der Zielgesellschaft keinerlei Mittelabflüsse oder sonstige außerordentlichen Leistungen jedweder Art an den Verkäufer oder ihm nahestehende Personen nach § 1 Abs. 2 AStG gegeben hat („Leakage") und

- die Zielgesellschaft mit der Sorgfalt eines ordentlichen Kaufmanns i. S. v. § 347 HGB im Rahmen der ordnungsgemäßen Geschäftsführung und in Übereinstimmung mit der bisherigen Geschäftstätigkeit fortgeführt worden ist (ggf. ergänzt durch einen beispielhaften Katalog unzulässiger Maßnahmen).

Da die Haftung des Verkäufers typischerweise auf die im Kaufvertrag geregelten Garantien und Freistellungen begrenzt und im Übrigen Sekundärleistungsansprüche, wie z. B. Schadensersatz, ausdrücklich ausgeschlossen sind, ist dieser Ausschluss zumindest für Verstöße gegen vorstehenden Verhaltenspflichten wieder und insoweit zu eröffnen. Ansonsten könnte der Käufer zwar den Verkäufer auf ein primäres Tun oder Unterlassen, nicht jedoch auf sekundären Schadensersatz in Anspruch nehmen, obwohl er nachweisbar einen Wertverlust erlitten hat. 810

bb) Adjustierter Festkaufpreis (Closing Accounts)

Vereinbaren die Parteien des Unternehmenskaufvertrags das Modell eines adjustierten Kaufpreises (**Closing Accounts**), enthält der Kaufvertrag einen geschätzten vorläufigen Kaufpreis, der dann nach Aufstellung der Closing Bilanz endgültig zwischen den Parteien des Kaufvertrages abgerechnet wird. Dieses zeit- und kostenaufwendigere Modell unterscheidet sich im Wesentlichen dadurch vom „Locked Box"-Modell, dass der Kaufvertrag als feste 811

---

578) Siehe Rn. 866 f.

A. Der Unternehmenskauf

Zahl lediglich den vorläufigen Kaufpreis als Eigenkapitalwert (Preliminary Equity Value) und den gemeinsam festgelegten Unternehmenswert (Final Enterprise/Entity Value) enthält. Darüber hinaus gibt dieser Kaufvertrag den Parteien eine konkrete Kaufpreisberechnungsformel an die Hand, wie der endgültige Kaufpreis (Final Equity Value) zum Vollzugstag nach Vollzug eine Aufstellung der Closing Bilanz zu berechnen ist. Die Differenz zwischen dem endgültigen Eigenkapitalwert (Final Equity Value) und dem geschätztem vorläufigen Eigenkapitalwert (Preliminary Equity Value) ist nach Vollzug zwischen den Parteien auszugleichen.

812 In der Regel wird der vorläufige Eigenkapitalwert (Preliminary Equity Value) so kalkuliert, dass es hier nach Ermittlung des endgültigen Wertes unter normalen Umständen nicht zu Rückzahlungen des Verkäufers an den Käufer, sondern nur zu einer Zahlung eines Restkaufpreises durch den Käufer an den Verkäufer kommen kann, damit auf der Käuferseite eine Überkapitalisierung (Over Funding) mit damit verbundene Kosten möglichst vermieden wird.

813 Die Überleitung von Unternehmenswert (Enterprise/Entity Value) zum Eigenkapitalwert (Equity Value) erfolgt regelmäßig zunächst durch Hinzurechnung von Barmitteln und durch Abzug von zinstragenden Finanzverbindlichkeiten der Zielgesellschaft.[579] Darüber hinaus – auch zur Vermeidung von Kaufpreismanipulationen – erfolgt eine Kaufpreisanpassung zumindest bei einer Unterschreitung des für das operative Geschäft erforderlichen Nettoumlaufvermögens (sog. Net Working Capital-Anpassung).[580] Gelegentlich und insbesondere bei Finanzinvestoren wird eine Kaufpreisanpassung im Falle einer Unterschreitung des vom Verkäufer prognostizierten EBIT(DA) bei Vollzug zusätzlich verlangt.[581]

(1) Cash and debt free-Regelungen

814 Die Überleitung von Unternehmenswert (Enterprise/Entity Value) zum Eigenkapitalwert (Equity Value) erfolgt typischerweise unter Hinzuziehung alle kurzfristigen verfügbaren Barmittel der Zielgesellschaft und unter Abzug aller zinstragenden Finanzverbindlichkeiten, d. h. auf „cash and debt free-Basis".[582] Die jeweiligen Abzugs- und Zuzugspositionen sind stets Verhandlungsache.

815 Hierbei sind typischerweise hinzuzuaddierte Barmittel insbesondere:

- Kassenbestände i. S. v. § 266 Abs. 2 B IV Var. 1 HGB,

- Bankguthaben i. S. v. § 266 Abs. 2 B IV Var. 2 und 3 HGB,

---

579) Siehe nachfolgend unter Rn. 816.
580) Siehe nachfolgend unter Rn. 819.
581) Siehe nachfolgend unter Rn. 821.
582) Dazu *Hilgard*, DB 2007, 559.

- Schecks i. S. v. § 266 Abs. 2 B IV Var. 4 HGB und
- liquide Wertpapiere des Umlaufvermögens i. S. v. § 266 Abs. 2 B III HGB.

Typisch abgezogene zinstragende Finanzverbindlichkeiten sind insbesondere: **816**

- Anleihen i. S. v. § 266 Abs. 3 C 1 HGB,
- Verbindlichkeiten gegenüber Kreditinstituten i. S. v. § 266 Abs. 3 C 2 HGB und
- Verbindlichkeiten gegenüber Gesellschaftern aus Gesellschafterdarlehen.

Diskussionsbedürftig sind oftmals folgende zu addierende bzw. zu subtra- **817** hierende Positionen, welche mit kurzfristig verfügbaren Barmitteln bzw. zinstragenden Finanzverbindlichkeiten vergleichbar sind, insbesondere:

- Cash aus Factoring,
- Pensionsrückstellungen i. S. v. § 266 Abs. 3 B 1 HGB,
- Steuerrückstellungen i. S. v. § 266 Abs. 3 B 2 HGB,
- Rückstellungen für Altersteilzeit i. S. v. § 266 Abs. 3 B 3 HGB,
- Verbindlichkeiten aus Finanzierungsleasing und
- Rückgriffsverbindlichkeiten, insbesondere bei unechtem Factoring und Ertragssteuern.

Um Streitigkeiten sowie den Zeit- und Kostenaufwand eines späteren Schieds- **818** gutachterverfahrens[583] für den Fall zu sparen, dass sich die Parteien nicht auf die Berechnung des endgültigen Eigenkapitalwertes (Final Equity Value) einigen können, empfiehlt sich in Bezug auf alle Positionen eine möglichst exakte Bestimmbarkeit nach HGB bzw. IFRS (je nach Bilanzierung der Zielgesellschaft). Darüber hinaus sollten alle potentiellen Bilanzpositionen der Zielgesellschaft anhand von Saldenbestätigungen, Kontennachweisen bzw. Kassenprotokollen konkret identifizierbar sein. Schließlich empfiehlt sich insbesondere aus Verkäufersicht eine Vorrangregel zugunsten der konkreten Bilanzpositionen der Zielgesellschaft vorrangig vor den Regelungen des HGB bzw. IFRS mit aufzunehmen. Das Streitpotential nach Vollzug der Transaktion wird von den Parteien nicht selten unterschätzt, da diese nach Vollzug häufig „getrennte Wege" gehen.

(2) Anpassung des Nettoumlaufvermögens (Net Working Capital Adjustment)

Zur Vermeidung von Kaufpreisoptimierungen durch den Verkäufer, z. B. durch **819**

- eine verspätete Zahlung der Lieferantenverbindlichkeiten,

---

583) Siehe Rn. 1682 ff.

- einen Forderungsverkauf (Factoring),
- eine vorgezogenen Eintreibung von Kundenforderungen,
- eine Verzögerung von Investitionen und
- einen Verkauf des Warenlagers, insbesondere der Warenvorräte,

verlangt der Käufer regelmäßig und zur Vorbeugung von Missbrauchsmöglichkeiten durch den Verkäufer zumindest ein durchschnittliches normalisiertes **Nettoumlaufvermögen** (Net Working Capital) bei Vollzug.

820 Typische Positionen zur Bestimmung des Nettoumlaufvermögens sind dabei insbesondere:

- Vorräte i. S. v. § 266 Abs. 2 B I HGB,
- zuzüglich Forderungen aus Lieferungen und Leistungen i. S. v. § 266 Abs. 2 B II 1. HGB und
- abzüglich Verbindlichkeiten aus Lieferungen und Leistungen i. S. v. § 266 Abs. 3 C 4. HGB.

(3) EBIT(DA)-Anpassung

821 Wird der zukünftige Ertragswert des Zielunternehmens (Enterprise/Entity Value) wie häufig durch die Ermittlung der operativen Zahlungsflüsse (z. B. EBIT oder EBITDA) auf Basis des Jahresüberschusses der zuletzt aufgestellten Bilanz ermittelt und mit einem zwischen den Parteien frei verhandelten (Branchen-)Multiplikator (Multiple)[584] multipliziert, so erwartet der Käufer, dass die der Kaufpreisberechnung zugrunde gelegten operativen Zahlungsflüsse bei Vollzug auch Gegenstand der Closing Bilanz sind. Gelegentlich verlangt der Käufer hier eine Kaufpreisanpassung zumindest für den Fall, dass die operativen Zahlungsflüsse bei Vollzug geringer sind als die der Kaufpreisberechnung zugrunde gelegten. Konsequenterweise ist diese Differenz ihrerseits ebenfalls mit dem der Kaufpreisberechnung zugrunde gelegten (Branchen-)Multiplikator (Multiple) zu multiplizieren und in Abzug zu bringen. Im Gegenzug verlangt der Verkäufer bei einem solchen Begehren des Käufers in der Regel die gleiche Kaufpreisanpassung nach oben für den Fall, dass die Closing Bilanz höhere operative Zahlungsflüsse als die der Kaufpreisberechnung zugrunde gelegten ausweist.

822 Auch hier empfiehlt sich bei allen der Berechnung der operativen Zahlungsflüsse zugrunde liegenden Positionen wieder eine möglichst exakte Bestimm-

---

584) Siehe z. B. http://www.finance-magazin.de/uploads/media/Finance_Multiples_September _2014.pdf.

barkeit nach HGB bzw. IFRS (je nach Bilanzierung der Zielgesellschaft) unter Zugrundelegung der konkreten Bilanzpositionen der Zielgesellschaft.[585]

(4) Ermittlung des finalen Kaufpreises

Die Ermittlung des finalen Kaufpreises zwischen Verkäufer und Käufer birgt naturgemäß ein erhebliches Streitpotential (Post Closing) und bedarf daher einer genauen und vorausschauenden Regelung durch die Parteien im Unternehmenskaufvertrag. 823

Der Verkäufer verliert (spätestens) mit dem Unternehmensübergang am Vollzugstag die Kontrolle über sein Unternehmen und damit die Möglichkeit, die für die Berechnung des finalen Kaufpreises erforderlichen Angaben selbst zu ermitteln bzw. direkt im Unternehmen nachzuvollziehen. Grundlage für die Ermittlung des finalen Kaufpreises ist daher in der Regel eine vom Käufer (ggf. auch von dem Zielunternehmen) auf den Vollzugstag aufgestellte Abrechnung mit den noch offenen und für die Ermittlung des finalen Kaufpreises anhand des im Unternehmenskaufvertrag vereinbarten Abrechnungsmechanismusses erforderlichen Angaben. Die erforderlichen Angaben sowie die Qualität der Abrechnung (z. B. aufgestellt nach den Vorschriften des Handelsgesetzbuches (HGB) und den Grundsätzen ordnungsgemäßer Buchführung (GoB) oder nach IFRS) sind im Unternehmenskaufvertrag ebenso zu regeln wie Informations- und Einsichtsrechte der Parteien. 824

Weiter ist eine Frist für die Übermittlung der von dem Käufer aufgestellten Abrechnung an den Verkäufer zu vereinbaren. Die Frist kann je nach Komplexität der von dem Käufer aufzustellenden Abrechnung differieren, sollte aber mit Blick auf eine möglichst zügige Ermittlung des finalen Kaufpreises tendenziell eher kurz (z. B. vier Wochen) bemessen sein. 825

Die von dem Käufer aufgestellte Abrechnung bedarf der Prüfung durch den Verkäufer verbunden mit einem Auskunfts- und Einsichtsrecht. Für den Fall, dass der Verkäufer mit der Abrechnung des Käufers nicht einverstanden ist, vereinbaren die Parteien im Kaufvertrag ein Widerspruchsrecht des Verkäufers. Der Widerspruch hat die vom Verkäufer abweichend beurteilten Punkte und seine Berechnung des finalen Kaufpreises in der Regel konkret anzugeben. Widerspricht der Verkäufer der käuferseitigen Abrechnung nicht form- und fristgemäß, so hat der Kaufvertrag ausdrücklich zu regeln, dass die vorgelegte Abrechnung zwischen den Parteien für die finale Kaufpreisermittlung bindend ist. 826

Für den Fall eines form- und fristgemäßen Widerspruchs durch den Verkäufer können die Parteien eine Prüfung der divergierenden Abrechnungspositionen sowohl durch den Verkäufer als auch durch den Käufer (jeweils ggf. unter Hinzuziehung eines Wirtschaftsprüfers) innerhalb einer weiteren – kürzeren 827

---

585) Siehe Rn. 818.

Frist (z. B. zwei Wochen) – vorsehen. Missverständnisse oder Fehler in der Kaufpreisabrechnung lassen sich unter Umständen auf diesem Wege ohne größeren Zeit- und Kostenaufwand korrigieren. Bei fruchtlosem Ablauf dieser zweiten Frist ist die zuletzt vorgelegte Kaufpreisermittlung ihrerseits bindend.

828 Für den Fall des Ausbleibens einer Einigung wird in der Regel als „letzte Instanz" die Vorlage der streitigen Punkte einschließlich der Berechnung des finalen Kaufpreises an einen Schiedsgutachter vorgesehen.[586] Die Entscheidungshoheit des Schiedsgutachters sollte auf die zwischen Verkäufer und Käufer streitigen Punkte und die daraus resultierende Berechnung des finalen Kaufpreises beschränkt sein. Die Entscheidung des Schiedsgutachters muss ihrerseits wieder für die Parteien des Kaufvertrages bindend sein.

b) Variabler Kaufpreis (Earn-Out)

829 Ein variabler (Zusatz-)Kaufpreis (sog. **Earn-Out**) – oder besser der variable Bestandteil eines Kaufpreises – ist eine über den Festkaufpreis[587] hinausgehende zusätzliche Vergütung zugunsten des Verkäufers für den Fall des Eintritts bestimmter in (naher) Zukunft liegender Unternehmensziele (z. B. EBIT(DA) bezogen auf die nächsten drei Geschäftsjahre nach Vollzug), zu deren Zahlung im Rahmen des originären Kaufpreises sich der Käufer ansonsten nicht verpflichtet hätte.[588]

830 Ein Earn-Out bietet sich insbesondere dann an, wenn Verkäufer und Käufer unterschiedliche Vorstellungen von der Ertragsentwicklung des Unternehmens haben und sich deshalb nicht über einen Festkaufpreis in welcher Ausgestaltung auch immer einigen können. Dies kann beispielsweise der Fall sein bei einem sog. Turnaround, bei Personenbezogenheit des Unternehmens oder bei einer unbeständigen Geschäftsentwicklung. Im Übrigen kann ein Earn-Out aber auch schlicht zur Überbrückung inkongruenter Preisvorstellungen von Verkäufer und Käufer vereinbart werden.[589]

831 Ein Earn-Out ist vertraglich nicht einfach zu gestalten.[590] Jede Variabilität des Kaufpreises gibt in der Regel dem Käufer (ggf. aber auch dem Verkäufer) eine Gestaltungs- und damit auch eine gewisse nachvertragliche Einflussmöglichkeit. Das beinhaltet die Möglichkeit des Missbrauchs, insbesondere auf Käuferseite den Earn-Out Anspruch des Verkäufers nachträglich zu mi-

---

586) Zum Schiedsgutachter vgl. Rn. 1682 ff.
587) Siehe vorstehend unter Rn. 799 ff.
588) Vgl. *v. Braunschweig*, DB 2010, 716, 716; *Fischer/Weißhaupt*, DB 2006, 432.
589) Siehe auch Rn. 794.
590) Ebenso *Werner*, DStR 2012, 1662; *Meyding/Grau*, NZG 2011, 41; *Hilgard*, BB 2010, 2912; *v. Braunschweig*, DB 2010, 713, 717; *Fisseler*, DB 2006, 431; *Meissner*, GmbHR 2005, 752; *Vischer*, SJZ 2002, 509; *Rock*, M&A Review 2001, 51; *Baum*s, DB 1993, 1273.

nimieren. Dies gilt vor allem für den Zeitraum von Vollzug bis zur Fälligkeit des Earn-Out.[591)]

Die Parteien sollten daher die Voraussetzungen für den Earn-Out sowie die Berechnung der Höhe des Earn-Outs (in der Regel gestuft in Abhängigkeit von der Erreichung vereinbarter realistischer Finanzkennzahlen) möglichst präzise festlegen. Je präziser und umfassender die Earn-Out-Berechnung im Kaufvertrag geregelt ist, desto weniger streitanfällig ist die finale Earn-Out-Berechnung, die unter Umständen Jahre nach dem Vollzug des Kaufvertrages erfolgen kann. Es kann insoweit hilfreich sein, wenn die Parteien die abstrakte Berechnung des Earn-Outs um ein oder mehrere Berechnungsbeispiele ergänzen. 832

Gleiches gilt für das Verfahren der späteren Feststellung der Berechnungsgrundlage. Um Streitigkeiten hinsichtlich des Vorliegens der Voraussetzungen des Earn-Out zu vermeiden, sollten die Parteien einen konkreten Mechanismus für die Feststellung der Berechnungsgrundlage zwischen ihnen vereinbaren. 833

In der Regel ist der nach Vollzug des Kaufvertrages für das Unternehmen verantwortliche Käufer für die Erstellung der Berechnungsgrundlage zuständig. Die Aufstellung der Berechnungsgrundlage (z. B. nach den Vorschriften des Handelsgesetzbuches (HGB) und den Grundsätzen ordnungsgemäßer Buchführung (GoB) oder nach IFRS ist im Unternehmenskaufvertrag zu regeln. 834

Das weiter zu regelnde Verfahren für die Feststellung der Berechnungsgrundlage entspricht im Wesentlichen den Regelungen für die Ermittlung des finalen Kaufpreises anhand von Closing Accounts.[592)] Selbstredend sind die Parteien nicht daran gehindert, ein abweichendes Verfahren für die Ermittlung der Berechnungsgrundlage vorzusehen. 835

Aufgrund der unter Umständen erst Jahre später erfolgenden Berechnung des Earn-Outs kann es vorkommen, dass das Zielunternehmen zwischenzeitlich ganz oder teilweise umstrukturiert worden ist. Soweit die Umstrukturierungen nicht bereits bei Unterzeichnung des Kaufvertrages im Rahmen der Vereinbarung der Earn-Out-Berechnung berücksichtigt werden konnten, sollten die Parteien eine pro-forma Berechnung der für die Earn-Out-Berechnung relevanten Finanzkennzahlen vereinbaren, die die Veränderungen der Unternehmensstruktur angemessen berücksichtigt (mit allen Risiken und Schwierigkeiten, die eine spätere „Schattenrechnung" kraft Natur der Sache mit sich bringt). 836

Können infolge einer Umstrukturierung des Unternehmens die ursprünglich als Berechnungsgrundlage für den Earn-Out vereinbarten Finanzkennzahlen 837

---

591) Vgl. zur streitigen Auseinandersetzung mit variablen Kaufpreisvergütungen: *Witte/ Mehrbrey*, NZG 2006, 241; vgl. zur Bilanzierung von Earn-Out-Klauseln: *Henkel/Bartosch*, M&A Review 2007, 283; vgl. zur Berücksichtigung im Konzernabschluss nach US-GAAP: *Weiser*, WPg 2005, 269.
592) Vgl. Rn. 823 ff.

zur Berechnung des Earn-Outs nicht mehr herangezogen werden, so ist auf die pro-forma Berechnung der entsprechenden Finanzkennzahlen zurückzugreifen. Die Berechnung des Earn-Outs hat dann auf Grundlage der pro-forma ermittelten Finanzkennzahlen zu erfolgen.

c) Steuerliche Auswirkungen einer Kaufpreis-Änderung

838 Der nachträgliche Ausfall einer Kaufpreisforderung ist als steuerlich rückwirkendes Ereignis zu berücksichtigen (§ 175 Abs. 1 S. 1 Nr. 2 AO) (vgl. hierzu Rn. 427). Gleiches gilt für die nachträgliche Verringerung des Kaufpreises aufgrund einer Kaufpreisminderung und in der Regel auch für die nachträgliche Erhöhung des Kaufpreises aufgrund eines Earn-Outs.[593] Die den Veräußerungsgewinn betreffende Steuerfestsetzung ist mithin entsprechend zu ändern. Steuerlich nicht berücksichtigungsfähig ist hingegen die rückwirkende Vereinbarung der Änderung des Kaufpreises.

4. Finanzierung durch den Verkäufer; Anteilstausch

a) Kaufpreisfinanzierung durch den Verkäufer

839 Ist dem Käufer die sofortige Finanzierung des Kaufpreises aus eigenen Mitteln oder aufgrund einer Finanzierung durch Dritte (insbesondere einer Bankenfinanzierung) nicht möglich, so kommt ausnahmsweise auch eine (teilweise) übergangsweise Finanzierung des Kaufpreises durch den Verkäufer in Betracht.[594]

840 Eine (teilweise) Finanzierung des Kaufpreises durch den Verkäufer mittels Stundung, Verkäuferdarlehen/Vendor Loan/Vendor Note oder in anderer Weise birgt für den Verkäufer das Risiko eines Forderungsausfalls.

841 In steuerlicher Hinsicht ist zu beachten, dass der Verkäufer auch den gestundeten und darlehensweise überlassenen Teilbetrag des Kaufpreises grundsätzlich sofort versteuern muss, auch wenn dieser Teil des Kaufpreises dem Verkäufer erst später zufließt.[595] Der Verkäufer erleidet damit einen entsprechenden Liquiditätsnachteil.

---

593) BFH BStBl II 1993, 894, 897 = DB 1993, 2568, 2572 mit Anm. *Theisen*; zuletzt zum Aufgabegewinn BFH BStBl II 2006, 906. OFD München, 4.5.1994 – S 2242 – 26 St 41, § 17 Karte 4.1. Zur rückwirkenden Änderbarkeit des bereits bestandskräftigen Bescheids über den Veräußerungsgewinn FG Düsseldorf EFG 2007, 1023; zur rückwirkenden Berücksichtigung der vergleichsweisen Festlegung eines streitigen Abfindungsanspruchs vgl. BFH BStBl II 1984, 786 = BB 1985, 256 = DB 1984, 2231 = HFR 1984, 509; BFH, v. 14.2.1989 – IV B 33/88 (STRDB 0086810), zur Umsatzsteuerklausel; zum steuerlichen Rückwirkungsverbot im Allgemeinen siehe oben Rn. 1243.
594) Zur Stundung und Verkäuferdarlehen/Vendor Loan/Vendor Note vgl. Rn. 797.
595) Vgl. dazu Rn. 269.

b) Tausch von Gesellschaftsanteilen

Tauscht der Verkäufer die Gesellschaftsanteile am Kaufobjekt gegen Gesell- 842
schaftsanteile an einer anderen Gesellschaft oder am Käufer selbst, so vermeidet er damit einen Mittelabfluss und schafft außerdem einen gewissen Risikoausgleich. Denn durch die Übernahme von Anteilen am Käufer beteiligt sich der Verkäufer zugleich am Risiko der neuen Unternehmensverbindung zwischen dem Käufer und dem Kaufobjekt.

Ein Anteilstausch ist unter den Voraussetzungen des § 21 UmwStG steuer- 843
neutral möglich.[596]

5. Besicherung

a) Besicherung möglicher Ansprüche des Käufers

Der Käufer des Zielunternehmens hat aufgrund möglicher Ansprüche aus 844
der Verletzung einer Garantie oder aufgrund einer Freistellung durch den Verkäufer ein Interesse daran, einen Teil des Kaufpreises bis zum Ablauf der Gewährleistungsfristen zurück zu behalten oder sich anderweitig für den Fall möglicher Ansprüche aus Garantieverletzungen oder einer Freistellung durch den Verkäufer abzusichern.

Dies kann insbesondere durch folgende Vereinbarungen im Unternehmens- 845
kaufvertrag zwischen Verkäufer und Käufer geregelt werden:

- (teilweise) Stundung des Kaufpreises (sog. **Holdback**),

- Zahlung des (teilweisen) Kaufpreises auf ein gemeinsames Konto von Verkäufer und Käufer (sog. **Escrow**),

- Zahlung des (teilweisen) Kaufpreises auf ein **(Treuhand-)Anderkonto** (ebenfalls sog. Escrow),

- Beibringung einer **Bankbürgschaft/-garantie** (auf unbedingtes unwiderrufliches erstes Anfordern) durch den Käufer,

- **Verpfändung** des Bankguthabens auf einem Sicherheitenkonto (häufig kostenneutral möglich),

- Abschluss einer **Warranty and Indemnity Insurance** (W&I Insurance) durch den Verkäufer oder den Käufer und

- Beibringung einer Patronatserklärung/Konzernmuttergarantie durch den Käufer.

Die Entscheidung der Parteien für ein Sicherungsmittel erfolgt insbesondere 846
unter Berücksichtigung der Situation des (ggf. haftenden) Verkäufers, des Zielunternehmens sowie des mit dem jeweiligen Sicherungsmittel verbundenen

---

596) Vgl. Rn. 389 ff.

(finanziellen) Aufwands. So wird etwa eine Kaufpreisstundung wegen des damit verbundenen Risikos eines Forderungsausfalls für den Verkäufer nur ausnahmsweise in Betracht kommen. Typischerweise vereinbaren Verkäufer und Käufer daher die (teilweise) Einzahlung des Kaufpreises auf ein Escrow-Konto, die Beibringung einer Bankbürgschaft/-garantie oder die Verpfändung des Bankguthabens auf einem Sicherheitenkonto.

847 Soll dagegen der gesamte Kaufpreis direkt an den Verkäufer ausgezahlt werden und der Verkäufer gleichwohl nicht dem Risiko der Inanspruchnahme aufgrund Garantieverletzung oder aufgrund einer Freistellung ausgesetzt werden, so bietet sich der Abschluss einer W&I-Insurance an.

848 Ein (teilweiser) Rückbehalt des Kaufpreises kann durchaus auch im Interesse eines Verkäufers liegen, so etwa dann, wenn neben dem Hauptgesellschafter mehrere Minderheitsgesellschafter mit veräußern und der Hauptgesellschafter fürchten muss, im Falle der Gewährleistung oder aufgrund einer Freistellung von dem Käufer (anstelle der anteiligen Inanspruchnahme aller Verkäufer) als Gesamtschuldner in Anspruch genommen zu werden. In diesem Fall wäre der Hauptgesellschafter seinerseits auf den Rückgriff auf seine Mitgesellschafter angewiesen und hätte das Risiko eines entsprechenden Ausfalls durch die Mitgesellschafter zu tragen.

849 Die Einzelheiten der Besicherung werden von Verkäufer und Käufer in der Regel in einem gesonderten Sicherheitenvertrag geregelt, der dem Kaufvertrag als Anlage beigefügt wird und von den Parteien (spätestens) am Tag des Vollzugs abzuschließen ist.

850 Typischerweise vereinbaren Verkäufer und Käufer, dass der zur Besicherung von möglichen Ansprüchen des Käufers wegen Verletzung einer Garantie oder wegen einer Freistellung herangezogene Teil des Kaufpreises mit der Zeit entsprechend der Verjährung der jeweiligen Ansprüche abschmilzt (vorbehaltlich der Geltendmachung entsprechender Ansprüche durch den Käufer).

851 Soweit das Sicherungsmittel mit Kosten verbunden ist (etwa ein Notaranderkonto oder eine Bankbürgschaft/-garantie), haben Verkäufer ferner die Kostentragung zu regeln. Vereinbaren Verkäufer und Käufer eine Kaufpreisstundung oder die Einzahlung des (teilweisen) Kaufpreises auf ein Escrow-Konto, so ist überdies die Verzinsung des zurückbehaltenen Kaufpreisteiles beziehungsweise des Guthabens auf dem Escrow-Konto regelungsbedürftig.

852 In steuerlicher Hinsicht ist zu beachten, dass der Verkäufer auch den zurückgehaltenen Betrag ggf. sofort versteuern muss. Der Verkäufer erleidet damit einen entsprechenden Liquiditätsnachteil.[597]

---

597) Vgl. Rn. 269.

b) Besicherung des Kaufpreises

Aufgrund der Übertragung der Gesellschaftsanteile am Zielunternehmen bei Vollzug nur Zug um Zug gegen Zahlung des (vollständigen) Kaufpreises besteht ein Sicherungsbedürfnis des Verkäufers hinsichtlich des Kaufpreisanspruchs regelmäßig nur für den Zeitraum zwischen Unterzeichnung des Kaufvertrages und Vollzug. Der Verkäufer hat ein Interesse daran, dass die Finanzierung des Kaufpreises bei Unterzeichnung des Kaufvertrages bereits gesichert ist (im Fall einer teilweisen Finanzierung des Kaufpreises durch ein Bankdarlehen etwa durch eine entsprechende Finanzierungszusage der jeweiligen Banken). Nur ausnahmsweise wird der Verkäufer sich darauf einlassen wollen, den Kaufvertrag auch ohne gesicherte Finanzierung des Kaufpreises durch den Käufer abzuschließen und damit das Risiko des Nichtvollzugs des Kaufvertrages wegen fehlender Finanzierung des Käufers einzugehen.[598] In diesem Fall ist der Abschluss der Finanzierungsverträge aber jedenfalls als Vollzugsbedingung vorzusehen und die Folgen eines Vollzugsausfalls wegen fehlender Finanzierung (z. B. Rücktrittsrecht der Parteien, Vertragsstrafe/ Schadenersatz des Verkäufers etc.) zu regeln.

853

6. Sonstiges zur Besteuerung des Kaufpreises

a) Zeitpunkt der Besteuerung

Der Verkäufer muss den Veräußerungsgewinn (d. h. den Veräußerungspreis abzüglich Veräußerungskosten und Anschaffungskosten) zu dem Zeitpunkt seines Entstehens versteuern. Dies ist in der Regel der Zeitpunkt des Übergangs des wirtschaftlichen Eigentums an den veräußerten Gesellschaftsanteilen auf den Käufer, mithin der Tag des Vollzugs des Kaufvertrages.[599] Auf den Zufluss des Kaufpreises kommt es nicht an.

854

b) Kaufpreisstundung und Verkäuferdarlehen[600]

Die Kaufpreisstundung schafft auf der Verkäufer- und der Käuferseite stets Zinseinnahmen bzw. -ausgaben, also auch dann, wenn die Zinsen nicht ausgewiesen sind. Sie werden dann aus dem Kaufpreis herausgerechnet.[601] Zinsen laufen grundsätzlich ab Entstehen der Kaufpreisforderung. Wird schon zuvor ein Zinslauf vereinbart (z. B. ab dem wirtschaftlichen Stichtag oder ab Unterzeichnung des Kaufvertrages), so hat die Finanzverwaltung die Ver-

855

---

598) Zu den Besonderheiten bei Private Equity Fonds vgl. Rn. 1750 ff.
599) Vgl. Rn. 411 ff., 436.
600) Zur Versteuerung Rn. 421 ff.
601) Zum Verkäuferdarlehen vgl. *v. Braunschweig*, DB 2010, 713 ff. Ausnahmsweise verneint, wenn Zeitpunkt der Kaufpreiszahlung weitgehend offengelassen wurde. BFH BB 1984, 1469 = FR 1984, 419 = HFR 1984, 469 (u. E. Sonderfall).

tragsparteien daran festzuhalten (Folge: Zinseinnahmen des Verkäufers, Zinsaufwand des Käufers vor Entstehen einer Hauptsache-/Kapitalforderung).[602]

c) Veräußerung gegen Leibrenten oder Kaufpreisraten

856 Vereinbaren die Parteien hinsichtlich des Kaufpreises die Zahlung einer Leibrente oder von Raten, so hat der steuerpflichtige Verkäufer ein Wahlrecht, ob er den bei der Veräußerung entstandenen Gewinn sofort versteuern oder die Rentenzahlungen laufend bei Zufluss versteuern will.[603] Dies ergibt sich aus der Regelung in R 139 Abs. 11 EStR, die über R 140 Abs. 7 EStR 1999 wie 2001 entsprechend anwendbar ist.

857 Eine laufende Versteuerung bei Zufluss anstelle einer sofortigen Versteuerung des gesamten Veräußerungsgewinnes soll in Ausnahmefällen auch bei der Vereinbarung einer Ratenzahlung zwischen Verkäufer und Käufer möglich sein.[604]

VIII. Haftung

1. Die Haftung des Verkäufers

a) Einführung

aa) Hintergrund und Praxis der Vertragsgestaltung

858 Für den Vertragstypus des Unternehmenskaufs gibt es keine speziellen gesetzlichen Haftungs- oder Gewährleistungsvorschriften. Vielmehr greifen, sofern die Parteien nichts anderes vereinbaren, in erster Linie das allgemeine kaufrechtliche Mängelgewährleistungsrecht der §§ 434 ff. BGB und das allgemeine Schadensersatzrecht der §§ 249 ff. BGB. In der Praxis werden diese gesetzlichen Vorschriften aber in aller Regel durch abweichende Parteivereinbarungen ersetzt; diese bilden dann den Kernbestandteil eines weitestgehend abschließenden und eigenständigen Haftungsregimes des jeweiligen Unternehmenskaufvertrages.

859 Die Gründe dafür sind vielschichtig. Erstens ist dies die typische Herangehensweise im anglo-amerikanischen Rechtsraum. Dessen Gepflogenheiten sind in der Beratungspraxis zum Unternehmenskauf häufig bestimmend. Dies gilt in besonderem Maße bei Transaktionen mit Auslandsbezug. Zweitens hat es durchaus praktische Vorzüge, sämtliche Haftungstatbestände und die dazugehörigen Rechtsfolgen übersichtlich in einer Dokumentation zu regeln. Drittens bietet das allgemeine Mängelgewährleistungs- und Schadensersatzrecht einheitliche Regelungen an, die für eine Vielzahl von Sachverhalten einen

---

602) Zweifelhaft; so aber FG München, v. 20.3.2001 – 12 K 2303/94, (NZB vom BFH abgelehnt, rkr.).
603) BFH DStR 2010, 1980, 1981.
604) Vgl. Rn. 436 ff.

angemessenen Interessenausgleich herbeiführen sollen. Damit können sie den Besonderheiten der jeweiligen Transaktion naturgemäß weniger Rechnung tragen als ein privatautonom verhandeltes und vereinbartes Haftungsregime, auch wenn dieses im Einzelfall – je nach Verteilung von Verhandlungsmacht und -geschick – nicht notwendigerweise ausgewogener sein muss.

Viertens weisen die andernfalls einschlägigen Vorschriften des Bürgerlichen Gesetzbuchs nach wie vor Merkmale auf, die für einige im Unternehmenskauf typischerweise anfallenden Regelungsaufgaben ganz grundsätzlich keine befriedigende oder jedenfalls keine für sich genommen hinreichende Lösung darstellen. Diese grundsätzlichen Passungenauigkeiten wurden auch durch die letzte große Reform des Schuldesrechts aus dem Jahre 2002 nur teilweise beseitigt. Das beginnt bereits bei dem Begriff des Rechts- oder Sachmangels als zentralem tatbestandlichen Aufsatzpunkt der §§ 434 ff. BGB, setzt sich in der Typologie der Rechtsfolgen fort und geht bis hin zu Fragen der Verjährung und des Einflusses der Käuferkenntnis auf die Verkäuferhaftung.[605]

Da dieses Skriptum einen an der Rechtspraxis orientierten Überblick geben will, wird vor dem beschriebenen Hintergrund von einer umfassenden Darstellung des Mängelgewährleistungsrechts und des allgemeinen Schadensersatzrechts abgesehen und lediglich auf dennoch relevante Einzelaspekte dieser gesetzlichen Regelungsbereiche eingegangen.

bb) Geltung für unterschiedliche Transaktionsarten

Die nachfolgende Darstellung gilt dabei nicht nur für den Fall des vollständigen Erwerbs eines Unternehmens gegen Zahlung eines auf Geld gerichteten Kaufpreises, sondern mit gewissen Nuancierungen und Besonderheiten auch für andere Transaktionsarten:

- Beim **Erwerb lediglich einer Beteiligung** an einem anderen Unternehmen (z. B. im Rahmen einer Kapitalerhöhung) besteht für den Käufer dasselbe Sicherungsbedürfnis wie im Falle des Vollerwerbs. Die wesentliche Modifikation dürfte darin bestehen, auf der Rechtsfolgenseite lediglich eine der Beteiligung entsprechende quotale Kompensation vorzusehen.

- Beim **Share for Share Deal**, bei dem der Gegenwert für das Zielunternehmen nicht in einer Geldzahlung an den Verkäufer besteht, sondern in der Gewährung von Gesellschaftsanteilen am Käufer, ist darauf zu achten, dass das Haftungsregime in angemessener Weise wechselseitig ausgestaltet wird. Im Kern bedeutet dies, dass sich dann auch der Verkäufer angemessene Garantien und Freistellungen in Bezug auf das vom Käufer geführte Unternehmen geben lassen sollte, um den Gegenwert rechtlich und wirtschaftlich abzusichern.

- Bei der **Gründung eines Joint Ventures** sollten die Parteien, ähnlich wie beim Share for Share Deal, die Garantien und Freistellungen wechselsei-

---

605) Näher dazu vgl. nur *Weller*, EWiR 2010, 15, 16.

tig ausgestalten. Dabei kann ein Ausgleich auf Ebene der Joint Venture Gesellschaft oder auf Ebene der Gesellschafter vorgesehen werden. Ähnlich wie beim Erwerb lediglich einer Beteiligung ist letzterenfalls lediglich eine quotale Kompensation vorzusehen.

cc) Abgrenzung von kaufpreisbezogenen Regelungen

862 Die nachfolgend dargestellten üblichen Instrumente und Regelungen zur Festlegung der Verkäuferhaftung dienen der **Sicherung der Gleichwertigkeit des Zielunternehmens** als Gegenleistung für den vom Käufer aufzubringenden Kaufpreis (Äquivalenzinteresse). Es geht ihm Kern um die Schaffung von Einstands- und Ausgleichspflichten für den Fall, dass bestimmte Annahmen das Zielunternehmen betreffend unrichtig sind bzw. werden oder sich dem Verkäufer zugewiesene Risiken verwirklichen.

863 Diese sind damit von den vertraglichen Regelungen zu unterscheiden, welche die Bestimmung des vom Käufer aufzubringenden Kaufpreises zum Gegenstand haben.

864 Beide Regelungsbereiche sollten in Unternehmenskaufverträgen möglichst getrennt gehalten werden; für mögliche Überschneidungen sollte angemessen Vorsorge getroffen werden. In sehr einfachen Fallkonstellationen mag dies ohne Weiteres gelingen, etwa wenn der Kaufpreis in einem fest vereinbarten Betrag in festgelegter Währung besteht und ergänzend lediglich die Fälligkeit, Verzinsung und sonstige technische Modalitäten der Kaufpreisverpflichtung geregelt werden müssen. Regelmäßig sind die den Kaufpreis oder die sonstige Gegenleistung des Käufers betreffenden Bestimmungen aber deutlich komplexer und gestalten sich damit einhergehend auch die Abgrenzung beider Bereiche und die Vermeidung von Überschneidungen komplizierter. Im Vordergrund stehend dabei zwei Themen:

- Zum einen ist zu vermeiden, dass Umstände, die bereits im Rahmen der Kaufpreisbemessung berücksichtigt wurden, auch zu Ansprüchen unter dem Gesichtspunkt der Verkäuferhaftung führen können. Diese Gefahr besteht gerade bei umfangreichen Regelungen zur Kaufpreisbemessung mit nachlaufender Anpassung eines zunächst nur vorläufig ermittelten Kaufpreises. Hiergegen sollte durch entsprechende vertragliche Regelungen Vorsorge getroffen werden.

- Zum anderen geht es um die Frage, inwieweit der Käufer zur Zurückbehaltung des Kaufpreises bzw. zur Nichtdurchführung des Closings berechtigt sein soll. Auch dies sollte im Vertrag im Einzelnen festgelegt werden und zwar durch Vereinbarung entsprechender Vollzugsbedingungen und Vollzugshandlungen. Der Käufer wird dabei im Einzelfall darauf drängen, dass er bei gravierenden Garantieverletzungen oder sonstigen grundlegenden Verschlechterungen des Zielunternehmens bis zum Vollzug ein Rücktrittsrecht haben soll. In jedem Fall sollte nach Möglichkeit sichergestellt werden, dass nach erfolgtem Vollzug keine Rückabwicklungsmöglichkeit mehr besteht und der Käufer wegen Verschlechterungen des Unternehmens dann auf die Geltendmachung von Ansprüchen unter den vom Verkäufer gewährten Garantien und Freistellungen beschränkt ist.

b) Überblick: Selbständige Garantien und Freistellungen als typische Instrumente der Verkäuferhaftung; verwandte Regelungsinstrumente

Typischerweise wird die Reichweite der Verkäuferhaftung in Unternehmenskaufverträgen in erster Linie mittels zweier Regelungsinstrumente abgesteckt: Selbständige Garantien einerseits und Freistellungen andererseits. 865

aa) Selbständige Garantien

Selbständige Garantien dienen tatbestandlich dazu, diejenigen Beschaffenheitsmerkmale des Unternehmens oder einzelner seiner Bestandteile – oder im Falle eines Share Deals auch die Beschaffenheitsmerkmale der betreffenden Anteile am Rechtsträger des Unternehmens – zu beschreiben und festzulegen, für deren Vorliegen zu einem bestimmten Zeitpunkt der Verkäufer einzustehen hat. Aus Sicht des Käufers dienen Garantien dazu, die wesentlichen für seine Bewertung des Unternehmens oder seines Rechtsträgers und, hierauf aufbauend, die wesentlichen für seine Kaufpreisermittlung relevanten Umstände festzuschreiben und wertmäßig abzusichern. In aller Regel beziehen sich selbständige Garantien dabei auf Beschaffenheitsmerkmale, deren Nichtvorhandensein in der konkreten Verhandlungssituation als lediglich abstraktes Risiko für eine Wertminderung angesehen wird, ohne dass es bereits konkrete Anhaltspunkte für eine tatsächliche Realisation dieses Risikos gibt (etwa durch entsprechende Erkenntnisse aus der Due Diligence, siehe Kapitel D). Soweit es hingegen konkrete Anhaltspunkte für oder gesicherte Erkenntnisse über eine entsprechende Risikorealisation gibt, werden die zugrunde liegenden Sachverhalte typischerweise durch entsprechende Offenlegung in sog. Disclosure Schedules (siehe Rn. 891 ff.) aus dem Tatbestand der jeweiligen Garantie ausgenommen. Für den Käufer ist dies in aller Regel aber nur in Bezug auf solche Sachverhalte und Risiken akzeptabel, die eine gewisse Größenordnung nicht überschreiten und insgesamt noch als eine nicht untypische Begleiterscheinung aus der Führung des betreffenden Unternehmens gewertet werden können (z. B. vereinzelte und kleinere anhängige Gerichtsverfahren, laufende behördliche Verfahren mit kleineren Beanstandungen etc.). Jenseits dieser Akzeptanzschwelle wird der Käufer dagegen versuchen, sich gegen die vermuteten oder feststehenden Sachverhalte und Risiken durch Vereinbarung einer entsprechenden Freistellung abzusichern. 866

Eine ausführlichere Darstellung selbständiger Garantien als Instrument der Risikoallokation und Verkäuferhaftung findet sich nachfolgend unter Rn. 873 ff. 867

bb) Freistellungen

Freistellungen dienen tatbestandlich dazu, bekannte oder doch wenigstens vermutete Sachverhalte festzuschreiben, mit denen konkrete Risiken und 868

Nachteile für das Unternehmen oder seinen Rechtsträger verbunden sind, zu deren Ausgleich der Verkäufer vertraglich verpflichtet sein soll. Es geht also vornehmlich um die Allokation bekannter Risiken. Die Nachteile können dabei insbesondere in Zahlungsverpflichtungen oder kostenträchtigen Handlungspflichten bestehen, können aber auch andere Folgen, etwa Beeinträchtigungen im operativen Unternehmensbetrieb und dergleichen umfassen. Freistellungen in Unternehmenskaufverträgen finden sich typischerweise als Instrument zur Zuordnung von Steuer- oder Umweltrisiken, aber auch im Zusammenhang mit der Allokation von Sonderrisiken, also Risiken aus außergewöhnlichen Sachverhalten im konkreten Einzelfall (z. B. besonders umfangreiche Rechtsstreitigkeiten, Risiken aus untypischen Geschäftsvorfällen). Daneben werden Freistellungen als Regelungsinstrument auch dann eingesetzt, wenn im Vorfeld des Unternehmenskaufs ein sog. Carve-out von Geschäftsaktivitäten stattgefunden hat, die beim Verkäufer verbleiben und gerade nicht an den Käufer verkauft und übertragen werden sollen (vgl. dazu Kapitel Carve-out). Vor dem beschriebenen Hintergrund führt bei Freistellungen der Umstand, dass dem Käufer der jeweilige Sachverhalt und das mit ihm verbundene Risiko bei Vertragsschluss bekannt war oder offengelegt wurde, gerade nicht zu einem Ausschluss der Verkäuferhaftung; vielmehr mündet dieser Umstand vielfach gerade in der Verhandlung und Vereinbarung der konkreten Freistellung.

869 Eine ausführlichere Darstellung von Freistellungen als Instrument der Risikoallokation und Verkäuferhaftung findet sich nachfolgend unter Rn. 952 ff.

cc) Sonderthema: Carve-out

870 Der oben angesprochene **Carve-out** ist zwar streng genommen kein Mittel der Ausgestaltung der Verkäuferhaftung. Denn durch diesen werden nicht lediglich Risiken zugeordnet; vielmehr erhält schon der Transaktionsgegenstand als solcher einen anderen Zuschnitt. Im Einzelfall mag es aber durchaus so sein, dass die Parteien eines Unternehmenskaufvertrages als Folge einer bestimmten Risiko- und Haftungsbewertung heraus die Durchführung eines Carve-out vereinbaren, damit die betreffenden Risiken beim Verkäufer verbleiben (vgl. zum Themenkreis Carve-out Kapitel X).

dd) Handlungspflichten des Verkäufers

871 Ebenfalls kein Mittel zur Ausgestaltung der Verkäuferhaftung im eigentlichen Sinne, aber in der Wirkung dennoch vergleichbar, ist die Vereinbarung bestimmter **Handlungs- oder Unterlassungspflichten** *(covenants)*, deren Erfüllung dem Verkäufer bis zum Vollzug des Unternehmenskaufvertrages aufgegeben wird.

- Diese dienen zum Teil dazu, sicherzustellen, dass das Unternehmen bis zum Vollzug in bisheriger Weise fortgeführt wird und der Käufer im Rahmen des Vereinbarten und rechtlich Zulässigen bereits in Entscheidungen das Zielunternehmen oder seinen Rechtsträger betreffend eingebunden wird (hierzu näher unter Rn. 1182 ff.).

- Zielrichtung derartiger Pflichten ist zum Teil aber auch die Beseitigung identifizierter Risiken oder die Heilung festgestellter Mängel (z. B. Einholung noch fehlender Genehmigungen, Korrektur unzutreffender oder unzutreffend gewordener Registereinträge; hierzu näher unter Rn. 1167 ff.). Dies setzt freilich voraus, dass die betreffenden Maßnahmen in zeitlicher und inhaltlicher Hinsicht entsprechend umsetzbar sind.

- Schließlich treffen den Verkäufer vielfach auch Handlungs- und insbesondere Unterlassungspflichten für einen nachlaufenden Zeitraum beginnend mit dem Vollzug des Unternehmenskaufvertrages. Zu denken ist insbesondere an Pflichten aus Wettbewerbs- und Abwerbeverboten sowie an Vertraulichkeitspflichten. Diese sind manchmal mit der Vereinbarung pauschalierten Schadensersatzes oder von Vertragsstrafen verbunden, da der Beweis eines konkreten Schadens häufig nicht einfach zu führen sein dürfte.

Aus der Verletzung solcher Handlungs- und Unterlassungspflichten kann sich dann wiederum eine Haftung des Verkäufers ergeben. Auch deren Reichweite gilt es im Unternehmenskaufvertrag zu regeln; dabei kann es sich anbieten, auf (einzelne) Rechtsfolgenregelungen für Garantieverletzungen (vgl. hierzu Rn. 814 ff.) Bezug zu nehmen. 872

c) **Selbständige Garantien des Verkäufers**

aa) **Rechtsnatur**

Garantien als Instrument der Risikoallokation und Verkäuferhaftung werden in der Praxis regelmäßig als sog. selbständige Garantien (§ 311 BGB) ausgestaltet, mit welchen der Verkäufer gegenüber dem Käufer für das Vorliegen bestimmter vom Käufer als wesentlich erachteter Beschaffenheitsmerkmale des Unternehmens, einzelner seiner Bestandteile oder seines Rechtsträgers einsteht. Durch das Adjektiv „selbständig" soll rechtsdogmatisch zum Ausdruck gebracht werden, dass durch die solchermaßen qualifizierte Garantie ein gänzlich eigenständiger Haftungsgrund geschaffen wird und es sich nicht lediglich um eine Erweiterung des kaufrechtlichen Mängelgewährleistungsrechts handelt; der Streit um die rechtsdogmatische Einordnung ist für die Praxis ohne größere Relevanz und kann in diesem Skriptum daher dahingestellt bleiben. 873

Stellt sich heraus, dass eine Garantie unzutreffend war, haftet der Verkäufer unbedingt und insbesondere ohne Rücksicht auf Verschulden (§ 276 Abs. 1 S. 1 BGB). Dies erklärt, weshalb die Begründung einer selbständigen Garantie stets einer ausdrücklichen und eindeutigen Vereinbarung bedarf. Worte wie „versichern" oder „garantieren", auch in einer notariellen Urkunde, beinhalten nicht notwendigerweise ein selbständiges Garantieversprechen. In der 874

Praxis haben sich daher für die Vereinbarung einer selbständigen Garantie entsprechend ausdrückliche und klare Formulierungen eingebürgert. Gebräuchlich ist beispielsweise die folgende:

> Der Verkäufer garantiert im Wege eines selbständigen Garantieversprechens nach § 311 BGB und ausschließlich mit den Rechtsfolgen gemäß Ziffer [...], die einen integralen Bestandteil dieses Garantieversprechens bilden und dessen Umfang festlegen, dass die Angaben in dieser Ziffer [...] (die „Verkäufergarantien") bei Abschluss dieses Vertrags oder, soweit in der jeweiligen Verkäufergarantie ein anderer Zeitpunkt vorgesehen ist, zu diesem anderen Zeitpunkt zutreffen.

875 Nach § 444 BGB kann sich der Verkäufer auf eine Vereinbarung, durch welche die Rechte des Käufers wegen eines Mangels ausgeschlossen oder beschränkt werden, zwar nicht berufen, soweit er den Mangel arglistig verschwiegen oder eine Garantie für die Beschaffenheit der Sache übernommen hat. Sieht man von Arglistfällen ab, steht § 444 BGB derartigen Rechtsfolgenvereinbarungen aber nicht entgegen. Das dort geregelte Verbot von Haftungsausschlüssen und -beschränkungen im Fall der Übernahme einer Garantie für die Beschaffenheit einer Sache bezieht sich nur auf den konkreten Garantieinhalt im Einzelfall („soweit er ... eine Garantie übernommen hat"). Mit der vorstehenden Formulierung wird aber gerade zum Ausdruck gebracht, dass die Reichweite der Garantie auch durch deren Rechtsfolgen festgelegt werden soll und dementsprechend auch nur so weit eine Garantie übernommen wird.

bb) Konzeptionelle Aspekte der Ausgestaltung des Garantietatbestandes

876 Unabhängig vom konkreten inhaltlichen Regelungsbereich einzelner Garantien sind bereits bei der Ausgestaltung des Garantietatbestandes einige konzeptionelle Aspekte zu beachten:

(1) Maßgeblicher Zeitpunkt

877 Wesentlicher Teil eines jeden Garantietatbestandes ist der Zeitpunkt, auf den die Garantie bezogen ist. Gemeint ist der Zeitpunkt, der für das Vorliegen des garantierten Umstandes oder Beschaffenheitsmerkmals maßgeblich sein soll. In Unternehmenskaufverträgen werden Garantien regelmäßig (zumindest auch) auf den Zeitpunkt des **Abschlusses des Unternehmenskaufvertrages** abgegeben. Sie stellen also grundsätzlich eine Momentaufnahme dar.

878 Da Abschluss (Signing) und Vollzug (Closing) eines Unternehmenskaufvertrages zeitlich häufig auseinanderfallen, wird der Käufer in der Regel bestrebt sein, wesentliche Garantien auch auf den **Zeitpunkt des Vollzugs** zu erhalten. Dies umso mehr, als er das Unternehmen operativ – und häufig auch wirtschaftlich – erst mit Wirkung zu diesem Zeitpunkt übernimmt und daher der Vollzug grundsätzlich auch den nach dem gesetzlichen Leitbild (§ 446 BGB) angemessenen Zeitpunkt für den Gefahrübergang im zivilrechtlichen Sinne darstellt. Da der Verkäufer dadurch eine Einstandspflicht für die künftige Be-

schaffenheit des verkauften Unternehmens oder Rechtsträgers übernimmt, wird er versuchen, derartige Ausweitungen des Garantietatbestandes möglichst zu vermeiden oder sich wenigstens nur in Bezug auf solche Umstände darauf einzulassen, deren Kontinuität er einigermaßen verlässlich einzuschätzen weiß oder deren Kontinuität für den Käufer von fundamentalem Interesse sind. Letzteres gilt beispielsweise im Falle des Share Deals für die Inhaberschaft der kaufgegenständlichen Gesellschaftsanteile.

Eine etwas abgemilderte Form der Einstandspflicht für das Vorliegen eines Umstandes noch bei Vollzug des Unternehmenskaufvertrages stellt die Übernahme einer sog. „**Bring-Down**"**-Verpflichtung** durch den Verkäufer dar. Dieser Verpflichtungstypus stammt aus dem anglo-amerikanischen Rechtsraum. Durch sie wird dem Verkäufer im Ergebnis aufgegeben, unmittelbar vor oder bei Vollzug des Unternehmenskaufvertrages zu bestätigen, dass eine zum Abschluss des Unternehmenskaufvertrages abgegebene Garantie auch zu dem genannten späteren Zeitpunkt noch zutreffend ist. Die Abmilderung gegenüber der vorstehend beschriebenen Abgabe einer Garantie (auch) auf den Zeitpunkt des Vollzugs ergibt sich daraus, dass typischerweise nur die Verpflichtung besteht zu bestätigen, dass die betreffende Garantie im Wesentlichen (*in all material respects*) nach wie vor richtig ist. Bei Garantien die tatbestandlich bereits auf den Zeitpunkt des Abschlusses des Unternehmenskaufvertrages durch einen Wesentlichkeitsvorbehalt eingeschränkt sind, wird auf diese neuerliche Abmilderung allerdings typischerweise verzichtet. 879

Soweit es dem Käufer nicht gelingt, über den Abschlusszeitpunkt hinausgehende Garantien durchzusetzen, kann er versuchen, sich wenigstens dadurch vorzeitig Einfluss auf das verkaufte Unternehmen zu sichern, dass er sich in Bezug auf wesentliche Geschäftsvorfälle oder Handlungsoptionen des Unternehmens Zustimmungs- oder anderweitige Mitwirkungsrechte ausbedingt (im Einzelnen dazu Rn. 1182 ff.). Dabei sind allerdings etwaige kartellrechtliche Vorgaben und Grenzen zu berücksichtigen (insbesondere Vermeidung eines sog. *Gun Jumpings* (Merger control bei bestehenden Vollzugsverbot). 880

In Bezug auf ausgewählte Aspekte eines Unternehmens ist eine zeitpunktbezogene Garantie unter Umständen wenig aussagekräftig und mag dem Absicherungsinteresse des Käufers daher nicht hinreichend Rechnung tragen. Rechtliches Gestaltungsmittel der Wahl kann dann dementsprechend eine **zeitraumbezogene Garantie** sein. Nicht selten finden sich solche Garantien etwa in Bezug auf behördliche Verfahren, Rechtsstreitigkeiten, kollektivarbeitsrechtliche Auseinandersetzungen, Produkthaftungsfälle oder den Verlust wichtiger Vertragspartner. Bei diesen und ähnlich gelagerten Sachverhalten kann der auf einen bestimmten Zeitpunkt ermittelte Befund leicht ein Zufallsergebnis sein und ein eher verzerrtes Abbild der Unternehmenswirklichkeit widerspiegeln. Letztlich ist bei erst die Entwicklung über einen bestimmten Zeitraum hinweg einigermaßen aussagekräftig und damit geeignet einen echten wertbildenden (oder vernichtenden) Faktor darzustellen. Dem- 881 entsprechend decken solche Garantien häufig einen längeren Zeitraum ab und reichen nicht selten mehrere Monate oder gar Jahre zurück.

882 Bei **Optionsstaffeln** und anderen Zeitdifferenzen im Hinblick auf den Erwerb des Zielunternehmens stellt sich das Thema des für Garantien relevanten Zeitpunkts in besonderem Maße. Es empfiehlt sich insoweit für jeden Erwerbsschritt einzeln und ausdrücklich festzulegen, welcher Zeitpunkt im Hinblick auf Garantien maßgeblich sein soll. Der Versuch dies pauschale durch Vereinbarung der „entsprechende Geltung" des Garantiekatalogs zu regeln, kann unerwünschte Auslegungsspielräume eröffnen und den Boden für streitige Auseinandersetzungen darüber bereiten.

(2) Wesentlichkeitsvorbehalte

883 Ein weiteres Merkmal zur tatbestandlichen Ausgestaltung respektive Einschränkung von Garantien sind Wesentlichkeitsvorbehalte. Gedanklicher Ausgangspunkt ist die Erwägung, dass es einerseits für den Käufer nicht erforderlich und andererseits für den Verkäufer nur schwer annehmbar ist, jedes noch so kleine Detail der tatsächlichen oder rechtlichen Verhältnisse eines Unternehmens durch eine Garantie abzusichern. Je weiter eine Garantie gefasst ist, desto schwieriger ist es für den Verkäufer zu verifizieren, ob die zugesicherte Beschaffenheit tatsächlich gegeben ist und die mit der Garantie verbundene Einstandspflicht dementsprechend übernommen werden kann. Die Schwierigkeit kann darin begründet sein, dass die für diesen Zweck auszuwertende Information zu umfangreich wäre. Es mag aber auch sein, dass beim Zielunternehmen unter Umständen schon gar keine geeigneten Prozesse implementiert sind, um die für eine entsprechende Auswertung erforderlichen Informationen zusammenzutragen, weil derartige Prozesse weder für den laufenden operativen Betrieb noch für die strategische Führung des Unternehmens von kostentragendem Nutzen sind.

884 Tendenziell lässt sich zunächst sagen: Je weiter der von der betreffenden Garantie erfasste Teilbereich der tatsächlichen oder rechtlichen Verhältnisse eines Unternehmens ist, desto eher ist ein Wesentlichkeitsvorbehalt angemessen. Nicht selten finden sich daher solche Einschränkungen bei generalklauselartigen Garantien. Das gilt etwa für Garantien in Bezug auf die Führung des Geschäftsbetriebs in Einklang mit geltendem Recht oder in Bezug auf das Vorhandensein der für den Betrieb erforderlichen öffentlich-rechtlichen Genehmigungen. In diesen Fällen stellt sich dann für die Parteien die Frage, ob man es bei der noch unbestimmten und im Einzelfall in nicht geringem Maße auslegungsbedürftigen Einschränkung auf „für den Geschäftsbetrieb *wesentliche* rechtliche Vorschriften" oder auf die „für den Betrieb erforderlichen *wesentlichen* öffentlich-rechtlichen Genehmigungen" belässt. Alternativ kann man versuchen, die Wesentlichkeit etwa dadurch zu konkretisieren, dass man auf die Auswirkungen der Nichteinhaltung einer Vorschrift oder des Fehlens einer Genehmigung abstellt. Beispielsweise dadurch, dass der Gesellschaft daraus ein Schaden oder Aufwand in Höhe eines von den Parteien zu vereinbarenden

Mindestbetrages entsteht, oder dass man auf solche Genehmigungen abstellt, deren Fehlen für die Fortführung des Geschäftsbetriebs im Ganzen von Relevanz ist und dementsprechend zu dessen Einstellung insgesamt führen kann.

Tendenziell lässt sich des Weiteren sagen: Je größer ein Unternehmen und damit die Zahl der von einer Garantie erfassten Einzelsachverhalte ist, desto eher sind Wesentlichkeitsvorbehalte auch unter diesem Gesichtspunkt angemessen. Ab einer gewissen Größenordnung des Zielunternehmens ist es nämlich nicht mehr sinnvoll, beispielsweise sämtliche Kunden-, Lieferanten oder sonstige Verträge eines Unternehmens in den Tatbestand einer Garantie aufzunehmen; gleiches gilt für laufende Rechtsstreitigkeiten. In derartigen Fällen gestaltet sich die Konkretisierung der Wesentlichkeit regelmäßig etwas einfacher. Dies kann etwa dadurch erfolgen, dass man auf die nach Umsatz oder Kosten wichtigsten Verträge einer bestimmten Kategorie abstellt (Top 10, Top 100 Verträge) oder man nur Verträge ab einer bestimmten Größenordnung (Mindestumsatz, Mindestkosten, Mindestlaufzeit etc.) aufnimmt. 885

(3) **Kenntnisqualifizierung**

Bisweilen mag es für einen Verkäufer schwer sein, Aussagen zu bestimmten Teilbereichen des Zielunternehmens zu verifizieren. Eine objektive Einstandspflicht ist daher aus Verkäufersicht nicht immer akzeptabel. In derartigen Fällen bietet es sich für den Verkäufer an, Garantien nach Möglichkeit dadurch einzuschränken, dass das Vorliegen oder die Abwesenheit bestimmter Umstände nur so weit garantiert wird als die Kenntnis relevanter Personen reicht. Eine derartige Kenntnisqualifizierung kann beispielsweise sachlich angebracht oder gerechtfertigt sein in Bezug auf die Garantie, dass das Unternehmen durch die Nutzung bestimmter gewerblicher Schutzrechte nicht gegen Rechte Dritter verstößt, dass ein Betriebsgrundstück des Zielunternehmens nicht mit Schadstoffen verunreinigt ist oder Mitarbeiter nicht gegen Vorschriften des Wettbewerbs- oder Antikorruptionsrechts verstoßen haben. 886

Bei der konkreten Ausgestaltung derartiger Einschränkungen stellen sich zwei Kernfragen: Zum einen die Frage nach dem **relevanten Personenkreis**, auf dessen Kenntnis es ankommt. Zum anderen die Frage nach dem **relevanten Maßstab** für das Vorliegen haftungsbegründender Kenntnis. In beiden Fällen finden sich in der Praxis vielfältige Varianten. 887

In Bezug auf den **relevanten Personenkreis** wird dem Käufer regelmäßig daran gelegen sein, diesen groß zu ziehen. Dabei ist er gut beraten, wenn er solche Personen miteinbezieht, die aufgrund ihrer Funktion oder Verantwortung im Unternehmen den Regelungsbereich der einschlägigen Garantien gut kennen. Dies kann dadurch erfolgen, dass man diese Personen unmittelbar in den Kreis der relevanten Kenntnisträger aufnimmt. Ist dies nicht einigungsfähig, kann dem Verkäufer die Pflicht auferlegt werden, dafür Sorge zu tragen, dass die zuständigen Funktionsträger vor Abgabe der Garantien von Personen aus dem Kreis der relevanten Kenntnisträger intensiv befragt wer- 888 den, damit sich dadurch die relevanten Kenntnisträger selbst auf einen höheren Kenntnisstand bringen. Für den Verkäufer nicht einfach ist in diesem Zusammenhang der Umgang mit Personen, die mit dem verkauften Unternehmen auf die Verkäuferseite übergehen. Ein solcher Übergang geht in aller Regel mit einem Loyalitätswechsel zugunsten der Käuferseite einher. Dieser tritt nicht notwendigerweise erst mit dem Vollzug des Unternehmenskaufvertrages ein, sondern vollzieht sich vielfach graduell und allmählich schon vor diesem Zeitpunkt. Lässt sich die Einbeziehung übergehender Personen in den Tatbestand kenntnisqualifizierter Garantien nicht vermeiden, ist der Verkäufer gut beraten, wenn er die betreffenden Personen frühzeitig wissen lässt, dass ihr relevanter Wissensstand zu dokumentieren sein wird, und er dies dann entsprechend umsetzt. In der Praxis erfolgt dies regelmäßig dadurch, dass die betreffenden Personen mit der Durchsicht des Garantiekatalogs und der Erstellung von sog. Disclosure Schedules (siehe Rn. 891 f.) beauftragt werden; nicht selten mündet dies in der Abgabe einer entsprechenden Vollständigkeitserklärung seitens der betreffenden Personen gegenüber dem Zielunternehmen oder dem Verkäufer. Auch insoweit zeigt die Erfahrungspraxis, dass die betreffenden Personen frühzeitig in diesen Prozess eingebunden und informiert werden sollten, um keine unnötigen Diskussionen zur Unzeit führen zu müssen.

889 Die Frage nach dem **Maßstab für das Vorliegen haftungsbegründender Kenntnis** meint im Kern, ob haftungsbegründend lediglich die positive Kenntnis der relevanten Personen ist oder ob auch ein geringerer Bewusstseinsgrad, etwa grob fahrlässige Unkenntnis ausreicht bis hin zur Fiktion der Kenntnis bestimmter Umstände. In der Vertragspraxis ist in der Regel nur positive Kenntnis haftungsbegründend; bisweilen wird auch grobfahrlässige Unkenntnis einbezogen.

890 Als weitere, in der Praxis allerdings eher selten zu findende Spielart der kenntnisbezogenen Einschränkung von Garantien ist die Verbindung aus **objektiver Garantie mit kenntnisabhängiger Exkulpationsmöglichkeit** des Verkäufers. Dadurch wird die Beweislast letztlich in Sphären aufgeteilt: Der Käufer muss insoweit nur darlegen und erforderlichenfalls beweisen, dass ein Sachverhalt gegeben ist, der zur objektiven Unrichtigkeit der Garantie führt. Der Verkäufer haftet dann, sofern er seinerseits nicht darlegen und erforderlichenfalls beweisen kann, dass er die betreffenden Sachverhalte nicht kannte (und – je nach vereinbartem Maßstab – auch nicht kennen musste).

(4) Einschränkung durch Offenlegung in Anlagen zum Vertrag (sog. Disclosure Schedules)

891 Ein in der Praxis gebräuchliches und probates Mittel, um Garantien möglichst passgenau auf den Einzelfall zuzuschneiden und dadurch die Gefahr von Garantieverletzungen zu verringern, ist es, in Anlagen zu einzelnen Garantien konkrete Sachverhalte oder Einzelfälle aufzunehmen, die von der be-

treffenden Garantie ausdrücklich ausgenommen sein sollen. Im anglo-amerikanischen Rechtsraum spricht man von sog. **Disclosure Schedules.**

Der Verkäufer ist dabei gut beraten, wenn er der Erstellung dieser Anlagen besondere Aufmerksamkeit widmet und die entsprechenden Prozesse unter Einbindung eines geeigneten Personenkreises rechtzeitig initiiert. Es bereitet viel – häufig auch unterschätzte – Mühe, die Anlagen zusammenzustellen, nicht selten, weil die relevanten Informationen nicht ohne Weiteres griffbereit sind. Die frühzeitige Einbindung des dafür erforderlichen größeren Personenkreises konfligiert in der Praxis vielfach mit dem Erfordernis, die laufenden Verhandlungen und den möglichen Abschluss des Unternehmenskaufvertrages vertraulich zu halten, und erfordert eine entsprechende Abwägung dieser gegenläufigen Gesichtspunkte. Umgekehrt sollte auch der Käufer, soweit er sich auf haftungsbegrenzende Offenlegung in Form von Disclosure Schedules einlässt, auf die frühzeitige Übermittlung entsprechender Entwürfe drängen. Deren inhaltliche Prüfung gestaltet sich häufig schwierig und der ein oder andere Verkäufer mag versucht sein, die entsprechenden Anlagen in der Hektik der letzten Tage vor dem Vertragsabschluss vorzulegen, um eine intensive Prüfung durch den Käufer zu erschweren. Lässt sich der Käufer dennoch auf die entsprechende Offenlegung ein, läuft er Gefahr, um Garantieansprüche gebracht zu werden, obwohl er einen relevanten Sachverhalt vielleicht nicht mehr angemessen beurteilen konnte. Vor diesem Hintergrund mag es im Einzelfall auch angebracht sein, dass der Käufer bereits im Rahmen von Vorvereinbarungen festschreibt, welcher zeitliche Puffer zwischen Offenlegung und Abschluss eines Vertrages mindestens liegen soll; im anglo-amerikanischen Rechtsraum ist in diesem Zusammenhang von der Vereinbarung eines sog. **Cut-off Date** die Rede.

892

(5) Festlegung von Garantietatbeständen durch Vereinbarung eines Spezialitätsverhältnisses (sog. Ringfencing)

Systematisch ebenfalls in den Bereich der tatbestandlichen Ausgestaltung von Verkäufergarantien gehören sog. **Ringfencing**-Vorschriften, die sich in der Praxis aber dessen ungeachtet häufig im Rechtsfolgenkatalog für Garantieverletzungen finden (vgl. dazu Rn. 930). Bei diesem – jedenfalls begrifflich – aus dem anglo-amerikanischen Rechtsraum stammenden Konzept geht es darum, die tatbestandliche Reichweite von zwei oder mehreren Garantien dadurch auszugestalten, dass man zwischen ihnen ein Verhältnis der Spezialität schafft. Dadurch soll verhindert werden, das der im Einzelnen verhandelte und entsprechend vertraglich fixierte enge Tatbestand der speziellen Verkäufergarantie nicht durch allgemeinere Verkäufergarantien mit weiterem Regelungsbereich unterlaufen und so die Haftung des Verkäufers nicht indirekt über das eigentlich vereinbarte Maß hinaus wieder ausgedehnt wird. Es geht mit anderen Worten darum sicherzustellen, dass die Beschaffenheit eines bestimmten Teilbereichs des Zielunternehmens nur durch die spezielle Verkäufergarantie, nicht aber auch durch – nach ihrem Wortlaut möglicherweise ebenfalls einschlägige – allgemeine Verkäufergarantien vertraglich abgesichert

893

wird. Die Etablierung eines solchen Spezialitätsverhältnisses bietet sich beispielsweise an zwischen umweltbezogenen Garantien einerseits und allgemeinen grundstücksbezogenen Garantien andererseits. Entsprechendes gilt für das Verhältnis zwischen Verkäufergarantien, die gewerbliche Schutzrechte betreffen, einerseits und Verkäufergarantien, die das Anlagevermögen oder die Betriebsmittel des Zielunternehmens abdecken, andererseits.

cc) Beispielhafter Garantiekatalog

894 Im Folgenden wird eine Reihe von Regelungsbereichen und Sachverhalten skizziert, die in Unternehmenskaufverträgen regelmäßig Gegenstand von Verkäufergarantien sind, auch wenn die **konkrete Ausprägung der Garantietatbestände sehr stark einzelfallabhängig** ist. Es kann auch nicht genug betont werden, dass ein standardisierter Musterkatalog zwar ein guter Ausgangspunkt und hilfreich für die effiziente Vertragsgestaltung ist. Besonderes Augenmerk muss aber in jedem Fall auf die Anpassung an die Spezifika der konkreten Transaktion gelegt werden. Diese gebieten in den meisten Fällen sowohl aus Veräußerer- als auch aus Käufersicht eine mehr oder weniger starke Individualisierung des Garantiekatalogs. Der nachfolgende Musterkatalog ist auf die Share Deal Variante zugeschnitten.

(1) **Rechtsfähigkeit und Abschlusskompetenz des Veräußerers**

895
- Veräußerer besteht ordnungsgemäß und ist zum Abschluss des Unternehmenskaufs berechtigt;
- erforderliche gesellschaftsrechtliche Zustimmungen liegen vor; keine Erforderlichkeit von Zustimmungen oder Genehmigungen Dritter.

(2) **Rechtsverhältnisse der Gesellschaft**

896
- Zielgesellschaft besteht ordnungsgemäß, hat tatsächlichen Verwaltungssitz im Staat ihrer Gründung und ist zur Führung des Geschäftsbetriebs berechtigt;
- Gesellschaftsvertrag und Unternehmensverträge bestehen gemäß Anlage;
- Einreichungspflichtige Tatsachen und Dokumente wurden bei zuständigen Registern rechtzeitig und vollständig eingereicht;
- keine Unternehmensverträge, keine Geschäftsleitung durch Dritte, keine Verpflichtung, Gewinne an Dritte abzuführen;
- keine stillen Beteiligungen oder andere Teilhaberrechte Dritter an Einnahmen, Gewinn, Vermögen oder Eigenkapital der Zielgesellschaft;
- keine Zweigniederlassungen oder Geschäftsstellen außerhalb der Hauptniederlassung;
- keine Eröffnung oder Beantragung eines Insolvenz- oder ähnlichen Verfahrens, keine Überschuldung oder (drohende) Zahlungsunfähigkeit.

(3) Rechtsverhältnisse der zu übertragenden Anteile

- Veräußerer ist alleiniger Eigentümer der Anteile und unterliegt keinen Veräußerungsbeschränkungen; keine Rechte Dritter auf Anteile der Zielgesellschaft; 897

- keine Rechte Dritter an Anteilen der Zielgesellschaft oder Ansprüche Dritter auf Einräumung solcher Rechte oder auf Übertragung der Anteile;

- Anteile sind vollständig eingezahlt, frei veräußerlich, frei übertragbar und frei von Nachschusspflichten; offene oder verdeckte Einlagenrückgewähr, verdeckte Gewinnausschüttungen und verdeckte Sacheinlagen sind nicht erfolgt;

- keine Ausschüttung von Kapital, Dividenden oder vergleichbaren Zahlungen seit letztem Bilanzstichtag.

(4) Jahresabschlüsse

- Jahresabschlüsse (konsolidiert und/oder auf Einzelabschlussebene) und ggf. darüber hinausgehende Unterlagen, die im Rahmen des internen Rechnungswesens periodisch erstellt werden (*Management Accounts*) sind mit der Sorgfalt eines ordentlichen Kaufmanns erstellt und entsprechen anwendbaren Bilanzierungsgrundsätzen und Bilanzierungsrichtlinien; unveränderte Anwendung der Bilanzierungsgrundsätze wie in früheren Jahren (*Grundsatz der Bilanzkontinuität*); 898

- Jahresabschlüsse sind vollständig und richtig und geben vollständiges und richtiges Bild der Finanz- und Ertragslage und der Gewinne für abgelaufenes Geschäftsjahr zum jeweiligen Bilanzstichtag (sog. objektive Bilanzgarantie);

- Berücksichtigung der vorhersehbaren Risiken, Abwertungen und Verluste mit angemessenen Abschreibungen, Wertberichtigungen oder Rückstellungen;

- Pensionsrückstellungen mit ertragssteuerlich höchstzulässigen Werten gebildet;

- angemessene Berücksichtigung wertaufhellender Tatsachen in den jeweiligen Jahresabschlüssen und Mitteilung anderer nach Aufstellung der jeweiligen Jahresabschlüsse bekannt gewordener wesentlicher Tatsachen.

(5) Steuern[606]

- Zielgesellschaft hat bis Vollzug des Unternehmenskaufs alle Verpflichtungen in Zusammenhang mit Steuern gemäß anwendbarem Recht erfüllt, alle Steueranmeldungen, -voranmeldungen, -erklärungen und sonstigen 899

---

606) Zu Steuerklauseln vgl. *Stümper/Walter*, GmbHR 2008, 31; *Hülsmann*, DStR 2008, 2402.

Erklärungen vollständig und richtig erstellt, rechtzeitig eingereicht und alle sonstigen Anmelde-, Erklärungs- und Abgabepflichten ordnungsgemäß und rechtzeitig erfüllt (Ausnahmen gemäß Anlage);

- Zielgesellschaft hat fällige Steuern einschließlich Steuervorauszahlungen gemäß anwendbarem Recht gezahlt und/oder einbehalten und an die zuständige Stelle abgeführt (Ausnahmen gemäß Anlage); in der Bilanz zum Unternehmenskauf Passivierung von noch nicht fälligen Steuern und Aktivierung von Steuererstattungs- oder -vergütungsansprüchen, die noch nicht durch tatsächliche Zahlung oder Aufrechnung ausgeglichen wurden;

- keine Sperr-, Halte- oder Beibehaltungsfristen in Zusammenhang mit Steuern in Gang gesetzt oder bis Vollzug des Unternehmenskaufs abgelaufen (Ausnahmen gemäß Anlage);

- keine Verpflichtung zur Rückzahlung von Subventionen; keine Rückzahlungsverpflichtung aufgrund Abschluss und Durchführung des Unternehmenskaufs.

(6) Bewegliche Sachen und dazugehörige Rechte

900
- Volles, unbeschränktes und unbelastetes Eigentum und Besitz oder umfassendes Nutzungsrecht an (wesentlichen) beweglichen Sachen, die für den Geschäftsbetrieb erforderlich sind;

- (wesentliche) Betriebsmittel der Zielgesellschaft sind ordnungsgemäß instand gehalten und befinden sich in gutem und gebrauchsfähigem Zustand;

- Lagerbestände der Zielgesellschaft sind hinsichtlich Menge und Qualität angemessen, nutzbar und verkäuflich.

(7) Grundstücke und dazugehörige Rechte

901
- Im Eigentum der Zielgesellschaft stehende Grundstücke, Rechte an oder auf Grundstücken, Gebäude auf Eigentum Dritter und Auf- und Einbauten gemäß Anlage; Gesellschaft hat volles und unbeschränktes Eigentum und Besitz, hat nicht darüber verfügt oder entsprechende Maßnahmen unternommen; keine Belastungen oder sonstige Beschränkungen oder Rechte Dritter und keine diesbezügliche Vereinbarung mit Dritten (Ausnahmen gemäß Anlage);

- gemietete oder gepachtete Grundstücke, Rechte an oder auf Grundstücken, Gebäude auf Eigentum Dritter und Auf- und Einbauten einschließlich verbleibender Miet- oder Pachtzeit gemäß Anlage; Beendigung oder Ablehnung der Verlängerung der Miet- oder Pachtverhältnisse ohne Ausgleichszahlung nicht zu erwarten; keine Beschränkungen oder Rechte Dritter sowie volles und unbeschränktes Nutzungsrecht sowie Besitz (Ausnahmen gemäß Anlage);

- alle Gebäude und Auf- und Einbauten sind ordnungsgemäß instand gehalten und in gutem und gebrauchsfähigem Zustand; keine unbefugte Erstreckung auf Grundeigentum Dritter, keine sonstige Verletzung von Rechten Dritter und Übereinstimmung mit Bebauungsplänen und anderen Rechtsvorschriften; keine Verletzung von Bauvorschriften oder -beschränkungen sowie sonstige Unangreifbarkeit;

- Grundbesitz gemäß Anlage ist gesamter vorhandener Betriebsbereich; keine Beeinträchtigung der weiteren Bebauung durch Bebauungspläne, ähnliche Vorschriften oder deren Nichtvorhandensein;

- Grundbesitz einschließlich aufstehender Gebäude ist frei von Verunreinigungen jeder Art, deren Beseitigung öffentlich-rechtlich oder privatrechtlich verlangt werden könnte.

(8) **Gewerbliche Schutzrechte, Know-how und Informationstechnologie (geistiges Eigentum)**

- Zielgesellschaft ist Inhaberin der für den gegenwärtigen (ggf. auch geplanten) Geschäftsbetrieb erforderlichen gewerblichen Schutzrechte (u. a. Patente, Geschmacksmuster, Marken, Namensrechte, Geschäftsbezeichnungen, Domain-Namen, Urheber- bzw. urheberrechtliche Nutzungsrechte einschließlich Softwarenutzungsrechte, Know-how, Geschäftsgeheimnisse, Topographierechte, Sortenschutzrechte) oder hat entsprechendes Nutzungsrecht (Spezifizierung der Schutzrechte etc. in Anlage als „einschließlich"/„including but not limited to", bei eingetragenen Rechten unter Nennung von Länderkürzel und Registernummer);

- Lizenzverträge zur Einräumung von Nutzungsrechten an gewerblichen Schutzrechten Dritter (einschließlich Software und IT-Wartungsverträge) gemäß Anlage; keine (drohende) Kündigung oder anderweitige (drohende) Beendigung; eingeräumte Lizenzen sind nicht mit Frist von weniger als […] Monaten kündbar oder Vertragslaufzeit nach Vollzug des Unternehmenskaufs nicht weniger als […] Monate; Schutzrechtsverträge enthalten keine „Change of Control"-Klauseln;

- Lizenzverträge zur Einräumung von Nutzungsrechten an gewerblichen Schutzrechten an Dritte gemäß Anlage;

- gewerbliche Schutzrechte sind frei von Rechten Dritter und weder ganz noch teilweise von Löschung oder Nichtigerklärung bedroht;

- gewerbliche Schutzrechte werden nicht durch Dritte verletzt (ggf. nach bestem Wissen des Verkäufers), keine entsprechenden Auseinandersetzungen;

- gewerbliche Schutzrechte bestehen und sind durchsetzbar; Gebühren zu deren Aufrechterhaltung wurden vollständig bezahlt, erforderliche Anträge für Verlängerungen gestellt und wesentliche Schritte zur Aufrechterhaltung unternommen (ggf. vorgreifend auf einen angemessenen Zeitraum nach dem Closing, bis der Käufer sich selbst einen Überblick verschaffen konnte);

- Zielgesellschaft verletzt keine Rechte Dritter bei Produktion, Vermarktung, Verkauf oder Vertrieb ihrer Produkte oder bei anderen Handlungen im Geschäftsbetrieb (ggf. nach bestem Wissen des Verkäufers), keine entsprechende Behauptung Dritter;

- keine Rechte in Bezug auf Gewerbliche Schutzrechte durch derzeitige oder frühere Arbeitnehmer (und ggf. externe F&E-Dienstleister); vollständige Entschädigung von derzeitigen oder früheren Arbeitnehmern nach Urhebergesetz, Arbeitnehmererfindungsgesetz oder vergleichbaren Gesetzen; Geschäftsführer und andere Führungskräfte haben Rechte an Erfindungen und anderen intellektuellen Leistungen übertragen oder sind zu ihrer Übertragung verpflichtet; es besteht kein entsprechender Vergütungsanspruch;

- Zielgesellschaft hat während der letzten [...] Monate keine wesentlichen Betriebsstörungen oder Datenverluste, die auf Funktionsstörung der Computer-Hardware oder auf Software und Datenbanken zurückzuführen ist, erlitten;

- gesamte Informationstechnologie ist in zeitgemäßem und gebrauchstauglichem Zustand und wurde regelmäßig gewartet; Nutzung der Software und Datenbanken in der aktuellsten freigegebenen Version (Ausnahmen gemäß Anlage);

- Daten auf Systemen der Zielgesellschaft dürfen in für Geschäftsbetrieb erforderlichem Umfang genutzt werden;

- keine an Dritte ausgegliederte geschäftlichen Aktivitäten mit monatlicher Vergütung von mehr als € [...];

- Führung der Zielgesellschaft und der ausgegliederten geschäftlichen Aktivitäten in Einklang mit anwendbarem Recht, insbesondere mit Datenschutzrecht; keine gegenteilige Behauptung in den letzten [...] Monaten.

(9) Wesentliche Verträge

903 • Wesentliche Verträge (u. a. Verträge über Erwerb oder Verkauf von Anteilen, Beteiligungen an anderen Unternehmen, Joint Venture Verträge, Konsortiums-/Kooperationsverträge, Beratungsverträge, bestimmte Lizenz-, Miet-, Leasing-, Pacht- oder Erbbaurechtsverträge, Handelsvertreter-, Vertriebshändler- und ähnliche Vertriebsverträge, Darlehensverträge und andere Kreditzusagen, Garantien, Bürgschaften, Patronatserklärungen und ähnliche Sicherheiten, bestimmte Liefer-, Vertriebs-, Dienstleistungs- und andere Kaufverträge, Verträge oder Versprechen in Bezug auf Subventionen, Verträge mit Wettbewerbsbeschränkungen oder sonstigen

Einschränkungen, andere Verträge mit Zahlungsverpflichtungen von jährlich € [...] oder Beendigungsmöglichkeit mit Frist von mehr als [...] Monaten);

- wesentliche Verträge sind wirksam, durchsetzbar und wurden nicht beendet; jeweils andere Partei verletzt nicht wesentliche Vertragspflichten und ist nicht mit einer Vertragspflicht wesentlich in Verzug;

- keine Recht zur Beendigung wesentlicher Verträge, keine vorzeitige Fälligkeit von wesentlichen Vertragspflichten und keine Einschränkung oder Beendigung von Kauf- oder Lieferbeziehungen mit gegenwärtigen Lieferanten oder Kunden aufgrund des Abschlusses und/oder Vollzugs des Unternehmenskaufs;

- keine Bindung durch weitere wesentliche Verträge;

- keine konzerninternen Verträge (Ausnahmen gemäß Anlage);

- Aufstellung der [...] größten Kunden, der [...] größten Lieferanten und der Lieferanten ohne vergleichbare andere Bezugsquelle gemäß Anlage; keine (drohende) Beendigung oder Reduzierung der Geschäftsbeziehung; keine (drohende) Erhöhung der Lieferantenpreise um mehr als [...] Prozent.

(10) **Finanzierungsverträge und Finanzverbindlichkeiten**

- Darlehensverträge mit der Zielgesellschaft als Darlehensnehmer oder Darlehensgeber, einschließlich Gesellschafterdarlehensverträgen;

- Verträge über Sicherheiten (Sicherungsübereignungen, Pfandrechte, Hypotheken, Grundschulden) oder sonstige Verträge, die Rechte Dritter an Vermögensgegenständen der Zielgesellschaft begründen;

- Leasing-, Mietkauf-, Vorbehaltskauf- und Factoringverträge mit einem Gegenstandswert von mehr als € [...];

- Garantie-, Bürgschafts- oder ähnliche Verträge bzw. Erklärungen über Mithaftungen der Zielgesellschaft für Verbindlichkeiten Dritter oder Mithaftungen Dritter für Verbindlichkeiten der Zielgesellschaft;

- Forderungsbestand per [...] unter Angabe der Schuldner, Höhe der einzelnen Forderungen, Fälligkeitsdatum, Zinssatz und vereinbarter Zahlungsbedingungen gemäß Anlage;

- Bankschulden der Zielgesellschaft (Höhe, Verzinsung, Kreditinstitut, Kontonummer, Höhe der Kreditlinien) gemäß Anlage.

(11) **Genehmigungen und Rechtsvorschriften (Compliance)**

- Zielgesellschaft hat (wesentliche) öffentlich-rechtliche Genehmigungen und Konzessionen; keine (drohende) vollständige oder teilweise Rücknahme, Änderung oder Widerruf solcher Genehmigungen;

- keine wesentliche Verletzung von Rechten Dritter oder anwendbarem Recht einschließlich Arbeitsschutzrecht, Datenschutzrecht, Kartell- und Wettbewerbsrecht, Antikorruptionsrecht, Außenwirtschaftsrecht und Gewerberecht;
- Vorhandensein einer angemessenen Compliance-Organisation einschließlich Implementierung entsprechender Prozesse.

(12) Arbeitnehmer (einschließlich Pensionen)

906
- Arbeitnehmer, Geschäftsführer und Organmitglieder sowie Details zu ihrer Anstellung/Beschäftigung gemäß Anlage;
- keine Ansprüche von anderen Personen auf Abschluss oder Weiterführung eines Arbeitsverhältnisses;
- gekündigte Arbeitnehmer, Arbeitnehmer, die gekündigt haben oder mit denen ein Aufhebungsvertrag geschlossen oder denen ein solcher angeboten wurde, mit Jahresgrundgehalt von mehr als € [...] gemäß Anlage; in Zusammenhang mit Unternehmenskauf keine Ansprüche auf u. a. Abfindungszahlungen, Freistellungen oder Kündigungsrechte; keine Wiedereinstellungszusagen gegenüber ehemaligen Arbeitnehmern;
- in Geschäftsbetrieben der Zielgesellschaft sind nur Arbeitnehmer tätig, die bei der Zielgesellschaft und in dem jeweiligen Geschäftsbetrieb angestellt sind (Ausnahmen gemäß Anlage);
- Mitgliedschaften in tarifschließenden Arbeitgeberverbänden gemäß Anlagen; anwendbare Tarifverträge, Firmentarifverträge, Betriebsvereinbarungen und sonstige Vereinbarungen mit Betriebsräten und anderen Arbeitnehmervertretungen gemäß Anlage;
- keine Beschränkungen in Bezug auf Planung oder Durchführung von betrieblichen oder personellen Änderungen, die über gesetzliche, flächentarifliche oder im Unternehmenskauf geregelte Regelungen hinausgehen;
- Betriebliche Übungen, Gesamtzusagen und Richtlinien gemäß Anlage;
- variable Vergütungssysteme und deren Begünstigte gemäß Anlage;
- Aktienoptionspläne, sowie sonstige Mitarbeiterbeteiligungsprogramme (z. B. Phantom Stock und Stock Appreciation Rights Pläne) gemäß Anlage;
- alle Verpflichtungen zu Leistungen der betrieblichen Altersvorsorge an gegenwärtige oder ehemalige Arbeitnehmer, Geschäftsführer und Organmitglieder oder deren Angehörige gemäß Anlage;
- Pensionsvereinbarungen in Einklang mit anwendbarem Recht und demgemäß geführt und verwaltet;
- unmittelbare Pensionszusagen gemäß Anlage;

- Beiträge zu externen Versorgungsträgern wurden und werden bis Vollzug des Unternehmenskaufs im Einklang mit entsprechenden Pensionsvereinbarungen gezahlt;

- keine Vereinbarungen oder Geschäftspraktiken in Bezug auf Leiharbeitnehmer, die nicht gesetzlichen Anforderungen entsprechen;

- angedrohte oder anhängige Streitigkeiten gegen die Zielgesellschaft in Zusammenhang mit gegenwärtigen oder ehemaligen Arbeitnehmern oder Führungskräften nur gemäß Anlage;

- Mitwirkungsrechte der betriebsverfassungsrechtlichen Gremien in Zusammenhang mit Unternehmenskauf wurden gewahrt; keine Ansprüche auf Nachteilsausgleich (§ 113 BetrVG) gegen die Zielgesellschaft;

- keine Streiks oder Arbeitsniederlegungen in den letzten […] Jahren;

- Arbeitsverhältnisse der Arbeitnehmer werden in Einklang mit geltendem Recht, anwendbaren Tarifverträgen, Betriebsvereinbarungen und den vertraglichen Vereinbarungen geführt;

- keine (überfälligen) Verbindlichkeiten gegenüber Sozialversicherungsbehörden oder -trägern für die Vergangenheit.

(13) Versicherungen

- Versicherungsverträge mit Versicherungsschutz gemäß Anlage;

- angemessene Versicherung der Zielgesellschaft gegen alle Risiken, einschließlich Versicherung gegen Betriebsunterbrechung und Produkthaftung;

- Versicherungsverträge sind wirksam, wurden nicht beendet oder deren Beendigung wurde nicht angedroht; Prämien bezahlt; Wirksambleiben der Versicherungsverträge unabhängig von Durchführung des Unternehmenskaufs; es liegen keine Umstände vor, die Bestehen des Versicherungsschutzes in Frage stellen;

- keine versicherbaren Schadensfälle oder Schäden seit Bilanzstichtag aufgetreten oder der Zielgesellschaft gemeldet (Ausnahmen gemäß Anlage).

(14) Produkte

- Alle Produkte und Dienstleistungen sind in Einklang mit einschlägigen Regelungen, Sicherheitsstandards, technischen Normen und der Verkaufsliteratur;

- es wurden keine mangelhaften oder nicht den abgegebenen Gewährleistungen oder Garantien entsprechenden Produkte oder Dienstleistungen entworfen, produziert, verkauft oder vertrieben;

A. Der Unternehmenskauf

- keine Produktrückrufe oder Produktwarnungen oder Vornahme von Nachbesserungen, keine diesbezüglichen Entscheidungen, Untersuchungen oder Überlegungen;
- keine Produkthaftungsfälle in den vergangen [...] Jahren.

(15) Rechtsstreitigkeiten

909
- Keine Beteiligung an anhängigen oder angedrohten Rechtsstreitigkeiten, Verwaltungsverfahren oder Untersuchungsverfahren, einschließlich seitens Steuerbehörden eingeleiteter Verfahren (Ausnahmen gemäß Anlage); keine Umstände bekannt, die solche Rechtsstreitigkeiten erwarten lassen;
- Zielgesellschaft unterliegt keiner die Zielgesellschaft wesentlich betreffenden oder einschränkenden Gerichtsentscheidungen, Verwaltungsanordnungen oder Vergleichen.

(16) Umwelt

910
- Zielgesellschaft hat alle wesentlichen zur Führung des Geschäftsbetriebs erforderlichen Umweltgenehmigungen; keine Ereignisse oder Umstände, die zu vollständiger oder teilweiser Rücknahme, Aufhebung oder Änderung führen könnten;
- Führung des Geschäftsbetriebs in Übereinstimmung mit Umweltgenehmigungen und Umweltrecht; Grundbesitz und Gebäude sind frei von (beseitigungspflichtigen) Verunreinigungen; keine Verletzung von Umweltrecht in wesentlichem Maße oder mit wesentlichen Folgen;
- Produktion frei von nicht genehmigten Emissionen.

(17) Ordentlicher Geschäftsverlauf

911
- Seit letztem Bilanzstichtag wurden Geschäfte im normalen und ordentlichen Geschäftsverlauf geführt; seit letztem Bilanzstichtag keine außergewöhnlichen Geschäftsereignisse oder rechtlichen Transaktionen und kein Ereignis, das (in Verbindung mit anderen Ereignissen) zu wesentlicher finanzieller Beeinträchtigung führen könnte.

(18) Wesentliche Verschlechterung

912
- Keine Umstände bekannt, die in Zukunft zu wesentlicher negativer Beeinträchtigung der Geschäftsbetriebe der Zielgesellschaft oder zu einer Beschränkung, Behinderung oder Einstellung des Entwerfens, der Herstellung und/oder des Vermarktens eines wesentlichen Produkts führen könnten.

(19) Vollständigkeit der Informationen

- Veräußerer hat alle zur Bewertung erforderlichen Informationen zur Verfügung gestellt. 913

dd) Rechtsfolgen von Garantieverletzungen

Ebenso wichtig und meist ebenso verhandlungsintensiv ist die vertragliche 914 Ausgestaltung der Rechtsfolgen von Garantieverletzungen. Verhandlungstaktisch mag es bisweilen sogar angezeigt sein, dass man zunächst eine Einigung über die Rechtsfolgen im Falle einer Garantieverletzung versucht, um sich erst danach der Verhandlung der Garantietatbestände im Einzelnen zuzuwenden. Dies mag dem Verkäufer die Abgabe der ein oder anderen Garantie erleichtern; umgekehrt kann dann der Käufer seinerseits besser abschätzen, inwieweit es sich lohnt, um Garantietatbestände zu ringen.

Bei der Ausgestaltung der Rechtsfolgen geht es in der Vertragspraxis im Wesentlichen um folgende Regelungsaspekte: 915

- Bestimmung des Verhältnisses zu bzw. **Ausschluss von gesetzlichen Ansprüchen und sonstigen Rechten** (vgl. hierzu Rn. 917 ff.);

- Bestimmung der **Kompensationsart**, der **Kompensationsebene** und des **ersatzfähigen Schadens** (vgl. hierzu Rn. 921 ff.);

- Bestimmung von Umständen, welche ungeachtet des tatbestandlichen Vorliegens einer Garantieverletzung zum **Ausschluss der Verkäuferhaftung** führen (vgl. hierzu Rn. 925 ff.);

- **Generelle Beschränkungen der Verkäuferhaftung,** insbesondere in betragsmäßiger und zeitlicher Hinsicht (vgl. hierzu Rn. 933 ff.);

- **Regelung des Umgangs mit Ansprüchen Dritter,** die gegen das Zielunternehmen oder den Käufer erhoben werden, und im Zusammenhang mit möglichen Garantieverletzungen stehen können (vgl. hierzu Rn. 942 ff.);

- **Ausgestaltung der Haftung zweier oder mehrerer Verkäufer** als Teil- oder Gesamtschuldner (vgl. hierzu Rn. 947 ff.);

- Ausnahmsweise: Rücktrittsrecht bei Bekanntwerden besonders gravierender Garantieverletzungen zwischen Abschluss und Vollzug des Unternehmenskaufvertrages (sog. **MAC-Klauseln**) (vgl. hierzu Rn. 949).

Schließlich sind die steuerlichen Folgen von Zahlungen im Zusammenhang 916 mit Garantieverletzungen zu berücksichtigen (vgl. hierzu Rn. 950 f.).

(1) Bestimmung des Verhältnisses zu bzw. Ausschluss von gesetzlichen Ansprüchen und sonstigen Rechten

Die Parteien des Unternehmenskaufvertrages streben in der Regel an, nicht 917 nur die Garantietatbestände, sondern auch die Rechtsfolgen, die sich an eine

Garantieverletzung knüpfen sollen, eigenständig, umfassend und abschließend zu regeln. Daher sollte der Unternehmenskaufvertrag entsprechende ausdrückliche Regelungen vorsehen. Zu denken ist dabei nicht nur an den Ausschluss gesetzlicher Ansprüche auf Nacherfüllung, Aufwendungs- und Schadensersatz, sondern auch an den Ausschluss von Anfechtungs-, Rücktritts-, Rückabwicklungs- und Minderungsrechten und zwar unabhängig davon, ob diese im Zusammenhang mit Sach- oder Rechtsmängeln, der Unrichtigkeit von Garantien, Gewährleistungen oder sonstigen Zusagen, der Verletzung von vertraglichen oder vorvertraglichen Verpflichtungen stehen oder aus unerlaubter Handlung, Störung der Geschäftsgrundlage oder sonstigen Umständen resultieren.

918 Freilich ist dabei zu berücksichtigen, dass es Grenzen vertraglicher Gestaltungsmöglichkeiten gibt. So ist insbesondere bei Arglist ein Ausschluss gesetzlicher Rechte allenfalls in sehr eingeschränktem Umfang möglich.[607] In diesem Zusammenhang können vor allem folgende Umstände von Relevanz sein und einen Arglisttatbestand begründen:

- Verhalten von (zurechenbaren) Hilfspersonen;[608]

- Vortäuschen von alternativen Bietern oder Angeboten in Auktionsverfahren;[609]

- Verschweigen kaufentscheidungsrelevanter Umstände (z. B. Mitteilung von Mietverträgen und Einnahmen ohne Hinweis auf erhebliche Rückstände[610]; Verschweigen des Risikos von Kartellrechtsverstößen);

- Behauptungen „ins Blaue hinein", also ohne Rückfragen bei funktional oder organisatorisch zuständigen Wissensträgern;[611]

- eventuelles „Stehenlassen" oder Fördern eines erkennbaren Irrtums des Käufers.[612]

919 Des Weiteren mag § 313 BGB (Störung der Geschäftsgrundlage) zwar gewissen Modifikationen zugänglich sein, eine völlige Abdingbarkeit wird man jedoch nur schwer bejahen können.[613] Bei vorsätzlichem Verhalten kann eine Haftung zwar ausgeschlossen werden, soweit dieses in der Vergangenheit liegt;

---

607) Vgl. MünchKomm-BGB/*Armbrüster*, § 123 Rn. 77; Staudinger/*Singer/von Finkenstein*, BGB, § 123 Rn. 93; *Hübner*, BB 2010, 1483.
608) BGH ZIP 2000, 2291 = NJW 2001, 358.
609) Vgl. *Louven/Böckmann*, ZIP 2004, 445.
610) OLG Celle NJW-RR 1999, 280.
611) BGH ZfIR 1999, 897 = DStR 1999, 2080; BGH BB 2001, 1548; BGH NJW 2006, 2839; BGH NJW 2008, 644.
612) BGH NJW 1995, 1549; BGH NJW 1998, 1315; OLG Hamm DNotZ 1999, 723; OLG Koblenz NJW-RR 2003, 119.
613) Vgl. nur Soergel/*Teichmann*, BGB, § 313 Rn. 44; MünchKomm-BGB/*Finkenauer*, § 3131 Rn. 25.

ein Ausschluss für künftiges vorsätzliches Verhalten scheitert hingegen an § 276 Abs. 3 BGB; ferner ist § 826 BGB zu beachten. § 444 BGB dagegen hindert eine vertragliche Rechtsfolgenregelung nicht (siehe dazu Rn. 875).

Das Risiko einer nachträglichen Rückabwicklung lässt sich damit nicht vollständig ausschließen, zumal sich dieses im Extremfall auch aus öffentlich-rechtlichen Vorschriften ergeben kann, die einer vertraglichen Modifikation naturgemäß nicht zugänglich sind (zu denken ist insbesondere an kartellrechtliche Vorgaben, etwa Auflösungsanordnungen des Bundeskartellamts auf der Grundlage von § 41 GWB). Da eine Rückabwicklung aber vielfach recht aufwändig ist und mit massiven nachteiligen Folgen verbunden sein kann, sollte man alles daran setzen, dieses Risiko zu minimieren. Nachteile können sich beispielsweise daraus ergeben, dass wesentliche Verträge bei jedem Übertragungsvorgang oder Kontrollwechsel vom Vertragspartner gekündigt werden können, dass Arbeitnehmer dem Übergang widersprechen, gewerbliche Schutzrechte nicht mehr genutzt werden können und dergleichen mehr. Im Hinblick auf das Restrisiko mag man bei vorsichtiger Herangehensweise im Einzelfall erwägen, dennoch einige grundlegende wirtschaftliche Modalitäten für eine etwaige Rückabwicklung zu regeln z. B. im Hinblick auf den Ausgleich von Wertänderungen,[614] zwischenzeitlich gezogene Nutzungen bzw. getragene Verluste,[615] anfallende Kosten. 920

(2) Bestimmung der Kompensationsart, der Kompensationsebene und des ersatzfähigen Schadens

Des Weiteren empfiehlt es sich, in Unternehmenskaufverträgen die Kompensationsart, die Kompensationsebene und den ersatzfähigen Schaden näher zu regeln. 921

Bei der Frage nach der **Kompensationsart** geht es im Kern darum, ob der Verkäufer das Recht (oder ggf. auch die Pflicht) zur Naturalrestitution bzw. Nacherfüllung haben soll oder der Anspruch des Käufers bei Garantieverletzungen unmittelbar auf Schadensersatz in Geld gerichtet sein soll. In der Praxis findet sich häufig die Regelung, dass der Verkäufer zunächst das Recht und, auf Verlangen des Käufers nicht selten auch die Pflicht haben soll, innerhalb einer kurzen, meist in Wochen bemessenen Frist, den Zustand herzustellen, der ohne die Garantieverletzung bestünde. Der Schadensausgleich in Geld ist dann entsprechend subsidiär. 922

Die Frage nach der **Kompensationsebene** stellt darauf ab, ob der geschuldete Ausgleich auf Ebene der Parteien des Kaufvertrages oder auf Ebene des Zielunternehmens zu leisten ist. Eine Garantieverletzung kann sich nämlich durchaus sehr unterschiedlich auswirken. So mag beispielsweise das Fehlen eines einzelnen Wirtschaftsguts, etwa einer Maschine, auf Ebene es Zielun- 923

---

614) Zu Wertsteigerungen bei Grundstücken: BGH NJW 1999, 2890.
615) Zu Nutzungen: BGH NJW 1978, 1578.

ternehmens einen einfach bezifferbaren Vermögensnachteil mit sich bringen, der in den Kosten der Wiederanschaffung und ggf. im Schaden durch den zwischenzeitlichen Produktionsausfall besteht. Die Herleitung eines Schadens auf Ebene des Käufers ist bei derartigen Sachverhalten häufig deutlich schwieriger; letztlich müsste die Garantieverletzung dann nämlich entweder auf den Unternehmenswert durchschlagen oder belastbar darlegbar sein, dass sich dadurch der an den Käufer ausschüttungsfähige Gewinn reduziert hat. Umgekehrt gibt es Konstellationen, in denen auf Ebene des Käufers der Schaden größer ausfällt als auf Ebene des Zielunternehmens. Das kann beispielsweise der Fall sein, wenn sich herausstellt, dass dem Zielunternehmen ein Patent nicht gehört, welches der Käufer nach dem Vollzug des Unternehmenskaufs konzernweit nutzen wollte. Freilich ist es eine andere Frage, ob dem Käufer im Einzelfall die entsprechende Beweisführung gelänge. Im Ergebnis folgt daraus, dass für beide Seiten ein entsprechendes Wahlrecht zu ihren Gunsten von Vorteil ist.

924 Schließlich ist die Frage nach dem **ersatzfähigen Schaden** zwischen den Parteien des Unternehmenskaufvertrages zu verhandeln und eine entsprechende Regelung zu treffen. Aus Sicht des Käufers erscheint eine eigenständige vertragliche Definition des ersatzfähigen Schadens entbehrlich, da der gesetzliche Schadensbegriff hinreichend weit ist. Dagegen ist es aus Verkäufersicht geboten, Einschränkungen gegenüber dem gesetzlichen Schadensbegriff zu erreichen. Zu thematisieren ist insbesondere der Umgang mit mittelbaren Schäden oder Folgeschäden, etwa entgangenem Gewinn, Umsatzverlusten, verlorenen Geschäftschancen, aber auch vergeblichen Aufwendungen sowie interne Kosten des Käufers und des Zielunternehmens. Des Weiteren ist es aus Verkäufersicht geboten, dem Käufer die Argumentationsmöglichkeit zu nehmen, dass der Schaden nicht lediglich unter Anwendung des Prinzips Euro für Euro auszugleichen, sondern vielmehr mit einem bestimmten Faktor zu multiplizieren sei, weil auch der Kaufpreisberechnung eine entsprechende Berechnung zugrunde gelegen habe. Hat der Käufer etwa den Kaufpreis durch Multiplikation des Jahresüberschusses mit dem Faktor sieben berechnet und stellt sich heraus, dass der in der letzten Gewinn- und Verlustrechnung ausgewiesene Jahresüberschuss um eine Million zu hochausgewiesen und die gewährte Abschlussgarantie daher insoweit unrichtig war, sollte geregelt werden, ob der Verkäufer in diesem Fall im Grundsatz eine Million zu erstatten hat oder aber sieben Millionen.

(3) Ausschluss der Verkäuferhaftung

925 In Unternehmenskaufverträgen werden typischerweise Umstände geregelt, bei deren Vorliegen ungeachtet der tatbestandlichen Verwirklichung einer Garantieverletzung eine Haftung des Verkäufers ausgeschlossen sein soll. Zu diesen Umständen gehören regelmäßig die folgenden:

- Haftungsausschluss für nachträgliche Änderungen des maßgeblichen Rechts (vgl. Rn. 926);

- Haftungsausschluss aufgrund von Umständen aus der Käufersphäre (vgl. Rn. 927);
- Haftungsausschluss infolge Kenntnis des Käufers (vgl. Rn. 928);
- Haftungsausschluss infolge Berücksichtigung in den relevanten Jahresabschlüssen des Zielunternehmens (vgl. Rn. 929);
- Haftungsausschluss infolge anderweitiger Schadenskompensation (vgl. Rn. 866);
- Haftungsausschluss infolge Ablaufs von Prüfungsfristen (vgl. Rn. 931);
- Ausschluss weitergehender Haftung des Verkäufers aus Neben- oder Vollzugsverträgen (vgl. Rn. 932).

(a) Haftungsausschluss für nachträgliche Änderungen des maßgeblichen Rechts

Ändern sich nach Abschluss oder nach Vollzug eines Unternehmenskaufvertrages Rechtsvorschriften und wäre ohne die entsprechende Änderung eine Haftung des Verkäufers nicht gegeben, so ist in Unternehmenskaufverträgen häufig vorgesehen, dass der Verkäufer dieser nachträglichen, heteronom gesetzten Haftungserweiterung nicht unterliegen soll. 926

(b) Haftungsausschluss aufgrund von Umständen aus der Käufersphäre

Des Weiteren gibt es Umstände aus der Käufersphäre, die nach den Regeln des Unternehmenskaufvertrages häufig einen Ausschluss der Verkäuferhaftung zur Folge haben. Der Verkäufer will häufig keine Haftung für Verbindlichkeiten übernehmen, die aus einem der folgenden Umstände resultieren: 927

- Verbindlichkeiten infolge von Handlungen oder Unterlassungen des Verkäufers bis zum Vollzug, die mit dem Käufer abgestimmt waren und denen er zugestimmt hat;
- Verbindlichkeiten infolge von Handlungen oder Unterlassungen des Käufers nach Vollzug (z. B. Änderungen im betrieblichen Ablauf, Nutzungsänderungen, Änderung von Rechnungslegungsmethoden);
- Verbindlichkeiten, die ohne einen Verstoß des Käufers gegen seine Pflichten aus dem Unternehmenskaufvertrag nicht oder möglicherweise nicht entstanden wären (z. B. Verstoß gegen die Pflicht zur Mitteilung von Umständen, aus denen eine Verkäuferhaftung resultieren könnte; Verstoß gegen die Schadensminderungspflicht des Käufers);
- Verbindlichkeiten infolge überobligatorischer Sachverhaltsaufklärung nach Vollzug veranlasst durch den Käufer (z. B. rechtlich nicht gebotene Analyse von Bodenproben auf das Vorhandensein bislang unbekannter Kontaminationen auf Betriebsgrundstücken)

A. Der Unternehmenskauf

(c) **Haftungsausschluss infolge Kenntnis des Käufers**

928 Ferner sehen Unternehmenskaufverträge in der Regel vor, dass die Haftung des Käufers für Garantieverletzungen nicht greift, soweit dem Käufer die relevanten Umstände bekannt waren bzw. offengelegt wurden. Auch insoweit stellen sich die schon im Zusammenhang mit kenntnisqualifizierten Garantien erörterten Fragen nach dem **relevanten Personenkreis** und nach dem **Bewusstseinsgrad**, der erreicht sein muss; auf diese Erörterungen kann hier entsprechend verwiesen werden (siehe Rn. 886 ff.). Der Verkäufer tut gut daran, in den Kreis der relevanten Kenntnisträger insbesondere diejenigen Personen einzubeziehen, welche käuferseitig maßgeblich an der Vorbereitung und Durchführung der Transaktion beteiligt waren. Das können Personen sein, die der Organisation des Käufers selbst angehören, das können aber auch externe Berater sein. Von besonderer praktischer Bedeutung ist in diesem Zusammenhang die Frage, ob eine **Kenntnisfiktion** für Informationen greifen soll, die dem Käufer im Vorfeld des Vertragsschlusses zur Verfügung gestellt wurden. Dazu gehören insbesondere die Informationen, die im relevanten **Datenraum** enthalten sind oder im Rahmen von begleitenden Präsentationen zur Verfügung gestellt wurden. Der Käufer wird versuchen, sich gegen eine generelle Kenntnisfiktion zu wehren oder diese doch einzuschränken. Nicht selten wird dabei versucht, einen Gleichlauf der Regeln für Verkäufer- und Käuferkenntnis herbeizuführen. Häufig wird das Begehren nach einer umfassenden Kenntnisfiktion vom Käufer mit dem Verlangen nach einer Garantie der Richtigkeit und Vollständigkeit der zur Verfügung gestellten Informationen durch den Verkäufer gekontert.

(d) **Haftungsausschluss infolge Berücksichtigung in den relevanten Jahresabschlüssen des Zielunternehmens**

929 Abhängig von der konkreten Transaktionsstruktur findet sich in Unternehmenskaufverträgen auch ein Ausschluss der Haftung des Käufers für Umstände, die in den relevanten Jahresabschlüssen des Zielunternehmens berücksichtigt wurden. Das gilt insbesondere im Fall von entsprechenden Rückstellungen, die zugleich kaufpreismindernd berücksichtigt werden. Letztlich bedeutete dann eine daneben bestehende Verkäuferhaftung wegen Garantieverletzungen eine doppelte Berücksichtigung, um deren Vermeidung es bei dem Haftungsausschluss geht. Einzelfallabhängig ist dann die Frage, ob der Haftungsausschluss bis zur Höhe einer gebildeten Rückstellung bei Garantieverletzungen generell greift oder nur im Falle der Verwirklichung des spezifischen Risikos, für das die konkrete Rückstellung gebildet wurde.

(e) **Haftungsausschluss infolge anderweitiger Schadenskompensation**

930 Schließlich ist es angemessen, durch entsprechende vertragliche Gestaltung sicherzustellen, dass der Verkäufer für Garantieverletzungen nicht haftet, wenn eine anderweitige Schadenskompensation sichergestellt ist. Diesem verkäu-

ferschützenden Regelungsgedanken dienen vor allem Klauseln mit folgendem Inhalt:

- Haftungsausschluss, soweit wegen des betreffenden Schadens ein **Anspruch gegen Dritte** besteht bzw. durchgesetzt werden kann; hier kommen insbesondere Ansprüche gegen Versicherer in Betracht, bei denen das Zielunternehmen entsprechende Policen eingekauft hat; ein Sonderthema sind in diesem Zusammenhang sog. Warranty & Indemnity Insurances (vgl. hierzu Rn. 971 ff.).

- Haftungsausschluss, soweit mit einem Schaden **ein Vorteil korrespondiert**: So stehen Mehrsteuern für einen bestimmten Veranlagungszeitraum häufig Minderssteuern in einem anderen Veranlagungszeitraum gegenüber (Bsp.: Unternehmenskauf 2010, Zuaktivierung für 2008 aufgrund Betriebsprüfung 2011, Abschreibung der Zuaktivierung zwischen 2009 und 2014). Der Unternehmenskaufvertrag sollte insoweit einen Zeitraum definieren (z. B. Ablauf der relevanten vertraglichen Verjährungsfrist), innerhalb dessen die Vor- und Nachteile mit dem (ggf. pauschalierten) Steuersatz und einer Abzinsung zu verrechnen sind. Auch Pauschalregelungen mit nur teilweiser (prozentualer) Haftung finden sich insoweit in der Praxis.

- Haftungsausschluss, soweit der Verkäufer auf der Grundlage anderer Regelungen des Unternehmenskaufvertrages Ersatz erlangt. Dabei geht es um die Umsetzung des Gedankens, dass der Verkäufer für ein und denselben Sachverhalt nur einmal eine Kompensation verlangen können soll (**ne bis in idem**). Die entsprechende Regelung sollte daher möglichst umfassend für den gesamten Unternehmenskaufvertrag und daraus resultierende Ansprüche gelten. Denn sie sollte nicht nur den Fall erfassen, dass ein Anspruch auf die Verletzung mehrerer Garantien gestützt werden kann; es gilt beispielsweise auch zu verhindern, dass ein Umstand, der bereits kaufpreismindernd berücksichtigt wurde, unter dem Gesichtspunkt der Garantie- oder Freistellungshaftung des Verkäufers noch einmal zum Tragen kommt. Systematisch nicht hierher gehört dagegen das sog. **Ringfencing**, bei dem es um die Festlegung der tatbestandlichen Reichweite einzelner Garantien und darum geht, dass der vereinbart enge Tatbestand spezieller Garantien nicht durch allgemeine Garantien unterlaufen und die Haftung des Verkäufers indirekt wieder ausgedehnt werden soll (siehe hierzu Rn. 893).

(f) Haftungsausschluss infolge Ablaufs von Prüfungsfristen

Vereinzelt finden sich in Unternehmenskaufverträgen auch Obliegenheiten des Käufers, bestimmte Angaben des Verkäufers oder zur Verfügung gestellte Unterlagen innerhalb bestimmter Ausschlussfristen auf ihre Richtigkeit und Vollständigkeit zu überprüfen. Erfolgt keine Beanstandung innerhalb der Ausschlussfrist, hat dies dann den Ausschluss der Verkäuferhaftung zur Folge. 931

(g) Ausschluss weitergehender Haftung des Verkäufers aus Neben- oder Vollzugsverträgen

932 Komplexe Unternehmenskaufverträge bestehen nicht selten aus einem Hauptvertrag und einer ganzen Reihe von Neben- oder Vollzugsverträgen. Zudem unterliegen bei multinationalen Transaktionen die vorrangig dem Vollzug des Hauptvertrages dienenden technischen Verträge in der Regel dem Recht ganz unterschiedlicher Jurisdiktionen. Daher empfiehlt es sich zu regeln, inwieweit den Verkäufer eine Haftung treffen soll, die über die im Hauptvertrag festgelegte Haftung hinausgeht. Regelmäßig werden im Hauptvertrag entsprechende Gestaltungsvorgaben für die relevanten Neben- oder Vollzugsverträgen vereinbart; für das Restrisiko einer ungewollten übersteigenden Haftung wird zudem vielfach eine entsprechende Freistellungspflicht des Käufers zugunsten des Käufers vorgesehen.

(4) Generelle Beschränkungen der Verkäuferhaftung

933 Neben Regelungen über den Ausschluss der Verkäuferhaftung sehen Unternehmenskaufverträge zumeist Klauseln vor, durch welche die Verkäuferhaftung lediglich beschränkt werden soll und zwar in erster Linie in betragsmäßiger und zeitlicher Hinsicht.

(a) Betragsmäßige Beschränkung der Verkäuferhaftung

934 Zur betragsmäßigen Beschränkung der Verkäuferhaftung findet sich in Unternehmenskaufverträgen häufig folgende Trias:

- Mindestbetrag (de minimis)
- Freigrenze oder Freibetrag;
- Haftungshöchstbetrag.

(aa) Mindestbetrag (de minimis)

935 Die Vereinbarung eines Mindestbetrages (*de minimis*) dient vornehmlich dazu, die betragsmäßige Schwelle festzulegen, unterhalb derer Schäden vertraglich irrelevant sein und keine Haftung des Verkäufers auslösen sollen. Die Höhe dieses Betrages ist sehr stark vom Einzelfall abhängig. Der Käufer sollte dabei darauf achten, dass eine Vielzahl gleichgelagerter Sachverhalte als Einheit betrachtet und wertmäßig zusammengerechnet werden, da er sonst in Gefahr läuft auf einem möglicherweise relativ großen Schaden sitzen zu bleiben, nur weil es sich um eine Serie kleiner Schadensfälle handelt (Beispiel Produkthaftung oder Rückrufaktionen in Bezug auf niedrigpreisige Produkte).

(bb) Freigrenze (threshold/tipping basket) oder Freibetrag (deductible/spilling basket)

936 Bei der Vereinbarung einer Freigrenze oder eines Freibetrages geht es im Kern darum die betragsmäßige Schwelle festzulegen, ab der sich die Parteien

des Unternehmenskaufvertrages im Konfliktfall unter Umständen tatsächlich ernsthaft streiten würden, insbesondere auch im Hinblick auf die mit einem solchen Streit verbundenen Kosten. Vordergründig geht es also, wie bei Festlegung des Mindestbetrages, um die Umsetzung des betriebswirtschaftlich rationalen Gedankens, dass man sich nicht um Sachverhalte streiten soll, deren Aufklärung und Verfolgung Kosten verursachen würden, die den eigentlichen Schaden wahrscheinlich überstiegen. In der Praxis werden diese Beträge indes häufig bis zuletzt offengehalten und erst im Rahmen eines Paketdeals ganz zum Schluss der Verhandlungen festgezurrt, bei denen jede Partei noch einmal die Grenzen des Durchsetzbaren auslotet.

Von Freigrenze *(threshold/tipping basket)* spricht man dabei dann, wenn im Falle des Erreichens oder Überschreitens des vereinbarten Schwellenbetrages der Gesamtbetrag des Schadens vom ersten Euro an erstattet werden soll. Von Freibetrag *(deductible/spilling basket)* spricht man dagegen dann, wenn nur der den vereinbarten Schwellenbetrag übersteigende Teilbetrag des Schadens an den Käufer erstattet werden soll. Letzteres wirkt im Realisierungsfall wirtschaftlich wie eine Kaufpreiserhöhung; frühzeitig vereinbart kann es dem Käufer aber gelingen, dem Verkäufer im Gegenzug für die Gewährung eines relativ hohen Freibetrages etwas mehr Großzügigkeit bei der tatbestandlichen Ausgestaltung der Verkäufergarantien zu gewähren. Ersteres schafft für den Käufer einen Anreiz, bei Auftreten erster haftungsbegründender Umstände nach weiteren zu suchen, um über die Grenze zu kommen.[616]

937

(cc) **Haftungshöchstbetrag** *(Cap)*

Schließlich sehen Unternehmenskaufverträge vielfach Haftungshöchstbeträge vor, jenseits derer die Haftung des Verkäufers endet. Neben der Höhe des Betrages ist es insoweit wichtig festzulegen, für welche Regelungsbereiche des Unternehmenskaufvertrages diese Haftungshöchstgrenze gelten soll. Nicht unüblich ist es dabei, für einzelne Regelungsbereiche höhere Haftungshöchstbeträge festzulegen, etwa für grundlegende Verkäufergarantien, insbesondere die betreffend Inhaberschaft und Lastenfreiheit der zu übertragenden Gesellschaftsanteile, sowie für Steuerverbindlichkeiten.

938

(b) **Zeitliche Beschränkung der Verkäuferhaftung**

Aus Verkäufersicht ist es angezeigt, auch die gesetzliche Regelung zur Verjährung von Ansprüchen aus dem Unternehmenskaufvertrag zu modifizieren und die entsprechenden Fristen zu verkürzen. Der Käufer seinerseits sollte darauf achten, sich hinreichend Zeit auszubedingen, um sich mit dem Zielunternehmen vertraut zu machen. Bei Share Deals sollte er unter anderem darauf achten, dass mindestens ein voller Bilanzzeitraum in seine Ägide fällt, um so dass Unternehmen angemessen unter die Lupe nehmen zu können.

939

---

616) Vgl. *Hilgard*, BB 2004, 1233 ff.; *Roschmann*, ZIP 1998, 1941, 1947.

Für Fundamentalgarantien hingegen sollte er auch in dieser Hinsicht eine Lösung anstreben, die ihn länger währenden Schutz bietet. Schließlich gibt es Risiken, deren Realisierung vom Handeln Dritter abhängt; dies sollte man bei der Bemessung der Verjährungsfristen entsprechend berücksichtigen. In der Praxis liegt der vertraglichen Verjährungsregelung daher häufig folgendes Schema zugrunde:

- **Kurze Regelverjährungsfrist** zwischen zwölf und sechsunddreißig Monaten, insbesondere für solche Umstände und Angaben, die der Erwerber leicht überprüfen kann;

- **Längere Verjährungsfrist** für grundlegende Beschaffenheitsmerkmale (Inhaberschaft oder Lastenfreiheit von Gesellschaftsanteilen) sowie für schwer erkennbare oder beeinflussbare Umstände (z. B. Umweltschäden); insoweit finden sich regelmäßig Verjährungsfristen zwischen drei und zehn Jahren, wobei bisweilen eine abgestufte Verjährungsfrist vereinbart wird.

- **Verzögerter Verjährungsbeginn** insbesondere für Ansprüche, die erst durch das Handeln Dritter zutage treten. So hat es sich beispielsweise für Steuerverbindlichkeiten eingebürgert, den Verjährungsbeginn an die Bestandskraft der zugrunde liegenden Bescheide zu binden und diesem eine in Monaten bemessene Verjährungsfrist folgen zu lassen, ggf. kombiniert mit einer absoluten Höchstverjährungsfrist, um allzu langlaufende Fristen zu vermeiden.

940 Derartige vertragliche Modifikationen der Verjährungsfristen sind – sieht man von Ansprüchen wegen vorsätzlichen Verhaltens ab – möglich (§ 202 BGB).[617]

941 Üblicherweise wird schließlich § 203 BGB abbedungen, der die Verjährung während laufender Verhandlungen hemmt. Dies folgt regelmäßig aus der Erwägung, dass Beginn und Ende der Verhandlungen bisweilen schwer bestimmbar sind, und sich aus einer entsprechenden Hemmung unliebsame Unsicherheiten für den Lauf und das Ende der Verjährungsfristen ergeben können.

(5) Regelung des Umgangs mit Ansprüchen Dritter

942 Jeder Unternehmenskaufvertrag sollte eine Regelung dafür vorsehen, wie mit Ansprüchen umzugehen ist, die nach dem Vollzug des Unternehmenskaufvertrages von dritter Seite gegen den Käufer oder das Zielunternehmen erhoben werden und in der Folge zu einer Haftung des Verkäufers aus dem Unternehmenskaufvertrag gegenüber dem Käufer oder dem Zielunternehmen, insbesondere – aber nicht nur – wegen Garantieverletzung, führen können. Dabei gilt es einerseits verkäuferseitig zu vermeiden, dass der Käufer sich überhaupt nicht oder nur nachlässig gegen derartige Ansprüche verteidigt, etwa weil sie von einem Kunden oder anderen wichtigen Geschäftspartner erhoben

---

617) *Brüggemeier*, WM 2002, 1376, 1383.

werden, und der Käufer davon ausgeht, dass er unter dem Unternehmenskaufvertrag ohnehin vom Verkäufer verlangen kann, schadlos gehalten zu werden. Andererseits ist das Unternehmen mit Vollzug rechtlich und – spätestens dann auch – wirtschaftlich auf den Käufer übergegangen, weshalb es für den Käufer nicht mehr angezeigt ist, den Umgang mit Ansprüchen Dritter einseitig am Haftungsminimierungsinteresse des Verkäufers auszurichten. Für das daraus resultierende Spannungsverhältnis gilt es, eine angemessene vertragliche Lösung zu finden. In der Praxis finden sich vielfältige Regelungsvarianten, die häufig folgende Bestandteile in unterschiedlicher Ausprägung aufweisen:

(a) **Informationsobliegenheiten des Käufers**

Regelmäßig wird dem Käufer auferlegt, den Verkäufer über die Geltendmachung von Ansprüchen gegen das Zielunternehmen oder den Käufer durch Dritte zeitnah zu informieren, sofern daraus ein Haftungsrisiko des Verkäufers unter dem Unternehmenskaufvertrag resultieren kann. Zudem wird es dem Käufer regelmäßig obliegen, nähere Angaben zu der Anspruchserhebung mitzuteilen und Kopien relevanter Unterlagen zu übermitteln. Sinnvollerweise wird der Käufer auch dazu angehalten, den Verkäufer im weiteren Verlauf auf dem aktuellen Stand zu halten. Dadurch wird der Verkäufer in den Stand versetzt, sich ein eigenes Bild über sein Haftungsrisiko zu machen und sich erforderlichenfalls mit dem Käufer abzustimmen. 943

(b) **Zustimmungsvorbehalte des Verkäufers für wesentliche Maßnahmen**

Des Weiteren findet sich regelmäßig ein Katalog von Maßnahmen im Zusammenhang mit Drittansprüchen, die der Käufer nur mit Zustimmung des Verkäufers ergreifen dar. Dazu gehören regelmäßig das Anerkenntnis von Ansprüchen sowie die gütliche Streitbeilegung, insbesondere durch außergerichtlichen wie gerichtlichen Vergleich. 944

(c) **Recht des Verkäufers zur Verteidigungsübernahme**

Nicht selten bedingt sich der Verkäufer in Unternehmenskaufverträgen das Recht aus, die Verteidigung des Zielunternehmens bzw. des Käufers gegen Ansprüche Dritter zu übernehmen. Das wird er in erster Linie dann tun, wenn er sein eigenes Haftungsrisiko unter dem Unternehmenskaufvertrag als nicht nur unerheblich erachtet. Daher wird ihm der Käufer im Gegenzug nicht selten abverlangen, dass er für den Fall des Unterliegens nicht nur die Kosten der Verteidigung übernimmt, sondern auch eine Garantieverletzung bzw. die eigene Haftung nach Maßgabe des Unternehmenskaufvertrags einräumt. Denn andernfalls liefe der Käufer in Gefahr, dass der Dritte mit seinem Anspruch gegen ihn oder das Zielunternehmen durchdringt – möglicherweise auch deshalb, weil die Verteidigung durch den Verkäufer nicht optimal erfolgte – und der Verkäufer im Anschluss dennoch die eigene Haftungsver- 945 antwortung ablehnt, wodurch für den Käufer ein zweiter Prozess erforderlich werden könnte. Darüber hinaus sollte sich der Käufer bei Verteidigungsübernahme durch den Verkäufer seinerseits ein gewisses Mitspracherecht vorbehalten oder doch zumindest vorsehen, dass der Verkäufer im Rahmen der Verteidigung auf berechtigte Geschäftsinteressen des Käufers oder des Zielunternehmens Rücksicht zu nehmen hat.

(d) Rechtsfolgen der Verletzung von Käuferobliegenheiten

946 Schließlich ist es angezeigt zu regeln, welche Rechtsfolgen eintreten sollen, wenn sich der Käufer nicht an die vereinbarten Vorgaben hält. Insoweit wird vielfach vorgesehen, dass der Verkäufer in diesem Fall von seiner vertraglichen Haftung entbunden wird; die Vorgaben an den Käufer sind dann rechtstechnisch als Obliegenheiten ausgestalt. Bisweilen wird diese Rechtsfolge als zu weitgehend empfunden; vor allem wenn die Verstöße des Käufers nicht besonders schwerwiegend waren oder folgenlos blieben. Als Mittelweg wird daher manchmal vorgesehen, dass die Haftung des Verkäufers bestehen bleibt, soweit der Schaden infolge des Käuferhandelns nicht vertieft wurde.

(6) Ausgestaltung der Haftung zweier oder mehrerer Verkäufer als Teil- oder Gesamtschuldner

947 Schließlich ist bei Unternehmenskaufverträgen mit mehr als nur einem Verkäufer dem Umstand Rechnung zu tragen, dass ein Verkäufer nach gesetzlichen Regelungen bei dem oder bestimmten anderen Verkäufern Regress nehmen kann die Gefahr der Haftung der einzelnen Käufer im Wege des Rückgriffs zu beachten.

948 Dies kann am einfachsten durch Vereinbarung einer lediglich teilschuldnerischen Haftung der einzelnen Verkäufer erreicht werden. In diesem Fall ist es auch leichter möglich, die Haftung der verschiedenen Veräußerer unterschiedlich auszugestalten (z. B. weitergehende Haftung für unternehmerischen Mehrheitsgesellschafter und eingeschränkte Haftung für passiven Minderheitsgesellschafter). Bleibt es dagegen bei dem Grundsatz gesamtschuldnerischer Haftung, muss entsprechend darauf geachtet werden, dass eine besondere Haftungsbeschränkung zugunsten eines Verkäufers wirtschaftlich tatsächlich vom Käufer getragen wird. Dazu muss einerseits verhindert werden, dass sich die Haftung der anderen Verkäufer nicht quotal erhöht und andererseits muss bei Inanspruchnahme der anderen Verkäufer auch deren Rückgriffsmöglichkeit auf den begünstigten Verkäufer entsprechend eingeschränkt werden.

(7) Ausnahmsweise: Rücktrittsrecht

949 Bisweilen sehen Unternehmenskaufverträge ein Rücktrittsrecht des Käufers (insbesondere) für den Fall vor, dass sich zwischen Abschluss und Vollzug des Unternehmenskaufvertrages eine besonders gravierende Garantieverlet-

zung herausstellt. Dabei handelt es sich um eine Erscheinungsvariante der sog. **MAC-Klauseln** (MAC = *material adverse change*); diese sollen den Käufer davor schützen, den Vollzug des Unternehmenskaufvertrages vornehmen und das Zielunternehmen übernehmen zu müssen, obwohl sich zwischenzeitlich eine erhebliche Verschlechterung des Kaufgegenstandes und damit in der Regel eine entsprechende Wertminderung herausgestellt hat, deren Ausgleich durch andere Instrumente – etwa Kaufpreisanpassung oder Schadensersatz – nicht praktikabel oder nur unzureichend ist (vgl. näher zu MAC-Klauseln Rn. 1201 ff.).[618] Derartige Rücktrittsrechte berühren indes das fundamentale Interesse gerade des Verkäufers an Transaktionssicherheit. Dementsprechend werden sie sich nur bei entsprechend starker Verhandlungsposition des Käufers durchsetzen lassen. In jedem Fall wird der Verkäufer versuchen, die Schwelle für das Rücktrittsrecht möglichst hoch zu setzen und dementsprechend die Eintrittswahrscheinlichkeit des damit verbundenen Risikos zu minimieren. Käufer, die den Kaufpreis zum Teil fremdfinanzieren möchten, sind umgekehrt gut beraten, wenn sie im Rahmen der Verhandlung der Finanzierungsverträge prüfen, ob die entsprechenden Entwürfe ihrerseits entsprechende Lösungsrechte zugunsten der betreffenden Fremdkapitalgeber enthalten. Ggf. sollte sich der Käufer korrespondierende Rücktrittsrechte im Unternehmenskaufvertrag auszubedingen (sog. **Back-to back-Regelung**).

(8) Steuerliche Behandlung von Schadensersatzzahlungen

Steuerlich führt die Zahlung auf einen Garantieverletzungsanspruch unabhängig von seiner rechtlichen Begründung zu einer Minderung der Anschaffungskosten beim Käufer. Dies ist beim Asset Deal offensichtlich, gilt aber auch beim Share Deal. Der Anspruch steht rechtlich dem Käufer zu. Bei Weiterleitung an die gekaufte Gesellschaft handelt es sich insoweit um eine Einlage des Käufers als Gesellschafter, die auch bei einer Kapitalgesellschaft nicht zur Versteuerung der Zahlung führt. 950

Dagegen ergibt sich ein Verlust an Abschreibungsvolumen – beim Asset Deal direkt, beim Share Deal ggf. über eine geringe Buchwertaufstockung (soweit diese überhaupt noch möglich ist) –, wenn der Betrag nicht eingelegt wird und damit den Beteiligungsansatz wieder entsprechend erhöht. 951

d) Freistellungspflichten des Verkäufers

aa) Hintergrund

Freistellungen dienen tatbestandlich dazu, bekannte oder doch wenigstens vermutete Sachverhalte festzuschreiben, mit denen konkrete Risiken und Nachteile für das Zielunternehmen oder seinen Rechtsträger verbunden sind, zu deren Ausgleich der Verkäufer gegenüber dem Käufer oder dem Zielunter- 952

---

618) Vgl dazu: *Lange*, NZG 2005, 454; *Schmittner*, M&A Review 2005, 322; *Schlößer*, RIW 2006, 889; *Kuntz*, DStR 2009, 377.

nehmen vertraglich verpflichtet sein soll. Es geht also vornehmlich um die Allokation bekannter Risiken. Die Nachteile können dabei insbesondere in Zahlungsverpflichtungen oder kostenträchtigen Handlungspflichten bestehen. Sie können aber auch andere Folgen, etwa Beeinträchtigungen im operativen Unternehmensbetrieb und dergleichen umfassen.[619]

bb) Typische Regelungsbereiche

953 Entsprechend ihrer funktionalen Ausrichtung finden sich Freistellungen in Unternehmenskaufverträgen vor allem in den folgenden Regelungsbereichen:

- Steuern;
- Umwelt;
- Umstrukturierungen im Zusammenhang mit der Transaktion;
- Haftungsrisiken aus nicht-dispositiven gesetzlichen Haftungstatbeständen;
- Sonderrisiken.

(1) Steuern

954 In den meisten Unternehmenskaufverträgen finden sich Freistellungen, die dem Zweck dienen, Steuern im Zusammenhang mit dem Betrieb oder Verkauf des Zielunternehmens wirtschaftlich einer Partei des Unternehmenskaufvertrages zuzuordnen. Als Abgrenzungszeitpunkt für laufende Steuern bietet sich der Zeitpunkt des wirtschaftlichen Übergangs des Zielunternehmens auf den Käufer an; dieser Zeitpunkt wird vielfach mit dem des Vollzugs des Unternehmenskaufvertrages zusammenfallen oder doch nahe bei diesem liegen; zwingend ist dies indes nicht, wie das Beispiel des sog. Locked-Box-Konzepts zeigt (siehe dazu Rn. 800 ff.). Steuern, die durch den Verkauf des Zielunternehmens ausgelöst werden, sind marktüblicherweise vom Käufer zu tragen. Eine eingehende Darstellung steuerlicher Aspekte im Rahmen von Unternehmenskäufen findet sich in Kapitel IV.

(2) Umwelt

955 Bestehende oder vermutete umweltbezogene Risiken werden vielfach über Freistellungsregelungen dem Verkäufer zugeordnet. Im Vordergrund stehen dabei vor allem Risiken im Zusammenhang mit festgestellten oder vermuteten beseitigungspflichtigen Kontaminationen oder unzulässigen Emissionen. Sie spielen daher in erster Linie bei Unternehmen eine Rolle, die über Grundbesitz oder -eigentum verfügen oder aber Produktionsanlagen betreiben. Derartige Sachverhalte können zum einen den Wert des unmittelbar betroffenen Vermögensgegenstandes erheblich verringern. Zum anderen können die dar-

---

[619] Zur steuerrechtlichen Behandlung siehe Rn. 433, 930.

aus resultierenden Folgeschäden enorm sein. Diese reichen von Kosten für Erkundungs-, Sicherungs- und Sanierungsmaßnahmen bis hin zu Produktionsausfallschäden infolge von Betriebsunterbrechungen im Rahmen von Sanierungsmaßnahmen sowie Schadensersatzpflichten gegenüber Verletzten oder Hinterbliebenen (siehe hierzu auch die Darstellung im Rahmen der Erwerberhaftung unter Rn. 1032 ff.).

(3) Umstrukturierungen im Zusammenhang mit der Transaktion

Im Rahmen der Vorbereitung oder Durchführung von Unternehmenstransaktionen können aus unterschiedlichen Gründen Umstrukturierungen notwendig sein. **956**

Soll beispielsweise nur einer von mehreren Geschäftszweigen eines Unternehmens verkauft werden, kann es sinnvoll sein, die zu diesem gehörenden Wirtschaftsgüter zunächst konzernintern rechtsorganisatorisch dergestalt neu zu ordnen und zusammenzufassen, dass sie eine rechtliche Einheit bilden, die als solche verkauft werden kann. Diese Neuordnung kann insbesondere durch vorgeschaltete konzerninterne Share oder Asset Deals herbeigeführt werden oder auch durch Maßnahmen nach dem Umwandlungsgesetz. Dem Käufer wird in diesem Szenario an drei Dingen gelegen sein: Erstens sollen er und das Zielunternehmen von Risiken freibleiben, die wirtschaftlich gerade nicht dem vom Käufer zu erwerbenden, sondern einem vom Verkäufer zurückbehaltenen Geschäftszweig zuzuordnen sind. Es besteht nämlich insoweit zum einen die Gefahr, dass derartige Risiken im Rahmen der Umsetzung der vorgeschalteten Umstrukturierung vom Verkäufer nicht richtig zugeordnet werden. Zum anderen kann sich die Gefahr einer entsprechend überschießenden (wirtschaftlichen) Haftung für den Käufer auch aus Nachhaftungstatbeständen ergeben, die das Zielunternehmen treffen; in Betracht kommen insbesondere Nachhaftungstatbestände des Umwandlungsgesetzes, etwa § 133 UmwG, aber auch sonstige gesetzliche Nachhaftungstatbestände. Zweitens wird sich der Käufer ausbedingen, dass er wirtschaftlich von Ansprüchen freigehalten wird, die aus der Umsetzung der Umstrukturierung herrühren; gemeint sind also Ansprüche aus oder im Zusammenhang mit den zugrunde liegenden konzerninternen Verträgen auf Verkäuferseite. Drittens wird der Käufer verhindern wollen, dass das Zielunternehmen auf Kosten sitzen bleibt, die mit der Umstrukturierung in Zusammenhang stehen; aus Käufersicht ist grundsätzlich nicht einzusehen, weshalb er wirtschaftlich über das Zielunternehmen beispielsweise Beraterkosten tragen soll, die im Rahmen der Vorbereitung und Umsetzung der Umstrukturierung angefallen sind; der Käufer will schließlich lediglich die daraus resultierende, neue Einheit erwerben, nicht aber auch für deren Schaffungsprozess bezahlen. Alle drei Regelungsziele lassen sich mit Freistellungsvereinbarungen sachgerecht lösen. **957**

Eine Umstrukturierung kann aber auch dem Zweck dienen, einen besonders risikobehafteten Bestandteil des Zielunternehmens auszugliedern und beim Verkäufer zu belassen. Anders als im vorstehend beschriebenen Szenario **958** geht es also darum, einen an sich integralen Teil des Zielunternehmens gerade wegen seiner gesteigerten Risiko- oder Haftungsträchtigkeit vom Unternehmenskauf auszunehmen. In diesem Fall ist der zu diesem Zweck zwischen den Parteien zu vereinbarende **Carve-out** in dem Sinne ein Mittel der Risiko- und Haftungsallokation als dem Transaktionsgegenstand aus der entsprechenden Bewertung der Parteien heraus ein anderer Zuschnitt als derjenige gegeben wird, der sich unter dem Gesichtspunkt der operativen oder funktionalen Zusammengehörigkeit ergäbe. Auch in einem solchen Szenario ist es sinnvoll, die Vereinbarung über den vorzunehmenden Carve-out um eine entsprechende Freistellungsregelung zu ergänzen.

(4) Haftungsrisiken aus nicht-dispositiven gesetzlichen Haftungstatbestände

959 Im Rahmen von Unternehmenstransaktionen besteht für den Käufer in vielerlei Hinsicht die Gefahr, dass er aufgrund einschlägiger gesetzlicher Regelungen für Verbindlichkeiten des Verkäufers oder des Zielunternehmens oder für von diesen gesetzte Risiken einzustehen hat. Die Liste reicht von gesellschaftsrechtlichen Haftungstatbeständen über die handelsrechtliche Haftung aufgrund von Firmenfortführung, die Haftung für Betriebssteuern nach Maßgabe der Abgabenordnung bis hin zu umweltrechtlichen Haftungstatbeständen. Eine nähere Darstellung der praktisch relevantesten gesetzlichen Regelungen findet sich unter Rn. 984 ff.

960 Zur Vermeidung oder Reduzierung dieser Gefahr stehen verschiedene Möglichkeiten zur Verfügung: Manche Risiken lassen sich durch entsprechende vertragliche Gestaltung gänzlich vermeiden. So kann etwa beim Kauf von Kommanditanteilen die Käuferhaftung nach § 176 Abs. 2 BGB dadurch vermieden werden, dass die Abtretung aufschiebend bedingt auf die Eintragung als neuer Kommanditist im Wege der Sonderrechtsnachfolge im Handelsregister erfolgt ist. Andere Risiken werden typischerweise durch Verkäufergarantien abgedeckt, sofern es keine konkreten Anhaltspunkte für eine entsprechende Realisierung gibt. Für die verbleibenden Risiken bietet sich eine Reduzierung durch Vereinbarung entsprechender Freistellungspflichten des Verkäufers zugunsten des Käufers an.

(5) Sonderrisiken

961 Ein letzter, freilich sehr inhomogener und stark einzelfallabhängiger Regelungsbereich, in dem man sich häufig des Instruments der Freistellung bedient, stellen Sonderrisiken dar, also Risiken aus außergewöhnlichen Sachverhalten im konkreten Einzelfall. Diese können von vorneherein bekannt und verkäuferseitig offengelegt sein. Mitunter werden diese aber auch erst vom Käufer im Rahmen seiner Due Diligence Prüfung festgestellt und können dann für unliebsame Überraschung sorgen; dies kann vor allem dann vorkommen, wenn der Verkäufer nicht seinerseits im Vorfeld der Transaktion eine sog Vendor Due Diligence (vgl hierzu Kapitel VI) unternommen hat.

Sofern sich die festgestellten Risiken nicht dadurch beseitigen oder vermindern lassen, dass dem Verkäufer bis zum Vollzug des Unternehmenskaufvertrages entsprechende Handlungspflichten auferlegt werden (vgl hierzu Rn. 1073), bieten sich Freistellungen an.

Gedanklicher Ausgangspunkt ist dabei die Überlegung, dass der Käufer, jedenfalls beim Share Deal, mit der Übernahme des Zielunternehmens zwar grundsätzlich auch die mit dessen bisherigem Betrieb einhergehenden Risiken übernehmen soll. Das gilt jedenfalls für solche Risiken, die objektiv oder jedenfalls in der Wahrnehmung der Vertragsparteien als „normal" angesehen werden. Stellen sich aber Risiken heraus, die nicht mehr in diese Kategorie fallen, kann es käuferseitig angezeigt sein, eine entsprechende Freistellung zu verlangen, da das Zielunternehmen insoweit nicht mehr der zu erwartenden oder von ihm vorausgesetzten Beschaffenheit entspricht. 962

So dürfte es in Bezug auf die meisten Unternehmen „normal" sein, dass diese in gewissem Umfang in gerichtliche oder außergerichtliche Streitigkeiten involviert sind; diese werden in der Regel in den sog. Disclosure Schedules dokumentiert und dadurch auch von sonst einschlägigen Verkäufergarantien ausgenommen (vgl. dazu Rn. 891 f.). Es gibt jedoch Verfahren, die beispielsweise wegen ihrer Größenordnung oder Typologie so herausgehoben sind, dass der Käufer nicht mehr bereit sein wird, die damit verbundenen Risiken einfach mit dem Zielunternehmen zu übernehmen. Man denke etwa an ein pharmazeutisches Unternehmen, das über einen längeren Zeitraum zulässigerweise ein Medikament vertrieben hatte, an dem ungeachtet der erfolgten Überprüfung und Marktzulassung Menschen möglicherweise zu Schaden gekommen sind und das sich deshalb mit entsprechenden Ersatzforderungen konfrontiert sieht. Als weiteres Beispiel mag der Fall dienen, dass Arbeitnehmer eines Technologieunternehmens vereinzelt Vergütungsansprüche aus dem Arbeitnehmererfindungsrecht geltend machen und über die Höhe mit dem Zielunternehmen im Streit liegen. Bis zu einem gewissen Gesamtstreitwert mag man dies als „normal" ansehen. Streitet sich das Zielunternehmen dagegen mit seinem Hauptwettbewerber darüber, ob es für die Herstellung seines wichtigsten Produkts unzulässigerweise auf ein von diesem patentiertes Verfahren zurückgreift, mag sich daraus eine ganz andere Bewertung ableiten. 963

Dabei ist die Einordnung eines Risikos naturgemäß auch vom individuellen Zuschnitt und von den konkreten Geschäftsaktivitäten des Zielunternehmens abhängig. Mag es beispielsweise für ein international agierendes Unternehmen mit rohstoffintensiver Produktion geradezu geboten sein, sich durch entsprechende Termin- oder Hedginggeschäfte gegen zu stark schwankende Einkaufspreise abzusichern, auch wenn diese sich später als nachteilig erweisen könnten, liegt es bei einem Dienstleistungsunternehmen ohne relevante Bezüge in andere Währungsräume nahe, derartige Geschäfte als ungewöhnlich und mit rein spekulativem Charakter zu bewerten, die je nach Ausgestaltung die Forderung nach einer erbrachten Freistellung als angemessen erscheinen lassen. 964

cc) Rechtsfolgen bei Risikoverwirklichung

965 Verwirklicht sich das durch eine Freistellung abgedeckte Risiko, greifen regelmäßig im Grundsatz dieselben Rechtsfolgen wie im Falle einer Garantieverletzung. Jedoch gibt es typischerweise wesentliche Modifikationen:

(1) Schadensbegriff

966 Typischerweise wird für Zwecke von Freistellungen nicht auf den für Garantieverletzungen vereinbarten Begriff des ersatzfähigen Schadens verwiesen, sondern im Einzelnen festgelegt, wie weit dieser für Zwecke der konkreten Freistellung reichen soll.

(2) Kein Haftungsausschluss infolge Kenntnis des Käufers

967 Angesichts ihrer Regelungsfunktion führt bei Freistellungen der Umstand, dass dem Käufer der jeweilige Sachverhalt und das mit ihm verbundene Risiko bei Vertragsschluss bekannt war oder offengelegt wurde, gerade nicht zu einem Ausschluss der Verkäuferhaftung; vielmehr mündet dieser Umstand vielfach gerade in der Verhandlung und Vereinbarung der konkreten Freistellung.

(3) Eingeschränkte Geltung betragsmäßiger Haftungsgrenzen

968 Auf Freistellungen finden die betragsmäßigen Haftungsgrenzen, die für Garantieverletzungen regelmäßig vereinbart werden (vgl. hierzu Rn. 933 ff.), üblicherweise keine oder nur eingeschränkt Anwendung. Das gilt jedenfalls für De-Minimis Beträge und Freigrenzen bzw. Freibeträge.

969 Gewisse Besonderheiten finden sich dabei regelmäßig bei umweltbezogenen Freistellungen. Bei ihnen wird bisweilen vereinbart, dass der Käufer einen gewissen Sockelbetrag selbst tragen soll; dies aber nicht aus der praktischen Erwägung heraus, dass sich der Streit um Kleinigkeiten nicht lohnt, sondern vielmehr um die monetären Anreize zu verringern, freistellungsrelevante Sachverhalte aufzuklären. Darüber hinaus stellt sich bei lediglich vermuteten, aber nicht festgestellten Kontaminationen und vergleichbaren Sachverhalten in besonderem Maße die Frage nach der angemessenen Beweislastverteilung; je später innerhalb der einschlägigen Verjährungsfrist ein relevanter Sachverhalt festgestellt wird, desto schwieriger ist es häufig für den Käufer, nachzuweisen, dass dieser bereits bei Unterzeichnung oder Vollzug des Unternehmenskaufvertrages vorgelegen hatte. Umgekehrt ist es den Käufer in vielen Unternehmenskaufverträgen untersagt, ohne gesetzliche entsprechende gesetzliche Verpflichtung unmittelbar nach Übernahme des Zielunternehmens entsprechende Untersuchungen einzuleiten (vgl. hierzu Rn. 927). Um diesen Aspekten Rechnung zu tragen, wird nicht selten eine Schadensquotelung vereinbart, wobei der vom Verkäufer zu erstattende Anteil im zeitlichen Verlauf abschmilzt.

(4) Verjährungsfristen

970 Typischerweise wird für Freistellungen eine eigenständige Verjährungsregelung getroffen. Bei steuerbezogenen Freistellungen hat es sich dabei eingebürgert, den Verjährungsbeginn an die Bestandskraft der zugrunde liegenden Bescheide zu binden und diesem eine in Monaten bemessene Verjährungsfrist folgen zu lassen. Nicht selten wird die mit einer absoluten Höchstverjährungsfrist kombiniert, um allzu langlaufende Fristen zu vermeiden. Eine ähnliche Regelung bietet sich bei Freistellungen im Zusammenhang mit laufenden Gerichtsverfahren an.

e) Versicherung des Risikos der Verkäuferhaftung

971 Das Risiko einer Haftung für Garantieverletzungen sowie der Inanspruchnahme aus Freistellungen auf Grundlage des Unternehmenskaufvertrags lässt sich im Grundsatz versichern.[620] Inzwischen bietet eine ganze Reihe von Versicherern entsprechende Policen an, die in der Branche unter dem sachlich verkürzenden deutschen Schlagwort der Gewährleistungsversicherung oder auf Englisch als Warranty and Indemnity Insurance oder schlicht kurz **W&I Insurance** angeboten werden.

972 Aus Verkäufersicht bietet sich eine solche Lösung an, um sein Risiko der tatsächlichen Inanspruchnahme im Kern auf einen von den Versicherern üblicherweise geforderten Selbstbehalt zu beschränken, der derzeit in der Nähe der Marke von 1 % des Kaufpreises liegt. Gerade für Finanzinvestoren kann dies unmittelbar zu weiteren Vorteilen führen, etwa weil dadurch die geplante Auflösung des veräußernden Fonds oder die Auskehrung des Veräußerungserlöses an Investoren beschleunigt werden kann. Zudem muss sich der Verkäufer mit dem Käufer nicht über eine anderweitige Absicherung, etwa durch Kaufpreiseinbehalt oder Zahlung auf ein Treuhandkonto, auseinandersetzen (vgl. hierzu Rn. 976 ff.), so dass er zügig den vollen Kaufpreis und die damit verbundene Liquidität erhält. Bei einer Mehrheit von Verkäufern, die zwar gemeinschaftlich haften, aber unterschiedlich gut mit den Verhältnissen des Zielunternehmens vertraut sind, kann die Eindeckung einer entsprechenden Police dazu dienen, die daraus für die weniger gut informierten Verkäufer resultierende Gefahr zu verringern und das Haftungsniveau zu nivellieren.[621]

973 Der Käufer kann Interesse an einer Versicherungslösung haben, um damit die Durchsetzung seiner Ansprüche gegen den Verkäufer auf eine verlässlichere Basis zu stellen; denn bisweilen bleibt beim Verkäufer keine hinreichende Haftungsmasse zurück oder ist der Zugriff auf diese nicht ohne Weiteres möglich (zu anderen Instrumenten der Absicherung vgl. Rn. 976 ff.). In Auktionsverfahren können Kaufinteressenten versuchen, ihr Gebot dadurch im Vergleich zu anderen attraktiver zu machen, dass sie darin die käuferseitige

---

620) Vgl. *Metz*, NJW 2010, 813, 814.
621) Vgl. *Franz/Keune*, VersR 2013, 1371, 1372.

Eindeckung einer W&I Insurance vorsehen. Schließlich mag eine solche Versicherungslösung im Einzelfall helfen, bestehende Einigungsprobleme über das vertragliche Haftungsregime zu überbrücken, insbesondere dann, wenn die hierfür anfallenden Kosten nicht einseitig dem Verkäufer zugewiesen werden. Diese belaufen sich derzeit auf ungefähr ein bis zwei Prozent der Deckungssumme. Allerdings ist zu beachten, dass auch die Versicherungslösung an wirtschaftliche Grenzen stößt. Während Deckungssummen von bis zu dreißig Prozent des Kaufpreises marktüblich sind, steigen jenseits dieser Schwelle die Prämien schnell überproportional an und machen sie unattraktiv. Die Einbeziehung bekannter Risiken schlägt angesichts der höher zu bemessenden Eintrittswahrscheinlichkeit bei gleicher anzunehmender Schadenshöhe deutlich stärker zu Buche als die Versicherung lediglich abstrakter Sachverhalte.

974 Die W&I Insurance kann sowohl vom Verkäufer als auch vom Käufer eingedeckt werden. Der Markttrend geht seit einigen Jahren zu letzteren. Dies liegt unter anderen daran, dass sich bei Käuferpolicen auch ein Schutz für unredliches oder gar arglistiges Verhalten des Verkäufers darstellen lässt.

975 Die Eindeckung einer W&I Insurance bringt zwar neben den Kosten eine nicht zu unterschätzende zusätzliche Komplexität mit sich. Der Aufwand kann sich aber lohnen, zumal sich auf Seiten der Versicherer in den letzten Jahren nicht nur die Flexibilität in Bezug auf die Deckungskonzepte vergrößert hat, sondern diese auch ihre Prüfungsprozesse vereinfacht und beschleunigt haben. Werden die Vertragsparteien bei der Transaktion von erfahrenen Beratern begleitet, ziehen die Versicherer beispielsweise in der Regel deren Due Diligence Berichte heran und steigen nur punktuell in eine eigenständige Prüfung ein.

f) Haftungseinbehalt und andere Instrumente zur Erleichterung der Durchsetzung von Ansprüchen gegen den Verkäufer

976 Insbesondere in Konstellationen, in denen nicht sicher ist, ob beim Verkäufer nach Vollzug des Unternehmenskaufvertrages noch hinreichend Substanz für die Erfüllung etwaiger Ansprüche des Käufers vorhanden sein wird, besteht für den Käufer ein Sicherungsbedürfnis. Die Möglichkeit der Eindeckung einer entsprechenden Versicherung wurde bereits dargestellt (dazu Rn. 971 ff.). Dem Sicherungsbedürfnis kann darüber hinaus auch auf andere Weise Rechnung getragen werden:

- **Bankbürgschaft:** Die Stellung einer Bankbürgschaft hat für den Käufer den Vorteil, dass sich die Sicherung seiner Ansprüche für ihn recht einfach gestaltet; für die Durchsetzung der Ansprüche gilt jedenfalls bei Ausgestaltung als Bürgschaft auf erstes Anfordern selbiges. Zudem lässt sich diese Sicherungsmethode gut insolvenzfest ausgestalten.[622] Für den

---

622) Vertieft zu diesem Themenkreis: *Schollmeyer/Waitz*, Transaktionen, Vermögen, Pro Bono, in: Festschrift zum zehnjährigen Bestehen von P+P Pöllath + Partners, S. 381 ff.

Verkäufer hat die Bankbürgschaft den Vorteil, dass er sofort über den vollen Kaufpreis verfügen kann. Der Verkäufer muss allerdings nicht nur die Kosten tragen; vielmehr wird die bürgende Bank ihrerseits Sicherheiten, etwa Barhinterlegung eines Teilbetrags der Bürgschaftssumme, verlangen. Es ist empfehlenswert, im Unternehmenskaufvertrag festzulegen, über welche Bonität die bürgende Bank verfügen muss und wo sie ihren Sitz haben muss.

Bürgschaft, Garantie oder Patronatserklärung der Konzernmuttergesellschaft: Um die nachteiligen Kostenfolgen einer Bankbürgschaft zu vermeiden, steht bei Verkäufern, die einem Konzernverbund angehören, bisweilen die Alternative zur Verfügung, dass die Konzernmuttergesellschaft oder ein anderes verbundenes Unternehmen mit hinreichender Substanz eine entsprechende Bürgschaft oder selbständige Leistungsgarantie i. S. v. § 311 BGB stellt. In der Praxis beliebt ist auch die Abgabe einer sog. Patronatserklärung (*comfort letter*). Diese besteht in der Übernahme der Verpflichtung des Erklärenden, dass er dafür Sorge tragen wird, dass die Finanzausstattung des Verkäufers ausreicht, damit dieser die gesicherten Zahlungspflichten erfüllen kann. Funktional ist die Patronatserklärung damit der Bürgschaft und Garantie sehr ähnlich, weshalb ihre rechtstechnische und systematische Einordnung und damit die subsidiär einschlägigen gesetzlichen Vorschriften von der Ausgestaltung im Einzelfall abhängen. Für den Käufer ist eine entsprechende Sicherung aber nur dann akzeptabel, wenn die Sicherheit gewährende Konzerngesellschaft ihrerseits über hinreichend Substanz verfügt und, damit verbunden, das Risiko einer diese betreffenden Insolvenz entsprechend gering einzuschätzen ist.

- **Kaufpreiseinbehalt:** Für den Käufer ebenfalls attraktiv ist der schlichte Einbehalt eines Teils des Kaufpreises durch den Käufer selbst. Rechtstechnisch kann dies durch Vereinbarung einer **Stundung** des entsprechenden Teilbetrages erfolgen oder aber durch Vereinbarung eines entsprechenden Darlehens des Verkäufers an den Käufer (sog. **Vendor Loan**). Der Käufer kann dann im Falle der Realisierung von Haftungstatbeständen mit seinen Ansprüchen gegen den Kaufpreis- oder Darlehensrückzahlungsanspruch des Verkäufers aufrechnen. Die Aufrechnungsmöglichkeit ist für den Käufer einfach. Für den Verkäufer ergibt sich aber der Nachteil, dass er nicht sofort über den vollen Kaufpreis verfügen kann, obwohl er ihn unter Umständen sofort versteuern muss (vgl. dazu Rn. 421 ff.), und sich zudem die Durchsetzung seines Anspruchs im Streitfall als schwierig gestalten kann. Schließlich trägt der Verkäufer das Risiko der Insolvenz des Käufers. In jedem Fall sollte der Verkäufer auf eine angemessene Verzinsung drängen, in welche diese Risiken und Nachteile eingepreist werden sollten. Des Weiteren sollte das Thema Abgeltungssteuer berücksichtigt werden. In Szenarien mit mehreren Verkäufern kann verkäuferseitig im Einzelfall für eine Einbehaltslösung sprechen, dass jeder Verkäufer sonst fürchten muss, gesamtschuldnerisch in volle Höhe vom Käufer in Anspruch genommen zu werden und dann im Innenverhältnis auf einen quotalen Rückgriffsanspruch gegen den oder die anderen Verkäufer angewiesen zu sein mit damit verbundenen Risiken. Auf Käuferseite ist im Falle der Inanspruchnahme von Fremdkapital zudem zu regeln, welche Auswirkungen der Vendor Loan auf die Finanzstruktur hat. Insbesondere kann sich die Frage nach dem Rang des Vendor Loans stellen.

- **Gemeinschaftskonto („Und-Konto") oder Treuhandkonto** *(escrow account)*: Sofern der Verkäufer sich nicht darauf einlassen möchte, dass der Käufer uneingeschränkten Zugriff auf den einbehaltenen Kaufpreisanteil hat, bietet sich an, den entsprechenden Betrag auf einem von beiden Parteien gemeinschaftlich geführten Konto (sog. „Und-Konto") oder aber auf dem Konto eines Treuhänders zu hinterlegen. Letzerenfalls ist eine dreiseitige Treuhandvereinbarung erforderlich; zudem sind die Kosten für den Treuhänder zu regeln. In jedem Fall sind auch hier die Themenkreise Verzinsung einschließlich Abgeltungssteuer sowie Insolvenzfestigkeit zu berücksichtigen.

2. Haftung des Käufers

a) Einführung

977 Die Frage nach der Haftung des Käufers stellt sich vornehmlich unter zwei Aspekten:

- Zum einen geht es um die Haftung des Käufers auf der Grundlage des Unternehmenskaufvertrages (hierzu Rn. 978 ff.);
- zum anderen geht es um die Frage der Haftung des Käufers für Verbindlichkeiten des Verkäufers bzw. des übernommenen Zielunternehmens gegenüber Dritten aufgrund (nicht-dispositiver) gesetzlicher Regelungen (hierzu Rn. 986 ff.).

Beide Themenkreise überschneiden sich insoweit, als in Unternehmenskaufverträgen häufig Regelungen getroffen werden, die im Innenverhältnis der Parteien dazu dienen, das für den Käufer im Außenverhältnis bestehende Haftungsrisiko durch Vereinbarung eines Innenausgleichs zwischen den Parteien oder anderweitige vertragliche Gestaltung zu reduzieren.

b) Haftung des Käufers auf der Grundlage des Unternehmenskaufvertrages

978 Eine Haftung des Käufers auf der Grundlage des Unternehmenskaufvertrages ergibt sich vornehmlich unter folgenden Gesichtspunkten:

- Garantien des Käufers;
- Freistellungen zugunsten des Verkäufers;
- Verletzung von Handlungs- oder Unterlassungspflichten.

aa) Garantien des Käufers

(1) Begrenzte Käufergarantien im Regelfall

Nicht nur der Käufer sollte Garantien verlangen, sondern umgekehrt auch der Verkäufer, wenngleich die Käufergarantien im Regelfall nur einige wenige Aspekte abdecken. Regelmäßig finden sich solche vom Käufer abgegebenen Garantien im Hinblick auf 979

- die **Existenz** des Käufers;

- die **finanzielle Leistungsfähigkeit** des Käufers und die Abwesenheit von insolvenzrelevanten Sachverhalten;

- das Vorliegen von **Zustimmungen**, die aus der Sphäre des Käufers stammen (z. B. gesellschaftsrechtlich erforderliche interne Zustimmungen);

- die Abwesenheit von **gerichtlichen oder behördlichen Entscheidungen** oder Verfügungen, die dem Abschluss oder dem Vollzug der Transaktion im Wege stehen;

- die Richtigkeit von Informationen, die für die **kartellrechtliche Genehmigungsfähigkeit** relevant sind;

- die Unkenntnis von Sachverhalten, die eine Haftung des Verkäufers unter dem Gesichtspunkt der Verletzung von **Verkäufergarantien** begründen; dadurch soll verhindert werden, dass der Käufer gleichsam am Tag nach dem Vollzug des Unternehmenskaufvertrages dazu übergeht, entsprechende Ansprüche gegen den Verkäufer geltend zu machen.

(2) Weitergehende Käufergarantien in bestimmten Konstellationen

In bestimmten Konstellationen sollte der Verkäufer darüber hinausgehende Garantien verlangen und anstreben, dass der Käufer weitgehend dieselben Garantien gewährt wie er selbst. Dies gilt insbesondere für folgende Transaktionsarten: 980

- Beim **Share for Share Deal**, bei dem der Gegenwert für das Zielunternehmen nicht in einer Geldzahlung an den Verkäufer besteht, sondern in der Gewährung von Gesellschaftsanteilen am Käufer;

- Bei der **Gründung eines Joint Ventures** durch Schaffung eines gemeinsamen Unternehmens. Dies erfolgt regelmäßig entweder durch Gründung einer Gesellschaft durch die beteiligten Partner, die dann Teilbereiche ihres Geschäfts in diese einbringen, oder durch Beteiligung eines Partners an einer bereits bestehenden Gesellschaft des anderen Partners, etwa im Wege der Kapitalerhöhung mit Sacheinlage. Dabei kann im Falle einer Garantieverletzung ein Ausgleich auf Ebene der Joint Venture Gesellschaft oder auf Ebene der Gesellschafter vorgesehen werden. Ähnlich wie beim Erwerb lediglich einer Beteiligung ist letzterenfalls eine nur quotale Kompensation vorzusehen.

bb) Freistellungspflichten des Käufers zugunsten des Verkäufers

(1) Freistellungspflichten zur Umsetzung eines einheitlichen Haftungsregimes für den Gesamtvertrag

981 Komplexe Unternehmenskaufverträge bestehen nicht selten aus einem Hauptvertrag und einer ganzen Reihe von Neben- oder Vollzugsverträgen. Zudem unterliegen bei multinationalen Transaktionen die vorrangig dem Vollzug des Hauptvertrages dienenden technischen Verträge in der Regel dem Recht ganz unterschiedlicher Jurisdiktionen (vgl. hierzu Kapitel XXIV). Daher empfiehlt es sich, insbesondere zu regeln, inwieweit den Verkäufer (wirtschaftlich) eine Haftung treffen soll, die über die im Hauptvertrag festgelegte Haftung hinausgeht.

982 Regelmäßig werden im Hauptvertrag entsprechende Gestaltungsvorgaben für die relevanten Neben- oder Vollzugsverträgen vereinbart. Für das Restrisiko einer nicht vermeidbaren oder ungewollten übersteigenden Haftung wird zudem vielfach eine entsprechende Freistellungspflicht des Käufers zugunsten des Verkäufers vorgesehen.

983 Dem liegt der Gedanke zugrunde, dass die Parteien regelmäßig auf übergeordneter Ebene ein wirtschaftliches und rechtliches Gesamtpaket schnüren. Dieses soll dann aber für die gesamte Transaktion gelten und nicht in Bezug auf einzelne Bereiche oder einzelne Jurisdiktionen über den Umweg von technischen Vollzugsdokumenten durchbrochen werden. Das kommt beispielsweise dann in Betracht, wenn im Rahmen einer multinationalen Transaktion die mit Wirkung zum Vollzug geschlossene Vereinbarung über die Übertragung eines ausländischen Geschäftsanteils nach zwingendem lokalem Recht eine Garantie enthalten muss, die im Hauptvertrag nicht vorgesehen ist. Ohne entsprechende vertragliche Ausgleichsregelung würde dies zu einer punktuell überschießenden Haftung des Verkäufers kommen. Dieser kann (wirtschaftlich) durch eine entsprechende Freistellungsverpflichtung des Käufers zugunsten des Verkäufers begegnet werden.

(2) Freistellung des Verkäufers von Risiken aus gesetzlichen Haftungstatbeständen

984 Im Rahmen von Unternehmenstransaktionen besteht auch für den Verkäufer in bestimmten Konstellationen die Gefahr, aufgrund einschlägiger gesetzlicher Regelungen für Verbindlichkeiten zu haften, die mit dem verkauften Zielunternehmen in Zusammenhang stehen. In Betracht kommen insbesondere Nachhaftungstatbestände wie §§ 26, 160 HGB oder §§ 45, 133 UmwG. Diesen kann bisweilen durch entsprechende vertragliche Gestaltung Rechnung getragen werden, etwa durch Vermeidung einer Einlagenrückgewähr, oder aber durch Vereinbarung entsprechender Freistellungspflichten des Käufers zugunsten des Verkäufers.

cc) Verletzung von Handlungs- und Unterlassungspflichten

Schließlich treffen den Käufer in der Regel auch Handlungs- und Unterlassungspflichten für einen nachlaufenden Zeitraum beginnend mit dem Vollzug des Unternehmenskaufvertrages. Zu denken ist insbesondere an Pflichten aus Abwerbeverboten und zu Vertraulichkeit. Aus deren Verletzung kann sich eine Haftung des Käufers ergeben. Da sich der Nachweis eines konkreten Schadens häufig nicht einfach gestaltet, werden derartige Pflichten manchmal durch eine Regelung über pauschalierten Schadensersatz oder Vertragsstrafen ergänzt. 985

c) Haftung des Käufers für Verbindlichkeiten des Verkäufers bzw. des übernommenen Zielunternehmens gegenüber Dritten aufgrund (nicht-dispositiver) gesetzlicher Regelungen

Die Gefahr einer Haftung des Käufers eines Unternehmens für die Verbindlichkeiten des Verkäufers oder des übernommenen Zielunternehmens kann sich jenseits und abweichend von den vertraglichen Vereinbarungen kraft zwingenden Rechts ergeben. 986

Grundlegend ist dabei auch in dieser Hinsicht die Unterscheidung zwischen der Übernahme des Rechtsträgers (*Share Deal*) und der Übernahme eines Unternehmens in Form seiner einzelnen Wirtschaftsgüter (*Asset Deal*). 987

- Beim **Share Deal** übernimmt der Käufer den Rechtsträger grundsätzlich mit all dessen Verbindlichkeiten und Haftungsrisiken. Rechtliches Zuordnungssubjekt dieser Verbindlichkeiten und Haftungsrisiken bleibt der Rechtsträger, mag man auch von einer Übernahme durch den Käufer im wirtschaftlichen Sinne sprechen. Das gilt jedenfalls für den Fall, dass der übernommene Rechtsträger als Gesellschaftsform mit beschränkter Haftung organisiert ist. Ausnahmsweise kann sich aber auch beim Share Deal eine persönliche Haftung des Käufers im Rechtssinne ergeben (vgl. dazu unter Rn. 989 ff.).

- Demgegenüber besteht beim **Asset Deal** im Grundsatz der Vorteil, dass die Parteien sehr viel stärker privatautonom bestimmen könne, welche Haftungsrisiken auf den Käufer übergehen sollen. Aber auch insoweit gibt es eine Reihe von Tatbeständen, die zu einer gesetzlichen Haftung führen können und daher, soweit im Einzelfall relevant, im Rahmen der Gestaltung des Unternehmenskaufvertrages berücksichtigt werden sollten (vgl. dazu unter Rn. 1004 ff.).

Zur Vermeidung oder Reduzierung der Gefahr einer überschießenden Haftung des Käufers stehen dabei jeweils verschiedene Möglichkeiten zur Verfügung: Manche Risiken lassen sich durch entsprechende vertragliche Gestaltung gänzlich vermeiden. Andere Risiken werden typischerweise durch Verkäufergarantien abgedeckt, sofern es keine konkreten Anhaltspunkte für eine entsprechende Realisierung gibt. Für die verbleibenden Risiken bietet sich 988 eine Reduzierung durch Vereinbarung entsprechender Freistellungspflichten des Verkäufers zugunsten des Käufers an.

d) Haftung für Verbindlichkeiten des Verkäufers beim Share Deal

aa) GmbH

989 Beim Erwerb von Geschäftsanteilen einer GmbH kommt eine gesetzliche Käuferhaftung in erster Linie aus § 16 Abs. 2 GmbHG in Betracht.[623]

990 Danach haftet der Käufer neben dem Verkäufer gesamtschuldnerisch für rückständige Einlageverpflichtungen. Die Haftung nach § 16 Abs. 2 greift ggf. auch bei Rückübertragung.[624]

(1) Einlageverpflichtung i. S. v. § 16 GmbHG

991 Nach herrschender Meinung umfasst der Haftungstatbestand nicht nur die neben der Einlagepflicht im eigentlichen Sinne, sondern auch die Unterbilanzhaftung, die Differenzhaftung, die Übernahme der Haftung für Nachschüsse, die Ausfallhaftung sowie die Haftung für die Erfüllung von Nebenpflichten:[625]

- **Einlagepflicht** im eigentlichen Sinne meint die Erbringung der auf den betreffenden Geschäftsanteil zu erbringende Einlage (§ 14 GmbHG). Da diese nicht notwendigerweise bereits bei Gründung in voller Höhe erbracht werden muss (vgl. § 7 Abs. 2 GmbHG), kann es Rückstände auch ohne Rechtsverstoß geben;

- **Unterbilanzhaftung** meint die Haftung der Gründer einer GmbH für die durch Aufnahme der Geschäftstätigkeit bereits vor Eintragung im Handelsregister entstehenden Verbindlichkeiten mit dem Ziel zu gewährleisten, dass das Gesellschaftsvermögen im Zeitpunkt der Eintragung mindestens die zur Zahlung fälligen Einlagen erreicht;

- **Differenzhaftung** meint die Pflicht eines Gesellschafters, den Fehlbetrag einer Einlage in Geld zu leisten, wenn der Wert einer eigentlich vorgesehenen Sacheinlage im Zeitpunkt der Anmeldung der Gesellschaft oder Kapitalerhöhung zur Eintragung in das Handelsregister nicht den Nennbetrag des dafür übernommenen Geschäftsanteils erreicht (§§ 9 Abs. 1, 56 GmbHG); entsprechendes gilt bei wirtschaftlicher Neugründung;[626]

---

623) Vgl. den Überblick bei Baumbach/Hueck/*Hueck/Fastrich*, GmbHG, § 16 Rn. 22 f.
624) BGH ZIP 1991, 724 = GmbHG 1991, 311, dazu EWiR 1991, 679 *(v. Gerkan)*.
625) Baumbach/Hueck/*Fastrich*, GmbHG, § 16 Rn. 23; Lutter/Hommelhoff/*Bayer*, GmbHG, § 16 Rn. 43; Scholz/*Seibt*, GmbHG, § 16 Rn. 52; *D. Mayer*, DNotZ 2008, 403, 405; Münchener Hdb. GesR/*U. Jasper*, Bd. 3, § 24 Rn. 238; BGH NJW 1997, 1196; BGH NJW 1996, 1286; OLG Düsseldorf ZIP 2003, 1501; OLG Celle GmbHR 2005, 1496.
626) Zur wirtschaftlichen Neugründung: *Seibt*, NJW Spezial 2004, 75 sowie OLG Düsseldorf NZG 2004, 381.

- **Nachschusspflicht** meint die im Gesellschaftsvertrag statuierte Pflicht der Gesellschafter, über die Nennbeträge der Geschäftsanteile hinausgehende Einzahlungen erbringen zu müssen (§§ 26 ff. GmbHG);

- **Ausfallhaftung** meint die gesamtschuldnerische Haftung der übrigen Gesellschafter für den Fall, dass ein Gesellschafter die eigentlich von ihm geschuldete Stammeinlage nicht erbringen und diese auch nicht über den Verkauf des betreffenden Geschäftsanteils gedeckt werden kann (§ 24 GmbHG);[627]

- **Haftung für die Erfüllung von Nebenpflichten** meint das Einstehenmüssen für Pflichten, die ein Gesellschafter im Gesellschaftsvertrag zusätzlich zur Einlagepflicht übernommen hat (§ 3 Abs. 2 GmbHG). Diese können unterschiedlichste Gegenstände haben. Neben Geld- und Sachleistungen kommen Handlungspflichten (z. B. Geschäftsführung, Stimmbindung) oder Unterlassungspflichten (z. B. Wettbewerb) in Betracht.

Dagegen lehnt die überwiegende Meinung eine Haftung des Käufers für Stammeinlagen, die verbotswidrig an den Veräußerer zurückgezahlt wurden (§ 31 Abs. 1 GmbHG), ab; diese soll nur den Verkäufer treffen.[628] Allerdings kommt über § 31 Abs. 3 GmbHG eine anteilige subsidiäre Haftung in Betracht.

(2) Rückständigkeit

Die erforderliche Rückständigkeit der Einlagenverpflichtung im vorbeschriebenen Sinne ist gegeben, wenn die Fälligkeit vor dem maßgeblichen Bezugszeitpunkt eingetreten ist. Für Einlagenverpflichtungen, die danach fällig werden haftet der Käufer ohnehin.[629]

Maßgeblicher Bezugszeitpunkt ist der Zeitpunkt, ab dem der Käufer gem. § 16 Abs. 1 GmbHG gegenüber der Zielgesellschaft als Gesellschafter gilt; maßgeblich ist damit, dass der Käufer in die beim Handelsregister aufgenommene Gesellschafterliste eingetragen ist.

(3) Enthaftung durch Anfechtung?

Kommt eine Haftung nach § 16 Abs. 2 GmbHG dem Grunde nach in Betracht, kann sich der Käufer der Haftung nicht durch Anfechtung der Abtretung entledigen.[630] Allerdings kann die Abtretung eines GmbH-Anteils auch nichtig sein, wenn sie beispielsweise wegen arglistiger Täuschung wirksam

---

627) BGH GmbHR 1993, 808; BGH ZIP 1996, 1248, dazu EWiR 1996, 743 *(v. Gerkan)*.
628) Baumbach/Hueck/*Fastrich*, GmbHG, § 16 Rn. 23; Lutter/Hommelhoff/*Bayer*, GmbHG, § 16 Rn. 42; Ulmer/*Löbbe*, ErgBd MoMiG § 16 GmbHG, Rn. 101; Scholz/*Seibt*, GmbHG, § 16 Rn. 52; *Wicke*, GmbHG, § 16 Rn. 12; a. A. OLG Köln GmbHR 2011, 648, 650; Bork/Schäfer/*Brandes*, GmbHG, § 16 Rn. 23.
629) *D. Mayer*, ZIP 2009, 1037, 1038.
630) BGH DB 1991, 1219; BGH GmbHR 2007, 375; **a. A.** OLG Hamm ZIP 2006, 233 im Fall einer arglistigen Täuschung; hierzu *Pentz*, DStR 2006, 855 ff.; *Weiler*, ZIP 2006, 1754 ff.; *Krafczyk/Gerlach*, GmbHR 2006, 1038 ff.

angefochten wurde.[631)] Es kommen dann auch die Grundsätze der fehlerhaften Gesellschaft nicht zur Anwendung.[632)]

bb) Kommanditgesellschaft

996 Rechtstechnisch kann ein Kommanditistenwechsel dadurch herbeigeführt werden, dass ein bisheriger Kommanditist aus der Gesellschaft ausscheidet und an dessen Stelle ein neuer Kommanditist in die Zielgesellschaft eintritt. In diesem Fall haften beide nach Maßgabe der § 171 BGB. Um diese Haftungsdoppelung zu vermeiden wird in der Praxis des Unternehmenskaufs grundsätzlich die Gestaltungsalternative bevorzugt, dass der scheidende Kommanditist seinen Kommanditanteil unter Zustimmung aller übrigen Gesellschafter an den neuen Kommandisten abtritt. Wichtig ist dabei, dass diese Sonderrechtsnachfolge im Handelsregister entsprechend vermerkt wird. Ohne **Sonderrechtsnachfolgevermerk** haftet der Verkäufer den Gesellschaftsgläubigern nach Maßgabe von §§ 160, 172 Abs. 4 HGB, da in diesem Fall das Recht, sich gem. § 171 Abs. 1 S. 2 HGB auf die haftungsbefreiende Erbringung der Hafteinlage zu berufen, auf den Käufer übergeht, lebt seine Haftung gleichsam ohne Weiteres wieder auf.[633)] Aus Sicht des Käufers ist es erforderlich und üblich, sich die Vollerbringung der Hafteinlage garantieren zu lassen.

997 Zu beachten ist ferner, dass in Rechtsprechung und Literatur nach wie vor überwiegend davon ausgegangen wird, dass die Abgabe einer sog. **negativen Abfindungserklärung** seitens des Komplementärs wie des ausscheidenden Gesellschafters verlangt wird; insoweit wird zudem überwiegend von einer höchstpersönlichen Erklärung und damit davon ausgegangen, dass eine Stellvertretung bei der Abgabe nicht möglich sei.[634)] Inhaltlich geht es um die Aussage der Erklärenden, dass der ausscheidende Gesellschafter keinerlei Abfindung aus dem Vermögen der Gesellschaft erhalten habe, da es sich hierbei um das entscheidende Differenzierungskriterium zwischen Sonderrechtsnachfolge einerseits und kombiniertem Aus- und Eintritt andererseits handle.

998 Im Übrigen ist bei Erwerb im Wege der Sonderrechtsnachfolge danach zu unterscheiden, ob die Hafteinlage voll erbracht war oder nicht:

- Bei **voll erbrachter Hafteinlage** haften weder der Verkäufer noch der Käufer persönlich. Vielmehr können sich beide auf die haftungsbefreiende Erbringung der Hafteinlage berufen. In diesem Zusammenhang ist darauf hinzuweisen, dass dieses Haftungsprivileg nachträglich wieder entfällt, wenn auf die Hafteinlage Rückzahlungen i. S. v. § 172 Abs. 4 HGB vorgenommen worden sind. Diese Regelung greift insbesondere ein, wenn

---

631) BGH NJW 1990, 1915.
632) BGH ZIP 1990, 371; BGH ZIP 2005, 253.
633) BGH NJW 1981, 2747.
634) BGH NZG 2006, 15; dazu *Ulrich*, GmbHR 2006, 94 ff.; *Röhl*, DNotZ 2013, 657 m. w. N.

Entnahmen vorgenommen wurden, obwohl der Kapitalanteil durch Verlust unter den Betrag der Hafteinlage gemindert war;[635] im Rahmen dieser Beurteilung werden stille Reserven nicht berücksichtigt.[636] Umstritten ist, ob Rückzahlungen i. S. v. § 172 Abs. 4 HGB an den Käufer nach Wirksamwerden der Abtretung nicht nur die Käuferhaftung, sondern auch die Verkäuferhaftung wiederaufleben lassen; gute Gründe sprechen dagegen, wenngleich dies nach älterer Rechtsprechung der Fall sein soll.[637] Leistungen eines Kommanditisten an die Gesellschaft lassen die wieder aufgelebte Haftung dabei auch dann erneut erlöschen, wenn sie nicht als Leistung auf die Hafteinlage deklariert wurden.[638]

- Bei **nicht voll erbrachter Hafteinlage** haften Käufer und Verkäufer auch bei Eintragung des Sonderrechtsnachfolgevermerks gesamtschuldnerisch in Höhe des noch offenen Teils.

Beim Erwerb eines Kommanditanteils ist des Weiteren zu beachten, dass bei **zeitlichem Auseinanderfallen von Wirksamwerden der Abtretung und Eintragung** des Käufers als Kommanditist im Handelsregister in Bezug auf die in der Zwischenzeit begründeten Verbindlichkeiten der Gesellschaft § 176 Abs. 2 HGB gilt. Dieser ordnet insoweit die persönliche und unbeschränkte Haftung des Neukommanditisten an.[639] Die unbeschränkte Haftung greift lediglich dann nicht, wenn der Käufer bereits als Kommanditist in das Handelsregister eingetragen ist, also in den Fällen des Zuerwerbs.[640] Des Weiteren soll dies nach einer nicht unumstrittenen, aber im Vordingen befindlichen Meinung auch nicht gelten bei der GmbH & Co. KG, sofern die Hafteinlage voll erbracht ist; dies wird damit begründet, dass der Rechtsverkehr insoweit nicht schutzwürdig sei, da sich bereits aus der Firma ergebe, dass eine natürliche Person als persönlich haftender Gesellschafter nicht in Betracht komme.[641]

999

Um vor diesem Hintergrund sicherzustellen, dass der dingliche Rechtsübergang nicht vor der Eintragung der Rechtsnachfolge in das Handelsregister erfolgt, ist in der Praxis die **Abtretung aufschiebend bedingt auf die Eintragung** auszugestalten. Eine etwaige Zwischenzeit von geplantem wirtschaftlichen Übertragungsstichtag und Wirksamwerden der Abtretung mit Eintragung kann durch eine Treuhandabrede überbrückt werden, nach welcher sich der Verkäufer an etwaige Weisungen des Käufers zu halten hat. Statt der Treuhandabrede kann auch an eine vorübergehende Beteiligung als atypisch stiller

1000

---

635) BGH NJW-RR 2007, 1676.
636) BGHZ 109, 334 = ZIP 1990, 307, dazu EWiR 1990, 169 *(Crezelius)*.
637) Für Wiederaufleben BGH NJW 1976, 751, 752 r. Sp.
638) OLG München ZIP 1990, 1266, dazu EWiR 1990, 1105 *(Roth)*.
639) BGH ZIP 1983, 822 = BB 1983, 1118 = NJW 1983, 2258.
640) BGH NJW 1976, 848.
641) Baumbach/Hopt/*Hopt*, HGB, § 177a Rn. 19; Ebenroth/Boujong/Joost/Strohn/*Strohn*, § 177a HGB, Rn. 263, *Schmidt*, ZHR 144 (80) 202, *Priester*, BB 1980, 913, OLG Schleswig DZWIR 2005, 163; OLG Frankfurt/M. GmbHR 2007, 1326 (str.).

Gesellschafter auflösend bedingt auf Eintragung als Kommanditist gedacht werden.[642]

cc) Persönlich haftender Gesellschafter, Offene Handelsgesellschaft

1001 Bei Erwerb einer **Komplementärbeteiligung** oder einer **Beteiligung an einer Offenen Handelsgesellschaft**, auch bei völligem Wechsel des Gesellschafterbestandes, haftet der Käufer uneingeschränkt (§ 130 HGB) für bestehende Verbindlichkeiten.

1002 Bei Eintritt in eine Gesellschaft bürgerlichen Rechts ist § 130 HGB analog anwendbar.[643] Der Neugesellschafter einer BGB-Gesellschaft haftet neben den vertraglichen Verbindlichkeiten auch für gesetzlich begründete Verbindlichkeiten der Gesellschaft.[644]

dd) Umwandlungsrechtliche Haftung des Käufers

1003 Schließlich können sich aus umwandlungsrechtlichen Vorgängen wirtschaftlich oder rechtlich Haftungsthemen für den Käufer ergeben, denen bei der Gestaltung des Unternehmenskaufvertrages Rechnung getragen werden sollte. Will der Verkäufer beispielsweise nur einen von mehreren Geschäftszweigen des Zielunternehmens verkaufen, kann sich ein Carve-out in Gestalt einer Abspaltung zur Neugründung anbieten, um den Verkauf der übrigen Geschäftsaktivitäten im Wege eines Share Deals vorzubereiten. In diesem Fall ist aus Käufersicht zu beachten, dass der übernehmende Rechtsträger, dessen Anteile er im Zuge des Share Deals erwirbt, dann nicht nur die ihm im Rahmen der Abspaltung zugewiesenen Verbindlichkeiten übernimmt, sondern er nach § 133 UmwG auch für alle anderen Verbindlichkeiten des übertragenden Rechtsträgers haftet, die vor der Abspaltung begründet waren.

e) Haftung für Verbindlichkeiten des übernommenen Zielunternehmens beim Asset Deal

1004 Der Asset Deal hat gegenüber dem Share Deal für den Käufer im Grundsatz den Vorteil, dass die Parteien sehr viel stärker privatautonom bestimmen können, welche Haftungsrisiken auf den Käufer übergehen sollen. Aber auch insoweit gibt es eine Reihe von Tatbeständen, die zu einer gesetzlichen Haftung führen können und daher, soweit im Einzelfall relevant, im Rahmen der Gestaltung des Unternehmenskaufvertrages berücksichtigt werden sollten. Einige in der Praxis relevante Fälle sind insbesondere:

- Haftung für Altverbindlichkeiten aus übergehenden Arbeitsverhältnissen im Falle eines **Betriebsübergangs** nach § 613a BGB (vgl. hierzu Rn. 1005);

---

642) Vgl. Heymann/*Horn*, HGB, § 176 Rn. 14; BGHZ 82, 209, 212 = ZIP 1982, 177.
643) BGH ZIP 2003, 899; Münchener Hdb. GesR/*Gummert*, § 18 Rn. 62 ff. m. w. N.
644) BGH ZIP 2003, 664 = NJW 2003, 1445; *Schöpflin*, DStR 2003, 1349; *Schäfer*, ZIP 2003, 1225.

Kapitel VIII. Haftung

- Haftung nach § 25 HGB bei **Fortführung eines Handelsgeschäfts unter bisheriger Firma** oder nach § 28 HGB bei Eintritt in das Geschäft eines Einzelkaufmanns (vgl. hierzu Rn. 1006 ff.);
- Haftung für **Ausgleichsansprüche von Handelsvertretern** nach § 89b HGB (vgl. hierzu Rn. 1016 ff.);
- Haftung für **Betriebssteuern** nach § 75 AO (vgl. hierzu Rn. 1019 ff.);
- Haftung auf der Grundlage **umweltschützender Normen** (vgl. hierzu Rn. 1032 ff.);
- Haftung für nach Vollzug fällig werdende Altverbindlichkeiten aus Mietverträgen, §§ 566, 578 BGB (vgl. hierzu Rn. 1051 f.);
- Haftung für **rückständige und laufende Versicherungsprämien** nach § 95 VVG (vgl. hierzu Rn. 1053 ff.);
- Haftung bei **Verstoß gegen kartellrechtliche Schutzvorschriften** nach § 33 GWB (vgl. hierzu Rn. 1058 ff.).

aa) Haftung für Altverbindlichkeiten aus übergehenden Arbeitsverhältnissen im Falle eines Betriebsübergangs nach § 613a BGB

Aus arbeitsrechtlicher Sicht kann ein Asset Deal – beabsichtigt oder unbeabsichtigt – einen Betriebsübergang nach § 613a BGB auslösen, mit der Folge, dass mit den erworbenen Wirtschaftsgütern auch Arbeitnehmer auf den Käufer übergehen. In diesem Fall tritt der Käufer mit dem Wirksamwerden des Betriebsübergangs in sämtliche Rechte und Pflichten aus den übergehenden Arbeitsverhältnissen ein. Der gesetzlich angeordnete Arbeitgeberwechsel führt dazu, dass der Betriebserwerber für sämtliche Ansprüche aus dem Arbeitsverhältnis unabhängig von deren Rechtsgrundlage haftet, einschließlich der bereits in der Vergangenheit entstandenen und noch nicht vollständig erfüllten Ansprüche.[645] Der Betriebserwerber haftet hingegen nicht für Ansprüche aus zum Zeitpunkt des Betriebsübergangs bereits beendeten Arbeitsverhältnissen.[646]

1005

Eine eingehende Darstellung des Themenkreises Betriebsübergang einschließlich Gestaltungsempfehlungen findet sich unter Rn. 1515 ff.

bb) Fortführung eines Handelsgeschäfts unter bisheriger Firma (§ 25 HGB)

Erwirbt der Käufer ein Handelsgeschäft und führt es unter der bisherigen Firma – mit oder ohne Nachfolgezusatz – fort, so haftet er für alle im Betrieb des Geschäfts begründeten Verbindlichkeiten des früheren Inhabers

1006

---

645) Unstrittig, vgl. nur BAG NZA-RR 2010, 660; HWK/*Willemsen/Müller-Bonanni*, § 613a BGB Rn. 295.
646) BAG NZA 2009, 29.

(§ 25 HGB). Konsequenterweise gelten gem. § 25 Abs. 1 S. 2 HGB andererseits den Schuldnern gegenüber auch die Forderungen als mitübertragen, wenn der Verkäufer in die Fortführung der Firma eingewilligt hat.[647]

(1) Erwerb eines Handelsgeschäfts

1007 **Erwerb** ist dabei im Grundsatz jede Unternehmensübertragung und -überlassung einschließlich Pachtvereinbarung.[648] Die Haftung setzt dabei zwingend den Wechsel des Inhabers voraus.[649]

1008 Die Haftung des Übernehmers nach § 25 HGB für vor der Übernahme begründete Verbindlichkeiten ist allerdings davon abhängig, dass das übernommene Geschäft ein **Handelsgewerbe** war, das angesichts seines Umfangs im Zeitpunkt der Übernahme einen in kaufmännischer Weise eingerichteten Geschäftsbetrieb erforderte. Ob dies der Fall ist, ergibt sich aus dem Gesamtbild des Betriebes das sich im Einzelfall aus verschiedenen der nachfolgenden Merkmale ergeben kann, die nicht allesamt kumulativ vorliegen müssen:[650] Art der Tätigkeit und Struktur des Betriebes, Höhe des Anlage- und Betriebskapitals sowie der erzielten Umsätze, Anzahl der Beschäftigten, Größe der Betriebsflächen, Finanzierungsstruktur, Buchführung einschließlich Bilanzierung.

1009 § 25 HGB gilt auch bei Erwerb eines Unternehmensteils, beispielsweise einer zwar weisungsabhängigen, aber im Geschäftsverkehr selbständigen Zweigniederlassung. Bei Teilübertragungen kommt es für die Frage der Haftungskontinuität auf den Schwerpunkt des Unternehmens an.[651]

(2) Fortführung des Handelsgeschäfts unter der bisherigen Firma

1010 Der Leitgedanke dieser Regelung ist nach der Rechtsprechung eine **Rechtsscheinhaftung aufgrund der nach außen dokumentierten Kontinuität** des in seinem wesentlichen Bestand beibehaltenen Unternehmens.[652] Daher kommt es nur auf die rein faktische Fortführung an. Unerheblich ist dagegen, ob das Unternehmen auch rechtlich auf der Grundlage eines wirksamen Rechts-

---

647) Zum Forderungsübergang bei Abtretungsverbot vgl. BGH ZIP 1992, 763 = DB 1992, 989, dazu EWiR 1992, 889 *(Kirberger)*.
648) BGH MDR 1984, 646. Vgl. allg. *Scherer*, DB 1996, 2321; *Leibner/Bruns*, DStR 2002, 1689 ff.; BGH NJW 2006, 1001.
649) OLG Frankfurt/M. NZG 2005, 846.
650) OLG Koblenz DB 1988, 2506 m. w. N; BGH ZIP 1991, 1586 = DB 1991, 2382; dazu EWiR 1992, 757 *(Ebenroth)*; Erlöschen der Firma bei Beschränkung der Tätigkeit auf Vermietung und Verpachtung OLG Hamm DStR 1994, 369.
651) Baumbach/Hopt/*Hopt*, HGB, § 25 Rn. 6.
652) BGH NJW 2010, 261.

grundes übernommen wurde⁶⁵³⁾ oder in rechtlich zulässiger Weise fortgeführt wird.⁶⁵⁴⁾ Kontinuität muss dabei unter zweierlei Gesichtspunkten gegeben sein:

- Es muss erstens die **bisherige Firma** fortgeführt werden. Allerdings beseitigen geringfügige Änderungen der Firma die Haftung nicht, solange der Verkehr sie mit dem bisherigen Unternehmen gleichsetzt und in dem Verhalten des Erwerbers eine Fortführung der bisherigen Firma sieht. Es kommt auf die Fortführung der prägenden Firmenbestandteile an.⁶⁵⁵⁾ Entscheidend ist daher auch das firmenmäßige Auftreten im Geschäftsverkehr, nicht die förmliche Erklärung gegenüber dem Registergericht.

- Es muss zweitens das **bisherige Handelsgeschäft** fortgeführt werden. Der Rechtsschein (ohne tatsächliche Fortführung) reicht nicht zur Haftung.⁶⁵⁶⁾ Eine Verkleinerung des Geschäftsbetriebs oder sonstige betriebliche Veränderungen stehen der Annahme diesbezüglicher Kontinuität nicht entgegen, solange das Unternehmen nach der Verkehrsanschauung in seinem wesentlichen Bestand fortgeführt wird.⁶⁵⁷⁾

(3) Ausnahmen von der Haftung

- **Erwerb vom Insolvenzverwalter:** Nach ganz herrschender Meinung findet § 25 HGB keine Anwendung beim Erwerb eines Handelsgeschäfts vom Insolvenzverwalter im Rahmen eines eröffneten Insolvenzverfahrens. Dies wird dogmatisch unterschiedlich begründet. Zum Teil wird argumentiert, dass durch die Insolvenzeröffnung keine die Rechtsscheinhaftung tragende Kontinuität nach außen mehr besteht. Zum Teil wird auch mit dem Schutzzweck von § 25 HGB und damit argumentiert, dass § 25 HGB nach seiner Zweckrichtung zwar dazu dient, die Gläubiger des fortgeführten Handelsgeschäfts zu schützen; zugleich sei es Aufgabe des Insolvenzverwalters, das Unternehmen im Interesse der Gläubiger bestmöglich zu verwerten; die bestmögliche Verwertung sei aber vielfach die Veräußerung im Ganzen und diese würde bei Anwendbarkeit von § 25 HGB meist unmög-

1011

---

653) BGH NJW 1992, 911, dazu EWiR 1992, 284 *(K. Schmidt)*; vgl. auch *K. Schmidt*, ZGR 1992, 621 sowie *ders.*, GmbHR 10/1993, R75; OLG München DB 1996, 1820; OLG Köln EWiR 1994, 65 *(Bokelmann)*; OLG Düsseldorf NJW-RR 1998, 965; BGH ZIP 1994, 942, dazu EWiR 1994, 693 *(Dreher)*.
654) BGH ZIP 1987, 109 = WM 1987, 212, dazu EWiR 1987, 143 *(Schlewing)* und WuB IV.D § 25 HGB 1.87 *(Hüffer)*; BGH ZIP 1992, 398 = WM 1992, 55.
655) Im Einzelnen vgl. die Kasuistik bei Baumbach/Hopt/*Hopt*, HGB, § 25 Rn. 7; BGH ZIP 2004, 1103; OLG Düsseldorf NJW-Spezial 2005, 78; BGH BB 2006, 462; BGH WM 2008, 2273.
656) BGH ZIP 1996, 1608, 1609; OLG Düsseldorf NZG 2009, 314.
657) BGH BB 2006, 462.

lich gemacht, so dass nur noch die Zerschlagung bliebe;[658] folglich sei § 25 HGB teleologisch zu reduzieren. Die Ausnahme greift aber nach überwiegender Auffassung nicht für den Erwerb bei laufendem vorläufigen Insolvenzverfahren.[659] Allerdings ist umstritten, welche Auswirkungen eine spätere Eröffnung des Insolvenzverfahrens hat.[660] Nach Auffassung der Rechtsprechung kommt § 25 HGB auch dann zur Anwendung, wenn die Eröffnung des Insolvenzverfahrens mangels Masse abgelehnt wurde und es dann zum Erwerb kommt.[661]

- Nach außen dokumentierte abweichende Parteivereinbarung: Nach § 25 Abs. 2 HGB können die Parteien die Haftung nach § 25 Abs. 1 HGB wirksam abbedingen, sofern diese Vereinbarung unverzüglich in das Handelsregister eingetragen und bekannt gemacht wird oder dem Dritten mitgeteilt worden ist.[662] Die Anmeldung muss unverzüglich vorgenommen werden und die Eintragung hat in angemessenem Zeitabstand zu folgen, andernfalls ist die Haftungsbeschränkung gegenüber den Gläubigern unwirksam;[663] dabei darf das Registergericht die Eintragung eines solchen Haftungsausschlusses nur ablehnen, wenn eine Haftung nach § 25 Abs. 1 HGB offensichtlich nicht in Betracht kommt.[664]

(4) Persönliche Haftung des Erwerbers

1012 Bei Eingreifen des § 25 HGB haftet der Erwerber mit seinem gesamten Vermögen. Die Haftung ist nicht auf das übernommene Vermögen beschränkt. Er haftet dabei für sämtliche Verbindlichkeiten des übernommenen Handelsgeschäfts; dies schließt Steuerverbindlichkeiten mit ein, da die Finanzverwaltung den Haftungsbescheid anstelle von § 75 AO auch auf § 25 HGB stützen kann.[665]

---

658) Vgl. zum Meinungsstand: BGHZ 104, 151, 153 f. = NJW 1988, 1912; BGH NJW 1992, 911; RGZ 58, 166, 167 ff.; BAG AP BGB § 613 a Nr. 85 = DB 1990, 1416; NJW 2007, 942; *K. Schmidt*, HandelsR, § 8 II 3 b, S. 254 f.; Baumbach/Hopt/*Hopt*, HGB, § 25 Rn. 4, 16; Heymann/*Emmerich*, HGB, § 25 Rn. 12; Staub/*Hüffer*, HGB, § 25 Rn. 60 f.; Staub/*Burgard*, HGB, § 25 Rn. 46; Röhricht/v. Westphalen/*Ammon/Ries*, HGB, 3. Aufl., § 25 Rn. 11; Jaeger/Henckel/*Gerhardt*, InsO, § 22 Rn. 92 ff.
659) BGHZ 104, 151, 153 ff.; ebenso BAG NJW 2007, 942, 943 m. Anm. *K. Schmidt*, JuS 2007, 781, 782; OLG Bremen NJW-RR 1989, 423; a. A. Röhricht/v. Westphalen/*Ammon/Ries*, HGB, § 25 Rn. 11; Jaeger/Henckel/*Gerhardt*, InsO, § 22 Rn. 93.
660) *Commandeur/Kleinebrink*, § 25 HGB, Rn. 909; dagegen *Gerhardt*, JZ 1988, 976 f.; offengelassen von BGHZ 104, 151, 157 = ZIP 1988, 727.
661) BGH ZIP 1992, 398 = NJW 1992, 911; BAG DB 2007, 455.
662) Vgl. *Hommelhoff*, ZHR 150 (1986), 267.
663) OLG Düsseldorf NZG 2003, 774 (5 Monate ausreichend); OLG München BB 2007, 903 (7 Monate zu spät).
664) OLG München DB 2008, 1091.
665) Vgl. FG Baden-Württemberg EFG 1975, 581 (zu § 419 BGB); BFH BStBl II 1980, 258 (zu § 25 HGB); *Leibner/Pump*, DStR 2002, 1689 ff. Vgl. zur Steuerhaftung bei Unternehmensveräußerung insgesamt *Mösbauer*, BB Beilage 3 zu Heft 4/1990.

Der Erwerber haftet nach herrschender Meinung auch für vertragliche Un- 1013
terlassungs- und Vertragsstrafeversprechen, also beispielsweise aus einer straf-
bewehrten Unterlassungserklärung, wie sie etwa zur Beilegung einer Auseinandersetzung um die Verletzung gewerblicher Schutzrechte (z. B. Patente)
üblich ist.[666]

Hingegen haftet der Erwerber nicht ohne Weiteres für rein gesetzliche Un- 1014
terlassungspflichten, etwa aufgrund unlauterem Wettbewerb, der die im übernommenen Unternehmen begangen wurden. Solange der Erwerber die rechtsverletzenden Handlungen nicht fortführt oder wiederholt, bleibt der Verkäufer
als früherer Unternehmensinhaber insoweit allein in der Haftung. Gesetzliche
Beseitigungsansprüche richten sich aber dann auch gegen den Erwerber, wenn
er den rechtsverletzenden oder störenden Zustand (z. B. Vorhaltung einer
Maschine, die ein Patent verletzendes Verfahren betreibt) aufrechterhält,
obwohl er ihn beenden könnte. Diese Grundsätze gelten auch bei Aufgehen
des Zielunternehmens in einem anderen Rechtsträger kraft Gesetzes unter
Wegfall des ursprünglichen Schuldners, etwa durch Verschmelzung oder andere umwandlungsrechtliche Vorgänge.[667]

(5) Handlungsempfehlung für die Praxis

Kommt im konkreten Einzelfall eine Haftung nach § 25 HGB dem Grunde 1015
nach in Betracht, kann man für bekannte Verbindlichkeiten und Gläubiger
versuchen, über eine entsprechend einzutragende Parteivereinbarung mit anschließend dokumentierter Mitteilung an die betreffenden Gläubiger das
Haftungsrisiko zu reduzieren. Ergänzend sollte im Unternehmenskaufvertrag eine Freistellungsregelung zugunsten des Käufers getroffen werden.

cc) Haftung für Ausgleichsansprüche von Handelsvertretern nach § 89b HGB

(1) Regelung und Hintergrund

Für ein Geschäft, das von einem Handelsvertreter während der Laufzeit seines 1016
Handelsvertretervertrages angebahnt wurde, erhält er eine Vergütung nach
Maßgabe der mit dem Unternehmer getroffenen vertraglichen Vereinbarung.
Kommt es in dieser Konstellation erst nach Beendigung des Handelskaufver-
trages zum förmlichen Abschluss eines entsprechend angebahnten Geschäfts,
steht dem Handelsvertreter ein Provisionsanspruch nach Maßgabe von § 87
Abs. 3 HGB zu. Die Erkenntnis, dass der Handelsvertreter mit seinem Wir-
ken für den Unternehmer einen Vorteil von längerer Dauer geschaffen haben

---

666) BGH ZIP 1996, 1608 = WM 1996, 2121, dazu EWiR 1996, 1089 (*Otte*); a. A. *Köhler*,
WRP 2000, 921, 926.
667) Köhler/Bornkamm/*Köhler*, UWG, § 8 Rn. 2.31; Busse/Keukenschrijver, PatG, § 139 Rn. 28;
Ströbele/Hacker/*Hacker*, MarkenG, § 14 Rn. 273. Eingehend jüngst: *Freund*, Rechtsnachfolge in Unterlassungspflichten, S. 50 ff.

kann, hat sich in § 89b HGB niedergeschlagen. Danach hat der Handelsvertreter insbesondere dann einen Anspruch auf angemessenen Ausgleich, wenn der Unternehmer aus der Geschäftsbeziehung mit Kunden, die der Handelsvertreter begründet oder wesentlich erweitert hat, noch nach Beendigung des Handelsvertretervertrages erhebliche Vorteile hat.

(2) Auswirkungen beim Asset Deal

1017 Im Falle der Übernahme des Handelsgeschäfts des Unternehmers durch einen Dritten im Wege des Asset Deals wirft die Vorschrift eine Reihe von Fragen auf, die noch nicht restlos geklärt sind.[668] Nach einer in Rechtsprechung und Schrifttum vertretenen Auffassung schuldet der Käufer im Falle der Übernahme oder sonstigen Fortführung eines Handelsvertretervertrages auch hinsichtlich der für den Verkäufer geworbenen Kunden einen Ausgleich gem. § 89b HGB, wobei die Einzelheiten streitig und zum Teil wenig aufgearbeitet sind.[669]

(3) Handlungsempfehlung für die Praxis

1018 Vor diesem Hintergrund empfiehlt es sich für den Käufer bei einschlägigen Erwerbskonstellationen, die Frage nach möglichen Ausgleichsansprüchen im Rahmen der Due Diligence angemessen analysieren zu lassen. Sollte sich herausstellen, dass Ansprüche in erheblichem Umfang bestehen können, sollte im Unternehmenskaufvertrag geregelt werden, welche Vertragspartei dieses Risiko im Innenverhältnis wirtschaftlich zu tragen hat. Soll dies der Verkäufer sein, liegt eine Freistellungsverpflichtung zugunsten des Käufers nahe; im Einzelfall mag auch ein pauschaler Kaufpreisabschlag denkbar sein.

dd) Betriebssteuern (§ 75 AO)

1019 Der Käufer eines Unternehmens im Ganzen (oder eines gesondert geführten Betriebes) haftet nach § 75 AO mit dem übernommenen Vermögen für betriebliche Steuern und Steuerabzugsbeträge, die im letzten vor der Übernahme liegenden Kalenderjahr entstanden sind. Dabei ist zu beachten, dass die Finanzverwaltung den Haftungsbescheid stattdessen auch auf § 25 HGB stützen kann mit der Folge, dass dann die dortigen Haftungsvoraussetzungen und -folgen gelten.[670]

(1) Erwerb eines Unternehmens im Ganzen

1020 Voraussetzung für eine Haftung nach § 75 AO ist der Erwerb eines Unternehmens im Ganzen. Dies bedeutet, dass die vorhandenen Betriebsgrund-

---

668) *Sturm/Liekefett*, BB 2004, 1009; *Schmitz*, ZIP 2003, 59.
669) OLG München BB 1988, 2058; MünchKomm-HGB/*Hoyningen-Huene*, § 89b Rn. 42 f.
670) Vgl. FG Baden-Württemberg EFG 1975, 581 (zu § 419 BGB); BFH BStBl II 1980, 258 (zu § 25 HGB). *Leibner/Pump*, DStR 2002, 1689 ff. Vgl. zur Steuerhaftung bei Unternehmensveräußerung insgesamt *Mösbauer*, BB Beilage 3 zu Heft 4/1990.

lagen im Wesentlichen auf den Käufer übergehen müssen und die Identität mit dem bisherigen Betrieb erhalten bleibt. Der Betrieb muss zwar nicht in vollem Umfang fortgeführt werden.[671] Es müssen aber diejenigen Gegenstände auf den Käufer übergehen, welche (i) die **wesentlichen Grundlagen** des übereigneten Unternehmens ausmachten und (ii) die zugleich geeignet sind, zu den wesentlichen Grundlagen für den Betrieb des Erwerbers zu werden und es dem Erwerber infolgedessen ermöglichen, das Unternehmen fortzuführen.[672]

Das zivilrechtliche Eigentum muss nicht unbedingt übergehen; es genügt der Erwerb des **wirtschaftlichen Eigentums** (§ 39 AO), nicht aber z. B. schon jede Pacht.[673] 1021

Ein Unternehmen ist beispielsweise nicht im Ganzen übereignet, wenn der Unternehmer seinen Anteil am Betriebsgrundstück nicht auf den Käufer, sondern auf dessen alleinigen Geschäftsführer-Gesellschafter übereignet.[674] Andererseits wird vom BFH der Begriff des Unternehmens i. S. v. § 75 AO jeweils im Gleichklang mit der betreffenden Steuer ausgelegt, für die gehaftet wird. Dies stellt insbesondere im Umsatzsteuerbereich kaum einschränkende Anforderungen an das Vorliegen eines Unternehmenskaufs im Ganzen (siehe dazu Rn. 595 ff.). So soll bereits die Veräußerung eines vermieteten Gebäudes geeignet sein, den Haftungstatbestand auszulösen.[675] Dieser uneinheitliche Unternehmensbegriff macht die Beurteilung im Einzelfall schwierig. 1022

Vom Übergang eines Unternehmens kann nicht gesprochen werden, wenn der Geschäftsbetrieb des Unternehmens nicht nur vorübergehend eingestellt wurde und es erst danach zum Kauf kommt.[676] 1023

(2) Ausnahme: Erwerb aus der Insolvenzmasse oder im Vollstreckungsverfahren

Nach § 75 Abs. 2 AO ist die Haftung beim Erwerb eines Unternehmens aus der Insolvenzmasse oder im Vollstreckungsverfahren ausdrücklich ausgeschlossen. Dies gilt ebenso beim Erwerb vom vorläufigen Insolvenzverwalter, jedenfalls dann, wenn dies in Abstimmung mit dem Insolvenzgericht er- 1024

---

671) BFH BB 2003, 345; FG München, v. 15.1.2008 – 14 V 3440/07.
672) BFH/NV 1986, 381; BFH/NV 1988, 1; BFH BB 2003, 345 (zu Beginn der Übertragung vorhandene Betriebsgrundlagen).
673) BFH BStBl II 1980, 258; schärfer zum Teil die Rechtsprechung der Finanzgerichte, z. B. FG Schleswig-Holstein EFG 1979, 108 (dreiseitiger Vertrag zur Übertragung einer Gaststättenpacht); FG Rheinland-Pfalz EFG 1977, 566; aber BFH BStBl II 1986, 589; BFH/NV 1988, 755.
674) BFH HFR 1982, 394. Die Gesellschafterin war zugleich die Ehefrau des Veräußerers (vgl. aber nachstehend zu § 74 AO).
675) BFHE 171, 27 = BStBl II 1993, 700 = DB 1993, 1648, dazu EWiR 1993, 1051 *(Hey)*.
676) FG Hamburg, v. 8.3.1984, EFG 1985, Nr. 3.

folgt und das Insolvenzverfahren tatsächlich eröffnet wird.[677] Dagegen ist bei Ablehnung der Eröffnung des Insolvenzverfahrens mangels Masse kein Haftungsausschluss anzunehmen.[678]

(3) Reichweite der Haftung

(a) Erfasste Steuern

1025 Betriebssteuern sind vor allem die **Gewerbesteuer** und die **Umsatzsteuer**, auch die aus der Veräußerung des Unternehmens selbst, soweit im Hinblick auf § 1 Abs. 1a UStG überhaupt anfallend.[679] Umsatzsteuer fällt nicht an bei Übergang von Teilvermögen, mit dem eine selbständige wirtschaftliche Tätigkeit fortgeführt werden kann.[680]

1026 Aber auch **Verbrauchsteuern, Versicherungsteuern und Steuerabzugsbeträge** wie insbesondere Lohnsteuer, Abgeltungssteuer sowie die im Abzugsverfahren zu erhebende Einkommensteuer der beschränkt Steuerpflichtigen fallen unter § 75 AO.

1027 Einkommen- und Körperschaftsteuer des Veräußerers fallen nicht unter § 75 AO.

(b) Erfasste Zeiträume

1028 Die Haftung besteht nur in Bezug auf Steuern, die seit dem Beginn des letzten, vor der Übereignung liegenden Kalenderjahres entstanden sind und bis zum Ablauf von einem Jahr nach Anmeldung des Betriebs durch den Erwerber festgesetzt oder angemeldet werden.

(c) Haftungssubstrat

1029 Die Haftung beschränkt sich auf das übernommene Vermögen. Diese Beschränkung muss auch in den Haftungsbescheid aufgenommen werden.[681]

1030 Zu beachten ist indes, dass nach § 74 AO die an einem gewerblichen Unternehmen wesentlich Beteiligten für Betriebssteuern daneben auch mit ihrem persönlichen Eigentum haften, soweit es dem Unternehmen dient.[682]

---

677) Zur Haftungsfreistellung nach § 75 Abs. 2 AO beim Erwerb vom Sequester vgl. BFH ZIP 1998, 1845, dazu EWiR 1998, 1017 *(Bähr)*.
678) Vgl. AEAO zu § 75, 3.4.
679) BFH BB 1978, 538 gegen FG Niedersachsen EFG 1977, 135 und FG Niedersachsen EFG 1979, 375 (rkr.). Die Haftung gelte erst recht für nach der Übernahme entstehende Steuern; FG Baden-Württemberg DStZ 1982, 106; BVerfG DStZ 1999, 608.
680) EuGH UR 2004, 19; vgl. auch BFH DStR 2003, 203.
681) Vgl. FG Hamburg EFG 1981, 162; FG Düsseldorf EFG 1980, 262.
682) Vgl. grundsätzlich dazu BFH DB 1984, 491 (Haftung einer Grundstücks-GbR für Umsatzsteuerschulden einer in Konkurs gegangenen Betriebs-GmbH).

(4) Handlungsempfehlung für die Praxis

Für den Käufer empfiehlt es sich daher, sich bereits im Rahmen seiner steuerlichen Due Diligence mit dem Haftungsrisiko auseinanderzusetzen. Zwar wird der Veräußerer dem Ansinnen eines Kaufinteressenten, etwaige Steuerrückstände bei der Finanzverwaltung zu erfragen bzw. einem entsprechenden Auskunftsantrag zuzustimmen, regelmäßig nicht nachkommen.[683] Es sollte aber immerhin auf der Grundlage der vom Verkäufer zur Verfügung gestellten Informationen eine entsprechende Analyse erstellt werden. Des Weiteren sollte im Unternehmenskaufvertrag jedenfalls eine angemessene Steuerfreistellung zugunsten des Käufers vereinbart werden.

1031

ee) Haftung für Umweltbelastung, insbesondere Altlasten und schädliche Bodenveränderungen

(1) Überblick und Bedeutung

Je nach Gegenstand und Zuschnitt einer Transaktion können ganz unterschiedliche Aspekte des Umweltrechts in verschiedenster Ausprägung Relevanz erlangen. Diese können vom Immissions- und Naturschutzrecht, dem Recht der Abfallwirtschaft, dem Gefahrstoff- und Chemikalienrecht, dem Gewässerschutzrecht, dem Strahlenschutzrecht, dem Verkehrs- und Leitungsanlagenrecht bis hin zum Bio- und Gentechnikrecht reichen.

1032

Ein umweltrechtliches Thema hat aber insoweit eine gewisse herausgehobene Stellung, da es sich doch in besonderer Häufigkeit stellt, nämlich die Haftung für Altlasten und schädliche Bodenveränderungen. Dieses kann letztlich bei jedem Unternehmen vorkommen, das Grundstücke nutzt bzw. in der Vergangenheit genutzt hat.

1033

Wie bei anderen umweltrechtlichen Problemen besteht das Risiko auch hier nicht nur – und häufig noch nicht einmal in erster Linie – in der möglichen Wertminderung des betreffenden Wirtschaftsgutes. Vielmehr können die Folgekosten dessen Wert deutlich übersteigen. Diese können entstehen aus der Einleitung von Sicherungsmaßnahmen, der Erkundung bestehender Schäden, der Ermittlung ihrer Ursachen und der Entwicklung von Gegenmaßnahmen. Die eigentliche Beseitigung oder Verminderung schädlicher Veränderungen der physikalischen, chemischen oder biologischen Beschaffenheiten des Bodens, kurz die Sanierung, kann ebenfalls sehr kostenträchtig sein. Dies gilt erst recht, wenn derartige Maßnahmen mit Betriebsuntersagungen und Produktionsausfällen einhergehen.

1034

Neben einer Haftung nach bodenschutzrechtlichen Normen kommt im Einzelfall auch eine Haftung nach Umweltschadensgesetz oder aus § 1004 BGB in Betracht (hierzu unter Rn. 1047).

1035

---

683) AEAO zu § 75, 6. (§ 30 Abs. 4 Nr. 3 Karte 2 (23.11.2001).

(2) Zweck des Bodenschutzrechts

1036 In Bezug auf den Bodenschutz wurde 1999 mit der Einführung des Bundes-Bodenschutzgesetzes (BBodSchG) und der dazugehörigen Bundesbodenschutz- und Altlastenverordnung ein gewisses Maß an Einheitlichkeit geschaffen. Allerdings haben auch die Länder von ihrer residualen Gesetzgebungskompetenz Gebrauch gemacht und Landesbodenschutzgesetze erlassen. Diese enthalten insbesondere Vorschriften zu Mitteilungs- und Mitwirkungspflichten, zu Katastern für Altlasten und Altlastenverdachtsflächen sowie zum Verfahren.

1037 Zweck des BBodSchG ist es, nachhaltig die Funktionen des Bodens zu sichern oder wiederherzustellen. Hierzu sind schädliche Bodenveränderungen abzuwehren, der Boden und Altlasten sowie hierdurch verursachte Gewässerverunreinigungen zu sanieren und Vorsorge gegen nachteilige Einwirkungen auf den Boden zu treffen. Das Gesetz bezieht sich nur auf den „Boden", verstanden als obere Schicht der Erdkruste, soweit sie Träger bestimmter Bodenfunktionen ist, einschließlich der flüssigen Bestandteile (Bodenlösung) und der gasförmigen Bestandteile (Bodenluft), jedoch ohne Grundwasser und Gewässerbetten (vgl. § 2 Abs. 1 BBodSchG). Allerdings findet das BBodSchG insbesondere auf Fälle der Grundwasserschädigung Anwendung, wenn der Schadstoffeintrag in das Grundwasser über den Wirkungspfad Boden stattgefunden hat.[684]

(3) Haftungsrisiko des Käufers aus § 4 BBodSchG

1038 In § 4 BBodSchG ist geregelt, welche Personen zu Untersuchungen, zur Gefahrenabwehr und zu Sanierungen herangezogen werden können, wenn sich Flächen als altlastenverdächtig oder kontaminiert erweisen. Die zentrale Regelung ist in § 4 Abs. 3 BBodSchG enthalten. Danach sind der Verursacher sowie dessen Gesamtrechtsnachfolger, der Grundstückseigentümer und der Inhaber der tatsächlichen Gewalt über ein Grundstück verpflichtet, den Boden und Altlasten sowie durch schädliche Bodenveränderungen oder Altlasten verursachte Verunreinigungen von Gewässern so zu sanieren, dass dauerhaft keine Gefahren, erhebliche Nachteile oder erhebliche Belästigungen für den einzelnen oder die Allgemeinheit entstehen. Handelt es sich dabei um juristische Personen, kommt zudem eine entsprechende Einstandspflicht ihrer Organe in Betracht.

1039 Daraus ergibt sich für den Käufer im Rahmen eines Asset Deals ein Haftungsrisiko, wenn er Flächen erwirbt, die entsprechend belastet oder verdächtig sind, oder sich später als solche herausstellen; er wird nämlich mit Erlangung des zivilrechtlichen Eigentums zum (potentiellen) Zustandsstörer.[685] Dabei

---

[684] VG Cottbus, Urt. v. 9.9.2004 – 3 K 1631/03.
[685] VGH BW NVwZ-RR 1997, 267, 351, 352; BayVGH NVwZ 1986, 942, 946; OVG Hamburg DÖV 1983, 1016.

spielt es für die Haftung keine Rolle, ob die betreffende Kontamination bereits vor Inkrafttreten des Bundesbodenschutzgesetzes bestand oder erst danach entstanden ist.[686)]

Bei der Frage, welche Maßnahmen von einem Zustandsstörer zur Gefahrenabwehr verlangt werden können, und damit bei der Frage nach der Reichweite seiner Haftung, ist dem Grundsatz der Verhältnismäßigkeit besondere Rechnung zu tragen.[687)] Bei dessen Anwendung können unterschiedliche Gesichtspunkte relevant sein. Einzubeziehen sind insbesondere 1040

- die Kosten einer Sanierungsmaßnahme im Verhältnis zum Wert der betroffenen Flächen;
- die Frage, ob der Käufer als nunmehriger Zustandsstörer von der Altlast oder dem entsprechenden Verdacht Kenntnis hatte oder nicht;
- die Frage, ob der Käufer aufgrund der Altlast oder des entsprechenden Verdachts besondere Vorteile erlangte, beispielsweise das Grundstück zu einem geringeren Preis erwerben konnte; aber auch
- die Frage nach der Verantwortungssphäre, aus welcher die Gefahr resultierte.

Dabei können sich Interdependenzen zwischen diesen Gesichtspunkten ergeben.

Die Einstandspflicht des Eigentümers erstreckt sich nicht auf sein gesamtes Vermögen. Sie beschränkt sich vielmehr auf den Teil seines Vermögens, der in rechtlichem oder wirtschaftlichem Zusammenhang mit dem sanierungsbedürftigen Grundstück steht.[688)] 1041

Nach herrschender Meinung in Rechtsprechung und Literatur sind Sanierungspflichten zeitlich nicht begrenzt; sie sollen weder der Verjährung unterliegen, noch sollen die entsprechenden ordnungsrechtlichen Eingriffsbefugnisse verwirkt werden können.[689)] Allenfalls aus dem Grundsatz der Verhältnismäßigkeit sollen sich im Einzelfall auch in zeitlicher Hinsicht Grenzen ergeben können.[690)] 1042

(4) Gesetzliche Ausgleichsansprüche bei mehreren Sanierungspflichtigen

Gem. § 24 Abs. 2 BBodSchG haben mehrere Sanierungspflichtige unabhängig von ihrer Heranziehung durch die Behörden untereinander einen Aus- 1043

---

686) BGH JZ 2005, 145.
687) BVerfG NJW 2000, 2573 ff.
688) *Schwartmann*, § 4 BBodSchG, Rn. 7; *Landmann/Rohmer*, Umweltrecht, § 4 BBodSchG, Rn. 32.
689) *Versteyl/Sondermann*, BBodSchG, § 4 Rn. 102; VGH Mannheim NVwZ-RR 2008, 609; NVwZ-RR 2008, 699; a. A. *Hullmann/Zorn*, NVwZ 2010, 1267 ff.
690) BVerwG NVwZ 2008, 685.

gleichsanspruch. Soweit nichts anderes vereinbart wird, hängt die Verpflichtung zum Ausgleich sowie der Umfang des zu leistenden Ausgleichs davon ab, inwieweit die Gefahr oder der Schaden vorwiegend von dem einen oder dem anderen Teil verursacht worden ist. Lässt sich dies nicht ermitteln, gilt in entsprechender Anwendung von § 426 BGB eine Haftung nach Köpfen. Allerdings sind dem Ausgleichsberechtigten Beweiserleichterungen in entsprechender Anwendung der §§ 6, 7 UmweltHG eröffnet.[691]

1044 Dabei steht einem Ausgleichsanspruch nicht entgegen, wenn der Käufer bei Abschluss des Kaufvertrages fahrlässig keine Kenntnis von der schädlichen Bodenveränderung hatte.[692]

1045 § 24 Abs. 2 BBodSchG trägt dem Umstand Rechnung, dass die zuständigen Behörden im Interesse einer effektiven Gefahrenabwehr ein weites Ermessen haben in Bezug auf die Frage, welchen von mehreren Sanierungspflichtigen sie in Anspruch nehmen. Im Grundsatz kann sich keiner der nach § 4 Abs. 3 BBodSchG Verpflichteten gegen seine alleinige Inanspruchnahme wehren. Vielmehr muss er dann selbst den Ausgleich über die anderen Sanierungspflichtigen suchen.

1046 Der Ausgleichsanspruch verjährt grundsätzlich in drei Jahren. Die kürzeren Verjährungsfristen der §§ 438, 548, 606 BGB finden keine Anwendung (§ 24 Abs. 2 S. 3 BBodSchG). Die Verjährung beginnt nach der Beitreibung der Kosten, wenn eine Behörde Maßnahmen selbst ausführt, im Übrigen nach Beendigung der Maßnahmen durch den Sanierungspflichtigen zu dem Zeitpunkt, zu dem der Verpflichtete von der Person des Ausgleichpflichtigen Kenntnis erlangt; in jedem Fall verjährt der Ausgleichsanspruch spätestens dreißig Jahre nach Beendigung der Maßnahmen (§ 24 Abs. 2 S. 3 BBodSchG).

(5) Weitere Grundlagen der Käuferhaftung im Zusammenhang mit Altlasten und Bodenverunreinigungen

1047 • Neben der bodenschutzrechtlichen Sanierungspflicht kann sich unter anderem auch aus **§ 1004 Abs. 1 S. 1 BGB** eine Pflicht des Erwerbers zur Beseitigung von Bodenkontaminationen auf Nachbargrundstücken ergeben. Diese umfasst dann auch die Wiederherstellung des ursprünglichen Zustands.[693]

• Für Schadensursachen ab dem 30.4.2007 (§ 13 USchadG) kommt unter bestimmten Voraussetzungen ferner eine Sanierungspflicht nach dem **Umweltschadensgesetz** in Betracht. Im Gegensatz zu den älteren Umweltschutzgesetzen erfasst dieses auch Schäden an der Natur wie z. B. Schädigungen von Arten und natürlichen Lebensräumen, unabhängig von einem

---

691) BGH JZ 2005, 145.
692) BGH JZ 2005, 145.
693) BGH MDR 2005, 745.

individuellen Vermögensschaden (vgl. § 2 Nr. 1 USchadG). Dasselbe gilt für bestimmte Schädigungen des Bodens durch eine Beeinträchtigung der Bodenfunktionen i. S. d. § 2 Abs. 2 BBodSchG. Dabei gilt ein Anwendungsvorrang anderer Rechtsvorschriften des Bundes oder der Länder, soweit diese die Vermeidung und Sanierung von Umweltschäden zum Gegenstand haben. Das Umweltschadensgesetz greift aber, soweit es höhere Standards setzt; dies ist dem Umstand geschuldet, dass mit ihm die europäische Umwelthaftungsrichtlinie umgesetzt wurde. Im Einzelfall kann sich aus dem Umweltschadensgesetz damit eine Sanierungspflicht ergeben, die über die durch andere Normen angeordnete hinausgeht. Zentraler Haftungsadressat ist der Verantwortliche i. S. v. § 2 Nr. 3 USchadG. Das ist (i) jede natürliche oder juristische Person, die eine berufliche Tätigkeit ausübt oder bestimmt, einschließlich des Inhabers einer Zulassung oder Genehmigung für eine solche Tätigkeit sowie der Person, die eine solche Tätigkeit anmeldet oder notifiziert, und dadurch (ii) unmittelbar einen Umweltschaden oder die unmittelbare Gefahr eines solchen Schadens verursacht hat. Der Erwerber eines entsprechenden Grundstücks wird unter diesen Voraussetzungen zum Haftungsadressaten.

(6) Handlungsempfehlungen für die Praxis

Ergibt sich aus dem Gegenstand oder Zuschnitt der Transaktion oder aus anderen Anhaltspunkten die Möglichkeit einer umweltrechtlichen Haftung, sollten die entsprechenden Sachverhalte im Rahmen der Due Diligence angemessen aufgeklärt und bewertet werden. In diesem Zusammenhang ist auf das Umweltinformationsgesetz (UIG) hinzuweisen, in dem das grundsätzliche Recht auf Zugang zu behördlichen Umweltinformationen geregelt ist. Eine wichtige Informationsquelle sind auch die Altlastenregister. Darüber hinaus können den Veräußerer gegenüber dem Kaufinteressenten Aufklärungspflichten treffen.[694] Für eine verlässlichere Risikoabschätzung werden in der Praxis bei entsprechenden Anhaltspunkten bisweilen Boden- und andere Untersuchungen durchgeführt. Allerdings wird ein Verkäufer im Vorfeld einer Transaktion nur selten einer solchen Abklärung etwaiger Belastungssituationen zustimmen, da die aus der Due Diligence gewonnenen Erkenntnisse nach dem jeweiligen Landesrecht unter Umständen Anzeigepflichten gegenüber den Behörden[695] und im Fortgang ggf. weitere Maßnahmen auslösen können.

---

694) Vgl. BGH ZIP 1991, 1291 – Aufklärungspflichten des Verkäufers, arglistiges Verschweigen früherer Grundstücksnutzung, § 463 S. 2 BGB, dazu auch EWiR 1992, 245 *(Westermann)*; BGH NJW 1992, 1954 – Keine Prüfpflicht für Nachbargrundstücke (Altakten einer Gemeinde); BGH ZfIR 1999, 897 – Arglistiges Verschweigen früherer Deponienutzung, Amtshaftung bei Überplanung von Altlasten; BGH NJW 1995, 1549 – Offenbarungspflicht bzgl. Vornutzung, § 463 Satz 2 BGB, dazu EWiR 1995, 647 *(Salzwedel)*; BGH UPR 1995, 259 – Offenbarungspflicht.
695) *Hilf/Roth*, DB 2005, 1951 ff.

1049 In einschlägigen Fällen sollte der Unternehmenskaufvertrag eine Allokation der Haftungsrisiken aus bekannten, vermuteten sowie unbekannten Umweltsachverhalten vorsehen. In Betracht kommen entsprechende Garantie- oder Freistellungsvereinbarungen zugunsten des Käufers. In diesem Zusammenhang ist aus Käufersicht zu beachten, dass ein etwaiger Ausschluss von Garantien nicht in jedem Einzelfall auch den Ausgleichsanspruch nach § 24 Abs. 2 BBodSchG und § 9 Abs. 2 USchadG erfasst;[696] daher ist es aus seiner Sicht angebracht und in der Praxis nicht unüblich, in den Kaufvertrag eine entsprechende ausdrückliche Regelung aufzunehmen und diese ggf. auch auf zukünftige Verkaufsfälle zu erstrecken.[697]

1050 Des Weiteren ist zu beachten, dass Sanierungspflichten die Bilanzierung entsprechender Rückstellungen erforderlich machen können.[698] Dies gilt jedenfalls bei Vorliegen entsprechender Sanierungsbescheide. Hat die zuständige Behörde hingegen noch keine Kenntnis von dem zugrunde liegenden Sachverhalt und steht die Mitteilung auch nicht unmittelbar bevor, darf eine Rückstellung grundsätzlich noch nicht erfolgen. Dies kann, je nach gewähltem Mechanismus, Auswirkungen auf den Kaufpreis haben, die im Rahmen der Verhandlung des Unternehmenskaufvertrages berücksichtigt werden sollten.

ff) Haftung für nach Vollzug fällig werdende Altverbindlichkeiten aus Mietverträgen, §§ 566, 578 BGB

1051 Wird ein vermietetes Grundstück oder an den Mieter überlassener Wohnraum veräußert, tritt der Käufer mit Eigentumsübertragung an der vermieteten Sache gem. §§ 566, 578 BGB an die Stelle des Verkäufers als bisherigem Vermieter in den Mietvertrag ein. Ansprüche des Mieters, die zu diesem Zeitpunkt bereits entstanden und fällig waren, richten sich allein gegen den Verkäufer. Dagegen haftet allein der Käufer für bereits entstandene, aber noch nicht fällig gewordene mietvertragliche Verbindlichkeiten.[699]

1052 Vor diesem Hintergrund empfiehlt es sich für den Käufer, entsprechende Garantien bzw. bei Vorliegen von Anhaltspunkten für relevante Altverbindlichkeiten eine entsprechende Freistellung im Unternehmenskaufvertrag vorzusehen.

---

696) BGH JZ 2005, 145.
697) Vgl. *Wagner*, JZ 2005, 150 ff.
698) *Eilers/Geisler*, BB 1998, 2411; *Oser/Pfitzer*, DB 1994, 845; BFH BeckRS 2006, 25009825; BFH DB 1994, 18; OFD Hannover BB 1999, 153.
699) BGH NZM 2004, 188 – Rückzahlung von Betriebskosten-Überschüssen; BGH NJW-RR 2005, 96 – Abrechnung; BGH DWW, 2005, 103 – Schadensersatz nach Verzug des Veräußerers; BGH NJW-RR 2006, 295 – Bereicherungsanspruch.

gg) Haftung für rückständige und laufende Versicherungsprämien gem. § 95 VVG

Wird eine Sache, für die eine Sachversicherung eingedeckt ist, veräußert, tritt der Käufer gem. § 95 Abs. 1 VVG anstelle des Verkäufers in die während der Dauer seines Eigentums aus dem Versicherungsverhältnis sich ergebenden Rechte und Pflichten des Verkäufers ein. Gegenständlich soll § 95 VVG ausweislich der Gesetzesbegründung dabei nicht nur die reine Sachversicherung, sondern auch sachbezogene Haftpflichtversicherungen mitumfassen.[700] Weitgehende Einigkeit besteht auch darüber, dass der für diesen Wechsel maßgebliche Zeitpunkt derjenige der zivilrechtlichen Eigentumsübertragung an der versicherten Sache ist, da dieser meist relativ einfach festgestellt werden kann.[701]

1053

In Rechtsprechung und Literatur wird dabei vielfach etwas pauschal davon gesprochen, dass der Käufer das Versicherungsverhältnis so übernimmt, wie es im Zeitpunkt der Übertragung der Sache besteht.[702] Näher ausgeführt wird dies beispielhaft anhand von vorangegangenen Obliegenheits- und Pflichtverletzungen oder Gefahrerhöhungen seitens des Verkäufers, die der Käufer grundsätzlich gegen sich gelten lassen muss.[703] Umgekehrt ist anerkannt, dass der Anspruch auf die Versicherungsleistung für einen vor der Veräußerung eingetretenen Versicherungsfall ungeachtet der Regelung in § 95 VVG grundsätzlich dem Verkäufer zustehen und dementsprechend nicht auf den Käufer übergehen soll.[704] Uneinheitlich wird dagegen die Frage beantwortet, ob der Verkäufer schuldbefreiend mit Wirkung auch für die Vergangenheit aus dem Versicherungsvertrag ausscheidet und an seiner Statt der Käufer haftet,[705] oder ob der Käufer für Verbindlichkeiten aus dem Versicherungsvertrag nur insoweit haftet, als diese während seiner Eigentümerstellung in Bezug auf die versicherte Sache entstehen.[706] Für letzteres spricht unter anderem die Parallele zum Wortlaut des § 566 BGB.

1054

Zum Schutz des Versicherers wird in Bezug auf die Prämie für das laufende Jahr in § 95 Abs. 2 VVG die gesamtschuldnerische Haftung von Käufer und Verkäufer angeordnet.

1055

---

700) *Dötsch*, NZM 2012, 830.
701) Eingehend dazu: MünchKomm-VVG/*Reusch*, § 95 Rn. 32 ff.
702) BGH NJW-RR 1988, 1240; BGH VersR 1982, 466; BGHZ 100, 60; MünchKomm-VVG/*Reusch*, § 95 Rn. 32 ff.; *Rüffer/Halbach/Schimikowski*, VVG, § 95 Rn. 8.
703) *Rüffer/Halbach/Schimikowski*, VVG, § 95 Rn. 8; MünchKomm-VVG/*Reusch*, § 95 Rn. 227 ff.; *Römer/Langheid*, VVG, § 95 Rn. 17 ff.; OLG Jena DB 2007, 1136.
704) OLG Schleswig NJW-RR 1989, 280, 283; bereits RGZ 162, 269, 272.
705) *Rüffer/Halbach/Schimikowski*, VVG, § 95 Rn. 8; MünchKomm-VVG/*Reusch*, § 95 Rn. 227 ff.; *Römer/Langheid*, VVG, § 95 Rn. 17 ff.
706) Prölls/Martin/*Armbrüster*, VVG, § 95 Rn. 12 ff.

1056 Nach § 96 VVG steht sowohl dem Versicherer als auch dem Käufer ein außerordentliches Kündigungsrecht zu; dies trägt dem Umstand Rechnung, dass keiner von ihnen sich den neuen Vertragspartner ausgesucht hat.[707]

1057 In der Praxis empfiehlt es sich daher für den Käufer, die entsprechenden Haftungsrisiken durch eine Garantie oder Freistellung abzusichern. Des Weiteren tut er gut daran, im Unternehmenskaufvertrag zu regeln, wem der Anspruch auf die Versicherungsleistung aus versicherten Altfällen zustehen soll.

hh) Haftung aus § 33 GWB (Verstoß gegen kartellrechtliche Schutzvorschriften)

1058 In (praktisch freilich singulären) Ausnahmefällen kommt im Zusammenhang mit der Durchführung eines Asset Deals auch eine Haftung aus § 33 GWB infrage.

1059 Verständigen sich Kaufinteressenten untereinander dahin, dass nur einer von ihnen ein Kaufangebot abgibt, kann dies ein unzulässiges Nachfragekartell i. S. v. § 1 GWB darstellen. Da § 1 GWB Schutzgesetz i. S. v. § 33 GWB zugunsten des Verkäufers ist, sind die Kartellmitglieder zum Schadensersatz verpflichtet. Der auszugleichende Schaden besteht dabei in der Differenz des Preises, der bei nicht beschränktem Nachfragewettbewerb erzielt worden wäre, und dem tatsächlich gezahlten Preis. In der Praxis stellen sich bei derartigen Fällen Beweishürden, die nur selten zu überwinden sein werden.

1060 Gem. § 33 GWB besteht bereits ein Unterlassungsanspruch, wenn eine Kartellrechtsverletzung droht.

f) Instrumente zur Erleichterung der Durchsetzung von Ansprüchen gegen den Käufer

1061 Gegen das Risiko, dass der Käufer den Kaufpreis nicht zahlt, kann sich der Verkäufer durch entsprechende Gestaltung des Vollzugsmechanismus angemessen absichern: Er darf das Unternehmen so lange nicht aus der Hand geben, bis dieser nachweislich geflossen ist. Lediglich bei nachlaufenden Kaufpreisanpassungen verbleibt ein Restrisiko. Dieses kann, genauso wie das Risiko des Gläubigerausfalls in Bezug auf Leistungen auf Garantie-, Freistellungs- und sonstige Ansprüche des Verkäufers aus dem Unternehmenskaufvertrag im Grundsatz mit denselben Instrumenten abgesichert werden, die in umgekehrter Schutzrichtung dem Käufer zu Gebote stehen (vgl. hierzu Rn. 976). Hinzu kommt der sog. Commitment Letter, der Ähnlichkeit mit der Bankbürgschaft sowie der Patronatserklärung aufweist. Dabei handelt es sich um die verbindliche Zusage eines Dritten, meist einer Bank oder eines Kreditin-

---

707) Eingehend dazu: MünchKomm-VVG/*Reusch*, § 96 Rn. 1 ff.

stituts, dem Käufer ausreichend Eigen- und/oder Fremdkapital zur Verfügung zu stellen, um die Transaktion zu finanzieren (vgl. hierzu Rn. 1149).

3. Haftung Dritter

a) Einführung

Nicht nur die Parteien des Unternehmenskaufvertrages selbst unterliegen einem Haftungsrisiko. Ein solches kann sich auch für Dritte ergeben, die in die jeweilige Transaktion eingebunden sind. Im Vordergrund stehen dabei folgende Personengruppen: **1062**

- Berater der Parteien (hierzu unter Rn. 1063 ff.);
- Notare (hierzu unter Rn. 1095 ff.);
- Geschäftsführungsorgan des Zielunternehmens (hierzu unter Rn. 1099 ff.);
- Geschäftsführungsorgane der Parteien des Unternehmenskaufvertrages (hierzu unter Rn. 1114 ff.).

b) Beraterhaftung

aa) Vorbemerkung

Nach allgemeinen Grundsätzen richten sich die Anforderungen an einen Berater zur Vermeidung von Schadensersatzpflichten nach dem Rechtsverhältnis, in dem er zu seinem Auftraggeber steht, und den darin im Einzelnen getroffenen Vereinbarungen bzw. dem sich aus dispositivem Recht ergebenden Aufgaben- und Pflichtenkreis. Anspruchsinhaber ist grundsätzlich der jeweilige Vertragspartner. Ausnahmsweise können auch Dritten Ansprüche zustehen. **1063**

bb) Haftungsgrundlage

(1) Beratungsvertrag

Grundlage für eine etwaige Beraterhaftung ist demnach der Beratungsvertrag. Zwar können Beratungsverträge auch stillschweigend zustande kommen.[708] Allerdings tun sowohl der Berater als auch der Auftraggeber gut daran, dessen Inhalt zu dokumentieren. Denn nur dann kann sich der Auftraggeber auch haftungsrechtlich auf den Berater verlassen. Umgekehrt hat auch der Berater ein fundamentales Interesse daran, nicht nur seinen Aufgaben- und Pflichtenkreis, sondern auch seinen Auftraggeber eindeutig zu bestimmen. Letzteres ist bei einigen Beratergruppen schon zur Vermeidung von Interessenkonflikten und darüber hinaus deshalb unbedingt geboten, um den Vorgaben des Geldwäschegesetzes zu genügen. Darüber hinaus ist die Vereinba- **1064**

---

[708] *Zugehör,* DStR 2007, 673.

rung von Haftungsmodalitäten, insbesondere Sorgfaltsmaßstab und Haftungsgrenzen ratsam. Des Weiteren sollten natürlich auch Vereinbarungen zur Vergütung, aber auch über den Umgang mit überlassenen Informationen getroffen werden.

(2) Haftung aus öffentlich-rechtlichen Pflichten

1065 Im Einzelfall können sich für den Berater aus der Übernahme eines Beratungsauftrages öffentlich-rechtliche Pflichten ergeben, deren Verletzung ebenfalls zu einer persönlichen Haftung führen können. Wer etwa als Anwalt die kartellrechtliche Beratung einer Partei eines Unternehmenskaufvertrages übernommen hat, haftet bei schuldhaft unterlassener Nichtanmeldung des Zusammenschlussvorhabens zum Bundeskartellamt und begeht eine Ordnungswidrigkeit.[709]

cc) Anspruchsgegner

1066 Berater sind aus ihrem Beratungsauftrag grundsätzlich nur ihrem **Auftraggeber** gegenüber verantwortlich.

1067 Eine Haftung gegenüber Dritten kommt bei entsprechender vertraglicher Vereinbarung (**Vertrag zugunsten Dritter**) und nach allgemeinen Grundsätzen darüber hinaus dann in Betracht, wenn das betreffende Auftragsverhältnis **Schutzwirkung zugunsten Dritter** entfaltet, so insbesondere zugunsten von Personen, denen die geschuldete Leistung aus dem Auftragsverhältnis, insbesondere die Erstellung von Gutachten, bestimmungsgemäß zugutekommt.[710]

1068 Als Vertreter kann der Berater einem Dritten gegenüber dann haften, wenn er für seine eigene Person das Vertrauen des Gegners in Anspruch nimmt (**Eigenhaftung des Vertreters**). Von der Inanspruchnahme persönlichen Vertrauens lässt sich allerdings nur sprechen, wenn der Berater bei der Gegenseite ein zusätzliches, von ihm selbst ausgehendes Vertrauen auf die Vollständigkeit und Richtigkeit seiner Erklärungen hervorgerufen hat, das für den Willensentschluss des anderen Teils bedeutsam gewesen ist.[711]

1069 Ein gesteigertes Haftungsrisiko besteht für einen Berater ferner dann, wenn er ein **besonderes Eigeninteresse** an dem abzuschließenden Vertrag hat; dafür genügt aber nicht die bloße Stellung als Gesellschafter-Geschäftsführer oder eine zusätzliche selbstschuldnerische Bürgschaft.[712]

---

709) Vgl. BKartA NJW 1976, 1280.
710) *Leibner/Holzkämper*, DB 2004, 2087; BGH NJW-RR 2003, 1035; BGH NJW-RR 2006, 1329; OLG Saarbrücken BeckRS 2007, 10398 – keine generelle Haftung des Abschlussprüfers gegenüber geschäftsführendem Alleingesellschafter.
711) BGH DStR 2002, 1275; BGH NJW-RR 2007, 1692; BGH ZIP 2007, 636; BGH ZIP 2007, 1069; dazu EWiR 2007, 429 *(Klanten)*.
712) *Sieger/Hasselbach*, GmbHR 1998, 957.

In diesem Zusammenhang ist schließlich zu beachten, dass derjenige, der Be- 1070
ratungsleistungen an den Verkäufer in Leistungen an das Zielunternehmen
umgestaltet, dem Zielunternehmen möglicherweise Betriebsausgaben- und
Vorsteuerabzug verschafft oder eine verdeckte Gewinnausschüttung mit entsprechenden Folgen für den Verkäufer und das Zielunternehmen verursacht.
Darüber hinaus entstehen dadurch unter Umständen aber auch mittelbare
Offenlegungs-, Treue- und andere Pflichten des Beraters gegenüber dem Erwerber, nachdem dieser das Unternehmen erworben hat.

dd) Aufgaben- und Pflichtenkreis sowie weitere Einzelheiten

Der Aufgaben- und Pflichtenkreis richtet sich nach dem Inhalt des jeweiligen 1071
Beratungsvertrages und ggf. ergänzend nach dem einschlägigen dispositiven
Recht. Soweit die Beratungsleistung unternehmerischen Charakter aufweist
wird man dem Berater dabei im Grundsatz ähnlichen Beurteilungs- und Ermessensspielraum zugestehen müssen wie dem Auftraggeber selbst. In Unternehmenskäufe sind regelmäßig insbesondere folgende Beratertypen eingebunden

- Steuerberater;

- Wirtschaftsprüfer;

- Rechtsanwälte;

- Investmentbanken und vergleichbare M&A-Berater.

(1) Steuerberater

Der Steuerberater hat die im Rahmen der geplanten Transaktion steuerlich 1072
relevanten Sachverhalte aufzuklären und zu prüfen, seinen Auftraggeber insoweit steuerlich zu beraten und Schäden mit steuerlichem Bezug von ihm
abzuwenden. Dabei trifft ihn auch die Pflicht zur Beobachtung aktueller
Rechtsentwicklungen sowie zur Prüfung und Berücksichtigung der daraus
möglicherweise resultierenden nachteiligen Folgen;[713] relevante publizierte
(aber ggf. noch nicht in Kraft getretene) Steueränderungen hat er in seinen
Rat miteinzubeziehen.[714]

Der Steuerberater muss seinen Auftraggeber möglichst vor Schaden bewahren; deswegen hat er grundsätzlich den sichersten Weg zu dem erstrebten 1073
steuerlichen Ziel aufzuzeigen und sachgerechte Vorschläge zu dessen Verwirklichung zu unterbreiten und bei Aufzeigen alternativer Vorgehensweisen
auf die damit verbundenen (gesteigerten) Risiken hinzuweisen.[715] Dabei hat
er zu berücksichtigen, dass auch ein wirtschaftlich erfahrener und kenntnis-

---

713) *Raebel*, DStR 2004, 1673.
714) BGH MDR 2005, 33.
715) BGH NJW-RR 2006, 273, 274; BGH BB 2007, 905.

reicher Mandant steuerlich unkundig sein kann, so dass den Steuerberater auch gegenüber diesem Personenkreis eine gesteigerte Aufklärungspflicht treffen kann.[716] Eine Hinweispflicht kann sich auch in dem bereits angesprochenen Fall der Belastung des Zielunternehmens mit gesellschafterbezogenen Leistungen und dem damit verbunden Risiko einer verdeckten Gewinnausschüttung ergeben (siehe hierzu Rn. 1070).

1074 Der Steuerberater unterliegt dabei einem strengen Sorgfaltsmaßstab.[717]

1075 Eine Haftung gegenüber Dritten kann sich für Steuerberater im Einzelfall ergeben, insbesondere im Rahmen übernommener Abschlusserstellung oder -prüfung, aber auch im Rahmen der Erstellung von Gutachten, auf deren Richtigkeit und Vollständigkeit der Dritte sich legitimerweise verlassen darf.[718]

(2) Wirtschaftsprüfer

(a) Haftung im Rahmen von Abschlussprüfungen

1076 Im Rahmen von Pflichtprüfungen erfüllen Wirtschaftsprüfer öffentliche Aufgaben und unterliegen dementsprechend strengen berufsrechtlichen Vorschriften. Werden diese vorsätzlich oder fahrlässig verletzt, sind sie der betreffenden Gesellschaft oder etwaigen geschädigten verbundenen Unternehmen gem. § 323 HGB zum Schadensersatz verpflichtet.[719] Bei freiwilligen Prüfungen ergibt sich dies regelmäßig aus dem zugrunde liegenden Auftrag. Eine Schadensersatzpflicht ergibt sich dabei insbesondere dann, wenn ein uneingeschränkter Bestätigungsvermerk pflichtwidrig erteilt wurde.

1077 Die zentrale Pflicht des Abschlussprüfers besteht dabei in der gewissenhaften Prüfung.[720]

1078 Gegenstand der Prüfung ist nach § 317 HGB der Jahresabschluss unter Einbeziehung der Buchführung. Die Prüfung hat sich dabei darauf zu erstrecken, ob die gesetzlichen Vorschriften und sie ergänzende Bestimmungen des Gesellschaftsvertrages beachtet worden sind. Sie ist so anzulegen, dass Unrichtigkeiten und Verstöße gegen diese einschlägigen Bestimmungen bei Anwendung der erforderlichen Sorgfalt erkannt werden, soweit diese sich auf die Vermögens-, Finanz- und Ertragslage des Unternehmens wesentlich auswirken. Dabei haben die Abschlussprüfer nicht nur die Vollständigkeit und Richtigkeit der Jahresabschüsse zu untersuchen, sondern auch zu prüfen, ob

---

716) OLG Düsseldorf DStR 2004, 1102; BGH NJW-RR 2004, 1210; BGH DB 2006, 1104; *Cierniak*, DB 2007, 1011; *Zugehör*, DStR 2007, 673 und 723; *Ehlers*, NZI 2008, 211 (Haftungsrisiken des Steuerberaters in der Insolvenz des Mandanten).
717) *Zugehör*, Sonderbeilage 4/2000 zu WM Nr. 42 v. 21.10.2000 m. w. N.; *ders.*, DStR 2001, 1613; OLG Köln DStRE 2003, 1477; OLG Düsseldorf BeckRS 2007, 18319.
718) Im Einzelnen zu diesem Themenkreis: *Zugehör*, DStR 2007, 723.
719) *Leibner/Holzkämper*, DB 2004, 2087; *Fölsing*, DStR 2006, 1809; *Ehlers*, NZI 2008, 211.
720) MünchKomm-HGB/*Ebke*, § 323 Rn. 25 m. w. N.

das interne Kontrollsystem des Unternehmens geeignet ist, Fehlentwicklungen rechtzeitig zu erkennen. Konkretisierende Leitlinien für die Abschlussprüfung ergeben sich für die Prüfungspraxis aus dem Prüfungsstandard IDW EPS 261, auch wenn diesem keine Rechtsnormqualität zukommt.

Neben der entsprechend angelegten Prüfungstätigkeit ist dabei auch auf eine hinreichende Dokumentation des Prüfungsprozesses zu achten. **1079**

(b) Anspruchsgegner

(aa) Haftung gegenüber der Gesellschaft und verbundenen Unternehmen

Ein Wirtschaftsprüfer als Abschlussprüfer haftet nach § 323 HGB zunächst (nur) gegenüber der von ihm geprüften Gesellschaft und etwaigen geschädigten verbundenen Unternehmen.[721] **1080**

(bb) Haftung gegenüber Dritten

Der BGH hat in sehr engen Grenzen die Möglichkeit einer vertraglichen Haftung des Abschlussprüfers gegenüber Dritten auf der Grundlage der Annahme eines Vertrages mit Schutzwirkung zugunsten Dritter bejaht. Für eine solche Haftung reicht dabei aber nicht aus, dass die Stellungnahme des Abschlussprüfers den Zweck hat, Vertrauen Dritter zu erwecken, und sie – für den Abschlussprüfer hinreichend deutlich erkennbar – Grundlage einer Entscheidung mit wirtschaftlichen Folgen wird.[722] Erforderlich ist vielmehr, dass der Abschlussprüfer damit nicht nur typisierendes, sondern ganz konkretes Vertrauen Dritter in Anspruch nimmt. Das kann der Fall sein, wenn der Bericht über die Prüfung eines Wertpapier-Verkaufsprospekts Interessenten auf Anforderung zur Verfügung gestellt wird.[723] Eine Testathaftung des Wirtschaftsprüfers der Gesellschaft besteht unter Umständen auch gegenüber den verkaufswilligen Gesellschaftern.[724] **1081**

(c) Haftungsumfang

§ 323 Abs. 2 HGB regelt Haftungshöchstgrenzen, die gem. § 323 Abs. 4 HGB durch Parteivereinbarung nicht herabgesetzt werden können. Eine Erhöhung schließt das Gesetz zwar nicht aus. Die herrschende Meinung nimmt insoweit aber ein standesrechtliches Verbot an, da andernfalls zu befürchten sei, **1082**

---

721) BGH ZIP 2006, 954, dazu EWiR 2006, 403 *(Linnerz)*.
722) BGH ZIP 2006, 954, dazu EWiR 2006, 403 *(Linnerz)*; OLG Bamberg, AG 2005, 766; *Fölsing*, DB 2006, 1809; *Zugehör*, NJW 2008, 1105 (allgemein zur Schutzwirkung von Beraterverträgen für Dritte).
723) BGH NJW-RR 2007, 1329; vgl. *Zugehör*, NJW 2008, 1105 ff.
724) OLG Stuttgart StbG 1996, 459; BGH BB 1997, 1685; dazu *Ebke*, BB 1997, 1731.

dass sich Wirtschaftsprüfer durch Vereinbarung von Haftungserweiterungen einen Wettbewerbsvorteil verschafften.[725]

(3) Rechtsanwalt

(a) Aufgaben- und Pflichtenkreis

1083 Der konkrete Umfang der anwaltlichen Pflichten richtet sich nach dem im Einzelfall erteilten Mandat.

1084 Ähnlich dem Steuerberater ist auch der Anwalt zunächst verpflichtet, den Sachverhalt gewissenhaft und umfassend aufzuklären. Darstellungen seines Mandanten hat er angemessen zu hinterfragen und dabei je nach Kenntnisstand des Mandanten zu berücksichtigen, dass dieser die rechtliche Relevanz von Tatsachen häufig nicht vollumfänglich einschätzen kann.[726]

1085 Aufbauend auf dem ermittelten Sachverhalt hat der Rechtsanwalt die relevante Rechtslage umfassend zu analysieren und dem Mandanten die verschiedenen sich bietenden Möglichkeiten zur Erreichung seines wirtschaftlichen Ziels unter Berücksichtigung seiner sonstigen Interessen darzulegen. Dabei hat er insbesondere darüber aufzuklären, welche Risiken und Kosten damit jeweils verbunden sind und in welchem zeitlichen Rahmen sich die Maßnahmen umsetzen lassen.[727]

(b) Anspruchsgegner

1086 Sofern nichts anderes vereinbart ist, haftet der Rechtsanwalt seinem Mandanten gegenüber grundsätzlich unbeschränkt. Allerdings sind Haftungsbeschränkungen zulässig und üblich.

1087 Ohne besondere Umstände entsteht für den hinzugezogenen Rechtsanwalt keine persönliche Haftung gegenüber Dritten für die Richtigkeit der bei den Vertragsverhandlungen abgegebenen Parteierklärungen im Hinblick auf Verschulden bei Vertragsschluss.[728]

1088 Nicht selten werden Rechtsanwälte im Rahmen von Unternehmenskäufen aufgefordert, ihre Einschätzungen und Analysen, etwa in Gestalt eines Vendor Due Diligence Berichts an Dritte weiterzugeben. Das können Bieter im Rahmen von Auktionsverfahren sein. Bei fremdfinanzierten Unternehmenskäufen soll eine entsprechende Weitergabe häufig auch an die Fremdkapitalgeber erfolgen. Am Auftragsverhältnis zwischen Mandant und Rechtsanwalt ändert sich

---

725) ADS, § 323 HGB Rn. 147; Beck-BilKomm/*Winkeljohann/Feldmüller*, § 323 HGB Rn. 136; MünchKomm-HGB/*Ebke*, § 323 HGB Rn. 73; Koller/Kindler/Roth/*Morck*, HGB, § 323 Rn. 7.
726) BGH NJW 1961, 601.
727) BGH NJW 1988, 2113; BGH NJW 2007, 2485; BGH NJW 2000, 3560; BGH VersR 1960, 932.
728) BGH ZIP 1988, 1581 = DB 1988, 2398.

durch diese Weitergabe zwar nichts. Die Weitergabe erfolgt aber zu dem Zweck, dass sich der betreffende Dritte einen Überblick über die rechtlichen Verhältnisse des Zielunternehmens verschaffen kann. Aus Sicht des Rechtsanwalts ist es in derartigen Fällen ratsam, eine Vereinbarung mit dem betreffenden Dritten darüber zu schließen, ob auch dieser sich auf das Arbeitsprodukt des Anwalts verlassen können soll und, falls ja, in welcher Höhe der Anwalt dem Dritten gegenüber dafür einzustehen bereit ist (sog. *Reliance Letter*), oder ob der Dritte das Arbeitsprodukt erhält, ohne dass der Anwalt für dessen inhaltliche Richtigkeit haften soll (sog. *Non-Reliance Letter*; vgl. hierzu Rn. 672). Insbesondere im Falle von Fremdkapitalgebern wird der Due Diligence Bericht im Rahmen der Entscheidung über die Darlehensvergabe miteinbezogen, weshalb häufig nur ein entsprechender Reliance Letter in Betracht kommt.

(4) Investmentbanken und vergleichbare M&A-Berater

Bei großen, multinationalen Unternehmenstransaktionen werden in der Regel Investmentbanken oder vergleichbare M&A-Berater involviert. Meist auf Seiten des Verkäufers, nicht selten aber auch auf Käuferseite. 1089

Auch deren Haftungsrisiko hängt vom vereinbarten Aufgaben- und Pflichtenkreis im konkreten Einzelfall ab. Typischerweise gehören dazu die folgenden: 1090

- Strukturierung und Begleitung des Verkaufsprozesses;
- Erstellung vorbereitender Unterlagen (z. B. *Information Memorandum*);
- Ermittlung in Betracht kommender Kaufinteressenten (*Buyer Universe*);
- Organisation und Betreuung des Datenraums;
- Bewertung des Zielunternehmens und Einschätzung der aus dessen Veräußerung zu erwartenden Erlöse.

Werden die übernommenen Pflichten nicht mit der erforderlichen Sorgfalt erfüllt, können Investmentbanken und andere M&A-Berater nach allgemeinen Grundsätzen gegenüber ihrem Auftraggeber haften. 1091

Im Einzelfall kommt auch eine Haftung gegenüber Dritten in Betracht. Dies gilt insbesondere dann, wenn diese Berater besonderes persönliches Vertrauen in Anspruch nehmen und deswegen bei Pflichtverletzung aus §§ 280, 311 Abs. 2, 3, 241 Abs. 2 BGB haften.[729] 1092

ee) Verjährung

Die Verjährung von Ansprüchen gegen Steuerberater, Wirtschaftsprüfer und Rechtsanwälte richtet sich nach den allgemeinen Bestimmungen; die privile- 1093

---

729) BGH ZIP 1990, 659 = NJW 1990, 1907.

gierenden berufsrechtlichen Verjährungsregelungen für Schadensersatzansprüche gegen Wirtschaftsprüfer, Steuerberater und Rechtsanwälte wurden Ende 2003 bzw. Ende 2004 aufgehoben.[730] Demnach gilt grundsätzlich die dreijährige Regelverjährungsfrist des § 199 Abs. 1 BGB. Deren Beginn hängt davon ab, wann der Anspruchsinhaber von den haftungsbegründenden Umständen Kenntnis erlangt hat. Kombiniert wird dies mit Höchstfristen von zehn bzw. dreißig Jahren aus § 199 Abs. 2, 3 BGB.

ff) Beweislast

1094 Die Darlegungs- und Beweislast für Schadensersatzansprüche gegen Berater liegt nach allgemeinen prozessualen Regeln grundsätzlich beim Anspruchsteller.[731]

c) Notare

1095 Notare sind insbesondere dann in Unternehmenskäufe eingebunden, wenn für die zugrunde liegenden Verträge eine Beurkundungserfordernis besteht, da für die entsprechenden Verträge nicht selten die notarielle Beurkundung erforderlich ist; das gilt insbesondere beim Verkauf von GmbH-Geschäftsanteilen, aber auch bei Asset Deals, sofern Grundstücke zu den mitveräußerten Sachen gehören.

1096 Notare haften dabei nach Maßgabe von § 19 BNotO im Falle **schuldhafter Amtspflichtverletzung**.[732] Die steuerliche Beratung gehört dabei grundsätzlich nicht zu seinen Amtspflichten, weshalb er für deren Unterbleiben ohne Hinzutreten besonderer Umstände nicht einzustehen hat.[733] Erteilt er aber steuerlichen Rat und stellt sich dieser als falsch heraus, kommt eine Haftung in Betracht.[734]

1097 Von erheblicher praktischer Relevanz im Zusammenhang mit Unternehmenskäufen ist die **Subsidiarität** der Notarhaftung. Nach § 19 Abs. 1 S. 2 BNotO, der insoweit der Regelung von § 839 Abs. 1 S. 2 BGB entspricht, haftet der Notar nämlich nur, soweit der Geschädigte nicht auf andere Weise Ersatz erlangen kann. Da bei Unternehmenskäufen regelmäßig eine Vielzahl von Beratern eingebunden ist, bleibt in der Praxis nur wenig Raum für einen effektiven Haftungsdurchgriff auf den Notar, zumal auch eine vorrangige Haf-

---

730) *Leibner/Holzkämper*, DB 2004, 2087; *Zugehör*, DStR 2007, 673, 682.
731) BGH ZIP 2006, 1050 = NJW-RR 2006, 923.
732) Eingehend zur Notarhaftung: Beck'sches Notarhandbuch, Abschnitt K.
733) BGH ZIP 1996, 19; dazu EWiR 1996, 439 *(Limmer)*; BGH ZIP 1996, 588; dazu EWiR 1996, 389 *(Brambring)*.
734) BGH NJW 2000, 1644.

tung der Organe oder Angestellten des Geschädigten in Betracht kommt.[735] In Betracht kommen aber immerhin Beurkundungsfehler oder Versäumnisse im Rahmen der Einreichung von Unterlagen zum Handelsregister.

1098 Die Inanspruchnahme des Notars scheidet nach § 19 Abs. 1 S. 3 BNotO in Verbindung mit § 839 Abs. 3 BGB zudem auch dann aus, wenn der Geschädigte es schuldhaft unterlassen hat, den Schaden durch Gebrauch eines Rechtsmittels abzuwenden.

d) Haftung des Geschäftsführungsorgans der Zielgesellschaft

aa) Vorbemerkung

1099 Eine Haftung des Geschäftsführungsorgans der Zielgesellschaft kommt insbesondere im Zusammenhang mit der **Weitergabe von Informationen** in Betracht. Dabei stellt sich zunächst die Frage, ob das Geschäftsführungsorgan das Recht oder die Pflicht hat, Kaufinteressenten relevante Informationen über das Zielunternehmen zur Verfügung zu stellen (hierzu Rn. 1101 ff.). Des Weiteren ist näher zu beleuchten, ob das Geschäftsführungsorgan für die **Richtigkeit bzw. die Vollständigkeit der zur Verfügung gestellten Informationen** haftet (hierzu Rn. 1104 ff.).

1100 Für die Vertragspraxis ebenfalls relevant ist die Frage, inwieweit der Käufer das Geschäftsführungsorgan der Zielgesellschaft aus dessen **Tätigkeit bis zum Vollzug der Transaktion** in Anspruch nehmen kann, und welche vertragliche Vorsorge hiergegen getroffen werden kann. Dies insbesondere dann von Bedeutung, wenn es im Rahmen der Transaktion zu einem Wechsel im Geschäftsführungsorgan kommt und bisher Verantwortliche beim Verkäufer verbleiben oder anderweitig aus dem Zielunternehmen ausscheiden. Hier liegt es im Interesse der betreffenden Mitglieder des Geschäftsführungsorgans, aber auch des Verkäufers, einer Inanspruchnahme gegenzusteuern (vgl. hierzu Rn. 1108 ff.).

bb) Aufgaben- und Pflichtenstellung in Bezug auf die Weitergabe von Informationen

1101 Die Frage, ob das Geschäftsführungsorgan der Zielgesellschaft im Rahmen einer Unternehmenstransaktion berechtigt oder verpflichtet ist, Kaufinteressenten Informationen zur Verfügung zu stellen, hängt maßgeblich von der Rechtsform der Zielgesellschaft ab:

1102 Im Fall der **Veräußerung von GmbH-Geschäftsanteilen** können GmbH-Gesellschafter den Geschäftsführer der Zielgesellschaft anweisen, dem Kauf-

---

735) Zur Haftung des Rechtsanwalts: BGH WM 1963, 754; BGH DNotZ 1985, 231; BGH DNotZ 1988, 379; BGH NJW 1993, 1587; BGH DNotZ 1996, 563; zur Haftung des Steuerberaters: BGH WM 1981, 942, 944; OLG Frankfurt/M. DNotZ 1996, 589; einschränkend jedoch BGH DNotZ 1991, 314 m. Anm. *Kanzleiter*; BGH NJW 2000, 664.

interessenten Informationen über das Unternehmen zur Verfügung zu stellen (vgl. §§ 37 Abs. 1, 51a Abs. 1 GmbHG). An eine solche Weisung ist der Geschäftsführer grundsätzlich gebunden. Auch jeder einzelne Gesellschafter hat im Rahmen des § 51a Abs. 1 GmbHG grundsätzlich ein Recht auf Zugang zu gesellschaftsbezogenen Informationen. Der Geschäftsführer macht sich aber unter Umständen schadensersatzpflichtig, wenn er das ihm gegenüber einzelnen Gesellschaftern zustehende Auskunftsverweigerungsrecht (§ 51a Abs. 2 GmbHG) missachtet. Ein solches Auskunftsverweigerungsrecht besteht, wenn zu besorgen ist, dass die vom Gesellschafter geforderte Information zu gesellschaftsfremden Zwecken verwendet und dadurch der Gesellschaft oder einem verbundenen Unternehmen ein nicht unerheblicher Nachteil zugefügt wird. Im Zweifel sollten der Geschäftsführer einen Gesellschafterbeschluss einholen.[736]

1103 Der **Vorstand einer Aktiengesellschaft** unterliegt hingegen keinen Weisungen der Aktionäre und verfügt daher über einen deutlich größeren Ermessensspielraum (vgl. §§ 76, 77, 93 Abs. 1 S. 2 AktG). Dies gilt lediglich dann nicht, wenn die Gesellschaft einem entsprechenden Beherrschungsvertrag unterworfen ist. Nach § 93 Abs. 1 S. 3 AktG darf der Vorstand vertrauliche gesellschaftsbezogene Informationen grundsätzlich nicht offenbaren. Allerdings kann sich im Einzelfall ein übergeordnetes Interesse der Gesellschaft ergeben, die geplante Transaktion zu unterstützen und zu diesem Zweck Informationen, insbesondere im Rahmen einer Due Diligence oder von Management Interviews, offenzulegen. Die entsprechende Entscheidung hat der Vorstand unter Anwendung der Business Judgement Rule zu treffen (vgl. hierzu Rn. 1115 ff.). Dabei hat der Vorstand auch sicherzustellen, dass besonders sensible Informationen gleichwohl angemessen geschützt werden.[737]

cc) **Haftung für die Richtigkeit und/oder Vollständigkeit weitergegebener Informationen?**

1104 Im Rahmen von Share Deals ist es im Interesse des Verkäufers, sich die Richtigkeit der von ihm gegenüber dem Käufer abzugebenden Garantien und die Vollständigkeit der in diesem Zusammenhang zur Verfügung gestellten Informationen vom Geschäftsführungsorgan der Zielgesellschaft bestätigen zu lassen.[738] Denn häufig ist der Verkäufer nicht in gleicher Weise mit den Verhältnissen der Zielgesellschaft vertraut wie die für die Geschäftsführung Verantwortlichen. Deren Einschätzung kann dem Verkäufer dabei helfen abzuwägen, welche Garantien er sinnvollerweise abgeben kann, ohne ein unangemessen hohes Haftungsrisiko gegenüber dem Käufer einzugehen.

---

736) *Haas/Müller*, GmbHR 2004, 1169/1170; *Rodewald/Unger*, DB 2007, 1627, 1628.
737) Hölters/*Hölters*, AktG, § 93 Rn. 186.
738) Näher: *Seibt/Wunsch*, ZIP 2008, 1093 ff.

Den richtigen Zeitpunkt dafür zu finden, die betreffenden Personen in dieses 1105
Vorhaben und den entsprechenden Prozess einzubeziehen, ist in der Praxis
nicht immer einfach. Häufig sprechen Gründe der Vertraulichkeit gegen eine
frühzeitige Ansprache des Geschäftsführungsorgans. Andererseits benötigen
die Verantwortlichen einen gewissen Vorlauf, um sich mit den relevanten
Themen und Dokumenten vertraut machen zu können. Eine zu späte Einbindung setzt das Geschäftsführungsorgan unnötig unter Druck und senkt
unter Umständen die Bereitschaft zur Abgabe entsprechender Bestätigungen. Vorsichtige Geschäftsführer mögen es zudem für erforderlich halten,
sich dazu eigenständig rechtlich beraten zu lassen, was ebenfalls Zeit in Anspruch nimmt. Zudem ist die Einbindung des Geschäftsführungsorgans in
der Regel ohnehin geboten, um den Transaktionsprozess möglichst reibungsfrei
und effizient zu gestalten. Das gilt für die Erstellung des Information Memorandums, für die Mitwirkung an Unternehmenspräsentationen (Management
Interviews), die Zusammenstellung des Datenraums sowie die Erstellung der
Disclosure Schedules.

Bisweilen befürchten die betreffenden Personen, für Fehler oder Ungenauig- 1106
keiten im Rahmen der Mitwirkung oder der abzugebenden Bestätigung in
Anspruch genommen zu werden. Hier kann in der Praxis auf verschiedene
Weise Abhilfe geschaffen werden. So kann die von ihnen verlangte Bestätigung dahingehend inhaltlich eingeschränkt werden, dass die Handelnden die
Richtigkeit der Verkäufergarantien und die Vollständigkeit der zur Verfügung
gestellten Informationen nicht objektiv, sondern nur nach bestem Wissen
bestätigen. Des Weiteren kann der Verkäufer mit ihnen eine Vereinbarung
darüber treffen, welche rechtliche Bedeutung die Bestätigung haben soll und
insbesondere welche Haftungsrelevanz ihr zukommen soll. Je nach inhaltlicher
Ausgestaltung mag schließlich auch eine monetäre Kompensation in Betracht
kommen.

Eine persönliche Haftung des Geschäftsführungsorgans der Zielgesellschaft 1107
gegenüber dem Käufer wegen unrichtiger oder unvollständiger Informationserteilung kommt, jenseits entsprechender Vereinbarungen, nur ausnahmsweise
in Betracht. Nach allgemeinen Grundsätzen kann dies bei besonderem wirtschaftlichen Eigeninteresse oder der Inanspruchnahme besonderen persönlichen
Vertrauens der Fall sein (vgl. § 311 Abs. 3 BGB).

dd) Inanspruchnahme durch den Käufer für die Tätigkeit bis zum Vollzug der Transaktion

Beim Share Deal ist schließlich die Frage von praktischer Relevanz, inwieweit 1108
der Käufer das Geschäftsführungsorgan der Zielgesellschaft aus dessen Tätigkeit bis zum Vollzug der Transaktion in Anspruch nehmen kann.[739] Eine
solche Vorgehensweise liegt dann besonders nahe, wenn zum einen eine Haf-

---

739) Näher zu diesem Themenkreis u. a. *van Venrooy*, GmbHR 2008, 1 ff.

tung des Verkäufers ausscheidet, etwa weil dieser schon gar keine einschlägigen Garantien gewährt hat oder jedenfalls die entsprechenden Haftungsvoraussetzungen nicht gegeben sind, und zum anderen auf das fortgesetzte Funktionieren der Zusammenarbeit mit den betreffenden Geschäftsführern keine Rücksicht mehr genommen werden muss, weil diese etwa beim Verkäufer geblieben oder anderweitig aus der Zielgesellschaft ausgeschieden sind.

1109 Formal ändert sich an der haftungsrechtlichen Situation des Geschäftsführungsorgans durch den Kontrollwechsel an der Zielgesellschaft zwar nichts. Für Sorgfaltspflichtverletzungen hafteten die betreffenden Personen auch dem Verkäufer und bisherigen Gesellschafter. Faktisch wird der Kontrollwechsel in solchen Konstellationen aber nicht selten Anlass dafür sein, systematisch nach **haftungsbegründenden Sorgfaltspflichtverletzungen** zu suchen. Daraus speist sich das besondere Schutzbedürfnis der für die Geschäftsführung bislang Verantwortlichen; denn im Rahmen laufender Geschäftsführerbeziehungen wird es solche ergebnisgeleiteten Untersuchungen mit Rücksicht auf die handelnden Personen regelmäßig ohne Anlass nicht geben. Solange diese zudem beim Verkäufer in Lohn und Brot stehen, hat auch dieser ein Interesse daran, die Verantwortlichen in gewissem Umfang vor Inanspruchnahme durch den Käufer zu schützen.

1110 Vor diesem Hintergrund finden sich in Unternehmenskaufverträgen über **GmbH-Geschäftsanteile** häufig Regelungen, wonach den bis zum Vollzug der Transaktion für die Geschäftsführung Verantwortlichen in möglichst weitem Umfang Entlastung zu erteilen ist. Die tatsächliche Erteilung der **Entlastung**, also die Fassung des entsprechenden Entlastungsbeschlusses gem. § 46 Nr. 5 GmbHG, wird dabei regelmäßig als Vollzugshandlung *(closing action)* ausgestaltet.[740] Zwar kann der Verkäufer auch ohne eine solche Vereinbarung im Unternehmenskaufvertrag Entlastung erteilen. Die Aufnahme einer expliziten Regelung und die inhaltliche Abstimmung des Wortlauts des Entlastungsbeschlusses mit dem Käufer schützen den Verkäufer aber seinerseits vor dem sonst denkbaren Einwand des Käufers, die Entlastung sei zu Unrecht oder weitreichend erfolgt.

1111 Die Entlastung entfaltet **Präklusionswirkung**. Dies bedeutet, dass die Gesellschaft und folglich mittelbar der Käufer als deren neuer Gesellschafter keine Rechte mehr gegen den betreffenden Geschäftsführer geltend machen kann, soweit die Entlastung erfolgt ist. In persönlicher Hinsicht wirkt die Entlastung ab Mitteilung des Entlastungsbeschlusses. In inhaltlicher und zeitlicher Hinsicht kommt es auf den Wortlaut des Entlastungsbeschlusses an. Die regelmäßige Entlastung erfasst dabei nur solche Ansprüche, die die Gesellschafter bei Beschlussfassung auf der Grundlage der ihnen zur Verfügung stehenden Informationen bei angemessener Sorgfalt erkennen konnten.

---

740) Vgl. nur MünchKomm-GmbHG/*Römermann*, § 46 Rn. 131 ff.; Baumbach/Hueck/*Zöllner*, GmbHG, § 46 Rn. 41 ff.; Michalski/*Römermann*, GmbHG, § 46 Rn. 257 ff.

In seltenen Fällen wird in Unternehmenskaufverträgen ein weitergehender 1112
Schutz der Geschäftsführer durch eine sog. **Generalbereinigung** vorgesehen.[741)]
Dabei handelt es sich letztlich um eine Maßnahme zum umfassenden Schutz
des Geschäftsführers, da hiervon alle möglichen oder für wahrscheinlich gehaltenen Ansprüche gegen ihn erfasst werden. Allerdings gelten auch für die
Generalbereinigung rechtliche Grenzen; diese bestehen insbesondere in den
gesetzlichen Gläubigerschutzvorschriften des Kapitalerhaltungs- und Insolvenzrechts (vgl. auch § 9b GmbHG). Rechtsdogmatisch handelt es sich bei
der Generalbereinigung regelmäßig um einen Erlassvertrag oder um ein negatives Schuldanerkenntnis (§ 397 BGB). Anders als die schlichte Entlastung
bedarf es für die Generalbereinigung neben eines ermächtigenden Gesellschafterbeschlusses (§ 46 Nr. 5 GmbHG analog oder § 46 Nr. 8 GmbHG)
des Abschlusses einer entsprechenden Vereinbarung zwischen dem betreffenden Geschäftsführer und der Zielgesellschaft, letztere vertreten durch die
Gesellschafter.[742)]

Bei der **Aktiengesellschaft** scheidet der vorstehend beschriebene Weg dage- 1113
gen aus. Der Entlastung des Vorstands durch die Hauptversammlung kommt
nach § 120 Abs. 2 S. 2 AktG gerade keine Präklusionswirkung zu. Ein Verzicht der Gesellschaft auf Ersatzansprüche gegen Mitglieder des Vorstands
unterliegt ebenfalls strengeren Grenzen als bei der GmbH (vgl. § 93 Abs. 4
AktG); diesen Beschränkungen unterliegt auch eine Vereinbarung zwischen
Zielgesellschaft und Vorstand, entsprechende Ansprüche nicht geltend zu
machen, ohne auf diese zu verzichten *(pactum de non petendo)*.[743)]

e) Haftung der Geschäftsführungsorgane der Parteien des Unternehmenskaufvertrages

Schließlich kommt eine Haftung der Geschäftsführungsorgane der Parteien 1114
des Unternehmenskaufvertrages in Betracht. Haftungsbegründende Voraussetzung sowohl auf Käufer- als auch auf Verkäuferseite ist eine entsprechende Pflichtverletzung.[744)] In der Praxis geht es dabei in erster Linie um mögliche Verstöße gegen die Pflicht des Geschäftsführungsorgans, die Geschäfte
der veräußernden oder erwerbenden Gesellschaft mit der Sorgfalt eines ordentlichen Geschäftsmanns (§ 43 Abs. 1 GmbHG) respektive mit der Sorgfalt eines ordentlichen und gewissenhaften Geschäftsleiters (§ 93 Abs. 1 S. 1
AktG) zu führen. Der mögliche Vorwurf kann dementsprechend lauten, dass
ein pflichtgemäß handelnder Geschäftsführer oder Vorstand das Zielunternehmen nicht oder nicht zu den vereinbarten Konditionen veräußert respek-

---

741) Vgl hierzu näher MünchKomm-GmbHG/*Römermann*, § 46 Rn. 167 ff.; Michalski/
Römermann, GmbHG, § 46 Rn. 314 ff.
742) Michalski/*Römermann*, GmbHG, § 46 Rn. 315 ff.; Scholz/K. *Schmidt*, GmbHG, § 46
Rn. 104; BGH GmbHR 1998, 278.
743) Hölters/*Hölters*, AktG, § 93 Rn. 309; KK-AktG/*Mertens/Cahn*, § 93 Rn. 171.
744) Näher hierzu: *Oppenländer/Trölitzsch*, GmbH-Geschäftsführung, § 36; *Nauheim/Goette*,
DStR 2013, 2520 ff.

tive erworben hätte. Relevante Fehlentscheidungen können dabei jeden Bereich einer Transaktion betreffen, sei es die Bewertung, die Due Diligence, die entsprechende Dokumentation oder die prozessuale Umsetzung der Transaktion.

1115 Ausgangspunkt ist dabei die Feststellung, dass dem Geschäftsführungsorgan im Rahmen seiner Leitungsaufgabe ein gerichtlich nicht voll überprüfbarer Spielraum zukommt,[745] ohne den – so der BGH in seiner „ARAG/Garmenbeck"-Entscheidung – „unternehmerisches Handeln schlechterdings nicht denkbar ist".[746] Unter Rezeption dieser höchstrichterlichen Rechtsprechung und in Anlehnung an die anglo-amerikanische **Business Judgement Rule** hat der Bundesgesetzgeber § 93 Abs. 1 AktG im Rahmen des Gesetzes zur Unternehmensintegrität und Modernisierung des Anfechtungsrechts (UMAG) um einen zweiten Satz ergänzt. Danach liegt keine Pflichtverletzung vor, wenn das Vorstandsmitglied bei einer unternehmerischen Entscheidung vernünftigerweise annehmen durfte, auf der Grundlage angemessener Informationen zum Wohle der Gesellschaft zu handeln. Für das Handeln eines GmbH-Geschäftsführers gilt dies ebenso;[747] insoweit hat der Gesetzgeber selbst zum Ausdruck gebracht, dass es sich dabei um einen **rechtsformübergreifenden Grundsatz des Kapitalgesellschaftsrechts** handelt.[748]

1116 Dementsprechend handelt ein Geschäftsführungsorgan auch im Rahmen der Vorbereitung und Durchführung einer Unternehmenstransaktion pflichtgemäß, wenn es

- die in diesem Zusammenhang zu treffende **unternehmerische Entscheidung**
- auf **angemessener Informationsgrundlage**,
- **unbeeinflusst von sachfremden Erwägungen**,
- **am Wohl der Gesellschaft ausgerichtet** und
- unter **Einhaltung rechtlicher Vorgaben**

trifft.

1117 Eine **unternehmerische Entscheidung** setzt voraus, dass das Handeln des Geschäftsführungsorgans nicht ohnehin schon rechtlich vorgegeben ist. Dabei sind in einem ersten Schritt die zur Verfügung stehenden Handlungsop-

---

745) Vgl. hierzu BegrRegE, BR-Drucks. 3/05, S. 17 bzw. BT-Drucks. 15/5092, S. 11.
746) BGHZ 135, 244 = ZIP 1997, 883 = NJW 1997, 1926.
747) Scholz/*U. H. Schneider*, GmbHG, § 43 Rn. 54; Baumbach/Hueck/*Zöllner/Noack*, GmbHG, § 43 Rn. 22; Ulmer/Habersack/Winter/*Paefgen*, GmbHG, § 43 Rn. 22.
748) BT-Drucks. 15/5092, S. 12; ebenso die Rechtsprechung des BGH, vgl. nur zur Genossenschaft: BGH ZIP 2002, 213 = NZG 2002, 195; BGH ZIP 2005, 981 = NZG 2005, 562; BGH ZIP 2009, 223 = NZG 2009, 117; a. A. *Jungmann*, Die Business Judgment Rule – ein Institut des allgemeinen Verbandsrechts? – Zur Geltung von § 93 Absatz I 2 AktG außerhalb des Aktienrechts, in: Festschrift Karsten Schmidt, 2009, S. 831, 846.

tionen zu ermitteln und deren Vor- und Nachteile gegeneinander abzuwägen. So wird beispielsweise auf Verkäuferseite zu überlegen sein, ob es vorteilhafter ist, an einem Geschäftsbereich festzuhalten, diesen durch geeignete Maßnahmen aber organisatorisch neu und wirtschaftlich effizienter aufzustellen, sei es allein oder mit einem strategischen Partner, oder ob der Verkauf und damit die Aufgabe des betreffenden Geschäftsbereichs aussichtsreicher ist. Auf Käuferseite wird abzuwägen sein, ob das anvisierte Ziel besser durch organisches Wachstum oder Zukauf zu erreichen sein wird und letzterenfalls, ob das konkrete Kaufobjekt das richtige ist oder alternative Zukäufe andere nicht passender wären. Dabei wird es sich in aller Regel um hochkomplexe Abwägungsentscheidungen handeln, die interdisziplinäre Zusammenarbeit in den beteiligten Unternehmen erfordern, da es um Grundfragen der Unternehmensstrategie, -organisation und -finanzierung geht.

Zur Vorbereitung dieser Entscheidungen ist großes Augenmerk darauf zu richten, dass alle zur Verfügung stehenden relevanten **Informationsquellen** in einer Weise genutzt werden, die in angemessenem Verhältnis zu den mit der jeweiligen Entscheidung verbundenen Risiken steht. Je bedeutsamer, grundlegender und risikoreicher die Entscheidung für das beteiligte Unternehmen ist, desto eher ist großer Aufwand geboten. Das gilt in besonderem Maße für die Käuferseite, die bei Unternehmenstransaktionen regelmäßig versuchen muss, das zu Beginn des Prozesses bestehende strukturelle Informationsdefizit gegenüber der Verkäuferseite möglichst zu verringern. Daher ist für das Geschäftsführungsorgan des Käufers eine ausführliche **Due Diligence** im Regelfall rechtlich zwingend geboten.[749] Darüber hinaus muss durch geeignete Gestaltung des gesamten Transaktionsprozesses sichergestellt werden, dass die Entscheidungsträger von den wesentlichen Informationen erfahren. 1118

Bei der zu treffenden Entscheidung hat das Geschäftsführungsorgan **sachfremde Erwägungen außer Acht zu lassen**; sachfremde Erwägungen sind insbesondere eigennützige Motive der handelnden Personen, soweit sich diese nicht mit dem Gesellschaftsinteresse decken.[750] Etwaige Interessenkonflikte sollten die handelnden Personen rechtzeitig vor der Entscheidung in geeigneter Form gesellschaftsintern offenlegen, damit nicht befangene Entscheidungsträger über den angemessenen Umgang mit der Situation befinden können.[751] 1119

---

749) OLG Oldenburg GmbHR 2006, 1263; Lutter/Hommelhoff/*Kleindiek*, GmbHG, § 43 Rn. 18; Ulmer/Habersack/Winter/*Paefgen*, GmbHG, § 43 Rn. 73; Michalski/*Haas*, GmbHG, § 43 Rn. 75; *Böttcher*, NZG 2005, 49; *Haas/Müller*, GmbHR 2004, 1169; *Hemeling*, ZHR 169 (2005), 274.

750) Begr. RegE UMAG BT-Drucks. 15/5092, S. 11; *Brömmelmeyer*, WM 2005, 2065; *Grunewald/Hennrichs*, in: Festschrift Maier-Reimer, 2010, S. 147; *Kebekus/Zenker*, in: Festschrift Maier-Reimer, 2010, S. 319; *Harbarth*, in: Festschrift Hommelhoff, 2012, S. 323; *v. Falkenhausen*, NZG 2012, 644.

751) *Lutter*, in: Festschrift Canaris, 2007, S. 245 ff.; *Harbarth*, in: Festschrift Hommelhoff, 2012, S. 323 ff.

1120 Vielmehr ist die zu treffende Entscheidung **am wohlverstandenen Gesellschaftsinteresse auszurichten**. Dieses ist im Sinne einer nachhaltigen Stärkung der Ertragskraft und Wettbewerbsfähigkeit der Gesellschaft und ihres Konzernverbundes zu verstehen.[752] Bei der entsprechenden Einschätzung kommt dem Geschäftsführungsorgan wiederum weiter Beurteilungsspielraum zu.

1121 Schließlich versteht es sich von selbst, dass das Geschäftsführungsorgan im Rahmen seiner Entscheidung rechtliche Vorgaben zu beachten hat. Dazu gehören insbesondere Gesetze, gesellschaftsvertragliche Regeln, aber auch (rechtmäßige) Weisungen der Gesellschafter. Die Business Judgement Rule entbindet nicht von der **Legalitätspflicht**.[753] Zu den rechtlichen Vorgaben gehört dabei auch, dass die zuständigen gesellschaftsinternen Gremien angemessen zu informieren sind und erforderlichenfalls ihre Zustimmung einzuholen ist.[754]

1122 Ob darüber hinaus erforderlich ist, dass die handelnden Personen gutgläubig sein müssen,[755] ist fraglich. Meist wird schon eine der vorstehenden Voraussetzungen nicht gegeben sein, so dass sich die Frage, ob ein gewissenhafter Geschäftsleiter bei Anlegung einer ex-ante Betrachtung von der Richtigkeit und Überzeugungskraft der Entscheidung ausgehen dürfte, kaum je stellen dürfte.

1123 In jedem Fall ist das Geschäftsführungsorgan gut beraten, wenn es den Prozess und das Ergebnis der Entscheidungsfindung angemessen dokumentiert, um die Einhaltung der vorstehenden Vorgaben darlegen und notfalls auch beweisen zu können.

IX. Abschluss des Unternehmenskaufvertrages

1. Vorbemerkung

1124 Beim Unternehmenskauf ist zwischen Abschluss und Vollzug des Kaufvertrages zu unterscheiden. Abschluss (*Signing*) meint die Eingehung des kaufrechtlichen Verpflichtungsgeschäftes. Vollzug (*Closing*) meint den Abschluss derjenigen (dinglichen) Rechtsgeschäfte sowie die Vornahme etwaiger weiterer Rechtshandlungen, die der Umsetzung des Kaufvertrages und der Erfüllung

---

752) Begr. RegE BT-Drucks. 15/5092, S. 11, Stellungnahme BReg ebd. S. 41; *Spindler*, AG 2011, 725; *v. Falkenhausen*, NZG 2012, 644; *Hüffer*, AktG, 10. Aufl., Rn. 4 f.; *Lutter*, in: Festschrift Priester, 2007, S. 423; *Jungmann*, in: Festschrift K. Schmidt, 2009, S. 831; *Kebekus/Zenker*, in: Festschrift Maier-Reimer, 2010, S. 328; *Merkt*, in: Festschrift Hommelhoff, 2012, S. 711.
753) Begr. RegE BT-Drucks. 15/5092, S. 11, Stellungnahme BReg ebd. S. 41; *Bosch/Lange*, JZ 2009, 225; *Spindler*, AG 2011, 725; *v. Falkenhausen*, NZG 2012, 644; *Kebekus/Zenker*, in: Festschrift Maier-Reimer, 2010, S. 319; *Merkt*, in: Festschrift Hommelhoff, 2012, S. 711.
754) OLG Oldenburg DB 2006, 2511; *Böttcher*, NZG 2007, 481.
755) *Spindler/Stilz/Fleischer*, AktG, Rn. 76; *Hüffer*, AktG, 10. Aufl., Rn. 4g f.; *Kebekus/Zenker*, in: Festschrift Maier-Reimer, 2010, S. 319; *Weber-Rey/Buckel*, AG 2011, 845, 851 f.

der in diesem vereinbarten Primärpflichten dienen (vgl. hierzu ausführlich Kapitel XI). Abschluss und Vollzug können zeitlich auseinanderfallen; bei größeren und komplexeren Transaktionen ist dies regelmäßig der Fall (vgl. zu dem Gründen ausführlich Kapitel X).

Unabhängig davon, ob es sich bei dem Unternehmenskauf um einen Share Deal, einen Asset Deal oder eine Kombination aus beidem handelt, wird durch den Abschluss des Kaufvertrages eine **umfassende vertragliche Bindung** geschaffen, deren Anpassung oder Aufhebung grundsätzlich nur im Einvernehmen der Parteien möglich ist. Zwar ist es selbstredend möglich, dass die Parteien einzelne Regelungsbereiche ausklammern und noch nicht abschließend regeln, sondern sich zunächst lediglich darauf verpflichten, die Zeit bis zum Vollzug dafür zu nutzen. Bisweilen lassen sich Parteien auf eine solche Vorgehensweise ein, um einen aus übergeordneten Gründen vorgegebenen Zeitplan nicht zu gefährden. Dies sollte aber sorgfältig abgewogen werden, da die Beratungspraxis zeigt, dass derartige Mechanismen sehr streitanfällig sein können. 1125

2. Abschluss beim Share Deal

Bei einem Share Deals kommt durch den Abschluss ein Vertrag über den Verkauf von Anteilen der Zielgesellschaft (GmbH-Geschäftsanteil, Aktien, Kommanditanteile etc.) zustande. 1126

Werden die dem Vollzug dienenden Rechtsgeschäfte nicht zeitgleich, ggf. unter bestimmten aufschiebenden Bedingungen geschlossen, ist es in der Praxis üblich, dass dem Kaufvertrag entsprechende Entwürfe als Anlage beigefügt werden mit der Maßgabe, dass diese in der beigefügten Fassung, erforderlichenfalls mit kleineren Änderungen, abgeschlossen werden. Sind mehrere Zielgesellschaften in unterschiedlichen Jurisdiktionen Gegenstand des Unternehmenskaufes, kann sich entsprechender Änderungsbedarf aus zwingenden Vorgaben nationalen Rechts ergeben. Dementsprechend kann es auf Basis eines einheitlichen Ausgangsentwurfs zu einer Reihe von durchaus von einander abweichenden **lokalen Anteilsübertragungsverträgen** (*local share transfer agreements*) kommen. Denn in Bezug auf die Anteilsübertragung können die Parteien das anwendbare Recht nicht im Rahmen der Privatautonomie frei wählen; insbesondere greift insoweit nicht Art. 3 Rom I-VO.[756] Vielmehr richtet sich das insoweit anwendbare Recht regelmäßig nach dem einschlägigen Gesellschaftsstatut; im Regelfall der Übereinstimmung von Gründungs- und Verwaltungssitz bedeutet dies, dass sich die Anteilsübertragung nach dem Recht des Staates richtet, nach dessen Regeln die jeweilige Zielgesellschaft errichtet wurde (vgl. dazu näher unter Kapitel XXIV). 1127

---

756) MünchKomm-GmbHG/*Reichert/Weller*, § 15 Rn. 134 f.; *Janßen/Robertz*, GmbHR 2003, 433, 436.

3. Abschluss beim Asset Deal

1128 Beim Asset Deal, kommt mit dem Abschluss des Unternehmenskaufvertrages grundsätzlich die Verpflichtung zur Übertragung einer Gesamtheit der zum Zielunternehmen gehörenden Sachen, Rechte, Verbindlichkeiten und Verträge zustande.

1129 Dabei erfordert der jedenfalls in Deutschland geltende **sachenrechtliche Bestimmtheitsgrundsatz**, dass die vom Unternehmenskauf umfassten Sachen jedenfalls bei Abschluss der Übertragungsgeschäfte hinreichend bestimmbar sein müssen. Unabhängig davon empfiehlt es sich aber auch schon für den Kaufvertrag eine möglichst präzise und dementsprechend weniger streitanfällige Beschreibung der einbezogenen Vermögensgegenstände vorzusehen. Ein in der Praxis bewährtes Mittel ist deren Bestimmung durch Erstellung sog. Asset-Listen als Anlagen zum Kaufvertrag. In Betracht kommt aber auch eine Bestimmung über räumliche Eingrenzungen (z. B. „[...] alle Sachen, die sich auf dem Betriebsgrundstück X befinden.").

1130 Da sich der Vermögensbestand des Zielunternehmens zwischen Abschluss und Vollzug des Unternehmenskaufvertrages nahezu zwangsläufig ändern wird, sollte der Kaufvertrag Regelungen enthalten, die diesem Umstand Rechnung tragen; dies kann beispielsweise dadurch geschehen, dass man **Veränderungen im ordnungsgemäßen Geschäftsgang** grundsätzlich erlaubt und für einen Katalog von Rechtsgeschäften oder Handlungen einen Zustimmungsvorbehalt zugunsten des Käufers vereinbart (vgl. hierzu Kapitel X). Ggf. sind beigefügte Asset-Listen dann auf den Vollzugszeitpunkt zu aktualisieren, um die relevanten Änderungen vertraglich nachzuvollziehen.

1131 Da beim Asset Deal regelmäßig eine große Anzahl von Vermögensgegenständen zu erfassen und zu übertragen ist, besteht die Gefahr, dass nicht alle zum Zielunternehmen gehörenden Vermögensgegenstände auch tatsächlich übertragen werden oder umgekehrt, dass Vermögensgegenstände übertragen werden, die nicht dem Zielunternehmen, sondern einem vom Verkäufer nicht verkauften und daher von ihm zurückbehaltenen Unternehmen zuzuordnen sind. Für derartige Fälle sollte der Unternehmenskaufvertrag nachlaufende Pflichten zur Übertragung bzw. Rückübertragung vorsehen. In der angloamerikanischen Rechtspraxis ist anschaulich von *wrong-pockets*-**Klauseln** die Rede.

1132 Ähnlich wie beim Share Deal ist es in der Praxis auch beim Asset Deal üblich, im Falle eines separaten Abschlusses der Vollzugsgeschäfte dem Kaufvertrag bereits deren Entwürfe als Anlage beizufügen. Dabei kann es auch beim Asset Deal erforderlich oder mindestens zweckmäßig sein, die Assets nach Jurisdiktionen zu gruppieren und sie dann nach den Regeln des jeweiligen nationalen Rechts mittels **lokaler Asset-Übertragungsverträge** (*local asset transfer agreements*) zu übertragen. Für die Übereignung von Sachen ist das Recht desjenigen Landes regelmäßiger Anknüpfungspunkt, in welchem sich die Sachen befinden (*lex rei sitae*); allerdings können ausnahmsweise andere Anknüpfungspunkte zum Tragen kommen (z. B. für *res in transitu*). Für die Übertragung von Verträgen sowie von einzelnen vertraglichen Rechten und Pflichten ist regelmäßig auf das Recht abzustellen, dem der betreffende Vertrag bzw. die betreffenden vertraglichen Rechte oder Pflichten unterliegen (*lex causae*).

Schließlich ist im Falle von Asset Deals bei der Ausgestaltung des Kaufvertrages besonderes Augenmerk auf die Frage zu richten, welche **Arbeitnehmer** auf welchem rechtlichen Wege auf die Käuferseite übergeleitet werden sollen und welche Rechtsfolgen dies ggf. mit sich bringt. Im Hinblick auf die Überleitung von Arbeitnehmern stellt sich insbesondere die Frage, ob der Asset Deal einen Betriebsübergang nach § 613a BGB oder ausländischen Parallelvorschriften auslöst. Im Hinblick auf die Rechtsfolgen der Überleitung stellt sich insbesondere die Frage, welche Konsequenzen dies für die betriebliche Mitbestimmung in der aufnehmenden Struktur nach sich zieht. Diese Fragen werden in Kapitel XVI näher erörtert.

1133

4. Zustimmungserfordernisse

Die wirksame Übertragung des Kaufgegenstands kann sowohl beim Share Deal als auch beim Asset Deal von der Zustimmung Dritter abhängen. Auch wenn sich die meisten Zustimmungserfordernisse auf die dingliche Übertragung beziehen, sollten die betreffenden Erklärungen möglichst bereits vor dem Abschluss der Vollzugsgeschäfte eingeholt werden, um Ungewissheit oder spätere Komplikationen zu vermeiden (vgl. näher hierzu Kapitel X). Besonders gängig sind die folgenden Zustimmungserfordernisse:

1134

- Bei der Übertragung von **GmbH-Geschäftsanteilen** sind etwaige gesellschaftsvertragliche Vinkulierungen i. S. v. § 15 Abs. 5 GmbHG zu beachten. Zur Wirksamkeit der Übertragung kommt hauptsächlich eine Zustimmung der Gesellschaft, der Gesellschafterversammlung, der Geschäftsführung oder des Beirats in Betracht. Auch ein Zustimmungserfordernis durch gesellschaftsfremde Dritte, z. B. von Gläubigern der Gesellschaft, ist denkbar.[757]

- Bei der Übertragung von **Aktien** sind etwaige satzungsmäßige Vinkulierungen von Namensaktien gem. § 68 Abs. 2 S. 1 AktG zu beachten. Bei der Übertragung von Aktien mit Entsendungsrechten in den Aufsichtsrat ist die zwingende Vinkulierung gem. § 101 Abs. 2 S. 2 AktG zu beachten, wobei das Entsendungsrecht auf den neuen Inhaber übergeht. Bei Inhaberaktien ist dagegen keine Vinkulierung möglich.

- Sollen im Rahmen eines Share Deals **Kommanditanteile** übertragen werden, so ist in Ermangelung einer expliziten Regelung im Gesellschaftsvertrag die Zustimmung aller übrigen Gesellschafter – auch des Komple-

---

757) Vgl. MünchKomm-GmbHG/*Reichert/Weller*, § 15 Rn. 428 m. w. N.

mentärs – erforderlich, vgl. § 719 BGB. Fehlt es an einer Zustimmung, ist die Übertragung schwebend unwirksam.

- Um bei einem Share Deal den ungestörten Fortgang der Geschäftstätigkeit des Zielunternehmens nicht zu gefährden, sind spätestens im Rahmen der Due Diligence **Change of Control-Klauseln** in Verträgen mit Geschäftspartnern des Zielunternehmens zu identifizieren und sind möglichst bereits vor Vollzug die entsprechenden Unterrichtungen vorzunehmen bzw. Zustimmungen einzuholen.

- Im Falle des **Asset Deals** ist bei der Übertragung von Verträgen und anderweitigen Rechtsverhältnissen das grundsätzlich bestehende Zustimmungserfordernis der Vertragspartner des Zielunternehmens zu beachten.

5. Formerfordernisse, insbesondere Beurkundungspflichten

a) Allgemeine Formerfordernisse

1135 Ob und in welchem Umfang für den Kaufvertrag und weitere im Rahmen der Transaktion vorgesehene Verträge und Nebenvereinbarungen Formerfordernisse zu beachten sind, hängt von den Umständen im Einzelfall ab. Ein generelles Formerfordernis für Unternehmenskaufverträge gibt es nicht. Umfang und Reichweite von Formerfordernissen sind für die Parteien nicht nur deshalb von Bedeutung, weil deren Nichteinhaltung die Wirksamkeit des Vertrages berühren kann, sondern auch, weil mit deren Einhaltung nicht unerhebliche Kosten verbunden sein können.

b) Einzelheiten

aa) Asset Deal

1136 Beim Asset Deals kann sich eine Beurkundungspflicht unter anderem aus § 311b Abs. 1 BGB ergeben. Das ist dann der Fall, wenn (auch) **Grundstücke oder Erbbaurechte** mittels Singularsukzession übertragen werden sollen. Die Beurkundungspflicht erstreckt sich dann nicht nur auf die Veräußerungs- und Erwerbsverpflichtung hinsichtlich des Grundstücks, sondern grundsätzlich auf den gesamten Vertrag.

1137 In diesem Fall unterliegen grundsätzlich alle Vereinbarungen, auch Nebenvereinbarungen, wie z. B. sog. Side Letters, dem Beurkundungserfordernis. Die Beurkundungspflicht greift – einzelfallabhängig – nur ausnahmsweise dann nicht auf die restlichen Vertragsbestandteile über, wenn diese erkennbar unabhängig von der Wirksamkeit des Grundstücksgeschäfts sein sollen (Gesamtbeurkundungsgrundsatz). Angesichts der möglichen Folgen, sollte aber sehr sorgfältig abgewogen werden, ob der Verzicht auf eine entsprechende Gesamtbeurkundung tatsächlich tunlich ist.

1138 Umgekehrt ist zu beachten, dass § 311b Abs. 1 BGB keine Beachtung findet, wenn die Gesellschaftsanteile des Grundstückseigentümers erworben werden und zwar auch dann nicht, wenn das Vermögen des Grundstückseigentümers im Wesentlichen aus Grundeigentum besteht. Anderes mag nur dann gelten, wenn die betreffende Gesellschaft errichtet wurde, um die Beurkundungspflicht zu umgehen.[758]

Im Rahmen eines Asset Deals kann sich eine Pflicht zur Beurkundung ferner aus § 311b Abs. 3 BGB ergeben. Danach bedarf ein Vertrag, durch den sich der eine Teil verpflichtet, sein **gegenwärtiges Vermögen** oder einen Bruchteil seines gegenwärtigen Vermögens zu übertragen, der notariellen Beurkundung. Diese Vorschrift greift aber nicht, wenn lediglich einzelne Vermögensgegenstände übertragen werden, die praktisch das gesamte Vermögen darstellen, oder bestimmte Vermögensgegenstände gruppenmäßig erfasst werden, vorausgesetzt die von der Verpflichtung umfassten Vermögensgegenstände ergeben sich als solche ohne Weiteres aus dem Vertrag (z. B. mittels beigefügter Asset Listen).[759] **1139**

Im Rahmen eines Share Deals ist in erster Linie das Beurkundungserfordernis aus § 15 Abs. 3 und 4 GmbHG zu beachten. Danach bedarf sowohl die dingliche Abtretung von **GmbH-Geschäftsanteilen** als auch die Verpflichtung zu einer solchen Abtretung der notariellen Beurkundung. Ebenso wie bei § 311b Abs. 1 BGB erstreckt sich diese Beurkundungspflicht auf die Gesamtheit aller (Neben-) Vereinbarungen, die mit der Abtretungsverpflichtung eine rechtliche und wirtschaftliche Einheit bilden bzw. einen untrennbaren Teil des Verpflichtungsgeschäfts darstellen (Gesamtbeurkundungsgrundsatz).[760] Noch keine einheitliche Praxis hat sich insoweit im Hinblick auf die Behandlung der auf den Unternehmenskauf bezogenen Finanzierungszusagen, sog. *equity commitment letters*, von Gesellschaftern der Akquisitionsgesellschaften herausgebildet.[761] **1140**

Ein gleichsam indirektes Beurkundungserfordernis kann sich ergeben, wenn der Verkäufer als Aktiengesellschaft verfasst ist. Soll das gesamte Gesellschaftsvermögen oder wenigstens dessen größter Teil veräußert werden, resultiert daraus zwar keine Pflicht zur Beurkundung des Unternehmenskaufvertrages.[762] Jedoch bedarf es gem. § 179a AktG eines zu beurkundenden Hauptversammlungsbeschlusses. **1141**

---

758) Vgl. Urteilsanmerkung von *Krause*, BB 2008, 1251 (zu GbR, die GmbH-Anteile hält).
759) MünchKomm-BGB/*Kanzleiter*, § 311b Rn. 103 m. w. N.
760) Vgl. z. B. BGH BB 1969, 1242; *Heidenhain*, NJW 1999, 3073.
761) Näher zum Thema Finanzierung von Transaktionen im Private Equity Kontext vgl. Kapitel XXI und XVII.
762) BGHZ 83, 122, 128 = ZIP 1982, 568 (Holzmüller); MünchKomm-AktG/*Stein*, § 179a Rn. 17 m. w. N.; *Henze*, in: Festschrift Boujong, 1996, S. 233, 244; *Lutter/Leinekugel*, ZIP 1998, 225, 226 m. w. N.

bb) Einhaltung der Beurkundungspflicht/Heilung/Erleichterung

1142 Sollte ein Beurkundungserfordernis vorliegen, jedoch bei Unterzeichnung des Vertrages nicht eingehalten worden sein, stellt sich die Frage einer Heilungsmöglichkeit des Formmangels, um insbesondere die Folge des § 139 BGB zu vermeiden, welcher mangels abweichender Parteivereinbarung für den Fall der Teilrichtigkeit die Nichtigkeit des gesamten Rechtsgeschäfts anordnet. Bei Nichteinhaltung von § 311b Abs. 1 BGB sowie bei § 15 Abs. 4 GmbHG ist eine Heilung des Formmangels durch formgerechten dinglichen Vollzug, also formwirksame Auflassung und Eintragung des neuen Eigentümers beim Grundstückskauf (§ 311b Abs. 1 S. 2 BGB) bzw. formwirksame Abtretung der Anteile (§ 15 Abs. 4 S. 2 i. V. m. Abs. 2 GmbHG), möglich. Jedoch muss zum Zeitpunkt des Wirksamwerdens des dinglichen Geschäfts noch eine Willensübereinstimmung zwischen den Parteien hinsichtlich aller Punkte des formunwirksamen Verpflichtungsgeschäfts vorliegen. Eine solche Willensübereinstimmung wird vermutet, solange nicht eine Partei erkennbar einen abweichenden Willen äußert.[763]

1143 Da aufgrund des Umfangs der Beurkundungspflicht mitunter eine Beurkundung reichlich Zeit in Anspruch nehmen kann, gerade wenn bestimmte Vertragsteile zwischen den Parteien noch parallel verhandelt werden, sollte, soweit möglich von den Erleichterungen des § 13a BeurkG Gebrauch gemacht werden. Danach können vor allem Anlagen zum Kaufvertrag separat und vorab beurkundet werden. Auf diese **Bezugsurkunde** wird dann im Hauptvertrag nur noch verwiesen, ohne dass es einer (erneuten) Verlesung bedarf, solange den Parteien der Haupturkunde der Inhalt der Bezugsurkunde bekannt ist. Dies sollte im Hauptvertrag durch die Parteien bestätigt werden. Ebenso ist ein ausdrücklicher Verzicht auf das Verlesen der Bezugsurkunde ratsam.

1144 Eine weitere Erleichterung ergibt sich aus § 14 BeurkG, der einen **Verzicht** der Parteien **auf das Verlesen** von Bilanzen, Inventaren, Nachlassverzeichnissen oder sonstige Bestandsverzeichnissen gestattet.

cc) Beurkundungen mit Auslandsbezug

1145 Aus Kostengründen war es lange Zeit gängige Praxis die Abtretung von GmbH-Geschäftsanteilen **im Ausland durch einen dort ansässigen Notar** zu beurkunden. Beliebt waren vor allem deutschsprachige Kantone der Schweiz und Österreich.

1146 Maßstab für die inländische Anerkennung (vor allem durch die deutschen Registergerichte) einer solchen Auslandsbeurkundung ist die Frage der Gleichwertigkeit zwischen aus- und inländischer Beurkundung gewesen, um damit den Formerfordernisse des deutschen Gesellschaftsstatuts zu genügen. Nach

---

[763] BGH NJW-RR 1993, 522.

Inkrafttreten des MoMiG waren in der Praxis Zweifel am Vorliegen der Gleichwertigkeit aufgekommen und aus Gründen der Rechtssicherheit von Auslandbeurkundungen zunehmend Abstand genommen worden.

Inzwischen hat der BGH festgestellt, dass **Gleichwertigkeit** auch nach Inkrafttreten des MoMiG gegeben sei, wenn die ausländische Urkundsperson nach Vorbildung und Stellung im Rechtsleben eine der Tätigkeit des deutschen Notars entsprechende Funktion ausübe und für die Errichtung der Urkunde ein Verfahrensrecht zu beachten habe, das den tragenden Grundsätzen des deutschen Beurkundungsrechts entspricht.[764] Allerdings gibt es noch keine höchstrichterliche Entscheidung, in welcher in Bezug auf Beurkundungen in der Schweiz oder Österreich festgestellt worden wäre, dass diese Voraussetzungen der Gleichwertigkeit in diesen Ländern tatsächlich erfüllt sind. Solange dies noch nicht geklärt ist, erscheint es für die Beratungspraxis geboten, im Falle einer Auslandsbeurkundung auf diese Unsicherheit hinreichend deutlich hinzuweisen oder ggf. von einer Auslandsbeurkundung abzuraten. 1147

Unter Zugrundelegung der höchstrichterlichen Rechtsprechung besteht dagegen Klarheit, dass **ausländische Notare in Deutschland** keine notarielle Urkundstätigkeit ausüben dürfen und umgekehrt deutschen Notaren dies bereits nach deutschem Recht im Ausland grundsätzlich ebenfalls nicht gestattet ist;[765] Gestattungen sind lediglich in den von §§ 11, 11a BNotO gesetzten Grenzen statthaft. 1148

6. Abschluss von Nebenverträgen

a) Abschluss von Finanzierungsverträgen

Bei Abschluss des Unternehmenskaufvertrages sollte auch die Akquisitionsfinanzierung stehen, insbesondere, wenn diese nicht ausschließlich über Eigenmittel dargestellt werden kann. Dabei kann es um eine klassische Fremdfinanzierung durch Banken gehen. In Betracht kommen aber auch Teilfinanzierungen durch Verkäuferdarlehen, sog. *vendor loans*, bei denen der Kaufpreis durch den Verkäufer teilweise gestundet wird; derartige Konstellationen finden sich bisweilen in Transaktionen im Private Equity Kontext (vgl. hierzu näher Kapitel XIX). 1149

b) Garantien oder Treuhandverträge

Um die effektive Durchsetzung etwaiger Sekundäransprüche gegen den Verkäufer aus dem Unternehmenskaufvertrag sicherzustellen, wird nicht selten vereinbart, dass der Verkäufer Garantien eines hinreichend solventen Dritten 1150

---

764) BGHZ 199, 270; ebenso *Meichelbeck/Krauß*, DStR 2014, 752; *Götze/Mörtel*, NZG 2014, 371 f.; OLG Düsseldorf ZIP 2011, 564, 567.
765) BGH, Beschl. v. 20.7.2015, Beck RS 2015, 15053.

zu stellen hat, oder aber, dass ein Teil des Kaufpreises zunächst auf ein von einem Treuhänder verwaltetes Konto eingezahlt wird und erst nach Ablauf bestimmter Fristen an den Verkäufer ausgezahlt wird, sofern keine Ansprüche seitens des Käufers geltend gemacht wurden. Die entsprechend erforderliche Dokumentation sollte jedenfalls in ihren Kernelementen ebenfalls bereits im Zeitpunkt des Abschlusses des Unternehmenskaufvertrages zwischen den Parteien abgestimmt sein. Im Falle von Garantien empfiehlt es sich, die inhaltlichen Mindestanforderungen an die Garantie selbst (z. B. unwiderruflich, unbedingt, auf erstes Anfordern), aber auch an den Garantiegeber (z. B. Anforderungen an Rating und Unternehmenssitz) festzulegen.

c) Übergangsvereinbarungen

1151 Wenn das Zielunternehmen zu einer größeren wirtschaftlichen Einheit gehört und von anderen Teilen dieser Einheit Leistungen bezieht, muss sichergestellt werden, dass diese Leistungen nach dem Vollzug der Transaktion entweder vom Käufer oder von Dritten erbracht werden können. Häufig lässt sich dies jedoch nicht umsetzen, ohne dass der Verkäufer oder zu ihm gehörende Konzerngesellschaften diese Leistungen jedenfalls noch für eine Übergangszeit weiter erbringt. Dies geschieht in aller Regel auf Basis von Übergangsvereinbarungen (*transitional services agreements* oder kurz *TSAs*), die je nach Bedeutung dem Unternehmenskaufvertrag ebenfalls in Form von Entwürfen oder zumindest Eckpunktepapieren (term sheets) beigefügt werden sollten (vgl. dazu im Einzelnen Kapitel XXIII).

7. Vollmachten

1152 Aus praktischen und anderen Gründen handeln auf Käufer- wie auf Verkäuferseite sowohl beim Abschluss als auch beim Vollzug des Unternehmenskaufvertrages nicht selten Dritte, insbesondere involvierte Rechtsberater. In diesen Fällen ist die ordnungsgemäße Bevollmächtigung seitens der Parteien sicherzustellen.

1153 Um Komplikationen zu vermeiden, empfiehlt sich der rechtzeitige Austausch entsprechender Vollmachtsentwürfe zwischen den Parteien und ihren rechtlichen Beratern; zudem sollte Einvernehmen in Bezug auf die einzuhaltende Form der Vollmachten hergestellt werden. Je nach Konstellation kann der Prozess der Abstimmung und Einholung der Vollmachten durchaus zeitintensiv sein, weshalb er frühzeitig eingeleitet werden sollte. Das ist insbesondere dann der Fall, wenn ausländische Parteien vertreten oder Vollmachten im Ausland unterzeichnet werden sollen. Neben einer Beglaubigung kann in solchen Fällen erforderlich oder ratsam sein, die Vollmacht nach Maßgabe des entsprechenden Haager Übereinkommens mit einer **Apostille** versehen zu lassen; in Bezug auf manche Länder ist gar die meist noch aufwändigere **Legalisation** erforderlich.

Nach deutschem Recht bedarf die Vollmacht auch beim Unternehmenskauf 1154
nicht der Form des Rechtsgeschäfts, auf dessen Abschluss sie sich erstreckt
(§ 167 Abs. 2 BGB). In bestimmten Fällen ist jedoch eine Beglaubigung erforderlich. Im Kontext eines Unternehmenskaufs sind insbesondere § 2
Abs. 2 GmbHG (Gründung von Gesellschaften mit beschränkter Haftung)
sowie § 12 Abs. 2 S. 2 HGB (Handelsregisteranmeldungen) relevant.

Unabhängig von zwingenden rechtlichen Vorgaben empfiehlt sich eine **Un-** 1155
terschriftsbeglaubigung, um Beweisschwierigkeiten hinsichtlich der Identität der unterzeichnenden Personen zu vermeiden. Des Weiteren sollte man
darauf achten, dass die Vertretungsmacht des jeweiligen Unterzeichners hinreichend dokumentiert und belegt ist. Dies kann durch Vorlage entsprechender Handelsregister- oder vergleichbarer Auszüge oder notarielle Vertretungsbescheinigungen erfolgen. In einigen Ländern sind indes zusätzliche
Dokumente erforderlich oder ratsam, etwa die Ausstellung einer entsprechenden Bescheinigung durch den Gesellschaftsjustiziar (*secretary's certificate*)
oder die Ermächtigung durch das gesamte Vertretungsorgan (*board resolution*).

X. Der Zeitraum zwischen Signing und Closing

1. Gründe für ein zeitliches Auseinanderfallen von Signing und Closing

Dass Abschluss (Signing) und Vollzug (Closing) eines Unternehmenskauf- 1156
vertrages auseinanderfallen und dazwischen bisweilen mehrere Monate liegen, ist nicht zwingend, bei großen oder komplexen Transaktionen aber die
Regel. Das liegt häufig daran, dass zunächst noch bestimmte Gegebenheiten
für den Vollzug geschaffen werden müssen, die bei Abschluss des Unternehmenskaufvertrages noch nicht vorlagen. Dies kann auf rechtlichen Vorgaben oder auf privatautonomer Vereinbarung beruhen. In die erste Kategorie fallen insbesondere öffentlich-rechtliche Vorgaben. Die zweite Kategorie
ist vielschichtig und stark durch die Umstände des konkreten Einzelfalls geprägt; meinst handelt es sich aber um Gegebenheiten, deren Herbeiführung
jedenfalls für eine Partei von solch großer Wichtigkeit ist, dass damit der
Vollzug des Unternehmenskaufvertrages stehen oder fallen soll.

In der Praxis sind in diesem Zusammenhang insbesondere die folgenden
Themenkreise von Relevanz:

a) Zusammenschlusskontrolle durch zuständige Kartellbehörden

Bei vielen Transaktionen ist es erforderlich oder zumindest ratsam, die Frei- 1157
gabeentscheidung der zuständigen Kartellbehörden einzuholen, bevor der
zugrunde liegende Unternehmenskaufvertrag vollzogen wird (vgl. hierzu
näher Rn. 1347 ff.). Sind die an dem Zusammenschlussvorhaben beteiligten
Unternehmen international werbend tätig, kann schon die Frage, in welchen
Ländern überhaupt kartellrechtliche Anmeldepflichten bestehen und wie das
Verfahren im Einzelnen zu betreiben ist, ausgesprochen komplex sein. Da in

A. Der Unternehmenskauf

vielen Jurisdiktionen bereits das Überschreiten relativ geringer Schwellen (z. B. aggregierter nationaler/weltweiter Umsatz des Zielunternehmens und der Käuferseite) zumindest eine formale Anmeldepflicht auslöst, kann die Zahl der zu führenden Fusionskontrollverfahren im Einzelfall beachtlich sein. Zudem gibt es in der Ausgestaltung der nationalen Verfahren und bezüglich der materiellen Entscheidungskriterien mitunter erhebliche Unterschiede. Folglich empfiehlt es sich, den damit verbundenen Themen frühzeitig die angemessene Aufmerksamkeit zu widmen. Kartellrechtliche Gesichtspunkte können nämlich nicht nur zeitaufwändig und kostenträchtig sein. Ergibt die entsprechende Analyse, dass die beabsichtigte Transaktion nicht in allen relevanten Ländern kartellrechtlich ohne Weiteres unbedenklich ist, können diese Gesichtspunkte entscheidend dafür sein, ob die Transaktion rechtlich überhaupt umgesetzt werden kann oder zumindest wie sie zu strukturieren sein wird. Durch frühzeitige Prüfung des kartellrechtlichen Sachverhalts können dementsprechend unnötige Kosten vermieden und unter Umständen Strategien entwickelt werden, um etwaige Hürden besser zu meistern.

1158 In einer Vielzahl von Rechtsordnungen bestehen bei Vorliegen bestimmter Zusammenschlusskriterien **präventive Anmeldepflichten** zu den zuständigen Kartellbehörden. Für Verfahren vor dem Bundeskartellamt ergeben sich diese aus § 39 GWB. Eine entsprechende Regelung findet sich in Art. 4 der Fusionskontrollrichtlinie für Verfahren vor der Europäischen Kommission. Derartige Anmeldepflichten werden häufig ergänzt durch die gesetzliche Anordnung eines Vollzugsverbots, bisweilen mit der Möglichkeit im Einzelfall davon abzusehen. **Vollzugsverbot** bedeutet dabei, dass der geplante Zusammenschluss weder rechtlich noch faktisch umgesetzt werden darf, bis nicht entweder die zuständige Kartellbehörde die entsprechende Freigabe erteilt hat oder der gesetzlich vorgegebene Zeitraum abgelaufen ist, innerhalb dessen die zuständige Fusionskontrollbehörde zu entscheiden hat. Für Verfahren vor dem Bundeskartellamt ergibt sich das Vollzugsverbot aus § 41 GWB; für Verfahren vor der Europäischen Kommission ist dieses in Art. 7 der Fusionskontrollverordnung geregelt.

1159 Demgegenüber gibt es auch Rechtsordnungen, die den zuständigen Kartellbehörden zwar ebenfalls die Möglichkeit einräumen, Zusammenschlussvorhaben zu untersagen oder die Entflechtung bereits vollzogener Zusammenschlüsse anzuordnen, die es den Beteiligten aber gleichwohl freistellen, ob sie ihr Vorhaben bei der Kartellbehörde anmelden. Dementsprechend gibt es in diesen Ländern kein Vollzugsverbot. Ein Beispiel für ein Land **ohne Anmeldepflicht und Vollzugsverbot** ist Großbritannien. Die Anmeldung zur *Competition and Markets Authority (CMA)*, die seit dem 1.4.2014 die Aufgaben sowohl des *Office of Fair Trading (OFT)* als auch der *Competition Commission (CC)* erfüllt, ist freiwillig. Die Freiwilligkeit der Anmeldung basiert auf der Erwägung, dass es eine nicht geringe Zahl von Transaktionen gibt, die kartellrechtlich evident unbedenklich sind; das Absehen von einer Anmeldung führt bei ihnen zu einer Entlastung der beteiligten Unternehmen und der

Kartellbehörde gleichermaßen. Dies entbindet die Beteiligten im konkreten Einzelfall aber gleichwohl nicht von der Obliegenheit zu prüfen, ob in den relevanten Jurisdiktionen kartellrechtliche Risiken bestehen. Denn ihnen ist nicht damit gedient, wenn sie die Transaktion zunächst vollziehen und die zuständige Kartellbehörde dann im Nachhinein signifikante Auflagen erteilt oder gar die vollständige Entflechtung anordnet. Dementsprechend empfiehlt es sich bei kritischen Transaktionen, in Bezug auf Länder ohne Anmeldepflicht die gleichen Prüfungsschritte vorzunehmen wie in Bezug auf Länder mit Anmeldepflicht.

b) Außenwirtschaftsrechtliche Investitionskontrolle

Als weiterer rechtlicher Grund, der zu einem Auseinanderfallen von Abschluss und Vollzug des Unternehmenskaufvertrages führen kann, kommt das Außenwirtschaftsrecht eines betroffenen Landes in Betracht. In vielen Ländern ist es nationalen Behörden möglich, den Erwerb oder die Beteiligung an inländischen Unternehmen oder Einrichtungen durch Ausländer im Einzelfall **zum Schutz wichtiger nationaler Interessen** zu beschränken oder zu untersagen. 1160

In Deutschland ergibt sich diese Möglichkeit aus dem Außenwirtschaftsgesetz in Verbindung mit der Außenwirtschaftsverordnung (vgl. im Einzelnen hierzu Rn. 2237 ff.). Im Regelverfahren, welches sektorübergreifend ist, besteht insoweit allerdings keine Anmeldepflicht; dementsprechend gibt es auch kein Vollzugsverbot. Allerdings besteht die Möglichkeit, eine Vorabentscheidung des zuständigen Bundesministeriums für Wirtschaft und Energie herbeizuführen und die Erteilung einer entsprechenden **Unbedenklichkeitsbescheinigung** nach § 58 AWV zu beantragen. Ein solches Vorgehen kann im Einzelfall, abhängig von der Herkunft und Identität des Kaufinteressenten, dem betroffenen Wirtschaftszweig (z. B. Versorgungseinrichtungen der Allgemeinheit) und dem konkreten Kaufgegenstand, empfehlenswert sein. Eine Anmeldepflicht mit Vollzugsverbot besteht nur in Ausnahmefällen (z. B. Rüstungssektor) (vgl. im Einzelnen hierzu Rn. 2246). 1161

c) Sonstige gesetzliche Vorgaben oder Besonderheiten

Je nach betroffenem Wirtschaftszweig und konkretem Kaufgegenstand kommen weitere gesetzliche Vorgaben oder Besonderheiten in Betracht, die ein Tätigwerden vor Vollzug des Unternehmenskaufvertrages erforderlich machen können. 1162

So gibt es bei Unternehmenskaufverträgen in stark regulierten Wirtschaftszweigen **aufsichtsrechtliche Anzeigepflichten oder Genehmigungsvorbehalte**, die zu beachten sind; darüber hinaus gibt es Konstellationen, in denen der Käufer bei Abschluss des Unternehmenskaufvertrages noch nicht über alle erforderlichen **regulatorischen Erlaubnisse** verfügt und diese dementsprechend bis zum Vollzug der Transaktion erst noch erlangt werden müssen 1163

A. Der Unternehmenskauf

- So sind **Transaktionen im Finanz- und Versicherungswesen** regelmäßig der **Bundesanstalt für Finanzdienstleistungsaufsicht (BaFin)** oder der zuständigen Landesaufsichtsbehörde anzuzeigen (vgl. hierzu auch Kapitel XXVII; entsprechende Vorgaben finden sich insbesondere in § 2c Kreditwesengesetz (KWG), § 2a Investmentgesetz (InvG), § 11 Zahlungsdiensteaufsichtsgesetz (ZAG) sowie in §§ 104, 146 Versicherungsaufsichtsgesetz (VAG). Darüber hinaus kann es sein, dass ein Käufer die erforderlichen regulatorischen Erlaubnisse, etwa eine Bankerlaubnis nach § 32 KWG, erst noch einholen muss.

- Bei **Transakionen im Energie- und Telekommunikationswesen** bestehen vielfältige Anzeigepflichten zur **Bundesnetzagentur** (vgl. hierzu auch Kapitel XXIX). In Betracht kommen beispielsweise Anzeigepflichten nach § 4c Energiewirtschaftsgesetz (EnWG)c oder § 55 Abs. 7 Telekommunikationsgesetz (TKG).

- Bei **Transaktionen im Medienbereich** gelten nicht nur Besonderheiten für die eigentliche kartellrechtliche Zusammenschlusskontrolle; vielmehr gibt es mit der **Kommission zur Ermittlung der Konzentration im Medienbereich (KEK)** eine eigenständige staatliche Stelle mit der Aufgabe, dafür Sorge zu tragen, dass in Deutschland kein Unternehmen im Rundfunkbereich dauerhaft vorherrschende Meinungsmacht erlangt (vgl. § 26 Rundfunkstaatsvertrag); dementsprechend kann bei Transaktionen in diesem Bereich ratsam sein, vor Vollzug eine **Unbedenklichkeitsbescheinigung** der KEK nach Maßgabe von § 26 Abs. 3 des Rundfunkstaatsvertrages einzuholen.

1164 Aber auch in weniger stark regulierten Wirtschaftszweigen können gesetzliche Vorgaben und Besonderheiten zu beachten sein. So sind beispielsweise bei **Immobilientransaktionen**, etwa bei Portfoliokäufen im Rahmen von Asset Deals, **gesetzliche Vorkaufsrechte** zu beachten; dabei geht es nicht nur um die Vorkaufsrechte nach Maßgabe von § 24 Abs. 1 BauGB, sondern auch um gesetzliche Vorkaufsrechte zugunsten der betroffenen Kommunen, Bundesländer sowie von Behörden (vgl. hierzu auch Kapitel XXVIII). Dementsprechend ist es empfehlenswert, vor dem Vollzug des betreffenden Unternehmenskaufvertrages Erklärungen der jeweils Vorkaufsberechtigten über die Nichtausübung ihrer Rechte einzuholen.

1165 Bei **Unternehmenskäufen aus der Insolvenz** gelten besondere gesetzliche Vorgaben zum Schutz der betroffenen Gläubiger. Um das Risiko einer persönlichen Haftung nach § 61 InsO auszuschließen, holen Insolvenzverwalter bei entsprechenden Transaktionen in aller Regel die **Zustimmung des Gläubigerausschusses bzw. der Gläubigerversammlung** ein (vgl. hierzu auch Kapitel XXVI).

1166 Schließlich können sich bei Beteiligung natürlicher Personen am Unternehmenskaufvertrag **familien- und erbrechtliche Zustimmungserfordernisse** ergeben; diese sind gerade beim Verkauf von Familienunternehmen von Relevanz (vgl. dazu auch Kapitel XXV). Bei verheirateten Verkäufern sind insbesondere die Verfügungsbeschränkungen aus § 1365 BGB und § 1419 BGB zu beachten; allerdings empfiehlt es sich in diesen Fällen, die entsprechende Zustimmung schon vor Abschluss des Unternehmenskaufvertrages einzuholen. Ist an einem Unternehmenskaufvertrag eine nicht voll geschäftsfähige, unter Vormundschaft oder Pflege stehende Person beteiligt, kann die **Zustimmung des Familien- bzw. Betreuungsgerichts** erforderlich sein.[766]

d) Umsetzung eines Carve-outs bzw. Schaffung von Schnittstellen

Gerade bei komplexen Transaktionen ist es häufig nicht nur aus rechtlichen, sondern auch aus betrieblichen Gründen erforderlich, bereits vor Vollzug der Transaktion eine Vielzahl an vorbereitenden Maßnahmen zu treffen, um sicherstellen zu können, dass das Zielunternehmen in seiner Gesamtheit als funktionierende operative Einheit auf den Käufer übergehen und reibungslos weitergeführt werden kann. Auf Verkäuferseite bestehen diese Maßnahmen gewöhnlich darin, das zu veräußernde Unternehmen bzw. die zu veräußernden Unternehmensteile von den bei der Verkäuferseite verbleibenden Geschäftsaktivitäten zu trennen (sog. *Carve-out*). Auf Käuferseite bestehen sie in der Regel darin, die für die Integration des zu erwerbenden Unternehmens zu schaffenden Schnittstellen zu identifizieren und die entsprechenden Anpassungen für das Zusammenführen mit den bereits existierenden Strukturen vorzunehmen. In ihrer konkreten Ausgestaltung hängen diese Maßnahmen naturgemäß stark von den Gegebenheiten des Einzelfalls ab.

1167

Dabei ist es häufig nicht sinnvoll oder darstellbar, alle vorbereitenden Maßnahmen bereits vor Abschluss des Unternehmenskaufvertrages vollständig umzusetzen. Das kann zum Teil daran liegen, dass es bis dahin noch ein nicht lediglich theoretisches Risiko gibt, dass die geplante Transaktion gar nicht zustande kommt, und daher wohl zu überlegen ist, ob die mit ihrer Vorbereitung verbundenen Kosten in angemessenem Verhältnis zum Risiko des Scheiterns stehen (z. B. bei Verkauf eines Unternehmens aus der Krise bzw. Insolvenz oder bei noch bestehenden großen Differenzen im Rahmen von Vertragsverhandlungen). Das kann zum Teil aber auch daran liegen, dass die zu treffenden Vorbereitungsmaßnahmen mehr oder weniger stark ausgeprägt von den Bedürfnissen des konkreten Erwerbers abhängen und auf diese zugeschnitten werden müssen, sich aber erst relativ spät im Verkaufsverfahren herausstellt, welcher Kaufinteressent tatsächlich zum Zuge kommt. Gerade in Auktionsverfahren ist dies nicht untypisch (vgl. hierzu Rn. 1303 ff.). Schließlich kommt es im Einzelfall vor, dass die entsprechenden Maßnahmen zwar bereits vor Abschluss des Unternehmenskaufvertrages eingeleitet wurden, aber schlicht so zeitintensiv sind oder sich Verzögerungen ergeben haben,

1168

---

766) *Beissel/Klumpp*, 8. Kapitel, Rn. 109 ff.; *Wilhelmi*, in: Beck'scher Online Kommentar GmbHG, 19. Edition, Stand 1.3.2014, § 15 Rn. 42 f.

dass sie nicht rechtzeitig zur Vertragsunterzeichnung abgeschlossen werden konnten.

e) Gremienvorbehalte

1169 Bisweilen finden sich in Unternehmenskaufverträgen **Gremienvorbehalte**. Damit ist der Vorbehalt einer oder mehrerer Vertragsparteien gemeint, den Unternehmenskaufvertrag nur vollziehen zu müssen, sofern die entsprechenden internen Gremien der betreffenden Vertragspartei zugestimmt haben werden (vgl. hierzu im Einzelnen Rn. 83 ff.).

1170 Derartige Vorbehalte gilt es aus Sicht der jeweils anderen Vertragspartei(en) nach Möglichkeit zu vermeiden. Denn für sie bedeutet dies eine **Verringerung der Transaktionssicherheit**. In den meisten Fällen ist auch nicht einzusehen, weshalb die entsprechende interne Abstimmung auf Seiten aller Beteiligten nicht bereits vor Abschluss des Unternehmenskaufvertrages erfolgen können sollte. Lediglich in Sonderfällen mag dies nicht gelten.

f) Zustimmung von Vertragspartnern

1171 Die von einem **Asset Deal** umfassten Verträge lassen sich meist nur mit Zustimmung der jeweils anderen Vertragspartner auf den Käufer übertragen. Aber auch beim **Share Deal** kann eine entsprechende Zustimmung erforderlich oder zumindest ratsam sein, nämlich dann, wenn wichtigen Vertragspartnern im Verkaufsfall das Recht zusteht, bestehende Verträge zu kündigen oder anzupassen (sog. *Change of Control*-Klauseln). In derartigen Fällen ist es wichtig, eine passende Kommunikations- und Überleitungsstrategie zu vereinbaren. Ob dabei ein entsprechendes Tätigwerden bereits zwischen Abschluss und Vollzug des Unternehmenskaufvertrages geboten ist oder die nachlaufende Einholung der erforderlichen Zustimmungen genügt, hängt sehr stark von den Umständen des konkreten Einzelfalls ab.

1172 Käufer versuchen in derartigen Konstellationen nicht selten durchzusetzen, dass eine Vollzugspflicht überhaupt nur dann bestehen soll, wenn die **Zustimmung der relevanten Vertragspartner** erfolgt ist oder insoweit zumindest ein vereinbarter Schwellenwert erreicht ist. Ausgangspunkt dieser Überlegung ist letztlich das Interesse des Käufers, eine wirtschaftliche Einheit zu übernehmen, die nicht dadurch unmittelbar nach Vollzug an Ertragskraft verliert, dass beispielsweise wichtige Kunden oder Lieferanten abspringen. Es geht also um den **Schutz des Äquivalenzinteresses** des Käufers. Umgekehrt können aber auf Verkäuferseite triftige Gründe dagegen sprechen, derartige Regelungen zu akzeptieren: So gibt es Konstellationen, in denen der Verkäufer ein großes Interesse daran hat, dass der beabsichtigte Verkauf bis zum tatsächlichen Vollzug möglichst vertraulich behandelt wird; diesem Interesse kann bei Offenlegung (auch nur) gegenüber (einzelnen) Dritten nicht immer hinreichend Rechnung getragen werden. Darüber hinaus kann es sein, dass relevante Dritte ihre Zustimmung gerade aus solchen Gründen verweigern, die in der Person des Käufers liegen oder jedenfalls aus seiner Sphäre stammen; kommen diese zum Tragen, realisiert sich demnach ein Risiko des Käufers, zu dessen auch nur teilweiser Übernahme ein verhandlungsstarker Verkäufer nicht bereit sein wird. Zudem gibt es alternative Möglichkeiten der Vertragsgestaltung, die an die Entscheidung einzelner Dritter weniger weitreichende Folgen knüpfen und nicht digital sind. In der Praxis führen die genannten Erwägungen häufig dazu, dass sich die Parteien darauf verständigen, dass sie bis zur Erteilung der jeweiligen Zustimmung einander wirtschaftlich so zu stellen haben als wäre die rechtliche Übertragung der betreffenden vertraglichen Position bereits erfolgt; ist auch dies nicht möglich wird bisweilen eine Kaufpreisanpassung vereinbart.

g) Beseitigung oder Nichtrealisierung von Sonderrisiken

In der Praxis wird in Unternehmenskaufverträgen schließlich mitunter geregelt, dass vor dem Vollzug bestimmte identifizierte Sonderrisiken beseitigt werden müssen bzw. Gewissheit über deren Nichtrealisierung eingetreten sein muss. Dabei handelt es sich um Risiken, deren Beseitigung insbesondere nach Einschätzung des Käufers von solch fundamentaler Bedeutung für den Weiterbetrieb des Zielunternehmens ist, dass er den Vollzug des Unternehmenskaufvertrages oder eine hierauf bezogene Pflicht nicht akzeptiert, solange insoweit Ungewissheit herrscht. In der Regel handelt es sich dabei um Risiken, die vom Verkäufer offen gelegt oder vom Käufer im Rahmen der Due Diligence identifiziert wurden. Diese können im Einzelfall nach Inhalt und Natur sehr unterschiedlich ausfallen. In Betracht kommen beispielsweise Risiken aus laufenden Rechtsstreitigkeiten, aus der noch ungeklärten Frage nach dem uneingeschränkten Bestehen von gewerblichen Schutzrechten, aus dem noch nicht ausgeräumten Verdacht auf mögliche Compliance-Verstöße, aus laufenden behördlichen Verfahren über den Widerruf erteilter Genehmigungen oder aus dem Umstand, dass Vertragsverhandlungen mit wichtigen Geschäftspartnern oder Ausschreibungsverfahren noch nicht erfolgreich abgeschlossen sind. Einen gewissen Sonderfall stellen in diesem Zusammenhang sog. MAC-Klauseln dar. Auch bei ihnen geht es um den Schutz des Käufers vor der Nichtrealisierung signifikanter Risiken. Sie decken aber typischerweise kein spezifisches Risiko aus einem bereits konkret offengelegten oder identifizierten Sachverhalt ab, sondern haben eine generischere Schutzrichtung in Bezug auf mögliche künftige Sachverhalte (vgl. zu MAC-Klauseln Rn. 1201 ff.).

2. Vereinbarung von Vollzugsbedingungen bzw. Vollzugsvoraussetzungen

Gibt es Gegebenheiten, die nach Abschluss des Unternehmenskaufvertrages erst noch geschaffen werden müssen, damit es zum Vollzug kommen kann, lässt sich damit rechtstechnisch auf zweierlei Arten umgehen:

- **Zeitgleicher Abschluss der Vollzugsgeschäfte und des Unternehmenskaufvertrages:** Die Parteien können bereits im und zeitgleich mit dem Unternehmenskaufvertrag auch die für dessen Vollzug erforderlichen

Rechtsgeschäfte vornehmen (z. B. Übereignung, Abtretung etc.), letztere aber entsprechend aufschiebend bedingt auf die Schaffung der relevanten Gegebenheiten ausgestalten. Dies hat zur Folge, dass die Übertragung des Zielunternehmens erst, aber dann auch ohne weiteres Handeln der Parteien mit Eintritt der entsprechenden aufschiebenden Bedingungen gem. § 158 BGB automatisch erfolgt.

- **Abschluss der Vollzugsgeschäfte erst bei Vollzug des Unternehmenskaufvertrages:** Die Parteien können aber auch zunächst davon absehen, die für den Vollzug des Unternehmenskaufvertrages erforderlichen Rechtsgeschäfte abzuschließen und sich lediglich dazu verpflichten, diese vorzunehmen, sobald die relevanten Gegebenheiten geschaffen wurden. Die für den Abschluss der Vollzugsgeschäfte erforderlichen Willenserklärungen müssen dann dementsprechend erst noch abgegeben werden; die Parteien müssen also zu einem späteren Zeitpunkt noch einmal tätig werden, um den Vollzug herbeizuführen. Dabei kann für die Rechtspraxis dahinstehen, ob man darin rechtsdogmatisch ebenfalls die Vereinbarung einer aufschiebenden Bedingung i. S. v. § 158 BGB oder aber eine Fälligkeitsvereinbarung sieht.

1175 In der Praxis ist für die **Wahl zwischen beiden Gestaltungsalternativen** häufig ausschlaggebend, ob sich der Vollzug des Unternehmenskaufvertrages in der Zahlung des Kaufpreises und dem wirksamen Abschluss der Vollzugsgeschäfte erschöpft, oder ob darüber hinausgehende Handlungen vorzunehmen sind. Je größer die Zahl solcher zusätzlichen Handlungen ist und je stärker diese aufeinander abzustimmen sind, desto eher empfiehlt es sich dabei, die beschriebene zweite Gestaltungsalternative zu wählen. Das bringt zwar mit sich, dass sich die Parteien erneut Zusammenfinden und weitere Vereinbarungen abschließen müssen. Dadurch steigt aber erfahrungsgemäß auch die Wahrscheinlichkeit eines reibungslosen und erfolgreichen Vertragsvollzugs.

1176 Terminologisch wird in beiden Gestaltungsalternativen von der Vereinbarung von **Vollzugsbedingungen** *(closing conditions)* oder **Vollzugsvoraussetzungen** *(conditions precedent)* gesprochen. Vereinzelt wurde zwar vorgeschlagen, den erstgenannten Begriff beschränkt auf die erste Gestaltungsalternative und den zweitgenannten Begriff beschränkt auf die zweite Gestaltungsalternative zu verwenden. Diese Differenzierung wird aber in der Praxis nicht durchgehalten. Daher werden auch in diesem Buch beide Begriffe gleichbedeutend verwendet.

3. Vereinbarung von Pflichten in Bezug auf die Herbeiführung der Vollzugsbedingungen

1177 Sieht ein Unternehmenskaufvertrag Vollzugsbedingungen vor, sollten diese angesichts ihrer Bedeutung selbstredend so klar formuliert sein, dass möglichst wenig Raum für Streitigkeiten darüber verbleibt, ob und wann diese eingetreten sind. Darüber hinaus ist unbedingt zu empfehlen, dass in Bezug auf jede einzelne Vollzugsbedingung auch klar geregelt wird, welche **Handlungspflichten** jede Partei im Hinblick auf deren Herbeiführung hat.

Die vertragliche Ausgestaltung dieses Aspekts wird dabei stark von Inhalt und Gegenstand der Vollzugsbedingungen sowie von der Verteilung der Verhandlungsmacht im konkreten Einzelfall abhängen. Die Auferlegung weitreichender **Handlungspflichten** (im anglo-amerikanischen Rechtsraum bisweilen plakativ als *hell or high water clauses* bezeichnet) kann nicht nur erhebliche Kosten, sondern deutlich darüber hinausgehende Risiken mit sich bringen. Übernimmt etwa ein Käufer die Pflicht alles Erforderliche zu tun, um die Kartellfreigabe zu erwirken, schließt dies beispielsweise die Verpflichtung ein, ggf. bestehende eigene Geschäftsaktivitäten in dem Umfang zu veräußern oder anderweitig aufzugeben, der notwendig ist, um Auflagen der Kartellbehörden zu erfüllen. Im schlimmsten Fall kann dies die wirtschaftliche Logik und Sinnhaftigkeit einer Transaktion (nachträglich) entfallen lassen. 1178

In **kompetitiven Verkaufsprozessen** spielt der Gesichtspunkt der Transaktionssicherheit, also die Gewissheit, dass es tatsächlich zum Vollzug des Unternehmenskaufvertrages kommen wird, bei der Bieterauswahl durch den Verkäufer eine nicht geringe Rolle. Ein Bieter, der bereit ist, weiterreichende Handlungspflichten zu übernehmen als andere Bieter mit vergleichbarem Risiko eines Ausfalls der entsprechenden Vollzugsbedingung, kann sich dadurch unter Umständen entscheidende **Wettbewerbsvorteile** verschaffen. 1179

4. Rechtsfolgen bei Ausfall von Vollzugsbedingungen

Im Zusammenhang mit Vollzugsbedingungen ist im Unternehmenskaufvertrag auch das **Ausfallrisiko** zu regeln, d. h. das Risiko, dass eine Vollzugsbedingung nicht eintritt. In der Vertragspraxis wird als ultimative Rechtsfolge insoweit regelmäßig ein **Rücktrittsrecht** vereinbart, das in seiner konkreten Ausgestaltung variantenreich ist. Vielfach wird vorgesehen, dass vor einem vereinbarten künftigen Datum (sog. *long stop date/drop dead date*) das Rücktrittsrecht noch nicht ausgeübt werden kann, es sei denn, es steht schon vorher endgültig fest, dass mindestens eine Vollzugsbedingung ausgefallen ist bzw. definitiv nicht mehr herbeigeführt werden kann. Bei der Festlegung des entsprechenden Datums sollte man ein realistisches Zeitfenster für die Herbeiführung sämtlicher Vollzugsbedingungen zugrunde legen und einen gewissen zeitlichen Puffer vorsehen. Vielfach findet sich ergänzend eine Regelung, wonach eine Vertragspartei, die ihre Handlungspflichten in Bezug auf die ausgefallene Vollzugsbedingung nicht erfüllt hat, kein Rücktrittrecht haben soll. 1180

Hat eine Vertragspartei entweder das Ausfallrisiko als solches oder aber Handlungspflichten in Bezug auf eine Vollzugsbedingung übernommen, finden sich bisweilen darüber hinaus Regelungen, wonach diese Vertragspartei den anderen Parteien bei Ausfall der Bedingung oder bei Verletzung ihrer Handlungspflichten entweder das **negative Interesse** zu erstatten oder **pauscha-** 1181 lierten **Schadensersatz** bzw. eine **Vertragsstrafe** zu zahlen hat. Zudem behalten sich die anderen Vertragsparteien in manchen Unternehmenskaufverträgen das Recht vor, darüber hinausgehenden Schaden geltend zu machen, sofern sie diesen entsprechend darlegen und beweisen können; unter diesen Voraussetzungen kommt dann auch der Ersatz des **positiven Interesses** in Betracht.

5. Pflichten in Bezug auf die Führung des Zielunternehmens zwischen Abschluss und Vollzug des Unternehmenskaufvertrages

1182 Die Zeit nach Abschluss, aber vor Vollzug des Unternehmenskaufvertrages ist durch eine besondere Interessenlage gekennzeichnet: Einerseits gehört das Zielunternehmen rechtlich und in der Regel auch wirtschaftlich (vgl. aber zu sog. *Locked Box*-Vereinbarungen Rn. 800 ff.) nach wie vor dem Verkäufer und wird dieses auch tatsächlich nach wie vor von ihm geführt. Dies ist auch sachgerecht, schließlich steht die Zahlung des Kaufpreises noch aus und hat der Verkäufer den Gegenwert für das Zielunternehmen noch nicht realisiert. Andererseits haben sich die Parteien vertraglich gebunden und sind nun grundsätzlich auf den Vollzug des Unternehmenskaufvertrages verpflichtet. Entscheidungen, die der Verkäufer oder – ggf. instruiert oder anderweitig beeinflusst vom Verkäufer – das Management des Zielunternehmens in dieser Zeit treffen, können mitunter erhebliche Auswirkungen auf die Zeit nach Vollzug des Unternehmenskaufvertrages haben. Soweit dies der Fall ist, hat der Käufer dementsprechend ein legitimes Interesse, wesentliche Entscheidungen mit beeinflussen zu können.

1183 In der Praxis hat diese Konstellation üblicherweise zur Folge, dass sich die Parteien des Unternehmenskaufvertrages auf konkrete Regeln verständigen, nach denen der Verkäufer das Zielunternehmen in dieser Zeitspanne zu führen bzw. seinen Einfluss auf dessen Führung geltend zu machen hat. Diese Regeln engen den bisherigen Handlungsspielraum des Verkäufers ein. Bei ihrer Aufstellung sind die Parteien vorbehaltlich zwingender gesetzlicher Vorgaben frei. Letztere können sich insbesondere aus dem kartellrechtlichen Vollzugsverbot und, für den Fall, dass es sich bei dem Zielunternehmen um eine Aktiengesellschaft handelt, aus nicht-dispositivem Aktienrecht ergeben.

1184 In der Praxis findet sich in Unternehmenskaufverträgen vielfach eine Kombination von **allgemeinem Kontinuitätsgebot und speziellen Zustimmungsvorbehalten für wesentliche Maßnahmen:**

a) Allgemeines Kontinuitätsgebot

1185 Unternehmenskaufverträge sehen für den Verkäufer in der Regel die Pflicht vor – jedenfalls im Rahmen seiner rechtlichen Möglichkeiten – sicherzustellen, dass das Zielunternehmen wie bisher fortgeführt wird. Insoweit kann von einem **allgemeinen Kontinuitätsgebot** gesprochen werden. Dem liegt der Gedanke zu Grunde, dass der Käufer sich im Rahmen seiner vorvertraglichen Analysen, insbesondere im Rahmen der Due Diligence, einen Eindruck über das Zielunternehmen in seinem bisherigen Zuschnitt und in seiner bisherigen Ausrichtung verschafft hat. Auf dieser Grundlage basiert seine Kaufentscheidung; deshalb soll er vom Verkäufer verlangen können, dass es bis zum Vollzug keine wesentliche Änderung in der Unternehmensführung gibt.

b) Zustimmungsvorbehalt für spezifische Maßnahmen

Ergänzend enthalten Unternehmenskaufverträge in der Regel einen **Katalog von spezifischen Maßnahmen**, hinsichtlich derer der Verkäufer sicherzustellen hat, dass sie nicht ohne **vorherige Zustimmung des Käufers** erfolgen. Der Käufer hat also dementsprechend ein **Veto- aber kein Initiativrecht**.

Im Folgenden wird eine Reihe von Maßnahmen skizziert, die in Unternehmenskaufverträgen regelmäßig Gegenstand solcher Zustimmungsvorbehalte sind, auch wenn die konkrete Ausprägung des Katalogs sehr stark einzelfallabhängig ist. Es kann auch nicht genug betont werden, dass ein standardisierter Katalog zwar ein guter Ausgangspunkt und hilfreich für die Vertragsgestaltung ist. Besonderes Augenmerk muss aber in jedem Fall auf die Anpassung an die Spezifika der konkreten Transaktion gelegt werden. Diese gebieten in den meisten Fällen eine mehr oder weniger starke Individualisierung. Der nachfolgende Katalog ist auf die Share Deal Variante zugeschnitten:

- **Änderung des Gesellschaftsvertrags des Zielunternehmens** und dahingehende Beschlüsse;

- **Zahlung von Dividenden oder sonstige Ausschüttungen oder Zuwendungen an Gesellschafter** sowie dahingehende Beschlüsse oder Zusagen;

- **Rückzahlung von Einlagen, Einziehung von Anteilen oder Erwerb eigener Anteile** sowie dahingehende Beschlüsse;

- **Umwandlung** im Sinne des Umwandlungsgesetzes sowie dahingehende Beschlüsse;

- **Abschluss, Änderung oder Beendigung wesentlicher Verträge:** Das Wesentlichkeitskriterium kann beispielsweise definiert werden über den Gesamtwert der daraus resultierenden Forderungen oder Verbindlichkeiten, aus der Laufzeit oder anhand des Kriteriums der Substituierbarkeit;

- **Erwerb, Veräußerung oder Belastung wesentlicher Vermögensgegenstände** einschließlich Unternehmens- und Beteiligungskäufen: Auch hier kann das Wesentlichkeitsmerkmal beispielsweise definiert werden über den Anschaffungs- oder Buchwert, anhand der Bedeutung für den operativen Betrieb oder anhand des Kriteriums der Substituierbarkeit;

- Abschluss oder Änderung von **Verträgen jeglicher Art mit der Verkäuferseite**;

- Aufnahme oder Gewährung von Darlehen oder Gewährung von Sicherheiten außerhalb des normalen Geschäftsverlaufs;

- Abschluss, Änderung oder Beendigung von Arbeitsverträgen und Pensionsvereinbarungen jenseits der im Unternehmenskaufvertrage vereinbarter Rahmenbedingungen;

- Eingehen eines **gerichtlichen oder außergerichtlichen Vergleichs** jenseits eines im Unternehmenskaufvertrag festgelegten Schwellenwertes;

- **Änderung der Bilanzierungsrichtlinien** oder von sonstigen Bilanzierungspraktiken, es sei denn, diese erfolgen aufgrund zwingender gesetzlicher Vorgaben;

- Abschluss, Änderung oder Beendigung von **Unternehmensverträgen** oder Verträgen über stille Beteiligungen oder Genussrechte.

6. **Sonstige Pflichten der Parteien zwischen Abschluss und Vollzug des Unternehmenskaufvertrages**

a) **Kaufpreisbezogene Pflichten**

1188 Die genaue Ausgestaltung der Übergangsphase zwischen Abschluss und Vollzug des Unternehmenskaufvertrages hängt auch von der vereinbarten Kaufpreismechanik ab:

- Haben sich die Parteien auf einen **Festkaufpreis** (*Locked Box*) verständigt (vgl. hierzu Rn. 800 ff.), ist aus Käufersicht eine Regelung aufzunehmen, die einen Vermögensabfluss aus dem Zielunternehmen an die Verkäuferseite möglichst effektiv und umfassend verhindert (sog. *Non-Leakage-Klausel*).

- Haben sich die Parteien dagegen auf einen **variablen Kaufpreis** verständigt (vgl. hierzu Rn. 811 ff.) und soll der bei Vollzug fällige vorläufige Kaufpreis dementsprechend nachlaufend angepasst werden, kommt es vor, dass auch der vorläufige Kaufpreis im Unternehmenskaufvertrag noch nicht betragsmäßig fixiert ist, sondern dieser vom Verkäufer anhand vereinbarter Parameter erst kurz vor Vollzug festzulegen und dem Käufer mitzuteilen ist. Dies kommt insbesondere dann in Betracht, wenn der Zeitraum zwischen Abschluss und Vollzug des Unternehmenskaufvertrages relativ groß ist und durch eine solche Regelung dem Interesse beider Vertragsparteien an der Minimierung der nachlaufenden Kaufpreisanpassungszahlung besser Rechnung getragen werden kann. Bisweilen mag es dabei aus Käufersicht angemessen sein, sich das Recht vorzubehalten, anhand geeigneter, aktueller Unterlagen (z. B. Management Accounts) zu überprüfen, ob der vom Verkäufer mitgeteilte vorläufige Kaufpreis vertragsgemäß ermittelt wurde.

b) Pflicht zur Beendigung oder Anpassung von Verträgen mit der Verkäuferseite

Häufig ist das Zielunternehmen in vielfältiger Weise vertraglich mit der Verkäuferseite verbunden. In Betracht kommen insbesondere Lieferverträge, Dienstverträge, Verträge zur konzerninternen Arbeitnehmerüberlassung, Cash-Pooling- und andere Konzernfinanzierungsverträge sowie Unternehmensverträge i. S. v. §§ 291 ff. AktG. In diesen Fällen ist eine entsprechende Entflechtung erforderlich, deren konkrete Ausgestaltung im Unternehmenskaufvertrag zu regeln ist (vgl. auch die Ausführungen zum sog. Carve-out, Kapitel XXIII): 1189

- Es kann sein, dass **Liefer- und Dienstverträge** mit Wirkung zum Vollzug des Unternehmenskaufvertrages beendet oder lediglich noch für eine Übergangszeit fortgeführt werden sollen (vgl. zu sog. Transitional Services Rn. 2141 ff.). Im Einzelfall kann es aber auch beidseitig gewünscht sein, dass diese Verträge längerfristig beibehalten werden sollen.

- Bestanden konzerninterne **Verträge zur Überlassung von Arbeitnehmern** an das Zielunternehmen, ist zu regeln, ob die entsprechenden Arbeitnehmer beim Verkäufer verbleiben oder auf den Käufer übergehen sollen, soweit nicht ohnehin die Voraussetzungen eines Betriebsübergangs nach § 613a BGB vorliegen; im ersten Fall ist zu prüfen, ob das Zielunternehmen von Vollzug an ohne Weiteres auf die Arbeitsleistung der bis dahin überlassenen Arbeitnehmer verzichten kann oder eine zumindest befristete Überlassung weiterhin geboten ist, wobei dann der Wegfall des Konzernprivilegs aus § 1 Abs. 3 Nr. 2 Arbeitnehmerüberlassungsgesetz (AÜG) zu beachten ist.

- **Cash-Pooling-Verträge,** durch die das Zielunternehmen in das Cash-Management des Verkäufers eingebunden und insbesondere zur Überlassung überschüssiger Liquidität verpflichtet ist, müssen (spätestens) mit Wirkung zum Vollzug des Unternehmenskaufvertrages beendet und darauf beruhende Forderungen entsprechend erfüllt werden. In diesem Zusammenhang können sich Risiken aus den Bereichen des Kapitalerhaltungs- und Insolvenzanfechtungsrechts ergeben, die im Unternehmenskaufvertrag angemessen zu allokieren sind (vgl. hierzu Kapitel XXVI).

- In Bezug auf **andere konzerninterne Finanzierungsverträge** kommt ebenfalls deren Beendigung und Erfüllung (spätestens) mit Wirkung zum Vollzug des Unternehmenskaufvertrages in Betracht; denkbar ist aber auch eine Übernahme durch den Käufer, wobei sich der Verkäufer in diesem Fall vor möglichen Insolvenzanfechtungsrisiken schützen sollte, sofern das Zielunternehmen Darlehen in Anspruch genommen hat und diese innerhalb eines Jahres beginnend mit dem Vollzug ganz oder teilweise zurückführt.

A. Der Unternehmenskauf

- Bei **Unternehmensverträgen**, also insbesondere Ergebnisabführungs- und Beherrschungsverträgen, ist zu beachten, dass diese nicht immer unterjährig beendet werden können, sondern dafür ein entsprechendes ausdrückliches Kündigungsrecht für den Verkaufsfall vorgesehen sein muss. Für eine Kündigung aus wichtigem Grund reicht nach herrschender Meinung der Verkauf des Zielunternehmens als solcher nicht aus. Dies macht gelegentlich die Einziehung eines Rumpfgeschäftsjahres erforderlich (vgl. hierzu Rn. 2104 ff.).

c) Unterstützungspflichten

1190 Darüber hinaus können in Unternehmenskaufverträgen Pflichten enthalten sein, die jeweils andere Partei bei der Vorbereitung des Vollzugs und der Umsetzung der Transaktion zu unterstützen. In Betracht kommen beispielsweise die folgenden:

- Regelmäßig wird der Verkäufer zur **angemessenen Unterstützung des Käufers bei der Planung und Vorbereitung der Integration des Zielunternehmens** in seine eigenen Geschäftsaktivitäten verpflichtet. Deshalb soll sichergestellt werden, dass das Zielunternehmen nach Vollzug reibungslos fortgeführt werden kann. Konkret kann dies die Pflicht umfassen, dem Käufer Zugang zu bestimmten Unterlagen zu gewähren oder diesen regelmäßig über die laufende Geschäftsentwicklung oder wesentliche Geschäftsvorfälle zu informieren. Weitergehend kommt aber auch die Vorbereitung und Koordination durch eine gemeinsame Expertengruppe in Betracht.

- Des Weiteren finden sich in Unternehmenskaufverträgen Pflichten des Verkäufers zur **Unterstützung des Käufers im Rahmen der Vorbereitung der Akquisitionsfinanzierung**; in Betracht kommt insoweit insbesondere die Pflicht, dem Käufer bei der Vorbereitung der an Fremdkapitalgeber zu gewährenden Sicherheiten zu helfen; im Einzelfall kann sogar vorgesehen sein, dass Sicherheiten schon vor Vollzug, aber freilich aufschiebend bedingt auf diesen zu bestellen sind.

7. Rücktrittsrechte

a) Vorbemerkung

1191 Rücktrittsrechte führen zur Rückabwicklung des Kaufvertrages.

1192 **Nach Vollzug des Unternehmenskaufvertrages** ist eine Rückabwicklung problematisch. Sämtliche Maßnahmen, die dem Vollzug des Unternehmenskaufvertrages dienten, wären wieder rückgängig zu machen. Der damit verbundene Zeit- und Kostenaufwand wäre insbesondere bei großen oder komplexen Transaktionen enorm. Darüber hinaus ist zu bedenken, dass sich das Zielunternehmen kontinuierlich verändert. Bereits nach kurzer Zeit kann es sich von dem Zuschnitt, in dem es bei Vollzug des Unternehmenskaufvertrages auf den Käufer übergegangen ist, ganz erheblich unterscheiden. Veränderungen können sich beispielsweise in Bezug auf seine rechtliche Verfassung, seine operativen Geschäftsabläufe, die Zusammensetzung seiner Aktiva und Passiva oder seine Arbeitnehmer-, Lieferanten oder Kundenstruktur ergeben. Diese Änderungen können sowohl durch Eingriffe des Käufers als auch von diesem gänzlich unabhängig, etwa durch zwischenzeitliche Veränderungen des Marktumfeldes, verursacht worden sein, und können einzeln oder im Zusammenspiel die Wettbewerbs- und Ertragskraft des Zielunternehmens entscheidend verändert haben. Daher liegt es in der Regel im Interesse aller Parteien des Unternehmenskaufvertrages, insbesondere aber im Verkäuferinteresse, eine Rückabwicklung nach Vollzug möglichst zu vermeiden. Dementsprechend ist es regelmäßig ratsam, in Unternehmenskaufverträgen Rücktrittsrechte nach Vollzug ausdrücklich auszuschließen, soweit dem nicht zwingendes Recht entgegensteht.

Aber auch **vor Vollzug des Unternehmenskaufvertrages** sollte ein Rücktrittsrecht lediglich als *ultima ratio* eingeräumt werden, da solche Rechte die Transaktionssicherheit verringern und mit der Rückabwicklung stets das Risiko verbunden ist, dass frustierte Aufwendungen nicht voll erstattet werden oder jedenfalls das positive Interesse nicht hinreichend abgesichert ist. 1193

Dementsprechend ist der Kanon der Rücktrittsrechte in Unternehmenskaufverträgen zu Recht häufig sehr klein gehalten. 1194

Zudem sollte durch geeignete vertragliche Ausgestaltung der Rücktrittsrechte verhindert werden, dass sich eine Vertragspartei aus sachfremden Erwägungen in den Rücktritt „flüchtet". Etwa der Verkäufer, weil ihm zwischenzeitlich von einem anderen Kaufinteressenten ein besseres Angebot unterbreitet wurde, oder der Käufer, weil er in der Zwischenzeit den Zuschlag für ein passenderes oder günstigeres Übernahmeziel erhalten hat. 1195

b) Ausfall oder Nichterfüllung von Vollzugsbedingungen als Hauptrücktrittstatbestand

Der Haupttatbestand für Rücktrittsrechte in Unternehmenskaufverträgen ist der Ausfall oder die Nichterfüllung einer Vollzugsbedingung. 1196

Dabei ist es sach- und interessengerecht, einer Partei das Rücktrittsrecht zu verwehren, wenn sie eine Pflicht verletzt hat, welche gerade auf die Herbeiführung der nicht eingetretenen oder ausgefallenen Vollzugsbedingung gerichtet war. 1197

Sofern die Herbeiführung der betreffenden Vollzugsbedingung objektiv noch möglich und eine Partei vertraglich zur Vornahme darauf gerichteter Handlungen verpflichtet ist, kann es des Weiteren sinnvoll und interessengerecht sein, der rücktrittsberechtigten anderen Partei das Recht einzuräumen, zunächst den Vollzug des Unternehmenskaufvertrages einseitig zu verschieben 1198 und die Vornahme der noch ausstehenden Handlungen zur Herbeiführung der relevanten Vollzugsbedingung zu verlangen.

1199 Ergänzend wird in Unternehmenskaufverträgen bisweilen vorgesehen, dass das Rücktrittsrecht vor einem vereinbarten künftigen Datum (sog. *long stop date/drop dead date*) nicht ausgeübt werden kann, es sei denn, es steht schon vorher endgültig fest, dass mindestens eine Vollzugsbedingung ausgefallen ist bzw. definitiv nicht mehr herbeigeführt werden kann. Bei der Festlegung des entsprechenden Datums sollte man ein realistisches Zeitfenster für die Herbeiführung sämtlicher Vollzugsbedingungen zugrunde legen und einen gewissen zeitlichen Puffer vorsehen.

1200 Durch eine solche Ausgestaltung des Rücktrittsrechts verbunden mit einer möglichst präzisen Fassung der auf die Herbeiführung der Vollzugsbedingungen gerichteten Handlungspflichten kann eine „Flucht in den Rücktritt" vermieden werden.

c) Wesentliche nachteilige Veränderung/Auswirkung (Material Adverse Change/Effect)

1201 Manche Unternehmenskaufverträge gewähren ein Rücktrittsrecht, wenn sich das Zielunternehmen zwischen Unterzeichnung und Vollzug in erheblicher Weise nachteilig verändert oder sich ein Umstand in erheblicher Weise nachteilig auf das Zielunternehmen auswirkt. Im anglo-amerikanischen Rechtsraum ist dann entweder von *material adverse change (MAC)* oder *material adverse effect* die Rede. Derartige **MAC-Klauseln** sind aber nur dann sinnvoll und praktisch handhabbar, wenn hinreichend klar und präzise vereinbart wird, welche tatsächlichen Umstände zu einem Rücktrittsrecht führen. Dies gilt für deutschrechtliche Unternehmenskaufverträge umso mehr, als mit der in § 313 BGB normierten Störung der Geschäftsgrundlage ein sehr ähnlicher, aber eben auch abstrakt gehaltener gesetzlicher Auffangtatbestand existiert.

aa) Zugrunde liegende Interessen

1202 Die Vereinbarung von MAC-Klauseln empfiehlt sich insbesondere bei Unternehmenskäufen, in denen der Zeitraum zwischen Abschluss und Vollzug relativ lang ist, da dies die Wahrscheinlichkeit des Eintritts einer wesentlichen nachteiligen Veränderung entsprechend erhöht.

1203 Dabei hat der Käufer ein gesteigertes Interesse an der Vereinbarung einer MAC-Klausel, da diese letztlich sein Äquivalenzinteresse schützt. Sofern der Unternehmenskauf nicht nur unerheblich fremdfinanziert ist, sollte der Käufer zudem besonderes Augenmerk darauf legen, dass der Unternehmenskaufvertrag ihm mindestens ebenso weitgehende Lösungsrechte gegenüber dem Verkäufer einräumt wie die Finanzierungsverträge den Fremdkapitalgebern ihm selbst gegenüber (sog. *back to back* Absicherung), um zu vermeiden, dass er selbst an den Kaufvertrag gebunden bleibt, ohne über eine entsprechende Finanzierung zu verfügen.[767]

Im Einzelfall kann es aus Verkäufersicht sinnvoll sein, die MAC-Klausel so auszugestalten, dass auch ihm ein Rücktrittsrecht zusteht. Es sind Konstellationen denkbar, in denen ein Käufer möglicherweise keinen Gebrauch von seinem Rücktrittsrecht macht, da er bereits hinreichenden Schutz über den vertraglichen Kaufpreisanpassungsmechanismus erfährt und entsprechend günstiger an das Zielunternehmen kommt. Ist der Verkäufer in diesem Szenario überzeugt, die wesentliche nachteilige Veränderung effizienter ausgleichen und das Zielunternehmen danach zum angestrebten höheren Preis veräußern zu können, ergibt ein Rücktritt für ihn unter Umständen Sinn. 1204

bb) Typisierung von MAC-Klauseln

In der Praxis finden sich dabei viele Spielarten von MAC-Klauseln, die sich mehr oder weniger einer der drei folgenden Kategorien zuordnen lassen: 1205

- Unternehmensbezogene MAC-Klauseln (*business MAC-clauses*)
- Marktbezogene MAC-Klauseln (*market MAC-clauses*)
- Force-majeure-Klauseln

(1) Unternehmensbezogene MAC-Klausel (business MAC-clauses)

Von einer unternehmensbezogenen MAC-Klausel kann dann gesprochen werden, wenn sich ein Umstand realisieren muss, der unmittelbar mit dem Zielunternehmen selbst zusammenhängt. Anknüpfungspunkt ist letztlich der **Geschäftsbetrieb des Zielunternehmens** in seiner Gesamtheit. 1206

Dabei können die das Rücktrittsrecht auslösenden Umstände spezifisch gefasst sein, wie etwa der Verlust wichtiger Kunden oder Lieferanten, der Verdacht auf oder das Vorliegen von Compliance-Verstößen, die Nichtigerklärung wesentlicher geistiger Schutzrechte, das Unterliegen in einer bedeutenden Rechtsstreitigkeit, das Auftreten erheblicher Produktionsausfälle oder die Herabsetzung des Kreditratings des Zielunternehmens. Eine solch spezifische Fassung kommt in erster Linie dann in Betracht, wenn es bereits erste Anhaltspunkte für eine entsprechende Gefährdungslage gibt. 1207

Da der Rücktrittsberechtigte mit einer MAC-Klausel indes vor allem Schutz vor zunächst noch unbekannten Szenarien anstrebt, finden sich in der Praxis häufiger Klauseln, die anstelle oder zumindest in Ergänzung spezifischer Fallkonstellationen abstrakt auf eine wesentliche nachteilige Auswirkung auf die Vermögens-, Finanz- oder Ertragslage des Zielunternehmens abstellen, die ihren Ursprung im Geschäftsbetrieb des Zielunternehmens hat. Deren Kon- 1208

---

767) Vgl. auch *Hasselbach/Wirtz*, BB 2005, 842; *Moraht/Dippmann*, in: Hettler/Stratz/Hörtnagel, Unternehmenskauf, § 6 Rn. 38.

kretisierung kann dabei dadurch erfolgen, dass man einen finanziellen Schwellenwert für den Nachteil des Zielunternehmens festlegt, der durch den betreffenden Umstand unmittelbar ausgelöst wird (z. B. Schaden von mindestens € xx Mio.), aber auch dadurch, dass man auf den festzustellenden oder zu erwartenden Effekt auf eine betriebswirtschaftliche Bezugsgröße abstellt (z. B. Verringerung des Umsatzes/EBITDA unter sonst gleichen Bedingungen von mindestens xx % gegenüber dem durchschnittlichen EBITDA der vorausgegangenen drei Jahre).

(2) Marktbezogene MAC-Klauseln (market MAC-clauses)

1209 Von marktbezogenen MAC-Klauseln kann gesprochen werden, wenn nicht (nur) Umstände, die ihren Ursprung im Geschäftsbetrieb des Zielunternehmens haben, zu einem Rücktritt führen können, sondern (auch) **Umstände, welche sich auf die ganze Branche oder sogar gesamtwirtschaftlich auswirken.**

1210 Anknüpfungspunkt können dementsprechend branchenrelevante Umstände sein, wie beispielsweise Kostensteigerungen für Rohstoffe oder Vorprodukte, nachteilige Branchentarifabschlüsse oder die nachteilige Veränderung regulatorischer Rahmenbedingungen (z. B. verschärfte Eigenkapitalanforderungen für Banken, geringere Einspeisevergütung für Photovoltaikanlagen). Noch weitergehend kommen aber auch Veränderungen von gesamtwirtschaftlich relevanten Faktoren (z. B. die Entwicklung von Wechselkursen, oder die nachteilige Entwicklung der Kapitalmärkte (z. B. Börsenindex fällt auf weniger als x Punkte) als Anknüpfungspunkt in Betracht.

(3) Force-majeure-Klauseln

1211 Von Force-majeure-Klauseln kann gesprochen werden, wenn Umstände wie beispielsweise der Ausbruch von Kriegen, politische Umwälzungen, Generalstreiks, Terroranschläge oder Umweltkatastrophen zum Rücktritt berechtigen sollen.

cc) Rechtsfolgen

1212 Realisiert sich ein Umstand, der vertraglich als „wesentliche nachteilige Veränderung" definiert wurde, sehen MAC-Klauseln in der Regel bereits als Primärrechtsfolge und nicht lediglich als *ultima ratio* ein Rücktrittsrecht entweder des Käufers oder aber beider Parteien vor. In der Praxis sind aber bisweilen Verhandlungen über die Reduzierung des vereinbarten Kaufpreises vorgeschaltet.

XI. Vollzug des Unternehmenskaufvertrages

1. Begriff und Bedeutung

1213 Bei komplexen, insbesondere bei grenzüberschreitenden Unternehmenskäufen ist es in der Praxis üblich, alle wesentlichen, der Erfüllung des Kaufvertrages dienenden Handlungen nach Möglichkeit einheitlich an einem zentralen Abwicklungszeitpunkt vorzunehmen. Im Englischen ist anschaulich von *Closing* die Rede. In diesem Skript wird dafür synonym auch der Begriff **Vollzug** verwendet.

Unter Zugrundelegung deutschen Rechts mit seinem Trennungs- und Abstraktionsprinzip ist diese Vorgehensweise zwar rechtlich nicht zwingend geboten, aber vielfach aus vornehmlich organisatorischen und anderen praktischen Gründen gleichwohl sinnvoll: Werden nämlich alle wesentlichen Vollzugshandlungen zu einem vereinbarten Zeitpunkt an einem vereinbarten Ort vorgenommen, an dem sich alle Beteiligten noch einmal zusammenfinden, erleichtert dies die Durchführung ungemein und verschafft einen besseren Überblick. Außerdem können auch in diesem späten Stadium der Transaktion Hindernisse auftreten, die durch unmittelbare Interaktion aller Beteiligten direkt vor Ort weit besser überwunden werden können. Hinzu kommt, dass dem Vollzug gleichsam ein natürlicher Zug-um-Zug-Charakter innewohnt, welcher der Sicherung beider Vertragsseiten dient. Schließlich geht von einem solchermaßen gestalteten Vollzug auch ein psychologisches Signal aus, da hierdurch der Übergang des Zielunternehmens und der damit verbundenen Leitungsmacht auf die Käuferseite sichtbar zum Ausdruck kommt. 1214

2. Abgrenzung

Stellt der Vollzug den Sammelbegriff für die einheitliche Vornahme aller wesentlichen der Erfüllung des Unternehmenskaufvertrages dienenden Rechtshandlungen dar, sind Abgrenzungen in zweierlei Hinsicht erforderlich: 1215

Zum einen ist darauf hinzuweisen, dass dem Vollzug als solchem keine **Rechtswirkung** zukommt, es sei denn die Parteien treffen entsprechende vertragliche Vereinbarungen. Vielmehr geht diese von den einzelnen bei Vollzug vorzunehmen Rechtshandlungen aus. So wird etwa die Übertragung des Eigentums an Sachen bzw. der Inhaberschaft von Rechten durch entsprechende Übereignung bzw. Abtretung bewirkt und wird der Kaufpreisanspruch durch Zahlung erfüllt. Gleichwohl ist es regelmäßig ratsam, an die Durchführung des Vollzugs als solchem bestimmte rechtliche Wirkungen zu knüpfen, was in der Praxis auch häufig geschieht (vgl. hierzu nachfolgend Rn. 1228 ff.). 1216

Zum anderen ist anzumerken, dass der Zeitpunkt der Vornahme von Rechtshandlungen bei Vollzug nicht notwendigerweise identisch ist mit dem Zeitpunkt, zu dem diese Rechtshandlungen und insbesondere der Übergang des Zielunternehmens wirksam werden sollen. Vollzug und **Übertragungsstichtag** können, müssen aber nicht zusammenfallen. Praktische wie rechtliche Gründe führen häufig insbesondere dazu, dass der Übertragungsstichtag auf ein Monats-, Quartals- oder gar Jahresende gelegt wird. In diesem Fall können Vollzug und Übertragungsstichtag um wenige Tage auseinanderfallen, etwa weil der letzte Tag der relevanten Periode kein Werktag ist; zum Teil vereinbaren die Parteien aber auch einen Übertragungsstichtag, der bereits einen längeren Zeitraum zurückliegt (vgl. hierzu nachfolgend Rn. 1232 ff.). 1217

3. Regelmäßige Vollzugshandlungen
a) Allgemeines

1218 Bei der konkreten Ausgestaltung des Vollzugs haben die Parteien weitgehend freie Hand. Zudem hängt diese auch stark von den Umständen des Einzelfalls ab. Regelmäßig sind im Rahmen des Vollzugs folgende Handlungen vorzunehmen:

- Vorlage etwaiger Vollmachten und Vertretungsnachweise (vgl. hierzu die Ausführungen im Kapitel Abschluss des Unternehmensvertrages unter Rn. 1152 ff.);

- Feststellung des Eintritts von bzw. des Verzichts auf Vollzugsbedingungen (vgl. hierzu Rn. 1156 ff.);

- Abtretung von Gesellschaftsanteilen und anderen Rechten;

- Übereignung von Sachen;

- Unterzeichnung von Handelsregisteranmeldungen;

- Zahlung des Kaufpreises oder Erbringung anderweitiger Gegenleistungen (z. B. Gewährung von Gesellschaftsanteilen am Käufer);

- Beendigung und Erfüllung von Verträgen zwischen der Verkäuferseite und dem Zielunternehmen (vgl. Rn. 1189 ff.);

- Abschluss von Übergangsvereinbarungen (vgl. hierzu Rn. 2141 ff.);

- Übergabe von Bürgschafturkunde und Bestellung anderer Sicherheiten;

- Neubesetzung von Gesellschaftsorganen und ggf. Beendigung bzw. Abschluss entsprechender Dienstverträge;

- Mitteilungen an Behörden und Geschäftspartner;

- Übergabe von Speichermedien mit den Datenraumunterlagen zur Dokumentation der erfolgten Offenlegung;

- Pressemitteilungen;

- Unterzeichnung des Vollzugs-Protokolls (vgl. hierzu Rn. 1225 ff.).

b) Vollzugshandlungen beim Share Deal

1219 Beim Share Deal werden im Rahmen des Vollzugs die zur Anteilsübertragung erforderlichen Handlungen vorgenommen. Soweit die Übertragung einem gesetzlichen Formerfordernis unterliegt, wird die Übertragung nur bei Einhaltung dieser Form wirksam. Eine formwirksame Abtretung heilt aber eine vorangegangene formunwirksame schuldrechtliche Vereinbarung.

Bei der Übertragung von GmbH-Geschäftsanteilen ist zu beachten, dass bis 1220
zur Einreichung einer neuen Gesellschafterliste (§ 40 GmbHG) durch den
beurkundenden Notar gem. § 16 Abs. 1 S. 1 GmbHG der Verkäufer gegenüber der Zielgesellschaft als Gesellschafter gilt. Folglich kann der Käufer gegenüber der Zielgesellschaft auch noch keine Mitgliedschaftsrechte geltend
machen, es sei denn, diese hat anderweitig Kenntnis vom Gesellschafterwechsel und anerkennt diesen. In der Rechtspraxis behilft man sich für die
Zwischenzeit in manchen Fällen damit, dass der Verkäufer dem Käufer eine
entsprechende Vollmacht zur Wahrnehmung von Gesellschafterrechten erteilt.

c) Vollzugshandlungen beim Asset Deal

Beim Asset Deal ist es ratsam vorzusehen, dass der Verkäufer die Listen mit 1221
den zu übertragenden Vermögensgegenständen, die regelmäßig bereits als
Anlage zum Unternehmenskaufvertrag genommen werden, zu aktualisieren
hat. Des Weiteren sollte der Unternehmenskaufvertrag eine Regelung dazu
vorsehen, wie mit Bestandsänderungen zwischen Abschluss und Vollzug umgegangen werden soll.

d) Kaufpreiszahlung

In der Praxis wird der Vorbereitung der Kaufpreiszahlung bisweilen zu wenig 1222
Aufmerksamkeit gewidmet. Dabei kann deren praktische Durchführung aus
unterschiedlichen Gründen durchaus sehr komplex ausfallen. Dies kann darauf beruhen, dass an der Abwicklung mehrere Banken beteiligt sind; erschwerend kann sich auswirken, wenn diese in unterschiedlichen Ländern und Zeitzonen ansässig sind. Hinzukommt, dass bei komplexen Akquisitionsstrukturen, wie diese im Private-Equity Kontext häufiger anzutreffen sind, vorbereitende Zahlungsströme erforderlich sind, um die schlussendlich erwerbende
Gesellschaft mit der benötigten Liquidität auszustatten. Dabei sind vielfältige,
häufig steuerliche Vorgaben zu beachten.

In derartigen Konstellationen ist es sinnvoll, die Kaufpreiszahlung und die 1223
dieser vorgeschalteten Handlungen sorgfältig zu planen. Bewährt hat sich in
der Praxis die Erstellung eines Zahlungsflusspapiers (*funds flow paper*), in
welchem Details jeder einzelnen Zahlung (Betrag, Absender, Empfänger, beteiligte Banken, Details der relevanten Konten etc.) aufgeführt sind. Dieses
sollte rechtzeitig mit allen Beteiligten abgestimmt werden. Insbesondere für
den Fall, dass ausländische Banken ohne Repräsentanz im inland involviert
sind, sollte vorher geklärt werden, ob dadurch Gebühren anfallen. Teilweise
werden diese automatisch vom Überweisungsbetrag in Abzug gebracht und
fehlen dann auf dem Verkäuferkonto. Deswegen erforderliche Nachüberweisungen zum Ausgleich des Fehlbetrages können den Zeitplan leicht durcheinanderbringen

Komplikationen bei der Abwicklung der Kaufpreiszahlung können zum Teil 1224
ganz erhebliche Konsequenzen für die Transaktion haben. Dies gilt insbe-

sondere dann, wenn die Zahlung (etwa aus steuerlichen Gründen) vor einem bestimmten Zeitpunkt bewirkt sein muss (vgl. etwa den sog. „Mitternachtserlass" bei der Beendigung und Neuerrichtung einer steuerlichen Organschaft).

e) Unterzeichnung des Vollzugsprotokolls

1225 Häufig ist die Unterzeichnung eines Vollzugsprotokolls oder sog. *closing minutes* die letzte Handlung bei Vollzug.

1226 In diesem bestätigen sich die Parteien regelmäßig den ordnungsgemäßen Eintritt der oder Verzicht auf die Vollzugsbedingungen. Des Weiteren wird die ordnungsgemäße Durchführung der vorgesehenen Vollzugshandlungen verzeichnet und bestätigt. Dabei ist es sinnvoll und üblich, die relevanten Dokumente und Nachweise in Kopie als Anlage zum Vollzugsprotokoll zu nehmen.

1227 Damit ist für beide Parteien dokumentiert, dass die Vorgaben aus dem Unternehmenskaufvertrag umfassend und vollumfänglich eingehalten wurden und die relevanten Primärpflichten vereinbarungsgemäß erfüllt wurden.

4. Gewillkürte Rechtsfolgen des Vollzugs

1228 Regelmäßig knüpfen die Parteien vertraglich bestimmte rechtliche Wirkungen an den erfolgreichen Vollzug des Unternehmenskaufvertrages als solchen. Üblich sind insbesondere die folgenden:

1229 Die Rückabwicklung eines einmal vollzogenen Unternehmenskaufvertrages gilt es möglichst zu vermeiden, da diese ausgesprochen komplexe Fragen aufwirft. Dementsprechend ist es sinnvoll, etwaige **Rücktrittsrechte** so auszugestalten, dass diese nur vor Vollzug des Unternehmenskaufvertrages ausgeübt werden können.

1230 Regelmäßig geht mit Vollzug die Leitungsmacht über das Zielunternehmen auf den Käufer über. Daher enden zu diesem Zeitpunkt die in Unternehmenskaufverträgen üblicherweise vorgesehenen **Regeln betreffend die zwischenzeitliche Führung der Geschäfte des Zielunternehmens durch den Verkäufer** (vgl. herzu Rn. 1182 ff.). Liegt der Übertragungsstichtag zeitlich nach dem Vollzug, ist es indes regelmäßig sinnvoll, diese Wirkung erst mit Übertragungsstichtag eintreten zu lassen (vgl. hierzu Rn. 1232 ff.).

1231 Darüber hinaus ist der Vollzug umgekehrt häufig **zeitlicher Anfangspunkt für nachlaufende Vertragspflichten**. Diese reichen von Pflichten zur Aufbewahrung und Zugänglichmachung von Informationen, zur Umsetzung eines vereinbarten Re-Branding-Konzeptes über Wettbewerbsverbote bis hin zu Pflichten betreffend die gemeinsame Ansprache von Geschäftspartnern des Zielunternehmens, um deren Zustimmung zur Überleitung bestehender Verträge auf den Käufer bzw. zum Kontrollwechsel über das Zielunternehmen zu erlangen (vgl. im Einzelnen zu nachlaufenden Pflichten Kapitel XII). Des Weiteren treten mit Vollzuges regelmäßig auch etwaige Übergangsvereinbarungen in Kraft (vgl. hierzu Kapitel XXIII Rn. 2141 ff.).

5. Übertragungsstichtag *(Effective Date)*

a) Begriff und Bedeutung

Nach dem hier vertretenen Verständnis ist der Übertragungsstichtag zentraler Abgrenzungszeitpunkt in zweierlei Hinsicht: Zum einen handelt es sich dabei um den Zeitpunkt, zu dem nach dem Willen der Parteien bestimmte vertraglich festgelegte Rechtsfolgen eintreten sollen, die sich aus den bei Vollzug vorgenommenen Rechtshandlungen ergeben. Zum anderen ist der Übertragungsstichtag der Zeitpunkt, der für die Abgrenzung und Allokation von Vor- und Nachteilen, Chancen und Risiken zwischen den Partein und darüber hinaus häufig auch für die endgültige Festlegung des Kaufpreises maßgeblich ist: 1232

Bisweilen vereinbaren die Parteien nämlich, dass **Rechtshandlungen**, die bei Vollzug vorgenommen werden, nicht zu diesem Zeitpunkt **wirksam werden** sollen, sondern erst mit Erreichen eines künftigen Zeitpunkts (z. B. Wirksamwerden der Abtretung der Gesellschaftsanteile tritt um 24:00 MESZ des letzten Tages des Monats ein, in dessen Verlauf der Vollzug fällt). In manchen Verträgen verständigen sich die Parteien aber auch umgekehrt darauf, dass Rechtshandlungen vergangenheitsbezogene Wirkung entfalten sollen (z. B. mit wirtschaftlicher Wirkung zum Beginn des bei Vollzug laufenden Geschäftsjahres). 1233

Zumeist ist der so vereinbarte Zeitpunkt dann auch der maßgebliche Zeitpunkt für den Übergang von **Besitz, Gefahr, Nutzen (Gewinnbezugsrecht) und Lasten**. 1234

Bei Vereinbarung eines nachlaufenden Übertragungsstichtags ist es für beide Vertragsseiten empfehlenswert, auch den Übergang der **Leitungsmacht** über das Zielunternehmen an den Übertragungsstichtag zu koppeln; dementsprechend müssen dann auch die Regeln betreffend die zwischenzeitliche Führung der Geschäfte des Zielunternehmens durch den Verkäufer bis dahin fortgelten. Zudem sollte der Käufer versuchen durchzusetzen, dass grundlegende **Verkäufergarantien** auch auf den Übertragungsstichtag abgegeben werden und die betreffenden Aussagen daher auch noch zu diesem Zeitpunkt zutreffend sein müssen. 1235

Schließlich ist der Übertragungsstichtag in vielen Fällen der Zeitpunkt, auf den bei der Festlegung des **endgültigen Kaufpreises** abzustellen ist. Sieht der vereinbarte Kaufpreismechanismus die Aufstellung einer Bilanz oder ähnlichen Übersicht vor, ist diese dann in aller Regel auf den Übertragungsstichtag zu erstellen. 1236

Angesichts der Bedeutung des Übertragungsstichtages sollte darauf geachtet werden, dass dieser möglichst präzise vereinbart wird; es empfiehlt sich in der Regel auch die Angabe einer Uhrzeit nebst einschlägiger Zeitzone (z. B. 24:00 MESZ). 1237

b) Abweichender Übertragungsstichtag aus Praktikabilitätsgründen

1238 Zu einer Abweichung von Vollzug und Übertragungsstichtag kann es insbesondere dann kommen, wenn der letzte Tag eines Monats, Quartals oder Jahres kein Werktag ist, aber eine Übertragung zu diesem Tag erfolgen soll. Dies kann eine Reihe von Abgrenzungen und Rechtshandlungen erheblich erleichtern. So ist es beispielsweise einfacher eine Stichtagsbilanz auf solche Zeitpunkte aufzustellen als auf einen beliebigen anderen in den Lauf eines Monats fallenden Tag. Die Umstellung operativer Abläufe, wie etwa der Lohnbuchhaltung oder des Rechnungswesens, gestaltet sich zum Monatsende meist ebenfalls einfacher. Gleiches gilt für die Beendigung oder Überleitung von Verträgen. Sind Gewinnabführungsverträge zu beenden, kann dies gem. § 296 AktG grundsätzlich nur zum Ende eines Geschäftsjahres oder des sonst vertraglich bestimmten Abrechnungszeitraums erfolgen. Steuerliche oder bilanzielle Risiken lassen sich auf diese Weise ebenfalls einfacher abgrenzen und allokieren. Gleiches gilt umgekehrt für erwirtschaftete Gewinne.

1239 In diesen Fällen liegen zwischen Vollzug und Übertragungsstichtag in der Regel nur ein oder zwei Tage. Gleichwohl gilt es auch in dieser Konstellation im Unternehmenskaufvertrag sorgfältig darauf zu achten, welcher zeitliche Anknüpfungspunkt für die relevante vertragliche Regelung gewählt wird, und darüber hinaus darauf, dass die entsprechende Anknüpfung konsistent durchgehalten wird.

c) „Echte" Rückwirkung

1240 Etwas anders stellt es sich dar, wenn die Parteien eine Rückwirkung im eigentlichen Sinne beabsichtigen und der Übertragungsstichtag deutlich vor dem Vollzug liegen soll. Eine solche Regelung findet sich vor allem in Verträgen, die auf dem sog. *Locked Box*-Prinzip beruhen (vgl. hierzu Rn. 800 ff.).

aa) Zivilrechtlich

1241 Die **dingliche Rechtswirkung** im Sinne des Eigentumserwerbs kann nicht mit Rückwirkung herbeigeführt werden.

1242 Stattdessen müssen sich die Parteien mit **schuldrechtlichen Ersatzlösungen** begnügen, die meist in der Abrede bestehen, dass das Unternehmen von dem in der Vergangenheit liegenden Übertragungsstichtag an als für Rechnung des Käufers geführt gelten soll. Dies wirft die Frage nach Sorgfaltspflichten aus diesem Geschäftsbesorgungsverhältnis auf. Je nach zeitlichem Verlauf des Verkaufsprozesses kann es durchaus sein, dass der Verkäufer nicht bereits zum vereinbarten vergangenen Übertragungsstichtag davon wusste, dass er das Unternehmen auf Rechnung des künftigen Käufers zu führen hat. Deshalb ist bei Pflichtverletzungen die Frage des Verschuldens mitunter schwer zu beurteilen. Am ehesten wird sich dieser Themenkreis über vergangenheitsbezogene Garantien des Verkäufers hinsichtlich der Geschäftsführung bis zum

Vertragsabschluss regeln lassen (vgl. Rn. 806 ff., 911), an die sich dann bestimmte Verhaltenspflichten für den Zeitraum bis zum Vollzug anschließen (vgl. hierzu Rn. 1182 ff.).

bb) Steuerliches Rückwirkungsverbot

Steuerlich wird eine Rückwirkung grundsätzlich nicht anerkannt (Rückwirkungsverbot).[768] Natürlich gilt das Rückwirkungsverbot nur dort, wo es steuerlich auf den Zeitpunkt der Unternehmensübernahme ankommt. In der Praxis werden kurze Rückwirkungszeiträume (ca. vier Wochen) aus Vereinfachungsgründen in der Regel anerkannt. 1243

(1) Anteile an Kapitalgesellschaften

Steuerlich irrelevant ist der Zeitpunkt z. B. bei einem Verkauf im Laufe eines Wirtschaftsjahres einer Kapitalgesellschaft: Wenn der Vertrag sich Rückwirkung auf den Anfang dieses Jahres beilegt, ändert das ohnehin wirtschaftlich nichts an der Erfassung im Rahmen der Gewinnermittlung der Zielgesellschaft auf das Ende des Wirtschaftsjahres. 1244

Eine Rückwirkung zum Vorziehen der Realisierung in ein früheres Steuerjahr dürfte steuerlich nie anzuerkennen sein.

(2) Anteile an Personengesellschaften

Eine Rückwirkung auf den Beginn eines Jahres wäre steuerlich interessant, wenn z. B. ein Personengesellschafter seinen Anteil (Unternehmensanteil) veräußert: Dann stünde der laufende Gewinn des ganzen Jahres schon dem Käufer zu, und der einkommensteuerpflichtige Verkäufer erhielte in voller Höhe einen (unter bestimmten Voraussetzungen steuerbegünstigten!) Veräußerungsgewinn. Der Verkäufer könnte so vermeiden, dass aus dem privilegierten Veräußerungsgewinn der (grundsätzlich voll zu versteuernde) Anteil am Gewinn des laufenden Jahres herausgerechnet wird.[769] 1245

Eine Rückwirkung wird in der Praxis deshalb nur für eine relativ kurze Zeit toleriert.[770] Das entspricht der allgemeinen Regel, dass das Rückwirkungsverbot einer kurzen Rückwirkung nicht entgegensteht, wenn sie keine erheblichen Steuerwirkungen hat. Ausnahmsweise wird auch schon einmal eine Rückwirkung von einigen Monaten hingenommen. 1246

---

768) Vgl. allgemein *Schmidt*/Seeger, EStG, § 2 Anm. 13 b.
769) Zur Abgrenzung von laufendem und Veräußerungsgewinn vgl. FG Rheinland-Pfalz EFG 1987, 404; auch ein alsbald ausscheidender Kommanditist erhielt Sanierungsgewinn zugerechnet, BFH DStR 1997, 235; *Herrmann/Heuer/Raupach*, EStG, § 16 Anm. 239; zu Steuervergünstigungen für Veräußerungsgewinne vgl. Kapitel IV.
770) *Herrmann/Heuer/Raupach*, EStG, § 16 Anm. 238, nennen „etwa einen Monat", schränken aber wohl ein durch die Motivierung „aus Vereinfachungsgründen".

1247 Bei Nichtanerkennung wird ggf. ein entsprechender Teil des Kaufpreises beim Verkäufer als voll steuerpflichtiger Gewinn behandelt.

cc) Steuerlicher Exkurs: Übergang des wirtschaftlichen Eigentums

1248 Im Rahmen der Ausgestaltung des Unternehmenskaufvertrages und bei der Festlegung der zeitlichen Abfolge von Vollzug und Übertragungsstichtag ist zu bedenken, dass die zivilrechtliche und steuerliche Beurteilung nicht immer einheitlich ausfallen muss. Gerade was den Übergang des Zielunternehmens auf den Käufer angeht, ist aus steuerlicher Sicht nicht das Wirksamwerden des zivilrechtlichen Übertragungsaktes maßgeblich, sondern die Übertragung des wirtschaftlichen Eigentums.

1249 Die **Übertragung des wirtschaftlichen Eigentums** liegt nach der Rechtsprechung des BFH vor, wenn

- der Käufer eine rechtlich geschützte, auf den Erwerb der Anteile gerichtete Position hat, die ihm gegen seinen Willen nicht mehr entzogen werden kann,

- die mit den Anteilen verbundenen wesentlichen Rechte, insbesondere das Gewinnbezugsrecht und das Stimmrecht dem Käufer zustehen, und

- das Risiko einer Wertminderung und die Chance einer Wertsteigerung auf den Käufer übergegangen sind.

Dabei kommt es im Einzelfall auf die Gesamtschau aller relevanten Umstände an.[771]

1250 Demenstprechend kann es vorkommen, dass das wirtschaftliche Eigentum bereits **vor Kaufvertragsabschluss infolge Besitzübertragung in Erwartung des Eigentumserwerbs** übergeht.[772]

1251 Bei einer im Unternehmenskaufvertrag vorgesehenen **aufschiebenden Bedingung** der zivilrechtlichen Übertragung geht das wirtschaftliche Eigentum grundsätzlich erst mit Bedingungseintritt über, es sei denn, dieser hängt allein vom Willen des Käufers ab.[773] Hat der Verkäufer im Rahmen der Stimmrechtsausübung auf die Interessen des Käufers Rücksicht zu nehmen, kann dies aber im Einzelfall anders zu beurteilen sein.[774]

---

771) Vgl. BFH BStBl II 1983, 640, 642; BFH BStBl II 1988, 832 zum wirtschaftlichen Eigentum an Kapitalgesellschaftsanteilen; FG Hamburg EFG 1988, 475; FG Baden-Württemberg EFG 1992, 583 zu Grundstücken (Übergabe = Besitz, Nutzen, Lasten); BFH DStRE 2002, 687 (alle wesentlichen Rechte vom Erwerber ausübbar, vor allem Gewinnbezug- und Stimmrecht); BFH GmbHR 2004, 1038; BFH BB 2004, 1257; BFH DB2006, 2665 = GmbHR 2007, 47 m. Anm. *Hoffmann*; BFH FR 2009, 178.
772) BFH/NV 2001, 1235, 1237.
773) BFH GmbHR 2009, 1282.
774) BFH GmbHR 2004, 1038; BFH BB 2004, 1257; BFH BB 2005, 644.

Die Vereinbarung **einseitiger Optionen** ist nur ausnahmsweise geeignet, wirtschaftliches Eigentum des Käufers zu begründen. Das ist vornehmlich dann der Fall, wenn nach dem typischen und damit für die wirtschaftliche Beurteilung maßgeblichen Geschehensablauf tatsächlich mit der Ausübung der Option zu rechnen ist. Davon kann aber nicht ohne Weiteres ausgegangen werden.[775] Anders sieht der BFH dies für die sog. **Doppeloption** (*cross options*) jedenfalls, wenn beide Optionen den gleichen Kaufpreis vorsehen und sich ihr jeweiliger Ausübungszeitraum überschneidet oder sogar deckt.[776] Damit verbleibt insoweit ein gewisser Gestaltungsspielraum, sofern unterschiedliche Preise und überschneidungsfreie Ausübungszeiträume vorgesehen werden. Das verbleibende Risiko ist der Preis für die aufgeschobene Realisierung.

1252

d) Gewinnabgrenzung

Von der Rückwirkung im vorstehend beschriebenen Sinne zu unterscheiden ist die zivilrechtliche Zuordnung des Gewinns, der bisher keinem Verwendungsbeschluss unterliegt, d. h. in der Regel der Gewinn des laufenden Geschäftsjahres. Mangels abweichender Regelung ist grundsätzlich § 101 Nr. 2 Hs. 2 BGB (Gewinnanteile) einschlägig und zwar auch bei der GmbH. Danach ist der Gewinn im Zweifel zeitanteilig aufzuteilen.[777] Abweichende Vereinbarungen sind möglich und auch üblich. Eine Zwischenbilanz ist zwar nicht erforderlich, aber zulässig und häufig empfehlenswert.

1253

Anstelle der bloß zeitanteiligen Ermittlung kann der Gewinnanteil auch anhand wirtschaftlicher Anhaltspunkte geschätzt werden, auch unter besonderen Umständen (z. B. bei Saisonbetrieben oder einzelnen, den Gewinn besonders stark beeinflussenden Geschäften). Aber auch jenseits saisonaler Geschäftsbetriebe werden viele Unternehmen einer ungleichmäßigen Verteilung von Erlösen und Aufwendungen über das Jahr hinweg unterliegen, welche die Parteien zu berücksichtigen haben.

1254

e) Nachlaufende Kaufpreisanpassungen

Steuerlich sogar nachträglich zu berücksichtigen sind nachlaufende Anpassungen des Kaufpreises, die in der Praxis nicht selten sind. Denn in vielen Kaufverträgen wird der Kaufpreis erst nach Vollzug auf der Grundlage von Bilanzen ermittelt, die auf den Übertragungsstichtag erstellt werden (sog. *closing accounts*). Darüber hinaus vereinbaren die Parteien nicht selten, dass anderweitige Zahlungen des Verkäufers an den Käufer und umgekehrt als nachträgliche Kaufpreisanpassungen anzusehen sein sollen. Praktisch besonders relevant sind beispielsweise Zahlungen des Verkäufers an den Käufer aufgrund von Garantieverletzungen.

1255

---

775) BFH DB 2007, 2348.
776) BFH DB 2007, 2348.
777) BGH ZIP 1995, 374 = NJW 1995, 1027; dazu EWiR 1995, 369 *(Welf Müller)*.

XII. Nachlaufende Vertragspflichten *(Post-Closing Covenants)*

1. Vorbemerkung

1256 Unternehmenskaufverträge sehen vielfach nachlaufende Vertragspflichten vor. Damit sind vertragliche Pflichten gemeint, die über den Zeitpunkt des Vollzugs hinaus fortbestehen. Im anglo-amerikanischen Rechtskreis werden diese als *post closing covenants* bezeichnet. Derartige Pflichten dienen meist entweder noch der vollständigen Umsetzung der Transaktion (vgl. Rn. 1257 ff.) oder dem Schutz eines spezifischen Interesses mindestens einer Vertragspartei (vgl. Rn. 1274 ff.).

2. Nachlaufende Vertragspflichten zur vollständigen Umsetzung der Transaktion

1257 Mit dem Vollzug der Transaktion im Sinne des Closings ist die Übertragung des Zielunternehmens auf den Käufer und die rechtliche Integration des Zielunternehmens in die Organisation des Käufers regelmäßig noch nicht vollständig abgeschlossen. Vielmehr muss hierzu meist noch eine Reihe von Maßnahmen umgesetzt werden. In Betracht kommen insbesondere die Folgenden:

a) Kaufpreisbezogene Pflichten

1258 Sofern sich die Parteien im Unternehmenskaufvertrag nicht auf einen Festkaufpreis geeinigt haben, muss nach Vollzug der endgültige Kaufpreis ermittelt werden. Weicht dieser von dem bei Vollzug gezahlten vorläufigen Kaufpreis ab, ist eine entsprechende Ausgleichszahlung des Käufers an den Verkäufer oder umgekehrt erforderlich. Eine ausführliche Darstellung typischer Kaufpreisanpassungsmechanismen und hierauf bezogener Pflichten findet sich in den Rn. 811 ff.

b) Pflicht zur temporären (Weiter-)Erbringung von bisher konzerninternen Leistungen

1259 Häufig wird es dem Käufer und dem Zielunternehmen nicht möglich sein, bereits vom Tag eins nach dem Vollzug des Unternehmenskaufvertrages an das Zielunternehmen vollkommen unabhängig vom Verkäufer zu führen. In einer Vielzahl von Fällen ist es daher erforderlich, dass der Verkäufer einige der bislang von seiner Organisation an das Zielunternehmen erbrachten Leistungen für eine Übergangszeit weiter erbringt. Das kann von der temporären Fortführung von Buchhaltungs- oder IT-Dienstleistungen, über die zeitweilige Einräumung von Nutzungsrechten für Betriebseinrichtungen wie Parkplätze, Kantine, Büro- oder Lagerflächen, bis hin zur zeitweiligen Überlassung von Arbeitnehmern an das Zielunternehmen gehen. Eine ausführlichere Darstellung dieser sog. *transitional services* findet sich in Kapitel XI.

c) Einholung noch ausstehender Zustimmungen von Vertragspartnern

Sollen im Rahmen eines Asset Deals auch Verträge übertragen werden, ist hierfür regelmäßig die Zustimmung der jeweils anderen Vertragsparteien erforderlich. Auch die hilfsweise Abtretung von Rechten aus Verträgen kann bei vereinbarten oder gesetzlichen Abtretungsverboten ohne eine solche Zustimmung nicht wirksam erfolgen.[778] Entsprechende Zustimmungserfordernisse können sich aber auch bei einem Share Deal ergeben, nämlich dann, wenn sich Vertragspartner Sonderrechte, insbesondere Kündigungsrechte für den Fall des Verkaufs des Zielunternehmens ausbedungen haben (sog. *Change of Control*-Klauseln).

1260

Dabei ist es in der Praxis durchaus üblich, dass nicht sämtliche Zustimmungen bereits vor Vollzug des Unternehmenskaufvertrages eingeholt werden, es sei denn, es handelt sich um sehr wesentliche Verträge. Dementsprechend sehen Unternehmenskaufverträge nachlaufende Pflichten der Parteien vor, an der nachträglichen Einholung dieser Zustimmungen mitzuwirken. Darüber hinaus werden regelmäßig Übergangsregelungen für die Zeit bis zur Erteilung der jeweiligen Zustimmung getroffen; dabei verpflichten sich die Vertragsparteien regelmäßig dazu, den Verkäufer und das Zielunternehmen wirtschaftlich so zu stellen, als sei die Zustimmung bereits erfolgt.

1261

In diesem Zusammenhang ist bei der Ausgestaltung vertraglicher Pflichten zu beachten, dass bisweilen infolge bestehender **vertraglicher oder gesetzlicher Vertraulichkeitspflichten** allein der Verkäufer oder das Zielunternehmen selbst die Zustimmung einholen kann. Gesetzliche Vertraulichkeitspflichten bestehen insbesondere bei Vertragsbeziehungen, die in den Schutzbereich von § 203 StGB (Verletzung von Privatgeheimnissen) fallen; daneben finden sich entsprechende Pflichten beispielsweise in § 28 Abs. 2 BOStB (Verschwiegenheitspflicht bei Praxisübertragung von Steuerberatern).[779]

1262

Ein **Sonderthema** kann sich in diesem Zusammenhang aus dem **Urheberrecht** ergeben. Gem. § 34 Abs. 3 UrhG kann im Rahmen der Gesamtveräußerung eines Unternehmens oder der Veräußerung von Teilen eines Unternehmens das Nutzungsrecht an einem Urheberrecht zwar ohne Zustimmung des Urhebers übertragen werden. Diesem steht jedoch das Recht zu, das Nutzungsrecht zu widerrufen, wenn ihm dessen Ausübung durch den Käufer nach Treu und Glauben nicht mehr zuzumuten ist. Das Gleiche gilt, wenn sich die Beteiligungsverhältnisse an dem Unternehmen ändern, welches das Nutzungsrecht hält. Besondere Relevanz kann dies beim Erwerb von Verlagen oder Soft-

1263

---

778) Zu vertraglichen Abtretungsverboten vgl. Palandt/*Grüneberg*, BGB, § 399 Rn. 8 ff., MünchKomm-BGB/*Roth*, § 399 Rn. 30 ff.
779) OLG Hamm NJW 2012, 1743 (Aktenübergabe vor Zustimmung, § 134 BGB); daran anknüpfend zum generellen Problem der Vertraulichkeitspflicht bei Praxisverkauf *Römermann*, NJW 2012, 1694; zur Anwaltspraxis für Altfälle vgl. BGH EWiR 1993, 745 *(Ring)*; BGH EWiR 1995, 1059 *(Ring)*; zu Honorarforderungen des Rechtsanwalts gem. § 49b Abs. 4 BRAO, siehe ebenso *Römermann*, NJW 2012, 1694, 1697.

warehäusern erlangen. Dabei sollten auch die Bestimmungen des Urheberrechtsgesetzes zur Zahlung einer angemessenen Vergütung an den Urheber gem. § 32 UrhG sowie das Risiko berücksichtigt werden, dass der Urheber gem. § 32a UrhG Nachforderungen oder eine sofortige Anpassung der Vergütung verlangt, weil ein auffälliges Missverhältnis zwischen Vergütung und Erträgen entstanden sei.

d) Mitteilungen an Dritte sowie Pressemitteilungen

1264 Gerade der Käufer und das Zielunternehmen selbst haben ein fundamentales Interesse daran, dass der Übergang des Zielunternehmens auf den Käufer reibungslos und ohne nachteilige Auswirkungen gelingt. Um dies sicherzustellen, ist häufig eine zwischen Käufer, Verkäufer und Zielunternehmen sorgsam abgestimmte Kommunikationslinie gegenüber Geschäftspartnern des Zielunternehmens und der Öffentlichkeit sinnvoll. Dementsprechend sehen Unternehmenskaufverträge regelmäßig hierauf bezogene Pflichten der Parteien vor.

e) Mitteilungen an Behörden und Veranlassung von Registeränderungen

1265 Die mit dem Unternehmenskauf verbundenen Änderungen führen häufig dazu, dass eine Vielzahl von Mitteilungen an Behörden erfolgen und die Eintragung der relevanten Änderungen in öffentliche Register veranlasst werden müssen. Praktisch wichtige Fälle sind insbesondere die folgenden:

aa) Handelsregisteränderungen

1266 Regelmäßig werden durch den Unternehmenskauf Anmeldungen zum **Handelsregister** erforderlich.

1267 Abhängig von der Rechtsform des Zielunternehmens kann der **Wechsel im Gesellschafterbestand** in das Handelsregister einzutragen oder eine aktualisierte Gesellschafterliste zum Handelsregister einzureichen sein. Die bei der Übertragung von Kommanditbeteiligungen insoweit zu beachtenden Besonderheiten wurden unter Rn. 996 ff. dargestellt. Bei der Übertragung von GmbH-Geschäftsanteilen ist insbesondere § 40 GmbHG zu beachten, nach dem bei jeder Veränderung in den Personen der Gesellschafter oder des Umfangs ihrer Beteiligung eine dies reflektierende und von den Geschäftsführern bzw. dem Notar unterschriebene Gesellschafterliste zum Handelsregister einzureichen ist. Die Einreichung sollte dabei insbesondere deshalb unverzüglich erfolgen, da gem. § 16 Abs. 1 S. 1 GmbHG im Fall einer Veränderung im Gesellschafterbestand oder Beteiligungsumfang nur derjenige als Inhaber eines Geschäftsanteils gilt, der als solcher in der im Handelsregister aufgenommenen Gesellschafterliste eingetragen ist. Zwar bestimmt § 16 Abs. 1 S. 2 GmbHG, dass eine vom Käufer in Bezug auf das Gesellschaftsverhältnis vorgenommene Rechtshandlung als von Anfang an wirksam gilt, wenn die Liste unverzüglich nach Vornahme der Rechtshandlung in das Handelsregister aufgenommen wird. In der Praxis ist es aber dennoch nicht unüblich, dass sich der Käufer

Kapitel XII. Nachlaufende Vertragspflichten (Post-Closing Covenants)

vom Verkäufer eine entsprechende Vollmacht für die Ausübung von Gesellschafterrechten erteilen lässt, die solange gilt, bis die aktualisierte Gesellschafterliste beim Handelsregister eingegangen ist. Damit soll die Wirksamkeit von Handlungen des Käufers als neuer Gesellschafter des Zielunternehmens unmittelbar nach Vollzug des Unternehmenskaufvertrages abgesichert werden.

Daneben werden im Rahmen von Unternehmenskäufen häufig Organträger des Zielunternehmens, insbesondere **Geschäftsführer** ausgetauscht, **Prokuren und Handlungsvollmachten** widerrufen bzw. erteilt. Auch diese Änderungen sind im Handelsregister entsprechend nachzuvollziehen. Schließlich werden regelmäßig Änderungen an **Gesellschaftsverträgen** vorgenommen. Soweit gesetzlich vorgesehen, sind auch diese entsprechend zum Handelsregister anzumelden. 1268

bb) Grundbuchänderungen

Unternehmenskäufe machen häufig Änderungen im **Grundbuch** erforderlich. Besonders augenfällig ist dies, wenn Grundstücke im Rahmen eines Asset Deals übertragen werden und der Käufer, zunächst durch entsprechende Vormerkung nur vorläufig gesichert, als **neuer Eigentümer** einzutragen ist. Es kann aber auch eine ganze Reihe weiterer Änderungen erforderlich werden: Wenn sich die Finanzierungsstruktur des Zielunternehmens ändert, kann die Umschreibung oder Neubestellung von **Grundpfandrechten** zugunsten neuer Fremdkapitalgeber erforderlich werden. Es kann die Eintragung von Wegerechten oder anderen **Grunddienstbarkeiten** erforderlich werden, wenn das Zielunternehmen auf eine entsprechende teilweise Nutzung von Grundstücken des Verkäufers angewiesen bleibt. Dementsprechend sehen Unternehmenskaufverträge häufig entsprechende Mitwirkungspflichten des Verkäufers vor. 1269

cc) Umschreibung von gewerblichen Schutzrechten

Des Weiteren ist es infolge eines Unternehmenskaufs häufig erforderlich, dass **gewerbliche Schutzrechte** umgeschrieben und die relevanten Register entsprechend geändert werden müssen. In Deutschland sind dies das vom **Deutschen Patent- und Markenamt** geführte Register für Marken, Patente, Gebrauchsmuster, Geschmacksmuster, geografische Herkunftsangaben und Topographien, die vom **Bundessortenamt** geführte Sortenschutzrolle und das von der **Denic eG** geführte Register für unter der Top Level Domain „.de" vergebene Domains. 1270

Solche Änderungen sind insbesondere, aber keineswegs ausschließlich infolge eines Kaufs gewerblicher Schutzrechte im Wege eines **Assets Deals** erforderlich. In Konzernen ist die Inhaberschaft und Verwaltung geistiger Schutzrechte häufig zentralisiert. Die einzelnen Konzerngesellschaften verfügen dann nicht selbst über die Inhaberschaft geistiger Schutzrechte, sondern lediglich über Nutzungsrechte im benötigten Umfang. Dementsprechend kann auch 1271 im Rahmen eines **Share Deals** die Übertragung und nachfolgende Umschreibung von gewerblichen Schutzrechen erforderlich werden. Soll nicht die Vollübertragung der betreffenden Schutzrechte vereinbart sein, kann der Abschluss einer **Lizenz- und Abgrenzungsvereinbarung** erforderlich werden, deren Ausgestaltung bisweilen recht komplex sein kann (vgl. näher hierzu auch Rn. 1287 f.).

1272 Auch wenn deutschem Recht unterliegende gewerbliche Schutzrechte grundsätzlich formfrei übertragen werden können, sollte die Übertragung registrierter Rechte dennoch stets schriftlich und in beglaubigter Form erfolgen. Denn für deren Umschreibung ist in der Regel eine beglaubigte Abschrift der dinglichen Übertragung erforderlich.[780] Die Registereintragung hat zwar lediglich deklaratorische Bedeutung;[781] angesichts ihrer Publizitäts- und Legitimationswirkung (insbesondere gegenüber dem Deutschen Patent- und Markenamt und den Gerichten[782] und der damit verbundenen Möglichkeit zur effektiven Rechtswahrnehmung ist die unverzügliche Umschreibung dennoch dringend anzuraten.[783]

dd) Mitteilungen an zuständige Steuer- und Zollbehörden

1273 Schließlich sind im Nachgang von Unternehmenskäufen vielfach Mitteilungen an die zuständigen Steuer- und Zollbehörden erforderlich. Auf diese wird in Kapitel V näher eingegangen.

3. Nachlaufende Vertragspflichten zum Schutz eines spezifischen Interesses mindestens einer Vertragspartei

1274 Eine zweite Kategorie nachlaufender Vertragspflichten dient dem Schutz eines spezifischen Interesses mindestens einer Vertragspartei des Unternehmenskaufvertrages.

1275 Auf **Käuferseite** geht es dabei insbesondere um den **nachgelagerten Schutz des Äquivalenzinteresses**, also des Interesses des Käufers, einen dauerhaften Gegenwert für den von ihm gezahlten Kaufpreis zu erhalten. Der Absicherung dieses Interesses dienen insbesondere **Wettbewerbs- und Abwerbeverbote**.

1276 Auf Verkäuferseite geht es insbesondere darum, nachteiligen Auswirkungen auf die beim Verkäufer verbliebenen Geschäftsaktivitäten oder die Reputation des Verkäufers selbst entgegenzuwirken. Diesen Zwecken dienen insbesondere Pflichten zur Markenumstellung, Pflichten in Bezug auf die Fortführung des

---

780) *Donle*, DStR 1997, 74, 77; *Hug/Gaugenrieder*, in: Hettler/Stratz/Hörtnagl, Unternehmenskauf, § 7 Rn. 50 f.
781) *Hug/Gaugenrieder*, in: Hettler/Stratz/Hörtnagl, Unternehmenskauf, § 7 Rn. 53 f.
782) RGZ 67, 176; 144, 389; *Kühnen*, GRUR 2014, 137; Benkard/*Schäfers*, PatentG, § 30 Rn. 17.
783) Benkard/*Schäfers*, PatentG, § 30 Rn. 17.

Zielunternehmens sowie Pflichten, welche die Möglichkeit zur Weiterveräußerung des Zielunternehmens einschränken.

Sowohl aus **Käufer- als auch aus Verkäufersicht** kann schließlich die Vereinbarung von Vertraulichkeitspflichten sowie die Vereinbarung wechselseitiger Informations- und Zugangsrechte sinnvoll sein. 1277

a) Wettbewerbsverbote (non-compete undertaking)

Wäre es dem Verkäufer ohne Weiteres gestattet, unmittelbar nach Vollzug des Unternehmenskaufvertrages in Wettbewerb zum Zielunternehmen zu treten, könnte er dessen Ertragskraft und damit dessen Wert nachhaltig schmälern. Dementsprechend sehen Unternehmenskaufverträge regelmäßig Wettbewerbsverbote vor, die der nachgelagerten Absicherung des Äquivalenzinteresses des Käufers dienen. Da es sich dabei der Natur der Sache nach um wettbewerbsbeschränkende Vereinbarungen handelt, ist bei ihrer Ausgestaltung darauf zu achten, dass sie nicht weiter gefasst werden als ihre sachliche Rechtfertigung trägt. Andernfalls besteht die Gefahr eines Verstoßes gegen Wettbewerbsrecht, der nicht nur zur Verhängung von Bußgeldern, sondern insbesondere auch zur Unwirksamkeit des vereinbarten Wettbewerbsverbotes führen kann. 1278

Zu beachten sind insbesondere die sich aus § 1 GWB und Art. 101 AEUV ergebenden rechtlichen Vorgaben. Daraus leiten sich in tatsächlich-gegenständlicher, in räumlicher und in zeitlicher Hinsicht Grenzen für die Vereinbarung von Wettbewerbsverboten ab, die nicht immer einfach zu bestimmen sind. Im Einzelfall kann es daher ratsam sein, diese nicht voll auszuschöpfen, da bei Überschreitung des gesetzlichen Rahmens im Streitfall keine geltungserhaltende Reduktion durch das erkennende Gericht stattfindet, sondern die Unwirksamkeit des Wettbewerbsverbotes insgesamt und damit das vollständige Entfallen des durch dieses beabsichtigen Schutzes die Folge ist. 1279

Im Einzelfall kann es erforderlich und statthaft sein, auch ein **Wettbewerbsverbot zugunsten des Verkäufers** zu vereinbaren. Dies kommt insbesondere dann in Betracht, wenn der Verkäufer Geschäftsaktivitäten zurückbehält, die ein ähnliches Marktsegment bedienen wie das veräußerte Zielunternehmen. Da der Käufer für die sich daraus ergebenden Geschäftschancen keinen Kaufpreis zahlt, ergibt sich ein umgekehrtes Schutzbedürfnis. In diesem Fall ist eine sorgsame Definition des jeweils untersagten Tätigkeitsfeldes besonders wichtig und meist nicht einfach. 1280

Verstöße gegen ein Wettbewerbsverbot lassen sich regelmäßig gut darlegen und ggf. beweisen. Schwieriger ist dagegen häufig der Nachweis, dass der durch das Wettbewerbsverbot geschützten Partei daraus ein konkreter Schaden entstanden ist. Daher wird in der Praxis nicht selten mit der Vereinbarung von Vertragsstrafen bzw. pauschaliertem Schadensersatz gearbeitet. 1281

b) Abwerbeverbote (non-solicit undertaking)

1282 Der unternehmerische Erfolg und damit die wirtschaftliche Ertragskraft des Zielunternehmens hängt je nach Einzelfall auch mehr oder weniger stark davon ab, dass Mitarbeiter mit wesentlichen Kenntnissen oder Fähigkeiten zumindest für eine gewisse Übergangszeit beim Zielunternehmen verbleiben und es insbesondere nicht zu einem über Einzelfälle hinausgehenden Weggang wesentlicher Funktions- und Wissensträger nach Vollzug des Unternehmenskaufvertrages kommt. Der Käufer kann versuchen, dem dadurch entgegenzutreten, dass er eine geeignete Kommunikationsstrategie auch gegenüber der Belegschaft des Zielunternehmens umsetzt und erforderlichenfalls in gewissem Umfang auch monetäre Anreize setzt.

1283 Darüber hinausgehend kann in diesem Zusammenhang auch die Vereinbarung eines Abwerbeverbots für alle Mitarbeiter oder jedenfalls wesentliche Funktionsträger empfehlenswert sein. Allerdings sind auch bei der inhaltlichen Ausgestaltung von Abwerbeverboten sind rechtliche Vorgaben zu beachten. So verstößt etwa das generelle Verbot für den Verkäufer, Mitarbeiter des Zielunternehmens anzustellen, gegen §§ 75 ff. HGB; zudem wird dadurch auch das Recht der betroffenen Mitarbeiter auf freie berufliche Entfaltung in unzulässiger Weise beeinträchtigt.

1284 Dagegen ist es regelmäßig zulässig, dem Verkäufer zu untersagen, dass er aktiv und gezielt auf Mitarbeiter des Zielunternehmens zugeht, um diesen eine Anstellung bei sich oder einem mit ihm verbundenen Unternehmen anzubieten.[784] Damit bleibt es zum einen den betreffenden Mitarbeitern unbenommen, sich ihrerseits eigeninitiativ und mit Aussicht auf Erfolg um eine Anstellung beim Verkäufer oder bei einem mit ihm verbundenen Unternehmen zu bewerben. Zum anderen stellt es keinen Verstoß seitens des Verkäufers gegen das Abwerbeverbot dar, wenn er Mitarbeiter des Zielunternehmens auf deren Initiativbewerbung hin anstellt, und zwar selbst dann nicht, wenn diese sich auf allgemeine, d. h. nicht gezielt und ausschließlich an die Belegschaft oder einzelne Mitarbeiter des Zielunternehmens gerichtete Stellenausschreibung hin beworben haben.

1285 In zeitlicher Hinsicht sind ebenfalls rechtliche Vorgaben zu beachten. Laut Rechtsprechung darf ein Abwerbeverbot regelmäßig nicht für einen zwei Jahre überschreitenden Zeitraum vereinbart werden; in der Literatur wird die Höchstdauer überwiegend strenger und lediglich mit einem Jahr angesetzt.[785]

1286 Auch bei Abwerbeverboten kann es sinnvoll sein, für den Fall eines Verstoßes die Zahlung einer Vertragsstrafe oder eines pauschalierten Schadensersatzes vorzusehen.

---

784) BGH BeckRS 2014, 17956; *v. Werder/Kost*, BB 2010, 2903, 2909 f.; Rolfs/Giesen/Kreikebohm/Udsching/*Hagen*, Beck'scher Online-Kommentar Arbeitsrecht, §§ 75 f. HGB Rn. 6.
785) BGH BeckRS 2014, 17956; *v. Werder/Kost*, BB 2010, 2903, 2910.

Kapitel XII. Nachlaufende Vertragspflichten (Post-Closing Covenants)

c) **Pflicht zur Umstellung des Marktauftritts des Zielunternehmens (Rebranding)**

Es gibt Konstellationen, in denen ein sehr starkes Verkäuferinteresse besteht, dass das Erscheinungsbild des Zielunternehmens und der von ihm vertriebenen Produkte nach Vollzug der Transaktion geändert wird (sog. *Rebranding*). Das kann beispielweise dann der Fall sein, wenn sich ein Konzern lediglich von Teilbereichen seiner Geschäftsaktivitäten trennt, deren Marktauftritt bislang unter der Dachmarke des Gesamtverbundes erfolgte. In diesen Fällen wird die Dachmarke regelmäßig nicht mitveräußert, sondern vom Verkäufer zurückbehalten. Der Käufer bekommt die vertragliche Pflicht auferlegt, innerhalb eines meist anhand von Praktikabilitätsgesichtspunkten festgelegten Übergangszeitraums einen neuen Marktauftritt für das Zielunternehmen und seine Produkte zu entwickeln und umzusetzen. Je nach den Umständen des Einzelfalls kann es dabei ratsam sein, detailliert zu regeln, inwieweit sich dieser neue Marktauftritt noch an den alten anlehnen darf (z. B. gleiche Wortbestandteile, aber andere Farbe, Schriftart oder Bildelemente) oder negativ festzulegen, welche Bestanteile nicht mehr verwendet werden dürfen (z. B. bestimmte Worte oder Wortbestandteile). Die Ausgestaltung entsprechender Vereinbarungen kann dabei im Einzelfall durchaus recht komplex sein.

1287

In eher seltenen Fällen kann es sein, dass sich die Pflicht zur Umstellung des Marktauftritts des Zielunternehmens auch ohne entsprechende vertragliche Vereinbarung ergibt, diese nämlich unmittelbar aus entsprechenden gesetzlichen Vorgaben folgt. In Betracht kommen insoweit insbesondere Vorgaben des wettbewerbsrechtlichen Irreführungsverbotes gem. § 5 Abs. 1 S. 2 Nr. 3 UWG. Eine geschäftliche Handlung ist danach unzulässig, weil irreführend, wenn sie unwahre Angaben enthält oder sonstige zur Täuschung geeignete Angaben über die Person, Eigenschaften oder Rechte des Unternehmers enthält, wie beispielsweise Identität, Vermögen einschließlich der Rechte des geistigen Eigentums, den Umfang von Verpflichtungen, Befähigung, Status, Zulassung, Mitgliedschaften oder Beziehungen, Auszeichnungen oder Ehrungen, Beweggründe für die geschäftliche Handlung oder die Art des Vertriebs.[786] Würde durch die unveränderte Beibehaltung des Marktauftritts des Zielunternehmens etwa der nunmehr unzutreffend gewordene Eindruck erweckt, dieses sei nach wie vor Bestandteil eines großen Unternehmensverbundes, kann dies insbesondere deshalb irreführend sein, weil der Verkehr damit eine spezifische Erwartungshaltung in Bezug auf Produktqualität, Finanzkraft oder Integrität der Unternehmensführung verbinden kann. Dies kann im Einzelfall zu einer entsprechenden gesetzlichen Unterlassungspflicht führen.

1288

---

786) Vgl. u. a. BGH ZIP 2002, 1501 = WRP 2002, 700 – „Vossius und Partner", dazu EWiR 2002, 1033 *(Kleine-Cosack)*.

d) Beschränkung der Weiterveräußerung des Zielunternehmens

1289 Der Verkäufer hat bisweilen ein Interesse daran, zu verhindern, dass der Käufer das Zielunternehmen innerhalb kurzer Frist nach Vollzug des Unternehmenskaufvertrages weiterveräußert. Dieses Interesse kann beispielsweise (unternehmens-)politisch motiviert sein, etwa weil der ausgewählte Erwerber der Belegschaft des Zielunternehmens oder – bei Transaktionen, die politisch geprägt sind oder aus anderen Gründen ein starkes mediales Interesse hervorrufen – der Öffentlichkeit besser vermittelbar war als andere Kaufinteressenten, was im Einzelfall ein für die Umsetzbarkeit der Transaktion wesentlicher Faktor sein kann. Der Grund kann aber auch schlicht darin bestehen, dass sich die Unternehmensführung des Verkäufers nicht in einer Situation wiederfinden möchte, in welcher sie ihren Anteilseignern erklären muss, weshalb der Käufer das Zielunternehmen kurz nach dem Erwerb zu einem deutlich höheren Preis weiterveräußern konnte. Daher werden vertragliche Vereinbarungen, die dem entgegenwirken sollen, im anglo-amerikanischen Rechtsraum bisweilen auch anschaulich als *anti-embarrassment* Klauseln bezeichnet.

1290 Entsprechende Klauseln sehen daher vor, dass der Käufer das Zielunternehmen in dem vertraglich festgelegten Zeitraum nach Vollzug des Unternehmenskaufvertrages nicht weiterveräußern darf. Verstößt er dagegen, muss der Käufer eine Vertragsstrafe zahlen oder ist der Verkäufer zur (vollständigen oder teilweisen) Abschöpfung des erzielten Mehrerlöses berechtigt. Geht es dem Verkäufer ausschließlich um die Optimierung seines Kaufpreises, kann er von einem Weiterveräußerungsverbot absehen und sich lediglich das Recht zur Abschöpfung des Mehrerlöses vorbehalten.

e) Pflichten zur Sicherung des Zielunternehmens

1291 Ebenfalls aus (unternehmens-) politischen Erwägungen werden in Unternehmenskaufverträgen bisweilen Maßnahmen vereinbart, die der Käufer zu treffen oder zu unterlassen hat, um das Zielunternehmen in seinem Bestand insgesamt oder in Bezug auf einzelne seiner Teile zu erhalten. Für den Verkäufer kann es dabei insbesondere darum gehen, Reputationsschäden zu vermeiden, die mit einer Insolvenz, dem massiven Abbau von Arbeitsplätzen, der Schließung von Standorten oder der Verlegung des Verwaltungssitzes ins Ausland kurzfristig nach Vollzug des Unternehmenskaufvertrages verbunden sein können. Dementsprechend kann der Unternehmenskaufvertrag einen Katalog von Maßnahmen enthalten, die der Käufer innerhalb eines vereinbarten Zeitraums nach Vollzug (noch) nicht vornehmen darf.

1292 Die konkrete Ausgestaltung dieser Pflicht ist naturgemäß stark von den Umständen des Einzelfalls abhängig und kann neben den genannten Maßnahmen noch vielfältige andere umfassen (z. B. Beibehaltung freiwilliger Sozialleistungen an Arbeitnehmer, keine Vermeidung der Tarifbindung, Einführung einer Sozialcharta für Mieter, keine Luxussanierung von Wohnungen, kein Formwechsel zur Vermeidung der Mitbestimmung etc.).

Kapitel XII. Nachlaufende Vertragspflichten (Post-Closing Covenants)

Es kommt aber auch in Betracht, dass sich der Verkäufer allgemein verpflichtet, das Zielunternehmen jedenfalls innerhalb eines vertraglich festgelegten Zeitraums mit ausreichender Liquidität auszustatten oder das Zielunternehmen von anderen Geschäftsaktivitäten des Verkäufers getrennt zu halten (sog. *ringfencing*), um in diesem Zeitraum eine Krise oder gar Insolvenz des Zielunternehmens zu vermeiden, welche auf die Reputation des Verkäufers ausstrahlen könnte. Derartige Pflichten werden sich aber – angesichts der damit einhergehenden Beschränkungen und Risiken für den Käufer – nur bei sehr starker Verhandlungsposition des Verkäufers durchsetzen lassen.

1293

f) Pflichten in Bezug auf den Umgang mit Ansprüchen Dritter

Stehen Dritten Ansprüche gegen das Zielunternehmen zu, die eine Haftung des Verkäufers aus dem Unternehmenskaufvertrag nach sich ziehen können, hat der Verkäufer ein berechtigtes Interesse daran, über deren Geltendmachung informiert zu werden und ggf. auf den Umgang des Käufers mit diesen Ansprüchen Einfluss zu nehmen. Das kann bis hin zu dem Recht des Verkäufers führen, die Verteidigung des Zielunternehmens gegen die betreffenden Drittansprüche selbst zu übernehmen, um auf diese Weise eine eigene Haftung möglichst effektiv und im Ansatz zu vermeiden. Der Vorbehalt entsprechender Mitwirkungsrechte kann aber beispielsweise auch umgekehrt dadurch motiviert sein, dass das Zielunternehmen und der Verkäufer weiterhin überschneidende Kunden- oder Lieferantenkreise haben, und der Verkäufer einem zu kompromisslosen Umgang des Käufers oder des Zielunternehmens mit seinen eigenen Geschäftspartnern entgegenwirken können will.

1294

Eine nähere Darstellung dieses Themenkreises findet sich in den Rn. 942 ff.

g) Informations- und Zugangsrechte

Mit Vollzug des Unternehmenskaufvertrages gehen regelmäßig sämtliche Bücher und Geschäftsunterlagen des Zielunternehmens auf die Käuferseite über. Soweit der Verkäufer nicht über entsprechende Kopien verfügt, kann es aus seiner Sicht empfehlenswert sein, sich Zugangsrechte zu denjenigen Büchern und Geschäftsunterlagen vorzubehalten, die sich auf die Zeit bis einschließlich des Übertragungsstichtags beziehen. Entsprechende Einsichtsrechte können beispielsweise erforderlich sein, um im Rahmen der nachlaufenden Kaufpreisanpassung überprüfen zu können, ob der vom Käufer mitgeteilte Kaufpreisanpassungsbetrag vereinbarungsgemäß ermittelt worden ist. Des Weiteren können sich entsprechende Rechte als erforderlich erweisen, um beispielsweise die für eine spätere Betriebsprüfung oder andere behördliche Untersuchungen erforderlichen Informationen und Nachweise zur Verfügung zu haben. Denkbar ist auch, dass der Verkäufer von Dritten als ehemaliger Inhaber des Zielunternehmens in Anspruch genommen wird; auch zur entsprechenden Evaluierung und ggf. Abwehr solcher Ansprüche können Einsichts- und Zugangsrechte angemessen sein.

1295

1296 Aus Käufersicht ist bei der Ausgestaltung entsprechender Informations- und Zugangsrechte insbesondere darauf zu achten, dass die operativen Geschäftsabläufe des Zielunternehmens nicht gestört werden, etwa durch Beschränkung der Zugangszeiten oder der Anzahl der zugangsberechtigten Personen, und darüber hinaus, dass das Informations- und Zugangsrecht zeitlich limitiert ist; in der Regel ist eine Limitierung auf drei bis fünf Jahre nach Closing angemessen.

h) Vertraulichkeitspflichten

1297 Im Interesse aller Parteien und des Zielunternehmens sollten im Unternehmenskaufvertrag schließlich angemessene Vertraulichkeitspflichten vereinbart werden. Insoweit kann weitgehend auf die Ausführungen in den Rn. 629 ff. verwiesen werden. Um Überschneidungen und Unklarheiten zu vermeiden, sollte dies unter gleichzeitiger Aufhebung etwaiger vorvertraglicher Vertraulichkeitsvereinbarungen erfolgen.

Dritter Teil: Spezielle rechtliche Themen

XIII. Besondere Verkaufsverfahren

1298 Neben dem traditionellen Verfahren exklusiver (Face-to-Face) Verhandlungen zwischen Verkäufer und Käufer werden eine Vielzahl von Unternehmen seit Jahren häufig in komplexeren Verfahren einem größeren Kreis möglicher Erwerber angeboten. Die im Markt praktisch größte Relevanz kommt dabei den sog. **Auktionsverfahren** (Controlled Auction, Bidding Process) und den sog. **Dual Track-Verfahren** (Dual Track Process) zu. Dabei handelt es sich um – mehr oder weniger – standardisierte, teils auch äußerst aufwändige Prozesse, die sich in der Praxis vor allem durch eine Mehrzahl an Kauf- oder Investitionsinteressen (Bieter) sowie professionelles Prozessmanagement durch Investmentbanken oder spezialisierte M&A-Beratungshäuser auszeichnen. Diese besonderen Verkaufsverfahren weisen sowohl verfahrenstechnisch als auch rechtlich einige Besonderheiten auf.[787]

1. Zweck besonderer Verkaufsverfahren und Übersicht

a) Auktionsverfahren

1299 Zentrale Motivation eines Auktionsverfahrens ist auch beim Unternehmensverkauf, Kaufpreis und andere wichtige Konditionen im Sinne des Verkäufers durch möglichst intensiven Wettbewerb auf der Käuferseite zu optimieren. Es führt dadurch zu einer objektivierten Preisfindung, was nicht zuletzt für die auf Verkäuferseite agierenden angestellten Manager mit Rücksicht auf ihre Organ- oder andere Rechtspflichten von hoher Bedeutung ist.

---

787) *Habersack/Schürnbrand* zu AGB-Fragen, in: Festschrift Canaris, Bd. I, 2007, S. 359 ff.

Aus Sicht des potentiellen Käufers birgt die Teilnahme an einem Auktionsverfahren v. a. ein nicht unerhebliches Kostenrisiko. Der Verkäufer wird, so es die Marktsituation erlaubt, jegliche Übernahme von Transaktionskosten eines (aus dem Prozess ausscheidenden) Bieters ausschließen. 1300

b) Dual Track-Verfahren[788]

Die am Markt als „Dual Track"-Verfahren bekannten Verkaufsprozesse sind dadurch gekennzeichnet, dass der Eigentümer (häufig ein Private Equity Haus) neben dem eigentlichen Verkaufsprozess (mit einem oder mehreren potenziellen Käufern) gleichzeitig eine andere Art von Exit-Strategie (meist einen Börsengang) vorbereiten lässt. Im Idealfall stehen dem verkaufswilligen Eigentümer dann mehrere Wege zur Beendigung der Beteiligung gleichzeitig offen und er kann sich für den aus seiner Sicht optimalen entscheiden. Dabei darf nicht übersehen werden, dass der Börsengang im Unterschied zum Direktverkauf nur in seltenen Fällen einen sofortigen Komplettausstieg des Alteigentümers erlaubt. Häufiger sind die Fälle in denen große Aktienpakete erst nach Ablauf von Lock Up-Fristen am oder außerhalb des Kapitalmarktes platziert werden können. 1301

Selbstverständlich bedeutet jedes Dual Track-Verfahren für den Verkäufer und die betroffenen Unternehmen sowie deren Management erhebliche Komplexität und damit verbundenen Kosten- und anderen Aufwand. Auch für das Management des betroffenen Unternehmens bedeutet Komplexität im Transaktionsprozess eine erhebliche Belastung, was mit Grund dafür ist, dass sich diese Art Verfahren in der Regel nur für größere und organisatorisch entsprechend ausgestattete Unternehmen eignen wird. 1302

2. Ablauf und Vorgehensweisen

a) Auktionsverfahren[789]

Kennzeichnend für das Auktionsverfahren ist, dass die Kontaktaufnahme zu möglichen Interessenten nicht durch den Verkäufer selbst, sondern durch die **Investmentbank** bzw. den **M&A-Berater** erfolgt. Eine vorab durch den Verkäufer und seine Berater ausgewählte (ggf. auch kleine) Gruppe möglicher Bieter wird zunächst durch einen ersten (evtl. noch anonym gehaltenen) kurzen **Informationsbrief** („Teaser") über einen anstehenden Verkauf eines Unter- 1303

---

788) *Schlitt/Habetha*, Zweigleisig ans Ziel-IPOs im Dual Track, PLATOW Online am 25.3.2011 (www.platow.de).
789) Zum Ablauf des Auktionsverfahrens: *Menke*, KSzW 2011, 347, 348 f.; *Pöllath*, Unternehmensnachfolge und -verkauf als Unternehmer-Aufgabe (www.pplaw.com/library), Teil 3; *Picot*, Unternehmenskauf und Restrukturierung, S. 24 ff.; *Weber-Rey*, in: Semler/Volhard, Arbeitshandbuch für Unternehmensübernahmen, § 11 Rn. 54 ff.; *Hölters*, Handbuch des Unternehmens- und Beteiligungskaufs, Teil I, Rn. 139 ff.; *Pöllath*, in: Festschrift Welf Müller, 2001, S. 833 ff.; *Mueller-Thuns*, in: Rödder/Hötzel/Mueller-Thuns, Unternehmenskauf/Unternehmensverkauf, § 2 Rn. 4.

nehmens einer bestimmten Größenordnung in einer bestimmten Branche informiert. Um die Geheimhaltung der erst nach entsprechender Interessensbekundung der Angesprochenen zur Verfügung gestellten Unternehmensdaten zu garantieren, unterzeichnen die Bieter sodann, wie auch sonst üblich, zunächst eine **Vertraulichkeitsvereinbarung.**

1304 Die Bieter erhalten daraufhin ein in der Regel von der Investmentbank vorbereitetes **Informationsmemorandum** (Information Memorandum) das das Zielunternehmen, den Markt sowie Entwicklungsmöglichkeiten des Unternehmens vorstellt und die Regeln des Auktionsverfahrens (Process Letter) erläutert.[790]

1305 Zum Ablauf einer meist im Process Letter genannten Frist sind die Bieter sodann bei Interesse aufgefordert, ein nicht bindendes **vorläufiges Angebot** abzugeben (Indicative Offer).[791]

1306 Aus den vorläufigen Angeboten trifft der Veräußerer gemeinsam mit seinen Beratern eine Vorauswahl und gewährt diesen Bietern zum Zwecke der Durchführung einer Due Diligence Zugang zu dem **Datenraum,** der insbesondere in den hier erörterten Verfahren heute meist in **elektronischer Form** („virtuell") zur Verfügung gestellt wird. Weitere Informationen erhalten die Interessenten häufig in **Management-Präsentationen.** Besonders sensible Informationen (etwa Einzelheiten der Konditionen bei Kunden und Lieferanten) werden in diesem Stadium gegenüber den Bietern oft noch zurückgehalten.

1307 Die Bieter werden nun erneut innerhalb einer festgesetzten Frist aufgefordert, ein sog. **endgültiges Gebot** (Binding Offer)[792] abzugeben und sich ggf. daran für einen bestimmten Zeitraum (z. B. drei Monate) gebunden zu halten. Ggf. verlangt der Bieter im Gegenzug ebenfalls befristete **Exklusivität.**[793] Anders als der Begriff es vermuten lässt, handelt es sich bei einem „Binding Offer" jedoch nicht um ein im rechtlichen Sinne bindendes Angebot zum Abschluss eines Vertrages. Seine rechtliche Qualität kommt eher der eines Letter of Intent nahe, d. h. mangels abschließender Beschreibung aller transaktionsrelevanten Parameter (essentialia negotii) kommt es als Grundlage eines rechtswirksamen Vertrages nicht in Betracht. Wie beim Letter of Intent sollte ein im Rahmen einer unter deutschem Recht stattfindenden Transaktion abzugebendes Binding Offer diesen Hinweis zur Klarstellung auch enthalten.

1308 In aller Regel hat der Veräußerer den Bietern mit der Aufforderung zur Abgabe eines endgültigen Gebots auch einen **Entwurf des Kaufvertrags** mit dem Hinweis übersandt, zusammen mit dem endgültigen Gebot einen nach den Vorstellungen des Bieters geänderten/ergänzten Entwurf zu übermitteln („full mark up").

---

790) Zur Gestaltung des Informationsmemorandums *Sinnecker*, M&A Review 1995, 438 ff.
791) Vgl. Rn. 633.
792) Vgl. Rn. 663.
793) Vgl. Rn. 655.

Kapitel XIII. Besondere Verkaufsverfahren

Nach Prüfung der endgültigen Gebote verhandelt der Veräußerer meist mit maximal zwei bis drei Interessenten alle noch offenen Transaktionsparameter zu Ende. Mit einzelnen kann es im Verlauf dieser finalen Verhandlungen zum Abschluss von **Absichtserklärungen** (Letter of Intent, Term Sheet, o. Ä.), **Optionen, Vorverträgen**, o. Ä.[794] kommen, bis am Ende mit einem der Bieter ein rechtlich bindender **Kaufvertrag** geschlossen wird.

1309

b) Dual Track-Verfahren[795]

Wie das Auktionsverfahren wird auch ein Dual Track-Prozess üblicherweise durch eine oder mehrere Investmentbanken oder M&A-Beratungshäuser koordiniert. Häufig wird auf der M&A-Seite ein Auktionsverfahren durchgeführt, das im Grunde den in Rn. 1303 ff.) dargestellten Regeln folgt. Parallel dazu laufen die Vorbereitungen für einen Börsengang.

1310

Im Gegensatz zu einem reinen Auktionsverfahren steht bei einem Dual Track-Verfahren bereits am Anfang des Prozesses häufig eine **öffentliche Äußerung** des Verkäufers, dass man „verschiedene strategische Optionen für das Unternehmen prüfen" wolle oder „einen IPO vorbereitet, gleichzeitig aber auch andere Möglichkeiten nicht ausschließt". Eine solche Ankündigung hat aus Sicht des Verkäufers den Vorteil, den Kreis möglicher Bieter möglichst stark auszuweiten, indem die Verkaufsbereitschaft öffentlich signalisiert wird und interessierte Parteien indirekt zum Bieten aufgefordert werden.[796] Der auch im Rahmen der meisten Auktionsverfahren (selbst bei größerem Interessentenkreis) nicht unbedeutende Aspekt der Geheimhaltung der Transaktion gegenüber der breiten Öffentlichkeit wird im Rahmen der Dual Track-Verfahren in der Regel bewusst aufgegeben.

1311

Auch sog. Triple Track-Verfahren[797] werden im Markt gelegentlich erprobt, in deren Rahmen neben dem Verkauf und dem Börsengang noch eine dritte Variante zur Rückführung von Investment an den Eigentümer vorbereitet wird (etwa eine Rekapitalisierung („Recap") durch Zuführung von Fremdkapital (Kredit oder Anleihe) und Ausschüttung als Sonderdividende).

1312

Der Verkäufer sollte sich bei einem Dual oder gar Triple Track-Verfahren insbesondere von Anfang an über Mehraufwand und Komplexität bewusst

1313

---

794) Vgl Rn. 658 ff.
795) Zum Ablauf des Dual Track-Verfahrens: *Stümke/Wingenfeld*, Vendor Due Diligence bei Dual Track-Prozessen Zweigleisig zum Exit-Erfolg, VentureCapital Magazin 10-2013, S. 50 f.; *Schlitt/Habetha*, Zweigleisig ans Ziel – IPOs im Dual Track, PLATOW Online am 25.3.2011 (www.platow.de); *Maisch*, Börsengang oder Verkauf? Zweigleisig zur Trennung, Handelsblatt am 6.2.2006 (www.handelsblatt.com); *Kesselring/Fassnacht*, Dual-Track-Prozesse: Mehrspurig zum Erfolg, Handelszeitung am 18.1.2006 (www.handelszeitung.ch).
796) *Kesselring/Fassnacht*, Dual-Track-Prozesse: Mehrspurig zum Erfolg, Handelszeitung am 18.1.2006 (www.handelszeitung.ch).
797) *Aders*, Dual- und Triple-Track-Verfahren beim Exit von Portfolio-Unternehmen (Handout), Einführung und Übersicht, Münchner M&A Forum 2011 am 17.5.2011.

sein. Allerdings ist es möglich, diese Belastung durch die erheblichen Synergieeffekte stark zu mindern. So kann der für die IPO-Vorbereitung erstellte **Datenraum** weitgehend für Zwecke der **Due Diligence** im M&A-Verfahren genutzt werden. Die **Analysten-** bzw. **Roadshow-Präsentation** wird in vielen Aspekten deckungsgleich mit der **Management-Präsentation** sein; das für die Vermarktung im M&A-Prozess erstellte **Informationsmemorandum** kann umgekehrt als Grundlage für den **Wertpapierprospekt** genutzt werden.[798]

3. Rechtliche Aspekte

1314 In rechtlicher Hinsicht stellen sich insbesondere im Rahmen der Auktionsverfahren vor allem Fragen nach den Pflichten und Verantwortlichkeiten der auf Verkäuferseite Handelnden sowie nach möglichen Ansprüchen enttäuschter Bieter oder Käufer.

a) Aufklärungspflichten[799]

aa) Gesteigerte Aufklärungspflicht im Auktionsverfahren?

1315 Grundsätzlich ist es im Rahmen professionell gestalteter Unternehmenskäufe Aufgabe jeder Partei, ihre Interessen selbst wahrzunehmen.[800] Aus diesem Grund gibt es keine allgemeine Pflicht zur Offenlegung aller Umstände, die für den Vertragspartner von Bedeutung sein könnten.[801] Nach ständiger Rechtsprechung des BGH besteht jedoch selbst bei Vertragsverhandlungen, in denen die Parteien entgegengesetzte Interessen verfolgen, für die Vertragspartner die Pflicht, den anderen Teil über solche Umstände aufzuklären, die den Vertragszweck (des anderen) vereiteln können und daher für seinen Entschluss von wesentlicher Bedeutung sind, sofern er die Mitteilung nach der Verkehrsauffassung erwarten konnte.[802]

1316 Im Fall des Unternehmenskaufs erkennt der BGH wegen der regelmäßig erheblichen wirtschaftlichen Bedeutung eine gesteigerte Aufklärungspflicht des Unternehmensverkäufers.[803] Da der BGH für die Begründung der Aufklärungspflicht u. a. auf den Vertragszweck des Kaufinteressenten abstellt, muss der Verkäufer bei der Zusammenstellung von Informationen die konkrete Situation des Kaufinteressenten berücksichtigen. Dies gilt allerdings nur für

---

798) *Schlitt/Habetha*, Zweigleisig ans Ziel-IPOs im Dual Track, PLATOW Online am 25.3.2011 (www.platow.de).
799) *Koppmann*, BB 2014, 1673 ff.; *Weißhaupt*, WM 2013, 782, 785; *Möller*, NZG 2012, 841 ff.; *Goetz/Wistinghausen*, Bieterverfahren-Strukturierung, Ablauf, Regeln, 10. Deutscher Corporate M&A-Kongress.
800) Vgl. *Hübner*, BB 2010, 1483, 1485.
801) BGH ZIP 1983, 1073.
802) BGH NJW-RR 1996, 429.
803) BGH ZIP 2001, 918 = WM 2001, 1118, 1120; vgl. auch BGH ZIP 2002, 440 = WM 2002, 446, 448.

Umstände aus der Sphäre des Kaufinteressenten, die für den Verkäufer zumindest erkennbar sind.[804]

Diskutiert wird eine nochmals gesteigerte Aufklärungspflicht auf Veräußererseite speziell im Auktionsverfahren, die über die Offenlegungspflicht des Verkäufers bei einem klassischen Unternehmenskauf hinausgehen soll.[805] Dies wird vor allem damit begründet, dass sich der Kaufinteressent im Auktionsverfahren regelmäßig in stärkerem Maße den von dem Verkäufer gesetzten Regelungen im Hinblick auf Prozessablauf und Informationsfluss zu unterwerfen hat als im Rahmen eines exklusiven rein bilateralen Verkaufsprozesses. Zudem besteht aus Sicht des einzelnen Bieters strukturell die Gefahr, im Verhältnis zu anderen Bietern ungleich behandelt zu werden, z. B. vom Verkäufer weniger oder schlechter verwertbare Informationen über das Zielunternehmen zu erhalten oder gar ohne echte Chance auf einen Vertragsschluss lediglich zur Vortäuschung einer Wettbewerbssituation gegenüber den anderen Bietern „mitgeschleppt" zu werden.[806] Eine gesteigerte Aufklärungspflicht des Verkäufers im Auktionsprozess ist jedoch dennoch im Ergebnis abzulehnen: Umstände wie erhöhter Zeitdruck, ein zeitlich gestuftes Offenlegen von Informationen, hohe Kosten und die alleinige Beherrschbarkeit des Informationsflusses durch den Veräußerer sind in einem herkömmlichen Verkaufsprozess ebenso zu finden wie im Auktionsverfahren. Es ist letztlich eine Frage der Risikoverteilung und entscheidet sich insbesondere danach, wie kompetitiv ein privater Auktionsprozess ist, inwieweit der Unternehmenskäufer verbleibende Informationsdefizite in seinem Kaufangebot berücksichtigt.[807]

1317

bb) Erfüllung der Aufklärungspflicht durch Zurverfügungstellung eines Datenraums für die Due Diligence?

Weiter stellt sich die Frage, ob der Verkäufer seine Aufklärungspflicht allein dadurch erfüllen kann, dass er dem Käufer im Datenraum den größten Teil aller verfügbaren Informationen zur Verfügung stellt. Die Rechtsprechung hat die Frage bislang nicht entschieden, in der Literatur ist sie umstritten.[808] Teilweise wird vertreten, der Verkäufer erfülle durch die Gestattung einer Due Diligence seine Aufklärungspflicht,[809] oder den Käufer treffe doch wenigstens ein Mitverschulden, wenn er sich anhand des Datenraums nicht selbst über die betreffenden Umstände informiert.[810] Nach anderer Auffassung hat die Durchführung einer Due Diligence keine Auswirkung auf die Aufklärungspflicht des Verkäufers, denn der Käufer führe die Due Diligence zu seinem

1318

---

804) Weißhaupt, WM 2013, 782, 785.
805) *Louven/Böckmann*, ZIP 2004, 445, 449.
806) *Louven/Böckmann*, ZIP 2004, 445, 450.
807) *Weißhaupt*, WM 2013, 782, 784; *Hasselbach/Ebbinghaus*, DB 2012, 216.
808) *Möller*, NZG 2012, 841, 846.
809) *Wagner*, DStR 2002, 958, 965.
810) *Vogt*, DStR 2001, 2027, 2032.

Schutz und nicht zu seinem Nachteil durch, und zur Erfüllung einer Aufklärungspflicht genüge es nicht, dass die betreffende Information „in einem Dickicht von anderen Informationen enthalten ist".[811] Einer dritten Meinung zufolge kann die Frage nicht schematisch mit Ja oder Nein beantwortet werden, sondern es komme darauf an, auf welche Weise die betreffenden Umstände im Rahmen der Due Diligence offengelegt werden: Ist die Offenlegung hinreichend deutlich, erfülle der Verkäufer hierdurch auch seine Aufklärungspflicht.[812]

b) Haftung

1319 Im Mittelpunkt der Diskussion um spezielle Haftungsfragen im Auktionsverfahren stehen die enttäuschten Bieter, die früher oder später aus dem Auktionsverfahren ausgeschieden sind und nunmehr Ansprüche wegen frustrierter Aufwendungen geltend machen möchten. Die Besonderheit liegt darin, dass mit diesen Bietern kein Kaufvertrag existiert, dessen autonomes Haftungsregime Ansprüche auch für vorvertragliches Verhalten ausschließen könnte.

aa) Haftung für unzutreffende Angaben zum Unternehmen

1320 Fahrlässig oder vorsätzlich falsche Angaben in dem Informationsmemorandum stellen eine vorvertragliche Pflichtverletzung gem. §§ 311 Abs. 2, 280, 241 Abs. 2 BGB dar (**c. i. c.**). Der Veräußerer wird sich insoweit das Verschulden der Investmentbank als Erfüllungsgehilfe über § 278 BGB zurechnen lassen müssen.[813]

1321 Ein kausaler Schaden kann z. B. in den Beraterkosten und sonstigen Aufwendungen liegen, die dem ausgeschiedenen Bieter entstanden sind, wenn sein Interesse am Erwerb auf der Annahme der Richtigkeit der sich später als falsch erwiesenen Angaben beruhte.

1322 Darüber hinaus wird diskutiert, ob der Veräußerer, auch nach den Grundsätzen der **Prospekthaftung im engeren Sinne** und damit für typisiertes Vertrauen, auf die Richtigkeit (und Vollständigkeit) des Informationsmemorandums haftet.[814] Gegen eine solche Qualifizierung als Prospekt spricht, dass das Informationsmemorandum weder aus Sicht des Bieters noch des Veräußerers die wesentliche Grundlage der Kaufentscheidung darstellen soll.[815] Vielmehr

---

811) *Müller*, NJW 2004, 2196, 2198 f.
812) *Mellert*, BB 2011, 1667, 1673.
813) *Louven/Böckmann*, ZIP 2004, 445, 446 f.
814) Für möglich halten dies: *Weber-Rey*, in: Semler/Volhard, Arbeitshandbuch für Unternehmensübernahmen, § 11 Rn. 67; *Rützel/Jürgens*, M&A Review 1999, 521; ablehnend: *Louven/Böckmann*, ZIP 2004, 445, 446.
815) Zum Prospekt als wesentliche Grundlage der Anlageentscheidung: BGH NJW 2002, 1711; BGHZ 123, 106, 112 = ZIP 1993, 1467; zur Definition des zivilrechtlichen Prospektbegriffs vgl. *Siol*, in: Schimansky/Bunte/Lwowski, Bankrechts-Handbuch, § 45 Rn. 46 ff.

informiert sich der Bieter typischer Weise gerade erst im Anschluss an das auf der Basis des Informationsmemorandums abgegebene Indicative Offer im Rahmen der folgenden Due Diligence ausführlich über das Unternehmen und kann nicht davon ausgehen, dass das Informationsmemorandum seinen Prüfungsbedarf vollständig abdeckt.[816]

Im Übrigen ist eine direkte **Haftung der Investmentbank** nach § 311 Abs. 3 BGB bei Inanspruchnahme besonderen persönlichen Vertrauens sowie eine Haftung aus ihrem Beratervertrag mit dem Veräußerer als einem Vertrag mit Schutzwirkung zu Gunsten Dritter nicht ausgeschlossen.[817]

1323

bb) Haftung für unzutreffende Angaben zum Verfahren

(1) Auskunft über Existenz anderer Bieter

Von zentralem Interesse für jeden Bieter sind Informationen darüber, ob und wie viele Konkurrenten (noch) am Verfahren teilnehmen. Wie weit aber gehen die Auskunftspflichten des Veräußerers zu diesem Thema?

1324

In Auktionsverfahren ist der Verkäufer naturgemäß daran interessiert, den Wettbewerb zwischen den einzelnen Bietern möglichst lange aufrechtzuerhalten, um so den Veräußerungserlös zu maximieren.[818] Gibt der Veräußerer demzufolge – gefragt oder ungefragt – bewusst eine falsche Auskunft, handelt er arglistig und haftet wegen Pflichtverletzung im Rahmen des vorvertraglichen Schuldverhältnisses nach §§ 311 Abs. 2, 280, 241 Abs. 2 BGB. Der Käufer kann nach Zustandekommen eines Kaufvertrags diesen ggf. wegen arglistiger Täuschung nach § 123 BGB anfechten.[819]

1325

Fragt ein Bieter konkret nach, so wird der Veräußerer zumindest zur Klarstellung verpflichtet sein, dass er zu diesem Punkt keine Angabe machen möchte.[820]

1326

Eine andere Frage ist, ob der Veräußerer von sich aus einen Bieter darüber informieren muss, dass dieser mittlerweile keine Chancen auf Abschluss mehr hat. Grundsätzlich muss der Veräußerer einen nicht durch ihn veranlassten Irrtum beim Bieter nicht aufklären.[821]

1327

---

816) *Pöllath*, in: Festschrift Welf Müller, 2001, S. 855.
817) *Louven/Böckmann*, ZIP 2004, 445, 447; *Triebel/Hölzle*, BB 2002, 521, 533; *Rützel/Jürgens*, M&A Review 1999, 521, 525; zur Haftungsfreistellung der Investmentbank vgl. *Pöllath*, in: Festschrift Welf Müller, 2001, S. 854.
818) *Werder/Kost*, BB 2010, 2903, 2905.
819) Vgl. *Pöllath*, in: Festschrift Welf Müller, 2001, S. 852 und 862 f.
820) *Pöllath*, in: Festschrift Welf Müller, 2001, S. 852 und 863; *ders.*, in: Festschrift Bezzenberger, 2000, S. 549, 554 f; eine „ausweichende Antwort" für ausreichend halten *Louven/Böckmann*, ZIP 2004, 445, 450.
821) Vgl. *Goetz/Wistinghausen*, Bieterverfahren-Strukturierung, Ablauf, Regeln, 10. Deutscher Corporate M&A-Kongress; *Pöllath*, in: Festschrift Welf Müller, 2001, S. 863.

1328 Eine Haftung für fehlende Aufklärung kann aber gerechtfertigt sein, wenn der Veräußerer den Bieter nur zum Schein zu dem Zweck im Verfahren hält, den Wettbewerb aufrechtzuerhalten („stalking horse").[822] Die Beweislast liegt in solchen Fällen allerdings bei dem Bieter.

1329 Umgekehrt wird der Veräußerer nicht verpflichtet sein, den Bieter von sich aus darüber zu informieren, dass er der letzte verbleibende Interessent ist.[823]

(2) Abweichungen vom Auktionsverfahren

1330 Regelmäßig behält sich die Veräußererseite vor, die zu Beginn bekannt gegebenen Richtlinien im laufenden Verkaufsprozess jederzeit zu ändern. Der Veräußerer möchte z. B. flexibel über das Wie und Ob der Informationserteilung entscheiden, ggf. Fristen verschieben und zu jedem Zeitpunkt neue Bieter aufnehmen bzw. Bieter aus dem Verfahren ausschließen dürfen.

(3) Haftung wegen vorvertraglicher Pflichtverletzung?

1331 Grundsätzlich ist der Veräußerer im Rahmen der Privatautonomie frei, wie und mit wem er verhandelt. Ein Verstoß gegen vorvertragliche Pflichten ist jedenfalls dann nicht anzunehmen, wenn das Verfahren einem oder allen Bietern gegenüber geändert wird und sämtliche Bieter entsprechend hierüber informiert werden.[824]

1332 Etwas anderes ergibt sich auch nicht durch den Vergleich mit reglementierten Verfahren wie z. B. dem öffentlichen Vergabeverfahren oder dem Verfahren zur Preisausschreibung i. S. d. § 661 BGB. So ist das öffentliche Vergabeverfahren einschließlich des Grundsatzes der Chancengleichheit ausdrücklich normiert. Denn die öffentliche Hand ist im Gegensatz zu dem Privatunternehmer zur wirtschaftlichen und sparsamen Verwendung ihrer Mittel verpflichtet und damit auf einen effektiven Wettbewerb angewiesen. Dagegen gibt es im Gesellschafts- und Kaufrecht gerade keine Verfahrensvorschriften für den privatautonomen Unternehmenskauf.[825] In der Praxis sollte aber schon das Bestreben nach Seriosität sowohl Veräußerer als auch Investmentbank veranlassen, alle Bieter möglichst gleich zu behandeln.[826]

---

822) *Louven/Böckmann*, ZIP 2004, 445, 450; zum Thema Scheinverhandlungen siehe OLG Stuttgart BB 1989, 1932.
823) *Louven/Böckmann*, ZIP 2004, 445, 450.
824) Andernfalls eine Haftung aus c. i. c. bejahend: *Pöllath*, in: Festschrift Welf Müller, 2001, S. 855.
825) *Louven/Böckmann*, ZIP 2004, 445, 450 f; zu Ansprüchen aus c. i. c. wegen Abweichung von Verfahrensvorschriften im öffentlichen Vergabeverfahren: BGHZ 120, 281; BGH NJW 2000, 661; BGH DVBl 2004, 826; zum Grundsatz der Chancengleichheit im Verfahren zur Preisausschreibung: BGH WM 1983, 1266, 1268.
826) *Weber-Rey*, in: Semler/Volhard, Arbeitshandbuch für Unternehmensübernahmen, § 11 Rn. 58; *Louven/Böckmann*, ZIP 2004, 445, 451.

Für Abweichungen vom bislang gegenüber Verhandlungspartnern kommunizierten Procedere im Rahmen von Dual Track-Verfahren werden entsprechende Erwägungen zu gelten haben.

1333

c) Wirksamkeit von Haftungsausschlüssen

In der Regel enthält das Informationsmemorandum Hinweise darauf, dass keine Gewähr für die Richtigkeit und Vollständigkeit der Angaben übernommen wird. Entsprechende Klauseln in Vertraulichkeitsvereinbarungen gehen häufig noch weiter und schließen die Haftung für sämtliche während des Verkaufsprozesses zur Verfügung gestellten Informationen und jegliche Haftung aus Rechtsverhältnissen gem. § 311 Abs. 2 BGB aus.

1334

aa) Unwirksamer Ausschluss im Vorsatzfall, § 276 Abs. 3 BGB

Eine Grenze findet diese Praxis zunächst darin, dass dem Verkäufer die Haftung wegen Vorsatzes nicht im Voraus erlassen werden kann (§ 276 Abs. 3 BGB). Die Verantwortlichkeit für c. i. c. bleibt daher in diesem Bereich erhalten. Auch sämtliche Haftungsausschlüsse des Unternehmenskaufvertrages gelten im Vorsatzfall gem. § 276 Abs. 3 BGB nicht. Die Folgen einer Aufklärungspflichtverletzung können deswegen den Rahmen des vertraglich definierten Risikoprofils einer Transaktion sprengen, der Verkäufer haftet unbeschränkt und ggf. langfristig.[827]

1335

bb) Haftungsausschluss als unwirksame AGB?

Ob **haftungsbegrenzende Hinweise zu Unternehmensdaten** in Informationsmemoranden oder Verfahrensdokumentation des Auktionsprozesses als **Allgemeine Geschäftsbedingungen** und in einem zweiten Schritt als unzulässig zu qualifizieren sind, ist bisher von der Rechtsprechung noch nicht entschieden.[828] Soweit, wie in der Praxis häufig, die Vertraulichkeitsvereinbarung und erst recht Haftungsausschlüsse in den Informationsmemoranden nicht mit den Bietern ausgehandelt werden, wird von Allgemeinen Geschäftsbedingungen gem. § 305 BGB auszugehen sein.[829]

1336

Die Haftungsausschlussklauseln stellen in aller Regel Bedingungen dar, die für eine Vielzahl von Fällen, nämlich für alle Bieter vorformuliert werden.

1337

---

827) *Möller*, NZG 2012, 841, 846; *Goetz/Wistinghausen*, Bieterverfahren-Strukturierung, Ablauf, Regeln, 10. Deutscher Corporate M&A-Kongress.
828) Zur umstrittenen Frage der Anwendbarkeit der §§ 307 ff. BGB auf die Veräußerung von gesellschaftsrechtlichen Beteiligungen: OLG Oldenburg NZG 1999, 896 (Bereichsausnahme des § 310 BGB für das Gesellschaftsrecht); BGH NJW 2001, 1270; Palandt/Grüneberg, BGB, § 310 Rn. 50; *Lischek/Mahnken*, ZIP 2006, 158 ff.
829) *Louven/Böckmann*, ZIP 2004, 445, 448 f.; *Rützel/Jürgens*, M&A Review 1999, 521, 524 f.; *Habersack/Schürnbrand*, in: Festschrift Canaris, Bd. I, 2007, S. 362.

Ausreichend ist dabei, dass die Regelungen das vorvertragliche Schuldverhältnis gestalten sollen.[830]

1338 Sofern in den Klauseln jegliche Haftung für Falschinformationen ausgeschlossen wird, können die Klauseln wegen unangemessener Benachteiligung der Bieter unwirksam sein (§ 307 Abs. 2 BGB). Denn auch im kaufmännischen Verkehr gilt das Verbot der **Freizeichnung für grobe Fahrlässigkeit und/oder Vorsatz**.[831]

1339 Zu beachten ist dann, dass nach dem Grundsatz des Verbots der geltungserhaltenden Reduktion die gesamte Haftungsklausel unwirksam ist.[832]

1340 Denkbar ist auch, bereits den **Haftungsausschluss für leichte Fahrlässigkeit** als unzulässig zu qualifizieren, wenn dies zum Ausschluss wesentlicher (vorvertraglicher) Pflichten i. S. d. § 307 Abs. 2 Nr. 2 BGB führen würde.[833]

1341 Dagegen spricht für den Fall der Freizeichnung in dem Informationsmemorandum, dass – anders als bei der Prospekthaftung – das Informationsmemorandum gerade nicht die einzige Grundlage für den späteren Vertragsschluss, sondern lediglich für das vorläufige Verbleiben im Bieterverfahren und ggf. die Abgabe des vorläufigen, unverbindlichen Angebots darstellt.

1342 Von einer Unwirksamkeit wird man jedenfalls dann ausgehen können, wenn für sämtliche im Verlauf des Auktionsverfahrens zur Verfügung gestellten Informationen die Haftung formularmäßig ausgeschlossen wird, da dies einem Ausschluss der grundlegenden Aufklärungspflicht des Veräußerers gleichkommt.[834]

1343 Ähnliche Überlegungen gelten für die – ebenfalls noch nicht gerichtlich geklärten – **verfahrenstechnischen Haftungsausschlüsse**, insbesondere die Frage, ob der Vorbehalt seitens des Veräußerers, das Verfahren jederzeit zu ändern, eine (unzulässige) allgemeine Geschäftsbedingung oder vielmehr ein unverbindlicher tatsächlicher Hinweis ist.[835]

1344 Für die Annahme von Geschäftsbedingungen mit rechtsgeschäftlichem Charakter spricht sicherlich, dass der Veräußerer den Bietern gegenüber verbind-

---

830) BGH NJW 1996, 2574, 2575.
831) H. M., z. B. OLG Köln BB 1993, 2044.
832) Ständige Rechtsprechung, z. B. BGHZ 96, 18 = ZIP 1986, 32, dazu EWiR 1986, 5 *(Köndgen)*.
833) So insbesondere *Habersack/Schürnbrand*, in: Festschrift Canaris, Bd. I, 2007, S. 365. Für „nicht unwahrscheinlich" halten dies auch *Louven/Böckmann*, ZIP 2004, 445, 448, unter dem Gesichtspunkt der „Beherrschung des Risikos" durch den Veräußerer bzw. die Investmentbank; bejahend für die Prospekthaftung: BGH NJW 2002, 1711, 1712; *Seibel/Graf von Westphalen*, BB 1998, 169, 173.
834) Hierzu allgemein *Graf von Westphalen*, Vertragsrecht und AGB-Klauselwerke, „Freizeichnungsklauseln bei leichter Fahrlässigkeit", Rn. 95.
835) Allgemeine Geschäftsbedingung im Einzelfall: *Louven/Böckmann*, ZIP 2004, 445, 450; zur Abgrenzung allgemein: BGH NJW 1996, 2574, 2575; LG Köln ZIP 1997, 1328.

liche Regeln festlegt und ein Verstoß Konsequenzen, nämlich den Ausschluss aus dem Verfahren, nach sich ziehen soll. Der entsprechende Vorbehalt, diese Regeln jederzeit zu ändern, stellt im Ergebnis einen (verbindlichen) Haftungsausschluss zu Gunsten des Veräußerers dar.

Qualifiziert man den Vorbehalt als allgemeine Geschäftsbedingung, liegt es nahe, eine unangemessene Benachteiligung der Bieter i. S. d. § 307 Abs. 2 BGB nur für die Fälle zu bejahen, in denen sich der Veräußerer durch sein Verhalten im Auktionsverfahren nach den Grundsätzen der c. i. c. schadensersatzpflichtig machen würde (siehe oben). Konsequenterweise wäre dann allerdings der gesamte Vorbehalt, das Verfahren jederzeit ändern zu dürfen, unwirksam (Verbot der geltungserhaltenden Reduktion!). 1345

Der Änderungsvorbehalt ist dahingehend zu qualifizieren, dass Änderungen nur vorgenommen werden dürfen soweit ein entsprechender sachlicher Grund vorliegt. Mit dieser Qualifizierung sollte der Änderungsvorbehalt die Inhaltskontrolle passieren.[836] 1346

XIV. Zusammenschlusskontrolle/Wettbewerbsrechtliche Aspekte

1. Einleitung

Die kartellrechtliche Zusammenschlusskontrolle ist ein Bereich für sich. Hier können nur die Verfahren vor dem Bundeskartellamt und der Kommission kurz dargestellt werden. Zusammenschlüsse lösen oft fusionskontrollrechtliche Anmeldepflichten in zahlreichen weiteren Ländern aus, die dann zu einer parallelen Prüfung durch mehrere Behörden führen. 1347

a) Sinn und Zweck

Das Ziel der kartellrechtlichen Zusammenschlusskontrolle ist, eine übermäßige Unternehmenskonzentration zu verhindern. Es sollen ausgewogene Marktstrukturen gesichert werden, durch welche einseitige, nicht mehr leistungsbedingte Verhaltensspielräume der Unternehmen im Interesse des umfassenden Schutzes der Handlungsfreiheit anderer Unternehmen verhindert werden. Der Wettbewerb kann insbesondere durch Unternehmenskonzentrationen, welche zu Oligopolen oder gar Monopolen führen beeinträchtigt werden. 1348

Da die kartellrechtliche Zusammenschlusskontrolle die Veränderung von Marktstrukturen infolge von Zusammenschlüssen prüft, wird von ihr das Wachstum eines Unternehmens aus eigener Kraft nicht erfasst. Daher bestehen weder im deutschen noch im europäischen Recht Entflechtungsmaßnahmen für durch internes Wachstum entstandene Unternehmen. 1349

---

836) So auch *Habersack/Schürnbrand*, in: Festschrift Canaris, Bd. I, 2007, S. 368.

b) Implikationen für die Transaktionsplanung

1350 Fristen in der kartellrechtlichen Zusammenschlusskontrolle spielen bei der Transaktionsplanung eine wichtige Rolle. Die kartellrechtliche Genehmigung ist in der Regel die letzte ernsthafte Hürde für den Vollzug eines Zusammenschlusses. Die Mehrzahl der Transaktionen wird in der ersten Phase des Zusammenschlusskontrollverfahrens freigegeben, welche nach europäischem Recht 25 Arbeitstage und nach deutschem Recht einen Monat dauert. Bei komplexen Transaktionen erfolgt die Prüfung des Zusammenschlusses in der Hauptprüfungsphase, die nach europäischem Recht 90 Arbeitstage und nach deutschem Recht drei Monate dauert. Darüber hinaus besteht die Möglichkeit einer Fristverlängerung, etwa im Falle eines Auskunftsverlangens oder auf Basis einer einvernehmlichen Vereinbarung. Hinzu kommen oft informelle Gespräche mit der Behörde bevor die Anmeldung eingereicht werden kann. In Fusionskontrollverfahren der EU sind solche Gespräche die Regel und dauern ein bis drei Monate, und in komplexen Fällen auch länger. In Verfahren des Bundeskartellamts bleiben solche Vorgespräche auf besonders komplexe Fälle beschränkt.

1351 Vor diesem Hintergrund ist es erforderlich, die Komplexität der Transaktion sowie die fusionskontrollrechtlichen Implikationen bei der Transaktionsplanung frühzeitig in Erwägung zu ziehen. Denn von ihr hängen die relevanten Klauseln in den Verträgen ab (aufschiebende Bedingung, Risikoverteilung und Mitwirkungspflichten der Parteien).

2. Relevante Behörden und Jurisdiktionen

1352 Im deutschen Recht gibt es die Fusionskontrollvorschriften seit 1973, im europäischen Recht die Fusionskontrollverordnung seit 1990. Beide Rechtsordnungen sind bei Unternehmenszusammenschlüssen zu beachten, stehen aber in einem Verhältnis der gegenseitigen Ausschließlichkeit zueinander. Die Anwendung des einschlägigen Rechts richtet sich nach den jeweiligen Umsatzschwellenwerten. Bei unionsweiter Bedeutung des Zusammenschlusses ist die Europäische Kommission ausschließlich zuständig. Liegt eine solche unionsweite Bedeutung nicht vor, greift – sofern die nationalen Umsatzschwellenwerte überschritten sind – die kartellrechtliche Zusammenschlusskontrolle durch das deutsche Bundeskartellamt.

1353 In der Praxis steht zunächst die Frage im Vordergrund, ob ein Zusammenschluss überhaupt bei einer Kartellbehörde anzumelden ist. Da das europäische Fusionskontrollrecht alle anderen nationalen Fusionskontrollregelungen in der EU verdrängt, sind die Kriterien der europäischen Zusammenschlusskontrolle stets als Erstes zu prüfen. Werden die Umsatzschwellenwerte der europäischen Zusammenschlusskontrolle erreicht, ist eine Anmeldung bei der Europäischen Kommission erforderlich. Werden diese Umsatzschwellenwerte nicht erfüllt, sind die deutschen (und ggfs. andere nationale) Umsatzschwellenwerte zu prüfen.

Fusionskontrollregelungen von Drittstaaten außerhalb der EU sind mangels 1354
eines Exklusivitätsverhältnisses stets parallel sowohl zum europäischen wie
zum deutschen Recht zu berücksichtigen.

So ist mit Inkrafttreten des Abkommens über den Europäischen Wirtschafts- 1355
raum (EWR-Abkommen) zwischen der Europäischen Gemeinschaft, ihren
Mitgliedstaaten sowie heute nur noch Island, Liechtenstein und Norwegen
am 1.1.1994,[837] ein System geschaffen worden, das u. a. auch ein einheitliches
Kartellrecht sicherstellen soll (Art. 1 Abs. 2 lit. e EWR-Abkommen).[838]

Für den EWR wurden materiell die EU-Fusionskontrollregeln übernommen, 1356
deren Grundprinzipien, anders als im EU-Vertrag in Art. 57 im EWR-Abkommen selbst enthalten sind. Durch den Beitritt von Österreich, Finnland
und Schweden zur Europäischen Gemeinschaft zum 1.1.1995 hat die Zusammenschlusskontrolle des EWR-Kartellrechts allerdings ihre schon vorher geringe Bedeutung weitgehend verloren. Auf eine Darstellung der komplizierten
Zuständigkeitsverteilung wird daher verzichtet.

Auch innerdeutsche Erwerbe können ausländischen Kartellrechten unterliegen. 1357
Gerade der Erwerb größerer und international tätiger Unternehmen ist oft in
mehreren Staaten parallel fusionskontrollpflichtig. Zehn oder mehr Verfahren
für einen Erwerb sind keine Seltenheit.

Neben den traditionell aktiven Behörden in Amerika (USA, Kanada, Brasilien) 1358
und Europa wird für die Praxis Asien immer wichtiger. So haben in den vergangenen Jahren Japan, Südkorea, China, Indien und zahlreiche weitere Staaten
auch Auslandszusammenschlüsse der Zusammenschlusskontrolle unterworfen.

Der Umgang mit dem Thema internationale Zusammenschlusskontrolle er- 1359
fordert Fingerspitzengefühl. Einerseits drohen bei der Verletzung von Anmeldepflichten und Vollzugsverboten oft empfindliche Strafen, die mehr oder weniger konsistent verhängt werden. Andererseits gibt es zwischen verschiedenen
Behörden ganz erhebliche Unterschiede, im Verfahren und bei Fragen des materiellen Rechts. Viele Behörden nehmen für sich in Anspruch, dass eine internationale Transaktion vollständig auf Eis zu liegen hat, bis sie ihr zustimmen.
Mit der Anmeldung legen die Parteien daher die Zeitplanung oft in die Hände
der langsamsten Behörde, selbst wenn die Transaktion kaum einen Bezug zu
dem betreffenden Markt hat.

Die zunehmende internationale Vernetzung der Behörden ist daher zu begrü- 1360
ßen. Der Austausch von Erfahrungen und Standards zwischen Behörden führt
zu einer gewissen Konvergenz, die zu effizienteren Verfahren beiträgt, gerade
wenn mehrere Behörden denselben Zusammenschluss prüfen. Doch dieser Prozess steht erst am Anfang.[839]

---

837) ABl Nr. L 1 v. 3.1.1994, S. 606.
838) ABl Nr. L 1 v. 3.1.1994, S. 1 ff.
839) Vgl. http://www.internationalcompetitionnetwork.org/working-groups/current/merger.aspx.

3. EU-Zusammenschlusskontrolle[840]

1361 Den Kernbereich der EU-Zusammenschlusskontrolle regelt die Verordnung Nr. 139/2004, im Folgenden FKVO genannt.[841]

1362 Die Verordnung Nr. 139/2004 hat die bis dahin geltende Verordnung Nr. 4064/89 vom 21.12.1989, geändert durch die Verordnung Nr. 1310/97 des Rates vom 30.6.1997, abgelöst. Sie hat im Wesentlichen eine Modifikation des materiellen Untersagungskriteriums sowie einige verfahrensrechtlichen Änderungen gebracht.

1363 Neben der FKVO hat die Kommission eine „konsolidierte Mitteilung zu Zuständigkeitsfragen" erlassen, die frühere Bekanntmachungen zum Begriff des Zusammenschlusses, zum Begriff der beteiligten Unternehmen, zur Berechnung des Umsatzes, zum Begriff und zur Beurteilung von Vollfunktionsgemeinschaftsunternehmen ablöst. Weiterhin gibt es Leitlinien für die materielle Bewertung horizontaler und vertikaler/konglomerater Zusammenschlüsse.[842]

a) Zusammenschlusstatbestand

1364 Ein **Zusammenschluss** im Sinne der FKVO liegt vor, wenn zwei oder mehr bisher voneinander unabhängige Unternehmen fusionieren oder wenn ein oder mehrere Unternehmen durch den Erwerb von Anteilsrechten oder Vermögenswerten, durch Vertrag oder in sonstiger Weise die Kontrolle über Teile eines oder mehrerer anderer Unternehmen erwerben (Art. 3 Abs. 1 FKVO). Kooperative Gemeinschaftsunternehmen ohne Vollfunktion fallen nicht unter den Zusammenschlussbegriff der FKVO. Nur sog. Vollfunktionsgemeinschaftsunternehmen werden als Zusammenschluss behandelt (Art. 3 Abs. 4 FKVO).[843]

b) Unionsweite Bedeutung

1365 Der FKVO unterliegen alle Zusammenschlüsse von unionsweiter Bedeutung. **Unionsweite Bedeutung** liegt unter den folgenden beiden kumulativen Voraussetzungen vor (Art. 1 Abs. 2 FKVO):

---

840) *Drauz/Jones*, EU Competition Law, Mergers and Acquisitions, Bd. 2, 2. Aufl., 2011; *Immenga/Mestmäcker*, Kommentar zum europäischen Kartellrecht, 5. Aufl., 2012; *Wiedemann*, Handbuch des Kartellrechts, 3. Aufl., 2015; *Bechtold/Bosch/Brinker/Hirsbrunner*, EU-Kartellrecht, 3. Aufl., 2014; *Langen/Bunte*, Kommentar zum deutschen und europäischen Kartellrecht, Bd. 2, 12. Aufl., 2014; *Faull/Nikpay*, The EU Law of Competition, 3. Aufl., 2014; *Lindsay/Berridge*, The EU Merger Regulation: Substantive Issues, 4. Aufl., 2012; *Hawk/Huser*, European Community Merger Control: A Practitioners Guide, 1996; *Levy*, European merger control law: a guide to the merger regulation, 10. Aufl., 2013; *Cook/Kerse*, EC Merger Control, 5. Aufl., 2009.
841) ABl Nr. L 24 v. 29.1.2004, S. 1–22.
842) Sämtliche Bekanntmachungen sind auf der Internetseite der Kommission unter http://ec.europa.eu/competition/mergers/legislation/legislation.html zu finden.
843) Zum Begriff des Vollfunktionsgemeinschaftsunternehmens vgl. die konsolidierte Mitteilung der Kommission zu Zuständigkeitsfragen (http://ec.europa.eu/competition/mergers/legislation/legislation.html).

- alle am Zusammenschluss beteiligten Unternehmen erzielten zusammen weltweit Umsatzerlöse von mehr als 5 Mrd. €,
- zwei Beteiligte erzielten allein mindestens je 250 Mio. € Umsatzerlöse innerhalb der EU.

Weiterhin liegt unionsweite Bedeutung vor, 1366

- wenn alle Beteiligten weltweit mehr als 2,5 Mrd. € Umsatzerlöse erzielten,
- zwei der beteiligten Unternehmen in der EU Umsatzerlöse von jeweils mehr als 100 Mio. € erzielten,
- die beteiligten Unternehmen in mindestens drei Mitgliedstaaten der EU zusammen jeweils mehr als 100 Mio. € Umsatzerlöse erzielten und
- in wenigstens drei Mitgliedstaaten, in denen diese Anforderung erfüllt ist, mindestens zwei der beteiligten Unternehmen Umsatzerlöse von mehr als 25 Mio. € erzielten.

Auch diese vier Bedingungen müssen kumulativ erfüllt sein.

In beiden Fällen hat der die Schwellenwerte überschreitende Zusammenschluss 1367
jedoch ausnahmsweise keine unionsweite Bedeutung, wenn die beteiligten Unternehmen jeweils zwei Drittel ihres unionsweiten Umsatzes in ein und demselben Mitgliedstaat erzielen.

Im Verhältnis zu den Mitgliedstaaten ist die EU-Kommission bei Vorliegen 1368
eines Zusammenschlusses von unionsweiter Bedeutung **ausschließlich** zuständig (Art. 21 Abs. 2, 3 FKVO). Liegen die Anmeldevoraussetzungen der FKVO vor, kommt die nationale Zusammenschlusskontrolle nicht mehr zur Anwendung. Die Kommission kann jedoch auf Antrag eines Mitgliedstaates einen bei ihr angemeldeten Zusammenschluss an diesen verweisen (Art. 9 FKVO). Auch die Parteien können vor Einreichung einer Anmeldung beantragen, dass die Transaktion statt bei der Kommission bei einem Mitgliedstaat angemeldet werden kann, obwohl die EU-Umsatzschwellen erfüllt sind (Art. 4 Abs. 4 FKVO). Eine Verweisung an einen Mitgliedstaat setzt voraus, dass der Zusammenschluss geeignet ist, den Wettbewerb auf einem geographisch gesonderten Markt erheblich zu beeinträchtigen und dieser Markt nicht über das Gebiet des betroffenen Mitgliedstaates hinausreicht.

Wenn ein Zusammenschluss keine unionsweite Bedeutung hat, scheidet eine 1369
Anmeldung bei der Kommission grundsätzlich aus. Die Parteien können jedoch beantragen, dass die Kommission den Fall übernimmt, wenn dieser andernfalls in mindestens drei Mitgliedstaaten angemeldet werden müsste (Art. 4 Abs. 5 FKVO).

Auch auf Antrag eines oder mehrerer Mitgliedstaaten ist eine Verweisung an 1370
die Kommission grundsätzlich möglich (Art. 22 FKVO). Ein solcher Antrag setzt nicht voraus, dass der Zusammenschluss die in dem betreffenden Mit-

gliedstaat geltenden Aufgreifschwellen der nationalen Zusammenschlusskontrolle erfüllt. Über Art. 22 FKVO kann die Kommission damit im Extremfall auch Zusammenschlüsse prüfen, die zunächst fusionskontrollfrei waren, da sie in keinem Staat die Aufgreifschwellen erfüllen.

c) **Untersagungsvoraussetzungen**

1371 Während früher Zusammenschlüsse zu untersagen waren, die eine beherrschende Stellung begründen oder verstärken **und** durch die wirksamer Wettbewerb im gemeinsamen Markt oder in einem wesentlichen Teil desselben erheblich behindert würde, sind nach der FKVO heute Zusammenschlüsse für unvereinbar mit dem Gemeinsamen Markt zu erklären, wenn durch sie wirksamer Wettbewerb erheblich behindert würde, **insbesondere** durch Begründung oder Verstärkung einer beherrschenden Stellung (Art. 2 Abs. 3 FKVO). Die Begründung oder Verstärkung einer beherrschenden Stellung ist damit für eine Untersagung nicht mehr zwingend erforderlich. Sinn der Einführung dieses sog. SIEC-Tests (Significant Impediment of Effective Competition) war es, die Verschlechterung der Wettbewerbsbedingungen auf oligopolistischen Märkten zu erfassen, bei denen keine Koordinierung vorliegt oder nachgewiesen werden kann. Abgesehen von solchen Sonderkonstellationen hat das neue Untersagungskriterium die Praxis kaum verändert.[844]

1372 Die Entstehung oder Verstärkung einer marktbeherrschenden Stellung ist weiterhin der wichtigste Anwendungsfall der erheblichen Behinderung von effektivem Wettbewerb. Nach den Erwägungsgründen der FKVO liegt Vereinbarkeit mit dem Gemeinsamen Markt jedenfalls dann vor, wenn der Marktanteil der beteiligten Unternehmen im Gemeinsamen Markt oder in einem wesentlichen Teil desselben 25 % nicht überschreitet (Nr. 32 der Erwägungsgründe der FKVO).

d) **Verfahren**

1373 Zusammenschlüsse von unionsweiter Bedeutung sind nach Art. 4 Abs. 1 FKVO nach Abschluss des Vertrages, der Veröffentlichung des Kauf- oder Tauschangebotes oder des Erwerbs einer die Kontrolle begründenden Beteiligung bei der EU-Kommission anzumelden. Die Anmeldung ist möglich, sobald die beteiligten Unternehmen der Kommission gegenüber glaubhaft machen, dass sie gewillt sind, einen Vertrag zu schließen, oder im Fall eines Übernahmeangebots öffentlich ihre Absicht zur Abgabe eines solchen Angebots bekundet haben.

1374 Der **Vollzug** des Zusammenschlussvorhabens muss grundsätzlich solange ausgesetzt bleiben, bis der Zusammenschluss genehmigt worden ist. Eine Be-

---

844) Siehe jedoch Kommission, Case No. M.3916 – T-Mobile Austria/ tele-ring (26.4.2006); Case No. M.5047 – REWE/ADEU (23.6.2008); Case No. 5355 – BASF/Ciba (12.3.2009); Case No. M.6570 – UPS/TNT (30.1.2013).

freiung von der Pflicht zur Aussetzung des Vollzuges ist möglich. Bei der Prüfung eines Befreiungsantrages hat die Kommission die Auswirkungen des Aufschubs des Vollzugs auf einen oder mehrere am Zusammenschluss beteiligte Unternehmen oder Dritte sowie eine mögliche Gefährdung des Wettbewerbs durch den Zusammenschluss zu berücksichtigen (Art. 7 Abs. 3 FKVO).

Ab dem Zeitpunkt der Anmeldung verfügt die Kommission in der Regel über 25 Arbeitstage, um zu entscheiden, ob der Zusammenschluss unter die Verordnung fällt und ob er Anlass zu ernsthaften Bedenken hinsichtlich seiner Vereinbarkeit mit dem Gemeinsamen Markt gibt. Nur wenn solche Bedenken bestehen, leitet sie die zweite Prüfungsphase ein, in deren Verlauf sie eine vertiefte Untersuchung des Zusammenschlusses durchführt. Spätestens 90 Arbeitstage nach der Einleitung der zweiten Prüfungsphase hat sie über die Genehmigung oder Untersagung des Zusammenschlusses zu entscheiden. Diese Frist wird allerdings in der Praxis gerade in komplexen Fällen häufig verlängert, entweder auf Antrag der Parteien oder durch umfassende Auskunftsersuchen, während deren Beantwortung die Frist nicht weiterläuft. Stellt die EU-Kommission fest, dass durch einen Zusammenschluss wirksamer Wettbewerb erheblich behindert wird, da z. B. eine beherrschende Stellung im Gemeinsamen Markt oder einem wesentlichen Teil desselben begründet oder verstärkt wird, erklärt sie den Zusammenschluss durch Entscheidung für mit dem Gemeinsamen Markt nicht vereinbar. Statt einer Untersagung kann die Kommission auch eine Genehmigung unter Bedingungen und Auflagen aussprechen, wenn diese die Wettbewerbsbehinderung ausräumen. Bestehen nach gründlicher Prüfung keine Bedenken mehr, erklärt die Kommission den Zusammenschluss für mit dem Gemeinsamen Markt vereinbar (Art. 6 Abs. 2 bzw. Art. 8 Abs. 2 FKVO).

4. Deutsche Zusammenschlusskontrolle[845]

Auch das Bundeskartellamt kontrolliert Zusammenschlüsse mit dem Ziel, die Behinderung des wirksamen Wettbewerbs, insbesondere durch die Entstehung oder Verstärkung marktbeherrschender Stellungen zu verhindern. Die Regelungen des GWB zur Zusammenschlusskontrolle greifen allerdings nur ein, wenn die am Zusammenschluss beteiligten Unternehmen im letzten abgeschlossenen Geschäftsjahr gemeinsam weltweit insgesamt Umsatzerlöse von mehr als 500 Mio. € erzielt haben (§ 35 Abs. 1 Nr. 1 GWB) und mindestens

1375

---

845) *Töllner/Ost/Barth*, Kartellrechtspraxis und Kartellrechtsprechung 2006-2008, 22. Aufl., 2009; *Wiedemann*, Handbuch des Kartellrechts, 3. Aufl., 2015; *Langen/Bunte*, Kommentar zum deutschen und europäischen Kartellrecht, Bd. 1, 12. Aufl., 2014; *Bechtold*, Kartellgesetz – Gesetz gegen Wettbewerbsbeschränkungen, 7. Aufl., 2013; *Müller-Henneberg/Schwartz/Hootz*, Gesetz gegen Wettbewerbsbeschränkungen und Europäisches Kartellrecht, Gemeinschaftskommentar, 5. Aufl., 2006, 2. Lfg. (§§ 35–43 GWB); Merkblatt des Bundeskartellamts zur deutschen Fusionskontrolle von Juni 2005 (wird derzeit überarbeitet); Merkblatt des Bundeskartellamts zu Inlandsauswirkungen in der Fusionskontrolle von September 2014; Leitfaden zur Marktbeherrschung in der Fusionskontrolle von März 2012; alle Merkblätter erhältlich im Internet unter der Adresse: http://www.bundeskartellamt.de/DE/Fusionskontrolle/Materialien/materialien_node.html;jsessionid=E3B3A6031EB738B48751E8A0BA9461AF.1_cid362.

ein beteiligtes Unternehmen im Inland Umsatzerlöse von mehr als 25 Mio. € erzielt hat. Seit dem 25.3.2009 ist zusätzlich erforderlich, dass ein weiteres Unternehmen im Inland Umsatzerlöse von mehr als 5 Mio. € erzielt hat (§ 35 Abs. 1 Nr. 2 GWB). Mit dieser zweiten Inlandsumsatzschwelle hat sich das GWB der global vorherrschenden Praxis angepasst, Zusammenschlüsse nur in den Ländern der Kontrolle zu unterwerfen, in denen mindestens zwei beteiligte Unternehmen tätig sind.

a) Zusammenschlusstatbestände

1376 Ein Zusammenschluss liegt nach § 37 Abs. 1 Nr. 1–4 GWB in folgenden Fällen vor:

- beim Erwerb des Vermögens eines anderen Unternehmens ganz oder zu einem wesentlichen Teil;

- beim Erwerb der unmittelbaren oder mittelbaren Kontrolle durch ein oder mehrere Unternehmen über die Gesamtheit oder Teile eines oder mehrerer anderer Unternehmen. Die Kontrolle wird durch Rechte, Verträge oder andere Mittel begründet, die einzeln oder zusammen unter Berücksichtigung aller tatsächlichen und rechtlichen Umstände die Möglichkeit gewähren, einen bestimmenden Einfluss auf die Tätigkeit eines Unternehmens auszuüben, insbesondere durch:

    – Eigentums- und Nutzungsrechte an einer Gesamtheit oder an Teilen des Vermögens des Unternehmens,

    – Rechte oder Verträge, die einen bestimmenden Einfluss auf die Zusammensetzung, die Beratungen oder Beschlüsse der Organe des Unternehmens gewähren;

- beim Erwerb von Anteilen an einem anderen Unternehmen, wenn die Anteile allein oder zusammen mit sonstigen, dem Unternehmen bereits gehörenden Anteilen 50 % oder 25 % des Kapitals oder der Stimmrechte des anderen Unternehmens erreichen oder übersteigen;

- bei jeder sonstigen Verbindung von Unternehmen, aufgrund deren ein oder mehrere Unternehmen unmittelbar oder mittelbar einen wettbewerblich erheblichen Einfluss auf ein anderes Unternehmen ausüben können.

1377 **Zusammenschluss durch Vermögenserwerb** ist der Erwerb des Vermögens eines anderen Unternehmens ganz oder zu einem wesentlichen Teil. „Wesentlich" erfordert nicht etwa einen Mindestanteil am Gesamtvermögen. Wesentlich ist vielmehr „jede betriebliche Teileinheit, die im Rahmen der gesamten nach außen gerichteten wirtschaftlichen Tätigkeit des Veräußerers unabhängig von dessen Größe qualitativ eine eigene Bedeutung hat".[846]

---

846) BGH DB 1980, 583 = NJW 1980, 1389 – Zementmahlanlage II.

Auch beim Erwerb wesentlicher Einzelwirtschaftsgüter, z. B. beim Erwerb lediglich einer Marke, liegt ein entsprechender Vermögenserwerb vor, wenn die Marke tragende Grundlage einer bestehenden Unternehmensstellung auf dem relevanten Markt und demgemäß geeignet ist, diese Marktstellung auf den Erwerber zu übertragen und dadurch die Stellung des Erwerbers auf dem relevanten Markt spürbar zu stärken.[847) **1378**

Ein bloßer Lizenzvertrag führt nicht zum Vermögenserwerb, weil er kein Vollrecht vermittelt. Er kann allerdings zum Kontrollerwerb nach Nr. 2 lit. a führen. Auch hier gilt – obwohl nicht explizit genannt – derselbe Maßstab wie in Nr. 1, d. h. die Lizenz muss tragende Grundlage einer bestehenden Marktstellung sein, welche durch den Vertrag auf den Lizenznehmer übertragen wird.[848) **1379**

Der Zusammenschlusstatbestand des **Kontrollerwerbs** in § 37 Abs. 1 Nr. 2 GWB entspricht dem im europäischen Fusionskontrollrecht maßgeblichen Zusammenschlussbegriff. Kontrolle ist die rechtliche oder faktische Möglichkeit, (mit-)bestimmenden Einfluss auf ein Unternehmen auszuüben. Sie ist in der Regel gegeben, wenn der Erwerber strategische Entscheidungen der Geschäftspolitik oder die Besetzung der Geschäftsorgane des zu erwerbenden Unternehmens bestimmen oder zumindest verhindern kann. Dies wird in der Regel bei einer Beteiligung oder Stimmrechten von 50 % oder mehr der Fall sein. Kontrolle ist aber auch unterhalb dieser Schwelle denkbar, z. B. bei Erwerb einer gesicherten Hauptversammlungsmehrheit oder bei Stimmbindungsverträgen zwischen verschiedenen Inhabern von Stimmrechten, die zusammen eine Mehrheit haben.[849) **1380**

Die Kontrolle kann durch ein oder mehrere Unternehmen erworben werden (Alleinkontrolle/gemeinsame Kontrolle). Gemeinsame Kontrolle liegt dann vor, wenn verschiedene Unternehmen aufgrund gemeinsamer Unternehmenspolitik bzw. im wesentlichen gleichgerichteter Interessen die eigenen Wettbewerbsinteressen im Verhältnis zueinander und gegenüber dem abhängigen Unternehmen abstimmen und durchsetzen können.[850) **1381**

Nach der Definition der EU-Kommission liegt gemeinsame Kontrolle vor, wenn die Muttergesellschaften alle wichtigen Entscheidungen in Bezug auf das Gemeinschaftsunternehmen gemeinsam treffen müssen.[851) **1382**

Zusammenschluss durch **Anteilserwerb**: Auch unterhalb der Kontrollschwelle ist ein Anteilserwerb ein Zusammenschluss gem. § 37 Abs. 1 Nr. 3 GWB, **1383**

---

847) BGH ZIP 1992, 1413 = BB 1992, 2020 = WM 1992, 1867 (Warenzeichenerwerb), dazu EWiR 1992, 1099 *(Paschke)*.
848) BGHZ 170, 130 = WM 2007, 846 = NJW 2007, 1820 – National Geographic I.
849) Konsolidierte Mitteilung der Kommission zu Zuständigkeitsfragen gemäß FKVO (2009), Tz. 54 – 59, siehe auch Entscheidung der EU-Kommission, Mediobanca/Generali, Case No. IV/M.159 (19.12.1991) Tz. 6 – 11.
850) Merkblatt des Bundeskartellamts zur deutschen Fusionskontrolle von Juli 2005.
851) Vgl. auch konsolidierte Mitteilung der Kommission zu Zuständigkeitsfragen gemäß FKVO (2009), Tz. 63.

wenn der Erwerber 25 % bzw. 50 % der Stimmen oder des Kapitals des Unternehmens erwirbt. Erwirbt also z. B. ein mit 45 % an einer AG beteiligtes Unternehmen weitere 5 %, so ist dies ein (weiterer) Zusammenschluss. In der Regel führt der Erwerb von 50 % der Stimmen oder des Kapitals auch zur Kontrolle, so dass gleichzeitig § 37 Abs. 1 Nr. 2 GWB einschlägig ist.

1384 Zum Verhältnis der einzelnen Zusammenschlusstatbestände zueinander und zur Abgrenzung vom EU-Recht vgl. die Literaturmeinung.[852]

1385 Nach deutschem Recht ist ein Zusammenschlusstatbestand auch dann gegeben, wenn der erwerbende Gesellschafter unterhalb der 25 %-Schwelle die Möglichkeit erwirbt, einen **wettbewerblich erheblichen Einfluss** auszuüben. Dies kommt z. B. vor, wenn dem Gesellschafter, ohne dass er 25 % des Kapitals oder der Stimmen erwirbt und ohne dass er (auch nicht gemeinsam) Kontrolle ausüben kann, die Rechtsstellung eines Aktionärs mit 25 % des stimmberechtigten Kapitals eingeräumt ist. Auch andere sog. „Plus-Faktoren" wie z. B. die Stellung als größter Einzelaktionär, überlegene Markt- und Branchenkenntnis und die Möglichkeit zur jederzeitigen Entsendung eines Mandatsträgers, können selbst bei einer geringen Beteiligung unterhalb von 15 % einen wettbewerblich erheblichen Einfluss vermitteln.[853] Der Einfluss muss allerdings gesellschaftsrechtlich (und nicht z. B. ausschließlich schuldrechtlich oder wirtschaftlich) vermittelt sein.[854]

1386 Mit den Zusammenschlusstatbeständen Anteilserwerb und Erwerb wettbewerblich erheblichen Einflusses unterwirft der deutsche Gesetzgeber auch den Erwerb von Einfluss weit unterhalb der Kontrollschwelle der Zusammenschlusskontrolle. Im europäischen wie im globalen Vergleich gehören die Zusammenschlusstatbestände des GWB damit zu den strengsten überhaupt.

1387 Konzerninterne Umstrukturierungen sind nicht anmeldepflichtig.[855]

b) Kontrollpflicht

1388 Vor Inkrafttreten der 6. GWB-Novelle unterschied das GWB zwischen anmeldepflichtigen Zusammenschlussvorhaben, die vor Vollzug beim Bundeskartellamt anzumelden waren, und anzeigepflichtigen Zusammenschlüssen, die nach Vollzug angezeigt werden konnten. Seit dem 1.1.1999 gibt es in Deutschland nur noch eine **präventive Zusammenschlusskontrolle**. Durch die Anmeldung entfällt allerdings die Verpflichtung zur späteren Anzeige des

---

852) Langen/Bunte/*Kallfaß*, Kommentar zum deutschen und europäischen Kartellrecht, Bd. 1, § 37 GWB Rn. 1 ff. m. w. N., Rn. 6; *Kahlenberg*, BB 1998, 1593, 1598; *Schroeder/Edeler*, ZWeR 4/08, 364, 371.
853) Vgl. etwa OLG Düsseldorf WuW/E DE-R 2462 – A-TEC/Norddeutsche Affinerie.
854) Vgl. Begründung zum Regierungsentwurf v. 29.1.1998, BT-Drucks. 13/9720, abgedruckt im WuW-Sonderheft zum GWB, S. 57, 63, 100; BGH WuW/E DE-R 607 = NJW-RR 2001, 762 = WM 2001, 585 (Minderheitsbeteiligung im Zeitschriftenhandel).
855) BGH WuW/E 2276, 2282 – Süddeutscher Verlag/Donau-Kurier; OLG Düsseldorf WuW/EDE-R 1501 – G+J/RBA.

Vollzugs des angemeldeten Zusammenschlussvorhabens nicht (§ 39 Abs. 6 GWB). Ist die präventive Anmeldung eines fusionskontrollpflichtigen Zusammenschlusses unterblieben, so prüft das Bundeskartellamt nach neuester Praxis nicht mehr im fristgebundenen Fusionskontroll-, sondern im nicht fristgebundenen, Entflechtungsverfahren, ob die Untersagungsvoraussetzungen vorliegen. Eine nachträgliche fusionskontrollrechtliche Freigabe soll nicht mehr erfolgen. Den Unternehmen bleibt damit bei einem Verstoß gegen die Anmeldepflicht wohl nur noch die Neuvornahme, um die zivilrechtliche Unwirksamkeit eines solchen Unternehmenskaufs zu heilen.

Ob ein Zusammenschluss fusionskontrollpflichtig ist, hängt vor allem vom Umsatz der beteiligten Unternehmen im letzten Geschäftsjahr vor dem Zusammenschluss ab. 1389

Eine Anmeldepflicht besteht, wenn: 1390

- die am Zusammenschluss beteiligten Unternehmen weltweit insgesamt Umsatzerlöse von mehr als 500 Mio. € erzielt haben,

- mindestens ein beteiligtes Unternehmen in Deutschland Umsatzerlöse von mehr als 25 Mio. € erzielt hat und

- ein weiteres beteiligtes Unternehmen in Deutschland Umsatzerlöse von über 5 Mio. € erzielt hat.

Eine Anmeldepflicht besteht nach § 35 Abs. 2 GWB nicht, 1391

- wenn sich ein Unternehmen, das nicht i. S. d. § 36 Abs. 2 GWB von einem anderen Unternehmen abhängig ist und im letzten Geschäftsjahr weltweit Umsatzerlöse von weniger als 10 Mio. € erzielt hat, mit einem anderen Unternehmen zusammenschließt,

oder

- für Zusammenschlüsse durch die Zusammenlegung öffentlicher Einrichtungen und Betriebe, die mit einer kommunalen Gebietsreform einhergehen.

Bei der Berechnung der Umsatzerlöse der beteiligten Unternehmen ist zu beachten, dass für Kreditinstitute, Versicherungsunternehmen, Verlage und Handelsunternehmen spezielle Regeln gelten (§ 38 GWB). Wie im europäischen Fusionskontrollrecht werden mehrere Erwerbsvorgänge zwischen den gleichen Unternehmen binnen zwei Jahren für Zwecke der Umsatzschwellen zusammengerechnet. Das gilt aber nur für rechtlich und wirtschaftlich getrennte Vorgänge. Gehören zwei Erwerbsvorgänge rechtlich oder wirtschaftlich zusammen, so gelten sie als einheitlicher Zusammenschluss mit der Folge, dass das Vollzugsverbot schon für den ersten Erwerbsvorgang gilt (§ 38 Abs. 5 S. 3 GWB). 1392

Am Zusammenschluss „beteiligte Unternehmen" i. S. d. § 35 GWB sind Erwerber und Zielunternehmen. Beim Erwerb gemeinsamer Beherrschung oder wenn mehrere Unternehmen mindestens eine 25 %-Beteiligung erwerben, gelten alle Erwerber als „beteiligt". In Fällen der Verschmelzung sind die Unternehmen am 1393

Zusammenschluss beteiligt, die verschmolzen werden. Beim Erwerb wettbewerblich erheblichen Einflusses sind der oder die Erwerber beteiligt sowie das Unternehmen über das der Einfluss ausgeübt werden kann. Beteiligt ist jeweils das gesamte Unternehmen, einschließlich etwaiger verbundener (beherrschender oder abhängiger) Unternehmen (§ 36 Abs. 2 GWB). Da der Veräußerer nicht „beteiligtes Unternehmen" ist, kommt es beim Anteilserwerb nur auf die Umsätze des Unternehmensteils (einschließlich mit diesem Unternehmensteil verbundener Unternehmen) an, an dem Anteile erworben werden. Dies gilt entsprechend auch für den Kontrollerwerb und den Erwerb wettbewerblich erheblichen Einflusses. Beim Vermögenserwerb sind nur die den veräußerten Vermögensgegenständen zuzuordnenden Umsätze mit einzubeziehen.[856]

1394 Durch die 8. GWB-Novelle wurde der sog. SIEC-Test (Significant Impediment of Effective Competition) eingeführt und somit das materielle Kontrollkriterium der deutschen Zusammenschlusskontrolle entsprechend dem Beispiel der europäischen Zusammenschlusskontrolle geändert. Liegt ein kontrollpflichtiger Zusammenschluss im Sinne des GWB vor, hat das Bundeskartellamt diesen zu untersagen, wenn durch den Zusammenschluss der wirksame Wettbewerb erheblich behindert würde, insbesondere wenn zu erwarten ist, dass dieser eine marktbeherrschende Stellung begründet oder verstärkt; dies gilt lediglich dann nicht, wenn die beteiligten Unternehmen nachweisen, dass durch den Zusammenschluss auch Verbesserungen der Wettbewerbsbedingungen eintreten und dass diese Verbesserungen die Behinderung des Wettbewerbs überwiegen. Die Einführung des SIEC-Tests bedeutet eine auswirkungsbasierte Analyse, die primär die Effekte eines Zusammenschlusses, nämlich das zu erwartende Marktverhalten der Fusionsparteien nach dem Zusammenschluss und das resultierende Marktergebnis im Hinblick auf Preise, Mengen, Qualität, Service und Innovation beurteilt. **Marktbeherrschung** liegt vor beim **Ausschluss wesentlichen Wettbewerbs**, d. h., wenn ein oder mehrere Unternehmen allein oder zusammen keinem wesentlichen Wettbewerb ausgesetzt sind (§ 18 Abs. 1 Nr. 2 GWB), oder bei **überragender Marktstellung** (§ 18 Abs. 1 Nr. 3 GWB).

1395 Der sachlich, räumlich und u. U. zeitlich **relevante Markt** ist nach dem sog. Bedarfsmarktkonzept abzugrenzen. Es kommt im Wesentlichen darauf an, welche Angebote die Marktgegenseite als jeweils gleichwertige Alternativen ansieht. Der räumlich relevante Markt kann weiter sein als der Geltungsbereich des Gesetzes (§ 18 Abs. 2 GWB). Umgekehrt genügt eine marktbeherrschende Stellung auf einem EU-weiten Markt, auch wenn das zusammengeschlossene Unternehmen bei deutschlandweiter Betrachtung über keine solche Stellung verfügen würde.[857]

---

856) Vgl. Merkblatt des BKartA zur deutschen Fusionskontrolle von Juli 2005, Ziffer V. 1; Loewenheim/Meessen/Riesenkampf/*Bauer*, Kartellrecht, § 35 Rn. 4; Langen/Bunte/*Kallfaß*, Kommentar zum deutschen und europäischen Kartellrecht, Bd. I, § 35 GWB Rn. 19–23.
857) BGH DE-R 1355 – Staubsaugerbeutelmarkt.

Die **Vermutungsschwellen** der Missbrauchsaufsicht § 18 Abs. 4 und 6 GWB gelten nach ständiger Praxis auch in der Zusammenschlusskontrolle. Danach wird vermutet, dass ein Unternehmen marktbeherrschend ist, wenn es einen Marktanteil von mindestens 40 % hat. Eine Gesamtheit von Unternehmen gilt als marktbeherrschend, wenn sie aus drei oder weniger Unternehmen besteht, die zusammen einen Marktanteil von 50 % erreichen (§ 18 Abs. 6 Nr. 1 GWB) oder aus fünf oder weniger Unternehmen besteht, die zusammen einen Marktanteil von zwei Dritteln erreichen (§ 18 Abs. 6 Nr. 2 GWB), sog. Oligopol-Vermutungen. Diese Oligopol-Vermutungen sind dann widerlegt, wenn die Unternehmen nachweisen, dass die Wettbewerbsbedingungen zwischen ihnen wesentlichen Wettbewerb erwarten lassen oder die Gesamtheit der Unternehmen im Verhältnis zu den übrigen Wettbewerbern keine überragende Marktstellung hat.

1396

Das Bundeskartellamt hat allerdings den tatsächlichen Sachverhalt zu ermitteln und darf sich nicht ohne Weiteres auf die Vermutungsregeln zurückziehen.[858]

1397

Ein Zusammenschluss begründet oder verstärkt keine marktbeherrschende Stellung, wenn sich die Wettbewerbsbedingungen unabhängig von ihm verschlechtern. Dies kann insbesondere der Fall sein, wenn eines der beteiligten Unternehmen ohne den Zusammenschluss nicht überleben würde, die Übernahme durch den Erwerber alternativlos ist und diesem der Marktanteil des übernommenen Unternehmens auch ohne den Zusammenschluss zufallen würde (sog. Sanierungsfusion).[859] Eine neue Regelung der Sanierungsfusion haben mit der 8. GWB-Novelle Zusammenschlüsse von marktbeherrschenden Zeitungs- oder Zeitschriftenverlagen mit kleinen oder mittleren Zeitschriftenverlagen erfahren (§ 36 Abs. 1 S. 2 Nr. 3 GWB).

1398

Durch die 8. GWB-Novelle ist die sog. Bagatellmarktklausel, die bisher in § 35 Abs. 2 Nr. 2 GWB stand, als Abs. 1 S. 2 Nr. 2 in § 36 GWB verschoben worden. Als Bagatellmarkt wird ein Markt qualifiziert, auf dem seit mindestens fünf Jahren Waren oder gewerbliche Leistungen angeboten werden und auf dem im letzten Kalenderjahr weniger als 15 Mio. € umgesetzt wurden. Geografisch ist dieser Markt bundesweit und nicht (wie im Rahmen anderer Bestimmungen des GWB) nach ökonomischen Erwägungen abzugrenzen.[860] Allerdings „bündelt" das Bundeskartellamt u. U. mehrere wirtschaftlich relevante Märkte, die einen engen Zusammenhang aufweisen mit der Folge, dass ein Zusammenschluss untersagt werden kann, wenn die Summe der Marktvolumina 15 Mio. € überschreitet. Der BGH hat diese Praxis akzeptiert.[861]

1399

---

858) Vgl. auch Langen/Bunte/*Bardong*, Kommentar zum deutschen und europäischen Kartellrecht, Bd. I, § 18 Rn. 201 ff.; zum Amtsermittlungsgrundsatz im Beschwerdeverfahren: BGHZ 51, 371; BGHZ 79, 62 = WM 1981, 228 (Strebausbauanlagen).
859) BGH WuW/E BGH 1756 – Klöckner-Becorit; BKartA DE-V 848 – Imation/EMTEC.
860) BGH WM 2007, 2343 = WRP 2008, 118 – Sulzer/Kelmix.
861) Zuletzt BGH WM 2007, 2343 = WRP 2008, 118 – Sulzer/Kelmix; BGHZ 168, 295 = WRP 2006, 1256 = WM 2006, 1969 – Deutsche Bank/KVS Sarlouis.

1400 Vorher hatte die Bagatellmarktklausel zur Folge, dass die Fusionskontrollvorschriften insgesamt nicht mehr gelten sollten, soweit ein Bagatellmarkt betroffen war. Das führte dazu, dass ein Zusammenschluss nicht anmeldepflichtig war, wenn sich dieser ausschließlich auf einem Bagatellmarkt auswirkte. Die Voraussetzungen dafür waren häufig nicht zweifelsfrei feststellbar. Nunmehr müssen auch derartige Zusammenschlüsse angemeldet werden, dürfen jedoch vom Bundeskartellamt nicht untersagt werden. Durch die Verlagerung in § 36 GWB ist somit sichergestellt, dass das Bundeskartellamt zwar keine Untersagungsbefugnis im Hinblick auf Bagatellmärkte mehr hat, aber die Geltung der Anmeldepflicht bzw. des Vollzugsverbots davon nicht abhängig wird.

c) Inlandsauswirkungen

1401 Bei Auslandzusammenschlüssen, d. h. Zusammenschlüssen von Unternehmen mit Sitz im Ausland, stellt sich häufig die Frage, ob eine Anmeldepflicht in Deutschland besteht. Nach der deutschen Rechtslage ist ein Zusammenschluss nicht schon dann anmeldepflichtig, wenn ein Zusammenschlusstatbestand verwirklicht wurde und die Umsatzschwellen erfüllt sind. Weiter erforderlich sind Inlandsauswirkungen des Zusammenschlusses (§ 130 Abs. 2 GWB). Mit der Einführung der zweiten Inlandsumsatzschwelle von 5 Mio. € ist diese Einschränkung weniger relevant geworden. Nach der Praxis des Amtes reicht es nämlich aus, wenn das Zielunternehmen im Inland Umsatzerlöse erzielt. Über Inlandsauswirkungen wird daher in der Praxis nur noch bei der Gründung von Gemeinschaftsunternehmen diskutiert.[862]

1402 Um die Anforderungen der Inlandsauswirkungsklausel besser einschätzen zu können, hat das Bundeskartellamt ein Merkblatt veröffentlicht. In diesem werden typische Fallkonstellationen beschrieben, in denen die Inlandsauswirkungen offensichtlich vorliegen oder klar ausgeschlossen werden können. Außerdem werden maßgebliche Kriterien für die notwendige Einzelfallbeurteilung von Inlandsauswirkungen in den übrigen Fällen identifiziert, die nicht in den genannten klaren Fallgruppen eingeordnet werden können.[863]

1403 Zu beachten ist außerdem, dass die Zusammenschlusskontrolle nach dem GWB durch die EU-Zusammenschlusskontrolle verdrängt wird. Liegt ein Zusammenschluss mit unionsweiter Bedeutung vor, liegt die ausschließliche Zuständigkeit zur Prüfung des Zusammenschlusses bei der Europäischen Kommission (Art. 21 Abs. 2, 3 FKVO, § 35 Abs. 3 GWB).

d) Verfahren

1404 Das Bundeskartellamt kann einen Zusammenschluss, der bei ihm angemeldet worden ist, nur untersagen, wenn es den anmeldenden Unternehmen inner-

---

862) Vgl. BKartA DE-V 1365 – Phonak/ReSound, bestätigt durch OLG Düsseldorf DE-R 2477.
863) Vgl. Merkblatt des Bundeskartellamts zu Inlandsauswirkungen in der Fusionskontrolle von September 2014.

halb einer Frist von einem Monat seit Eingang der vollständigen Anmeldung im sog. **Monatsbrief** mitteilt, dass es in die Prüfung des Zusammenschlusses (Hauptprüfungsverfahren) eingetreten ist (§ 40 Abs. 1 GWB). Im Fall der Einleitung eines Hauptprüfungsverfahrens muss die Untersagung innerhalb von vier Monaten seit Eingang der vollständigen Anmeldung erfolgen. Andernfalls gilt der Zusammenschluss als freigegeben. Diese Frist wird gehemmt, wenn das Bundeskartellamt von einem am Zusammenschluss beteiligten Unternehmen eine Auskunft erneut anfordern muss, weil das Unternehmen ein vorheriges Auskunftsverlangen aus Umständen, die von ihm zu vertreten sind, nicht rechtzeitig oder nicht vollständig beantwortet hat. Ferner verlängert sich diese Frist um einen Monat, wenn ein anmeldendes Unternehmen dem Bundeskartellamt erstmals im Hauptprüfungsverfahren Vorschläge für Bedingungen oder Auflagen unterbreitet.

Auch eine Freigabeentscheidung muss das Bundeskartellamt begründen, wenn sie im Hauptprüfungsverfahren ergeht. Die Entscheidung kann mit Bedingungen und Auflagen verbunden werden (§ 40 Abs. 3 GWB). Aus der durch die 8. GWB-Novelle angepassten Formulierung des § 40 Abs. 3 GWB lässt sich ableiten, dass auch in der deutschen Zusammenschlusskontrolle Verhaltenszusagen möglich und zulässig sind, vorausgesetzt diese führen zu einer wirksamen Beseitigung der durch den Zusammenschluss verursachten Wettbewerbsprobleme und ermöglichen eine effektive Überprüfbarkeit der Umsetzung der Nebenbestimmungen. Entscheidungen im Hauptprüfungsverfahren, ob Untersagung oder Freigabe, werden bekannt gemacht. **1405**

Dritte, z. B. Wettbewerber der Zusammenschlussbeteiligten, haben die Möglichkeit, Beschwerde gegen förmliche Freigabeentscheidungen einzulegen, soweit sie in eigenen Rechten betroffen sind und auf Antrag zu dem Verfahren beigeladen wurden (§§ 63 Abs. 2, 54 Abs. 2 Nr. 3 GWB). **1406**

Eine Untersagungsverfügung des Bundeskartellamts kann vor dem OLG Düsseldorf angefochten werden (§ 63 Abs. 4 GWB). **1407**

Einen vom Bundeskartellamt untersagten Zusammenschluss kann der Bundesminister für Wirtschaft erlauben, wenn die Wettbewerbsbeschränkung von gesamtwirtschaftlichen Vorteilen aufgewogen wird oder der Zusammenschluss durch ein überragendes Interesse der Allgemeinheit gerechtfertigt ist (§ 42 GWB „Ministererlaubnis", Edeka/Tengelmann). **1408**

5. Vollzugsverbot

Ein kontrollpflichtiger Zusammenschluss darf vor Anmeldung nicht vollzogen werden („**Vollzugsverbot**"). Im Fall der Anmeldung darf er erst vollzogen werden, wenn die Monatsfrist des § 40 Abs. 1 S. 1 GWB abgelaufen ist, ohne dass das Bundeskartellamt das Hauptprüfungsverfahren eingeleitet hat, oder die Viermonatsfrist des § 40 Abs. 2 S. 2 GWB ohne Entscheidung des Bundeskartellamts abgelaufen ist oder das Bundeskartellamt den Zusammenschluss freigegeben hat. Gegen das Vollzugsverbot verstoßende Rechtsgeschäfte **1409** sind unwirksam (§ 41 Abs. 1 S. 2 GWB) und erfüllen ggf. einen Bußgeldtatbestand (§ 81 Abs. 1 Nr. 1 GWB). Allerdings kommt es zu einer Heilung der unwirksamen Rechtsgeschäfte, wenn der nicht angemeldete Zusammenschluss nach Vollzug angezeigt und das nachfolgende Entflechtungsverfahren wegen des Nichtvorliegens von Untersagungsvoraussetzungen eingestellt, die Wettbewerbsbeschränkung infolge einer Auflösungsanordnung beseitigt oder eine Ministererlaubnis erteilt wird (§ 41 Abs. 1 S. 3 Nr. 3 GWB).

1410 Öffentliche Übernahmeangebote und der Erwerb von Anteilen über die Börse sind vom Vollzugsverbot (§ 41 Abs. 1a GWB), nicht aber von der Anmeldepflicht ausgenommen.

6. Kartellrecht in der Due Diligence

1411 In der Praxis ist vielfach eine Due Diligence im Vorfeld des Zusammenschlusses üblich. Dies kann im Ergebnis weder ein Verstoß gegen das Vollzugsverbot noch gegen das Kartellverbot darstellen, wenn die üblichen Regeln für die verschiedenen verbreiteten Formen der Due Diligence eingehalten werden. Insbesondere muss das Einsichtsrecht in die wettbewerblich relevanten Unterlagen auf das Notwendigste eingeschränkt werden. Spezifische Preisinformationen dürfen gerade nicht an Wettbewerber offengelegt werden. Ebenso wichtig ist, dass ein ausreichender Vertraulichkeitsschutz für sensible Daten gewahrt bleibt, die nicht an andere Personen weitergegeben werden dürfen. Dafür haben sich in der Praxis bestimmte Sicherungsmethoden, wie z. B. „Clean-Room"- bzw. „Clean Team"- oder „Black Box"-Vereinbarungen herausgebildet.

1412 Die Personen, die eine Due Diligence durchführen, sollten nicht in das Tagesgeschäft vom Erwerber oder Zielgesellschaft eingebunden sein. Bei besonders sensiblen Informationen besteht das „Clean-Team" aus beruflich zur Verschwiegenheit verpflichteten Anwälten oder Wirtschaftsprüfern. Diese werten die Unterlagen für die betroffenen Unternehmen aus, ohne die Detailangaben selbst weiterzugeben. Solche Prüfungen können sich u. U. in mehreren Stufen wiederholen, wobei der Kreis der potenziellen Erwerber immer weiter eingeschränkt wird.

XV. Finanzierung und Besicherung

1. Finanzierung des Käufers und der Zielgesellschaft

a) Finanzierung des Käufers

aa) Einfache Akquisitionsstruktur

1413 Der kreditfinanzierte Unternehmenskauf durch einen Private Equity Fonds (Sponsor) erfolgt durch eine Gesellschaft, die der Sponsor neu gründet oder als Vorratsgesellschaft erwirbt (NewCo). Die NewCo ist die Käuferin der Anteile an der Zielgesellschaft und schließt in dieser Eigenschaft den Unternehmenskaufvertrag ab. Als Kreditnehmerin der Akquisitionsfinanzierung nimmt die NewCo bei den Fremdkapitalgebern die Akquisitionskredite auf. Der Sponsor stattet die NewCo mit Eigenkapital und mit Fremdkapital in Form von Gesellschafterdarlehen aus. Mit dem Eigenkapital, dem Fremdkapital aus den Gesellschafterdarlehen und dem Fremdkapital aus den Akquisitionskrediten bezahlt die NewCo den Kaufpreis und die Transaktionskosten.

bb) Mehrstöckige Akquisitionsstruktur

Die NewCo ist eine direkte oder indirekte Tochtergesellschaft des Sponsors. Holdinggesellschaften zwischen dem Sponsor und der NewCo bieten allerdings die folgenden Vorteile. 1414

Eine Holdinggesellschaft kann neben der NewCo als zusätzliche Kreditnehmerin dienen und weiteres Fremdkapital aufnehmen, das die Holdinggesellschaft an die NewCo weiterreicht. Aufgrund des strukturellen Nachrangs gegenüber der Zielgesellschaft und der NewCo kommen für die Vergabe von Fremdkapital dieser Art allerdings nur spezielle Mezzaninkapitalgeber in Betracht (Rn. 1422 ff.). 1415

An den Anteilen der NewCo muss den Fremdkapitalgebern ein Pfandrecht bestellt werden (Rn. 1455). Aufgrund der §§ 135 Abs. 2, 143 Abs. 3 InsO birgt dieses Pfandrecht das Risiko, dass im Falle der Insolvenz der NewCo die im letzten Jahr vor dem Insolvenzantrag und die nach dem Insolvenzantrag auf die Akquisitionskredite geleisteten Zahlungen durch den Insolvenzverwalter angefochten werden und der Gesellschafter der NewCo als Pfandgeber auf Rückzahlung in Anspruch genommen wird. Dieses Risiko lässt sich für den Sponsor ausschließen, wenn nicht der Sponsor, sondern eine Holdinggesellschaft der Pfandgeber ist. 1416

Ist der Private Equity Fonds eine vermögensverwaltende Personengesellschaft, können direkt von dem Fonds gehaltene Anteile nicht an die Fremdkapitalgeber verpfändet werden, ohne dass der Fonds für steuerliche Zwecke gewerblich geprägt wird (siehe dazu Rn. 1752). 1417

Ausländische Holdinggesellschaften können für ausländische Sponsoren steuerliche Vorteile im Hinblick auf das Abfließen von Cash aus der NewCo in die Holdinggesellschaft und von dort hin zum Sponsor bieten. 1418

b) Finanzierung der Zielgesellschaft

Die Fremdkapitalgeber einer Akquisitionsfinanzierung wollen in der Regel (Ausnahme: Rn. 1429) nicht nur die NewCo für die Akquisition, sondern auch die Zielgesellschaft und deren Tochtergesellschaften finanzieren (Vollfinanzierung). Außerdem kann die Zielgesellschaft ihre bestehenden Fremdfinanzierungen wegen des durch den Erwerb der Anteile an der Zielgesellschaft ausgelösten Kontrollwechsels (Change of Control) in der Regel nicht fortführen. Die Akquisitionskredite enthalten daher, soweit erforderlich, 1419

Jens Linde

auch Linien für Laufzeitkredite zur Refinanzierung der Verbindlichkeiten der Zielgesellschaft und deren Tochtergesellschaften und eine revolvierende Betriebsmittellinie für die Zielgesellschaft und deren Tochtergesellschaften. Zur Ausnutzung dieser Linien treten die Zielgesellschaft und die betreffenden Tochtergesellschaften am oder nach dem Tag der Kaufpreiszahlung (Closing), an dem durch die Zahlung des Kaufpreises die Anteile an der Zielgesellschaft auf die NewCo übergehen, den Akquisitionskrediten als Darlehensnehmer bei. Der Beitritt verhindert insoweit den strukturellen Nachrang der Fremdkapitalgeber (Rn. 1500). Der Beitritt als Darlehensnehmer ist nur möglich, wenn zuvor der Beitritt als Garantiegeber erfolgt ist (Rn. 1460).

2. Finanzierungselemente

1420 Die Finanzierung des Kaufpreises und der Transaktionskosten erfolgt durch eine Kombination aus Eigenkapital und Fremdkapital. Das Eigenkapital setzt sich aus dem gezeichneten Kapital und der Kapitalrücklage zusammen. Funktional betrachtet gehören auch die Gesellschafterdarlehen zum Eigenkapital (Rn. 1421). Als Fremdkapital kommen Mezzaninkapital (Rn. 1422 ff.), Senior Darlehen (Rn. 1426) oder eine Unitranche (Rn. 1427 ff.) in Betracht. Besonderes Fremdkapital sind das Verkäuferdarlehen (Vendor Loan) (Rn. 1431) und der Earn-out (Rn. 1432).

a) Eigenkapital und Gesellschafterdarlehen

1421 Das gezeichnete Kapital und die Einzahlungen in die Kapitalrücklage stammen vom Sponsor als direktem oder indirektem Gesellschafter der NewCo (Rn. 1414). Soweit der Sponsor sein Kapital nicht als Eigenkapital in die NewCo einzahlen will oder kann, stellt er es der NewCo als Gesellschafterdarlehen zur Verfügung. Gesellschafterdarlehen akzeptieren die anderen Fremdkapitalgeber unter der Voraussetzung, dass sie durch einen Rangrücktritt, der in einer Rangrücktrittsvereinbarung (Subordination Agreement) oder in einer Gläubigervereinbarung (Intercreditor Agreement) (Rn. 1445) vereinbart wird, sowohl hinsichtlich des Kapitals als auch hinsichtlich der Zinsen gegenüber dem anderen Fremdkapital zurücktreten. Dieser einfache relative Nachrang darf nicht mit dem Nachrang verwechselt werden, der der Verhinderung oder Beseitigung einer Überschuldung dient.[864] Die Gesellschafterdarlehen sind nicht besichert. Bei einer Rückbeteiligung des Managements muss die Höhe der Gesellschafterdarlehen des Sponsors bei der Gestaltung des Managementbeteiligungsprogramms berücksichtigt werden (siehe dazu Rn. 1850 f.).

---

864) Zu den insolvenzrechtlichen Anforderungen solcher Rangrücktrittsvereinbarungen zuletzt und maßgeblich: BGH NJW 2015, 1672.

b) Mezzaninkapital

Mezzaninkapital (italienisch „mezza" = Mitte) ist kein definierter Rechtsbegriff. Rechtlich gesehen handelt es sich um Fremdkapital, das sich je nach Ausgestaltung im Einzelfall mehr oder weniger stark dem Eigenkapital annähert. Typische Erscheinungsformen in der Praxis sind nachrangige Darlehen, partiarische Darlehen, typische und atypische stille Beteiligungen, Wandelanleihen, Optionsanleihen und Genussrechte. Im Rahmen von Akquisitionsfinanzierungen wird Mezzaninkapital als Darlehen an die NewCo gegeben, das durch eine Gläubigervereinbarung (Rn. 1445) im Rang hinter dem anderen Fremdkapital, aber vor den Gesellschafterdarlehen und dem Eigenkapital steht. In großvolumigen Transaktionen kommt Mezzaninkapital auch als strukturell nachrangige Hochzinsanleihe (High Yield Bond) vor, die von der Holdinggesellschaft der NewCo emittiert wird (Rn. 1415). 1422

Nachrangdarlehen im Rahmen von Akquisitionsfinanzierungen sind endfällig und nicht oder nur im Rang hinter den anderen Fremdkapitalgebern besichert. Aufgrund der mit einem Nachrangdarlehen verbundenen Risiken wird es nur von speziellen Investoren zur Verfügung gestellt, die wesentlich höhere Renditeerwartungen als gewöhnliche Fremdkapitalgeber haben. Dies drückt sich zum einen in der Vergütung (Rn. 1424) und zum anderen in den Beschränkungen vorzeitiger freiwilliger Rückzahlungen (Rn. 1425) aus. 1423

Die Vergütung ist höher als für ein Senior Darlehen und setzt sich aus mehreren Komponenten zusammen. Der Zins besteht aus einem Teil, der in Cash zahlbar ist (Cash-Marge), und einem Teil, der kapitalisierend (Payment in Kind – PIK) geschuldet wird (PIK-Marge). Eine zusätzliche Vergütungsart sind Bezugsrechte auf Anteile an der Zielgesellschaft (Equity Kicker), die bei Endfälligkeit oder bei Veräußerung bzw. Börsengang der Zielgesellschaft ausgeübt werden können. Da kapitalisierende Zinsen wegen des Zinseszinsverbotes (§ 248 BGB) nur in engen Grenzen nach deutschem Recht vereinbart werden können,[865] unterliegen Nachrangdarlehen typischerweise englischem Recht. 1424

Vorzeitige freiwillige Rückzahlungen (Voluntary Prepayment), soweit durch die Gläubigervereinbarung (Rn. 1445) überhaupt gestattet, sind oft erst nach dem Ablauf von zwei oder drei Jahren nach der Auszahlung zulässig und mit einer Prämie (Prepayment Fee) belegt. Solche Prämien können nach deutschem Recht nicht vereinbart werden, soweit sie gegen das Verbot des § 489 Abs. 4 BGB verstoßen, das gesetzliche Kündigungsrecht des Darlehensnehmers, den Kredit zum Ende der Zinsperiode vorzeitig zu kündigen und zurückzuzahlen (§ 489 Abs. 1 Nr. 1 Halbs. 2 BGB), zu erschweren. Auch die Vereinbarungen solcher Prämien (Prepayment Fee Letter) unterliegen daher typischerweise englischem Recht. 1425

---

865) Zu alternativen Gestaltungen: *Diem*, Akquisitionsfinanzierungen, § 38 Rn. 18 ff.; *Volkholz*, in: Festschrift Dieter Reuter, 2010, S. 413.

A. Der Unternehmenskauf

c) **Senior Darlehen**

1426 Das Senior Darlehen ist das klassische Bankdarlehen. Das Senior Darlehen geht allen anderen Fremdkapitalinstrumenten im Rang vor und ist damit erstrangig. Auch die Besicherung ist erstrangig. Die Gesamtsumme des Senior Darlehens verteilt sich auf mehrere Tranchen mit unterschiedlichen Tilgungsprofilen, Margen und Laufzeiten. Nur die erste Tranche unterliegt einer laufenden Tilgung, die anderen Tranchen werden erst am Ende der Laufzeit in voller Höhe zur Rückzahlung fällig (Bullet Repayment). Das Senior Darlehen umfasst auch die Betriebsmittellinie (Rn. 1419). Bei großen Volumina wird das Darlehen als syndizierter Kredit durch ein Bankenkonsortium zur Verfügung gestellt. Bis zum Beginn der Finanzkrise im Jahr 2007 wurde auch das Second Lien Darlehen angeboten.[866] Dabei handelte es sich um eine besondere Tranche des Senior Darlehens, die im Vergleich zu den anderen Tranchen des Senior Darlehens eine längere Laufzeit und eine höhere Marge aufwies und den anderen Tranchen des Senior Darlehens gegenüber nachrangig besichert war. Second Lien Darlehen wurden nicht von Banken, sondern institutionellen Anlegern übernommen.

d) **Unitranche**

1427 Die Unitranche ist in Deutschland ein vergleichsweise junges Produkt.[867] Die Unitranche ist eine (einzige) Laufzeittranche, die den durch Fremdkapital zu finanzierenden Teil des Kaufpreises in voller Höhe darstellt und dadurch die Aufnahme von nachrangigem Fremdkapital und die Vereinbarung von Verkäuferdarlehen (Rn. 1431) entbehrlich macht. Die Unitranche ist erstrangig und erstrangig besichert. Der Zinssatz ist ein aus den Zinssätzen für vorrangiges und nachrangiges Fremdkapital gewichteter Zinssatz und höher als derjenige für ein Senior Darlehen.

1428 Die Unitranche ist kein Bankprodukt, sondern wird von Debt Fonds angeboten. Debt Fonds können schneller und flexibler als Banken auf die Bedürfnisse des Kreditnehmers reagieren. Dies wirkt sich insbesondere auf die Gestaltung der General Undertakings, Information Undertakings und Financial Covenants (Rn. 1452) aus. Debt Fonds können auch Verschuldungsgrade (Leverage) (Rn. 1449 f.) akzeptieren, zu denen Banken keinen Kredit gewähren können. Eine Unitranche wird oft nur von einem einzigen Kreditgeber ausgereicht, so dass eine Abstimmung mit weiteren Kreditgebern entfällt. Ähnlich wie beim Mezzaninkapital gelten auch bei Unitranchen oftmals zeitlich begrenzte Rückzahlungsverbote und sind vorzeitige Rückzahlungen nur gegen Zahlung einer Prämie möglich (Rn. 1425). Da Unitranchen in der Regel endfällig sind, die Zinsen zumindest teilweise kapitalisieren (Rn. 1424) und keine Pflichtsonder-

---

866) Zum Second Lien Darlehen: *Diem*, Akquisitionsfinanzierungen, § 37.
867) Zur Unitranche: *Mittendorfer*, Corporate Finance 2014, 323.

tilgungen aus überschüssigem Cashflow (Excess Cashflow) verlangen, handelt es sich bei der Unitranche um ein liquiditätsschonendes Instrument.

Debt Fonds haben oft keine Bankerlaubnis. Aus diesem Grund enthalten Unitranchen keine Linien für den Betriebsmittelbedarf und sind kein Mittel zur Vollfinanzierung (Rn. 1419). Soweit eine Betriebsmittellinie benötigt wird, muss diese mit einer Bank abgeschlossen werden. Die Bank stellt die Betriebsmittel in der Regel nur zur Verfügung, wenn die Betriebsmittellinie auf „Super Senior"-Basis im Falle besonders schwerwiegender Vertragsverletzungen (Material Events of Default) Vorrang vor der Unitranche genießt und durch eine Globalabtretung von Forderungen aus Lieferung und Leistung oder eine Sicherungsübereignung des Umlaufvermögens besichert ist. Der Vorrang wird durch eine Gläubigervereinbarung (Rn. 1445) hergestellt. Die vertraglichen Bedingungen von Gläubigervereinbarungen zwischen Kreditgebern von Unitranchen und Betriebsmittelkreditgebern sind noch nicht in demselben Maße standardisiert wie die Gläubigervereinbarungen zwischen Kreditgebern von Senior Darlehen und Mezzaninkapital. Die Bedingungen der Unitranche dürfen die Aufnahme einer solchen Linie und deren Besicherung nicht verbieten. 1429

Mangels einer Bankerlaubnis wird die Unitranche oft als Inhaberschuldverschreibung ausgestaltet oder von einer Bank als Darlehen vergeben, die für den Debt Fonds als Arrangeur auftritt und das Darlehen sofort nach Auszahlung an den Debt Fonds abtritt. Für ausländische Debt Fonds ist auch dann keine Bankerlaubnis erforderlich, wenn sie sich mit ihren Finanzierungsangeboten nicht zielgerichtet an den deutschen Markt wenden[868] oder wenn die Initiative für die Finanzierung vom Kunden ausgeht (passive Dienstleistungsfreiheit).[869] Am 12.5.2015 hat die Bundesanstalt für Finanzdienstleistungsaufsicht (BaFin) allerdings eine Änderung ihrer Verwaltungspraxis zur Vergabe von Darlehen durch Investmentfonds bekannt gegeben.[870] Danach qualifiziert die Darlehensvergabe grundsätzlich als zulässige Investmenttätigkeit von bestimmten Investmentfonds mit qualifizierten Anlegern. Seit dem 18.3.2016 gilt nun auch per Gesetz, dass die Erlaubnispflicht nach dem Kreditwesengesetz für die Darlehensvergabe durch bestimmte Fonds entfällt und investmentrechtlich nach dem Kapitalanlagegesetzbuch (KAGB) zulässig ist.[871] 1430

e) Verkäuferdarlehen (Vendor Loan)

Das Verkäuferdarlehen entsteht durch die Einigung zwischen der NewCo und dem Verkäufer, einen Teil des Kaufpreisanspruchs als Darlehen stehen zu lassen (siehe dazu Rn. 797, 839 ff., 855). Die Besonderheit des Verkäuferdarlehens be- 1431

---

868) Boos/Fischer/Schulte-Mattler/*Fischer*, KWG, § 32 Rn. 18.
869) Boos/Fischer/Schulte-Mattler/*Fischer*, KWG, § 32 Rn. 19.
870) GZ: WA 41-Wp 2100 – 2015/0001. Siehe dazu auch *v. Einem/Schlote*, WM 2015, 1925.
871) Die Änderungen erfolgten im Rahmen des „OGAW-V-Umsetzungsgesetzes" (Gesetz zur Umsetzung der Richtlinie 2014/91/EU des Europäischen Parlaments und des Rates vom 23.7.2014).

steht darin, dass sich der Verkäufer an der Kaufpreisfinanzierung beteiligt. Dadurch reduziert sich das Finanzierungsvolumen und der vom Käufer zu stellende Eigenkapitalanteil. Das Verkäuferdarlehen gewinnt wirtschaftlich gesehen damit den Charakter von Eigenkapital. Durch eine Gläubigervereinbarung (Rn. 1445) wird es gegenüber dem anderen Fremdkapital nachrangig gestellt.

f) Earn-out

1432 Der Earn-out ist ein ergebnisabhängiger Teil des Kaufpreises, der erst nach dem Closing bestimmt wird und auch erst zu diesem Zeitpunkt fällig wird. Der Earn-out hat zwar Finanzierungscharakter, dient aber in erster Linie der Kaufpreisfindung. Der Earn-out wird im Unternehmenskaufvertrag, nicht in der Finanzierungsdokumentation vereinbart (siehe dazu Rn. 797, 829 ff.).

g) Graphische Darstellung

1433 Graphisch lassen sich eine mehrstöckige Akquisitionsstruktur und die einzelnen Finanzierungselemente wie folgt darstellen:

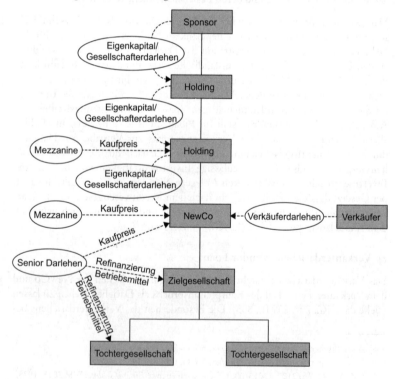

3. Finanzierungsstruktur

Welche Finanzierungselemente in welcher Höhe zum Einsatz kommen müssen, um den Kaufpreis und die Transaktionskosten darstellen zu können, hängt zum einen von der Schuldendienstfähigkeit der Zielgesellschaft (Rn. 1435 f.) und zum anderen von der Verfügbarkeit von Fremdkapital auf den Finanzierungsmärkten ab (Rn. 1438).

1434

a) Schuldendienstfähigkeit

Die Schuldendienstfähigkeit der Zielgesellschaft entscheidet über die Höhe des verfügbaren Fremdkapitals. Der Wert der Sicherheiten spielt in diesem Zusammenhang nur eine untergeordnete Rolle.[872] Die Schuldendienstfähigkeit der Zielgesellschaft ist deshalb von entscheidender Bedeutung, weil das einzige Vermögen der NewCo die Anteile an der Zielgesellschaft sind. Nach dem Closing besteht die Bilanz der NewCo nur aus den Anteilen an der Zielgesellschaft auf der Aktivseite und dem aufgenommenen Eigen- und Fremdkapital auf der Passivseite. Die NewCo generiert keine eigene Liquidität. Die NewCo kann ihre Verbindlichkeiten aus den Akquisitionskrediten nur bedienen, indem sie auf den Cashflow der Zielgesellschaft zugreift (Rn. 1451 ff.). Die Höhe des verfügbaren Fremdkapitals bestimmt sich daher nicht durch die Kreditwürdigkeit der NewCo, sondern durch den für die Zielgesellschaft prognostizierten Cashflow. Der für die Zielgesellschaft prognostizierte Cashflow muss ausreichen, um die Tilgungs- und Zinsleistungen decken zu können, die während der Laufzeit der einzelnen Finanzierungsinstrumente fällig werden. Umgekehrt bedeutet dies, dass die Akquisitionsfinanzierung so individuell auf den Kauf zugeschnitten werden muss, dass die Zielgesellschaft wirtschaftlich betrachtet die Finanzierungslast tragen kann (strukturierte Finanzierung).

1435

Der Cashflow der Zielgesellschaft kann durch verschiedene Maßnahmen nach dem Closing optimiert werden. Zusätzlicher Cashflow lässt sich durch Umstrukturierungen wie z. B. den Verkauf von Unternehmensteilen (Carveout) generieren (siehe dazu Rn. 2099 ff.). Solche Umstrukturierungsmaßnahmen sollten, wenn sie bereits während der Verhandlung der Finanzierung in Erwägung gezogen werden, von vornherein von der Finanzierungsdokumentation gestattet sein. In begrenztem Maße kann der Cashflow auch durch Buchwertaufstockung erhöht werden, weil höhere Abschreibungen die Steuerlast verringern (siehe dazu Rn. 207, 304 ff.). Aus finanzierungstechnischer Sicht sind liquiditätsschonende Elemente wie der Rangrücktritt der Gesellschafterdarlehen (Rn. 1421), PIK-Margen (Rn. 1424, 1428) und Endfälligkeiten von Bedeutung (Rn. 1423, 1426, 1428).

1436

Die Endfälligkeit des ganz überwiegenden Teils des Fremdkapitals führt zu einem Refinanzierungsrisiko. Das Refinanzierungsrisiko hängt von dem Wert der Zielgesellschaft zum Zeitpunkt der Refinanzierung und von den zu diesem

1437

---

[872] Dazu: *Mittendorfer*, Praxishandbuch Akquisitionsfinanzierung, S. 99 ff.

Zeitpunkt herrschenden Marktbedingungen ab. Scheitert die Refinanzierung, kommt, solange noch keine Insolvenzantragspflicht eingetreten ist, eine solvente Restrukturierung in Betracht. Dies setzt allerdings voraus, dass der bis zum Ende der Laufzeit verbleibende Zeitraum ausreicht, um die Restrukturierung zu planen, verhandeln und umzusetzen. Anderenfalls muss zunächst Zeit gewonnen werden, indem mit den Fremdkapitalgebern eine Stillhaltevereinbarung (Stand Still Agreement) geschlossen wird, um ein Gutachten zur Sanierungsfähigkeit einzuholen. In der Praxis verlangen Fremdkapitalgeber ein Sanierungsgutachten, das dem IDW S 6 Standard entspricht.[873] Die Sanierungsfähigkeit ist für die Frage von Bedeutung, ob ein Sanierungskredit sittenwidrig wäre und sich die Fremdkapitalgeber durch den Versuch der Sanierung schadensersatzpflichtig und strafbar machen würden.[874] Scheitert die Restrukturierung, kommt es nicht nur zur Insolvenz der NewCo, sondern auch der Zielgesellschaft und deren Tochtergesellschaften, die den Akquisitionskrediten als Garantiegeber beigetreten sind (Rn. 1460).

b) Verfügbarkeit

1438 Die Verfügbarkeit von Fremdkapital unterliegt verschiedenen Einflüssen wie der im Markt verfügbaren Liquidität, dem Anlagedruck bzw. Risikoappetit der relevanten Marktteilnehmer, den regulatorischen Vorgaben für die Vergabe von Fremdkapital, der Branche der Zielgesellschaft, der Höhe der EBITDA-Multiples, die der Markt zur Bestimmung der Schuldendienstfähigkeit eines Unternehmens aus der Branche des Zielunternehmens und für die nachgefragte Höhe der Fremdfinanzierung heranzieht,[875] und der Reputation des Sponsors. Nicht zuletzt ist die Verfügbarkeit einer Finanzierung für einen Unternehmenskauf auch ein Indiz für die Angemessenheit des Kaufpreises.

4. Finanzierungsdokumentation

1439 Die Finanzierungdokumentation besteht aus mehreren Teilen. In aller Regel wird sie von den Banken bzw. deren Anwälten vorbereitet. Starke Sponsoren sind allerdings in der Lage, die Verhandlungen mit dem eigenen Muster, das in Zusammenarbeit mit der Hauskanzlei entworfen wurde oder auf einer vorangegangenen Finanzierung beruht, zu beginnen.[876]

---

873) Zur Bedeutung des Sanierungskonzepts für die Kreditgewährung: *Huber*, NZI 2015, 489.
874) Zur Vermeidung der Bankenhaftung bei der Vergabe von Sanierungskrediten: *Urlaub/ Kamp*, ZIP 2014, 1465. Zu Überbrückungskrediten und Sanierungskrediten: *Waldburg*, ZInsO 2014, 1405.
875) Zur Bedeutung von Multiples: *Mittendorfer*, Praxishandbuch Akquisitionsfinanzierung, S. 73 ff.
876) Zur AGB-Kontrolle standardisierter Unternehmenskreditverträge: *Renner/Leidinger*, BKR 2015, 499.

a) Kreditvertrag

Hauptbestandteil ist der Kreditvertrag (Facilities Agreement) mit den Zusagen (Commitments) der verschiedenen Kreditlinien für die Akquisitionsdarlehen und die Betriebsmitteldarlehen (Rn. 1413, 1419). Das Mezzanindarlehen (Rn. 1422) wird in einem gesonderten Vertrag dokumentiert, dessen Bestimmungen bis auf die wirtschaftlichen Bedingungen denen des Senior Darlehens entsprechen. 1440

Neben den aus Sicht des Kreditgebers besonders wichtigen Vorschriften, die den Cash Flow der Zielgesellschaft sichern sollen (Rn. 1452), enthalten die Kreditverträge u. a. Bestimmungen zum Verwendungszweck der Darlehen (Purpose), zu den Auszahlungsvoraussetzungen (Conditions of Utilisation), zur Rückzahlung (Repayment), zu Sonderkündigungsrechten des Kreditgebers und des Kreditnehmers (Cancellation), zu Pflichtsondertilgungen (Mandatory Prepayment), zu Zinsen (Interest), zur Kostenerstattung (Costs and Expenses), zur Übertragung des Kreditvertrages durch die Kreditgeber auf Dritte (Changes to the Lenders) und, falls es sich um einen syndizierten Kredit handelt, zum Konsortialverhältnis zwischen den Kreditgebern. 1441

Die Auszahlungsvoraussetzungen (Conditions Precedent) bestehen aus zwei Teilen. Zum einen müssen bestimmte Unterlagen zur inhaltlichen und formalen Zufriedenheit der Kreditgeber vorgelegt werden. Zum anderen müssen die im Kreditvertrag vereinbarten Zusicherungen (Representations) richtig sein und darf auch im Übrigen kein Kündigungsgrund (Event of Default) vorliegen. Der Kreditnehmer als Käufer der Anteile an der Zielgesellschaft muss in der Lage sein, die Auszahlung der Akquisitionsdarlehen dann verlangen zu können, wenn der Kaufpreis fällig ist. Bei komplexen Akquisitionen wird daher oft vereinbart, dass sich die beiden letzten Auszahlungsvoraussetzungen nicht auf alle, sondern nur auf besonders wichtige Zusicherungen (Major Representations) und Kündigungsgründe (Major Events of Default), und nur auf den Kreditnehmer, nicht auch auf die Zielgesellschaft beziehen (Certain Funds). Dazu gehören in der Regel nur bestimmte rechtliche Zusicherungen und nur solche Kündigungsgründe, die eine schwerwiegende Ursache haben, wie z. B. Zahlungsverzug, Insolvenz, Unwirksamkeit eines Finanzierungsdokuments und die Verletzung besonders wichtiger Vertragspflichten (Major Undertakings) wie z. B. des Verbots, Dritten keine Sicherheiten zu bestellen (Negative Pledge). 1442

Der Kreditvertrag wird auf Grundlage eines Term Sheets entworfen, das die wesentlichen Bedingungen enthält, auf die sich die Parteien zuvor geeinigt haben. Die Länge und Ausführlichkeit von Term Sheets variiert in der Praxis zwischen wenigen und über 50 Seiten. Das Term Sheet wird entweder gesondert unterschrieben oder ist Bestandteil der Mandatsvereinbarung mit der Bank, die die Finanzierung arrangiert (Mandate Letter). Als Ausgangspunkt für die Verhandlung des Kreditvertrags dient häufig das Muster „Senior Multicurrency Term and Revolving Facilities Agreement for Leveraged Acquisi- 1443 tion Finance Transactions (Senior/Mezzanine)" der Loan Market Association (LMA) mit zur Zeit über 300 Seiten. Die LMA ist ein in London ansässiger Verband mit über 630 Mitgliedern aus über 60 Ländern (Stand: September 2016), dessen Kreis sich hauptsächlich aus Banken, Finanzinstituten, Ratingagenturen, Anwaltskanzleien und anderen Teilnehmern der primären und sekundären Märkte für syndizierte Kredite zusammensetzt.[877] Ziel der LMA ist die Vermarktung und Entwicklung des syndizierten Kredits als Fremdfinanzierungsprodukt und die Effizienzsteigerung der primären und sekundären Kreditmärkte. Die LMA veröffentlicht nicht nur Musterverträge, sondern veranstaltet auch Konferenzen und betreibt Lobbyarbeit bei Regierungen und Aufsichtsbehörden. Die Musterverträge werden bis auf wenige Ausnahmen nach englischem Recht veröffentlicht,[878] können mit wenigen Anpassungen aber auch für Finanzierungen nach deutschem Recht verwendet werden. Die LMA passt die Musterverträge in unregelmäßigen Abständen dem aktuellen Geschehen an. Die dort verwendeten Mechanismen lesen sich wie eine Historie des internationalen Marktgeschehens. Naturgemäß sind sie kreditgeberfreundlich gestaltet und bedürfen aus Sicht des Kreditnehmers der sorgfältigen Verhandlung. Prinzipiell erleichtert die Verwendung der Muster der LMA allerdings die Syndizierung im internationalen Markt.

b) Gebührenvereinbarungen

1444 In verschiedenen Gebührenvereinbarungen (Fee Letter) werden die Entgelte der arrangierenden Bank für die Arrangierung und Strukturierung der Finanzierung (Arrangement Fee), des Dokumentationsagenten (Documentation Agent), des Konsortialführers (Facility Agent) und des Sicherheitentreuhänders (Security Agent) vereinbart. Die Arrangement Fee kann auch in der Mandatsvereinbarung mit der arrangierenden Bank (Mandate Letter) vereinbart werden. Darüber hinaus erhalten die Kreditgeber eine Beteiligungsprovision (Participation Fee).

c) Gläubigervereinbarung

1445 Kommen neben dem Senior Darlehen weitere Finanzierungselemente wie z. B. Mezzaninkapital zum Einsatz, muss zwischen den einzelnen Gläubigergruppen und den Kreditnehmern eine Gläubigervereinbarung abgeschlossen werden (Intercreditor Agreement).[879] In der Gläubigervereinbarung werden der Rang der Ansprüche der einzelnen Gläubigergruppen und der Rang der Sicherheiten festgelegt. Dazu gehören Regeln, unter welchen Voraussetzungen welche Zahlungen an welche Gläubigergruppe erlaubt sind, unter welchen

---

877) www.lma.eu.com.
878) Nach deutschem Recht ist das für den Investment Grade Bereich bestimmte „Multicurrency Term and Revolving Facility Agreement" veröffentlicht worden.
879) Zur Wirksamkeit von mit dem Kreditnehmer vereinbarten Rangverhältnissen im Hinblick auf § 489 Abs. 4 BGB: *Diem*, Akquisitionsfinanzierungen, § 40 Rn. 38 ff.

Voraussetzungen die eine Gläubigergruppe betreffende Finanzierungsdokumentation geändert werden darf, unter welchen Voraussetzungen die Sicherheiten verwertet werden dürfen und in welcher Reihenfolge die Verwertungserlöse zwischen den einzelnen Gläubigergruppen verteilt werden. Die LMA veröffentlicht auch einen Mustervertrag für ein Intercreditor Agreement („Intercreditor Agreement for Leveraged Acquisition Finance Transactions (Senior/Mezzanine)"). Die Gläubigervereinbarung erfasst auch die Gesellschafterdarlehen (Rn. 1421) und etwaige Verkäuferdarlehen (Rn. 1431). Ist die Gläubigervereinbarung entbehrlich, weil die Finanzierung nur durch ein Senior Darlehen oder eine Unitranche (All Senior Structure) erfolgt, wird nur eine Rangrücktrittsvereinbarung für die Gesellschafterdarlehen abgeschlossen (Rn. 1421).

d) Hedging

Die Kreditnehmer müssen sich in der Regel dazu verpflichten, das aus den Schwankungen des EURIBOR resultierende Zinsrisiko zumindest zu einem bestimmten Grad zu begrenzen (Hedging Letter). Die dazu verwendeten Derivate (in der Regel Zinsswaps[880]) oder Zinscaps[881])) werden bei der Gegenpartei (Hedge Counterparty) auf der Grundlage von Rahmenverträgen gekauft, die auf dem Mustervertrag der International Swaps and Derivatives Association (ISDA)[882]) oder auf dem Deutschen Rahmenvertrag für Finanztermingeschäfte basieren (Hedging Agreement).[883]) Die Gegenpartei gehört in der Regel dem finanzierenden Bankenkonsortium an, das das Senior Darlehen vergibt. Als besondere Gläubigergruppe ist die Gegenpartei auch Partei der Gläubigervereinbarung oder, wenn eine Gläubigervereinbarung im Übrigen entbehrlich ist, entsprechender Vereinbarungen im Kreditvertrag, die den Rang der Ansprüche der Gegenpartei und der ihr bestellten Sicherheiten regeln.

1446

e) Sicherheiten und Sicherheitentreuhand

Die Sicherheiten werden durch gesonderte Sicherheitenverträge bestellt. Die nicht-akzessorischen Sicherheiten werden nur dem Sicherheitentreuhänder bestellt. Die akzessorischen Sicherheiten werden jedem einzelnen Gläubiger und aufgrund einer mit dem Sicherheitentreuhänder vereinbarten Parallel-

1447

---

880) Durch einen Swap werden Zahlungsströme getauscht. Der Kreditnehmer erhält aus dem Swap den EURIBOR und zahlt einen Festbetrag. Als Kreditnehmer schuldet er EURIBOR und die Marge. Im Ergebnis zahlt der Kreditnehmer damit nur den Festbetrag (als Partei des Swaps) und die Marge (als Kreditnehmer).
881) Durch einen Cap wird eine Zinsobergrenze vereinbart. Steigt der EURIBOR über die als Cap vereinbarte Grenze, muss der Verkäufer des Caps die Differenz ausgleichen. Im Ergebnis zahlt der Kreditnehmer damit nicht mehr als den als Cap vereinbarten Zins.
882) www2.isda.org.
883) Neben der Dokumentation für das Hedging müssen seit dem Erlass der European Market Infrastructure Regulation (EMIR) auch Anhänge zur Meldung des Derivats an ein Transaktionsregister und zum Clearing über eine Zentrale Gegenpartei unterzeichnet werden.

schuld (Parallel Debt)[884)] dem Sicherheitentreuhänder, manchmal aber auch nur dem Sicherheitentreuhänder bestellt. Das Treuhandverhältnis und die Regeln für die Verwaltung der Sicherheiten werden im Kreditvertrag, in einem gesonderten Sicherheitentreuhandvertrag oder in der Gläubigervereinbarung dokumentiert.

5. Typische Merkmale einer Akquisitionsfinanzierung

1448 Bestimmte Merkmale finden sich in jeder von einem Private Equity Fonds durchgeführten Akquisitionsfinanzierung wieder. Das sind die Hebelwirkung (Leverage Effect) (Rn. 1449 f.), die Cashflow basierte Strukturierung der Finanzierung (Rn. 1451 ff.), die Besicherung durch das Vermögen der Zielgesellschaft (Rn. 1454 ff.), der beschränkte Rückgriff auf den Sponsor (Rn. 1499) und der strukturelle Nachrang der Fremdkapitalgeber (Rn. 1500 ff.).

a) Hebelwirkung (Leverage Effect)

1449 Der Einsatz von Fremdkapital beim Unternehmenskauf beruht auf dem Prinzip, dass das Fremdkapital die Rendite auf das vom Sponsor eingesetzte Eigenkapital erhöht (Leverage Effect).[885)] Dies verdeutlicht das folgende Beispiel, in dem zwei Unternehmen mit demselben Gesamtkapital und demselben Fremdkapitalzins,[886)] aber mit unterschiedlicher Zusammensetzung von Eigen- und Fremdkapital denselben Gewinn vor Zinsen erzielen:

Unternehmen	A	B
Eigenkapital	80	20
Fremdkapital	20	80
Gesamtkapital	100	100
Gewinn vor Zinsen	8	8
./. Fremdkapitalzinsen (6,0 %)	1,2	4,8
Gewinn nach Zinsen	6,8	3,2
Rendite auf Eigenkapital = Gewinn nach Zinsen : Eigenkapital	6,8 : 80 = 0,085 = 8,5 %	3,2 : 20 = 0,16 = 16 %
Gesamtkapitalrendite = (Gewinn nach Zinsen + Fremdkapitalzinsen) : Gesamtkapital	(6,8 + 1,2) : 100 = 0,08 = 8,0 %	(3,2 + 4,8) : 100 = 0,08 = 8,0 %

---

884) Zum Parallel Debt: *Schnauder*, NJOZ 2010, 1663; *Förl*, RNotZ 2007, 433.
885) Der Einsatz von Fremdkapital wird häufig zusätzlich damit begründet, dass Fremdkapital billiger als Eigenkapital ist. Dabei wird allerdings nicht berücksichtigt, dass mit steigender Verschuldung auch das Risiko und damit auch die Renditeerwartung der Eigenkapitalgeber steigt. Die dadurch entstehenden impliziten Fremdkapitalkosten müssen den expliziten Fremdkapitalkosten hinzugerechnet werden.
886) Die zusätzlichen Vorteile, die aus der steuerlichen Abzugsfähigkeit der Fremdkapitalzinsen resultieren, bleiben in dem Beispiel unberücksichtigt.

Die Eigenkapitalrendite steigt, solange die Gesamtkapitalrendite höher als der 1450
Fremdkapitalzins ist. Danach kehrt sich die Hebelwirkung um, wie die folgende Abwandlung des oben dargestellten Beispiels zeigt, in dem ein Fremdkapitalzins von 9,0 % unterstellt wird:

Unternehmen	A	B
Eigenkapital	80	20
Fremdkapital	20	80
Gesamtkapital	100	100
Gewinn vor Zinsen	8	8
./. Fremdkapitalzinsen (9,0 %)	1,8	7,2
Gewinn nach Zinsen	6,2	0,8
Rendite auf Eigenkapital = Gewinn nach Zinsen : Eigenkapital	6,2 : 80 = 0,0775 = 7,75 %	0,8 : 20 = 0,04 = 4 %
Gesamtkapitalrendite = (Gewinn nach Zinsen + Fremdkapitalzinsen) : Gesamtkapital	(6,2 + 1,8) : 100 = 0,08 = 8,0 %	(0,8 + 7,2) : 100 = 0,08 = 8,0 %

b) **Cashflow basierte Strukturierung der Finanzierung**

Die Akquisitionsfinanzierung ist eine Cashflow basierte, nicht eine Asset basierte Finanzierung.[887] Grundlage für die Strukturierung der Finanzierung ist die Schuldendienstfähigkeit der Zielgesellschaft, nicht der Wert der Sicherheiten (Rn. 1435). Die Sicherheiten dienen in erster Linie als Schutzschirm gegen den Zugriff anderer Gläubiger und ermöglichen den Fremdkapitalgebern die Kontrolle über die belasteten Gegenstände. 1451

Um den für die Bedienung der Akquisitionskredite erforderlichen Cashflow der Zielgesellschaft in den aus Sicht der Fremdkapitalgeber richtigen Bahnen zu halten, sieht der Kreditvertrag umfangreiche Zusicherungen (Representations), die zum größten Teil zu bestimmten Zeitpunkten wiederholt werden müssen oder als wiederholt fingiert werden (Repeating Representations), allgemeine Verpflichtungen (General Undertakings), Finanzkennzahlen (Financial Covenants)[888] und Kündigungsgründe (Events of Default) vor, die den unternehmerischen Handlungsspielraum der Zielgesellschaft beschränken und zusätzlich von umfangreichen Informationspflichten (Information Undertakings) flankiert werden. Diese Beschränkungen gelten nicht nur für die Vertragsparteien der Dokumentation (Obligors), nämlich die Kreditnehmer (Borrowers) und die Garantiegeber (Guarantors), sondern auch für alle oder 1452

---

887) *Mittendorfer*, Praxishandbuch Akquisitionsfinanzierung, S. 99 ff. Zur Borrowing Base als Beispiel einer Asset basierten Finanzierung zur Finanzierung von Working Capital: *Vater*, DB 2010, 1545.

888) Zu Financial Covenants: *Zülch/Kretzmann/Böhm/Holzamer*, DB 2015, 689; *Hannen*, DB 2012, 2233; *Mittendorfer*, Praxishandbuch Akquisitionsfinanzierung, S. 199 ff.

A. Der Unternehmenskauf

zumindest die wesentlichen Tochtergesellschaften (Material Companies) der Zielgesellschaft. Wesentliche Tochtergesellschaften sind die Gesellschaften, die einen Mindestanteil (in der Regel 5 %) am EBIDTA, an der Bilanzsumme oder am Umsatz der gesamten Gruppe haben. Ein Verstoß gegen die genannten Bestimmungen führt zu einem Kündigungsgrund (Event of Default). Für bestimmte Kündigungsgründe werden allerdings Heilungsfristen vereinbart. Zudem ist es bei komplexen Akquisitionen üblich, eine Schonfrist (Clean-Up Period) zwischen drei und sechs Monaten nach Closing zu vereinbaren, innerhalb derer eine Vertragsverletzung nur dann einen Kündigungsgrund auslöst, wenn sich der die Vertragsverletzung auslösende Umstand auf die Zielgesellschaft bezieht, nicht vom Kreditnehmer verursacht wurde, geheilt werden kann und keine wesentliche nachteilige Änderung (Material Adverse Effect) begründet. Der Eintritt des Kündigungsgrundes ermöglicht es den Fremdkapitalgebern, den Kreditnehmer zu Verhandlungen zu zwingen und mit ihm eine Lösung für die den Kündigungsgrund auslösende Fehlentwicklung zu finden, bevor sie die Erklärung abgeben, dass auf die Ausübung des Kündigungsrechts verzichtet wird (Waiver).

1453 Für die Bedienung der Akquisitionskredite muss das Cash der Zielgesellschaft an die NewCo abfließen. Der Abfluss kann durch Ausschüttungen oder durch Darlehen erfolgen. Die Finanzierungskosten sind unterjährig fällig, insbesondere die Zinsen, für die in der Regel vierteljährliche Zahlungstermine (Interest Payment Date) vereinbart werden. Ausschüttungen kommen daher nur in Betracht, wenn die Rechtsform der Zielgesellschaft Vorabausschüttungen erlaubt. Bei der GmbH und den Personengesellschaften ist dies grundsätzlich der Fall. Bei der Aktiengesellschaft sind Interimsdividenden allerdings nur in den Grenzen des § 59 AktG möglich. Darüber hinaus müssen die jeweils rechtsformspezifischen (§§ 30 Abs. 2, 58b Abs. 3, 58c S. 2, 58d Abs. 1, 5a Abs. 3 GmbHG; §§ 150, 300 AktG) und allgemeinen handelsrechtlichen Ausschüttungssperren (§§ 268 Abs. 8, 272 Abs. 4 HGB) beachtet werden. Darlehen dürfen für den Abfluss von Cash von der Zielgesellschaft an die NewCo nur gegeben werden, soweit sie nicht gegen die für die Zielgesellschaft geltenden Kapitalerhaltungsvorschriften (§ 30 GmbHG, § 57 AktG) verstoßen.

c) Besicherung durch das Vermögen der Zielgesellschaft

aa) Bestellung der Sicherheiten

1454 Die Besicherung erfolgt in zwei Schritten. Vor dem Closing werden die Sicherheiten an der vom Sponsor errichteten Akquisitionsstruktur bestellt. Nach dem Closing (idealerweise noch an demselben Tag) werden die Sicherheiten am Vermögen der Zielgesellschaft bestellt.

(1) Sicherheiten an der Akquisitionsstruktur

1455 Die Sicherheiten an der vom Sponsor errichteten Akquisitionsstruktur können vor dem Closing bestellt werden, weil die Akquisitionsstruktur einschließlich der NewCo bereits vor dem Closing dem Einfluss des Sponsors unterliegt. Der Sponsor kann die Bestellung der Sicherheiten durch entsprechende Weisungen sicherstellen. Zu diesen Sicherheiten gehören die Verpfändung der Anteile an der NewCo, die Verpfändung der Konten der NewCo, die Sicherungsabtretung der künftigen konzerninternen Ansprüche der NewCo gegen die Zielgesellschaft und gegen deren Tochtergesellschaften, die Sicherungsabtretung der Ansprüche der NewCo gegen den Verkäufer aus dem Unternehmenskaufvertrag und die Sicherungsabtretung der Ansprüche aus den im Rahmen der Transaktion angefertigten Due Diligence Berichten, Structure Memoranda und Tax Memoranda, soweit sich aus diesen nicht direkt Ansprüche der Fremdkapitalgeber ergeben, weil sie deren Adressaten sind oder die jeweiligen Urheber ihnen durch eine gesonderte Erklärung gestattet haben, sich auf deren Inhalt zu verlassen (Reliance Letter). Vor dem Closing verpfändet die NewCo auch die künftig ab dem Closing gehaltenen Anteile an der Zielgesellschaft.

Die Anteile an der Zielgesellschaft sind der einzige Vermögensgegenstand der NewCo (Rn. 1435). Der Wert dieser Anteile bestimmt sich durch den Wert der Zielgesellschaft selbst. Um zu verhindern, dass das Pfandrecht an den Anteilen an der Zielgesellschaft entwertet wird, weil das Vermögen der Zielgesellschaft als Sicherheit für andere Gläubiger dient, müssen sich die Fremdkapitalgeber auch Sicherheiten am Vermögen der Zielgesellschaft selbst bestellen lassen. Wirtschaftlich betrachtet bedeutet dies im Ergebnis, dass die Akquisitionskredite ausschließlich durch das Vermögen der Zielgesellschaft besichert werden. 1456

(2) Sicherheiten am Vermögen der Zielgesellschaft

Die Sicherheiten am Vermögen der Zielgesellschaft können erst nach dem Closing (idealerweise noch an demselben Tag) bestellt werden. Die Bestellung der Sicherheiten erfolgt nicht im Interesse der Zielgesellschaft, sondern im Interesse der NewCo. Ohne die Sicherheiten am Vermögen der Zielgesellschaft würden die Fremdkapitalgeber ihr Kapital nicht zur Verfügung stellen. Bis zum Closing ist aber nicht die NewCo, sondern der Verkäufer der Gesellschafter der Zielgesellschaft. Die Geschäftsführer der Zielgesellschaft begingen eine Pflichtverletzung, bestellten sie Sicherheiten am Vermögen der Zielgesellschaft im Interesse der NewCo zu einem Zeitpunkt, zu dem die NewCo noch nicht die Gesellschafterin der Zielgesellschaft ist und damit als Dritter behandelt werden muss. Eine Bestellung der Sicherheiten bereits vor dem Closing kommt nur in Betracht, wenn die Geschäftsführer der Zielgesellschaft der Akquisition freundlich gegenüber stehen und bereit sind, die Sicherheiten aufschiebend bedingt auf das Closing zu bestellen. 1457

Welche Sicherheiten am Vermögen der Zielgesellschaft bestellt werden, hängt davon ab, welche Vermögensgegenstände vorhanden sind und wie werthaltig diese Vermögensgegenstände sind. Grundsätzlich kommen in Betracht: die Verpfändung der Anteile an den Tochtergesellschaften, die Verpfändung der 1458

Konten, die Sicherungsabtretung der konzerninternen Ansprüche, die Globalabtretung von Forderungen aus Lieferungen und Leistungen, die Sicherungsabtretung von Versicherungsforderungen, die Sicherungsübereignung des Anlage- und Umlaufvermögens, die Sicherungsabtretung oder Verpfändung der gewerblichen Schutzrechte und die Bestellung von Grundschulden an den Grundstücken. Diese Sicherheiten werden auch am Vermögen aller oder zumindest der wesentlichen Tochtergesellschaften (Rn. 1452) der Zielgesellschaft bestellt.

1459 Die Besicherung durch Grundschulden löst für ausländische Kreditgeber die beschränkte Einkommensteuerpflicht gem. § 49 Abs. 1 Nr. 5 c) aa) EStG aus. Für den Kreditnehmer ist diese Steuerpflicht in doppelter Hinsicht von Bedeutung. Zum einen verpflichtet der Kreditvertrag den Kreditnehmer, die Kreditgeber von den Steuern freizustellen, die diesen im Zusammenhang mit dem Kredit entstehen (Tax Indemnity). Zum anderen erlaubt die Übertragungsklausel (Changes to the Lenders), die regelt, an wen die Kreditgeber den Kredit übertragen dürfen, die Übertragung des Kredits auch dann, wenn für den neuen Kreditgeber die auf der Grundschuldbesicherung beruhende Steuerpflicht anfällt. Der Kreditnehmer kann sich gegen die Verpflichtung zur Freistellung durch eine allgemeine Ausnahme von der Freistellungspflicht, die in jedem Fall gilt, oder durch eine spezielle Ausnahme zumindest für den Fall schützen, dass die durch die Grundschuldbesicherung ausgelösten Steuern nur deswegen anfallen, weil der Kredit an einen neuen Kreditgeber übertragen wurde.

1460 Darüber hinaus müssen entweder die Zielgesellschaft und alle Tochtergesellschaften oder die Zielgesellschaft, die wesentlichen Tochtergesellschaften (Rn. 1452) und so viele weitere Tochtergesellschaften der in den Akquisitionskrediten enthaltenen Garantie als Garantiegeber beitreten, bis die Summe des EBITDA, des Umsatzes und der Bilanzsumme aller Garantiegeber einen bestimmten Mindestanteil (in der Regel mindestens 80 %) am EBITDA, an der Bilanzsumme und am Umsatz der gesamten Gruppe erreicht (Guarantor Coverage). Auch die Gesellschaften, die als Darlehensnehmer beitreten sollen (Rn. 1419), müssen zuerst als Garantiegeber beitreten.

1461 Im Ergebnis haftet das wesentliche Vermögen der gesamten Gruppe, bestehend aus der NewCo, der Zielgesellschaft und deren (wesentlichen) Tochtergesellschaften, für die Erfüllung der Verbindlichkeiten aus den Akquisitionskrediten.

bb) Beschränkungen

1462 Die Sicherheiten am Vermögen der Zielgesellschaft und die Garantie der Zielgesellschaft sind aufsteigende Sicherheiten (Upstream Security) bzw. eine aufsteigende Garantie (Upstream Guarantee), soweit sie nicht die Verbindlichkeiten der Zielgesellschaft, sondern die Verbindlichkeiten der NewCo aus den Akquisitionskrediten und damit die Verbindlichkeiten des Gesellschafters der Zielgesellschaft besichern. Je nach Rechtsform der Zielgesell-

(1) GmbH als Zielgesellschaft

(aa) Erhaltung des Stammkapitals

(aaa) § 30 GmbHG

Gem. § 30 Abs. 1 S. 1 GmbHG darf die GmbH das für die Erhaltung des Stammkapitals erforderliche Vermögen nicht an ihre Gesellschafter auszahlen. Zu einer Auszahlung des Stammkapitals kommt es, wenn eine Unterbilanz entsteht oder eine bestehende Unterbilanz weiter vertieft wird. Unterbilanz bedeutet, dass das Reinvermögen (Aktiva abzüglich Verbindlichkeiten und Rückstellungen) kleiner als das Stammkapital ist.[889] Ein Verstoß gegen § 30 GmbHG kann zur persönlichen Schadensersatzhaftung und Strafbarkeit der Geschäftsführer der Zielgesellschaft,[890] der NewCo als Gesellschafterin der Zielgesellschaft[891] und der Organe der NewCo[892] führen. 1463

Die Bestellung einer aufsteigenden Sicherheit bzw. Garantie ist eine Zahlung i. S. v. § 30 Abs. 1 S. 1 GmbHG.[893] Ungeklärt ist, auf welchen Zeitpunkt es für die Frage ankommt, ob eine Unterbilanz, die durch eine aufsteigende Sicherheit bzw. Garantie verursacht wird, gegen § 30 GmbHG verstößt. Eine aufsteigende Sicherheit bzw. Garantie führt entweder bei ihrer Bestellung (Rn. 1465) oder bei ihrer Verwertung (Rn. 1466) zu einer Unterbilanz. In der Rechtsprechung wird diese Frage unterschiedlich beantwortet. Der Meinungsstand in der Literatur ist unübersichtlich.[894] 1464

Die Bestellung einer Sicherheit bzw. Garantie als solche wirkt sich auf die Bilanz nicht aus (§ 251 HGB). Die Bestellung verursacht dann eine Unterbilanz, wenn die Verwertung bereits im Zeitpunkt der Bestellung so wahrscheinlich ist, dass die Zielgesellschaft eine entsprechende Rückstellung bilden muss (§ 249 HGB) und die Rückstellung zulasten des Stammkapitals erfolgt. Die Rückstellung muss gebildet werden, wenn eine kaufmännisch belastbare Prognose zu dem Ergebnis kommt, dass der Cashflow der Zielgesellschaft nicht ausreicht, um die Verbindlichkeiten der NewCo aus den Akquisitionskrediten zu bedienen, und damit mit einer Verwertung gerechnet werden muss. Die Rückstellung kann nur ausgeglichen werden, wenn der aus der Bestellung der Sicherheit bzw. Garantie resultierende Anspruch der Zielgesellschaft gegen die NewCo auf Befreiung von der Sicherheit bzw. Garantie 1465

---

889) Zur Berechnung des Reinvermögens: Baumbach/Hueck/*Fastrich*, GmbHG, § 30 Rn. 13 ff.
890) *Diem*, Akquisitionsfinanzierungen, § 43 Rn. 75 ff.; § 47 Rn. 83 ff.
891) *Diem*, Akquisitionsfinanzierungen, § 43 Rn. 72 ff.; § 47 Rn. 75 f.
892) *Diem*, Akquisitionsfinanzierungen, § 47 Rn. 79 ff.
893) Roth/Altmeppen/*Altmeppen*, GmbHG, § 30 Rn. 84.
894) Dazu ausführlich: *Diem*, Akquisitionsfinanzierungen, § 43 Rn. 24 ff.

vollwertig ist. Dieser Anspruch ist jedoch nicht vollwertig, unabhängig davon, ob man für die Beurteilung der Vollwertigkeit dieses Anspruches den Zeitpunkt der Bestellung der Sicherheit bzw. Garantie und damit die Vollwertigkeit eines hypothetischen Anspruches oder den Zeitpunkt einer in der Zukunft eintretenden Verwertung für maßgeblich hält.[895] Denn die NewCo hat kein Vermögen außer den Anteilen an der Zielgesellschaft und generiert keine eigene Liquidität. Weder im Zeitpunkt der Bestellung noch im Zeitpunkt einer Verwertung kann die NewCo den Anspruch der Zielgesellschaft auf Befreiung erfüllen. Hält man den Zeitpunkt der Bestellung für maßgeblich, kommt es für den Verstoß gegen § 30 GmbHG damit auf die Prognose an, ob mit der Verwertung zu rechnen ist.[896]

1466 Die Verwertung der Sicherheit bzw. die Zahlung auf die Garantie führt dazu, dass die als Sicherheit dienenden Aktiva bzw. die flüssigen Mittel die Bilanz verlassen. Da ein bilanzieller Ausgleich durch die Aktivierung eines vollwertigen Aufwendungsersatzanspruches nicht möglich ist (Rn. 1465), verstoßen aufsteigende Sicherheiten bzw. Garantien bei dieser Betrachtung dann gegen § 30 GmbHG, wenn und soweit die Verwertung bzw. Zahlung zu einer Unterbilanz führt.

1467 Die mit dieser ungeklärten Frage verbundene Rechtsunsicherheit ist für die Praxis unbefriedigend, weil damit insbesondere für die Geschäftsführer der Zielgesellschaft bei der Bestellung von aufsteigenden Sicherheiten und Garantien ein Risiko der persönlichen und strafrechtlichen Haftung besteht (Rn. 1463). Denn die dingliche Bestellung einer Sicherheit unter Verstoß gegen § 30 GmbHG ist grundsätzlich wirksam. § 30 GmbHG begründet auch nicht ein Verwertungsverbot oder ein Leistungsverweigerungsrecht.[897]

(bbb) Ausnahmen

1468 Gem. § 30 Abs. 1 S. 2 GmbHG findet das Auszahlungsverbot des § 30 Abs. 1 S. 1 GmbHG keine Anwendung, wenn die Auszahlung durch einen vollwertigen Gegenleistungs- oder Rückgewähranspruch gegen den Gesellschafter gedeckt ist oder wenn ein Beherrschungs- oder Gewinnabführungsvertrag besteht.

1469 Die erste Ausnahme ist ohne Bedeutung. Hält man den Zeitpunkt der Bestellung für maßgeblich und ist die Verwertung der Sicherheit so unwahr-

---

895) Zu dieser Differenzierung: *Diem*, Akquisitionsfinanzierungen, § 43 Rn. 53.
896) *Diem*, Akquisitionsfinanzierungen, § 43 Rn. 50 und Rn. 54 f.; a. A. Lutter/Hommelhoff/ *Hommelhoff*, GmbHG, § 30 Rn. 34 ff., der die Verwertung im Zeitpunkt der Bestellung fingiert, den Anspruch auf Befreiung mangels Vollwertigkeit ignoriert und die Bestellung von Sicherheiten nur aus dem zu diesem Zeitpunkt ungebundenen Vermögen zulässt; a. A. auch Baumbach/Hueck/*Fastrich*, GmbHG, § 30 Rn. 62, für den es nicht auf die Wahrscheinlichkeit der Verwertung, sondern nur auf die Vollwertigkeit des Anspruchs auf Befreiung ankommt.
897) *Diem*, Akquisitionsfinanzierungen, § 43 Rn. 56 ff.; zur Nichtigkeit der Sicherheit: § 47 Rn. 10 ff.

scheinlich, dass keine Rückstellung gebildet werden muss, kommt es mangels Unterbilanz auf die Vollwertigkeit des Anspruchs nicht an. Muss eine Rückstellung gebildet werden, liegt zwar eine Unterbilanz vor, der Anspruch ist aber nicht vollwertig (Rn. 1465). Das Gleiche gilt, wenn man den Zeitpunkt der Verwertung für maßgeblich hält (Rn. 1466).

Die zweite Ausnahme ist von Bedeutung, wenn die NewCo und die Zielgesellschaft nach dem Closing einen Beherrschungs- oder Gewinnabführungsvertrag abschließen (Rn. 1513). Allerdings dürfen auch auf Grund eines Beherrschungsvertrages keine Weisungen erteilt werden, die die Existenz der abhängigen Gesellschaft bedrohen. Eine Weisung, aufsteigende Sicherheiten und Garantien zu bestellen, ist daher unrechtmäßig und darf von der abhängigen Gesellschaft nicht befolgt werden, wenn damit zu rechnen ist, dass es zu einer Verwertung der Sicherheiten kommt und ein vollwertiger Verlustausgleich nicht möglich ist. Da ein vollwertiger Verlustausgleich in keinem Falle möglich ist (Rn. 1465), kommt es für die Zulässigkeit der Weisung auf die Prognose an, ob mit der Verwertung zu rechnen ist.[898] 1470

In einem obiter dictum geht das OLG Frankfurt am Main allerdings davon aus, dass es auf die Vollwertigkeit des Verlustausgleichs nicht ankommt.[899] In dem entschiedenen Fall ging es um eine aufsteigende Garantie einer GmbH für ein von deren Muttergesellschaft aufgenommenes Schuldscheindarlehen. Zwischen der Muttergesellschaft und der Garantiegeberin bestand ein Beherrschungs- und Gewinnabführungsvertrag. Das Gericht ging davon aus, dass es bei Bestehen eines Beherrschungs- und Gewinnabführungsvertrages auf die Frage der Vollwertigkeit nicht ankommt. Im Ergebnis sei dies aber nicht von Bedeutung, weil im Zeitpunkt der Bestellung der Garantie keine Hinweise darauf ersichtlich gewesen seien, an der Vollwertigkeit zu zweifeln. In dem entschiedenen Fall ging es allerdings nicht um eine Akquisitionsfinanzierung durch eine NewCo, die außer an den Anteilen an der Garantiegeberin über kein Vermögen verfügt und die einen vollwertigen Verlustausgleich von vornherein nicht leisten kann, sondern um eine aufsteigende Garantie für ein Schuldscheindarlehen, das die operative Muttergesellschaft aufgenommen hatte. Ob ein Gericht zu demselben Schluss kommt, wenn ein Verlustausgleich von vornherein nicht möglich ist, bleibt damit offen. 1471

(ccc) **Limitation Language**

In der Praxis wird das Risiko der persönlichen Haftung der Geschäftsführer der Zielgesellschaft minimiert, indem mit den zu besichernden Fremdkapitalgebern eine Verwertungsbeschränkung (Limitation Language) vereinbart wird, die die Verwertung der Sicherheiten bzw. die Durchsetzung der Garan- 1472

---

[898] *Diem*, Akquisitionsfinanzierungen, § 46 Rn. 10 ff.
[899] OLG Frankfurt/M. NZI 2014, 363, 365. Die Revision war nicht zugelassen. Die dagegen gerichtete Nichtzulassungsbeschwerde (XI ZR 440/13) wurde am 9. Dezember 2014 zurückgewiesen.

tie insoweit beschränkt, als sie eine Unterbilanz der Zielgesellschaft begründen oder eine bereits bestehende Unterbilanz vertiefen würde. Bei Sicherheiten, bei denen eine teilweise Vollstreckung nicht sinnvoll ist (z. B. Grundschulden und Pfandrechte an Gesellschaftsanteilen) wird nicht die Vollstreckung beschränkt, sondern werden die Fremdkapitalgeber dazu verpflichtet, die Verwertungserlöse in der Höhe zurückzugewähren, die notwendig ist, um eine durch den Abfluss der Verwertungserlöse entstandene Unterbilanz nachträglich zu beseitigen.

1473 Die Limitation Language schützt das Stammkapital, indem es den Zugriff der Fremdkapitalgeber auf die ausschüttungsfähigen Rücklagen der Zielgesellschaft beschränkt. Die Sicherheiten bzw. die Garantie der Zielgesellschaft werden in Anspruch genommen, wenn die NewCo ihre Verbindlichkeiten aus den Akquisitionskrediten nicht bedienen kann. Da die NewCo auf den Cashflow der Zielgesellschaft zugreifen muss, um ihre Verbindlichkeiten zu bedienen, tritt der Sicherungsfall dann ein, wenn die liquiden ausschüttungsfähigen Mittel der Zielgesellschaft nicht ausreichen, um die Verbindlichkeiten der NewCo aus den Akquisitionskrediten zu bedienen. Liquide ausschüttungsfähige Rücklagen sind bei der Zielgesellschaft im Verwertungsfall also nicht oder nahezu nicht vorhanden, so dass die Fremdkapitalgeber durch eine Verwertung der Sicherheiten nur noch auf die nicht liquiden ausschüttungsfähigen Rücklagen der Zielgesellschaft zugreifen können. Insoweit führt die Limitation Language zu einer Entwertung der Sicherheiten. Trotzdem wird sie im Allgemeinen von den Fremdkapitalgebern akzeptiert.

1474 Die Fremdkapitalgeber versuchen mit verschiedenen Mechanismen, die aus der Limitation Language resultierende Entwertung der Sicherheiten so weit wie möglich abzuschwächen. Die Details solcher Mechanismen variieren in der Praxis. Ein Beispiel ist die Verpflichtung der Gesellschaft, die die Sicherheit gestellt hat, im Verwertungsfall das nicht betriebsnotwendige Vermögen zu veräußern. Ein anderes Beispiel bilden Bilanzanpassungsmechanismen für die Berechnung des Reinvermögens i. S. v. § 30 GmbHG. Dazu gehört die Vereinbarung, dass Aktiva, deren Buchwerte nicht unerheblich niedriger sind als ihr Marktwert, zum Marktwert angesetzt werden; dass gezeichnetes Kapital aus Kapitalerhöhungen, die ohne Zustimmung der Fremdkapitalgeber durchgeführt wurden, unberücksichtigt bleibt; dass Finanzverbindlichkeiten, die unter Verletzung der Bestimmungen der Finanzierungsdokumentation eingegangen wurden, unberücksichtigt bleiben; dass die Finanzverbindlichkeiten, die gegenüber anderen Gruppengesellschaften eingegangen wurden, unberücksichtigt bleiben. Diese vertraglich vereinbarten Bilanzanpassungen verstoßen gegen die für die Berechnung des Reinvermögens i. S. v. § 30 GmbHG geltenden Regeln. Sie führen zu einer bilanziellen Erhöhung des Eigenkapitals und ermöglichen den Fremdkapitalgebern den Zugriff auf das Vermögen in einer Höhe, die über die ausschüttungsfähigen Rücklagen hinausgeht.

1475 Regelmäßig wird auch vereinbart, dass die Verwertungsbeschränkung nicht in Höhe der Mittel gilt, die die NewCo aus den Akquisitionskrediten in Anspruch genommen und an die Zielgesellschaft im Wege eines Gesellschafterdarlehens weitergegeben hat (on-lent). Mittel, die die Zielgesellschaft indirekt durch die NewCo von den Fremdkapitalgebern erhält, könnte sie theoretisch auch direkt bei den Fremdkapitalgebern ausleihen. Für solche selbst ausgeliehenen Mittel fände die Verwertungsbeschränkung aber keine Anwendung. Das OLG Frankfurt am Main hat diese Beschränkung anerkannt. In dem konkreten Fall beschränkte sich der Wortlaut der dort zu beurteilenden Limitation Language sogar nicht auf die aus dem besicherten Darlehen in Anspruch genommen Mittel, sondern bezog sich auf sämtliche Mittel, die von der Muttergesellschaft an die Tochtergesellschaft weitergegeben wurden. Allein diese Tatsache rechtfertigte es aus Sicht des Gerichts, als Gegenleistung für den damit bewirkten Abfluss von haftendem Kapital bei der Muttergesellschaft als Darlehensnehmerin, die Garantieverpflichtung aufrecht zu erhalten; eine Differenzierung nach der Herkunft der Mittel fände nur statt, soweit dies ausdrücklich vereinbart ist.[900]

Das OLG Frankfurt am Main hat die Auffassung der Vorinstanz bestätigt, dass Limitation Language im eröffneten Insolvenzverfahren keine Anwendung findet.[901] Im Insolvenzverfahren bedürften Dritte keines Schutzes mehr hinsichtlich der Erhaltung des Stammkapitals. Das Stammkapital sei im Falle der Insolvenz nicht mehr erhalten. An die Stelle des Geschäftsführers trete der Insolvenzverwalter, der nicht der persönlichen Haftung nach § 43 Abs. 3 GmbHG unterliege. 1476

(bb) Haftung wegen Verursachung der Zahlungsunfähigkeit

Gem. § 64 S. 3 GmbHG haftet der Geschäftsführer der GmbH für Zahlungen der Gesellschaft an ihre Gesellschafter, soweit diese zur Zahlungsunfähigkeit der GmbH führen mussten, es sein denn, dies war auch bei Beachtung der Sorgfalt eines ordentlichen Geschäftsführers nicht erkennbar. 1477

Umstritten ist, ob sich aufsteigende Sicherheiten und Garantien nicht nur an § 30 GmbHG, sondern auch an § 64 S. 3 GmbHG messen lassen müssen und im Hinblick auf § 30 GmbHG vereinbarte Verwertungsbeschränkungen (Rn. 1472 ff.) auch sicherstellen müssen, dass es nicht zu einer Verletzung von § 64 S. 3 GmbHG kommt. 1478

Die überwiegende Praxis verneint diese Frage. Fremdkapitalgeber akzeptieren keine Verwertungsbeschränkungen, die über die im Hinblick auf § 30 GmbHG zu vereinbarenden Beschränkungen hinausgehen. Als Begründung wird darauf verwiesen, dass § 64 S. 3 GmbHG nur eine Verhaltenspflicht, § 30 GmbHG aber ein absolutes Verbot begründe. Den Anforderungen, die § 64 S. 3 GmbHG an die Geschäftsführer stellt, sei schon dann genügt, wenn eine Inanspruch- 1479

---

900) OLG Frankfurt/M. NZI 2014, 363, 364.
901) OLG Frankfurt/M. NZI 2014, 363, 365; LG Darmstadt NZI 2014, 367, 369; a. A. *Undritz/Degenhardt*, NZI 2015, 348.

nahme der Sicherheit bzw. Garantie zum Zeitpunkt ihrer Bestellung unwahrscheinlich ist. Eine Verletzung von § 30 GmbHG könne dagegen nur vermieden werden, wenn durch die Verwertungsbeschränkung sichergestellt wird, dass es unter keinen Umständen zu einer Verletzung des Stammkapital kommt. Darüber hinaus wird § 64 S. 3 GmbHG als besonderer Anwendungsfall des Verbots des existenzvernichtenden Eingriffs und damit betriebsbezogen ausgelegt. Die Bestellung von Sicherheiten falle daher schon tatbestandsmäßig nicht unter § 64 S. 3 GmbHG, solange dem Unternehmen durch die Bestellung der Sicherheiten die für das operative Geschäft erforderlichen Betriebsmittel nicht entzogen werden.[902]

(cc) Haftung wegen existenzvernichtenden Eingriffs

1480 Die Ausschüttungssperre des § 30 GmbHG wird durch das vom BGH aus § 826 BGB abgeleitete Verbot des existenzvernichtenden Eingriffs flankiert. Adressat des Verbots ist der Gesellschafter. Rechtsfolge eines existenzvernichtenden Eingriffs ist die Schadensersatzhaftung des Gesellschafters gegenüber der Gesellschaft.[903] Die Bestellung aufsteigender Sicherheiten und Garantien zur Besicherung von Verbindlichkeiten des Gesellschafters kann den Tatbestand des existenzvernichtenden Eingriffs erfüllen, weil die Verwertung der Sicherheiten der Zielgesellschaft zu deren Insolvenz führen wird und der Aufwendungsersatzanspruch gegen die NewCo nicht vollwertig ist (Rn. 1466). Liegt der Finanzierung ein kaufmännisch belastbares Finanzmodell zu Grunde, wird der Gesellschafter der NewCo in der Regel aber nicht vorsätzlich handeln und eine Haftung damit ausscheiden.

(2) AG als Zielgesellschaft

(aa) Vermögensbindung

(aaa) § 57 AktG

1481 Gem. § 57 Abs. 1 S. 1 AktG darf die Aktiengesellschaft keine Leistungen an ihre Aktionäre erbringen, wenn sie nicht aus dem Bilanzgewinn erfolgen oder gesetzlich erlaubt sind. Ein Verstoß gegen § 57 AktG kann zur persönlichen Schadensersatzhaftung und Strafbarkeit des Vorstands der Zielgesellschaft,[904] der NewCo als Aktionärin der Zielgesellschaft[905] und der Organe der NewCo[906] führen.

1482 Die Bestellung aufsteigender Sicherheiten bzw. Garantien durch eine Aktiengesellschaft erfüllt den Tatbestand des § 57 AktG.[907] Ein Verstoß gegen § 57

---

902) *Brand*, NZG 2012, 1374, 1375; *Brand*, ZIP 2012, 1010, 1013.
903) Zum existenzvernichtenden Eingriff: Baumbach/Hueck/*Fastrich*, GmbHG, § 13 Rn. 57 ff.
904) *Diem*, Akquisitionsfinanzierungen, § 45 Rn. 42 ff.; § 47 Rn. 86 f.
905) *Diem*, Akquisitionsfinanzierungen, § 45 Rn. 40 f.; § 47 Rn. 77f.
906) *Diem*, Akquisitionsfinanzierungen, § 47 Rn. 82.
907) *Hüffer*, AktG, 10. Aufl., § 57 Rn. 12.

AktG führt grundsätzlich nicht zur Unwirksamkeit der dinglichen Bestellung der Sicherheit. § 57 AktG begründet auch kein Verwertungsverbot oder ein Leistungsverweigerungsrecht.[908] Damit kann der Vorstand einer Aktiengesellschaft aufsteigende Sicherheiten bzw. Garantien ohne das Risiko einer persönlichen Haftung nur dann bestellen, wenn man für die Frage der Auszahlung den Zeitpunkt der Bestellung für maßgeblich hält und die Verwertung der Sicherheit im konkreten Fall so fernliegend ist, dass keine Rückstellung gebildet werden muss (Rn. 1464 ff).

(bbb) Ausnahmen

§ 57 Abs. 1 S. 2 AktG sieht dieselben Ausnahmen wie § 30 Abs. 1 S. 2 GmbHG vor. Es gelten die für die GmbH geltenden Regeln (Rn. 1468 ff.). 1483

(ccc) Limitation Language

Die Vereinbarung einer Verwertungsbeschränkung für aufsteigende Sicherheiten bzw. Garantien einer Aktiengesellschaft würde dazu führen, dass eine Verwertung überhaupt nicht zulässig ist. Das Vermögen der Aktiengesellschaft ist umfassend und nicht nur in Höhe des gezeichneten Kapitals geschützt. Eine Beschränkung des Zugriffs auf die ausschüttungsfähigen Rücklagen wie bei der GmbH (Rn. 1473) ist bei der Aktiengesellschaft daher nicht möglich. 1484

Eine Ausnahme kommt in Betracht, wenn der Erwerber und die Zielgesellschaft einen Beherrschungs- oder Gewinnabführungsvertrag abschließen. In diesem Fall kann eine Verwertungsbeschränkung mit dem Inhalt vereinbart werden, dass die Verwertung unzulässig ist, wenn durch die Verwertung bzw. Durchsetzung bei der Zielgesellschaft ein Jahresfehlbetrag entsteht und ein vollwertiger Verlustausgleich nicht möglich ist. 1485

(bb) Haftung wegen Verursachung der Zahlungsunfähigkeit

§ 92 Abs. 2 S. 3 AktG entspricht § 64 S. 3 GmbHG. Es gelten die für die GmbH geltenden Regeln (Rn. 1477 ff.). 1486

(cc) Haftung wegen existenzvernichtenden Eingriffs

Es gelten die für die GmbH geltenden Regeln (Rn. 1480). 1487

(dd) Verbot der Finanzierung des Erwerbs eigener Anteile

(aaa) § 71a Abs. 1 S. 1 AktG

Gem. § 71a Abs. 1 S. 1 AktG ist ein Rechtsgeschäft nichtig, das die Leistung einer Sicherheit durch die Aktiengesellschaft an einen anderen zum Zwecke 1488

---

908) *Diem*, Akquisitionsfinanzierungen, § 45 Rn. 32 ff. Zur Nichtigkeit der Sicherheit: § 47 Rn. 10 ff.

des Erwerbes von Aktien dieser Gesellschaft zum Gegenstand hat (Financial Assistance). Ein Verstoß gegen § 71a AktG führt zwar nicht zur Nichtigkeit des dinglichen Geschäfts, aber zur Nichtigkeit des Verpflichtungsgeschäfts. Gegen § 71a AktG verstoßende Sicherheiten können daher gem. §§ 812 ff. BGB zurückverlangt werden.[909] Die Bestellung aufsteigender Sicherheiten und Garantien im Rahmen einer Akquisitionsfinanzierung erfüllt den Tatbestand des § 71a Abs. 1 S. 1 AktG. Dies gilt auch dann, wenn die Besicherung erst nach dem Closing erfolgt.[910]

(bbb) Ausnahme

1489   Gem. § 71a Abs. 1 S. 3 AktG gilt das Verbot des § 71a Abs. 1 S. 1 AktG nicht, wenn zwischen dem Erwerber und der Aktiengesellschaft ein Beherrschungs- oder Gewinnabführungsvertrag besteht (Rn. 1485). Es gelten die für die GmbH geltenden Regeln (Rn. 1470).

(3) GmbH & Co. KG als Zielgesellschaft

(aa) Erhaltung des Stammkapitals

(aaa) § 30 GmbHG

1490   Bei der GmbH & Co. KG findet § 30 GmbHG auf das Stammkapital der Komplementär-GmbH Anwendung. Zu einer Auszahlung des Stammkapitals durch eine Auszahlung aus dem Vermögen der KG kommt es in zwei Fällen (Rn. 1491, 1492).

1491   Im ersten Fall ist die Komplementär-GmbH mit einem Kapitalanteil an der KG beteiligt. Infolge der Bestellung der Sicherheiten durch die KG oder infolge ihrer Verwertung muss der in der Bilanz der Komplementär-GmbH aktivierte Kapitalanteil wertberichtigt werden.[911]

1492   Im zweiten Fall ist die Komplementär-GmbH nicht mit einem Kapitalanteil an der KG beteiligt, wird aber für die Verbindlichkeiten der KG, z. B. für eine von der KG gestellten aufsteigenden Garantie, in Anspruch genommen oder droht in Anspruch genommen zu werden (§§ 161 Abs. 2, 128 HGB), so dass eine entsprechende Rückstellung gebildet werden muss. Da der aus den §§ 161 Abs. 2, 110 HGB resultierende Aufwendungsersatzanspruch der Komplementär-GmbH gegen die KG nicht vollwertig ist (Rn. 1465), kann durch die Rückstellung bei der Komplementär-GmbH eine Unterbilanz entstehen.[912]

1493   § 30 GmbHG findet auf die Komplementär-GmbH direkte Anwendung, wenn die KG die aufsteigende Sicherheit bzw. Garantie für die Verbindlichkeiten

---

909) *Hüffer*, AktG, 10. Aufl., § 71a Rn. 4.
910) *Hüffer*, AktG, 10. Aufl., § 71a Rn. 3.
911) Baumbach/Hueck/*Fastrich*, GmbHG, § 30 Rn. 68.
912) Baumbach/Hueck/*Fastrich*, GmbHG, § 30 Rn. 68.

eines Kommanditisten bestellt, der an der Komplementär-GmbH beteiligt ist.[913] Analog wird § 30 GmbHG angewendet, wenn der Begünstigte ein Kommanditist ist, der nicht an der Komplementär-GmbH beteiligt ist („Nur-Kommanditist")[914] und nicht auch eine persönliche Person unbeschränkt haftet,[915] oder Gesellschafter der Komplementär-GmbH ist, ohne Kommanditist zu sein,[916] wobei es in diesem Fall ohne Bedeutung ist, ob daneben eine natürliche Person unbeschränkt haftet.[917]

1494 Keine Anwendung findet § 30 GmbHG, wenn die aufsteigende Sicherheit bzw. Garantie der KG die Verbindlichkeiten der Komplementär-GmbH besichert. In diesem Fall ist nicht ein Gesellschafter der Komplementär-GmbH, deren Stammkapital durch § 30 GmbHG geschützt wird, sondern die Komplementär-GmbH selber der Begünstigte. § 30 GmbHG findet aber nur auf Leistungen Anwendung, die zugunsten eines Gesellschafters der GmbH geleistet werden. Eine Unterbilanz der Komplementär-GmbH, die in diesem Fall durch aufsteigende Sicherheiten bzw. Garantien der KG verursacht wird, ist im Hinblick auf die § 30 GmbHG unbeachtlich, weil die Komplementär-GmbH für die eigenen Verbindlichkeiten ohnehin unbeschränkt haftet.[918]

(bbb) Ausnahmen

1495 Es gelten die für die GmbH geltenden Regeln (Rn. 1468 ff.).

(ccc) Limitation Language

1496 In der Praxis werden die Verwertungsbeschränkungen, wie sie für die GmbH üblich sind (Rn. 1472 ff.), auch für die aufsteigenden Sicherheiten bzw. Garantien der GmbH & Co. KG vereinbart, allerdings mit der Maßgabe, dass es für die Frage der Unterbilanz auf die Bilanz der Komplementär-GmbH ankommt.

(bb) Einlagenrückgewähr

1497 Die Bestellung aufsteigender Sicherheiten bzw. Garantien durch die KG kann auch eine Einlagenrückgewähr i. S. v. § 172 Abs. 4 HGB mit den damit verbundenen Haftungsfolgen darstellen.[919]

(4) Asset Stripping Verbot

1498 Das Asset Stripping Verbot (§ 292 KAGB) verpflichtet in seinem Anwendungsbereich den Manager eines Alternativen Investmentfonds (AIF), Aus-

---

913) Baumbach/Hueck/*Fastrich*, GmbHG, § 30 Rn. 68.
914) Baumbach/Hueck/*Fastrich*, GmbHG, § 30 Rn. 70.
915) BGH ZIP 2015, 322, 323.
916) Baumbach/Hueck/*Fastrich*, GmbHG, § 30 Rn. 70.
917) BGH ZIP 2015, 322, 323.
918) *Diem*, Akquisitionsfinanzierungen, § 44 Rn. 10.
919) *Diem*, Akquisitionsfinanzierungen, § 44 Rn. 15 ff.

schüttungen eines Unternehmens, über das der AIF die Kontrolle erlangt hat, innerhalb von 24 Monaten nach Kontrollerwerb nur in begrenztem Maße zuzulassen (siehe dazu Rn. 1760, 1789 ff.). Zurzeit ist unklar, ob das Asset Stripping Verbot in der Weise ausgelegt werden muss, dass es auch die Bestellung aufsteigender Sicherheiten erfasst. Die wohl überwiegende Meinung in der Praxis und der Literatur[920] geht davon aus, dass dies nicht der Fall ist.

d) Beschränkter Rückgriff auf den Sponsor

1499 Bei einer Akquisitionsfinanzierung durch einen Private Equity Fonds haben die Fremdkapitalgeber keinen Rückgriff auf den Fonds (non-recourse).[921] Der Sponsor ist nicht Partei der Finanzierungsdokumentation. Der Sponsor stellt auch keine Sicherheiten, um die gewerbliche Prägung zu vermeiden (siehe dazu Rn. 1417). Schuldner aus der Finanzierungsdokumentation sind allein die NewCo und, soweit sie der Finanzierungsdokumentation beitreten (Rn. 1419), die Zielgesellschaft und deren Tochtergesellschaften. Die Akquisitionskredite werden ausschließlich aus dem Cashflow der Zielgesellschaft bedient (Rn. 1451 ff.). Die Sicherheiten werden ausschließlich an der Akquisitionsstruktur und am Vermögen der Zielgesellschaft bestellt (Rn. 1390 ff.). Als Rechtsform der NewCo wird typischerweise die GmbH gewählt, die eine Haftung ihrer Gesellschafter ausschließt. Im Ergebnis haftet der Sponsor damit nur mit dem von ihm eingezahlten Eigenkapital und seinen Gesellschafterdarlehen (Rn. 1421).

e) Struktureller Nachrang

1500 Die Akquisitionskredite werden von der NewCo aufgenommen. Das operative Geschäft, deren Erwerb durch die Akquisitionskredite finanziert wird, befindet sich aber in der Zielgesellschaft. Daraus ergibt sich ein finanzierungstechnisches (Rn. 1501) und ein steuerliches (Rn. 1502) Problem.

1501 Die Fremdkapitalgeber der NewCo befinden sich gegenüber den Gläubigern der Zielgesellschaft im strukturellen Nachrang. Die Sicherheiten am Vermögen der Zielgesellschaft heben den strukturellen Nachrang nicht auf, da diese nur eingeschränkt verwertbar sind (Rn. 1462 ff.). Nur soweit die Zielgesellschaft bzw. deren Tochtergesellschaften den Linien zur Refinanzierung ihrer

---

920) Baur/Tappen/*Behme*, § 292 KAGB Rn. 17; Weitnauer/Boxberger/Anders/*Swoboda*, § 292 KAGB Rn. 17; *van Kann/Keiluweit*, DStR 2013, 1483, 1487; *Schröder/Rahn*, GWR 2014, 49, 52; *Hesse/Lamsa*, CFL 2011, 39, 46; für Anwendbarkeit auf Sicherheiten im Falle bilanzieller Auswirkungen: *Weitnauer*, AG 2013, 672, 677.

921) Bei der Übernahme durch einen Strategen kommen auch Strukturen mit Haftungsrückgriff in Betracht, z. B. wenn die übernehmende Gesellschaft den Akquisitionskredit selber aufnimmt oder den Akquisitionskredit der übernehmenden Tochtergesellschaft garantiert. In solchen Strukturen kommt es für die Frage der Finanzierbarkeit in erster Linie auf die Bonität des Übernehmers an. Die Bonität der Zielgesellschaft ist nur dann von Bedeutung, wenn die Bonität des Übernehmers allein für die Akquisitionskredite nicht ausreicht.

bestehenden Verbindlichkeiten bzw. der Betriebsmittellinie als Darlehensnehmer beitreten (Rn. 1419), besteht der strukturelle Nachrang nicht. Durch Maßnahmen nach dem Closing kann der strukturelle Nachrang der Fremdkapitalgeber in Grenzen aufgehoben werden (Rn. 1503 ff.).

Steuerlich sind die von der NewCo zu zahlenden Fremdkapitalzinsen nicht abzugsfähig, da die NewCo keine Gewinne generiert, mit denen die Fremdkapitalzinsen verrechnet werden könnten. Die Abzugsfähigkeit kann nach dem Closing in Grenzen hergestellt werden (Rn. 1512). 1502

aa) Beseitigung des strukturelle Nachrangs der Fremdkapitalgeber

Der strukturelle Nachrang kann durch eine Übertragung des Vermögens der Zielgesellschaft auf die NewCo oder durch eine Übertragung der Verbindlichkeiten der NewCo aus den Akquisitionskrediten auf die Zielgesellschaft aufgehoben werden. Diese Maßnahmen können den strukturellen Nachrang allerdings nur im Hinblick auf die NewCo beseitigen. Im Hinblick auf die Tochtergesellschaften der NewCo bleibt er bestehen. 1503

(1) Upstream Merger

Beim Upstream Merger wird die Zielgesellschaft auf die NewCo verschmolzen. Das Vermögen und die Verbindlichkeiten der Zielgesellschaft gehen auf die NewCo über (§ 20 Abs. 1 Nr. 1 UmwG). Die Anteile an der Zielgesellschaft und die an ihnen bestellten Pfandrechte erlöschen (§ 20 Abs. 1 Nr. 2 UmwG). Nach herrschender Meinung findet § 71a AktG auf einen Upstream Merger, wenn die Zielgesellschaft eine Aktiengesellschaft ist, keine Anwendung.[922] Nach der Verschmelzung finden § 30 GmbHG und § 57 AktG auf die Besicherung der Verbindlichkeiten durch die NewCo keine Anwendung. 1504

Durch die Verschmelzung entsteht bei der NewCo ein Verschmelzungsgewinn oder ein Verschmelzungsverlust.[923] Ob die Verschmelzung unzulässig ist, wenn der Verschmelzungsverlust das Stammkapital (GmbH) bzw. das Grundkapital (AG) der NewCo angreift, ist ungeklärt.[924] 1505

(2) Downstream Merger

Beim Downstream Merger verschmilzt die NewCo auf die Zielgesellschaft. Das Vermögen und die Verbindlichkeiten der NewCo gehen auf die Zielgesellschaft über (§ 20 Abs. 1 Nr. 1 UmwG). Die Anteile an der NewCo erlöschen (§ 20 Abs. 1 Nr. 2 UmwG). Der Gesellschafter der NewCo erhält die 1506

---

922) MünchKomm-AktG/*Oechsler*, § 71a Rn. 26; Spindler/Stilz/*Cahn*, AktG, § 71a Rn. 45.
923) *Kußmaul/Richter*, GmbHR 2004, 701, 703; Semler/Stengel/*Moszka*, UmwG, § 24 Rn. 54 und Rn. 58.
924) MünchKomm-GmbHG/*Ekkenga*, § 30 Rn. 193; dagegen: *Diem*, Akquisitionsfinanzierungen, § 49 Rn. 16.

Anteile an der Zielgesellschaft (§ 20 Abs. 1 Nr. 3 S. 1 UmwG). Die an den Anteilen an der NewCo bestellten Pfandrechte erlöschen (arg. e. § 20 Abs. 1 Nr. 3 S. 2 UmwG). § 71a AktG findet auf den Downstream Merger, wenn die Zielgesellschaft eine Aktiengesellschaft ist, nach herrschender Meinung keine Anwendung.[925] Nach der Verschmelzung finden § 30 GmbHG und § 57 AktG auf die Besicherung der Verbindlichkeiten durch die Zielgesellschaft keine Anwendung.

1507 Aufgrund der hohen Verbindlichkeiten der NewCo aus den Akquisitionskrediten entsteht bei der Zielgesellschaft in der Regel ein Verschmelzungsverlust, da die Buchwerte der Zielgesellschaft im Rahmen eines Downstream Merger nicht auf die Verkehrswerte aufgestockt werden können. Führt der Verschmelzungsverlust dazu, dass das Stammkapital (GmbH) bzw. das Grundkapital (AG) der Zielgesellschaft angegriffen wird, ist die Verschmelzung nach herrschender Meinung unzulässig.[926] Der Downstream Merger wird auch als Anwendungsfall des existenzvernichtenden Eingriffs diskutiert.[927]

(3) Gesamtrechtsnachfolge

1508 Ist die Zielgesellschaft eine GmbH & Co. KG und die NewCo deren einzige Kommanditistin, kann der strukturelle Nachrang beseitigt werden, indem die Komplementär-GmbH aus der Zielgesellschaft ausscheidet. Die Zielgesellschaft erlischt. Die NewCo als einzige verbleibende Gesellschafterin erwirbt im Wege der Gesamtrechtsnachfolge das gesamte Vermögen und alle Verbindlichkeiten der Zielgesellschaft. Die Anteile an der Zielgesellschaft und die Pfandrechte an ihnen erlöschen. Nach herrschender Meinung verstößt die Gesamtrechtsnachfolge nicht gegen § 71a AktG, wenn die Zielgesellschaft ursprünglich eine Aktiengesellschaft war, die für den Zweck der Anwachsung in eine Personengesellschaft umgewandelt wurde.[928] Nach der Anwachsung finden § 30 GmbHG und § 57 AktG auf die Besicherung der Verbindlichkeiten durch die NewCo keine Anwendung. Ungeklärt ist, ob die Gesamtrechtsnachfolge ausgelöst werden darf, wenn sie bei der NewCo einen Verlust verursacht und dadurch das Stammkapital (GmbH) bzw. das Grundkapital (AG) angegriffen wird.[929]

(4) Befreiende Schuldübernahme (Debt Push Down)

1509 Bei der befreienden Schuldübernahme übernimmt die Zielgesellschaft durch einen Vertrag mit den Fremdkapitalgebern und der NewCo die Schulden der

---

925) MünchKomm-AktG/*Oechsler*, § 71a Rn. 26; Spindler/Stilz/*Cahn*, AktG, § 71a Rn. 45.
926) MünchKomm-GmbHG/*Ekkenga*, § 30 Rn. 193; dagegen: *Diem*, Akquisitionsfinanzierungen, § 49 Rn. 35.
927) Michalski/*Heidinger*, GmbHG, § 30 Rn. 107.
928) Spindler/Stilz/*Cahn*, AktG, § 71a Rn. 46; MünchKomm-AktG/*Oechsler*, § 71a Rn. 27.
929) Dagegen: *Diem*, Akquisitionsfinanzierungen, § 49 Rn. 49.

NewCo aus den Akquisitionskrediten mit für die NewCo befreiender Wirkung. Als Gegenleistung für die Schuldübernahme aktiviert die Zielgesellschaft einen Ausgleichsanspruch gegen die NewCo. Die Aktivierung dieses Anspruchs darf allerdings nicht zu einer Verletzung von § 30 GmbHG bzw. § 57 AktG führen. Wegen § 418 BGB ist darauf zu achten, dass die Sicherheitengeber dem Debt Push Down zustimmen.[930]

(5) Übertragung der Sicherungsgegenstände

Theoretisch ist es möglich, dass die Zielgesellschaft ihr gesamtes Vermögen im Wege der Einzelrechtsnachfolge (Asset Deal) auf die NewCo überträgt. Da die NewCo den Kaufpreis nicht bezahlen kann, weil ihr Vermögen nur aus den Anteilen an der Zielgesellschaft besteht (Rn. 1435), muss der Kaufpreisanspruch der Zielgesellschaft gegen die NewCo gestundet werden. Im Ergebnis stellen sich damit dieselben Probleme wie bei der befreienden Schuldübernahme (Rn. 1509). 1510

(6) Eingliederung

Ist sowohl die NewCo als auch die Zielgesellschaft eine Aktiengesellschaft, ist die Eingliederung der Zielgesellschaft in die NewCo möglich. Gem. § 323 Abs. 2 AktG gelten Leistungen der Zielgesellschaft als eingegliederte Gesellschaft an die NewCo als Hauptgesellschaft nicht als Verstoß gegen § 57 AktG. Die Eingliederung stellt eine Rechtslage her, die derjenigen entspricht, wenn zwischen der NewCo und der Zielgesellschaft ein Beherrschungs- oder Gewinnabführungsvertrag bestünde (Rn. 1470 f.). 1511

bb) Beseitigung des struktureller Nachrangs aus steuerlicher Sicht

Die Abzugsfähigkeit der von der NewCo zu zahlenden Zinsen kann durch die Beseitigung des strukturellen Nachrangs (Rn. 1503 ff.) oder durch eine Organschaft zwischen der NewCo und der Zielgesellschaft erreicht werden (siehe dazu Rn. 480 ff.). Wegen der Zinsschranke (siehe dazu Rn. 515 ff.) und der gewerbesteuerlichen Hinzurechnung (siehe dazu Rn. 542 ff.) sind die Fremdkapitalzinsen allerdings nur eingeschränkt steuerlich abzugsfähig. 1512

XVI. Arbeitsrecht

Unabhängig davon, ob Betriebsmittel eines Unternehmens im Wege der Einzelrechtsnachfolge auf einen neuen Inhaber übertragen werden (sog. *Asset Deal*[931]) oder ob Anteile an einer Gesellschaft veräußert werden (sog. *Share Deal*[932]), können Transaktionen erhebliche Auswirkungen auf die Belegschaft und deren Vertragsverhältnisse haben. 1513

---

930) Zu § 418 BGB beim Debt Push Down: *Schuhmacher*, BKR 2013, 270.
931) Siehe oben A III 2.
932) Siehe oben A III 1.

1514 Um die Auswirkungen einer Transaktion sowohl auf die Vertragsverhältnisse der Belegschaft als auch auf die Parteien des Kaufvertrags beurteilen zu können, ist es aus arbeitsrechtlicher Sicht zunächst von besonderer Bedeutung, ob die Transaktion mittels eines *Asset Deals* (hierzu Rn. 1515 ff.) oder *Share Deals* (hierzu Rn. 1596 ff.) erfolgt. Anders als ein *Asset Deal* kann ein bloßer Wechsel der Gesellschafter zu keinem Betriebsübergang i. S. d. § 613a BGB führen.[933] Gleichwohl kann auch ein *Share Deal* erhebliche Auswirkungen auf die Arbeits- oder Dienstverhältnisse von Mitarbeitern haben, die es zu berücksichtigen gilt. Besonderer Aufmerksamkeit bedürfen in beiden Transaktionsstrukturen aufgrund der zum Teil erheblichen finanziellen Auswirkungen etwaige Zusagen einer betrieblichen Altersversorgung, die auf den Erwerber übergehen bzw. von der Gesellschaft weiterhin bedient werden müssen (hierzu Rn. 1598 ff.). Schließlich gilt es bei beiden Transaktionsstrukturen die Mitwirkungsrechte der Arbeitnehmervertretungen zu berücksichtigen und deren Durchführung in den Transaktionsprozess einzuplanen (hierzu unter Rn. 1605 ff.).

1. Asset Deal

1515 Da nicht jeder *Asset Deal* zu einem Betriebs(teil)übergang i. S. d. § 613a BGB führt, haben die Parteien des Kaufvertrags anhand der beabsichtigten Transaktionsstruktur im konkreten Einzelfall zu beurteilen, ob ein Betriebs(teil)übergang vorliegt. Dies gilt insbesondere aufgrund der Tatsache, dass wirtschaftliche Prozesse nach wie vor so ausgestaltet werden können, dass die Tatbestandsvoraussetzungen des § 613a BGB nicht erfüllt sind, ohne dass ein unzulässiges Umgehungsgeschäft vorliegt.[934] Des Weiteren kann der im Falle eines Betriebsübergangs durch § 613a BGB gesetzlich angeordnete Arbeitgeberwechsel sowohl auf den Verkäufer als auch auf den Käufer Auswirkungen haben, die die Parteien im Vorfeld nicht bedacht haben und bei deren Bedenken die Parteien ggf. eine andere Transaktionsstruktur gewählt hätten.

1516 Der Tatbestand des § 613a BGB setzt voraus, dass ein Betrieb oder ein Betriebsteil durch Rechtsgeschäft auf einen anderen Inhaber übergeht. Bei internationalen Bezügen kommt § 613a BGB nur zur Anwendung, wenn aufgrund der Vorschriften der VO (EG) 593/2008[935] deutsches Vertragsstatut Anwendung findet.[936] § 613a BGB gehört weder zu den wesentlichen Grundsätzen des deutschen *ordre public* nach Art. 21 Rom I-VO noch gemäß Art. 9 Rom I-VO zu den Bestimmungen des deutschen Rechts, die ohne Rücksicht

---

933) BAG, v. 14.8.2007 – 8 AZR 803/06, NZA 2007, 1428.
934) Vgl. hierzu BAG, v. 25.10.2012 – 8 AZR 575/11, NZA 2013, 203.
935) Die Richtlinie VO (EG) 593/2008 wird nachfolgend als „Rom I-VO" bezeichnet.
936) Gem. Art. 28 Rom I-VO finden die Regelungen des EGBGB auf Vertragsverhältnisse, die vor dem 17.12.2009 begründet worden sind weiterhin Anwendung.

auf das auf den Vertrag anzuwendende Recht den Sachverhalt zwingend regeln.[937]

a) Tatbestandsvoraussetzungen des § 613a BGB

Ob die Veräußerung von (einzelnen) Betriebsmitteln im Wege der Einzelrechtsnachfolge an einen Erwerber die Rechtsfolgen des § 613a BGB auslöst, kann nicht pauschal beantwortet werden, sondern ist stets im Einzelfall unter Berücksichtigung der Bestimmungen in der Richtlinie 2001/23/EG[938] sowie der umfangreichen Rechtsprechung des EuGH und des BAG zu beurteilen. 1517

aa) Betriebs- und Betriebsteilbegriff

Der Begriff des Betriebs(teils) wird weder in der Betriebsübergangsrichtlinie noch in § 613a BGB definiert. Art. 1 Abs. 1b der Betriebsübergangsrichtlinie stellt vielmehr auf den Übergang einer 1518

„ihre Identität bewahrenden wirtschaftlichen Einheit im Sinne einer organisierten Zusammenfassung von Ressourcen zur Verfolgung einer wirtschaftlichen Haupt- oder Nebentätigkeit"

ab. Im Nachgang der „Ayse-Süzen"-Entscheidung des EuGH[939] hat auch das BAG die *wirtschaftliche Einheit* in den Mittelpunkt seiner Rechtsprechungspraxis zum Betriebsübergangsrecht gerückt und sieht

„jede organisierte Gesamtheit von Personen und/oder Sachen zur auf Dauer angelegten Ausübung einer wirtschaftlichen Tätigkeit mit eigener Zielsetzung"

als Betrieb i. S. d. § 613a BGB an.[940] Ausgehend hiervon hat die Rechtsprechung sodann den Begriff des Betriebsteils konkretisiert.[941] Demgemäß sind Betriebsteile

„Teileinheiten (Teilorganisationen) des Betriebs. Es muss sich um eine selbständige, abtrennbare organisatorische Einheit handeln, die innerhalb des betrieblichen Gesamtzwecks einen Teilzweck erfüllt. Das Merkmal des Teilzwecks dient dabei zur Abgrenzung der organisatorischen Einheit. Im Teilbetrieb müssen nicht andersartige Zwecke als im übrigen Betrieb verfolgt werden."

---

937) BAG, v. 29.10.1992 – 2 AZR 267/92, ZIP 1993, 850 = NZA 1993, 743; MünchKomm-BGB/*Martiny*, Art. 8 VO (EG) 593/2008 Rn. 88; *Deinert*, RdA 2009, 144.
938) Die Richtlinie 2001/23/EG und ihre Vorgängerrichtlinien 77/187/EWG und 98/50/EG werden nachfolgend zusammenfassend auch als „*Betriebsübergangsrichtlinie*" bezeichnet.
939) EuGH, 11.3.1997 – Rs. C-13/95, ZIP 1997, 516 = NZA 1997, 433 – *Ayse Süzen*.
940) BAG, v. 21.6.2012 – 8 AZR 181/11, NZA-RR 2013, 6; BAG, v. 30.10.2008 – 8 AZR 855/07, NZA 2009, 723; BAG, v. 24.8.2006 – 8 AZR 317/05, NZA 2007, 1287.
941) EuGH, v. 12.2.2009 – Rs. C-466/07, ZIP 2009, 433 = NZA 2009, 251 – *Klarenberg*; BAG, v. 13.10.2011 – 8 AZR 455/10, ZIP 2012, 488 = NZA 2012, 504; BAG, v. 7.4.2011 – 8 AZR 730/09, NZA 2011, 1231.

1519 Ein Betriebsteilübergang setzt nach der Rechtsprechung allerdings voraus, dass

„die von einem Erwerber übernommene organisierte Gesamtheit von Personen und/oder Sachen bereits beim Veräußerer eine wirtschaftliche Einheit dargestellt und damit die Qualität eines Betriebsteils gehabt haben muss, um die Voraussetzung des § 613 a I 1 BGB erfüllen zu können."[942]

1520 Das BAG beurteilt somit im Rahmen einer „Vorher-Nachher-Betrachtung", ob beim Veräußerer eine selbständige abtrennbare organisatorische Einheit vorgelegen hat, die innerhalb des betrieblichen Gesamtzwecks einen Teilzweck verfolgt hat, und diese beim Betriebserwerber identitätswahrend fortgeführt wird. An einer solchen, bei einem Veräußerer bereits bestehenden organisatorischen Einheit fehlt es beispielsweise, wenn der Erwerber zwar bestimmte Betriebsmittel und Arbeitnehmer übernimmt, diese aber vom Veräußerer in unterschiedlichen Bereichen eingesetzt wurden und erstmals durch den Erwerber strukturell zusammengefasst und koordiniert eingesetzt werden.[943]

bb) Der Übergang eines Betriebs oder Betriebsteils im Einzelnen

1521 Für die Beantwortung der Frage, ob eine wirtschaftliche Einheit unter Wahrung ihrer Identität fortgeführt wird und somit ein Betriebs(teil)übergang i. S. v. § 613a BGB vorliegt, ist nach der ständigen Rechtsprechung des EuGH und des BAG eine **wertende Gesamtbetrachtung** der Umstände des Einzelfalls vorzunehmen.[944] Im Rahmen dieser wertenden Gesamtbetrachtung ist anhand der Eigenart des Betriebs festzustellen, ob der wesentliche Teil der Betriebsmittel, d. h. derjenige Teil, der den **Kern der Wertschöpfung** ausmacht und der es dem Erwerber ermöglicht, die vom Veräußerer aufgebauten Strukturen gewinnbringend zu nutzen, tatsächlich auf den Erwerber übergeht.[945] Der Kern der Wertschöpfung kann sich je nach der Eigenart des Betriebs(teils) aus dem Personal, den Führungskräften, der Arbeitsorganisation, den Betriebsmethoden und aus den organisatorischen Einheit zur Verfügung stehenden Betriebsmitteln ergeben.

1522 Die Rechtsprechung bedient sich für die vorzunehmende wertende Gesamtbetrachtung zunächst des sog. **„7-Punkte-Katalogs"**.[946] Demzufolge ist anhand der Art des betreffenden Unternehmens, des Übergangs der materiellen Aktiva, des Werts der immateriellen Aktiva zum Zeitpunkt des Übergangs, der Übernahme der Hauptbelegschaft, des Übergangs der Kundschaft, des Grads der Ähnlichkeit der Tätigkeit vor und nach dem Übergang und der Dauer

---

942) BAG, v. 13.10.2011 – 8 AZR 455/10, ZIP 2012, 488 = NZA 2012, 504; BAG, v. 7.4.2011 – 8 AZR 730/09, BB 2012, 258.
943) *Willemsen*, NZA 2014, 1010.
944) EuGH, v. 6.3.2014 – C 458/12, BeckRS 2014, 80502 = ZIP 2014, 791 – *Amatori* m. w. N.; BAG, v. 23.5.2013 – 8 AZR 207/12, BB 2014, 61 = AP Nr. 441 zu § 613a BGB m. w. N.
945) BAG, v. 22.8.2013 – 8 AZR 521/12, BeckRS 2014, 65161.
946) Vgl. BAG, v. 18.9.2014 – 8 AZR 733/13, BeckRS 2014, 74117.

einer eventuellen Unterbrechung der Tätigkeit zu beurteilen, ob eine wirtschaftliche Einheit identitätswahrend auf einen neuen Betriebsinhaber übertragen wurde.[947] Der EuGH hat aber bereits in der Rechtssache *Spijkers*[948] klargestellt, dass

> „alle diese Umstände nur Teilaspekte der vorzunehmenden globalen Bewertung sind und deshalb nicht isoliert beurteilt werden können."

Hieran wird deutlich, dass die Frage, ob ein Betriebsübergang vorliegt, nicht lediglich anhand der Kriterien des „7-Punkte-Katalogs" beantwortet werden kann, sondern stets eine Gesamtwürdigung aller Umstände des Einzelfalls vorzunehmen ist. Dies hat auch der EuGH in der Rechtssache *Ayse Süzen*[949] klargestellt: 1523

> „Zwar gehört die Übertragung von Betriebsmitteln auch zu den Kriterien, die von dem innerstaatlichen Gericht bei der Beurteilung der Frage zu berücksichtigen sind, ob tatsächlich ein Unternehmensübergang vorliegt; das Fehlen derartiger Betriebsmittel schließt aber einen Übergang iim Sinne der Richtlinie nicht notwendigerweise aus."

Das BAG hat im Anschluss an die „Ayse-Süzen"-Entscheidung die „Gesamtbetrachtungslehre" des EuGH übernommen, so dass sich nunmehr auch in den Entscheidungen des BAG[950] stets sinngemäß folgende Aussage findet, die es für die Beantwortung der Frage, ob der Kern der Wertschöpfung auf einen Erwerber übergeht und somit ein Betriebs(teil)übergang vorliegt, zu beachten gilt: 1524

> „Bei der Prüfung, ob eine wirtschaftliche Einheit unter Wahrung ihrer Identität übergegangen ist, sind sämtliche den betreffenden Vorgang kennzeichnenden Tatsachen zu berücksichtigen."

Die Berücksichtigung „von sämtlichen den betreffenden Vorgang kennzeichnenden Tatsachen" hat zur Folge, dass 1525

> „den maßgeblichen Kriterien […] je nach der ausgeübten Tätigkeit und je nach den Produktions- und Betriebsmethoden unterschiedliches Gewicht zu[kommt].[951]

Unter Berücksichtigung dieser Grundsätze unterscheidet die Rechtsprechung des BAG bei der Prüfung, ob der Kern der Wertschöpfung auf einen Erwerber übergegangen ist, zwischen **betriebsmittelarmen Betrieben**, d. h. Betrieben, in denen es im Wesentlichen auf die menschliche Arbeitskraft ankommt, während sächliche Betriebsmittel nur eine geringe, untergeordnete Bedeutung 1526

---

947) Vgl. BAG, v. 18.9.2014 – 8 AZR 733/13, BeckRS 2014, 74117.
948) EuGH, v. 18.3.1986 – C-J002/85 – *Spijkers* – Slg 1968, 1119.
949) EuGH, v. 11.3.1997 – Rs. C-13/95, NZA 1997, 433 – *Ayse Süzen*.
950) Vgl. nur BAG, v. 18.9.2014 – 8 AZR 733/13, BeckRS 2014, 74117 m. w. N.
951) EuGH, v. 15.12.2005 – Rs. C-232/04 und C-233/04, ZIP 2006, 95 = NZA 2006, 29 – *Güney Görres*; EuGH, v. 11.3.1997 – Rs. C-13/95, ZIP 1997, 516 = NZA 1997, 433 – *Ayse Süzen*; BAG, v. 22.8.2013 – 8 AZR 521/12, BeckRS 2014, 65161; BAG, v. 22.1.2009 – 8 AZR 158/07, ZIP 2009, 1976 = NZA 2009, 905.

A. Der Unternehmenskauf

haben,[952] und **betriebsmittelgeprägten Betrieben**, d. h. Betrieben, in denen es überwiegend auf sächliche Mittel, wie z. B. Gebäude, Maschinen, Produktionsanlagen, Werkzeuge, Rohstoffe, Halb- und Fertigfabrikate, Fahrzeuge und Transportgeräte ankommt.[953] Ausgehend von diesen Prämissen kann in betriebsmittelarmen Betrieben

> „auch eine Gesamtheit von Arbeitnehmern, die durch eine gemeinsame Tätigkeit dauerhaft verbunden ist, eine wirtschaftliche Einheit darstellen."[954]

1527 Von einer identitätswahrenden Übernahme einer wirtschaftlichen Einheit und somit einem Betriebsübergang i. S. d. § 613a BGB ist in diesen Fällen auszugehen, wenn

> „der neue Betriebsinhaber einen nach Zahl und Sachkunde wesentlichen Teil des Personals" [übernimmt] und [...] die betriebliche Tätigkeit fort[führt]",[955]

wobei es stets

> „von der Struktur eines Betriebs oder Betriebsteils ab[hängt], welcher nach Zahl und Sachkunde zu bestimmende Teil der Belegschaft übernommen werden muß, um die Rechtsfolgen des § 613a BGB auszulösen."[956]

1528 Das BAG verwendet für die Beurteilung des Vorliegens eines Betriebsübergangs durch die Übernahme von wesentlichen Teilen der Belegschaft grundsätzlich folgende Formel: je geringer die erforderliche Qualifikation der zu übernehmenden Belegschaft ist, desto höher ist der erforderliche Anteil der zu übernehmenden Arbeitnehmer.[957] Hiervon ausgehend hat sich eine umfangreiche Rechtsprechungskasuistik entwickelt, die nachfolgend nur beispielhaft dargestellt werden kann:

1529 Nach Auffassung des BAG liegt bei der Übernahme von 75 % der Belegschaft kein Betriebsübergang vor, soweit in einem Betrieb keine speziellen Fachkenntnisse für die zu verrichtenden Tätigkeiten erforderlich sind (z. B. Postverteilung oder Müllentsorgung).[958] Dies gelte allerdings nicht, sollte der Erwerber auch die betriebliche Organisation des Vorgängers vollständig übernehmen. Als für die Annahme eines Betriebsübergangs hingegen ausreichend angesehen wurde die Übernahme von ca. 75 % der Mitarbeiter eines Callcenters.[959] Hieran änderte selbst die Erweiterung des Dienstleistungsangebots

---

952) BAG, v. 21.5.2008 – 8 AZR 481/07, NZA 2009, 144; BAG, v. 11.12.1997 – 8 AZR 729/96, NZA 1998, 534.
953) *Preis*, in: ErfK Arbeitsrecht, § 613a BGB Rn. 12.
954) BAG, v. 22.1.2009 – 8 AZR 158/07, ZIP 2009, 1976 = NZA 2009, 905.
955) BAG, v. 18.9.2014 – 8 AZR 733/13, BeckRS 2014, 74117; BAG, v. 22.1.2009 – 8 AZR 158/07, ZIP 2009, 1976 = NZA 2009, 905.
956) BAG, v. 11.12.1997 – 8 AZR 729/96, ZIP 1998, 666 = NZA 1998, 534.
957) BAG, v. 21.6.2012 – 8 AZR 181/11, NZA-RR 2013, 6; vgl. auch die Übersicht bei *Kappenhagen*, BB 2013, 696.
958) BAG, v. 11.12.1997 – 8 AZR 426/94, ZIP 1998, 663 = BB 1998, 696.
959) BAG, v. 25.6.2009 – 8 AZR 258/08, NZA 2009, 1412.

durch den Erwerber mit der Notwendigkeit von Schulungsmaßnahmen für die Belegschaft nichts. Nach Ansicht des BAG bleibt die wirtschaftliche Einheit auch bei einer Auftragsneuvergabe und einer Übernahme von 85 % der Mitarbeiter eines früheren Gebäudereinigungs-Auftragnehmers erhalten, wenn ein neuer Auftragnehmer gleichzeitig die frühere Betriebsorganisation beibehält.[960] Aufgrund der erforderlichen Spezialkenntnisse von Mitarbeitern eines IT-Servicebetriebs nahm das BAG einen Betriebsübergang schließlich bereits bei einer Übernahme von 57,5 % der zuletzt beim Veräußerer beschäftigten Mitarbeiter an.[961] Das BAG geht zutreffend davon aus, dass ein

> „IT-Servicebetrieb […] in besonderer Weise durch die Spezialkenntnisse und Qualifikationen seiner Mitarbeiter geprägt [ist], da die zu verrichtenden Tätigkeiten nur nach einem Studium oder einer Ausbildung im IT-Bereich und nach Schulungen in Bezug auf einzelne EDV-Produkte ausgeführt werden können."

Zudem müssen IT-Mitarbeiter ihre Kenntnisse im Hinblick auf die sich ständig verändernde Technik auf dem Laufenden halten. Da der neue Arbeitgeber auch Führungskräfte des ehemaligen Arbeitgebers einstellte, profitiere der Erwerber von der durch den ehemaligen Arbeitgeber

> „in der personellen Verknüpfung und dem Know-how der Führungskräfte und der anderen Mitarbeitern geschaffenen Betriebsorganisation."

1530

Neben der Belegschaft bilden in Handels- und Dienstleistungsbetrieben die immateriellen Betriebsmittel den Kern der Wertschöpfung. Hierzu zählen beispielsweise der Kundenstamm, die Kundenlisten, die Geschäftsbeziehungen zu Dritten, das „Know-how", der „Goodwill", die Marktstellung oder die Geschäftsräume und Geschäftslage, sofern diese Bestandteile des Betriebs es ermöglichen, den bisherigen Kundenkreis zu halten und auf den neuen Betriebsinhaber überzuleiten.[962]

1531

Für das Vorliegen eines Betriebsübergangs ist es in betriebsmittelarmen Betrieben aber keinesfalls ausreichend, wenn ein neuer Betriebsinhaber lediglich die bisherige Tätigkeit fortführt, ohne dass ein nach Zahl und Sachkunde wesentlicher Teil des Personals übernommen wird, den der Vorgänger gezielt bei dieser Tätigkeit eingesetzt hatte. Eine bloße Tätigkeit stellt keine wirtschaftliche Einheit dar,[963] so dass durch eine **Funktionsnachfolge** die Rechtsfolgen des § 613a BGB nicht ausgelöst werden.[964]

1532

---

960) BAG, v. 11.12.1997 – 8 AZR 729/96, ZIP 1998, 666 = BB 1998, 698.
961) BAG, v. 21.6.2012 – 8 AZR 181/11, NZA-RR 2013, 6.
962) BAG, v. 9.2.1994 – 2 AZR 781/93, ZIP 1994, 901 = NZA 1994, 612.
963) EuGH, v. 12.2.2009 – Rs. C-466/07, ZIP 2009, 433 = NZA 2009, 251 – *Klarenberg*; EuGH, v. 11.3.1997 – Rs. C-13/95, ZIP 1997, 516 = NZA 1997, 433 – *Ayse Süzen*; EuGH, v. 15.12.2005 – Rs. C-232/04 und C-233/04, ZIP 2006, 95 = NZA 2006, 29 – *Güney Görres*, dazu EWiR 2006, 55 *(Thüsing/Fuhlrott)*; BAG, v. 26.8.1999 – 8 AZR 827/98, ZIP 2000, 286 = NZA 2000, 371, dazu EWiR 2000, 327 *(Künzl)*; a. A. noch EuGH, v. 14.4.1994 – Rs. C-392/92, ZIP 1994, 1036 = NZA 1994, 545 – *Christel Schmidt*.
964) BAG, v. 22.8.2013 – 8 AZR 521/12, BeckRS 2014, 65161; BAG, v. 16.5.2007 – 8 AZR 693/06, NZA 2007, 1296.

1533 In betriebsmittelgeprägten Betrieben kann ein Betriebsübergang hingegen auch ohne Übernahme von Personal vorliegen, wenn der Einsatz der Betriebsmittel den eigentlichen Kern des zur Wertschöpfung erforderlichen Funktionszusammenhangs ausmacht.[965] Dies kann unter anderem anzunehmen sein, wenn die Betriebsmittel unverzichtbar zur auftragsgemäßen Verrichtung der Tätigkeit sind, diese auf dem freien Markt nicht erhältlich sind oder ihr Gebrauch vom Auftraggeber zwingend vorgeschrieben ist.[966] Die bloße Tatsache, dass überhaupt sächliche Betriebsmittel für die Erbringung der Dienstleistung erforderlich sind, führt aber nicht dazu, dass diese Betriebsmittel für die betriebliche Tätigkeit identitätsprägend sind.[967]

(1) Betriebsstilllegung und räumliche Verlagerung

1534 Ebenso wenig wie eine Funktionsnachfolge löst eine **Betriebsstilllegung** die Rechtsfolgen des § 613a BGB aus. Schlagwortartig formuliert das BAG in seinen Entscheidungen, dass sich Betriebsstilllegung und Betriebsübergang systematisch ausschließen.[968] Begründet wird dies mit dem Argument, dass eine Betriebsstilllegung die Auflösung der zwischen Arbeitgeber und Arbeitnehmer bestehenden **Betriebs- und Produktionsgemeinschaft** auf Grund eines ernstlichen und endgültigen Willensentschlusses des Unternehmers für unbestimmte, nicht nur vorübergehende Zeit voraussetzt.[969] In Fällen einer Betriebsstilllegung kann demgemäß eine identitätswahrende Fortführung einer wirtschaftlichen Einheit durch einen Erwerber nicht erfolgen. Ob allerdings eine Betriebsstilllegung oder lediglich eine **Betriebspause**, die die Rechtsfolgen des § 613a BGB nicht ausschließt, vorliegt, ist eine Tatsachenfrage des jeweiligen Einzelfalls und hängt von mehreren Faktoren ab. Jedenfalls solange sich der Betriebsinhaber mit Dritten in Verhandlungen hinsichtlich der Übernahme des Betriebs befindet, liegt keine hinreichende Betriebsstilllegungsabsicht vor.[970] Auch führt die bloße Produktionseinstellung nicht zu einer Betriebsstilllegung. Vielmehr ist die Auflösung der Betriebsorganisation erforderlich. Hierzu gehören neben einer tatsächlichen Einstellung der betrieblichen Tätigkeit zumindest auch der Ausspruch von Kündigungen gegenüber den Arbeitnehmern oder die Kündigung von Mietverträgen sowie

---

965) EuGH, v. 20.11.2003 – C-340/01, ZIP 2003, 2315 = NZA 2003, 1385 – *Carlito Abler*, dazu EWiR 2004, 85 *(Diller/Grzyb)*; BAG, v. 18.9.2014 – 8 AZR 733/13, BeckRS 2014, 74117; BAG, v. 22.8.2013 – 8 AZR 521/12, BeckRS 2014, 65161.
966) BAG, v. 22.8.2013 – 8 AZR 521/12, BeckRS 2014, 65161.
967) BAG, v. 21.6.2012 – 8 AZR 181/11, NZA-RR 2013, 6.
968) BAG, v. 28.5.2009 – 8 AZR 273/08, NZA 2009, 1267.
969) BAG, v. 21.6.2001 – 2 AZR 137/00, NZA 2002, 212.
970) BAG, v. 13.2.2008 – 2 AZR 543/06, ZIP 2008, 2091 = NZA 2008, 821, dazu EWiR 2008, 763 *(M. Roth)*; BAG, v. 27.9.1984 – 2 AZR 309/83, ZIP 1985, 698 = NZA 1985, 493; LAG Berlin-Brandenburg, v. 2.4.2014 – 15 Sa 275/14, BeckRS 2014, 69788.

die Veräußerung der Betriebsmittel.⁹⁷¹⁾ Abgeschlossen ist die Stilllegung erst dann, wenn die Arbeitsverhältnisse der Arbeitnehmer beendet sind.⁹⁷²⁾

Eine allgemeingültige zeitliche Grenze, ab wann von einer Betriebsstilllegung und nicht mehr von einer Betriebspause auszugehen ist, kann indes nicht gezogen werden, da sich jede schematische Lösung verbietet. Eine Betriebsstilllegung kann richtigerweise erst angenommen werden, wenn sich der funktionswesentliche Zusammenhang einer wirtschaftlichen Einheit tatsächlich aufgelöst hat und nicht mehr auf einen Betriebserwerber übergehen kann.⁹⁷³⁾ **1535**

Das BAG hat unter Berücksichtigung dieser Grundsätze eine Betriebsstilllegung im Falle einer fünfmonatigen Unterbrechung der betrieblichen Tätigkeit bei gleichzeitig vorgenommenen Renovierungsarbeiten abgelehnt,⁹⁷⁴⁾ indes bei einem Modefachgeschäft eine Unterbrechung der betrieblichen Tätigkeit von neun Monaten für das Vorliegen einer Betriebsstilllegung für ausreichend erachtet.⁹⁷⁵⁾ **1536**

Ebenfalls zu einem Verlust der Betriebsidentität kann eine nicht unerhebliche **räumliche Verlagerung** des Betriebs führen, wenn durch die Verlagerung die alte Betriebsgemeinschaft aufgelöst und die wirtschaftliche Tätigkeit an einem anderen Ort mit einer im Wesentlichen neuen Belegschaft fortgeführt wird.⁹⁷⁶⁾ Was allerdings unter einer „nicht unerheblichen räumlichen Verlagerung" zu verstehen ist, ist in der Rechtsprechung des BAG nicht abschließend geklärt. Eine räumliche Verlagerung von 59 Kilometern ins grenznahe Ausland stellt nach einer Entscheidung noch keine erhebliche räumliche Verlagerung dar,⁹⁷⁷⁾ während das Gericht bei einer Verlagerung um mehrere hundert Kilometer die Wahrung der wirtschaftlichen Identität stark bezweifelt.⁹⁷⁸⁾ Auch die Frage, ob eine räumliche Verlagerung einen Betriebsübergang ausschließt, kann nur anhand des Merkmals der Aufrechterhaltung des bisherigen Wertschöpfungszusammenhangs beantwortet werden. Mithin ist entscheidend, ob der Erwerber an dem neuen Standort den bisherigen Wertschöpfungszusammenhang gewinnbringend fortführen kann oder ob er einen neuen Wertschöpfungszusammenhang schaffen muss. Kann sich der Erwerber der bisherigen betrieblichen Organisation an dem neuen Standort nicht **1537**

---

971) BAG, v. 27.4.1995 – 8 AZR 197/94, ZIP 1995, 1540 = NZA 1995, 1155; BAG, v. 16.5.2002 – 8 AZR 319/01, NZA 2003, 93; Staudinger/*Annuß*, BGB, § 613a Rn. 84.
972) BAG, v. 16.5.2002 – 8 AZR 319/01, NZA 2003, 93.
973) Staudinger/*Annuß*, BGB, § 613a Rn. 93; HWK/*Willemsen*, § 613a BGB Rn. 178 ff.
974) BAG, v. 11.9.1997 – 8 AZR 555/95, ZIP 1998, 36 = BB 1998, 50.
975) BAG, v. 22.5.1997 – 8 AZR 101/96, ZIP 1997, 1555 = NZA 1997, 1050.
976) BAG, v. 29.8.2013 – 2 AZR 808/12, BeckRS 2014, 67188; BAG, v. 26.5.2011 – 8 AZR 37/10, ZIP 2011, 2023 = NZA 2011, 1143, dazu EWiR 2011, 699 (*Rossa/Fuhlrott*); BAG, v. 12.2.1987 – 2 AZR 247/86, ZIP 1987, 1478 = NZA 1988, 170; BAG, v. 6.11.1959 – 1 AZR 329/58, BAGE 8, 207 = AP Nr. 15 zu § 13 KSchG; LAG Düsseldorf, v. 22.1.2014 – 4 Sa 528/13, BeckRS 2014, 70518.
977) BAG, v. 26.5.2011 – 8 AZR 37/10, ZIP 2011, 2023 = NZA 2011, 1143.
978) BAG, v. 25.5.2000 – 8 AZR 335/99, BeckRS 2009, 67931.

mehr bedienen, scheidet ein Betriebsübergang mangels identitätswahrender Fortführung einer wirtschaftlichen Einheit aus.

(2) Wiedereinstellungsanspruch

1538 Geht der Veräußerer von einer Betriebsstilllegung aus und kündigt er auf Grund dieser Annahme allen Arbeitnehmern oder einem Teil der Arbeitnehmer aus betriebsbedingten Gründen und stellt sich während der laufenden Kündigungsfrist heraus, dass sich die **Stilllegungsprognose** nicht verwirklicht, sondern ein Betriebsübergang erfolgt bzw. erfolgt ist, haben Arbeitnehmer, die aus betriebsbedingten Gründen gekündigt wurden, ggf. einen Anspruch auf Fortsetzung des Arbeitsverhältnisses unter Wahrung des bisherigen Besitzstands. Nach erfolgtem Betriebsübergang richtet sich der Anspruch gegen den Erwerber.[979] Der **Wiedereinstellungsanspruch** ist in zeitlicher Hinsicht grundsätzlich bis zum Ablauf der Kündigungsfrist begrenzt; nach Ablauf der Kündigungsfrist kann ein Wiedereinstellungsanspruch nur ausnahmsweise in Betracht kommen, wenn die Weiterbeschäftigungsmöglichkeit bereits während des Laufs der Kündigungsfrist entstanden und die ursprünglich bei Ausspruch der Kündigung anzustellende Prognose während des Laufs der Kündigungsfrist unzutreffend geworden war.[980] Der Wiedereinstellungsanspruch ist durch den Arbeitnehmer in entsprechender Anwendung des § 613a Abs. 6 BGB binnen eines Monats nach Kenntniserlangung von den den Betriebsübergang ausmachenden tatsächlichen Umständen geltend zu machen.[981] Keinen Anspruch auf Wiedereinstellung hat das BAG in einem Fall anerkannt, in dem ein Betriebsübergang nach Ablauf der Kündigungsfrist erfolgt ist und die Kündigung durch einen Insolvenzverwalter ausgesprochen wurde.[982]

(3) Tatsächliche Betriebsfortführung und identitätszerstörende Eingliederung

1539 Entgegen der früheren Rechtsprechung des BAG ist auch die bloße **Fortsetzungsmöglichkeit** der wirtschaftlichen Tätigkeit nicht geeignet, die Rechtsfolgen des § 613a BGB auszulösen. Entscheidend ist nur, dass der neue Betriebsinhaber die betriebliche Tätigkeit tatsächlich fortführt.[983] Ob der bisherige Betrieb(steil) beim Erwerber seine bisherige Selbständigkeit verliert, ist für eine identitätswahrende Fortführung der betrieblichen Tätigkeit auch

---

979) BAG, v. 27.2.1997 – 2 AZR 160/96, NZA 1997, 757.
980) BAG, v. 25.10.2007 – 8 AZR 989/06, NZA 2008, 357.
981) BAG, v. 21.8.2008 – 8 AZR 201/07, NZA 2009, 29.
982) BAG, v. 13.5.2004 – 8 AZR 198/03, ZIP 2004, 1610 = BB 2005, 383.
983) EuGH, v. 26.5.2005 – C-478/03, ZIP 2005, 1377 = NZA 2005, 681 – *Celtec Ltd./John Astley*, dazu EWiR 2005, 903 *(Joost)*; EuGH, v. 10.12.1998 – Rs. C-173/96 u. C-247/96, NZA 1999, 1697 – *Hidalgo*; BAG, v. 27.9.2012 – 8 AZR 826/11, ZIP 2013, 1186 = NZA 2013, 961, dazu EWiR 2013, 369 *(Bross)*.

nicht mehr entscheidend.⁹⁸⁴⁾ Für das Vorliegen eines Betriebs(teil)übergangs ist es vielmehr ausreichend, wenn

> „die funktionelle Verknüpfung zwischen den übertragenen Produktionsfaktoren beibehalten wird und sie es dem Erwerber erlaubt, diese Faktoren zu nutzen, um derselben oder einer gleichartigen wirtschaftlichen Tätigkeit nachzugehen".⁹⁸⁵⁾

Aber auch nach der „Klarenberg"-Entscheidung des EuGH kann eine *„identitätszerstörende Eingliederung"* eines Betriebs(teils) in bereits bestehende Betriebsstrukturen einen Betriebsübergang ausschließen. Voraussetzung hierfür ist, dass es nicht zu einer Beibehaltung des Funktions- und Zweckzusammenhangs zwischen den verschiedenen übertragenen Faktoren kommt, die es dem Erwerber erlaubt, diese Faktoren, auch wenn sie in eine andere Organisationsstruktur eingegliedert werden, zur Verfolgung einer bestimmten wirtschaftlichen Tätigkeit zu nutzen.⁹⁸⁶⁾ 1540

An einer identitätswahrenden Fortführung des bisherigen Betriebs kann es auch fehlen, wenn der bisherige Betriebszweck durch den Erwerber geändert wird.⁹⁸⁷⁾ Hierzu zählen insbesondere wesentliche Änderungen der Tätigkeit auf Grund von Änderungen des Konzepts und der Organisation.⁹⁸⁸⁾ Ein Betriebsübergang scheidet mithin immer aus, wenn 1541

> „die funktionelle Verknüpfung der Wechselbeziehung und gegenseitigen Ergänzung zwischen den Produktionsfaktoren beim anderen Unternehmer verloren geht",

d. h., wenn sich der Erwerber die beim Betriebsveräußerer bestehenden Strukturen nicht gewinnbringend aneignet und sich nicht *„ins gemachte Bett legt".*⁹⁸⁹⁾

cc) Wechsel der Betriebsinhaberstellung

Der Tatbestand des § 613a BGB setzt den Wechsel des Betriebsinhabers voraus. Aufgrund des Tatbestandsmerkmals des Betriebsinhaberwechsels ist es nicht ausreichend, wenn der Erwerber mit einzelnen Betriebsmitteln erstmals eine wirtschaftliche Einheit schafft. Erforderlich ist vielmehr, 1542

> „dass die übernommenen Betriebsmittel bereits bei dem früheren Betriebsinhaber die Qualität eines Betriebsteils hatten."⁹⁹⁰⁾

---

984) So aber noch BAG, v. 30.10.2008 – 8 AZR 855/07, NZA 2009, 723; BAG, v. 24.8.2006 – 8 AZR 317/05, NZA 2007, 1287; BAG, v. 6.4.2006 – 8 AZR 249/04, NZA 2006, 1039.
985) EuGH, v. 12.2.2009 – Rs. C-466/07, ZIP 2009, 433 = NZA 2009, 251 – *Klarenberg*; BAG, v. 13.10.2011 – 8 AZR 455/10, ZIP 2012, 488 = NZA 2012, 504.
986) BAG, v. 22.8.2013 – 8 AZR 521/12, BeckRS 2014, 65161.
987) StRspr. BAG, v. 25.6.2009 – 8 AZR 258/08, NZA 2009, 1412.
988) BAG, v. 17.12.2009 – 8 AZR 1019/08, ZIP 2010, 694 = NZA 2010, 499, dazu EWiR 2010, 241 *(Fuhlrott)*; BAG, v. 4.5.2006 – 8 AZR 299/05, ZIP 2006, 1545 = NZA 2006, 1096.
989) BAG, v. 6.4.2006 – 8 AZR 249/04, ZIP 2006, 1695 = NZA 2006, 1039, dazu EWiR 2006, 553 *(Hollich)*.
990) BAG, v. 22.7.2004 – 8 AZR 350/03, NZA 2004, 1383; vgl. auch BAG, v. 13.10.2011 – 8 AZR 455/10, ZIP 2012, 488 = NZA 2012, 504.

1543 Inhaber eines Betriebs ist, wer die organisatorisch und personell zusammengefassten Betriebsmittel im eigenen Namen und auf eigene Rechnung führt und im Außenverhältnis als **Betriebsinhaber** auftritt.[991] Die Betriebsinhaberstellung setzt weder das Eigentum an den Betriebsmitteln noch die Übertragung von Eigentum voraus. Vielmehr kommt es darauf an, dass der Erwerber in die Lage versetzt wird, die übertragenen Betriebsmittel im eigenen Namen zu unterhalten und die **betriebliche Leitungsmacht** tatsächlich auszuüben.[992] Unerheblich ist, auf welche Rechtsgrundlage die betriebliche Leitungsmacht zurückzuführen ist, da der Begriff der Betriebsinhaberstellung nur auf die tatsächliche Ausübung der Leitungsmacht abstellt, nicht hingegen auf den Zufluss des wirtschaftlichen Ergebnisses der Betriebstätigkeit.[993] Die betriebliche Leitungsmacht kann daher auch aus Leasing-, Pacht- oder Lizenzverträgen abgeleitet werden.[994]

1544 Unter Berücksichtigung dieser Grundsätze kann der Abschluss eines **Betriebsführungsvertrags**[995] nur dann zu einem Betriebsübergang führen, wenn der künftige Betriebsführer die Leitungsmacht nicht im Namen der Besitz- oder Eigentümergesellschaft, sondern im eigenen Namen ausübt (sog. unechte Betriebsführungsverträge).[996] Nach dem gleichen Maßstab sind auch Treuhandverhältnisse im weiteren Sinne zu beurteilen. Nur wenn der Betrieb im Namen des Treunehmers geführt wird, liegt ein Betriebsinhaberwechsel vor, der die Rechtsfolgen des § 613a BGB auslösen kann.[997]

dd) Übergang durch Rechtsgeschäft

1545 § 613a Abs. 1 S. 1 BGB fordert, dass der Betrieb(steil) „durch Rechtsgeschäft" auf einen anderen Inhaber übergehen muss. Dieses Tatbestandsmerkmal ist umfassend zu verstehen und dient lediglich zur Abgrenzung von Übertragungen im Wege der Gesamtrechtsnachfolge und durch Hoheitsakt.[998] Bei einer Verschmelzung, Spaltung oder Vermögensübertragung bestimmt § 324 UmwG, dass § 613a Abs. 1, 4–6 BGB unberührt bleiben. Es handelt sich hierbei um eine Rechtsgrundverweisung,[999] so dass die Tatbestandsvoraus-

---

991) BAG, v. 15.12.2005 – 8 AZR 202/05, ZIP 2006, 1145 = AP Nr. 294 zu § 613a BGB; BAG, v. 18.3.1999 – 8 AZR 196/98, ZIP 1999, 1496 = NZA 1999, 869; Staudinger/*Annuß*, BGB, § 613a Rn. 65.
992) BAG, v. 5.12.2005 – 8 AZR 202/05, ZIP 2006, 1145; HWK/*Willemsen*, § 613a BGB Rn. 46.
993) EuGH, v. 20.11.2003 – Rs. C-340/01, NZA 2003; 1385 – *Carlito Abler*; EuGH, v. 15.2.2007 – 8 AZR 449/06, ZIP 2007, 1382 = NZA 2007, 793, dazu EWiR 2007, 551 (*C. S. Hergenröder*).
994) Staudinger/*Annuß*, BGB, § 613a Rn. 65.
995) Vgl. zu Betriebsführungsverträgen als Gestaltungsinstrument: *Rieble*, NZA 2010, 1145.
996) *Willemsen*, in: W/H/S/S, Kap. G Rn. 77; HWK/*ders.*, § 613a BGB Rn. 48.
997) BAG, v. 20.3.2003 – 8 AZR 312/02, ZIP 2003, 1557 = NZA 2003, 1338.
998) BAG, v. 25.10.2007 – 8 AZR 917/06, NZA-RR 2008, 367.
999) Henssler/Strohn/*Moll*, § 324 UmwG Rn. 1 ff.; *Oetker*, in: ErfK, § 324 UmwG Rn. 2.

setzungen des § 613a BGB auch im Anwendungsbereich des § 324 UmwG gesondert zu prüfen sind.

Für einen Übergang durch Rechtsgeschäft ist erforderlich, dass die Herrschaft über den Wertschöpfungszusammenhang aufgrund eines tatsächlichen Konsenses mit dem bisherigen Inhaber auf den neuen Inhaber übergeht.[1000] Dafür ist jedoch nicht erforderlich, dass ein Rechtsgeschäft unmittelbar zwischen dem bisherigen Inhaber und dem Erwerber zustande kommt.[1001] Ein Übergang durch Rechtsgeschäft liegt auch dann vor, wenn der Übergang durch eine Reihe von verschiedenen Rechtsgeschäften oder durch Rechtsgeschäfte mit verschiedenen Dritten veranlasst wird. Entscheidend ist einzig, ob die abgeschlossenen Rechtsgeschäfte darauf gerichtet sind, eine funktionsfähige betriebliche Einheit zu übernehmen.[1002] Da allein auf die willentliche Übernahme der Organisations- und Leitungsmacht abzustellen ist, ist es auch unerheblich, ob das zugrunde liegende Rechtsgeschäft wirksam ist.[1003]

1546

b) Rechtsfolgen eines Betriebsübergangs

Liegt ein Betriebsübergang i. S. d. § 613a BGB vor, ergeben sich die Rechtsfolgen unmittelbar aus dem Gesetz.

1547

aa) Übergang der Arbeitsverhältnisse

Sind die Tatbestandsvoraussetzungen des § 613a Abs. 1 BGB erfüllt, gehen alle dem Betrieb(steil) zugeordneten **Arbeitsverhältnisse** mit allen Rechten und Pflichten auf den neuen Betriebsinhaber über. Der Übergang eines Arbeitsverhältnisses setzt somit voraus,

1548

> „dass der betroffene Arbeitnehmer dem übertragenen Betrieb oder Betriebsteil zugeordnet ist […]. Für die Zuordnung des Arbeitnehmers ist darauf abzustellen, ob er in den übergegangenen Betrieb oder Betriebsteil tatsächlich eingegliedert war. Es reicht nicht aus, dass er Tätigkeiten für den übertragenen Teil verrichtete, ohne in dessen Struktur eingebunden gewesen zu sein."[1004]

Ob der Arbeitnehmer dem übergegangenen Betrieb oder Betriebsteil zuzuordnen ist, entscheidet sich zunächst nach dem Willen der Arbeitsvertragsparteien.[1005] Kann ein solcher Wille weder in ausdrücklicher noch in konkludenter Form festgestellt werden, so erfolgt die Zuordnung nach Auffassung des BAG – ausdrücklich oder konkludent – durch den Arbeitgeber auf Grund seines Di-

1549

1000) Staudinger/*Annuß*, BGB, § 613a Rn. 107.
1001) EuGH, v. 20.11.2003 – C-340/01, ZIP 2003, 2315 = NZA 2003, 1385 – *Carlito Abler*; BAG, v. 21.6.2012 – 8 AZR 181/11, NZA-RR 2013, 6.
1002) BAG, v. 15.2.2007 – 8 AZR 431/06, ZIP 2007, 1382 = NZA 2007, 79.
1003) BAG, v. 6.2.1985 – 5 AZR 411/83, ZIP 1985, 1525 = NZA 1985, 735; *Preis*, in: ErfK Arbeitsrecht, § 613a BGB Rn. 61.
1004) BAG, v. 17.10.2013 – 8 AZR 763/12, NZA-RR 2014, 175.
1005) BAG, v. 17.10.2013 – 8 AZR 763/12, NZA-RR 2014, 175.

rektionsrechts.[1006] Für die Ausübung des Direktionsrechts ist entscheidend, in welchem Betrieb(steil) der Arbeitnehmer vor der Betriebs(teil)veräußerung schwerpunktmäßig beschäftigt war. Die schwerpunktmäßige Beschäftigung ist im Rahmen einer wertenden Gesamtbetrachtung aller Elemente zu ermitteln.[1007]

1550 Problematisch sind die in der Praxis häufig vorzufindenden Fälle, in denen ein Schwerpunkt der Tätigkeit nicht ermittelt werden kann und der Arbeitnehmer mehreren Betrieben oder Betriebsteilen zugeordnet war. Auch wenn die in einem solchem Fall vorgeschlagenen Lösungen von einem Wahlrecht des Arbeitnehmers[1008] über ein modifiziertes Widerspruchsrecht in entsprechender Anwendung des § 613a Abs. 6 BGB[1009] bis hin zu einem Ausschluss des § 613a BGB[1010] reichen, wird man davon ausgehen müssen, dass dem Arbeitgeber in solchen Fällen ein einseitiges Zuweisungsrecht zusteht.[1011] In der Praxis empfiehlt sich dennoch, vorsorglich eine Vereinbarung mit dem Arbeitnehmer über seine Zuordnung zu treffen. Derartige Vereinbarungen verstoßen grundsätzlich nicht gegen § 613a BGB.[1012]

1551 Zu den übergehenden Arbeitsverhältnissen gehören auch Arbeitsverhältnisse von Arbeitnehmern, die sich bereits im gekündigten Zustand oder in der Passivphase einer Altersteilzeitvereinbarung befinden.[1013] Ebenso zählen Praktikums-, Volontariats- und Ausbildungsverhältnisse zu den von § 613a BGB erfassten Arbeitsverhältnissen. Keine Rolle spielt es, ob die Arbeitnehmer zum Zeitpunkt des Betriebsübergangs arbeitsunfähig krank oder sogar erwerbsunfähig sind,[1014] da weder die **Arbeitsunfähigkeit** noch die **Erwerbsunfähigkeit** die Arbeitspflicht beseitigt.[1015] Gleiches gilt für **ruhende Arbeitsverhältnisse**, wie sie z. B. im Rahmen einer Elternzeit, einer Pflegezeit oder eines *Sabbaticals* auftreten.

1552 Nicht erfasst werden hingegen **Dienstverhältnisse** von **Organmitgliedern**,[1016] wie z. B. Vorstandsmitgliedern oder Geschäftsführern, oder diejenigen von

---

1006) BAG, v. 17.10.2013 – 8 AZR 763/12, NZA-RR 2014, 175; BAG, v. 21.2.2013 – 8 AZR 877/11, NZA 2013, 617; BAG, v. 24.5.2005 – 8 AZR 398/04, NZA 2005, 1302.
1007) BAG, v. 17.10.2013 – 8 AZR 763/12, NZA-RR 2014, 175.
1008) A/P/S/*Steffan*, § 613a BGB Rn. 88; *Müller/Thüsing*, ZIP 1997, 1869.
1009) Commandeur/Kleinbrink, NJW 2005, 633.
1010) *Kreitner*, NZA 1990, 429.
1011) Staudinger/*Annuß*, BGB, § 613a Rn. 145; in diese Richtung wohl auch BAG, v. 21.2.2013 – 8 AZR 877/11, NZA 2014, 617.
1012) BAG, v. 20.7.1982 – 3 AZR 261/80, ZIP 1983, 107 = AP Nr. 31 zu § 613a BGB; HWK/*Willemsen*, § 613a BGB Rn. 229; **a. A.** wohl *Elking*, NZA 2014, 295, der die Zuordnungsentscheidung am Maßstab des § 613a Abs. 4 BGB messen möchte.
1013) BAG, v. 31.1.2008 – 8 AZR 27/07, ZIP 2008, 1133 = NZA 2008, 705.
1014) BAG, v. 21.2.2006 – 3 AZR 216/05, ZIP 2006, 1742 = NZA 2007, 931.
1015) BAG, v. 21.2.2006 – 3 AZR 216/05, ZIP 2006, 1742 = NZA 2007, 931.
1016) BAG, v. 13.2.2003 – 8 AZR 654/01, ZIP 2003, 1010 = NZA 2003, 552, dazu EWiR 2003, 621 (*Wank*).

Heimarbeitern, Hausgewerbetreibenden, freien Mitarbeitern und sonstigen arbeitnehmerähnlichen Personen.[1017]

Ob die Arbeitsverhältnisse von **Leiharbeitnehmern**, die von dem Entleiher in dem veräußerten Betrieb eingesetzt werden, ebenfalls auf den Betriebserwerber übergehen, ist seit der Entscheidung des EuGH vom 21.10.2010 in der Rechtssache *Albron Catering* streitig.[1018] Die Rechtsprechung und – soweit ersichtlich – die einhellige Auffassung in der Literatur sind bisweilen davon ausgegangen, dass Leiharbeitnehmer nicht in einem Arbeitsverhältnis zum Betriebsveräußerer stehen und daher nicht vom Anwendungsbereich des § 613a BGB erfasst werden, wenn der **Entleiherbetrieb** veräußert wird.[1019] Das BAG hatte nach der Entscheidung des EuGH in der Rechtssache *Albron Catering* bislang keine Möglichkeit zu dieser Rechtsfrage Stellung zu nehmen. Es erscheint aber nicht ausgeschlossen, dass auch das BAG zu dem Ergebnis gelangt, dass Arbeitsverhältnisse von Arbeitnehmern zumindest in Fällen, in denen – ggf. unter Verstoß gegen § 1 Abs. 1 S. 1, Abs. 3 Nr. 2 AÜG – eine dauerhaft „gespaltene Arbeitgeberstellung" vorliegt, d. h. die dauerhafte Trennung von vertraglicher Arbeitgeberstellung und tatsächlicher Ausübung des Weisungsrechts, von der Rechtsfolgenanordnung des § 613a BGB erfasst werden. Diese dauerhafte Trennung von vertraglicher Arbeitgeberstellung und tatsächlicher Ausübung des Weisungsrechts kommt allerdings wohl nur in Konzernverhältnissen vor, wenn Arbeitnehmer bei einer konzernierten Personalgestellungsgesellschaft angestellt sind und dauerhaft bei einem anderen Konzernunternehmen im Wege der konzerninternen Arbeitnehmerüberlassung eingesetzt werden. Für die vorübergehende Arbeitnehmerüberlassung ist indes weiterhin davon auszugehen, dass Leiharbeitnehmer nicht vom Anwendungsbereich des § 613a BGB erfasst werden, wenn der Entleiherbetrieb veräußert wird. Wird der **Verleiherbetrieb** veräußert, sind auch die Arbeitsverhältnisse der als Leiharbeitnehmer angestellten Arbeitnehmer vom Anwendungsbereich des § 613a BGB erfasst, sofern sie dem veräußerten Betriebs(teil) zuzuordnen sind.

1553

bb) Zeitpunkt des Betriebsübergangs

Maßgeblicher Zeitpunkt für den Betriebsübergang ist der Übergang der tatsächlichen **Leitungs- und Organisationsmacht** auf den Betriebserwerber, nicht aber der Zeitpunkt des Abschlusses eines etwaigen Kaufvertrags.[1020] Die tatsächliche Leitungs- und Organisationsmacht ist auf den Erwerber übergegangen, wenn dieser in die Lage versetzt wurde, die wirtschaftliche Einheit unter

1554

1017) BAG, v. 24.3.1998 – 9 AZR 218/97, NZA 1998, 1001; MünchKomm-BGB/*Müller-Glöge*, § 613a Rn. 80 ff.
1018) EuGH, v. 21.10.2010 – C-242/09, ZIP 2010, 2170 = NZA 2010, 1225 – *Albron*.
1019) *Forst*, RdA 2011, 228; *Willemsen*, NJW 2011, 1546; *Greiner*, NZA 2014, 284; *Bauer/von Medem*, NZA 2011, 20.
1020) BAG, v. 13.12.2007 – 8 AZR 1107/06, ZIP 2008, 1740 = AP Nr. 338 zu § 613a BGB.

Nutzung der erworbenen sachlichen oder immateriellen Betriebsmittel fortzuführen,[1021] d. h. grundsätzlich erst mit Vollzug des Kaufvertrags (*Closing*). Geht der Betrieb in einzelnen Schritten auf den Erwerber über, so ist der Betriebsübergang jedenfalls in dem Zeitpunkt erfolgt, in dem die wesentlichen, zur Fortführung des Betriebs erforderlichen Betriebsmittel übergegangen (bzw. Arbeitnehmer übernommen) sind und die Entscheidung über den Betriebsübergang nicht mehr rückgängig gemacht werden kann.

cc) Eintritt in die Rechte und Pflichten der Arbeitsverhältnisse

1555 Mit dem Übergang der Leitungs- und Organisationsmacht auf den Betriebserwerber gehen die Arbeitsverhältnisse mit sämtlichen Rechten und Pflichten auf den Erwerber über, wobei sich der Eintritt des Betriebserwerbers auf Rechte und Pflichten beschränkt, die im Arbeitsverhältnis begründet sind.

1556 Demgemäß wirkt eine dem Arbeitnehmer vom Betriebsveräußerer erteilte **Handlungsvollmacht** oder **Prokura** nicht gegenüber dem Betriebserwerber,[1022] da deren Erteilung auf einem gesonderten Rechtsakt beruht. Der Arbeitnehmer kann allerdings gegenüber dem Betriebserwerber einen Anspruch auf Erteilung einer Handlungsvollmacht bzw. Prokura haben, wenn sich ein derartiger Anspruch aus dem Arbeitsvertrag des Arbeitnehmers ergibt.[1023]

1557 Nicht zu den Rechten aus dem Arbeitsverhältnis gehören nach ganz überwiegender Auffassung Rechte aus Vertragsverhältnissen, die der Arbeitnehmer mit Dritten lediglich mit Rücksicht auf das bestehende Arbeitsverhältnis eingegangen ist. Hierzu gehören insbesondere Ansprüche gegenüber einer **Konzernobergesellschaft** auf Zuteilung von **Aktienoptionen** oder Ansprüche aus sonstigen Zusagen einer Konzernobergesellschaft. Diese Rechte sind grundsätzlich nicht Bestandteil des Arbeitsverhältnisses und gehen nicht auf den Betriebserwerber über.[1024]

1558 Rechte und Pflichten aus einem **Arbeitgeberdarlehen** können Bestandteil des Arbeitsverhältnisses sein und somit auf den Betriebserwerber übergehen, wenn die Auszahlung der Darlehensvaluta lediglich einen Gehaltsvorschuss des Arbeitgebers darstellt.[1025] Schließen die Arbeitsvertragsparteien hingegen einen rechtlich selbstständigen Darlehensvertrag ab, ist dieser nicht Be-

---

1021) BAG, v. 27.4.1995 – 8 AZR 197/94, ZIP 1995, 1540 = NZA 1995, 1155.
1022) *Oetker*, in: ErfK Arbeitsrecht, § 48 HGB Rn. 4; MünchKomm-BGB/*Müller-Glöge*, § 613a Rn. 92; *Fuhlrott/Fabritius*, BB 2013, 1592.
1023) *Fuhlrott*, ArbRAktuell 2013, 462.
1024) BAG, v. 12.2.2003 – 10 AZR 299/02, ZIP 2003, 682 = AP Nr. 243 zu § 613a BGB, dazu EWiR 2003, 561 *(Reichold/Heldele)*; LAG Hessen, v. 19.11.2001 – 16 Sa 971/01, ZIP 2002, 1049 = NZA-RR 2003, 316; *Naumann/Gaul*, NZA 2011, 121.
1025) BAG, v. 21.1.1999 – 8 AZR 373/97, BeckRS 1999, 30368263; LAG Köln, v. 18.5.2000 – 10 Sa 50/00, NZA-RR 2001, 174; *Cohnen*, in: Münchener Anwaltshandbuch Arbeitsrecht, § 54 Rn. 19.

standteil des Arbeitsverhältnisses und geht nicht auf den Betriebserwerber über.

Im Hinblick auf **Werkswohnungen** gehen die Rechte und Pflichten nur dann auf den Erwerber über, wenn es sich um eine **Werkdienstwohnung**[1026] i. S. d. § 576b BGB handelt, da diese im Rahmen eines Dienstverhältnisses überlassen und somit Bestandteil des Arbeitsverhältnisses ist. Nicht Bestandteil des Arbeitsverhältnisses ist hingegen der Anspruch auf Überlassung einer **Werkmietwohnung** i. S. d. §§ 576, 576a BGB, da deren Überlassung lediglich aus Anlass des Arbeitsverhältnisses erfolgt.

1559

Verpflichtungen aus einem mit einem Arbeitnehmer abgeschlossenen **nachvertraglichen Wettbewerbsverbot** gehen auf den Erwerber über, wenn das Arbeitsverhältnis des Arbeitnehmers zum Zeitpunkt des Betriebsübergangs noch besteht und auf den Betriebserwerber übergeht.[1027]

1560

Ob die den Arbeitnehmern vom Betriebsveräußerer eingeräumten **Vorzugskonditionen** zum Erwerb einzelner Produkte (**Mitarbeiterrabatte**) ebenfalls gegenüber dem Betriebserwerber geltend gemacht werden können, ist im Wege der Auslegung der entsprechenden Zusage zu beurteilen.[1028] Das BAG[1029] kam im Wege der Auslegung einer solchen Zusage zu dem Ergebnis, dass ein Betriebserwerber grundsätzlich nicht verpflichtet ist, weiterhin derartige Sonderkonditionen einzuräumen, wenn er den Anspruch nicht mit eigenen Produkten erfüllen kann. Das BAG führt wie folgt aus:

1561

„Übernimmt der (Teil-) Betriebsnachfolger allerdings keine Produktionsbereiche, so ist er nicht verpflichtet, den übernommenen Arbeitnehmern einen Personaleinkauf an eben den Produkten zu ermöglichen, die der frühere Arbeitgeber herstellte. Das ergibt sich aus der Auslegung derartiger Zusagen, […]."

Sofern sich die Zusage des Veräußerers auf Produkte bezieht, die der Erwerber weiterhin selbst herstellt oder sich die Zusage bereits vor dem Betriebsübergang auf Fremdprodukte bezog, ist auch der Erwerber an diese Zusage gebunden.[1030]

1562

dd) Haftungsregime des § 613a BGB

Die Haftung des bisherigen und des neuen Betriebsinhabers richtet sich nach § 613a Abs. 1 S. 1 und Abs. 2 BGB.[1031] Der Betriebserwerber tritt im Zeit-

1563

1026) LAG Köln, v. 4.3.2008 – 11 Sa 582/07, BeckRS 2008, 54044; vgl. zu § 23 Nr. 2 lit. a GVG auch BAG, v. 28.11.2007 – 5 AZB 44/07, NJW 2008, 1020; Blank/Börstinghaus/ *Blank*, § 576b BGB Rn. 7; *Preis*, in: ErfK, § 613a BGB Rn. 77.
1027) LAG Köln, v. 8.7.2011 – 10 Sa 398/11, BeckRS 2011, 76976; LAG Hessen, v. 3.5.1993 – 10 SaGa 345/93, NZA 1994, 1033.
1028) StRspr. BAG, v. 13.12.2006 – 10 AZR 792/05, NZA 2007, 325.
1029) BAG, v. 7.9.2004 – 9 AZR 631/03, NZA 2005, 941.
1030) LAG Düsseldorf, v. 3.12.2010 – 9 Sa 334/10, BeckRS 2011, 69527.
1031) Daneben kommt auch eine Haftung gem. §§ 25, 28 HGB, § 419 BGB a. F. in Betracht.

punkt des Betriebsübergangs in sämtliche Rechte und Pflichten aus den übergehenden Arbeitsverhältnissen ein. Der gesetzlich angeordnete Arbeitgeberwechsel führt dazu, dass der Betriebserwerber für sämtliche Ansprüche aus dem Arbeitsverhältnis unabhängig von deren Rechtsgrundlage haftet, einschließlich der bereits in der Vergangenheit entstandenen und noch nicht vollständig erfüllten Ansprüche.[1032] Der Betriebserwerber haftet hingegen nicht für Ansprüche aus zum Zeitpunkt des Betriebsübergangs bereits beendeten Arbeitsverhältnissen.[1033]

1564 Im Gegensatz zum Betriebserwerber, der – im Außenverhältnis – für sämtliche Ansprüche aus dem Arbeitsverhältnis einzustehen hat, haftet der Betriebsveräußerer nicht für Ansprüche, die erst nach dem Betriebsübergang entstehen. Der Betriebsveräußerer haftet allerdings noch für Ansprüche aus dem Arbeitsverhältnis,

„[s]oweit sie vor dem Zeitpunkt des Betriebsübergangs entstanden sind und vor Ablauf von einem Jahr nach diesem Zeitpunkt fällig werden",

aber lediglich in dem Umfang,

„der dem im Zeitpunkt des Übergangs abgelaufenen Teil ihres Bemessungszeitraums entspricht."

1565 Von dieser Regelung erfasst sind insbesondere Einmalzahlungen wie z. B. Bonus, Weihnachtsgratifikation oder Urlaubsgeld.

ee) Kündigung und Betriebsübergang

1566 Trotz des in § 613a Abs. 4 S. 1 BGB normierten Kündigungsverbots *aufgrund* eines Betriebsübergangs, sind Kündigungen, die nur *anlässlich* eines Betriebsübergangs ausgesprochen werden uneingeschränkt zulässig wie sich aus § 613a Abs. 4 S. 2 BGB ergibt.

1567 Aus diesem Grund werden betriebsbedingte Kündigungen nicht vom Anwendungsbereich des § 613a Abs. 4 S. 1 BGB erfasst, wenn die den Kündigungen zugrunde liegende unternehmerische Entscheidung des Veräußerers darauf abzielt, den Betrieb „verkaufsfähig" zu machen.[1034] § 613a Abs. 4 S. 1 BGB erfasst auch keine betriebsbedingten Kündigungen, die der Erwerber nach einem Betriebsübergang ausspricht, wenn es infolge von Synergieeffekten zu Stellenüberbesetzungen beim Erwerber kommt. Schließlich stehen auch einer Veräußererkündigung aufgrund eines **Erwerberkonzepts** keine durch-

---

1032) Unstrittig, vgl. nur BAG, v. 22.10.2009 – 8 AZR 766/08, NZA-RR 2010, 660; HWK/ *Willemsen/Müller-Bonanni*, § 613a BGB Rn. 295.
1033) BAG, v. 21.8.2008 – 8 AZR 201/07, NZA 2009, 29.
1034) BAG, v. 18.7.1996 – 8 AZR 127/94, ZIP 1996, 2028 = NZA 1997, 148; vgl. zur Sozialauswahl bei betriebsbedingten Kündigungen aufgrund eines Erwerberkonzepts *Willemsen*, in: W/H/S/S, Kap. H Rn. 109 ff.

greifenden Bedenken entgegen,[1035] wenn ein verbindliches Erwerberkonzept oder ein Sanierungsplan vorliegt, dessen Durchführung im Zeitpunkt der Kündigungserklärung bereits greifbare Formen angenommen hat.[1036]

In den vorgenannten Fällen erfolgt eine Kündigung nicht *wegen* des Betriebs- 1568 übergangs, sondern dieser bildet nur den *äußeren Anlass* der Kündigung.[1037]

Vom Anwendungsbereich des § 613a Abs. 4 BGB werden daher insbesondere 1569 Kündigungen erfasst, die auf einer „Bestenauslese" des Betriebserwerbers beruhen.

ff) Kollektivrechtliche Auswirkungen eines Betriebsübergangs

Neben der Bindung an individualrechtlich begründete Rechte und Pflichten 1570 bleibt der Erwerber grundsätzlich auch an Rechte und Pflichten gebunden, die auf einer kollektivrechtlichen Grundlage, d. h. Tarifvertrag oder Betriebsvereinbarung, beruhen. Wenn es weder zu einer kollektivrechtlichen Fortgeltung noch zu einer Ablösung gem. § 613a Abs. 1 S. 3 BGB kommt, werden die kollektivrechtlichen Normen gem. § 613a Abs. 1 S. 2 BGB in das Arbeitsverhältnis transformiert; § 613a Abs. 1 S. 2 BGB ist eine Auffangnorm, die den bisherigen Besitzstand der Arbeitnehmer absichert.

(1) Kollektivrechtliche Fortgeltung von Betriebsvereinbarungen

Betriebsvereinbarungen, die der Betriebsveräußerer mit dem Betriebsrat ab- 1571 geschlossen hat, gelten auch nach einem Betriebsübergang unmittelbar und zwingend, wenn der Betrieb(steil) nach dem Betriebsübergang als betriebliche Einheit fortbesteht[1038] oder als eigenständiger Betrieb fortgeführt wird.[1039] In Fällen, in denen der veräußerte Betrieb seine Identität bewahrt oder in denen veräußerte Betriebsteile als eigenständige Betriebe fortgeführt werden, wandelt sich eine beim Veräußerer anwendbare Gesamt- oder Konzernbetriebsvereinbarung nach einem Betriebsübergang grundsätzlich in eine Einzelbetriebsvereinbarung um.[1040] Das BAG erachtet aber auch die Fortgeltung als Gesamtbetriebsvereinbarung für möglich, wenn mehrere Betriebe eines Unter-

---

1035) BAG, v. 20.3.2003 – 8 AZR 97/02, ZIP 2003, 1671 = NZA 2003, 1027, dazu EWiR 2003, 909 *(Schnitker/Grau)*; BAG, v. 26.5.1983 – 2 AZR 477/81, ZIP 1983, 1377 = AP Nr. 34 zu § 613a BGB; A/P/S/*Steffan*, § 613a BGB Rn. 189 m. w. N.
1036) BAG, v. 20.9.2006 – 6 AZR 249/05, ZIP 2007, 595 = NZA 2007, 387; *Willemsen*, in: W/H/S/S, Kap. H Rn. 98.
1037) MünchKomm-BGB/*Müller-Glöge*, § 613a Rn. 191.
1038) BAG, v. 7.6.2011 – 1 ABR 110/09, BeckRS 2011, 76877; BAG, v. 18.9.2002 – 1 ABR 54/01, ZIP 2003, 1059 = AP Nr. 118 zu § 613a BGB; BAG, v. 11.10.1995 – 7 ABR 17/95, AP Nr. 2 zu § 21 BetrVG 1972.
1039) BAG, v. 18.9.2002 – 1 ABR 54/01, ZIP 2003, 1059 = AP Nr. 118 zu § 613a BGB.
1040) Richardi/*Richardi*, BetrVG, § 77 Rn. 218; *Kania*, in: ErfK, § 77 BetrVG Rn. 118; *Kreutz*, in: GK-BetrVG, § 50 Rn. 83; a. A. *Hohenstatt/Müller-Bonanni*, NZA 2003, 766; *Preis*, in: ErfK, § 613a BGB Rn. 115.

nehmens an einen anderen Rechtsträger veräußert werden.[1041] Trotz der grundsätzlichen normativen Fortgeltung von Betriebsvereinbarungen kann diese daran scheitern, dass die Regelungen einer Betriebsvereinbarung zwingend die Zugehörigkeit zum bisherigen Unternehmensträger oder Konzernverbund voraussetzen.[1042]

1572 Wie im Falle einer kollektiven Fortgeltung kommt der Auffangtatbestand des § 613a Abs. 1 S. 2 BGB nicht zur Anwendung, wenn beim Betriebserwerber eine Betriebsvereinbarung zum gleichen Regelungsgegenstand besteht,[1043] diese Betriebsvereinbarung nach dem Betriebsübergang kollektivrechtlich Anwendung findet und die beim Veräußerer bestehende Regelung somit gem. § 613a Abs. 1 S. 3 BGB abgelöst wird. Von einem gleichen Regelungsgegenstand ist auszugehen, wenn die maßgebliche Sachfrage auch in der Betriebsvereinbarung des Erwerbers geregelt wird,[1044] wobei eine ablösende Betriebsvereinbarung auch zeitlich nach dem Betriebsübergang abgeschlossen werden kann. Die Möglichkeit der Ablösung bestand nach bisheriger Ansicht des BAG sowohl durch günstigere als auch durch ungünstigere Regelungen.[1045] Die Möglichkeit einer Ablösung durch ungünstigere Regelungen ist nach der Entscheidung des EuGH in der Rechtssache „Scattolon"[1046] allerdings nicht mehr unumstritten.[1047] Der EuGH führt in der „Scattolon"-Entscheidung aus, dass eine Ablösung der beim Betriebsveräußerer geltenden Tarifverträge[1048] für die betroffenen Arbeitnehmer

> „nicht zum Ziel oder zur Folge haben [darf], dass diesen Arbeitnehmern insgesamt schlechtere Arbeitsbedingungen als die vor dem Übergang geltenden auferlegt werden."

1573 Der Formulierung „nicht zur Folge haben darf" entnehmen einige Autoren, dass der EuGH mit dieser Entscheidung die Abkehr vom Ablösungsprinzip und die Hinkehr zum Günstigkeitsprinzip vorgegeben hat.[1049] Andere[1050] anerkennen zutreffend die Besonderheiten der „Scattolon"-Entscheidung, so dass – mit Ausnahme von Missbrauchsfällen – wohl nach wie vor eine Ablö-

---

1041) BAG, v. 18.9.2002 – 1 ABR 54/01, ZIP 2003, 1059 = AP Nr. 118 zu § 613a BGB.
1042) Vgl. hierzu ausführlich *Hohenstatt*, in: W/H/S/S, Kap. E Rn. 46 ff.
1043) *Richardi/Richardi*, BetrVG, § 77 Rn. 174.
1044) BAG, v. 23.1.2008 – 4 AZR 602/06, AP Nr. 63 zu § 1 TVG Bezugnahme auf Tarifvertrag.
1045) BAG, v. 18.11.2003 – 1 AZR 604/02, NZA 2004, 803.
1046) EuGH, v. 6.9.2011 – Rs. C 108/10, ZIP 2012, 1366 = NZA 2011, 1077 – *Scattolon*, dazu EWiR 2011, 737 *(Leder/Rodenbusch)*.
1047) *Mückl*, ZIP 2012, 2373; *Sagan*, EuZA 2012, 247; *Steffan*, NZA 2012, 473; *Willemsen*, RdA 2012, 291; *Winter*, RdA 2013, 36.
1048) Auch wenn die „Scattolon"-Entscheidung die Ablösung bestehender Bestimmungen durch ungünstigere Bestimmungen in Tarifverträgen betraf, können die Ausführungen des EuGH auf die Ablösung durch ungünstigere Bestimmungen in Betriebsvereinbarungen übertragen werden.
1049) *Mückl*, ZIP 2012, 2373; *Sagan*, EuZA 2012, 247; *Steffan*, NZA 2012, 473.
1050) *Willemsen*, RdA 2012, 291; *Winter*, RdA 2013, 36; *Grau/Hartmann*, in: Preis/Sagan, Europäisches Arbeitsrecht, § 11 Rn. 127.

sung durch ungünstigere Bestimmungen in einer beim Erwerber anwendbaren Betriebsvereinbarung zum gleichen Regelungsgegenstand erfolgen kann. Festzuhalten ist jedoch, dass die Reichweite der „Scattalon"-Entscheidung nach wie vor ungeklärt und durch die Ausführungen des EuGH eine erhebliche Rechtsunsicherheit hinsichtlich der Möglichkeit der Ablösung von Kollektivnormen durch beim Betriebserwerber anwendbare, aber ungünstigere Arbeitsbedingungen, entstanden ist. Diese Rechtsunsicherheit kann wohl nur durch eine erneute Vorlage an den EuGH gelöst werden.

Soweit die Sachfrage in der beim Erwerber anwendbaren Kollektivnorm nicht geregelt wurde und es auch zu keiner kollektivrechtlichen Fortgeltung kommt, bleibt es bei der Transformation der Rechte und Pflichten gem. § 613a Abs. 1 S. 2 BGB. 1574

(2) Kollektivrechtliche Fortgeltung von Tarifverträgen und Bezugnahmeklauseln

Sofern der Betriebserwerber Mitglied desselben Arbeitgeberverbands ist wie der Veräußerer oder **Tarifverträge** aufgrund einer Allgemeinverbindlicherklärung Anwendung finden, gelten im Falle eines Betriebsübergangs sämtliche bisher anwendbaren Tarifverträge normativ fort. **Firmentarifverträge** gelten im Falle eines Betriebsübergangs hingegen nur dann normativ fort, wenn der Betriebserwerber die Fortgeltung des Tarifvertrags mit der vertragsschließenden Gewerkschaft vereinbart hat.[1051] 1575

Kommt eine kollektivrechtliche Fortgeltung von Tarifverträgen mangels Tarifgebundenheit des Betriebserwerbers nicht in Betracht, werden die bislang kollektivrechtlich anwendbaren Tarifnormen gem. § 613a Abs. 1 S. 2 BGB in das Arbeitsverhältnis transformiert und können auch nicht durch die Normen einer beim Betriebserwerber bestehenden Betriebsvereinbarung abgelöst werden. Zumindest außerhalb des Bereichs der erzwingbaren Mitbestimmung lässt das BAG eine derartige „**Über-Kreuz-Ablösung**" von Tarifnormen durch eine Betriebsvereinbarung nach § 613a Abs. 1 S. 3 BGB nicht zu.[1052] Soweit tarifliche Regelungen beim Betriebsveräußerer nicht (nur) aufgrund beiderseitiger Tarifbindung Anwendung fanden, sondern (auch) aufgrund von arbeitsvertraglichen **Bezugnahmeklauseln**, hängt deren Reichweite nach einem Betriebsübergang zum einen vom Inhalt der Bezugnahmeklausel und zum anderen vom Zeitpunkt der Vereinbarung der Bezugnahmeklausel ab.[1053] Das BAG nahm zunächst über den konkreten Wortlaut der jeweiligen Bezugnahmeklausel hinaus regelmäßig eine sog. **Gleichstellungsabrede** an, d. h., eine Bezugnahmeklausel diene grundsätzlich nur der Gleichstellung tarifgebundener 1576

1051) BAG, 26.8.2009 – 4 AZR 280/08, ZIP 2010, 344 = NZA 2010, 238; BAG, v. 26.8.2009 – 5 AZR 969/08, NZA 2010, 173.
1052) BAG, v. 3.7.2013 – 4 AZR 961/11, ZIP 2013, 2171 = AP Nr. 443 zu § 613a BGB; BAG, v. 21.4.2010 – 4 AZR 768/08, AP Nr. 387 zu § 613a BGB.
1053) Vgl. hierzu im Einzelnen ausführlich A/P/S/*Steffan*, § 613a BGB Rn. 541 ff.

und nichttarifgebundener Arbeitnehmer.[1054] Einen weiteren Erklärungswert maß das BAG einer Bezugnahmeklausel grundsätzlich nicht bei.[1055] Diese Betrachtungsweise führte nach einem Betriebsübergang zu einer einheitlichen Beurteilung der künftig anzuwendenden Tarifverträge, da durch die Bezugnahme (nur) eine etwaige fehlende Tarifbindung des Arbeitnehmers ersetzt wurde. Entfiel nach einem Betriebsübergang die Tarifbindung für tarifgebundene Arbeitnehmer, fand der Tarifvertrag nach einem Betriebsübergang für alle Arbeitnehmer nur noch in der Fassung Anwendung, die zum Zeitpunkt des Betriebsübergangs galt.[1056]

1577 Diese Rechtsprechung gab das BAG ausdrücklich auf.[1057] Seit dieser Rechtsprechungsänderung kann von einer Gleichstellungsabrede nur noch ausgegangen werden, wenn die Vertragsparteien eine solche ausdrücklich vereinbart haben.[1058] Aus Gründen des Vertrauensschutzes erfasst diese Rechtsprechungsänderung nur Arbeitsverträge, die ab dem 1.1.2002 abgeschlossen oder ab dem 1.1.2002 geändert wurden, sofern die Parteien die Bezugnahmeklausel zum Gegenstand ihrer auf den Abschluss der Änderungsverträge gerichteten Willensbildung gemacht haben.[1059] Folglich ist bei der Formulierung von Bezugnahmeklauseln verstärkt auf den Wortlaut zu achten, da das BAG im Zweifel wegen § 305c Abs. 2 BGB die arbeitnehmerfreundlichste Auslegung wählt.[1060] Die Rechtsprechung des BAG wurde allerdings durch eine Entscheidung des EuGH mittlerweile erheblich eingeschränkt, da nach Auffassung des EuGH eine **dynamische Bezugnahmeklausel** nach einem Betriebsübergang ihre Dynamik verliert, wenn der Betriebserwerber – wie regelmäßig – keinen Einfluss auf das Ergebnis der Tarifvertragsverhandlungen nehmen konnte.[1061] Allerdings bleibt abzuwarten, ob und wie das BAG die Vorgaben des EuGH in seiner Entscheidungspraxis umsetzen wird.[1062]

1578 Für den nicht **tarifgebundenen Betriebserwerber** von besonderer Bedeutung ist, dass nach der nunmehr ständigen Rechtsprechung des BAG eine vormals auf tariflicher Rechtsgrundlage beruhende **Vergütungsordnung** auch nach dem Betriebsübergang die geltende betriebliche Vergütungsordnung dar-

---

1054) *Hohenstatt*, in: W/H/S/S, Kap. E Rn. 174.
1055) BAG, v. 1.12.2004 – 4 AZR 50/04, ZIP 2005, 679 = NZA 2005, 478, dazu EWiR 2005, 487 *(Laskawy/Lomb)*.
1056) BAG, v. 4.8.1999 – 5 AZR 642/98, ZIP 1999, 1985 = NZA 2000, 154.
1057) BAG, v. 14.12.2005 – 10 AZR 296/05, NZA 2006, 744.
1058) *Hohenstatt*, in: W/H/S/S, Kap. E Rn. 174.
1059) BAG, v. 18.11.2009 – 4 AZR 514/08, NZA 2010, 170.
1060) BAG, v. 14.12.2005 – 10 AZR 296/05, NZA 2006, 744.
1061) EuGH, v. 18.7.2013 – Rs. C-426/11, ZIP 2013, 1686 = NZA 2013, 835 – *Alemo-Herron u. a.*, dazu EWiR 20 13, 543 *(Thüsing)*; vgl. hierzu auch *Latzel*, RdA 2014, 110.
1062) Das BAG wird voraussichtlich in dem Revisionsverfahren 4 AZR 512/14 hierzu Stellung nehmen, nachdem das Hessische Landesarbeitsgericht in dem Verfahren 8 Sa 1135/13 mit Urteil vom 24.6.2014 die vom EuGH in der Rechtssache *Alemo-Herron* aufgestellten Grundsätze nicht angewendet hat.

stellt, welche nicht ohne die Mitbestimmung des Betriebsrats geändert werden kann.[1063] Dies gilt nach Auffassung des BAG selbst für neueingestellte Mitarbeiter, die vormals vom Tarifvertrag nicht profitiert haben. Zwar ist dieser Rechtsprechung erhebliche Kritik widerfahren,[1064] sie ist jedoch in der Praxis zu berücksichtigen.

gg) Modifikation der Rechtsfolgen des § 613a BGB

(1) Im Verhältnis zum Arbeitnehmer

Aufgrund des Schutzzwecks der Norm können die Rechtsfolgen des § 613a Abs. 1, 2, 4–6 BGB im Verhältnis zum Arbeitnehmer nicht modifiziert werden.[1065] Eine Vereinbarung zu Lasten des Arbeitnehmers ist weder zwischen bisherigem Betriebsinhaber und Erwerber noch zwischen bisherigem Betriebsinhaber und Arbeitnehmer noch zwischen Erwerber und Arbeitnehmer möglich. Der bisherige Betriebsinhaber und der Erwerber können daher insbesondere den Eintritt des Erwerbers in die Rechte und Pflichten eines Arbeitsverhältnisses nicht durch Vertrag ausschließen.[1066] Eine Vereinbarung, die abgeschlossen wird, um die zwingenden gesetzlichen Rechtsfolgen des § 613a Abs. 1 BGB zu umgehen, ist gem. § 134 BGB nichtig.[1067] Eine Umgehung liegt nach Auffassung des BAG vor, wenn der Zweck einer zwingenden Rechtsnorm dadurch vereitelt wird, dass andere rechtliche Gestaltungsmöglichkeiten missbräuchlich, d. h. ohne eine sachliche Rechtfertigung, verwendet werden.[1068] Aus diesem Grund verstößt eine Vereinbarung, wonach der bisherige Veräußerer eines Betriebs alleiniger Schuldner aller Versorgungspflichtigen bleibt, gegen § 613a BGB i. V. m. § 4 BetrAVG und ist selbst dann nichtig, wenn der versorgungsberechtigte Arbeitnehmer zustimmt.[1069]

1579

Da § 613a BGB vorrangig die Kontinuität des Arbeitsverhältnisses bei gleichzeitigem Erhalt des Arbeitsplatzes schützt, nicht jedoch die Vertragsfreiheit des Arbeitnehmers aufheben will, ist der Abschluss eines Aufhebungsvertrags mit dem bisherigen Betriebsinhaber grundsätzlich möglich.[1070] Dies folgt bereits daraus, dass dem Arbeitnehmer ebenso die Möglichkeit des Widerspruchs gegen den Übergang seines Arbeitsverhältnisses offensteht, durch den er die

1580

1063) BAG, v. 8.12.2009 – 1 ABR 66/08, ZIP 2010, 492 = AP Nr. 380 zu § 613a BGB; BAG, v. 18.11.2003 – 1 AZR 604/02, AP Nr. 15 zu § 77 BetrVG Nachwirkung.
1064) Vgl. nur *Lobinger*, RdA 2011, 76; *Reichold*, Anm. zu BAG 26.8.2008 – 1 AZR 354/07, ZIP 2009, 88 = RdA 2009, 322 ff., dazu EWiR 2009, 99 *(M. Schröder)*; *Caspers*, in: Festschrift Löwisch, 2007, S. 46 ff.
1065) BGH, v. 14.7.1981 – 3 AZR 517/80, ZIP 1982, 608 = NJW 1982, 1607.
1066) BAG, v. 29.10.1975 – 5 AZR 444/74, AP Nr. 2 zu § 613a BGB.
1067) BAG, v. 19.3.2009 – 8 AZR 722/07, ZIP 2009, 1733 = NZA 2009, 1091, dazu EWiR 2009, 709 *(Greiner)*.
1068) BAG, v. 19.3.2009 – 8 AZR 722/07, ZIP 2009, 1733 = NZA 2009, 1091.
1069) BAG, v. 14.7.1981 – 3 AZR 517/80, ZIP 1982, 608 = AP Nr. 27 zu § 613a BGB.
1070) BAG, v. 25.10.2012 – 8 AZR 572/11, AP Nr. 436 zu § 613a BGB.

Kontinuität seines Arbeitsverhältnisses ebenfalls beenden könnte.[1071] Erforderlich ist aber, dass die Parteien des Aufhebungsvertrags beabsichtigen, dass der Arbeitnehmer dauerhaft aus dem Betrieb ausscheidet.[1072] Dies gilt auch, sofern der Arbeitnehmer infolge eines Aufhebungsvertrags in eine **Beschäftigungs- und Qualifizierungsgesellschaft** („BQG") wechselt. Nach Ansicht des BAG stellt der Wechsel in eine BQG eine unzulässige Umgehung des § 613a BGB dar, wenn zwischen dem Arbeitnehmer und dem Erwerber zugleich ein neues Arbeitsverhältnis vereinbart oder dem Arbeitnehmer durch den Erwerber ein neues Arbeitsverhältnis verbindlich in Aussicht gestellt wird.[1073] Eine unzulässige Umgehung durch den Wechsel in eine BQG liegt allgemein vor, wenn der Wechsel in eine solche Transfergesellschaft nur zum Schein vorgeschoben wird, um einen Betriebsübergang i. S. d. § 613a BGB zu verhindern, oder wenn durch die Zwischenschaltung einer BQG eine Einschränkung der Sozialauswahl bezweckt wird.[1074]

1581 Eine **Vertragsänderung** zwischen Erwerber und Arbeitnehmer ist nach der Rechtsprechung des EuGH im Grundsatz innerhalb der Grenzen möglich, die auch für den Veräußerer gegolten hätten.[1075] Der Erwerber und der Arbeitnehmer können daher jederzeit einen Aufhebungsvertrag abschließen.[1076] Inwiefern Änderungsverträge und Verzichte seitens des Arbeitnehmers im Zusammenhang mit einem Betriebsübergang möglich sind, wird in der Rechtsprechung des BAG uneinheitlich beurteilt.

1582 Der 5. Senat des BAG hält *nach* erfolgtem Übergang des Arbeitsverhältnisses eine Änderungsvereinbarung zwischen Erwerber und Arbeitnehmer hinsichtlich des *künftigen* Inhalts der Arbeitsbedingungen ohne Vorliegen eines sachlichen Grunds für möglich.[1077] Ausdrücklich offen ließ der 5. Senat hingegen, ob für den Erlass von *rückständigen* Arbeitnehmeransprüchen und für Ansprüche aus der betrieblichen Altersversorgung weitergehende Anforderungen zu stellen sind.[1078]

1071) BAG, v. 25.10.2012 – 8 AZR 572/11, AP Nr. 436 zu § 613a BGB; *Bachner/Köstler/Matthießen/Trittin*, Arbeitsrecht bei Unternehmensübergang und Betriebsübergang, § 6 Rn. 263.
1072) BAG, v. 18.8.2011 – 8 AZR 312/10, ZIP 2011, 2426 = NZA 2012, 152, dazu EWiR 2012, 41 *(Joost)*; BAG, v. 28.4.1987 – 3 AZR 75/86, ZIP 1988, 120 = NZA 1988, 198.
1073) BAG, v. 25.10.2012 – 8 AZR 572/11, AP Nr. 436 zu § 613a BGB; zur Entwicklung der Rechtsprechung *Pils*, NZA 2013, 125.
1074) BAG, v. 23.11.2006 – 8 AZR 349/06, ZIP 2007, 643 = NZA 2007, 866; BAG, v. 18.8.2005 – 8 AZR 523/04, ZIP 2006, 148 = NZA 2006, 145, dazu EWiR 2006, 197 *(Lindemann)*.
1075) EuGH, v. 10.2.1988 – Rs. C-324/86, Slg. 1988, 739 – *Daddy's Dance Hall*.
1076) *Moll/Reufels*, in: Kallmeyer, GmbH-Handbuch, 4. Abschnitt Betriebsübergang, Rn. 377.1.
1077) BAG, v. 7.11.2007 – 5 AZR 1007/06, ZIP 2008, 286 = NZA 2008, 530.
1078) BAG, v. 7.11.2007 – 5 AZR 1007/06, ZIP 2008, 286 = NZA 2008, 530.

Nach der Rechtsprechung des 8. *Senats* des BAG[1079] gewährt § 613a BGB hingegen auch Schutz vor einer Veränderung des Arbeitsvertragsinhalts *im Zusammenhang* mit einem Betriebsübergang, sofern kein sachlicher Grund für die Änderung vorliegt. Dementsprechend wird eine strenge Inhaltskontrolle bei Änderungsverträgen aus Anlass des Betriebsübergangs durchgeführt. Als sachlichen Grund sah das BAG beispielsweise einen durch Abschluss der Vereinbarung erreichten Erhalt von Arbeitsplätzen an.[1080] In einem Urteil vom 19.3.2009 kam der 8. *Senat* zu dem Ergebnis, dass eine Vereinbarung, die zwischen bisherigem Betriebsinhaber und Arbeitnehmer *vor* Betriebsübergang abgeschlossen wurde und durch die auf entstandene Ansprüche verzichtet wird, eine unzulässige Umgehung des § 613a Abs. 1 BGB darstellt, wenn Grund und Ziel die Verhinderung des Eintritts des Erwerbers in die bestehenden Rechte und Pflichten aus dem Arbeitsverhältnis ist und der Betriebsübergang den entscheidenden Grund für den Erlassvertrag darstellt.[1081] Unabhängig davon ist ein einzelvertraglicher Verzicht jedenfalls dann nichtig, wenn dadurch entgegen des gesetzlichen Verbots in § 4 Abs. 4 S. 1 TVG, § 77 Abs. 4 BetrVG auf entstandene tarifliche bzw. betriebsverfassungsrechtliche Ansprüche verzichtet wird.[1082]

1583

(2) Im Verhältnis zwischen Betriebsveräußerer und Betriebserwerber

Da § 613a Abs. 2 BGB lediglich die **Haftung** von bisherigem Betriebsinhaber und Erwerber **im Außenverhältnis** bestimmt, kann die Haftung **im Innenverhältnis** durch entsprechende Vereinbarung zwischen den Parteien abweichend ausgestaltet werden.[1083] Im Verhältnis zueinander können die beiden Gesamtschuldner ihre Haftungsanteile frei bestimmen. Liegt eine solche Vereinbarung nicht vor, so ergibt sich die Haftung im Innenverhältnis vorrangig durch Auslegung des Kaufvertrags sowie subsidiär nach Maßgabe des § 426 Abs. 1 S. 1 BGB.[1084]

1584

hh) Unterrichtung und Widerspruchsrecht der Arbeitnehmer

Sämtliche von einem Betriebsübergang betroffenen Arbeitnehmer sind vor dem Übergang gem. § 613a Abs. 5 BGB hierüber in Textform zu unterrichten. Entgegen dem Wortlaut von § 613a Abs. 5 BGB kann eine Unterrichtung aber auch nach einem Betriebsübergang erfolgen.[1085] Da § 613a Abs. 5

1585

1079) BAG, v. 19.3.2009 – 8 AZR 722/07, ZIP 2009, 1733 = NZA 2009, 1091; zur Kritik an dieser Rechtsprechung vgl. *Moll/Reufels*, in: Kallmeyer, GmbH-Handbuch, 4. Abschnitt Betriebsübergang, Rn. 379.2; Staudinger/*Annuß*, BGB, § 613a Rn. 157.
1080) BAG, v. 23.6.2005 – 2 AZR 642/04, NZA 2006, 92.
1081) BAG, v. 19.3.2009 – 8 AZR 722/07, ZIP 2009, 1733 = NZA 2009, 1091, dazu EWiR 2009, 709 *(Greiner)*.
1082) BAG, v. 12.2.2014 – 4 AZR 317/12, ZIP 2014, 988 = NZA 2014, 613.
1083) HWK/*Willemsen/Müller-Bonanni*, § 613a BGB Rn. 299.
1084) Staudinger/*Annuß*, BGB, § 613a Rn. 254.
1085) BAG, v. 13.7.2006 – 8 AZR 305/05, ZIP 2006, 2050 = NZA 2006, 1268.

BGB lediglich die Textform i. S. d. § 126b BGB für die Unterrichtung der Arbeitnehmer erfordert, ist es insbesondere nicht erforderlich, dass die **Unterrichtungsschreiben** eigenhändig unterzeichnet werden.[1086] Gem. § 613a Abs. 5 BGB sind die betroffenen Arbeitnehmer über

- den Zeitpunkt bzw. den geplanten Zeitpunkt des Übergangs;
- den Grund für den Übergang;
- die rechtlichen, wirtschaftlichen und sozialen Folgen des Übergangs für die Arbeitnehmer und
- die hinsichtlich der Arbeitnehmer in Aussicht genommenen Maßnahmen

zu informieren.

1586 Durch die Unterrichtung soll dem Arbeitnehmer eine ausreichende Wissensgrundlage für die Ausübung oder Nichtausübung des Widerspruchsrechts verschafft werden, wobei sich der Inhalt der Unterrichtung nach dem Kenntnisstand des Veräußerers und Erwerbers zum Zeitpunkt der Unterrichtung zu richten hat.[1087] Sofern die von einem Betriebsübergang betroffenen Arbeitnehmer aufgrund der Unterrichtung die für sie relevanten Besonderheiten erkennen können, können alle Arbeitnehmer mit einem einheitlichen Standardschreiben unterrichtet werden.[1088]

1587 Bedeutung erlangt die ordnungsgemäße Unterrichtung gem. § 613a Abs. 5 BGB insbesondere für den Fristbeginn des Widerspruchsrechts gegen den Übergang des Arbeitsverhältnisses gem. § 613a Abs. 6 S. 1 BGB. Die einmonatige Frist des § 613a Abs. 6 S. 1 BGB wird nach der ständigen Rechtsprechung des BAG nicht in Gang gesetzt, so lange keine ordnungsgemäße Unterrichtung gem. § 613a Abs. 5 BGB erfolgt ist.[1089] Für die Ordnungsgemäßheit der Unterrichtung genügt es nicht, wenn die Unterrichtung über die

„rechtlichen Folgen ‚im Kern richtig' und lediglich eine ‚ausreichende' Unterrichtung"

enthält.[1090] Ausreichend ist es hingegen, wenn der Arbeitgeber

„bei angemessener Prüfung der Rechtslage, die gegebenenfalls die Einholung von Rechtsrat über die höchstrichterliche Rechtsprechung beinhaltet, rechtlich vertretbare Positionen gegenüber dem Arbeitnehmer kundtut."[1091]

1086) In der Praxis werden aus diesem Grund regelmäßig eingescannte Unterschriften von vertretungsberechtigten Mitarbeitern verwendet.
1087) BAG, v. 14.11.2013 – 8 AZR 824/12, ZIP 2014, 839 = BeckRS 2014, 67652.
1088) BAG, v. 13.7.2006 – 8 AZR 305/05, ZIP 2006, 2050 = NZA 2006, 1268.
1089) BAG, v. 14.11.2013 – 8 AZR 824/12, ZIP 2014, 839 = NZA 2014, 610; BAG, v. 22.1.2009 – 8 AZR 808/07, NZA 2009, 547.
1090) BAG, v. 13.7.2006 – 8 AZR 305/05, ZIP 2006, 2050 = NZA 2006, 1273.
1091) BAG, v. 13.7.2006 – 8 AZR 305/05, ZIP 2006, 2050 = NZA 2006, 1273; *Preis*, in: ErfK Arbeitsrecht, § 613a BGB Rn. 85.

Das BAG stellt sehr hohe Anforderungen an eine ordnungsgemäße Unterrichtung und fordert von den beteiligten Arbeitgebern einen hohen Detaillierungsgrad bezüglich der rechtlichen, wirtschaftlichen und sozialen Folgen eines Betriebsübergangs. Arbeitnehmer sind insbesondere zu unterrichten über 1588

> „den Eintritt des Übernehmers in die Rechte und Pflichten aus dem bestehenden Arbeitsverhältnis (§ 613a Abs. 1 Satz 1 BGB), auf die Gesamtschuldnerschaft des Übernehmers und des Veräußerers nach § 613a Abs. 2 BGB und grundsätzlich auch auf die kündigungsrechtliche Situation [...]. Zu den beim Erwerber geltenden Rechten und Pflichten gehört grundsätzlich weiter die Anwendbarkeit tariflicher Normen und die Frage, inwieweit beim Veräußerer geltende Tarifverträge und Betriebsvereinbarungen durch beim Erwerber geltende Tarifverträge abgelöst werden."[1092]

Zu der ordnungsgemäßen Unterrichtung über den Erwerber gehört grundsätzlich auch die Firmenbezeichnung und Firmenanschrift[1093] sowie der Grund des Betriebsübergangs, d. h. die Angabe über das dem Betriebsübergang zugrunde liegende Rechtsgeschäft und das wirtschaftliche Motiv, wenn sich dieses im Falle eines Widerspruchs auf den Bestand des Arbeitsplatzes auswirken kann.[1094] Schließlich gehört nach Ansicht des BAG auch eine Unterrichtung über mittelbare Folgen eines Betriebsübergangs zu einer ordnungsgemäßen Unterrichtung über einen Betriebsübergang, auch 1589

> „wenn zwar bei diesen nicht direkt Positionen der Arbeitnehmer betroffen werden, die ökonomischen Rahmenbedingungen des Betriebsübergangs jedoch zu einer so gravierenden Gefährdung der wirtschaftlichen Absicherung der Arbeitnehmer bei dem neuen Betriebsinhaber führen, dass dies als ein wesentliches Kriterium für einen möglichen Widerspruch der Arbeitnehmer gegen den Übergang ihrer Arbeitsverhältnisse anzusehen ist."[1095]

So sind Arbeitnehmer beispielsweise über die ihnen im Falle eines Widerspruchs drohende betriebsbedingte Kündigung und die ihnen aufgrund einer betriebsbedingten Kündigung ggf. zustehenden Sozialplanansprüche zu unterrichten,[1096] sowie über die Tatsache, dass der neue Betriebsinhaber vom Sozialplanprivileg des § 112a BetrVG profitiert.[1097] 1590

Sollten sich nach der Unterrichtung der Arbeitnehmer die Verhältnisse in Bezug auf den Betriebsübergang ändern, hat eine Neu- oder Nachunterrichtung allenfalls zu erfolgen, 1591

> „wenn es sich nicht mehr um denselben Betriebsübergang handelt, beispielsweise weil der Betrieb auf einen anderen Erwerber übergeht."[1098]

1092) BAG, v. 23.7.2009 – 8 AZR 538/08, ZIP 2010, 46, dazu EWiR 2010, 143 *(Grimm)*.
1093) BAG, v. 18.3.2010 – 8 AZR 840/08, AP Nr. 14 zu § 613a BGB Unterrichtung; BAG, v. 13.7.2006 – 8 AZR 305/05, NZA 2006, 1268.
1094) BAG, v. 13.7.2006 – 8 AZR 305/05, ZIP 2006, 2050 = NZA 2006, 1268.
1095) BAG, v. 31.1.2008 – 8 AZR 1116/06, ZIP 2008, 987, dazu EWiR 2008, 457 *(Bieszk)*; BAG, v. 31.7.2006 – 8 AZR 303/05, ZIP 2006, 2050 = NZA 2006, 1273.
1096) BAG, v. 13.7.2006 – 8 AZR 303/05, ZIP 2006, 2050 = NZA 2006, 1273.
1097) BAG, v. 14.11.2013 – 8 AZR 824/12, ZIP 2014, 839 = BeckRS 2014, 67652.
1098) BAG, v. 13.7.2006 – 8 AZR 303/05, ZIP 2006, 2050 = AP Nr. 311 zu § 613a BGB.

1592 Trotz der möglicherweise nicht bestehenden Neu- oder Nachunterrichtungsobliegenheit empfiehlt es sich, die Arbeitnehmer vorsorglich erneut zu unterrichten, wenn der Betriebsübergang beispielsweise entgegen den ursprünglichen Planungen zu einem früheren oder späteren Zeitpunkt erfolgen wird.

1593 Auch wenn die Unterrichtung nicht ordnungsgemäß erfolgt ist, bedeutet dies nicht, dass Arbeitnehmer dem Übergang ihres Arbeitsverhältnisses schrankenlos widersprechen können. Das Widerspruchsrecht der Arbeitnehmer gem. § 613a Abs. 5 BGB unterliegt den allgemeinen Grundsätzen der Verwirkung.[1099] Eine Verwirkung des Widerspruchsrechts ist anzunehmen, wenn der Arbeitnehmer trotz unterbliebener oder fehlerhafter Unterrichtung über den Bestand seines Arbeitsverhältnisses disponiert hat und der Betriebsveräußerer aufgrund der Umstände des Einzelfalls darauf vertrauen darf, dass der Arbeitnehmer sein Widerspruchsrecht nicht mehr ausüben wird.[1100] Für die Verwirkung des Widerspruchsrechts bestehen keine festen zeitlichen Grenzen, sondern es ist stets eine Gesamtbetrachtung der Einzelfallumstände unter Berücksichtigung der jeweiligen Zeit- und Umstandsmomente vorzunehmen.[1101] Als Umstandsmomente wurden beispielsweise der Abschluss eines Aufhebungsvertrags,[1102] die Hinnahme einer vom Betriebserwerber ausgesprochenen Kündigung[1103] oder die Begründung eines Altersteilzeitarbeitsverhältnisses[1104] anerkannt.

1594 Möchte ein Arbeitnehmer dem Übergang seines Arbeitsverhältnisses widersprechen, hat er den Widerspruch gegen den „neuen Betriebsinhaber" oder den „bisherigen Arbeitgeber" zu richten; der Widerspruch kann nicht gegenüber einem früheren Arbeitgeber erklärt werden.[1105]

1595 Nach der Rechtsprechung des BAG können Arbeitnehmer dem Übergang ihres Arbeitsverhältnisses nicht widersprechen, wenn der Betriebsübergang mit einem Erlöschen des bisherigen Arbeitgebers einhergeht (z. B. in Fällen der Verschmelzung oder Anwachsung).[1106] In diesen Fällen steht den Arbeitnehmern allerdings ein außerordentliches Kündigungsrecht gem. § 626 BGB zu, wobei die Zwei-Wochen-Frist des § 626 Abs. 2 BGB zu laufen be-

---

1099) BAG, v. 23.7.2009 – 8 AZR 539/08, NZA 2010, 393; BAG, v. 15.2.2007 – 8 AZR 431/06, ZIP 2007, 1382 = NZA 2007, 793, dazu EWiR 2007, 551 *(C. S. Hergenröder)*.
1100) BAG, v. 23.7.2009 – 8 AZR 539/08, NZA 2010, 393; HWK/*Willemsen*, § 613a BGB Rn. 346 ff.
1101) BAG, v. 23.7.2009 – 8 AZR 539/08, NZA 2010, 393; HWK/*Willemsen*, § 613a BGB Rn. 346 ff.
1102) BAG, v. 27.11.2008 – 8 AZR 174/07, ZIP 2009, 929 = NZA 2009, 552, dazu EWiR 2009, 531 *(Unger-Hellmich)*.
1103) BAG, v. 24.7.2008 – 8 AZR 175/07, AP Nr. 347 zu § 613a BGB.
1104) BAG, v. 26.5.2011 – 8 AZR 18/10, NZA 2011, 1448; BAG, v. 23.7.2009 – 8 AZR 539/08, NZA 2010, 393.
1105) BAG, v. 24.4.2014 – 8 AZR 369/13, NZA 2014, 1074.
1106) BAG, v. 21.2.2008 – 8 AZR 157/07, ZIP 2008, 1296 = BB 2008, 497.

ginnt, sobald die Arbeitnehmer Kenntnis von den zum Erlöschen des bisherigen Arbeitgebers führenden Tatsachen erlangt haben.[1107)]

2. Share Deal

Durch einen *Share Deal* bleibt die rechtliche Identität des Unternehmens unberührt, so dass ein *Share Deal* die Tatbestandsvoraussetzungen des § 613a BGB nicht auslöst. Trotzdem kann auch ein **Share Deal** erhebliche Auswirkungen auf die Arbeits- und Dienstverhältnisse der Mitarbeiter haben. So kann ein Gesellschafterwechsel zu einer Beendigung oder Begründung von Konzernverhältnissen führen mit der Folge, dass beispielsweise Bestimmungen aus einer Konzernbetriebsvereinbarung nicht mehr oder erstmals Anwendung finden oder dass Vergütungsvereinbarungen, die an das Konzernergebnis anknüpfen, einvernehmlich oder ggf. im Wege der ergänzenden Vertragsauslegung an die neue Konzernzugehörigkeit anzupassen sind.

1596

Daneben sind beispielsweise insbesondere in Vorstands- oder Geschäftsführerdienstverträgen häufig „*Change-of-Control*-Klauseln" anzufinden, die Mitarbeitern das Ausscheiden durch eine Eigenkündigung gegen Zahlung einer Abfindung ermöglichen, wenn es zu einem Gesellschafterwechsel kommt. Aufgrund der Tatsache, dass „*Change-of-Control*-Klauseln" grundsätzlich nur mit „*key employees*" abgeschlossen werden und sich aus diesen Klauseln oftmals erhebliche finanzielle Belastungen ergeben, sollte bereits im Rahmen der *Due Diligence* besonders darauf geachtet werden, ob der Veräußerer „*Change-of-Control*-Klauseln" mit einzelnen Mitarbeitern vereinbart hat.

1597

3. Grundzüge der betrieblichen Altersversorgung

Von ganz erheblicher Bedeutung im Rahmen von Transaktionen sind die bestehenden Pensionsverbindlichkeiten des Veräußerers bzw. der Zielgesellschaft. Nicht selten sind Pensionsverpflichtungen Gegenstand von langwierigen Kaufvertragsverhandlungen und bereits des Öfteren haben sie sich als „*Dealbreaker*" erwiesen.[1108)] Aus diesem Grund gilt es käuferseitig bereits im Rahmen der **Due Diligence** etwaige Verpflichtungen des Verkäufers bzw. der Zielgesellschaft aus Zusagen einer betrieblichen Altersversorgung zu erkennen und das finanzielle Risiko aus Pensionsverpflichtungen zu bewerten. Da auch Zusagen einer betrieblichen Altersversorgung entweder auf einer individualrechtlichen oder einer kollektivrechtlichen Rechtsgrundlage beruhen, finden die allgemeinen Grundsätze zur Fortgeltung von bestehenden Regelungen auch für die Fortgeltung von Zusagen einer betrieblichen Altersversorgung Anwendung[1109)] – aus Gründen der Besitzstandswahrung unter

1598

1107) Im Falle einer Verschmelzung beginnt die Frist des § 626 Abs. 2 BGB daher regelmäßig erst nach einer an die Arbeitnehmer gerichteten Mitteilung über die Eintragung der Verschmelzung in das Register des Sitzes des übernehmenden Rechtsträgers.
1108) *Klemm/Frank*, BB 2013, 2741.
1109) Siehe oben Rn. 1547 ff.

Umständen allerdings in modifizierter Form. Auch für die betriebliche Altersversorgung ist hinsichtlich der Folgen zwischen *Asset Deal* und *Share Deal* zu unterscheiden.

a) Asset Deal

aa) Grundsätzliches

1599 Sofern es bei einem **Asset Deal** zu einem Betriebsübergang i. S. d. § 613a BGB kommt, tritt der Betriebserwerber in alle Rechte und Pflichten aus den Arbeitsverhältnissen der aktiven Arbeitnehmer ein. Hiervon sind auch Verpflichtungen aus Pensionszusagen erfasst. Insbesondere hat der Betriebserwerber gegenüber den Arbeitnehmern auch für die beim Betriebsveräußerer erdienten Anwartschaften der Arbeitnehmer (sog. *past service*) einzustehen.[1110] Verträge mit Dritten oder Mitgliedschaften (wie z. B. mit Versicherungen oder in Pensionsvereinen) gehen indes – ohne eine gesonderte Vereinbarung im Kaufvertrag und mit dem Dritten – ebenso wenig auf den Erwerber über wie Verpflichtungen gegenüber ehemaligen Arbeitnehmern des Betriebsveräußerers.[1111] Werden diese Deckungsverhältnisse nicht auf den Betriebserwerber übertragen, haftet der Betriebserwerber gegenüber den Arbeitnehmern wie bei einer Direktzusage[1112] und hat entsprechende Rückstellungen zu bilden.

1600 Rechtliche Probleme können sich im Rahmen eines *Asset Deals* daher insbesondere ergeben, wenn die Durchführung der betrieblichen Altersversorgung die Zugehörigkeit des Unternehmens zu einem bestimmten Konzernverbund voraussetzt, wie es bei Pensions- und Unterstützungskassen oftmals der Fall ist oder wenn die Versorgungsverbindlichkeiten durch ein **Contractual Trust Arrangement (CTA)**[1113] abgesichert sind. Sofern eine unveränderte Durchführung der betrieblichen Altersversorgung nach einem Betriebsübergang nicht möglich ist, stellt sich – da die Grundverpflichtung zur Gewährung einer betrieblichen Altersversorgung unverändert bestehen bleibt – die Frage, ob eine Änderung des Durchführungswegs oder eine Ablösung der bisherigen betrieblichen Altersversorgung erfolgen kann. Sofern mit einer Änderung des Durchführungswegs keine Nachteile für den Versorgungsberechtigten verbunden sind, hat der Arbeitgeber einen Anspruch auf die Zustimmung zu

---

1110) Aus diesem Grund werden Anwartschaften aus einer betrieblichen Altersversorgung bei der Bewertung des Unternehmens wertmindernd berücksichtigt, wenn die zugehörigen Verpflichtungen nicht durch Kapitalanlagen gedeckt sind.
1111) *Preis*, in: ErfK Arbeistrecht, § 613a BGB Rn. 69 m. w. N.
1112) *Klemm/Frank*, BB 2013, 2741.
1113) Zu Sonderproblemen beim Bestehen eines CTA: *Schnitker*, in: W/H/S/S, Kap. J Rn. 412; bei CTA-Vereinbarungen ist aufgrund des Konzernprivilegs des § 2 Abs. 1 Nr. 7 KWG die Konzernzugehörigkeit von besonderer Bedeutung.

einer Änderung des Durchführungswegs gegenüber den betroffenen Arbeitnehmern.[1114)]

bb) Fortgeltung von Versorgungszusagen

Kommt eine unveränderte Durchführung der betrieblichen Altersversorgung grundsätzlich in Betracht, stellt sich die Frage nach der Fortgeltung der vom Veräußerer erteilten Versorgungszusage. Probleme können sich hierbei ergeben, wenn es zu einer Kollision von unterschiedlichen Systemen der betrieblichen Altersversorgung kommt, wobei danach zu differenzieren ist, auf welcher Rechtsgrundlage die Versorgungszusagen beruhen. Die unterschiedlichen Varianten können vereinfacht wie folgt dargestellt werden: 1601

- Von einer durch den Betriebsveräußerer erteilten Individualzusage kann weder durch eine beim Betriebserwerber anwendbare Betriebsvereinbarung noch durch einen beim Betriebserwerber anwendbaren Tarifvertrag zum Nachteil des Arbeitnehmers abgewichen werden.

- Führt eine beim Betriebserwerber auf kollektivrechtlicher Grundlage beruhende betriebliche Altersversorgung zu einer verschlechternden Ablösung der bisherigen kollektivrechtlichen Regelungen gem. § 613 Abs. 1 S. 3 BGB, bleiben die bis zum Zeitpunkt des Betrieb(steil)übergangs durch den Arbeitnehmer erdienten Anwartschaften erhalten.[1115)]

- Bestehen beim Betriebsveräußerer individualrechtliche Versorgungszusagen und beim Betriebserwerber individualrechtliche Versorgungszusagen mit kollektivem Bezug (z. B. betriebliche Übung oder Gesamtzusage) oder Versorgungszusagen aufgrund kollektivrechtlicher Normen, ist zunächst durch Auslegung zu ermitteln, ob der übergehende Arbeitnehmer zum einen vom Geltungsbereich der beim Erwerber anwendbaren Norm erfasst wird und zum anderen, ob der übergehende Arbeitnehmer einen Doppelanspruch erhält, d. h. ob der Arbeitnehmer Ansprüche aus beiden Versorgungssystemen erhält.[1116)]

Besteht beim Betriebserwerber anders als beim Veräußerer eine Regelung zu einer betrieblichen Altersversorgung, kann der Erwerber Mitarbeiter, deren Arbeitsverhältnis gem. § 613a BGB auf den Erwerber übergegangen ist, von dem Versorgungswerk ausschließen ohne gegen den Gleichbehandlungsgrundsatz zu verstoßen.[1117)] Dem Erwerber ist es bei der Gewährung und Berech- 1602

1114) LAG Hessen, v. 8.4.2009 – 8 Sa 1323/08, BeckRS 2010, 74765; *Höfer*, RdA 2009, 54; *Schnitker*, in: W/H/S/S, Kap. J Rn. 400; *Paul/Daub*, BB 2011, 1525.
1115) BAG, v. 24.7.2001 – 3 AZR 660/00, ZIP 2002, 773 = NZA 2002, 520, dazu EWiR 2002, 663 *(Matthießen)*.
1116) Ein Doppelanspruch des Arbeitnehmers lässt sich durch eine Einschränkung des Geltungsbereichs der beim Betriebserwerber anwendbaren Regelung erreichen. Das BAG hat in der Entscheidung vom 19.1.2010 – 3 ABR 19/08, DB 2010, 1131 bei einer derartigen Einschränkung keinen Verstoß gegen den Gleichbehandlungsgrundsatz gesehen.
1117) BAG, v. 19.1.2010 – 3 ABR 19/08, DB 2010, 1131.

A. Der Unternehmenskauf

nung von Versorgungsleistungen aufgrund einer eigenen Versorgungszusage auch möglich nur Dienstzeiten zu berücksichtigen, die die Mitarbeiter beim Erwerber erbringen.[1118]

b) Share Deal

1603 Die Versorgungsverpflichtungen des Rechtsträgers, der die Versorgungszusagen erteilt hat, bleiben mangels Wechsels des Vertragsarbeitgebers durch einen Gesellschafterwechsel unberührt. Dies gilt sowohl für die Verbindlichkeiten gegenüber mit unverfallbaren Anwartschaften ausgeschiedenen Mitarbeitern oder Versorgungsempfängern als auch für Verbindlichkeiten gegenüber aktiven Mitarbeitern.

1604 Auch bei einem Share Deal können sich rechtliche Probleme ergeben, wenn der Gesellschafterwechsel zu einem Ausscheiden der Arbeitnehmer aus einem Konzernverbund führt und eine unveränderte Durchführung der betrieblichen Altersversorgung daher nicht mehr möglich ist. In diesem Fall stellen sich auch bei einem Share Deal die in Rn. 1599 ff. dargestellten Probleme, so dass auf die dortigen Ausführungen verwiesen werden kann.

4. Beteiligung von Arbeitnehmervertretungen und Auswirkungen auf Arbeitnehmervertretungen

1605 Sowohl bei einem Share Deal als auch bei einem Asset Deal sind Beteiligungsrechte verschiedener Arbeitnehmervertretungen zu beachten und bei der Zeitplanung der Transaktion zu berücksichtigen. Zu denken ist an die Beteiligungsrechte des Betriebsrats, des Wirtschaftsausschusses, des Sprecherausschusses, der Schwerbehindertenvertretung, des Europäischen Betriebsrats und des SE-Betriebsrats.

a) Betriebsrat

aa) Asset Deal

1606 Der bloße Übergang eines Betriebs oder Betriebsteils durch Rechtsgeschäft auf einen anderen Inhaber führt nicht zu einer Beteiligung des Betriebsrats gem. §§ 111 ff. BetrVG.[1119] Eine **Betriebsänderung** i. S. d. § 111 BetrVG liegt nur dann vor, wenn sich der Betriebsübergang nicht im Wechsel des Betriebsinhabers erschöpft, sondern gleichzeitig Maßnahmen getroffen werden, welche einen oder mehrere Tatbestände des § 111 BetrVG erfüllen.[1120]

1118) BAG, v. 19.12.2000 – 3 AZR 451/99, ZIP 2001, 1690 = NZA 2002, 615.
1119) BAG, v. 31.1.2008 – 8 AZR 1116/06, ZIP 2008, 987 = AP Nr. 2 zu § 613a BGB Unterrichtung, dazu EWiR 2008, 457 *(Bieszk)*; BAG, v. 25.1.2000 – 1 ABR 1/99, ZIP 2000, 2039 = AP Nr. 137 zu § 112 BetrVG 1972, dazu EWiR 2001, 251 *(Tiesler)*.
1120) BAG, v. 31.1.2008 – 8 AZR 1116/06, ZIP 2008, 987 = AP Nr. 2 zu § 613a BGB Unterrichtung; BAG, v. 25.1.2000 – 1 ABR 1/99, ZIP 2000, 2039 = AP Nr. 137 zu § 112 BetrVG 1972.

Zwar führt die bloße Betriebsveräußerung richtigerweise auch nicht zu einer **1607**
Beteiligungspflicht des Betriebsrats gem. § 80 BetrVG,[1121] gleichwohl empfiehlt es sich, den Betriebsrat bereits frühzeitig über die geplante Betriebsveräußerung zu unterrichten und in den Prozess einzubinden.

Mangels Verlust der betrieblichen Identität bei einem bloßen Wechsel des **1608**
Betriebs(teil)inhabers führt ein Betriebsübergang auch nicht zu einem Fortfall des Betriebsrats. Der Betriebsrat behält vielmehr sein Mandat zur Vertretung der Arbeitnehmerinteressen und zur Wahrnehmung betriebsverfassungsrechtlicher Aufgaben.[1122] Werden mehrere, aber nicht alle Betriebe eines Unternehmens veräußert und bestand zuvor für das Unternehmen, dem diese Betriebe zugehörten, ein **Gesamtbetriebsrat**, behält dieser sein Amt nicht inne. Vielmehr ist beim neuen Rechtsträger ein Gesamtbetriebsrat neu zu bilden.[1123]

bb) Share Deal

Ebenso wenig wie der bloße Übergang eines Betriebs(teils) auf einen neuen **1609**
Inhaber führt der bloße Wechsel auf Ebene der Gesellschafter zu einer Betriebsänderung i. S. d. § 111 Abs. 3 BetrVG. Ein **gesetzliches Beteiligungsrecht** des Betriebsrats besteht aber in den Fällen des § 109a BetrVG, während dem Betriebsrat in den Fällen des §§ 10 Abs. 5 S. 2, 14 Abs. 4 S. 2, 27 Abs. 3 S. 2 WpÜG, §§ 287 ff. KAGB lediglich ein **Unterrichtungsanspruch** zusteht. § 109a BetrVG ist durch Art. 4 des Gesetzes zur Begrenzung der mit Finanzinvestitionen verbundenen Risiken (Risikobegrenzungsgesetz) vom 12.8.2008[1124] in das Betriebsverfassungsgesetz eingefügt worden. Laut der Gesetzesbegründung wird mit der Bestimmung

„dem schützenswerten Interesse der Belegschaft, über den Erwerb wesentlicher Anteile durch Investoren informiert zu werden, in allen Unternehmen – wie bereits in den börsennotierten Unternehmen der Fall – Rechnung getragen."[1125]

Das Beteiligungsrecht des § 109a BetrVG steht neben demjenigen des § 14 **1610**
Abs. 4 S. 2 WpÜG,[1126] greift aber nicht ein, wenn entgegen der Vorschrift des § 106 Abs. 1 BetrVG trotz Erreichen des Schwellenwerts von 100 regelmäßig im Unternehmen beschäftigter Arbeitnehmer kein Wirtschaftsausschuss gebildet worden ist.[1127]

1121) Staudinger/*Annuß*, BGB, § 613a Rn. 358; HWK/*Willemsen/Müller-Bonanni*, § 613a BGB Rn. 293; a. A. *Preis*, in: ErfK Arbeitsrecht, § 613a BGB Rn. 132.
1122) BAG, 8.5.2014 – 2 AZR 1005/12, BeckRS 2014, 73315 m. w. N.
1123) *Annuß*, in: Annuß/Lembke, Arbeitsrechtliche Umstrukturierung in der Insolvenz, 2. Aufl., Kap. D VI. Rn. 502, a. A. *Hohenstatt*, in: W/H/S/S, Kap. D Rn. 109.
1124) BGBl I 2008, 1666; im Folgenden nur: Risikobegrenzungsgesetz.
1125) BT-Drucks. 16/7438, S. 15.
1126) Richardi/*Annuß*, BetrVG, § 109a Rn. 2; *Fitting*, BetrVG, § 109a Rn. 11.
1127) Richardi/*Annuß*, BetrVG, § 109a Rn. 2; HWK/*Willemsen/Lembke*, § 109a BetrVG Rn. 2; a. A. *Fitting*, BetrVG, § 109a Rn. 11.

b) Wirtschaftsausschuss

1611 Wenn für das Unternehmen ein **Wirtschaftsausschuss** gebildet wurde, ist dieser gem. § 106 Abs. 2 BetrVG **rechtzeitig und umfassend** unter Vorlage der erforderlichen Unterlagen über die wirtschaftlichen Angelegenheiten des Unternehmens zu unterrichten. Hierzu gehört auch die Unterrichtung über den Übergang eines Betriebs(teils) auf einen anderen Inhaber, da der gesetzlich angeordnete **Arbeitgeberwechsel** erhebliche soziale Auswirkungen auf die Interessen der Arbeitnehmer hat.[1128] Die Unterrichtungspflicht gegenüber dem Wirtschaftsausschuss folgt in diesen Fällen aus der beschränkten Generalklausel des § 106 Abs. 3 Nr. 10 BetrVG, die

> „alle Fragen erfaßt, die das wirtschaftliche Leben des Unternehmens in entscheidenden Punkten betreffen, jedoch stets unter der Voraussetzung, daß die Interessen der Arbeitnehmer des Unternehmens wesentlich berührt werden können; es muß also möglich sein, daß sie von erheblicher sozialer Auswirkung sein können."[1129]

1612 Seit der Novellierung des § 106 BetrVG durch das Risikobegrenzungsgesetz ist der Wirtschaftsausschuss nunmehr gem. § 106 Abs. 3 Nr. 9a BetrVG zu unterrichten, sofern mit der Unternehmensübernahme ein Kontrollerwerb verbunden ist. Ausweislich der Gesetzesbegründung liegt eine

> „Kontrolle des Unternehmens [...] insbesondere vor, wenn mindestens 30 Prozent der Stimmrechte an dem Unternehmen gehalten werden."[1130]

1613 Der Tatbestand des § 106 Abs. 3 Nr. 9a BetrVG setzt somit voraus, dass die Unternehmensübernahme gleichzeitig zu einem Kontrollerwerb führt. Demgemäß wird das Beteiligungsrecht des Wirtschaftsausschusses oder in den Fällen des § 109a BetrVG das des Betriebsrats nicht ausgelöst, wenn die neuen Gesellschafter nicht über einen bestimmenden Einfluss verfügen und somit nicht in der Lage sind, die Geschicke der Zielgesellschaft selbstbestimmt zu lenken. Bei nicht börsennotierten Zielgesellschaften ist davon auszugehen, dass zumindest 50 Prozent der Stimmrechte gehalten werden müssen[1131] und die maßgebliche Satzung keine Sperrminoritätsklausel vorsehen darf, da nur dann ein Kontrollerwerb erfolgt. Allerdings kann in Fällen, in denen der Anteilskauf nicht zu einem Kontrollerwerb führt, der Wirtschaftsausschuss gem. § 106 Abs. 3 Nr. 10 BetrVG über die Tatsache der Veräußerung oder den Erwerb von Geschäftsanteilen zu unterrichten sein, wenn hierdurch die Interessen der Arbeitnehmer des Unternehmens wesentlich berührt werden.[1132]

1614 Ob dem Wirtschaftsausschuss der Zielgesellschaft bei einem *Share Deal* auch der Unternehmenskaufvertrag vorzulegen ist, ist mittlerweile heftig umstrit-

---

1128) *Schweibert*, in: W/H/S/S, Kap. C Rn. 405.
1129) BAG, v. 22.1.1991 – 1 ABR 38/89, NZA 1991, 649.
1130) BT-Drucks. 16/7338, S. 15.
1131) *Liebers/Erren/Weiß*, NZA 2009, 1063; *Simon/Dobel*, BB 2008, 1955.
1132) *Richardi/Annuß*, BetrVG, § 106 Rn. 57.

ten.[1133)] Jedenfalls dann, wenn die Zielgesellschaft ausnahmsweise über den Kaufvertrag verfügt, ist davon auszugehen, dass dieser dem Wirtschaftsausschuss vorzulegen ist.[1134)] Ein Direktanspruch des Wirtschaftsausschusses gegenüber dem Gesellschafter auf Herausgabe des Kaufvertrags lässt sich dem Gesetz nach zutreffender Ansicht aber nicht entnehmen.[1135)]

In zeitlicher Hinsicht ist der Wirtschaftsausschuss so rechtzeitig über wirtschaftliche Angelegenheiten zu informieren, dass dieser noch Einfluss auf die Gesamtplanung wie auch auf die einzelnen Vorhaben nehmen kann.[1136)]   1615

Bei Unternehmensübernahmen ist aber nach wie vor nicht abschließend geklärt, wann genau eine Unterrichtung des Wirtschaftsausschusses zu erfolgen hat. Während die frühere Rechtsprechung[1137)] es für ausreichend erachtet hat, dass eine Unterrichtung des Wirtschaftsausschusses erst nach Abschluss des Kaufvertrags erfolgt, kann an dieser Auffassung jedenfalls seit der Novellierung des § 106 BetrVG durch das Risikobegrenzungsgesetz nicht mehr festgehalten werden.[1138)] Gem. § 106 Abs. 2 S. 2 Halbs. 1 BetrVG sind in den Fällen des § 106 Abs. 3 Nr. 9a BetrVG Angaben über den *potentiellen Erwerber* und dessen Absichten im Hinblick auf die künftige Geschäftstätigkeit des Unternehmens sowie die sich daraus ergebenden Auswirkungen auf die Arbeitnehmer zu machen; Halbsatz 2 erweitert diese Obliegenheit auf Fälle eines Bieterverfahrens. *Potentieller Erwerber* ist aber nicht bereits jeder, der sein Interesse an einer Übernahme des Unternehmens bekundet,[1139)] sondern nur derjenige, der entweder ein verbindliches Angebot (*binding bid*) abgegeben oder der sich anderweitig zur Übernahme vertraglich verpflichtet hat.[1140)] Aus diesem Grund ist aufgrund der mannigfaltigen Gestaltungsmöglichkeiten eines Unternehmenskaufs hinsichtlich des Unterrichtungszeitpunkts auf den konkreten Einzelfall abzustellen. Eine Unterrichtungspflicht wird, von seltenen   1616

1133) Dagegen: BAG, v. 22.1.1991 – 1 ABR 38/89, NZA 1991, 649 (diese Entscheidung erging allerdings vor Einfügung von § 106 Abs. 3 Nr. 9a BetrVG); LAG Baden-Württemberg, v. 9.10.2013 – 10 TaBV 2/13, BeckRS 2014, 67294 (Rechtsbeschwerde eingelegt unter dem Aktenzeichen 1 ABR 10/14); *Schröder/Falter*, NZA 2008, 1097; dafür: *Fitting*, BetrVG, § 106 Rn. 126.
1134) Bei einem *Asset Deal* gehört der Kaufvertrag regelmäßig zu den vorzulegenden Unterlagen, da der Unternehmer über den Kaufvertrag verfügt.
1135) *Schweibert*, in: W/H/S/S, Kap. C Rn. 408a.
1136) BAG, v. 22.1.1991 – 1 ABR 38/89, NZA 1991, 649.
1137) BAG, v. 22.1.1991 – 1 ABR 38/89, NZA 1991, 649.
1138) A. A. *Schröder/Falter*, NZA 2008, 1097.
1139) So aber D/K/K/W/*Däubler*, BetrVG, § 106 Rn. 88.
1140) Richardi/*Annuß*, BetrVG, § 106 Rn. 26b; *Fitting*, BetrVG, § 106 Rn. 117 unter Verweis auf den Bericht des Finanzausschusses BT-Drucks. 16/9821, S. 11; *Kania*, in: ErfK Arbeitsrecht, § 106 BetrVG Rn. 6a; *Frahm/Schmeisser*, ArbRAktuell 2014, 456; a. A. *Simon/Dobel*, BB 2008, 1955; *Schröder/Falter*, NZA 2008, 1097, die davon ausgehen, dass eine Unterrichtungspflicht erst eintritt, wenn der Kaufvertragsabschluss unmittelbar bevorsteht.

Fällen abgesehen, jedoch regelmäßig erst nach Abschluss der *Due Diligence* eintreten.[1141)]

1617 In der Beratungspraxis hat sich dennoch vielfach gezeigt, dass der Wirtschaftsausschuss erst unmittelbar vor *Signing*[1142)] – unter dem (oftmals untauglichen) Deckmantel des Betriebsgeheimnisses – über die Absichten des Unternehmers informiert wird. Sofern durch diese Vorgehensweise eine Einflussnahme des Wirtschaftsausschusses auf das Vorhaben faktisch ausgeschlossen wird, kann dies eine verspätete oder unzureichende Unterrichtung des Wirtschaftsausschusses eine **Ordnungswidrigkeit** darstellen und gem. § 121 Abs. 2 BetrVG mit einer Geldbuße in Höhe von bis zu 10.000 Euro geahndet oder gar als **Behinderung der Betriebsratsarbeit** gewertet werden, die gem. § 119 Abs. 1 Nr. 2 BetrVG strafbewehrt ist.

c) Sprecherausschuss

1618 Im Gegensatz zum Betriebsrat ist der Sprecherausschuss gem. § 32 SprAuG von Gesetzes wegen sowohl über eine Betriebsveräußerung als auch über eine Veräußerung von Geschäftsanteilen zu unterrichten; ein Beratungsanspruch des Sprecherausschusses besteht hingegen nicht.

d) Schwerbehindertenvertretung

1619 Eine Anhörung der Schwerbehindertenvertretung hat gem. § 95 Abs. 2 SGB IX in allen Angelegenheiten zu erfolgen, die einen einzelnen schwerbehinderten Menschen oder die schwerbehinderten Menschen als Gruppe berühren.

1620 Da für das Entstehen der Unterrichtungspflicht des Arbeitgebers eine mittelbare Auswirkung, aber auch eine bloße Ausstrahlung der geplanten Maßnahme auf einzelne oder mehrere schwerbehinderte Beschäftigte ausreichend ist,[1143)] hat sowohl bei einem *Asset Deal* als auch bei einem *Share Deal* eine Anhörung der Schwerbehindertenvertretung zu erfolgen.

1621 Ein Verstoß gegen das in der Praxis oftmals übersehene Anhörungsrecht der Schwerbehindertenvertretung kann gem. § 156 Abs. 1 Nr. 9, Abs. 2 SGB IX mit einer Geldbuße in Höhe von bis 10.000 Euro geahndet werden.

e) Europäischer Betriebsrat und SE-Betriebsrat

1622 Sofern für das Unternehmen ein Europäischer Betriebsrat errichtet worden ist oder ein SE-Betriebsrat besteht, muss dieser bei grenzüberschreitenden Angelegenheiten[1144)] regelmäßig kraft Gesetzes über den bevorstehenden Be-

---

1141) So auch *Fitting*, BetrVG, § 106 Rn. 102.
1142) So auch *Simon/Dobel*, BB 2008, 1955; *Schröder/Falter*, NZA 2008, 1097.
1143) Neumann/Pahlen/Majerski-Pahlen/*Pahlen*, SGB IX, § 95 Rn. 10; Kossens/von der Heide/Maaß/*Kossens*, SGB IX, § 95 Rn. 14.
1144) Vgl. hierzu *Hohenstatt*, in: W/H/S/S; Kap. D Rn. 242 und 262.

triebsübergang bzw. die bevorstehende Veräußerung von Geschäftsanteilen gem. §§ 29 ff. EBRG bzw. §§ 27 ff. SEBG unterrichtet werden. Ausnahmen von der Unterrichtungspflicht können sich allenfalls ergeben, wenn eine Beteiligungsvereinbarung abgeschlossen wurde und diese von der gesetzlichen Regelung abweichende Bestimmungen enthält.

5. Typische Klauseln in Unternehmenskaufverträgen aus arbeitsrechtlicher Sicht

Abschließend sei noch auf einige arbeitsrechtlich relevante Vereinbarungen hinzuweisen, die sich oftmals in Unternehmenskaufverträgen finden und die das Innenverhältnis der Parteien des Kaufvertrags näher ausgestalten. Abhängig von den tatsächlichen Gegebenheiten finden sich oftmals Vereinbarungen zu: 1623

- der Unterrichtung der Arbeitnehmer gem. § 613a Abs. 5 BGB und über das weitere Vorgehen bzw. die Kostentragung bei Widersprüchen durch Arbeitnehmer sowie die Haftung für eine falsche oder unvollständige Unterrichtung;

- der Zuordnung bestimmter Arbeitnehmer zu bestimmten Betriebsteilen unter Anwendung objektiver Kriterien;

- Nebenansprüchen wie Arbeitnehmerdarlehen, Werkswohnungen oder Aktienoptionen;

- Kaufpreisreduzierungen im Hinblick auf die zu passivierenden Verpflichtungen aus zu übernehmenden Versorgungszusagen;

- Zusicherungen des Verkäufers hinsichtlich der Vollständigkeit und Richtigkeit der Angaben zu den beschäftigten Arbeitnehmern;

- der Zuordnung von Abfindungsverpflichtungen für unfreiwillig übernommene Arbeitnehmer;

- der Kostentragung von pro rata-Aufwendungen aus dem Arbeitsverhältnis wie z. B. Urlaubsgeld, 13. Monatsgehalt oder Urlaubsansprüche;

- der Unterrichtung des Betriebsrats, des Wirtschaftsausschusses und sonstiger Arbeitnehmervertretungen;

- aufschiebenden Bedingungen für den Unternehmenskaufvertrag in Fällen des unverzichtbaren Personalabbaus, beispielsweise bis Aufhebungsverträge geschlossen wurden oder bis feststeht, dass eine bestimmte Anzahl an Kündigungsschutzklagen nicht überschritten wird;

- einem Umstrukturierungskonzept im Fall notwendiger betriebsbedingter Kündigungen (als indizieller Nachweis, dass eine Kündigung nicht wegen des Betriebsübergangs erfolgt);

- der Bereitschaft bestimmter Arbeitnehmer, beim Erwerber weiter tätig zu werden;

- einem pauschalierten Risikoausgleich zwischen Veräußerer und Erwerber im Hinblick auf Belastungen aus § 613a BGB;
- einer Haftungsverteilung für den Zeitraum bis zum Vollzug *(Closing)* und für denjenigen nach Vollzug *(Closing)*.

XVII. Datenschutz

1. Einleitung

1624 Der Datenschutz genießt bei Unternehmen einen zunehmend höheren Stellenwert und hat sich zu einem Compliance-Thema entwickelt. Wie beutend die Einhaltung von Datenschutzvorschriften im Rahmen von Unternehmenstransaktionen geworden ist, zeigt das gesteigerte Interesse von Datenschutzbehörden, durch Medien bekannt gewordene laufende Unternehmenstransaktionen stichprobenartig zu auditieren.

a) Bedeutung des Datenschutzes beim Unternehmenskauf

1625 Datenschutz ist insbesondere beim Vollzug des Unternehmenskaufs sowie bei der vorbereitenden Due Diligence zu beachten. Die anwendbaren Vorschriften ergeben sich im Wesentlichen aus dem Bundesdatenschutzgesetz (BDSG) sowie aus branchenspezifischen Spezialgesetzen (z. B. Telekommunikationsgesetz [*TKG*] und Telemediengesetz [*TMG*]). Zusätzliche Beschränkungen ergeben sich insbesondere aus dem Bankgeheimnis, dem Fernmeldegeheimnis sowie aus beruflichen Schweigepflichten (Versicherungen, Rechtsanwälte, Wirtschaftsprüfer, Steuerberater, Ärzte).

1626 In den Anwendungsbereich der Datenschutzgesetze fallen alle personenbezogenen Daten, d. h. Einzelangaben über eine bestimmte oder bestimmbare natürliche Person, wobei Angaben wie z. B. ethnische Herkunft, Gewerkschaftszugehörigkeit oder Gesundheit als besondere Arten personenbezogener Daten einem erhöhten Schutz unterliegen. Im Gegensatz dazu unterfallen Unternehmensdaten über juristische Personen nur ausnahmsweise dem Datenschutz. Im Rahmen von Unternehmenskäufen sind somit regelmäßig Arbeitnehmerdaten sowie Kunden- und Lieferantendaten betroffen.

1627 Nach den oben genannten Gesetzen ist eine Erhebung, Verarbeitung oder Nutzung personenbezogener Daten nur zulässig, wenn entweder der Betroffene eingewilligt hat oder ein gesetzlicher Erlaubnistatbestand vorliegt. Erlaubnispflichtige Vorgänge im Rahmen von Unternehmenskäufen sind vor allem Übermittlungen von Daten des Zielunternehmens (insbesondere Kunden-, Lieferanten- und Arbeitnehmerdaten) an Dritte (z. B. an den Käufer und an dessen Berater). Die Abgrenzung erfolgt dabei streng formal: Dritter ist jedes andere Unternehmen oder jede außenstehende natürliche Person. Das Datenschutzrecht kennt **kein Konzernprivileg**.

b) Risiken bei Verstößen

aa) Keine Nichtigkeit des Unternehmenskaufs

Eine Verletzung datenschutzrechtlicher Vorschriften, insbesondere des Bundesdatenschutzgesetzes, ist zwar sanktioniert. Die Nichtigkeit eines Unternehmenskaufvertrags kann sie nach neuerer BGH-Rechtsprechung aber nicht bewirken.[1145] So handelt es sich bei dem Bundesdatenschutzgesetz nicht um ein Verbotsgesetz i. S. d. § 134 BGB. Jedoch ist bei gleichzeitigen Verstößen gegen § 203 StGB (z. B. Veräußerung von Arzt- oder Rechtsanwaltspraxen ohne Einwilligung der Kunden) oder gegen § 206 StGB (Verstoß gegen das Fernmeldegeheimnis) anerkannt, dass Schutzgesetze i. S. d. § 134 BGB verletzt sind, woraus eine (Teil-)Nichtigkeit des Unternehmenskaufvertrages folgen kann. Bei reinen Verstößen gegen das BDSG ohne gleichzeitige Verletzung weiterer Straftatbestände wurde § 134 BGB vom BGH dagegen verneint.[1146]

1628

bb) Datenschutzrechtliche Sanktionen

Bei Verstößen gegen die Bestimmungen des Datenschutzrechts kommen zum einen Ordnungswidrigkeiten- und Straftatbestände in Betracht mit Geldbußen bis zu 300.000 € (pro Verstoß, in Einzelfällen aber auch höher) oder Freiheitsstrafe bis zu zwei Jahren. Neben finanziellen Sanktionen drohen Unternehmen bei Verletzung datenschutzrechtlicher Vorschriften zudem reputative Schäden aufgrund medialer Berichterstattung oder auch ein Audit durch die zuständige Datenschutzbehörde.

1629

c) Sonderthemen in bestimmten Bereichen

aa) Bankgeheimnis

Das BDSG regelt den Umgang mit geheimen Bankdaten nicht abschließend (und bei juristischen Personen oder Personengesellschaften gar nicht). Hier gelten zusätzlich vertragliche Vertraulichkeitspflichten, die regelmäßig im Rahmen der Banken-AGB abgeschlossen werden, aber auch bei fehlender vertraglicher Regelung gewohnheitsrechtlich eingreifen. Grundsätzlich dürfen daher dem Bankgeheimnis unterliegende Informationen potentiellen Erwerbern nicht zugänglich gemacht werden. Im Unterschied zum BDSG werden vom Bankgeheimnis nicht nur Daten mit Personenbezug geschützt, sondern darüber hinaus auch Daten juristischer Personen.

1630

bb) § 203 StGB

Im Unterschied zu vertraglichen Vertraulichkeitspflichten regelt § 203 StGB eine gesetzliche Schweigepflicht in besonders sensiblen Bereichen. So wird

1631

1145) Vgl. BGH RDV 2007, 118 ff.
1146) Vgl. BGH RDV 2007, 118 ff.

das unbefugte Offenbaren von Geheimnissen durch einen bestimmten Täterkreis mit bis zu einem Jahr Freiheitsstrafe sanktioniert. Zu diesem Täterkreis gehören u. a. Rechtsanwälte, Wirtschaftsprüfer, Ärzte und Angehörige eines Unternehmens der privaten Kranken-, Unfall- oder Lebensversicherung. Höchste Vorsicht ist daher geboten, sollte das Zielunternehmen z. B. im medizinischen Bereich oder in der Versicherungsbranche tätig sein.

2. Datenschutzüberlegungen bei der Strukturierung des Unternehmenskaufs

1632   Im Folgenden wird die datenschutzrechtliche Bewertung je nach Strukturierung des Unternehmenskaufs dargestellt.

a) Share Deal

1633   Bei einem Share Deal bleibt die verantwortliche Stelle, welche die Daten besitzt und verarbeitet, vor und unmittelbar nach dem Unternehmenskauf dieselbe: Es werden lediglich Anteile an der Zielgesellschaft übertragen. Deshalb liegen beim Share Deal keine Übermittlung von Daten an Dritte und kein datenschutzrechtlich relevanter Vorgang vor (etwas anderes gilt für eine Übergabe der Daten von der Zielgesellschaft an einen Gesellschafter oder an potentielle Erwerber z. B. im Rahmen der Due Diligence).

b) Asset Deal

1634   Bei einem Asset Deal werden dagegen Vermögensgegenstände und die dazugehörigen Daten von einem Rechtsträger auf einen anderen übertragen. Hier findet eine datenschutzrechtliche Übermittlung an Dritte statt, die einer Rechtfertigung bedarf. An einer ausdrücklichen Einwilligung der Betroffenen fehlt es in der Regel, weil diese im Rahmen eines Unternehmenskaufs zumeist nicht einholbar ist (es sei denn, es wird gleichzeitig die Zustimmung zur Vertragsübernahme eingeholt). Mangels spezieller gesetzlicher Vorschriften über den Unternehmenskauf kommt daher als allgemeiner Erlaubnistatbestand nur § 28 BDSG in Betracht. Danach ist die Übermittlung an Dritte und die sich daran anschließende Nutzung durch diese zulässig, soweit sie der Wahrung berechtigter Interessen der verantwortlichen Stelle (Veräußerer) nach § 28 Abs. 1 S. 1 Nr. 2 BDSG oder eines Dritten (Erwerber) nach § 28 Abs. 2 Nr. 2a BDSG dient und der Betroffene kein überwiegendes bzw. entgegenstehendes schutzwürdiges Interesse an dem Ausschluss der Übermittlung hat.

1635   Das Ergebnis dieser Abwägungen ist zwar einer Einzelfallbetrachtung vorbehalten; allgemein wird aber vertreten, dass Veräußerer und Erwerber ein berechtigtes Interesse an einer wirksamen Veräußerung eines Unternehmens haben (für den Veräußerer durch Art. 14 GG geschützt). Dieses berechtigte Interesse an einer Übermittlung der Daten überwiegt – zumindest außerhalb besonders geschützter Bereiche – in der Regel das Interesse der Betroffenen an einem Ausschluss der Übermittlung, wenn die Daten bisher rechtmäßig erhoben und verarbeitet worden sind, der Erwerber keine andere Nutzung der Daten beabsichtigt als der Veräußerer (Grundsatz der Zweckbindung) und die Datenübermittlung zur Übertragung der Vermögensgegenstände erforderlich ist (z. B. wegen § 402 BGB).

Einschränkungen gibt es hier aber im Bereich personenbezogener Daten besonderer Art, etwa bei Veräußerung von Versicherungsunternehmen, die Daten über den Gesundheitszustand der Versicherten enthalten oder im Bankenbereich. Da hier die vorbeschriebenen Tatbestände nicht eingreifen, und ggf. auch § 203 Abs. 1 Nr. 6 StGB zu beachten sein kann, wird eine ausdrückliche Einwilligung der Betroffenen regelmäßig notwendig sein. Ebenso dürfte die Übermittlung von Daten der Arbeitnehmer, die entweder dem Betriebsübergang auf den Erwerber widersprochen haben oder für die die Widerspruchsfrist noch nicht abgelaufen ist, unzulässig sein. 1636

c) Umwandlungen nach Umwandlungsgesetz (Gesamtrechtsnachfolge)

§ 20 UmwG regelt die Gesamtrechtsnachfolge im Moment des Wirksamwerdens der Verschmelzung. Strittig ist dabei, ob die Umwandlung datenschutzrechtlich von Bedeutung ist, also Daten im Sinne des BDSG übermittelt werden. Vieles spricht dafür, dass durch die Gesamtrechtsnachfolge keine gewillkürte Preisgabe von Daten an Dritte und daher schon keine Übermittlung vorliegt.[1147] 1637

3. Datenschutz bei der Due Diligence

Im Grundsatz sind die vorstehend genannten gesetzlichen Erlaubnistatbestände heranzuziehen. Der Veräußerer und der Erwerber haben ein berechtigtes Interesse an einer ordnungsgemäßen Durchführung des Unternehmenskaufs und einer Überprüfung des Zielunternehmens. Allerdings ist hier ein entgegenstehendes Interesse der Betroffenen höher zu gewichten, da in der Due Diligence-Phase mehrere mögliche Erwerber auftreten können und in der Regel keine Verpflichtung zur Übernahme besteht: Es werden Daten auch an Parteien (regelmäßig in einem elektronischen Datenraum) offenbart, die das Unternehmen später nicht erwerben. Dem erhöhten Schutzinteresse der Betroffenen kann begegnet werden, indem insbesondere Arbeitnehmerdaten und besonders geschützte Daten grundsätzlich nur strukturell zusammengefasst oder anonymisiert übergeben werden; der Gesetzgeber hat durch die Neufassung des § 3a S. 2 BDSG im Jahr 2009 die Möglichkeit der Anonymisierung noch deutlicher herausgestellt. Aufgrund einer Einzelfallbetrachtung kann die Offenbarung von nicht anonymisierten Daten bei wichtigen und unternehmensentscheidenden Mitarbeitern oder Kunden zulässig sein, wenn gerade diese zur Bewertung des Zielunternehmens erforderlich sind.[1148] Weiter- 1638

1147) Simitis/*Simitis*, BDSG, 2011, § 28 Rn. 66; Plath/*Plath*, BDSG, § 28 Rn. 69; Essers/Hartung, RDV 2002, 278, 286, kritisch Taeger/Gabel/*Taeger*, BDSG, § 28 Rn. 72; a. A. *Wengert/Widmann/Wengert*, NJW 2000, 1291, 1292.
1148) Die Daten eines Geschäftsführers sind ohnehin öffentlich im Handelsregister einsehbar.

hin sollten der Zugang zum Datenraum angemessen geregelt und beschränkt und detaillierte Vertraulichkeitsvereinbarungen getroffen werden.[1149]

1639 Die Beachtung des Datenschutzes durch das Zielunternehmen selbst sollte bei der Due Diligence ebenfalls inhaltlich überprüft und ggf. bei der Gestaltung des Unternehmenskaufvertrages (Gewährleistung) berücksichtigt werden. Zu prüfen ist, ob personenbezogene Daten bisher zulässig erhoben und verarbeitet wurden (andernfalls wäre auch die weitere Verarbeitung dieser Daten unzulässig), ob Auskunftsverlangen der Aufsichtsbehörden nachgekommen worden ist, ob es datenschutzrechtliche Auseinandersetzungen in der Vergangenheit gab und ob gesetzliche Pflichten wie die Ernennung von betrieblichen Datenschutzbeauftragten oder die Verpflichtung der Mitarbeiter auf das Datengeheimnis beachtet wurden.

a) Unterschied zwischen Asset Deal und Share Deal?

1640 Hinsichtlich der Zulässigkeit der Due Diligence ist eine Unterscheidung zwischen Asset Deal und Share Deal regelmäßig nicht erforderlich, da gleichermaßen von Dritten (interessierten Erwerbern und deren Beratern) personenbezogene Daten eingesehen werden.

b) Personenbezogene Daten im Datenraum

aa) Art der personenbezogenen Daten

1641 Während bei Lieferanten und Kunden oft nur (Geschäfts-)Kontaktdaten ihrer Ansprechpartner relevant sind (wenn es sich bei den Lieferanten und Kunden um juristische Personen handelt), werden bei Arbeitnehmern in der Regel weitere personenbezogene Daten wie etwa Gehalts-, Performance- und Karrieredaten erhoben. Bei Arbeitnehmern sind auch Fälle denkbar, die eine Erhebung sensitiver Daten i. S. d. § 3 Abs. 9 BDSG erfordern, z. B. wenn der Mitarbeiter schwerbehindert i. S. d. § 2 Abs. 3 SGB IX ist.

bb) Schwärzung?

1642 Nach der hier vertretenen Ansicht ist im Rahmen der Due Diligence die Übermittlung von Kontaktdaten (Geschäftskontakt, Abteilung, Position) zulässig.[1150] Sonstige weitergehende personenbezogene Daten (Arbeitnehmerlisten, Gehaltslisten, etc.) dürfen dem Erwerber hingegen nur in aggregierter Form bzw. Musterformularen (z. B. bei Arbeitsverträgen) zur Verfügung gestellt werden. Klardaten sind vor Einstellen in den Datenraum zu anonymisieren. Da die Einholung von Einwilligungen aller vom Unternehmenskauf

---

[1149] Vgl. Hinweise der baden-württembergischen Aufsichtsbehörde Nr. 38 (Staatsanzeiger für Baden-Württemberg, 18.1.2000); *Diller/Deutsch*, K&R 1998, 16 ff.; *Selk*, RDV 2009, 254, 262.

[1150] A. A. Taeger/Gabel/*Taeger*, BDSG, § 28 Rn. 69, der fordert, dass die Daten zur Beurteilung wesentlicher Aspekte einer Due Diligence erforderlich sind.

betroffenen Personen eine datenschutzrechtlich zwar zulässige, bei Arbeitnehmern aber höchst umstrittene und zudem eine regelmäßig unpraktikable Alternative darstellt, sind in dieser Phase der Transaktion alle Daten außerhalb des Bereichs der Kontaktdaten der Arbeitnehmer, Kunden und Lieferanten (sofern natürliche Personen) mit Ausnahme wichtiger und unternehmensentscheidender Arbeitnehmer und ggf. Kunden zu schwärzen. Dies gilt insbesondere für die von §§ 203, 206 StGB oder vom Bankgeheimnis geschützten Daten.

4. Datenschutz bei/nach Unterschrift des Unternehmenskaufs (Signing)

Regelmäßig kommt es durch den Abschluss des Unternehmenskaufvertrags zu keiner tatsächlichen Datenübermittlung, da das Unterschreiben des Kaufvertrages nur schuldrechtliche Relevanz hat. Doch auch in der sich daran anschließenden Phase der Transaktion bis zum Vollzug (*Closing*) wäre die Weitergabe personenbezogener Daten (z. B. durch das Bereitstellen im Datenraum) unverändert als Übermittlung im Sinne des BDSG zu qualifizieren. Wenn der Erwerber Geschäftsprozesse bereits vorbereitet und konsolidiert, kann ggf. ausnahmsweise von einem legitimen Interesse des Erwerbers ausgegangen werden.[1151] Außergewöhnliche Anforderungen bestehen allerdings bei Arbeitnehmerdaten und sensitiven Daten, da die Interessen des Betroffenen hier besonders schützenswert sind.

1643

5. Datenschutz beim Vollzug des Unternehmenskaufs (Closing)

Beim Vollzug des Unternehmenskaufs ist datenschutzrechtlich zwischen Share Deal und Asset Deal zu unterscheiden:

1644

a) Share Deal

Da beim Share Deal der Rechtsträger und somit die verantwortliche Stelle im Sinne des BDSG identisch bleiben, handelt es sich nicht um eine datenschutzrechtlich zu rechtfertigende Übermittlung.

1645

b) Asset Deal

Beim Asset Deal liegt hingegen eine Übermittlung vor. Entscheidend ist daher, ob die Übermittlung erforderlich ist. Bezüglich Kunden- und Lieferantendaten ist, sofern es sich um natürliche Personen und nicht nur um deren Kontaktdaten handelt, die Übermittlung des Datenbestandes grundsätzlich nur dann zulässig, soweit die Kunden- bzw. Lieferanten in die Übermittlung vorher eingewilligt (z. B. durch AGB) oder dieser zugestimmt haben (eine Zustimmung zur Vertragsübernahme durch den Erwerber ist zivilrechtlich ohnehin erforderlich).[1152] Fehlt es an einer solchen Einwilligung oder Zu-

1646

1151) *Essers/Hartung*, RDV 2002, 278, 284.
1152) *Essers/Hartung*, RDV 2002, 278, 284 f.

stimmung, überwiegt das Interesse der betroffenen Kunden und Lieferanten am Ausschluss der Übermittlung regelmäßig. Dies bedarf allerdings einer näheren Analyse im Einzelfall.

1647 Die Übermittlung personenbezogener Arbeitnehmerdaten ist im Rahmen eines Betriebsübergangs i. S. d. § 613a BGB gerechtfertigt. Dabei ist jedoch zu beachten, dass der Arbeitnehmer dem Betriebsübergang binnen Monatsfrist gem. § 613a Abs. 6 S. 1 BGB widersprechen kann, weshalb Datenschutzbehörden fordern, dass Arbeitnehmerdaten vor Ablauf dieser Monatsfrist nur in aggregierter Form an den Erwerber übermittelt werden dürfen (vgl. hierzu Kapitel XVI).[1153]

c) Umwandlungen nach Umwandlungsgesetz

1648 Nach wohl herrschender, aber nicht umstrittener Meinung[1154] liegt bei Umwandlungen nach Maßgabe des Umwandlungsgesetzes keine Übermittlung im Sinne des BDSG vor, weshalb auch hier die Weitergabe der Daten nicht rechtfertigungsbedürftig ist.

XVIII. Streitvermeidung/-lösung

1649 Bereits im Rahmen der Verhandlungen über einen Unternehmenskaufvertrag sollten die Parteien Möglichkeiten zur Streitvermeidung und zur Streitlösung ins Auge fassen und sich um entsprechende Regelungen in den jeweiligen Verträgen bemühen. Nur so können später unerwünschte Rechtsfolgen, wie z. B. ein öffentlicher Prozess vor einem ordentlichen (staatlichen) Gericht, vermieden werden. In der Praxis haben sich im Zusammenhang mit M&A Transaktionen Schiedsvereinbarungen durchgesetzt. Vielfach finden sich in Unternehmenskaufverträgen heute – insbesondere bei internationalen Transaktionen – entsprechende Schiedsklauseln. Dabei ist stets darauf zu achten, dass die Schiedsvereinbarungen umfassend ausgestaltet sind und eine einheitliche Regelung getroffen wird, damit die Vorteile der Schiedsgerichtsbarkeit tatsächlich zu Tragen kommen.

1. Schiedsverfahren: Vor- und Nachteile

1650 Die Schiedsgerichtsbarkeit gewährt den Parteien eines Unternehmenskaufvertrages gegenüber den staatlichen Gerichten folgende Vorteile:

- **Flexibilität in der Auswahl der Schiedsrichter:** Die Parteien nehmen in der Regel auf die Ernennung der Schiedsrichter Einfluss. Dadurch kann gewährleistet werden, dass die Schiedsrichter eine etwaig für den Streitfall

---

1153) 22. Tätigkeitsbericht über den nicht-öffentlichen Bereich in Hessen, 2009, Drucks. 18/1015, S. 35.
1154) Siehe Simitis/*Simitis*, BDSG, 2011, § 28 Rn. 66; Plath/*Plath*, BDSG, § 28 Rn. 69; Essers/*Hartung*, RDV 2002, 278, 286, kritisch Taeger/Gabel/*Taeger*, BDSG, § 28 Rn. 72; a. A. Wengert/Widmann/*Wengert*, NJW 2000, 1291, 1292.

erforderliche spezielle Fachkompetenz und Erfahrung besitzen. So können insbesondere Rechtsanwälte mit besonderer fachlicher Spezialisierung im Bereich M&A, oder – wenn auch eher selten – Richter oder Hochschullehrer ausgewählt werden. Die Schiedsrichter müssen im Übrigen auch keine Juristen sein, was jedoch zu empfehlen ist.

- **Schnelligkeit:** Schiedsverfahren sind in der Regel schneller als Gerichtsverfahren, weil es anders als bei ordentlichen Gerichten nur eine Instanz gibt. Im Einzelfall hängt die Verfahrensdauer von vielen Faktoren ab wie z. B. der Komplexität des Falles, der straffen Organisation durch das Schiedsgericht und der Kooperation der beteiligten Parteien. Es ist auch möglich, dass die Parteien – ggf. nur für die Beurteilung spezifischer Rechtsfragen – ein beschleunigtes Verfahren (sog. Fast-Track-Schiedsverfahren) vorsehen. Hierfür sehen einzelne Schiedsinstitutionen inzwischen eigene Verfahrensregeln vor.[1155]

- **Flexibilität:** Die Parteien können das Verfahren insgesamt selbst bestimmen und gestalten, sei es im Hinblick auf den Zeitplan, die Anzahl der Eingaben an das Schiedsgericht, besondere Regeln für die Beweisaufnahme, die anwendbare Verfahrenssprache oder das anwendbare Prozessrecht. Dies ist vor allem bei Beteiligung ausländischer Parteien von Vorteil, wenn diese sich nicht den für staatliche Verfahren geltenden Regeln der deutschen Zivilprozessordnung unterwerfen möchten. Die weitgehende Unabhängigkeit vom nationalen Verfahrensrecht schafft häufig eine größere Vertrauensbasis.

- **Vertraulichkeit:** Schiedsverfahren finden unter Ausschluss der Öffentlichkeit statt. Auch der Schiedsspruch wird ohne Zustimmung der Parteien nicht publiziert. In der Regel unterliegt schon die Tatsache, dass ein Schiedsverfahren geführt wird, der Vertraulichkeit.

- **Vollstreckbarkeit:** Schiedssprüche sind auf Grund einer großen Anzahl von internationalen Verträgen und Übereinkommen, welche die Vollstreckung von Schiedssprüchen regeln, wie z. B. die New York Convention, im Ausland leichter vollstreckbar als die Urteile staatlicher Gerichte. Eine Vollstreckung von staatlichen Urteilen im Ausland ist im außereuropäischen Rahmen nur sehr schwer mitunter gar nicht möglich.

- **Kosten:** Zwar ist ein Schiedsverfahren häufig teurer als ein lediglich in erster Instanz geführtes Verfahren vor staatlichen Gerichten. Wird jedoch berücksichtigt, dass es im Schiedsverfahren nur eine Instanz gibt, mithin eine Auseinandersetzung über mehrere Instanzen vermieden wird und zudem die Kosten für das staatliche Verfahren bei großen Streitwerten überproportional steigen, so kann sich gerade bei komplexen M&A-Streitigkeiten ein Kostenvorteil ergeben. Als ganz grobe Faustregel lässt sich sagen, dass sich Schiedsverfahren erst ab einem Streitwert von über

---

[1155] Vgl. z. B. DIS-Ergänzende Regeln für beschleunigte Verfahren (ERBV).

€ 1 Mio. rechnen. Beachtenswert ist in diesem Zusammenhang allerdings auch, dass bspw. verfahrensrelevante Dokumente in der Originalsprache (i. d. R. englisch) beim Schiedsgericht eingreicht werden dürfen. Vor staatlichen Gerichten müssen Dokumente in der Regel auf Deutsch eingereicht werden. Gerade bei sehr umfangreichen Dokumenten, wie englischsprachige SPA, können dadurch hohe Übersetzungskosten enstehen, welche bei einem Schiedsverfahren nicht entstanden wären.

1651 Die genannten Vorteile bringen jedoch im Einzelfall auch Nachteile mit sich:

- **Nur eine Instanz:** Es gibt – wie bereits erwähnt – im Schiedsverfahren grundsätzlich keine Möglichkeit, Rechtsmittel einzulegen. Lediglich in sehr engen Grenzen besteht die Möglichkeit, einen Aufhebungsantrag in Bezug auf den Schiedsspruch zu stellen, über den dann das OLG zu befinden hat (vgl. §§ 1059, 1062 Abs. 1 Nr. 4 ZPO). Es findet jenseits des ordre-public-Vorbehaltes keine Inhaltskontrolle des Schiedsspruchs statt.

- **Keine Präzedenzwirkung:** Wegen der Vertraulichkeit des Schiedsverfahrens und des fehlenden Instanzenzugs hat das Schiedsverfahren keine Präzedenzwirkung auf andere Verfahren. Dies ist auch für die Rechtsfortbildung von Nachteil. Gerade bei M&A-Streitigkeiten, die häufig im Rahmen von Schiedsverfahren ausgetragen werden, kann daher nur vergleichsweise selten auf einschlägige Rechtsprechung zurückgegriffen werden.

- **Kosten:** Ist eine Klärung in einer Instanz wahrscheinlich oder der Streitwert gering, so kann ein Schiedsverfahren häufig auch teurer sein als ein Verfahren vor staatlichen Gerichten. Die unterliegende Partei muss ggf. auch die der Gegenseite entstandenen Anwaltshonorare auf Stundenbasis ersetzen.[1156]

2. Die Schiedsvereinbarung

a) Begriff und Wirkungen

1652 Die Schiedsvereinbarung ist als Oberbegriff für Schiedsabrede und Schiedsklausel in § 1029 Abs. 1 ZPO legal definiert. Unter einer Schiedsvereinbarung versteht man eine Vereinbarung der Parteien, dass anstelle des zuständigen staatlichen Gerichts ein Schiedsgericht über einen Streit zwischen ihnen entscheidet. Dabei wird zwischen dem sog. **Ad-hoc-Schiedsgericht**[1157] und dem **institutionellen Schiedsgericht**[1158] unterschieden. Ein Schiedsspruch

---

1156) Vgl. *Saenger/Uphoff*, NJW 2014, 1412 ff.
1157) Unter Ad-hoc-Schiedsgerichten versteht man ein allein nach den Regeln der ZPO oder einer vergleichbaren ausländischen Prozessordnung konstituierte Schiedsgericht.
1158) Institutionelle Schiedsgerichte sind „vorfabrizierte" Schiedsgerichte, bei denen es eine Schiedsorganisation gibt, die das Verfahren organisiert, eine eigene Musterverfahrensordnung zur Verfügung stellt und insbesondere das Verhältnis zu den Schiedsrichtern, also zu dem eigentlichen Schiedsgericht (= Spruchkörper) regelt. Anerkannte Schiedsinstitutionen sind z. B. die DIS, die ICC, der LCIA und die Schweizerischen Handelskammern.

steht einem rechtskräftigen gerichtlichen Urteil gleich.[1159] Wird – wie häufig – eine gesonderte Schiedsabrede geschlossen, empfiehlt es sich, im Hauptvertrag und allen Verträgen, für die die Schiedsabrede gelten soll, zumindest einen Hinweis auf diese Schiedsabrede aufzunehmen, damit diese im Streitfall nicht in Vergessenheit gerät, z. B. mit dem Hinweis: *„Die Parteien haben zu gesonderter Urkunde eine Schiedsabrede getroffen."*

Die Schiedsvereinbarung begründet eine prozesshindernde Einrede, d. h. falls der Kläger seine Klage doch vor einem staatlichen Gericht einreicht, führt dies zur Abweisung der Klage vor dem staatlichen Gericht als unzulässig, wenn der Beklagte die sog. Schiedseinrede erhebt.[1160] 1653

b) Inhalt einer Schiedsvereinbarung

aa) Unverzichtbarer Mindestinhalt

Für eine wirksame Schiedsvereinbarung i. S. v. § 1029 Abs. 1 ZPO müssen mindestens zwei Voraussetzungen erfüllt sein: **Die endgültige Entscheidung aller Streitigkeiten** muss **unter Ausschluss der Zuständigkeit staatlicher Gerichte** bei einem Schiedsgericht liegen und das Rechtsverhältnis, wofür die Zuständigkeit des Schiedsgerichts vereinbart wird, muss in der Schiedsvereinbarung bestimmt sein (vgl. § 1029 Abs. 1 ZPO). 1654

Gerade im Zusammenhang mit Unternehmenskaufverträgen bietet sich bei der Gestaltung der Schiedsklausel die Formulierung *„Streitigkeiten aus oder im Zusammenhang mit diesem Vertrag"* an. Eine solche Formulierung erfasst neben vertraglichen auch bereicherungsrechtliche Ansprüche. Ebenso werden diliktsrechtliche Ansprüche erfasst, soweit die schädigende Handlung in einem einheitlichen Lebensvorgang mit einer Vertragsverletzung steht.[1161] Die Formulierung ist auch hinreichend bestimmt[1162] und entspricht weitgehend dem Inhalt der von einzelnen Schiedsinstitutionen zur Verfügung gestellten Musterschiedsklauseln.[1163] Unklar ist, ob mit einer solchen Formulierung Ansprüche aus Vertragsanbahnung erfasst werden. Deswegen sollte die Formulierung *„Ansprüche aus dem Zustandekommen des Vertrages"* zusätzlich mit aufgenommen werden. 1655

Es empfiehlt sich, die Musterschiedsklausel der jeweiligen Schiedsinstitution als Ausgangspunkt jeder Schiedsvereinbarung heranzuziehen. 1656

bb) Fakultativer Inhalt einer Schiedsvereinbarung

Über die zwingend erforderlichen Bestandteile hinaus empfiehlt es sich im Einzelfall, weitere Regelungen bereits in der Schiedsvereinbarung zu treffen. 1657

1159) Vgl. § 1055 ZPO.
1160) Vgl. § 1032 Abs. 1 ZPO.
1161) Musielak/*Voit*, ZPO, § 1029 Rn. 29; Zöller/*Geimer*, ZPO, § 1029 Rn. 69.
1162) Vgl. nur Stein/Jonas-*Schlosser*, ZPO, § 1029 Rn. 13.
1163) Vgl. Musterschiedsklausel der ICC oder der DIS.

A. Der Unternehmenskauf

Die nachfolgende Darstellung gibt einen beispielhaften Überblick über weitere empfehlenswerte fakultative Inhalte einer Schiedsvereinbarung:

1658 Regeln über die **Zusammensetzung des Schiedsgerichts:** Es ist ratsam, eine Regelung insbesondere über die Anzahl der Schiedsrichter und das Verfahren der Ernennung vorzusehen. Bei größeren M&A Transaktionen empfiehlt sich ein Dreierschiedsgericht (ein Vorsitzender und zwei Beisitzer). Bei kleineren Transaktionen kann aus Kostengründen auch ein Einzelschiedsrichter vereinbart werden. Wird ein institutionelles Schiedsgericht vereinbart und fehlt eine Parteivereinbarung über die Zusammensetzung des Schiedsgerichts, schreiben bestimmte Schiedsinstitutionen eine feste Anzahl von Schiedsrichtern vor (etwa ein Dreierschiedsgericht wie bei der DIS oder ein Einzelschiedsrichter beim Singapore International Arbitration Centre), während andere Schiedsinstitutionen jeweils eine Einzelfallentscheidung vorsehen, wonach in der Regel ein Einzelschiedsrichter entscheidet, es sei denn, dass die Institution ein Dreierschiedsgericht bestimmt (etwa ICC, LCIA und AAA).

1659 Schiedsrichterhonorare in den Fällen eines Ad-hoc-Schiedsgerichts: Es ist zu überlegen, ob man bereits die **Schiedsrichterhonorare** in der Schiedsklausel festlegt. Bei einer solchen Festlegung sollte ein marktübliches Honorar vorgesehen werden, so dass sich im Streitfall schnell ein Schiedsrichter gewinnen lässt.

1660 Die **Verfahrenssprache** sollte nach Praktikabilitätsgesichtspunkten ausgewählt werden. Diese kann man ggf. abweichend von der Vertragssprache festlegen. Die praktischen Konsequenzen der Verfahrenssprache sind weitreichend. Dokumente in der Schiedssprache brauchen nicht übersetzt zu werden. Für alle in das Verfahren eingeführten Urkunden besteht ein **Übersetzungserfordernis in die Verfahrenssprache,** was immensen Zeit- und Kostenaufwand bedeuten kann. Es müssen nicht nur die Schriftsätze in der Schiedssprache angefasst werden, sondern auch Beweise in der Schiedssprache erhoben werden. Zeugen, die sich in ihrer Muttersprache ausdrücken können, sind bessere Zeugen als die, die nur durch Dolmetscher befragt werden und antworten können. Dies gilt insbesondere dann, wenn die Zeugen schriftliche Zeugenaussagen abgeben. Zumindest sollte man überlegen, ob man bestimmte Unterlagen von dem Übersetzungserfordernis ausnimmt.

1661 Der **Schiedsort** sollte geregelt werden. Mit ihm legen die Parteien die an diesem Ort geltenden zwingenden Verfahrensregeln als für das Schiedsverfahren verbindlich fest. Hiervon zu unterscheiden ist der eigentliche **Tagungsort,** der jedoch ggf. erst im Rahmen des eigentlichen Schiedsverfahrens gesondert festgelegt werden sollte. Dies ist bei großen Verfahren deshalb nicht unwichtig, weil bei vielen Beteiligten, insbesondere Zeugen, hohe Reisekosten anfallen können und auch viele Akten hin und her bewegt werden müssen.

1662 Unter Umständen kann es empfehlenswert sein, die **Qualifikation der Schiedsrichter** zu regeln, etwa wenn absehbar ist, dass besonderer Sachverstand oder Branchenkenntnisse notwendig sein werden. Da in der Regel aber bei Verhandlungen über eine Schiedsvereinbarung nicht vorhersehbar ist, welche Regelungen in den Verträgen eines Unternehmenskaufs nachträglich Streitigkeiten entfachen werden, sollte von etwaigen Regelungen zur Qualifikation der Schiedsrichter im Grundsatz abgesehen werden. Sollte die Auswahl von Juristen erwünscht sein, sollte in internationalen Verträgen statt des in Deutschland geläufigen „Befähigung zum Richteramt" eine „abgeschlossene juristische Ausbildung" verlangt werden.

Weiter stellt sich die Frage nach einer Regelung zur Zulässigkeit einer **Pre-Trial-Discovery** im Schiedsverfahren. Eine Pre-Trial-Discovery ist die im anglo-amerikanischen Zivilverfahren verbreitete Sachverhaltsermittlung, die neben der Aufklärung des Sachverhalts die Vorlage von Urkunden („Discovery of Documents") und weiterer Mittel der Informationsbeschaffung, z. B. verschiedene Formen der Zeugen- und Parteibefragung (Depositions, Interrogatories) umfasst. 1663

Gerade für den Verkäufer dürfte von Interesse sein, von dem Käufer des Unternehmens Unterlagen zur Ermittlung der vereinbarten Kaufpreisanpassung heraus zu verlangen, die sich typischerweise nach dem Closing im alleinigen Besitz des Käufers befinden. Die einzelnen Schiedsordnungen sehen – wenn auch mit unterschiedlichen Nuancen – die Möglichkeit einer **Discovery of Documents** ausdrücklich vor.[1164] Dennoch empfiehlt es im Einzelfall, hierfür genauere Vorgaben bereits in der Schiedsvereinbarung zu treffen. Insbesondere bei internationalen M&A Transaktionen mit anglo-amerikanischem Bezug bieten sich Regelungen im Bezug auf eine Discovery of Documents bereits in der Schiedsvereinbarung an. Dabei empfiehlt sich eine Regelung zur Anwendbarkeit der *IBA Rules on the Taking of Evidence in International Commercial Arbitration* an. Hierbei handelt es sich um ein internationales Standardregelwerk, das das Discovery-Verfahren vergleichsweise moderat regelt und Ausforschungsbeweise zu vermeiden sucht.[1165] 1664

Die Schiedsvereinbarung muss sich auf alle Beteiligten des Unternehmenskaufvertrages erstrecken. Ferner empfiehlt sich, die Zielgesellschaft, etwaige 1665

[1164] Vgl. etwa Art. 27.1 DIS-SchO: „27.1: Das Schiedsgericht hat den zugrunde liegenden Sachverhalt zu ermitteln. Hierzu kann es nach seinem Ermessen Anordnungen treffen, insbesondere (…) und die Vorlage von Urkunden anordnen."; Art. 22.1 lit e) LCIA: „Vereinbaren die Parteien nicht zu irgendeiner Zeit schriftlich etwas anderes, ist das Schiedsgericht (…) befugt: (…) einer Partei aufzuerlegen, jedes sich in ihrem Besitz, Gewahrsam oder in ihrem Einflussbereich befindliche Dokument (oder Kategorien von Dokumenten) (…) dem Schiedsgericht und den anderen Parteien zur Einsichtnahme vorzulegen und Kopien davon zur Verfügung zu stellen"; Art. 20.1 und 20.5 ICC-SchO: „Das Schiedsgericht stellt den Sachverhalt in möglichst kurzer Zeit mit allen geeigneten Mitteln fest. (…) In jedem Stadium des Schiedsverfahrens kann das Schiedsgericht jede der Parteien auffordern, zusätzliche Beweise beizubringen."

[1165] Vgl. hierzu und zu den Risiken der Nichtbefolgung von Anordnungen Kneisel, Lecking, Verteidigungsstrategien gegen die Anordnung der Document-Production – insbesondere nach den IBA-Regeln zur Beweisaufnahme in der internationalen Schiedsgerichtsbarkeit, SchiedsVZ 2013, 150 ff.

Garantiegeber (z. B. Gesellschafter oder Geschäftsführer) und Bürgen ebenfalls an die Schiedsvereinbarung zu binden. Dies kann auch durch gesonderte Vereinbarungen erfolgen.

1666 Darüber hinaus sollte klargestellt werden, ob sich die Schiedsvereinbarung auch auf **Konzernunternehmen oder** auf **bisherige Rechtsinhaber** im Falle einer Übertragung auf Dritte erstrecken soll. Grundsätzlich bindet eine Schiedsvereinbarung die Parteien und ihre Rechtsnachfolger (sowohl Gesamtrechtsnachfolger, z. B. Umwandlungen nach dem UmwG oder Erben, als auch Einzelrechtsnachfolger, z. B. bei Abtretung einzelner Geschäftsanteile). Bei Rechtsnachfolgern sollte geregelt werden, ob neben dem Rechtsnachfolger auch der bisherige Rechtsinhaber an die Schiedsvereinbarung gebunden bleiben soll oder aus der Bindung entlassen werden soll.

1667 Das anwendbare **materielle Recht** wird in der Regel bereits im Unternehmenskaufvertrag bestimmt.

c) **Formerfordernisse**

1668 Schiedsabreden unterliegen grundsätzlich einer gesetzlichen Form, wobei es bei Nichtbeachtung dieser zur Aufhebung des darauf beruhenden Schiedsspruchs kommen kann (vgl. § 1059 Abs. 2 Nr. 1 lit a ZPO). Die Formerfordernisse sind in § 1031 ZPO umfassend geregelt. Zu beachten ist insbesondere § 1031 Abs. 5 ZPO, wonach eine Schiedsvereinbarung im Falle einer Beteiligung auch nur eines einzigen **Verbrauchers** grundsätzlich in einer vom Hauptvertrag getrennten und von den Parteien eigenhändig unterzeichneten Urkunde enthalten sein muss (Trennungsprinzip). Wer Verbraucher ist, ergibt sich aus § 13 BGB. Hier ist Vorsicht geboten, weil der Verbraucherbegriff teilweise eher weit verstanden wird. So dürfte grundsätzlich die Tätigkeit als Vorstandsmitglied oder Aufsichtsratsmitglied einer AG als unselbständige berufliche Tätigkeit i. S. d. § 13 BGB zu qualifizieren sein.[1166] Sind natürliche Personen im Rahmen der M&A Transaktion beteiligt (z. B. als Verkäufer oder bei der Stellung von Sicherheiten usw.), empfiehlt sich vorsorglich, die besonderen Formerfordernisse bei Verbraucherbeteiligung einzuhalten. Danach muss sich die Schiedsabrede auf einer eigens dafür anzufertigen Urkunde i. S. d. § 1031 V ZPO befinden. Dies gilt nicht, wenn die Vereinbarungen notariell beurkundet werden, § 1031 Abs. 6 ZPO.

1669 Werden GmbH-Geschäftsanteile übertragen, schreibt § 15 Abs. 4 GmbHG die notarielle Beurkundung vor. Wird in solchen Abtretungsverträgen eine Schiedsvereinbarung getroffen, so unterliegt auch diese der notariellen Beurkundung. In seiner Entscheidung vom 24.7.2014[1167] stellt der BGH ausdrücklich fest, dass eine Schiedsklausel in einem notariell beurkundeten Vertrag über den Verkauf und die Übertragung von Gesellschaftsanteilen nicht

---

1166) Vgl. MünchKomm-BGB/*Micklitz*, § 13 Rn. 49 m. w. N.
1167) BGH, Beschl. v. 24.7.2014 – III ZB 83/13, BeckRS 2014, 16681.

deshalb nach § 125 S. 1 BGB i. V. m. § 15 Abs. 4 S. 1 GmbHG nichtig ist, weil sie auf eine Schiedsgerichtsordnung Bezug nimmt, die nicht mit beurkundet worden ist. Damit dürfte der bisherige Streit über die Verpflichtung zur Mitbeurkundung der in Bezug genommenen Schiedsgerichtsordnung entschieden sein.

d) Abschluss durch Vertreter

Rechtsgeschäftliche Vertreter bedürfen zum Abschluss der Schiedsvereinbarung einer ausdrücklichen Bevollmächtigung. Die Erteilung einer Vollmacht zum Abschluss einer Schiedsvereinbarung ist zwar nach der gesetzlichen Anordnung des § 167 Abs. 2 BGB grundsätzlich formfrei möglich. Teilweise wird unter Hinweis auf die Rechtsprechung des BGH zur Erteilung einer unwiderruflichen Bevollmächtigung zum Abschluss eines Grundstückskaufvertrags und entgegen dem soeben dargestellten Grundsatz die Auffassung vertreten, die Erteilung der Vollmacht zum Abschluss einer Schiedsvereinbarung unterliege den Formerfordernissen des § 1031 ZPO, wenn die Vollmachtserteilung unwiderruflich erfolgt.[1168] Es empfiehlt sich daher, die Vollmacht zum Abschluss einer Schiedsvereinbarung ausdrücklich in der schriftlichen Vollmacht aufzuführen, die zur umfassenden Vertretung bei einer Transaktion berechtigen soll.

1670

e) Typische Bereiche für die Regelung einer Schiedsvereinbarung

Mögliche Anwendungsfälle für Schiedsvereinbarungen im Rahmen von M&A Transaktionen sind nicht nur der Unternehmenskaufvertrag selbst, sondern grundsätzlich sämtliche Vereinbarungen im Zusammenhang mit der M&A Transaktion, aus denen sich vermögensrechtliche Ansprüche ergeben können, so etwa bereits im Vorfeld des eigentlichen Unternehmenskaufvertrages

1671

- **Geheimhaltungsvereinbarungen,**
- **Exklusivitätsvereinbarungen** und
- **Letter of Intent.**

Als vermögensrechtliche Ansprüche können sich hier etwa Vertragsstrafen oder Schadensersatzansprüche im Falle der Verletzung dieser Vereinbarungen ergeben.

1672

Zwar entspricht es nationaler und internationaler Praxis, bei der Auslegung einer Schiedsvereinbarung einen großzügigen, am Sinn und Zweck der Schiedsvereinbarung orientierten Maßstab anzulegen (sog. *effet utile*). Dies bedeutet aber nicht, dass eine Schiedsvereinbarung im Unternehmenskaufvertrag selbst sich automatisch auf sonstige Vereinbarungen im Zusammenhang mit der Transaktion erstreckt. Es muss daher bei der Abfassung von Schiedsverein-

1673

1168) Vgl. Musielak/*Voit*, ZPO, § 1031 Rn. 2; Zöller/*Geimer*, ZPO, § 1031 Rn. 26.

barungen darauf geachtet werden, dass bei Vereinbarungen, zwischen denen ein innerer Zusammenhang besteht, das Vertragswerk hinsichtlich der Verwendung von Schiedsklauseln einheitlich gestaltet wird.

1674 Es ist beispielsweise gefährlich, im Letter of Intent auf eine Schiedsklausel zu verzichten, weil man davon ausgeht, dass die Schiedsklausel aus dem späteren Unternehmenskaufvertrag sämtliche Streitigkeiten aus dem Letter of Intent mit umfassen und den Letter of Intent insgesamt aufheben werde. Denn möglicherweise kommt es nicht zum Abschluss des Unternehmenskaufvertrages, dafür aber zum Streit über den Letter of Intent und seinen Inhalt. Dieses Beispiel zeigt, dass gerade bei Vereinbarungen im Vorfeld der eigentlichen Unternehmenstransaktion Schiedsvereinbarungen vorteilhaft sind, weil z. B. die Verkaufsabsicht in einem Verfahren vor staatlichen Gerichten ungewollt öffentlich werden könnte.

1675 Finanzierungsverträge und Finanzierungszusagen enthalten üblicherweise keine Schiedsvereinbarungen, sondern Gerichtsstandvereinbarungen.

1676 Weiter umfassen M&A Transaktionen in der Regel auch

- **Gesellschaftervereinbarungen** und
- **Satzungen**

die im Hinblick auf das Zielunternehmen abgeschlossen bzw. abgeändert werden. Auch hier empfiehlt sich häufig schon aus Gründen der Geheimhaltung und der Schnelligkeit der Abschluss von Schiedsvereinbarungen. Nach der Rechtsprechung des BGH sind auch Beschlussmängelstreitigkeiten bei einer GmbH schiedsfähig. Die Wirksamkeit der Klausel wird jedoch von strengen Voraussetzungen abhängig gemacht.[1169] Um die vom BGH geforderten Voraussetzungen zu erfüllen, bedarf es eines komplexen Regelungsmechanismus. Die Deutsche Institution für Schiedsgerichtsbarkeit e. V. hat die Vorgaben des BGH in den Ergänzenden Regeln für gesellschaftsrechtliche Streitigkeiten der Deutschen Institution für Schiedsgerichtsbarkeit (DIS-ERGeS) umgesetzt. Es empfiehlt sich daher die Verwendung der Musterschiedsklausel der DIS, die auf die DIS-SchO und Ergänzende Regeln für gesellschaftsrechtliche Streitigkeiten der Deutschen Institution für Schiedsgerichtsbarkeit (DIS-ERGeS) Bezug nimmt (abrufbar unter www.dis-arb.de). Dadurch kann die Schiedsvereinbarung vereinfacht werden, weil kein komplexer Regelungsmechanismus in den Gesellschaftsvertrag aufgenommen zu werden braucht.

1677 Bislang nicht hinreichend geklärt ist die Frage, ob eine solche Schiedsklausel mit dem Ergebnis der Rechtskrafterstreckung auch bei Personengesellschaften vorgesehen werden kann.

1169) Vgl. BGH, Urt. v. 6.4.2009 – II ZR 255/08, ZIP 2009, 1003 = NJW 2009, 1962 ff. – Schiedsfähigkeit II.

Bei der AG begegnet derzeit nach der herrschenden Meinung eine Schiedsklausel in der Satzung wegen der Satzungsstrenge (§ 23 Abs. 5 AktG) Bedenken. Nach einer im Vordringen befindlichen Auffassung dürfte auch bei der AG grundsätzlich der Weg zur schiedsgerichtlichen Beilegung gesellschaftsrechtlicher Streitigkeiten möglich sein.[1170] Die künftige Rechtsprechung bleibt abzuwarten. **1678**

Schließlich sind noch zu nennen: **1679**

- sog. **Management Warranty Deeds**,
- **Managementbeteiligungsverträge**,
- **Put-/Call-Optionen** und
- sonstige **Nebenvereinbarungen**/Side Letters.

Management Warranty Deeds findet man bei *Secondary Buyouts* vor. In Fällen, in denen – wie häufig bei Private-Equity-Beteiligungen – das Management an der Zielgesellschaft selbst beteiligt ist, werden bestimmte Gewährleistungen vom Management abgegeben und zu diesem Zweck in einen sog. Management *Warranty Deed* verlagert. Hierbei sollte der Abschluss einer Schiedsvereinbarung unter Berücksichtigung der Formerfordernisse bei Beteiligung eines Verbrauchers (siehe oben Rn. 1668) nicht vergessen werden. Ohne eine Schiedsvereinbarung kann es passieren, dass Gewährleistungsansprüche gegen den Veräußerer vor einem Schiedsgericht geltend gemacht werden, während Ansprüche gegen das Management vor staatlichen Gerichten durchgefochten werden. Zwei Prozesse sind im Zweifel nicht gewollt, führen zu unnötigen Komplikationen und hebeln die Vorteile eines Schiedsverfahrens aus. Zu beachten ist dabei, dass weder ein staatliches Gericht noch Schiedsgericht an die jeweils andere Entscheidung gebunden wäre. Folglich wären sich widersprechende Entscheidungen denkbar, die in jedem Fall zu vermeiden sind. **1680**

Entsprechendes gilt für sonstige Nebenvereinbarungen. **1681**

3. Schiedsgutachterverfahren

Gerade im Zusammenhang mit Unternehmenskaufverträgen ist auch das Schiedsgutachterverfahren von Bedeutung, insbesondere bei sog. Kaufpreisregelungen nach Aufstellung einer Closing-Bilanz[1171] („Closing Accounts") und unterwirft auf diese Weise einen speziellen Teil des Unternehmenskaufvertrages ganz eigenen Regeln im Streitfall. Unternehmenskaufverträge sehen in der Regel im Zusammenhang mit Kaufpreisregelungen vor, dass ein Dritter, etwa ein Wirtschaftsprüfer, die Entscheidung über die Höhe der Bilanzwerte bei Closing trifft, falls sich die Parteien darauf nicht einigen können. Im Er- **1682**

1170) *Borris*, NZG 2010, 481 ff.
1171) Vgl. dazu Rn. 811 ff.

A. Der Unternehmenskauf

gebnis bindet ein Unternehmenskaufvertrag damit Wirtschaftsprüfer als Schiedsgutachter in den Mechanismus zur Kaufpreisanpassung ein und sieht gleichzeitig für Streitigkeiten aus dem Vertrag häufig ein Schiedsgericht vor.

1683 Das Schiedsverfahren lässt sich wie folgt von einem Schiedsgutachterverfahren abgrenzen:

- Der Schiedsrichter entscheidet den Rechtsstreit insgesamt abschließend anstelle des ordentlichen Gerichts. Ihm obliegt eine endgültige Entscheidungsbefugnis.[1172]

- Schiedsgutachtern obliegt die Klärung einzelner tatsächlicher Fragen, etwa im Hinblick auf den endgültigen Kaufpreis einschließlich damit zusammenhängender bilanzieller Fragen. Die Schiedsgutachter sind in der Regel Sachverständige, wie z. B. Wirtschaftsprüfer, die für die konkrete Feststellung die nötige Sachkompetenz besitzen. Sie stellen somit nur Einzelfragen bindend für die Parteien des Unternehmenskaufvertrages fest.[1173]

- Ein Schiedsverfahren endet regelmäßig mit einem Schiedsspruch oder einem Schiedsvergleich, die jeweils für vollstreckbar erklärt werden können und somit den entsprechenden Instituten (Urteil, Vergleich) im staatlichen Verfahren ähneln. Ein Schiedsspruch ist abgesehen von der Verletzung des nationalen *ordre public* grundsätzlich nicht anfechtbar.

- Die Feststellung des Schiedsgutachters bindet die Parteien lediglich schuldrechtlich und erlaubt eine Überprüfung durch ein Gericht auf offenbare Unrichtigkeit (§ 319 Abs. 1 BGB). Liegt eine offenbare Unrichtigkeit vor, so ist das Schiedsgutachten für die Parteien nicht bindend.

- Ferner unterscheiden sich die Verfahren und die dabei geltenden Verfahrensgrundsätze erheblich voneinander. Im Schiedsverfahren gibt es viele bindende Verfahrensregeln (wie etwa Gleichbehandlungsgrundsatz; Anspruch auf rechtliches Gehör, Möglichkeit der Ablehnung von Schiedsrichtern und die Bindung des Schiedsgerichts an die Schiedsvereinbarung, an Terms of Reference und sonstige Verfahrensregeln). Hingegen gibt es keine verfahrensrechtlichen Regeln für ein Schiedsgutachterverfahren, d. h. der Schiedsgutachter kann das Verfahren nach seinem Ermessen bestimmen und er ermittelt den Sachverhalt von Amts wegen. Die §§ 1025 ff. ZPO gelten nicht für das Schiedsgutachterverfahren.[1174]

1684 In der Praxis ist das Schiedsgutachterverfahren lediglich im Rahmen der Kaufpreisregelungen, die eine Aufstellung einer Bilanz zum Zeitpunkt des Closing vorsehen, verbreitet. Teilweise wird für eine Heranziehung eines Schiedsgut-

---

1172) *Schwab/Walter*, Schiedsgerichtsbarkeit, Erster Teil, Kap. 2.I.1.
1173) Jauernig/*Stadler*, BGB, § 317 Rn. 8; MünchKomm-ZPO/*Münch*, Vorbem. zu §§ 1025 ff. Rn. 52.
1174) Palandt/*Grüneberg*, BGB, § 317 Rn. 7; Jauernig/*Stadler*, BGB, § 317 Rn. 8 unter Hinweis auf ständige Rechtsprechung.

achterverfahrens bei Streit über Rechtsfragen plädiert.¹¹⁷⁵⁾ Jedenfalls ist bei Regelung eines Schiedsgutachterverfahrens und eines Schiedsverfahrens an eine klare, eindeutige und abschließende Abgrenzung der Aufgaben und Kompetenzen des Schiedsgutachters einerseits und jene des Schiedsgerichts andererseits zu achten.

Fehlt trotz der Erforderlichkeit von Bilanzen zum Stichtag des Closing eine Schiedsgutachterklausel, sollte eine solche Vereinbarung bei Unstimmigkeiten nachträglich geschlossen werden. Die Klärung dieser Frage in einem Schiedsverfahren erweist sich als nicht praktikabel. Das Schiedsgericht wird in aller Regel die Bilanz nicht selbst aufstellen können, so dass im Rahmen des Schiedsverfahrens wiederum ein Sachverständiger mit der Erstellung der Bilanz beauftragt wird. Es entstehen somit unnötig höhere Kosten und das Verfahren dauert länger. 1685

4. Typische Streitigkeiten im Zusammenhang mit M&A Transaktionen

Im Rahmen einer Transaktion sind in jeder Phase Streitigkeiten denkbar. Die nachfolgende Übersicht kann die Fülle der Streitigkeiten und Streitpunkte nicht umfassend darstellen und dient lediglich der beispielhaften Darstellung typischer und in der Praxis häufig vorkommender Streitpunkte bzw. Streitthemen bei einer M&A Transaktion.¹¹⁷⁶⁾ 1686

Der Ablauf eines Unternehmenskaufs lässt sich in die Phase bis Closing und die Phase nach Closing aufteilen. Allgemein lässt sich festhalten, dass Streitigkeiten zumeist wegen unklarer Formulierung oder gar fehlender Regelung einzelner Punkte entstehen. Sobald Regelungen nicht klar und verständlich formuliert sind, ergibt sich ein Spielraum zur Auslegung, der streitanfällig ist. 1687

a) Post-Closing Disputes

Die meisten Streitigkeiten im Rahmen einer M&A Transaktion betreffen die Phase nach Closing.¹¹⁷⁷⁾ Durch die finale Übernahme des Eigentums an der Zielgesellschaft stehen dem Käufer unbeschränkte Einsichtsmöglichkeiten in das Zielunternehmen zu. 1688

Aus diesem Grund befassen sich Streitigkeiten nach Closing meist mit Kaufpreisanpassungsklauseln, mit abgegebenen Garantien und Zusicherungen. 1689

Bei Streitigkeiten im Zusammenhang mit abgegebenen Garantien und Zusicherungen ist neben der Schwierigkeit des Nachweises falscher Garantien oder Zusicherungen ein zentrales Thema die Schadensberechnung und Schadensermittlung.¹¹⁷⁸⁾ 1690

1175) Vgl. *Kasolowsky/Schnabl*, SchiedsVZ 2012, 84 ff.
1176) Vgl. ausführlich *Wächter*, M&A Litigation.
1177) *Elsing*, in: Festschrift Lüer, 2008, S. 52.
1178) Vgl. hierzu Rn. 921 ff.; vgl. zur Schadensberechnung allgemein *Wächter*, M&A Litigation, Rn. 1202 ff.; *Hilgard*, BB 2013, 937 ff.

1691 Im Rahmen von Kaufpreisanpassungen streiten sich die Parteien zumeist über das „ob" und „wie" der zu berücksichtigenden Bilanzpositionen. Ferner ist of zwischen den Parteien streitig, welche Rechnungslegungsgrundsätze heranzuziehen sind. Es empfiehlt sich daher, diese Punkte nach Möglichkeit bereits im Rahmen des Unternehmenskaufvertrages, z. B. durch konkrete Bezugnahmen auf die zu erfassenden Bilanzpositionen, verbindlich zu klären.

b) Pre-Closing-Disputes

1692 Die Pre-Closing-Disputes lassen sich in die Phase bis zum Signing (Pre-Signing-Streitigkeiten) und in die Phase zwischen Signing und Closing unterteilen.

1693 Bis zum Signing ergeben sich häufig Streitigkeiten aus einem Letter of Intent. Bei Streitigkeiten über einen Letter of Intent drehen sich die streitentscheidenden Fragen zumeist um die Bindungswirkung einzelner Klauseln und deren Verletzung.

1694 Streitigkeiten aus Vertraulichkeits- und Exklusivitätsvereinbarugen sowie Ansprüche aus Abbruch von Vertragsverhandlungen kommen in der Praxis relativ selten vor.[1179]

1179) *Wächter*, M&A Litigation, Rn. 3 und 12 ff.

B. Sondersituationen Unternehmenskauf

XIX. Private Equity

1. Private Equity im Überblick

a) Wirtschaftliche Bedeutung von Private Equity

Private Equity bedeutet wörtlich „außerbörsliches Eigenkapital", also Investitionen in das Eigenkapital von nicht-börsennotierten Unternehmen. Kapitalgeber sind hierbei regelmäßig institutionelle Anleger, wie z. B. Pensionskassen, Banken, Versicherungen und Family Offices, die ihr Kapital meist in Private Equity Fonds zur Beteiligung an solchen „privaten" Unternehmen/Unternehmensgruppen bündeln. Private Equity Fonds beteiligen sich über eine konkret auf den Fonds und seine Bedürfnisse zugeschnittene in der Regel mehrstöckige Erwerberstruktur an den am Markt verfügbaren Ziel- bzw. Portfoliounternehmen (häufig mittelständische Unternehmen). Diese Beteiligungen sind regelmäßig als Leveraged Buy Out durch eine Kombination aus Eigenmittelfinanzierung durch den Private Equity Fonds und einer Fremdmittelfinanzierung von Banken oder Debt Fonds[1180] konzipiert.

Anders als der strategische Investor beteiligt sich der Private Equity Investor oder Finanzinvestor nicht auf unbestimmte Zeit an dem Zielunternehmen, sondern behält die Beteiligung lediglich für einen bestimmten Zeitraum und veräußert sie anschließend am Markt. Das Private Equity Investment hat also den Charakter einer institutionellen Kapitalanlage mit dem Ziel der Erreichung einer Wertsteigerung, die durch den Vervielfältiger auf das eingesetzte Eigenkapital (Multiple) und die interne Verzinsung (Internal Rate of Return – IRR) gemessen wird. Wertsteigerungen erreichen Private Equity Fonds typischerweise durch den Erwerb von zukunfts- und ertragsorientierten Unternehmen mit künftigem Strukturierungs- und Optimierungspotential. Während der Haltezeit erfolgt in der Regel eine Konzentration auf das ertragsorientierte Geschäft einschließlich des Zukaufs von zum Zielunternehmen „passendem" Neugeschäft (Add-Ons), letzteres häufig im Rahmen eines sog. Buy and Build-Konzepts. Private Equity Fonds binden regelmäßig das Management des zu erwerbenden Zielunternehmens in die neue Erwerberstruktur als Minderheitsgesellschafter im Wege einer Rückbeteiligung mit ein und incentivieren es dadurch noch einmal über die normale Managementvergütung hinaus.

Private Equity muss sich nicht immer fernab von Börse und Kapitalmärkten bewegen: Zum einen entstehen Private Equity-Investitionen gelegentlich aus dem Rückzug eines Unternehmens von der Börse (Going Private oder Taking Private[1181]) oder bei einem Verkauf eines Unternehmens durch einen Börsengang (Exit durch IPO). Zum anderen bestehen mittelbare Berührungspunkte

---

1180) Zu differenzieren von den sog. Debt Fonds.
1181) Siehe auch Rn. 2011.

mit der Börse z. B., wenn ein Private Equity Fonds einen Unternehmensbereich eines börsennotierten Konzerns kauft oder wenn der Fonds seinen Exit durch Verkauf des Unternehmens an einen börsennotierten strategischen Investor findet.

1698 Transaktionen zwischen Private Equity Fonds (z. B. Secondary oder Tertiary – oder noch mehr – Transaktionen durch Verkauf eines Unternehmens von einem Private Equity Fonds an den nächsten Private Equity Fonds) sind aufgrund der Vielzahl und zunehmenden Größe der Private Equity Fonds seit einigen Jahren immer häufiger zu sehen.

b) Private Equity-Markt in Deutschland und Europa

1699 Private Equity hat sich seit nunmehr fast 30 Jahren auch in Deutschland zu einem festen Bestandteil des M&A-Marktes entwickelt. In Sachen Private Equity hatte Deutschland lange Zeit Nachholbedarf, denn die angelsächsischen Volkswirtschaften kannten Private Equity schon in den 1980er Jahren. Der früher als „Barbarian-at-the-Gate" kritisierte Private Equity-Fonds ist damit auch hier Bestandteil des Establishments geworden und mittlerweile gesuchter Partner von Konzern-, Mittelstandsunternehmen und Familien. Private Equity ist insbesondere bei Mittelstands- und Familienunternehmen als Finanzierungsform angekommen, durchaus positiv wegen des professionellen Engagements in der strategischen Entwicklung und der Möglichkeit, den Finanzinvestor nach einiger Zeit wegen dessen Ausstiegsdrucks wieder „loszuwerden". Und auch wenn Vieles in Private Equity angelsächsisch anmutet, Übernahme- und Finanzierungstechniken wurden auch in Deutschland im Unternehmenskauf viele Jahrzehnte lang verwendet, wenngleich oft ohne die angelsächsischen termini technici.

1700 Private Equity und seine Beteiligten, Prinzipale wie Dienstleister, haben sich in Deutschland und Europa als eine eigene Branche/Industrie etabliert, als ein identifizierbares Segment der Finanzmärkte und der darauf bezogenen Beratungs- und anderen Dienstleistungsmärkte. Das zeigt sich auch an äußerlichen Zeichen wie der Selbstorganisation der Fonds in Europa (z. B. Invest Europe, früher European Venture Capital Association/EVCA[1182]) oder in Deutschland (Bundesverband der Kapitalanlagegesellschaften/BVK[1183]) mit entsprechenden branchenspezifischen Publikationen. Für die Rechts- und Steuerberater gibt es die Kategorie „Private Equity" bei der Beurteilung (Ranking) von Beratungsfirmen und Beratern, wiederum welt- und europaweit und für Deutschland und andere Länder (z. B. IFLR, ITR, PLC, Expertsguide, Euromoney, Chambers, Juve/American Lawyer usw.). Ein weiteres Zeichen für diese Etablierung sind spezifische Ausbildungsprogramme, in Deutschland z. B. der Post-Graduierten-Studiengang zum LL.M./EMBA in M&A an der

---

1182) www.investeurope.eu/.
1183) www.bvkap.de.

Westfälischen Wilhelms-Universität Münster[1184] oder der jährliche Kurs Munich Private Equity Training/MUPET.[1185]

Private Equity ist – wie der „Mittelstand" – zu einem festen Begriff geworden, dessen Grenzen nicht klar absteckbar sind, an dem sich die Marktteilnehmer aber sinnvoll orientieren. Manche sagen, Private Equity sei eine moderne Fortentwicklung in einem Teilbereich dessen, was gerade in Deutschland (und weit darüber hinaus) den die Wirtschaft beherrschenden „Mittelstand" ausmacht, nämlich Unternehmen mit einem handlungsfähigen Eigentümer und in enger Verbindung mit dem Management (oft „owner-operated"). Solche Betrachter sehen die Parallele zwischen Private Equity und Mittelstand fundamental, nämlich in der Überlegenheit eigentümergeführter Unternehmen. Daraus würden sich dann auch die nachgewiesen vergleichsweise hohen Renditen (Wertsteigerungen) solcher gut geführten Unternehmen erklären. Freilich liegen die Durchschnittsrendite aller so geführten Unternehmen und ihr durchschnittlicher Erfolg weit unter den angestrebten und von den „Guten" erreichten zweistelligen Prozentsätzen p. a.

1701

Frühere politische Angriffe auf Finanzinvestoren („Heuschrecken", *Müntefering*, 2004)[1186] sind einem positiven Bild der Finanzinvestoren in Deutschland für einen ganz kurzen Zeitraum gewichen. Internationale Private Equity Fonds haben ihr Engagement in Deutschland dennoch bis zum Jahre 2008 nicht unerheblich ausgeweitet. Die Finanzmarktkrise führte allerdings ab 2009 zeitweise zu einem Rückgang des Engagements vieler Private Equity Fonds bis hin zum Rückzug von Fonds und Verkauf von Fondsanteilen an Secondary Funds. Seit 2010 ist die Nachfrage auf dem M&A Markt durch Private Equity Fonds bereits wieder angestiegen und 2016 bereits schon wieder auf dem Niveau von 2008 (wenn auch etwas getrübt durch den „Brexit" sowie durch die Zinspolitik der EZB in 2016).

1702

2. Grundmodell des Private Equity Fonds

a) Initiator und Investoren

Das Konzept eines Private Equity Fonds besteht darin, dass der Initiator des Fonds über Expertise und besonderen Marktzugang im Bereich des außerbörslichen Beteilungskapitals verfügt und diese Investitionsmöglichkeit dritten Investoren eröffnet. Der Investor erhält damit überhaupt die Möglichkeit, auf einem schwer zugänglichen Markt zu investieren (anders als etwa bei börsennotierten Investments, die jeder Investor auch selbst tätigen könnte). Der Initiator erhält Kapital zur Umsetzung seiner Investitionsstrategie und regelmäßig eine Beteiligung am Erfolg der Investition (Carried Interest). Die Ausgestaltung von Private Equity Fonds ist neben den gesellschafts-, steuer-

1703

1184) www.uni-muenster-llm.de/mergers-acquisitions.html.
1185) www.pptraining.de/.
1186) BVK, Fünf Jahre „Heuschreckendebatte", www.bvkap.de/privateequity.php/aid/601.

und aufsichtsrechtlichen Vorgaben deshalb vor allem durch den Versuch gekennzeichnet, den unterschiedlichen Interessen des Initiators und der Investoren gerecht zu werden und soweit wie möglich zwischen ihnen einen Interessengleichlauf (Alignment of Interest) herzustellen. Hierzu haben sich international feste Marktstandards entwickelt, die eine Vergleichbarkeit von Private Equity Fonds weltweit und unabhängig von der rechtlichen Ausgestaltung des Fonds ermöglichen. Diese Standards sind für die unterschiedlichen Investitionsstrategien von Private Equity Fonds verschieden und bilden jeweils auch nur eine Bandbreite üblicher Lösungsmöglichkeiten ab.

aa) Initiatoren

1704 Initiatoren von Private Equity Fonds sind typischerweise spezialisierte inhabergeführte Managementgesellschaften. Nur wenige, meist große Managementgesellschaften sind börsennotiert. Viele Managementgesellschaften sind als Ausgründungen der Private Equity Investmentteams von Banken und Versicherungen entstanden, die in der Folge auch Gelder für externe Investoren verwalten. Insbesondere im Bereich Venture Capital finden sich darüber hinaus viele Initiatoren, die zuvor selbst erfolgreiche Technologieunternehmen gegründet oder in der Frühphase in solche Unternehmen investiert haben.

1705 Der Initiator eines Private Equity Fonds ist typischerweise für die gesamte Konzeption und Strukturierung, die Platzierung (auch: Vertrieb oder Marketing) und das laufende Management des Fonds verantwortlich, einschließlich der Investitionsentscheidungen und späteren Verkäufe der Portfoliounternehmen. Diese Aufgaben sind auf Ebene des Initiators meist bei einer Managementgesellschaft gebündelt, die in dieser Funktion für alle Fonds dieses Initiators tätig ist. Neben der Managementgesellschaft sind an einem Private Equity Fonds häufig weitere Gesellschaften aus dem Umfeld des Initiators beteiligt, etwa eine Komplementärgesellschaft, ein Carried Interest-Pool oder eine Treuhandgesellschaft.

bb) Investoren

1706 Da die Investoren eines Private Equity Fonds keine eigene Expertise in dem betreffenden Markt mitbringen müssen, können sie aus ganz unterschiedlichen Bereichen stammen. Eine traditionell bedeutende Investorengruppe bilden Banken und Versicherungen, wobei die Eigenbeteiligung von Banken an Private Equity Fonds vor allem im Zuge der amerikanischen Volcker Rule[1187] stark eingeschränkt wurden. Für Versicherungen bilden Private Equity Fonds aber weiterhin eine wichtige Säule ihres Anlagespektrums. In den USA und zunehmend auch in Europa und Deutschland sind daneben Pensionsfonds

---

[1187] Die Volcker Rule ist zentraler Bestandteil des Dodd-Frank Acts (2010). Durch sie beabsichtigt die US-Regierung, den Eigenhandel großer Geschäftsbanken zu beschränken. Finanzinstitute sollen ihre spekulativen Analgegeschäfte auf Kundenaufträge beschränken und keine riskanten Positionen auf eigene Rechnung eingehen.

und Versorgungswerke wichtige Private Equity Investoren. In Deutschland ist in den letzen zehn Jahren eine starke Zunahme vor allem bei der Investitionstätigkeit berufsständischer Versorgungswerke zu sehen, die Mittel aus ihrer kapitalgedeckten Altersvorsorge anlegen. Weitere wichtige Investorengruppen sind vermögende Privatpersonen (High Net Worth Individuals), die zum Teil von eigenen Family Offices unterstützt werden. Auch Industrieunternehmen sind als Investoren in Private Equity Fonds anzutreffen, vor allem bei spezialisierten Fonds, die strategisch für das Unternehmen interessante Investitionsmöglichkeiten versprechen. Schließlich investieren öffentlich-rechtliche Geldgeber in Private Equity Fonds. Dies ist häufig strukturpolitisch motiviert; es existieren zahlreiche regionale oder universitätsnahe Private Equity/Venture Capital Fonds, die zumindest auch der regionalen Wirtschaftsförderung dienen sollen. Auch auf europäischer Ebene werden Investitionen in Private Equity und Venture Capital Fonds genutzt, um wirtschaftspolitische Impulse zu setzen; wichtigster Akteur ist hierbei die Europäische Investitionsfonds (EIF).

b) Investorenrechte, Beirat

Investoren sind an einem Private Equity Fonds meist als Kommanditisten 1707 oder (nach ausländischem Recht) als Limited Partner beteiligt; bei Kapitalgesellschaften typischerweise als Aktionäre oder Kommanditaktionäre. Damit haben sie in aller Regel schon gesellschaftsrechtlich nur begrenzte Mitspracherechte und sind faktisch immer von der Geschäftsführung des Fonds ausgeschlossen. Gleichwohl haben die begrenzten Mitsprache- und Kontrollrechte der Investoren erhebliche Bedeutung. Gerade nach der globalen Finanz- und Wirtschaftskrise 2008/2009 war zu beobachten, dass institutionelle Investoren bei Private Equity Fonds verstärkt auf ihre rechtliche Position in der Fondsstruktur geachtet haben und nicht allein auf die wirtschaftlichen Rahmenbedingungen des Fonds. Gleichzeitig hat sich mit der Institutional Limited Partners Association (ILPA) eine Interessenvereinigung für institutionelle Investoren gebildet, die sich insbesondere um die Etablierung von Marktstandards für Investorenrechte bemüht.[1188]

aa) Gesellschafterversammlung

Investoren haben bei Private Equity Fonds regelmäßig ein Stimmrecht in Ge- 1708 sellschafterversammlungen des Fonds, das sich nach der Kapitalzusage richtet. Unterschiedlich ausgestaltet ist allerdings, über welche Fragen des Fonds überhaupt im Rahmen einer Gesellschafterversammlung entschieden wird. Typischerweise wird über Anlageentscheidungen (einschließlich der Veräußerung von Beteiligungen), die im Rahmen der üblichen Investitionsstrategie des Fonds liegen, nicht durch Gesellschafterbeschluss entschieden. Anders

---

1188) ILPA Private Equity Principles, Version 2.0 von Januar 2011, abrufbar unter www.ilpa.org.

ist es bei Anlageentscheidungen außerhalb der üblichen Investitionsstrategie, beispielsweise der Gesamtveräußerung des Beteiligungsportfolios während der Laufzeit an einen einzelnen Käufer. Ebenso in die Entscheidungsbefugnis der Gesellschafterversammlung können Investitionsentscheidungen fallen, die mit potenziellen Interessenkonflikten verbunden sind, etwa der Kauf und Verkauf von Beteiligungen eines Fonds, bei dem die Gegenseite ein anderer Fonds desselben Managers oder ein verbundenes Unternehmen ist. Typischerweise in die Zuständigkeit der Gesellschafterversammlung fallen alle Änderungen des Gesellschaftsvertrags des Fonds. Ferner können einzelne Maßnahmen der Fondsverwaltung einer Zustimmung durch Gesellschafterbeschluss bedürfen, etwa die Verlängerung der Investitionsperiode, die Verlängerung der Laufzeit oder die Wahl eines Wirtschaftsprüfers.

bb) Investorenbeirat (Advisory Board)

1709 Da die Abhaltung von Gesellschafterversammlungen (und sei es auch nur im schriftlichen Umlaufverfahren) zur Entscheidungsfindung häufig zu schwerfällig ist, sind bei vielen Fonds die oben beschriebenen Entscheidungskompetenzen einem separaten Gremium zugeordnet, dem Investorenbeirat (Advisory Board). Dieser Beirat ist regelmäßig kein gesellschaftsrechtlich notwendiges Organ (wie der Aufsichtsrat einer Aktiengesellschaft), sondern nur durch die Fondsdokumentation definiert. Meist hat der Investorenbeirat mindestens drei Mitglieder, die sich ganz oder zumindest überwiegend aus dem Kreis der Investoren zusammensetzen. Auch denkbar ist die Berufung externer Personen mit besonderer Sachkenntnis in den Beirat. Die Berufung von Mitgliedern des Management-Teams in einen solchen Beirat kann sich nur auf eine Minderheitsbeteiligung beschränken; andernfalls wäre der Beirat jedenfalls als Kontrollorgan des Fondsmanagements nicht zu gebrauchen.

1710 In vielen Fällen hat der Fondsmanager das Recht, diejenigen Investoren zu bestimmen, die ein Beiratsmitglied entsenden dürfen. Hierbei wählt der Fondsmanager meist die größten Investoren aus oder diejenigen, die ihre Beteiligung am frühesten eingegangen sind. Alternativ kann es objektiv festgelegte Kriterien (meist die Größe der Kapitalzusage) geben, nach denen sich die Entsendung eines Beiratsmitglieds bestimmt. Im Beirat wird meist nach Köpfen abgestimmt. Die Beiratsmitglieder erhalten für ihre Tätigkeit meist keine Vergütung, sondern nur Ersatz der nachgewiesenen notwendigen Auslagen (etwa Reisekosten).

1711 Dem Beirat zur Entscheidung zugewiesen sind regelmäßig alle Fragen, bei denen das Fondsmanagement einem Interessenkonflikt ausgesetzt wäre. Dies ist vor allem dann der Fall, wenn bei Transaktionen auf der Gegenseite Personen oder Gesellschaften stehen, die mit dem Fondsmanager verbunden sind. Dies umfasst auch einen Vorgänger- oder Nachfolgefonds. Daneben entscheidet der Investorenbeirat häufig über eine Verlängerung der Investitionsperiode, eine Verlängerung der Laufzeit und über einzelne Investments, welche die vorgegebenen Anlagegrenzen verlassen. Der Investorenbeirat kann auch bei Entscheidungen im Falle eines Schlüsselpersonenereignisses einbezogen werden.

cc) Schlüsselpersonen (Key Persons)

Da die Investoren eines Private Equity Fonds typischerweise auf die besondere Expertise eines bestimmten Management-Teams vertrauen, sind in vielen Fondsverträgen Schutzmechanismen gegen den Verlust von Schlüsselpersonen (Key Persons) vorgesehen. Häufig ist geregelt, dass bei dem Ausfall (durch Kündigung, Ruhestand, Tod oder ein anderes Ereignis) einer oder mehrerer vordefinierter Schlüsselpersonen die Investitionsphase des Fonds vorzeitig endet, soweit nicht die Investoren (oder an ihrer Stelle das Advisory Board) einen Ersatz für die betreffende Schlüsselperson zustimmt. Regelmäßig nicht vorgesehen ist hingegen, dass bei einem Schlüsselpersonenereignis der Fonds abgewickelt wird. Ein solcher Mechanismus könnte sich zum Nachteil der Investoren entwickeln, wenn er den Fondsmanager zu einer sofortigen Veräußerung des Portfolios zwingt.

dd) Abberufung des Managers

Weitere Investorenschutzregeln, die sich in vielen Fondsverträgen wiederfinden, betreffen die Abberufung des Managers und die vorzeitige Beendigung der Investitionsperiode. Bei den meisten Fonds können die Investoren die Abberufung des Managers aus wichtigem Grund bei nachgewiesenem Fehlverhalten beschließen. Häufig setzen diese Regelungen aber voraus, dass mindestens eine erstinstanzliche gerichtliche Entscheidung das Fehlverhalten feststellt. Da eine solche gerichtliche Feststellung in der vergleichsweise kurzen Zeitdauer eines Private Equity Fonds kaum zu erreichen sein wird (zunächst muss das Fehlverhalten eintreten, bekannt werden und dann gerichtlich festgestellt werden), finden sich inzwischen in vielen Fondsverträgen Regeln zu einem Austausch des Fondsmanagers ohne wichtigen Grund. Für eine solche „No Fault Divorce" ist aber eine sehr hohe Investorenmehrheit, z. B. von 90 %, notwendig. Ferner können nach vielen Fondsverträgen die Investoren mit einer bestimmten qualifizierten Mehrheit die vorzeitige Beendigung der Investitionsperiode beschließen. Dies ermöglicht es ihnen, etwa bei einer unbefriedigenden Entwicklung der Fondsgesellschaft, zumindest die Investition (und damit auch den Abruf) weiterer Teile der Kapitalzusage zu verhindern.

c) Investitionsstrategie

Jeder Private Equity Fonds verfügt über eine Investitionsstrategie, die mit seiner Auflegung festgelegt wird und Teil der Vertragsgrundlage für den Beitritt der Investoren ist. Klassischerweise unterscheidet man Private Equity Fonds, die in stabile, bestehende Unternehmen investieren (*Buy-out*, teilweise wird hierfür auch der Begriff *Private Equity* synonym verwandt), von Fonds,

aa) Buyout vs. Venture Capital

1715 Die größten Fonds sowohl international als auch in Deutschland verfolgen eine Buyout-Strategie. Sie investieren typischerweise in Mehrheitsbeteiligungen an langjährig bestehenden Unternehmen mit stabilem Ertrag. Die Investition in solche Unternehmen ist vor allem dann notwendig, wenn der Fonds Investitionen teilweise mit Fremdkapital finanziert (Leveraged Buy-out). Innerhalb des Segments Buyout erfolgt eine Unterteilung vor allem nach der Größe der Zielunternehmen. Large Cap Buyout Fonds investieren Milliardenbeträge in Großunternehmen, Mid Cap Fonds investieren in mittelständische Unternehmen typischerweise Beträge im zwei- oder dreistelligen Millionenbereich und Small Cap Fonds in kleinere Unternehmen im einstelligen, maximal zweistelligen Millionenbereich. Typischerweise operieren Large Cap Fonds weltweit oder zumindest mit einem großen geographischen Anlagesegment, etwa Europa oder Nordamerika, während Mid Cap und Small Cap Fonds meist regional begrenzt investieren, etwa nur in den deutschsprachigen Ländern Europas. Buyout Fonds können darüber hinaus einen sektoralen Schwerpunkt haben, etwa für Maschinenbau/Automotive. Typischerweise gilt, dass die Investitionsstrategie bei kleineren Fonds stärker eingegrenzt ist als bei größeren Fonds.

1716 Im Bereich Venture Capital ist die Investitionsstrategie regelmäßig auf die Beteiligung an jungen technologieorientierten Unternehmen mit hohem Wachstumspotential ausgerichtet. Investitionen erfolgen in der Regel im Rahmen von Kapitalerhöhungen (Finanzierungsrunden) der Portfoliounternehmen und als Minderheitsbeteiligungen. Die meisten Venture Capital Fonds sind regional und auf bestimmte Branchen spezialisiert, etwa auf software, Biotechnologie, E-Commerce etc. Ferner unterscheidet man im Bereich Venture Capital die Fonds nach Beteiligungsphasen, beginnend mit Frühphasenfonds (Seed) über die späteren Beteiligungsphasen (Startup, Expansion Capital, Growth Capital).

bb) Zahl und Identität der Portfoliounternehmen

1717 Die meisten Private Equity Fonds und Venture Capital Fonds investieren in mehrere Portfoliounternehmen; der Mittelwert dürfte bei 10–15 Portfoliounternehmen je Fonds liegen. Die Verteilung der Investitionen auf mehrere Portfoliounternehmen dient vor allem der Risikodiversifizierung. Eine sehr viel breitere Streuung, etwa auf mehr als 25 Portfoliounternehmen, ist aber sehr selten. Denn zum einen stehen im Bereich des außerbörslichen Beteiligungskapitals nur begrenzt viele Investitionsmöglichkeiten in dem (ebenfalls meist begrenzten) Investitionszeitraum des Fonds zur Verfügung und zum anderen kann die Managementgesellschaft mit ihren begrenzten Ressourcen keine wesentlich größere Anzahl von Beteiligungen sinnvoll verwalten.

Bei den meisten Private Equity Fonds stehen die konkreten Portfoliounternehmen bei Auflegung des Fonds nicht fest; man spricht dann von einem Blind Pool. Denkbar ist aber, dass zumindest einzelne Investitionsmöglichkeiten bereits gesichert sind. Diese werden den Investoren dann bei Fonds Auflegung offen gelegt. Die Pflicht zur Offenlegung folgt entweder aus speziellen prospektrechtlichen Vorschriften (z. B. § 269 Abs. 3 KAGB für bestimmte Publikumsfonds) oder aus einer allgemein-zivilrechtlichen Aufklärungspflicht des Initiators gegenüber den künftigen Investoren. 1718

cc) Beteiligungsformen und sonstige Investitionsstrategien

Während bei Buy-out Fonds und Venture Capital Fonds offene Eigenkapitalbeteiligung im Vordergrund stehen, verfolgen andere Fonds spezialisierte Investitionsstrategien mit anderen Finanzierungsinstrumenten. Mezzanine Fonds investieren typischerweise über eigenkapitalähnliche Instrumente (Wandeldarlehen, Nachrangdarlehen, stille Beteiligungen, Genussrechte etc.). Daneben existieren Fonds, die auf die Vergabe von Fremdkapital spezialisiert sind (Debt Fonds). Sowohl Mezzanine Fonds als auch Debt Fonds sind europaweit und vor allem in Deutschland aus bankaufsichtsrechtlichen Gründen in ihrer Tätigkeit bislang stark eingeschränkt, so dass in diesem Segment überwiegend amerikanische Fonds aktiv sind. Die Bundesanstalt für Finanzdienstleistungsaufsicht (BaFin) hat aber im Mai 2015 eine Lockerung ihrer bisher restriktiven Verwaltungspraxis angekündigt.[1189] Weitere spezialisierte Beteiligungsstrategien lassen sich etwa bei Turnaround Fonds finden, die gezielt in notleidende Portfoliounternehmen investieren, während Distressed Debt Fonds auf den Erwerb notleidender Kredite spezialisiert sind. Im weiteren Sinne dem Bereich Private Equity zugeordnet werden können auch Infrastrukturfonds und Real Estate Private Equity Fonds. Infrastrukturfonds haben typischerweise einen deutlich längeren Beteiligungshorizont als Private Equity Fonds und sind eher auf die Generierung stabiler laufende Erträge ausgerichtet. Real Estate Private Equity Fonds unterscheiden sich von Buyout Fonds vor allem dadurch, dass sie im Schwerpunkt in Immobilien investieren und nicht in operativ tätige Unternehmen. 1719

Die Grenzen zwischen allen dargestellten Investitionsstrategien sind fließend und neue oder abgewandelte Investitionsstrategien entstehen fortlaufend nach den Anforderungen des Marktes und den rechtlichen und wirtschaftlichen Gegebenheiten. 1720

d) Kapitalzusagen und Kapitalabrufe

Private Equity Fonds haben typischerweise ein begrenztes Eigenkapital, das ganz überwiegend von den Investoren zur Verfügung gestellt wird. Die kapi- 1721

[1189] BaFin-Rundschreiben zur Änderung der Verwaltungspraxis zur Vergabe von Darlehen sowie zur sog. „Restrukturierung" und Prolongation von Darlehen für Rechnung des Investmentvermögens vom 12.5.2015, abrufbar unter www.bafin.de.

talmäßige Beteiligung der Initiatoren an einem Private Equity Fonds spielt meist nur eine geringe Rolle; häufig sind die Initiatoren mit 1 % am Fondskapital beteiligt. Bei Auflegung eines Private Equity Fonds wird meist das angestrebte Eigenkapital – das Fondsvolumen – festgelegt (z. B.: Euro 300 Mio.). Typischerweise kann der Private Equity Fonds auch mit einem darunter liegenden Beteiligungsbetrag geschlossen werden, wobei häufig eine Mindestgröße definiert ist, ab der sich die Investitionsstrategie des Fonds sinnvoll umsetzen lässt. Gleichzeitig besteht typischerweise eine Obergrenze des Fondsvolumens (Hard Cap). Diese kann bei dem angegebenen Zielvolumen oder etwas darüber liegen. Wirtschaftlicher Hintergrund für die Festlegung dieser Größen ist, dass die Investoren eine nachvollziehbare Größe erwarten, ab der die Investitionsstrategie des Fonds überhaupt umsetzbar ist (Mindestvolumen) und gleichzeitig eine Höchstgrenze, die mit der Anzahl der geplanten Beteiligungen und dem geplanten Eigenkapitaleinsatz für jede Beteiligung korrespondiert. Eine beliebig hohe Ausweitung der Fondsgröße würde dagegen zwingend nach sich ziehen, dass der Fonds entweder deutlich größere Investments tätigen müsste (und damit seine Investitionsstrategie ändern würde) oder deutlich mehr Investments tätigen müsste, was ebenfalls eine Änderung der Investitionsstrategie beinhalten würde und gleichzeitig die Ressourcen des Managementteams überfordern könnte.

1722 Im Rahmen der Platzierung eines Private Equity Fonds übernehmen die Investoren einen Anteil an dem zu platzierenden Eigenkapital des Fonds. Die Kapitalzusage (Capital Commitment) eines Investors im Verhältnis zum Gesamtvolumen des Fonds definiert über die gesamte Fondslaufzeit die Beteiligungsquote des betreffenden Investors und damit sowohl seine kapitalmäßige Beteiligung an den Ergebnissen des Fonds als auch seine Stimmrechte.

1723 Bei den meisten Private Equity Fonds ist die Kapitalzusage nicht bei Beitritt in voller Höhe einzuzahlen, sondern nur auf Kapitalabruf (Capital Call oder Drawdown) nach Investitionsfortschritt. Da der Investitionszeitraum eines Private Equity Fonds meist mehrere Jahre umfasst – typisch sind fünf Jahre – würde der Private Equity Fonds andernfalls sehr hohe Liquiditätsbestände vorhalten. Für diese Liquiditätsbestände wird der Investor aber typischerweise eine andere Verwendung haben als sie bei einem Private Equity Fonds zu parken. Gleichzeitig ist es nicht die Expertise eines Private Equity Fondsmanagers, Liquidität zu verwalten. Das System der Kapitalabrufe über einen mehrjährigen Zeitraum bedingt zugleich, dass der Fonds auf die Bonität seiner Investoren angewiesen ist. Die Erbringung der Kapitalzusagen ist typischerweise nicht durch eine Bürgschaft oder ein ähnliches Sicherungsinstrument abgesichert. Im ungünstigsten Fall muss also der Private Equity Fonds bei einer Insolvenz eines Investors mit weniger Eigenkapital auskommen. Dieses Risiko lässt sich in der Regel aber dadurch beherrschen, dass die Investorenbasis breit gestreut ist und zumindest der Ausfall einzelner oder weniger Investoren dadurch verkraftet werden kann.

In bestimmten Konstellationen, etwa wenn der Fonds schon zu Beginn einen hohen Kapitalbedarf für bereits feststehende Investitionen hat, wird bei Private Equity Fonds anfänglich der gesamte oder ein hoher Teil der Kapitalzusage abgerufen. Dasselbe gilt, wenn an dem Fonds natürliche Personen als Kleinanleger beteiligt sind, deren Bonität über mehrere Jahre nicht vorhersehbar ist. 1724

Die Kapitalabrufe bei Private Equity Fonds erfolgen stets gleichmäßig bei allen Investoren im Verhältnis ihrer jeweiligen Kapitalzusage zueinander, soweit nicht einzelne Investoren von der Teilnahme an bestimmten Investments ausgenommen sind (sog. Excuse Rights). Die Abruffrist beträgt in der Regel nur wenige Tage; auch insoweit ist die Bonität und kurzfristige Zahlungsfähigkeit der Investoren entscheidend. Gleichzeitig dient die kurze Abruffrist dazu, den (unnötigen) Liquiditätsbestand des Fonds niedrig zu halten. Bei Verzug eines Investors mit einer Kapitaleinzahlung sehen die Vertragsbedingungen der Private Equity Fonds typischerweise drastische Sanktionen vor, die bis hin zum vollständigen Ausschluss des Investors ohne Abfindung reichen können. Soweit der Private Equity Fonds nach deutschem Recht aufgelegt wurde, sind derartige Ausschlussklauseln jedoch nur begrenzt zulässig. 1725

Das System der Kapitalzusagen mit Einzahlung in Raten auf Abruf dient schließlich auch dem Ziel, die Kapitalbindung des Investors über die Laufzeit in dem betreffenden Fonds möglichst niedrig zu halten. Die geringere Kapitalbindung spiegelt sich dann in einer höheren Internal Rate of Return (IRR) des Investments wieder. 1726

Mit jedem Kapitalabruf gibt der Fonds den konkreten Verwendungszweck an, also etwa welcher Betrag für die Beteiligung an welchem Portfoliounternehmen und ggf. für die Bestreitung allgemeiner Kosten des Fonds (einschließlich der Management Fee) benötigt wird. 1727

e) Management Fee

Bei Private Equity Fonds wird in aller Regel eine laufende Vergütung an die Managementgesellschaft gezahlt (Management Fee). Mit dieser Vergütung soll die Managementgesellschaft ihre internen Verwaltungskosten (insbesondere Personal und Büro) bedienen. Da diese Kosten unabhängig vom Erfolg des Fonds anfallen, ist auch die Management Fee nicht erfolgsbezogen. Gleichzeitig haben Investoren ein unmittelbares finanzielles Interesse daran, dass die Management Fee nicht höher ist als notwendig. Ferner kann eine zu hohe Management Fee Fehlanreize setzen: Mit ihr ist kein Anreiz verbunden, den Fonds möglichst erfolgreich zu verwalten, sondern nur der Anreiz, den Fonds möglichst groß zu machen. Insbesondere mit der stärkeren Verhandlungsposition der Investoren gegenüber den Initiatoren infolge der globalen Finanzkrise 2008 haben sich die Marktstandards zur Management Fee zugunsten der Investoren verändert. 1728

1729 Die Management Fee wird typischerweise als Prozentsatz auf die Kapitalzusagen der Investoren berechnet. Die Höhe des Prozentsatzes hängt in erster Linie von der Größe des Fonds ab. Übliche Management Fee-Sätze bewegen sich zwischen 1 % und 3 % des Fondsvolumens p. a., wobei die kleinsten Fonds die höchsten prozentualen Sätze haben.

1730 In den Fondsverträgen ist meist geregelt, dass die Management Fee nur für den Zeitraum der Investitionsphase – also etwa die ersten fünf Jahre – unverändert in voller Höhe gezahlt wird. Nach Ablauf der Investitionsphase wird die Bemessungsgrundlage der Management Fee häufig umgestellt. Bemessungsgrundlage ist dann nicht mehr das gesamte Fondsvolumen, sondern nur noch die Anschaffungskosten der noch gehaltenen Beteiligungen. Gleichzeitig oder alternativ dazu wird häufig der Satz der Management Fee reduziert. Dieser sog. Management Fee Dropdown führt bei vielen Fonds dazu, dass die Management Fee nach dem Ende der Investitionsphase stark absinkt. Dies wird dadurch kompensiert, dass die Managementgesellschaft nach Ablauf dieser Zeit in aller Regel mindestens einen Nachfolgerfonds platziert haben sollte, aus dem sie wieder eine stabile Management Fee beziehen kann. Wenn dies nicht gelingt, kann der Management Fee Dropdown aber sogar die Existenz der Managementgesellschaft gefährden.

1731 Die Managementgesellschaft eines Private Equity Fonds erhält typischerweise neben der Management Fee keine weiteren Vergütungen oder sonstigen Zahlungen aus dem Fondsvermögen. Es ist aber denkbar und gerade bei Mehrheitsbeteiligungen an Portfoliounternehmen leicht möglich, dass die Managementgesellschaft Vergütungen unmittelbar von den Portfoliounternehmen erhält. Solche Vergütungen mindern den Wert der Beteiligung des Fonds an den betreffenden Portfoliounternehmen und gehen damit wirtschaftlich ebenfalls zulasten der Investoren. Für diese Problematik sehen viele Fondsverträge einen Interessenausgleich vor. Geregelt ist dann, dass alle Vergütungen, welche die Managementgesellschaft neben der Management Fee aus Portfoliounternehmen erhält, auf die Management Fee überwiegend oder vollständig angerechnet werden.

1732 Die Management Fee wird bei den meisten Private Equity Fonds aus dem Fondsvermögen bezahlt. In den Anfangsjahren erfolgt dies typischerweise dadurch, dass bei den Investoren entsprechende Beträge abgerufen werden; erst in den späteren Jahren ist denkbar, dass die Management Fee aus Erlösen der Fondsgesellschaft beglichen wird. In selteneren Fällen ist vorgesehen, dass die Investoren die Management Fee zusätzlich zu ihren Kapitalzusagen direkt an die Managementgesellschaft zahlen.

1733 Eine Besonderheit deutscher Private Equity Fonds besteht darin, dass die Management Fee in Deutschland grundsätzlich umsatzsteuerpflichtig ist. Seit 2007 erkennt die deutsche Finanzverwaltung die Zahlung eines umsatzsteuerfreien Ergebnis-Vorabs an den Manager nicht mehr an;[1190] ebenso findet die Umsatzsteuerbefreiung für die Verwaltung von Investmentvermögen (§ 4 Nr. 8h) UStG) auf Private Equity Fonds keine Anwendung.[1191] Außerhalb Deutschlands existiert hingegen in allen maßgeblichen Jurisdiktionen auf unterschiedlichem Weg die Möglichkeit, eine umsatzsteuerfreie Management Fee zu gestalten. Insbesondere vor dem Hintergrund der europäischen Harmonisierung des Aufsichtsrechts mit der AIFM-Richtlinie ist aber sehr fraglich geworden, ob die deutsche Umsetzung des (ebenfalls europaweit harmonisierten) Umsatzsteuerrechts in diesem Punkt noch europarechtlich haltbar ist.

f) Ergebnisverteilung und Carried Interest

Die Verteilung des von einem Private Equity Fonds erwirtschafteten Ergebnisses richtet sich im Grundsatz nach der kapitalmäßigen Beteiligung jedes Investors an dem Fonds. Man spricht insoweit von einer kapitalproportionalen Ergebnisverteilung. Diese Grundregel wird mit der Erfolgsbeteiligung des Initiators (Carried Interest) durchbrochen; es handelt sich insoweit um eine kapitaldisproportionale Ergebnisverteilung. Gleichzeitig ist es Marktstandard bei Private Equity Fonds, dass sich die Verteilung des Ergebnisses stets an den geleisteten Ausschüttungen (Cash-Größe) und nicht an den handelsrechtlichen Jahresergebnissen des Fonds orientiert. Damit wird u. a. vermieden, dass die Besonderheiten der jeweiligen nationalen Rechnungslegungsstandards Einfluss auf die Ergebnisverteilung eines Private Equity Fonds haben. 1734

Ausgeschüttet wird bei Private Equity Fonds typischerweise jeder erzielte Erlös. Dies können Zinsen oder Dividenden aus Beteiligungen sein, vor allem aber Erlöse aus der Veräußerung von Beteiligungen. Erlöse werden nur ausnahmsweise nicht ausgeschüttet, sondern einbehalten und weiterverwendet (untechnisch: thesauriert). Diese Ausnahme gilt, wenn der Fonds im bestimmten Umfang erhaltene Erlöse aus seiner Investitionstätigkeit wieder anlegen darf (Recycling) oder wenn er Erlöse zur Bestreitung seiner Kosten benötigt. 1735

aa) Distribution Waterfall

Für die Ausschüttungen, die Ergebnisverteilung bei Private Equity Fonds, hat sich folgendes Grundmodell herausgebildet, das auch als „Distribution Waterfall" bezeichnet wird: 1736

> Zunächst werden alle Ausschüttungen kapitalproportional an die Investoren vorgenommen. Dies gilt vom Beginn der Fondslaufzeit bis zu dem Zeitpunkt, zu dem die Investoren 100 % ihres zugesagten oder eingezahlten Kapitals und eine Mindestverzinsung (Hurdle Rate) erhalten haben. Man spricht hierbei vom Zeitpunkt der Vollrückzahlung.

1190) BMF-Schreiben v. 31.5.2007.
1191) USt-Richtlinien.

1737 Diese erste Auszahlungsstufe bewirkt, dass keine Erfolgsbeteiligung (Carried Interest) gezahlt wird, bevor die Investoren ihren „Einsatz" und eine Mindestverzinsung zurückerhalten haben. Allerdings wird dieses Modell nicht weltweit gleich gehandhabt; insbesondere zwischen den USA und Europa besteht in dieser Frage traditionell eine Differenz (dazu gleich näher).

Auf der zweiten Stufe erhält der Initiator seine Erfolgsbeteiligung (Carried Interest). Der Carried Interest liegt bei direktinvestierenden Fonds (die unmittelbar an einzelnen Portfoliounternehmen beteiligt sind) traditionell bei 20 %.

1738 Dies bedeutet, dass die Initiatoren 20 % des Gesamtüberschusses des Fonds am Ende der Laufzeit erhalten. Maßgeblich für die Berechnung sind grundsätzlich die tatsächlich vom Fonds an die Investoren geleisteten Ausschüttungen und nicht das handelsrechtliche Ergebnis des Fonds. Quellensteuern, die auf Rechnung des jeweiligen Investors einbehalten wurden (etwa die deutsche Kapitalertragssteuer) werden typischerweise als ausgeschüttete Beträge betrachtet.

1739 Der Marktstandard von 20 % Carried Interest gilt zwar für die überwiegende Zahl der Buyout Fonds und Venture Capital Fonds. Einzelne Fonds haben jedoch abweichende Modelle mit höheren oder niedrigeren Sätzen oder gestaffelten Sätzen, etwa als sog. Super Carry bei Erreichen einer sehr hohen Erfolgsschwelle. Bei Dachfonds wird in der Regel entweder ein deutlich niedrigerer oder kein Carried Interest gezahlt.

1740 Der Restbetrag von 80 % fließt dann den Investoren kapitalproportional zu.

bb) Carried Interest Modelle

1741 Dieses Grundmodell hat mehrere Zwischenstufen und wird traditionell in Europa und den USA unterschiedlich gehandhabt: In Europa gilt auf der ersten Stufe für die Ermittlung des Zeitpunkts der Vollrückzahlung meist eine Betrachtung über den gesamt Fonds (Fund-as-a-whole). Dies führt zu einer späteren Auszahlung von Carried Interest. Vollrückzahlung ist erst erreicht, wenn die Investoren insgesamt 100 % ihres eingezahlten oder ihres zugesagten Kapitals zuzüglich der Vorzugsrendite zurückerhalten haben. In den USA gilt hingegen traditionell eine Betrachtung nach Einzeltransaktionen (Deal-by-Deal), die zu einer früheren Auszahlung von Carried Interest führt. Insofern verfolgen europäische Private Equity Fonds traditionell ein Investoren-freundlicheres Modell; US-Fonds hingegen ein Initiatoren-freundlicheres Modell. Allerdings haben viele US-Fonds inzwischen das investorenfreundlichere Fund-as-a-whole-Konzept übernommen.

1742 Innerhalb des (europäischen) Fund-as-a-whole-Konzepts gibt es wiederum zwei Unterarten:

- In der häufigeren Variante ist der Zeitpunkt der Vollrückzahlung bereits erreicht, wenn die Investoren 100 % ihres eingezahlten Kapitals zuzüglich der Hurdle Rate zurückerhalten haben. Private Equity Fonds rufen typischerweise nicht das gesamte Zeichnungskapital während der Investitionsphase ab, sondern lassen noch einen kleinen Teil (z. B. 10 %) zur Bestreitung späterer und unvorhergesehener Kosten unabgerufen stehen. Dies kann dazu führen, dass auch bis zum Ende der Fondslaufzeit nicht das gesamte Zeichnungskapital abgerufen wird. Bereits zuvor kann es dem Fonds aber durch erfolgreiche Veräußerungen von Portfoliobeteiligungen gelungen sein, in einem relativ frühen Stadium den Betrag des eingezahlten Kapitals zurückzuführen. In diesem Fall wäre die Vollrückzahlung schon mit Rückführung des eingezahlten Kapitals (zuzüglich der Hurdle Rate) erreicht, auch wenn noch unabgerufene Kapitalzusagen bestünden. Dann ist zumindest theoretisch denkbar, dass der Fonds später weiteres Kapital abruft aber nicht mehr im selben Umfang erfolgreiche Veräußerungen tätig. Die Initiatoren könnten bei einer Gesamtbetrachtung zu viel an Carried Interest erhalten haben, nämlich insgesamt mehr als 20 % des Gesamtüberschusses des Fonds über die Laufzeit. Diese denkbare Überzahlung von Carried Interest wird in der Regel durch besondere Schutzmechanismen in den Fondsverträgen abgefangen: Carried Interest wird zum Teil nur auf ein Sperrkonto ausgezahlt (Escrow) und überbezahlte Beträge sind von den Initiatoren an die Fondsgesellschaft zurückzuführen (Clawback).

- Um jede Überzahlung von Carried Interest auszuschließen, sehen einzelne (vor allem europäische und darunter viele deutsche) Private Equity Fonds das noch investorenfreundlichere Modell der Vollrückzahlung der Kapitalzusagen vor. In diesem Modell ist Vollrückzahlung erst dann erreicht, wenn die Investoren 100 % ihrer Kapitalzusage (zuzüglich Hurdle Rate) zurückerhalten haben, unabhängig vom Abrufstand. Carried Interest wird somit erst dann gezahlt, wenn mit Sicherheit ein Totalüberschuss des Fonds besteht. Da eine Überzahlung von Carried Interest mit diesem Modell nicht erfolgen kann, sind in den entsprechenden Fondsverträgen typischerweise keine Regelungen zum Escrow und Clawback vorgesehen.

Bei einem Deal-by Deal-Carry wird Carried Interest transaktionsbezogen bei jeder erfolgreichen Veräußerung eines Portfoliounternehmens gezahlt. Bemessungsgrundlage sind die Erträge aus der Veräußerung des betreffenden Portfoliounternehmens, soweit sie die Anschaffungskosten und Nebenkosten für das betreffende Portfoliounternehmen überschreiten. Dieses Modell führt dazu, dass Carried Interest sehr viel früher gezahlt wird. Insbesondere wenn bereits früh einzelne erfolgreiche Veräußerungen stattfinden und später weniger erfolgreiche Veräußerungen oder vollständige Abschreibungen bei einzelnen Portfoliounternehmen, kann es hierbei leicht zu einer Überzahlung von Carried Interest kommen. Maßgeblich für die Überzahlung ist auch bei Deal-by-Deal-Carry Strukturen die Gesamtbetrachtung des Fonds über die Laufzeit. Es erfolgt also auch bei Deal-by-Deal-Carry Strukturen später eine Gesamtbetrachtung. Der früher zu viel gezahlte Carried Interest wird also später ausgeglichen. Dies muss ggf. dadurch erfolgen, dass bereits gezahlte

Beträge von Carried Interest von den Initiatoren an die Fondsgesellschaft zurückzuzahlen sind. Um sicherzustellen, dass diese Rückzahlung auch tatsächlich erfolgt, enthalten die Fondsdokumente bei Deal-by-Deal-Carry Strukturen typsicherweise starke Sicherungsmechanismen mit hohen Escrow-Zahlungen und ggf. auch persönlichen Garantieerklärungen der einzelnen Bezieher von Carried Interest (der natürlichen Personen hinter der Managementgesellschaft) für die Rückzahlungsverpflichtung.

cc) Hurdle Rate und Catch-up

1744 Mit der oben mehrfach erwähnten Hurdle Rate soll sichergestellt werden, dass die Investoren vor Zahlung der Erfolgsbeteiligung nicht nur den Nominalbetrag ihres zugesagten oder eingezahlten Kapitals zurückerhalten haben, sondern darüber hinaus eine angemessene Mindestverzinsung auf ihren Kapitaleinsatz. Diese Mindestverzinsung wird typischerweise nach der Methode des internen Zinsfußes (IRR) berechnet. Übliche Sätze betragen 6 % bis 8 % p. a. und liegen damit deutlich über dem am Kapitalmarkt erzielbaren Zins. Wichtig ist hierbei, dass die Hurdle Rate nur eine rechnerische Verzinsung der Kapitalzusage darstellt. Es handelt sich weder zivilrechtlich um eine Verzinsung des vom Investor gegebenen Geldbetrags noch steuerlich um Zinseinkünfte, sondern um einen Teil der Berechnungsformel für die Bestimmung der Vollrückzahlung. Der Zeitpunkt der Vollrückzahlung wird soweit verschoben, bis die Investoren ihr zugesagtes beziehungsweise eingezahltes Kapital zuzüglich der Hurdle Rate erhalten haben. Bis zu diesem Zeitpunkt fließt das gesamte von der Fondsgesellschaft erwirtschaftete Ergebnis den Investoren zu.

1745 Als Marktstandard hat sich allerdings auch etabliert, dass der Carried Interest auf den Betrag der Hurdle Rate nachberechnet wird, wenn der Fonds Ausschüttungen leistet, die über die Vollrückzahlung (einschließlich Hurdle Rate) hinausgehen. Der Effekt der Hurdle Rate wird damit zu Gunsten der Initiatoren wieder vollständig neutralisiert, wenn der Fonds hinreichend erfolgreich ist. Dieser Nachberechnungsmechanismus wird als Catch-up bezeichnet.

3. Besonderheiten beim Unternehmenskauf

a) Struktur

1746 Beabsichtigt ein Private Equity Fonds den Erwerb einer Zielgesellschaft, wird hierzu im Vorfeld und vor Unterzeichnung eine Erwerberstruktur aufgesetzt, die unter Berücksichtigung aller rechtlichen und steuerlichen Besonderheiten typischerweise aus einer zwei- oder mehrstufigen Holding-Struktur besteht. Hierbei erwirbt der Private Equity Fonds regelmäßig vor Unterzeichnung des Unternehmenskaufvertrages alle Geschäftsanteile typischerweise an einer GmbH-Vorratsgesellschaft als neue Holding (HoldCo), die ihrerseits wiederum alle Geschäftsanteile zumindest an einer weiteren GmbH-Vorratsgesellschaft als Akquisitionsgesellschaft (AkquiCo) erwirbt. Letztere wiederum erwirbt durch den Vollzug des Unternehmenskaufvertrages die Beteiligung an der späteren Zielgesellschaft mit Eigenmitteln der HoldCo/Private Equity Fonds einerseits sowie mit Fremdmitteln von Banken und Debt Fonds andererseits (i. d. R. im Wege des Share Deals).

Fremdmittelgeber, insbesondere die akquisitionsfinanzierenden Banken, verlangen regelmäßig neben den üblichen Sicherheiten auch die Verpfändung/Sicherungsübereignung der Geschäftsanteile an der die Beteiligung erwerbenden Gesellschaft.[1192] Eine solche Sicherheitenstellung unmittelbar durch den Private Equity Fonds führte jedoch nach Zugrundelegung der Auffassung der Finanzverwaltung in Tz. 9, 10 des BMF-Schreibens vom 16.12.2003, BStBl I 2004, 40 dazu, dass es sich bei der Tätigkeit des Private Equity Fonds um eine gewerbliche Tätigkeit nach § 15 EStG handelte, da eine Sicherheitenstellung über eine bloße nicht gewerbliche Vermögensverwaltung hinausginge.[1193] 1747

Die zwei- oder mehrstufige Erwerberstruktur führt andererseits dazu, dass die gewählte Struktur darüber hinaus den steuerlichen Abzug der Finanzierungsaufwendungen noch zwingend gewährleisten muss. Ohne gesonderte Regelungen hat die AkquiCo nicht unerhebliche Aufwendungen für die Finanzierung des Kaufpreises durch die Aufnahme von Darlehen (z. B. Bank- und/oder Gesellschafterdarlehen), der keine eigenen Gewinne gegenüberstehen, während die operativ tätige Zielgesellschaft zu versteuernde Gewinne erzielt, ohne ihrerseits eigene Finanzierungsaufwendungen zu haben. Hier bieten sich in der Praxis typischerweise de Abschluss eines Gewinnabführungsvertrages, die Verschmelzung der AkquiCo mit der Zielgesellschaft, der Formwechsel der Zielgesellschadft in eine Personengesellschaft sowie der Debt Push Down an.[1194] 1748

Veräußert der Private Equity Fonds später ein Zielunternehmen unter Berücksichtigung der bereits von ihm bei Erwerb aufgesetzten Struktur, so findet der Verkauf – schon aus steuerlichen Gründen – regelmäßig auf Ebene der obersten HoldCo als Share Deal statt. 1749

b) Transaktion

Neben den strukturellen Besonderheiten eines Unternehmenskaufs unter Beteiligung von Private Equity Fonds ergeben sich insbesondere auch solche Besonderheiten, die bei der Transaktion als solche zu berücksichtigen sind: 1750

aa) Gewährung von Upstream Securities im Rahmen der Akquisitionsfinanzierung

Akquisitionsfinanzierungen von Banken und Debt Fonds werden abgesichert durch die der Zielgesellschaft zur Verfügung stehenden Sicherheiten. Solche 1751

1192) Siehe Rn. 1455.
1193) Vgl. Rn. 1417.
1194) Siehe auch Rn. 479 ff.

Upstream Securities sind im Rahmen der Finanzierungsdokumentation derart zu gestalten, dass dadurch – je nach Rechtsform – nicht gegen Kapitalerhaltungsvorschriften verstoßen wird.[1195]

bb) Transaktionssicherheit

1752 Die besondere Erwerberstruktur bei Private Equity Fonds führt dazu, dass auf der Käuferseite die AkquiCo auftritt, die ihrerseits mit einem minimalen Haftungskapital ausgestattet ist und zum Zeitpunkt der Unterzeichnung des Unternehmenskaufvertrages noch nicht mit weiteren für den Erwerb des Zielunternehmens erforderlichen Finanzierungsmitteln ausgestattet ist. Hier besteht auf Verkäuferseite regelmäßig ein Sicherungsbedürfnis, dass der unterzeichnete Unternehmenskaufvertrag vollzogen wird. Die HoldCo ihrerseits kann wegen der ebenfalls geringen Kapitalausstattung keine Patronatserklärung oder vergleichbare Sicherheiten für den Vollzug und die damit verbundene Zahlung des Kaufpreises an den Verkäufer anbieten. Auch der Private Equity Fonds selbst darf – ohne „gewerblich" zu werden – keine Sicherheiten stellen. In der Praxis wird es dem Verkäufer als Sicherheit genügen (müssen), auf der Eigenkapitalseite eine verbindliche Zusage des Private Equity Fonds zu erhalten, die HoldCo (und die HoldCo ihrerseits die AkquiCo) unter bestimmten Voraussetzungen mit Eigenkapital auszustatten. Gestattet ist es dem Private Equity Fonds nach der Auffassung der Finanzverwaltung,[1196] Zusagen über weitere Einzahlungen von Kapital gegenüber der HoldCo selbst (nicht gegenüber Dritten) zu geben, die dann ihrerseits eine solche Zusage auch gegenüber der AkquiCo abgeben kann. Auf der Fremdkapitalseite wird der Verkäufer eine Bestätigung der finanzierenden Bank/Debt Fonds verlangen, unter welchen bestimmten Voraussetzungen und Erfüllung noch ausstehender Bedingungen (Conditions Precedent) der Darlehensgeber Fremdmittel an die erwerbende AkquiCo zahlt.[1197]

cc) Besonderheiten bei MAC-Klauseln auf Erwerberseite

1753 Der Käufer eines Unternehmens verlangt bei einem in der Regel vorkommenden Auseinanderfallen von Unterzeichnung und Vollzug des Unternehmenskaufvertrages typischerweise die Aufnahme einer sog. Material Adverse Change-Klausel (MAC-Klausel).[1198] Hiernach hat der Käufer den Unternehmenskaufvertrag nicht zu vollziehen und kann von ihm zurücktreten, wenn bei dem Zielunternehmen eine „wesentlich nachteilige Veränderung", die ganz konkret im Kaufvertrag zu definieren ist, stattgefunden hat. Akquisitionsfinanzierungen sehen typischerweise ebenfalls eine eigene MAC-Klausel

---

1195) Zu den Besonderheiten bei Akquisitionsfinanzierungen im Zusammenhang mit sog. Upstream Securities siehe Rn. 1462 ff.
1196) Tz. 10 des BMF-Schreibens v. 16.12.2003, BStBl I 2004, 40.
1197) Zum Certain Funds Concept vgl. Rn. 1442.
1198) Siehe auch Rn. 1201.

vor, so dass die kaufende Akquisitionsgesellschaft im Unternehmenskaufvertrag sicherzustellen hat, dass diese Klauseln möglichst nicht auseinanderdriften. In der Regel wird ein Gleichlauf der MAC-Klauseln dadurch versucht, dass in dem Unternehmenskaufvertrag die MAC-Klausel aus der Akquisitionsfinanzierung (auch wenn sie letztlich typischerweise finanzierungsspezifisch ausgestattet ist) weit möglichst „gespiegelt" wird. Der Verkäufer, der seinerseits ein fundamentales Interesse an der Zahlung des (teilweise fremdfinanzierten) Kaufpreises hat, wird einem solchen Gleichlauf der MAC-Klauseln regelmäßig auch zustimmen (müssen).

dd) Zeitliche Begrenzung von Garantien, Freistellungen und Sicherheitengewährung

Verkaufende Private Equity Fonds werden wegen der begrenzten Laufzeit des Fonds in der Regel bei der Gewährung von Garantien und Freistellung und bei den dafür gewährten Sicherheiten eine der Laufzeit des Fonds entsprechende zeitliche Begrenzung nach hinten hinaus verlangen (sog. Cut-Off Date). Dies zeigt sich insbesondere bei einer Verkürzung der Verjährungs- und Sicherheitenfreigabefristen bei Inhaber- und Eigentumsgarantien sowie der Aufnahme eines solchen Enddatums bei Steuer- und Umweltfreistellungen. Insbesondere bei Steuerfreistellungen kommt es hinsichtlich eines möglichen Cut-Off Dates darauf an, wann für welchen Zeitraum die letzte Betriebsprüfung bei dem Zielunternehmen stattgefunden hat und ob eine noch nicht stattgefundene Betriebsprüfung in angemessener Zeit von den Parteien irgendwie ausgelöst („getriggered") werden kann. 1754

ee) Teilschuldnerische Haftung mehrerer Private Equity Fonds auf Verkäuferseite

Private Equity Transaktionen zeichnen sich dadurch aus, dass insbesondere auf Verkäuferseite (auf Käuferseite erwirbt ja typischerweise auch nur die AkquiCo nicht nur ein Private Equity Fonds, sondern aus Gründen der Risikoallokation gleich mehrere einzelne Private Equity Fonds einer Private Equity Gesellschaft Geschäftsanteile an der HoldCo veräußern. In diesen Fällen ist darauf zu achten, dass die einzelnen Fonds, die in der Regel keine Haftung für andere Fonds derselben Private Equity Gesellschaft übernehmen dürfen, wegen der Auslegungsregel bei vertraglichen Verpflichtungen nach §§ 427, 421 BGB für die Primär- und Sekundärleistungsansprüche des Käufers aus dem Unternehmenskaufvertrag nicht als Gesamtschuldner haften. Hier ist ausdrücklich eine teilschuldnerische Haftung der einzelnen Fonds in den Unternehmenskaufvertrag mit aufzunehmen. 1755

ff) Einzelgläubiger

Darüber hinaus sollte eine Unternehmenskaufvertrag bei mehreren vorhandenen Private Equity Fonds auch immer eine Einzelgläubiger-Regelung ent- 1756 halten. Hieraus kann jeder Verkäufer seine Rechte aus dem Vertrag einzeln gegenüber dem Käufer geltend machen, die Verkäufer stellen also keine Gesamtgläubiger dar.

gg) Auswirkung des KAGB bei Private Equity Transaktionen

1757 Das 2013 in Kraft getretene Kapitalanlagegesetzbuch (KAGB) zur Umsetzung der europäischen AIFM-Richtline (AIFMD) hat für Private Equity Transaktionen einige Neuerungen gebracht, die nicht nur terminologischer Art sind.[1199] Private Equity Fonds unterfallen als sog. Alternative Investmentfonds (AIF) dem Anwendungsbereich des KAGB (vgl. § 1 Abs. 3). Adressat der Regulierungen des KAGB ist aber nur der jeweilige Fondsmanager (AIFM) bzw. mit den Worten des KAGB, die AIF-Kapitalverwaltungsgesellschaft (AIF-KVG).[1200]

1758 Vom Anwendungsbereich der folgenden Vorschriften wiederum ausgenommen sind inländische nur registrierungspflichtige AIF-KVGs i. S. d. § 2 Abs. 4 KAGB, die ausschließlich Spezial-AIF verwalten. Der Wert der durch Leverage erworbenen Vermögensgegenstände darf dabei aber 100 Mio. Euro nicht überschreiten bzw. 500 Mio. Euro für den Fall, dass kein Leverage eingesetzt wird und den Anlegern kein Rücknahmerecht innerhalb von fünf Jahren nach Tätigung der ersten Anlage zusteht. Ferner ist die Geltung der §§ 287–292 KAGB ausgenommen beim Erwerb von nicht börsennotierten kleineren oder mittleren Unternehmen (KMU).[1201]

(1) Informations- und Vorlagepflichten im Rahmen von M&A Transaktionen

1759 Im Rahmen einer Transaktion gelten verschiedene Informations- und Vorlagepflichten für die Fondsmanager/AIF Kapitalverwaltungsgesellschaft:

- Mitteilungspflicht gegenüber der Bundesanstalt für Finanzdienstleistungsaufsicht („BaFin") beim Erwerb, Verkauf oder Halten von Anteilen, wenn der Schwellenwert von 10 %, 20 %, 30 %, 50 % oder 75 % erreicht, überschritten oder unterschritten wird (§ 289 Abs. 1 KAGB).

- Mitteilungspflicht gegenüber dem Zielunternehmen, den Anteilseignern und der BaFin bei Kontrollerwerb gem. § 288 Abs. 1 KAGB (§ 289 Abs. 2 KAGB).

1199) Richtlinie 2011/61/EU v. 8.6.2011 über die Verwalter alternativer Investmentfonds und zur Änderung der Richtlinien 2003/41/EG und 2009/65/EG und der Verordnungen (EG) Nr. 1060/2009 und (EU) Nr. 1095/2010; englisch: Alternative Investment Fund Manager Directive (AIFMD).
1200) Vgl. §§ 17, 1 Abs. 16 KAGB.
1201) Vgl. § 287 Abs. 2 Nr. 1 KAGB.

- Informationsvorlagepflicht bei Kontrollerwerb an nicht börsennotierten Unternehmen und Emittenten gegenüber Zielunternehmen, Anteilseignern und Arbeitnehmern des Zielunternehmens (§ 290 Abs. 1–4 KAGB).
- Offenlegungspflicht bei Kontrollerwerb gegenüber BaFin und Anlegern des AIF in Bezug auf Finanzierung des Erwerbs (§ 290 Abs. 5 KAGB).
- Pflicht zur Aufnahme von Informationen über das Unternehmen in einem Jahresbericht gem. § 291 Abs. 1 und 2 KAGB und zur Weitergabe dieser Informationen an die Anleger des AIF und die Arbeitnehmer(vertreter) der Zielgesellschaft (§ 291 Abs. 3 KAGB).
- Übergabe aller relevanter Informationen über den Erwerb an Verwahrstelle (§ 81 Abs. 1 Nr. 2 KAGB).

(2) Asset Stripping Verbot

Der AIF-KVG ist es ferner untersagt, das Unternehmen innerhalb eines Zeitraums von 24 Monaten ab Kontrollerwerb zu zerschlagen (Asset Stripping Verbot). Die Regelung des § 292 KAGB ist dabei den Vorschriften des § 30 Abs. 1 GmbHG und des § 57 AktG nachempfunden. Demnach ist die AIF-KVG verpflichtet, Ausschüttungen, Kapitalherabsetzungen, Anteilsrücknahme oder den Ankauf eigener Anteile durch das Zielunternehmen weder zu gestatten noch zu ermöglichen, zu unterstützen oder anzuordnen. Diese Pflichten hat der Private Equity Fonds, der innerhalb von 24 Monaten nach Closing das Zielunternehmen weiterverkaufen will, dem neuen Käufer im Rahmen des Unternehmenskaufvertrages aufzuerlegen.[1202]

1760

4. Fondsstrukturen

Private Equity Fonds sind typischerweise komplexe gesellschaftsrechtliche Strukturen, in deren Zentrum die eigentliche Fondsgesellschaft steht. Ihr Aufbau richtet sich zum einen nach der Investitionsstrategie des Private Equity Fonds und den Anforderungen des Initiators und der Investoren, zum anderen nach den gesellschaftsrechtlichen, aufsichtsrechtlichen und steuerlichen Vorgaben der jeweils anwendbaren Rechtsordnung.

1761

a) Direktinvestierende Fonds

Kleinere direkt investierende Fonds sind am einfachsten strukturiert. Die Fondsgesellschaft ist hierbei grundsätzlich direkt an ihrem Portfoliounternehmen als Gesellschafterin beteiligt. Dies gilt uneingeschränkt für den Bereich Venture Capital. Im Bereich Buy-out hält der Private Equity Fonds die Beteiligung typischerweise über mehrstufige Akquisitionsstrukturen, die für jedes Portfoliounternehmen separat gebildet werden. Die Investoren sind an

1762

1202) Siehe dazu im Detail Rn. 1789 ff.

der Fondsgesellschaft etwa als Kommanditisten oder in vergleichbarer Rechtsstellung beteiligt. Daneben ist an der Fondsgesellschaft die Managementgesellschaft beteiligt, wobei häufig ein separates Vehikel zur Bündelung derjenigen Mitglieder des Management-Teams genutzt wird, die Anteile am Carried Interest erhalten sollen (Carry Pool). Direkt investierende Fonds werden deshalb typischerweise dreistufig dargestellt, wobei auf der obersten Ebene die Investoren und der Initiator stehen, auf der mittleren Ebene die eigentliche Fondsgesellschaft und auf der unteren Ebene die Portfoliounternehmen.

b) Parallelfonds

1763 Bei größeren direktinvestierenden Fonds sind häufig sog. Parallelfonds anzutreffen. Hintergrund ist regelmäßig, dass nicht für alle Investoren dieselbe Fondsgesellschaft geeignet ist oder dass für bestimmte Investorengruppen besondere Bedingungen gelten sollen. Häufig findet sich etwa bei Fonds von US-Managern eine Teilung in einen Fonds für US-Investoren (Domestic Fund) und einen Parallelfonds für ausländische Investoren (International Fund). Ebenso ist es möglich, dass ein Mitarbeiterbeteiligungspool des Fondsmanagers als Parallelfonds aufgelegt wird.

1764 Allen Parallelfonds gemein ist, dass sie stets im gleichen Verhältnis und zu den gleichen Zeitpunkten anteilig in dieselben Portfoliounternehmen investieren. Maßgeblich hierfür ist das Verhältnis der Kapitalzusagen bei den verschiedenen Parallelfonds. Bei zwei gleichgroßen Parallelfonds würden also alle Beteiligungen jeweils zur Hälfte von jedem der beiden Parallelfonds gehalten. Wird ein Parallelfonds erst aufgelegt, wenn der Hauptfonds bereits besteht und investiert hat, dann werden die bestehenden Beteiligungen des Hauptfonds anteilig auf den Parallelfonds übertragen, um die Parallelität nachträglich herzustellen. Für verschiedene Parallelfonds gelten meist dieselben wirtschaftlichen Bedingungen, insbesondere im Hinblick auf die Management Fee und die Höhe des Carried Interest. Eine Ausnahme hierzu bilden Mitarbeiterbeteiligungsprogramme des Fondsmanagers, die meist von der Management Fee und einem Carried Interest befreit sind.

c) Feederfonds

1765 Ein vergleichbares Phänomen wie das der Parallelfonds sind Feederfonds. Ein Feederfonds wird mit dem einzigen Zweck errichtet, eine Beteiligung an einem bestimmten anderen Fonds – dem Masterfonds – einzugehen. Hauptgrund für die Errichtung von Feederfonds ist, dass eine direkte Beteiligung am Masterfonds für bestimmte Investoren ungeeignet sein kann. So kann es etwa beim Masterfonds eine bestimmte Mindestbeteiligungshöhe geben, die nicht von allen Investoren erreicht wird. Die kleineren Investoren könnten dann über die Beteiligung an einem Feederfonds gebündelt werden, soweit eine solche Struktur nach den aufsichtsrechtlichen Vorgaben sinnvoll umsetzbar ist. Häufig anzutreffen sind Feederfonds etwa auch dergestalt, dass für einen als

Personengesellschaft strukturierten Masterfonds eine Beteiligungsmöglichkeit über einen als Kapitalgesellschaft strukturierten Feederfonds angeboten wird. Durch die Errichtung eines Feederfonds zu einem direkt investierenden Fonds wird die Struktur vierstufig (Investor – Feederfonds – Masterfonds – Portfoliounternehmen).

Die wirtschaftliche Ausgestaltung eines Feederfonds unterscheidet sich danach, ob der Feederfonds von demselben Fondsmanager wie der Masterfonds oder von einem selbständigen/anderen Fondsmanager initiiert oder verwaltet wird. Wenn es sich um eine integrierte Struktur desselben Fondsmanagers handelt, ist der Feederfonds meist sehr schlank und vor allem ohne eigene Gebührenstruktur ausgestaltet. Dies ermöglicht es den Investoren des Feederfonds, eine Beteiligung am Feederfonds zu halten, die wirtschaftlich mit der Beteiligung am Masterfonds identisch ist. Auch im Hinblick auf die Ausübung von Stimmrechten und weiteren Einzelregelungen des Fondsvertrages werden dann die Investoren des Feederfonds soweit wie möglich so behandelt wie die Investoren des Masterfonds. Wenn der Feederfonds hingegen von einem anderen Manager initiiert und aufgelegt wurde, etwa um für Kleinanleger Beteiligungsmöglichkeiten an einem institutionellen Fonds eines anderen Managers zu schaffen, gilt dies nicht. Dann weist der Feederfonds regelmäßig eine eigene Gebührenstruktur auf und auch im Hinblick auf Stimmrechte und sonstige Gesellschafterrechte werden die Investoren des Feederfonds nicht wie Investoren des Masterfonds behandelt. In vielen Fällen sind die Investoren des Feederfonds dem Masterfonds dann sogar unbekannt; der Feederfonds ist dann als solcher in seiner Gesamtheit ein Investor des Masterfonds.

1766

d) Dachfonds

Dachfonds investieren in ein Portfolio mehrerer anderen Fonds, die dann als sog. Zielfonds bezeichnet werden. Bei den Zielfonds handelt es sich in aller Regel um direktinvestierende Fonds. Die Investition von Dachfonds in andere Dachfonds ist denkbar, aber meist wirtschaftlich unsinnig. Hauptzwecke eines Dachfonds sind die breitere Risikostreuung und die Eröffnung von Investitionsmöglichkeiten in bestimmte Zielfonds. Bei einem Private Equity Dachfonds mit zehn Zielfonds ergibt sich eine Risikostreuung auf etwa 200–300 einzelne Portfoliounternehmen. Der Ausfall einzelner Portfoliounternehmen hat dann keine starken negativen Auswirkungen mehr (ebenso aber auch die besonders gute Entwicklung einzelner Portfoliounternehmen). Daneben ermöglicht es der Dachfonds seinen Anlegern, Beteiligungen an mehreren Fonds einzugehen, die mit dem Kapitaleinsatz eines einzelnen Investors gar nicht verfügbar wären. Außerdem nehmen viele Dachfondsmanager für sich eine besondere Expertise bei der Auswahl von Zielfonds in Anspruch.

1767

Dachfonds weisen in aller Regel eine eigene Gebührenebene auf. Der Dachfondsmanager erhält meist zumindest eine Management Fee, in Einzelfällen auch einen eigenen Carried Interest.

1768

1769 Wegen der breiteren Risikostreuung werden Dachfonds häufig als Beteiligungsvehikel für Privatanleger mit kleineren Beteiligungssummen errichtet (sog. Retail-Segment). Solche Dachfonds stehen häufig Anlegern schon mit Mindestbeteiligungssummen von 20.000 Euro offen, in Einzelfällen auch darunter. In diesen Fällen zahlen die Dachfonds neben einer Management Fee häufig auch Vertriebsprovisionen und von den Anlegern ist ein Agio zu erbringen.

e) Alternative Investmentvehikel (AIV)

1770 Ein alternatives Investmentvehikel (AIV) ist kein eigenständiger Fonds, sondern Teil einer anderen Fondsstruktur. Wenn ein Private Equity Fonds ein Investment beabsichtigt, dass nicht direkt vom Hauptfonds getätigt werden kann, ist häufig die Nutzung eines AIV möglich. Häufige Anwendungsfälle sind Investments, die zu steuerlichen oder aufsichtsrechtlichen Nachteilen für den Hauptfonds führen würden, etwa Beteiligungen an gewerblichen Personengesellschaften. Das AIV wird dann neben dem Hauptfonds errichtet und einzelne oder alle Investoren des Hauptfonds beteiligen sich an dem Investment über das AIV. Sie halten dann also neben ihrer Beteiligung am Hauptfonds eine Beteiligung an einer weiteren Gesellschaft, die von demselben Manager verwaltet wird.

5. Private Equity und das KAGB

1771 Seit dem 21.7.2013 ist das Kapitalanlagegesetzbuch („KAGB") in Deutschland in Kraft. Das KAGB setzt die europäische Richtlinie zur Regulierung alternativer Investmentvermögen („AIF") („AIFM-RL[1203]") in deutsches Recht um. Das KAGB bringt eine ganze Reihe einschneidender Änderungen für die Private Equity Branche mit sich:

1772 Deutsche Private Equity Fondsmanager werden einer Regulierung unterworfen (hierzu unter a) Rn. 1773 ff.), ausländische Private Equity Fondsmanager müssen für ihr Fundraising in Deutschland neue Regeln beachten (hierzu unter b) Rn. 1786 ff.) und schließlich müssen sowohl deutsche als auch ausländische Private Equity Fondsmanager unter gewissen Voraussetzungen Berichts- und Ausschüttungsregeln beachten, wenn der von ihnen verwaltete AIF in Portfoliounternehmen mit Sitz in einem EU-Mitgliedstaat investiert (hierzu unter c) Rn. 1789 ff.).

1203) Richtlinie 2011/61/EU des Europäischen Parlaments und des Rates vom 8.6.2011 über die Verwalter alternativer Investmentfonds.

a) Auswirkungen des KAGB auf deutsche Private Equity Fondsmanager

aa) Anwendungsbereich

Das KAGB reguliert sowohl die Verwaltung als auch den Vertrieb von AIF durch deutsche Fondsmanager. Hierbei unterscheidet das KAGB zwischen AIF, die nur sog. professionelle und semiprofessionelle Investoren aufnehmen („Spezial-AIF") und solchen, die auch für andere Investoren zugänglich sind („Publikums-AIF"). 1773

(1) professionelle/semiprofessionelle Anleger

Der Begriff des professionellen Anlegers entspricht der Definition des professionellen Kunden, welcher im Anhang 2 der MiFID-Richtlinie[1204] legal definiert ist. Er erfasst vor allem institutionelle Investoren wie beispielsweise Kreditinstitute, Wertpapierfirmen, Versicherungsgesellschaften oder Pensionsfonds und knüpft grundsätzlich an die Eigenschaft des Anlegers an, über ausreichend Erfahrung, Kenntnisse und Sachverstand zu verfügen, um die Anlageentscheidungen selbst treffen und die damit verbundenen Risiken angemessen beurteilen zu können. Neben den ausdrücklich im ersten Teil des Anhangs 2 genannten institutionellen Anlegern (sog. „geborene" professionelle Anleger), steht es auch anderen Anlegern, einschließlich öffentlich-rechtlicher Körperschaften und individueller privater Anleger, frei, sich als professionellen Anleger einstufen zu lassen (sog. „gekorene" professionelle Anleger). 1774

Als semiprofessioneller Anleger gilt, wer (a) sich verpflichtet mindestens € 10 Mio. in ein Investmentvermögen zu investieren sowie (b) Geschäftsleiter oder Mitarbeiter des Managers. Darüber hinaus qualifizieren als semiprofessionell solche Anleger, die (c) kumulativ folgende Anforderungen erfüllen: (i) der Anleger verpflichtet sich, mindestens 200.000 Euro zu investieren, (ii) der Anleger bestätigt, dass er sich der Risiken im Zusammenhang mit der beabsichtigten Verpflichtung oder Investition bewusst ist und dass er über ausreichend Sachverstand, Erfahrung und Kenntnisse verfügt, (iii) der Manager kommt ebenfalls zu dem Ergebnis, dass der Anleger über die entsprechende Sachkenntnis und Erfahrung verfügt und die konkrete Verpflichtung für ihn angemessen ist. 1775

Durch die Einführung des Begriffs des semiprofessionellen Anlegers wird die Kategorie des Spezial-AIF auch für vermögende Privatpersonen und Family Offices (soweit sie nicht schon als professionelle Anleger qualifizieren) zugänglich gemacht. 1776

[1204] Richtlinie 2004/39/EG des Europäischen Parlaments und des Rates vom 21.4.2004 über Märkte für Finanzinstrumente.

(2) Registrierungs-/Erlaubnispflicht

1777 Private Equity Fonds sehen in der Regel keine Rücknahmerechte vor (sind also „geschlossen") und nehmen typischerweise nur professionelle und semiprofessionelle Anleger im obengenannten Sinne auf (qualifizieren also als sog. „Spezial-AIF"). Im Hinblick auf die Verwaltung (und den Vertrieb) von Spezial-AIF gewährt das KAGB dem Manager gewisse Erleichterungen:

1778 Jeder deutsche Manager eines Private Equity Fonds muss entweder registriert sein oder über eine Erlaubnis verfügen, denn das KAGB unterscheidet lediglich zwischen registrierungs- und erlaubnispflichtigen Managern. Während mit der Erlaubnispflicht die volle Anwendbarkeit der Vorschriften des KAGB verbunden ist, unterliegen registrierungspflichtige Manager lediglich einem reduzierten Aufsichtsrecht.

1779 Registrierungspflichtig und damit nicht erlaubnispflichtig ist ein Manager dann, wenn er insgesamt Vermögensgegenstände im Wert von unter € 500 Mio. verwaltet. Dies setzt allerdings voraus, dass der Private Equity Fonds kein „Leverage" einsetzt. Setzt er „Leverage" ein, liegt der Schwellenwert, ab dem die volle Erlaubnispflicht greift, bereits bei € 100 Mio.

1780 „Leverage" ist definiert als jede Methode, mit der die Verwaltungsgesellschaft den Investitionsgrad eines von ihr verwalteten AIF, insbesondere durch Kreditaufnahme,[1205] erhöht. In diesem Zusammenhang wurde diskutiert, ob mit Blick auf Buyout Situationen, bei denen Fremdfinanzierung auf Ebene der Akquisitionsgesellschaft aufgenommen wird, dem Fonds zuzurechnen ist. Dies ist nach der hier vertretenen Auffassung nicht der Fall, denn die AIFM-RL und das KAGB stellen nur auf Fremdfinanzierung auf Fondsebene ab. Jedenfalls dann, wenn für die auf Akquisitionsgesellschaftsebene aufgenommene Fremdfinanzierung der Fonds nicht mit seinem gesamten Portfolio haftet oder bürgt, ist diese dem Fonds nicht zuzurechnen.

1781 Übersteigt das durch den Manager verwaltete Portfolio den Wert von € 500 Mio. ist eine Erlaubnis zu beantragen. Hierfür muss der Manager insbesondere Organisations-, Mindestkapital-, Verhaltens- und Reportingpflichten erfüllen und Nachweise zur Zuverlässigkeit und Qualifikation erbringen. Er muss zudem besondere Vergütungsrichtlinien beachten und für alle durch ihn verwalteten AIF eine Depotbank bestellen. Die Aufgabe der Depotbank ist im Bereich Private Equity kontrollierender (und nicht verwahrender) Natur: sie übernimmt das Cash Monitoring, kontrolliert die Einhaltung der Anlagerichtlinien und die für den Manager geltenden Anforderungen sowie den Erwerb des Eigentums durch den AIF bei Eingehen einer Beteiligung. Die Depotbank muss ihren Sitz im Sitzland des AIF haben. Im Private Equity Bereich können diese Funktionen auch durch sog. alternative Verwahrstellen

---

1205) Oder durch Wertpapierdarlehen, in Derivate eingebettete Hebelfinanzierung oder auf andere Weise.

(§ 80 Abs. 3 KAGB) wahrgenommen werden. Das Gesetzt spricht in diesen Fällen, in Anlehnung an das Treuhändermodell nach den §§ 70 ff. des Versicherungsaufsichtsgesetzes, von einem „Treuhänder". Hierdurch soll deutlich gemacht werden, dass die alternative Verwahrstellenfunktion nicht auf bestimmte Berufsgruppen beschränkt ist. Der Treuhänder muss bezüglich seiner beruflichen oder geschäftlichen Tätigkeit entweder einer gesetzlich anerkannten obligatorischen berufsmäßigen Registrierung, Rechts- und Verwaltungsvorschriften oder berufsständischen Regelungen unterliegen, die ausreichende finanzielle und berufliche Garantien bieten können, um es ihm zu ermöglichen, die relevanten Aufgaben einer Verwahrstelle wirksam auszuführen und die mit diesen Funktionen einhergehenden Verpflichtungen zu erfüllen. Treuhänder, die ausschließlich für Spezial-AIF tätig werden, müssen gegenüber der BaFin lediglich als alternative Verwahrstelle benannt werden.

Europäische Venture Capital Fonds (sog. Risikokapitalfonds oder „EuVECA Fonds"[1206]) unterliegen dem speziellen Regime der europäischen EuVECA Verordnung:[1207] Die Manager dieser Fonds sind lediglich registrierungspflichtig und müssen gewisse, leichter zu erbringende Kapital-, Organisations- und Informationspflichten erfüllen, nicht aber die mit einer vollen Erlaubnis verbundenen Pflichten. Die insgesamt durch den EuVECA Manager verwalteten Vermögensgegenstände dürfen den Betrag von € 500 Mio. nicht übersteigen. Zusammen mit der Registrierung erhält der EuVECA Manager einen sog. EU Passport, welcher zum Vertrieb an professionelle und sog. „semiprofessionelle" Investoren im Sinne der EuVECA Verordnung[1208] in der EU berechtigt. 1782

bb) Holdinggesellschaften/Co-Investment und Carry-Vehikel

Durch die sehr weite Definition des Begriffs „AIF", die jedes kollektive Investmentvermögen umfasst, welches das eingesammelte Kapital nach einer festgelegten Anlagestrategie zwecks Erwirtschaftung eines gemeinsamen Ertrags anlegt, können grundsätzlich auch Holdinggesellschaften, Carry- und Co-Investmentvehikel unter die Definition eines AIF fallen. Dies hat zur Folge, dass auch die Verwaltung dieser Vehikel die oben beschriebenen Folgen und Pflichten auslösen würde. Die BaFin hat mittlerweile klargestellt, dass Carry und Co-Investmentvehikel, an denen ausschließlich Arbeitnehmer des Ma- 1783

1206) EuVECA Fonds sind qualifizierte Risikokapitalfonds, die beabsichtigen, mindestens 70 % ihres aggregierten eingebrachten Kapitals innerhalb der Anlageperiode in sog. qualifizierte Anlagen zu investieren; vgl. Art. 3 lit. b) EuVECA Verordnung.
1207) Verordnung (EU) Nr. 345/2013 des Europäischen Parlaments und des Rates v. 17.4.2013 über Europäische Risikokapitalfonds.
1208) „Semiprofessionell" im Sinne der EuVECA Verordnung bedeutet, dass Anleger (a) sich verpflichten, mindestens 100.000 € zu investieren und (b) schriftlich in einem vom Vertrag über die Investitionsverpflichtung getrennten Dokument angeben, dass sie sich der Risiken im Zusammenhang mit der beabsichtigten Verpflichtung oder Investition bewusst sind; vgl. Art. 6 Abs. 1 EuVECA Verordnung.

nagers (und unter gewissen Umständen auch die seines Beraters bzw. enge Familienangehörige) beteiligt sind, nicht als AIF qualifizieren. Co-Investment oder Aquisitionsvehikel, deren Errichtung der Tätigung von Investments dienen und nicht der Einsammlung von Kapital (auch nicht indirekt über die jeweiligen Gesellschafter), sollten ebenfalls in den meisten Fällen keine AIFs darstellen.

1784 Holdinggesellschaften sind in § 2 Abs. 1 Nr. 1 KAGB legal definiert und qualifizieren dann nicht als AIF, wenn (i) der Unternehmensgegenstand darin besteht, durch ihre Tochterunternehmen oder verbundenen Unternehmen oder Beteiligungen jeweils eine Geschäftsstrategie zu verfolgen, die dazu dient den langfristigen Wert der Tochterunternehmen, der verbundenen Unternehmen oder der Beteiligungen zu fördern und (ii) die Anteile börsennotiert sind oder ausweislich des Jahresberichts oder anderer Unterlagen die Unternehmen nicht mit dem Hauptzweck gegründet wurden, ihren Anlegern durch Veräußerung der Beteiligungen eine Rendite zu verschaffen.

1785 Die Verwaltung von Holdinggesellschaften ist ausdrücklich vom Anwendungsbereich des KAGB ausgenommen. Die Definition scheint auf den ersten Blick für viele Private Equity Fonds zuzutreffen. Allerdings hat der Gesetzgeber in der Begründung zum KAGB und zur AIFM-RL ausgeführt, dass Private Equity Gesellschaften hiervon nicht erfasst sein sollen. Die BaFin fordert überdies für das Eingreifen des Holdingprivilegs, dass die Holdinggesellschaft ausschließlich Mehrheits- bzw. kontrollierende Beteiligungen hält. Für eine solch enge Auslegung ergibt sich aus dem Gesetz jedoch keinerlei Anhaltspunkt. In der Praxis kann die Abgrenzung daher sehr schwierig sein.

b) Auswirkungen auf nicht-deutsche Private Equity Fondsmanager

1786 Die früheren Privatplatzierungsregeln, die beim Fundraising in Deutschland durch nicht-deutsche Private Equity Fondsmanager zu beachten waren, wurden abgelöst durch die komplexeren Anforderungen des KAGB. So ist der „Vertrieb" an Investoren in Deutschland fortan an Registrierungspflichten geknüpft. „Vertrieb" wird definiert als jedes direkte oder indirekte Anbieten oder Platzieren von Fondsanteilen auf Initiative des Fondsmanagers oder in seinem Auftrag. Nicht als Vertrieb gelten insbesondere (i) das Anfragen durch den Investor selbst („reverse solicitation") oder (ii) Vorabgespräche, ohne die Zurverfügungstellung finaler Fonds-Dokumentation („Pre-Marketing").

aa) Vertriebsvoraussetzungen für europäische PE-Fondsmanager

1787 Wesentliche Neuerung der AIFM-RL ist die Einführung eines europäischen Passes für den grenzüberschreitenden Vertrieb von Fonds an professionelle Investoren durch regulierte Manager mit einer Erlaubnis in ihrem Herkunftsland, die sie auch zum Vertrieb im EU-Ausland berechtigt. In Deutschland wurde der EU Passport auf den Vertrieb an sog. „semiprofessionelle" Investoren erweitert. Kleine EU-Manager, die Vermögenswerte in Höhe von weniger als € 500 Mio. verwalten und in ihrem EU-Heimatsstaat registriert sind (also über keine volle Erlaubnis verfügen; vergleichbar mit § 2 Abs. 4 KAGB), dürfen in Deutschland nur unter den Voraussetzungen des § 330a KAGB an professionelle und semiprofessionelle Anleger vertreiben. Diese bestehen darin, dass (i) der kleine EU-Manager in seinem Herkunftsmitgliedstaat gemäß der Art. 3 der AIFM-RL umsetzenden Vorschriften registriert ist, (ii) der Herkunftsmitgliedstaat ein Vertrieb durch deutsche kleine Manager i. S. v. § 2 Abs. 4 KAGB, die gem. § 44 Abs. 1 Nr. 1 KAGB registriert sind, ebenfalls gestattet, (iii) der Herkunftsmitgliedstaat des Managers den Vertrieb solcher AIF nicht an höhere Voraussetzungen knüpft als das KAGB.

bb) Vertriebsvoraussetzungen für Drittstaaten PE-Fondsmanager

Drittstaaten AIF bzw. AIF, die durch Drittstaaten Fondsmanager verwaltet werden, unterliegen strengeren Voraussetzungen: Sie müssen vor Aufnahme des Vertriebs eine Vertriebsgenehmigung der BaFin einholen, die an folgende Voraussetzungen geknüpft ist: 1788

(i) Erfüllung der Informations- und Mitteilungspflichten für Manager nach der AIFM-RL,

(ii) Kooperationsvereinbarungen zwischen Aufsichtsbehörde des Drittstaates/ Herkunftslandes und BaFin,

(iii) Einhaltung der Anti-Asset-Stripping Regeln (hierzu unten), und

(iv) Benennung einer Verwahrstelle, die die Depotbankfunktionen nach Art. 21 Abs. 7 bis 9 der AIFM-RL erfüllt.

c) Anti-Asset Stripping Regime

Das KAGB sieht in den §§ 287–292 KAGB Regelungen vor, die inländische (und bei Vertrieb in Deutschland auch ausländische) Fondsmanager bei Investitionen in Portfoliounternehmen mit Sitz in der EU zu beachten haben. 1789

aa) Anwendungsbereich

Adressat der §§ 287–292 KAGB ist der Fondsmanager, nicht die von ihm verwalteten AIF. Verwaltet ein Fondsmanager einen AIF oder bindet er bei der Verwaltung eines AIF andere Fondsmanager mit ein, um Kontrolle an einem Zielunternehmen zu erlangen, so ist der Anwendungsbereich der §§ 287–292 KAGB eröffnet. Weitere Voraussetzung ist, dass das Portfolio-Unternehmen ein nicht börsennotiertes Unternehmen oder ein Emittent mit Sitz in der EU ist. Umstritten ist allerdings, inwieweit auch indirekte Beteiligungen über eine Drittstaatenholding erfasst sind. Hierzu hat sich in der EU oder in Deutschland noch keine einheitliche Verwaltungspraxis entwickelt. Praktikabel ist eine Durchschau nach der hier vertretenen Auffassung nur dann, wenn es sich bei der Zwischengesellschaft um ein reines Zweckvehikel und nicht um eine operative Holding handelt. 1790

1791 Beteiligungen an kleinen oder mittleren Unternehmen (KMU) sind vom Anwendungsbereich ausgenommen. Ein KMU liegt vor, wenn die Zielgesellschaft weniger als 250 Personen beschäftigt und entweder der Jahresumsatz höchstens € 50 Mio. oder die Jahresbilanzsumme höchstens € 43 Mio. beträgt. Zudem sind Zweckgesellschaften für Erwerb, Besitz oder Verwaltung von Immobilien vom Anwendungsbereich der §§ 287–292 KAGB ausgenommen.

bb) Die sich aus den Anti-Asset-Stripping Rules ergebenden Pflichten

1792 Das KAGB unterscheidet zwischen kontrollabhängigen und kontrollunabhängigen Pflichten. Kontrolle bedeutet im Falle nicht börsennotierter Unternehmen die Erlangung von mehr als 50 % der Stimmrechte der Portfoliogesellschaft (§ 288 Abs. 1 KAGB). Dabei werden auch Stimmrechte von durch den AIF kontrollierten Unternehmen sowie Stimmrechte von natürlichen und juristischen Personen, die in ihrem eigenen Namen, aber im Auftrag des AIF oder eines von dem AIF kontrollierten Unternehmens handeln, berücksichtigt (§ 288 Abs. 2 KAGB). Kontrolle in Bezug auf einen Emittenten liegt für Zwecke der §§ 290 und 292 KAGB hingegen bereits vor, wenn der von dem AIFM verwaltete AIF mehr als 30 % der Stimmrechte hält, vgl. § 288 Abs. 3 KAGB.

(1) Kontrollabhängige Pflichten

(a) Meldepflichten

1793 Gem. § 289 Abs. 2 KAGB ist bei Erlangung der Kontrolle über ein nicht börsennotiertes Unternehmen durch einen AIF sowohl die Zielgesellschaft, deren Anteilseigner (soweit Identität und Adresse bekannt) als auch die BaFin über den erfolgten Kontrollerwerb zu informieren. Darüber hinaus sind dem Adressatenkreis die sich hinsichtlich der Stimmrechte ergebende Situation als auch die Bedingungen, unter denen die Kontrolle erlangt wurde, sowie der Zeitpunkt des Kontrollerwerbs, anzugeben (Abs. 3). Schließlich hat der Fondsmanager die Geschäftsführung der Zielgesellschaft zu ersuchen, die Arbeitnehmervertreter (oder die Arbeitnehmer selbst, falls es keine Arbeitnehmervertreter gibt) über den erfolgten Kontrollerwerb und über die genannten Informationen zu unterrichten (Abs. 4). Der Fondsmanager muss nach besten Kräften sicherstellen, dass die Arbeitnehmer bzw. Arbeitnehmervertreter auch tatsächlich ordnungsgemäß durch den Vorstand bzw. die Geschäftsführung informiert werden.

(b) Informations- und Offenlegungspflicht gegenüber der Zielgesellschaft sowie deren Anteilseignern und der BaFin

1794 Der Fondsmanager hat dem oben genannten Adressatenkreis seine Identität offenzulegen sowie den Umstand des Kontrollerwerbs, die von ihm zu beachtenden Grundsätze zur Vermeidung und Steuerung von Interessenskonflikten und seine interne und externe Kommunikationspolitik in Bezug auf das Portfoliounternehmen. Im Falle eines nicht börsennotierten Unternehmens sind darüber hinaus die Absichten zur Geschäftsentwicklung sowie die voraussichtlichen Auswirkungen auf die Beschäftigungssituation offenzulegen und Angaben zur Finanzierung des Kontrollerwerbs zu machen. Schließlich gelten auch besondere Anforderungen im Hinblick auf den Jahresabschluss und den Jahresbericht gem. § 291 KAGB. Der Jahresabschluss ist den Arbeitnehmervertretern auszuhändigen und muss in seinem Anhang bzw. Lagebericht besondere Informationen über das betreffende Portfoliounternehmen enthalten. Diese zusätzlichen Informationen umfassen einen Bericht über die Lage des nicht börsennotierten Unternehmens am Ende des von dem Jahresbericht abgedeckten Zeitraums sowie Angaben zu Ereignissen von besonderer Bedeutung, die nach Abschluss des Geschäftsjahres eingetreten sind, sowie die voraussichtliche Entwicklung des Unternehmens und Angaben zum Erwerb eigener Aktien.

(c) Rückgewährbeschränkungen

§ 292 KAGB sieht als Schutzmechanismus gegen das sog. „Asset Stripping" zeitlich begrenzte Rückgewährbeschränkungen vor. Für einen Zeitraum von 24 Monaten nach Kontrollerwerb greift eine Sperre, die gem. § 292 Abs. 1 Nr. 1 KAGB Ausschüttungen (insbesondere Dividenden und Zinsen), Kapitalherabsetzungen sowie die Rücknahme von Anteilen oder den Ankauf eigener Anteile durch die Zielgesellschaftverbietet, wenn dadurch das im Jahresabschluss der Zielgesellschaft ausgewiesene Nettoaktivvermögen bei Abschluss des letzten Geschäftsjahres den Betrag des gezeichneten Kapitals zuzüglich nicht ausschüttungsfähiger Rücklagen unterschreitet. Noch nicht abgerufene Teile des gezeichneten Kapitals sind dabei nur zu berücksichtigen, wenn sie bilanziell aktiviert sind. Im Ergebnis handelt es sich um Kapitalerhaltungsvorschiften, die allerdings in der Praxis Probleme bereiten können. So wird in § 292 Abs. 2 Nr. 1 KAGB für die Frage, ob ausreichend Eigenmittel vorhanden sind, für eine Ausschüttung anstatt auf das Ergebnis des laufenden auf das Ergebnis des letzten Geschäftsjahres abgestellt. In der Zwischenzeit eingegangene Erträge aufgrund von Veräußerungen einer Portfoliogesellschaft durch deren Holding bleiben damit für die Eigenmittelberechnung für diese Zwecke unberücksichtigt.

1795

(d) Durchschau

In der Praxis bereiten die Anti-Asset-Stripping Regeln erhebliche Probleme. Es ist unklar, inwieweit für Zwecke der Berichtspflichten aber auch Ausschüttungssperren durch einzelne Zwischengesellschaften durchzuschauen ist. Diese Frage kann in den einzelnen Mitgliedsstaaten durchaus unterschiedlich beantwortet werden. Eine einheitliche Verwaltungspraxis hat sich hierzu noch nicht entwickelt.

1796

(2) Kontrollunabhängige Pflichten

1797 Schließlich knüpft der Gesetzgeber auch Pflichten an das Über- bzw. Unterschreiten von bestimmten von einem AIF gehaltenen Stimmrechtsschwellenwerten (10 %, 20 %, 30 %, 50 % und 75 %). Hierbei handelt es sich um eine Mitteilungspflicht, die sich anders als die kontrollabhängigen Pflichten auf Informationen an die BaFin durch den Fondsmanager beschränkt. Als inhaltlich ausreichend wird bereits die Mitteilung des Namens des AIF sowie des betroffenen nicht börsennotierten Unternehmens, das Erreichen bzw. Über- oder Unterschreiten des entsprechenden Schellenwertes sowie die Mitteilung des gehaltenen Stimmrechtsanteils erachtet.

XX. Venture Capital

1. Begriff und Funktionsweise

1798 Der englische Begriff des „Venture Capitals" ist treffend mit den deutschen Begriffen Wagnis- oder Risikokapital zu übersetzen. Als Teilbereich des Private Equitys umfasst Venture Capital lediglich die Finanzierung junger Unternehmen (sog. „Startups") in der Frühphase ihrer Entwicklung.[1209]

1799 Traditionell werden in zeitlicher Hinsicht folgende Phasen der Venture Capital Finanzierung unterschieden:[1210] Zunächst wird im Rahmen der sog. „Seed-Phase" das Unternehmenskonzept des Startups aufgesetzt und mit der Produktentwicklung begonnen. In der sich anschließenden „Startup-Phase" wird dann die Unternehmensstruktur umgesetzt und der Markteintritt eingeleitet. In der „Expansionsphase" wird schließlich das Wachstum des jungen Unternehmens finanziert, um den relevanten Markt zu erschließen.

1800 Ein Venture Capital Investment stellt regelmäßig eine langfristige (Minderheits-)Beteiligung mit Eigenkapital am Startup dar. Diese Form der Außenfinanzierung ist regelmäßig die einzig mögliche Finanzierungsart für ein Startup. Insbesondere eine Bankfinanzierung mit Fremdkapital ist dem Startup üblicherweise mangels besicherungsfähiger Wertgegenstände und eines meist noch negativen Cashflows versperrt. Eine Rendite erzielt der Venture Capital Investor dabei nicht durch eine laufende Dividendenausschüttung, sondern mit dem von ihm bereits bei der Investitionsentscheidung geplanten Ausstieg aus der Gesellschaft nach meist drei bis sieben Jahren (sog. „Exit").[1211] Ein solcher Exit kann im Wege eines Verkaufs der Beteiligung an einen strategischen Käufer (sog. „Trade Sale"), eines Verkaufs der Beteiligung an einen weiteren Private Equity Investor (sog. „Secondary Sale"), eines Verkaufs der Beteiligung

---

1209) *Göckeler*, in: Beck'sches Handbuch der AG, § 21 Rn. 107 ff.
1210) *Weitnauer*, Handbuch Venture Capital, Rn. A 15 f.
1211) *Gabrysch*, in: Breithaupt/Ottersbach, Teil I C § 1 Rn. 22.

an die Gründer (sog. „Share Buy Back"), mittels eines Börsengangs (sog. „IPO") oder mittels der Liquidation der Gesellschaft erfolgen.[1212]

Im Gegenzug für die Übernahme seines unternehmerischen Risikos durch die Eigenkapitalbeteiligung lässt sich der Venture Capital Investor zusätzliche Verwaltungsrechte in Form von Informations-, Mitwirkungs- und Kontrollrechten sowie vermögensrechtliche Vorzugsrechte einräumen. Diese werden üblicherweise nach Abschluss eines unverbindlichen Letters of Intent in einem umfassenden Vertragswerk, der sog. Beteiligungs- und Gesellschaftervereinbarung (engl. „Subscription and Shareholders' Agreement"), niedergelegt.

2. Beteiligungs- und Gesellschaftervereinbarung

a) Grundlagen

Bei der Beteiligungs- und Gesellschaftervereinbarung handelt es sich formal betrachtet um schuldrechtliche Nebenabreden zur korporativen Satzung.[1213] Hintergrund der separaten Vereinbarung außerhalb der Satzung ist es, der Publizität des Handelsregisters zu entgehen.[1214] Mit dem Abschluss der Beteiligungs- und Gesellschaftervereinbarung wird zugleich eine (Innen-)Gesellschaft bürgerlichen Rechts zwischen den Parteien gegründet, in deren Rahmen mittels Stimmbindungsvereinbarungen die Grundlage für die eigentliche Willensbildung der Parteien untereinander und in Bezug auf die Gesellschaft festgelegt wird.[1215]

Die Beteiligungs- und Gesellschaftervereinbarung besteht aus zwei Teilen: Im Rahmen der Beteiligungsvereinbarung werden die grundlegenden – meist technischen – Voraussetzungen für den Einstieg des Venture Capital Investors niedergelegt. Neben der aktuellen Bewertung der Gesellschaft vor dem Einstieg des Venture Capital Investors (sog. „pre-money Bewertung") und der Höhe der zu übernehmenden Eigenkapitalbeteiligung werden insbesondere Garantien und Verwässerungsschutzrechte festgelegt. Im Rahmen der Gesellschaftervereinbarung werden die künftigen Rechtsbeziehungen der Gesellschafter untereinander und zur Gesellschaft selbst geregelt. Dies ist für die Investitionsentscheidung des Venture Capital Investors deshalb von maßgeblicher Bedeutung, als er grundsätzlich nur eine Minderheitsbeteiligung in dem Startup übernimmt und insofern eine Erweiterung seiner gesetzlichen Informations- und Kontrollrechte anstrebt. Überdies beabsichtigt er sein Investment mittels Exit bezogener Rechte abzusichern sowie die Gründer an das Startup zu binden und zu incentivieren.

1212) *Gabrysch*, in: Breithaupt/Ottersbach, Teil I C § 1 Rn. 28 f.
1213) *Hoffmann-Becking*, ZGR 1994, 442.
1214) *Hoffmann-Becking*, ZGR 1994, 442, 445 f.; *Möllmann/Möllmann*, BWNotZ 2013, 74, 80.
1215) *Hoffmann-Becking*, ZGR 1994, 442, 443 und 445.

b) Kapitalerhöhung

1804 Im Rahmen der Beteiligungsvereinbarung verpflichten sich die Gesellschafter des Startups gegenüber dem Venture Capital Investor unmittelbar im Anschluss an den Abschluss der Beteiligungs- und Gesellschaftervereinbarung eine Kapitalerhöhung durchzuführen. Eine solche erfolgt regelmäßig in Form einer Barkapitalerhöhung zum Nennbetrag der auf Basis der pre-money Bewertung berechneten Anteile und einer zusätzlichen Verpflichtung des Investors zur Zuzahlung des sich aus der Summe der Nennbeträge der übernommenen Anteile und des absoluten Investitionsbetrags ergebenden Differenzbetrags in die sonstige Kapitalrücklage gem. § 272 Abs. 2 Nr. 4 HGB. Die Fälligkeit der Zuzahlung in die sonstige Kapitalrücklage gem. § 272 Abs. 2 Nr. 4 HGB kann dabei auch in Tranchen oder in Abhängigkeit von der Erreichung gewisser unternehmerischer Ziele (sog. Meilensteine) strukturiert werden.[1216] Dagegen wird in der Praxis von einer wegen der Kapitalaufbringungsvorschriften aufwändigeren Sachkapitalerhöhung regelmäßig abgesehen.

1805 Alternativ zu einer Kapitalerhöhung ist eine Beteiligung eines neuen Investors auch in Form eines Erwerbs von Anteilen von Gründungsgesellschaftern denkbar, wobei dies in der Praxis aus steuerlichen und haftungstechnischen Erwägungen regelmäßig nicht erfolgt.[1217]

c) Garantien

1806 Vergleichbar zum Unternehmenskauf wird in der Beteiligungsvereinbarung ein eigenes Haftungsregime zu Gunsten des Investors bestehend aus selbstständigen und verschuldensunabhängigen Garantien gem. §§ 311, 276 Abs. 1 S. 1 BGB samt der dazugehörigen Rechtsfolgenregelungen etabliert. Die größten Unterschiede sind darin zu sehen, dass im Rahmen einer Venture Capital Beteiligung meist nur eine eingeschränkte Due Diligence aufgrund des meist noch überschaubaren Zeitraums seit Gründung des Startups vorgenommen wird und auch der sonst sehr ausführliche Garantiekatalog vorgenannter Tatsache entsprechend angepasst werden muss. Ein besonderer Schwerpunkt der Due Diligence wie auch des Garantiekatalogs wird dabei regelmäßig in dem Recht am geistigen Eigentum liegen.

d) Verwässerungsschutzrechte

1807 Aufgrund der Bewertungsschwierigkeiten von jungen innovativen Unternehmen enthalten Beteiligungsverträge standardmäßig Verwässerungsschutzrechte zu Gunsten des Investors.[1218] Diese gewähren dem Investor das Recht, weitere Anteile am Startup zum Nominalbetrag und ohne eine weitere Zuzahlung in

---

1216) *Inhester*, in: Jesch/Striegel/Boxberger, Private Equity, S. 230, 239.
1217) *Inhester*, in: Jesch/Striegel/Boxberger, Private Equity, S. 230, 235.
1218) Zu den Bewertungsschwierigkeiten vgl. *Weitnauer*, Handbuch Venture Capital, Rn. H 74 ff.

die sonstige Kapitalrücklage gem. § 272 Abs. 2 Nr. 4 HGB zu übernehmen, wenn im Rahmen einer Folge-Finanzierungsrunde ein neuer Investor Anteile auf Basis einer niedrigeren Unternehmensbewertung als derjenigen in der vorangegangenen Finanzierungsrunde übernimmt. Insofern gewähren Verwässerungsschutzrechte dem Investor nicht den Erhalt seiner Anteilsquote an der Gesellschaft,[1219] sondern den Schutz vor einem Wertverlust seiner bereits erworbenen Beteiligung an der Gesellschaft. Die konkrete Anzahl der Ausgleichsanteile hängt dabei von der vertraglich festgelegten Berechnungsmethode ab.[1220]

e) Informations- und Kontrollrechte

Im Rahmen der Gesellschaftervereinbarung beabsichtigt der Investor seine gesetzlichen Verwaltungsrechte aus der Minderheitsbeteiligung um umfangreiche Informations- und Kontrollrechte zu erweitern. Der Investor lässt sich regelmäßig Quartals- und Jahresabschlüsse sowie sonstige geschäftsrelevante Kennzahlen vorlegen und sich Einsichtsrechte einräumen. Zugleich wird er sich selbst – oder nach Einrichtung eines Aufsichtsgremiums (meist einem Beirat) diesem – Zustimmungsvorbehalte für Strukturmaßnahmen oder Maßnahmen der Geschäftsführung, welche über den gewöhnlichen Geschäftsbetrieb der Gesellschaft hinaus gehen, in der Gesellschaftervereinbarung einräumen lassen.

1808

f) Exit-bezogene Regelungen

Wirtschaftliches Kernelement der Gesellschaftervereinbarung ist die Klausel zur Erlösverteilung. In diesen sog. „Liquidation Preferences" wird auf schuldrechtlicher Basis verbindlich festgelegt, wie der Erlös in Folge eines Exits unter den Gesellschaftern zu verteilen ist. Hierdurch vermag sich der Venture Capital Investor sein Gesamtinvestment (oder ein Vielfaches hiervon) vorrangig gegenüber allen anderen Gesellschaftern auszahlen lassen, da eine ansonsten vorzunehmende pro-rata Verteilung der Exit-Erlöse entsprechend der Anteilsverhältnisse an der Gesellschaft abbedungen wird. Je nachdem, ob der auf einer vorrangigen Stufe begünstigte Investor auf der letzten Stufe der pro-rata Verteilung erneut an der Erlösverteilung teilnehmen darf, handelt es sich entweder um eine sog. „participating" oder um eine sog. „non-participating" Erlösverteilungspräferenz. Einschränkend zu diesem Begriffspaar ist jedoch festzuhalten, dass sich in der Praxis grundsätzlich keine strenge „non-participating" Erlösverteilungspräferenz findet. Vielmehr wird hierunter entweder eine Anrechnung der auf einer vorrangigen Stufe erzielten Exit-Erlöse bei der stets nachrangigen pro-rata Verteilung der restlichen Exit-Erlöse unter

1809

1219) Der Erhalt der Beteiligungsquote an der Gesellschaft wird bereits durch das gesetzliche Bezugsrecht gemäß/analog § 186 AktG abgesichert.
1220) Zu den einzelnen Berechnungsmethoden vgl. *Einem/Schmid/Meyer*, BB 2004, 2702 ff.

allen Gesellschaftern (sog. „Catch-up") oder der Wegfall sämtlicher Vorzugsrechte ab Erzielung einer gewissen Mindestsumme verstanden.

1810 Abgesichert wird die Erlösverteilungspräferenz durch eine Vielzahl an Regelungen, welche jeweils an der Veräußerung von Anteilen an der Gesellschaft anknüpfen. Ausgangspunkt hierfür ist eine dingliche Vinkulierung in der Satzung, aufgrund derer kein Gesellschafter über Anteile an der Gesellschaft – ohne einen üblicherweise vorher zu fassenden zustimmenden Gesellschafterbeschluss – rechtswirksam verfügen kann. Aufbauend hierauf verpflichten sich sämtliche Gesellschafter im Wege von Stimmbindungsvereinbarungen einen solchen zustimmenden Gesellschafterbeschluss nur dann zu fassen, wenn schuldrechtlich vereinbarte Andienungspflichten respektive Vorerwerbsrechte innerhalb des Gesellschafterkreises sowie Mitveräußerungspflichten („Drag-Along") und Mitverkaufsrechte („Tag Along") eingehalten wurden. Vervollständigt wird dieser Schutzmechanismus durch die Vereinbarung von Vorkaufsrechten gem. §§ 463 ff. BGB.

g) Gründer/Management

1811 Für den wirtschaftlichen Erfolg des Startups ist es von elementarer Bedeutung, die Gründer, welche in der Regel zugleich geschäftsführende Gesellschafter sind, langfristig an das Startup zu binden und diese entsprechend zu incentivieren.

1812 Dies wird in erster Linie durch ein sog. „Vesting" ihrer Beteiligung erreicht. Hierbei verpflichten sich die Gründer, ihre Anteile an dem Startup im Falle einer Beendigung ihrer Tätigkeit für das Startup an die Gesellschaft oder die übrigen Gesellschafter zu übertragen. Die Anzahl und der Gegenwert für die zu übertragenden Anteile bestimmt sich dabei regelmäßig anhand des Grundes der Beendigung ihrer Tätigkeit (sog. „Bad Leaver" oder „Good Leaver"). Neben dieser Verknüpfung der Gesellschafterstellung und der Tätigkeit für das Startup unterliegen die Gründer weiter einem – in der Regel auch nachvertraglichen – Wettbewerbsverbot, durch welches sie gehindert sind, ihr spezifisches Know-how in geschäftsschädigender Weise zu nutzen.

1813 Eine zusätzliche Incentivierung der Gründer wie auch sonstiger für den wirtschaftlichen Erfolg des Startups maßgeblicher Personen wird durch deren wirtschaftliche Teilhabe an der Steigerung des Unternehmenswerts mittels (weiterer) realer oder virtueller Beteiligung an der Gesellschaft erzielt. Die konkrete Ausgestaltung solcher (realen oder virtuellen) Mitarbeiterbeteiligungsprogramme ist zumeist steuergetrieben.

h) Sonstiges

aa) Laufzeit

1814 Da es sich bei der Beteiligungs- und Gesellschaftervereinbarung um eine (Innen-)Gesellschaft bürgerlichen Rechts handelt, ist zum Ausschluss des ordentlichen Kündigungsrechts gem. § 723 Abs. 1 S. 1 BGB eine feste Laufzeit von ca. 10 bis 15 Jahren zu vereinbaren.

bb) Form

Die in Bezug auf eine GmbH abgeschlossene Gesellschafter- und Beteiligungsvereinbarung ist notariell zu beurkunden, sofern deren inhaltliche Regelungen eine schuldrechtliche Verpflichtung zur Abtretung oder zum Erwerb von GmbH-Geschäftsanteilen beinhalten; § 15 Abs. 4 S. 1 GmbHG. Eine solche kann u. a. durch das oben dargestellte Vesting oder die Mitveräußerungspflichten begründet werden. Eine Änderung oder Ergänzung einer beurkundeten Gesellschafter- und Beteiligungsvereinbarung ist gleichfalls beurkundungspflichtig.[1221]

1815

XXI. Beteiligung des Managements[1222]

Das Management der zu verkaufenden Zielgesellschaft ist unter normalen Umständen keine Partei des Verkaufsprozesses im rechtlichen Sinne (Ausnahme: Eigenkapitalbeteiligung an der Zielgesellschaft oder Management Buy-in). Ihm kommt jedoch eine wesentliche Bedeutung für den Verkaufsprozess zu, da es ihn indirekt prägt und erheblich beeinflussen kann, z. B. im Rahmen der Durchführung der Due Diligence und der Abgabe von Garantien. Verweigert das Management die Mitwirkung im Verkaufsprozess, kann ein Verkauf daran sogar scheitern. Den Belangen des Managements ist daher im Verkaufsprozess besonders Rechnung zu tragen.

1816

Im Falle eines Erwerbs durch einen Finanzinvestor steigt die Bedeutung des Managements sogar noch, da der Finanzinvestor mangels eigenen operativen Personals für die Führung des Unternehmens auf das Management angewiesen ist (im Gegensatz zu einem strategischen Erwerber). In diesem Fall bietet der Finanzinvestor dem Management häufig die Möglichkeit, sich ebenfalls an dem eigenen Unternehmen zu beteiligen.

1817

1. Rechte und Pflichten des Managements der Zielgesellschaft[1223]

Eine unmittelbare vertragliche Bindung des Managements besteht über den Dienstvertrag nur zur Zielgesellschaft, nicht aber zu den Gesellschaftern als Verkäufern. Die vertragliche Bindung wird ergänzt durch organschaftliche Rechte und Pflichten z. B. als Geschäftsführer und Vorstand. Aus diesem Vertragsverhältnis ergeben sich in aller Regel zumindest über die Treuepflicht

1818

1221) Saenger/Inhester/*Pfisterer*, GmbHG, § 15 Rn. 38.
1222) Vgl. auch *Hohaus/Koch-Schulte*, in: Festschrift zum zehnjährigen Bestehen von P+P Pöllath + Partners, 2008, S. 93; Hohaus, in: Jesch/Striegel/Boxberger, Private Equity, S. 207; *Mackensen*, in: Eilers/Koffka/Mackensen, Private Equity, Kap. VI.
1223) Vgl. allgemein zu den Pflichten des Managements im Rahmen von M&A Transaktionen *Sailer-Coceani*, Board 2012, 135.

eine Verpflichtung zur Verschwiegenheit, eine Verpflichtung zur Respektierung der Interessen der Gesellschaft sowie ein Wettbewerbsverbot.

a) Verschwiegenheitspflicht und Due Diligence

1819   Der Umfang der Verschwiegenheitspflicht richtet sich nach § 93 Abs. 1 S. 2 AktG (auch bei der GmbH). Geheimhaltungsbedürftig sind Tatsachen, die nicht offenkundig sind und nach geäußertem oder aus Gesellschafsinteresse ableitbarem, mutmaßlichen Willen der Gesellschaft auch nicht offenkundig werden sollen, sofern ein objektives Geheimhaltungsbedürfnis besteht. Eine Herausgabe von Informationen an einen Dritten durch das Management in einer Due Diligence ist davon in der Regel nicht gedeckt.

1820   Allerdings erfolgt die Durchführung der Due Diligence nicht im Gesellschaftsinteresse, sondern im Interesse der Gesellschafter als Verkäufer. Dementsprechend geht die überwiegende Meinung in der Literatur davon aus, dass die Herausgabe von Informationen im Rahmen der Due Diligence über das Auskunfts- und Einsichtsrecht des Gesellschafters gem. § 51a GmbHG rechtlich abgesichert werden kann.[1224] § 51a Abs. 2 GmbHG, der eine Weitergabe von Informationen zu gesellschaftsfremden Zwecken und damit an Dritte eigentlich ausschließt, soll auf den Unternehmensverkauf keine Anwendung finden.

1821   Dennoch wird davon ausgegangen, dass die Durchführung einer Due Diligence und die Weitergabe der Informationen an einen kaufinteressierten Dritten eine über den gewöhnlichen Geschäftsbetrieb der Zielgesellschaft hinausgehende Maßnahme darstellt. Dementsprechend ist ein Gesellschafterbeschluss darüber einzuholen. Der verkaufswillige Gesellschafter soll dabei von der Abstimmung ausgeschlossen sein (§ 47 Abs. 4 GmbHG). Die erforderliche Mehrheit ist umstritten, ohne dass sich insofern eine herrschende Meinung ausmachen lässt. Dementsprechend sollte immer versucht werden, den Beschluss mit möglichst großer Mehrheit zu fassen.

1822   Die Durchführung der Due Diligence liegt dann wieder in den Händen der Geschäftsführung. Der Gesellschafterbeschluss wird hierzu regelmäßig nur Richtlinien enthalten. Faktisch verfügt das Management damit über einen verhältnismäßig großen Ermessensspielraum bei der Beantwortung von Fragen und Auskunftsbegehren. Die Ausübung dieses Spielraums muss aber immer an den Interessen der Gesellschaft gemessen werden. In der Praxis kann es hier durchaus zu Konflikten zwischen Verkäufer und Management kommen.

b) Wettbewerbsverbot

1823   Soll das Management die Geschäftsleitung der Erwerbergesellschaft übernehmen, was bei Private Equity-Transaktionen sehr häufig der Fall ist, dann

---

1224) Vgl. allgemein hierzu *Goette*, DStR 2014, 1776.

kann dies zu einem Konflikt mit dem Wettbewerbsverbot aus dem Dienst- oder Organverhältnis zur Zielgesellschaft führen. Da die Erwerbergesellschaft vor Vollzug der Transaktion keine operativen Aufgaben der Zielgesellschaft wahrnimmt, liegt in der Durchführung vorbereitender Handlungen durch das Management regelmäßig noch kein Verstoß gegen das Wettbewerbsverbot vor.

Erst wenn die Tätigkeit aufgrund des zeitlichen Aufwands die Geschäftsleitung der Zielgesellschaft beeinträchtigt, sollte das Management sich durch einen Gesellschafterbeschluss oder die Zustimmung des Aufsichtsrats absichern. **1824**

c) Nutzung von Geschäftschancen

Aus der allgemeinen Treuepflicht des Geschäftsführers erwächst die Pflicht, Geschäftschancen der Gesellschaft nicht für eigene Zwecke zu nutzen. Dieses Gebot kollidiert grundsätzlich nicht mit den Tätigkeiten im Rahmen eines Unternehmensverkaufs. Unzulässig wäre es lediglich, wenn die Wahrnehmung von Geschäftschancen der Gesellschaft auf die Zeit nach dem Erwerb durch den Käufer verschoben wird. **1825**

d) Informationspflichten des Managements – Garantien

Wie unter Rn. 1819 ff. dargestellt, unterliegt das Management einer unmittelbaren Informationspflicht über das Unternehmen und die Details des eigenen Dienstverhältnisses nur gegenüber dem Gesellschafter, also dem Verkäufer. Dennoch erwarten Verkäufer und Käufer im Rahmen eines Unternehmensverkaufs häufig, dass das Management gegenüber dem Käufer selbständige Garantien im Hinblick auf das operative Geschäft und den Businessplan abgibt (sog. Director's Certificate oder Warranty Deed). Dem kann sich jedenfalls das Topmanagement praktisch kaum entziehen, da es anderenfalls das Gelingen der Transaktion und in der Regel auch das eigene Arbeitsverhältnis gefährdet. Letztlich ist allein das Management in der Lage, qualifiziert zum Stand des operativen Geschäfts Auskunft zu geben. **1826**

Solche Garantien sollten – aus Managementsicht – sich immer nur auf das erstrecken, was das Management positiv wissen kann (nicht „wissen könnte"). Gegenstand der Garantien sind Zusicherungen, **1827**

- dass alle Informationen offen gelegt wurden und werden und kein Anlass zu Zweifeln an Annahmen des Business Plan und Erreichbarkeit seiner Ziele bestehen;

- dass keine Vorteile durch den Verkäufer im Zusammenhang mit dem Verkauf gewährt wurden; und

- dass im Hinblick auf die Käufer Due Diligence Berichte keine Kenntnisse vorliegen, die die in den Berichten dargestellten Informationen als unrichtig oder unvollständig erscheinen lassen.

- Außerdem sollten Garantien zeitlich (z. B. maximal 12 Monate) und der Höhe nach beschränkt sein, da das Management aus der Abgabe der Garantien ja keinen wirtschaftlichen Vorteil zieht.

1828 Über die Abgabe der Garantien hinaus sollte es das Management im Verkaufsprozess vermeiden, in besonderem Maße Vertrauen für sich in Anspruch zu nehmen. Hat es ein eigenes persönliches Interesse am Zustandekommen der Transaktion, z. B. weil es selbst Anteile mitveräußert, kann es eine persönliche Haftung gegenüber dem Erwerber aus sog. culpa in contrahendo treffen (§ 311 Abs. 3 i. V. m. § 241 Abs. 2 BGB).

e) Fazit: Neutralitätsgebot für das Management im Unternehmenskauf

1829 Zusammenfassend ist festzustellen, dass sich das Management im Rahmen eines Unternehmensverkaufs im eigenen Interesse möglichst neutral verhalten sollte. Rechts- und Treuepflichten binden es vorrangig an das Unternehmensinteresse der Zielgesellschaft. Eigene Aktivitäten sollte das Management in diesem Zusammenhang nur mit Zustimmung des Gesellschafters vornehmen. Insofern steht insbesondere die Geschäftsführung in einem Spannungsverhältnis zwischen Gesellschafter, Zielgesellschaft und Käufer.

2. Management Incentives[1225]

1830 Weil das Management im Verkaufsprozess eine so wichtige Rolle spielen kann, gleichzeitig aber keinen unmittelbaren eigenen Nutzen davon hat, jedenfalls wenn es an der Zielgesellschaft nicht beteiligt ist, versuchen Käufer und Verkäufer nicht selten, das Management bereits im Vorfeld eines Unternehmenskaufs im jeweils eigenen Interesse zu beeinflussen. Dabei hat der Verkäufer einen nicht nur zeitlichen Vorteil.

a) Zielrichtung des Incentives

1831 Die Ausgestaltung der jeweiligen Incentives hängt von der Interessenlage der gewährenden Partei ab. Insofern besteht zwischen Verkäufer und Käufer naturgemäß ein Interessenkonflikt.

aa) Verkäufer

1832 Der Verkäufer hat vor allem ein Interesse daran, dass das Management im Verkaufsprozess kooperiert und er einen möglichst hohen Kaufpreis realisieren kann. Ein Exitprozess ist für das Management mit erheblichen zusätzlichen Aufgaben, insbesondere bei der Durchführung einer Due Diligence oder von Managementpräsentationen, verbunden. Um die Zielgesellschaft optimal gegenüber dem Kaufinteressenten zu präsentieren und einen möglichst hohen Kaufpreis zu erzielen, hilft es daher dem Verkäufer, wenn das Management

---

1225) Vgl. auch *Hohaus/Weber*, in: Beck'sches Mandatshandbuch Vorstand der AG, S. 437.

ein eigenes Interesse an der Realisierung eines möglichst hohen Kaufpreises hat (Auflösung des sog. „Principal-Agent-Conflict").

Außerdem wird der Wert des Unternehmens, gerade bei einem Verkauf an einen Finanzinvestor, der kein eigenes Management mitbringt, wesentlich vom Verbleib des Managements im Unternehmen mitbestimmt. Die möglichst lange Bindung des Managements an das Unternehmen, auch nach dem Übergang an den Käufer, kann daher ebenfalls im Interesse des Verkäufers sein. 1833

Verkäuferincentives sind dementsprechend auf das Zustandekommen der Transaktion gerichtet und in der Regel kaufpreisabhängig ausgestaltet. Des Weiteren können Sie an einen bestimmten Mindestverbleib im Unternehmen auch nach Verkauf geknüpft sein. 1834

bb) Käufer

Der Käufer hat ebenfalls ein Interesse daran, das Management an das Unternehmen zu binden. Vor allem aber ist sein Interesse darauf gerichtet, den Wert des Unternehmens zu steigern (Shareholder Value-Ansatz). Die Steigerung des Unternehmenswertes, genauer die Steigerung des Eigenkapitalwertes (Equity Value), ist vor allem ein Ziel für Private Equity-Investoren, die ein erworbenes Unternehmen vier bis sechs Jahre nach dem Erwerb gewinnbringend veräußern wollen. 1835

Dementsprechend sind Käuferincentives in der Regel darauf gerichtet, das Management auf die Steigerung des Unternehmenswertes zu einem bestimmten Zeitpunkt, insbesondere einen Verkauf, zu motivieren. Das Incentive entfällt oder wird nur reduziert gezahlt, wenn der Manager vor dem incentiverelevanten Ereignis aus dem Unternehmen ausscheidet. 1836

cc) Zielgesellschaft

Incentives der Zielgesellschaft sind regelmäßig auf operative Ziele gerichtet und damit nicht spezifisch auf einen Unternehmensverkauf ausgerichtet. Dies kann z. B. die Steigerung des EBITDA sein oder auch das Erreichen anderer Ziele, wie z. B. die Erschließung eines neuen Marktes. Nicht geeignet sind in der Regel Incentives, die keine Ertragsrelevanz haben, wie z. B. die Steigerung des Umsatzes. Ein Umsatzincentive ist dementsprechend auch steuerlich nicht als Betriebsausgabe abzugsfähig. 1837

Für Aktiengesellschaften regelt der Corporate Governance Codex mittlerweile Prinzipien für die Incentivierung des Managements, deren Einhaltung über § 161 AktG im Anhang zum Jahresabschluss zu dokumentieren ist.[1226] 1838

[1226] Zur Zulässigkeit der sog. Drittvergütung bei Aktiengesellschaften siehe zuletzt *Hövermann/Bertog*, Der Aufsichtsrat 2012, S. 174.

b) Art des Incentives

1839 Klassische Management Incentives sind Boni und Tantiemen. Deren Ausgestaltung ist weitgehend flexibel und kann gemäß der oben beschriebenen Zielsetzungen der jeweils auslobenden Partei ausgestaltet werden. Dabei kann die Zahlung des Bonus' je nach Zielsetzung sowohl durch die Zielgesellschaft (häufigster Fall) als auch durch den Gesellschafter der Zielgesellschaft erfolgen.

aa) Virtuelle Beteiligungen, Phantom Shares

1840 Wird ein Bonus allein in Abhängigkeit von der Höhe der realisierten Dividenden und Exiterlöse gezahlt, spricht man von einer virtuellen Beteiligung (Als-ob-Beteiligung, Phantom Shares). Eine solche Beteiligung kann sowohl von der Gesellschaft als auch vom Gesellschafter ausgelobt werden.

bb) Aktienoptionen

1841 Vor allem im Bereich von Venture Capital und bei börsennotierten Gesellschaften werden (Aktien-)Optionsprogramme aufgesetzt. Ihre Grundvorteile sind der niedrige Mitteleinsatz des Mitarbeiters (niedriger Optionswert, großer „Hebel") und die Anknüpfung unmittelbar an den für den Anleger interessanten Faktor, den Unternehmens- oder Anteilswert. Dabei können in Abhängigkeit von Erfolgskriterien und/oder Zeitkriterien *(Vesting)* Optionen erworben werden, die wiederum zum Erwerb von Aktien zu einem vorher festgelegten Basispreis berechtigen. Bei der AG kann für solche Zwecke bedingtes Kapital (§ 193 Abs. 1 Nr. 4 AktG) geschaffen werden. Durch das VorstAG ist die notwendige Mindestausübungsfrist zwischenzeitlich von zwei auf vier Jahre erhöht worden. Der Corporate Governance-Kodex regelt weitere Vorgaben, insbesondere für Aktienoptionsprogramme, wie z. B. die Unzulässigkeit eines sog. Repricings, d. h. die nachträgliche Anpassung des Basispreises der Option, um die Ausübbarkeit der Option sicherzustellen. Die Einhaltung dieser Vorgaben ist zwar gesetzlich nicht zwingend, eine Abweichung davon erfordert jedoch mittlerweile in der Öffentlichkeit, z. B. in der Hauptversammlung, eine Rechtfertigung.

cc) Fremdkapitalinstrumente

1842 Fremdkapitalinstrumente, wie z. B. Genussrechte,[1227] stille Beteiligungen, partiarische Darlehen u. Ä. sind häufige Instrumente der (breit im Unternehmen angelegten) Mitarbeiterbeteiligung, spielen jedoch bei der exit-bezogenen Incentivierung des Managements zumeist keine Rolle. Sie haben gegenüber reinen Bonusmodellen oder echten Eigenkapitalbeteiligungen (dazu unten Rn. 1848 ff.) keine wesentlichen Vorteile. Außerdem werden sie bei attraktiver

---

[1227] Hierzu allgemein *von Holtum*, GmbH-StB 2013, 220.

wirtschaftlicher Ausgestaltung häufig steuerlich nicht anerkannt, so dass es zu einer vergleichbaren steuerlichen Behandlung wie bei Bonuszahlungen kommt (siehe unten Rn. 1855 f.).

c) Besteuerung und Bilanzierung

Boni und Tantiemen jeder Art und Ausgestaltung sind beim Manager als Einnahme aus nichtselbständiger Tätigkeit voll steuerpflichtig (derzeit effektiv ca. 48 % Steuerbelastung unter Berücksichtigung von Solidaritätszuschlag und Kirchensteuer). Dementsprechend hat die jeweilige Arbeitgebergesellschaft Lohnsteuer auf diese Zahlungen einzubehalten. Dies gilt auch, wenn die Bonuszahlungen z. B. vom Gesellschafter gezahlt werden (sog. Drittvergütung). In diesem Fall muss die Arbeitgebergesellschaft die erforderliche Lohnsteuer vom Mitarbeiter anfordern, da in der Regel die laufenden Gehaltszahlungen die fälligen Lohnsteuerbeträge nicht abdecken. Kommt der Mitarbeiter dieser Forderung nicht nach oder besteht kein Arbeitsverhältnis mehr, kann sich der Arbeitgeber durch Erklärung gegenüber dem Finanzamt von der Lohnsteuerhaftung befreien (§ 42d Abs. 2 i. V. m. §§ 38 Abs. 4, 41c Abs. 4 EStG). 1843

Die Arbeitgebergesellschaft kann entsprechende Zahlungen an das Management in der Regel als Personalaufwand und damit Betriebsausgabe steuerlich wirksam abziehen, es sei denn, die entsprechende Bonuszahlung erfolgte nicht (auch) im Interesse der Gesellschaft (dann ggf. vGA). Da es sich um bedingte Zahlungsverpflichtungen handelt, werden Rückstellungen für solche Boni, selbst wenn sie handelsbilanziell möglich sind, steuerlich in der Regel nicht anerkannt. 1844

Aktienoptionen führen bei Ausübung zur Steuerpflicht auf den geldwerten Vorteil, der sich aus der Differenz zwischen zu zahlendem Basispreis und dem dann gegebenen Verkehrswert (z. B. Börsenkurs) ergibt.[1228] 1845

Von der anteilswertabhängigen Tantieme (Phantom Shares) unterscheidet die Option dann nur der Effekt, dass Personalaufwand außerhalb der GuV des Unternehmens (Gesellschaft) direkt zulasten des Aktionärs (Gesellschafters) geht, ohne steuerlichen Abzug beim Unternehmen, demnach „doppelt" teuer. 1846

Bei der Bilanzierung nach US-GAAP oder IAS/IFRS besteht zwar die Möglichkeit, Incentives als Aufwand abzuziehen, aber nicht mit zuverlässigem Erfolg und jedenfalls ohne steuerliche Abzugswirkung. Insofern erinnert die Popularität von Optionsprogrammen an die frühere von Optionsanleihen (mit ihrer Hinausverlagerung von Zinsaufwand aus der GuV direkt ins Kapital und damit auf den Gesellschafter). 1847

1228) Zum Halten einer Aktienoption über eine GmbH BFH DStR 2013, 245, *Koch-Schulte*, http://blog.handelsblatt.com/steuerboard/2013/04/03/neue-gestaltungsmoglichkeit-bei-arbeitnehmer-aktienoptionen/.

3. Managementeigenkapitalbeteiligungen

1848 In aller Regel wird bei einem Management Buyout die Erwerbergruppe eine GmbH gründen, die dann ihrerseits als Käufer auftritt. Häufig sind an einer solchen GmbH auch außenstehende Kapitalgeber wie Private Equity-Fonds, Investoren-Pools und dergleichen beteiligt. Gerade Private Equity-Fonds bieten dabei dem Management häufig die Möglichkeit, sich an der Erwerbergesellschaft des Fonds zu beteiligen und Anteile zu erwerben.

1849 Mit dem Erwerb einer Eigenkapitalbeteiligung tätigt der jeweilige Manager ein substantielles Investment, das voll im unternehmerischen Risiko steht. Manager, die von der Beteiligungsmöglichkeit Gebrauch machen (es besteht keine Verpflichtung hierzu) werden als Minderheitsgesellschafter Co-Investoren des oder der Mehrheitsgesellschafter.

a) Struktur

1850 Private Equity-Fonds finanzieren ihre Erwerbervehikel in der Regel durch einen Mix aus Gesellschafterdarlehen (oder Vorzugskapital) und echtem Eigenkapital. Über die Vorrangigkeit und feste Verzinsung der Gesellschafterdarlehen wird eine Mindestrendite des eingesetzten Kapitals angestrebt. Das echte Eigenkapital ist nachrangig und steht dementsprechend höher im Risiko. Es vermittelt im Falle eines Verkaufs dann aber auch die Beteiligung an einer Steigerung der stillen Reserven und des Unternehmenswertes.

1851 Da dem Management im Regelfall nicht ausreichend Mittel zur Verfügung stehen, um im gleichen Verhältnis wie der Finanzinvestor Gesellschafterdarlehen und Eigenkapital zu zeichnen, erwirbt er in der Regel proportional einen höheren Anteil am Eigenkapital. Dadurch entsteht für das Management ein Hebel (Leverage), der im Erfolgsfall zu einer, ausgehend vom Kapitaleinsatz, höheren Beteiligung an den Verkaufserlösen führt. Gleichzeitig steigt aber auch die Risikobeteiligung, da im Verkaufsfall zunächst die Gesellschafterdarlehen einschließlich aufgelaufener Zinsen bedient werden müssen. Gesellschaftsrechtlich und steuerlich ist eine solche Gestaltung nach dem Grundsatz der Finanzierungsfreiheit des Gesellschafters zulässig.

1852 Der Erwerb der Beteiligung erfolgt in engem zeitlichen Zusammenhang mit dem Einstieg des Mehrheitsgesellschafters und zu demselben Wert (Verkehrswert) entweder durch Kauf oder durch Teilnahme an einer Kapitalerhöhung.

1853 Erwerben mehrere Manager als Minderheitsgesellschafter Beteiligungen, halten diese ihre Beteiligung in der Regel über ein Poolvehikel, z. B. eine GmbH & Co. KG, oder einen Treuhänder,[1229] um die Verwaltung der Beteiligung und die Ausübung der Gesellschafterrechte zu vereinfachen.

1229) Zur Treuhandlösung siehe *Hohaus*, DB 2002, 1233; jüngst BFH DStR 2014, 1868; generell *Heckschen/Glombik*, GmbHR 2013, 1009, 1016.

b) Wesentliche Vertragsbestandteile der Gesellschaftervereinbarung[1230]

- Das Rechtsverhältnis zwischen Mehrheitsgesellschaftern und Managementinvestoren als Minderheitsgesellschaftern wird durch eine Gesellschaftervereinbarung geregelt. Diese enthält regelmäßig folgende Punkte:

1854

- Darstellung der Kapitalstruktur der Beteiligungsgesellschaft;

- Beschreibung und Umfang, sowie Erwerb der Beteiligung (Kauf oder über Kapitalerhöhung);

- Erlös- und Kostenbeteiligung (Wasserfall);

- Regeln zur Ausübung von Stimmrechten, Informationsrechten, Beteiligung an Kapitalmaßnahmen (Verwässerungsschutz);

- Verfügungsbeschränkungen oder Vorkaufsrechte: Definition zulässiger Verfügungen (z. B. an Familienmitglieder) oder nur mit Zustimmung des Mehrheitsgesellschafters;

- Rechte und Pflichten der Gesellschafter bei Durchführung eines Exits, sei es im Wege eines Trade oder Asset Sales oder eines Börsengangs (IPO).[1231] Dabei liegt die Entscheidung über einen Exit regelmäßig im Ermessen des Mehrheitsgesellschafters. Seitens der Minderheitsgesellschafter sind Kooperationspflichten vorgesehen. So kann der Mehrheitsgesellschafter die Minderheitsgesellschafter in der Regel zum Mitverkauf ihrer Anteile zu denselben Bedingungen verpflichten, wenn er eine Mehrheit der Anteile verkauft (Drag-along right). Gleichzeitig sind die Minderheitsgesellschafter berechtigt, ihre Anteile mitzuverkaufen, wenn der Mehrheitsgesellschafter einen Change of Control-Verkauf ohne sie durchführen will (Tag-along right). Bei IPO werden Umtausch- und Umplatzierungsrechte sowie Lock-up-Verpflichtungen vorgesehen.

- Leaver Scheme: Ankaufsrechte des Mehrheitsgesellschafters oder einer von ihm benannten Partei (Call-Option) unter bestimmten, genau definierten Voraussetzungen (Leaver Event), z. B. bei Beendigung des Arbeitsverhältnisses, Tod, Berufsunfähigkeit, wesentlichem Vertragsverstoß, Insolvenz etc.; zum Teil auch Verkaufsrechte der Minderheitsgesellschafter in bestimmten Fällen (Put-Option). Je nach Leaver Event sind zum Teil unterschiedliche Kaufpreise denkbar.

[1230] Vgl. auch von Werder/Li, BB 2013, 1736.
[1231] Zu IPOs von Portfoliogesellschaften in Private Equity Hand Schulz, Corporate Finance Law 2013, 57.

c) Besteuerung[1232]

1855 Erfolgt der Erwerb einer Beteiligung unter dem Verkehrswert zum Zeitpunkt der bindenden vertraglichen Einigung,[1233] so wird der beim erwerbenden Manager entstehende geldwerte Vorteil als durch das Arbeitsverhältnis veranlasst angesehen. Er unterliegt dementsprechend bei der Arbeitgebergesellschaft der Lohnsteuer und beim Manager der Besteuerung mit dem individuellen Einkommensteuersatz.

1856 Erlöse aus Eigenkapitalbeteiligungen im Privatvermögen unterliegen beim Gesellschafter (jedenfalls bei einer Beteiligung von unter 1 %) der sog. Abgeltungsteuer von 25 % (zzgl. Kirchensteuer und Solidaritätszuschlag, effektiv ca. 28 % maximal). Dies gilt sowohl für Dividenden als auch für Veräußerungsgewinne. Werbungskosten, d. h. insbesondere Finanzierungsaufwendungen, können nicht abgezogen werden (Ausn.: Option nach § 32d Abs. 2 Nr. 3 EStG). Veräußerungsgewinne aus einer Beteiligung von 1 % oder mehr werden mit dem sog. Teileinkünfteverfahren besteuert, d. h. 60 % des Gewinns unterliegen dem individuellen Einkommensteuersatz des Gesellschafters (effektiv ergibt sich daraus eine Maximalbelastung von ca. 30 % des Gewinns). Veräußerungskosten und Anschaffungsnebenkosten können in allen Fällen abgezogen werden.

aa) Wirtschaftliches Eigentum

1857 Voraussetzung für die Besteuerung als Kapitaleinkommen ist jedoch in jedem Fall der Erwerb des wirtschaftlichen Eigentums an den Anteilen (§ 39 AO).[1234] Der zivilrechtliche Eigentümer ist regelmäßig auch der wirtschaftliche Eigentümer. Ist der Manager jedoch nicht unmittelbar an der Gesellschaft beteiligt, sondern über einen Treuhänder oder ein (steuerlich transparentes) Poolvehikel,[1235] so muss er jedenfalls wirtschaftliches Eigentum an den Anteilen haben. Das ist der Fall, wenn er in Bezug auf die Verwaltungs- und Stimmrechte und die Vermögensrechte aus den Anteilen einem direkten Gesellschafter im Wesentlichen gleichsteht.

1858 Dementsprechend sind vertragliche Regelungen, welche das Stimmrecht ausschließen oder wesentlich einschränken, oder die Gewinn- und Verlustbeteiligung umgestalten, insbesondere das Verlustrisiko einschränken, steuerlich

---

1232) Allg. hierzu auch *Geserich*, DStR Beihefter 2014, S. 55; *Jehlin/Kaufhold*, DStR Beihefter 2014, S. 49; *Marquart*, FR 2013, 980; bzgl. vinkulierter GmbH-Geschäftsanteile *Heurung/Hilbert/Engel*, GmbHR 2013, 184, *Koch-Schulte*, http://blog.handelsblatt.com/steuerboard/2013/09/18/die-abschaffung-der-vinkulierten-minderheitsbeteiligung-im-steuerrecht/.
1233) Vgl. BFH DStR 2014, 1328.
1234) Vgl. allgemein zuletzt *Käshammer/Ramirez*, DStR 2014, 1419; BFH BFH/NV 2014, 415.
1235) Vgl. BFH BFH NV 2014, 291. Zuletzt ausführlich FG Köln, GmbH-StB 2015, 295, anhängig BFH unter IX R 43/15. Dazu *Koch-Schulte*, Der Betrieb 2015, 2166.

riskant. Schuldrechtliche Verfügungsbeschränkungen sind dagegen in der Regel unschädlich.

Erwirbt der Manager nach Würdigung des Sachverhalts durch das Finanzamt kein wirtschaftliches Eigentum an den Anteilen, werden sämtliche Erlöse als voll steuerpflichtiges Arbeitseinkommen besteuert. 1859

bb) Konkurrenz zwischen Kapitalüberlassung und Arbeitsverhältnis[1236]

Aber auch dann, wenn das wirtschaftliche Eigentum bejaht wird, kann es noch zu einer Vollbesteuerung der Managementbeteiligung kommen. Zwar ist es nach ständiger Rechtsprechung des BFH anerkannt, dass ein Arbeitnehmer neben seinem Arbeitsverhältnis ein „Sonderrechtsverhältnis" zu seinem Arbeitgeber eingehen kann, d. h. neben Arbeitseinkommen auch Kapitaleinkünfte aus einer Beteiligung an seinem Arbeitgeber realisieren kann. Überlagert das Arbeitsverhältnis jedoch die Kapitalüberlassung dergestalt, dass die Kapitalbeteiligung als vorrangig durch das Arbeitsverhältnis veranlasst anzusehen ist, können Kapitaleinkünfte zu Arbeitseinkünften „umqualifiziert" werden.[1237] 1860

Dabei führt die Rechtsprechung eine Gesamtschau des Sachverhalts durch,[1238] d. h. ermittelt am Einzelfall, ob die Voraussetzungen für eine solche Umqualifizierung gegeben sind. Nicht ausreichend soll es danach sein,[1239] dass 1861

- die Beteiligung nur von Mitarbeitern eines Unternehmens erworben werden können (nicht auch von fremden Dritten),

- die Beteiligung nicht frei an Dritte übertragen werden kann, und

- die Beteiligung bei Beendigung des Arbeitsverhältnisses zurückübertragen werden muss.

cc) Praktische Erfahrungen

- Obwohl die Rechtsprechung in den letzten Jahren einige klarstellende Entscheidungen getroffen hat, bestehen in der Praxis erhebliche Interpretationsspielräume bei der Besteuerung von Managementbeteiligungen. Diese Spielräume nutzt die Finanzverwaltung in den letzten Jahren zunehmend zum Nachteil des Steuerpflichtigen.[1240] Gerade bei erfolgreichen Unternehmensverkäufen werden Managementeigenkapitalbeteiligungen von der Finanzverwaltung intensiv untersucht und durchaus aggressiv angegangen. 1862

1236) Siehe hierzu *Michel/Hernler*, BB 2009, 193.
1237) Vgl. BFH DStR 2014, 1713 mit Anm. *Geserich*; BFH DStR 2014, 1328 mit Anm. *Geserich*; BFH DStRE 2013, 908.
1238) Vgl. BFH BFH NV 2014, 291.
1239) BFH DStR 2009, 2092.
1240) Dazu *Koch-Schulte*, http://blog.handelsblatt.com/steuerboard/2012/08/14/managementbeteiligungen-sind-kapitalvermogen-2/.

1863 • Zur Vermeidung steuerlicher Risiken (Achtung: Lohnsteuerhaftung des Unternehmens und ggf. auch der Geschäftsführung)[1241] sollte im Einzelfall die Einholung einer Lohnsteueranrufungsauskunft in Erwägung gezogen werden (§ 42e EStG). Sie ist jedoch nur für die Lohnsteuer, nicht aber für die Einkommensteuer des jeweiligen Managers, verbindlich. Die Einholung einer auch für die Einkommensteuer verbindlichen Auskunft ist bei einer Vielzahl von Gesellschaftern häufig nicht praktikabel.

1864 • Dementsprechend ist sowohl bei der Strukturierung als auch bei der Begleitung von Managementbeteiligungen mit großer Sorgfalt vorzugehen und ein erfahrener Berater hinzuzuziehen. Insbesondere ist darauf zu achten, dem Finanzamt alle relevanten Informationen zeitnah und vollständig zu übermitteln.

XXII. Besonderheiten bei der börsennotierten Aktiengesellschaft

1. Übernahmerecht

a) Allgemeines

1865 Seit die Anzahl der Aktiengesellschaften stark zunimmt, gewinnt auch der Unternehmenskauf in Form des Aktienerwerbs laufend an Bedeutung. Eine besondere Ausprägung ist das öffentliche Übernahmeangebot.

1866 Öffentliche Übernahmeangebote haben in der Vergangenheit vor allem in den USA und in Großbritannien einen Großteil des Transaktionsvolumens bestimmt. Viele dieser Angebote sind sog. feindliche Angebote, d. h. sie haben nicht die Unterstützung des Managements der Zielgesellschaft. In Deutschland waren Übernahmeangebote, insbesondere feindliche, in der Vergangenheit eher selten.

1867 Die Übernahme Vodafone/Mannesmann sowie einige neuere Fälle und die Schaffung eines verbindlichen Rechtsrahmens für öffentliche Übernahmen durch das Wertpapiererwerbs- und Übernahmegesetz („WpÜG") haben eine langsame, aber kontinuierliche Veränderung bewirkt. Auch feindliche Übernahmen oder konkurrierende Übernahmeangebote sind nunmehr in Deutschland häufiger zu beobachten, wie die Übernahmeverfahren Bayer/Schering, Macquarie/Techem, Suzlon/REpower Systems, Schaeffler/Continental, ACS/HOCHTIEF oder jüngst Vonovia/Dt. Wohnen gezeigt haben.

1868 Der Grund für die immer noch bestehende relative Seltenheit öffentlicher und insbesondere auch feindlicher Übernahmeangebote liegt in einer Reihe von praktischen und gesellschaftsrechtlichen Gegebenheiten.

1869 So gibt es verglichen mit ca. 1.100.000 GmbHs und GmbH & Co. KG's nur ca. 16.000 AG's und KGaA's, davon etwa 900 börsennotiert. Nur bei bör-

---

[1241] Zum Thema Lohnsteuerhaftung bei Zahlung durch einen Dritten vgl. allgemein *Warnke*, EStB 2013, 67.

sennotierten Aktiengesellschaften erscheint ein öffentliches Angebot sinnvoll. Die Aktien liegen darüber hinaus oft nicht bei Aktionären, die für ein Übernahmeangebot offen sind.

Rechtlich ergeben sich außerdem Schwierigkeiten, Aufsichtsrat und Vorstand der Zielgesellschaft nach einer Übernahme gegen deren Widerstand vorzeitig auszuwechseln. Die Organe der Aktiengesellschaft sind grundsätzlich unabhängig. Die Abberufung der von der Hauptversammlung gewählten Aufsichtsratsmitglieder bedarf einer Mehrheit von 75 %, sofern die Satzung der Gesellschaft nicht eine abweichende, mindestens eine einfache Mehrheit vorsieht (§ 103 AktG). Vorstände sind durch den Aufsichtsrat nur aus wichtigem Grund vorzeitig abrufbar (§ 84 Abs. 3 AktG). Die Mitbestimmung erschwert zusätzlich die Kontrolle über die mehrheitlich erworbene Gesellschaft. 1870

b) Übernahmegesetz

Die Rahmenbedingungen für öffentliche Unternehmensübernahmen und andere öffentliche Angebote zum Erwerb von Wertpapieren in Deutschland sind seit 2002 im WpÜG und den dazu erlassenen Rechtsverordnungen (insbesondere der WpÜG-Angebotsverordnung) geregelt. Die Auswirkungen des WpÜG auf die Praxis sind erheblich. Im Folgenden sind die wichtigsten Regelungen kurz dargestellt.[1242] 1871

aa) Anwendungsbereich des WpÜG

Das WpÜG betrifft öffentliche Kauf- oder Tauschangebote eines Bieters zum Erwerb von Wertpapieren einer Zielgesellschaft. Hier interessieren nur Aktien. Das WpÜG ist anzuwenden auf Zielgesellschaften mit Sitz in Deutschland, deren Aktien zum Handel an einem regulierten Markt in Deutschland zugelassen sind. Befindet sich der Sitz der Zielgesellschaft oder der Ort der Börsenzulassung nicht in Deutschland, sondern in einem anderen Staat des Europäischen Wirtschaftsraums, kommt es zu einer Anwendung des Rechts des Sitzstaates (in gesellschaftsrechtlichen Fragen) und des Staates der Börsenzulassung (hinsichtlich des Angebotsverfahren) (§§ 1, 2 WpÜG).[1243] Sind die Aktien der Zielgesellschaft nur im Freiverkehr notiert, ist der Anwendungsbereich des WpÜG nicht eröffnet. Dies gilt in gleicher Weise für Aktien, 1872

1242) Zu Gesamtdarstellungen vgl. auch *Drinkuth,* in: Marsch-Barner/Schäfer, Hdb. börsennotierte AG, § 60; *Oppenhoff,* in: Beck'sches Handbuch der AG, § 27; des Weiteren hat sich seit Inkrafttreten des WpÜG eine breite Kommentarliteratur zu den Vorschriften des deutschen Übernahmerechts entwickelt, vgl. etwa *Assmann/Pötzsch/Schneider,* WpÜG, 2. Aufl., 2013; *Baums/Thoma,* WpÜG; *Ehricke/Ekkenga/Oechsler,* WpÜG, 2003; *Geibel/Süßmann,* WpÜG, 2. Aufl., 2008; *Haarmann/Schüppen,* Frankfurter Kommentar zum WpÜG, 3. Aufl., 2008; *Hirte/von Bülow,* Kölner Kommentar zum WpÜG, 2. Aufl., 2010; *Schwark/Zimmer,* Kapitalmarktrechts-Kommentar, 4. Aufl., 2010; *Steinmeyer/Häger,* WpÜG, 2. Aufl., 2007; *Thaeter/Abbas,* WpÜG, 2012; MünchKomm-AktG/*Wackerbarth,* WpÜG, 3. Aufl., 2011.
1243) Vgl. *Kiesewetter,* RIW 2006, 518; *Josenhans,* ZBB 2006, 269.

die in einem qualifizierten Freiverkehrssegment (wie etwa dem Entry Standard der Frankfurter Wertpapierbörse) gehandelt werden. In diesen Fällen erfolgen öffentliche Angebote jedoch häufiger in einer Weise, die an die Vorschriften des WpÜG angelehnt ist, da der Markt diese Form von Angeboten gewohnt ist.

1873 Das WpÜG regelt drei Arten von öffentlichen Angeboten:

- freiwillige Angebote, die nicht auf einen Kontrollerwerb gerichtet sind (§§ 10–28 WpÜG), auch als „**einfache Erwerbsangebote**" bezeichnet;
- freiwillige Angebote, die auf den Erwerb der Kontrolle gerichtet sind (§§ 29–34 WpÜG). Sie bezeichnet das Gesetz als „**Übernahmeangebote**";
- **Pflichtangebote**, die als Folge des Erwerbs der Kontrolle gemacht werden müssen (§§ 35–39 WpÜG).

1874 Unter **Kontrolle** versteht das Gesetz das Halten von mindestens 30 % der Stimmrechte an der Zielgesellschaft. Dabei werden neben eigenen Stimmrechten auch Stimmrechte aus Aktien zugerechnet, die einem Tochterunternehmen des Bieters oder einem Dritten gehören und von diesem für Rechnung des Bieters gehalten werden. Auch bei Aktien, die einem Dritten als Sicherheit übertragen sind, an denen zugunsten des Bieters ein Nießbrauch bestellt ist oder die der Bieter durch eine Willenserklärung dinglich erwerben kann, sowie bei anvertrauten oder zur Stimmrechtsausübung überlassenen Aktien kommt eine Zurechnung in Betracht (§§ 29, 30 WpÜG). Daneben erfolgt eine Zurechung auch bei abgestimmten Verhalten (§ 30 Abs. 2 WpÜG; vgl. unten Rn. 1933 ff.).

1875 Regelmäßig beabsichtigt ein Bieter ein Unternehmen – abhängig von der Annahmequote – vollständig zu übernehmen. Er wird in solchen Konstellationen regelmäßig ein Übernahmeangebot abgeben, da hier eine größere Flexibilität als beim Pflichtangebot besteht (vgl. Rn. 1954) bzw. er die relevante Kontrollschwelle von 30 % noch nicht erreicht hat. (Einfache) Erwerbsangebote werden hingegen häufig als sog. Aufstockungsangebote abgegeben. Der Bieter hält hier bereits mehr als 30 % der Stimmrechte an der börsennotierten Zielgesellschaft und will seine Beteiligung an der Gesellschaft weiter ausbauen, etwa um die für eine Strukturmaßnahme (vgl. Rn. 1960 ff.) notwendige Beteiligungshöhe zu erreichen. (Einfache) Erwerbsangebote zum Erwerb einer Beteiligung von unter 30 % sind hingegen eher selten.

bb) Allgemeine Regeln

1876 Es gelten bei öffentlichen Angeboten folgende allgemeine Regeln, die von grundsätzlicher Bedeutung bei der Durchführung der Angebote nach dem WpÜG sind (§ 3 WpÜG):

- Die Inhaber von Wertpapieren der Zielgesellschaft, die derselben Gattung angehören, sind gleich zu behandeln.

- Die Inhaber von Wertpapieren der Zielgesellschaft müssen über genügend Zeit und ausreichende Information verfügen, um in Kenntnis der Sachlage über das Angebot entscheiden zu können.

- Vorstand und Aufsichtsrat der Zielgesellschaft müssen im Interesse der Zielgesellschaft handeln.

- Der Bieter und die Zielgesellschaft haben das Verfahren rasch durchzuführen. Die Zielgesellschaft darf nicht unangemessen lange in ihrer Geschäftstätigkeit behindert werden.

- Beim Handel mit Wertpapieren der Zielgesellschaft, der Bietergesellschaft oder anderer durch das Angebot betroffener Gesellschaften dürfen keine Marktverzerrungen geschaffen werden. Dies erfasst u. a. Insiderhandel und Kursmanipulationen.

cc) Einfache Erwerbsangebote

(1) Entscheidung zur Abgabe eines öffentlichen Angebots: Mitteilungs- und Veröffentlichungspflichten

Der Bieter hat seine Entscheidung zur Abgabe eines öffentlichen Angebots unverzüglich zu veröffentlichen. Vor der Veröffentlichung ist die Entscheidung folgenden Stellen mitzuteilen (§ 10 WpÜG):

- den Geschäftsführungen der Börsen, an denen Wertpapiere des Bieters, der Zielgesellschaft und anderer durch das Angebot unmittelbar betroffener Gesellschaften zum Handel zugelassen sind;

- den Geschäftsführungen der Börsen, an denen Derivate gehandelt werden, sofern die Wertpapiere Gegenstand der Derivate sind; und

- der Bundesanstalt für Finanzdienstleistungsaufsicht (BaFin).

Diese Entscheidung muss im Internet (regelmäßig auf der Homepage des Bieters oder des Mutterunternehmens des Bieters) und über ein elektronisch betriebenes Informationsverbreitungssystem (etwa DGAP) veröffentlicht werden, um eine unmittelbare Information des Kapitalmarkts zu gewährleisten. Der Bieter ist seiner Veröffentlichungspflicht erst mit einer Veröffentlichung in beiden Medien nachgekommen.[1244]

Solange das Angebot nicht auf den Erwerb der Kontrolle gerichtet ist oder ein Pflichtangebot abzugeben ist, kann es auf einen Teil der Aktien der Zielgesellschaft beschränkt werden (**Teilangebot**). Übersteigt die spätere Annahmequote das Volumen des Teilangebots, sind die Angebotsannahmen quotal zu berücksichtigen (§ 19 WpÜG).

1244) Vgl. KK-WpÜG/*Hirte*, § 10 Rn. 68a; *Assmann*, in: Assmann/Pötzsch/Schneider, WpÜG, § 10 Rn. 64.

1880 Der Bieter muss den Erwerb der Wertpapiere der Zielgesellschaft anbieten. Die öffentliche Aufforderung an die Inhaber von Wertpapieren, ihrerseits ein Angebot zum Verkauf zu machen, ist unzulässig (§ 17 WpÜG).

(2) Angebotsunterlage: Notwendige Angaben, Haftung, Veröffentlichung

1881 Der Bieter hat innerhalb von vier Wochen nach Veröffentlichung der Entscheidung zur Abgabe des Angebots eine Unterlage über das Angebot („**Angebotsunterlage**") zu erstellen und der BaFin zu übermitteln. Die Frist kann bei grenzüberschreitenden Angeboten oder bei erforderlichen Kapitalmaßnahmen um bis zu vier Wochen verlängert werden (§ 14 Abs. 1 WpÜG). Die Angebotsunterlage ist unverzüglich zu veröffentlichen, wenn die BaFin die Veröffentlichung der Angebotsunterlage gestattet hat oder wenn seit dem Eingang der Angebotsunterlage bei der BaFin zehn Werktage verstrichen sind, ohne dass die BaFin das Angebot untersagt oder die Prüfungsfrist um bis zu fünf Werktage verlängert hat (§ 14 Abs. 2 WpÜG). Die Veröffentlichung erfolgt durch Bekanntgabe im Internet und im Bundesanzeiger (§ 14 Abs. 3 WpÜG).

1882 Die Angebotsunterlage muss alle Angaben enthalten, die notwendig sind, um in Kenntnis der Sachlage über das Angebot entscheiden zu können. Die Angaben müssen richtig und vollständig sein. Die Angebotsunterlage ist in deutscher Sprache abzufassen und vom Bieter zu unterzeichnen (§ 11 Abs. 1 WpÜG). Sie muss Informationen über den Inhalt des Angebots, insbesondere den Bieter, die Zielgesellschaft, die Wertpapiere, die Gegenstand des Angebots sind, und die angebotene Gegenleistung enthalten.

1883 Notwendige Angaben sind u. a. die Bedingungen, von denen der Vollzug des Angebots abhängt, Beginn und Ende der Annahmefrist, relevante Vorerwerbe des Bieters (und mit ihm gemeinsam handelnder Personen), die bereits an der Zielgesellschaft gehaltene Beteiligung und der Stand der notwendigen behördlichen Verfahren. Zudem hat die Angebotsunterlage Angaben zur Finanzierung des Angebots und die zu erwartenden Auswirkungen eines erfolgreichen Angebots auf die Vermögens-, Finanz- und Ertragslage des Bieters zu enthalten. Darüber hinaus müssen Angaben über die Absichten des Bieters im Hinblick auf die künftige Geschäftstätigkeit der Zielgesellschaft und – soweit von dem Angebot betroffen – des Bieters gemacht werden. In der Angebotsunterlage sind schließlich auch Geldleistungen oder andere geldwerte Vorteile anzugeben, die Vorstands- und Aufsichtsratsmitgliedern der Zielgesellschaft gewährt werden (§ 11 Abs. 2, 3 WpÜG; § 2 WpÜG-AngVO). Im Hinblick auf die Gliederung der Angebotsunterlagen hat sich hier ein Marktstandard etabliert, dem im Regelfall gefolgt wird.[1245]

[1245] Die Angebotsunterlagen aller seit 2002 abgegebenen öffentlichen Angebote nach dem WpÜG sind auf der Homepage der BaFin (www.bafin.de) veröffentlicht.

Sind wesentliche Angaben der Angebotsunterlage unrichtig oder unvollständig, so kann dies zu einem Schadensersatzanspruch desjenigen führen, der das Angebot angenommen hat oder dessen Aktien aufgrund eines übernahmerechtlichen Squeeze-out übertragen wurden (vgl. zu letzterem Rn. 2005 ff.). Die Haftung kann insbesondere den Bieter und die mit ihm gemeinsam handelnden Personen treffen. Keine Schadensersatzpflicht trifft denjenigen, der nachweist, dass er die Unrichtigkeit oder Unvollständigkeit der Angaben in allenfalls leicht fahrlässiger Weise nicht gekannt hat oder die Annahme des Angebots nicht aufgrund dieser fehlerhaften Angaben erfolgte (§ 12 WpÜG). 1884

(3) **Untersagung des Angebots**

Die BaFin untersagt das Angebot, wenn die Angebotsunterlage nicht die erforderlichen Angaben enthält, die enthaltenen Angaben offensichtlich gegen das WpÜG einschließlich der hierzu erlassenen Verordnungen verstoßen, der BaFin überhaupt keine Angebotsunterlage übermittelt wurde oder die Angebotsunterlage nicht fristgerecht veröffentlicht wurde (§ 15 Abs. 1 WpÜG). 1885

Ist ein öffentliches Angebot untersagt, so sind Kauf-/Tauschverträge, die auf Grundlage des untersagten Angebots abgeschlossen werden, nichtig (§ 15 Abs. 3 WpÜG). 1886

Nach Untersagung ist ein neues einfaches Erwerbs- oder Übernahmeangebot erst nach Ablauf eines Jahres möglich, es sei denn, die BaFin hat – unter Zustimmung der betroffenen Zielgesellschaft – eine Befreiung erteilt (§ 26 WpÜG). Die Abgabe eines Pflichtangebots nach Erreichen der Kontrollschwelle von 30 % der Stimmrechte an der Zielgesellschaft bleibt hiervon unbenommen und bedarf weder der Zustimmung der BaFin noch der Zielgesellschaft.[1246] 1887

(4) **Finanzierung des Angebots, Finanzierungsbestätigung**

Der Bieter muss sicherstellen, dass ihm hinreichende Mittel zur Verfügung stehen, um zum Zeitpunkt des Vollzugs des Angebots die Gegenleistung zu erbringen (§ 13 Abs. 1 S. 1 WpÜG). Die Finanzmittel müssen so beschaffen sein, dass diese eine 100 %-ige Annahmequote des öffentlichen Angebots abdecken (entsprechend reduziert bei einem einfachen Erwerbsangebot, das nur ein Teilangebot ist). Auch müssen die entsprechenden Vereinbarungen (sei es etwa der Kreditvertrag im Falle einer Fremdfinanzierung oder etwa der Equity Commitment Letter im Falle einer Eigenfinanzierung des Barangebots) spätestens zum Zeitpunkt der Genehmigung der Angebotsunterlage vorliegen (typischerweise jedoch bereits vor Einreichung der Angebotsunterlage bei der BaFin). Sollen bei einem Tauschangebot die Gegenleistungsaktien im Wege einer ordentlichen Kapitalerhöhung geschaffen werden, muss der Hauptversammlungsbeschluss des Bieters spätestens zum Zeitpunkt der 1888

1246) Vgl. MünchKomm-AktG/*Wackerbarth*, WpÜG, § 26 Rn. 13.

Gestattung der Angebotsunterlage vorliegen und die Sicherstellung der Aktienlieferung durch entsprechende Angebotsbedingungen abgesichert sein (vgl. Rn. 1895).

1889 Sieht das Angebot als Gegenleistung (zumindest teilweise) einen Geldbetrag vor, so bedarf es der Bestätigung eines vom Bieter unabhängigen Wertpapierdienstleistungsunternehmens, d. h. in der Praxis einer Bank (§ 13 Abs. 1 S. 2 WpÜG). Hierbei kann es sich auch um die das öffentliche Angebot beratende oder finanzierende Bank handeln. In der Bestätigung muss dargelegt sein, dass der Bieter die notwendigen Maßnahmen getroffen hat, um die Verfügbarkeit der erforderlichen Mittel zum Zeitpunkt der Fälligkeit sicherzustellen. Ist dies entgegen der Bestätigung nicht der Fall, so kann das Wertpapierdienstleistungsunternehmen gegenüber demjenigen, der das Angebot angenommen hat oder dessen Aktien aufgrund eines übernahmerechtlichen Squeeze-out übertragen wurden, zum Schadensersatz verpflichtet sein (§ 13 Abs. 2 WpÜG).[1247]

1890 Die Finanzierungsbestätigung wiederholt in der Praxis den Wortlaut des § 13 Abs. 1 S. 2 WpÜG. Bedingungen sind unzulässig.

1891 Wird ein Barangebot während des Laufs der Annahmefrist im Wege einer formalen Angebotsänderung nach § 21 WpÜG erhöht, ist die Abgabe einer weiteren Finanzierungsbestätigung notwendig, die den erhöhten Angebotspreis abdeckt.[1248]

(5) Annahmefrist

1892 Die Frist für die Annahme des Angebots („**Annahmefrist**") darf nicht weniger als vier Wochen, aber grundsätzlich auch nicht mehr als zehn Wochen betragen. Die Annahmefrist beginnt mit der Veröffentlichung der Angebotsunterlage (§ 16 Abs. 1 WpÜG). Wird im Zusammenhang mit dem Angebot und nach Veröffentlichung der Angebotsunterlage eine Hauptversammlung der Zielgesellschaft einberufen, so beträgt die Annahmefrist zehn Wochen. Der Vorstand der Zielgesellschaft muss die Einberufung der Hauptversammlung unverzüglich dem Bieter und der BaFin mitteilen. Das Gesetz sieht Erleichterungen für die Einberufung der Hauptversammlung vor. So ist die Gesellschaft etwa bei der Wahl des Versammlungsortes frei und die Hauptversammlung kann (anstelle der normalerweise geltenden Monatsfrist) bis spätestens zwei Wochen vor dem Tag der Versammlung einberufen werden (§ 16 Abs. 3 WpÜG).

1247) Vgl. zur **Finanzierungsbestätigung** Georgieff/Hauptmann, AG 2005, 277; Geibel/Süßmann/Süßmann, WpÜG, § 13 Rn. 17.
1248) KK-WpÜG/Hasselbach, § 21 Rn. 38; Assmann/Pötzsch/Schneider/Seiler, WpÜG, § 21 Rn. 40.

(6) Angebotsgegenleistung

Die Gegenleistung für ein freiwilliges Erwerbsangebot kann in Geld oder Wertpapieren bestehen. Gesetzliche Mindestpreise sind für das freiwillige Erwerbsangebot nicht vorgesehen (zu Übernahme- und Pflichtangeboten vgl. unten Rn. 1912 ff., 1951).

1893

(7) Angebotsbedingungen

Der Vollzug eines einfachen Erwerbsangebots (und eines Übernahmeangebots) kann von dem Eintritt bestimmter Vollzugsbedingungen abhängig gemacht werden, solange diese **Angebotsbedingungen** (i) hinreichend bestimmt und transparent sind[1249] und (ii) der Eintritt/Nichteintritt der Bedingung – mit Ausnahme einer Zustimmung der Gesellschafterversammlung des Bieters – nicht allein vom Bieter und der mit ihm gemeinsam handelnden Personen oder seiner/deren Berater abhängt (§ 18 Abs. 1 WpÜG).[1250]

1894

Zulässige Angebotsbedingungen sind etwa das Erreichen einer Mindestannahmeschwelle (§ 16 Abs. 2 S. 2 WpÜG). Typischerweise wird als **Mindestannahmeschwelle** – im Hinblick auf zukünftige Hauptversammlungsmehrheiten und/oder in Aussicht genommene Strukturmaßnahmen – eine einfache Stimmenmehrheit bzw. eine 75 %-, 90 %-Mehrheit oder 95 %-Mehrheit des Grundkapitals der Zielgesellschaft festgesetzt. Auch Fusionskontroll- und andere für den Erwerb der Zielgesellschaft notwendige öffentlich-rechtliche Freigaben sind zulässige Angebotsbedingungen (unabhängig davon, ob die relevanten Verfahren ein Vollzugsverbot vor Freigabe vorsehen). Häufiger wird auch eine Material-Adverse-Change Angebotsbedingung in Form des target- oder des market-MAC verwandt, um sich als Bieter gegen wesentliche Veränderungen der Zielgesellschaft oder des Marktes bis zum Ende der Annahmefrist abzusichern. Zudem ist es zulässig, das Ausbleiben von (konkret beschriebenen) Verteidigungsmaßnahmen oder die Eintragung der Kapitalerhöhung zur Schaffung der Gegenleistungsaktien (bei einem Tauschangebot) zu einer Angebotsbedingung zu machen. Des Weiteren kann die Zustimmung der Gesellschafterversammlung des Bieters zu einer Angebotsbedingung gemacht werden, sofern die Zustimmung bis spätestens fünf Werktage vor Ablauf der Annahmefrist eingeholt wird (§ 25 WpÜG). Letzteres wird wohl nur bei börsennotierten Bietern relevant sein.

1895

Unzulässig sind dagegen Angebotsbedingungen, die die Finanzierung eines Barangebots oder die Zustimmung von weiteren Organen des Bieters (etwa des Aufsichtsrats) zum Gegenstand haben. Weiterhin kann das öffentliche Angebot nicht davon abhängig gemacht werden, dass die Zielgesellschaft in

1896

1249) Geibel/Süßmann/*Geibel*, WpÜG, § 18 Rn. 9; Schwark/Zimmer/*Noack/Holzborn*, Kapitalmarktrechts-Kommentar, § 11 WpÜG Rn. 16.
1250) Vgl. zum Ganzen *Oppenhoff*, in: Beck'sches Hdb. der AG, § 27 Rn. 64 ff.

ihrer begründeten Stellungnahme nach § 27 WpÜG die Annahme des Angebots empfiehlt.

1897 Nach der Verwaltungspraxis der BaFin muss grundsätzlich am Ende der (regulären) Annahmefrist des Angebots feststehen, ob die Angebotsbedingung eingetreten ist oder nicht. Ausnahmen lässt die BaFin allein für Fusionskontroll- und andere öffentlich-rechtliche Freigaben sowie – im Falle von Tauschangeboten – für die notwendige Eintragung von Kapitalmaßnahmen zur Schaffung der Gegenleistungsaktien zu. Dies führt dazu, dass sich ein Bieter durch eine MAC-Klausel nicht gegen einen (markt- oder unternehmensspezifischen) Kursrückgang in der weiteren Annahmefrist (vgl. unten Rn. 1910) eines Übernahmeangebots absichern kann.

1898 Bei Pflichtangeboten sind Angebotsbedingungen hingegen nur sehr eingeschränkt zulässig (vgl. Rn. 1954).

(8) Angebotsänderung

1899 Der Bieter kann bis zu einem Werktag vor Ablauf der regulären Annahmefrist die Gegenleistung erhöhen oder wahlweise eine andere Gegenleistung anbieten, nicht jedoch die Gegenleistung vermindern. Auch kann er auf Bedingungen verzichten oder eine Mindestannahmeschwelle des Angebots herabsetzen. Im Falle einer Änderung des Angebots verlängert sich die Annahmefrist um zwei Wochen, wenn die Veröffentlichung der Änderung innerhalb der letzten zwei Wochen vor Ablauf der Annahmefrist erfolgt. Eine erneute Änderung des Angebots innerhalb dieser neuen Frist ist unzulässig (§ 21 WpÜG).

(9) Konkurrierendes Angebot

1900 Besonderheiten gelten, wenn während der Annahmefrist des Angebots ein weiteres öffentliches Angebot von einem Dritten abgegeben wird („konkurrierendes Angebot", § 22 WpÜG). Läuft in einem solchen Fall die Annahmefrist für das Angebot vor Ablauf der Annahmefrist für das konkurrierende Angebot ab, so gilt für beide Angebote die Annahmefrist des konkurrierenden Angebots. Zudem können Aktionäre der Zielgesellschaft, die das Angebot vor Veröffentlichung des konkurrierenden Angebots angenommen haben, bis zum Ablauf der Annahmefrist hiervon zurücktreten.[1251]

(10) Laufende Veröffentlichungspflichten

1901 Nach Veröffentlichung der Angebotsunterlage muss der Bieter die Anzahl sämtlicher Aktien bzw. Stimmrechtsanteile, die ihm und mit ihm gemeinsam handelnden Personen zustehen oder zuzurechnen sind, einschließlich der be-

---

1251) Zu Details vgl. *Rothenfußer/Friese-Dormann/Rieger*, AG 2007, 137; *Böckmann/Kießling*, DB 2007, 1796.

reits zugegangenen Annahmeerklärungen und der nach den §§ 25 und 25a WpHG offenzulegenden Positionen veröffentlichen (sog. **Wasserstandsmeldung**; § 23 Abs. 1 WpÜG). Mit dem Bieter gemeinsam handeln Personen, die sich mit ihm über ihren Erwerb von Wertpapieren der Zielgesellschaft oder die Stimmrechtsausübung abstimmen. Tochterunternehmen gelten stets als gemeinsam handelnde Personen (§ 2 Abs. 5 WpÜG).

Zur Veröffentlichung der Wasserstandsmeldungen ist der Bieter zunächst wöchentlich verpflichtet, in der letzten Woche vor Ablauf der regulären Annahmefrist täglich. Weitere Veröffentlichungspflichten bestehen nach Ablauf der Annahmefrist (insbesondere Ergebnisveröffentlichungen). 1902

Bei Übernahme- und Pflichtangeboten hat der Bieter zudem den Preis und die Menge der Aktien der Zielgesellschaft zu veröffentlichen, die er oder mit ihm gemeinsam handelnde Personen nach Veröffentlichung der Angebotsunterlage bis zur Ergebnisveröffentlichung nach Ablauf der (regulären) Annahmefrist erwerben (§ 23 Abs. 2 WpÜG). Nach dieser Ergebnisveröffentlichung gilt dies für die Dauer eines Jahres nur noch für den außerbörslichen Aktienerwerb.[1252] 1903

(11) Stellungnahme durch Vorstand und Aufsichtsrat der Zielgesellschaft, Werbung

Vorstand und Aufsichtsrat der Zielgesellschaft haben unverzüglich, spätestens innerhalb von zwei Wochen nach Veröffentlichung der Angebotsunterlage, eine begründete Stellungnahme zu dem öffentlichen Angebot abzugeben und zu veröffentlichen (§ 27 WpÜG).[1253] Entsprechendes gilt für förmliche Änderungen des Angebots i. S. d. § 21 WpÜG. Die Stellungnahme, die durch Vorstand und Aufsichtsrat gemeinsam abgegeben werden kann, muss mindestens Angaben zu Art und Höhe der Angebotsgegenleistung, zu den voraussichtlichen Folgen eines erfolgreichen Angebots für die Zielgesellschaft und deren Stakeholder, die von dem Bieter verfolgten Ziele, Informationen zur Absicht der Organmitglieder das öffentliche Angebot anzunehmen und eine Empfehlung an die Aktionäre bezüglich der Annahme/Nichtannahme des Angebots enthalten. Im Rahmen dieser Stellungnahmen können – und werden typischerweise – auch Fairness Opinions zur Angemessenheit der Höhe der Gegenleistung eingeholt.[1254] 1904

Daneben kann die BaFin bestimmte Arten der Werbung untersagen, um Missständen bei der Werbung im Zusammenhang mit öffentlichen Angeboten zu begegnen (§ 28 WpÜG). 1905

1252) Vgl. Assmann/Pötzsch/Schneider/*Assmann*, WpÜG, § 23 Rn. 37.
1253) OLG Frankfurt/M. ZIP 2006, 428.
1254) Vgl. zum Ganzen BaFin-Journal 7/2014, 17 ff.; *Hippeli/Hofmann*, NZG 2014, 850.

dd) (Freiwillige) Übernahmeangebote

(1) Erwerb der Kontrolle

1906 Übernahmeangebote sind Angebote, die auf den Erwerb der Kontrolle, d. h. den Erwerb von im Ergebnis mindestens 30 % der Stimmrechte der Zielgesellschaft gerichtet sind.

1907 Ein Übernahmeangebot, das sich nur auf einen Teil der Aktien der Zielgesellschaft erstreckt, ist unzulässig. Wenn der Bieter die Kontrolle erwerben will, muss er in Kauf nehmen bis zu 100 % der Aktien zu erwerben (§ 32 WpÜG).

1908 Wird die Kontrolle über eine Zielgesellschaft aufgrund eines Übernahmeangebots erworben, so ersetzt dies das Pflichtangebot (§ 35 Abs. 3 WpÜG; zum Pflichtangebot vgl. unten Rn. 1930 ff.).[1255)]

1909 In der Regel ist es sinnvoller ein Übernahmeangebot zu machen, da der Bieter dabei eher Herr des Verfahrens bleibt, während er beim Pflichtangebot unter gesetzlichem Zwang zum Angebot steht und Gefahr läuft, bei Nichterfüllung seiner Verpflichtungen die Rechte aus den ihm bereits gehörenden Aktien gem. § 59 WpÜG zu verlieren. Dies gilt natürlich nur, wenn die Kontrolle nicht bereits vor Ankündigung des Übernahmeangebots erworben wird. Im Vorfeld können sich Aktionäre jedoch verpflichten, ein späteres Übernahmeangebot anzunehmen (sog. irrevocable undertakings), ohne dass dies ein Pflichtangebot auslöst. Auch sind Angebotsbedingungen bei Übernahmeangeboten in einem größeren Umfang zulässig als bei Pflichtangeboten (vgl. Rn. 1894 ff., 1954).

1910 Besonderheiten gelten bei erfolgreichen Übernahmeangeboten. Die Aktionäre der Zielgesellschaft, die das Angebot in der regulären Annahmefrist nicht angenommen haben, können dies in einem Zeitraum von zwei Wochen beginnend mit Veröffentlichung des Ergebnisses des Übernahmeangebots („**weitere Annahmefrist**") nachholen. War das Übernahmeangebot vom Erreichen einer Mindestannahmeschwelle abhängig, so läuft die weitere Annahmefrist nur, wenn die Mindestannahmeschwelle bis zum Ende der regulären Annahmefrist erreicht worden ist (§ 16 Abs. 2 WpÜG). Selbiges gilt für Angebotsbedingungen, die bis zum Ablauf der (regulären) Annahmefrist eingetreten sein mussten.

1911 Des Weiteren können Aktionäre der Zielgesellschaft innerhalb einer Frist von drei Monaten nach Ablauf der (weiteren) Annahmefrist ihre stimmberechtigten Aktien noch gegen Gewährung der im Angebotsverfahren angebotenen Gegenleistung dem Bieter andienen, wenn der Bieter nach Ablauf des Übernahmeangebots mind. 95 % der stimmberechtigten Aktien der Zielgesellschaft hält (sog. Sell-out; § 39c WpÜG). Eine Möglichkeit zur Andienung auch der Vorzugsaktien der Zielgesellschaft besteht, wenn der Bieter

---

1255) OLG Düsseldorf ZIP 2007, 380, dazu EWiR 2007, 89 *(Zetzsche)*.

nach Ablauf des Übernahmeangebots mind. 95 % aller Aktien der Zielgesellschaft hält.[1256)]

(2) Angebotsgegenleistung bei Übernahmeangeboten

Der Bieter hat den Aktionären der Zielgesellschaft im Rahmen eines Übernahmeangebots eine angemessene Gegenleistung anzubieten. Dabei sind der durchschnittliche Börsenkurs der Aktien der Zielgesellschaft und Vorerwerbe durch den Bieter oder mit ihm gemeinsam handelnder Personen zu berücksichtigen (§ 31 Abs. 1 WpÜG).

Die Berücksichtigung von **Vorerwerben** und des durchschnittlichen **Börsenkurses** ist in §§ 4, 5 WpÜG-AngebotsVO geregelt. Danach ist bzgl. Vorerwerben durch den Bieter oder mit ihm gemeinsam handelnder Personen sowie deren Tochterunternehmen der höchste Preis als Mindestgegenleistung maßgeblich, der innerhalb der letzten sechs Monate vor Beginn der Annahmefrist gewährt oder vereinbart wurde. Beim Börsenkurs gilt der gewichtete inländische Durchschnittskurs der letzten drei Monate vor Veröffentlichung der Entscheidung zur Abgabe eines Übernahmeangebots. Die Mindestpreise sind für verschiedene Aktiengattungen, d. h. z. B. Stamm- und Vorzugsaktien, getrennt zu bestimmen (§ 3 S. 3 WpÜG-AngebotsVO). Auch ist es zulässig, allein für eine Aktiengattung eine Prämie anzubieten und für die andere Aktiengattung lediglich den gesetzlichen Mindestpreis zu offerieren.[1257)]

Sind diese beiden Mindestpreiskriterien erfüllt, ist die Gegenleistung des Übernahmeangebots der Höhe nach stets angemessen i. S. d. § 31 Abs. 1 WpÜG.[1258)] Dem Bieter bleibt es natürlich unbenommen, eine höhere Angebotsgegenleistung anzubieten, um die Attraktivität des Angebots zu steigern. Gerade bei (freiwilligen) Übernahmeangeboten ist dies häufig der Fall.

Die Gegenleistung kann grundsätzlich in Euro oder in liquiden Aktien bestehen, die spätestens zum Zeitpunkt des Vollzugs des Übernahmeangebots zum Handel an einem regulierten Markt im Europäischen Wirtschaftsraum zugelassen sind. Wenn 5 % der Aktien in den sechs Monaten vor Veröffentlichung der Entscheidung zur Abgabe eines öffentlichen Angebots bis zum Ablauf der Annahmefrist gegen Geldleistung erworben wurden, dürfen Aktien nur alternativ neben Geld angeboten werden (§ 31 Abs. 2 WpÜG).[1259)]

Erwerben der Bieter, mit ihm gemeinsam handelnde Personen oder deren Tochterunternehmen nach Veröffentlichung der Angebotsunterlage bis zur Ergebnisveröffentlichung Aktien zu einem höheren als dem Angebotspreis,

---

1256) Baums/Thoma/*Merkner/Sustmann*, WpÜG, § 39c Rn. 10; *Diekmann*, NJW 2007, 17; *Simon*, Der Konzern 2006, 12.
1257) *Oppenhoff*, in: Beck'sches Handbuch AG, § 27 Rn. 124.
1258) BGH ZIP 2014, 1623 = NZG 2014, 985.
1259) Vgl. KK-WpÜG/*Kremer/Oesterhaus*, § 31 Rn. 41; *Veranneman/Gärtner*, AG 2009, 648 (Tauschangebote).

so erhöht sich die den Angebotsempfängern geschuldete Gegenleistung um den Unterschiedsbetrag (§ 31 Abs. 4 WpÜG). Dieser Mindestpreismechanismus wird in Praxis bei Übernahme- und Pflichtangeboten häufig genutzt, um im Wege eines sog. „**cold increase**" die Angebotsgegenleistung des öffentlichen Angebots zu erhöhen. Durch einen Erwerb von angebotsgegenständlichen Aktien der Zielgesellschaft außerhalb des Angebotsverfahrens zu einem über der Angebotsgegenleistung liegenden Preis wird die Angebotsgegenleistung für die relevante Aktiengattung automatisch auf diesen höheren Preis erhöht. Diese Vorgehensweise hat den Vorteil, dass sie nicht den Restriktionen einer förmlichen Angebotsänderung unterworfen ist. Es ist daher – anders als bei einer solchen Angebotsänderung nach § 21 WpÜG – möglich, auf diesem Wege die Angebotsgegenleistung noch am letzten Tag der regulären Annahmefrist oder innerhalb der weiteren Annahmefrist zu erhöhen. Zudem löst eine solche Angebotspreiserhöhung keine Verlängerung der Annahmefrist oder ein Rücktrittsrecht der Aktionäre aus, die das Angebot bis zu dem Zeitpunkt der Angebotspreiserhöhung bereits angenommen hatten. Des Weiteren ist der Dokumentations- und Organisationaufwand erheblich geringer als bei einer Angebotspreiserhöhung im Wege einer förmlichen Angebotsänderung, da keine mehrseitige Dokumentation zur Angebotsänderung veröffentlicht und im Falle eines Barangebots auch keine neue Finanzierungsbestätigung eingeholt werden muss.[1260]

1917 Die Preisbestimmungen sollen die Zahlung einer Kontroll- oder Paketprämie an einzelne Aktionäre verhindern. Die Einschaltung einer Zwischengesellschaft kann Missbrauchscharakter haben.

1918 Auch ein **Erwerb nach Veröffentlichung** des Ergebnisses des Angebots kann rückwirkend zu einer erhöhten Gegenleistungspflicht führen. Erwirbt nämlich der Bieter, mit ihm gemeinsam handelnde Personen oder deren Tochterunternehmen innerhalb eines Jahres nach Ergebnisveröffentlichung (nach Ablauf der regulären Annahmefrist) außerhalb der Börse Aktien der Zielgesellschaft und wird hierfür wertmäßig eine höhere Gegenleistung als im Angebot gewährt oder vereinbart, so ist der Bieter den anderen Aktionären, die das Angebot angenommen haben, zur Zahlung des Unterschiedsbetrags verpflichtet. Hiervon ausgenommen sind Börsenkäufe, gesetzliche Verpflichtungen zur Gewährung von Abfindungen an Aktionäre sowie umwandlungsrechtliche Vorgänge (§ 31 Abs. 5 WpÜG).

1919 Etwaige Käufe vor und nach Veröffentlichung, die nicht im Rahmen des Angebots stattfinden, sind daher sorgfältig auf ihre Auswirkungen auf das öffentliche Übernahme- oder Pflichtangebot zu prüfen. Einfache Erwerbsangebote unterliegen diesen Restriktionen nicht.

1260) Vgl. Assmann/Pötsch/Schneider/*Krause*, WpÜG, § 31 Rn. 120; KK-WpÜG/*Kremer/Oesterhaus*, § 31 Rn. 61 ff.

(3) Verteidigungshandlungen des Vorstands und des Aufsichtsrats der Zielgesellschaft

Zu welchen (Abwehr-)Handlungen der Vorstand der Zielgesellschaft berechtigt ist, war Gegenstand heftiger Kontroversen während des Gesetzgebungsverfahrens zum WpÜG. Seit Umsetzung der Übernahmerichtlinie kann sich die Zielgesellschaft zudem per Satzungsänderung dem strengeren Europäischen Verhinderungsverbot unterwerfen.[1261]

Grundsätzlich darf der Vorstand der Zielgesellschaft nach der gesetzlichen Regelung des § 33 WpÜG keine Handlungen vornehmen, durch die der Erfolg des Angebots verhindert werden könnte. Der Vorstand ist jedoch berechtigt zu

- Handlungen, die auch ein ordentlicher und gewissenhafter Geschäftsleiter einer Gesellschaft, die nicht von einem Übernahmeangebot betroffen ist, vorgenommen hätte,
- einer Suche nach einem konkurrierenden Angebot und
- Handlungen, denen der Aufsichtsrat der Zielgesellschaft zugestimmt hat.

Überdies kann die Hauptversammlung den Vorstand vor der Veröffentlichung der Entscheidung zur Abgabe eines Angebots zur Vornahme von Handlungen ermächtigen, die in die Zuständigkeit der Hauptversammlung fallen, um den Erfolg von Übernahmeangeboten zu verhindern (sog. **Vorratsermächtigung**). Hierzu sind die Handlungen in der Ermächtigung jedenfalls der Art nach zu bestimmen. Dabei kann es sich z. B. um die Ausgabe neuer Aktien, den Rückerwerb eigener Aktien oder die Ausgabe von Wandel- und Optionsanleihen handeln. Die Ermächtigung kann für höchstens 18 Monate erteilt werden. Sofern die Satzung keine größere Kapitalmehrheit bestimmt, bedarf der Beschluss der Hauptversammlung einer Mehrheit, die mindestens drei Viertel des bei der Beschlussfassung vertretenen Grundkapitals umfasst. Will der Vorstand von der ihm erteilten Ermächtigung Gebrauch machen, so bedarf er hierzu der Zustimmung des Aufsichtsrats. Den Aufsichtsrat selbst trifft keine spezielle übernahmerechtliche Neutralitätspflicht.[1262]

Neben diesen übernahmerechtlichen Vorgaben bleiben aktienrechtliche Grundsätze jedoch stets anwendbar. Vorstand und Aufsichtsrat der Zielgesellschaft haben daher stets zu prüfen, ob die beabsichtigte Verteidigungshandlung im Unternehmensinteresse liegt.

Sieht die Satzung der Zielgesellschaft die Anwendung des sog. **Europäischen Verhinderungsverbots** vor (§ 33a WpÜG), so ist neben dem Vorstand auch der Aufsichtsrat der Zielgesellschaft verpflichtet, keine Handlungen vorzu-

---

1261) Vgl. Assmann/Pötsch/Schneider/*Stephan*, WpÜG, § 33a Rn. 14; *Schanz*, NZG 2007, 927; vgl. auch *von Falkenhausen*, NZG 2007, 97 (Übernahmeprophylaxe).
1262) Zu Vorratsermächtigungen vgl. *Grunewald*, EWiR 2005, 139; *Knott*, NZG 2006, 849.

nehmen, durch die der Erfolg des Angebots verhindert werden könnte. Dies gilt nicht für

- Handlungen, zu denen die Hauptversammlung den Vorstand und den Aufsichtsrat nach Veröffentlichung der Entscheidung zur Abgabe eines Angebots ermächtigt hat,
- Handlungen innerhalb des normalen Geschäftsbetriebs,
- Handlungen außerhalb des normalen Geschäftsbetriebs, sofern sie der Umsetzung von Entscheidungen dienen, die vor der Veröffentlichung der Entscheidung zur Abgabe eines Angebots gefasst und bereits teilweise umgesetzt wurden, und
- eine Suche nach einem konkurrierenden Angebot.

1925 Das Europäische Verhinderungsverbot verbietet somit insbesondere Vorratsermächtigungen der Hauptversammlung. Diese haben in der Praxis bisher aber auch keine große Rolle gespielt. Daneben ist hier die Vornahme von Verteidigungsmaßnahmen (allein) auf Grund der Zustimmung des Aufsichtsrats nicht zulässig.

1926 Ferner kann die Satzung der Gesellschaft vorsehen, dass das Europäische Verhinderungsverbot dann außer Kraft gesetzt wird, wenn der Bieter oder ein ihn beherrschendes Unternehmen selbst keiner dem Europäischen Verhinderungsverbot vergleichbaren Regelung unterliegt (sog. Vorbehalt der Gegenseitigkeit; § 33c WpÜG).

1927 In der Praxis hat das Europäische Verhinderungsverbot bisher keine Bedeutung erlangt.

1928 Dem Bieter ist es unabhängig von dem gewählten Verteidigungsregime verboten, Vorstands- oder Aufsichtsratsmitgliedern der Zielgesellschaft im Zusammenhang mit dem Angebot Geldleistungen oder geldwerte Vorteile zu gewähren oder in Aussicht zu stellen (§ 33d WpÜG). Dies gilt freilich nur, sofern diese „ungerechtfertigt" sind.

(4) Anwendbarkeit der Vorschriften für einfache Erwerbsangebote

1929 Ergänzend sind die oben unter lit bb) und cc) (Rn. 1876 ff.) angesprochenen Regeln anzuwenden.

ee) Pflichtangebote
(1) Veröffentlichungs- und Angebotspflicht

1930 Wer unmittelbar oder mittelbar die Kontrolle über die Zielgesellschaft erlangt, also unter Berücksichtigung der Zurechnungsvorschriften (vgl. Rn. 1874) mindestens 30 % der Stimmrechte erreicht, muss dies unter Angabe der Höhe seines Stimmrechtsanteils unverzüglich, spätestens innerhalb von sieben Kalendertagen, veröffentlichen. Innerhalb von vier Wochen nach dieser Veröffentlichung hat der Bieter der BaFin eine Angebotsunterlage zu übermitteln und nach Genehmigung der Angebotsunterlage durch die BaFin ein Angebot zu veröffentlichen („**Pflichtangebot**"). Eine solche Verpflichtung besteht nicht, wenn die Kontrolle über die Zielgesellschaft aufgrund eines Übernahmeangebots erworben wurde (§ 35 WpÜG).

Käufe über die Börse und sog. „Paketkäufe", bei denen ein Kontrollerwerb stattfindet, führen zum Pflichtangebot. Letztere sind wohl der typische Fall der Auslösung des Pflichtangebots. Entsprechende Käufe präjudizieren aber auch die Gegenleistung (vgl. unten Rn. 1951 und oben Rn. 1912 ff. sowie § 31 WpÜG). 1931

Auch mittelbare Kontrollerwerbe und Kontrollerwerbe durch Verschmelzung oder Spaltung führen zu einer Angebotspflicht. 1932

Die Zurechnungstatbestände des § 30 WpÜG (vgl. oben Rn. 1874) sind zu berücksichtigen. Insoweit ist besonders auf § 30 Abs. 2 WpÜG hinzuweisen. Nach dieser Vorschrift werden dem Bieter Stimmrechte von Aktionären zugerechnet, mit denen er bzw. eines seiner Tochterunternehmen „sein Verhalten in Bezug auf die Zielgesellschaft aufgrund einer Vereinbarung oder in sonstiger Weise abstimmt" (**Acting in Concert**). Ausgenommen sind nur Vereinbarungen in Einzelfällen. 1933

Vom Anwendungsbereich des Acting in Concert sind in erster Linie Vereinbarungen über die Ausübung von Stimmrechten (§ 30 Abs. 2 S. 2 Alt. 1 WpÜG) in der Hauptversammlung der Zielgesellschaft erfasst.[1263] 1934

Erforderlich ist allerdings eine bewusste Zusammenarbeit mit dem Ziel, die Mitgliedschaftsrechte koordiniert und kontinuierlich auszuüben sowie nachhaltig Einfluss zu nehmen.[1264] 1935

Punktuelle Einflussnahmen auf den Emittenten gelten daher grundsätzlich nicht als abgestimmtes Verhalten. So sind regelmäßig weder einzelne Abstimmungen über unterschiedliche Gegenstände noch wiederholte Abstimmungen zum selben Sachverhalt vom Zurechnungstatbestand erfasst.[1265] Hier ist jedoch eine gewisse Vorsicht geboten, da die BaFin in ihrer Verwaltungspraxis stets eine Analyse des Einzelfalls vornimmt,[1266] ohne dass bei bestimmten Maßnahmen ein Acting in Concert zwingend ausgeschlossen werden kann. 1936

Seit 2008 erfüllt neben Abstimmungen über die Ausübung von Stimmrechten in der Hauptversammlung auch ein sonstiges Zusammenwirken mit dem Ziel einer dauerhaften und erheblichen Änderung der unternehmerischen 1937

1263) BGH ZIP 2006, 2077.
1264) OLG Frankfurt/M. ZIP 2004, 1309; vgl. auch *Seibt*, ZIP 2004, 1831; *Schockenhoff/Schuhmann*, ZGR 2005, 568.
1265) Vgl. Bericht des Finanzausschusses zum Risikobegrenzungsgesetz, BT-Drucks. 16/9821, S. 12; *v. Bülow/Stephanblome*, ZIP 2008, 1799.
1266) BaFin-Journal 4/2010, 4.

Ausrichtung der Zielgesellschaft den Tatbestand des Acting in Concert (§ 30 Abs. 2 S. 2 Alt. 2 WpÜG). Hiervon sollen nur Maßnahmen erfasst werden, die erheblich und zugleich auf eine dauerhafte Wirkung gerichtet sind (z. B. Änderung des Geschäftsmodells, Trennung von wesentlichen Geschäftsbereichen).[1267] Nach Ansicht der BaFin ist die Einzelfallausnahme hier unanwendbar.[1268]

1938 Der Abschluss eines Konsortialvertrags oder auch ein allgemein abgestimmtes Verhalten kann damit zum Kontrollerwerb und Pflichtangebot bzw. bei dessen Unterlassung zum Rechtsverlust führen. Allerdings reicht allein ein abgestimmter Aktienerwerb hierfür nicht aus.[1269]

1939 Ein Verstoß gegen die Pflichten aus § 35 WpÜG, die Veröffentlichung der Kontrollerlangung und die Nichtabgabe des Pflichtangebots ist mit Bußgeld bis zu 1 Mio. € bewehrt (§ 60 Abs. 1 Nr. 1a i. V. m. § 60 Abs. 3 WpÜG). Außerdem bestehen Rechte aus eigenen und nach § 30 WpÜG zugerechneten Aktien des Kontrollaktionärs und der mit ihm gemeinsam handelnden Personen solange nicht, als die Pflichten aus § 35 WpÜG nicht erfüllt werden (§ 59 WpÜG). Die rechtswidrige Unterlassung des Pflichtangebots führt damit u. a. zum Verlust des Dividendenbezugsrechts und des Stimmrechts. Hieraus können sich genauso wie beim Verstoß gegen Stimmrechtsmeldepflichten (vgl. unten Rn. 2042 ff.), Anfechtungstatbestände für Hauptversammlungsbeschlüsse ergeben.

(2) Nichtberücksichtigung von Stimmrechten

1940 Auch wenn eine Person 30 % der Stimmrechte an einer Zielgesellschaft erreicht oder überschritten hat, kann eine Angebotspflicht entfallen. Dies sind die Fälle der Nichtberücksichtigung von Stimmrechten nach § 36 WpÜG sowie der Befreiung nach § 37 WpÜG (vgl. hierzu Rn. 1945 ff.).

1941 Gem. § 36 WpÜG lässt die BaFin auf schriftlichen Antrag zu, dass Stimmrechte aus Aktien der Zielgesellschaft bei der Berechnung des Stimmrechtsanteils unberücksichtigt bleiben, wenn diese durch

- Erbgang oder Schenkung zwischen Ehegatten, Lebenspartnern oder Verwandten in gerader Linie (bis zum dritten Grade) bzw. Scheidung,
- Rechtsformwechsel oder
- Umstrukturierungen innerhalb eines Konzerns

erlangt wurden.

1267) Vgl. Bericht des Finanzausschusses zum Risikobegrenzungsgesetz, BT-Drucks. 16/9821, S. 12; *v. Bülow/Stephanblome*, ZIP 2008, 1798.
1268) Vgl. BaFin-Präsentation „Bedeutende Stimmrechtsanteile" zur Informationsveranstaltung der BaFin zur Überwachung von Unternehmensabschlüssen und zu den Transparenzpflichten v. 25.11.2009.
1269) Vgl. Bericht des Finanzausschusses zum Risikobegrenzungsgesetz, BT-Drucks. 16/9821, S. 11; *v. Bülow/Stephanblome*, ZIP 2008, 1799; *Gätsch/Schäfer*, NZG 2008, 848.

Die letztgenannte Alternative hat in der Praxis die größte Bedeutung. Für 1942 deren Anwendbarkeit ist unerheblich, ob die Übertragung der Aktien innerhalb des Konzerns durch einfaches Rechtsgeschäft oder aufgrund einer umwandlungsrechtlichen Maßnahme erfolgte.

Das Gesetz sieht für die Antragstellung keine Frist vor. Da die Veröffentlichung 1943 der Kontrollerlangung nach § 35 Abs. 1 WpÜG unverzüglich, spätestens innerhalb von sieben Kalendertagen nach Kenntnis der Kontrollerlangung zu erfolgen hat, ist im Hinblick auf den etwaigen Rechtsverlust nach § 59 WpÜG anzuraten, den Antrag innerhalb dieses Zeitraums zu stellen. Die Entscheidung der BaFin ist eine gebundene, d. h. bei Vorliegen der vorgenannten Voraussetzungen steht der BaFin kein Ermessensspielraum zu.

Ob ein Antrag nach § 36 WpÜG im Hinblick auf den Rechtsverlust nach 1944 § 59 WpÜG Suspensiveffekt hat, ist obergerichtlich nicht entschieden. Sinnvollerweise ist davon auszugehen.[1270]

(3) Befreiungsmöglichkeiten

Die BaFin kann gem. § 37 WpÜG darüber hinaus insgesamt von der Ver- 1945 pflichtung zur Veröffentlichung und zur Abgabe eines Angebots befreien. Hierzu bedarf es eines schriftlichen Antrags, der spätestens innerhalb von sieben Tagen nach Kenntnis oder Kennenmüssen der Kontrollsituation gestellt werden muss. Ferner ist erforderlich, dass eine solche Befreiung im Hinblick auf

- die Art der Erlangung der Kontrolle,
- die mit der Erlangung der Kontrolle beabsichtigte Zielsetzung,
- ein nach der Erlangung der Kontrolle erfolgendes Unterschreiten der Kontrollgrenze,
- die Beteiligungsverhältnisse an der Zielgesellschaft oder
- die tatsächliche Möglichkeit zur Ausübung der Kontrolle

gerechtfertigt erscheint. Dabei sind die Interessen des Antragstellers und die Interessen der Inhaber der Aktien der Zielgesellschaft zu berücksichtigen und gegeneinander abzuwägen.

Die Antragsfrist von sieben Tagen ist außerordentlich kurz und kann leicht 1946 versäumt werden. Die Befreiung ist eine Ermessensentscheidung der BaFin.

Die Befreiungsgründe sind in § 9 WpÜG-AngebotsVO näher – jedoch nicht 1947 abschließend – dargelegt. Sie bestehen insbesondere bei Kontrollerlangung

- durch Erbschaft oder Schenkung (ohne familiäre Beziehung i. S. d. § 36 WpÜG),

---

1270) Vgl. auch LG München I ZIP 2004, 168; *Meyer/Lipsky*, NZG 2009, 1092.

- im Zusammenhang mit der Sanierung der Zielgesellschaft,
- zum Zwecke der Forderungssicherung,
- aufgrund einer Verringerung der Gesamtzahl der Stimmrechte (Einziehung von Aktien) oder
- bei einem unbeabsichtigten Überschreiten der Kontrollschwelle, wenn diese unverzüglich wieder unterschritten wird.

1948 Häufig werden Anträge nach § 37 WpÜG im Hinblick auf die Sanierung der Zielgesellschaft gestellt. Die BaFin erteilt eine Befreiung in diesem Zusammenhang nur, wenn die Zielgesellschaft sanierungsbedürftig ist, der Bieter ein Sanierungskonzept vorlegt und einen eigenen Beitrag zur Sanierung der Zielgesellschaft leistet.[1271]

1949 Eine Befreiung kann auch erteilt werden, wenn ein Dritter über einen höheren Stimmrechtsanteil verfügt oder aufgrund der Präsenz in den letzten drei zurückliegenden ordentlichen Hauptversammlungen nicht zu erwarten ist, dass der Bieter in der Hauptversammlung über mehr als 50 % der vertretenen Stimmrechte verfügen wird.

1950 Dies gilt auch, wenn aufgrund der Erlangung der Kontrolle über eine Gesellschaft mittelbar die Kontrolle an einer börsennotierten Zielgesellschaft erlangt wurde und der Buchwert der Beteiligung der Gesellschaft an der Zielgesellschaft weniger als 20 % des buchmäßigen Aktivvermögens der Gesellschaft beträgt.

(4) Gegenleistung

1951 Hinsichtlich der Gegenleistung gelten die unter Rn. 1912 ff. angesprochenen Regelungen. Vor- und Nacherwerbe sind kritisch auf ihre Auswirkungen hin zu überprüfen.

1952 Bei Verstoß gegen die Angebotspflicht entsteht darüber hinaus ein Zinsanspruch für die Dauer des Verstoßes von 5 Prozentpunkten über dem Basiszinssatz (§ 247 BGB) p. a. auf die Gegenleistung (vgl. § 38 WpÜG).

(5) Anwendbarkeit der Vorschriften für einfache Erwerbsangebote und Übernahmeangebote

1953 Die Vorschriften für einfache Erwerbsangebote und Übernahmeangebote sind – soweit sie den Regeln des Pflichtangebots nicht widersprechen – ergänzend anzuwenden. Das WpÜG enthält insoweit eine detaillierte technische Verweisungsregelung.

[1271] Vgl. im Einzelnen *Klepsch/Kiesewetter*, BB 2007, 1403; *Hasselbach/Hoffmann*, DB 2009, 327.

Kapitel XXII. Besonderheiten bei der börsennotierten Aktiengesellschaft

Abgesehen von der Erteilung von Kartellfreigaben, anderer zwingend notwendiger öffentlich-rechtlicher Genehmigungen – und wohl der Eintragung notwendiger Kapitalmaßnahmen bei Tauschangeboten – ist es unzulässig, die Durchführung des Pflichtangebots von Angebotsbedingungen abhängig zu machen). 1954

ff) Rechtsschutz

Der Rechtsschutz Dritter im Bereich des WpÜG ist relativ wenig ausgeprägt.[1272] 1955

Im Hinblick auf ihre Maßnahmen hat die BaFin einen der gerichtlichen Kontrolle weitgehend entzogenen Ermessensspielraum. So steht den Aktionären gegen den Gestattungsbescheid der BaFin im Rahmen eines Übernahmeangebots – etwa mit dem Argument, der Preis sei zu niedrig – kein Rechtsschutz nach dem WpÜG zu. Das WpÜG sieht weder ein Antrags- oder sonstiges Beschwerderecht der Aktionäre vor noch gewährt es den Aktionären subjektiv-öffentliche Rechte, auf die sie eine Beschwerde stützen könnten.[1273] Auch im Bereich der Befreiung vom Pflichtangebot hat ein Aktionär im Verfahren vor der BaFin regelmäßig kein Recht auf Hinzuziehung. Das WpÜG entfaltet insoweit keine drittschützende Wirkung.[1274] Verfassungsrechtlich kann es allerdings geboten sein, auch einzelnen, am Verfahren vor der BaFin nicht beteiligten Dritten eine Rechtsschutzmöglichkeit gegenüber Entscheidungen dieser Behörde einzuräumen, wenn die in den Angebotsunterlagen enthaltenen Angaben offensichtlich gegen Vorschriften des WpÜG verstoßen.[1275] 1956

Zudem steht einem Aktionär zivilrechtlich kein Anspruch auf Abgabe eines (unterlassenen) Pflichtangebots oder ein Anspruch auf Abnahme seiner Aktien entsprechend einem abzugebenden Pflichtangebot bzw. Schadensersatz wegen unterlassenen Pflichtangebots gegen einen Kontrollaktionär zu.[1276] Wurde hingegen ein Übernahme- oder Pflichtangebot abgegeben, das nicht dem Mindestpreis i. S. d. § 31 WpÜG entsprach (d. h. dem gewichteten Dreimonatsdurchschnittskurs vor Ankündigung des Angebots sowie den höchsten Vorerwerbspreis im Zeitraum von sechs Monaten vor Veröffentlichung der Angebotsunterlage; vgl. Rn. 1913), steht einem Aktionär, der ein solches Angebot angenommen hat, ein Anspruch gegen den Bieter auf Zahlung des Differenzbetrages zu.[1277] 1957

Ein unterlassenes Pflichtangebot führt des Weiteren gem. § 59 WpÜG zum Verlust der Rechte aus den Aktien (Mitverwaltungs- und Vermögensrechte) 1958

1272) Vgl. zum Rechtsschutz ausführlich *Pohlmann*, ZGR 2007, 1.
1273) OLG Frankfurt/M. ZIP 2003, 1392 = BB 2003, 2589; OLG Frankfurt/M. ZIP 2012, 270 = NZG 2012, 302, dazu EWiR 2012, 191 *(Wackerbarth)*.
1274) OLG Frankfurt/M. ZIP 2003, 2208.
1275) BVerfG ZIP 2004, 950 = NZG 2004, 617.
1276) BGH ZIP 2013, 1565, dazu EWiR 2013, 757 *(Paschos/H. Witte)*.
1277) BGH ZIP 2014, 1623 = NZG 2014, 985.

desjenigen, der das Pflichtangebot hätte machen müssen, d. h. des Kontrollaktionärs. Vom **Rechtsverlust** umfasst sind auch Aktien gemeinsam handelnder Personen und Aktien, die den Vorgenannten nach § 30 WpÜG zugerechnet werden. Mit diesen Aktien kann daher auch in der Hauptversammlung nicht abgestimmt werden. Etwaige Hauptversammlungsbeschlüsse, die unter Ausübung dieser Stimmrechte zustande gekommen sind, können angefochten werden.[1278] Wurden von der Zielgesellschaft an den „pflichtvergessenen" Aktionär Dividenden ausgeschüttet, obwohl diese wegen des Rechtsverlusts nach § 59 WpÜG nicht bestanden, sind diese von der Gesellschaft zurückzufordern (§ 62 AktG).

1959 Der aufgrund des unterlassenen Pflichtangebots eingetretene Rechtsverlust lässt sich nur durch Nachholung des Pflichtangebots, Befreiung (vgl. oben Rn. 1945 ff.), oder Nichtberücksichtigung von Stimmrechten gem. § 36 WpÜG beseitigen. Ist die kurze Frist für die Befreiung (sieben Tage) abgelaufen, bleibt als praktische Lösung nur der Verkauf der Aktien, auch wenn die Angebotspflicht hierdurch nicht entfällt. Der Rechtsverlust geht nicht mit über.

2. Nachfolgende Strukturmaßnahmen

1960 Im Rahmen eines Übernahme- oder Pflichtangebots erlangt der Bieter in aller Regel nicht 100 % der Aktien der Zielgesellschaft. Um die Einflussmöglichkeiten auf die Zielgesellschaft weiter zu erhöhen, stehen insbesondere die im Folgenden beschriebenen Strukturmaßnahmen zur Verfügung.

a) Beherrschungs- und Gewinnabführungsvertrag

1961 Beherrschungs- und Gewinnabführungsverträge sind Organisationsverträge. Sie greifen tief in die rechtliche Struktur der Gesellschaft ein und sorgen dafür, dass das Unternehmen an den fremden Interessen des anderen Vertragsteils ausgerichtet wird.[1279]

aa) Begriff und Wirkung

1962 Durch einen Beherrschungsvertrag unterstellt eine AG, eine KGaA oder eine SE die Leitung ihrer Gesellschaft gem. § 291 Abs. 1 S. 1 Alt. 1 AktG einem anderen Unternehmen. Die Leitung wird dabei in der Regel dem Mehrheitsaktionär unterstellt. Durch den Beherrschungsvertrag erhält dieser nach § 308 AktG ein unmittelbares Weisungsrecht gegenüber dem Vorstand der abhängigen Aktiengesellschaft. Hierdurch wird die Unabhängigkeit des Vorstands der beherrschten Gesellschaft nach § 76 AktG gegenüber dem Mehr-

---

1278) OLG Frankfurt/M. AG 2010, 41; Assmann/Pötzsch/Schneider/*Assmann*, WpÜG, § 59 Rn. 44; BGH AG 2006, 503 (zum Rechtsverlust nach § 20 Abs. 7 AktG).
1279) MünchKomm-AktG/*Altmeppen*, § 291 Rn. 25; *Emmerich*, in: Emmerich/Habersack, Aktien- und GmbH-Konzernrecht, § 291 Rn. 25 und 52; Hüffer/*Koch*, AktG, 12. Aufl., § 291 Rn. 17.

heitsaktionär außer Kraft gesetzt. Dem herrschenden Unternehmen ist es durch den Beherrschungsvertrag gem. § 308 Abs. 1 S. 2 AktG insbesondere möglich, Weisungen zu erteilen, die vorteilhaft für das herrschende Unternehmen sind, für das beherrschte Unternehmen hingegen nachteilig erscheinen.

Durch einen Gewinnabführungsvertrag verpflichtet sich eine AG, KGaA oder SE nach § 291 Abs. 1 S. 1 Alt. 2 AktG, ihren gesamten Gewinn an ein anderes Unternehmen abzuführen. Sowohl bei einem Beherrschungs- als auch bei einem Gewinnabführungsvertrag ist das herrschende Unternehmen nach § 302 AktG dazu verpflichtet, eventuelle Verluste der AG, KGaA oder SE auszugleichen. **1963**

In der Praxis werden der Beherrschungsvertrag und der Gewinnabführungsvertrag häufig miteinander kombiniert.[1280] Durch die damit einhergehende Überwindung der Vorstandsautonomie sowie den Entzug der finanziellen Selbstständigkeit wird die Gesellschaft faktisch so eng an den anderen Vertragsteil gebunden, dass eine Wirkung entsteht, die der der tatsächlichen Eingliederung sehr nahe kommt. **1964**

bb) Vertragspartner

(1) Untergesellschaft

Bei einem Unternehmensvertrag nach § 291 Abs. 1 S. 1 AktG wird in die Organisationsstruktur der Untergesellschaft eingegriffen, in dem sie sich vertraglich unter fremde Leitung stellt oder zur Gewinnabführung verpflichtet. Untergesellschaft können nach § 291 Abs. 1 S. 1 AktG eine AG und eine KGaA sein. Nach Art. 9 Abs. 1 lit. c ii SE-VO[1281] gilt für die SE, sofern keine spezielleren Regeln gegeben sind, das Recht des Sitzstaates, so dass auch eine SE mit Sitz in Deutschland Untergesellschaft eines Unternehmensvertrags nach § 291 Abs. 1 S. 1 AktG sein kann. Darüber hinaus ist allgemein anerkannt, dass auch die GmbH in entsprechender Anwendung von § 291 Abs. 1 S. 1 AktG als Untergesellschaft Vertragspartner eines Unternehmensvertrages sein kann.[1282] Gleiches gilt für Genossenschaften.[1283] **1965**

(2) Obergesellschaft

Für die Obergesellschaft als anderen Vertragsteil ist es nach § 291 Abs. 1 S. 1 AktG erforderlich, dass es sich um ein anderes „**Unternehmen**" handelt. Die Unternehmensqualität richtet sich dabei nach § 15 AktG. Dieser aktienrecht- **1966**

1280) Hüffer/*Koch*, AktG, 12. Aufl., § 291 Rn. 24; Spindler/Stilz/*Veil*, AktG, § 291 Rn. 40; Hölters/*Deilmann*, AktG, § 291 Rn. 43.
1281) Verordnung (EG) Nr. 2157/2001 des Rates vom 8.10.2001.
1282) BGH ZIP 1992, 395 = NJW 1992, 1452; Spindler/Stilz/*Veil*, AktG, § 291 Rn. 4; Hölters/*Deilmann*, AktG, § 291 Rn. 6.
1283) Umstritten ist hingegen, ob auch Personengesellschaften und Anstalten des öffentlichen Rechts Untergesellschaften eines Unternehmensvertrags sein können, vgl. insoweit Hölters/*Deilmann*, AktG, § 291 Rn. 7 m. w. N.

liche Unternehmensbegriff weist dabei keine starre Ausprägung auf, sondern ist abhängig vom jeweiligen Schutzzweck.[1284] Dies erfordert, dass die Obergesellschaft neben ihrer Beteiligung an der Untergesellschaft weitere wirtschaftliche Interessenbindungen aufweist, die stark genug sind, um die ernste Besorgnis zu begründen, die Obergesellschaft könne um ihretwillen ihren Einfluss zum Nachteil der Gesellschaft geltend machen.[1285] Obergesellschaft kann jede in- und ausländische Gesellschaft unabhängig von ihrer Rechtsform sein. Auch natürliche Personen kommen als Unternehmen i. S. d. § 291 Abs. 1 S. 1 AktG in Betracht, wenn sie das vorgenannte Erfordernis einer anderweitigen Interessenbindung erfüllen.[1286]

cc) Angemessener Ausgleich und Abfindung

1967   Nach § 304 Abs. 1 AktG muss ein Gewinnabführungsvertrag einen angemessenen Ausgleich für die außenstehenden Aktionäre durch eine auf die Anteile am Grundkapital bezogene wiederkehrende Geldleistung (**Ausgleichszahlung**) vorsehen. Ein Beherrschungsvertrag muss, wenn nicht gleichzeitig ein Gewinnabführungsvertrag geschlossen wird/besteht, den außenstehenden Aktionären als angemessenen Ausgleich einen bestimmten jährlichen Gewinnanteil nach der für die Ausgleichszahlung bestimmten Höhe garantieren (sog. **Garantiedividende**).

1968   Zudem muss ein Beherrschungs- oder ein Gewinnabführungsvertrag gem. § 305 Abs. 1 AktG die Verpflichtung des anderen Vertragsteils enthalten, auf Verlangen eines außenstehenden Aktionärs dessen Aktien gegen eine im Vertrag bestimmte angemessene **Abfindung** zu erwerben. Gem. § 305 Abs. 2 Nr. 1 AktG muss die Abfindung in Form von Aktien der Obergesellschaft gewährt werden, sofern diese eine nicht abhängige und nicht in Mehrheitsbesitz stehende AG, KGaA oder SE[1287] mit Sitz in einem Mitgliedstaat der Europäischen Union oder in einem anderen Vertragsstaat des Abkommens über den Europäischen Wirtschaftsraum ist. Sofern sie eine abhängige oder in Mehrheitsbesitz stehende AG oder KGaA mit Sitz in einem Mitgliedstaat der EU oder in einem anderen Vertragsstaat des Abkommens über den EWR ist, kann die Abfindung gem. § 305 Abs. 2 Nr. 2 AktG in Form von Aktien oder als Barabfindung erfolgen. Andernfalls ist gem. § 305 Abs. 2 Nr. 3 AktG eine angemessene Barabfindung zu gewähren.

1284) Hüffer/*Koch*, AktG, 12. Aufl., § 15 Rn. 9; Hölters/*Hirschmann*, AktG, § 15 Rn. 4.
1285) BGH NJW 1978, 104; BGH NJW 1979, 2401; BGH ZIP 2001, 1323 = NJW 2001, 2973, dazu EWiR 2001, 1079 *(Kort)*.
1286) *Emmerich*, in: Emmerich/Habersack, Aktien- und GmbH-Konzernrecht, § 291 AktG Rn. 9 f.; MünchKomm-AktG/*Altmeppen*, § 291 Rn. 21.
1287) Auf die SE, die das herrschende Unternehmen bei einem Unternehmensvertrag darstellt, finden die Regelungen zum Ausgleich und Abfindung i. S. der §§ 304 und 305 AktG ohne Abweichung Anwendung, *Maul* in: Theisen/Wenz, Die Europäische Aktiengesellschaft, S. 488.

Die Angemessenheit von Ausgleich und Abfindung unterliegen der Prüfung 1969
durch den Vertragsprüfer (vgl. unten Rn. 1971) und kann im Rahmen des
Spruchverfahrens gerichtlich überprüft werden (vgl. unten Rn. 1981).

dd) Verfahren

(1) Vertragsbericht und Prüfung des Unternehmensvertrags

Die §§ 293a ff. AktG sollen gewährleisten, dass die Aktionäre der beteiligten 1970
Gesellschaften ausreichend über den geplanten Abschluss des Unternehmensvertrags informiert werden. Hierzu sind zunächst die Vorstände der beteiligten
Gesellschaften nach § 293a AktG verpflichtet, einen ausführlichen schriftlichen
Bericht an die Hauptversammlung zu erstatten. Der Bericht muss insbesondere auf die wirtschaftlichen Grundlagen eingehen, da diese den Anknüpfungspunkt für die Ausgleichs- und Abfindungsansprüchen nach §§ 304, 305 AktG
darstellen.[1288] Die Abfassung eines gemeinsamen Berichts der Vorstände beider
Unternehmen ist nach § 293a Abs. 1 S. 1 AktG möglich und in der Praxis
üblich.

Darüber hinaus ist nach § 293b AktG der Unternehmensvertrag von einem 1971
oder mehreren gerichtlich bestellten Vertragsprüfer(n) zu prüfen. Die Vertragsprüfer haben insbesondere die Angemessenheit der Ausgleichs- und Abfindungsansprüche nach §§ 304, 305 AktG zu prüfen und nach § 293e AktG
einen Prüfungsbericht anzufertigen. Sowohl der Bericht des Vorstands als
auch der Prüfungsbericht des Vertragsprüfers sind nach § 293f Abs. 1 Nr. 3
AktG von der Einberufung der Hauptversammlung an, die über die Zustimmung zu dem Unternehmensvertrag beschließen soll, in dem Geschäftsraum
jeder der beteiligten Gesellschaften zur Einsicht der Aktionäre auszulegen.

(2) Beschlussfassung in der Hauptversammlung und Eintragung

Der Unternehmensvertrag muss nach § 293 Abs. 3 AktG schriftlich geschlossen 1972
werden und bedarf nach § 293 Abs. 1 S. 1 AktG der Zustimmung der Hauptversammlung der Untergesellschaft. Erforderlich hierzu ist nach § 293 Abs. 1
S. 2 AktG ein Beschluss der Hauptversammlung mit einer Mehrheit, die
mindestens drei Viertel des bei der Beschlussfassung vertretenen Grundkapitals
umfasst. Ist als Obergesellschaft eine Aktiengesellschaft oder eine Kommanditgesellschaften auf Aktien beteiligt, ist für die Wirksamkeit des Vertrags
nach § 293 Abs. 2 AktG auch die Zustimmung der Hauptversammlung dieser
Gesellschaft notwendig. Analog § 293 Abs. 2 AktG ist auch bei einer GmbH
oder KG als Obergesellschaft die Zustimmung von deren Gesellschafterversammlung erforderlich.[1289] Anschließend ist der Unternehmensvertrag nach
§ 294 AktG vom Vorstand zum Handelsregister anzumelden. Diese Pflicht
trifft den Vorstand der Untergesellschaft, da der Abschluss des Unterneh-

---

1288) *Liebscher*, in: Happ, Konzern- und Umwandlungsrecht, Rn. 16.2.
1289) Hüffer/*Koch*, AktG, 12. Aufl., § 293 Rn. 18a m. w. N.

mensvertrags nur hier zu einer Strukturänderung führt. Bei dem Handelsregister der Obergesellschaft erfolgt hingegen keine Eintragung.[1290]

ee) Rechtsschutz

(1) Anfechtungs- und Nichtigkeitsklage

1973   Aktionäre können gegen den Zustimmungsbeschluss der Hauptversammlung im Wege der Anfechtungs- und Nichtigkeitsklage (§§ 243 ff., 241 f. AktG) gerichtlich vorgehen.

1974   Die Anfechtungsklage ist nach § 246 Abs. 1 AktG innerhalb eines Monats nach der Beschlussfassung in der Hauptversammlung zu erheben. Nach § 246 Abs. 4 S. 1 AktG ist die Erhebung der Klage von dem Vorstand der Gesellschaft unverzüglich in den Gesellschaftsblättern bekannt zu machen. Klagebefugt ist ein Aktionär nach § 245 Nr. 1 AktG, wenn er bereits vor der Bekanntmachung der Tagesordnung Aktionär der Gesellschaft war. Die Anfechtungsklage ist begründet, wenn einer der Anfechtungsgründe des § 243 AktG vorliegt.

1975   Neben der Anfechtungsklage steht den Aktionären auch die Nichtigkeitsklage gegen den Zustimmungsbeschluss zur Verfügung. Die Nichtigkeitsgründe sind abschließend in den §§ 241, 250, 253 und 256 AktG aufgezählt. Der Unternehmensvertrag ist etwa nach § 304 Abs. 3 S. 1 AktG nichtig, wenn dieser keinen Ausgleichsanspruch vorsieht.

1976   Ist die Klage begründet, erklärt das Gericht den Hauptversammlungsbeschluss für nichtig (Anfechtungsklage) bzw. stellt die Nichtigkeit fest (Nichtigkeitsklage).

1977   Die Anfechtung des Beschlusses kann nicht darauf gestützt werden, dass der im Unternehmensvertrag festgesetzte Ausgleich nicht angemessen ist (§ 304 Abs. 3 AktG) oder der Unternehmensvertrag keine oder eine unangemessene Abfindung vorsieht (§ 305 Abs. 5 AktG). Hierfür steht die Überprüfung im Spruchverfahren zur Verfügung (vgl. hierzu unten Rn. 1981).

(2) Freigabeverfahren

1978   Im Falle einer Klage gegen einen Unternehmensvertrag kann die Gesellschaft nach § 246a AktG einen Antrag auf Feststellung beim zuständigen Oberlandesgericht stellen, dass die Klageerhebung der Eintragung des Unternehmensvertrags nicht entgegensteht und dass Mängel des Hauptversammlungsbeschlusses die Wirkung der Eintragung unberührt lassen. Ziel ist es hierbei, vor Abschluss des Hauptsacheverfahrens die Eintragung des Unternehmensvertrages im Handelsregister und damit dessen Wirksamkeit zu erreichen.

1290) MünchKomm-AktG/*Altmeppen*, § 294 Rn. 7; Hüffer/*Koch*, AktG, 12. Aufl., § 294 Rn. 2.

Das Oberlandesgericht entscheidet gem. § 246a Abs. 2 AktG zugunsten der Gesellschaft, sofern die Klage im Hauptsacheverfahren unzulässig oder offensichtlich unbegründet ist, der Kläger nicht binnen einer Woche nach Zustellung des Antrags durch Urkunden nachgewiesen hat, dass er seit Bekanntmachung der Einberufung einen anteiligen Betrag von mindestens 1.000 € des Grundkapitals hält oder das alsbaldige Wirksamwerden des Hauptversammlungsbeschlusses vorrangig erscheint, weil die vom Antragsteller dargelegten wesentlichen Nachteile für die Gesellschaft und ihre Aktionäre nach freier Überzeugung des Gerichts die Nachteile für den Antragsgegner überwiegen, es sei denn, es liegt eine besondere Schwere des Rechtsverstoßes vor. 1979

Die Entscheidung ergeht durch unanfechtbaren Beschluss, der nach § 246a Abs. 3 S. 4 AktG für das Registergericht bindend ist. Darüber hinaus wirkt die Feststellung der Bestandskraft nach § 246a Abs. 3 S. 5 AktG für und gegen jedermann. Auch der spätere Erfolg einer Anfechtungs- oder Nichtigkeitsklage hat danach keine Auswirkungen mehr auf die Eintragung. Der Aktionär kann lediglich Ersatz für seinen Vermögensschaden verlangen.[1291] 1980

(3) Spruchverfahren

Sofern Aktionäre die Angemessenheit von Ausgleich und Abfindung nach §§ 304, 305 AktG überprüfen lassen möchten, kommt hierfür das Spruchverfahren nach dem SpruchG[1292] in Betracht. Die Anfechtungsklage kann hingegen nicht auf einen unangemessenen Ausgleich bzw. unangemessene Abfindung gestützt werden.[1293] Die Wirksamkeit des Unternehmensvertrages wird durch die Einleitung des Spruchverfahrens nicht berührt. 1981

Für das Spruchverfahren ist das Landgericht, in dessen Bezirk die Untergesellschaft ihren Sitz hat, zuständig (§ 2 Abs. 1 SpruchG). Das Gericht entscheidet über die Angemessenheit durch Beschluss (§ 11 Abs. 1 SpruchG), gegen den die Beschwerde zum Oberlandesgericht möglich ist (§ 12 SpruchG). 1982

b) Squeeze-out

Unter einem Squeeze-out ist die zwangsweise Übertragung von Aktien an einer AG, KGaA oder SE von den Minderheitsaktionären auf den sog. Hauptaktionär 1983

1291) *Emmerich*, in: Emmerich/Habersack, Aktien- und GmbH-Konzernrecht, § 246a AktG Rn. 57; *Drescher*, in: Hensslser/Strohn, Gesellschaftsrecht, § 246a AktG Rn. 17 ff.
1292) Gesetz über das gesellschaftsrechtliche Spruchverfahren, vom 12.6.2003, BGBl I, 838.
1293) Vgl. *Emmerich*, in: Emmerich/Habersack, Aktien- und GmbH-Konzernrecht, § 293 Rn. 50; *Liebscher*, in: Happ, Konzern- und Umwandlungsrecht, Rn. 24.3.

kraft Gesetzes zu verstehen.[1294] Zu unterscheiden sind der aktienrechtliche (vgl. unten Rn. 1984 ff.), der umwandlungsrechtliche (vgl. unten Rn. 1993 ff.) und der übernahmerechtliche Squeeze-out (vgl. unten Rn. 2005 ff.).

aa) Aktienrechtlicher Squeeze-out

(1) Voraussetzungen

1984 Nach § 327a AktG erfordert der aktienrechtliche Squeeze-out einen entsprechenden Hauptversammlungsbeschluss, der auf Verlangen des Hauptaktionärs erfolgt. **Hauptaktionär** kann jeder Aktionär einer AG, KGaA oder SE sein, der direkt oder indirekt 95 % des Grundkapitals der Gesellschaft hält.[1295] Da bei der Berechnung allein das Verhältnis zum Grundkapital ausschlaggebend ist, sind bei der Bestimmung, ob einem Aktionär die Hauptaktionärseigenschaft zukommt, sowohl Stammaktien als auch Vorzugsaktien ohne Stimmrecht zu berücksichtigen.[1296] Die Rechtsform des Aktionärs spielt dabei keine Rolle. Er kann sowohl eine natürliche Person als auch eine in- oder ausländische Gesellschaft sein.[1297]

(2) Ablauf eines Squeeze-Out-Verfahrens

1985 Das Squeeze-out-Verfahren beginnt mit dem an den Vorstand der Gesellschaft gerichteten **Verlangen des Hauptaktionärs**, die Minderheitsaktionäre per Hauptversammlungsbeschluss auszuschließen. Der Vorstand der Gesellschaft hat daraufhin die Hauptversammlung (mit angemessener Frist zur Vorbereitung) einzuberufen und der Hauptaktionär der Hauptversammlung nach § 327c Abs. 2 S. 1 AktG schriftlich Bericht über die Voraussetzungen für die Übertragung der Aktien auf ihn und die Angemessenheit[1298] der von ihm festgesetzten Barabfindung zu erstatten. Der Vorstand der Gesellschaft

---

1294) Allgemein zum Squeeze-out: *P. Baums*, WM 2001, 1843; *Eckhold*, in: Marsch-Barner/Schäfer, Hdb. börsennotierte AG, § 63 Rn. 14 ff.; *Fleischer*, ZGR 2002, 757; *Grunewald*, ZIP 2002, 18; *Helmis*, ZBB 2003, 161; *Hohl/Auerbach*, BB 2010, 902; *Kort*, ZIP 2006, 1519; *Krieger*, BB 2002, 53; *Mertens*, AG 2002, 377; *Moser/Prüher*, FinanzBetrieb 2002, 361; *Ott*, DB 2003, 1615; *C. Schlitt*, NZG 2006, 925; *Schwichtenberg*, DStR 2001, 2075; *Sieger/Hasselbach*, ZGR 2002, 120; *Vetter*, AG 2002, 176; *Weißhaupt/Özdemir*, ZIP 2007, 2110; *Witthuhn/Giermann*, MDR 2003, 372.
1295) Zur Bestimmung, ob der Aktionär 95 % des Grundkapitals hält, gilt nach § 327a Abs. 2 AktG die konzernrechtliche Vorschrift des § 16 Abs. 2 und 4 AktG für in Mehrheitsbesitz stehende Unternehmen und mit Mehrheit beteiligte Unternehmen. Dem Aktionär werden daher auch Aktien zugerechnet, die von einem abhängigen Unternehmen gehalten werden oder von einem Dritten für Rechnung des Aktionärs oder eines von ihm abhängigen Unternehmens gehalten werden.
1296) *Oppenhoff*, in: Beck'sches Hdb. AG, § 27 Rn. 170.
1297) *Hüffer/Koch*, AktG, 12. Aufl., § 327a Rn. 10; Spindler/Stilz/*Singhof*, AktG, § 327a Rn. 15.
1298) Gem. § 327b Abs. 1 S. 1 AktG ist eine angemessene Barabfindung zu gewähren, die den vollen Wert der Aktien zum Zeitpunkt des Hauptversammlungsbeschlusses entspricht. Siehe zur Ermittlung der Abfindungshöhe, *Oppenhoff*, in: Beck'sches Hdb. AG, § 27 Rn. 171.

hat dem Hauptaktionär nach § 327b Abs. 1 S. 2 AktG alle für die Bewertung der Gesellschaft erforderlichen Informationen zur Verfügung zu stellen.

Die Angemessenheit der Barabfindung wird nach § 327b Abs. 2 S. 2 AktG durch einen oder mehrere **sachverständige Prüfer** geprüft. Der oder die Prüfer werden dabei nach § 327b Abs. 2 S. 3 AktG auf Antrag des Hauptaktionärs vom Landgericht, in dessen Bezirk die Gesellschaft ihren Sitz hat, ausgewählt und bestellt.[1299] Des Weiteren hat der Hauptaktionär dem Vorstand nach § 327b Abs. 3 AktG eine Erklärung eines in der Bundesrepublik Deutschland zum Geschäftsbetrieb befugten Kreditinstituts zu übermitteln, durch die das Kreditinstitut die Gewährleistung für die Erfüllung der Verpflichtung des Hauptaktionärs übernimmt, den Minderheitsaktionären bei Fälligkeit die festgelegte Barabfindung zu zahlen.

1986

Im Rahmen der Vorbereitung der Hauptversammlung ordnet § 327c Abs. 1 AktG an, dass die Bekanntmachung der Übertragung als Gegenstand der Tagesordnung sowohl Firma und Sitz des Hauptaktionärs, bei natürlichen Personen den Namen und die Adresse als auch die vom Hauptaktionär festgelegte Barabfindung enthalten muss. Nach § 327c Abs. 3 AktG sind vom Zeitpunkt der Einberufung an (i) der Entwurf des Übertragungsbeschlusses, (ii) die Jahresabschlüsse und Lageberichte der Gesellschaft für die letzten drei Geschäftsjahre, (iii) der Bericht des Hauptaktionärs (iv) der Prüfungsbericht des oder der sachverständigen Prüfers bzw. Prüfern in dem Geschäftsraum der Gesellschaft zur Einsicht der Aktionäre auszulegen. Darüber hinaus ist nach § 327c Abs. 4 AktG auch jedem Aktionär auf Verlangen eine kostenlose Abschrift dieser Dokumente zu erteilen. Die Auslegung und Übersendung sind nach § 327c Abs. 5 AktG entbehrlich, sofern die entsprechenden Unterlagen auf der Internetseite der Gesellschaft zugänglich sind. Die genannten Dokumente müssen nach § 327d S. 1 AktG auch während der Hauptversammlung ausliegen. Der Vorstand der Gesellschaft kann dem Hauptaktionär nach § 327d S. 2 AktG zu Beginn der Hauptversammlung die Gelegenheit geben, den Entwurf des Übertragungsbeschlusses und die Bemessung der Höhe der Barabfindung mündlich zu erläutern.

1987

Der Übertragungsbeschluss der Hauptversammlung bildet die Grundlage für den Ausschluss der Minderheitsaktionäre. Auch wenn der Hauptaktionär Aktien in Höhe von mindestens 95 % des Grundkapitals auf sich vereint, bedeutet dies nicht, dass das Verlangen des Hauptaktionärs den Hauptversammlungsbeschluss entbehrlich macht. Die Hauptversammlung muss daher den Squeeze-out ausdrücklich beschließen. Hierzu reicht jedoch die einfache Stimmenmehrheit.[1300] Bei der Abstimmung ist der Hauptaktionär stimmbe-

1988

1299) Hölters/*Müller-Michaels*, AktG, § 327b Rn. 13; *Oppenhoff*, in: Beck'sches Hdb. AG, § 27 Rn. 173.
1300) Das 95 %-Erfordernis bezieht sich daher nur auf das Verlangen des Hauptversammlungsbeschlusses nach § 327a AktG, modifiziert jedoch nicht das Mehrheitserfordernis nach § 133 Abs. 1 AktG.

rechtigt, so dass der Übertragungsbeschluss regelmäßig die erforderliche Mehrheit erlangt, da die 95 %ige Kapitalmehrheit als Voraussetzung für das Übertragungsverlangen in der Regel auch die Stimmenmehrheit vermittelt.[1301] Inhaltlich muss der Beschluss die Übertragung der Aktien der Minderheitsaktionäre umfassen und eine Barabfindung für die Minderheitsaktionäre vorsehen.[1302]

1989 Der Vorstand hat den Übertragungsbeschluss nach § 327e Abs. 1 S. 1 AktG beim Handelsregister zur **Eintragung** anzumelden. Der Anmeldung sind nach § 327e Abs. 1 S. 2 AktG die Niederschrift des Übertragungsbeschlusses und seine Anlagen in Ausfertigung oder öffentlich beglaubigter Abschrift beizufügen. Daneben hat der Vorstand nach § 327e Abs. 2 AktG i. V. m. § 319 Abs. 4 und 5 AktG eine sog. Negativerklärung abzugeben. Diese beinhaltet, dass eine Klage gegen die Wirksamkeit des Beschlusses nicht oder nicht fristgemäß erhoben, eine solche Klage rechtskräftig abgewiesen oder zurückgenommen worden ist oder das zuständige Gericht rechtskräftig festgestellt hat, dass die Erhebung der Klage der Eintragung nicht entgegensteht. Gem. § 327e Abs. 3 AktG gehen mit der Eintragung des Übertragungsbeschlusses in das Handelsregister alle Aktien der Minderheitsaktionäre auf den Hauptaktionär über. Im gleichen Zeitpunkt entsteht der Barabfindungsanspruch der (ehemaligen) Minderheitsaktionäre.[1303]

(3) Rechtsschutz

1990 Der Rechtsschutz im Rahmen des Squeeze-out weist weitreichende Parallelen zum Rechtsschutz bei Abschluss eines Unternehmensvertrages auf (vgl. oben Rn. 1973 ff.).

1991 Streitigkeiten über die Angemessenheit der Barabfindung sind dem Spruchverfahren vorbehalten. In diesem Verfahren wird jedoch lediglich – ohne Auswirkung auf die Wirksamkeit des Squeeze-out – über die Angemessenheit der Barabfindung entschieden.[1304]

1992 Außerhalb des Anwendungsbereichs des Spruchverfahrens ist die Anfechtungs- oder Nichtigkeitsklage statthaft. Der Übertragungsbeschluss wird im Falle der erhobenen Klage nur in das Handelsregister eingetragen, wenn die Klage rechtskräftig abgewiesen oder zurückgenommen worden ist (Registersperre). Daneben besteht auch im Rahmen des aktienrechtlichen Squeeze-out das Freigabeverfahren. Der Übertragungsbeschluss kann in diesem Fall ebenfalls in das Handelsregister eingetragen werden, wenn nach § 327e Abs. 2

1301) *Oppenhoff*, in: Beck'sches Hdb. AG, § 27 Rn. 176; MünchKomm-AktG/*Grunewald*, § 327a Rn. 15; Hüffer/*Koch*, AktG, 12. Aufl., § 327a Rn. 15.
1302) Hüffer/*Koch*, AktG, 12. Aufl., § 327a Rn. 13; MünchKomm-AktG/*Grunewald*, § 327a Rn. 13 ff.; Spindler/Stilz/*Singhof*, AktG, § 327a Rn. 120 ff.
1303) Münchener Hdb. GesR/*Austmann*, Bd. 4, § 74 Rn. 99 m. w. N.
1304) *Oppenhoff*, in: Beck'sches Hdb. AG, § 27 Rn. 178.

AktG i. V. m. § 319 Abs. 6 AktG festgestellt wurde, dass die Erhebung der Klage der Eintragung nicht entgegensteht.[1305]

bb) Umwandlungsrechtlicher Squeeze-out

Mit dem Inkrafttreten des Dritten Gesetzes zur Änderung des UmwG[1306] ist mit dem neuen § 62 Abs. 5 UmwG die Möglichkeit geschaffen worden, Minderheitsaktionäre im Zusammenhang mit einer Verschmelzung auch bei geringerer Beteiligung des Hauptaktionärs/übernehmenden Rechtsträgers aus der Gesellschaft auszuschließen. Während das geringere Beteiligungserfordernis eine Vereinfachung für die Initiierung des umwandlungsrechtlichen Squeeze-out bedeutet, ist die Durchführung des Verfahrens jedoch aufwendiger als bei den übrigen Verfahren. 1993

Der bedeutendste Unterschied zwischen dem aktienrechtlichen Squeeze-out liegt in der abgesenkten Mindestbeteiligung des Hauptaktionärs beim umwandlungsrechtlichen Squeeze-out. Während das aktienrechtliche Ausschlussverfahren eine Mindestbeteiligung des Hauptaktionärs von 95 % des Grundkapitals erfordert, beträgt die Mindestschwelle des umwandlungsrechtlichen Squeeze-out nach § 62 Abs. 5 S. 1 UmwG 90 % des Grundkapitals. Nach § 62 Abs. 5 S. 1 i. V. m. Abs. 1 S. 1 UmwG müssen sich die Aktien der übertragenden AG „in der Hand" der übernehmenden Gesellschaft befinden. Beim umwandlungsrechtlichen Squeeze-out muss der Hauptaktionär daher unmittelbarer Inhaber der Aktien sein. 1994

Ein weiterer grundlegender Unterschied liegt in der rechtlichen Konsequenz der Strukturmaßnahmen für die jeweils betroffene AG. Während die AG beim aktienrechtlichen Squeeze-out weiter fortbesteht, geht sie beim umwandlungsrechtlichen Squeeze-out in der aufnehmenden Gesellschaft auf. 1995

Der Anwendungsbereich des umwandlungsrechtlichen Squeeze-out ist sowohl auf der Seite des übertragenden als auch auf der Seite des übernehmenden Rechtsträgers auf die Rechtsform der AG, der KGaA oder der SE beschränkt.[1307] 1996

Der umwandlungsrechtliche Squeeze-out vereint sowohl aktienrechtliche als auch umwandlungsrechtliche Aspekte. Der Ablauf weist eine große Nähe zum aktienrechtlichen Squeeze-out auf, erfährt aufgrund der konzernverschmelzungsrechtlichen Besonderheiten jedoch Modifikationen. Das Verfahren beginnt mit dem Entwurf, bzw. dem Abschluss des Verschmelzungsver- 1997

1305) *Oppenhoff*, in: Beck'sches Hdb. AG, § 27 Rn. 177.
1306) Drittes Gesetz zur Änderung des Umwandlungsgesetzes, BGBl I 2011, Nr. 35 v. 14.7.2011, 1338.
1307) Für den übertragenden Rechtsträger ist die ausdrücklich in § 62 Abs. 5 S. 1 UmwG angeordnet. Für die übernehmende Gesellschaft ergibt sich das Erfordernis aus der Verweisung des § 62 Abs. 5 S. 1 auf Abs. 1 S. 1 UmwG. Die Anwendbarkeit auf die KGaA ergibt sich aus § 78 UmwG und auf die SE aus Art. 10 SE-VO.

trags (§§ 4 ff. UmwG) zwischen den beteiligten Gesellschaften. Mit seinem Abschluss beginnt gem. § 62 Abs. 5 S. 1 UmwG die Dreimonatsfrist, innerhalb derer der Beschluss über den Ausschluss der Minderheitsaktionäre erfolgen muss. Des Weiteren beginnen auch die Offenlegungs- und Bekanntmachungspflichten nach § 62 Abs. 5 S. 3 UmwG i. V. m. § 62 Abs. 3 UmwG und die Zuleitungsverpflichtung an den Betriebsrat nach § 62 Abs. 5 S. 3 UmwG i. V. m. § 5 Abs. 3 UmwG, so dass der Vertragsabschluss den Beginn des Verschmelzungsverfahrens markiert.[1308]

1998 Das aktienrechtliche Squeeze-out Verfahren wird grundsätzlich mit dem Übertragungsverlangen des Hauptaktionärs nach § 327a Abs. 1 S. 1 AktG eingeleitet. Trotz vereinzelt anderslautender Stimmen in der Literatur[1309] ist jedenfalls das konkrete Übertragungsverlangen auch im umwandlungsrechtlichen Squeeze-out zu fordern.[1310] Insofern ist nach § 62 Abs. 5 S. 8 UmwG i. V. m. § 327c Abs. 1 Nr. 2 AktG die Höhe der Barabfindung den Minderheitsaktionären zwingend in der Einladungsbekanntmachung mitzuteilen. Da der Verschmelzungsvertragsentwurf bzw. seine Endfassung regelmäßig keine Bestimmungen zur Barabfindung der Minderheitsaktionäre enthält, ist das konkrete Übertragungsverlangen somit zwingend erforderlich, um die Höhe der Abfindung zu beziffern.[1311]

1999 Der Vorstand der übertragenden Gesellschaft ist nach dem Eingang des konkreten Übertragungsverlangens verpflichtet, die Hauptversammlung einzuberufen. Ist der Verschmelzungsvertrag bereits abgeschlossen, hat er hierbei zu beachten, dass die Hauptversammlung nach § 62 Abs. 5 S. 1 UmwG innerhalb von drei Monaten nach dem Abschluss des Verschmelzungsvertrags stattfinden muss.

2000 Die Vorbereitung der Hauptversammlung beim umwandlungsrechtlichen Squeeze-out weist eine Vielzahl an Parallelen zum aktienrechtlichen Squeeze-out auf. Der Hauptaktionär ist nach § 62 Abs. 8 UmwG i. V. m. § 327c Abs. 2 S. 1 AktG gegenüber der Hauptversammlung verpflichtet, einen Übertragungsbericht abzugeben. Hierbei ist insbesondere auf die erforderliche Beteiligungshöhe von 90 % des Grundkapitals näher einzugehen und die Angemessenheit der Barabfindung zu erläutern. Der Hauptaktionär ist weiter zur Übermittlung der Bankgewährleistung an die Gesellschaft nach § 62 Abs. 8 UmwG i. V. m. § 327b Abs. 1 S. 1 AktG verpflichtet. Zudem ist der Hauptaktionär nach § 62 Abs. 5 S. 8 UmwG i. V. m. § 327c Abs. 2 S. 3 AktG verpflichtet, den Antrag auf gerichtliche Bestellung des Angemessenheitsprüfers bzw. der Angemessenheitsprüfer zu stellen. Der bzw. die Angemessenheitsprüfer überprüft bzw. überprüfen gem. § 62 Abs. 5 S. 8 UmwG i. V. m. § 327c

---

1308) *Mayer*, NZG 2012, 561, 565.
1309) *Wagner*, DStR 2010, 1629, 1630; *Göthel*, ZIP 2011, 1541, 1545.
1310) *Mayer*, NZG 2012, 561, 567; vgl. auch *Bungert/Wettich*, DB 2011, 1500, 1501; *Kiefner/Brügel*, AG 2011, 525, 538.
1311) *Mayer*, NZG 2012, 561, 567; a. A. *Wagner*, DStR 2010, 1629, 1630.

Abs. 2 S. 2 AktG die Angemessenheit der Barabfindung und erstellt bzw. erstellen nach § 327c Abs. 2 S. 4 AktG i. V. m. § 293e AktG einen abschließenden Prüfungsbericht. Die Auslage bestimmter Dokumente nach § 327c Abs. 3 AktG gilt über den Verweis in § 62 Abs. 5 S. 8 UmwG ebenfalls für den umwandlungsrechtlichen Squeeze-out. Zusätzlich ist nach § 62 Abs. 5 S. 5 UmwG der Verschmelzungsvertrag oder sein Entwurf auszulegen.

Beschließt die Hauptversammlung die Übertragung, so hat der Vorstand den Übertragungsbeschluss gem. § 62 UmwG i. V. m. § 327a S. 1 AktG zur Eintragung in das Handelsregister anzumelden. Die Eintragung des Squeeze-out erfolgt nach § 62 Abs. 5 S. 7 UmwG dabei mit dem Vermerk, dass dieser erst gleichzeitig mit der Eintragung der Verschmelzung im Register des Sitzes der übernehmenden AG wirksam wird. Hierdurch soll sichergestellt werden, dass die Minderheitsaktionäre nur ausgeschlossen werden, wenn es tatsächlich auch zur Verschmelzung kommt.[1312] 2001

Im Anschluss an die Eintragung des Vorbehaltsvermerks ist die Verschmelzung durchzuführen. Verschmelzungsbeschlüsse der jeweiligen Anteilseigner sind nach § 62 Abs. 4 S. 2 UmwG nicht erforderlich, wenn ein Übertragungsbeschluss nach § 62 Abs. 5 S. 1 UmwG gefasst wurde und ein Vorbehaltsvermerk nach § 62 Abs. 5 S. 7 UmwG in das Handelsregister eingetragen wurde. Insofern normiert § 62 Abs. 4 S. 2 UmwG eine Ausnahme zum gesetzlichen Wirksamkeitserforderniss der Zustimmungsbeschlüsse der jeweiligen Anteilseigner nach § 13 Abs. 1 UmwG. 2002

Trotz des Wegfalls des Zustimmungserfordernisses bleibt der übernehmende Rechtsträger dennoch verpflichtet, seine Anteilsinhaber über die wesentlichen Punkte der Verschmelzung zu unterrichten. Der übernehmende Rechtsträger hat insbesondere die gem. § 63 Abs. 1 UmwG erforderlichen Unterlagen für mindestens einen Monat zur Einsicht der Anteilseigner in den Geschäftsräumen der Gesellschaft zur Einsicht auszulegen. Gleichzeitig hat der Vorstand der übernehmenden Gesellschaft nach § 62 Abs. 5 S. 3 UmwG i. V. m. § 63 Abs. 3 S. 2 UmwG einen Hinweis auf die bevorstehende Verschmelzung in den Gesellschaftsblättern der übernehmenden Gesellschaft bekanntzumachen und den Verschmelzungsvertrag oder seinen Entwurf zum Register der übernehmenden Gesellschaft einzureichen. Die Aktionäre sind dabei in der Bekanntmachung nach § 62 Abs. 3 S. 3 UmwG auf das Recht eines Minderheitsverlangens gem. § 62 Abs. 2 UmwG hinzuweisen. Der Anknüpfungspunkt für die Monatsfrist ist nach § 63 Abs. 5 S. 3 UmwG der Abschluss des Verschmelzungsvertrags. 2003

Den Abschluss der Verschmelzung und zugleich den Abschluss des Squeeze-out bildet die Eintragung der Verschmelzung im Register der jeweiligen Rechtsträger. Die einzuhaltende Reihenfolge der Eintragungen ergeben sich 2004

1312) Schmitt/Hörtnagel/Stratz/*Stratz*, UmwG, § 62 Rn. 22; Semler/Stengel/*Diekmann*, UmwG, § 62 Rn. 32g.

aus § 19 Abs. 1 S. 1 UmwG. Die Verschmelzung muss demnach erst im Register des Sitzes jedes der übertragenden Rechtsträger eingetragen worden sein, bevor sie in das Register des Sitzes des übernehmenden Rechtsträgers eingetragen werden darf. Die Eintragung der Verschmelzung richtet sich nach §§ 16 ff. UmwG und hat nach § 20 UmwG konstitutive Wirkung. Bei der Eintragung der Verschmelzung beim Register des übernehmenden Rechtsträgers sind dabei die Besonderheiten nach § 62 Abs. 3 S. 4 und 5 UmwG zu beachten. Der Anmeldung der Verschmelzung ist hiernach der Nachweis der Bekanntmachung beizufügen. Zudem hat der Vorstand bei der Anmeldung zu erklären, ob ein Minderheitsverlangen nach § 62 Abs. 2 UmwG gestellt worden ist. Mit der Eintragung im Register der übernehmenden Gesellschaft wird nach § 63 Abs. 5 S. 7 UmwG zugleich der Übertragungsbeschluss wirksam.

cc) Übernahmerechtlicher Squeeze-out

2005 Seit dem Inkrafttreten des Übernahmerichtlinie-Umsetzungsgesetz[1313] im Jahr 2006 besteht nach den §§ 39a ff. WpÜG auch die Möglichkeit, Minderheitsaktionäre aus der Aktiengesellschaft durch einen übernahmerechtlichen Squeeze-out auszuschließen. Das übernahmerechtliche Ausschlussverfahren ist gem. § 39 Abs. 1 S. 1 WpÜG im Anschluss an ein Übernahme- oder Pflichtangebot nach § 29 bzw. § 35 WpÜG (vgl. oben Rn. 1873), nicht jedoch nach einem einfachen Erwerbsangebot in Form eines Aufstockungsangebots möglich.

2006 Im Gegensatz zum aktienrechtlichen Squeeze-out beruht der Ausschluss der Minderheitsaktionäre nicht auf einem Beschluss der Hauptversammlung, sondern auf einem Gerichtsbeschluss des ausschließlich zuständigen Landgerichts Frankfurt am Main. Die Übertragung der Aktien erfolgt dabei kraft Gesetzes, wenn der Gerichtsbeschluss rechtskräftig wird. Der Eintragung der Entscheidung in das Handelsregister gem. § 39b Abs. 5 S. 5 WpÜG kommt daher, anders als beim aktien- und umwandlungsrechtlichen Squeeze-out, lediglich deklaratorische Wirkung zu.[1314]

2007 Hinsichtlich der erforderlichen Mindestquoren ist es bei der Grundform des übernahmerechtlichen Squeeze-out nach § 39a Abs. 1 S. 1 WpÜG lediglich erforderlich, dass dem Hauptaktionär mindestens 95 % des stimmberechtigten Grundkapitals gehören. Allerdings betrifft der Ausschluss dann auch nur stimmberechtigte Aktionäre. Soll mit dem übernahmerechtlichen Squeeze-out darüber hinaus auch der Ausschluss der Aktionäre mit stimmrechtslosen Vorzugsaktien erreicht werden, erhöht sich auch die erforderliche Beteiligungsquote des Hauptaktionärs. Nach § 39a Abs. 1 S. 2 WpÜG müssen dem Hauptaktionär hierzu mindestens 95 % des Grundkapitals der AG gehören.

1313) Gesetz zur Umsetzung der Richtlinie 2004/25/EG des Europäischen Parlaments und des Rates vom 21.4.2004 betreffend Übernahmeangebote (Übernahmerichtlinie-Umsetzungsgesetz), BGBl I 2006, Nr. 31 v. 13.7.2006, 1426.
1314) MünchKomm-AktG/*Grunewald*, Vorb. zu § 327a Rn. 14.

In diesem Fall deckt sich die erforderliche Beteiligungsquote folglich mit der des aktienrechtlichen Squeeze-out. Die Art der Abfindung hat der Gegenleistung des Übernahme- oder Pflichtangebots zu entsprechen, § 39 Abs. 3 S. 1 WpÜG. Eine Geldleistung ist stets wahlweise anzubieten, § 39 Abs. 3 S. 2 WpÜG.

Praktische Bedeutung hat der übernahmerechtliche Squeeze-out, wenn die Angemessenheitsvermutung nach § 39a Abs. 3 S. 3 WpÜG eingreift. Danach ist die im Rahmen des Übernahme- oder Pflichtangebots gewährte Gegenleistung als angemessene Abfindung anzusehen, wenn der Bieter auf Grund des Angebots Aktien in Höhe von mindestens 90 % des vom Angebot betroffenen Grundkapitals erworben hat. Die Annahmequote ist dabei für stimmberechtigte Aktien und stimmrechtslose Aktien getrennt zu ermitteln. 2008

c) Delisting

Ein Delisting stellt den vollständigen Rückzug einer Aktiengesellschaft von der Börse dar. Dies geschieht durch die Beendigung der Zulassung von Wertpapieren zum Börsenhandel. Das Delisting ist als **„Going Private"** daher das Gegenstück zum Börseneintritt („Going Public"). 2009

Der Rückzug vom Börsenhandel muss nicht zwangsläufig komplett erfolgen. Auch ein partieller Rückzug, etwa von einzelnen Regionalbörsen oder dem gesamten inländischen Börsenhandel unter Aufrechterhaltung mindestens einer Börsennotierung im Ausland, ist möglich. Man spricht hierbei von **„partiellem Delisting"** oder auch **„Teil-Delisting"**. 2010

Ein Delisting kann zum einen zwangsweise durch die Börsenzulassungsstelle erfolgen. Die Geschäftsführung kann gem. § 39 Abs. 1 BörsG die Börsenzulassung widerrufen, wenn der Emittent seine Pflichten aus der Zulassung nicht erfüllt. 2011

Zum anderen kann ein Delisting auch auf die Initiative des Emittenten zurückgehen. Dieser kann nach § 39 Abs. 2 BörsG selbst einen Antrag bei der Börsenzulassungsstelle auf Widerruf der Börsenzulassung stellen. Hierbei handelt es sich um „reguläres" Delisting (vgl. unten Rn. 2014 ff.). Daneben kann der Börsenrückzug auch durch gesellschafts- oder umwandlungsrechtliche Strukturmaßnahmen erreicht werden. Diese indirekte Form der Zulassungsbeendigung wird als „kaltes" Delisting bezeichnet (vgl. unten Rn. 2025 ff.). 2012

Darüber hinaus ist es auch möglich, mit der Aktiennotierung in ein anderes Börsensegment zu wechseln. Dieser **„Segmentwechsel"** bietet etwa die Möglichkeit, von einem Handelssegment mit strengeren Zulassungsfolgepflichten in eines mit geringeren Anforderungen und Folgepflichten zu wechseln (z. B. „Downgrading vom Prime Standard in den General Standard"). 2013

aa) Reguläres Delisting

2014 Das reguläre Delisting bedarf eines entsprechenden Antrags des Emittenten nach § 39 Abs. 2 S. 1 BörsG. Der Widerruf der Zulassung stellt einen Verwaltungsakt in Form einer Allgemeinverfügung dar.[1315] Zuständig für den Widerruf ist nach § 39 Abs. 2 S. 1 BörsG die Geschäftsstelle der jeweiligen Börse. Sie hat dabei im pflichtgemäßen Ermessen zu entscheiden.

2015 Nach § 39 Abs. 2 S. 2 BörsG darf der Widerruf nur erfolgen, wenn er dem Schutz der Anleger nicht widerspricht. Das reguläre Delisting hat in der jüngeren Rechtsprechung und Gesetzgebung eine bedeutende Wandlung erfahren und setzt nunmehr bei einem vollständigen Delisting von Wertpapieren, die an einem regulierten Markt notiert sind, die Abgabe eines öffentlichen Erwerbsangebots voraus (vgl. unten Rn. 2021).

(1) Entwicklung der Voraussetzungen durch die Rechtsprechung

2016 In seiner „Macrotron"-Entscheidung[1316] aus dem Jahr 2002 knüpfte der BGH an den damals nur spärlich ausgestalteten Anlegerschutz beim regulären Delisting an. Hierbei stellte er fest, dass das Börsengesetz in Verbindung mit den einschlägigen Börsenordnungen die Interessen der Anleger nicht ausreichend schütze. Im Wege richterlicher Rechtsfortbildung entschied der BGH daher, dass für die Entscheidung über das Delisting die Hauptversammlung zuständig sei und die Gesellschaft selbst oder ihr Großaktionär ein Abfindungsangebot unterbreiten müsse. Das Angebot müsse demnach dem vollen Verkehrswert der Aktien entsprechen. Zur Begründung griff der BGH dabei auf Art. 14 Abs. 1 GG zurück. Der Rückzug aus dem Börsenhandel bedeute für die betroffenen Aktionäre eine erhebliche Beeinträchtigung der Verkehrsfähigkeit der Aktien und beeinträchtige die Aktionäre daher in ihrem Aktieneigentum.

2017 Die Grundrechtsrelevanz des regulierten Delistings verneinte jedoch das Bundesverfassungsgericht in einer Entscheidung aus dem Jahr 2012.[1317] Der Schutzbereich von Art. 14 Abs. 1 GG umfasse lediglich die rechtlich Verkehrsfähigkeit der Aktie. Diese werde durch das Delisting jedoch nicht beeinträchtigt, da die Aktie weiter veräußerbar bleibt. Die bloße Steigerung der Ertrags- und Handelschance der Aktie über den Börsenhandel stelle hingegen einen wertbildenden Faktor dar, der nicht vom Eigentumsrecht geschützt sei.

2018 Daraufhin verwarf der BGH in der „FRoSTA"-Entscheidung[1318] aus dem Jahr 2013 seine „Macrotron"-Rechtsprechung. Der BGH lehnte nunmehr einen Barabfindungsanspruch ab, da mit der Rechtsprechung des Bundesverfassungs-

---

1315) *Thomas*, Delisting und Aktienrecht, 92 m. w. N.
1316) BGH ZIP 2003, 387 *(Streit)* = NZG 2003, 280.
1317) BVerfG NJW 2012, 3081 = GWR 2012, 320 *(M. Schmid)*.
1318) BGH ZIP 2013, 2254.

gerichts kein verfassungsrechtlicher Schutz geboten sei, der über den Schutz des BörsG hinausgeht. Die Entbehrlichkeit des Abfindungsangebots bestätigte der BGH dabei sowohl für das Delisting als auch für das Downlisting. Er machte deutlich, dass Aktionäre bei einem freiwilligen Widerruf der Börsenzulassung im regulierten Markt unabhängig davon, ob die Aktie anschließend im Freiverkehr gehandelt wird, keinen Anspruch auf eine Barabfindung haben.

Mit der Rechtsprechung des BGH unter Berücksichtigung der verfassungsrechtlichen Rechtsprechungslinie des Bundesverfassungsgerichts bestand daher bei dem regulären Delisting keine Pflicht zur Abgabe eines Abfindungsangebots mehr, sofern dies nicht in den jeweiligen Börsenordnungen festgeschrieben war.[1319)]

2019

Mit der Aufgabe der „Macrotron"-Rechtsprechung entfiel auch die Hauptversammlungszuständigkeit für die Entscheidung über das Delisting. Die Entscheidung sei vielmehr eine Geschäftsführungsmaßnahme des Vorstands. Zur Verhinderung der ausschließlichen Entscheidungsgewalt beim Vorstand sei vielmehr ein Zustimmungserfordernis des Aufsichtsrats nach § 111 Abs. 4 AktG geboten.[1320)]

2020

(2) Aktuelle Rechtslage

Der Deutsche Bundestag hat am 1.10.2015 im Zuge der Umsetzung der Transparenzrichtlinie-Änderungsrichtlinie[1321)] eine Delisting-Neuregelung verabschiedet. Diese sollte die durch die „FRoSTA"-Entscheidung bewirkten anlegerrechtlichen Schutzlücken schießen.[1322)] Schutz kommt den Minderheitsaktionären nunmehr ausschließlich über das Börsengesetz mit seinem neu gefassten § 39 Abs. 2 bis 6 BörsG zu. § 39 Abs. 2 S. 3 Nr. 1 BörsG n. F. legt fest, dass die Geschäftsführung der Börse die Zulassung von Wertpapieren zum Handel im regulierten Markt auf Antrag des Emittenten widerrufen kann, wenn vor Antragstellung ein Erwerbsangebot nach dem WpÜG veröffentlicht wurde. Das Erwerbsangebot muss sich dabei auf alle Wertpapiere erstrecken, die Gegenstand des Antrags sind. Die neu hinzugefügten Abs. 3 bis 6 des § 39 BörsG bestimmen ferner, dass das Erwerbsangebot keine Bedingungen enthalten darf und es den Mindestpreisvorschriften des § 31 WpÜG (vgl. Rn. 1912 ff.) mit der Maßgabe entsprechen muss, dass die Gegenleistung in Euro besteht und mindestens dem gewichteten durchschnittlichen inländischen Börsenkurs der letzten sechs Monate vor Ankündigung des Erwerbsangebots entspricht. Tritt während des Referenzzeitraums ein Verstoß gegen § 15 WpHG (Ad hoc-Mitteilungspflicht) oder § 20a WpHG (Marktmanipulation) mit nicht nur unwesentlichen Auswirkungen auf, so ist der Bieter

2021

1319) Beispielsweise § 56 Abs. 4 BörsO Düsseldorf.
1320) BGH ZIP 2013, 2254 = NJW 2014, 146, 147.
1321) Transparenz-Änderungsrichtlinie v. 22.10.2013 – RL 2013/50/EU.
1322) *Middelberg* (CDU/CSU), Plenums-Aussprache im Deutschen Bundestag am 1.10.2015, S. 127.

zur Zahlung des Unterschiedsbetrags zwischen angebotener Gegenleistung und dem auf der Grundlage einer Unternehmensbewertung (typischerweise auf Grundlage von IDW S1) ermittelten Anteilswert verpflichtet. Einen solchen Unterschiedsbetrag ist der Bieter auch dann verpflichtet zu zahlen, wenn für die Wertpapiere während der letzten sechs Monate vor der Veröffentlichung der Ankündigung des Angebots an weniger als einem Drittel der Börsentage Börsenkurse festgestellt worden waren und zudem mehrere nacheinander festgestellte Börsenkurse um mehr als 5 % voneinander abweichen. Gem. § 39 Abs. 4 BörsG n. F. findet die neue Regelung auch auf Emittenten mit Sitz im Ausland Anwendung. § 39 Abs. 5 BörsG n. F. legt fest, dass die Börsengeschäftsführung einen Widerruf unverzüglich im Internet zu veröffentlichen hat. Der Zeitraum zwischen der Veröffentlichung und der Wirksamkeit des Widerrufs darf hierbei zwei Jahre nicht überschreiten. Die Rechtmäßigkeit des Widerrufs der Börsenzulassung im Hinblick auf die Anforderungen des Absatzes 3 bleibt nach § 39 Abs. 6 BörsG n. F. unberührt. Ein den Anforderungen des § 31 WpÜG nicht genügendes Erwerbsangebot hat daher auf den Widerruf selbst keine Auswirkungen, sondern führt lediglich zu einem entsprechenden Zahlungsanspruch des Minderheitsaktionärs.

2022 Die Neuregelung erfasst jeden Rückzug vom regulierten Markt.[1323)] Es ist daher auch Aktionären von Gesellschaften, die in den einfachen oder qualifizierten Freiverkehr wechseln, möglich, Abfindungsansprüche geltend zu machen. Aktien, die im (qualifizierten) Freiverkehr gehandelt werden, unterfallen nicht dem Schutz des § 39 BörsG n. F. Von der Neuregelung ausgenommen ist ferner das partielle Delisting, denn bei letzterer Konstellation gewährt der regulierte Markt auch weiterhin Schutz.[1324)]

bb) „Kaltes Delisting"

2023 Der Rückzug von der Börse kann auch auf indirektem Weg über gesellschafts- oder umwandlungsrechtliche Strukturmaßnahmen erfolgen. Entfallen mit der Umstrukturierung die Voraussetzungen für eine Börsenzulassung, können diese auch bewusst zum Delisting eingesetzt werden. Man spricht hierbei von kaltem Delisting. Die Zuständigkeit der Hauptversammlung und die erforderlichen Mindestquoren für den Beschluss richten sich dabei nach den jeweiligen Regelungen für die Strukturmaßnahmen. Im Gegensatz zum regulären Delisting stellt das kalte Delisting nicht lediglich eine Maßnahme der Geschäftsführung dar.

1323) Vgl. *Brellochs*, AG 2014, 633, 645; *Habersack*, Stellungnahme zur Aktienrechtsnovelle 2014, S. 7; Noack, Stellungnahme zur Aktienrechtsnovelle 2014, S. 8 (abrufbar unter www.bundestag.de/bundestag/ausschuesse18/a06/anhoerungen/stellungnahmen/371890).
1324) *Habersack*, Stellungnahme zur Aktienrechtsnovelle 2014, S. 7; ders., ZHR 176 (2012), 463, 565.

Kapitel XXII. Besonderheiten bei der börsennotierten Aktiengesellschaft

(1) Verschmelzung und Formwechsel

Die Beendigung der Börsenzulassung kann zunächst durch umwandlungsrechtliche Strukturmaßnahmen erfolgen. Der Rückzug von der Börse kann dabei durch eine Verschmelzung nach §§ 60 ff. UmwG oder durch einen Formwechsel nach §§ 190 ff. UmwG erfolgen. 2024

Bei der Verschmelzung wird die börsennotierte AG auf eine andere Gesellschaft verschmolzen. Mit der Eintragung der Verschmelzung in das Handelsregister an dem Sitz des übernehmenden Rechtsträger (vgl. § 19 Abs. 1 S. 1 UmwG) geht das Vermögen im Wege der Gesamtrechtsnachfolge auf den übernehmenden Rechtsträger über (§ 20 Abs. 1 Nr. 1 UmwG) und der übertragende Rechtsträger erlischt. 2025

Die Börsenzulassung ist eine öffentlich-rechtliche Erlaubnis und gehört somit zum Vermögen des übertragenden Rechtsträgers.[1325] Sie kann nicht auf die übernehmende Gesellschaft übergehen, da die sie nach § 32 Abs. 1 BörsG nicht nur an die Rechtsform gebunden ist, sondern sich darüber hinaus speziell auf die Aktien der übertragenden AG beziehen. Dies gilt sogar dann, wenn die übernehmende Gesellschaft börsennotiert ist, so dass die Börsenzulassung bei einer Verschmelzung unabhängig davon erlischt, ob die übernehmende AG börsennotiert ist oder nicht.[1326] Da die übertragende Gesellschaft nach der Verschmelzung erlischt, können die Aktien auch keine Mitgliedschaftsrechte mehr verbriefen, so dass die Börsenzulassung beendet wird.[1327] 2026

Im Gegensatz zum regulären Delisting ist bei der Verschmelzung ein Abfindungsanspruch gesetzlich geregelt. Nach § 29 Abs. 1 S. 1 UmwG hat der übernehmende Rechtsträger im Verschmelzungsvertrag oder in seinem Entwurf jedem Anteilsinhaber, der gegen den Verschmelzungsbeschluss des übertragenden Rechtsträgers Widerspruch zur Niederschrift erklärt, den Erwerb seiner Anteile oder Mitgliedschaften gegen eine angemessene Barabfindung anzubieten. 2027

Eine weitere Strukturmaßnahme stellt der Formwechsel nach §§ 190 ff. UmwG dar. Wechselt die Gesellschaft in eine Rechtsform, die nicht zur Aktienemission berechtigt ist (z. B. GmbH), erlischt aufgrund der Verknüpfung der Börsenzulassung mit der Rechtsform der AG auch die Börsenzulassung von Gesetzes wegen (vgl. § 43 Abs. 2 VwVfG).[1328] 2028

(2) Übertragende Auflösung

Eine weitere Möglichkeit, eine Beendigung der Börsenzulassung zu erreichen, ist die übertragende Auflösung nach §§ 179a, 262 AktG. Hierbei überträgt 2029

1325) Schwark/Zimmer/*Beck*, Kapitalmarktrechts-Kommentar, § 19 BörsG Rn. 5.
1326) *Thomas*, Delisting und Aktienrecht, 100 f.
1327) *Klein*, Financial Regulation International, Issue 18.1, 14, 15. Zur Frage der rechtlichen Einordnung der Beendigung der Börsenzulassung siehe *Thomas*, Delisting und Aktienrecht, 101 f.
1328) *Groß*, in: Marsch-Barner/Schäfer, Handbuch börsennotierte AG, § 9 Rn. 76.

eine börsennotierte AG sämtliche Einzelwirtschaftsgüter nach § 179a AktG auf eine andere Gesellschaft. Als empfangende Gesellschaft kommen dabei Gesellschaften aller Rechtsformen in Betracht. Der Vertrag, der der Vermögensübertragung zugrunde liegt, bedarf nach § 179a Abs. 1 AktG der Zustimmung der Hauptversammlung der übertragenden Gesellschaft. Vorbehaltlich einer abweichenden Regelung in der Satzung (§ 179a Abs. 1 S. 2 AktG) bedarf der Beschluss einer Mehrheit von mindestens drei Viertel des bei der Beschlussfassung vertretenen Grundkapitals. Die Börsenzulassung stellt zwar – wie bereits bei der Verschmelzung festgestellt – einen Vermögenswert dar. Die Zulassung ist jedoch ausschließlich an die emittierende AG gebunden, so dass sie nicht, auch nicht auf eine andere börsennotierte AG, übertragen werden kann.

2030 Im Anschluss an die Übertragung beschließt die Hauptversammlung der übertragenden AG die Auflösung der Gesellschaft nach § 262 Abs. 1 Nr. 2 AktG. Hiernach bedarf der Beschluss einer Mehrheit von mindestens drei Viertel des bei der Beschlussfassung vertretenen Grundkapitals, sofern die Satzung keine strengeren Voraussetzungen vorsieht. Übertragungs- und Auflösungsbeschluss können auch in einer Hauptversammlung gefasst werden.[1329] Durch die Liquidation erlischt die börsennotierte AG und somit der Anknüpfungspunkt der Börsenzulassung. Die Börsenzulassung erledigt sich demnach gem. § 39 Abs. 1 BörsG i. V. m. § 43 Abs. 2 VwVfG.[1330]

(3) Mehrheitseingliederung

2031 Ein Delisting kann des Weiteren durch eine Eingliederung erreicht werden. Relevant für ein Delisting ist dabei lediglich die Eingliederung mit außenstehenden Aktionären nach § 320 AktG. Voraussetzung für ein Delisting über die Eingliederung nach § 320 AktG ist, dass eine AG an einer weiteren börsennotierten AG mindestens 95 % des Grundkapitals hält. Für den Eingliederungs- und Zustimmungsbeschluss verweist § 320 Abs. 1 S. 3 AktG auf die Regeln des § 319 AktG. Der Eingliederungsbeschluss bedarf daher nach § 319 Abs. 1 S. 2 AktG der Zustimmung der Hauptversammlung der einzugliedernden AG mit einfacher Mehrheit (§ 133 Abs. 1 AktG), da nach §§ 320 Abs. 1 S. 3, 319 Abs. 1 S. 2 AktG die aktienrechtlichen Vorschriften und Satzungsregelungen über Satzungsänderungen keine Anwendung finden. Der Zustimmungsbeschluss der Hauptversammlung der späteren Hauptgesellschaft bedarf nach §§ 320 Abs. 1 S. 3, 319 Abs. 2 S. 2 AktG einer Mehrheit von mindestens drei Viertel des bei der Beschlussfassung vertretenen Grundkapitals.

2032 Mit Eintragung der Eingliederung in das Handelsregister der einzugliedernden Gesellschaft ist die Eingliederung vollzogen. Die einzugliedernde Gesellschaft bleibt dabei zwar als rechtlich selbstständige Gesellschaft bestehen, die

---

1329) Vgl. *Strohn*, in: Henssler/Strohn, Gesellschaftsrecht, § 179a Rn. 13.
1330) *Thomas*, Delisting und Aktienrecht, 108 f.

Aktien gehen nach § 320a S. 1 AktG jedoch auf die Hauptgesellschaft über. Die Aktionäre der einzugliedernden Gesellschaft werden aufgrund der Abfindung in Aktien der Hauptgesellschaft regelmäßig Aktionäre der Hauptgesellschaft. Die Aktien der einzugliedernden Gesellschaft verkörpern nach § 320a S. 2 AktG lediglich noch den Anspruch des Inhabers auf Abfindung bis zur Aushändigung an die Hauptgesellschaft. Somit ist ein Aktienhandel nicht mehr möglich und die Börsenzulassung ist nach § 39 Abs. 1 BörsG zu widerrufen.[1331]

3. Unternehmenskauf und Wertpapierhandelsrecht

a) Publizitätspflichten

Neben den allgemeinen Pflichten der Regelpublizität, also insbesondere der Veröffentlichungen von Finanzberichten, ist im Rahmen von Unternehmenstransaktionen insbesondere auf anlassbezogene Publizitätspflichten zu achten. 2033

Sofern die Aktien der Zielgesellschaft eines Unternehmenskaufs dem Anwendungsbereich des WpHG und der Marktmissbrauchsverordnung (MMVO) unterfallen (d. h. im regulierten Markt notiert sind; zu Erweiterungen beim Insiderhandel und Marktmanipulation vgl. unten Rn. 2092 und Rn. 2093) sind besondere Publizitätsanforderungen zu beachten, die im Folgenden kurz dargestellt werden (vgl. unten Rn. 2052 ff.). In jedem Fall empfiehlt es sich, die potentiellen Meldepflichten sowie die hierfür bestehenden Fristen bei der Strukturierung einer Transaktion zu bedenken, nicht zuletzt um schwerwiegende Sanktionen (insbesondere Bußgelder und Rechtsverlust) zu vermeiden. Daneben bestehen auch bei nicht börsennotierten Gesellschaften und solchen, deren Aktien im Freiverkehr gehandelt werden, Mitteilungspflichten nach dem Aktiengesetz, auf die ebenfalls kurz eingegangen wird (vgl. unten Rn. 2056 ff.). 2034

aa) Kapitalmarktrecht

Nach § 21 WpHG besteht gegenüber der Gesellschaft und der BaFin eine **Mitteilungspflicht**, wenn durch Erwerb, Veräußerung oder auf sonstige Weise 3, 5, 10, 20, 25, 30, 50 oder 75 % der Stimmrechte an einem Emittenten, für den Deutschland der Herkunftsstaat ist (in der Regel also einer deutschen börsennotierten AG, KGaA oder SE), erreicht, überschritten oder unterschritten werden. Der Mitteilungspflichtige (d. h. der betroffene direkte oder indirekte Aktionär) hat die Mitteilung unverzüglich, spätestens innerhalb von vier Handelstagen gegenüber der Gesellschaft und der BaFin abzugeben. 2035

Emittenten in o. a. Sinne sind nach § 21 Abs. 2 WpHG nur solche, deren Aktien zum Handel an einem organisierten Markt i. S. v. § 2 Abs. 5 WpHG zu- 2036

1331) *Klein*, Financial Regulation International, Issue 18.1, 14, 16; *Thomas*, Delisting und Aktienrecht, 107 f.

gelassen sind. Ob die Bundesrepublik Deutschland für Emittenten als Herkunftsstaat gilt, bestimmt sich nach § 2 Abs. 6 WpHG. Hiernach richtet sich der Herkunftsstaat primär nach dem Sitz des Emittenten. Für Emittenten von Aktien mit Sitz in Deutschland, deren Wertpapiere zum Handel an einem organisierten Markt in Deutschland oder in einem anderen Mitgliedstaat der EU oder einem Vertragsstaat des EWR zugelassen sind, gilt nach § 2 Abs. 6 Nr. 1 WpHG zwingend Deutschland als Herkunftsstaat.[1332]

2037 Gem. § 21 Abs. 1a WpHG löst auch die erstmalige Zulassung von Aktien zu einem organisierten Markt die Meldepflicht entsprechend § 21 Abs. 1 S. 1 WpHG aus, wenn einem Aktionär 3 % oder mehr der Stimmrechte zustehen.

2038 Maßgeblich bei der Berechnung des Stimmrechtsanteils sind zunächst die Stimmrechte aus den unmittelbar dem Meldepflichtigen gehörenden Aktien, wobei als Gehören auch bereits das Bestehen eines auf die Übertragung von Aktien gerichteten unbedingten und ohne zeitlich Verzögerung zu erfüllenden Anspruchs gilt (§ 21 Abs. 1b WpHG). Spiegelbildlich sind Aktien herauszurechnen, hinsichtlich derer eine solche unbedingte Übertragungsverpflichtung besteht. Darüber hinaus sind die **Zurechnungsvorschriften** des § 22 WpHG zu beachten.[1333] Den Stimmrechten des Meldepflichtigen stehen die einem Tochterunternehmen des Meldepflichtigen gehörenden (§ 22 Abs. 1 S. 1 Nr. 1 WpHG), sowie die von einem Dritten für Rechnung des Meldepflichtigen gehaltenen Aktien (§ 22 Abs. 1 S. 1 Nr. 2 WpHG) gleich. Zugerechnet werden auch Aktien, die der Meldepflichtige einem Dritten als Sicherheit übertragen hat, sofern der Dritte das Stimmrecht nicht weisungsunabhängig ausüben darf und dies auch beabsichtigt (§ 22 Abs. 1 S. 1 Nr. 3 WpHG). Auch ein Nießbrauch an Aktien zugunsten des Meldepflichtigen führt zur Zurechnung der damit verbundenen Stimmrechte (§ 22 Abs. 1 S. 1 Nr. 4 WpHG). Weiter werden solche Aktien zugerechnet, die der Meldepflichtige durch eine Willenserklärung erwerben kann (§ 22 Abs. 1 S. 1 Nr. 5 WpHG), wobei dies nur dingliche Erwerbsoptionen erfasst.[1334] Auch Aktien, die dem Meldepflichtigen anvertraut sind oder aus denen er die Stimmrechte als Bevollmächtigter ausüben kann und für die er die Stimmrechte nach eigenem Ermessen ausüben kann, werden zugerechnet (§ 22 Abs. 1 S. 1 Nr. 6 WpHG). § 22 Abs. 1 Nr. 7 WpHG regelt die Zurechnung von Stimmrechten, welche der Meldepflichtige aufgrund einer Vereinbarung ausüben kann, die eine zeitweilige Übertragung der Stimmrechte ohne die damit verbundenen Aktien gegen Gegenleistung vorsieht. Bedingt durch das aktienrechtliche Abspaltungsverbot entfaltet der Zurechnungstatbestand im deut-

---

1332) Vgl. hierzu *Hutter/Kaulamo*, NJW 2007, 472.
1333) Vgl. hierzu *Liebscher*, ZIP 2002, 1005 und zu den Änderungen durch das TUG vgl. *Hutter/Kaulamo*, NJW 2007, 471 ff.; *Nießen*, NZG 2007, 41 ff.; *Schnabel/Korff*, ZBB 2007, 179 ff.
1334) Begr RegE zu § 22 Abs. 1 S. 1 Nr. 5 WpHG, BT-Drucks. 14/7034, S. 54; KK-WpHG/ *v. Bülow*, § 22 Rn. 138; BGH ZIP 2014, 1623 = NZG 2014, 985 „Effecten-Spiegel/ Deutsche Bank".

schen Recht keine Wirkung. Seine Einschlägigkeit ist daher auf entsprechende Konstellationen nach ausländischem Recht begrenzt.[1335] Durch § 22 Abs. 1 Nr. 8 WpHG werden Stimmrechte zugerechnet, die bei dem Meldepflichtigen als Sicherheit verwahrt werden, sofern der Meldepflichtige die Stimmrechte hält und die Absicht bekundet, diese Stimmrechte auszuüben. Der Katalog findet auch Anwendung, soweit die entsprechenden Rechte einem Tochterunternehmen des Meldepflichtigen zustehen (§ 22 Abs. 1 S. 2 WpHG).

Schließlich werden nach § 22 Abs. 2 WpHG auch Stimmrechte eines Dritten, mit dem der Meldepflichtige (oder ein Tochterunternehmen von ihm) sein Verhalten in Bezug auf den Emittenten aufgrund einer Vereinbarung oder in sonstiger Weise abstimmt, sofern dies nicht auf Einzelfälle beschränkt ist, zugerechnet (sog. acting in concert). 2039

Die Tochterunternehmenseigenschaft im Rahmen der Zurechnung von Stimmrechten ist in § 22a WpHG geregelt. 2040

Rechte aus Aktien, die einem Meldepflichtigen gehören oder aus denen ihm Stimmrechte gem. § 22 WpHG zugerechnet werden, bestehen nicht für die Zeit, für welche die Mitteilungspflichten nach § 21 Abs. 1 oder 1a WpHG nicht erfüllt werden. Der Rechtsverlust erfasst grundsätzlich alle Vermögens- und Verwaltungsrechte aus den Aktien des pflichtvergessenen Aktionärs. Sofern die Höhe des Stimmrechtsanteils betroffen ist und der Verstoß gegen die Mitteilungspflicht vorsätzlich oder grob fahrlässig war, besteht der Rechtsverlust auch nach der Nachholung der unterlassenen oder fehlerhaften Mitteilung für sechs Monate fort.[1336] Dies gilt allerdings nach § 28 S. 4 WpHG nicht, wenn die Abweichung bei der Höhe der in der vorangegangenen unrichtigen Mitteilung angegebenen Stimmrechte weniger als 10 % des tatsächlichen Stimmrechtsanteils beträgt und keine Mitteilung über das Erreichen, Überschreiten oder Unterschreiten einer der § 21 WpHG genannten Schwellen unterlassen worden ist. 2041

Insbesondere bei Strukturmaßnahmen, die einen Beschluss der Hauptversammlung erfordern (z. B. aktien- oder umwandlungsrechtlicher Squeeze-out, Formwechsel, etc.) ist daher darauf zu achten, dass die relevanten Stimmrechtsmitteilungen ordnungsgemäß erfolgt sind und die Stimmrechte somit in der Hauptversammlung bestehen. 2042

Für Dividendenansprüche und Ansprüche auf den Liquidationserlös gilt der Rechtsverlust nach § 28 S. 2 WpHG nicht, wenn die Mitteilung nicht vorsätzlich unterlassen wurde und nachgeholt worden ist. 2043

Das Unterlassen der Abgabe oder die Abgabe einer unrichtigen oder unvollständigen Stimmrechtsmitteilung ist nach § 39 Abs. 4 S. 1 WpHG mit Geldbuße bis zu 1 Mio. € bedroht, sofern Vorsatz oder Leichtfertigkeit vorliegt. 2044

1335) BT-Drucks. 18/5010, S. 46; *Schilha*, DB 2015, 1821, 1823.
1336) Vgl. hierzu *Heinrich/Kiesewetter*, Der Konzern 2009, 137 ff.

Gegenüber einer juristischen Person oder Personenvereinigung kann gem. § 39 Abs. 4 S. 2 WpHG eine höhere Geldstrafe verhängt werden, welche den höheren der Beträge von 10 Mio. € oder 5 % des im vorausgegangenen Geschäftsjahrs erwirtschafteten Gesamtumsatzes jedoch nicht übersteigen darf. Nach § 39 Abs. 4 S. 3 WpHG kann die Ordnungswidrigkeit darüber hinaus mit einer Geldbuße bis zum Zweifachen des aus dem Verstoß gezogenen wirtschaftlichen Vorteils geahndet werden. Hinsichtlich der Maßnahmen und Sanktionen besteht nach § 40c WpHG eine Bekanntmachungspflicht der BaFin auf ihrer Internetseite.

2045 Neben den Stimmrechtsmeldepflichten nach §§ 21, 22 WpHG bestehen die in § 25 WpHG aufgeführten Mitteilungspflichten hinsichtlich Finanzinstrumenten. Gem. § 25 WpHG sind **Finanzinstrumente** und sonstige Instrumente zu melden, die dem Inhaber entweder bei Fälligkeit ein unbedingtes Recht auf Erwerb mit Stimmrechten verbundener und bereits ausgegebener Aktien eines Emittenten, für den die Bundesrepublik Deutschland der Herkunftsstaat ist. Daneben werden Instrumente erfasst, die dem Inhaber ein Ermessen in Bezug auf sein Recht auf Erwerb dieser Aktien verleihen, oder sich auf solche Aktien beziehen und eine vergleichbare wirtschaftliche Wirkung haben wie die zuvor genannten Instrumente, unabhängig davon, ob sie einen Anspruch auf physische Lieferung einräumen oder nicht. Dies betrifft insbesondere übertragbare Wertpapiere, Optionen, Terminkontrakte, Swaps, Zinsausgleichsvereinbarungen und Differenzgeschäfte.

2046 § 25a WpHG regelt eine Meldepflicht für die Summe der nach den §§ 21, 25 WpHG zu meldenden Stimmrechtsanteile. Die gleichzeitigen Meldepflichten dieser Vorschriften bleiben davon unberührt.[1337)]

2047 Das Melderegime der §§ 21 ff. WpHG ist somit inzwischen sehr engmaschig und erfordert bei der Strukturierung einer M&A Transaktion eine genaue Analyse, um sämtliche Mitteilungspflichten auch bei Zwischenschritten der Transaktion ordnungsgemäß zu erfassen.

2048 Anders als bei § 21 WpHG ist bei §§ 25, 25a WpHG die Eingangsmeldeschwelle 5 %. Die Abgabe einer Stimmrechtsmitteilung unter einem der Melderegime befreit zudem nicht von der Abgabe der Stimmrechtsmitteilung unter einem weiteren Melderegime, sofern unter diesem Melderegime meldepflichtige Instrumente gehalten werden.

2049 Verstöße gegen die Mitteilungspflichten nach §§ 25, 25a WpHG führen zu einem Verlust der Rechte aus den Aktien, die dem Meldevergessenen gehören. Daneben können Verstöße bei Vorsatz oder Leichtfertigkeit nach § 39 Abs. 4 S. 1 WpHG mit einer Geldbuße in Höhe von bis zu 2 Mio. € gegenüber natürlichen Personen und nach § 39 Abs. 4 S. 2 WpHG in Höhe von bis zu 10 Mio. € gegenüber juristischen Personen sanktioniert werden. Auch hier gilt darüber hinaus der weitere Bußgeldrahmen des § 39 Abs. 4 WpHG.

1337) BT-Drucks. 18/5010, S. 47.

Im Hinblick auf den Fristbeginn wird nach § 21 Abs. 1 S. 4 WpHG unwiderleglich vermutet, dass der Meldepflichtige spätestens zwei Handelstage nach dem Erreichen, Überschreiten oder Unterschreiten der genannten Schwelle Kenntnis hiervon hat. Infolge einer Veränderung der Gesamtzahl der Stimmrechte beim Emittenten beginnt gem. § 21 Abs. 1 S. 5 WpHG die Frist mit der Kenntniserlangung von der Schwellenberührung, spätestens jedoch mit der Veröffentlichung des Emittenten nach § 26a Abs. 1 WpHG (vgl. Rn. 2052). Die dadurch etablierte Unterscheidung zwischen aktiven und passiven Schwellenberührungen setzt bei Zu- oder Abnahme der Gesamtstimmrechtszahl positive Kenntnis voraus.[1338] Im Gegensatz dazu wird die Frist für die Mitteilungspflicht beim Kennenmüssen gem. § 21 Abs. 1 S. 3 WpHG nur noch bei aktivem Erreichen, Überschreiten oder Unterschreiten der genannten Schwelle ausgelöst. Inlandsemittenten i. S. d. § 2 Abs. 7 WpHG müssen Mitteilungen gem. § 21 Abs. 1 S. 1, Abs. 1a und § 25 Abs. 1 S. 1 sowie 25a Abs. 1 S. 1 WpHG, die ihnen zugehen, unverzüglich, spätestens drei Handelstage nach Zugang der Mitteilung veröffentlichen und dem Unternehmensregister (§ 8b HGB) zur Speicherung übermitteln.

2050

Eine eigene Mitteilungspflicht trifft Inlandsemittenten nach § 26 Abs. 1 S. 2 WpHG hinsichtlich eigener Aktien beim selbständigen Erreichen, Überschreiten oder Unterschreiten der Schwellenwerte von 5 % und 10 % (und wenn Deutschland für den Emittenten der Herkunftsstaat ist, auch bei Berührung der 3 % Schwelle) oder sofern dies über ein Tochterunternehmen erfolgt ist. In diesem Fall sind sie innerhalb von vier Handelstagen zur Veröffentlichung einer entsprechenden Mitteilung und Übermittlung an das Unternehmensregister verpflichtet.

2051

Sollte beim Inlandsemittenten eine Änderung der Gesamtzahl der Stimmrechte stattgefunden haben, so ist dieser nach § 26a Abs. 1 WpHG verpflichtet, die Zu- oder Abnahme von Stimmrechten spätestens innerhalb von zwei Handelstagen zu veröffentlichen und hierbei das Datum der Änderung der Gesamtzahl der Stimmrechte zu benennen. Es darf dabei nicht die Eintragung oder Bekanntmachung in das Handelsregister abgewartet werden[1339], wobei hiervon nur Fälle betroffen sind, bei denen die Eintragung in das Handelsregister nicht konstitutiv wirkt.[1340]

2052

Hinsichtlich der Einzelheiten zu den Meldepflichten ist die Wertpapierhandelsanzeige- und Insiderverzeichnisverordnung (WpAIV) zu beachten.[1341]

2053

1338) BT-Drucks. 18/5010, S. 44.
1339) BT-Drucks. 18/5010, S. 48.
1340) *Schilha*, DB 2015, 1821, 1824.
1341) „Verordnung zur Konkretisierung von Anzeige-, Mitteilungs- und Veröffentlichungspflichten sowie der Pflicht zur Führung von Insiderverzeichnissen nach dem Wertpapierhandelsgesetz"; KK-WpHG/*Klöhn*, § 15 Rn. 468.

Ferner hält die BaFin auf ihrer Internetseite maschinell ausfüllbare verbindliche Standardformulare für die Mitteilungspflichten nach §§ 21, 25 und 25a WpHG bereit, welche zwingend zu verwenden sind.[1342]

2054 Gem. § 27a WpHG haben Meldepflichtige i. S. d. §§ 21, 22 WpHG, welche die Schwelle von 10 % der Stimmrechte oder eine höhere Meldeschwelle erreicht oder überschritten haben, dem Emittenten des weiteren innerhalb von 20 Handelstagen die folgenden weiteren Informationen mitzuteilen, die der Emittent ebenfalls gem. § 26 WpHG zu veröffentlichen hat: Die mit dem Erwerb verbundenen Ziele (nämlich ob die Investition strategische Ziele hat oder der Erzielung von Handelsgewinnen dient, ob innerhalb der nächsten zwölf Monate das Erlangen weiterer Stimmrechte beabsichtigt ist, ob Einflussnahme auf die Besetzung der Organe oder eine Änderung der Kapitalstruktur angestrebt wird) und die Herkunft der für den Erwerb verwendeten Mittel (Eigen- oder Fremdkapital). Bei einer Änderung der Ziele ist dies ebenfalls innerhalb von 20 Handelstagen mitzuteilen. Von der Anwendbarkeit des § 27a WpHG kann die Satzung des Emittenten allerdings befreien; ferner gilt § 27a WpHG nicht im Falle des Erwerbs aufgrund eines Angebots nach dem WpÜG und für bestimmte Anlagegesellschaften.

2055 Nach dem Wortlaut des Gesetzes ist die Mitteilungspflicht nach § 27a WpHG zeitlich unbeschränkt, so dass ein Aktionär auch mehrere Jahre nach Erwerb verpflichtet wäre, eine Änderung von Zielen mitzuteilen. Eine Rechtsfolge bei einem Verstoß gegen die Mitteilungspflichten aus § 27a WpHG sieht das Gesetz nicht vor.[1343]

bb) Aktienrecht

2056 Bei Gesellschaften, auf die die Stimmrechtsmitteilungspflichten nach dem WpHG nicht anwendbar sind (d. h. nicht im regulierten Markt notiert sind), sind die Beteiligungsmeldepflichten nach dem Aktiengesetz zu beachten.

2057 Gem. § 20 AktG hat ein Unternehmen, das mehr als ein Viertel der Aktien einer inländischen AG, KGaA oder SE (§ 20 Abs. 1 AktG) oder eine Mehrheitsbeteiligung (§ 20 Abs. 4 AktG) hält, dies der Gesellschaft mitzuteilen. Neben den vom Unternehmen selbst gehaltenen Aktien werden ihm Aktien insbesondere von Tochterunternehmen zugerechnet (vgl. § 20 Abs. 1 i. V. m. § 16 Abs. 2 S. 1 und Abs. 4 AktG; § 20 Abs. 2 AktG). Diese Mitteilungspflicht wird in § 20 Abs. 3 AktG für inländische Kapitalgesellschaften dahingehend erweitert, dass diese zusätzlich eine Mitteilungspflicht treffen, sobald

---

1342) Vgl. http://www.bafin.de/SharedDocs/Downloads/DE/Formular/WA/fo_wphg_21 ff_standard2015.htm (deutsche Version), http://www.bafin.de/SharedDocs/Downloads/EN/Formular/WA/fo_wphg_21 ff_standard2015_en.html (englische Version), zuletzt abgerufen 22.2.2016.
1343) Vgl. zu den Mitteilungspflichten nach § 27a WpHG: KK-WpHG/*Heinrich*, § 27a Rn. 19 ff.; *Fleischer*, AG 2008, 873; *Greven/Fahrenholz*, BB 2009, 1487 ff.

ihnen ohne Hinzurechnung fremder Anteile nach § 20 Abs. 2 AktG eine Beteiligungsquote von mehr als 25 % gehört.

Die Mitteilungspflicht trifft nur „**Unternehmen**" (vgl. zum Unternehmensbegriff oben Rn. 1956). In einer mehrstufigen Beteiligungskette sind daher alle Gesellschaften meldepflichtig, sofern ihnen Unternehmenseigenschaft zukommt. 2058

Unterbleibt die Mitteilung, bestehen Rechte aus diesen Aktien für die Zeit nicht, während der die Mitteilungspflicht nicht erfüllt ist (§ 20 Abs. 7 S. 1 AktG). Dies ist insbesondere zu beachten, wenn es für die Einleitung einer Umstrukturierungsmaßnahme auf die Aktionärsstellung ankommt. Ausgenommen sind nach § 20 Abs. 7 S. 2 AktG das Dividendenbezugsrecht und das Recht auf den Liquidationserlös, sofern die Mitteilung nicht vorsätzlich unterlassen und unverzüglich nachgeholt worden ist. 2059

Nach § 21 Abs. 1 AktG ist eine AG, KGaA oder SE, die Beteiligungen von mehr als einem Viertel der Anteile an einer anderen Kapitalgesellschaft mit Sitz im Inland hält, dieser gegenüber verpflichtet diese über die Beteiligungshöhe durch schriftliche Mitteilung zu unterrichten. Anders als bei der Mitteilungspflicht nach § 20 AktG kommt als Mitteilungsempfänger jede Kapitalgesellschaft (AG, KGaA, SE, GmbH und UG) mit Sitz im Inland in Betracht. Für die Berechnung, ob der Gesellschaft mehr als der vierte Teil der Anteile gehört, gilt § 16 Abs. 2 S. 1, Abs. 4 AktG entsprechend, so dass sowohl die von der Gesellschaft selbst gehaltenen Anteile berücksichtigt werden als auch die von Tochtergesellschaften gehaltenen Anteile der Gesellschaft zugerechnet werden. 2060

In gleicher Weise ist auch das Bestehen einer Mehrheitsbeteiligung an einem anderen Unternehmen mitzuteilen (§ 21 Abs. 2 AktG). Diese Pflicht gilt also nicht nur für Mitteilungsempfänger in Form einer Kapitalgesellschaft, sondern für alle Unternehmen. Nach der hier vertretenen Ansicht erfasst auch § 21 Abs. 2 AktG nur Mitteilungsadressaten im Inland, auch wenn § 21 Abs. 2 AktG anders als Abs. 1 dies nicht ausdrücklich erwähnt.[1344] 2061

cc) Ad-hoc-Publizität

Die Pflicht zur Ad-hoc-Publizität ist inzwischen in Art. 17 Marktmissbrauchsverordnung[1345] geregelt. Die Ad-hoc-Publizitätspflicht betrifft alle Emittenten, deren Finanzinstrumente gem. Art. 2 Abs. 1 lit. a) MMVO an einem organisierten Markt gehandelt werden, sowie sogenannte MTF- und (voraussichtlich 2062

1344) Ebenso MünchKomm-AktG/*Bayer*, § 21 Rn. 3; Münchener Hdb. GesR/*Krieger*, Bd. 4, § 68 Rn. 144 m. w. N.; **a. A.** Hüffer/*Koch*, AktG, 12. Aufl., § 21 Rn. 3; KK-AktG/ *Koppensteiner*, § 21 Rn. 4; *Windbichler*, in: Großkomm AktG, § 21 Rn. 9.

1345) Verordnung (EU) Nr. 596/2014 des Europäischen Parlaments und des Rates vom 16.4.2014 über Marktmissbrauch.

ab dem 3.1.2018[1346]) OTF-Emittenten (Multilateral bzw. Organised Trading Facilities). Gemäß Art. 17 Abs. 1, 18 Abs. 7, 19 Abs. 4 MMVO und nun auch § 2 Abs. 7a WpHG n. F. muss der Emittent die Zulassung zum Handel an einem regulierten Markt bzw. MTF/OTF beantragt oder erhalten haben. Anknüpfungspunkt ist der Handel auf einem Handelsplatz in der EU i. S. d. Art. 2 Abs. 1 MMVO. Somit trifft die Pflicht nun auch Emittenten im Freiverkehr, sofern der Emittent der Notierung zugestimmt hat.

2063 Gem. Art. 17 MMVO muss ein Emittent Insiderinformationen, die ihn unmittelbar betreffen, so bald wie möglich veröffentlichen. Was die Art der Veröffentlichung, deren Sprache und deren Inhalt betrifft, sind nun Art. 17 Abs. 1 UAbs. 2 und die noch zu erlassende technische Durchführungsverordnung (ITS-E) sowie § 15 WpHG n. F. zu beachten.

(1) Insiderinformationen

2064 Die Ad-hoc-Publizitätspflicht nach Art. 17 MMVO wird ausgelöst, sobald eine Insiderinformation vorliegt. Diese ist vom europäischen Gesetzgeber in Art. 7 Abs. 1 lit. a MMVO definiert worden als eine nicht öffentlich bekannte, präzise Information, die direkt oder indirekt einen oder mehrere Emittenten oder ein oder mehrere Finanzinstrumente betreffen und die, wenn sie öffentlich bekannt würde, geeignet wäre, den Kurs dieser Finanzinstrumente oder den Kurs damit verbundener derivativer Finanzinstrumente erheblich zu beeinflussen.

2065 Dem Erfordernis einer **„präzisen"** Information soll gemäß Art. 7 Abs. 2 S. 1 MMVO dann genügt sein, wenn eine Reihe von Umständen bereits gegeben ist oder man vernünftigerweise erwarten kann, dass sie in Zukunft gegeben sein werden, oder ein Ereignis, bereits eingetreten ist oder vernünftigerweise erwarten werden kann, dass es in Zukunft eintreten wird. Diese Informationen müssen darüber hinaus spezifisch genug sein, um einen Schluss auf die mögliche Auswirkung dieser Reihe von Umständen oder dieses Ereignisses auf die Kurse der Finanzinstrumente zuzulassen.

2066 Das Erfordernis der **hinreichenden Wahrscheinlichkeit** i. S. d. § 13 Abs. 1 S. 3 WpHG a. F. wurde nun mit Art. 7 Abs. 2 S. 1 MMVO dadurch ersetzt, dass der zukünftige Eintritt des Ereignisses **vernünftigerweise erwartet** werden kann. Zwar findet sich in der MMVO keine Erläuterung hierzu; aus dem Erwägungsgrund Nr. 16 der MMVO geht jedoch hervor, dass der europäische Gesetzgeber dem *Geltl*-Urteil des EuGH gefolgt ist. Da es hier noch um die „hinreichende Wahrscheinlichkeit" ging, hat sich an der Bedeutung also nichts geändert. Die Ausführungen des EuGH sind zwar nicht eindeu-

---

1346) Gem. Art 39 Abs. 4 MMVO mit Geltung der RL 2014/65/EU des Europäischen Parlaments und des Rates vom 15.5.2014 über Märkte und Finanzinstrumente sowie zur Änderung der Richtlinien 2002/92/EG und 2011/61/EU, ABl. 2014 L 173 vom 12.6.2014, 349.

tig, sprechen aber dafür, dass unter hinreichender Wahrscheinlichkeit „50 % plus X" zu verstehen ist.[1347]

Weiter darf eine solche Information **nicht öffentlich bekannt** sein. Öffentlich bekannt ist eine Information, wenn diese der sog. Bereichsöffentlichkeit zugänglich ist. Dies ist der Fall, wenn es einem breiten Anlegerpublikum und damit einer unbestimmten Zahl von Personen zeitgleich möglich ist, von der Information Kenntnis zu nehmen.[1348] Dabei bedarf es nicht der Veröffentlichung in den Medien. Es genügt, wenn die Veröffentlichung durch ein allgemein zugängliches elektronisches Informationsverbreitungssystem erfolgt.[1349]

2067

Das Merkmal der **Kurserheblichkeit** wird in Art. 7 Abs. 4 MMVO durch einen subjektiven Ansatz konkretisiert, indem zu dessen Beurteilung auf die ex-ante Perspektive eines verständigen Anlegers abgestellt wird.[1350] Damit ist unerheblich, ob tatsächlich eine Kursreaktion auf die Bekanntgabe der Information erfolgt.[1351]

2068

Ferner ist bei **mehrstufigen Entscheidungsprozessen** jede einzelne Stufe ad-hoc-publizitätspflichtig, sofern es sich bei den einzelnen Entscheidungen bzw. Maßnahmen (z. B. Vertragsschluss, der aber noch eines zustimmenden Aufsichtsratsbeschlusses bedarf) um Insiderinformationen handelt. Jeder Zwischenschritt ist daher auf sein Kursbeeinflussungspotential hin zu überprüfen.[1352]

2069

(2) Unmittelbare Betroffenheit

Die Insiderinformation muss den Emittenten unmittelbar betreffen. Die Formulierung aus § 15 Abs. 1 S. 3 WpHG a. F. wurde in Art. 17 Abs. 1 MMVO übernommen und stellt klar, dass eine unmittelbare Betroffenheit des Emittenten nur dann vorliegt, wenn diese einen direkten Bezug zum Emittenten selbst aufweist.[1353] Damit können sowohl unternehmensinterne Umstände (z. B. Vorstand- und Aufsichtsratsbeschlüsse, Kapitalerhöhungen), als auch unternehmensexterne Umstände (z. B. Übernahmeangebot eines Dritten dem Emittenten gegenüber) zu einer unmittelbaren Betroffenheit des Emittenten und damit zu einer Ad-hoc-Veröffentlichungspflicht führen,

2070

1347) *Klöhn*, AG 2016, 423; *Bingel*, AG 2012, 685; *Hitzer*, NZG 2012, 860; *Schall*, ZIP 2012, 1286; *Kocher/Widder*, BB 2012, 2837.
1348) Fuchs/*Mennicke/Jakovou*, WpHG, § 13 Rn. 82.
1349) Emittentenleitfaden der BaFin, 4. Aufl., III.2.1.2.
1350) *Hilgendorf*, in: Park, Kapitalmarktstrafrecht, § 13 WpHG Rn. 112.
1351) BGH ZIP 2010, 426 Rn. 16; Emittentenleitfaden der BaFin, 4. Aufl., III.2.1.4.
1352) EuGH, Urt. v. 28.6.2012 – C-19/11, ZIP 2012, 1282 = EuZW 2012, 708 – *Markus Geltl/ Daimler AG*; vgl. hierzu auch OLG Stuttgart ZIP 2009, 962 = NZG 2009, 624 ff., dazu EWiR 2009, 427 *(Rothenfußer/Nikoleyczik)*, und BGH ZIP 2008, 639 = NZG 2008, 300 ff., dazu EWiR 2008, 317 *(Wilsing/von der Linden)*; *Mennicke*, NZG 2009, 1059 ff.
1353) Baumbach/Hopt/*Kumpan*, HGB, § 15 Rn. 3.

auch dann, wenn diese Umstände keine Auswirkungen auf die Vermögens- oder Finanzlage oder den allgemeinen Geschäftsverlauf des Emittenten haben.[1354]

2071 Für die in der Praxis teils schwierige Frage zur Abgrenzung der unmittelbaren von der mittelbaren Betroffenheit empfiehlt es sich, die vom Komitee der europäischen Aufsichtsbehörden (CESR) aus dem Jahr 2007[1355] und daneben die von der BaFin[1356] veröffentlichten Fallgruppen heranzuziehen. Abschließend bleibt anzumerken, dass diese Beispiele weder rechtsverbindlich noch abschließend sind und daher eine Einzelfallprüfung stets geboten ist.

(3) Aufschub der Ad-hoc-Veröffentlichung

2072 Gemäß Art. 17 Abs. 4 MMVO besteht für den betroffenen Emittenten die Möglichkeit, die ihm obliegende Ad-hoc-Publizitätspflicht auf einen späteren Zeitpunkt aufzuschieben (sog. **Selbstbefreiung**).

2073 Voraussetzungen für die Selbstbefreiung sind gemäß Art. 17 Abs. 4 lit. a) bis c) MMVO – kumulativ – die Gefährdung von berechtigten Interessen des Emittenten, keine Irreführung der Öffentlichkeit und die Sicherstellung der Geheimhaltung der Information.

2074 Bislang war gemäß § 6 WpAIV ein berechtigtes Interesse des Emittenten immer dann anzunehmen, wenn sein Interesse an der Geheimhaltung der Information die Interessen des Kapitalmarkts an einer vollständigen und zeitnahen Veröffentlichung überwiegt. Gemäß Art 17 Abs. 4 MMVO reicht es nun aus, dass die Veröffentlichung geeignet ist, die berechtigten Interessen des Emittenten zu beeinträchtigen. Nicht mehr erforderlich ist hiernach, dass dieses Geheimhaltungsinteresse gegenüber dem Informationsinteresse des Marktes überwiegt. Zwar hebt der deutsche Gesetzgeber § 6 WpAIV nicht auf; jedoch führt der Vorrang von Art. 17 MMVO zur Unanwendbarkeit des § 6 WpAIV[1357].

2075 Die ESMA[1358] nennt zur Fallgruppe des berechtigten Interesses des Emittenten unter anderem als Beispiele: (i) die Entwicklung eines Produkts oder einer Erfindung, (ii) eine kürzlich angekündigte Transaktion, die von einer behördlichen Genehmigung abhängig ist und (iii) die Absicht des Emittenten, eine wesentliche Beteiligung an einem anderen Rechtsträger zu erwerben

---

1354) Emittentenleitfaden der BaFin, 4. Aufl., IV.2.2.2.
1355) CESR, Market Abuse Directive, Level 3 – second set of CESR guidance and information on the common operation of the Directive to the market, CESR/06-562b, sub. 1.15.
1356) Emittentenleitfaden der BaFin, 4. Aufl., IV.2.2.2.
1357) *Klöhn*, AG 2016, 430; Beschlussempfehlung und Bericht des Finanzausschusses 1. FiMaNoG, BT-Drucks. 18/8099, 107: „Auch die in der WpAIV enthaltenen Vorgaben zur näheren Konkretisierung der berechtigten Interessen, bei deren Vorliegen ein Emittent die Veröffentlichung von Insiderinformationen aufschieben kann, sollten zunächst beibehalten werden."
1358) European Securities and Markets Authority, gemäß Art. 17 Abs. 11 MMVO beauftragt, eine Leitlinie für die Fälle des Art. 17 Abs. 4 MMVO herauszugeben.

oder veräußern.[1359] Bei mehrstufigen Entscheidungsprozessen, wie z. B. einer ausstehenden Zustimmung des Aufsichtsrats, liegen in der Regel die Aufschubvoraussetzungen vor, sofern keine Irreführung droht und die Vertraulichkeit gewährleistet werden kann.[1360] In Art. 17 Abs. 4 UAbs. 2 MMVO werden diese mehrstufigen Vorgänge eigens angesprochen und ausdrücklich gebilligt. Zudem werden in Erwägungsgrund 50 der MMVO zur Illustrierung berechtigter Interessen des Emittenten ausschließlich gestreckte Sachverhalte genannt.

Weiterhin enthält Art. 17 Abs. 5 MMVO den zusätzlichen Aufschubgrund der Wahrung der Systemstabilität. Dieser ist erfüllt, wenn eine Veröffentlichung zu finanzieller Instabilität des Emittenten und des Finanzsystems führen könnte, der Aufschub im öffentlichen Interesse liegt und die Geheimhaltung der betreffenden Information gewährleistet werden kann. Mit Art. 17 Abs. 7 UAbs. 2 MMVO neu eingeführt ist der Ausschluss der Aufschubmöglichkeit, wenn präzise Gerüchte über die betreffenden Informationen existieren, die vermuten lassen, dass die Vertraulichkeit nicht mehr gewährleistet werden kann. Damit entfällt unter diesen Voraussetzungen die Möglichkeit des Aufschubes ohne Rücksicht darauf, aus wessen Sphäre die Gerüchte stammen.[1361]

2076

Es ist zu empfehlen, die Entscheidung über den Aufschub sorgfältig zu dokumentieren, da die BaFin und die herrschende Meinung davon ausgehen, dass die Befreiung der Publizitätspflicht einer bewussten Entscheidung des Emittenten bedarf und nicht automatisch kraft Gesetzes erfolgt.[1362] Sobald die Voraussetzungen des Art. 17 Abs. 4 MMVO entfallen, entfällt zugleich dessen Suspensivwirkung und die Veröffentlichung ist unverzüglich nachzuholen. Unmittelbar nach der Offenlegung der Informationen hat der Emittent nunmehr die Gründe für das Zurückhalten der Insiderinformation unter Angabe des Zeitpunkts der Entscheidung über den Aufschub der Veröffentlichung anzugeben (Art. 17 Abs. 4 UAbs. 3 MMVO), womit oben erwähnter Dokumentation praktische Bedeutung zukommt. Es bleibt jedoch unklar, ob der Emittent *ipso iure* von der Publizitätspflicht befreit ist, oder den Aufschub aktiv herbeiführen muss. Für letzteres spricht Art. 17 Abs. 4 UAbs. 1 MMVO („*kann... aufschieben*") sowie Art. 17 Abs. 6 UAbs. 4 MMVO, der einen Beschluss des Emittenten vorsieht.[1363] Außerdem muss die BaFin dem Aufschub

2077

1359) ESMA Final Report – Guidelines on the Market Abuse Regulation – market soundings and delay of disclosure of inside information, S. 13 ff.
1360) Emittentenleitfaden der BaFin, 4. Aufl., IV.2.2.7.
1361) *Klöhn*, AG 2016, 430.
1362) Vgl. hierzu BGH WM 2013, 1176; OLG Frankfurt/M NZG 2009, 391 ff.; Emittentenleitfaden der BaFin, 4. Aufl., IV.3; *Pattberg/Bredol*, NZG 2013, 87; *Pattberg/Bredol*, NZG 2013, 87; *Widder*, BB 2009, 967, 969 ff.; *U. H. Schneider/Gilfrich*, BB 2007, 53, 54; *S. Schneider*, BB 2005, 897, 900; a. A. OLG Stuttgart ZIP 2009, 962 = NZG 2009, 624 ff., dazu EWiR 2009, 427 *(Rothenfußer/Nikoleyczik)*; *Ihrig/Kranz*, BB 2013, 451.
1363) *Von der Linden*, DStR 2016, 1038.

der Publizität in diesem Fall zustimmen. Schließlich sieht Art. 17 Abs. 1 MMVO die Pflicht der Veröffentlichung der Insiderinformation auf der Homepage des Emittenten für die Dauer von fünf Jahren vor.

(4) Sanktionen

2078 Ein Verstoß gegen Art. 17 MMVO kann ordnungswidrigkeits-, zivil- sowie in Extremfällen auch strafrechtliche Sanktionen zur Folge haben.

2079 Zur Umsetzung von Art. 30 II lit. i), j) MMVO wird der Verstoß gegen Art. 17 MMVO zukünftig gem. § 39 WpHG mit einer Geldbuße von bis zu 2,5 Mio. € oder bis zu 2 % des jährlichen (Konzern-) Gesamtumsatzes bedroht sein.[1364)] Gem. §§ 37b und 37c WpHG bestehen Schadensersatzansprüche Dritter gegen den Emittenten bei verspäteter oder unterlassener Veröffentlichung kursbeeinflussender Tatsachen oder Veröffentlichung unwahrer Tatsachen in einer Ad-hoc-Mitteilung. Ein Rückgriffsanspruch des Emittenten gegen Vorstandsmitglieder kann sich aus § 93 AktG ergeben.

2080 Abschließend kann eine persönliche Haftung der Vorstandsmitglieder für fehlerhafte Ad-hoc-Mitteilungen aus § 826 BGB folgen. Der BGH verlangt aber den Nachweis der konkreten Kausalität für den Anlageentschluss aufgrund der fehlerhaften Mitteilung selbst bei extrem unseriösen Kapitalmarktinformationen.[1365)]

2081 Die Missachtung von Art. 17 MMVO führt zwar nicht unmittelbar zu einer strafrechtlichen Sanktionierung, kann aber strafbar sein, sofern der Verstoß gegen die Ad-hoc-Publizitätspflicht bewusst eingesetzt wird um beispielsweise den Markt zu manipulieren (vgl. unten Rn. 2093).

dd) Veröffentlichung der Geschäfte von Unternehmensinsidern

2082 Im Rahmen von Unternehmenskäufen kann es zu sog. **Directors' Dealings** kommen, d. h. Geschäften[1366)] mit Aktien des Emittenten oder sich darauf beziehenden Finanzinstrumenten durch Personen, die bei einem Emittenten von Aktien Führungsaufgaben wahrnehmen. Solche Geschäfte sind nach Art. 19 Abs. 1 MMVO dem Emittenten und der BaFin unverzüglich, spätestens aber innerhalb von drei Geschäftstagen mitzuteilen.

2083 Meldepflichtige Personen sind Personen, die einem Verwaltungs-, Leitungs- oder Aufsichtsorgan des Unternehmens angehören oder als höhere Führungskräfte regelmäßig Zugang zu Insiderinformationen mit direktem oder indi-

---

1364) *Poelzig*, NZG 2016, 492.
1365) Vgl. BGH ZIP 2007, 1564 ff. („Comroad"); BGH ZIP 2007, 681 = AG 2007, 322 ff.; BGH ZIP 2005, 1270 ff. („EM.TV"), dazu EWiR 2005, 689 *(Bayer/Weinmann)*; *Gottschalk*, DStR 2005, 1648 ff.; *Duve/Basak*, BB 2005, 2645 ff.
1366) Als Geschäft gilt nach h. M. bereits das schuldrechtliche Geschäft, siehe hierzu *Buck-Heeb*, Kapitalmarktrecht, Rn. 369.

rektem Bezug zu dem Unternehmen haben. Sie müssen außerdem befugt sein, unternehmerische Entscheidungen über zukünftige Entwicklungen und Geschäftsperspektiven des Unternehmens zu treffen. Meldepflichtig sind auch in enger Verbindung zu diesen stehende Personen und juristische Personen, bei denen die vorgenannten Personen Führungssaufgaben wahrnehmen (vgl. Art. 3 Abs. 1 Nr. 25, 26 MMVO). Zu letzteren gehören auch juristische Personen, Gesellschaften und Einrichtungen, die direkt oder indirekt von einer der vorgenannten Personen kontrolliert werden, die zugunsten einer solchen Person gegründet wurden oder deren wirtschaftliche Interessen weitgehend denen einer solchen Person entsprechen (Art. 3 Abs. 1 Nr. 26 lit. d) MMVO).

Ein vorsätzlicher oder leichtfertiger Verstoß gegen Art. 19 MMVO kann mit einem Bußgeld i. H. v. bis zu 1 Mio. € geahndet werden (Art. 30 Abs. 2 lit. i), j) MMVO). Eine zivilrechtliche Haftung gegenüber Anlegern aus § 823 Abs. 2 BGB i. V. m. § 15a WpHG a. F. wird überwiegend verneint.[1367] Für die Neuregelung durch die MMVO dürfte nichts anderes gelten.

b) Insiderhandel

Betrifft der Unternehmenskauf Finanzinstrumente, hinsichtlich derer Insiderinformationen (vgl. oben Rn. 2065) bestehen, ist das Verbot von Insidergeschäften gem. Art. 14 MMVO anwendbar und von hoher praktischer Bedeutung. Als Insidergeschäfte gelten direkte oder indirekte Erwerbs- oder Veräußerungsvorgänge, bei denen für eigene oder fremde Rechnung Finanzinstrumente unter Nutzung einer Insiderinformation erworben oder veräußert werden (Art. 8 Abs. 1 S. 1 MMVO).

Im Rahmen von Unternehmenskäufen entstehen regelmäßig Insiderinformationen. Art. 14 lit. a) MMVO verbietet den Insidern den Erwerb oder die Veräußerung von Finanzinstrumenten i. S. v. Art. 8 Abs. 1 S. 1 MMVO (Verwendungsverbot), einem anderen eine Insiderinformation unbefugt mitzuteilen oder zugänglich zu machen (Offenlegungsverbot) oder einem anderen auf der Grundlage einer Insiderinformation den Erwerb oder die Veräußerung von Insiderpapieren zu empfehlen oder einen anderen auf sonstige Weise dazu anzustiften (Empfehlungsverbot). Obwohl darin kein Erwerbs- oder Veräußerungstatbestand liegt, wurde mit Art. 8 Abs. 1 S. 2 MMVO nun auch die Stornierung oder Änderung eines Auftrags als Insidergeschäft eingestuft, wenn der Auftrag vor Erlangen der Insiderinformation erteilt wurde. Zudem wurden in Art. 9 MMVO außerdem einige „legitime Handlungen" normiert. Hierbei handelt es sich unter anderem um Geschäfte einer juristischen Person, sofern interne Verfahren oder Regelungen die handelnden natürlichen Personen effektiv von einer verfügbaren Insiderinformation abschneiden (Art. 9 Abs. 1 MMVO); Geschäfte, bei denen der Erwerb bzw. die Veräußerung rechtmäßig im Zuge der normalen Funktionsausübung von sog. Market

---

1367) Siehe hierzu KK-WpHG/*Heinrich*, § 15a Rn. 84.

Makern oder Gegenparteien stattfindet (Art. 9 Abs. 2 lit. a MMVO) oder Erfüllungsgeschäfte, deren Erwerbs- bzw. Veräußerungsverpflichtung schon vor Erhalt der Insiderinformation entstanden ist (Art. 9 Abs. 3 MMVO).

2087 Alle Verbote knüpfen allein an die Innehabung von Insiderinformationen an. Wie der Insider die Insiderinformation erlangt hat, ist für die Anwendung von Art. 14 MMVO unerheblich.

2088 Für M&A Transaktionen birgt insbesondere das Verwendungsverbot nach einer erfolgten Due Diligence (die zur Kenntnis von Insiderinformationen führen kann) erhebliche Risiken. Es ist allgemein anerkannt, dass der Erwerber nicht gegen das Insiderhandelsverbot verstößt, wenn er nach Durchführung einer Due Diligence – mit unterstellter Kenntnisnahme von einer Insiderinformation – unter Umsetzung vorher getroffener unternehmerischer Entscheidungen und Pläne Insiderpapiere erwirbt (sog. Masterplan-Ausnahme).[1368] Außerdem sollte auch bei einem Face-to-Face-Geschäft, bei dem beide Vertragsparteien gleichen Informationsstand haben, ein „Verwenden" von Insiderinformationen nicht möglich sein.

2089 Zu Übernahmeangeboten regelt inzwischen Art. 9 Abs. 4 MMVO, dass die Weitergabe von Insiderinformationen im Rahmen einer Due Diligence sowie die Abgabe eines öffentlichen Übernahmeangebotes, in welchem der Bieter eine solche Insiderinformation verwendet, erst möglich ist, nachdem der Emittent eine entsprechende Ad-hoc-Mitteilung nach Art. 17 MMVO veröffentlicht hat.[1369]

cc) Insiderverzeichnisse

2090 Nach Art. 8 Abs. 1 lit. a) MMVO haben Emittenten und in ihrem Auftrag oder für ihre Rechnung handelnde Personen Verzeichnisse über solche Personen zu führen, die für sie tätig sind und bestimmungsgemäß Zugang zu Insiderinformationen haben. Im Rahmen einer M&A Transaktion ist daher darauf zu achten, dass beim Emittenten ebenso wie bei dessen Beratern (Investmentbanken, Anwaltskanzleien, etc.) Insiderverzeichnisse geführt werden. Mit Einführung der Marktmissbrauchsverordnung sind Insiderlisten neuerdings nicht mehr sechs Jahre nach ihrer Erstellung oder Aktualisierung (so noch in § 15b Abs. 2 S. 1 Nr. 4 WpHG a. F. i. V. m. § 16 Abs. 2 S. 1 und 2 WpAIV), sondern gemäß Art. 18 Abs. 5 MMVO mindestens fünf Jahre lang aufzubewahren. Außerdem wurde mit Art. 18 Abs. 6 MMVO eine Ausnahme für Emittenten eingeführt, deren Finanzinstrumente zum Handel an einem Wachstumsmarkt für kleine und mittelgroße Unternehmen i. S. d.

[1368] Assmann/Schneider/*Assmann*, WpHG, § 14 Rn. 35; *Bank*, NZG 2012, 1337, 1340; *Widder*, BB 2010, 15, 16 f.; *Flick/Lorenz*, RIW 2010, 381, 384.
[1369] Emittentenleitfaden der BaFin, 4. Aufl., III.2.2.1.4.3.

Art. 4 Abs. 1 Nr. 12 MiFID II zugelassen sind. Diese müssen nunmehr eine Insiderliste nur auf Verlangen der nationalen Aufsichtsbehörde führen.[1370]

dd) Straftaten und Ordnungswidrigkeiten

Ein vorsätzlicher Verstoß gegen Art. 14 lit. a) MMVO (Verwendungsverbot) stellt unabhängig von der Art der Kenntniserlangung eine Straftat dar, § 38 Abs. 3 Nr. 1 WpHG, die mit Geldstrafe oder bis zu 5 Jahren Freiheitsstrafe bestraft werden kann. Auch der Versuch ist gemäß § 38 Abs. 4 WpHG neuerdings strafbar. 2091

In § 38 Abs. 3 WpHG n. F. wird bei Verstößen gegen das Insiderverbot aus Art. 14 MMVO neuerdings nicht mehr zwischen Primär- und Sekundärinsidern unterschieden. Deshalb können sich nach der neuen Rechtslage auch Sekundärinsider gemäß Art. 8 Abs. 4 Abs. 2 MMVO wegen Anstiftung und Empfehlung gem. Art. 8 Abs. 2 MMVO strafbar machen. 2092

c) Verbot der Marktmanipulation, Art. 15 MMVO

Aus kapitalmarktrechtlicher Sicht hat zudem das Verbot der Marktmanipulation und deren Versuch nach Art. 15 MMVO Relevanz für den Unternehmenskauf. Die Tatbestände, die unter das Verbot fallen, ergeben sich aus Art. 12 MMVO und lassen sich in handels- und informationsbezogene Tatbestände unterteilen. 2093

Art. 12 Abs. 1 lit. a) MMVO verbietet den Abschluss eines Geschäfts, die Erteilung eines Handelsauftrags sowie jede andere Handlung, die falsche oder irreführende Signale hinsichtlich des Angebots, der Nachfrage oder des Preises eines Finanzinstruments gibt oder bei der dies wahrscheinlich ist. 2094

Art. 12 Abs. 1 lit. b) MMVO verbietet den Abschluss eines Geschäfts, Erteilung eines Handelsauftrags und jegliche sonstige Tätigkeit oder Handlung an Finanzmärkten, die unter Vorspiegelung falscher Tatsachen oder unter Verwendung sonstiger Kunstgriffe oder Formen der Täuschung den Kurs eines oder mehrerer Finanzinstrumente beeinflusst oder hierzu geeignet ist. 2095

Gemäß Art. 12 Abs. 1 lit. c) MMVO ist die Verbreitung von Informationen über die Medien einschließlich des Internets oder auf anderem Wege verboten, die falsche oder irreführende Signale hinsichtlich des Angebots oder des Kurses eines Finanzinstruments geben oder bei denen dies wahrscheinlich ist. Außerdem ist die Verbreitung solcher Informationen verboten, die ein anormales oder künstliches Kursniveau herbeiführen oder bei denen dies wahrscheinlich ist. Zulässig sind nach Art. 13 Abs. 1 MMVO jedoch Handlungen, die mit der zulässigen Marktpraxis auf dem betreffenden organisierten Markt oder in dem betreffenden Freiverkehr vereinbar sind und für die der Han- 2096

1370) *Von der Linden*, DStR 2016, 1038.

delnde legitime Gründe hat. Dazu gehören solche Gepflogenheiten, die auf dem jeweiligen Markt nach vernünftigem Ermessen erwartet werden können und von der BaFin als zulässige Marktpraxis im Sinne der Vorschrift anerkannt werden. Eine Marktpraxis ist danach nicht bereits unzulässig, weil sie zuvor nicht ausdrücklich anerkannt wurde. Außerdem können der Handel mit eigenen Aktien im Rahmen von Rückkaufprogrammen sowie Maßnahmen zur Stabilisierung des Preises von Finanzinstrumenten hiernach zulässig sein, wenn dies nicht schon von Art. 5, Erwägungsgrund 11 MMVO abgedeckt wird.

2097 Zuletzt verbietet Art. 12 Abs. 1 lit. d) MMVO die Übermittlung falscher oder irreführender Angaben oder Bereitstellung falscher oder irreführender Ausgangsdaten bezüglich eines Referenzwerts i. S. d. Art. 3 Abs. 1 Nr. 29 MMVO sowie sonstige Handlungen, durch die die Berechnung eines Referenzwerts manipuliert wird. Im Zuge von Unternehmenskäufen kann auch eine öffentliche, unrichtige Leugnung von Übernahmeabsichten den Tatbestand erfüllen.

2098 Sanktioniert wird das Verbot der Marktmanipulation jedenfalls mit dem Straf- und Ordnungswidrigkeitenrecht. Kommt es zu einer tatsächlichen Einwirkung auf den Börsen- und Marktpreis und begeht der Täter die Tat vorsätzlich, wird dies mit Freiheitsstrafe bis zu fünf Jahren oder Geldstrafe geahndet (§§ 38 Abs. 1 i. V. m. 39 Abs. 3c und 3d WpHG n. F.). Tritt der Manipulationserfolg nicht ein, ist nach § 39 Abs. 3d Nr. 2 und Abs. 4a WpHG n. F. ein Bußgeld i. H. v. bis zu 15 Mio. € oder 15 % des Gesamtumsatzes möglich. Eine privatrechtliche Durchsetzung über einen Schadensersatzanspruch gem. Art. 15 MMVO i. V. m. § 823 Abs. 2 BGB ist mangels Schutzgesetzeigenschaft des Art. 15 MMVO nicht möglich.[1371]

XXIII. Carve-out

1. Überblick, Carve-out-Varianten

2099 Bei einer Unternehmenstransaktion beschreibt ein Carve-out die Heraustrennung bzw. Ausgliederung einer oder mehrerer Geschäftsbereiche aus einem Unternehmen bzw. Konzern. Der Prozess eines solchen Teil-Unternehmensverkaufs wirft aufgrund der in der Regel zahlreichen Verflechtungen der auszugliedernden Geschäftseinheiten mit dem Gesamtunternehmen, d. h. mit der Konzernmutter bzw. anderen Tochterunternehmen, komplexe rechtliche, steuerliche und praktische Fragestellungen auf.

2100 Die rechtliche Struktur der Transaktion hängt maßgeblich davon ab, ob der herauszutrennende Geschäftsbereich bereits rechtlich selbständig in einem Rechtsträger existiert oder aus einem Rechtsträger separiert werden muss.

1371) Dies gilt für § 20a WpHG a. F. (BGHZ 192, 91), nichts anderes dürfte aber für Art. 15 MMVO gelten.

Im ersten Fall werden die Anteile an der entsprechenden Gesellschaft veräußert. 2101

Im zweiten Fall, d. h. wenn der herauszulösende Geschäftsbereich rechtlich nicht selbständig ist, gestaltet sich die Transaktion technisch aufwendiger. In Betracht kommen dann insbesondere die beiden folgenden Möglichkeiten: 2102

- Die zum Geschäftsbereich gehörenden Aktiva, Passiva und Verträge werden ohne weiteren Zwischenschritt an einen Dritten verkauft und übertragen. Diese Konstellation folgt grundsätzlich den Regelungen des Asset Deals.[1372]

- Der Verkäufer kann den Geschäftsbereich zunächst auch rechtlich verselbständigen, d. h. in einen eigenständigen Rechtsträger übertragen und in einem zweiten Schritt die Anteile an dem Rechtsträger veräußern. Dazu können die Aktiva, Passiva und Verträge im Wege der Einzelrechtsnachfolge auf einen schon bestehenden oder zu gründenden Rechtsträger im Rahmen einer Einbringung übertragen werden. Alternativ kann der Geschäftsbereich auch nach den Regelungen des Umwandlungsgesetzes im Wege der Gesamtrechtsnachfolge auf einen bestehenden oder zu gründenden Rechtsträger ausgegliedert werden.

2. Verkauf einer Kapitalgesellschaft aus dem Konzern

a) Grundsatz

Der Verkauf eines rechtlich selbständigen Geschäftsbereichs folgt den allgemeinen Regelungen des Anteilsverkaufs.[1373] Die Anteile an der entsprechenden Gesellschaft werden an den Erwerber verkauft und abgetreten. Die Besonderheiten liegen in der Aufhebung bzw. Abwicklung bestehender vertraglicher Beziehungen zwischen der Gesellschaft und dem Verkäufer sowie ggf. im Neuabschluss von Verträgen zur Sicherstellung der Funktionsfähigkeit der verkauften Gesellschaft auch nach dem Vollzug der Transaktion. 2103

b) Beendigung von Vertragsbeziehungen

aa) Unternehmensverträge

Zwischen der Konzernobergesellschaft und der zu verkaufenden Tochtergesellschaft bestehen eventuell Ergebnisabführungs- oder Beherrschungsverträge gem. §§ 291 ff. AktG. Maßgeblicher Zweck in der Praxis ist die Begründung einer körperschafts- und gewerbesteuerlichen Organschaft. 2104

Die zivilrechtlichen Folgen, insbesondere die Verpflichtung zur Gewinnabführung, die Verlustausgleichsverpflichtung und die Beherrschungsmöglich- 2105

[1372] Vgl. Rn. 1128 ff.: Meyer/Rabe, Umstrukturierungsrechtliche Fragen des Carve Out unter Verwendung einer Vorrats- oder Mantelgesellschaft – NZA 2016, 78, 79.
[1373] Vgl. Rn. 12 ff.

keit, müssen spätestens zum Vollzug der Transaktion enden. Daher sind die bestehenden Unternehmensverträge zum Vollzug durch Kündigung oder Aufhebung zu beenden.

(1) Beendigung durch Kündigung

2106 Ein Ergebnisabführungsvertrag kann ordentlich oder außerordentlich gekündigt werden.

Ordentliche Kündigung

2107 Die Zulässigkeit der ordentlichen Kündigung ist gesetzlich nicht ausdrücklich geregelt, ergibt sich aber aus § 297 Abs. 2 S. 1 AktG. Strittig ist, ob der Vertrag eine entsprechende Kündigungsregelung enthalten muss. Die wohl herrschende Meinung verneint zivilrechtlich die Möglichkeit zur ordentlichen Kündigung, wenn der Vertrag eine solche nicht vorsieht.[1374]

2108 Wenn der Vertrag zwar eine ordentliche Kündigungsmöglichkeit vorsieht, jedoch keine Kündigungsfrist regelt, greifen die allgemeinen gesetzlichen Vorschriften. Dabei wird vertreten, dass in Analogie zu § 132 HGB die Kündigungsfrist mindestens sechs Monate beträgt. Schon deshalb scheidet in der Praxis anlässlich einer Transaktion eine solche ordentliche Kündigung des Ergebnisabführungsvertrages regelmäßig aus. Denn eine Synchronisation mit der Transaktion lässt sich kaum herbeiführen.

Außerordentliche Kündigung

2109 Praxisrelevanter ist dagegen die außerordentliche Kündigung des Ergebnisabführungsvertrages. Diese ist in § 297 Abs. 1 AktG ausdrücklich geregelt. Steuerlich ist Veräußerung von Geschäftsanteilen an der beherrschten Gesellschaft als außerordentlicher Kündigungsgrund anerkannt. Daher ist die entsprechende Beendigung vor Ablauf der Fünfjahresfrist im Regelfall nicht steuerschädlich, d. h. zerstört die Organschaft nicht rückwirkend.[1375]

2110 Zivilrechtlich ist jedoch umstritten, ob die Veräußerung der Geschäftsanteile einen wichtigen Grund darstellt und zur außerordentlichen Kündigung berechtigt, wenn dies vertraglich nicht ausdrücklich normiert ist. Die Rechtsprechung verneint dies zu weiten Teilen.[1376] Insoweit empfiehlt es sich bereits bei der Gestaltung von Unternehmensverträgen entsprechende Kündigungsgründe vertraglich zu berücksichtigen.

2111 Sollte ein entsprechender Kündigungsgrund nicht im Ergebnisabführungsvertrag geregelt sein, kann dieser ggf. geändert und eine Kündigungsmöglich-

---

1374) Vgl. *Hüffer*, AktG, 10. Aufl., § 297 Rn. 12 m. w. N.
1375) *Stangl/Winter*, Organschaft, Rn. 363; MünchKomm-AktG/*Altmeppen*, § 297 Rn. 17.
1376) Vgl. dazu BGH BB 2011, 1157–1158; BGH ZIP 2011, 1465 = BB 2011, 2066–2067; OLG Oldenburg NZG 2000, 1138, 1140; OLG Düsseldorf ZIP 1994, 1602 = BB 1994, 2094.

keit eingefügt werden. Zu berücksichtigen ist, dass eine Änderung jedoch erst mit Eintragung im Handelsregister gem. §§ 295, 294 AktG wirksam wird.

Nach einer wirksamen Kündigung endet der Unternehmensvertrag mit Wirkung zum Zeitpunkt der Beendigung (*ex nunc*). Gewinnabführungs- oder Verlustausgleichsansprüche entstehen bis zum Zeitpunkt des Wirksamwerdens der Kündigung. 2112

Steuerlich wirkt die Kündigung allerdings auf den Beginn des laufenden Geschäftsjahres zurück, d. h. für das entsprechende laufende Geschäftsjahr entfällt die ertragsteuerliche und gewerbesteuerliche Organschaft.[1377] 2113

(2) Beendigung durch Aufhebung des Unternehmensvertrages

Zum anderen kommt eine Beendigung des Unternehmensvertrages durch einvernehmliche Aufhebung in Betracht. Diese ist gem. § 296 Abs. 1 S. 1 AktG nur zum Ende eines Geschäftsjahres oder zum Ende des sonstigen vertraglich bestimmten Abrechnungszeitraums möglich. Eine rückwirkende Auflösung ist nicht zulässig. Daher ist eine Aufhebung im Rahmen einer Transaktion nur vor dem Ablauf des Geschäftsjahres zu dessen Ende möglich. Dies eignet sich beispielsweise in Fällen, in denen als wirtschaftlicher Stichtag bzw. Vollzugstag das Geschäftsjahresende vereinbart wird. 2114

Wenn ein unterjähriger wirtschaftlicher Stichtag vereinbart wird bzw. der Vertrag unterjährig vollzogen werden soll, kann das Geschäftsjahr unter Bildung eines Rumpfgeschäftsjahres umgestellt werden. Der Ergebnisabführungsvertrag kann in diesem Fall zum Ende des entsprechenden Rumpfgeschäftsjahres aufgehoben werden. Im Ergebnis wird dazu das Geschäftsjahr der Gesellschaft mit Zustimmung des Finanzamtes durch eine Änderung des Gesellschaftsvertrages verkürzt. In der Praxis erfordert dies einigen organisatorischen Aufwand. Denn der Vollzug des Kaufvertrages bzw. der Eintritt der Vollzugsbedingungen sowie das Ende des Rumpfgeschäftsjahres müssen zeitlich aufeinander abgestimmt und verknüpft werden. Dies gilt insbesondere dann, wenn der Vollzug des Kaufvertrages auf das Ende des neu gebildeten Rumpfgeschäftsjahres fallen soll, beispielsweise weil der Käufer eine steuerliche Organschaft nahtlos anknüpfen möchte. Schwierigkeiten können sich dabei daraus ergeben, dass die wirksame Bildung des Rumpfgeschäftsjahres erst mit Eintragung der entsprechenden Satzungsänderung in das zuständige Handelsregister wirksam wird. Die Eintragung in das Handelsregister muss dabei vor dem Ende des geplanten Rumpfgeschäftsjahres erfolgen. Dies liegt nicht in der Kontrolle der Parteien und sollte daher vorab eng mit dem zuständigen Handelsregister abgestimmt werden. 2115

1377) MünchKomm-AktG/*Altmeppen*, § 297 Rn. 17.

(3) Regelungen im Kaufvertrag

2116 Die Beendigung eines Ergebnisabführungsvertrages ist im Kaufvertrag unter verschiedenen Aspekten regelungsbedürftig.

Aufschiebende Bedingung

2117 Zunächst sollte die Beendigung des Unternehmensvertrages zur aufschiebenden Bedingung für den Vollzug des Kaufvertrages gemacht werden.

Gewinn- und Verlustausgleichsansprüche

2118 Im Hinblick auf bestehende oder entstehende Gewinn- oder Verlustausgleichsansprüche sind Regelungen zu treffen. Bei der Gestaltung ist darauf zu achten, dass die entsprechenden Ansprüche tatsächlich erfüllt werden. Denn ansonsten gilt die steuerliche Organschaft als nicht durchgeführt und entfällt rückwirkend.

2119 Zwischen dem Verkäufer und dem Käufer sollen Ergebnisabführungs- bzw. Verlustausgleichsansprüche dagegen im Ergebnis neutralisiert werden. Dazu gibt es im Wesentlichen zwei Möglichkeiten.

2120 Bei einem Kaufpreisanpassungsmechanismus, der einen Abzug der Nettofinanzverbindlichkeiten vorsieht, wird der Gewinnabführungsanspruch als kaufpreisreduzierende Verbindlichkeit und ein Verlustausgleichsanspruch als kaufpreiserhöhende Position definiert. Der Gewinn- und Verlustausgleichsanspruch wird dann tatsächlich von dem bzw. an den Verkäufer erfüllt.

2121 Enthält der Kaufvertrag keinen Kaufpreisanpassungsmechanismus, sondern soll ein Festkaufpreis vereinbart werden, kommt die oben dargestellte sicherste Möglichkeit des tatsächlichen Ausgleichs evtl. nicht in Betracht. In diesem Fall kann ein etwaiger Gewinnabführungsanspruch in ein Gesellschafterdarlehen umgewandelt werden. Nach herrschender Meinung gilt dies für steuerliche Zwecke unter bestimmten Voraussetzungen als Durchführung der Organschaft.[1378] Das Gesellschafterdarlehen wird dann an den Käufer verkauft und abgetreten. Im Rahmen der Kaufpreisallokation ist darauf zu achten, dass ein Teil des Kaufpreises in Höhe des Gesellschafterdarlehens zuzüglich aufgelaufener Zinsen auf das Darlehen allokiert wird. Dabei ist auf insolvenzrechtliche Anfechtungsrisiken, die sich aus dem rechtskräftigen Urteil des OLG Koblenz[1379] ergeben, ggf. durch Freistellungen zu reagieren.

2122 Eine Übernahme von Verlustausgleichsverpflichtungen des Verkäufers durch den Käufer ist jedoch wegen § 302 Abs. 3 AktG nicht möglich. Im Kaufvertrag ist daher zu regeln, dass ein etwaiger Verlustausgleichsanspruch vom Käufer für Rechnung des Verkäufers zu bedienen ist. Diese Verpflichtung muss mit einer Freistellungsverpflichtung verknüpft werden.

1378) Vgl. zum Meinungsstand Formularbuch Recht und Steuern/*Stangl/Winter*, A 10.00 Rn. 265.
1379) OLG Koblenz ZIP 2013, 2325 = NZG 2014, 998 ff.

Im Hinblick auf die Feststellung der Höhe des Gewinnabführungs- bzw. Verlustausgleichsanspruchs sind Regelungen zur Erstellung des Jahresabschlusses im Kaufvertrag festzuschreiben. Denn nach Vollzug der Transaktion verliert der Verkäufer den Einfluss auf die Erstellung des Jahresabschlusses. 2123

Freistellungen

Aus Sicht des Verkäufers empfiehlt es sich, eine Verpflichtung des Käufers aufzunehmen, wonach vorangegangene Jahresabschlüsse nicht geändert werden dürfen. Denn eine nachträgliche Änderung von bestehenden Jahresabschlüssen kann zu Forderungen der Gesellschaft gegen den Verkäufer führen, wenn sich beispielsweise durch eine nachträgliche Anpassung eine erhöhte Verlustausgleichsverpflichtung oder ein niedrigerer Gewinnabführungsanspruch ergibt. Eine entsprechende Verpflichtung sollte durch eine Freistellung zugunsten des Verkäufers unterlegt werden. 2124

Eine solche ist auch im Hinblick auf die Verpflichtung zur Leistung von Sicherheitsleistungen zugunsten der Gläubiger gem. § 303 Abs. 1 AktG zu erwägen. 2125

Zu prüfen ist auch, ob steuerliche Freistellungen des Käufers zugunsten des Verkäufers sachgerecht sind. Wenn beispielsweise die Organschaft erst nach dem vereinbarten wirtschaftlichen Stichtag beendet wird, sollte der Käufer verpflichtet werden, den Verkäufer von allen Steuern freizustellen, die auf den Zeitraum ab dem wirtschaftlichen Stichtag entfallen und aufgrund der Organschaft dem Verkäufer zugerechnet werden. Denn das Ergebnis der Zielgesellschaft ab dem wirtschaftlichen Stichtag steht bei entsprechender vertraglicher Gestaltung dem Käufer zu. Korrespondierend sollte er auch die Steuerlast tragen. 2126

Weiter ist der Käufer zu verpflichten, alle Maßnahmen zu unterlassen, die schädlich für die steuerliche Organschaft sein oder rückwirkend zu einer Steuerbelastung des Verkäufers führen können. 2127

bb) Cash Pool

(1) Beendigung

Ein bestehender Cash Pool zwischen dem Verkäufer und der zu verkaufenden Gesellschaft ist spätestens zum Vollzugstag zu beenden. Die Beendigung des internen Cash Pool-Vertrages ist unproblematisch und kann durch Aufhebung erfolgen. Der der Aufhebung zustimmende Geschäftsführer muss sich jedoch im Rahmen seiner Sorgfaltspflichten versichern, dass die Finanzierung der Zielgesellschaft auch nach dem Beendigungszeitpunkt gesichert ist. 2128

Es ist ferner daran zu denken, dass die Zielgesellschaft aus dem mit der kontoführenden Bank bestehenden Cash Pool-Vertrag entlassen werden muss. Auch aus einem ggf. bestehenden Haftungsverbund ist die Zielgesellschaft auszunehmen. Entsprechende Kündigungsfristen sind zu beachten. 2129

(2) Ausgleich

2130 Zum Beendigungszeitpunkt bestehende Salden aus dem Cash Pool sind grundsätzlich auszugleichen. Insolvenzrechtliche Anfechtungsrisiken sind zu berücksichtigen. So kann die Rückzahlung von Gesellschafterdarlehen gem. § 135 Abs. 1 Nr. 2 InsO angefochten werden, wenn innerhalb eines Jahres seit Rückzahlung ein Antrag auf Eröffnung des Insolvenzverfahrens bei der verkauften Tochtergesellschaft gestellt wird.

2131 Um dieses Risiko zu vermeiden, war es in der Vergangenheit gängige Praxis, ein entsprechendes Gesellschafterdarlehen bzw. daraus resultierende Rückzahlungsforderungen an den Käufer zu verkaufen und abzutreten.

2132 Seit dem rechtskräftigen Urteil des OLG Koblenz[1380] ist aber auch dieser Weg nicht mehr risikofrei. Zur Verringerung der Risikoposition ist der Käufer jedenfalls zu verpflichten, innerhalb eines Jahres ab Abtretung des Darlehens an ihn keine Rückzahlungen zu veranlassen. Eine zusätzliche absichernde werthaltige Freistellung ist ratsam.

2133 Alternativ kann der Verkäufer auch auf einen etwaigen Rückzahlungsanspruch verzichten bzw. diesen in die freie Kapitalrücklage gem. § 272 Abs. 2 Nr. 4 HGB der Tochtergesellschaft dotieren. Dies setzt voraus, dass der Rückzahlungsanspruch werthaltig ist. Ansonsten führt der Verzicht auf Ebene der begünstigten Tochtergesellschaft zu einem steuerbaren außerordentlichen Ertrag.

(3) Regelungen im Kaufvertrag

2134 Neben den schon angesprochenen Freistellungen sind ggf. sich aus dem Cash Pool-System ergebende allgemeine Risiken durch Freistellungen oder Garantien abzusichern.

2135 Auch muss die Behandlung der Cash Pool-Salden bei der Kaufpreisformel berücksichtigt werden. Enthält der Kaufvertrag einen Anpassungsmechanismus dergestalt, dass zum vereinbarten wirtschaftlichen Stichtag Nettofinanzverbindlichkeiten in Abzug zu bringen sind, ist eine Forderung der Gesellschaft gegenüber dem Verkäufer aus dem Cash Pool als Quasi-Liquidität kaufpreiserhöhend und eine Verbindlichkeit der Gesellschaft gegenüber dem Verkäufer als kaufpreisreduzierend zu definieren.

2136 Entsprechendes gilt bei einem Verkauf von Forderungen des Verkäufers gegenüber der Gesellschaft an den Käufer, d. h. vom Kaufpreis für die Geschäftsanteile ist ein entsprechender Betrag abzuziehen und als Kaufpreis für die verkaufte Forderung auszuweisen.

2137 Bei einem Verzicht auf Darlehensforderungen ist diese nicht kaufpreisreduzierend zu veranschlagen; auch wenn der Verzicht erst nach dem wirtschaftlichen Stichtag erklärt wird.

1380) Ebd.

cc) Sonstige Vertragsbeziehungen

Bestehende konzerninterne Dienstleistungs-, Liefer- oder sonstige Verträge sind im Regelfall zum Vollzugstag aufzuheben. Wechselseitige Forderungen und Verbindlichkeiten sind auszugleichen. Die Kaufpreismechanik betreffend gilt das oben Gesagte entsprechend, wobei Forderungen und Verbindlichkeiten aus Lieferungen und Leistungen eventuell nicht im Rahmen der Nettofinanzverbindlichkeiten, sondern als Position des Working Capitals (soweit ein entsprechender Anpassungsmechanismus im Kaufvertrag vereinbart ist) Berücksichtigung finden.[1381] 2138

Ist ein Festkaufpreis- bzw. Locked Box-Mechanismus vereinbart, muss sich der Käufer vor übermäßigen Liquiditätsabflüssen vertraglich schützen.[1382] 2139

Zum Vollzugstag müssen auch sonstige bestehende Haftungsverhältnisse beendet werden. Infrage kommen insbesondere Patronatserklärungen oder Bürgschaften, welche die Konzernmutter für ihre zu verkaufende Tochtergesellschaft gewährt oder bei ihrer Bank in Auftrag gegeben hat. Ist eine Freigabe aus praktischen Gründen zum Vollzugstag nicht möglich, etwa weil die Zustimmung Dritter erforderlich ist, können sich die Parteien mit Freistellungsvereinbarungen behelfen. Aus Sicht des Verkäufers ist darauf zu achten, dass diese unabhängig vom Schicksal der verkauften Tochtergesellschaft werthaltig sind und bleiben. 2140

c) Sonstige Verträge

aa) Abschluss neuer Verträge

Ein wesentliches Element von Carve-out-Transaktionen stellt aus praktischer Sicht häufig ein zwischen Verkäufer und zu verkaufender Gesellschaft abzuschließender Dienstleistungsvertrag dar, nach welchem zumindest für einen Übergangszeitraum von dem Verkäufer bestimmte Dienstleistungen an das zu veräußernde Unternehmen erbracht werden (**Transition Service Agreements – TSA**). Dies ist immer dann erforderlich, wenn das verkaufte Unternehmen zur Herstellung seiner Funktionsfähigkeit in der Vergangenheit Konzerndienstleistungen in Anspruch genommen hat, d. h. nicht selber über entsprechende Ressourcen verfügt. Klassischerweise sind dies IT-Leistungen, Buchhaltungsdienstleistungen und Lohnabrechnungen. 2141

Wesentliche Elemente des abzuschließenden Dienstvertrages sind regelmäßig der Vertragsgegenstand, die Laufzeit, die Vergütung und ggf. zu vereinbarende Haftungsprivilegien zugunsten des Leistungserbringers. 2142

Die Definition des Vertragsgegenstandes setzt eine umfassende Analyse von Verkäufer und Käufer voraus, welche Funktionen zur Wahrung der Funktionsfähigkeit der zu verkaufenden Einheit erforderlich sind. 2143

1381) Vgl. hierzu Kapitel VII.
1382) Vgl. hierzu Kapitel VII.

2144 Für die Bestimmung der Laufzeit ist entscheidend, wie schnell die verkaufte Gesellschaft bzw. der Käufer die notwendigen Ressourcen eigenständig zur Verfügung stellen kann.

2145 Bei der Festlegung der Vergütung ist aus Sicht des Verkäufers zu beachten, dass eine Erhöhung im Vergleich zu der bisher konzernintern geleisteten Vergütung ggf. Ansatzpunkte bieten kann, steuerlich zu argumentieren, die frühere Vergütung halte einem Drittvergleich nicht stand.

2146 Einen weiteren Schwerpunkt stellt die Vereinbarung von Haftungsprivilegien dar. Der Verkäufer als Leistungserbringer wird nicht mehr haften wollen, als in der Vergangenheit, und daher die Haftung für einfache Fahrlässigkeit ausschließen oder zumindest begrenzen.

2147 Ein weiterer Schwerpunkt zwischen Verkäufer und zu verkaufender Gesellschaft stellt in der Praxis die Nutzung zukünftiger Markenrechte dar. Sollen sowohl von Verkäufer als auch dem verkauften Unternehmen ähnliche Marken in der Zukunft genutzt werden, ist eine detaillierte Abgrenzungsvereinbarung zur Vermeidung späterer Streitigkeiten geboten.

2148 Im Hinblick auf vom Zielunternehmen genutzte Rechte Dritter, die konzernweit lizenziert wurden, ist zu prüfen, ob ggf. auch nach dem Vollzug eine Unterlizenzierung in Betracht kommt.

bb) Zuordnung von Verträgen

2149 In der Praxis bestehen häufig Verträge, die konzernweite Geltung haben und daher nicht ausschließlich dem Verkäufer oder dem Zielunternehmen zuzuordnen sind.

2150 Ist lediglich die Konzernmutter Vertragspartei und soll das zu verkaufende Unternehmen aus dem Anwendungsbereich des Vertrages ausscheiden, sind eventuell Anpassungen im Ursprungsvertrag geboten, z. B. Mengenkontingente. Zu prüfen ist das Erfordernis der Zustimmung der anderen Vertragspartei.

2151 Soll das zu verkaufende Unternehmen weiterhin Leistungen aus dem existierenden Vertrag in Anspruch nehmen, sind mehrere Varianten möglich. Zunächst kann der bestehende Vertrag aufgeteilt werden, oder aber die Gesellschaft tritt dem bestehenden Vertrag bei. Beide Varianten erfordern die Zustimmung des Vertragspartners. Ist diese nicht zu erwarten oder besteht zu befürchten, dass der Vertragspartner den Vertrag anlässlich der Zustimmung nachverhandelt, kann im Innenverhältnis zwischen Verkäufer und der Gesellschaft eine treuhänderische Abwicklung vereinbart werden. Im Außenverhältnis bleibt der Verkäufer Vertragspartei und leitet die erhaltene Leistung im Innenverhältnis an das verkaufte Unternehmen gegen Bezahlung der darauf entfallenden Gegenleistung weiter.[1383]

1383) Vgl. dazu *Schreyer/Leicht*, NZG 2011, 121, 122 f.

3. Verkauf von rechtlich nicht selbständigen Geschäftsbereichen

Ist der auszugliedernde Geschäftsbereich nicht in einem selbständigen Rechtsträger isoliert, kommen bei der Strukturierung mehrere Varianten in Betracht. 2152

a) Direkter Verkauf an einen Dritten

Zunächst können die zu dem Geschäftsbereich gehörenden Aktiva, Passiva und Verträge direkt an einen Dritten verkauft und übertragen werden. Dieser Direktverkauf folgt den allgemeinen Regelungen zum Asset Deal,[1384] insbesondere § 613a BGB betreffend. 2153

Kollektivrechtlich sind die Informations- und Mitwirkungsrechte eines etwaigen Betriebsrates wegen Betriebsanteilsübergang gem. § 80 Abs. 2 BetrVG bzw. wegen Betriebsänderung i. S. d. § 111 S. 3 Nr. 3 BetrVG zu beachten. Durch die Verpflichtung des Arbeitgebers, über einen Interessenausgleich zu verhandeln, kann die Ausgliederung verzögert werden. 2154

Schwierigkeiten kann in der Praxis die Übertragung von Verträgen bereiten. Ein Vertrag ist zwar in seiner Gesamtheit übertragbar.[1385] Die übertragende Partei scheidet aus dem Vertrag aus. Die übernehmende Partei tritt an die Stelle der übertragenden Partei. Für die Wirksamkeit ist jedoch die Zustimmung der dritten Vertragspartei erforderlich.[1386] Technisch kann die Zustimmung im Voraus erteilt werden. Unter Vertraulichkeitsgesichtspunkten ist dies jedoch häufig problematisch. Eine weitere Möglichkeit ist, Zustimmungen von besonders wichtigen Verträgen zwischen dem Abschluss des Kaufvertrages und seinem Vollzug einzuholen und die entsprechende Zustimmung als Vollzugsbedingung zu definieren. Dies mag zwar im Einzelfall dem Käuferinteresse entsprechen. Sofern dies dem Dritten bewusst wird, hat er jedoch einen Hebel, um die Vertragsbedingungen zu seinen Gunsten nachzuverhandeln. Der Erfolg der Transaktion liegt dann auch nicht mehr im alleinigen Einflussbereich der Parteien. 2155

Um dies zu vermeiden, kann auch eine treuhänderische Abwicklung des entsprechenden Vertrages vereinbart werden. Der Verkäufer nimmt dann auch in der Zukunft nach außen die Stellung als Vertragspartei wahr. Im Innenverhältnis stellen sich die Parteien jedoch so, als ob der Vertrag wirksam übertragen worden ist. Der Verkäufer reicht die vom Dritten erhaltenen Leistungen an das Zielunternehmen weiter. An Grenzen stößt die Treuhandkonstruktion dabei, wenn das Durchreichen der Leistung des dritten Vertragspartners an das Zielunternehmen rechtlich nicht möglich ist. So bedarf beispielsweise die Untervermietung gem. § 540 Abs. 1 S. 1 BGB der Zustimmung des Vermieters. Hat der Vertrag umgekehrt die Bereitstellung der Leistung durch 2156

1384) Vgl. Rn. 1128 ff., zum Arbeitsrecht beim Asset Deal, Rn: 1515 ff.
1385) BGH ZIP 2001, 305 = NJW 2001, 1217.
1386) BGH ZIP 1998, 391 = NJW 1998, 531, 532.

den Verkäufer zum Gegenstand, muss geprüft werden, ob es ggf. auf die Person des Leistenden ankommt.[1387)

b) **Ausgründung des Geschäftsbereiches in eine selbstständige Gesellschaft mit anschließendem Verkauf der Geschäftsanteile**

2157 Alternativ zum direkten Verkauf an einen Dritten kommen die Ausgründung des Geschäftsbereichs in eine eigenständige Tochtergesellschaft und der nachfolgende Verkauf der Geschäftsanteile an der Tochtergesellschaft an den Dritten in Betracht.

2158 Eine vorherige Ausgründung des Geschäftsbereiches in eine gruppeninterne, aber eigenständige Gesellschaft kann verschiedene Gründe haben. Zunächst ist ein direkter Verkauf von Einzelrechtsgütern an einen Dritten schon durch das Erfordernis der Erstellung der Anlagen technisch aufwendig. Bei einer vorherigen Ausgründung in eine Tochtergesellschaft kann dieser technische Komplex vorweggenommen werden, sodass die eigentliche Transaktion nicht mehr durch technische Aspekte belastet ist. Dabei spielen insbesondere auch die erforderlichen Zustimmungen der Vertragspartner eine Rolle. Bei einer zunächst nur intern vorgenommenen Ausgründung im Wege der Einzelrechtsnachfolge lassen sich Zustimmungen ggf. einfacher einholen. Bei einer Ausgliederung nach den Regelungen des Umwandlungsgesetzes bedarf es grundsätzlich überhaupt keiner Zustimmungen der Vertragspartner. Teilweise enthalten Verträge für den Fall von konzerninternen Umstrukturierungen auch bereits antizipierte Zustimmungen, d. h. es besteht dann lediglich eine Anzeigepflicht.

2159 Zur Ausgründung des Geschäftsbereiches in eine eigenständige Tochtergesellschaft kommen zwei Varianten in Betracht. Zunächst kann der Geschäftsbereich im Rahmen einer Einzelrechtsnachfolge eingebracht werden. Eine weitere Möglichkeit ist eine Ausgliederung des Geschäftsbereiches in eine bestehende oder neu zu gründende Gesellschaft nach den Regelungen der §§ 123 ff. UmwG im Wege der Gesamtrechtsnachfolge.

aa) **Einbringung mit Einzelrechtsnachfolge**

2160 Der Einbringungsvorgang basiert auf zwei Grundelementen.

(1) **Einbringungsvertrag**

2161 Zunächst ist ein Einbringungsvertrag abzuschließen. Danach werden sämtliche Aktiva, Passiva und Vertragsverhältnisse in die entsprechende Gesellschaft eingebracht und übertragen. Auf die Technik der Einbringung finden die Regelungen zum Asset Deal Anwendung.[1388)

1387) Vgl. § 613 S. 1 BGB.
1388) Vgl. Rn. 1128 ff.; *Meyer/Rabe*, NZA 2016, 78, 80.

Bei einer Einbringung und anschließendem Verkauf der Geschäftsanteile der 2162
Gesellschaft ist aus Sicht des Verkäufers jedoch darauf zu achten, dass die
Garantien und die entsprechende Haftung gegenüber der Tochtergesellschaft
im Rahmen des Einbringungsvertrages möglichst ganz ausgeschlossen oder
zumindest erheblich beschränkt werden. Denn das Garantien- und Haftungsregime ist ausschließlich in dem separat zwischen Verkäufer und Käufer
abzuschließenden Kauf- und Abtretungsvertrag zum Verkauf der Geschäftsanteile an der Tochtergesellschaft zu regeln. Ansonsten besteht aus Sicht des
Verkäufers das Risiko, Ansprüchen der Tochtergesellschaft sowie des Käufers ausgesetzt zu sein.

Arbeitsrechtlich ist auch bei der Einbringung § 613a BGB zu beachten. Be- 2163
sonderes Augenmerk ist dabei auf das Unterrichtungsschreiben gem. § 613a
Abs. 5 BGB zu legen. Denn bei fehlerhafter Unterrichtung beginnt die Monatsfrist nicht zu laufen.

(2) Gesellschaftsrecht

Die Einbringung kann offen oder verdeckt erfolgen. 2164

Verdeckte Einlage

Bei einer verdeckten Einlage findet die Einbringung ohne Kapitalerhöhung 2165
statt. Die Dotation erfolgt in die freie Rücklage der Gesellschaft gem. § 272
Abs. 2 Nr. 4 HGB. Die Voraussetzungen der §§ 20, 21, 24 UmwStG sind
dann nicht gegeben. Die Besteuerung entspricht im Wesentlichen der eines
Asset Deals.[1389]

Offene Einlage

Die Einbringung kann auch im Rahmen einer Kapitalerhöhung gegen Ausgabe 2166
neuer Anteile erfolgen. Die Kapitalerhöhung der Gesellschaft erfolgt nach
den allgemeinen gesellschaftsrechtlichen Vorschriften. Eine Kapitalerhöhung
gegen Bareinlage mit einhergehender Verpflichtung, die Aktiva und Passiva
des Geschäftsbereichs einzubringen, ist zur Vermeidung der Rechtsfolgen
der verschleierten Sacheinlage u. E. nicht zu empfehlen. Vielmehr ist eine
Kapitalerhöhung mit Sacheinlage durchzuführen. In der Praxis ist dazu ein
Werthaltigkeitsgutachten erforderlich.[1390]

Die Einbringung gegen Gewährung neuer Anteile ist gem. §§ 20, 24 UmwStG 2167
steuerneutral möglich, wenn ein Teilbetrieb eingebracht wird. Bei einem
Verkauf der Anteile nach Einbringung wird die Einbringung jedoch rückwirkend steuerpflichtig, abschmelzend über sieben Jahre.[1391]

1389) Vgl. Rn. 140 ff.
1390) Lutter/Hommelhoff/Bayer, GmbH, § 9C Rn. 16 für die Sachgründung.
1391) Vgl. Rn. 365 ff., 368.

bb) Ausgliederung mit Gesamtrechtsnachfolge

2168 Der zu übertragende Teilbetrieb kann auch nach den Regelungen des Umwandlungsgesetzes im Rahmen einer Gesamtrechtsnachfolge auf einen neuen bzw. zu gründenden selbstständigen Rechtsträger ausgegliedert werden. In Betracht kommt insbesondere die Ausgliederung nach § 123 Abs. 3 UmwG.

(1) Gründe

2169 Eine Ausgliederung kommt im Rahmen von Umstrukturierungsprozessen aus unterschiedlichen Gründen zum Einsatz. Die umwandlungsrechtliche Spaltungsfreiheit erlaubt dabei die willkürliche Zuweisung von Vermögenswerten und Verbindlichkeiten des sich spaltenden Rechtsträgers an den aufnehmenden Rechtsträger. Insoweit besteht Flexibilität.

2170 Eine wesentliche Motivation für eine Ausgliederung ist in der Praxis die Gesamtrechtsnachfolge. Diese betrifft gem. § 126 Abs. 1 Nr. 9 UmwG die Gegenstände des Aktiv- und Passivvermögens. Übertragungsgegenstand in diesem Sinne kann auch ein Vertrag in seiner Gesamtheit sein.[1392] Der Übergang des Vertrages im Rahmen der Gesamtrechtsnachfolge vollzieht sich ohne Mitwirkung des Dritten. Auch begründet der Wechsel des Vertragspartners per se keinen Kündigungsgrund.[1393] Lediglich unter allgemeinen Rechtsgrundsätzen können sich Kündigungs- oder Anpassungsrechte des Dritten ergeben. Dies ist dann der Fall, wenn dem Dritten die Fortführung des Vertragsverhältnisses unzumutbar ist.

2171 Kündigungs- und Anpassungsrechte können sich allerdings aus den zugrunde liegenden Verträgen ergeben. In der Praxis stellen entsprechende Klauseln jedoch die Ausnahme dar. Inwieweit Kündigungsrechte aufgrund einer Änderung der Beteiligungs- oder Kontrollverhältnisse („Change of Control") an dem Vertragspartner bei einer Gesamtrechtsnachfolge greifen, ist eine Frage des Einzelfalles und der Auslegung der konkreten Klausel.

2172 Vertraglich vereinbarte Übertragungsbeschränkungen, d. h. Abtretungsverbote oder Zustimmungserfordernisse, stehen der Übertragung des Vertrages nicht entgegen.[1394]

(2) Die Haftung nach § 133 UmwG

2173 Kehrseite der Gesamtrechtsnachfolge, d. h. des Schuldnerwechsels ohne Mitwirkung der Gläubiger, ist die Haftung nach § 133 UmwG. Diese dient neben dem Recht des Gläubigers der an der Ausgliederung beteiligten Rechtsträger,

---

1392) BGH ZIP 2003, 2155 = NZG 2003, 1172; *Mayer*, in: Widman/Mayer, Umwandlungsrecht, 100. Erg.-Lfg., § 126 UmwG Rn. 225; *Berner/Klett*, NZG 2008, 601, 602; *Schreier/Leicht*, NZG 2011, 121, 123 f.
1393) *Schreier/Leicht*, NZG 2011, 121.
1394) *Müller*, NZG 2006, 491, 493.

unter bestimmten Voraussetzungen Sicherheitsleistungen zu verlangen, der Wahrung bzw. dem Schutz des haftungsrechtlichen Besitzstandes von Gläubigern.

Die an der Ausgliederung beteiligten Rechtsträger haften als „Gesamtschuldner" für alle Verbindlichkeiten des übertragenden Rechtsträgers, die vor Wirksamwerden der Spaltung begründet worden sind. Trotz des scheinbar eindeutigen Wortlauts ist zwischenzeitlich strittig, ob durch die Spaltung tatsächlich eine Gesamtschuld aller Rechtsträger i. S. d. § 421 BGB eintritt oder die Rechtsträger, denen eine Verbindlichkeit nicht zugeordnet ist, für die Verbindlichkeit des Hauptschuldners akzessorisch haften.[1395] 2174

Die Haftung erstreckt sich auf alle Verbindlichkeiten, die in der Person des übertragenden Rechtsträgers bis zum Zeitpunkt des Wirksamwerdens der Spaltung begründet worden sind. Maßgeblicher Zeitpunkt ist die Eintragung im zuständigen Handelsregister des übertragenden Rechtsträgers. Begründet ist eine Verbindlichkeit, sobald die Rechtsgrundlage für sie gelegt worden ist. Bei rechtsgeschäftlichen Verbindlichkeiten ist dies grundsätzlich der Abschluss des Vertrages.[1396] Problematisch sind Dauerschuldverhältnisse. Denn mit Abschluss des entsprechenden Vertrages ist dann auch jede später aus dem Dauerschuldverhältnis resultierende Einzelverbindlichkeit begründet. Dies betrifft etwa auch Versorgungszusagen und Mietverhältnisse. 2175

(3) Gesellschaftsrecht

Zur Durchführung der Ausgliederung auf eine neue bzw. zu gründende hundertprozentige Tochtergesellschaft kommt die Ausgliederung zur Aufnahme oder Neugründung gegen Gewährung von Anteilen des übernehmenden Rechtsträgers gem. § 123 Abs. 3 UmwG in Betracht. Die einzelnen gesellschaftsrechtlichen Anforderungen werden nicht beschrieben. Insoweit wird auf die einschlägige Literatur verwiesen.[1397] 2176

Als Grundsatz sind anlässlich der Ausgliederung Anteile zu gewähren.[1398] Ob auf das Erfordernis der Ausgabe von Anteilen der Ausgliederung auf eine Tochtergesellschaft verzichtet werden kann, ist umstritten.[1399] Wenn beispielsweise die Rechtsfolgen der §§ 20, 24 UmwStG bewusst vermieden werden sollen, ist es aufgrund der unsicheren Rechtslage ggf. ratsamer, einen schon bestehenden Anteil im Rahmen der Ausgliederung auszugeben.[1400] 2177

1395) Vgl. zum Meinungsstreit Schmitt/Hörtnagl/Stratz/*Hörtnagl*, UmwG, § 133 Rn. 2 ff.
1396) Schmitt/Hörtnagl/Stratz/*Hörtnagl*, UmwG, § 133 Rn. 10 ff.
1397) Für die GmbH vgl. Münchener Hdb. GesR/*Mayer*, § 73 Rn. 744 ff.
1398) Vgl. dazu Schmitt/Hörtnagl/Stratz/*Hörtnagl*, UmwG, § 126 Rn. 41 f.
1399) Vgl. Schmitt/Hörtnagl/Stratz/*Hörtnagl*, UmwG, § 126 Rn. 47.
1400) Vgl. Rn. 365 ff., 368.

(4) Ausgliederungsvertrag

2178 Wesentliches Element der Ausgliederung ist der Ausgliederungsvertrag.

2179 Die zwingenden inhaltlichen Anforderungen bestimmt § 126 Abs. 1 UmwG. Neben dem Spaltungsstichtag, den Folgen der Spaltung für die Arbeitnehmer sowie weiteren obligatorischen Angaben muss eine genaue Bezeichnung und Aufteilung der Gegenstände des Aktiv- und Passivvermögens erfolgen, so dass sie sich im Wege der Auslegung ermitteln lassen.[1401] Bei der Abspaltung umfangreicher Vermögensteile wird häufig versucht, durch „Catch-all-Klauseln" sämtliche Gegenstände zu erfassen, die zu einem bestimmten Bereich gehören. Jedoch ist es schon aus Gründen der Beweisbarkeit gängige Praxis, zumindest die wichtigsten abzuspaltenden Gegenstände des Aktiv- und Passivvermögens in Anlagen zum Vertrag aufzuführen. Bei der Abfassung der entsprechenden Anlagen, insbesondere Forderungen und Verträge betreffend, ist zu beachten, dass der Ausgliederungsvertrag samt Anlagen der Registerpublizität unterliegt. Daher sind vertraulich sensitive Daten zu vermeiden.

2180 Der Ausgliederungsvertrag kann darüber hinaus weitere Regelungen insbesondere zur wirtschaftlichen und steuerlichen Abgrenzung enthalten. Unabhängig von der Frage, ob es sich bei der Haftung gem. § 133 UmwG um eine gesamtschuldnerische oder akzessorische Haftung handelt, sind Freistellungen dergestalt empfehlenswert, dass der Rechtsträger, dem die Verbindlichkeiten zugeordnet sind, den anderen Rechtsträger von der entsprechenden Verpflichtung freistellt. Aus Sicht des Verkäufers ist dabei ratsam, den Käufer der Geschäftsanteile an der Gesellschaft, in welche ausgegliedert wurde, die Freistellungsverpflichtungen durch ein Garantieversprechen bzw. durch eine Bürgschaft besichern zu lassen.

2181 Im Hinblick auf mögliche abzugebende Garantien bzw. Gewährleistungen gilt das zum Einbringungsvertrag ausgeführte.

(5) Information des Betriebsrates

2182 Der Ausgliederungsvertrag oder sein Entwurf ist gem. § 126 Abs. 3 UmwG spätestens einen Monat vor dem Tag des beabsichtigten Beschlusses über den Spaltungsvertrag dem zuständigen Betriebsrat zuzuleiten. Dies umfasst sämtliche Dokumente, die Gegenstand der Anmeldung zur Eintragung der Spaltung sind, d. h. insbesondere den gesamten Ausgliederungsvertrag nebst ergänzenden Dokumenten. Anlagen ohne wesentlichen Inhalt sind nicht notwendigerweise beizufügen. Dies gilt insbesondere für Anlagen, die im Zeitpunkt der Zuleitung noch nicht vorliegen oder keine Auswirkungen auf die Unternehmensstruktur oder die Arbeitnehmer haben.[1402]

1401) *Thiele/König*, NZG 2015, 178 ff.
1402) Semler/Stengel/*Simon*, UmwG, § 5 Rn. 141.

Besteht ein Gesamtbetriebsrat, ist dieser regelmäßig für den Empfang des Ausgliederungsvertrages zuständig. Denn Umwandlungen nach dem Umwandlungsgesetz wirken sich stets auf die Rechtsträger und damit auf das gesamte Unternehmen aus und sind deshalb zwingend überbetrieblich zu regeln.[1403] Die Monatsfrist wird durch Zuleitung aller Urkunden in Gang gesetzt. Die Fristwahrung ist Eintragungsvoraussetzung und damit Voraussetzung für das Wirksamwerden der Ausgliederung. Die rechtzeitige Zuleitung ist dem Registergericht gem. § 17 Abs. 1 UmwG nachzuweisen. Ein schriftliches und datiertes Empfangsbekenntnis des Betriebsratsvorsitzenden oder seines Vertreters ist aus Beweisgründen sinnvoll.

2183

Wird der Vertrag nach der Zuleitung an den Betriebsrat geändert, so löst dies nicht in jedem Fall eine erneute Zuleitungspflicht unter Einhaltung der Monatsfrist aus. Der Vertrag ist vielmehr nur dann erneut zuzuleiten, wenn die nachträglichen Änderungen Auswirkungen auf die Unternehmensstruktur oder die Belegschaft des Betriebes haben. Unwesentliche, zum Beispiel redaktionelle oder rein rechtstechnische Änderungen des Vertrages schaden dagegen nicht.

2184

Der Betriebsrat kann auf die Einhaltung der Monatsfrist verzichten.[1404]

2185

XXIV. Unternehmenskauf mit Auslandsbezug

In diesem Kapitel wird auf die rechtlichen Besonderheiten beim Unternehmenskauf mit Auslandsbezug eingegangen. Das grenzüberschreitende Element kann sich entweder aus der Nationalität der Parteien des Unternehmenskaufvertrages oder aufgrund des Kaufgegenstandes ergeben. Eingegangen werden soll dabei insbesondere auf

2186

- Fragen des anwendbaren Rechts sowie

- außenwirtschaftsrechtliche Aspekte beim Beteiligungserwerb durch ausländische Investoren.

1. Anwendbares Recht

Eine wichtige Frage beim Unternehmenskauf mit Auslandsbezug ist die nach dem auf die Transaktion anwendbaren Sachrecht. Hierbei wird im Internationalen Privatrecht ebenso wie im deutschen Sachrecht zwischen dem Kausal- und dem Vollzugsgeschäft unterschieden.

2187

a) Kausalgeschäft – Kaufvertrag

Unabhängig davon, ob es sich um einen Share oder Asset Deal handelt, bestimmt sich das auf den Kaufvertrag anwendbare Sachrecht nach der Rom I-VO.[1405]

2188

1403) Semler/Stengel/*Simon*, UmwG, § 5 Rn. 142.
1404) Vgl. OLG Naumburg GmbHR 2003, 1433; LG Gießen Der Konzern 2004, 622.
1405) Verordnung (EG) Nr. 593/2008 des Europäischen Parlaments und des Rates vom 17.6.2008 über das auf vertragliche Schuldverhältnisse anzuwendende Recht (Rom I).

aa) Bestimmung des anwendbaren Sachrechts nach der Rom I-VO

2189 Voraussetzung für die Prüfung, ob der Kaufvertrag einem anderen als dem deutschen Sachrecht unterliegt ist ein grenzüberschreitender Bezug gemäß Art. 1 Abs. 1 Rom I-VO. Im Hinblick auf die Eröffnung des räumlichen Anwendungsbereichs macht es dabei keinen Unterschied, ob sich der grenzüberschreitende Bezug aus einer Verbindung zu einem anderen Mitgliedstaat der EU bzw. des EWR oder zu einem Drittstaat ergibt.[1406] Nach herrschender Meinung kann sich der grenzüberschreitende Bezug allein durch die Wahl einer ausländischen Rechtsordnung ergeben.

2190 Im Hinblick auf den Verkauf von Anteilen an einer Gesellschaft (*Share Deal*) ist auch der sachliche Anwendungsbereich der Rom I-VO eröffnet, insbesondere sind Kaufverträge über Anteile an Gesellschaften nicht von der Bereichsausnahme des Art. 1 Abs. 2 lit. f Rom I-VO erfasst.[1407]

2191 Nach Art. 3 Abs. 1 Rom-I-VO sind die **Parteien bei der Auswahl der für das Kausalgeschäft maßgeblichen Rechtsordnung grundsätzlich frei**.[1408] Um nachträglich Streitigkeiten über das anwendbare Recht zwischen den Parteien zu vermeiden, ist eine diesbezügliche ausdrückliche Vereinbarung in Unternehmenskaufverträgen mit grenzüberschreitenden Bezügen unbedingt zu empfehlen.

2192 Treffen die Parteien hingegen keine Vereinbarung hinsichtlich des anwendbaren Sachrechts nach Art. 3 Abs. 1 Rom I-VO, ist das anwendbare Recht nach Art. 4 Rom I-VO zu bestimmen. Die **Prüfungsreihenfolge** lautet dabei wie folgt:

2193 Zunächst ist zu prüfen, ob einer der **Katalogtatbestände des Art. 4 Abs. 1 Rom I-VO** einschlägig ist.

2194 Ist keiner der Katalogtatbestände des Art. 4 Abs. 1 Rom I-VO einschlägig oder sind umgekehrt gar mehrere dieser Tatbestände einschlägig, ist nach Art. 4 Abs. 2 Rom I-VO zur Bestimmung auf den **gewöhnlichen Aufenthalt derjenigen Partei** abzustellen, **welche die für den Vertrag charakteristische Leistung zu erbringen hat**. Der gewöhnliche Aufenthalt bestimmt sich dabei nach Art. 19 Rom I-VO. Nach Art. 19 Abs. 1 Rom I-VO ist der Ort der Hauptverwaltung einer juristischen Person Anknüpfungspunkt für den gewöhnlichen Aufenthalt. Der Begriff der juristischen Person ist dabei weit zu verstehen. Hierunter fällt jede Personenvereinigung oder Vermögensmasse, die sich selbst vertraglich verpflichten kann. Somit gilt Art. 19 Abs. 1 Rom I-VO auch für Personengesellschaften.[1409] Bei natürlichen Per-

---

1406) Vgl. den Wortlaut des Art. 1 Abs. 1 Rom I-VO.
1407) Vgl. *Rödter*, Das Gesellschaftskollisionsrecht in Abgrenzung zur Rom I und II-VO.
1408) Zur kostenrechtlichen Komponente einer Rechtswahlklausel aufgrund von § 104 GNotKG siehe *Schwarz*, DZWiR 2014, 51.
1409) *Martiny*, Rn. 209.

sonen ist zu differenzieren. Sofern eine natürliche Person im Rahmen der Ausübung ihrer beruflichen Tätigkeiten handelt, bestimmt sich der gewöhnliche Aufenthalt anhand des Ortes ihrer Hauptniederlassung gem. Art. 19 Abs. 1 Rom I-VO. Für die Bestimmung des gewöhnlichen Aufenthalts außerhalb des Bereichs der geschäftlichen Tätigkeit einer natürlichen Person enthält die Rom I-VO keine Regelung. Hier wird man auf den Ort des gewöhnlichen Aufenthalts abstellen müssen. Zur Bestimmung dieses Ortes ist darauf abzustellen, dass der Aufenthalt auf eine gewisse Dauer angelegt ist. Schließlich enthält Art. 19 Abs. 2 Rom I-VO eine Regelung zur Bestimmung des gewöhnlichen Aufenthalts, wenn der Vertrag im Rahmen des Betriebs einer Niederlassung geschlossen wird. Maßgeblich ist hiernach der Ort der Niederlassung.

Nach Art. 4 Abs. 3 Rom I-VO ist eine **Ausnahme** von der Regelanknüpfung nach Art. 4 Abs. 1 und 2 Rom I-VO vorzunehmen, wenn sich aus der **Gesamtheit der Umstände** ergibt, dass der Vertrag eine **offensichtlich engere Verbindung** zu einem anderen als dem nach Art. 4 Abs. 1 oder 2 Rom I-VO bestimmten Recht aufweist. Daraus, dass sich auf die *Gesamtheit der Umstände* abzustellen sei und sich aus ihnen eine *offensichtlich* engere Verbindung ergeben muss, wird deutlich, dass es sich hierbei um eine Ausnahmeregelung handelt, die eng auszulegen ist. 2195

Liegt keiner der Tatbestände des Art. 4 Abs. 1 Rom I-VO vor und fehlt eine charakteristische Leistung i. S. v. Art. 4 Abs. 2 Rom I-VO, ist für die Bestimmung des für den Vertrag maßgeblichen Rechts auf die engste Verbindung abzustellen. Entscheidend sind hierfür die Gesamtumstände. Abzugrenzen ist diese objektive Anknüpfung von einer konkludenten Bestimmung des anwendbaren Sachrechts. 2196

Beim **Share Deal** kommt es demnach in Ermangelung einer Vereinbarung über das anzuwendende Sachrecht nach Art. 4 Abs. 2 Rom I-VO auf den gewöhnlichen Ort des Verkäufers an. Die vertragstypische Leistung bei einem Share Deal ist regelmäßig die Verschaffung der Inhaberschaft an den Gesellschaftsanteilen, so dass der Kaufvertrag dem **am gewöhnlichen Ort des Verkäufers geltenden Recht**[1410] unterliegt. Eine Anknüpfung an den Sitz der Gesellschaft oder an die für die Gesellschaft maßgebliche Rechtsordnung (Gesellschaftsstatut) nach Art. 4 Abs. 3 Rom I-VO erfolgt nicht. Eine offensichtlich engere Verbindung ist nicht zu erkennen. 2197

Beim **Asset Deal** stellt sich die Frage, ob eine Anknüpfung bzgl. der einzelnen Vermögensgegenstände auf Grundlage von Art. 4 Abs. 1 Rom I-VO erfolgt (z. B. Anknüpfung hinsichtlich beweglicher Sachen nach Art. 4 Abs. 1 lit. a Rom I-VO), oder ob eine einheitliche Anknüpfung des Gesamtvertrages nach Art. 4 Abs. 2 oder Abs. 3 Rom I-VO erfolgen soll. Letzteres ist der Fall, da der Asset Deal als einheitliches Rechtsgeschäft anzusehen ist und eine künst- 2198

1410) Dabei kommt es auf den (Haupt-)Verwaltungssitz an, vgl. DZWiR 2015, 54, 55 m. w. N.

liche Aufspaltung des Asset Deals nach verkauften Vermögensgegenständen nicht sachgerecht wäre. Im Ergebnis wird in Ermangelung einer ausdrücklichen oder konkludenten Rechtswahl auch bei einem Asset Deal nach Art. 4 Abs. 2 Rom I-VO der Kaufvertrag dem Recht am Ort des gewöhnlichen Aufenthalts des Verkäufers unterliegen.

2199 Die aufgezeigten Unsicherheiten machen deutlich, wie sehr eine vertragliche Rechtswahl zu empfehlen ist.

bb) Reichweite des Vertragsstatuts

2200 Nach Art. 12 Abs. 1 Rom I-VO ist das **Vertragsstatut grundsätzlich umfassend**. Das Vertragsstatut regelt das Zustandekommen des Vertrages, dessen Auslegung sowie die sich aus dem Vertrag ergebenden Primär- und Sekundärpflichten. Nicht vom Vertragsstatut erfasst sind Erfüllungsgeschäfte (dingliche Verfügungen), Formfragen im Zusammenhang mit Verträgen und Fragen zur Vertretungsmacht im Zusammenhang mit dem Abschluss eines Unternehmenskaufvertrages. Darüber hinaus ist der Vollständigkeit halber zu erwähnen, dass das Vertragsstatut seine Grenze im „ordre public" findet, der in Art. 21 Rom I-VO positiv gesetzlich geregelt ist. Schließlich finden sog. Eingriffsnormen, d. h. zwingende Vorschriften, deren Einhaltung von einem Staat als so entscheidend für die Wahrung seines öffentlichen Interesses, insbesondere seiner politischen, sozialen oder wirtschaftlichen Organisation, angesehen werden, unabhängig vom Vertragsstatut Anwendung. Vereinzelt wird in der Literatur das Beurkundungserfordernis für Kaufverträge über GmbH-Geschäftsanteile nach § 15 Abs. 4 GmbHG als eine solche Eingriffsnorm angesehen; dies ist im Ergebnis jedoch mit der herrschenden Meinung abzulehnen.[1411]

b) Dingliches Vollzugsgeschäft

2201 Im Zusammenhang mit der Bestimmung des anwendbaren Rechts ist das dingliche Vollzugsgeschäft vom Kausalgeschäft getrennt zu behandeln. Insoweit haben die Pareteien regelmäßig keien Wahlfreiheit.

aa) Vollzugsgeschäft Share Deal

2202 Die gegenständliche Übertragung der rechtlichen Inhaberschaft an Gesellschaftsanteilen richtet sich nach dem Gesellschaftsstatut. Bezüglich **Gesellschaften, die dem Recht eines EU- oder EWR-Mitgliedsstaates unterliegen**, bestimmt sich das Gesellschaftsstatut aus deutscher Sicht nach der sog. **Gründungstheorie**. Maßgeblich kommt es somit darauf an, nach welchem Recht die Gesellschaft gegründet wurde. Dies gilt auch für Anteile an einer deutschen AG oder einer deutschen GmbH, unabhängig vom dogmatischen

---

1411) Siehe hierzu unten im Einzelnen Rn. 2220 ff.

Streit, ob für deutsche Gesellschaften nach deutschem internationalem Privatrecht die Gründungs- oder Sitztheorie gilt. Entsprechendes gilt bei bilateralen Abkommen zwischen der Europäischen Union oder der Bundesrepublik Deutschland mit Drittstaaten, wonach die Gründungstheorie gelten soll (so z. B. das Freundschaftsabkommen mit den USA). **Bei Gesellschaften aus Drittstaaten** hingegen bestimmt sich das Gesellschaftsstatut nach deutschem internationalen Privatrecht weiterhin nach der **Sitztheorie**. Ausschlaggebend für die Bestimmung des maßgeblichen Rechts für die gegenständliche Übertragung von Gesellschaftsanteilen von Gesellschaften aus Drittstaaten ist somit der tatsächliche Sitz dieser Gesellschaft.

Verlangt das Gesellschaftsstatut für die Übertragung des Mitgliedschaftsrechts, d. h. für die Übertragung der Anteilsinhaberschaft, die Übereignung einer Mitgliedschaftsurkunde, unterliegt die **Übereignung der Mitgliedschaftsurkunde** einer **gesonderten Anknüpfung**. Die hierfür maßgebliche Rechtsordnung bestimmt sich nach der *lex rei cartae sitae*. Maßgeblich für die Übertragung der Mitgliedschaftsurkunde ist somit das Recht des Ortes, in dem sich die Mitgliedschaftsurkunde befindet. Darüber hinaus ist für die Ermittlung des für die Übertragung der Mitgliedschaftsurkunde maßgeblichen Rechts die Sonderkollisionsnorm in § 17a DepotG zu beachten.

2203

In diesen Fällen können unter Umständen verschiedene Rechtsordnungen für das dingliche Vollzugsgeschäft maßgeblich sein. Die Voraussetzungen für die Übertragung des Mitgliedschaftsrechts richten sich stets nach dem Gesellschaftsstatut. Eine nach dem Gesellschaftsstatut erforderliche Übereignung einer Mitgliedschaftsurkunde bestimmt sich nach dem Recht, an dem sich die Mitgliedschaftsurkunde im Zeitpunkt der Rechtsübertragung befindet bzw. nach dem gem. § 17a DepotG anzuwendenden Recht. Eine solche Spaltung des anzuwendenden Rechts ist auch im Hinblick auf den gutgläubigen Erwerb von Gesellschaftsanteilen zu berücksichtigen. Der gutgläubige Beteiligungserwerb unterliegt stets dem Gesellschaftsstatut. Der gutgläubige Erwerb einer das Mitgliedschaftsrecht verbriefenden Mitgliedschaftsurkunde bestimmt sich hingegen nach dem Recht, das für die dingliche Übereignung der Mitgliedschaftsurkunde maßgeblich ist. Der gutgläubige Erwerb des Mitgliedschaftsrechts setzt demnach stets voraus, dass ein solcher nach dem Gesellschaftsstatut möglich ist. Setzt der gutgläubige Erwerb eines Mitgliedschaftsrechts wiederum den gutgläubigen Erwerb einer Mitgliedschaftsurkunde voraus, richtet sich dieser gutgläubige Erwerbsvorgang nach dem Recht, das für die Übertragung des Eigentums an der Urkunde maßgeblich ist.

2204

bb) Vollzugsgeschäft Asset Deal

Bei einem Asset Deal gibt es für die dingliche Übertragung des Eigentums an den verkauften Vermögensgegenständen keine allein und umfassend maßgebliche Rechtsordnung. Vielmehr ist für jeden einzelnen Vermögensgegenstand zu prüfen, nach welchem Recht die Übertragung des Eigentums erfolgt.

2205

Nachfolgend wird auf die in der Praxis am häufigsten vorkommenden Sachverhalte eingegangen.

(1) Mobilien

2206 Bei Sachen ist nach Art. 43 EGBGB grundsätzlich diejenige Rechtsordnung maßgeblich, in deren territorialem Geltungsbereich sich die jeweilige Sache befindet (**lex rei sitae**). Nach Art. 46 EGBGB ist lediglich im Falle einer wesentlich engeren Verbindung zu einer anderen Rechtsordnung eine Ausnahme von diesem allgemeinen Grundsatz zu machen. Bei Art. 46 EGBGB handelt es sich jedoch um eine Ausnahmevorschrift, von der in der Praxis daher nur sehr zurückhaltend Gebrauch gemacht wird.[1412]

(2) Immobilien

2207 Bei Immobilien richtet sich die Eigentumsübertragung ebenfalls nach deren Belegenheitsort gem. Art. 43 Abs. 1 EGBGB. Entsprechendes gilt für Grundstückszubehör und beschränkte Rechte an Grundstücken (z. B. Sicherungs- und Nutzungsrechte).

(3) Forderungen

2208 Beim Verkauf einer Forderung richtet sich die Übertragung der Forderung nach dem auf den Kaufvertrag anwendbaren Recht gem. Art. 14 Abs. 1 Rom I-VO. Die Art und Weise der Übertragung bestimmt sich somit nicht zwangsläufig nach dem Recht, dem die Forderung unterliegt (Forderungsstatut).

2209 Das Forderungsstatut ist gem. Art. 14 Abs. 2 Rom I-VO jedoch für die Übertragbarkeit der Forderung maßgeblich (z. B. Zustimmungserfordernisse). Darüber hinaus bestimmt sich auch nach dem Forderungsstatut, wann die Übertragung der Forderung dem Schuldner entgegengehalten werden kann (z. B. Benachrichtigungspflichten).

(4) Vertragsübernahme

2210 Die rechtsgeschäftliche Vertragsübernahme bestimmt sich nach dem von den Parteien hierfür vereinbarten Recht. Haben die Parteien weder ausdrücklich noch konkludent eine Rechtswahl getroffen, bestimmt sich die Vertragsübernahme nach für den übernommenen Vertrag maßgeblichem Recht.

[1412] Vgl. zum Anwendungsbereich Art. 46 EGBGB und somit Fallgruppen, bei denen die Anknüpfung zur Bestimmung des auf die dingliche Übertragung maßgeblichen Rechtsordnung nicht nach dem Belegenheitsort erfolgt MünchKomm-BGB/*Wendehorst*, Art. 46 EGBGB Rn. 30 ff.

(5) Schuldübernahme und Schuldbeitritt

Die Schuldübernahme bestimmt sich nach dem Recht, nach dem sich der Rechtsgrund bestimmt. Anders ist hingegen der Schuldbeitritt zu beurteilen. Die für den Schuldbeitritt maßgebliche Rechtsordnung kann zwischen den Parteien frei vereinbart werden. Bei fehlender ausdrücklicher oder konkludenter Rechtswahl bestimmt sich das für den Schuldbeitritt maßgeblich Recht nach Art. 4 Rom I-VO. 2211

(6) Immaterialgüterrechte

Bei der Bestimmung des maßgeblichen Rechts für die Übertragung von Immaterialgüterrechten, ist zwischen gewerblichen Schutzrechten einerseits und Urheberrechten andererseits zu differenzieren. 2212

Die Übertragung von gewerblichen Schutzrechten bestimmt sich nach dem Immaterialgüterstatut. Das Immaterialgüterstatut ist das Recht des Staates, für dessen Gebiet Schutz für das jeweilige Immaterialgüterrecht beansprucht wird (**Schutzlandprinzip**). Als Immaterialgüterrechte sind insbesondere Markenrechte, Geschmacksmuster, Gebrauchsmuster, Patente und Lizenzen anzusehen. 2213

Die Bestimmung des für die Übertragung vor Urheberrechten maßgeblichen Rechts ist umstritten. Nach herrschender Meinung soll hierfür das für das zu Grunde liegende Verpflichtungsgeschäft maßgebliche Recht einschlägig sein (Einheitstheorie). Nach anderer Auffassung soll in Parallele zur Situation bei der Übertragung von Immaterialgüterrechten das Recht des jeweiligen Schutzlandes maßgeblich sein (Spaltungstheorie). Für die Praxis bedeutet dies, die Übertragung von Urheberrechten sowohl nach dem für das zu Grunde liegende Verpflichtungsgeschäft maßgebliche Recht, als auch nach dem Recht des Schutzlandes zu vollziehen, um die wirksame Eigentumsübertragung sicher zu stellen. 2214

Beim Immaterialgüterstatut ist zu beachten, dass es sich jedenfalls im Hinblick auf die Übertragung des Eigentums an Immaterialgüterrechten um eine Gesamtnormverweisung handelt (vgl. Art. 4 Abs. 1 EGBGB). Dies bedeutet, dass nicht nur das Sachrecht des Schutzlandes Anwendung findet, sondern auch dessen internationales Privatrecht zu berücksichtigen ist. Verweist das internationale Privatrecht des Schutzlandes wiederum auf das Recht eines anderen Staates, ist diese Rechtsordnung für die Übertragung des Immaterialgüterrechtes maßgeblich (Gesamt- oder Weiterverweisung). Entsprechendes gilt im Hinblick auf Urheberrechte bei Geltung der Spaltungstheorie. Im Falle einer Rück- oder Weiterverweisung wird allein auf das Sachrecht der Rechtsordnung, auf die letztlich verwiesen wird, abgestellt. Die Regeln des internationalen Privatrechts dieser Rechtsordnung finden keine Anwendung, so dass letztlich die Rechtsordnung, auf die im Wege der Rück- oder Weiterverweisung verwiesen wird, für die Eigentumsübertragung maßgeblich ist. 2215

cc) **Ausgestaltung der Dokumentation**

2216 Unterliegen das Kausalgeschäft und das Vollzugsgeschäft unterschiedlichen Rechtsordnungen, werden das Kausalgeschäft und das Vollzugsgeschäft in der Praxis regelmäßig getrennt voneinander dokumentiert, d. h. es werden in formaler Hinsicht separate Verträge abgeschlossen. Im Falle eines Asset Deals kann es sein, dass die Vollzugsgeschäfte mehreren verschiedenen Rechtsordnungen unterliegen. In einem solchen Fall werden in der Praxis für jede Jurisdiktion separate Vollzugsvereinbarungen getroffen (sog. local transfer agreements). Hierbei sollte darauf geachtet werden, dass die Vollzugsvereinbarungen lediglich die für die Eigentumsübertragung des jeweiligen Vermögensgegenstandes erforderlichen Regelungen enthalten. Allgemeingültige Regelungen, d. h. solche die auf die Transaktion insgesamt Anwendung finden sollen (z. B. Haftungsregeln, Risikoallokation, Gerichtsstand), sollten soweit möglich im Vertrag über das Kausalgeschäft oder jedenfalls in einer zusätzlichen Rahmenvereinbarung bezüglich der Vollzugsgeschäfte vereinbart werden. Der Hauptvertrag sollte zudem ausdrücklich versehen, dass aus den seperaten Vollzugsvereinbarungen keine weitergehenden Rechte hergeleitet oder geltend gemacht werden dürfen als aus dem Hauptvertrag.

c) **Formfragen**

2217 Formfragen unterliegen im IPR einer gesonderten Anknüpfung, d. h. das **für Formfragen maßgebliche Recht ist gesondert zu bestimmen**. Dies ergibt sich aus Art. 11 Rom I-VO sowie aus Art. 11 EGBGB und ist als Grundsatz auch allgemein im Internationalen Privatrecht anerkannt. Im Anwendungsbereich der Rom I-VO bestimmt sich das Formstatut nach Art. 11 Rom I-VO. Im Übrigen ist auf das nationale internationale Privatrecht und dabei insbesondere auf Art. 11 EGBGB zurückzugreifen.

aa) **Formerfordernisse – Begriffsklärung**

2218 Zur Beantwortung des Formstatuts ist zunächst zu prüfen, ob überhaupt eine Formfrage vorliegt. So wird etwa in Zweifel gezogen, dass es sich beim Beurkundungserfordernis nach § 15 Abs. 4 GmbHG bzgl. schuldrechtlicher Vereinbarungen hinsichtlich der Verfügung über GmbH-Geschäftsanteile um ein Formerfordernis i. S. d. Art. 11 Rom I-VO handele.[1413] Diese Zweifel sind indes spätestens seit Inkrafttreten der Rom I-VO nicht mehr bedründet. Es entsprech aber auch schon vorher der herrschenden Meinung, dass das Beurkundungserfordernis nach § 15 Abs. 4 GmbHG als Formerfordernis i. S. v. Art. 11 Rom I-VO auf Grundlage unionsrechtlich autonomer Auslegungs-

---

1413) MünchKomm-BGB/*Kindler*, IntGesR Rn. 558; vor Inkrafttreten der Rom I-VO zu Art. 11 EGBGB etwa Staudinger/*Großfeld*, IntGesR, Rn. 498; *König/Götte/Bormann*, NZG 2009, 881, 883.

grundsätze zu qualifizieren ist.[1414] Formerfordernisse i. S. v. Art. 11 Rom I-VO sind solche Regelungen, welche die Art und Weise der Kundgabe von Willenserklärungen betreffen.[1415] Hierzu zählt auch das Beurkundungserfordernis nach § 15 Abs. 4 GmbHG. Entsprechendes gilt für die Bestimmung von Formerfordernisses i. S. v. Art. 11 EGBGB.

bb) Bestimmung des Formstatuts

Das Formstatut bei schuldrechtlichen Vereinbarungen und im Zusammenhang mit der Übertragung von Forderungen bestimmt sich nach Art. 11 Rom I-VO. Das für Formerfordernisse anwendbare Recht im Zusammenhang mit dem dinglichen Vollzug von Unternehmenskaufverträgen richtet sich im Übrigen nach Art. 11 EGBGB. 2219

(1) Formstatut nach Art. 11 Rom I-VO

Im Grundsatz bestimmt sich das Formstatut nach Art. 11 Art. 1 Rom I-VO **alternativ** nach dem **Vertragsstatut** oder dem am **Ort der Vornahme des Rechtsgeschäfts** geltenden Recht. 2220

Befinden sich die Parteien oder deren Vertreter zum Zeitpunkt des Vertragsschlusses in verschiedenen Staaten, gelten über die Formerfordernisses des Vertragsstatutes und des Rechts des Ortes, an dem sich eine der Parteien oder ihr Vertreter im Zeitpunkt des Vertragsschlusses befindet, nach Art. 11 Abs. 2 Rom I-VO als weitere Alternative die Formerfordernisse des Staates, in dem eine der Vertragsparteien zum Zeitpunkt des Vertragsschlusses ihren gewöhnlichen Aufenthalt haben. 2221

Der Vollständigkeit halber ist noch auf Art. 11 Abs. 5 Rom I-VO hinzuweisen, der allenfalls im Zusammenhang mit einem Asset Deal von Bedeutung ist, der dingliche Rechte an oder Miete oder Pacht einer unbeweglichen Sache zum Gegenstand hat. Hiernach sind in Abweichung vom Grundsatz der alternativen Anknüpfung nach Art. 11 Abs. 1 und 2 Rom I-VO die Formvorschriften des Belegenheitsstaates maßgeblich, sofern diese Vorschriften bezüglich schuldrechtlicher Vereinbarungen nach dem Recht dieses Staates unabhängig vom Abschlussort und dem maßgeblichen Vertragsstatut international Anwendung finden sollen. Aufgrund der geringen praktischen Bedeutung dieser Ausnahmeregelung, wird hierauf nicht näher eingegangen. 2222

Eine Durchbrechung des Grundsatzes der alternativen Anknüpfung des Formstatuts nach Art. 11 Abs. 1 und 2 Rom I-VO ist nur mittels Eingriffsnormen i. S. v. Art. 9 Rom I-VO oder aufgrund eines Verstoßes gegen den ordre pub- 2223

[1414] *Rödter*, Das Gesellschaftskollisionsrecht im Spannungsverhältnis zur Rom I- und II-VO, S. 96 ff.
[1415] *Rödter*, Das Gesellschaftskollisionsrecht im Spannungsverhältnis zur Rom I- und II-VO, S. 95 f.

lic i. S. v. Art. 21 Rom I-VO möglich. Diskutiert wird eine zwingende Anwendung des Beurkundungserfordernisses für schuldrechtliche Verträge betreffend GmbH-Geschäftsanteile gem. § 15 Abs. 4 S. 1 GmbHG unabhängig von dem an sich nach Art. 11 Rom I-VO geltenden Formstatut im Wege der Qualifikation als Eingriffsnorm i. S. v. Art. 9 Rom I-VO. Dies ist im Ergebnis jedoch mit der herrschenden Meinung abzulehnen.[1416]

(2) Formstatut nach Art. 11 EGBGB

2224 Abgesehen von der Übertragung von Forderungen, bestimmt sich das für Formerfordernisse maßgebliche Recht (Formstatut) für dingliche Vollzugsgeschäfte im Zusammenhang mit Unternehmenskaufverträgen im Grundsatz nach **Art. 11 EGBGB**. Die Bestimmung des Formstatuts erfolgt dabei im Wesentlichen wie nach Art. 11 Rom I-VO. In Abweichung von Art. 11 Rom I-VO erfolgt nach Art. 11 EGBGB jedoch keine Anknüpfung an den gewöhnlichen Aufenthalt der Parteien.

2225 Folgende **Ausnahmen** vom Grundsatz der alternativen Anknüpfung des Formstatuts sind zu beachten:

2226 Bei Verfügungen über Sache bestimmt sich das Formstatut ausschließlich nach dem Sachstatut gem. Art. 11 Abs. 4 EGBGB. Die Bestimmung von Formerfordernissen im Zusammenhang mit der Verfügung über Geschäftsanteile ist umstritten und bislang nicht höchstrichterlich nicht geklärt. Nach wohl herrschender Meinung soll hierfür Art. 11 Abs. 1 EGBGB maßgeblich sein, so dass alternativ das Gesellschaftsstatut oder das Ortsrecht Anwendung findet. Auf Grundlage dieser wohl herrschenden Meinung könnten somit GmbH-Geschäftsanteile privatschriftlich übertragen werden, sofern das Recht am Ort der Vornahme des Rechtsgeschäfts keine weitergehenden Formerfordernisse hat. In der Praxis ist jedoch die Einhaltung der Formerfordernisse des Gesellschaftsstatuts zu empfehlen, solange die Anknüpfung des Formstatuts bei der Übertragung von GmbH-Geschäftsanteilen nicht höchstrichterlich geklärt ist.[1417] So findet im Hinblick auf Verfügungen über Geschäftsanteile einer deutschen GmbH stets das Beurkundungserfordernis nach § 15 Abs. 3 GmbHG Anwendung.

d) Vollmacht/Vertretungsmacht

aa) Organschaftliche Vertretungsmacht, kaufmännische Vollmachten

2227 In aller Regel handelt es sich bei den Parteien von Unternehmenskaufverträgen um juristische Personen oder vergleichbare Organisationsformen, weshalb sich regelmäßig die Frage der Vertretungsmacht stellt.

1416) *Rödter*, Das Gesellschaftskollisionsrecht im Spannungsverhältnis zur Rom I- und II-VO, S. 100 ff.
1417) Vgl. zur Substitution [Kapitel Formerfordernisse].

Die organschaftliche Vertretungsmacht einer Gesellschaft bestimmt sich nach der auf die Gesellschaft anwendbaren Rechtsordnung (**Gesellschaftsstatut**). Hiernach bestimmt sich die organschaftliche Vertretungsmacht umfassend, so dass nicht nur die Frage nach Erteilung und Widerruf organschaftlicher Vertretungsmacht, sondern auch Fragen nach Gesamtvertretung, Verbot des Selbstkontrahierens etc. nach dem Gesellschaftsstatut zu beantworten sind. 2228

Die Grundsätze zur organschaftlichen Vertretungsmacht gelten auch für gesetzlich geregelte kaufmännische Vollmachten (z. B. Prokura).[1418] Anderes gilt lediglich im Falle einer Filialprokura. Hier fehlt es am notwendigen Bezug zum Gesellschaftsstatut, weshalb eine Anknüpfung an den Filialort gerechtfertigt ist. 2229

Nach dem Gesellschaftsstatut bestimmt sich auch der Publizitätsschutz durch registerrechtliche Eintragung bzw. Bekanntmachung. Auf Gesellschaften deutschen Rechts findet somit § 15 HGB Anwendung. 2230

bb) Vollmacht

Von der organschaftlichen Vertretungsmacht ist die rechtsgeschäftliche Vertretungsmacht zu trennen. Nach herrschender Meinung unterliegt eine rechtsgeschäftliche Vollmacht dem Recht des jeweiligen **Gebrauchsortes**; d. h. eine in Deutschland verwendete Vollmacht unterliegt deutschem Recht. 2231

Nach dem Gebrauchsort bestimmt sich auch das Vorliegen einer Anscheins- oder Duldungsvollmacht. 2232

cc) Nachweis der Vertretungsmacht

Von der Frage des für die Bestimmung des maßgeblichen Sachrechts zu trennen ist die Frage des Nachweises der Vertretungsbefugnis. Während eine rechtsgeschäftliche Vollmacht durch Vorlage einer Vollmacht nachgewiesen werden kann, ist dies bei organschaftlicher Vertretungsmacht nicht möglich. 2233

Zum Nachweis der organschaftlichen Vertretungsmacht ist auf das jeweilige **Gesellschaftsstatut** abzustellen. Gibt es dem deutschen Handelsregister vergleichbare Register, kann der Vertretungsnachweis regelmäßig anhand solcher Register geführt werden.[1419] Die Register enthalten regelmäßig Angaben über die organschaftlichen Vertreter der Gesellschaft. Die Ausgestaltung ihrer Vertretungsmacht ist ggf. unter Hinzuziehung des Gesellschaftsvertrages zu ermitteln, der in der Regel über das jeweilige Register zugänglich ist.[1420] Gibt es kein dem deutschen Handelsregister vergleichbares Register, kann der Nachweis der Vertretungsmacht im angloamerikanisch geprägten Rechts- 2234

1418) MünchKomm-BGB/*Kindler*, IntGesR, Rn. 268.
1419) So etwa das Handelsregister der *Kamer van Kophandel* in den Niederlanden, das luxemburgische Handelsregister oder das englische Companies House.
1420) So etwa das Companies House in England.

raum regelmäßig mit einem sog. *Certificate of Incumbency* erfolgen, worin die organschaftlichen Vertreter der Gesellschaft genannt sind. Da ein sog. *Certificate of Incumbency* nicht notwendigerweise Informationen darüber enthält, ob die Vertreter der Gesellschaft allein oder nur gemeinschaftlich vertretungsbefugt sind, empfiehlt es sich, zusätzlich zum sog. *Certificate of Incumbency* der Gesellschaftsvertrag zu prüfen. Schließlich kommt auch eine notarielle Bestätigung durch einen in der Jurisdiktion der Gesellschaft tätigen Notar in Betracht.

2235 Der Nachweis der organschaftlichen Vertretungsmacht spielt sowohl bei Vertragsunterzeichnung durch ein Organmitglied selbst als auch bei der Unterzeichnung auf Grundlage einer rechtsgeschäftlichen Vollmacht eine Rolle. Im letztgenannten Fall ist zu prüfen, ob die Vollmacht rechtswirksam unterzeichnet wurde.

2236 Im Zusammenhang mit dem Nachweis der Vertretungsmacht ist zu empfehlen, dass sich die Parteien hierüber rechtzeitig vor Vertragsunterzeichnung verständigen. Neben der Art und Weise des jeweiligen Vertretungsnachweises sollte geklärt werden, ob einfache Kopien der für den Vertretungsnachweis erforderlichen Unterlagen genügen oder öffentlich beglaubigte und ggf. apostillierte bzw. legalisierte Ausfertigungen erforderlich sind. Auch sollte vereinbart werden, ob vorgenannte Unterlagen übersetzt werden müssen.

2. Außenwirtschaftsrechtliche Aspekte beim Beteiligungserwerb durch ausländische Investoren

2237 Auf Grundlage des Außenwirtschaftsgesetzes (AWG) und der Außenwirtschaftsverordnung (AWV) kann das Bundesministerium für Wirtschaft und Energie (BMWi) den Erwerb inländischer Unternehmen durch ausländische Investoren im Einzelfall überprüfen und mit Zustimmung der Bundesregierung auch untersagen, wenn dies erforderlich ist, um die öffentliche Ordnung oder Sicherheit der Bundesrepublik zu gewährleisten (§ 59 AWV).[1421]

2238 Den Regelfall stellt das sektorübergreifende Investitionsprüfverfahren dar (§ 5 Abs. 2 AWG, §§ 55–59 AWV). Für den Erwerb bestimmter Rüstungs- bzw. IT-Sicherheitsunternehmen gelten Sonderregeln (§ 5 Abs. 3 AWG, §§ 60–62 AWV).

a) Sektorübergreifendes Investitionsprüfungsverfahren

2239 Vom persönlichen Anwendungsbereich des allgemeinen sektorübergreifenden Investitionsprüfungsverfahrens erfasst sind **Investoren mit Sitz außerhalb der EU bzw. des EFTA-Raumes**[1422] (§ 55 Abs. 1 AWV). Im Falle eines unionsansässigen unmittelbaren Erwerbers mit dahinter stehenden Investoren mit Sitz außerhalb der EU bzw. des EFTA-Raumes kommt es darauf an, ob

---

1421) *Niestedt/Trennt*, BB 2013, 2115.
1422) Island, Liechtenstein, Norwegen und die Schweiz.

Anzeichen für eine missbräuchliche Gestaltung oder ein Umgehungsgeschäft vorliegen (§ 55 Abs. 2 AWV).

Der sachliche Anwendungsbereich des sektorübergreifenden Investitionsprüfungsverfahrens setzt den unmittelbaren oder mittelbaren Erwerb von **mindestens 25 Prozent der Stimmrechte am Zielunternehmen** (§ 56 Abs. 1 AWV) voraus. Unter den Voraussetzungen des § 56 Abs. 2 AWV sind einem Investor auch Stimmrechte Dritter zuzurechnen. 2240

Bei Eröffnung des persönlichen und sachlichen Anwendungsbereichs des sektorübergreifenden Investitionsprüfungsverfahrens kann innerhalb von **drei Monaten nach Abschluss des Kausalgeschäfts eine Prüfung des Erwerbsvorgangs durch das BMWi von Amts wegen** erfolgen (§ 55 Abs. 3 S. 1 AWV). Im Fall eines öffentlichen Erwerbsangebots nach dem WpÜG beginnt die Frist mit der Veröffentlichung der Entscheidung zur Abgabe des Angebots oder der Veröffentlichung der Kontrollerlangung (§ 55 Abs. 3 S. 2 AWV). Entschließt sich das BMWi innerhalb dieser Frist zur Durchführung eines vertieften Prüfverfahrens, ist der Investor verpflichtet, sämtliche relevanten Unterlagen vorzulegen (§ 56 AWV).[1423] Nach vollständiger Vorlage der Unterlagen kann der Erwerb durch das BMWi nur innerhalb von zwei Monaten beschränkt oder untersagt werden (§ 59 Abs. 1 AWV). 2241

Im Rahmen des sektorübergreifenden Investitionsprüfungsverfahrens sieht das Außenwirtschaftsrecht **keine gesetzliche Genehmigungs- oder Anmeldepflicht** speziell für den Erwerb von Unternehmensbeteiligungen vor. Dementsprechend gibt es insoweit auch **kein Vollzugsverbot**. Das dem Erwerb zu Grunde liegende Kausalgeschäft steht jedoch unter der **auflösenden Bedingung der Untersagung**. Wird der Erwerb untersagt, wird das bis dahin schwebend unwirksame Kausalgeschäft unwirksam. Ein zwischenzeitlich unter Umständen erfolgter dinglicher Vollzug bleibt hingegen wirksam. Er ist allerdings nach den allgemeinen bereicherungsrechtlichen Regeln der Leistungskondiktion (§ 812 Abs. 1 S. 1 Var. 1 BGB) rückabzuwickeln. 2242

Soweit die Beteiligten des Unternehmenskaufs keinen sonstigen Meldepflichten unterliegen, erlangt das BMWi von einer Vielzahl von Transaktionen dadurch Kenntnis, dass die Bundesanstalt für Finanzdienstleistungsaufsicht gem. § 7 Abs. 1 S. 2 WpÜG dazu verpflichtet ist, Informationen weiterzuleiten, die ihr von Marktteilnehmern nach § 10 Abs. 2 S. 1 Nr. 3 WpÜG oder § 35 Abs. 1 S. 4 WpÜG mitgeteilt werden. Zudem hat auch das Bundeskartellamt nach § 50c Abs. 3 GWB die Befugnis, dem BMWi Informationen weiterzuleiten, die ihm von Beteiligten eines Zusammenschlussvorhabens mitgeteilt wurden. 2243

Das BMWi kann den Beteiligungserwerb (ganz oder teilweise) untersagen bzw. Anordnungen dazu erlassen, wenn dies erforderlich ist, um die öffentliche 2244

1423) Vgl. die vom BMWi erlassene Allgemeinverfügung zu den gem. § 57 der Außenwirtschaftsverordnung einzureichenden Unterlagen (sektorübergreifende Prüfung) vom 2.9.2013.

Ordnung oder Sicherheit der Bundesrepublik zu gewährleisten. Dieser materielle Untersagungsgrund ist gemeinschaftsrechtlich geprägt und sollte nicht mit dem polizeirechtlichen Begriff der öffentlichen Sicherheit und Ordnung vermengt werden. Erforderlich ist nach der Rechtsprechung des EuGH insoweit, dass eine tatsächliche oder hinreichend schwere Gefährdung vorliegt, die ein Grundinteresse der Gesellschaft berührt; rein wirtschaftliche Interessen reichen hingegen nicht aus.[1424] Zu den Grundinteressen der Gesellschaft gehören nach der Rechtsprechung des EuGH aber die Versorgung der Bevölkerung mit Energie, Elektrizität und Telekommunikationsdienstleistungen.

2245 Um vor dem beschriebenen Hintergrund dennoch frühzeitig Rechtssicherheit zu erlangen, hat der Erwerber nach § 58 AWV das Recht, schon im Vorfeld des Erwerbs eine **rechtlich verbindliche Unbedenklichkeitsbescheinigung** nach § 58 AWV zu beantragen. Der Antrag ist an das BMWi zu richten. Wird innerhalb eines Monats nach Antragstellung kein vertieftes Prüfungsverfahren eingeleitet, gilt die Bescheinigung als erteilt (§ 58 Abs. 2 AWV).

2246 Aufgrund der denkbaren Unwirksamkeit des Kaufvertrages empfiehlt es sich, den Vollzug des Kaufvertrages unter eine entsprechende aufschiebende Bedingung zu stellen. Vorgesehen werden sollte mithin, dass die Pflicht den Kaufvertrag zu vollziehen erst besteht, wenn entweder (i) die beantragte Unbedenklichkeitsbescheinigung erteilt wurde, (ii) aber die Monatsfrist des § 58 Abs. 2 AWV abgelaufen ist, ohne dass ein vertieftes Prüfungsverfahren eingeleitet wurde, oder, (iii) falls ein vertieftes Prüfungsverfahren eingeleitet wurde, die zwei Monatsfrist des § 59 Abs. 1 AWV abgelaufen ist, ohne dass der Erwerb untersagt oder eine Anordnung erlassen wurde, oder aber (iv) das BMWi beschieden hat, dass die Voraussetzungen für die Untersagung oder den Erlass von Anordnungen nicht vorliegen.[1425] Zudem empfiehlt es sich, ähnlich wie in Bezug auf das fusionskontrollrechtliche Freigabeverfahren, Regelungen für den Fall der (teilweisen) Untersagung des Erwerbs oder den Erlass von Auflagen vorzusehen.

2247 In kompetitiven Veräußerungsprozessen, insbesondere in zeitlich eng getakteten Auktionsverfahren, kann es dadurch zu Nachteilen für Bieter kommen, bei denen eine Untersagung nach § 59 AWV a (priori) nicht weitestgehend ausgeschlossen werden kann; allerdings zeigt die bisherige Praxis, dass dieses Risiko eher gering ist, weshalb auch Veräußerer diesen Punkt in der Mehrheit der Transaktionen eher als technischen denn als inhaltlichen Punkt bei der Bewertung des Gebots einordnen dürften.

b) Sektorspezifische Investitionsprüfung

2248 Für den Erwerb von Unternehmen, die in besonders sicherheitssensiblen Bereichen tätig sind, sehen § 5 Abs. 3 AWG, §§ 60–62 AWV eine besonderes

---

1424) EuGH, Slg. 2000, I-EUGH-SLG, 2000 I, 1335 – Scientology.
1425) *Marquardt/Pluskat*, DStR 2009. 1314, 1319; *Wetzler*, in: Hölters, Handbuch Unternehmens- und Beteiligungskauf, Teil XV, Rn. 280.

sektorspezifische Investitionsprüfung vor. Hierunter fällt die Beteiligung an
oder der Erwerb von Produzenten oder Entwicklern militärisch relevanter
Güter sowie bestimmter Produkte mit IT-Sicherheitsfunktionen (§ 60 Abs. 1
AWV).[1426]

Jeder **ausländische Erwerber** fällt in den persönlichen Anwendungsbereich
des § 60 AWV.

2249

In Abweichung zum sektorübergreifenden Investitionsprüfungsverfahren
besteht bei Beteiligungs- oder Erwerbsvorhaben, die unter die sektorspezifische Investitionsprüfung fallen, eine Meldepflicht (§ 60 Abs. 3 AWV). Das
BMWi kann innerhalb eines Monats nach Eingang der Meldung ein förmliches Prüfverfahren einleiten. Leitet das BMWi ein solches Verfahren innerhalb der Monatsfrist nicht ein, gilt der Erwerb als freigegeben (§ 61 AWV).
Leitet das BMWi ein vertieftes Prüfverfahren ein, kann der Erwerb nur
innerhalb eines Monats nach Vorlage der vollständigen Unterlagen beschränkt
oder untersagt werden. Geschieht dies nicht, gilt die Freigabe ebenfalls als erteilt (§ 61 AWV).

2250

Im Unterschied zum sektorübergreifenden Prüfungsverfahren ist der Kaufvertrag im Falle einer sektorspezifischen Investitionsprüfung zunächst schwebend unwirksam. Dies sollte im Kaufvertrag durch die Aufnahme einer entsprechenden Vollzugsbedingung reflektiert werden.

2251

XXV. Familienunternehmen

1. Nachfolge oder Verkauf

a) Unternehmensübertragung als letzter Akt der Unternehmensführung

Familienunternehmen werden dadurch charakterisiert, dass sie (zumindest
teilweise) im Eigentum eines Unternehmers oder einer oder mehrerer Unternehmerfamilie stehen. Nach wie vor zählen die **allermeisten** (nicht nur deutschen) Unternehmen zu den Familienunternehmen. Sie sind **überdurchschnittlich erfolgreich**. Gerade das Bekenntnis der Familie zum Unternehmen ist
oftmals ein entscheidender Vorteil von Familienunternehmen, da stabile Gesellschafterkreise langfristige Planungen zulassen.

2252

Familienunternehmen sind häufig stark auf den geschäftsführenden Gesellschafter zugeschnitten. Kernaufgabe dieses Unternehmers ist es, den Fortgang
des Unternehmens zu schützen und zu sichern. Die unternehmensleitende
Leistung des Eigentümers/Unternehmers/Inhabers (ob Mittelständler oder
Konzern) findet ihren Abschluss in der Entscheidung über eine Neuorganisation durch Eigentümerwechsel (an Erben oder Käufer o. a.).

2253

Die Frage stellt sich gewissermaßen täglich und wird, bewusst oder unbewusst, vom Eigentümer immer wieder **verneint**, indem er an dem Unter-

2254

[1426] Daneben gelten nach § 10 SatDSiG entsprechende Sonderregeln auch für den Erwerb
eines Unternehmens, das ein hochwertiges Erdfernerkundungssystem betreibt.

nehmen festhält. Aus der Erfahrung in der erfolgreichen Führung eines laufenden Unternehmens lässt sich jedoch nahezu nichts ableiten als Grundlage für Entscheidungen über seinen Verkauf oder seine Übertragung. Die Praxis zeigt, dass erfolgreiche Unternehmensführung und erfolgreiche Unternehmensnachfolge einander häufig beeinträchtigen oder und im Extremfall sogar ausschließen (negative Korrelation). Sich auf die Prozesse in dem Unternehmen und seinem Markt zu konzentrieren, beeinträchtigt die Konzentration auf den Prozess der Unternehmensnachfolge.

2255 Unternehmensübertragung ist jedoch nicht nur bloße Aufgabe („Aufgeben") der Unternehmer-Stellung, sondern ist **Ausübung** der Unternehmer-Stellung in einem letzten Akt in dem bisherigen Unternehmen. Unternehmensübertragung ist Fortsetzung und Steigerung der unternehmerischen Aufgabe der Unternehmensführung, nämlich durch Entscheidung über die Bestimmung des Entscheidungsträgers für die künftige Steuerung des unternehmerischen Prozesses. Unternehmer-Aufgabe ist es, nicht nur laufend das Unternehmen zu führen, sondern auch bewusst und überlegt dem Unternehmen den geeignetsten Eigentümer und obersten Entscheider zu geben. So wie ohne Management-Nachfolgeplanung die beste Unternehmensführung durch Aufsichtsrat und Vorstand mangelhaft ist,[1427] so mangelhaft ist auch die beste Unternehmensführung durch den Inhaber, der nicht über Möglichkeiten der Verbesserung der Unternehmensführung durch **Auswahl eines neuen Inhabers** nachdenkt.[1428]

2256 Das gilt im betriebswirtschaftlichen Interesse des einzelnen Unternehmens und seines Eigentümers und ebenso im volkswirtschaftlichen Interesse aller, einschließlich der Mitarbeiter, Lieferanten und Kunden.

2257 Familienunternehmer sollten stets überprüfen, ob sie noch die geeignetsten Eigentümer für das Unternehmen sind oder ob sie sich auf den Weg machen sollten, einen geeigneteren Eigentümer zu finden. Denn eine Unternehmensübertragung ist eine Veränderung und in erster Linie eine Chance zur Verbesserung der Unternehmensleitung und -leistung. Das Unternehmen soll in **andere geeignete(re) Hände,** damit es **leistungsfähiger** wird und damit der Unternehmer seine durch die Übertragung freigesetzte Kraft (persönlich wie finanziell) **anders** (und angestrebt besser) einsetzen kann. Planung der Nachfolge in die Unternehmer-Stellung ist also nicht nur Nachfolge-Planung im engeren Sinne („vom Vater auf den Sohne"), sondern auch der bewusste und planmäßige Umgang mit dem regelmäßig unausgesprochenen Thema eines möglichen Verkaufs.[1429]

1427) Siehe dazu *Hahn/Taylor*, Strategische Unternehmensplanung, S. 590 ff.; CorpGov. Codex Ziff. 5.1.2.
1428) Vgl. CorpGov. Codex Ziff. 5.1.2.; siehe auch Corten/Reiss/*Bleicher*, Hdb. Unternehmensführung, S. 31 f., zum strategischen Managment und der Notwendigkeit einer langfristigen Planung von Veränderungen und Restrukturierungen des Unternehmens.
1429) Vgl. auch *Jung*, Praxis des Unternehmenskaufs, S. 434.

b) Typische Präferenz bei Familienunternehmen:

aa) Nachfolge vor Veräußerung

Grundsätzlich stehen beide Optionen (Nachfolge oder Verkauf) alternativ nebeneinander, zur rationalen Wahl des Eigentümers. Tatsächlich wird in der Regel eine Unternehmer-Nachfolge aus der Familie präferiert und erst danach eine rein wirtschaftlich-neutrale Analyse des Potentials von Fremdmanagement und Drittverkauf in Betracht gezogen. Aber „Nachfolge vor Veräußerung" ist nur eine Reihenfolge; Nachfolge schließt Veräußerung nicht aus. Die Präferenz des Unternehmers zur Nachfolge aus der Familie gilt aus (meist) persönlichen Gründen, aber auch aus wirtschaftlichen, rechtlichen und steuerlichen Gründen. 2258

bb) Persönliche Gründe

Wenn Nachfolger in der Familie überhaupt zur Verfügung stehen, würden sie den Verkauf gegen ihren Willen zur Nachfolge als Zurücksetzung empfinden, wohl mit Grund. Ob ein Nachfolger zur Verfügung steht, bestimmt sich vor allem durch das Wollen des Nachfolgers. Ein entgeltlicher Erwerber belegt sein Wollen durch sein Gebot. Diese seine Selbsteinschätzung ist der wichtigste Test seiner Eignung. Beim unentgeltlichen Nachfolger fehlt dieser Beweis. Deshalb bedarf es weiterer Anhaltspunkte für seine Eignung wie Ausbildung, Erfahrung und Erfolge „außer Haus". Aber auch bei ihm ist der **Wille entscheidend.** 2259

cc) Wirtschaftliche Gründe

Die Anlage in einem erfolgreichen Unternehmen bringt Renditen, die in privater Vermögensverwaltung nicht erzielbar sind, insbesondere seit der Finanzkrise. Auch gehört zur Vermögensanlage mit höheren Renditen ebenso Expertise wie zur Unternehmensführung. 2260

Entscheidend ist, ob die zweistellige Unternehmensrendite auch risikoadjustiert gut ist, d. h. mit welchem Risiko und welcher Risiko-Kontrolle- und -Beherrschung sie einhergeht. Grundsätzlich ist die Risiko-Kontrolle über ein Unternehmen, das die Familie seit langen Jahren gut kennt, besser als die über eine Reinvestition in Unbekanntes. Geht aber die Risiko-Beherrschung verloren oder lässt sie nach – vor allem mangels Expertise und vollständigen Wollens und Einsatzes des Nachfolgers – geht auch die risiko-adjustierte Rendite drastisch zurück. Dann empfehlen sich eine Veräußerung an einen Dritten – vor (!) Auswirkung des Kontrollrückgangs auf die Unternehmensleistung – und eine risikoärmere Reinvestition. Voraussetzung für die Wirtschaftlichkeit dieser Entscheidung ist der volle Preis beim Unternehmensverkauf, wie hier durchgängig dargestellt wird. 2261

dd) Rechtliche Gründe

2262 Nachfolge vor Verkauf ist auch rechtlich möglich. **Umgekehrt** geht das **nicht**, sondern dann gibt es nur noch eine Nachfolge in eine Reinvestition, also in der Regel in Kapitalanlagen.

2263 Nachfolge vor Verkauf heißt rechtlich: Der Eigentümer überträgt den Nachfolgern Anteile, vielleicht erst eine Minderheit, letztlich die Mehrheit. Der alte Eigentümer behält aber jedenfalls erhebliche Anteile zurück. Verläuft die Nachfolge nicht erfolgreich, vor allem ist ein nachhaltiger Rückgang der risikoadjustierten Unternehmensrendite zu befürchten, so kann der alte Eigentümer z. B. seine Anteile an einen Dritten veräußern und die dem Nachfolger bereits übertragenen Anteile dabei mitverkaufen. Rechtlich ist dieser Vorbehalt (Mitverkaufspflicht) ohne weiteres möglich und durchsetzbar.[1430]

ee) Steuerliche Gründe

2264 Für die Reihenfolge „Nachfolge vor Verkauf" spricht auch die ertragsteuerliche sowie erbschaft- und schenkungsteuerliche Begünstigung. Die unentgeltliche Nachfolge löst bei Vorliegen der entsprechenden Voraussetzungen sowie Einhaltung der geforderten Behaltensfristen und Lohnsummenklauseln weder Ertragsteuer (§ 6 Abs. 3 EStG) noch Schenkungsteuer (§§ 13a, 13b ErbStG) aus.

2265 Die vollständige erbschaftsteuerliche Freistellung von Betriebsvermögen hat ggf. aber auch **negative Allokationswirkungen**.[1431]

2266 Sie reizen zumindest dazu an oder zwingen vielleicht wirtschaftlich sogar dazu, dass der bisherige Unternehmer die Frage nach dem geeignetsten Unternehmensinhaber zu stellen unterlässt und ohne Rücksicht auf Eignung das Unternehmen einem Familienmitglied überträgt. Dies geschieht dann nicht in unternehmerischer Verantwortung für den letzten Akt und Höhepunkt der Unternehmensführung, sondern unter dem Zwang eines externen erbschaftsteuergesetzlichen Eingriffs, der die Fortführung des Unternehmens effektiv einschränkt auf Personen, die naturgemäß nur unter persönlich-familiären Gesichtspunkten definiert sind (nahe Angehörige), unter Ausschluss aller übrigen für die Fortführung gleichermaßen oder besser geeigneten dritten Käufer/Übernehmer. Würde der Unternehmer an diese anderen nach dem Kriterium der Eignung übertragen, würde die nach unternehmerischen Kriterien getroffene Entscheidung steuerlich pönalisiert.

1430) Vgl. zu derartigen „Sicherungsmechanismen" auch *Hennerkes/Kirchdörfer/Lorz*, Unternehmenshdb. Familiengesellschaften, § 35 Rn. 62 f.; *Stenger*, in: Sudhoff, Unternehmensnachfolge, § 26 Rn. 1 ff. zur steuerlichen Anerkennung.

1431) So auch *Bareis/Elser*, DStR 1997, 557, 562; siehe auch *Spitzbart*, Das Betriebsvermögen im Erbschaftsteuerrecht, S. 213: Die Anbindung der Vergünstigungen für das Betriebsvermögen (Bewertung, Tarif) an die Missbrauchstatbestände in den §§ 13a Abs. 5 und 19a Abs. 5 ErbStG könnte dazu führen, dass der Erbe nach Eintritt des Erbfalls von steuerlich sinnvollen Umstrukturierungen absieht.

2. Zivilrechtliche Besonderheiten

Der Erwerber eines Familienunternehmens muss sichergehen, dass der Veräußerer über die erforderliche Verfügungsbefugnis in Bezug auf die zu veräußernden Anteile verfügt. Gerade in Familienunternehmen erfordert eine Veräußerung in der Regel die Zustimmung der Gesellschafterversammlung (Verfügungsbeschränkung) oder einer Poolversammlung (Poolvereinbarungen). Gerade in Fällen einer bereits erfolgten vorweggenommenen Erbfolge kommt es zudem häufig vor, dass der Schenker – obwohl er kein Gesellschafter mehr ist – weiterhin die Stimm- und Verwaltungsrechte kontrolliert und die Veräußerung von Anteilen am Familienunternehmen seiner Zustimmung bedarf.

2267

a) Verfügungsbeschränkungen

Wie eingangs geschildert, präferiert der Gründer in der Praxis die Nachfolge aus dem Familienkreis. Dementsprechend bestehen bei Familiengesellschaften für gewöhnlich Strukturen, um einen Erhalt des Unternehmens in Familienhand sicherzustellen. Ein weitverbreitetes Instrument sind vor diesem Hintergrund Verfügungsbeschränkungen, die ein unerwünschtes Eindringen Dritter in die Gesellschaft verhindern sollen.

2268

aa) Gesellschaftsrechtliche Vinkulierung

Je nach Rechtsform ist die Übertragbarkeit einer Gesellschaftsbeteiligung entweder bereits von Gesetzes wegen von der Zustimmung der Mitgesellschafter abhängig (so für die Personengesellschaften, vgl. §§ 717, 719 BGB, 105 Abs. 3 HGB) oder das Zustimmungserfordernis resultiert aus einer entsprechenden Regelung im Gesellschaftsvertrag (so für die Kapitalgesellschaften, vgl. § 15 Abs. 5 GmbHG, § 68 Abs. 2 AktG). Vinkulierungsklauseln haben bei Personengesellschaften demnach neben ihrem deklaratorischen Charakter den Zweck, einzelne Ausnahmen des grundsätzlichen Zustimmungsvorbehalts zu schaffen wohingegen sie bei Kapitalgesellschaften eine echte Einschränkung der Übertragbarkeit darstellen. Aus dieser jeweiligen Perspektive beziehen sich die folgenden Ausführungen gleichermaßen auf Personen- wie Kapitalgesellschaften.

2269

Praxistipp: GmbH & Co. KG

Familienunternehmen sind häufig in der Form einer GmbH & Co. KG organisiert. Sofern es sich um eine beteiligungsidentische GmbH & Co. KG handelt, ist auf das Zusammenspiel der Gesellschaftsverträge von GmbH und KG zu achten. Oftmals sind diese dergestalt verzahnt, dass die Beteiligungsidentität dauerhaft gewahrt werden soll, indem z. B. die Beteiligung an der einen Gesellschaft nicht ohne die Beteiligung an der anderen Gesellschaft übertragen werden kann.[1432]

1432) *Binz/Sorg*, Die GmbH & Co. KG, § 8 Rn. 41 ff.; Ebenroth/Boujong/Joost/Strohn/*Henze/Notz*, HGB, Anhang A Tz. 19.

2270 Allen gesellschaftsrechtlichen Verfügungsbeschränkungen gemein ist deren dingliche Wirkung. Eine ohne Zustimmung erfolgte Übertragung ist folglich (schwebend) unwirksam.

bb) Ausgestaltung im Einzelnen

2271 Die gesellschaftsvertraglichen Gestaltungsoptionen sind vielfältig. So können beispielsweise nur bestimmte Geschäftsanteile bzw. Gesellschafter der Vinkulierungsklausel unterworfen sein, zum anderen kann die Vinkulierung auch nur bestimmte Szenarien betreffen oder bestimmte Übertragungsfälle von der Beschränkung ausnehmen.[1433]

2272 Wie eingangs erläutert, dienen Verfügungsbeschränkungen bei Familiengesellschaften regelmäßig der Sicherung des Anteilsbesitzes in Familienhand. Daneben ist es oftmals – nicht nur zur steuerlichen Optimierung der Vermögensnachfolge – von Vorteil, wenn die Familiengesellschafter bereits zu Lebzeiten ihre Beteiligung oder zumindest Teile hiervon auf die nächste Generation übertragen. Vor diesem Hintergrund sind in der Praxis häufig Vinkulierungsklauseln anzutreffen, die eine Übertragung unter folgenden Voraussetzungen zulassen:

(1) Die Übertragung erfolgt unentgeltlich im Wege der Schenkung oder von Todes wegen.

(2) Die Übertragung erfolgt an einen ausgewählten Personenkreis. Hierzu zählen:

- Mitgesellschafter

- (leibliche) Abkömmlinge der Gesellschafter

- Gesellschaften, an deren Stimmen, Gewinnbezug und Kapital ausschließlich Gesellschafter der betreffenden Gesellschaft beteiligt sind (Familien-Holding).

2273 Bei Familiengesellschaften mit einem breit gefächerten Gesellschafterkreis ist die Verfügungsbeschränkung oftmals noch weiter ausdifferenziert. In diesen Fällen sieht der Gesellschaftsvertrag häufig das sog. Stammesprinzip vor. Um die Beteiligungsverhältnisse unter den Stämmen konstant zu halten, sind die oben genannten Ausnahmen in diesen Fällen auf Übertragungen innerhalb des jeweiligen Stammes beschränkt.

1433) *Blasche*, RNotZ 2013, 515, 523; *Scherer*, BB 2010, 323, 324; *Sudhoff*, Unternehmensnachfolge, § 34 Rn. 3.

> **Praxistipp: Familien-Holding**
>
> Die Zulässigkeit der Übertragung auf eine Familien-Holding ist oftmals daran geknüpft, dass die Übertragung unter der auflösenden Bedingung erfolgt, dass sich die Beteiligungsverhältnisse an der Holdinggesellschaft nachträglich dahingehend ändern, dass Familienfremde an der Holding-Gesellschaft beteiligt werden. Bei Transaktionen auf Ebene der Holding-Gesellschaft kann diese auflösende Bedingung unerwartet zum Tragen kommen.

cc) Ausschlussmöglichkeit

Ein regelungstechnisch anderer Anknüpfungspunkt für Verfügungsbeschränkungen liegt in der Ausschlussmöglichkeit nach erfolgter Übertragung an eine vom Gesellschaftsvertrag nicht als Gesellschafter zugelassene Person. Hier bleibt die Übertragung der Beteiligung wirksam, die Gesellschafterversammlung ist jedoch berechtigt, den neuen Gesellschafter per Gesellschafterbeschluss aus der Gesellschaft auszuschließen. Auf den ersten Blick vermag diese Lösung nicht zu verfangen, da dem ausscheidenden Gesellschafter in diesem Fall schließlich ein entsprechender Abfindungsanspruch zusteht. Doch die überwiegende Mehrheit der Gesellschaftsverträge von Familiengesellschaften enthält neben den Verfügungsbeschränkungen auch modifizierte Regelungen für die Abfindung ausscheidender Gesellschafter. So werden insbesondere im Falle des Ausschlusses durch Gesellschafterbeschluss zumeist nur 50 % des Verkehrswertes als Abfindung gewährt.

2274

> **Praxistipp: Mittelbare Vinkulierung**
>
> Der Zustimmungsvorbehalt erfasst lediglich die Übertragung einer unmittelbaren Beteiligung an der betreffenden Gesellschaft. Hält ein Gesellschafter seine Beteiligung mittelbar über eine zwischengeschaltete Gesellschaft, könnte er die Beteiligung an der Zwischengesellschaft ohne weiteres auf einen Dritten übertragen; die Vinkulierung liefe im Ergebnis ins Leere. Um dies zu verhindern, enthalten Gesellschaftsverträge von Familiengesellschaften oftmals Change-of-control-Klauseln. Diese bestimmen, dass eine Veränderung im Gesellschafterbestand einer Zwischengesellschaft, die ohne Zustimmung der Hauptgesellschaft erfolgt, einen wichtigen Grund darstellt, die Zwischengesellschaft gegen eine beschränkte Abfindung als Gesellschafterin der Hauptgesellschaft auszuschließen bzw. deren Geschäftsanteile einzuziehen.[1434]

dd) Andienungspflichten und Vorkaufsrechte

Zuletzt sind auch bei Familiengesellschaften detaillierte Regelungskataloge zu Andienungspflichten und Vorkaufsrechten an der Tagesordnung, die einem Veräußerungsprozess zwangsläufig vorgeschaltet sind und nicht selten zu einer erheblichen Verzögerung führen.

2275

1434) *Binz/Mayer*, NZG 2012, 201, 208; *Loritz*, NZG 2007, 361, 363; MünchKomm-GmbHG/*Reichert/Weller*, § 15 Rn. 386.

b) Stimm- und Verwaltungsrechte

aa) Nießbrauch

2276 Gerade nach erfolgter vorweggenommener Erbfolge muss der Erwerber von Familienunternehmen damit rechnen, dass das zivilrechtliche Eigentum an den Unternehmensanteilen und die darin verkörperten Stimm- und Verwaltungsrechte auseinanderfallen. Dies ist Folge des Prozesses der Unternehmensnachfolge. In der Regel ist der Unternehmer nicht bereit, seinem Nachfolger sämtliche Rechte zu übertragen. Nicht selten wird nur das nackte Eigentum übertragen, so dass der Unternehmer wirtschaftlich weiterhin Eigentümer bleibt.[1435]

2277 Der Umfang der Rechte des Nießbrauchers bestimmt sich in der Regel nach der individuellen Vereinbarung zwischen Nießbraucher und Nießbrauchsbesteller. Die Bandbreite der vorbehaltenen Rechte reicht dabei vom reinen Ertragsnießbrauch bis zum Vollrechtsnießbrauch. Eine häufig genutzte Möglichkeit, die Rechtsstellung des Nießbrauchers zu verstärken, ist beispielsweise eine Stimmrechtsvollmacht für den Nießbraucher. Sofern allerdings keine ausdrückliche Regelung getroffen wird, richten sich die Rechte nach den allgemeinen rechtlichen Bestimmungen des BGB.

(1) Stimmrecht

2278 Zu den umstrittensten Fragen beim Nießbrauch an Gesellschaftsanteilen gehört die Frage, wer zur Ausübung der Gesellschafterrechte, insbesondere des Stimmrechts gegenüber der Gesellschaft berechtigt ist. Unabhängig von der Gesellschaftsform werden hierzu insgesamt vier Ansichten vertreten: Nach der herkömmlichen und noch heute vorwiegenden Auffassung steht das Stimmrecht nur dem Nießbrauchsbesteller als dem Inhaber der Beteiligung zu.[1436]

2279 So belässt der BGH das Stimmrecht jedenfalls bei Beschlüssen, welche die Grundlagen der Gesellschaft betreffen (z. B. Feststellung des Jahresabschlusses), beim Gesellschafter, hat die Frage im Übrigen aber offengelassen. Eine Zuweisung des Stimmrechts allein an den Nießbraucher wird nur vereinzelt (und nur für Kapitalgesellschaften) vertreten.[1437]

2280 Nach einer weiteren Auffassung führt der Nießbrauch zu einer Aufspaltung des Stimmrechts, je nachdem ob die Rechtsstellung des Nießbrauchers (z. B.

1435) Zu den ertrag- und schenkungsteuerlichen Folgen eines Vorbehalts des wirtschaftlichen Eigentums im Rahmen der Unternehmensnachfolge, *Jülicher*, BStR 2001, 1200.
1436) Palandt/*Bassenge*, BGB, § 1068 Rn. 5; MünchKomm-BGB/*Pohlmann*, § 1068 Rn. 71 ff.; NK-BGB/*Lemke*, § 1068 Rn. 13; Roth/Altmeppen/*Altmeppen*, GmbHG, § 15 Rn. 57; Münchener Hdb. GesR/*K. Schmidt*, § 61.II.3; *ders.*, ZGR 1999, 601, 609 f.; Heymann/*Emmerich*, HGB, § 105 Rn. 68; *Westermann/Wertenbruch*, Handbuch der Personengesellschaften I, Rn. 683; *Teichmann*, ZGR 1972, 1, 9; *Finger*, DB 1977, 1033, 1038 f.; *Lindemeier*, DNotZ 1999, 876, 894 ff.; *Münch*, ZEV 1998, 8, 9; *Kruse*, RNotZ 2002, 69, 75; OLG Koblenz ZIP 1992, 844 = NJW 1992, 2163 (zum GmbH-Geschäftsanteil).
1437) Jauernig/*Berger*, BGB, 12. Aufl., § 1068 Rn. 4.

laufende Angelegenheiten und Gewinn) oder des Bestellers (Grundlagenbeschlüsse, Kernbereich der Mitgliedschaft) betroffen sind.[1438]

Für ein gemeinschaftliches Stimmrecht von Nießbraucher und Gesellschafter spricht sich v. a. *Schön*[1439] aus. 2281

Der Aufspaltungslösung ist rechtstheoretisch der Vorrang einzuräumen. Ihr Nachteil liegt allerdings in ihrer praktischen Undurchführbarkeit und unlösbaren Abgrenzungsschwierigkeiten im Einzelfall. Die Feststellung des Jahresabschlusses, die der BGH als Grundlagenakt beurteilt, kann man umgekehrt als Maßnahme ansehen, die sich auf die Substanz des Nießbrauchs auswirkt. 2282

(2) Zustimmung nach § 1071 BGB

Mitwirkungsrechte des Nießbrauchers können sich auch aus § 1071 BGB ergeben, wonach eine Aufhebung oder Änderung des nießbrauchsbelasteten Rechts nur mit Zustimmung des Nießbrauchers zulässig ist. Da der Nießbrauch am Gesellschaftsanteil auch nach Abtretung bestehen bleibt (§ 1068 BGB), ergeben sich für den Unternehmenskauf keine weiteren Zustimmungsvorbehalte des Nießbrauchers. 2283

bb) Poolverträge

Poolverträge sind besonders häufig in Familienunternehmen anzutreffen, die von mehreren Familienstämmen gehalten werden. In solchen Fällen ist oft bereits in der Satzung eine Poolregelung enthalten, wonach die Familienstämme nur einheitlich abstimmen dürfen, wobei die Stimmabgabe in der Regel durch einen gemeinsamen Vertreter erfolgt. Die Familienmitglieder sind zudem häufig ihrerseits durch weitere Poolverträge gebunden. Diese regeln häufig redundant Verfügungsbeschränkungen und Zustimmungsvorbehalte. Seit der Erbschaftsteuerreform 2009 hat die Bedeutung von Poolverträgen erheblich zugenommen. Denn diese ermöglichen häufig das Erreichen der Mindestbeteiligungsquote des § 13b Abs. 1 Nr. 3 ErbStG von 25 % und damit die Inanspruchnahme der erbschaftsteuerlichen Verschonung des § 13a ErbStG. 2284

3. Steuerliche Besonderheiten

Rechtzeitig vor einem Unternehmenskauf ist oft die letzte gute Gelegenheit zur vorweggenommenen Erbfolge. Die sich daraus ergebenden erbschaft- bzw. schenkungsteuerliche Implikationen sind bei einem anschließenden Verkauf 2285

1438) MünchKomm-BGB/*Ulmer*, § 705 Rn. 99; jurisPK-BGB/*Laukemann*, § 1068 Rn. 22; Bamberger/Roth/*Wegmann*, BGB, § 1069 Rn. 16; BGB-RGRK/*Rothe*, § 1068 Rn. 9; Baumbach/Hopt/*Hopt*, HGB, § 105 Rn. 46; Schlegelberger/*K. Schmidt*, HGB, vor § 335 (§ 230 n. F.) Rn. 16; *Jansen*/*Jansen*, in: Götz/Hülsmann, Der Nießbrauch im Zivil- und Steuerrecht, Rn. 110; *Habersack*, Die Mitgliedschaft – subjektives und „sonstiges" Recht, 1996, S. 110 ff.; Münchener Hdb. GesR/*Gummert*, 2. Aufl., § 16 Rn. 26; LG Aachen RNotZ 2003, 398 f.
1439) ZHR 158, 229, 261 f.

zu beachten. Dies gilt insbesondere für die Nachversteuerungstatbestände des § 13a Abs. 5 ErbStG.

a) Erbschaftsteuer

2286 Seit der Erbschaftsteuerreform 2009 sieht das ErbStG beim unentgeltlichen Erwerb von (Anteilen an) Betriebsvermögen durch Vererben und Verschenken großzügige Steuerbefreiungen vor. Diese sind auch im Rahmen der rückwirkend zum 1.7.2016 in kraft tretenden Erbschaftsteuerreform 2016 großteils bestehen geblieben, jedoch an das Einhalten von Wertgrenzen geknüpft worden

2287 Ob und wie der Erwerb eines Unternehmens(anteils) erbschaft- bzw. schenkungsteuerlich als begünstigungsfähig qualifiziert, kann anhand eines **Zwei-Stufen-Tests** ermittelt werden: (**I.**) Zunächst ist zu prüfen, ob dem Grunde nach überhaupt **begünstigungsfähiges Vermögen** vorliegt. (**II.**) Sodann ist aus dem begünstigungsfähigen Vermögen das begünstigte Vermögen zu ermitteln. Denn nur das begünstigte Vermögen unterliegt der Verschonung.

aa) Voraussetzungen der Begünstigung

2288 **Stufe I:** verlangt, dass es sich beim übertragenen Vermögen um einen Betrieb der **Land- und Forstwirtschaft**, einen **gesamten Gewerbebetrieb**, einen **Teilbetrieb**, oder um Anteile an einer inländischen gewerblich tätigen oder gewerblich geprägten **Personengesellschaft** handelt (§ 13b Abs. 1 Nr. 1 und 2 ErbStG).

2289 Auch der Erwerb von Anteilen an **Kapitalgesellschaften** ist begünstigungsfähig, wenn die Gesellschaft im Zeitpunkt des Eigentümerwechsels Sitz oder Geschäftsleitung in einem Mitgliedstaat des Europäischen Wirtschaftsraums (EWR) hat und der Erblasser oder Schenker **zu mehr als 25 %** am Nennbetrag der Gesellschaft unmittelbar beteiligt war (§ 13b Abs. 1 Nr. 3 ErbStG).

> **Praxistipp: Poolingregelung**
> Die geforderte Mindestbeteiligung von mehr als 25 % kann bei Kapitalgesellschaften auch durch Hinzuaddieren der Anteile weiterer Gesellschafter erreicht werden. Bedingung ist, dass der Übertragende und die weiteren Gesellschafter sich untereinander verpflichten, über die Anteile nur einheitlich zu verfügen, nur untereinander zu übertragen und das Stimmrecht gegenüber nichtgebundenen Gesellschaftern lediglich einheitlich auszuüben (§ 13b Abs. 1 Nr. 3 S. 2 ErbStG). Die Voraussetzungen einer einheitlichen Verfügung werden in aller Regel durch die in Familienunternehmen üblichen Verfügungsbeschränkungen (zustimmungsfrei nur an Abkömmlinge) erfüllt.[1440]

2290 Auf **Stufe II.** ist das begünstigte Vermögen zu ermitteln. Zu diesem Zweck wird der gemeine Wert des begünstigungsfähigen Vermögens um den Nettowert des Verwaltungsvermögens gekürzt (§ 13b Abs. 2 ErbStG). Das grundsätzliche Prüfungsschema stellt sich wie folgt dar.

1440) *Korezkij*, DStR 2009, 71; *Felten*, ZEV 2012, 84; *Ivens*, DStR 2010, 2168 (speziell zu Wohnungsunternehmen); *von Oertzen/Reich*, DStR 2011, 391 (speziell zu gewerblichen Gebäudekomplexen).

Kapitel XXV. Familienunternehmen

	Gemeiner Wert des begünstigungsfähigen Vermögens
./.	Nettowert des Verwaltungsvermögens (§ 13b Abs. 6 ErbStG) Gemeiner Wert des Verwaltungsvermögens (§ 13b Abs. 3 i. V. m Abs. 9 ErbStG) • Begünstigte Finanzmittel (§ 13b Abs. 4 Nr. 5 ErbStG inkl. „junge Finanzmittel") • Sonstiges Verwaltungsvermögen (§ 13b Abs. 4 Nr. 1 bis 4 ErbStG inkl. „junges Verwaltungsvermögen") • Unter Aussonderung von Vermögen zur Absicherung von Altersversorgungsverpflichtungen (§ 13b Abs. 3 ErbStG) Abzug anteiliger Schulden (§ 13b Abs. 6 S. 2 ErbStG)
=	Nettowert des Verwaltungsvermögens (mindestens der Wert der jungen Finanzmittel/des jungen Verwaltungsvermögens, § 13b Abs. 8 S.3 ErbStG)
./.	Unschädliches Verwaltungsvermögen (§ 13b Abs. 7 ErbStG, ggf. EUR 0)
=	Wert des begünstigten Vermögens (§ 13b Abs. 2 ErbStG)

Der **Nettowert des Verwaltungsvermögens** ergibt sich dabei aus der Summe aller Vermögensgegenstände des Verwaltungsvermögens abzüglich der anteiligen Schulden. Somit wird sämtliches Verwaltungsvermögen einer Unternehmensgruppe konsolidiert ermittelt und in einer sog. **Verbundvermögensaufstellung** zusammengefasst (§ 13b Abs. 9 ErbStG). Gesondert aufzuführen sind zudem junges Verwaltungsvermögen (§ 13b Abs. 7 S. 2 ErbStG) sowie junge Finanzmittel (§ 13b Abs. 4 Nr. 5 S. 2 ErbStG). Die genaue Ausgestaltung dieser Verbundvermögensaufstellung ist derzeit noch unklar.

2291

Als **Verwaltungsvermögen** zu klassifizieren sind u. a. (§ 13b Abs. 4 ErbStG): Dritten zur Nutzung überlassende **Grundstücke**, grundstücksgleiche Rechte und Bauten (die konzerninterne Überlassung ist davon ausgenommen R E 13b.12 ErbStR). **Anteile an Kapitalgesellschaften** gehören dann zum Verwaltungsvermögen, wenn die Beteiligungsquote 25 % oder weniger beträgt oder wenn die Tochtergesellschaft ihrerseits zu mehr als 50 % aus Verwaltungsvermögen besteht. **Beteiligungen an Personengesellschaften** qualifizieren als Verwaltungsvermögen, wenn die Personengesellschaft ihrerseits zu mehr als 50 % aus Verwaltungsvermögen besteht (R E 13b.15 und 16 ErbStR). **Wertpapiere** und **vergleichbare Forderungen** sind Verwaltungsvermögen, soweit diese **nicht** dem Hauptzweck des Gewerbebetriebs (z. B. Finanzinstitut) dienen. Seit dem 7.6.2013 gilt nur noch eine **Freibetragsregelung** für den Saldo aus **Zahlungsmitteln, Geschäftsguthaben, Geld- und andere Forderungen** auf der einen und den Schulden der Gesellschaft auf der anderen Seite. Dieser Saldo zählt nur insoweit zum Verwaltungsvermögen, soweit er **15 %** des anzusetzenden Werts des Betriebsvermögens des Betriebs oder der Gesellschaft übersteigen (§ 13b Abs. 4 Nr. 5 ErbStG), wobei dieser Freibetrag zusätzlich davon abhängig ist, dass das übertragene begünstigungsfähige Vermögen seinem Hauptzweck nach einer gewerblichen Tätigkeit dient.

2292

Zur Missbrauchsvermeidung wird Verwaltungsvermögen stets ausgesondert, wenn es seit weniger als zwei Jahren zum Betriebsvermögen gehört (**junges**

2293

Verwaltungsvermögen, R E 13b.19 ErbStR).[1441] Gleiches gilt für Finanzmittel **(junge Finanzmittel)**. Weder junges Verwaltungsvermögen noch junge Finanzmittel unterliegen dem Schuldenabzug oder können zum unschädlichen Verwaltungsvermögen gehören. Diese Vermögensgegenstände unterliegen stets der vollen Besteuerung.

2294 Bei der Ermittlung des Verwaltungsvermögens ist folgende Ausnahme zu beachten: Dienen hingegen Teile des begünstigungsfähigen Vermögens ausschließlich und dauerhaft der Erfüllung von Schulden aus **Altersversorgungsverpflichtungen** und sind diese Zugriff aller übrigen, nicht aus den Altersversorgungsverpflichtungen unmittelbar berechtigten Gläubiger entzogen sind, so gehören sie nicht zum Verwaltungsvermögen (§ 13b Abs. 3 ErbStG).

2295 Soweit die zum Betrieb gehörenden Schulden nicht bereits mit den zur Erfüllung von Altersversorgungsverpflichtungen dienenden Vermögensgegenständen verrechnet (§ 13b Abs. 3 ErbStG) oder bei der Ermittlung der begünstigten Finanzmittel (§ 13b Abs. 4 Nr. 5 ErbStG) berücksichtigt wurden, sind sie anteilig vom gemeinen Wert des nicht begünstigten Vermögens abzuziehen. Der Anteil der Schulden entspricht dabei dem Anteil des Wertes des Verwaltungsvermögens am begünstigungsfähigen Vermögen. Nach Abzug der anteiligen Schulden vom Verwaltungsvermögen ergibt sich das Nettoverwaltungsvermögen, das für die Bestimmung des begünstigten Vermögens maßgeblich ist.

2296 Jeder Betrieb benötigt zur Gewährleistung seiner unternehmerischen Unabhängigkeit in einem gewissen Umfang Vermögen, das nicht unmittelbar der originären Betriebstätigkeit dient. Dieses Vermögen wird zur Kapitalstärkung und Sicherung der operativen Zwecke benötigt, insbesondere um einen Finanzierungspuffer im Betrieb vorzuhalten und flexibel in das Unternehmen investieren zu können.[1442] Aus diesem Grund behandelt der Gesetzgeber typisierend und pauschalierend einen Teil des Nettowerts des Verwaltungsvermögens wie begünstigtes Vermögen (**unschädliches Verwaltungsvermögen**). Dieser Teil des Nettowerts des Verwaltungsvermögens beträgt bis zu 10 % des um den Nettowert des Verwaltungsvermögens gekürzten gemeinen Werts des Betriebsvermögens. Bei der Berechnung des unschädlichen Verwaltungsvermögens bleiben junge Finanzmittel und junges Verwaltungsvermögen unberücksichtigt und unterliegen daher stets der vollen Besteuerung.

2297 Um unbillige Härten auf Grund des strengen **Stichtagsprinzips** der Erbschaftsteuer abzumildern, sieht der neue § 13b Abs. 5 ErbStG für Erwerbe von Todes wegen eine **Investitionsklausel** vor, die es dem Erben binnen einer Frist von zwei Jahren nach dem Erbfall erlaubt, nicht begünstigtes Verwaltungsvermögen umzuwandeln und in begünstigtes Vermögen zu investieren. Voraussetzung soll

---

1441) *Felten*, ZEV 2012, 84 (allgemein); FinMin BW, DStR 2013, 1608 (zur Berücksichtigung von jungem Verwaltungsvermögen bei vermögensverwaltenden Tochtergesellschaften); *Kramer*, DStR 2012, 1948 (mit Berücksichtigung von Einlagefällen).
1442) BT-Drucks. 18/8911, S. 43.

allerdings sein, dass die Investition auf Grund eines vorgefassten Plans des Erblassers erfolgt. Für Finanzmittel gilt darüber hinaus eine Besonderheit. Sie sollen dann rückwirkend im Rahmen der Ermittlung der begünstigten Finanzmittel nicht berücksichtigt werden, wenn sie binnen einer Frist von zwei Jahren nach dem Erbfall zur Zahlung der Löhne der Beschäftigten eingesetzt werden. Voraussetzung ist jedoch, dass es sich um einen Betrieb mit wiederkehrend saisonal schwankenden Einnahmen handelt, z. B. Vergnügungsparks.

bb) Rechtsfolgen

Die Rechtsfolgen (Umfang der Verschonung) differenzieren nach dem Wert des erworbenen begünstigten Vermögens. Die Anwendung des **bisherigen Verschonungssystems** (Regel- und Optionsverschonung 85 % bzw. 100 % Steuerfreistellung) ist auf Erwerbe von begünstigtem Vermögen im Wert von bis zu EUR 26 Mio. beschränkt. Für Erwerbe von begünstigtem Vermögen im Wert von zwischen EUR 26 Mio. und EUR 90 Mio. kann der Erwerber zwischen zwei neuen (Verschonungs-)Regimen wählen (**Abschmelzmodell** oder **Verschonungsbedarfsprüfung**). Überschreitet der Wert des erworbenen begünstigten Vermögens EUR 90 Mio., steht nur noch die Verschonungsbedarfsprüfung offen. Die verschiedenen Rechtsfolgen werden in dem nachfolgenden Schema dargestellt:

2298

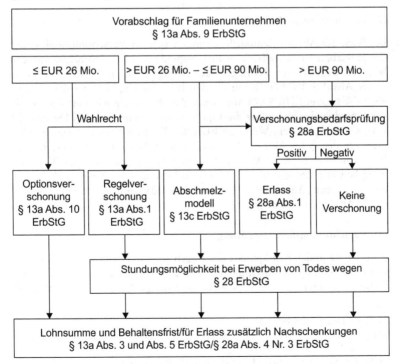

(1) Bisherige Verschonungsoptionen

2299 Das bis zum 30.6.2016 geltende Recht sah zwei Verschonungsoptionen vor. Bei Wahl der **Regelverschonung** bleiben 85 % des begünstigten Vermögens außer Ansatz. Bei der Wahl der **Optionsverschonung** ist die Übertragung vollumfänglich steuerfrei. Unterschiedlich sind die Anforderungen der beiden Verschonungsoptionen an die **Behaltensfrist** und die **Lohnsummenregelung**. Bei der Regelverschonung beträgt die Behaltensfrist fünf Jahre, bei der Verschonungsoption sieben Jahre. Ein Verstoß gegen die Lohnsummenregelung wird bei der Optionsverschonung nur vermieden, wenn die Lohnsumme über einen Zeitraum von sieben Jahren 100 % stabil bleibt, bei der Regelverschonung ist ein Rückgang um 20 % zulässig. Ab dem 1.7.2016 ist die Anwendung der Regel- und Optionsverschonung auf den Erwerb begünstigten Vermögens im Wert von bis zu EUR 26 Mio. beschränkt (§ 13a Abs. 1 S. 1 ErbStG). Zur Missbrauchsvermeidung (Stückelung von Erwerben) soll diese Wertgrenze durch eine Zusammenrechnung sämtlicher Erwerbe begünstigten Vermögens erfolgen, die der Erwerber von derselben Person innerhalb der letzten 10 Jahre erhalten hat (§ 13a Abs. 1 S. 2 ErbStG). Die Wahl der Optionsverschonung ist zudem ausgeschlossen, wenn das begünstigungsfähige Vermögen zu mehr als 20 % aus Verwaltungsvermögen besteht (§ 13a Abs. 10 ErbStG).[1443]

(2) Abschmelzmodell

2300 Bei Wahl des Abschmelzmodells verringert sich der **Verschonungsabschlag** des Erwerbers um jeweils einen Prozentpunkt je EUR 750.000,00, die der Wert des begünstigten Vermögens den Betrag von EUR 26 Mio. übersteigt (§ 13c Abs. 1 S. 1 ErbStG). Für die Regelverschonung bedeutet das, dass ab einem Wert von EUR 89,75 Mio. keine Abschmelzung mehr erfolgt. Wählt der Erwerber demgegenüber die Optionsverschonung gemäß § 13a Abs. 10 ErbStG, wird ab einem Wert von EUR 90 Mio. kein Verschonungsabschlag mehr gewährt (§ 13c Abs. 1 S. 2 ErbStG). Hat das begünstigte Vermögen einen Wert von über EUR 90 Mio., steht dem Erwerber nur noch die Verschonungsbedarfsprüfung offen.[1444] Durch die Wahl des Abschmelzmodells wird ein möglicher Antrag auf Verschonungsbedarfsprüfung ausgeschlossen (§ 13c Abs. 2 S. 4 ErbStG).

(3) Verschonungsbedarfsprüfung

2301 Einer der zentralen Kritikpunkte des BVerfG bestand darin, dass auch Großvermögen ohne eine **Bedürftigkeitsprüfung** in den Genuss der Verschonung kommen konnten.[1445] Die Verschonungsbedarfsprüfung (§ 28a ErbStG) soll

---

1443) BT-Drucks. 18/9690, S. 2.
1444) Vgl. auch *Erkis*, DStR 2016, 1441, 1445 noch zur Beschlussempfehlung des Finanzausschusses vom 22.6.2016.
1445) BVerfG, Urt. v. 17.12.2014 – 1 BvL 21/12, DStR 2015, 31, 49.

diesen Kritikpunkt ausräumen. Danach ist bei einem Erwerb von begünstigtem Vermögen im Wert von über EUR 26 Mio. die auf dieses begünstigte Vermögen entfallende Steuer auf Antrag zu erlassen, soweit der Erwerber nachweist, dass er persönlich nicht in der Lage ist, die Steuer aus seinem **verfügbaren Vermögen** zu begleichen (§ 28a Abs. 1 S. 1 ErbStG). Dieser Erlass ist an das Fortführen des Betriebsvermögens durch den Erwerber (§ 28a Abs. 1 Sätze 2 und 3 ErbStG) sowie an das Einhalten der Lohnsumme (§ 13a Abs. 10 Nr. 3 bis 5) und der Behaltensfrist (§ 13a Abs. 6 S. 1) geknüpft und steht ferner unter der auflösenden Bedingung, dass der Erwerber innerhalb von 10 Jahren nach dem Zeitpunkt der Entstehung der Steuer weiteres verfügbares Vermögen durch Schenkung oder von Todes wegen erhält.

Kernvorschrift der Verschonungsbedarfsprüfung ist § 28a Abs. 2 ErbStG. 2302 Danach zählen 50 % der Summe der gemeinen Werte des 1. mit der Erbschaft oder Schenkung zugleich übergegangen Vermögens und des 2. dem Erwerber im Zeitpunkt der Entstehung der Steuer (§ 9 ErbStG) gehörenden Vermögens zum „**verfügbaren Vermögen**", soweit solches Vermögen nicht zum begünstigten Vermögen i. S. d. § 13b Abs. 2 ErbStG gehört bzw. gehören würde. Unglücklicherweise sieht die Norm weder einen Freibetrag vor noch regelt sie die Behandlung an sich steuerfreien Vermögens, z. B. des Familienheims bzw. des Hausrats. Wie mit diesem Wertungswiderspruch und dem vorhersehbaren, unangemessen hohen Verwaltungsaufwand umgegangen wird, ist derzeit nicht absehbar. Der Steuerpflichtige kann nur auf eine großzügige Erlassregelung durch die Finanzverwaltung hoffen.

Der Erlass der Steuer steht unter der **auflösenden Bedingung** der Einhal- 2303 tung der Behaltensfrist und der Lohnsummenregelung, wobei die Rechtsfolgen eines Verstoßes gegen eine oder beide dieser Bedingungen analog gelten (§ 28a Abs. 4 S. 1 Nr. 1 und 2 ErbStG). Zusätzlich ist der Erlass der Steuer auflösend bedingt durch **weitere Schenkungen oder Erbfälle**, die der Steuerpflichtige innerhalb einer Frist von zehn Jahren nach dem Zeitpunkt der Entstehung der Steuer erhält, soweit diese zum verfügbaren Vermögen gehören, d. h. soweit sie kein begünstigtes Vermögen darstellen (§ 28a Abs. 4 S. 1 Nr. 3 ErbStG).

Die Regelung erscheint unter einigen Aspekten bedenklich. Zunächst muss 2304 man sich vor Augen führen, dass die auflösende Bedingung bei wirklich jeder Schenkung greift. Es gibt keinen Freibetrag, es sind keine Gelegenheitsgeschenke ausgenommen und es erfolgt keine Beschränkung auf weitere Zuwendungen durch den Schenker, für dessen Schenkung der § 28a ErbStG in Anspruch genommen wurde.

cc) Behaltensfrist

Um die vorstehend beschriebenen Steuervergünstigung dauerhaft zu konser- 2305 vieren, verlangt der Gesetzgeber vom Begünstigten, dass dieser das Unternehmen bzw. die Anteile an der erworbenen Gesellschaft innerhalb von **fünf (Regelverschonung)** bzw. **sieben** Jahren (**Optionsverschonung**) nach Erwerb

B. Sondersituationen Unternehmenskauf

u. a. weder veräußert noch aufgibt. In gleichem Maße **vergünstigungsschädlich** ist regelmäßig auch die **Veräußerung** oder **Privatentnahme wesentlicher Betriebsgrundlagen** oder die Vornahme von **Überentnahmen** (§ 13a Abs. 6 ErbStG). Dies kann selbstverständlich auch den **Verkauf von Tochtergesellschaften** betreffen.

2306 Nach der sog. **Reinvestitionsklausel** ist von einer Nachversteuerung allerdings abzusehen, wenn der Erlös der Veräußerung innerhalb von **sechs Monaten** in entsprechend **begünstigungsfähiges Vermögen** (siehe Stufe I.) investiert wird (§ 13a Abs. 6 S. 3 ErbStG). Ungeachtet der Frist von sechs Monaten liegt eine unschädliche Reinvestition auch vor, wenn damit **Liquiditätsreserven**, die nicht zum Verwaltungsvermögen gehören, erhöht werden. Soweit aber der Veräußerungserlös entnommen wird, bleibt die Veräußerung in jedem Fall vergünstigungsschädlich (R E 13a. 11 ErbStR).

Praxistipp:

Weitere Tatbestände, die auch **nicht** zu einer Nachversteuerung führen, sind:

- Das Einbringen eines Betriebs, Teilbetriebs oder Mitunternehmeranteils in eine Kapitalgesellschaft oder Personengesellschaft gegen Gewährung von Gesellschaftsanteilen;
- die formwechselnde Umwandlung, Verschmelzung oder Realteilung einer Personengesellschaft;
- das Übertragen begünstigten Vermögens von Todes wegen und im Wege der vollumfänglich unentgeltlichen Schenkung;
- das Übertragen von begünstigtem Vermögen im Rahmen der Erbauseinandersetzung auf einen oder mehrere Miterben (selbst gegen Abfindungsleistungen) oder bei Verkauf des Erbteils an einen Miterben in zeitlicher Nähe zum Erbfall.[1446]

2307 Ein **Verstoß** gegen die jeweilige **Behaltensfrist** führt grundsätzlich zur **Nachversteuerung** des erworbenen Vermögens. Die anfallende Erbschaft-/Schenkungsteuer beschränkt sich dabei auf den Teil, der sich aus dem **Verhältnis** der im Zeitpunkt der schädlichen Verfügung **verbleibenden Behaltensfrist** zur **gesamten** zu erfüllenden **Frist** ergibt. Als Zählgröße können in diesem Zusammenhang **nur in vollem Umfang erfüllte Zeitjahre** einbezogen werden. Die Berechnung beginnt im Zeitpunkt der Übertragung des Vermögens und ist tagesgenau durchzuführen.[1447]

dd) Lohnsummenregelung

2308 Die **zweite Kernvoraussetzung** zur Aufrechterhaltung der steuerlichen Privilegierung des Betriebsvermögens betrifft nur Unternehmen mit **mehr als**

[1446] Zur Ermittlung der Lohnsumme und der Behaltensregeln in Einbringungs- und Umwandlungsfällen siehe gleichlautenden Erlass vom 20.11.2013, DStR 2014, 103 sowie kommentierend dazu *Viskorf/Haag*, DStR 2014, 360.
[1447] Ausführliche Berechnungsbeispiele zur Nachversteuerung sind zu finden in H E 13a.12 ErbStH.

20 Beschäftigten. Bei der Berechnung der Anzahl der Beschäftigten ist auf die Anzahl der eigenen Arbeitnehmer abzustellen, die im Zeitpunkt des Erwerbs im zugewendeten Betrieb oder in der Gesellschaft beschäftigt sind. Dabei ist aber auch die Anzahl der Arbeitnehmer nachgeordneter (Tochter-)Gesellschaften einzubeziehen (R E 13a.4 Abs. 2 ErbStR).

Die Regelung verlangt, dass die entsprechenden **jährlichen Lohnsummen** der übertragenen Einheit innerhalb von **fünf Jahren 400 %** (Regelverschonung) bzw. innerhalb von **sieben Jahren 700 %** (Optionsverschonung) der **Ausgangslohnsumme** nicht unterschreiten (§ 13a Abs. 1 i. V. m. Abs. 8 ErbStG). In der Konsequenz bedeutet dies, dass lohnsummenschwache Jahre innerhalb der jeweiligen Lohnsummenfrist ausgeglichen werden können. **Ausgangslohnsumme** ist die durchschnittliche Lohnsumme der übertragenen Einheit der letzten fünf vor der Übertragung endenden Wirtschaftsjahre. 2309

Die **Lohnsumme** (auch für die Berechnung der Ausgangslohnsumme) beinhaltet alle Vergütungen, die im maßgebenden Zeitraum an die auf den Lohn- und Gehaltslisten erfassten Beschäftigten der übertragenen Einheit gezahlt werden bzw. wurden. (§ 13a Abs. 3 ErbStG). 2310

> **Praxistipp:**
> Aus Vereinfachungsgründen erlaubt die Finanzverwaltung, die Lohnsumme bzw. Ausgangslohnsumme über den in der Gewinn- und Verlustrechnung des betreffenden Unternehmens ausgewiesenen Aufwand für Löhne und Gehälter ohne den Arbeitgeberanteil an den Sozialabgaben zu berechnen. Auch mit Hinweisen zur Behandlung von Kurzarbeitergeld sei verwiesen auf FinMin. Baden-Württemberg Erlass vom 24.9.2009, ZEV 2009, 584.

(1) Anteile an Kapitalgesellschaften im Betriebsvermögen

Sofern zum Betriebsvermögen unmittelbar oder mittelbar **Kapitalgesellschaftsanteile** gehören mit Sitz/Geschäftsleitung innerhalb der **EU bzw. des EWR**, sind die **Lohnsummen** der jeweiligen Gesellschaft (mit den **jeweiligen Beteiligungsquoten**) **einzubeziehen**, wenn die unmittelbare oder mittelbare Beteiligung mehr als 25 % beträgt (§ 13a Abs. 3 S. 5 ErbStG). 2311

> **Praxistipp: Lohnsummenblocker-Personengesellschaften**
> A hält 10 % der Anteile an der X-GmbH, die die Voraussetzungen des § 13b Abs. 2 ErbStG erfüllt. Um in den Genuss der erbschaftsteuerlichen Vergünstigung zu kommen, muss A mit weiteren Gesellschaftern der X-GmbH, die zusammen mit A über mehr als 25 % der Anteile an der X-GmbH verfügen, eine Poolvereinbarung gem. § 13b Abs. 1 Nr. 3 S. 2 ErbStG abschließen. Bei einer anschliessenden Schenkung von Anteilen an der X-GmbH kann A bzw. sein Rechtsnachfolger die Optionsverschonung in Anspruch nehmen. Im Gegenzug kommt die Lohnsummenregelung zu Anwendung, wenn die X-GmbH über mehr als 20 Beschäftigte verfügt.

> **Lösung:**
> Bringt A jedoch vor der Schenkung seine Anteile an der X-GmbH in eine gewerblich geprägte GmbH & Co. KG ein, die ihrerseits in die Poolvereinbarung eintritt, kann für eine Schenkung von Anteilen an der GmbH & Co. KG weiterhin die Optionsverschonung in Anspruch genommen werden. Jedoch ist in diesem Fall die Lohnsummenregelung nicht anwendbar, da die Beteiligung der GmbH & Co. KG an der X-GmbH nicht die 25 %-Grenze erreicht. Die Poolvereinbarung ist insofern nicht zu berücksichtigen.

(2) Anteile an Personengesellschaften im Betriebsvermögen

2312 Löhne und Gehälter von unmittelbar oder mittelbar gehaltenen **Beteiligungen** an **Personengesellschaften** sind unabhängig von einer Mindestbeteiligungsquote in Höhe der Beteiligungsquote in die Berechnungen mit einzubeziehen. Nur Personengesellschaften mit Sitz bzw. Geschäftsleitung in Drittstaaten sind ausgenommen (R E 13a.4 ErbStR).

> **Praxistipp:**
> Sofern Kapitalgesellschaftsanteile nicht bei der Lohnsummenregelung berücksichtigt werden, bleiben auch die durch sie vermittelten Beteiligungen an Personengesellschaften unberücksichtigt.

(3) Betriebstätten im Betriebsvermögen

2313 Bei **Betriebsstätten** im **Inland** sowie in **EU/EWR-** und **Drittstaaten** sind die Löhne und Gehälter der Beschäftigten zu berücksichtigen (R E 13a.4 ErbStR).

(4) Lohnsumme bei Beteiligungs(ver)käufen

2314 Beim Zugang von Kapitalgesellschaftsanteilen werden auch Löhne und Gehälter von **Kapitalgesellschaften**, die innerhalb der **fünf- bzw. siebenjährigen Lohnsummenfrist** zum Betrieb gehören (jedoch noch nicht im Besteuerungszeitpunkt), bei der Ermittlung der Lohnsummen einbezogen. Dies gilt innerhalb der jeweiligen Lohnsummenfrist ab dem Zeitpunkt, zu dem die **maßgebende Beteiligungsquote** von 25 % **überschritten** ist (§ 13a Abs. 3 S. 5 ErbStG).

2315 Löhne und Gehälter von **Personengesellschaften** sind während der Lohnsummenfrist unabhängig von einer Mindestbeteiligungsquote ab Zugehörigkeit zum begünstigten Betrieb in die Berechnung der Lohnsummen mit einzubeziehen.

2316 Gehörte eine **Kapitalgesellschaft** bereits im Besteuerungszeitpunkt zum Betrieb (mit einem Anteil von nicht mehr als 25 %), sind deren Löhne und Gehälter ab dem Zeitpunkt einzubeziehen, in dem die maßgebliche Beteiligungsquote überschritten wird. Die Löhne und Gehälter sind selbst dann einzubeziehen, wenn die maßgebende Quote anschließend wieder unterschritten wird.[1448]

[1448] Siehe ausführlich zu Fragen der Lohnsummenregelung in Beteiligungsverhältnissen im gleichlautenden Erlass der obersten Finanzbehörden der Länder v. 5.12.2012.

(5) Verstoß gegen Lohnsummenregelung

Bei einem **Verstoß** entfällt die Begünstigung in dem **Verhältnis**, in dem die **Summe der Lohnsummen** innerhalb der fünf Jahre (Regelverschonung) bzw. sieben Jahre (Optionsverschonung) nach dem Erwerbszeitpunkt die **Mindestlohnsumme** von 400 % (Regelverschonung) bzw. 700 % (Optionsverschonung) der Ausgangslohnsumme **unterschreitet** (§ 13a Abs. 1 S. 2 ErbStG).

2317

Sollte der Steuerpflichtige die **Lohnsummenregelung** nicht erfüllen, so hat er dies spätestens bis **sechs Monate** nach Ablauf der jeweiligen Lohnsummenfrist dem für die Erbschaftsteuer zuständigen Finanzamt mitzuteilen (§ 13a Abs. 7 S. 1 ErbStG).[1449)]

2318

Kommt es zu einem gleichzeitigen Verstoßen gegen Behaltensfrist und Lohnsummenregelung, so bemisst sich der Betrag der Nachversteuerung nach dem von beiden schwereren Vergehen.

2319

b) Ertragsteuer

aa) Doppelbelastung

Steuerlich kann es bei der **Veräußerung** unentgeltlich erworbener Unternehmen zu einer Doppelbelastung mit Erbschaft- bzw. Schenkungsteuer und Einkommensteuer kommen, wenn **vor** dem **Ende** der fünf- bzw. siebenjährigen **Behaltensfrist** das Unternehmen verkauft wird. In diesem Fall entsteht zum einen eine Belastung des **Veräußerungsgewinns** mit **Einkommensteuer** und zum anderen eine Belastung durch die erhobene **Nachversteuerung aufgrund** des Unterlaufens der Behaltensfrist bzw. ggf. der Lohnsummenregelung.

2319a

bb) Anrechnung von Erbschaftsteuer

Der Gesetzgeber sieht mit § 35b EStG bei Erbschaften – nicht aber bei Schenkungen – eine Möglichkeit vor, die **Doppelbelastung durch Erbschaft- und Einkommensteuer** zu mindern. **Auf Antrag** in der Einkommensteuererklärung kann die tarifliche Einkommensteuerschuld des entsprechenden Veräußerungsgewinns prozentual gemindert werden.

2319b

Der Prozentsatz der **Minderung** bestimmt sich nach dem **Verhältnis**, in dem die festgesetzte **Erbschaftsteuer** zu dem Betrag steht, der sich ergibt, wenn dem **erbschaftsteuerpflichtigen Erwerb** die genutzten **Freibeträge hinzugerechnet** werden (§ 35b S. 2 EStG). Der Antrag kann gestellt werden, wenn die Doppelbelastung in demselben Veranlagungszeitraum besteht, oder die Belastung mit Erbschaftsteuer nicht länger als vier Veranlagungszeiträume zurückliegt.

2319c

1449) Ausführliche Berechnungsbeispiel zur Nachversteuerung sind zu finden in H E 13a.12 ErbStH.

> **Praxistipp: Antrag auf Veranlagung**
>
> Die Anwendung des § 35b EStG ist ausgeschlossen, wenn der Veräußerungsgewinn der Kapitalertragsteuer unterliegt (z. B. Beteiligung i. S. d. § 20 Abs. 2 EStG). In diesem Fall kann u. U. ein Antrag auf Veranlagung der Kapitaleinkünfte steuerlich vorteilhaft sein (z. B. über § 32b Abs. 6 EStG), da die Anwendung des § 35b EStG dann nicht mehr ausgeschlossen ist.[1450]

XXVI. Unternehmenskauf aus Krise und Insolvenz

1. Vorbemerkung

2320 Ob ein Unternehmenskauf in einer vorinsolvenzrechtlichen Krisensituation des Verkäufers oder erst dann stattfindet, wenn die Krise des bisherigen Unternehmensträgers tatsächlich in eine Insolvenz umgeschlagen ist, hat entscheidenden Einfluss auf die Transaktion und die damit verbundenen Risiken und ggf. einschlägigen Privilegien.

2321 Der Fokus beim Unternehmenserwerb aus einer (nicht insolventen) Krisensituation ist primär darauf gerichtet, insolvenzrechtliche Risiken aufgrund einer potentiell nachgelagerten Insolvenz des Verkäufers zu antizipieren und auf diese Weise das Risiko nachgelagerter Eingriffe in die (bereits vollzogene) Transaktion durch einen Insolvenzverwalter zu vermeiden oder zumindest zu verringern.

2322 Der Unternehmenskauf unmittelbar aus der Insolvenz ist nicht erst seit der Einführung des Gesetzes zur weiteren Erleichterung der Sanierung von Unternehmen (ESUG) im März 2012 ein häufig verwendetes Sanierungsinstrument. Das Insolvenzrecht setzt damit vielmehr den bisher eingeschlagenen Weg fort, das Insolvenzverfahren weiterhin verstärkt als Sanierungsverfahren zu etablieren.[1451]

2. Unternehmenskauf aus der Krise

2323 Beim Erwerb eines Unternehmens aus der Krise, also der wirtschaftlichen Schieflage des Verkäufers, die noch nicht zu dessen Insolvenzreife geführt hat, gilt es, die Risiken einer möglichen späteren Insolvenz des Verkäufers zutreffend zu berücksichtigen. Dies gilt vor allem deshalb, weil das Risiko einer späteren Insolvenz des Verkäufers nach dem Vollzug des Unternehmenskaufs für den Erwerber in der Regel nicht transparent ist. So etwa ist es denkbar, dass der Verkauf eines (Teil-)Unternehmens ursprünglich als Bestandteil eines Sanierungsvorhabens seitens des Verkäufers erfolgte, weitere

---

1450) Schmidt/*Kulosa*, EStG, § 35b Rn. 1 ff.; *Hechtner*, BB 2009, 486 ff.; *Herzig/Joisten/Vossel*, DB 2009, 584 und *Seifried*, ZEV 2009, 285 (mit Berechnungsbeispielen); *Gauß/Schwarz*, BB 2009, 1387 (spezielle zur Abgeltungsteuer).

1451) Vgl. zum Gesamtkomplex: *Soudry/Schwenkel*, GWR 2010, 366 ff.; *Classen*, BB 2010, 2898; *Hofert-von Weiss/Arends*, BB 2009, 1538; *Meyding/Grau*, NZG 2011, 41; *Undritz*, ZGR 2010, 201; *Buth/Hermanns*, Restrukturierung, Sanierung, Insolvenz, §§ 22, 23.

Sanierungsmaßnahmen jedoch nicht gegriffen haben und damit zur Insolvenz führen.

Es empfiehlt sich, die nachfolgend aufgeführten Risiko-Kategorien nicht erst dann zu berücksichtigen, wenn konkrete Hinweise auf eine sich andeutende wirtschaftliche Schieflage des bisherigen Unternehmensträges bestehen, sondern auch präventiv in die Gestaltung der Transaktionsstruktur einzubeziehen. Je deutlicher die Anzeichen für eine wirtschaftliche Krise des bisherigen Unternehmensträgers werden, desto mehr Augenmerk gilt es auf die nachfolgend skizzierten Risiken zu legen. 2324

a) Anfechtungsrisiken

Mit dem Risiko der Anfechtung sind die Vorschriften zur Insolvenzanfechtung nach §§ 129 ff. InsO gemeint. Obgleich die Regeln der Insolvenzanfechtung erst dann Anwendung finden, wenn ein Insolvenzverfahren tatsächlich eröffnet wird, strahlen sie erheblich auf sämtliche Rechtsgeschäfte aus, die in der Zeit vor der Eröffnung eines Insolvenzverfahrens stattgefunden haben. Das Anfechtungsrecht kann aufgrund der Vorsatzanfechtung nach § 133 Abs. 1 InsO bis zu 10 Jahre in die Vergangenheit reichen und zu einer insolvenzrechtlichen Neubewertung bereits vollständig abgeschlossener Rechtsgeschäfte führen.[1452] 2325

Die Veräußerung eines Unternehmens stellt als rechtsgeschäftliche Verfügung ein anfechtbares Rechtsgeschäft i. S. v. § 129 InsO dar.[1453] 2326

Es kann zunächst dahingestellt bleiben, ob für die erfolgreiche Anfechtung eines Unternehmensverkaufs die Anfechtung der einzelnen Übertragungsakte erforderlich ist oder die Unternehmensveräußerung im Ganzen der Anfechtung unterliegt. Entscheidend ist, dass ein Insolvenzverwalter (oder Sachwalter) mit dem Recht der Anfechtung die Möglichkeit hat, rückwirkend in die nach Maßgabe des Unternehmenskaufvertrages bereits ausgetauschten Leistungen einzugreifen. Gem. § 143 Abs. 1 S. 1 InsO ist der durch eine anfechtbare Handlung übertragene Vermögenswert zur Insolvenzmasse zurück zu gewähren. 2327

Als potentiell relevante Insolvenzanfechtungstatbestände kommen insbesondere die Vorschriften der Deckungsanfechtung nach §§ 130, 131 InsO in Betracht, aber mit zunehmender Bedeutung auch die Vorsatzanfechtung nach § 133 Abs. 1 InsO, für die eine zehnjährige Anfechtungsfrist greift. 2328

1452) Mit einem Gesamtüberblick zum Anfechtungsrecht: *Gehrlein*, WM 2012, 965; *Kayser*, WM 2013, 293; *Marotzke*, ZInsO 2014, 745; *Smid*, ZInsO 2014, 275; *Neyses*, Die Insolvenzanfechtung in Mehrpersonenverhältnissen, 2012; *Gottwald/Huber*, Insolvenzrechts-Handbuch, 4. Aufl., § 46; *Vallender*, GmbHR 2004, 543–548 und 642–649.
1453) Vgl. *Dauernheim*, in: FK-InsO, 5. Aufl., § 129 Rn. 33; *Rogge/Leptien*, in: HambK-InsO, 4. Aufl., § 129 Rn. 50; MünchKomm-InsO/*Kayser*, § 129 Rn. 11.

aa) Die kongruente Deckungsanfechtung nach § 130 InsO

2329 Nach § 130 Abs. 1 Nr. 1 InsO ist die Übertragung von Vermögenswerten im Rahmen eines Unternehmensverkaufs dann anfechtbar, wenn (i) sie in den letzten drei Monaten vor dem Antrag auf Eröffnung eines Insolvenzverfahrens vorgenommen wurde, (ii) die Insolvenzgläubiger dadurch zumindest mittelbar benachteiligt werden (§ 129 InsO), (iii) der spätere Insolvenzschuldner (also der frühere Unternehmensträger) zum Zeitpunkt der Unternehmensübertragung zahlungsunfähig gem. § 17 InsO war und (iv) der Erwerber die Zahlungsunfähigkeit kannte oder aufgrund der Kenntnis von Umständen, die auf die Zahlungsunfähigkeit schließen ließen, hätte kennen müssen.

2330 Im Hinblick auf die subjektive Kenntnis des Erwerbers von einer Zahlungsunfähigkeit des bisherigen Unternehmensinhabers werden vor allem die im Rahmen einer Due Diligence oder Management Präsentation erlangten Kenntnisse des Erwerbers und die daraus für einen objektiven Beobachter zu ziehenden Schlussfolgerungen zu berücksichtigen sein.

2331 Eine Anfechtung nach § 130 InsO soll jedoch dann ausgeschlossen sein, wenn ein „Bargeschäft" gem. § 142 InsO vorliegt, die unter dem Unternehmenskaufvertrag geschuldeten Leistungen also einen gleichwertigen Aktivtausch darstellen. Neben dem Merkmal der „Gleichwertigkeit" setzt das Bargeschäftsprivileg mit der „Unmittelbarkeit" einen engen sachlichen und zeitlichen Zusammenhang zwischen Leistung und Gegenleistung voraus. Welcher zeitliche Zusammenhang für den jeweiligen Leistungsaustausch als ausreichend angesehen wird, hängt stark von der Art der geschuldeten Leistungen ab. Die übliche Höchstgrenze für die Annahme eines Bargeschäfts liegt zwischen 14 und 30 Tagen, wobei dies nicht als starre Zeitgrenze zugrunde gelegt werden darf.[1454]

2332 Problematisch für das Bargeschäft bei einem Unternehmenskauf sind daher gestreckte Zahlungsvorgänge oder Kaufpreiseinbehalte, sofern dadurch der für einen engen zeitlichen Zusammenhang erforderliche Zeitrahmen überschritten wird.

bb) Die inkongruente Deckungsanfechtung

2333 Anknüpfend an § 130 InsO, stellt § 131 InsO eine Verschärfung des Anfechtungsrechts wegen der „Inkongruenz" der ausgetauschten Leistungen dar. Eine inkongruente Deckung ist immer dann gegeben, wenn eine Befriedigung oder Sicherung gewährt oder ermöglicht wird, die der Insolvenzgläubiger (i) nicht, (ii) nicht in der Art oder (iii) nicht zu der Zeit zu beanspruchen hatte. Damit gilt jede Leistung auf eine einredebehaftete Forderung, jede vorfällige Leistung aber auch jede Leistung erfüllungshalber als inkongruent im Sinne des Anfechtungsrechts.[1455]

1454) Vgl. BGH ZInsO, 2006, 712; siehe auch BGH ZIP 2014, 1491.
1455) Vgl. *Häger/Harig*, ZInsO 2013, 1677; *Lenger/Richters*, JA 2008, 369; MünchKomm-InsO/*Kayser*, 3. Aufl., § 131 Rn. 8–44a.

Sobald das Merkmal der Inkongruenz einschlägig ist, unterliegt jede Rechts- 2334
handlung im letzten Monat vor dem Antrag auf Insolvenzeröffnung der Anfechtung, ohne dass es weiterer Voraussetzungen bedarf, § 131 Abs. 1 Nr. 1 InsO. Inkongruente Handlungen im zweiten oder dritten Monat vor dem Eröffnungsantrag unterliegen der erleichterten Anfechtung, wenn (i) der Insolvenzschuldner zu dieser Zeit objektiv zahlungsunfähig war (ohne dass es auf die Kenntnis des Unternehmenserwerbers ankommt), § 131 Abs. 1 Nr. 2 InsO, oder (ii) der Unternehmenserwerber die gläubigerbenachteiligende Wirkung des Unternehmenskaufes kannte oder hätte kennen müssen, § 131 Abs. 1 Nr. 3 InsO. Hierbei wird es maßgeblich darauf ankommen, welche Schlussfolgerungen der Erwerber aus den ihm im Rahmen des Erwerbsprozesses zugänglich gemachten Informationen ziehen konnte bzw. musste.

Erschwerend kommt hinzu, dass im Falle einer inkongruenten Deckung nach 2335
ständiger Rechtsprechung auch der Schutz des Bargeschäftes nicht greift.[1456)]

cc) **Die Vorsatzanfechtung**

Aufgrund der Fülle an Entscheidungen zur sog. Vorsatzanfechtung nach § 133 2336
Abs. 1 InsO wurde deren Anwendungsbereich durch die Rechtsprechung zuletzt stetig erweitert.[1457)]

In Anbetracht der gegenwärtig entbrannten Diskussion um eine sachgerech- 2337
tere Eingrenzung der mit einem 10jährigen Anfechtungsrisiko einhergehenden Vorsatzanfechtung ist deren weitere Entwicklung abzuwarten.[1458)]

Vorerst bleibt jedoch festzuhalten, dass bereits die Kenntnis des Gläubigers 2338
(Unternehmenserwerbers) von einer erst drohenden Zahlungsunfähigkeit des Schuldners (also des bisherigen Unternehmensträgers) gem. § 133 Abs. 1 S. 2 InsO die gesetzliche Vermutung auslöst, dass der Gläubiger bei der Übertragung des Unternehmens Kenntnis von einem Gläubigerbenachteiligungsvorsatz des Schuldners hatte, wodurch sich das Anfechtungsrisiko hinsichtlich der in einem Krisenumfeld vorgenommenen Unternehmensverkäufe erheblich erhöhen kann.

Im Falle einer erfolgreichen Anfechtung des Unternehmenserwerbs ist das 2339
Unternehmen bzw. sind die in diesem Zusammenhang erworbenen Vermögenswerte gem. § 143 Abs. 1 S. 1 InsO zurück zu gewähren. Zwar hat der Erwerber gem. § 144 Abs. 2 S. 1 InsO einen Anspruch auf Rückerstattung der bereits geleisteten Kaufpreiszahlung im Rang einer Masseverbindlichkeit

---

1456) Vgl. dazu BGHZ 123, 320 = ZIP 1993, 1653; BGH ZIP 2006, 1261 = ZInsO 2006, 712, dazu EWiR 2007, 117 *(Pape)*.
1457) Vgl. BGH ZIP 2012, 1038; BGH ZIP 2013, 174 = WM 2013, 180, dazu EWiR 2013, 123 *(Römermann)*; BGH ZIP 2013, 228 = WM 2013, 174, dazu EWiR 2013, 175 *(Bremen)*; BGH ZIP 2013, 76; BGH ZInsO 2014, 1057; BGH ZIP 2014, 1491; im Überblick dazu: *Lütcke*, ZInsO 2013, 1984; *Gehrlein*, DB 2013, 2843.
1458) Vgl. *Bork*, ZIP 2014, 797; *Fawzy/Köchling*, ZInsO 2014, 1073.

nach § 55 Abs. 1 Nr. 3 InsO. Dies gilt jedoch nur dann, wenn diese noch unterscheidbar vorhanden oder die Masse um deren Wert bereichert ist. Gerade an diesem Erfordernis wird es in der Regel fehlen, so dass der Anspruch auf Kaufpreisrückzahlung häufig nur als einfache Insolvenzforderung gem. § 38 InsO geltend gemacht und entsprechend nur quotal bedient werden kann.

b) Erfüllungswahlrecht des Insolvenzverwalters, §§ 103 ff. InsO

2340 Sollte sich die Abwicklung des Unternehmenskaufs mit der Eröffnung eines Insolvenzverfahrens überschneiden, weil bestimmte Voraussetzungen für den Vollzug des Kaufvertrages, die von der weiteren Mitwirkung des nunmehr insolventen Verkäufers abhängen, noch nicht eingetreten sind, kann zusätzliche Rechtsunsicherheit entstehen.

2341 Gem. § 103 InsO kann der Insolvenzverwalter die Erfüllung von beidseitig noch nicht vollständig erfüllten Verträgen ablehnen. Sofern der Insolvenzverwalter die Erfüllung des Unternehmenskaufvertrages verweigert, hat dies zur Folge, dass der Erwerber Schadensersatz wegen Nichterfüllung nur als Insolvenzforderung geltend machen kann, § 103 Abs. 2 S. 1 InsO.[1459]

2342 Von Bedeutung kann das Erfüllungswahlrecht auch für Übergangsleistungen (*transitional services*; vgl. hierzu Rn. 1151) sein, sofern die Eröffnung des Insolvenzverfahrens in den Übergangszeitraum fällt. Auf der Grundlage des § 103 InsO wäre der Insolvenzverwalter ggf. in der Lage, bestimmte Übergangsleistungen einzustellen. Dies gilt insbesondere auch für Lizenzverträge.[1460]

2343 Die in der Vergangenheit diskutierte Einführung eines neuen § 108a InsO mit dem Ziel der Regelung der Insolvenzfestigkeit von Lizenzverträgen hat bisher nicht Eingang in das Gesetz gefunden.[1461]

2344 Einschränkungen des Wahlrechts gelten für den Verkauf beweglicher Sachen unter Eigentumsvorbehalt, für durch Vormerkung gesicherte Ansprüche sowie für Miet-, Pacht- und Dienstverhältnisse, §§ 106 ff. InsO.

2345 Kaufvertragliche Regelungen, die darauf abziehen, das Wahlrecht auszuschließen oder zu umgehen, sind gem. § 119 InsO nichtig.[1462]

2346 Die Frage des Wahlrechtes nach § 103 InsO ist jedoch abzugrenzen von der Möglichkeit zu einem aufschiebend bedingten Rechtserwerb, der nach § 91 InsO grundsätzlich möglich ist.[1463]

1459) Vgl. BGH ZIP 2014, 736 = WM 2014, 667.
1460) Vgl. BGH DZWIR 2011, 433; BGH ZIP 2006, 87.
1461) Vgl. *Dahl/Schmitz*, NZI 2008, 424; *Heim*, NZI 2008, 338.
1462) Vgl. BGHZ 195, 348 = ZIP 2013, 274.
1463) Vgl. BGH ZIP 2006, 87.

c) Haftungsrisiken

Der Erwerb eines Unternehmens in der Krise kann für beide Seiten strafrechtliche Haftungsrisiken mit sich bringen. Dies ist vor allem dann der Fall, wenn sich die Krise bereits zu einer Insolvenzreife verfestigt hat. Mit dem Eintritt der **Zahlungsunfähigkeit** und/oder **Insolvenzreife** ist die Geschäftsführung/der Vorstand verpflichtet, unverzüglich, spätestens jedoch innerhalb von drei Wochen einen Antrag auf Eröffnung des Insolvenzverfahrens zu stellen, § 15a InsO. Die (dreiwöchige) Frist läuft unabhängig davon, ob die Organe entsprechend Kenntnis erlangt haben. Die Verletzung dieser Insolvenzantragspflicht ist strafbewährt, § 15a Abs. 4 InsO.

2347

Darüber hinaus können für alle Beteiligte ab Eintritt oder aber aufgrund der Herbeiführung der Insolvenzreife strafrechtliche Haftungsrisiken drohen, insbesondere wegen des Vorwurfs des Bankrotts nach § 283 StGB, der Gläubigerbegünstigung nach § 283c StGB oder aber der Schuldnerbegünstigung nach § 283d StGB. Auch der Untreuetatbestand nach § 266 StGB kann in diesem Zusammenhang zum Tragen kommen und zu einer strafrechtlich relevanten Bewertung von Handlungen führen, die mit dem Unternehmenskauf in Zusammenhang stehen.[1464]

2348

3. Übertragende Sanierung im Insolvenzverfahren

Der Begriff der „übertragenden Sanierung" steht für den Erwerb von Vermögenswerten aus dem Insolvenzverfahren des Unternehmensträgers und die damit verbundene Trennung des Unternehmens als wirtschaftliche Einheit von dem ursprünglichen Unternehmensträger.[1465]

2349

Im Kern steckt hinter der übertragenden Sanierung ein *Asset-Deal*, bei dem Vermögenswerte unter Fortführungsgesichtspunkten veräußert werden und der daraus resultierende Kaufpreis zur Befriedigung der Gläubiger des im Insolvenzverfahren zurückbleibenden Unternehmensträgers verwendet wird.[1466]

2350

Ein wesentliches Unterscheidungskriterium zwischen dem Unternehmenskauf in der Krise und der Insolvenz ist, dass vorinsolvenzliche Risiken (Anfechtung, Hinderung der Vertragsdurchführung durch Erfüllungswahl und strafrechtliche Haftungsrisiken) bei einem Erwerb vom Insolvenzverwalter entfallen (siehe dazu bereits oben Rn. 2323 ff.).

2351

Beim Erwerb aus der Insolvenz ist jedoch darauf zu achten, in welcher insolvenzrechtlichen Verfahrensphase und welcher Verfahrensart der Unternehmensverkauf durchgeführt werden soll.

2352

1464) Im Überblick dazu: *Niesert/Hohler*, NZI 2010, 127 ff.; siehe auch BGH ZIP 1993, 1100 = NJW 1993, 1278.
1465) Vgl. *K. Schmidt*, ZIP 1980, 328, 337.
1466) Vgl. *Wellensiek*, NZI 2002, 233; *Soundry/Schwenker*, GWR 2010, 366; *Seagon*, in: Buth/Hermanns, Restrukturierung, Sanierung Insolvenz, § 24 Rn. 73 f.

B. Sondersituationen Unternehmenskauf

a) Abgrenzung der Verfahrensphasen

2353 Aus zeitlicher Sicht ist das Insolvenzverfahren in zwei Phasen zu unterteilen: Die erste Phase ist das sog. „Insolvenzeröffnungsverfahren", welches mit dem Antrag auf Eröffnung eines Insolvenzverfahrens beginnt und mit der Entscheidung des Gerichtes über die Eröffnung des Insolvenzverfahrens (oder dessen Abweisung mangels Masse nach § 26 InsO) endet. Mit Eröffnung des (finalen) Insolvenzverfahrens beginnt die zweite Phase, die bis zur Beendigung des Insolvenzverfahrens andauert. Innerhalb dieser Verfahrensphasen kann sich der insolvente Unternehmensträger zudem innerhalb verschiedener Verfahrensarten bewegen (näher dazu unten Rn. 2364 ff.).

2354 Die Unterscheidung zwischen dem Insolvenzeröffnungsverfahren und dem eigentlichen Insolvenzverfahren ist für die Durchführung eines Unternehmenskaufs durchaus maßgeblich, weil die Befugnisse der auf Veräußerungsseite handelnden Personen und die Anwendbarkeit insolvenzrechtlicher Vorschriften maßgeblich davon abhängen können.[1467)]

aa) Der Unternehmenserwerb im Insolvenzeröffnungsverfahren

2355 Die Veräußerung des Unternehmens durch einen vorläufigen Insolvenzverwalter im Rahmen des Insolvenzeröffnungsverfahrens steht grundsätzlich im Widerspruch zu dem eigentlichen Sinn und Zweck des Insolvenzeröffnungsverfahrens, das Vermögen des Schuldners zu sichern und zu erhalten (§ 22 Abs. 1 Nr. 1 InsO) und das Unternehmen fortzuführen, soweit nicht das Insolvenzgericht einer Stilllegung zustimmt (§ 22 Abs. 1Nr. 2 InsO).[1468)]

2356 Diese Einschränkung des Insolvenzeröffnungsverfahren in Bezug auf Unternehmensübertragungen bleibt für die Praxis jedoch von weitestgehend untergeordneter Bedeutung, denn natürlich steht es den Parteien frei, während dieser Verfahrensphase die für einen künftigen Unternehmenserwerb notwendigen Vorbereitungshandlungen bereits vorzunehmen und den Kaufvertrag insoweit inhaltlich zu finalisieren, um diesen dann unverzüglich mit Insolvenzeröffnung zu unterzeichnen. Der vorläufige Insolvenzverwalter hat in der Regel die Möglichkeit, den gewünschten Eröffnungszeitpunkt durch Abstimmung mit dem Insolvenzgericht und entsprechende Vorlage seines Sachverständigengutachtens an das Gericht (§ 22 Abs. 1 Nr. 3 Halbs. 2) zu beeinflussen.

2357 Sofern es von den Parteien dennoch beabsichtigt ist, den Unternehmensverkauf oder Teile davon noch vor Insolvenzeröffnung zu realisieren, ist darauf zu achten, dass Verpflichtungen des insolventen Unternehmensträgers auch für die Zeit nach Insolvenzeröffnung bindend und durchsetzbar sind. Dafür ist erforderlich, dass der vorläufige Insolvenzverwalter vom Insolvenzgericht

---

1467) Hierzu ausführlich *Engelhardt*, Die gerichtliche Entscheidung nach §§ 21 ff. InsO und ihre Auswirkungen auf die vermögensrechtliche Stellung des Insolvenzschuldners, 2002.
1468) Vgl. MünchKomm-InsO/*Haarmeyer*, 3. Aufl., § 22 Rn. 81; *Schmerbach*, in: FK-InsO, 5 Aufl., § 22 Rn. 69; *Schröder*, in: HambK-InsO, 4. Aufl., § 22 Rn. 41; *Engelhardt*, a. a. O.

mit der Befugnis ausgestattet wurde, entsprechende Verpflichtungen als Masseverbindlichkeiten begründen zu können (entweder als „starker" vorläufiger Verwalter nach § 22 Abs. 1 InsO oder aufgrund gerichtlicher Einzelermächtigung), damit die daraus resultierenden Leistungspflichten des insolventen Unternehmensträgers nach Insolvenzeröffnung als Masseverbindlichkeiten nach § 55 Abs. 2 InsO zu erfüllen sind.[1469)]

Anderenfalls bestünde das Risiko, dass die lediglich als Insolvenzforderungen gem. § 38 InsO zu qualifizierenden Leistungspflichten nach Insolvenzeröffnung nicht realisiert werden können, obgleich der Erwerber unter Umständen bereits vorgeleistet hat.

2358

bb) Der Unternehmenserwerb im eröffneten Insolvenzverfahren

Nach der Eröffnung des Insolvenzverfahrens stellt der Berichtstermin gem. §§ 156, 157 InsO den Meilenstein dar, an dem die Gläubiger über den weiteren Verfahrensgang beschließen. Das dafür zuständige Gläubigergremium ist grundsätzlich die Gläubigerversammlung, an der alle absonderungsberechtigten Gläubiger, alle Insolvenzgläubiger, der Insolvenzverwalter, Mitglieder des Gläubigerausschusses und der Schuldner teilnehmen dürfen, § 74 Abs. 1 InsO.

2359

Die Bedeutung des Berichtstermins gerade auch für den Unternehmensverkauf hat sich seit der gesetzlichen Einführung des „vorläufigen" Gläubigerausschusses durch das ESUG im März 2012 durchaus relativiert. Sofern das Gericht einen vorläufigen Gläubigerausschuss (§ 22a InsO) eingesetzt hat, kann dieser Ausschuss als weiteres Organ der Gläubiger die Weichenstellungen für das insolvente Unternehmen von der Stellung des Insolvenzantrags an begleiten und überwachen.[1470)]

2360

Nach § 158 InsO kann der Insolvenzverwalter das Unternehmen bereits vor dem Berichtstermin allein mit der Zustimmung des Gläubigerausschusses veräußern. Diese gesetzliche Klarstellung entspricht den Erfordernissen in der Praxis, wonach eine möglichst frühzeitige Veräußerung des Unternehmens in der Regel im beiderseitigen Interesse steht: für den Insolvenzverwalter um die Entstehung von Masseverbindlichkeiten zu vermeiden und für den Erwerber, um das Unternehmen in der operativen Ausrichtung aus dem Stigma der Insolvenz herauszulösen.

2361

Ist ein vorläufiger Gläubigerausschuss nicht bestellt worden, so kann der Insolvenzverwalter das Unternehmen aus eigenem Ermessen vor dem Berichtstermin veräußern, wenn ihm dies aus wirtschaftlichen oder rechtlichen Gründen erforderlich erscheint. Er trägt jedoch auch das Risiko der persönlichen Haftung nach § 61 InsO im Falle einer fehlerhaften Ermessensausübung.[1471)]

2362

1469) Vgl. BGH ZIP 2007, 438 = NZI 2007, 231, 233, dazu EWiR 2007, 209 *(Flitsch)*; MünchKomm-InsO/*Hefermehl*, 3. Aufl., § 55 Rn. 225 f.
1470) Vgl. MünchKomm-InsO/*Haarmeyer*, 3. Aufl., § 22a Rn. 123 ff.
1471) Vgl. *Decker*, in: HambK-InsO, 4. Aufl., § 158 Rn. 7; MünchKomm-InsO/*Görg/Janssen*, 3. Aufl., § 158 Rn. 13 ff.

B. Sondersituationen Unternehmenskauf

2363 Die Verantwortung für die Einbeziehung der Gläubiger in den Unternehmenskauf liegt ausschließlich beim Insolvenzverwalter, der in der Regel die Zustimmung des Gläubigerausschusses und/oder der Gläubigerversammlung als aufschiebende Bedingung für die Wirksamkeit des Unternehmenskaufvertrages vorsehen wird. Sofern der Verwalter bei der Einbeziehung der Gläubigerorgane die insolvenzrechtlichen Vorschriften verletzt, wird die Wirksamkeit der von ihm vorgenommenen Verfügungen im Außenverhältnis zum Erwerber dadurch nicht berührt, § 164 InsO. Diese Beschränkung der Gläubigereinbeziehung auf das Innenverhältnis stößt aber an ihre Grenzen, wenn kollusives oder offensichtlich insolvenzzweckwidriges Verhalten vorliegt.[1472]

b) Besonderheiten der insolvenzrechtlichen Verfahrensarten

2364 Die vorab dargestellten Grundsätze zum Unternehmenserwerb im Insolvenzeröffnungsverfahren und im eröffneten Insolvenzverfahren gelten vorbehaltlich einzelner verfahrensbezogener Abweichungen, in jeder Verfahrensart. Unterschiede zwischen den Verfahrensarten ergeben sich hingegen vor allem mit Blick auf die rechtlichen Befugnisse der handelnden Personen seitens des insolventen Unternehmensträgers:

aa) Das Regelinsolvenzverfahren

2365 Im Regelinsolvenzverfahren geht die Verwaltungs- und Verfügungsbefugnis der Geschäftsführung bzw. des Vorstandes mit der Eröffnung des Insolvenzverfahrens vollständig auf den Insolvenzverwalter über, § 80 Abs. 1 InsO. Bei der übertragenen Sanierung handelt demnach ausschließlich der Insolvenzverwalter als verfügungsbefugte Person. Gleiches gilt, sofern der Übergang der Verwaltungs- und Verfügungsbefugnis durch Beschluss des Insolvenzgericht nach § 22 Abs. 1 InsO bereits vor der Eröffnung des Insolvenzverfahren durch Einsetzung eines „starken" vorläufigen Verwalters erledigt ist, sofern man eine übertragene Sanierung im Insolvenzverfahren für zulässig ansieht.

bb) Die Eigenverwaltung

2366 Das Verfahren der Eigenverwaltung hat seit der Einführung des ESUG im März 2012 und der damit verbundenen Einführung der vorläufigen Eigenverwaltung nach § 270a InsO grundsätzlich an Bedeutung gewonnen.[1473]

2367 Die Eigenverwaltung basiert darauf, dass die Verwaltungs- und Verfügungsbefugnis für den insolventen Unternehmensträger bei dem jeweiligen Geschäftsführungsorgan verbleibt, jedoch unter die Aufsicht eines (vorläufigen) Sachwalters gestellt wird.[1474]

1472) Vgl. MünchKomm-InsO/*Görg/Janssen*, 3. Aufl., § 158 Rn. 6; BGH ZIP 2002, 577.
1473) Mit einem statistischen Überblick dazu: *Hölzle*, Praxisleitfaden ESUG, S. VI ff.
1474) Mit einem Überblick dazu: *Schelo*, ZIP 2012, 712 ff.

In Folge dessen verbleibt die rechtliche Verfügungsbefugnis im Fall des Unternehmensverkaufs grundsätzlich beim Schuldner bzw. dem Geschäftsführungsorgan des insolventen Unternehmensträgers. Gem. § 277 Abs. 1 InsO kann das Insolvenzgericht die Wirksamkeit von Rechtsgeschäften unter den Vorbehalt der Zustimmung des Sachwalters stellen.[1475]

2368

Insoweit ist bei einem Erwerb aus der Eigenverwaltung sicher zu stellen, dass dem eigenverwaltenden Geschäftsführungsorgan keine Verfügungsbeschränkungen auferlegt wurden. Selbst wenn Beschränkungen in der Verfügungsbefugnis nicht erlassen worden sind, soll der Schuldner gem. § 275 Abs. 1 InsO Verbindlichkeiten grundsätzlich nur mit der Zustimmung des Sachwalters eingehen, soweit diese nicht zum gewöhnlichen Geschäftsbetrieb zählen. Um einen rechtssicheren Erwerb sicher zu stellen, empfiehlt es sich, die Zustimmung des Sachwalters zum Unternehmenskauf in jedem Fall einzuholen.

2369

Des Weiteren hat der Schuldner die Zustimmung des Gläubigerausschusses für Rechtshandlungen von besonderer Bedeutung einzuholen, § 276 InsO. Für die Pflicht zur Einbeziehung der Gläubiger gelten insoweit die gleichen Maßstäbe wie im Regelinsolvenzverfahren.

2370

Dies gilt im Ergebnis auch für die Einbeziehung von nicht insolvenzrechtlichen Überwachungsorganen wie dem Aufsichtsrat oder der Gesellschafterversammlung, § 276a InsO. Ist der Schuldner eine juristische Person oder Gesellschaft ohne Rechtspersönlichkeit, so sind die in der Insolvenzordnung vorgesehenen Zustimmungserfordernisse abschließend und gehen der innergesellschaftlichen Kompetenzordnung vor, so dass eine Zustimmung des Aufsichtsrates oder der Gesellschafter für die Zwecke einer übertragenden Sanierung nicht erforderlich ist.[1476]

2371

cc) Das Schutzschirmverfahren

Das Schutzschirmverfahren gem. § 270b InsO ist entgegen der durchaus häufig anzutreffenden Vorstellung keine eigenständige Verfahrensart, sondern lediglich eine besondere Ausprägung eines in Eigenverwaltung geführten Insolvenzeröffnungsverfahrens. Das Schutzschirmverfahren setzt daher ebenso einen Antrag auf Eröffnung des Insolvenzverfahrens voraus, nur unter der besonderen Voraussetzung, dass (i) bei Antragstellung keine Zahlungsunfähigkeit, sondern nur drohende Zahlungsunfähigkeit und/oder Überschuldung vorliegen darf und (ii) die mit der Beantragung des Schutzschirms beabsichtigte Unternehmenssanierung nicht offensichtlich aussichtslos sein darf. Sofern diese Antragsvoraussetzungen durch eine hinreichende Sanierungsbescheinigung nach § 270b Abs. 1 S. 3 InsO dargelegt werden, bestimmt das Gericht eine Frist zur Vorlage eines Insolvenzplans. Die Ab-

2372

1475) Vgl. Andres/Leithaus/*Andres*, InsO, §§ 275, 277; *Fiebig*, in: HambK-InsO, 4. Aufl., § 277 Rn. 5.
1476) Vgl. *Klöhn*, NZG 2013, 81 ff.; *Ströhmann/Längsfeld*, NZI 2013; 271 ff.

stimmung und Entscheidung über den Insolvenzplan findet jedoch erst nach der Eröffnung des Insolvenzverfahrens statt. Das Schutzschirmverfahren dient daher ausschließlich der gezielten Vorbereitung einer Unternehmenssanierung durch einen Insolvenzplan, nicht jedoch der Vermeidung eines Insolvenzverfahrens.[1477)]

2373 Ebenso wie im Insolvenzeröffnungsverfahren kann das Gericht dazu ermächtigen, Masseverbindlichkeiten gem. § 55 Abs. 2 InsO einzugehen, jedoch mit dem Unterschied, dass nicht der vorläufige Insolvenzverwalter, sondern das eigenverwaltende Geschäftsführungsorgan bzw. der Vorstand gem. § 270b Abs. 3 InsO ermächtigt wird, die künftige Insolvenzmasse wirksam zu verpflichten.[1478)]

2374 Die rechtlichen Befugnisse des eigenverwaltenden Geschäftsführungsorgans können somit spiegelbildlich zu denen eines vorläufigen Insolvenzverwalters ausgestaltet werden (dazu siehe oben Rn. 2357). Für einen Unternehmenserwerb aus einem Schutzschirmverfahren gilt damit das Gleiche gilt wie für das Insolvenzeröffnungsverfahrens, so dass ein Unternehmensverkauf während eines Schutzschirmverfahrens als dem Verfahrenszweck zuwiderlaufend und grundsätzlich ausgeschlossen angesehen werden kann.

c) Transaktionsstruktur bei der übertragenden Sanierung

2375 Die Struktur eines Unternehmenskaufs aus der Insolvenz unterscheidet sich im Wesentlichen nicht von vergleichbaren Transaktionsstrukturen außerhalb des Insolvenzverfahrens. Ein Unterschied beim Erwerb aus der Insolvenz kann sich bei der Auswahl potentieller Investoren insoweit ergeben, als die Blickrichtung eines Insolvenzverwalters oder der eigenverwaltenden Geschäftsführung bei der Bieterauswahl entsprechend der Zielsetzung eines Insolvenzverfahrens nach § 1 S. 1 InsO vordergründing auf die bestmögliche Befriedigung der Gläubiger gerichtet ist, während eine Einflussnahme der Gesellschafter auf den Verkaufsprozess insolvenzrechtlich ausgeschlossen ist (dazu siehe bereits oben Rn. 2359 ff.).

2376 Wie bereits ausgeführt, stellt die übertagende Sanierung einen *Asset Deal* dar, bei dem die in der Insolvenzmasse vorhandenen Vermögenswerte – einschließlich der Beteiligungen an Tochtergesellschaften – als betriebliche Gesamtheit veräußert und auf einen anderen Rechtsträger übertragen werden, während der ursprüngliche Unternehmensträger als rechtliche Hülle im Insolvenzverfahren zurück bleibt. Dies gilt auch für diejenigen Verbindlichkeiten, die gem. § 38 InsO vom insolventen Rechtsträger vor der Eröffnung des In-

---

1477) Im Überblick dazu: *Hölzle*, Praxisleitfaden ESUG, S. 233 ff.; MünchKomm-InsO/*Kern*, 3. Aufl., § 270b Rn. 16 ff.
1478) Vgl. MünchKomm-InsO/*Kern*, 3. Aufl., § 270b Rn. 108; OLG Sachsen-Anhalt ZIP 2014, 1452 f.; AG Ludwigshafen ZIP 2014, 1134 ff.

solvenzverfahrens begründet wurden, sofern sie nicht ausdrücklich übernommen werden.[1479)]

Die durch die Einleitung der Insolvenz veranlasste Zäsurwirkung schlägt sich auch darin nieder, dass § 25 HGB auf den Unternehmenserwerb aus der Insolvenz nach ständiger Rechtsprechung keine Anwendung findet.[1480)]

2377

d) Insolvenzverwalter und Gläubiger als weitere Beteiligte

Die Einbindung der Gläubiger in die Durchführung des Investorenprozesses und die Transaktion obliegt dem Insolvenzverwalter bzw. der eigenverwaltenden Geschäftsführung. Aus Sicht des Erwerbers sind für den Unternehmenskauf vor allem zwei Gläubigergruppen im Blick zu behalten. Das sind zum einen Gläubiger mit Aussonderungsrechten nach § 47 InsO und zum anderen Gläubiger, die zur abgesonderten Befriedigung nach §§ 49, 50, 51 InsO berechtigt sind.

2378

aa) Aussonderungsrechte

Das Recht zur Aussonderung nach § 47 InsO berechtigt den Gläubiger, die Herausgabe des Gegenstandes aus der Insolvenzmasse zu verlangen.

2379

Um eine Vereitelung dieser Rechtspositionen zu vermeiden, wird der Insolvenzverwalter in der Regel solche Gegenstände, die der Aussonderung unterliegen, vom Unternehmenskauf ausklammern. Sofern nicht auszuschließen ist, dass es sich hierbei um für den zu erwerbenden Betrieb wesentliche Vermögenswerte handelt, empfiehlt sich in der Regel eine ausdrückliche vertragliche Regelung zur Kaufpreisanpassung.

2380

bb) Absonderungsrechte

Bei solchen zu übertragenden Vermögenswerten, die mit Sicherungsrechten in der Regel §§ 49–51 InsO belastet sind, ist zu klären, bei wem das Verwertungsrecht liegt. Gem. § 166 Abs. 1 und 2 InsO liegt das Verwertungsrecht beim Insolvenzverwalter, soweit es sich um sicherungsübertragene bewegliche Vermögenswerte oder sicherungszedierte Forderungen handelt. Strittig ist die Frage der Verwertungsbefugnis bei verpfändeten Geschäftsanteilen oder sonstigen Rechten.[1481)]

2381

1479) Vgl. zur Thematik insgesamt: *Wellensiek*, NZI 2002, 233; *ders.*, NZI 2005, 603; *Rattunde*, ZIP 2003, 2103 ff.; *Soudry/Schwenkel*, GWR 2010, 360 ff.; *Undritz*, ZGR 2010, 201; *Classen*, BB 2010, 2898.
1480) Vgl. BGH ZIP 2008, 2116 = WM 2008, 2273; BGH ZIP 2006, 367 = WM 2006, 434; BGH ZIP 1992, 398 = WM 1992, 55.
1481) Vgl. dazu Uhlenbruck/*Brinkmann*, InsO, 13. Aufl., § 166 Rn. 14; MünchKomm-InsO/ *Tetzlaff*, 3. Aufl., § 166 Rn. 97 ff.

2382 Mit Grundpfandrechten belastete Betriebsimmobilien unterliegen bereits dem Wortlaut des § 166 Abs. 1 InsO nach nicht dem Verwertungsrecht des Insolvenzverwalters.

2383 Da die übertragende Sanierung jedoch gerade darauf abzielt, den Erwerb der für die Unternehmensfortführung erforderlichen Vermögenswerte „aus einer Hand" zu realisieren, wird sich der Insolvenzverwalter um eine entsprechende „Verwertungsvereinbarung" mit denjenigen Gläubigern bemühen, die anderenfalls zur Ausübung des Verwertungsrechts befugt wären, weil sie nicht den Einschränkungen des § 166 InsO unterliegen.

2384 Aus Sicht des Erwerbers ist ggf. rechtzeitig sicher zu stellen, dass eine solche Einbeziehung der absonderungsberechtigten Gläubiger durch den Insolvenzverwalter auch tatsächlich erfolgt ist, um einen lastenfreien Erwerb der mit Sicherungsrechten belasteten Betriebsimmobilien, Beteiligungen oder sonstigen Rechte sicher zu stellen.

e) Garantien und Gewährleistung bei übertragender Sanierung

2385 Ein Erwerb vom Insolvenzverwalter ist in der Praxis schließlich dadurch gekennzeichnet, dass sich der Verwalter der Gewährung von Garantien, Bestätigungen oder Zusicherungen in Bezug auf die zu übertragenden Vermögenswerte weitestgehend zu entziehen versucht. Hintergrund dafür ist vor allem das Risiko einer persönlichen Haftung des Insolvenzverwalters gem. §§ 60, 61 InsO, nicht nur gegenüber dem Erwerber, sondern letztlich auch gegenüber den sonstigen Beteiligten des Insolvenzverfahrens, sofern sich der Unternehmensverkauf infolge des Eintritts eines Gewährleistungsfalls als im Ergebnis nachteilig für die Insolvenzmasse herausstellt. Jedenfalls im Hinblick auf die Haftung des Insolvenzverwalters gegenüber dem Erwerber gem. § 61 InsO für etwaige Masseverbindlichkeiten wird der Insolvenzverwalter deshalb auf eine Klausel zur vertraglichen Beschränkung seiner Haftung bestehen.

2386 In der Regel wird der Verwalter darum bemüht sein, den Umfang der von ihm abzugebenden vertraglichen Zusicherungen auf seine eigene rechtliche Verfügungsbefugnis und deren Fortbestand zu beschränken. Je nach der Dauer der Unternehmensfortführung in der Insolvenz wird man weitergehende und auf den Leistungsgegenstand bezogene Bestätigungen des Verwalters jedenfalls für den Zeitraum der von ihm verantworteten Unternehmensführung erwarten dürfen, die ggf. auch negativ formuliert sein können, etwa dass bestimmte Rechtsgeschäfte seit der Bestellung des Insolvenzverwalters nicht vorgenommen worden sind oder er solchen nicht zugestimmt hat. Aus Sicht des Käufers ist jedoch zu empfehlen, den Fokus eher auf die Prüfung des Kaufgegenstandes im Rahmen der Due Diligence zu setzen anstatt sich auf Gewährleistungsrechte und Zusicherungen des Insolvenzverwalters verlassen zu wollen. Allerdings stößt der Käufer auch insoweit nicht selten auf unzulänglich bestückte Datenräume, so dass sich die für den Käufer ungünstige Haftungs- und Informationssituation häufig in einem Preisnachlass niederschlägt.[1482]

f) Arbeitsrechtliche Besonderheiten

aa) Betriebsübergang

Die Regelung zum Betriebsübergang nach § 613a BGB gilt – obgleich nicht ohne jede Einschränkung – auch bei einem Unternehmenserwerb aus der Insolvenz (vgl. zu § 613a BGB ausführlich Kapitel XVI).[1483] 2387

Eine Einschränkung des § 613a BGB besteht für Ansprüche der Arbeitnehmer, die bereits vor der Eröffnung des Insolvenzverfahrens entstanden sind. Auch hier greift die Zäsurwirkung der Insolvenzeröffnung.[1484] 2388

Liegt ein Betriebsübergang nach § 613a Abs. 1 BGB vor, gehen mit dem Erwerb der für die Betriebsfortführung maßgeblichen Vermögenswerte die betroffenen Arbeitnehmer auf den Erwerber über und dieser tritt in die Verpflichtungen des bisherigen Arbeitgebers ein. 2389

Gem. § 613a Abs. 4 BGB ist die Kündigung von Arbeitsverhältnissen durch den bisherigen Arbeitgeber oder durch den neuen Inhaber wegen des Übergangs eines Betriebs oder eines Betriebsteils unwirksam. Das Recht zur Kündigung des Arbeitsverhältnisses aus anderen Gründen bleibt unberührt. Der Insolvenzverwalter darf in Vorbereitung auf eine übertragende Sanierung Kündigungen jedoch dann vornehmen, wenn ihm der potentielle Erwerber ein schlüssiges Konzept vorgelegt hat, dass er mit Betriebsübernahme die Belegschaft im Rahmen einer Umstrukturierung aus dringenden betrieblichen Erfordernissen verringern muss.[1485] 2390

Die Vorlage des Sanierungskonzepts durch den Erwerber ermöglicht den frühzeitigen Ausspruch von Kündigungen noch vor dem tatsächlichen Erwerb des Unternehmens. Allerdings muss sich die Möglichkeit der tatsächlichen späteren Verwirklichung des Sanierungskonzeptes in irgendeiner Form konkretisiert haben (etwa in Form von Absichtserklärungen des sich potentiell durchsetzenden Bieters).[1486] 2391

1482) Vgl. *Arends/Hofert-von Weiss*, BB 2009, 1538, 1543; *van Betteray/Gass*, BB 2004, 2309, 2317; *Classen*, BB 2010, 2898.
1483) Vgl. *Preis*, in: ErfK, 14. Aufl., § 613a BGB Rn. 146 ff.
1484) Vgl. st. Rspr. BAG, etwa BAG ZIP 2003, 222 = NZA 2003, 318.
1485) Vgl. BAG ZIP 2003, 1671 = NZI 2003, 674, dazu EWiR 2003, 909 *(Schnitker/Grau)*.
1486) Vgl. BAG ZIP 2008, 801 = NZA 2008, 1130, 1133, dazu EWiR 2008, 519 *(Lindemann)*; BAG ZIP 2004, 966 = NZA 2004, 477, 478, dazu EWiR 2004, 1101 *(Balle)*; siehe auch *Stengel/Sax*, in: Theiselmann, Praxishandbuch des Restrukturierungsrechts, Kapitel 17 Rn. 119 f.

bb) Insolvenzarbeitsrecht

2392 Aufgrund dessen, dass das Insolvenzverfahren auch Sanierungsverfahren ist, sieht das Insolvenzarbeitsrecht verschiedene Erleichterungen für einen Personalabbau im Vergleich zum herkömmlichen Arbeitsrecht vor. Eine dieser Erleichterungen ist das Sonderkündigungsrecht des Insolvenzverwalters nach § 113 S. 1 InsO. Dieser kann Dienstverhältnisse mit einer Frist von 3 Monaten kündigen, unabhängig von der vertraglich vereinbarten Vertragsdauer oder etwaiger (tarif-) vertraglicher Kündigungsausschlüsse.[1487]

2393 Gesetzliche Kündigungsbeschränkungen, wie etwa für Betriebsratsmitglieder nach § 15 KSchG, oder behördliche Zustimmungserfordernisse, z. B. bei schwerbehinderten Menschen (§§ 85, 91 SGB IX) oder Schwangeren (§ 9 MuSchG) bleiben vom Sonderkündigungsrecht nach § 113 InsO unberührt und gelten fort.[1488]

2394 Insolvenzbedingte Erleichterungen ergeben sich auch im Fall einer geplanten Betriebsänderung nach § 111 BetrVG. Kommt zwischen dem Insolvenzverwalter und dem Betriebsrat ein Interessenausgleich (§ 112 BetrVG) zustande, greift die gesetzliche Vermutung nach § 125 Abs. 1 Nr. 1 InsO, wonach die Kündigung der im Interessenausgleich bezeichneten Arbeitnehmer als durch dringliche betriebliche Erfordernisse bedingt gilt, die einer Weiterbeschäftigung in diesem Betrieb entgegen stehen. Zudem schränkt § 125 Abs. 1 Nr. 2 InsO die Kriterien der Sozialauswahl auf die Kriterien (i) Dauer der Betriebszugehörigkeit, (ii) Lebensalter und (iii) Unterhaltspflichten ein.

2395 § 125 InsO gilt nur für betriebsbedingte Kündigungen, die nach Abschluss eines Interessenausgleichs erklärt werden, nicht auch für personen- oder verhaltensbedingte Kündigungen.[1489]

2396 Hat der Betrieb keinen Betriebsrat oder bleiben die Verhandlungen über einen Interessenausgleich ohne Ergebnis, so hat der Insolvenzverwalter die Möglichkeit, eine Einschränkung des Kündigungsschutzes wie in § 125 InsO mittels einer Feststellung durch das Arbeitsgericht herbeizuführen (§ 126 Abs. 1 InsO).[1490]

2397 Darüber hinaus kann der Insolvenzverwalter gem. § 122 InsO die Einigung mit dem Betriebsrat über einen Interessenausgleich ggf. durch eine entsprechende arbeitsgerichtliche Entscheidung ersetzen lassen.

1487) BAG ZIP 2005, 1842, dazu EWiR 2005, 899 *(Gundlach/Frenzel)*; MünchKomm-InsO/*Caspers*, 3. Aufl., § 113 Rn. 13; *Müller-Glöge*, in: ErfK Arbeitsrecht, § 113 InsO Rn. 6; Kreft/*Linck*, InsO, 6. Aufl.,§ 113 Rn. 15.
1488) Vgl. Kreft/*Linck*, InsO, 6. Aufl., § 113 Rn. 18 f.; BAG ZIP 2008, 428 = NZA 2008, 112, 117, dazu EWiR 2008, 299 *(Lindemann)*; *Müller-Glöge*, in: ErfK Arbeitsrecht, 14. Aufl., § 113 InsO Rn. 10.
1489) Vgl. Kreft/*Linck*, InsO, 6. Aufl., § 125 Rn. 12; MünchKomm-InsO/*Caspers*, 3. Aufl., § 125 Rn. 72 f.
1490) Vgl. Kreft/*Linck*, InsO, 6. Aufl., § 126 Rn. 9 ff.

Bei der übertragenden Sanierung ist schließlich § 128 InsO zu beachten, der für den Fall der Unternehmens(teil)veräußerung klarstellt, dass die Anwendung der Erleichterungen nach §§ 125–127 InsO nicht dadurch ausgeschlossen wird, dass die Betriebsänderung erst nach einer Betriebsveräußerung durchgeführt wird. Im Falle eines Betriebsübergangs erstreckt sich die Vermutung nach § 125 Abs. 1 Nr. 1 InsO oder die gerichtliche Feststellung nach § 126 Abs. 1 S. 1 InsO auch darauf, dass die Kündigung der Arbeitsverhältnisse nicht *wegen* des Betriebsübergangs erfolgt. Das bedeutet, dass es gekündigten Arbeitnehmern bei vorliegen eines schlüssigen Erwerberkonzepts (welches vom Investor bereitzustellen ist) im Interessenausgleich schwer fallen dürfte, die Kündigung wegen eines Verstoßes nach § 613a Abs. 4 S. 1 BGB anzugreifen.[1491]

2398

cc) Personalabbau durch BQG

Als alternative oder auch als ergänzende Maßnahme zu einem vorliegenden Erwerberkonzept, die einen weitestgehend durch entsprechende Rechtsprechung abgesicherten Weg zum Erreichen des Personalabbaus in Vorbereitung auf eine übertragende Sanierung darstellt, ist der Einsatz von Beschäftigungs- und Qualifizierungsgesellschaften („BQG").[1492]

2399

Die Grundstruktur einer BQG besteht darin, die Arbeitnehmer vor dem Verkauf des Unternehmens unter Auflösung der bisherigen Arbeitsverhältnisse in eine separate (Vorrats)Gesellschaft zu überführen, so dass diese Arbeitnehmer nicht nach § 613a BGB mit dem zu übertragenden Unternehmen an den Erwerber übergehen. Der Erwerber kann sich dann gewissermaßen seine Wunschbelegschaft frei zusammenstellen, in dem er die gewünschten und zuvor in die BQG gewechselten Arbeitnehmer neu einstellt. Zu beachten ist jedoch, dass der Wechsel eines Mitarbeiters in die BQG keine Umgehung des § 613a BGB darstellt.[1493] Dies wäre insbesondere dann der Fall, wenn die Aufhebung des Arbeitsverhältnisses und der Wechsel in die BQG zu einem Zeitpunkt erfolgt, zu dem die Wiedereinstellung eines Mitarbeiters durch den Erwerber des Unternehmens bereits konkret in Aussicht steht (siehe dazu bereits oben Rn. 1579 f.).

2400

g) Kartellrechtliche Besonderheiten

Kartellrechtliche Genehmigungserfordernisse finden beim Kauf aus der Insolvenz grundsätzlich ebenso Anwendung wie außerhalb des Insolvenzverfahrens. Zu den kartellrechtlichen Anforderungen siehe oben Kapitel XIV.

2401

Im Bereich der europäischen Fusionskontrolle kann jedoch bei einem Sanierungserwerb der sog. *failing company defence* zum Tragen kommen. Das be-

2402

1491) Vgl. *Gallner*, in: ErfK Arbeitsrecht, § 128 InsO Rn. 2; *Preis*, in: ErfK Arbeitsrecht, § 613a BGB Rn. 178; Kreft/*Linck*, InsO, 6. Aufl., § 128 Rn. 3 f.; *Fuhlrott*, BB 2013, 2042.
1492) Vgl. BAG ZIP 1999, 320; BAG ZIP 2007, 643.
1493) Weitergehend dazu: *Thum*, BB 2013, 1525; *Pils*, NZA 2013, 125; *Fischinger/Krieger*, NJW 2007, 2289; *Fuhlrott*, NZA 2012, 549; *Lembke*, BB 2004, 773.

deutet, dass es beim Erwerb eines insolventen Unternehmens unter bestimmten Voraussetzungen an der für eine Untersagung notwendigen Kausalität zwischen dem Zusammenschluss und der Veränderung der Marktstruktur fehlt.[1494]

h) Steuerrechtliche Besonderheiten

2403 Aus Erwerbersicht ist die Möglichkeit zur Vermeidung der Haftung für Betriebssteuern des Veräußerers nach § 75 Abs. 2 AO regelmäßig ein wesentlicher Punkt und maßgeblicher Vorteil einer übertragenen Sanierung im Vergleich zum Unternehmenserwerb außerhalb der Krise. Bei einem Erwerb aus der Insolvenzmasse haftet der Erwerber nicht für steuerliche Lasten des Unternehmens aus der Zeit vor der Insolvenz.[1495]

2404 Das Privileg des § 75 Abs. 2 AO gilt auch bei einem Erwerb im Insolvenzeröffnungsverfahren.

4. Unternehmenskauf im Insolvenzplanverfahren

2405 Die übertragende Sanierung kann auch in einen Insolvenzplan eingebettet sein. Unterscheidungsmerkmal zwischen einer Unternehmenssanierung im Wege des Insolvenzplanverfahrens und einer übertragenden Sanierung ist, dass der Insolvenzplan in der Regel darauf abzielt, den insolventen Rechtsträger durch einen im Plan geregelten Schuldenschnitt zu sanieren. Ein Insolvenzplan muss jedoch nicht ausschließlich Sanierungsfunktion haben, sondern kann auch als Liquidations- oder Übertragungsplan ausgestaltet sein.[1496]

2406 Sofern eine übertragende Sanierung in einen Insolvenzplan integriert wird oder der Insolvenzverwalter durch den Insolvenzplan dazu ermächtigt wird, das Unternehmen oder Teile dessen nach einer bestimmten Fortführungsdauer zu veräußern, so gelten für diesen Unternehmenserwerb grundsätzlich die in diesem Kapitel dargelegten Besonderheiten einer übertragenden Sanierung.

2407 Wird die übertragende Sanierung unmittelbar in einen Insolvenzplan integriert, kann dies die Transaktion nicht unerheblich verzögern, weil jedenfalls der Vollzug des Unternehmensverkaufs dann – je nach Ausgestaltung – an die rechtskräftige Bestätigung des Insolvenzplans durch das Insolvenzgericht nach § 254 Abs. 1 InsO geknüpft sein kann, die ihrerseits die Durchführung eines Erörterungs- und Abstimmungstermin unter den beteiligten Gläubigergruppen voraussetzt.

2408 Insgesamt wird sich durch die Integration der übertragenden Sanierung in einen Insolvenzplan nur in wenigen Einzelfällen tatsächlich ein Mehrwert für die Ver-

---

1494) Vgl. *Fiedler*, NZI 2002, 79; *Hirsbrunner*, EuZW 2014, 658, 661.
1495) Vgl. Klein/*Rüsken*, AO, § 75 Rn. 46; BFH ZIP 1998, 1845 = NZI 1998, 95.
1496) Vgl. *Undritz*, in: Handbuch HRI, § 2 Rn. 21; *Rattunde*, GmbHR 2012, 455, 456; *Eidenmüller*, NJW 2014, 17.

fahrensbeteiligten erzielen lassen, weil sich durch die Verknüpfung dieser beiden Instrumente die Komplexität der Transaktion häufig erheblich erhöht.

XXVII. Banken/Sparkassen/Versicherungen

1. Übertragung von Kredit-, Leasing- und Versicherungsportfolien

Die Übertragung von Kredit-, Leasing und Versicherungsportfolien kommt in der Praxis und insbesondere bei der Übertragung von notleidenden Krediten (sog. *Non-Performing Loans*) und abzuwickelnden Versicherungsportfolios (sog. *Run-off Transaktion*) immer wieder vor und stellt eine weitere Sondersituation des Unternehmenskaufs dar. Besonders ist hier das aufsichtsrechtlich sehr regulierte Umfeld, in dem ganze Vertragsbestände (Portfolios) von einer Partei auf die andere übertragen werden. Die regelmäßig wirtschaftlich motivierten Um- und Restrukturierungen sind insbesondere bei Banken und Sparkassen sowie Leasinggesellschaften dadurch veranlasst, dass der Verkäufer durch einen Portfolioverkauf sein Ausfallrisiko minimiert und damit seine Eigenkapitalposition und sein Bonitätsranking (insbesondere mit Blick auf die Eigenkapitalregeln unter Basel III für Banken und Solvency II für Versicherer) verbessert.[1497)] 2409

Anders als bei der Übertragung von Kredit- und Leasingportfolien verlangt das Versicherungsaufsichtsgesetz bei der Übertragung des Versicherungsbestandes von einer Versicherung auf eine andere neben einer in der Regel erforderlichen Erlaubnis zum Geschäftsbetrieb eine an die Stelle der Zustimmung des Vertragspartners tretende Genehmigung der jeweiligen Aufsichtsbehörden (i. d. R. BaFin bei bundesländübergreifenden Versicherungsunternehmen). 2410

2. Struktur

Bei Vertragsportfolien bietet sich auf den ersten Blick die Übertragung der Verträge als solche im Wege des Asset Deals an, da ein Verkäufer nur selten ein einziges Vertragsportfolio hält und dieses dann quasi als ganze Gesellschaft im Wege des Share Deals auf den Käufer übertragen kann.[1498)] Bei näherem Hinsehen zeichnet sich in der Praxis bei einer Optimierung der rechtlichen und steuerlichen Vorteile häufig folgende Kombination als Alternative ab: 2411

- Ausgliederung des Vertragsportfolio in eine zweigliedrige Personengesellschaft als Zwischengesellschaft, z. B. Kommanditgesellschaft,

- Übertragung eines Gesellschaftsanteils an der Personengesellschaft, z. B. Kommanditanteils, durch einen Gesellschafter auf den Käufer, und

- Kündigung/Austritt des verbleibenden Gesellschafters mit der Folge der Anwachsung (Gesamtrechtsnachfolge) der Personengesellschaft und damit des Vertragsportfolios auf den Käufer.

1497) *Bergjan*, ZIP 2012, 1997.
1498) Zu den steuerlichen Auswirkungen beim Asset Deal siehe Rn. 140 ff.

2412 Die Ausgliederung hat den rechtlichen Vorteil der partiellen Gesamtrechtsnachfolge nach dem UmwG, d. h. eine Übertragung aller dem Portfolio zugrunde liegenden Darlehens-, Leasing- oder Versicherungsverträge ohne gesonderte Zustimmung jedes einzelnen Darlehens- und Leasingnehmers, welche ansonsten bei einer Einzelrechtsnachfolge im Wege der Vertragsübernahme analog § 415 BGB zwingend erforderlich wäre.[1499] Die Ausgliederung hat den steuerlichen Vorteil, dass eine Buchwertfortführung nach § 24 UmwStG steuerneutral und damit ohne Aufdeckung der stillen Reserven möglich ist, insbesondere wenn es sich bei dem Ausgliederungsgegenstand um eine qualifizierte Sachgesamtheit in Form eines Betriebs, Teilbetriebs oder Mitunternehmeranteils handelt.[1500] Durch die Übertragung des Gesellschaftsanteils an der Personengesellschaft wird der Käufer Mitgesellschafter dieser Personengesellschaft. Die spätere Kündigung bzw. der Austritt des Altgesellschafters führt zu einer Anwachsung mit der Folge, dass das gesamte Vermögen der Personengesellschaft dem Käufer im Wege der Gesamtrechtsnachfolge anwächst und die Vermögenswerte grundsätzlich zu Buchwerten übernommen werden können. Der rechtliche Nachteil der gesamtschuldnerischen[1501] und zwingenden fünfjährigen (bei Pensionen zehnjährigen) Nachhaftung aller an der Ausgliederung Beteiligter nach § 133 UmwG ist schließlich im Innenverhältnis durch eine werthaltige Freistellung im Ausgliederungsvertrag zu kompensieren.

2413 Eine reine Abspaltung auf den Erwerber scheitert regelmäßig an der fehlenden Steuerneutralität auf Ebene der übertragenden Gesellschaft und der Gesellschafter, insbesondere daran, dass die Gesellschafterin für einen Zeitraum von fünf Jahren nach der Abspaltung nach § 15 Abs. 2 S. 2 bis 4 UmwStG keine Veräußerung der Gesellschaftsanteile an außenstehende Personen ohne Aufdeckung von stillen Reserven vornehmen kann, weil durch die Abspaltung die Voraussetzung für eine Veräußerung geschaffen werden sollen, was § 15 Abs. 2 S. 3 UmwStG ausdrücklich nicht steuerneutral zulässt.

3. Zivilrechtliche Besonderheiten beim Asset Deal

2414 Für die Übertragung aller Portfolioverträge ist zunächst von Bedeutung, welchen konkreten Umfang die einzelnen Portfolioverträge haben und auf welche Art und Weise sie übertragen werden sollen:

a) Umfang des Portfolios

2415 Das schuldrechtliche Verpflichtungsgeschäft sowie insbesondere das dingliche Verfügungsgeschäft (wegen des sachenrechtlichen Bestimmtheitsgrundsat-

---

1499) Zu den Besonderheiten bei der Übertragung von Versicherungsverträgen siehe unten Rn. 2439 ff.
1500) Zu den Besonderheiten bei einem Betriebsübergang nach § 613a BGB vgl. Rn. 1452 ff.
1501) Zum Streit ob gesamtschuldnerisch oder akzessorisch vgl. Semler/Stengel/*Maier-Reimer*, UmwG, § 133 Rn. 30 ff. m. w. N.

zes[1502]) haben den Umfang des zu verkaufenden Portfolios mit allen seinen Einzelverträgen exakt und einschließlich aller selbständigen und unselbständigen Nebenrechte und -verträge hinreichend klar zu bestimmen. Hierzu gehören insbesondere die Bezeichnung und Bestimmbarkeit der

- Kredit-, Leasing- und Versicherungsverträge,

- damit verbundene akzessorische und insbesondere nicht akzessorische und damit gesondert überzuleitende Sicherheiten einschließlich der Sicherheitenverträge und Sicherheitendokumentation, und

- sonstige mit dem Portfolio verbundene Verträge, wie z. B. Refinanzierungs-, Rückversicherungs-, Kooperations- und Vermittlungsverträge.

b) Art und Weise der Einzelrechtsübertragung

Die Übertragung aller Portfolioverträge wird in der Praxis der Einzelrechtsübertragung ganz überwiegend durch die Vertragsübernahme und eher selten durch eine bloße Abtretung aller Forderungen aus den Portfolioverträgen (als Minus zur Vertragsübernahme) erreicht. **2416**

aa) Vertragsübernahme

Bei der Vertragsübernahme, also der Übertragung des gesamten Schuldverhältnisses auf einen Dritten, werden die Portfolioverträge (anders als bei einer bloßen Forderungsabtretung) im Ganzen rechtsgeschäftlich auf den Dritten übertragen. Hierbei werden sämtliche Gläubiger- und Schuldnerpositionen (restlos) vom Verkäufer auf den Käufer übertragen.[1503] Die Vertragsübernahme erfolgt nahezu ausnahmslos als zweiseitiger Vertrag zwischen dem austretenden Verkäufer der Portfolioverträge und dem Käufer als neuen Darlehens- und Leasinggeber bzw. Versicherer unter gesonderter Zustimmung der Darlehens- und Leasingnehmer.[1504] Eine wirksame Vertragsübernahme führt im Gegensatz zu einer bloßen Forderungsabtretung zu einer kompletten Übertragung der vertraglichen Beziehungen aus den Portfolioverträgen vom ausscheidenden auf den übernehmenden Kredit-/Leasinggeber bzw. Versicherer (Parteiwechsel des gesamten Schuldverhältnisses).[1505] **2417**

Die Vertragsübernahme bedarf im Falle von Darlehens- und Leasingverträgen entsprechend § 415 BGB der Zustimmung der Vertragspartner *aller* Portfolioverträge.[1506] Typischerweise sind eine Vielzahl von Verträgen Gegenstand eines Portfolios. Dies wirft in der Praxis das Problem auf, auf welchen **2418**

1502) Vgl. nur BGH NJW 2011, 2713 ff.
1503) *Bergjan/Feltes*, M&A Review 5/2013, 196 m. w. N.
1504) Zu den Besonderheiten bei der Übertragung von Versicherungsverträgen siehe unten Rn. 2439 ff.
1505) *Lange*, ZIP 1999, 1373, 1374; *Pöggeler*, JA 1995, 641 (641); *Wagner*, JuS 1997, 690, 692.
1506) Vgl. nur *Jessen/Lohbeck/Strüber*, CORPORATE FINANCE law 2012, 183, 184.

Wegen diese Massenzustimmungen erreicht werden können. Hier bieten sich folgende Lösungen für Individualzustimmungen an:

- Zustimmungsschreiben, insbesondere bei wichtigen Vertragspartnern einschließlich der Regelung im Hinblick auf die Abrechnung der mangels unterbliebener Zustimmung mit übergehenden Verträgen im Innenverhältnis der Parteien und der nicht zugestimmten Verträge im Innenverhältnis der Parteien (unter konkreter Regelung der Kostentragung für diesen Mehraufwand auf Verkäuferseite), sowie

- Aufnahme einer ausdrücklichen AGB-konformen Einwilligungsklausel in den bereits bestehenden allgemeinen Geschäftsbedingungen des Kredit- und Leasinggebers bzw. Versicherers zeitlich vor Vollzug der Portfolioübertragung (sog. AGB-Lösung).[1507]

2419 Bei der Übertragung von Versicherungsportfolien vom einen auf den anderen Versicherer bedarf es indes keiner Zustimmung des jeweiligen Versicherungsnehmers analog § 415 BGB, da dessen Geltung nach § 14 Abs. 5 letzter Halbsatz VAG ausdrücklich ausgeschlossen ist. Anstelle der Zustimmung durch den jeweiligen Versicherungsnehmer tritt die Genehmigung der Aufsichtsbehörden nach § 14 VAG.[1508]

bb) Forderungsabtretung

2420 Alternativ kommt neben der Vertragsübernahme auch die offene oder verdeckte Abtretung aller Forderungen und Rechte aus den jeweiligen Portfolioverträgen (einschließlich Forderungen aus den selbständigen Nebenverträgen) jeweils nach §§ 398 ff. BGB an den Käufer in Betracht. Hier bleibt jedoch der Vertrag als solcher zwischen den ursprünglichen Parteien bestehen und nur die wesentlichen Rechte aus den Portfolioverträgen einschließlich Nebenrechte werden an den Käufer abgetreten. Portfolioverträge sehen in der Regel kein vertragliches Abtretungsverbot nach § 399 Alt. 2 BGB vor. Bei Portfolioverträgen unter Kaufleuten, die keine Darlehensverträge mit einem Kreditinstitut als Gläubiger betreffen, sind entsprechende Abtretungen nach § 354a HGB ungeachtet vereinbarter Abtretungsverbote gleichwohl wirksam.[1509]

2421 Die Abtretung der Ansprüche aus dem Portfoliovertrag bedarf keiner zwingenden Zustimmung der jeweiligen Vertragspartner. Damit kann die Abtretung auch still, d. h. ohne Abtretungsanzeige im Wege der stillen Zession, er-

---

1507) Siehe dazu ausführlich *Bergjan*, ZIP 2012, 1997, 1999; *Bergjan/Feltes*, M&A-Review 2013, 196 ff. m. w. N. sowie BGH ZIP 1991, 1054 = NJW 1991, 2559, 2564; BGH ZIP 1997, 2123, 2124; BGH ZIP 1999, 804, 805.
1508) Siehe unten Rn. 2441.
1509) Aus dem bestehenden Bankgeheimnis sowie aus den Vorschriften des BDSG lässt sich keine stillschweigende Vereinbarung eines Abtretungsverbots nach § 399 Var. 2 BGB herleiten, vgl. BGH NJW 2007, 2106, 2107; a. A. *Schwintowski/Schantz*, NJW 2008, 472, 473.

folgen. Damit der Käufer jedoch nicht das Risiko läuft, dass der Vertragspartner seine Raten und Beiträge in Unkenntnis der Portfolioübertragung auch weiterhin mit schuldbefreiender Wirkung gem. § 407 Abs. 1 BGB an den Verkäufer zahlt, sollte der Kaufvertrag bereits eine konkrete Klausel zur Abtretungsanzeige nebst einer gemeinsamen Musteranzeige von Verkäufer und Käufer enthalten.[1510] Der Käufer sollte insoweit auch berechtigt sein, ab einem bestimmten Zeitpunkt nach Erwerb des Portfolios die Forderungsabtretung gegenüber dem jeweiligen Vertragspartner schriftlich offenzulegen.

Die Übertragung der Vertrags- und Sicherheitendokumentation erfolgt nach §§ 929 ff. BGB durch Einigung und Übergabe der Dokumente bzw. Datenträger, sofern diese nicht bereits mit der Forderung nach § 952 BGB auf den Erwerber übergehen, wie z. B. bei Hypotheken- und Grundschuldbriefen. 2422

cc) Offenlegung von Kundendaten

Häufig werden die Vertrags- und Sicherheitendokumentation dem potentiellen Käufer bereits vor Vollzug der Unternehmenstransaktion im Rahmen einer Due Diligence offengelegt, um eine möglichst exakte Qualifizierung der Chancen und Risiken darzustellen.[1511] Dabei ist die Zulässigkeit der Offenlegung umstritten, da es sich hierbei um vertrauliche Kundendaten handelt. 2423

Die vertraulichen Kundendaten unterfallen dem zwischen dem Kreditinstitut und dem einzelnen Kreditnehmer bestehenden Bankgeheimnis.[1512] Unter dem Bankgeheimnis wird die Pflicht des Kreditinstituts verstanden, Verschwiegenheit über alle Tatsachen und Werturteile über die persönlichen oder wirtschaftlichen Verhältnisse eines Kreditnehmers zu wahren, von denen es Kenntnis erlangt (Nr. 2 Abs. 1 S. 1 AGB-Banken). Durch die Offenlegung von Kundendaten liegt kein Verstoß gegen § 134 BGB vor, da das Bankgeheimnis kein Verbotsgesetz im materiellen Sinne (§ 134 BGB) darstellt. Als allgemeine Geschäftsbedingung ist es keine Rechtsnorm und somit kein Gesetz i. S. v. Art. 2 EGBGB.[1513] 2424

Die Verschwiegenheitspflicht der Bank über die Kundendaten kann ebenso auf das Recht auf informationelle Selbstbestimmung (Art. 1 Abs. 1 i. V. m. Art. 2 Abs. 1 GG) des Kunden gestützt werden.[1514] Daraus folgt, dass allein der Kunde über die Weitergabe bzw. Offenlegung seiner Daten entscheidungsbefugt ist. Um einen Schutz über § 134 BGB erhalten zu können, ist ein Verbotsgesetz erforderlich, durch welches die Wertungskriterien der Grund- 2425

1510) *Bergjan*, ZIP 2012, 1997, 2001 f.
1511) *Hofmann/Walter*, WM 2004, 1566, 1570.
1512) *Hofmann/Walter*, WM 2004, 1566, 1570.
1513) *Nobbe*, WM 2005, 1537, 1542 f.
1514) MünchKomm-HGB/*Hadding/Häuser*, A. Giroverhältnis Rn. A 155; *Fishan*, CR 1995, 632 ff.

rechte mittelbar in Einfluss finden.[1515] Zwar entfaltet das Bankgeheimnis aufgrund der Verschwiegenheitspflicht aus § 2 Abs. 1 AGB-Banken mittelbare Drittwirkung,[1516] es stellt jedoch kein Verbotsgesetz i. S. v. § 134 BGB dar, so dass auch über das Recht auf informationelle Selbstbestimmung kein Schutz vor der Offenlegung von Kundendaten erreicht werden kann.[1517]

2426 Weiterhin hat die Offenlegung datenschutzrechtliche Relevanz, sofern die Erhebung, Verarbeitung und Nutzung personenbezogener Daten durch nichtöffentliche Stellen erfolgt, wenn die Daten in oder aus Dateien geschäftsmäßig oder für berufliche oder gewerbliche Zwecke verarbeitet oder genutzt werden (§ 1 Abs. 2 Nr. 1, 2 BDSG i. V. m. § 1 Abs. 2 Nr. 3 BDSG). Die Zulässigkeit der Erhebung und Verarbeitung der personenbezogenen Daten ist nur dann gegeben, wenn ein Gesetz oder eine andere Rechtsvorschrift dies ausdrücklich erlauben bzw. soweit die betroffenen Personen ausdrücklich einwilligen (§ 4 BDSG). Der mit der Übertragung verbundene Datenaustausch liegt im überwiegenden Interesse der Bank, weshalb grundsätzlich ein Erlaubnistatbestand nach § 28 Abs. 1 BDSG zur Datenweitergabe gegeben ist. Die Bank verfolgt mit der Due Diligence u. a. wirtschaftliche Interessen beispielsweise die Minimierung von Risiken, was häufig auch ausschlaggebend dafür ist, ob sich eine Partei anschließend für die Transaktion entscheidet. Zudem ist keine überwiegende Beeinträchtigung schutzwürdiger Interessen der Betroffenen gegeben (§ 28 Abs. 1 Nr. 2, Abs. 2 Nr. 2a BDSG).[1518] Auch wenn es nach der durchgeführten Due Diligence nicht zu einer Unternehmensübernahme kommt, ist eine Beeinträchtigung des einzelnen Kunden abzulehnen. Für den Fall, dass es zu einer Übernahme kommt, entsteht häufig eine leistungsstärkere Unternehmenseinheit, was Vorteile für den Kunden, z. B. zusätzliche Filialen, haben kann. Unterbleibt hingegen die Transaktion, wird der Kunde wie bisher seine Bankgeschäfte abwickeln können. Eine anonymisierte oder aggregierte Weitergabe der Kundendaten wird dem wirtschaftlichen Bedürfnissen der Beteiligten nicht gerecht und scheidet daher aus.[1519]

2427 Vielmehr ist durch eine Vertraulichkeitsvereinbarung sicherzustellen, dass es im Rahmen der Due Diligence zur Beachtung der datenschutzrechtlichen Bestimmungen und des Bankgeheimnisses kommt.[1520] Weist der Kunde einen Schaden durch die Verletzung des Bankgeheimnisses nach, kommt ein Schadensersatzanspruch wegen positiver Vertragsverletzung (§ 280 BGB) sowie ggf. ein Anspruch aufgrund einer unerlaubten Handlung gem. §§ 823 ff. BGB in Betracht, wenn durch die Verletzung des Bankgeheimnisses zugleich das all-

---

1515) *Rögner*, NJW 2004, 3230, 3231.
1516) *Schwintowski*, Bankrecht, § 3 Rn. 10.
1517) *Rögner*, NJW 2004, 3230, 3231.
1518) *Krepold*, in: Schimansky/Bunte/Lwowski, Bankrechts-Handbuch, § 39 Rn. 28.
1519) *Schiffer/Bruß*, BB 2012, 847, 851.
1520) *Krepold*, in: Schimansky/Bunte/Lwowski, Bankrechts-Handbuch, § 39 Rn. 30.

gemeine Persönlichkeitsrecht des Betroffenen verletzt worden ist.[1521] Aufgrund des wohl schwierigen Nachweises verbleibt dem Kunden zumeist das Recht zur außerordentlichen Kündigung nach Nr. 18 Abs. 2 AGB-Banken bzw. Nr. 26 Abs. 2 AGB-Sparkassen, sofern wegen der Verletzung das Vertrauen des Kunden in das Kreditinstitut tiefgreifend erschüttert wurde.[1522]

Als Lösung erscheint es sinnvoll, eine Klausel in den Vertrag zwischen Bank und Kunden aufzunehmen, die eine Übertragung der Kundendaten auf Dritte zulässt (AGB-Lösung). So ist es dem Kreditinstitut rechtlich möglich ohne separate Einwilligungserklärung des Kunden die Daten an einen Dritten weiterzugeben.[1523] Dadurch, dass der Kunden den Vertrag unterschreibt, liegt zugleich eine schriftliche Einwilligung in die Datenweitergabe vor und die Banken sind für den Fall der Übertragung von der Pflicht zur Einhaltung des Bankgeheimnisses befreit.[1524] Eine nachträgliche Einwilligung von allen Kunden einzuholen, stellt einen hohen Organisationsaufwand dar und gefährdet ggf. den Vollzug der Transaktion. Zudem ist zusätzlich eine Alternativlösung für die Kunden bereit zu halten, die ihre Einwilligung nicht erteilen. 2428

4. Aufsichtsrechtliche Themen

Bei der Übertragung von Kredit-, Leasing- und Versicherungsportfolien stellen sich insbesondere aufsichtsrechtliche Themen, die im Rahmen einer Portfoliotransaktion neben den rechtlichen und steuerlichen Themen zwingend zu berücksichtigen sind. Im Wesentlichen handelt es sich dabei in der Praxis um aufsichtsrechtliche Beschränkungen im Kreditwesen (KWG) sowie im Versicherungswesen (VAG): 2429

a) KWG

aa) Anzeige nach § 2c KWG

Wer den Erwerb einer bedeutenden Beteiligung an einem Kredit- oder Finanzdienstleistungsinstitut[1525] beabsichtigt, hat dies der BaFin nach § 2c Abs. 1 KWG i. V. m. der InhKontrollV unverzüglich (also nach § 121 Abs. 1 S. 1 BGB ohne schuldhaftes Zögern) anzuzeigen.[1526] In dem von der BaFin vorgegebenen Anzeigeformular sind insbesondere die Höhe der Beteiligung 2430

1521) *Schwintowski*, Bankrecht, § 3 Rn. 53.
1522) *Krepold*, in: Schimansky/Bunte/Lwowski, Bankrechts-Handbuch, § 39 Rn. 310.
1523) *Bergjan*, ZIP 2012, 1997, 1999, bei einer Abtretung: *Hofmann/Walter*, WM 2004, 1566, 1572.
1524) *Hofmann/Walter*, WM 2004, 1566, 1573.
1525) Zu den ebenfalls von der InhKontrollV erfassten Versicherungsunternehmen siehe Rn. 2440.
1526) Siehe dazu auch BaFin-Merkblatt Hinweise zu dem Verfahren sowie den Anzeigen nach § 2c KWG und § 104 VAG, jeweils in Verbindung mit der InhKontrollV unter http://www.bafin.de/SharedDocs/Veroeffentlichungen/DE/Merkblatt/VA/mb_0907 22_inhaberkontrolle_ba_va.html.

und die für die Begründung des maßgeblichen Einflusses und die Beurteilung der Zuverlässigkeit des Erwerbers anzugeben, vgl. auch § 2c Abs. 1 S. 2 KWG. Als bedeutende Beteiligung wird nach § 1 Abs. 9 S. 1 KWG angesehen, wenn unmittelbar oder mittelbar über ein oder mehrere Tochterunternehmen oder ein gleichartiges Verhältnis oder im Zusammenwirken mit anderen Personen oder Unternehmen mindestens 10 % des Kapitals oder der Stimmrechte eines dritten Unternehmens im Eigen- oder Fremdinteresse gehalten werden oder wenn auf die Geschäftsführung eines anderen Unternehmens ein maßgeblicher Einfluss ausgeübt werden kann. Vereinfacht gesagt hält eine bedeutende Beteiligung *jeder*, der

- mindestens 10 % der Stimmrechte oder des Kapitals unmittelbar oder mittelbar hält oder
- auf die Geschäftsführung des Zielunternehmens einen maßgeblichen Einfluss ausüben kann.

2431 Anzeigepflichtig sind sowohl der beabsichtigende Erwerber als auch der aktuelle Inhaber der Beteiligung; die Anzeige ist an die BaFin sowie an die Hauptverwaltung der Bundesbank zu richten.[1527] Selbiges gilt im Falle einer Erhöhung einer bereits bestehenden Beteiligung um mehr als 20 %, 30 % und 50 % der Stimmrechte, des Kapitals oder, wenn dadurch das Institut unter die Kontrolle des Erwerbers gerät, vgl. § 2c Abs. 1 S. 6 KWG.[1528]

2432 Da die BaFin nach § 2c Abs. 1a S. 1 KWG für die Bearbeitung der Anzeige 60 Arbeitstage (regelmäßig etwas mehr als 3 Monate) hat – gerechnet ab dem Datum ihres Bestätigungsschreibens, in dem sie die Vollständigkeit der Absichtsanzeige mitteilt –, ist hier im Transaktionsprozess ausreichend Zeit zur Klärung dieses aufsichtsrechtlichen Themas einzuplanen. Darüber hinaus stellt sich in der Praxis regelmäßig die Frage, wann eine Erwerbsabsicht vorliegt aufgrund derer das nicht ganz unaufwendige Anzeigeverfahren spätestens eingeleitet werden muss. In der Literatur wird hier insbesondere der Zeitraum zwischen dem Beginn der Unternehmensprüfung (Due Diligence) und der Unterzeichnung des Unternehmenskaufvertrages angeführt.[1529] Im Ergebnis sollte die Anzeige so kurz nach Abschluss des Kaufvertrages erfolgen, dass der Erwerber unter Berücksichtigung seines sich ihm darstellenden konkreten Wettbewerbs im Bieterprozess hinreichend Sicherheit hat, den Kaufvertrag auch tatsächlich zu unterschreiben, was z. B. bei der Bestätigung

---

[1527] So ausdrücklich BaFin-Merkblatt Hinweise zu dem Verfahren sowie den Anzeigen nach § 2c KWG und § 104 VAG, jeweils in Verbindung mit der InhKontrollV unter http://www.bafin.de/SharedDocs/Veroeffentlichungen/DE/Merkblatt/VA/mb_0907 22_inhaberkontrolle_ba_va.html.
[1528] Zur Anzeigepflicht des die Beteiligung absenkenden Veräußerers vgl. nur § 2c Abs. 3 KWG.
[1529] Beck/Samm/Kokemoor/*Erm*, KWG, 2014, § 2c Rn. 33; Schwennicke/Auerbach/*Süßmann*, KWG, 2009, § 2c Rn. 6 m. w. N.

des vom Erwerber anberaumten Notartermins durch den Veräußerer der Fall sein kann.[1530)]

Analog zu den kartellrechtlichen[1531)]/außenwirtschaftsrechtlichen[1532)] Themen im Unternehmenskaufvertrag ist auch hier zu empfehlen, den Vollzug der Transaktion unter der aufschiebenden Bedingung (§ 158 Abs. 1 BGB), hier des Ablaufs der 60 Arbeitstage bzw. der Zustimmung der BaFin, zu stellen. 2433

Ein Verstoß gegen die Anzeigepflicht nach § 2c KWG sowie gegen eine Untersagungsverfügung der BaFin können neben einem Bußgeld von bis zu € 500.000 nach § 2c Abs. 2 KWG auch zu einem **Stimmrechts- und Verfügungsverbot** in Bezug auf die Anteile führen. 2434

bb) Besonderheiten bei Fehlen einer Bankerlaubnis nach § 32 KWG

Unproblematisch ist der Erwerb von Kreditportfolien unabhängig von der Art und Weise der Übertragung für den Verkäufer und den Käufer sanktionslos möglich, wenn beide Parteien über eine (rechtsträgerbezogene) Zulassung zum Geschäftsbetrieb (Bankerlaubnis) nach § 32 KWG verfügen. 2435

Weniger unproblematisch dagegen ist der Erwerb von Kreditportfolien durch einen Käufer, der gerade über keine Bankerlaubnis nach § 32 KWG verfügt. Denn auch wenn die unbefugte Ausführung von Bankgeschäften nicht zur Nichtigkeit der zugrunde liegenden Rechtsgeschäfte führt,[1533)] sind bei der Übertragung von Kreditportfolien die Besonderheiten des KWG zu berücksichtigen; dies insbesondere auch vor dem Hintergrund, dass das unbefugte Erbringen von Bankgeschäften strafbewährt ist und Geldbußen gegen das Kreditinstitut, deren Inhaber und/oder deren Geschäftsleiter festgesetzt werden können (ganz abgesehen von möglichen Schadensersatzansprüchen Dritter). Die Erlaubnispflicht nach § 32 KWG bezieht sich auf das Betreiben erlaubnispflichtiger Geschäfte und damit insbesondere auf das „Gewähren von Gelddarlehen" i. S. d. § 1 Abs. 1 S. 2 Nr. 2 Alt. 1 KWG, worunter nach herrschender Meinung nur die ursprüngliche Erstkreditvergabe verstanden wird.[1534)] Deshalb darf der Käufer ohne Bankerlaubnis nach dem Erwerb des Kreditportfolios keine neuen Bankgeschäfte begründen, aber auch die erworbenen Kreditportfolien nicht in einer Weise abändern, die als eine Neugewährung eines Kredits gem. § 1 Abs. 1 S. 2 Nr. 2 Alt. 1 KWG gesehen werden und damit eine Erlaubnispflicht auslösen können. Letzteres gilt insbesondere für Prolongationen, Änderungen der Zinshöhe, Veränderungen 2436

1530) So auch Schwennicke/Auerbach/*Süßmann*, KWG, 2009 § 2c Rn. 6.
1531) Siehe Rn. 1157 ff.
1532) Siehe Rn. 1160 ff.
1533) Vgl. nur BGH ZIP 2011, 1195, 1196, dazu EWiR 2011, 521 *(D. Schulz)*.
1534) Vgl. OLG Frankfurt, Urt. v. 16.12.2010 – 3 U 11/10; *Kruschke*, M&A-Review 2013, 200, 202; a. A. *Teichmann*, Die Fortführung von Bankkrediten durch Nichtbanken – ein Bankgeschäft?, BKR 2011, 324, 326, wonach der Begriff „Gewähren" die Leistungsteile des Verschaffens und des Überlassens beinhalte.

des Rangverhältnisses der Forderung, Umschuldungen oder sonstige Neubegründungen der Schuld.[1535] Die bloße Stundung und damit ein bloßes Hinausschieben der Fälligkeit wird dagegen ebenso als zulässig erachtet[1536] wie nach Erwerb vorgenommene Vertragsänderungen des Käufers, die lediglich Ausfluss der ursprünglichen Vereinbarung zwischen Darlehensnehmer und Verkäufer sind und bei denen durch den Erwerber keine eigene Kreditentscheidung getroffen wird.[1537]

2437 Wird ein Kreditportfolio im Rahmen der Einzel- und/oder Gesamtrechtsnachfolge auf einen Zwischenerwerber übertragen, so bedarf es für diesen Zwischenerwerber[1538] dann ausnahmsweise keiner gesonderten zeit- und kostenaufwendigen Bankerlaubnis nach § 32 KWG, wenn dieser das Kreditportfolio nur

- erwirbt und nicht auch neue Bankgeschäfte begründet bzw. die erworbenen Darlehensverträge maßgeblich abändert[1539] und

- für einen sehr kurzen Zeitraum erwirbt, idealerweise für eine juristische Sekunde, weil es sich dann nicht um eine auf Dauer angelegte geschäftliche Betätigung im Sinne einer nachhaltigen und planmäßigen, mit der erkennbaren Absicht auf Fortsetzung (d. h. nicht nur gelegentlichen und zufälligen und auf lediglich vorübergehende Zeit ausgerichtete Tätigkeit) handelt.[1540]

2438 Beteiligt sich indes der keine Bankerlaubnis innehabende Kaufinteressent lediglich im Wege einer stillen Beteiligung oder Unterbeteiligung wirtschaftlich und lediglich im Innenverhältnis an dem Kreditinstitut, bedarf dieser keiner Erlaubnispflicht.[1541]

b) VAG

2439 Beabsichtigt ein Versicherer, insbesondere bei Geschäftsbereichen mit fehlender Rentabilität sowie ungünstiger Schadensentwicklung (sog. *Discounted Businesses*) oder im Falle einer Aufgabe des Geschäftsfeldes, die Übertragung eines Versicherungsportfolios, so sind hier die Vorgaben des VAG einzuhalten.[1542]

1535) *Kruschke*, M&A-Review 2013, 200, 203.
1536) BaFin-Merkblatt Kreditgeschäft, Ziffer 1. a) bb) (4); Beck/Samm/Kokemoor/*Samm*, KWG, 149. Lfg. März 2011, § 1 Rn. 218; Schwennicke/Auerbach/*Schwennicke*, KWG, 2009, § 1 Rn. 36; *Kruschke*, M&A-Review 2013, 200, 203.
1537) Vgl. Boos/Fischer/Schulte-Mattler/*Schäfer*, KWG, § 1 Rn. 46.
1538) Siehe zur Struktur oben.
1539) Siehe vorherigen Absatz.
1540) So ausdrücklich *Kruschke*, M&A Review 2013, 200, 202, VGH Kassel, Beschl. v. 12.12.2007 – 6 TG 1743/07.
1541) Vgl. BaFin-Merkblatt Kreditgeschäft, Ziffer 1. a) bb) (4).
1542) Häufig auch motiviert durch die Anforderungen an das Risikomanagement von Versicherern aufgrund der geplanten EU-Solvabilitätsvorschriften für die Eigenmittelausstattung von Versicherungsunternehmen (Insolvency II einschließlich der bereits am 22.5.2014 in Kraft getretenen Omnibus-II-Richtlinie der EU).

aa) Anzeige nach § 104 VAG

Die Verfahren der Inhaberkontrolle des § 2c KWG und des § 104 VAG sind mit dem Gesetz zur Umsetzung der Beteiligungsrichtlinie am 18.3.2009 harmonisiert worden, so dass auch hinsichtlich der Anzeige nach § 104 VAG grundsätzlich das zu § 2c KWG Dargestellte sowie insbesondere die InhKontrollV gilt.[1543] Zielunternehmen sind nach § 1 Nr. 5 InhKontrollV Versicherungsunternehmen, Pensionsfonds oder eine Versicherungs-Holdinggesellschaft i. S. d. § 1b VAG. Eine bedeutende Beteiligung liegt nach § 7a Abs. 2 S. 3 VAG vor, wenn, ob im Eigen- oder im Fremdinteresse, unmittelbar oder mittelbar über ein oder mehrere Tochterunternehmen oder ein gleichartiges Verhältnis oder durch Zusammenwirken mit anderen Personen oder Unternehmen mindestens 10 % des Kapitals oder der Stimmrechte einer Versicherungsaktiengesellschaft gehalten oder des Gründungsstocks eines Versicherungsvereins auf Gegenseitigkeit gehalten werden oder wenn auf die Geschäftsführung eines anderen Unternehmens ein maßgeblicher Einfluss ausgeübt werden kann.

2440

bb) Bestandsübertragungen

Eine Genehmigung der zuständigen Aufsichtsbehörden zur Übertragung des Erstversicherungsbestandes nach § 14 VAG ersetzt die ansonsten erforderliche Zustimmung der jeweiligen Versicherungsnehmer entsprechend § 415 BGB (Übertragung der Versicherungsverträge im Wege einer partiellen Universalsukzession.[1544] Aufwendige Konstruktionen zur Erlangung einer Zustimmung bei Einzelrechtsübertragungen bedarf es somit bei der Übertragung von Versicherungsportfolien grundsätzlich nicht.[1545]

2441

Die Genehmigung ist bei einer Übertragung innerhalb Deutschlands[1546] nach der Grundnorm des § 14 Abs. 1 S. 2 VAG zu erteilen, wenn die Belange der Versicherten gewahrt sind, die Verpflichtungen aus den Versicherungen als dauernd erfüllbar dargetan werden und die Spartentrennung gem. § 8 Abs. 1a VAG beachtet wird.[1547] Ein Schwerpunkt der Prüfung der Aufsichtsbehörden liegt in der Zuverlässigkeit, dem Geschäftsmodell, den Strukturen des Käufers und insbesondere in seiner Fähigkeit, den Versicherer ausreichend zu kapitalisieren (bis zum Ende des Run-Offs müssen die Kapitalisierung si-

2442

1543) Siehe Rn. 1412.
1544) *Rüdt*, in: Bähr, § 14 VAG Rn. 4 m. w. N.; zur strittigen und von der Literatur und den Aufsichtsbehörden teilweise unterschiedlich beantworteten Frage, ob und inwieweit ein Versicherungsvertrag auch ohne Genehmigung der Aufsichtsbehörden dafür aber mit Zustimmung der Versicherungsnehmer analog § 415 BGB übertragen kann, vgl. *Rüdt*, in: Bähr, § 14 VAG Rn. 18 f.
1545) Zur Übertragung von Rückversicherungsbeständen durch Rückversicherer ist die Sondervorschrift des § 121f VAG zu beachten.
1546) Verschärfung des § 14 VAG durch BVerfG NJW 2005, 2363 ff.
1547) Zu den Besonderheiten bei Bestandsübertragungen innerhalb EU/EWR vgl. § 14 Abs. 2 VAG sowie bei Rückversicherungsunternehmen vgl. § 121f VAG.

chergestellt sein und alle vereinbarten Leistungen nach aktuellen Solvency II-Standards erfüllt werden können).[1548]

cc) **Maßnahmen nach dem UmwG**

2443 Ebenfalls einer Genehmigung der zuständigen Aufsichtsbehörde nach § 14a VAG bedürfen auf das Versicherungsgeschäft bezogene inländische und grenzüberschreitende[1549] Umwandlungsmaßnehmen nach §§ 1, 122a UmwG, d. h. Verschmelzungen, Spaltungen, Vermögensübertragungen und Formwechsel. Auch hier gilt durch einen Verweis von § 14a S. 2 Var. 1 auf § 14 Abs. 1 S. 2 VAG, dass die Genehmigung zu erteilen ist, wenn die Belange der Versicherten gewahrt sind und die Verpflichtungen aus den Versicherungen als dauernd erfüllbar dargelegt werden.[1550]

dd) **Wirksamwerden und Informationspflichten**

2444 Die Bestandsübertragung sowie Maßnahmen nach dem UmwG werden erst mit Bestandskraft des Verwaltungsakts[1551] wirksam; sie bezieht sich zudem nur auf die Versicherungsverträge als solche und inkludiert keine sonstigen ggf. erforderlichen Zustimmungen und Freigaben, wie z. B. eine kartellrechtliche Freigabe.[1552] Der übernehmende Versicherer hat die Versicherungsnehmer zudem nach § 7 Abs. 3 VVG i. V. m. § 6 Abs. 1 Nr. 1 VVG-InfoV über den Wechsel des Versicherers zu informieren.

5. **Ausgewählte Steuerthemen bei Notleidenden Darlehen**

a) **Steuerliche Besonderheiten bei der Übertragung notleidender Darlehen**

2445 Sind notleidende Darlehen (sog. Non-Performing Loans) Gegenstand einer Portfoliotransaktion, werden diese je nach erwartetem Forderungsausfall und damit möglicherweise verbundenen Verwertungskosten mit einem Abschlag verkauft. Dies führt dann auf Seiten des Verkäufers des Darlehensportfolios grundsätzlich zu einem Veräußerungsverlust in Höhe der Differenz zwischen dem Veräußerungspreis abzüglich der Veräußerungskosten und dem ggf. schon teilwertabgeschriebenen Buchwert der Darlehensforderungen.[1553] Auf der anderen Seite hat der Käufer des Darlehensportfolio bei Rückzahlung des Darle-

---

1548) *Schaumlöffel*, BaFin Fachartikel 2014 unter http://www.bafin.de/SharedDocs/Veroeffentlichungen/DE/Fachartikel/2014/fa_bj_1403_run-off.html mit Hinweis auf die Festlegung von Kapitalaufschlägen, falls die Kapitalisierung nicht ausreichend erscheint.
1549) Siehe dazu *Rüdt*, in: Bähr, § 14 VAG Rn. 140.
1550) Siehe unter aa) zuvor.
1551) Mit privatrechtsgestaltender Wirkung, vgl. nur Prölss/*Präve*, VAG, § 14 Rn. 39.
1552) *Rüdt*, in: Bähr, § 14 VAG Rn. 95.
1553) *Dorfmüller*, M&A Review 2013, 395, 395 f.

hens einen möglicherweise zu versteuernden außerordentlichen Ertrag in Höhe der Differenz zwischen Anschaffungskosten und Rückzahlung.[1554]

Ggf. bietet es sich an, als Käufer eine Gesellschaft mit Sitz und Geschäftsführung im Ausland zu nehmen. Eine Gesellschaft ist nur dann nach § 1 Abs. 1 KStG unbeschränkt körperschaftsteuerpflichtig, wenn sich ihr Sitz oder ihre Geschäftsleitung im Inland befindet, d. h. sich der Mittelpunkt der geschäftlichen Oberleitung nach § 10 AO in Deutschland befindet und damit die maßgebliche Willensbildung im Inland stattfindet.[1555] 2446

b) Umsatzsteuer (EuGH-Rechtsprechung)

Bei der Übertragung von notleidenden Darlehen (sog. *Non-Performing Loans*) im Wege der Forderungsabtretung stellt sich regelmäßig die Frage, ob es sich hierbei um eine steuerbare Leistung im Sinne des UStG handelt und wie hoch ggf. die Bemessungsgrundlage ist. Für Zwecke der Umsatzsteuer ist dabei entscheidend, ob der Käufer – wie beim Factoring[1556] – mit der Übernahme und Einziehung der Forderung in erster Linie eine steuerbare und steuerpflichtige Dienstleistung an den Verkäufer erbringt oder nicht.[1557] 2447

Bei der Vertragsübernahme indes ist davon auszugehen, dass diese in Anlehnung an die Rechtsprechung des EuGH zur Übertragung von Versicherungsverträgen grundsätzlich eine steuerbare Leistung nach dem UStG darstellt.[1558] 2448

XXVIII. Immobilien-Transaktionen

1. Abgrenzung Share Deal/Asset Deal

Bei Immobilien-Transaktionen stellt sich häufig zunächst die Frage, ob die Transaktion im Wege eines Asset Deals oder eines Share Deals erfolgen soll. Asset Deal bedeutet, dass der Grundstückseigentümer im Wege eines Grundstückskaufvertrages (lediglich) die Immobilie veräußert. Share Deal bedeutet, dass der Käufer – im Wege eines Anteilskaufvertrages – die Anteile der Gesellschaft erwirbt, die Eigentümerin des Grundstücks ist. Ein Share Deal kommt daher nur in Frage, wenn die betreffende Gesellschaft Eigentümerin nur der betreffenden Immobilie und damit im Zusammenhang stehender Vertragsverhältnisse ist (sog. *special purpose vehicle*, *SPV*). Soweit Immobilien 2449

1554) Zu den steuerlichen Besonderheiten beim Erwerb von Darlehen durch den Darlehensnehmer vgl. *Dorfmüller*, M&A Review 2013, 395, 397.
1555) Siehe dazu sowie zur beschränkten Steuerpflicht siehe *Dorfmüller*, M&A Review 2013, 395, 398.
1556) Vgl. EuGH, v. 26.6.2003 – C-305/01, Slg. 2003, I-6729 = BStBl. II 2004, 688 – *MKG*.
1557) Siehe BFH ZIP 2013, 2316 = DStR 2013, 1995; *Neeser*, BB 2013, 2856; *Behrens/von Streit*, RdF 2013, 135-142; BFH ZIP 2012, 873 = DStR 2012, 513, dazu EWiR 2012, 679 *(A. Rohde)*; EuGH ZIP 2012, 477 = DStR 2011, 2093; *Specker*, M&A Review 2013, 400 ff.
1558) Vgl. EuGH DStR 2009, 2245; a. A. unter Verweis auf die einzeln erbrachten Leistungen *Franz*, BB 2010, 536, 538 sowie *Philipowski*, UR 2010, 45 – 50.

von Gesellschaften deutschen Rechts gehalten werden, sind dies bei professionellen Immobilienhaltern in der weit überwiegenden Anzahl GmbHs oder GmbH & Co. KGs.

2450 Der beim Asset Deal abzuschließende Grundstückskaufvertrag muss beurkundet werden (§ 311b Abs. 1 S. 1 BGB). Wenn beim Share Deal die grundstückshaltende Gesellschaft eine GmbH ist, muss der dann abzuschließende Geschäftsanteilskaufvertrag ebenfalls beurkundet werden (§ 15 Abs. 3 und 4 S. 1 GmbHG). Handelt es sich bei der grundstückshaltenden Gesellschaft um eine GmbH & Co. KG ist zu unterscheiden: Sollen lediglich die Kommanditanteile veräußert werden, bedarf der Anteilskaufvertrag keiner Beurkundung.[1559]) Das ist der Fall, wenn die Geschäftsanteile an der persönlich haftenden Gesellschafterin der GmbH & Co. KG nicht mitveräußert werden, sondern die bisherige persönlich haftende Gesellschafterin ausscheidet und durch eine vom Käufer gestellte GmbH ersetzt wird. Ferner kommt diese Alternative zum Zug, wenn die Geschäftsanteile an der Komplementär-GmbH von der Kommanditgesellschaft selbst gehalten werden (sog. Einheitsgesellschaft). Wenn die Komplementär-GmbH miterworben werden soll, dürfte sowohl die Veräußerung der Geschäftsanteile an der Komplementär-GmbH als auch – als sog. verbundenes Geschäft[1560]) – die Veräußerung der Kommanditanteile beurkundungsbedürftig sein.

2451 Der Verkäufer bevorzugt in der Regel (zumindest für den Fall eines SPV) einen Share Deal. Zum einen muss er nach der Transaktion die grundstückshaltende Gesellschaft nicht abwickeln und schließlich liquidieren. Zum anderen gehen bei einer Veräußerung im Wege eines Asset Deals neben dem Eigentum an der Immobilie im Wesentlichen regelmäßig nur Miet- und Pachtverträge (§§ 566 ff. BGB, siehe dazu Rn. 2481) sowie Sachversicherungen (§§ 95 ff. VVG) auf den Erwerber über. Alle anderen Verträge verbleiben beim Verkäufer und müssen von ihm abgewickelt werden, wenn sie nicht ausdrücklich auf den Käufer übertragen werden, wozu in der Regel die Zustimmung des Vertragspartners erforderlich ist. Beim Share Deal kann der Verkäufer dies vermeiden, weil die grundstückshaltende Gesellschaft Vertragspartner der betreffenden Verträge bleiben kann.

2452 In steuerlicher Hinsicht ist der Share Deal attraktiv, da sich unter bestimmten Voraussetzungen die Grunderwerbsteuer (vgl. Rn. 578 ff.) vermeiden lässt. Außerdem ist der Verkauf von Kapitalgesellschaftsanteilen oft zu 95 % steuerfrei oder überhaupt nicht in Deutschland steuerbar und damit für den Verkäufer attraktiv.

2453 Der Käufer strebt demgegenüber in den meisten Fällen einen Asset Deal an. Dadurch, dass beim Asset Deal lediglich das Eigentum an der Immobilie,

---

1559) *K. Schmidt*, Gesellschaftsrecht, § 45 III 3a; *Binz/Sorg*, Die GmbH und Co. KG, § 6 Rn. 8.
1560) BGH NJW 2010, 2218, 2220; BGH ZIP 1986, 1046 = NJW 1986, 2642, 2643; *Reichert/Ullrich*, in: Reichert, GmbH und Co. KG, § 29 Rn. 59.

Miet- und Pachtverträge sowie ggf. einzelne ausgesuchte Vertragspositionen übergehen, reduziert der Käufer das Risiko, unerfüllte Verpflichtungen des Verkäufers zu übernehmen. Bei Immobilien-Transaktionen betrifft dies vor allem (unerfüllte) Verpflichtungen aus dem Kaufvertrag, mit dem die (veräußernde) Eigentümergesellschaft das Grundstück angekauft hat, oder Verträge, die die Eigentümergesellschaft zur Errichtung der Immobilie abgeschlossen hat (insbesondere Bau- und Architektenverträge). Es ist im Interesse des Käufers, dass er vor allem bei diesen Verträgen nur sämtliche Rechte (insbesondere Mängelansprüche) abgetreten bekommt und nicht in – ggf. unerfüllte – Leistungs- und Zahlungspflichten des Verkäufers aus diesen Verträgen eintritt.

2454 In steuerlicher Hinsicht spricht auch einiges dafür, dass der Käufer eher einen Asset Deal bevorzugt. Denn er haftet nur begrenzt für Steuerverbindlichkeiten des Verkäufers (vgl. Rn. 604). Zudem erhält er aufgestockte steuerliche Buchwerte (sog. Step-up)[1561] im Gegensatz zum Share Deal bei Kapitalgesellschaften.

2455 Gegen einen Asset Deal spricht allerdings die Grunderwerbsteuer. Diese beträgt derzeit zwischen 3,5 % und 6,5 %.[1562] Es ist Marktstandard, dass die Grunderwerbsteuer vom Käufer übernommen wird. Beim Asset Deal muss in jedem Fall[1563] Grunderwerbsteuer gezahlt werden. Beim Share Deal lässt sich die Transaktion vielfach so strukturieren, dass keine Grunderwerbsteuer anfällt (siehe oben Rn. 579 ff.). Daher hat der Käufer im Hinblick auf die Grunderwerbsteuer ein Interesse, einen Share Deal durchzuführen.[1564]

2456 In der Gesamtabwägung ist der Käufer mit steigendem Kaufpreis und entsprechend erhöhtem Potenzial zur Ersparnis von Grunderwerbsteuer eher bestrebt, einen Share Deal durchzuführen. Dagegen ist ein Asset Deal auf Käuferseite mit einem geringeren Prüfungsaufwand im Rahmen der Due Diligence (vgl. auch Rn. 2458 ff.) verbunden. Insbesondere im Rahmen der rechtlichen und steuerlichen Due Diligence kann im Falle eines Share Deals der Aufwand – und damit die für den Käufer damit verbundenen Kosten – erheblich höher sein.

2457 Ob letztendlich ein Share Deal oder ein Asset Deal zustande kommt, hängt letztlich stark von den Umständen des Einzelfalls und insbesondere von der Verteilung der Verhandlungsmacht unten den Beteiligten ab.

1561) Vgl. Rn. 207 ff.
1562) Vgl. die Übersicht zu Grunderwerbsteuersätzen in Deutschland zum 1.1.2016, abrufbar unter http://de.statista.com/statistik/daten/studie/202071/umfrage/aktueller-grunderwerbssteuersatz-in-deutschland-nach-bundeslaendern.
1563) Zu den vom Grunderwerbsteuergesetz zugelassenen Befreiungen vgl. Rn. 590.
1564) Häufig wird der wirtschaftliche Vorteil zwischen den Parteien geteilt.

2. Immobilienrechtliche Due Diligence

a) Allgemeines

2458 Bei Immobilien-Transaktionen hat neben der rechtlichen Due Diligence (siehe oben Rn. 685 ff.), der steuerlichen und der kaufmännischen Due Diligence die technische Due Diligence eine besondere Bedeutung, jedenfalls dann, wenn es um bebaute/vermietete und bebaubare Grundstücke geht (was die gesetzlichen Haftungsregelungen für Umweltbelastungen angeht, verweisen wir auf die Ausführungen unter Rn. 1032 ff.).

2459 In jüngerer Zeit führt häufig schon der Verkäufer eine – zumindest rechtliche – Due Diligence durch („*Vendor Due Diligence*"; siehe oben Rn. 690). Die Verkäufer-Due-Diligence hilft dem Verkäufer bei seiner Entscheidung, ob die Immobilie bzw. das Immobilien-Portfolio verkaufsfähig ist oder noch Themen gelöst werden müssen, die ein Käufer im Rahmen seiner Due Diligence aufbringen würde (z. B. Eintragung von Dienstbarkeiten zu Gunsten des Grundstücks, siehe Rn. 2466 und Abschluss von „schriftformheilenden" Nachträgen zu Mietverträgen, siehe Rn. 2482 und 2495). Damit will der Verkäufer verhindern, dass der Zeitplan der Transaktion durch eine – ggf. umfangreiche – eigene Due Diligence des Käufers und durch etwaige Nachfragen im Rahmen des Q&A-Prozesses verzögert wird. Um dieses Ziel zu erreichen, bietet der Verkäufer dem Käufer eine „*Reliance*" der entsprechenden Berater des Verkäufers (Rechtsanwälte, Steuerberater, Techniker) an. *Reliance* in diesem Sinne bedeutet, dass der Käufer nach einem, von dem jeweiligen Berater zu unterzeichnenden, „*Reliance Letter*" auf die Ergebnisse der Verkäufer-Due-Diligence vertrauen und ggf. Haftungsansprüche gegen den betreffenden Berater des Verkäufers geltend machen kann.

2460 Auch wenn es inzwischen häufiger dazu kommt, dass eine Verkäufer-Due-Diligence durchgeführt wird, möchte der Käufer die Immobilie bzw. die betreffende Immobiliengesellschaft in der Regel nach wie vor durch „seine" Rechtsanwälte, Steuerberater, Techniker oder sonstigen Berater prüfen lassen.

2461 Nachfolgend werden einige Schwerpunkte dargestellt, die im Rahmen einer rechtlichen Due Diligence für eine Immobilien-Transaktion regelmäßig zu berücksichtigen sind. Sie sind sowohl beim Asset Deal als auch beim Share Deal relevant.

b) Grundbuch, Belastungen

aa) Allgemeines/Eigentümersituation

2462 Zunächst muss im Rahmen der Due Diligence geprüft werden, ob der Verkäufer bzw. die zu erwerbende Gesellschaft über die Immobilien verfügen kann.[1565] Für die Frage, ob und inwieweit zur Veräußerung des Grundstücks eine Zustimmung der Gesellschafter(versammlung) des Verkäufers erforderlich ist, wenn das Grundstück bzw. die zu veräußernden Anteile das gesamte oder einen wesentichen Teil des Vermögens des Verkäufers bilden, siehe oben unter Rn. 93 ff.

In der weit überwiegenden Zahl der Fälle hat dei Verkäufer (bzw. das SPV) das (Voll-)Eigentum an der Immobilie. Daneben können aber insbesondere folgende Konstellationen vorkommen: 2463

Die Immobilie kann nach den Vorschriften des Wohnungseigentumsgesetzes (WEG) in Miteigentumsanteile geteilt sein. Jeder Miteigentumsanteil ist dann mit dem Sondereigentum an einer bestimmten Wohnung (Wohnungseigentum) oder an nicht zu Wohnzwecken dienenden Räumen (Teileigentum, z. B. Gewerbeeinheiten oder Stellplätze) verbunden. Die übrigen Teile des Grundstücks befinden sich im Gemeinschaftseigentum aller Eigentümer. In dieser Konstellation müssen zusätzlich die zugrunde liegende Teilungserklärung, die das Verhältnis der Miteigentümer untereinander bestimmende Gemeinschaftsordnung (meist vereint in einem Dokument) sowie die von der (Wohnungs-)Eigentümergemeinschaft gefassten Beschlüsse der letzten Jahre geprüft werden. Zudem kann gem. § 12 WEG vereinbart sein, dass die Veräußerung von Wohnungs-/Teileigentum die Zustimmung des WEG-Verwalters voraussetzt. In diesem Fall sollte – aus Käufersicht – die Vorlage der Zustimmung als Fälligkeitsvoraussetzung für die Kaufpreiszahlung vereinbart werden. 2464

Darüber hinaus kann es sein, dass der Verkäufer nicht Eigentümer oder Miteigentümer der Immobilie ist, sondern ihm vom Grundstückseigentümer lediglich ein Erbbaurecht eingeräumt worden ist.[1566] Das Erbbaurecht gewährt dem Erbbauberechtigten das Recht, auf dem Grundstück ein Bauwerk zu haben (§ 1 Abs. 1 ErbbauRG). Bei dieser Konstellation muss der dem Erbbaurecht zugrunde liegende Erbbaurechtsvertrag zwischen dem Grundstückseigentümer 2465

1565) In den 2000er Jahren bis ca. 2007/2008 haben Investoren aus steuerlichen Gründen Immobilien mit Kommanditgesellschaften angekauft, deren persönlich haftende Gesellschafterin eine ausländische Kapitalgesellschaft ist, z. B. aus Luxemburg (S.à r.l. & Co. KG) oder den Niederlanden (B.V. & Co. KG). Seit der EuGH im Jahr 2008 entschieden hat (Urteil vom 16.12.2008, C-210/06 – Cartesio), dass es den Mitgliedstaaten freisteht, die inländischen Rechtsfolgen des Wegzugs einer inländischen Gesellschaft zu bestimmen, wird diese Konstruktion soweit erkennbar nicht mehr verwandt. Zur im deutschen Recht herrschenden „Sitztheorie" und ihren Folgen für wegziehende Personengesellschaften, siehe: *Eberhard*, Beck'sches Handbuch der Personengesellschaften, § 28 Rn. 32 ff. Zu den mit diesen Konstruktionen verbundenen gesellschaftsrechtlichen und immobilienrechtlichen Themen siehe Winkelmann, Cartesio und die Folgen für S.à r.l. & Co. KGs, Masterarbeit im Rahmen des Postgraduierten Studiengangs Real Estate Law an der Universität Münster, 2009.
1566) Für Erbbaurechte wird fälschlicherweise teilweise noch der Begriff „Erbpacht" verwendet. *v. Oefele/Winkler*, Handbuch des Erbbaurechts, Ziff. 1.36; zur unübersichtlichen Änderungsgeschichte des Art. 63 EGBGB, siehe MünchKomm-BGB/*Säcker*, Art. 63 EGBGB Rn. 1.

und dem Erbbauberechtigten geprüft werden. Dabei sind in der Regel zumindest folgende Punkte von Bedeutung:

- Die *Veräußerung* des Erbbaurechts setzt in der Regel voraus, dass der Grundstückseigentümer der Übertragung des Erbbaurechts zustimmt. Ein solcher Zustimmungsvorbehalt kann nach § 5 Abs. 1 ErbbauRG als Inhalt des Erbbaurechts vereinbart werden. Die Einholung der Zustimmung nimmt üblicherweise einige Zeit in Anspruch. Oft muss mit dem Grundstückseigentümer darüber verhandelt werden, der nicht selten eine Gegenleistung für die Erteilung der Zustimmung fordert. Deshalb sollte dieses Thema frühzeitig angegangen werden. Im Interesse zumindest des Käufers sollte die Zustimmung als Fälligkeitsvoraussetzung für die Kaufpreiszahlung vereinbart werden.

- Zudem ist für eine Belastung des Erbbaurechtes (z. B. mit Grundschulden zu Gunsten der finanzierenden Bank des Käufers) häufig ebenfalls eine Zustimmung des Grundstückseigentümers erforderlich.[1567] Eine entsprechende Vereinbarung ist durch § 5 Abs. 2 ErbbauRG gestattet.

Sowohl auf die Zustimmung des Grundstückseigentümers zur Veräußerung des Erbbaurechts, als auch auf die Zustimmung zur Belastung des Erbbaurechts, hat der Erbbauberechtigte unter bestimmten Voraussetzungen einen rechtlichen Anspruch (§ 7 Abs. 1 und Abs. 2 ErbbauRG). Für den Anspruch auf Zustimmung zur Veräußerung kommt es maßgeblich auf den Zweck des Erbbaurechts und die Person des Erwerbers an (§ 7 Abs. 1 ErbbauRG). Für den Anspruch auf Zustimmung zu einer Belastung des Erbbaurechts ist hingegen entscheidend, ob die Belastung mit den Regeln einer ordnungsmäßigen Wirtschaft vereinbar ist (§ 7 Abs. 2 ErbbauRG). Dies soll nach der Rechtsprechung jedenfalls dann nicht mehr der Fall sein, wenn das (Grundschuld-)Kapital zuzüglich Zinsen für zwei Jahre 70 % des Verkehrswerts des Erbbaurechts übersteigt.[1568] Ein Anspruch auf Zustimmung zur Belastung des Erbbaurechts scheidet darüber hinaus auch dann aus, wenn die Grundschuld (jederzeit) neu valutierbar ist.[1569]

- Im Erbbaurechtsvertrag ist regelmäßig vereinbart, dass der Erbbauberechtigte bei bestimmten Vertragsverstößen verpflichtet ist, das Erbbaurecht auf den Grundstückseigentümer zurück zu übertragen (sog. „Heimfall", vgl. § 2 Nr. 4 ErbbauRG). Zwar verjähren Heimfallansprüche nach

---

1567) Die Abtretung eines Grundpfandrechts an einem Erbbaurecht dürfte nicht der Zustimmung des Grundstückseigentümers unterliegen (KG JFG 16, 208; 210; Palandt/Bassenge, 74. Aufl., § 5 ErbbauRG Rn. 3).
1568) OLG Celle NJW-RR 2006, 1076, 1077; LG Köln NJW-RR 2000, 682, 683 f.; BayObLG, DNotZ 1989, 368, 370; großzügiger: BayObLGZ 1986, 501, 508: „selbst Belastungen über die […] banküblichen Belastungsgrenzen hinaus können als ordnungsgemäß zugelassen werden."
1569) OLG Hamm NJW-RR 1995, 399; OLG Hamnn BeckRS 2012, 18932.

den gesetzlichen Vorschriften innerhalb von sechs Monaten nach Kenntniserlangung durch den Grundstückseigentümer (§ 4 ErbbauRG). Dennoch sollte gründlich geprüft werden, ob Umstände vorliegen, auf Grund derer der Grundstückseigentümer einen Heimfallanspruch geltend machen könnte.

bb) Belastungen in Abteilung II

Von zentraler Bedeutung sind zudem die in Abteilung II des Grundbuchs eingetragenen Belastungen. Es handelt sich um dingliche Einschränkungen/ Belastungen des Grundstücks, die für und gegen den *jeweiligen* Eigentümer der Immobilie wirken. 2466

Häufige Fälle solcher in Abteilung II eingetragener Belastungen sind Dienstbarkeiten. Zu unterscheiden sind Grunddienstbarkeiten (= zu Gunsten des jeweiligen Eigentümers eines anderen Grundstücks; §§ 1018 ff. BGB) und beschränkt persönliche Dienstbarkeiten (= zu Gunsten einer konkreten Person/ Gesellschaft; §§ 1090 ff. BGB). Dienstbarkeiten schränken die Rechte des Grundstückseigentümers ein. Dies geschieht in der Weise, dass der Begünstigte das Objekt in bestimmter Hinsicht nutzen kann (z. B. als Überwegung/Zufahrt zu seinem Grundstück) oder der Eigentümer des dienenden Grundstücks von einer bestimmten Nutzung ausgeschlossen ist. Je nach Inhalt und Umfang der Einschränkung bzw. des Nutzungsausschlusses mindert die betreffende Dienstbarkeit den Wert der Immobilie. Dies kann zu Abschlägen bei der Bewertung des Grundstücks und damit zu Nachteilen im Rahmen der Finanzierung führen. In Einzelfällen kann es erforderlich sein, dass die Dienstbarkeit gelöscht wird. In diesem Fall sollte die Vorlage der Löschungsunterlagen als Fälligkeitsvoraussetzung für die Kaufpreiszahlung vereinbart werden. 2467

Ein weiterer wichtiger Fall einer Belastung in Abteilung II des Grundbuchs ist das – rechtsgeschäftlich eingeräumte – Vorkaufsrecht (zum Umgang mit gesetzlichen Vorkaufsrechten siehe Rn. 2491). Häufig sind Vorkaufsrechte im Fall von Erbbaurechten. Für den Fall des Verkaufs des Erbbaurechts lässt sich der Grundstückseigentümer in der Regel ein Vorkaufsrecht einräumen. Darüber hinaus kommen – auch beim Volleigentum – hin und wieder Vorkaufsrechte für (sonstige) Dritte vor. So kann es z. B. sein, dass einem Nachbarn oder dem Mieter für den Fall der Veräußerung der Immobilie und ggf. des Eintritts weiterer Voraussetzungen ein Vorkaufsrecht eingeräumt ist. Je nachdem, ob die beabsichtigte Transaktion das Vorkaufsrecht auslöst, sollte der Verzicht des Berechtigten auf sein Vorkaufsrecht als Fälligkeitsvoraussetzung für die Kaufpreiszahlung vereinbart werden. 2468

Zudem kann es sein, dass in Abteilung II des Grundbuchs Vormerkungen zu Gunsten von Dritten eingetragen sind. Mit einer Auflassungsvormerkung soll der Anspruch eines Dritten auf (Rück-)Übertragung abgesichert werden. Hintergrund kann die Einräumung eines Ankaufsrechts sein. Bei von der öf- 2469 fentlichen Hand erworbenen Objekten kann z. B. eine Verpflichtung zur Rückübertragung des Grundstücks vereinbart sein, für den Fall, dass das Objekt vor Ablauf einer bestimmten Frist veräußert wird. In der Regel wird als Fälligkeitsvoraussetzung für die Kaufpreiszahlung vereinbart, dass eine Löschungsbewilligung für diese Belastungen vorliegt.

2470 Zu Belastungen in Abteilung II bestehen regelmäßig ergänzende schuldrechtliche Vereinbarungen. Der Verkäufer wird verlangen, dass der Käufer diese ergänzenden schuldrechtlichen Vereinbarungen mit schuldbefreiender Wirkung für den Verkäufer übernimmt (zumal die schuldrechtlichen Vereinbarungen häufig vorsehen, dass diese auf den Rechtsnachfolger übertragen werden müssen). Um sicher zu stellen, dass die die schuldrechtlichen Vereinbarungen, welche die dingliche Belastung ergänzen, nicht bei ihm verbleiben, wird der Verkäufer häufig verlangen, dass der Käufer pauschal alle ergänzenden schuldrechtlichen Verpflichtungen zu den Belastungen in Abteilung II übernimmt. Der Käufer hat naturgemäß ein Interesse daran, nur solche ergänzenden Verpflichtungen zu übernehmen, die er kennt oder die ihm vom Verkäufer offengelegt wurden.

cc) **Belastungen in Abteilung III**

2471 Die in Abteilung III des Grundbuchs eingetragenen Grundpfandrechte, in den allermeisten Fällen Grundschulden zu Gunsten der finanzierenden Bank des Verkäufers, werden in der Regel gelöscht und durch Grundschulden der finanzierenden Bank des Käufers ersetzt.[1570] Zur Löschung ist eine Löschungsbewilligung durch die finanzierende Bank des Verkäufers erforderlich (§§ 875 BGB, 19 GBO). Die Vorlage der vollzugsfähigen Bewilligungserklärung wird als Fälligkeitsvoraussetzung für die Kaufpreiszahlung vereinbart (siehe Rn. 2493 unten).

2472 Aus Kostengründen kann es durchaus sinnvoll sein, dass die Grundschulden der finanzierenden Bank des Verkäufers von der finanzierenden Bank des Käufers übernommen werden. Bei *Buchgrundschulden* ist dafür die Abtretung und die Eintragung im Grundbuch erforderlich (§§ 1154 Abs. 1, 3, 1192 Abs. 1, 873 BGB). Bei *Briefgrundschulden* bedarf es der Abtretung im Wege des Indossaments (vgl. § 43 GBO) und der Übergabe des Grundschuldbriefes (§§ 1154 Abs. 1, 1117, 1192 Abs. 1 BGB). Bei dieser Variante muss daher auch geprüft werden, ob der Grundschuldbrief vorhanden oder zumindest beschaffbar ist. Zudem kann es sein, dass es seit der ursprünglichen Eintragung der Briefgrundschuld bereits mehrere Abtretungen gegeben hat. Da die Abtretung einer Briefgrundschuld – anders als bei der Buchgrundschuld – nicht der Eintragung der Abtretung im Grundbuch bedarf, ist die im Grundbuch eingetragene Bank möglicherweise nicht mehr aktuelle Inhaberin der Brief-

---

[1570] Die ebenfalls in Abteilung III einzutragenden Hypotheken kommen so gut wie nicht mehr vor.

grundschuld. Es muss also ermittelt werden, welche Bank aktuelle Inhaberin der Briefgrundschuld ist. Ferner wird die finanzierende Bank des Käufers verlangen, dass die Abtretungskette durch die entsprechenden Abtretungserklärungen lückenlos nachgewiesen ist (vgl. § 1155 BGB). Je nachdem, wie viele zwischenzeitliche Abtretungen erfolgt sind, kann dies etwas Zeit in Anspruch nehmen. Der Käufer sollte diese Themen daher frühzeitig ansprechen.

dd) (Tatsächliche) Lage und Bebauung des Grundstücks

Zusammen mit der Grundbuchsituation sollte man sich – auch im Rahmen der rechtlichen, nicht nur der technischen Due Diligence – einen Überblick über die tatsächliche Situation der Immobilie verschaffen. Die Prüfung der tatsächlichen Lage des Grundstücks und der aufstehenden Gebäude ist insbesondere unter folgenden Aspekten wichtig: **2473**

- Es sollte geprüft werden, ob das Grundstück einen direkten Zugang zu einer öffentlichen Straße hat. Hierzu kann der Auszug aus der Flurkarte einen (ersten) Anhaltspunkt bieten. Sollte dies nicht der Fall sein, muss geprüft und mit dem Verkäufer besprochen werden, ob und ggf. unter welchen Bedingungen ein solcher Zugang erreicht werden kann – z. B. durch (dinglich gesicherte) Inanspruchnahme eines Teils des Nachbargrundstücks. Daneben sollte sichergestellt sein, dass auch die maßgeblichen Versorgungsleitungen (Trink-/Abwasser, Gas, Strom etc.), soweit sie über Grundstücke Dritter verlaufen, durch eine Dienstbarkeit oder zumindest schuldrechtliche Gestattungen des betreffenden Grundstückseigentümers abgesichert sind. Auf das im Gesetz vorgesehene Notwegerecht (§ 917 BGB) bzw. die in landesrechtlichen Bestimmungen[1571] verankerten oder von der Rechtsprechung entwickelten Notleitungsrechte[1572] sollte man nur im Ausnahmefall zurückgreifen müssen.

- Es muss zudem geprüft werden, ob die auf dem Grundstück stehenden Gebäude oder sonstigen baulichen Anlagen nicht auf ein Nachbargrundstück überbauen. Sollte es einen solchen Überbau auf ein fremdes Grundstück geben, muss geklärt werden, ob dieser Überbau gestattet ist – ansonsten hat der Grundstücksnachbar ggf. Anspruch auf Beseitigung des Überbaus gem. § 1004 Abs. 1 BGB sowie auf Herausgabe der überbauten Fläche gem. § 985 BGB.[1573] Auch wenn der Überbau gestattet sein sollte, hat der Grundstücksnachbar einen Anspruch auf Zahlung einer Überbaurente (§ 912 Abs. 2 BGB). Je nachdem, welche Fläche der Überbau einnimmt, kann dies bei Zugrundelegung des Verkehrswertes einen erheblichen Betrag ausmachen. Verkäufer verweisen in diesem Zusammenhang

---

1571) Siehe z. B. für Hessen: § 30 NachbGHe; für Brandenburg: § 44 BbgNRG; für Baden-Württemberg: § 7f NRG.
1572) BGHZ 177, 165, 167 f. Rn. 7.
1573) BGH NJW 2011, 1069, 1070.

oft darauf, dass der Grundstücksnachbar ihnen gegenüber auf die Zahlung einer Überbaurente verzichtet habe. Dies nützt dem Käufer jedoch wenig, denn der Verzicht hat keine Wirkung für den Käufer als Erwerber des überbauenden Grundstücks. Ein dinglicher, also auch zu Gunsten des zukünftigen Eigentümers des überbauenden Grundstücks wirkender Verzicht auf die Überbaurente setzt – was oft übersehen wird – die Eintragung im Grundbuch voraus (§ 914 Abs. 2 S. 2 BGB).

c) Öffentliche Lasten, Erschließungskosten

2474 Die Immobilie haftet für öffentliche Lasten. Beispiele für öffentliche Lasten sind die Grundsteuer und bestimmte kommunale Abgaben wie Erschließungs- und Anliegerbeiträge. Es handelt sich um eine dingliche Haftung, d. h. die Zahlungsverpflichtung trifft unabhängig vom Zeitpunkt des Entstehens den Grundstückseigentümer im Zeitpunkt der Inanspruchnahme. Öffentliche Lasten finden zudem vorrangige Berücksichtigung im Rahmen der Zwangsversteigerung einer Immobilie (vgl. § 10 Nr. 3 und Nr. 7 ZVG). Dass die betreffende Abgabe als öffentliche Last auf der Immobilie ruht, setzt allerdings eine entsprechende gesetzliche Anordnung voraus.[1574]

2475 Nach den gesetzlichen Vorschriften ist der Verkäufer verpflichtet, den Erwerber von der Zahlung öffentlicher Lasten lediglich bezogen auf Erschließungs- und Anliegerbeiträge freizuhalten, die bis zum Vertragsschluss bautechnisch begonnen sind (§ 436 Abs. 1 BGB); für das Nichtbestehen sonstiger öffentlicher Lasten haftet der Verkäufer dagegen nicht (§ 436 Abs. 2 BGB). Hinsichtlich der Grundsteuer ist Marktstandard, dass der Verkäufer haftet, soweit diese bis zum Besitzübergang entsteht. Für alle übrigen öffentlichen Lasten findet man unterschiedliche vertragliche Ausgestaltungen. Verkäuferfreundlich ist es, wenn der Verkäufer nur für Abgaben/Beiträge haftet, die bis zum Vertragsschluss oder bis zum Besitzübergang von der Behörde abgerechnet werden, d. h. für die bis dahin ein entsprechender Zahlungsbescheid ergeht. Käuferfreundlich ist es, wenn der Verkäufer für alle Abgaben/Beiträge bzw. für Maßnahmen haftet, die bei Besitzübergang bautechnisch abgeschlossen oder bautechnisch begonnen sind, und zwar unabhängig davon, ob sie bis zu einem bestimmten Zeitpunkt abgerechnet sind oder nicht. Hintergrund für die Diskussionen um die vertragliche Regelung ist, dass die (Erschließungs-)Maßnahmen von den Behörden teilweise erst Jahre nach ihrer Beendigung abgerechnet bzw. erst dann Zahlungsbescheide erlassen werden. Bei der verkäuferfreundlichen Variante besteht für den Käufer daher das Risiko, dass er nach dem Kaufvertrag Abgaben/Beiträge für Maßnahmen tragen muss, die Jahre vor dem Besitzübergang abgeschlossen wurden. Im Übrigen

---

[1574] Vgl. BGH ZIP 1981, 777 = NJW 1981, 2127; BGH NJW 1989, 107, 108; BGH NJOZ 2012, 1870. Für die Grundsteuer siehe § 12 GrStG. Im Übrigen für die Kommunalabgabengesetze beispielhaft: Art. 5 Abs. 7 S. 1 KAG (Bayern); § 27 BWKAG (Baden-Württemberg); §§ 10 Abs. 6, 11 Abs. 11 KAG (Hessen).

haftet der Käufer bei Abgaben/Beiträgen, die als öffentliche Last auf der Immobilie ruhen, auch ohne die Übernahme einer entsprechenden Verpflichtung im Kaufvertrag.

Vor diesem Hintergrund sollte der Verkäufer zur Einstellung in den Datenraum eine Auskunft der zuständigen Gemeinde einholen, ob und ggf. welche Abgaben/Beiträge noch offen sind bzw. mit welchen zukünftig zu rechnen ist (sog. *Anliegerbescheinigung*). Bei den Anliegerbescheinigungen ist allerdings Vorsicht geboten. Die Bescheinigungen sind nicht immer vollständig und die Gemeinde übernimmt keine Haftung dafür. Teilweise werden die betreffenden Maßnahmen nicht (mehr) von der Gemeinde, sondern von Zweckverbänden oder sonstigen Trägern veranlasst und abgerechnet, worauf die Gemeinde in ihrer Anliegerbescheinigung nicht immer hinweist. In diesen Fällen müssen auch von diesen Trägern/Verbänden Auskünfte eingeholt werden. 2476

Vor dem Hintergrund der nicht immer verlässlichen öffentlichen Auskünfte sollte der Käufer darauf achten, dass er vertraglich ausreichend abgesichert ist. 2477

d) Baugenehmigungen/Altlasten

Im Rahmen der rechtlichen Due Diligence sollten – je nach Art der Immobilie – auch Aspekte des Bauplanungs- und Bauordnungsrechts geprüft werden. Zumindest die Frage, ob eine Baugenehmigung für die Baulichkeiten und deren Nutzung vorliegt oder nach dem bestehenden Bauplanungsrecht (ggf. einem Bebauuungsplan) erlangbar ist, muss geprüft werden.[1575] Diese Themen stellen eine typische Schnittstelle der rechtlichen zur technischen Due Diligence dar. Während der rechtliche Berater die öffentlich-rechtlichen Vorgaben an das Gebäude, an die Anzahl der Stellplätze etc. darstellen und ggf. auch prüfen kann, obliegt dem technischen Berater die Überprüfung, ob diese Vorgaben tatsächlich eingehalten werden. Üblicherweise geben die Verkäufer in den Kaufverträgen – zumindest bei der aktuellen Marktlage – nur sehr eingeschränkt Garantien oder sonstige Erklärungen über die Übereinstimmung der tatsächlichen Bebauung und Nutzung mit den Baugenehmigungen ab. Etwaige Risiken im Zusammenhang mit solchen Fragen sollten daher bereits möglichst im Rahmen der Due Diligence ermittelt werden. 2478

Eine ähnliche Zusammenarbeit ist für umweltrechtliche Fragen geboten. Im Rahmen der rechtlichen Due Diligence werden regelmäßig Auskünfte aus den Altlastenkatastern[1576] eingeholt und geprüft. Diese Auskünfte geben teilweise nur Hinweise auf einen Altlastenverdacht, der ggf. im Rahmen der technischen Due Diligence genauer untersucht werden muss. Auch insoweit 2479

1575) Die Baugenehmigung geht nach den einschlägigen Regelungen der Landesordnung auf einen Erwerber über, vgl. z. B. § 75 Abs. 2 BauO NRW.
1576) Die Begriffe werden in den unterschiedlichen Bundesländern verschieden verwendet. In Berlin wird z. B. ein sog. Bodenbelastungskataster geführt.

gilt, dass in Kaufverträgen regelmäßig eine Haftung für Altlasten ausgeschlossen wird bzw. der Verkäufer nur eine Erklärung abgibt, dass ihm Altlasten nicht bekannt sind. Daher sollte in Verdachtsfällen genau aufgeklärt werden, welchen Umfang etwaige Altlasten haben und welche Kosten deren Beseitigung auslösen kann.

e) Mietverträge

aa) Allgemeines

2480 Die überwiegende Anzahl von Immobilien wird wegen der bestehenden und zukünftigen Einnahmen aus der Vermietung erworben. In vielen dieser Fälle ermittelt sich der Kaufpreis dadurch, dass die Netto(kalt-)miete mit einem Faktor multipliziert wird. Vor diesem Hintergrund kommt der Prüfung der Mietverträge eine zentrale Rolle zu. Die Mietverträge sollten zumindest im Hinblick auf die wesentlichen wirtschaftlichen Parameter geprüft werden. Dies sind in der Regel der Bestand des Mietvertrages, die Miete, die (auf den Mieter umlegbaren) Nebenkosten, die Mietdauer, Regelungen zu Instandhaltung/Instandsetzung, ob und in welchem Umfang eine Mietsicherheit vereinbart ist, und ob und in welchem Umfang dem Mieter Ankaufs-, Vorkaufs- und/oder Vormietrechte eingeräumt sind.[1577] Nachfolgend sollen zwei grundlegende Prüfungspunkte der rechtlichen Due Diligence dargestellt werden:

bb) Gesetzlicher Übergang von Mietverhältnissen

2481 Für Miet- und Pachtverträge gilt der Grundsatz „Kauf bricht nicht Miete". Für den Fall einer Veräußerung ordnet das Gesetz an, dass der Erwerber anstelle des Verkäufers in die Rechte und Pflichten eintritt. Dies gilt sowohl für Wohnmietverträge (§ 566 Abs. 1 BGB) als auch für Mietverträge über Gewerberaum (§ 566 Abs. 1 BGB i. V. m. § 578 Abs. 2 S. 1 BGB). Ein Rechtsübergang auf Grund der gesetzlichen Regelung setzt allerdings voraus, dass Verkäufer und Vermieter im Zeitpunkt der Veräußerung identisch sind, wobei die gesetzliche Regelung auf den Zeitpunkt des Eigentumsübergangs, also die Eintragung des Käufers im Grundbuch abstellt.[1578] Im Rahmen der Due Diligence muss also geprüft werden, ob der Grundstückseigentümer/Veräußerer auch der Vermieter im Sinne des Mietvertrages ist. Nicht notwendig ist, dass der Verkäufer bereits zum Zeitpunkt des Mietvertragsabschlusses Vermieter war; es genügt, wenn er es im Laufe des Mietverhältnisses geworden ist[1579] – entweder durch gesetzlichen Eintritt (§ 566 BGB) in Folge der Eintragung im Grundbuch oder durch

---

1577) Ausführlich bei: *Steinke/Niewerth/Ludwig*, Due Diligence bei Grundstücksgeschäften, 2009, Rn. 93 ff.; *Disput*, in: Beck'sches Mandats Handbuch Due Diligence, § 16 Rn. 10 ff.
1578) Staudinger/*Emmerich*, BGB (2014), § 566 Rn. 21.
1579) BGH ZIP 2012, 377 = NJW-RR 2012, 237, dazu EWiR 2012, 275 *(T. Keil)*; OLG Düsseldorf ZMR 2013, 276; Staudinger/*Emmerich*, BGB (2014), § 566 Rn. 21; **a. A.** OLG Köln ZMR 2001, 967.

rechtsgeschäftliche Übertragung. Besondere Vorsicht ist geboten, wenn die Immobilie im Eigentum mehrerer Miteigentümer (Bruchteilseigentümer i. S. v. §§ 1008 ff. BGB) steht. Hier kommt es immer wieder vor, dass der Vermieter im Sinne des Mietvertrages nur einer der Miteigentümer ist. Wenn in einer solchen Konstellation einer oder alle Miteigentümer ihre Miteigentumsanteile veräußern, ist unklar, ob der § 566 Abs. 1 BGB anwendbar ist. Je nachdem, welche Konstellation vorliegt und insbesondere, ob die anderen Miteigentümer der Vermietung zugestimmt haben, soll § 566 Abs. 1 BGB anwendbar sein; eine höchstrichterliche Entscheidung gibt es hierzu noch nicht.[1580] In dieser Konstellation ist es im Sinne des Käufers, einen Nachtrag zum Mietvertrag zu schließen, in dem sich der Mieter mit der Übertragung des Mietverhältnisses auf den Käufer einverstanden erklärt.

cc) Gesetzliche Schriftform

Mietverträge, die für eine Dauer von mehr als einem Jahr (fest) abgeschlossen sind, müssen der gesetzlichen Schriftform genügen (§§ 550 S. 1, 126 BGB). Werden deren Vorgaben nicht eingehalten, gilt der Vertrag als für unbestimmte Zeit abgeschlossen (§ 550 S. 1 BGB). Das gesetzliche Schriftformerfordernis ist im Zusammenhang mit dem oben dargestellten Übergang des Mietvertrages auf den Erwerber zu sehen. Wenn ein Erwerber in ein Mietverhältnis eintritt, dessen Inhalt er nicht nachlesen kann, soll er sich von diesem Rechtsverhältnis wieder lösen können. Der Mietvertrag kann daher bei Nichteinhaltung der Schriftform – von jeder Partei – innerhalb der gesetzlichen Kündigungsfrist (ordentlich) gekündigt werden (§§ 550 S. 1, 542 Abs. 1 BGB). Bei Mietverhältnissen über Geschäftsräume ist die (ordentliche) Kündigung spätestens am dritten Werktag eines Quartals zum Ablauf des nächsten Quartals zulässig (§ 580a Abs. 2 BGB). Im Hinblick auf diese weitreichende Rechtsfolge sollten im Rahmen der rechtlichen Due Diligence zumindest die wirtschaftlich wichtigsten Mietverträge auf die Einhaltung der gesetzlichen Schriftform überprüft werden.

2482

Die Einhaltung der gesetzlichen Schriftform setzt zunächst voraus, dass die wesentlichen Bedingungen eines Mietverhältnisses, jedenfalls die Angabe der Vertragspartner des Mietgegenstandes, der Miete und der Laufzeit enthalten sind.[1581] Diese wesentlichen Bedingungen des Mietverhältnisses müssen sich aus dem schriftlichen Vertrag oder aus damit verbundenen und darin in Bezug genommenen Urkunden und Anlagen ergeben.[1582] Viele Mietverträge enthalten potentielle Verstöße gegen die gesetzliche Schriftform. Häufige Beispiele sind, dass der Mietgegenstand nicht hinreichend bestimmt ist oder wesentliche Vereinbarungen mündlich oder jedenfalls nicht unter ausreichender Bezugnahme auf den bestehenden Mietvertrag getroffen wurden.

2483

1580) Umfassend m. w. N.: Staudinger/*Emmerich*, BGB (2014), § 566 Rn. 22.
1581) BGH NJW 2008, 2178. 2179; BGH NJW-RR 2010, 1309, 1310; BGH NJW 2014, 2102, 2103; BGH NJW 2016, 311.
1582) BGH NJW 2008, 2178, 2179 Rn. 19 ff.; BGH NJW-RR 2010, 1309, 1310; BGH NJW 2014, 2102, 2103.

2484 Inzwischen enthält die überwiegende Mehrheit von (Gewerberaum-)Mietverträgen eine sog. qualifizierte Schriftformklausel, in der sich die Mietvertragsparteien verpflichten, *„alle Handlungen vorzunehmen und Erklärungen abzugeben, die erforderlich sind, um dem gesetzlichen Schriftformerfordernis Genüge zu tun und den Mietvertrag nicht unter Berufung auf die Nichteinhaltung der gesetzlichen Schriftform vorzeitig zu kündigen"*.

2485 Es ist umstritten, ob eine solche Schriftformheilungsklausel – entweder nur individualvertraglich oder sogar in Allgemeinen Geschäftsbedingungen – wirksam vereinbart werden kann, insbesondere, ob sie auch einem Grundstückserwerber gegenüber Wirkung entfaltet.

2486 In der Vergangenheit hat der (wohl überwiegende) Teil der Oberlandesgerichte die Wirksamkeit solcher qualifizierter Schriftformheilungsklauseln bejaht und eine auf Schriftformmangel gestützte vorzeitige Kündigung des Mietverhältnisses als treuwidrig angesehen.[1583]

2487 Allerdings hat der BGH in zwei jüngeren Urteilen entschieden, dass sich (jedenfalls) der in das Mietverhältnis eintretende Grundstückserwerber nicht treuwidrig verhält, wenn er trotz einer im Mietvertrag enthaltenen qualifizierten Schriftformheilungsklausel das Mietverhältnis wegen Schriftformmangels kündigt.[1584] Der BGH hat dazu präzisiert, dass die qualifizierte Schriftformheilungsklausel den Grundstückserwerber nicht bindet, unabhängig davon, ob die Schriftformheilungsklausel individualvertraglich oder als Allgemeine Geschäftsbedingung vereinbart ist. Zur Begründung hat der BGH ausgeführt, dass § 550 BGB in erster Linie sicherstellen will, dass ein späterer Grundstückserwerber, der kraft Gesetzes in das Mietverhältnis eintritt, dessen Bedingungen aus einem schriftlichen Mietvertrag ersehen kann. Sofern dies, z. B. infolge einer mündlichen Nebenabrede, nicht der Fall sei, sei es mit diesem (Schutz-)Gedanken nicht vereinbar, dass ihm die Möglichkeit genommen werde, sich von dem Mietvertrag zu lösen. Ob darüber hinaus § 550 BGB auch im Hinblick auf die ursprünglichen Vertragsparteien – insbesondere auch zu Gunsten des Mieters – zwingend ist oder zumindest individualvertraglich abbedungen werden kann, hat der BGH noch nicht entschieden.

3. Fälligkeitsvoraussetzung für die Kaufpreiszahlung

2488 Bei Immobilien-Transaktionen bilden die Voraussetzungen für die Fälligkeit des Kaufpreises einen wesentlichen, häufig bis kurz vor Vertragsschluss heftig diskutierten Teil des Kaufvertrages. Dies gilt insbesondere für den Asset Deal. Dies liegt auch daran, dass anders als beim regulären Unternehmens-

---

1583) OLG Koblenz NJW-RR 2014, 132; OLG Hamm NZM 2013, 760; OLG Naumburg NZM 2012, 808; KG NZM 2007, 402; OLG Düsseldorf NZM 2000, 547; OLG Köln NJuZ 2006, 325; a. A., sofern die Schriftformheilungsklausel auch den Erwerber des Grundstücks bindet: OLG Düsseldorf ZMR 2013, 276; offengelassen: OLG Rostock NJW 2009, 445.

1584) BGH NJW 2014, 2102 Rn. 31; BGH NJW 2014, 1087 Rn. 27, vgl. auch OLG Braunschweig NZM 2016, 197, 200.

a) Fälligkeitsvoraussetzungen

Es haben sich folgende Standard-Fälligkeitsvoraussetzungen für die Kaufpreiszahlung herausgebildet: 2489

aa) Auflassungsvormerkung

Üblicherweise wird eine Auflassungsvormerkung bewilligt und beantragt. 2490
Die Vormerkung stellt sicher, dass nachträglich eingetragene Rechte gegenüber dem Käufer unwirksam sind (vgl. § 883 Abs. 2 BGB). Teilweise wird für die Fälligkeit auch nur auf die Sicherstellung der Eintragung einer Vormerkung abgestellt. In diesem Fall soll der Notar einige Tage nach Antragstellung beim Grundbuchamt durch Einsicht in die Grundakte und die sog. Markentabelle prüfen, ob weitere Anträge vorliegen und sodann bestätigen, dass die Vormerkung ranggerecht eingetragen werden kann. Sicherer für den Käufer ist es, wenn als Fälligkeitsvoraussetzung die *Eintragung* der Auflassungsvormerkung vereinbart wird.

bb) Vorkaufsrechte/städtebauliche Sondergebiete

Ein wesentlicher Aspekt im Zusammenhang mit der Fälligkeit ist die Sicher- 2491
stellung, dass keine gesetzlichen und/oder vertraglichen Vorkaufsrechte ausgeübt werden. In erster Linie betrifft das die gesetzlichen Vorkaufsrechte gem. § 24 Abs. 1 BauGB. Jedoch gibt es weitere gesetzliche Vorkaufsrechte für die jeweilige Gemeinde, das betreffende Bundesland oder sonstige Behörden[1585], die von Notaren routinemäßig abgefragt werden.

Sofern die Immobilie in einem städtebaulichen Sondergebiet (z. B. Sanie- 2492
rungsgebiet, §§ 136 ff. BauGB) liegt, bedürfen in der Regel die Veräußerung und die Belastung der Immobilie (in der Regel die Finanzierungsgrundschuld der finanzierenden Bank des Käufers) der Zustimmung der (Sanierungs-)Behörde (vgl. § 144 Abs. 2 Nrn. 1 bis 3 BauGB). Zudem bedarf in diesen Fällen in der Regel auch der Abschluss eines Miet-/Pachtvertrages mit einer Laufzeit von mehr als einem Jahr der sanierungsrechtlichen Genehmigung (vgl. § 144 Abs. 1 Nr. 2 BauGB). Um zu ermitteln, ob die Immobilie in einem Sanierungsgebiet oder in einem anderen[1586] städtebaulichen Sondergebiet liegt, reicht es nicht aus zu prüfen, ob ein entsprechender Vermerk (z. B. Sanierungsvermerk gem. § 143 Abs. 2 S. 2 BauGB) im Grundbuch eingetragen ist.

1585) Zu gesetzlichen Vorkaufsrechten nach Landesrecht vgl. die Übersicht des Deutschen Notarinstitutes (Stand: 20.10.2015), abrufbar unter http://www.dnoti.de/medien/623797ac-aff7-4300-87b8-acec2d54e281/vorkaufsrechte_2015_02_16.pdf.

1586) Weitere städtebauliche Sondergebiete (Entwicklungsgebiet, Stadtumbaugebiet, Erhaltungssatzung) ergeben sich aus §§ 165 ff. BauGB.

Die Eintragung eines solchen Vermerks ist nur deklaratorisch. Vor diesem Hintergrund sollte der Notar oder der Käufer eine schriftliche Auskunft der betreffenden Gemeinde einholen (häufig liegen solche Auskünfte aber bereits im Datenraum vor).

cc) Löschungsunterlagen für nicht zu übernehmende Belastungen

2493 Da die Vormerkung nur vor nachrangig eingetragenen Belastungen schützt, müssen für sonstige Belastungen, die der Käufer nicht übernehmen will (insbesondere die bestehenden Grundschulden), Löschungsunterlagen zu treuen Händen des Notars vorliegen. Solche Löschungsbewilligungen müssen in grundbuchtauglicher Form erteilt werden (§ 29 GBO) und dürfen nur mit Auflagen verbunden sein, die die Abwicklung des Kaufvertrages nicht behindern. So ist insbesondere sicherzustellen, dass der Ablösebetrag für die bestehenden Grundpfandrechte die Höhe des Kaufpreises nicht überschreitet.

dd) Freigabeerklärung der finanzierenden Bank (des Verkäufers)

2494 In jüngerer Zeit wurden die in Darlehensverträgen verlangten Sicherheiten immer umfangreicher. Insbesondere sind Darlehensnehmer verpflichtet, Ansprüche aus Kaufverträgen, Mietverträgen, Versicherungen etc. an die finanzierenden Banken abzutreten. Es muss für den Käufer sichergestellt sein, dass die Sicherheiten gegen Zahlung des Ablösebetrages (vgl. oben Rn. 2493) freigegeben bzw. zurückabgetreten werden. Häufig enthalten Finanzierungsvereinbarungen jedoch die Regelung, dass zunächst der Ablösebetrag bei der Bank eingehen muss und erst danach die Freigabe/Rückabtretung der Sicherheiten erfolgt. Um insoweit zu vermeiden, dass nach der Zahlung des Ablösebetrages noch Freigabeerklärungen/Rückabtretungen erfolgen müssen (und der Käufer insoweit der finanzierenden Bank des Verkäufers hinterherlaufen muss), verlangen Käufer immer häufiger sog. Freigabeerklärungen der finanzierenden Banken des Verkäufers. Es handelt sich um ein Schreiben der finanzierenden Bank des Verkäufers, in dem dieser Zug-um-Zug gegen Erhalt des Ablösebetrages sämtliche bestehenden Sicherheiten freigibt bzw. zurückabtritt.

b) Long Stop Date

2495 Bei normaler Abwicklung dürften die vorstehend genannten Fälligkeitsvoraussetzungen innerhalb von sechs bis acht Wochen erfüllt sein. Allerdings kann es zu unvorhergesehenen Problemen kommen oder es bestehen besondere Fälligkeitsvoraussetzungen, bei denen die Parteien auf die Mitwirkung eines Dritten angewiesen sind. Ein Beispiel hierfür ist die Vereinbarung, dass zur Fälligkeit des Kaufpreises u. a. auch ein Nachtrag zu einem oder mehreren Mietverträgen vorliegen muss, mit dem jeweils in der Due Diligence aufgefundene Verstöße gegen die gesetzliche Schriftform geheilt werden sollen (siehe oben Rn. 2482). Um den Kaufvertrag nicht über einen zu langen Zeitraum in der Schwebe zu halten, empfiehlt sich die Vereinbarung eines sog. Long Stop Dates. Regelmäßig wird ein Zeitpunkt sechs bis neun Monate nach Abschluss des Kaufvertrages gewählt, zu dem der Käufer den Rücktritt erklären kann, sollten die Fälligkeitsvoraussetzungen bis dahin noch nicht vorliegen. Verkäufer verlangen häufig, dass auch ihnen ein entsprechendes Rücktrittsrecht eingeräumt wird. Insoweit ist jedoch Vorsicht geboten, da die Verkäufer dann ggf. bei einem besseren Angebot ein Interesse haben können, die Fälligkeitsvoraussetzungen nicht herbeizuführen. Eine solche treuwidrige Herbeiführung des Bedingungseintritts (§ 162 Abs. 2 BGB) für das Rücktrittsrecht ist im Einzelfall nur schwer nachweisbar. Es empfiehlt sich, falls durchsetzbar, dem Verkäufer im Fall eines Rücktritts nach Maßgabe einer Long-Stop-Date-Klausel die Rückerstattung der Notar- und Grundbuchkosten oder zumindest eines Teils davon aufzuerlegen.

4. Besondere Steuerthemen bei Immobilien-Transaktionen

Immobilientransaktionen, ob als Asset oder Share Deal, sind eine Fallgruppe des Unternehmenskaufs. Sie weisen sowohl allgemeine als auch spezielle steuerliche Besonderheiten auf, die in der Praxis zu beachten sind. Das gilt insbesondere hinsichtlich der grunderwerbsteuerlichen Besonderheiten und der Haftung des Erwerbers nach § 75 AO (vgl. Rn. 574 ff. sowie 1019 ff.). 2496

a) Umsatzsteuer

aa) Geschäftsveräußerung im Ganzen

Der Verkauf eines Unternehmens im Ganzen unterliegt nicht der Umsatzsteuer (§ 1 Abs. 1a UStG);[1587] insoweit gilt ein sehr weiter umsatzsteuerlicher Unternehmensbegriff (z. B. vermietete Immobilie oder Eigentumswohnung = Unternehmen). Hierzu zählt der Verkauf einer vermieteten Immobilie, wenn der Erwerber die Vermietung fortsetzt (auch bei teilweisem Leerstand; entschieden für 37 % Leerstand).[1588] 2497

Bei Erwerb einer Immobilie vom Projektentwickler liegt keine Geschäftsveräußerung im Ganzen vor, weil die Projektentwicklung mit der Errichtung, dem Finden von Mietern und der Veräußerung der Immobilie ihren Abschluss gefunden hat. Der Erwerber betreibt dann ein anderes (Vermietungs-)Unternehmen.[1589] Eine Geschäftsveräußerung im Ganzen kann allerdings dann vorliegen, wenn die Projektentwicklung bereits in eine Vermietung übergegangen war.[1590] 2498

Bei Veräußerung eines nicht vermieteten Grundstücks liegt keine Geschäftsveräußerung im Ganzen vor.[1591] 2499

1587) Vgl. Rn. 596 ff.
1588) BFH, v. 1.4.2004 – V B 112/03, BStBl II 2004, 802; BFH, v. 30.4.2009 – V R 4/07, BStBl II 2009, 863.
1589) BFH, v. 24.2.2005 – V R 45/02, BStBl II 2007, 61.
1590) BFH, v. 12.8.2015 – XI R 16/14, DStR 2016, 47.
1591) BFH, v. 11.10.2007 – V R 57/06, BStBl. II 2008, 44.

2500 Grundsätzlich besteht kein Wahlrecht der Parteien der Geschäftsveräußerung darüber, ob eine Geschäftsveräußerung im Ganzen vorliegt oder nicht.

Achtung: Im Falle einer Geschäftsveräußerung im Ganzen darf in Vertrag oder Rechnung keine Umsatzsteuer ausgewiesen werden; andernfalls schuldet der Veräußerer den ausgewiesenen Betrag trotzdem (§ 14c Abs. 1 UStG), der Erwerber kann ihn jedoch nicht als Vorsteuer geltend machen!

2501 Rechtsfolge der Geschäftsveräußerung im Ganzen ist, dass beim Veräußerer laufende Berichtigungszeiträume (§ 15a UStG) nicht unterbrochen werden, sondern auf den Erwerber übergehen (§ 15a Abs. 10 UStG). Dies kann für den Erwerber vor- oder nachteilig sein, sodass nach dem Ergebnis der Due Diligence entsprechende Regelungen im Kaufvertrag zu treffen sind (vgl. Rn. 596 ff.).

2502 Dem Erwerber sind die erforderlichen Angaben und Informationen (sog. § 15a-Register) zu übergeben (§ 15a Abs. 10 S. 2 UStG, 15a.12 UStAE).

2503 Vorsicht: Der Anwendungsbereich der Geschäftsveräußerung im Ganzen stimmt mit dem der Haftung des Betriebsübernehmers (§ 75 AO) zumeist überein, so dass auch diesbezüglich Regelungen und Absicherungen zu treffen sind (vgl. Rn. 1031).

bb) Steuerfreier Immobilienerwerb/Option zur Steuerpflicht

2504 Liegt keine Geschäftsveräußerung im Ganzen vor, löst der Verkauf von Unternehmensteilen grundsätzlich Umsatzsteuer aus, außer im Hinblick auf steuerbefreiter Umsätze.

2505 Der Verkauf von Anteilen an einer Immobiliengesellschaft ist umsatzsteuerfrei (§ 4 Nr. 8 lit. f) UStG). Dies gilt grundsätzlich auch für die Veräußerung aller Anteile an einer Personengesellschaft (keine Geschäftsveräußerung im Ganzen).[1592] Bei der direkten Veräußerung von Grundstücken (und auch Erbbaurechten) per Asset Deal besteht ebenfalls grundsätzlich Steuerbefreiung (§ 4 Nr. 9 lit. a) UStG).

2506 Es besteht insoweit die Möglichkeit für die Umsatzsteuer zu optieren und auf die Steuerbefreiung zu verzichten (§ 9 Abs. 1, 3 UStG), sog. Option. Dies erfolgt im Interesse des Verkäufers, damit er in der Vergangenheit gezogene Vorsteuer nicht ggf. nach § 15 a Abs. 8 UStG berichtigen muss. Allerdings ist die steuerbare Veräußerung für den Käufer von Nachteil, wenn und soweit er die Umsatzsteuer nicht als Vorsteuer geltend machen kann (z. B. auf Grund der Verwendung für schädliche Ausgangsumsätze).

2507 Im Unterschied zur Geschäftsveräußerung im Ganzen besteht hier also eine Optionsmöglichkeit. Nehmen die Parteien eine Geschäftsveräußerung im Ganzen an, ist aber eine vorsorgliche und im Übrigen unbedingte Option

---

[1592] BFH, v. 29.10.1987 – X R 33-34/81, BStBl II 1988, 92; vgl. BFH, v. 21.12.1988 – V R 24/87, BStBl II 1989, 430.

möglich.[1593)]

Erklärung und Widerruf der Option sind nach aktueller Finanzverwaltungsansicht bis zur formellen Bestandskraft der jeweiligen Jahressteuerfestsetzung zulässig.[1594)] Nach neuester Ansicht des BFH[1595)] ist die Ausübung der Option jedoch nur im (Erst-)Kaufvertrag selbst und nicht mehr in einem (notariell beurkundeten) Nachtrag zum Kaufvertrag möglich. Für Fälle aus der Vergangenheit kommt ein Vertrauensschutz gemäß § 176 AO in Betracht, da der USt-Anwendungserlass bisher für den Steuerpflichtigen günstiger war. 2508

Zu beachten ist für die Wirksamkeit der Option das Formerfordernis der notariellen Beurkundung (§ 9 Abs. 3 S. 2 UStG). 2509

Der Erwerber ist dann Schuldner der Umsatzsteuer (§ 13b Abs. 5 UStG; sog. Reverse-Charge). Er kann die geschuldete Umsatzsteuer aber zeitgleich (unter den Voraussetzungen von § 15 UStG) als Vorsteuer geltend machen; es besteht also keine Liquiditätsbelastung; und es ist keine Rechnung für den Vorsteuerabzug erforderlich. 2510

cc) Teiloption

Eine Teiloption (im notariellen Vertrag) ist möglich, bei gemischt umsatzsteuerpflichtiger und umsatzsteuerfreier Nutzung der Immobilie. Sie setzt funktional räumlich abgrenzbare Teilflächen voraus.[1596)] 2511

Der Umfang der Teiloption ist regelmäßig ein Schwerpunktthema in der Due Diligence und in der Verhandlung des Kaufvertrags; insbesondere auch bzgl. Leerflächen. 2512

dd) Vorsteuerabzug und -berichtigung

Die infolge der Option entstandene Umsatzsteuer kann der Erwerber als Vorsteuer geltend machen (§ 15 UStG), soweit er die Immobilie für sein Unternehmen erwirbt und sie nicht für steuerfreie Ausgangsumsätze verwendet oder zu verwenden beabsichtigt. 2513

Ändern sich die Ausgangsumsätze des Erwerbers (z. B. durch Mieterwechsel) innerhalb von zehn Jahren, kommt es, soweit mit Option angekauft, zu einer Berichtigung der darauf geltend gemachten Vorsteuer (§ 15a UStG). Im Rahmen der Due Diligence ist deshalb vor allem die Vermietungshistorie und -planung auf umsatzsteuerfreie (§ 4 Nr. 12 UStG) und umsatzsteuerbare (§§ 9 Abs. 1, 2 und 27 Abs. 2 UStG) Vermietungen zu prüfen. 2514

Als regelmäßig problematisch erweist sich zudem die Ermittlung der Quote für die Aufteilung der Vorsteuer. Für die Aufteilung von Vorsteuerbeträgen 2515

1593) 9.1 Abs. 3 S. 3 UStAE.
1594) 9.1 Abs. 3 S. 1 UStAE.
1595) BFH, v. 21.10.2015 – XI R 40/13.
1596) Vgl. BFH, v. 26.6.1996 – XI R 43/90, BStBl II 1997, 98; 9.1 Abs. 6 S. 3 UStAE.

geht die MwStSystRL als Regel-Aufteilungsmaßstab von einem Umsatzschlüssel aus; § 15 Abs. 4 S. 3 UStG ordnet seinem Wortlaut nach aber die subsidiäre Geltung eines objektbezogenen Umsatzsteuerschlüssels an und hat vorrangig eine Aufteilung nach dem sog. Flächenschlüssel im Blick. Welcher Aufteilungsmaßstab in bestimmten Fallkonstellationen vorrangig ist, ist zwischen BFH und EuGH derzeit noch nicht abschließend geklärt.[1597]

b) Gewerbesteuer

2516 Der Gewerbesteuer unterliegt ein Gewerbebetrieb nur, soweit für ihn im Inland eine Betriebsstätte (§ 2 GewStG, § 12 AO) unterhalten wird. Da die Vermietung inländischer Immobilien nicht per se eine Betriebsstätte begründet, wird in der Praxis häufig so strukturiert, dass das ausländische Immobilienunternehmen keine Betriebsstätte im Inland aufweist. Die erstrebte Gewerbesteuerersparnis ist gegen die operativen Nachteile einer Struktur ohne Betriebsstätte abzuwägen. Bei der Due Diligence ist das Thema intensiv zu prüfen.

2517 Grundstücksunternehmen mit inländischer Betriebsstätte, die grundsätzlich ausschließlich eigenen Grundbesitz verwalten und nutzen, aber kraft Rechtsform gewerbliche Einkünfte erzielen, können die erweiterte Gewerbesteuerkürzung erlangen (und damit im Ergebnis Gewerbesteuerfreiheit), solange und soweit ihr Gewinn während des gesamten Wirtschaftsjahres ausschließlich auf die Verwaltung und Nutzung des eigenen Grundbesitzes entfällt (§ 9 Abs. 1 S. 2 ff. GewStG).

2518 Bei Veräußerung der „letzten" Immobilie per Asset Deal kann eine bis dahin bestehende erweiterte Kürzung des veräußernden Grundstücksunternehmens entfallen, wenn dadurch nicht mehr im kompletten Veranlagungszeitraum ausschließlich eigener Grundbesitz verwaltet und genutzt wird. Deshalb erfolgt Besitz-, Nutzen- und Lastenwechsel in diesen Fällen regelmäßig zur letzten logischen Sekunde des Wirtschaftsjahrs.

2519 Schädlich ist, wenn innerhalb von fünf Jahren die sog. Drei-Objekt-Grenze[1598] und damit die Grenze zur gewerblichen Tätigkeit überschritten wird.

2520 Die erweiterte Gewerbesteuerkürzung entfällt auch bei mit der Grundbesitznutzung zusammenhängenden Nebentätigkeiten, die nicht mehr als ein zwingend notwendiger Teil einer wirtschaftlich sinnvoll gestalteten eigenen

---

1597) EuGH, v. 8.11.2012 – C-511/10, DStR 2012, 2333; vgl. auch EuGH, v. 10.7.2014 – C-183/13, BB 2014, 1952; BFH, v. 3.7.2014 – V R 2//10, DB 2014, 1969; BFH, v. 5.6.2014 – XI R 31/09, DStR 2014, 1438; BFH, v. 7.5.2014 – V R 1/10, DStR 2014, 1162; BFH, v. 5.9.2013 – XI R 4/10, BStBl II 2014, 95; BFH, v. 22.8.2013 – V R 19/09, DStR 2013, 2757. Dazu *Behrens*, BB 2014, 2020; *Filtzinger*, UR 2014, 293; *Grune*, AktStR 2014, 137; *Heuermann*, UR 2014, 505; *Kessler/Haller*, DStR 2014, 553; *Meurer*, MwStR 2014, 534; *Michel*, HFR 2014, 348; *v. Streit*, UStB 2014, 120.
1598) BFH, v. 9.12.1986 – VIII R 317/82, BStBl II 1988, 244; BFH, v. 1.12.1989 – III R 56/85, BStBl II 1990, 1054; BFH, v. 3.7.1995 – GrS 1/93, BStBl II 1995, 617.

Grundstücksverwaltung und -nutzung angesehen werden können.[1599] Eine diese (niedrige) Unschädlichkeitsschwelle überschreitende Mitvermietung von Betriebsvorrichtungen birgt regelmäßig das Risiko der Versagung der erweiterten Kürzung.[1600] Außerdem können gewerbliche Leistungen des Vermieters an die Mieter (z. B. Werbemaßnahmen, Centermanagement) schädlich sein.[1601]

XXIX. Energie

1. Hintergrund

Der Energiesektor ist einer der wichtigsten Sektoren der Wirtschaft in Deutschland.[1602] Aufgrund seiner Bedeutung sowie des natürlichen Monopols der Netze ist er **stark reguliert**.[1603]

2521

Bis zur europarechtlich veranlassten Liberalisierung der Energiemärkte Ende der 1990er Jahre war die deutsche Energiewirtschaft durch Gebietsmonopole gekennzeichnet. Es bestand die Überzeugung, dass die gesamte Energieversorgung ein natürliches Monopol sei und aus diesem Grund Monopole von vertikal integrierten Energieversorgungsunternehmen (EVU) die beste Gewähr für eine sichere und preisgünstige Energieversorgung bieten. Die örtlichen EVU hatten neben dem ausschließlichen Recht zur Nutzung der öffentlichen Straßen und Wege für ihre Leitungen (Netzkonzession) daher auch durch Demarkationsverträge gesicherte ausschließliche Rechte in Bezug auf die Energieversorgung der im Gebiet ansässigen Kunden (**Prinzip der geschlossenen Versorgungsgebiete**). Die Versorgungswirtschaft war dabei ausdrücklich von dem ansonsten seit Einführung des Gesetzes gegen Wettbe-

2522

1599) BFH, v. 29.4.1977 – VI R 208/75, BStBl II 1977, 716; BFH, v. 14.6.2005 – VIII R 3/03, BStBl II 2005, 778.
1600) BFH, v. 22.6.1977 – I R 50/75, BStBl II 1977, 778; BFH, v. 22.8.1990 – I R 66/88, BStBl II 1991, 249.
1601) Vgl. FG Niedersachsen, v. 26.6.2013 – 7 K 10056/09 (Revision zum BFH unter IV R 34/13).
1602) Die im Bereich der Energieversorgung tätigen Unternehmen zählten im Februar 2015 über 236.000 Beschäftigte. Sie erwirtschafteten im Jahr 2014 einen Umsatz von 561 Milliarden Euro und investierten rund 9,1 Milliarden Euro. Ihr Wertschöpfungsbeitrag an der Bruttowertschöpfung in Deutschland betrug rund 2,6 % (2013). Vgl. für alle Angaben die Internetseiten des Statistischen Bundesamts und des Sachverständigenrats zur Begutachtung der gesamtwirtschaftlichen Entwicklung.
1603) Das Basisgesetz der Energiewirtschaft ist das Energiewirtschaftsgesetz (EnWG), ergänzt durch zahlreiche Verordnungen wie die Strom- bzw. Gasnetzzugangsverordnung (StromNZV bzw. GasNZV), die Strom- bzw. Gasnetzentgeltverordnung (StromNEV bzw. GasNEV), die Anreizregulierungsverordnung (ARegV), die Strom- bzw. Gasgrundversorgungsverordnung (StromGVV bzw. GasGVV) und die Verordnung zu abschaltbaren Lasten (AbLaV); daneben spielen u. a. das Erneuerbare-Energien-Gesetz (EEG), das Kraft-Wärme-Kopplungs-Gesetz (KWKG), das Treibhausgas-Emissionshandelsgesetz (TEHG) und die Konzessionsabgabenverordnung (KAV) eine wichtige Rolle, planungsrechtliche Sondergesetze sind z. B. das Energieleitungsausbaugesetz (EnLAG) und das Netzausbaubeschleunigungsgesetz (NABEG).

werbsbeschränkungen im Jahr 1957 geltenden Kartellverbot ausgenommen.[1604] Zur Kontrolle der Unternehmen diente anstatt des Wettbewerbs eine umfassende staatliche Aufsicht. In diesem Umfeld waren M&A Transaktionen nicht häufig und gingen in der Regel auf staatliche Entscheidungen zurück.[1605]

2523 Ende der 1980er Jahre begann sich die ordnungspolitische Überzeugung in zahlreichen Staaten und auch bei der Europäischen Kommission dahingehend zu ändern, dass nur noch die Netze als natürliches Monopol angesehen wurden, nicht mehr jedoch die Marktsegmente Erzeugung/Produktion, Handel und Vertrieb, in denen nunmehr Wettbewerb eingeführt werden sollte. Mit der **Liberalisierung der Energiemärkte** durch die **drei EU-Richtlinien-Pakete** von 1996/1998,[1606] 2003[1607] und 2009,[1608] umgesetzt in Deutschland durch das EnWG 1998,[1609] das EnWG 2005[1610] und das EnWG 2011[1611] sowie die dazugehörigen Verordnungen, wurde die Kartellausnahme für die Energiewirtschaft abgeschafft, das Recht Dritter auf diskriminierungsfreien Netzzugang und Netznutzung begründet, die Entflechtung des Netzes von der Erzeugung und der Versorgung vorgeschrieben, Regulierungsbehörden für den Netzbereich sowie der freie Wettbewerb bei Erzeugung/Produktion und Versorgung eingeführt. Seitdem gab und gibt es auch in der traditionellen Energiewirtschaft zahlreiche M&A Transaktionen in allen Marktsegmenten.

2524 Der andere entscheidende Grund für die Herausbildung eines lebhaften M&A Geschehens war die **Einführung des Erneuerbare-Energien-Gesetzes** im Jahr 2000 und dessen regelmäßige Novellierungen.[1612] Diese führten über die letzten 15 Jahre zu einer rasanten Veränderung der Erzeugungslandschaft mit Stand Ende 2014 u. a. über 35 MW installierter Leistung für Windenergie an Land und einer ebenso großen installierten Leistung von Photovoltaikanlagen. Diese Entwicklung hatte wirtschaftlich stark nachteilige Folgen für die Unternehmen der traditionellen Energiewirtschaft, die zum einen die erneuerbaren Energien erst vergleichsweise spät entdeckt hatten und zum anderen über große konventionelle Erzeugungskapazitäten verfügten, welche gegenüber erneuerbar erzeugtem Strom gesetzlich nachgeordnet sind.

1604) Vgl. § 103 Abs. 1 GWB in der bis 1998 geltenden Fassung.
1605) Vgl. zur Geschichte der Regulierung der Energiewirtschaft bis zur Liberalisierung *Büdenbender*, Schwerpunkte der Energierechtsreform 1998, S. 1 ff.
1606) EU-Elektrizitätsbinnenmarktrichtlinie 96/92/EG v. 19.12.1996, EU-Gasbinnenmarktrichtlinie 98/30/EG v. 22.06.1998.
1607) EU-Elektrizitätsbinnenmarktrichtlinie 2003/54/EG v. 26.6.2003, EU-Gasbinnenmarktrichtlinie 2003/55/EG v. 26.06.2003.
1608) EU-Elektrizitätsbinnenmarktrichtlinie 2009/72/EG v. 13.7.2009, EU-Gasbinnenmarktrichtlinie 2009/73/EG v. 13.07.2009.
1609) Gesetz zur Neuregelung des Energiewirtschaftsrechts v. 24.4.1998.
1610) Zweites Gesetz zur Neuregelung des Energiewirtschaftsrechts v. 7.7.2005.
1611) Gesetz zur Neuregelung energiewirtschaftlicher Vorschriften v. 26.7.2011.
1612) Derzeit geltende Fassung v. 21.7.2014 (EEG 2014).

Aufgrund der durch die Bundesregierung beschlossenen sog. **Energiewende**[1613] ist zu erwarten, dass der Umbau der Energiewirtschaft auch weiterhin mit hohem Tempo vorangehen und zahlreiche M&A Transaktionen, einschließlich konzerninterner Umstrukturierungen und Joint Ventures mit sich bringen wird. 2525

2. Zielobjekte

In der Energiewirtschaft kommen vor allem der Erwerb von Beteiligungen an EVU, der Erwerb von Netzbetreibern bzw. von Netzen an sich, der Erwerb von Erzeugungsanlagen sowie von Projektrechten zu Errichtung und Betrieb von Erzeugungsanlagen in Betracht. 2526

a) Energieversorgungsunternehmen

EVU sind Unternehmen, die Energie an andere liefern und/oder ein Energieversorgungsnetz betreiben (vgl. § 3 Nr. 18 EnWG). Traditionell sind EVU sog. integrierte Unternehmen, d. h. sie haben die verschiedenen Wertschöpfungsstufen der Energiewirtschaft (Erzeugung von Strom bzw. Produktion von Gas, Transport, Handel und Versorgung) in das Unternehmen integriert. Die Vorschriften zur Entflechtung (siehe dazu unten Rn. 2555 ff.) haben diese Möglichkeit begrenzt. 2527

Die M&A Tätigkeit war bisher durch zwei **gegenläufige Trends** geprägt. In den Jahren nach der Liberalisierung 1998 haben viele Kommunen (Minderheits-)Beteiligungen an Stadtwerken an private, häufig auch internationale, Investoren veräußert. In den letzten Jahren ist jedoch verstärkt das Bestreben der Kommunen nach Rückkauf von Anteilen zu beobachten, was häufig von den Bürgern stark unterstützt wird (sog. **Rekommunalisierung**). 2528

b) Netzbetreiber

Bei M&A Transaktionen im Netzbereich ist zwischen dem Erwerb eines Netzbetreibers und dem Erwerb bloß des Netzes zu unterscheiden. 2529

Insbesondere aufgrund der **Vorgaben zur eigentumsrechtlichen Entflechtung der Transportnetze** in §§ 8 ff. EnWG haben Unternehmen ihr Transportnetz[1614] in separate Gesellschaften ausgelagert und häufig veräußert. Für Verteilernetze gelten die Vorschriften der eigentumsrechtlichen Entflechtung nicht, sondern es reicht eine rechtliche Entflechtung aus (vgl. unten Rn. 2560, daher wurden diese in der Regel nicht veräußert. Wegen des hohen Investitionsbedarfs in Verteilernetze aufgrund der Energiewende sind aber auch hier in der Zukunft verstärkt Transaktionen zu erwarten. 2530

1613) Energiekonzept der Bundesregierung für eine umweltschonende, zuverlässige und bezahlbare Energieversorgung v. 28.9.2010, beschleunigt durch den Beschluss zur vorgezogenen Beendigung der Kernenergienutzung (sog. Atomausstieg) vom 6.8.2011 in Folge der Reaktorkatastrophe in Fukushima/Japan.

1614) Die Vorschriften zur eigentumsrechtlichen Entflechtung betreffen nur die Betreiber von Transportnetzen, d. h. Strom-Übertragungsnetzen und Ferngasleitungen, vgl. die Definition in § 3 Nr. 31c EnWG.

2531 Daneben müssen die Gemeinden ihre **Konzessionsverträge** zur Nutzung der öffentlichen Wege spätestens **alle 20 Jahre neu ausschreiben.** Wird als Ergebnis der Ausschreibung der Vertrag mit dem bisherigen Netzbetreiber nicht verlängert, ist dieser verpflichtet, das Netz gegen angemessene Vergütung an den Gewinner der Ausschreibung zu übertragen (§ 46 EnWG). Da es in Deutschland weit über 1.000 Netzbetreiber gibt, kommen derartige Ausschreibungen regelmäßig und in großer Zahl vor.[1615]

c) Erzeugungsanlagen

2532 Häufig werden aber auch nur einzelne Erzeugungsanlagen (konventionelle Kraftwerke, Windparks, Solarparks), Gasspeicher oder Gas- bzw. Ölförderanlagen oder Anteile daran veräußert.

2533 Diese Anlagen mitsamt aller damit im Zusammenhang stehenden öffentlich-rechtlichen und privatrechtlichen Rechte und Pflichten sind häufig in sog. **Projektgesellschaften** gebündelt, deren einziger Zweck die Errichtung und der Betrieb der jeweiligen Anlage ist (auf Englisch auch *special purpose vehicle* bzw. SPV genannt). Auf diese Weise können die mit dem Projekt verbundenen Risiken in der Projektgesellschaft isoliert und Haftungsrisiken für die Gesellschafter minimiert werden, außerdem vereinfacht es die Übertragung der Anlagen.

2534 Gerade im Bereich erneuerbarer Energien haben sich viele kleinere Projektentwickler am Markt etabliert, welche Projekte entwickeln und teilweise vor, teilweise nach deren Errichtung an Investoren veräußern.

d) Projektrechte

2535 Schließlich werden in der Energiewirtschaft, besonders bei Erneuerbare-Energie-Projekten, auch nur Projektrechte gehandelt. Unter Projektrechten versteht man die Gesamtheit der für die Errichtung und den Betrieb einer Anlage erforderlichen Rechte,[1616] also vor allem Genehmigung, Netzanschlusszulage, Grundstücksrechte, ggf. auch Errichtungsverträge für die Anlagen. Der häufigste Fall ist, dass der Projektentwickler nicht über das notwendige Kapital verfügt, um das Projekt auch zu errichten und daher die Projektrechte ganz oder teilweise an einen Investor veräußert.

e) Joint Ventures

2536 Aufgrund des hohen Kapitalbedarfs der Energiewirtschaft, vor allem im Erzeugungs- und Netzbereich, werden oft Gemeinschaftsunternehmen (Joint

---

1615) Im Februar 2015 gab es 888 Strom- und 732 Gasnetzbetreiber, vgl. die Übersicht der BNetzA, abrufbar unter http://www.bundesnetzagentur.de/DE/Sachgebiete/ElektrizitaetundGas/Unternehmen_Institutionen/DatenaustauschundMonitoring/UnternehmensStammdaten/UebersichtStromUndGasNetzbetreiber/UebersichtStromUndGasnetzbetreiber_node.html.
1616) Vgl. *Schulz*, in: Schulz, Handbuch Windenergie, Kap. 9 Rn. 83.

Ventures) gebildet. In diesem Fall sind zusätzlich zu der Dokumentation des Unternehmenskaufs auch noch die Joint Venture Dokumente mit den dafür typischen Themen zu verhandeln.[1617]

3. Besonderheiten bei Due Diligence

a) Allgemein

EVUs, insbesondere Stadtwerke, sind häufig **politisch beeinflusste Unternehmen**. Die Aufsichtsräte von Stadtwerken sind mit (Kommunal-)Politikern besetzt. Es ist daher zu prüfen, ob das Unternehmen besondere Verpflichtungen gegenüber der Kommune eingegangen ist. Es kann sich dabei z. B. um Ziele zur Erzeugung von Strom aus erneuerbaren Energien oder mittels Kraft-Wärme-Kopplung oder den Aufbau einer Fernwärmeversorgung handeln. Häufig erwarten die Kommunen von den Stadtwerken auch hohe Ausschüttungsquoten, da die Gelder im Haushalt schon fest eingeplant sind. Auch bei zukünftigen Entscheidungen, insbesondere dem Heben von Synergien, ist politische Einflussnahme zu beachten.

2537

Arbeitsrechtlich können Beschränkungen betriebsbedingter Kündigungen oder eine Mindestanzahl von Arbeitnehmern vorgesehen sein. Die Unternehmensmitbestimmung kann gegenüber dem gesetzlich vorgesehenen Mindestmaß ausgeweitet sein. Arbeitnehmer können zu öffentlich-rechtlichen bzw. kommunalen Pensionsversorgungskassen gehören.

2538

b) Erzeugung

Beim Erwerb von Erzeugungsanlagen richten sich die Besonderheiten nach der Art der in Rede stehenden Anlage.[1618]

2539

Bei **konventioneller Erzeugung** gibt es, anders als bei Erzeugung aus erneuerbarer Energie, keinen gesetzlichen Vorrang für Netzanschluss und Einspeisung des Stroms, daher sind Netzanschluss und Vermarktung des erzeugten Stroms genau zu prüfen. Wichtig ist insbesondere, ob es langfristige Stromlieferverträge gibt und wie die Preise und Preisanpassungsklauseln ausgestaltet sind. Daneben ist die Ausstattung mit Emissionshandelsrechten (sog. CO_2-Zertifikate) zu prüfen.[1619] Außerdem ist auf Altlasten bei alten Kraftwerksstandorten zu achten (z. B. bei alten Gaskraftwerken oder Ölfeueranlagen: Teerblasen, Polychlorierte Biphenyle (PCB) in Trafos, polyzyklische aromatische Kohlenwasserstoffe (PAK) im Boden).

2540

1617) Zu den verschiedenen Arten von Gemeinschaftsunternehmen in der Energiewirtschaft siehe u. a. *Schulz*, in: Schulz, Handbuch Windenergie, Kap. 10; zu den typischen vertraglichen Themen siehe ebendort Kap. 10 Rn. 117 ff.
1618) Eingehende Darstellung z. B. *Schulz*, in: Schulz, Handbuch Windenergie, Kap. 9 Rn. 37 ff.
1619) Vgl. die immer wieder aufkommenden Diskussionen zu einer höheren CO_2-Abgabe für Kohlekraftwerke.

2541 Bei **Industriekraftwerken** in Industrieparks oder zur Belieferung bestimmter Verbraucher ist insbesondere zu prüfen, welche Arten von regulatorischen Nebenkosten anfallen und wofür ggf. Befreiungen geltend gemacht werden können (Netzentgelte, EEG-Umlage, sonstige Umlagen, Stromsteuer, etc.).

2542 Bei **Erneuerbare-Energie-Projekten** und Kraft-Wärme-Kopplungs-Projekten ist besonderes Augenmerk auf die Erfüllung der Fördervoraussetzungen zu legen. Außerdem gibt es insbesondere bei Windparks mitunter auch Betriebsbeschränkungen (z. B. zur Nachtzeit wegen Lärm oder zu Zeiten von Vogelflug aus naturschutzrechtlichen Gründen).

c) Kauf von Projektrechten

2543 Werden nur Projektrechte erworben, ist ein Asset Deal häufig einfacher umzusetzen als bei einem bereits in Betrieb befindlichen Projekt. Wenn unter den Projektrechten allerdings auch Rechte sind, deren Übertragung der Zustimmung Dritter bedarf, wie z. B. Pachtverträge, oder die grundsätzlich nicht übertragbar sind, wie z. B. beschränkt persönliche Dienstbarkeiten, wird in der Regel auch beim Kauf von Projektrechten ein Share Deal gewählt.

2544 Dazu ist es notwendig, dass alle mit dem Projekt zusammenhängenden Rechte wie z. B. Gutachten, Genehmigungen, Netzanschlussverträge, Errichtungsverträge, Pachtverträge sowie dingliche Sicherungen wie Dienstbarkeiten und Erbbaurechte von der betreffenden Projektgesellschaft gehalten werden.

d) Netze

2545 Beim Erwerb von Netzen oder Netzgesellschaften sind vor allem drei Besonderheiten zu beachten.

2546 Für den Betrieb der Netze ist ein **Konzessionsvertrag** mit der örtlichen Gemeinde zur Nutzung der öffentlichen Wege erforderlich. Nach § 46 EnWG müssen diese spätestens alle 20 Jahre neu ausgeschrieben werden. Bei der Neuvergabe kommt es häufig zu gerichtlichen Auseinandersetzungen zwischen den Bewerbern. Die Prüfung der Restlaufzeit bestehender Konzessionsverträge sowie der Chance auf den Gewinn bei der folgenden Ausschreibung sind daher wichtig.

2547 Zum anderen sind die **Netzentgelte,** also die Erträge aus dem Netzbetrieb, seit 2009 durch die **Anreizregulierung** kontrolliert. Jedem Netzbetreiber wird dazu eine Erlösobergrenze vorgegeben, aus der sich die Netzentgelte pro Kilowattstunde berechnen. Die Höhe der Erlösobergrenze wird auf der Basis der individuellen Kosten des Netzbetreibers und eines bundesweiten Effizienzvergleichs mit vergleichbaren Netzbetreibern ermittelt. Die Erlösobergrenze jedes Netzbetreibers wird jährlich um einen von der Regulierungsbehörde festgelegten Wert abgesenkt, der sowohl das Effizienzniveau des jeweiligen Netzbetreibers als auch den sektoralen Produktivitätsfortschritt einbezieht. Vergleichsweise ineffiziente Netzbetreiber müssen dabei ihre

Kosten schneller senken als vergleichsweise effiziente.[1620)] Daher sind die bisher durchgeführten Netzentgeltgenehmigungsverfahren und eventuell daraus resultierende Streitigkeiten zu prüfen. Weiterhin ist zu bedenken, dass künftig nicht nur Transportnetze, sondern auch Verteilernetze aufgrund der mit der Energiewende verbundenen dezentralen Einspeisung durch erneuerbare Energien hohe Investitionen benötigen werden. Zudem sind **regulatorische Entwicklungen** im Auge zu behalten. So hat die BNetzA z. B. 2015 einen Evaluierungsbericht zur Anreizregulierung veröffentlicht, der u. a. darstellt, wie die Netzregulierung künftig weiter entwickelt werden sollte, überarbeitete Regeln sollen bereits 2016 in Kraft treten.[1621)]

Bei integrierten EVU ist schließlich zu prüfen, ob die Vorschriften der §§ 6 ff. EnWG zur informationellen, buchhalterischen, rechtlichen, operationellen und, bei Transportnetzbetreibern, auch eigentumsrechtlichen **Entflechtung** eingehalten werden.[1622)] 2548

e) Vertrieb

Bei einem EVU mit Vertriebstätigkeit ist besonderes Augenmerk auf die Prüfung großer **Bezugsverträge** für Strom und Gas (Konditionen, Preisanpassungen, Kontrollwechsel) sowie der **Sonderkundenverträge**, insbesondere solcher mit größerem Volumen und längerer Laufzeit, zu legen. Daneben gab es in letzter Zeit eine Reihe von Urteilen von EuGH und BGH zur zulässigen Gestaltung von einseitigen Preisanpassungsklauseln, die Verträge mit Kunden in der Grundversorgung und Sonderkunden betreffen und deren Umsetzung und Auswirkungen zu berücksichtigen sind.[1623)] Auch sollte man Angaben zu den in der Vergangenheit aufgetretenen Kundenverlusten einholen.[1624)] 2549

1620) Näheres zur Anreizregulierung siehe u. a. bei *Lismann*, NVwZ 2014, 691 ff.
1621) BNetzA, Evaluierungsbericht nach § 33 Anreizregulierungsverordnung vom 21.1.2015, abrufbar unter www.bundesnetzagentur.de; darin geht die BNetzA davon aus, dass sich das bisherige der Anreizregulierung grundsätzlich bewährt habe, aber einige Verbesserungsmöglichkeiten bestehen, etwa beim Umgang mit dem Regulierungskonto und den Personalzusatzkosten, bei der Aufteilung der Erlöse bei Teilnetzübergängen oder der Steigerung der Effizienz; im Ergebnis wird kein Systemwechsel auf z. B. Yardstick Regulierung, sondern eine Weiterentwicklung der Anreizregulierung vorgeschlagen. Auch das BMWi hat Vorschläge zur Anpassung der Regulierung gemacht, vgl. Eckpunkte „Moderner Regulierungsrahmen für moderne Verteilernetze" des BMWi vom 16.3.2015.
1622) Siehe zu den Anforderungen der Entflechtung auch unten Rn. 2555 ff.
1623) Vgl. dazu u. a. EuGH, Urt. v. 23.10.2014 – C-359/11 und 400/11 (Strompreisanpassung in der Grundversorgung), ZIP 2014, 2192; EuGH, Urt. v. 21.3.2013 – C-92/11 (Gaspreisanpassung in Sonderkundenverträgen), ZIP 2013, 676; BGH, Urt. v. 15.1.2014 – VIII ZR 80/13 (Sonderkundenvertrag Strom mit unwirksamer Preisanpassungsklausel), NJW 2014, 1877; BGH, Urt. v. 3.12.2014 – VIII ZR 370/13 (Sonderkundenvertrag Gas mit unwirksamer Preisanpassungsklausel), NJW 2015, 1167.
1624) Mit der unter Rn. 2522 beschriebenen Liberalisierung der Energiemärkte ist die Demarkation von Versorgungsgebieten entfallen und es ist durch die Einführung des diskriminierungsfreien Netzzugangs für Energieversorgungsunternehmen möglich geworden, auch Kunden außerhalb ihres ursprünglichen Netz-/Versorgungsgebietes zu beliefern.

4. Besonderheiten bei Unternehmenskaufverträgen

a) Querverbund

2550 Eine Besonderheit bei Stadtwerken ist der sog. **steuerliche Querverbund**. In Stadtwerken sind häufig gewinnbringende Aktivitäten wie die Energieversorgung mit verlustbringenden Aktivitäten wie dem öffentlichen Personennahverkehr (öPNV) oder dem Bäderbetrieb unter einem Dach zusammen gefasst. Ziel ist u. a. die **steuerliche Verrechnung von Gewinnen und Verlusten**. Dies ist nötig, um die kommunalen Aufgaben der Daseinsvorsorge zu erfüllen. Der Erhalt des steuerlichen Querverbunds ist daher bei Transaktionen mit Stadtwerken eine wichtige Voraussetzung.

2551 Man kann dabei zwischen einem Querverbund im engeren Sinn und einem Querverbund im weiteren Sinn unterscheiden.

- Der **Querverbund i. e. S.** meint die Zusammenfassung zweier oder mehrerer betrieblicher Organisationseinheiten der kommunalen leitungsgebundenen Energie- und Wasserversorgung, der Entsorgung (Abfall/Abwasser), des kommunalen öPNV sowie anderer unternehmerisch geführter kommunaler Dienstleistungen in einem Wirtschaftsunternehmen in der Rechtsform eines Eigenbetriebes, eines Zweckverbandes oder einer kommunal beherrschten Kapitalgesellschaft (Eigengesellschaft).

- Der **Querverbund i. w. S.** meint die Zusammenfassung von zwei oder mehreren kommunalen Unternehmen der leitungsgebundenen Energie- und Wasserversorgung, der Entsorgung, des öPNV sowie anderer kommunaler Dienstleistungsunternehmen in einem kommunalen Konzern (Querverbundkonzern). Die einzelnen Konzerntöchter sind durch besondere organschaftliche Regelungen (Beherrschungsverträge) einer einheitlichen unternehmerischen Willensbildung unterworfen. Aus steuerlichen Gründen werden in der Regel auch Gewinnabführungs- bzw. Verlustübernahmeverträge zwischen Mutter und Töchtern geschlossen. Die Holding übernimmt selbst einzelne Dienstleistungen wie juristische Dienste, Controlling und Konzernplanung.[1625]

2552 Mit dem Jahressteuergesetz 2009 hat der Gesetzgeber die zuvor schon jahrelang geübte Praxis der steuerlichen Verrechnung von Gewinnen und Verlusten im kommunalen Querverbund ausdrücklich gesetzlich abgesichert. Den **Umfang** hat der Gesetzgeber dabei klar definiert. Die Querverbundverrechnung ist nur bei in § 4 Abs. 6 KStG genannten Betrieben zulässig, soweit sie Dauerverlustgeschäfte i. S. d. § 8 Abs. 7 KStG ausführen. Damit stellte der Gesetzgeber einerseits klar, dass eine „normale" verdeckte Gewinnausschüttung nicht privilegiert ist, sondern weiterhin als verdeckte Gewinnausschüttung besteuert wird. Andererseits ergibt sich daraus, dass strukturelle Dauerverlustge-

---

[1625] Vgl. die Definitionen im Gabler Wirtschaftslexikon unter www.wirtschaftslexikon.gabler.de.

schäfte unter den genannten Voraussetzungen nicht zur verdeckten Gewinnausschüttung führen, sondern für Zwecke der Körperschaftsteuer und Gewerbesteuer verrechnungsfähig sind.

b) Vorhergehende Umstrukturierung

Unter Umständen ist das Zielunternehmen vor einer M&A Transaktion noch umzustrukturieren. Insbesondere Stadtwerke haben meist mehrere Sparten. So sind in den Stadtwerken neben der Energieversorgung häufig auch noch die Wasserversorgung, der öPNV und die öffentlichen Bäder angesiedelt. Soll also eine Beteiligung nur an der Energiesparte erfolgen, ist diese im Zusammenhang mit der Transaktion ggf. auszugliedern. 2553

Kann aber aus verschiedenen Gründen, unter anderem aus Gründen des Erhalts des steuerlichen Querverbunds, eine solche Umstrukturierung nicht durchgeführt werden, kommt eine Beteiligung des Investors mittels sog. **Tracking Stocks** in Betracht. Tracking Stocks sind eine spezielle Art von Anteilen, die wirtschaftlich nur eine Beteiligung am Ergebnis einer bestimmten Sparte und Mitspracherechte auch nur bei Entscheidungen zu dieser Sparte gewähren. Es wird keine rechtliche, sondern nur eine wirtschaftliche Teilung des Unternehmens vorgenommen. Dies wird rechtlich über vergleichsweise komplexe Regelungen in der Satzung der Gesellschaft, im Konsortialvertrag zwischen den Gesellschaftern und in den Geschäftsordnungen der Organe der Gesellschaft sowie wirtschaftlich über separate Spartenbilanzen sichergestellt. Der Investor in Tracking Stocks der Energiesparte würde dann zwar Anteile an der juristischen Person des Gesamtunternehmens erwerben, wäre wirtschaftlich und was den Einfluss auf die Unternehmensführung betrifft aber nur an der Energiesparte beteiligt.[1626] 2554

5. Beschränkungen durch Vorgaben zur Entflechtung

a) Hintergrund der Entflechtung

Wie bereits beschrieben sind EVUs in der Regel **vertikal integrierte Unternehmen**, d. h. sie sind auf mehreren Wertschöpfungsstufen der Energiewirtschaft von Erzeugung bzw. Import über Transport, Speicherung und Handel bis zum Vertrieb von Energie aktiv. Die Netze sind jedoch ein natürliches Monopol, während die anderen Aktivitäten seit der Liberalisierung der Energiemärkte in den Wettbewerbsbereich fallen. 2555

1626) Derartige Modelle gibt es z. B. bei den Stadtwerken Görlitz, den Stadtwerken Wuppertal und (außerhalb des Energiesektors) bei der HHLA.

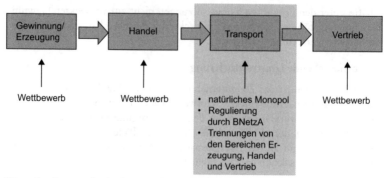

Wertschöpfungsstufen in der Energiewirtschaft.

2556 Nach der Definition in § 3 Nr. 38 EnWG ist ein vertikal integriertes EVU ein in der Europäischen Union[1627]) im Elektrizitäts- oder Gasbereich tätiges Unternehmen, wenn es

- im **Elektrizitätsbereich** mindestens eine der Funktionen Übertragung oder Verteilung und mindestens eine der Funktionen Erzeugung oder Vertrieb von Elektrizität, oder

- im **Gasbereich** mindestens eine der Funktionen Fernleitung, Verteilung, Betrieb einer LNG-Anlage oder Speicherung und gleichzeitig eine der Funktionen Gewinnung oder Vertrieb von Erdgas wahrnimmt.

2557 Zur Sicherstellung von diskriminierungsfreiem Netzzugang und Netznutzung durch Dritte, also nicht mit dem Netzbetreiber verbundene Unternehmen, von Kostentransparenz bei der Bestimmung der Netzentgelte sowie der Vermeidung von Quersubventionierung zwischen dem Netzbetrieb und den Wettbewerbssparten hat die Europäische Kommission in den drei Richtlinienpaketen zur Liberalisierung des Energiemarkts Bestimmungen zur **Trennung des Netzbetriebs von den Wettbewerbsbereichen** erlassen (sog. Entflechtung, häufig auch unter der englischen Bezeichnung **Unbundling** diskutiert).[1628]) Der deutsche Gesetzgeber hat diese Bestimmungen in den §§ 6–10e EnWG umgesetzt.

2558 Die Regelungen zur Entflechtung sind dabei nicht nur für klassische EVU relevant. Vielmehr können auch **Finanzinvestoren** unter den Begriff des ver-

---

[1627]) Nach § 3 Nr. 38 EnWG müssen sowohl Erzeugung bzw. Vertrieb als auch Fernleitung bzw. Verteilung von Strom oder Gas in der Europäischen Union stattfinden. Die Europäische Kommission geht demgegenüber davon aus, dass auch Beteiligungen außerhalb der Europäischen Union relevant sein können, insbesondere wenn diese z. B. aufgrund räumlicher Nähe einen Interessenkonflikt auslösen können (Impact Assessment Test), vgl. dazu Commission Staff Working Document, Ownership Unbundling, The Commission's Practice in Assessing the Presence of a Conflict of Interest including in case of Financial Investors, S. 5 f.

[1628]) Vgl. zu den Hintergründen für die Anordnung der Entflechtung auch BR-Drucks. 343/11, S. 132 f.; Erwägungsgründe 9 bis 12 der EU-Elektrizitätsbinnenmarktrichtlinie und Erwägungsgründe 6 bis 9 der EU-Gasbinnenmarktrichtlinie.

tikal integrierten EVU nach obiger Definition fallen. Finanzinvestoren agieren häufig über Fonds. Ein Fonds als Investitionsvehikel wird in der Regel von einem Investment Manager verwaltet, der oft von Banken, Versicherungen oder von Private Equity bzw. Infrastrukturhäusern gegründet wurde. Der Fonds investiert und in mehrere Unternehmen (sog. Portfoliounternehmen). Häufig werden die Fonds thematisch ausgerichtet, z. B. auf Investitionen in den Energie- und/oder Infrastrukturmarkt. Ein Finanzinvestor, der direkt oder über seine Fondsvehikel und Portfoliounternehmen bereits in Erzeugungsanlagen investiert ist, muss daher sorgfältig prüfen, ob und auf welche Weise er auch in Netzbetreiber investieren kann. Ggf. ist ein neuer Fonds aufzulegen oder ein anderer Investment Manager zu wählen. Zu den Einzelheiten sei auf die Fachliteratur verwiesen.[1629)]

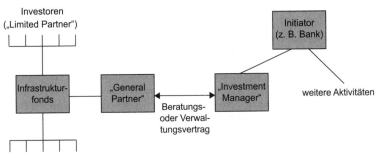

Struktur von Finanzinvestoren.

Die Energiewirtschaft ist nicht die einzige Branche, für die der Gesetzgeber Anforderungen zur Entflechtung erlassen hat. Auch in anderen Wirtschaftsbereichen mit Netzen als natürlichen Monopolen gelten ähnliche Bestimmungen.[1630)] 2559

b) Arten der Entflechtung

Das EnWG unterscheidet folgende Arten der Entflechtung von Netzbetreibern: 2560

- **informationelle Entflechtung**, d. h. die Wahrung der Vertraulichkeit wirtschaftlich sensibler Informationen (§ 6a EnWG);
- **buchhalterische Entflechtung**, d. h. die Verpflichtung zur Aufstellung eines separaten Jahresabschlusses, der Ausweis von Geschäften größeren Umfangs mit verbundenen Unternehmen und die Verpflichtung zur Führung getrennter Konten für den Netzbereich (§ 6b EnWG);

1629) Ausführlich *Heitling/Wiegemann*, N&R 2011, 233 ff.
1630) Siehe z. B. den Überblick bei *Abegg/Brinkmann/Brunekreeft/Götz/Krancke/Müller/Schmidt*, Entflechtung in Netzsektoren – ein Vergleich, N&R 2015, Beilage 1 (April), S. 1 ff.

B. Sondersituationen Unternehmenskauf

- **rechtliche Entflechtung**, d. h. die Verpflichtung des Netzbetreibers hinsichtlich seiner Rechtsform unabhängig von anderen Tätigkeitsbereichen der Energieversorgung zu sein, es sei denn, es handelt sich um ein Verteilernetz, an das weniger als 100.000 Kunden unmittelbar oder mittelbar angeschlossen sind (§ 7 EnWG);
- **operationelle Entflechtung**, d. h. die Verpflichtung, die Unabhängigkeit des Netzbetreibers hinsichtlich der Organisation, der Entscheidungsgewalt und der Ausübung des Netzgeschäfts sicherzustellen, wozu insbesondere die Unabhängigkeit des Leitungspersonals und dessen Handlungsunabhängigkeit gehören (§ 7a EnWG);
- **eigentumsrechtliche Entflechtung** (§§ 8–10e EnWG).

2561 Die ersten vier Arten der Entflechtung gelten in erster Linie für Verteilnetzbetreiber, während die eigentumsrechtliche Entflechtung nur für Transportnetzbetreiber, d. h. also für Strom-Übertragungsnetzbetreiber und Ferngasnetzbetreiber (vgl. § 3 Nr. 31c EnWG) gilt.[1631]

2562 Die Verpflichtung zur eigentumsrechtlichen Entflechtung für Transportnetzbetreiber kann Auswirkungen auf M&A Transaktionen haben, weil sie die potentiellen Erwerber von Beteiligungen an Transportnetzen begrenzt (siehe dazu Rn. 2567 ff.) und eine Art Sondergesellschaftsrecht für Transportnetzbetreiber schafft (siehe dazu Rn. 2578 ff.).

c) **Modelle der eigentumsrechtlichen Entflechtung**

aa) **Vollständig eigentumsrechtlich entflochtener Netzbetreiber**

2563 Für die eigentumsrechtliche Entflechtung sieht das Gesetz drei Modelle vor. Im **Grundmodell** der vollständig eigentumsrechtlich entflochtenen Netzbetreiber (§ 8 EnWG) ist der Transportnetzbetreiber unmittelbar oder mittelbar durch Beteiligungen Eigentümer des Transportnetzes.[1632]

2564 Personen, die unmittelbar oder mittelbar die Kontrolle über ein Unternehmen ausüben, das eine der Funktionen Gewinnung, Erzeugung oder Vertrieb von Energie wahrnimmt, sind **nicht berechtigt**

- unmittelbar oder mittelbar **Kontrolle** über einen Betreiber von Transportnetzen auszuüben, oder
- **Rechte**[1633] an einem Betreiber von Transportnetzen auszuüben.

1631) Für einen umfassenden Überblick zu den Anforderungen der verschiedenen Art der Entflechtung siehe *Heitling/Dietz*, in: Böttcher, Stromleitungsnetze, S. 171 ff.
1632) Das bedeutet, dass Pachtmodelle nur in Ausnahmefällen zulässig sind, vgl. BNetzA, Hinweispapier 2011, S. 16 f.
1633) § 8 Abs. 1 S. 6 EnWG definiert die nicht erlaubten Rechte näher, sie umfassen insbesondere wesentliche Minderheitsrechte. Nach der EU-Richtlinie und der Ansicht der Europäischen Kommission ist der Begriff „Ausübung von Rechten" restriktiver auszulegen und eine Beteiligung könne nur rein passiv sein.

Kapitel XXIX. Energie

Diese Beschränkungen gelten umgekehrt entsprechend für Betreiber von Transportnetzen betreffend die Kontrolle über bzw. Rechte an Unternehmen mit den Funktionen Gewinnung, Erzeugung oder Vertrieb von Energie. 2565

Die Einzelheiten der Kriterien sind von der BNetzA[1634)] und der Europäischen Kommission[1635)] in Hinweispapieren und zahlreichen Zertifizierungsentscheidungen für die europäischen Netzbetreiber konkretisiert worden. 2566

bb) Alternativen: unabhängiger Systembetreiber und unabhängiger Transportnetzbetreiber

Das vollständig eigentumsrechtlich entflochtene Modell hätte bedeutet, dass alle vertikal integrierten EVUs ihre Transportnetze hätten veräußern müssen. Um das zu verhindern, wurden auf Druck mehrerer Mitgliedstaaten, darunter auch Deutschlands,[1636)] in den EU-Richtlinien zwei weitere Modelle erlaubt, die als gleichwertige **Alternativen** zur eigentumsrechtlichen Entflechtung anzusehen sind: 2567

- der unabhängige Systembetreiber (§ 9 EnWG) (auch häufig auf Englisch *independent system operator – ISO*) und

- der unabhängige Transportnetzbetreiber (§§ 10–10e EnWG) (auf Englisch *independent transmission operator – ITO*).

Diese beiden Modelle ermöglichen es dem vertikal integrierten EVU, das Eigentum an dem Transportnetzbetreiber zu behalten. Die Unabhängigkeit des Netzbetreibers soll hier durch eine strenge Regulierung unter Aufsicht der Regulierungsbehörde sichergestellt werden. 2568

cc) Zertifizierung durch BNetzA

Der Betrieb eines Transportnetzes bedarf der Zertifizierung durch die BNetzA. Dazu sind vom Transportnetzbetreiber alle zur Prüfung seiner Organisation erforderlichen Unterlagen einzureichen. Die Entscheidung der BNetzA ist zur Sicherstellung einer einheitlichen Umsetzung der EU-Richtlinien und einer einheitlichen Entscheidungspraxis **mit der Europäischen Kommission abzustimmen** (§ 4a EnWG). 2569

Besondere Bestimmungen gelten für Transportnetzbetreiber, die von **Gesellschaftern mit Sitz außerhalb der Europäischen Union** oder des Europäischen Wirtschaftsraums kontrolliert werden. In diesem Fall ist die Zertifizierung nur zu erteilen, wenn zusätzlich das Bundesministerium für Wirtschaft und Energie feststellt, dass die Erteilung der Zertifizierung die **Sicherheit** 2570

1634) BNetzA, Hinweispapier 2011.
1635) Commission Staff Working Paper, The Unbundling Regime 2011; Commission Staff Working Document, Ownership Unbundling 2013.
1636) In Deutschland nicht zuletzt auch aufgrund von Bedenken im Hinblick auf das Grundrecht des Eigentums in Art. 14 GG.

der **Elektrizitäts- und Gasversorgung** der Bundesrepublik Deutschland oder der Europäischen Union nicht gefährdet (§ 4b EnWG).

2571 Nach Einführung der Vorschriften zur eigentumsrechtlichen Entflechtung mit dem EnWG 2011 waren die Transportnetzbetreiber verpflichtet, ihre Anträge auf Zertifizierung bis zum 3.3.2012 (bzw. bei Kontrolle durch Gesellschafter, die nicht der EU oder dem EWR angehören bis zum 3.3.2013) zu stellen. Mittlerweile sind alle Transportnetzbetreiber zertifiziert.[1637]

2572 Eine M&A Transaktion kann jedoch Auswirkungen auf die Zertifizierung haben, z. B. indem eine neue Partei Gesellschafter wird und dadurch die Einhaltung der Entflechtungsvorschriften neu zu prüfen ist. Daher sind die Transportnetzbetreiber verpflichtet, die **BNetzA über alle geplanten Transaktionen und Maßnahmen sowie sonstigen Umstände zu unterrichten**, die eine Neubewertung der Zertifizierungsvoraussetzungen erforderlich machen können (§ 4c EnWG). Nachdem die BNetzA von der geplanten Maßnahme Kenntnis erlangt hat, kann sie von Amts wegen oder auch auf Antrag des betreffenden Netzbetreibers die Zertifizierung im Rahmen eines förmlichen **(Re-)Zertifizierungsverfahrens** überprüfen. Dieses Verfahren kann dann wieder die normale Zertifizierungsdauer von bis zu 10 Monaten in Anspruch nehmen. Eine Auswirkung auf die Erlaubnis zum Betrieb des Netzes hätte ein derartiges neuerliches Zertifizierungsverfahren während der Laufzeit des Verfahrens nicht. Als Ergebnis des Verfahrens könnte die BNetzA gegenüber dem Transportnetzbetreiber neue Vorgaben zur Einhaltung der Entflechtungsvorschriften machen. Eine Verfahrensregelung für den Fall, dass sich die BNetzA gegen die Durchführung eines neuen Zertifizierungsverfahrens entscheidet, gibt es im EnWG nicht. Es ist jedoch zu erwarten, dass die BNetzA dann dem Netzbetreiber mitteilt, dass kein neues Verfahren durchgeführt wird.

2573 Eine Änderung des Eigentümers ändert dabei nichts an der grundsätzlichen Zulässigkeit der Zertifizierung eines Transportnetzbetreibers als „ITO". Der deutsche Gesetzgeber und die BNetzA haben von Anfang an die Meinung vertreten, dass die Möglichkeit der Zertifizierung als „ITO" mit dem Netz verbunden ist und daher auch von neuen Gesellschaftern, die das Netz erst nach dem Stichtag 3.9.2009[1638] erworben haben, in Anspruch genommen werden kann.[1639]

dd) Umsetzung in der Praxis

2574 In der Praxis haben viele deutsche Transportnetzbetreiber das Modell des unabhängigen Transportnetzbetreibers (ITO) gewählt, da es ermöglicht, dass

---

1637) Informationen zu den Verfahren und Entscheidungen der BNetzA können unter www.bundesnetzagentur.de unter dem Stichwort „Zertifizierung Transportnetzbetreiber" abgerufen werden.
1638) Vgl. § 10 Abs. 1 S. 1 EnWG.
1639) Vgl. die Zertifizierungsentscheidung von Thyssengas (der neue Eigentümer Macquarie hatte das Netz erst nach dem Stichtag 3.9.2009 erworben), wo dies auch von der Europäischen Kommission bestätigt wurde.

weiterhin vertikal integrierte EVUs (nämlich die Gesellschafter aus der Zeit vor der Liberalisierung) und Unternehmen mit Beteiligungen in anderen Sektoren der Energiewirtschaft (insbesondere Finanzinvestoren) am Netzbetreiber beteiligt sein können und es auch die Beteiligung von Finanzinvestoren vereinfacht.[1640] Teilweise sind die Transportnetzbetreiber auch vollständig eigentumsrechtlich entflochten.[1641] Das Modell des unabhängigen Systembetreibers ist aufgrund der damit verbundenen Restriktionen in Deutschland nicht gewählt worden.[1642]

d) Auswirkungen auf den Erwerb

Ein potentieller Erwerber einer Beteiligung an einem Transportnetzbetreiber hat die Regelungen zur eigentumsrechtlichen Entflechtung zu beachten. 2575

aa) Beschränkung des Erwerbers durch Organisation des Transportnetzbetreibers

Soll eine Beteiligung an einem nach dem Grundmodell vollständig eigentumsrechtlich entflochtenen Transportnetzbetreiber erworben werden, so darf der Erwerber kein Unternehmen sein, das seinerseits mittelbar oder unmittelbar Kontrolle oder Rechte über ein Unternehmen mit den Funktionen Gewinnung, Erzeugung oder Vertrieb von Energie inne hat. 2576

Ist dagegen der Erwerb einer Beteiligung an einem Transportnetzbetreiber beabsichtigt, der in der Form eines unabhängigen Systembetreibers oder eines unabhängigen Transportnetzbetreibers organisiert ist, bestehen diese Restriktionen nicht. 2577

bb) Einfluss des Erwerbers auf Organisationsstruktur des Transportnetzbetreibers

Anders gewendet hat die Konzernstruktur des Erwerbers Einfluss auf die Strukturierung des Transportnetzbetreibers: Hat der Erwerber bereits wesentliche Rechte oder Kontrolle über ein Unternehmen mit den Funktionen Gewinnung, Erzeugung oder Vertrieb von Energie, muss der Transportnetzbetreiber in den Alternativen unabhängiger Systembetreiber oder unabhängiger Transportnetzbetreiber organisiert werden. 2578

Sollte dies aus regulatorischen Gründen nicht möglich sein[1643], kann entweder der Erwerb nicht stattfinden oder der Erwerber müsste sich von seinen entflech- 2579

1640) In Deutschland gibt es insgesamt 12 KO's, z. B. die Stromnetzbetreiber Amprion und TransnetBW, die Ferngasnetzbetreiber Thyssengas und OGE.
1641) In Deutschland gibt es insgesamt 7 vollständig entflochtene Netzbetreiber, z. B. der Stromnetzbetreiber TenneT TSO GmbH und 50Hertz Transmission GmbH.
1642) Soweit ersichtlich ist das Modell des „ISO" nur in Lettland zur Anwendung gekommen.
1643) Z. B. kann ein „ITO" nur eingerichtet werden, wenn das Transportnetz am 3.9.2009 im Eigentum eines vertikal integrierten EVU stand, § 10 Abs. 1 S. 1 EnWG.

tungsrechtlich problematischen Beteiligungen trennen oder zumindest seine diesbezüglichen Rechte soweit reduzieren, dass sie unbedenklich sind.[1644]

e) **Auswirkungen auf die Unternehmensführung (Corporate Governance)**

2580 Für Netzbetreiber gelten im Hinblick auf die Unternehmensführung eine Reihe von Sondervorschriften. Die Besonderheiten sind so wesentlich, dass man von einem **Sondergesellschaftsrecht der Netzbetreiber** sprechen kann.

2581 So sind **Verteilnetzbetreiber** operationell in einer Weise zu entflechten, dass die Unabhängigkeit des Verteilnetzbetreibers hinsichtlich der Organisation, der Entscheidungsgewalt und der Ausübung des Netzgeschäfts sichergestellt ist, es sei denn an ihr Netz sind weniger als 100.000 Kunden unmittelbar oder mittelbar angeschlossen (vgl. § 7a Abs. 1, 7 EnWG). § 7a EnWG enthält in seinen Abs. 2–6 ausführliche Sondervorschriften, u. a. muss das Leitungspersonal des Verteilnetzbetreibers getrennt von dem der Wettbewerbsbereiche sein und in seinen Entscheidungsbefugnissen in Bezug auf Betrieb, Wartung und Ausbau des Netzes unabhängig sein, die Weisungsrechte der Gesellschafter sind eingeschränkt und die Nutzung gemeinsamer Dienstleistungseinheiten ist nur eingeschränkt gestattet.

2582 Besondere Vorschriften für die Unternehmensführung gelten umso mehr für **Transportnetzbetreiber**, insbesondere wenn diese nicht als vollständig eigentumsrechtlich entflochtenes Unternehmen, sondern als unabhängiger Systembetreiber oder unabhängiger Transportnetzbetreiber geführt werden. Da der unabhängige Systembetreiber in der Praxis in Deutschland nicht vorkommt, wird nachfolgend nur auf die Besonderheiten **bei unabhängigen Transportnetzbetreibern** (ITO) eingegangen.[1645]

2583 Zur Sicherstellung der Unabhängigkeit des unabhängigen Transportnetzbetreibers von den Wettbewerbsbereichen gilt nach den Bestimmungen in den §§ 10a–10e EnWG u. a. Folgendes:

- sie müssen über die **finanziellen, technischen, materiellen und personellen Mittel** verfügen, die zur Erfüllung ihrer Pflichten erforderlich sind,

- **Personal**, das für den Betrieb des Transportnetzes erforderlich ist, darf nicht in anderen Gesellschaften des vertikal integrierten EVU angestellt sein,

- das vertikal integrierte EVU darf **keine Dienstleistungen** für den unabhängigen Transportnetzbetreiber erbringen,

---

1644) Denkbar wäre neben einem Verkauf der anderweitigen Beteiligungen u. a. die Schaffung einer Struktur, in der keine Stimmrechte mehr bestehen, was aber in der Regel für den jeweiligen Gesellschafter unattraktiv sein dürfte.
1645) Für eine ausführliche Darstellung siehe *Heitling/Dietz*, in: Böttcher, Stromleitungsnetze, S. 206 ff.

- die **Wirtschaftsprüfer** des unabhängigen Transportnetzbetreibers müssen andere sein als die des vertikal integrierten EVU,

- **Entscheidungen in Bezug auf Betrieb, Wartung und Ausbau des Netzes** müssen unabhängig von dem vertikal integrierten EVU ausgeübt werden können (also **nur sehr eingeschränkte Weisungs- und Zustimmungsbefugnisse** des Gesellschafters), jegliche Einflussnahme des vertikal integrierten EVU auf das laufende Netzgeschäft ist zu unterlassen, Struktur und Satzung müssen dies sicher stellen,

- die **Bestellung** von Personen der obersten Unternehmensleitung sowie des Aufsichtsrats, die Funktionsverteilung sowie die Verträge und ihre Beendigung sind der BNetzA mitzuteilen, Bestellungen werden erst verbindlich, wenn die BNetzA drei Wochen nach Information keine Einwände erhoben hat,

- der unabhängige Netzbetreiber muss einen **Aufsichtsrat** haben, der Aufsichtsrat muss u. a. über die Finanzpläne, die Höhe der Verschuldung und sowie die Höhe der an die Anteilseigner auszuschüttenden Dividenden entscheiden,

- die Mehrheit der Mitglieder der Unternehmensleitung und die Hälfte der Mitglieder des Aufsichtsrats abzüglich einem Mitglied darf in den letzten drei Jahren vor ihrer Ernennung nicht bei einem Unternehmen des vertikal integrierten EVU in den Wettbewerbsbereichen angestellt gewesen sein, für die verbleibenden Mitglieder der Unternehmensleitung gilt das für die letzten sechs Monaten vor ihrer Ernennung (*cooling on*),

- Personen der Unternehmensleitung dürfen nach Beendigung des Vertragsverhältnisses zum unabhängigen Transportnetzbetreiber für vier Jahre nicht Funktionen bei anderen Unternehmen im Elektrizitäts- oder Gasbereich des vertikal integrierten EVU wahrnehmen (*cooling off*).

Aufgrund dieser gesetzlichen Anforderungen bedarf die Ausgestaltung der Unternehmensführung eines Netzbetreibers besonders aufmerksamer Gestaltung. 2584

6. Beschränkungen nach dem AWG

Bei dem Erwerb von Beteiligungen an Energieunternehmen durch ausländisch kontrollierte Unternehmen ist immer auch das **Außenwirtschaftsgesetz (AWG)** zu beachten. Danach kann das Bundeswirtschaftsministerium Beschränkungen bei dem Erwerb von Anteilen durch unionsfremde Erwerber anordnen, wenn infolge des Erwerbs die öffentliche Ordnung oder Sicherheit der Bundesrepublik Deutschland gem. § 4 Abs. 1 Nr. 4 AWG gefährdet ist. Die Energiebranche ist grundsätzlich eine Branche, die als relevant für die öffentliche Ordnung und Sicherheit betrachtet wird. 2585

Paragraphenregister

AEUV
Art. 101 1279

AGB-Banken
§ 2 2425
Nr. 2 Abs. 1 S. 1 2424
Nr. 18 Abs. 2 2428

AIFM-RL
Art. 3 1787
Art. 21 Abs. 7–9 1788

AktG
§ 15 1966
§ 16 2057, 2060
§ 20 75, 2057, 2059 f.
§ 21 2060 f.
§ 23 1678
§ 52 90 ff.
§ 53a 777
§ 57 501, 1453, 1481 ff., 1504, 1506, 1508 f., 1511, 1760
§ 59 1453
§ 62 1958
§ 68 11, 21, 84, 1134, 2269
§ 71a 1488 f., 1504, 1506, 1508
§ 76 729, 1103, 1962
§ 77 1103
§ 84 1870
§ 92 1486
§ 93 631, 729, 774, 1103, 1113 ff., 1819, 2079
§ 101 1134
§ 103 1870
§ 111 2020
§ 119 87
§ 120 1113
§ 133 2031
§ 150 1453

§ 161 1838
§ 179 95
§ 179a 88 f., 95 f., 1141, 2029
§ 193 1841
§ 241 1973
§ 243 1973 f.
§ 245 1974
§ 246 1974
§ 246a 1978 ff.
§ 250 1975
§ 253 1975
§ 256 1975
§ 262 2029 f.
§ 291 1189, 1962 f., 1965 f., 2104
§ 293 1972
§ 293a 1970
§ 293b 1971
§ 293e 1971, 2000
§ 293f 1971
§ 294 1972, 2111
§ 295 2111
§ 296 1238, 2114
§ 297 2107, 2109
§ 300 1453
§ 302 483 f., 1963, 2122
§ 303 2125
§ 304 1967, 1970 f., 1975, 1977, 1981
§ 305 1968, 1970 f., 1977, 1981
§ 308 1962
§ 319 1989, 1992, 2031
§ 320 2031
§ 320a 2032
§ 323 1511
§ 327a 1984, 1998, 2001
§ 327b 1985 f., 2000
§ 327c 1985, 1987 f., 1998, 2000
§ 327d 1987

659

§ 327e	1989, 1992	§ 143	2492
§ 404	774	§ 144	2492

AO

§ 10	2446
§ 12	2516
§ 37	611
§ 39	1021, 1857
§ 74	1030
§ 75	237, 604, 609, 1004, 1012, 1019, 1020, 1022, 1024, 1026 f., 2403 f., 2496, 2503
§ 138	237
§ 175	427, 838
§ 176	2508
§ 233a	428

AStG

§ 1	806, 809
§ 6	257, 259

AnfG

§ 3	226

ArbNErfG a. F.

§ 6	725

AÜG

§ 1	1189, 1553

AWG

§ 4	2585
§ 5	78, 2238, 2248

AWV

§ 55	78, 2238 f., 2241
§ 56	2240 f.
§ 58	1161, 2245 f.
§ 59	2237 f., 2241, 2246 f.
§ 60	78, 2238, 2248 ff.
§ 61	2250
§ 62	2238, 2248

BauGB

§ 24	1164, 2491
§ 136	2492

BBodSchG

§ 2	1037, 1047
§ 4	1038, 1045
§ 24	1043, 1045 f., 1049

BDSG

§ 1	731, 2426
§ 3	731, 1641
§ 3a	1638
§ 4	731, 2426
§ 4a	731
§ 28	731, 1634, 2426

BetrAVG

§ 4	1579

Betriebsübergangsrichtlinie

Art. 1	1518

BetrVG

§ 77	1583
§ 80	1607, 2154
§ 106	75, 1610 ff., 1616
§ 109a	1609 f., 1613
§ 111	75, 1606, 1609, 2154, 2394
§ 112	2394
§ 112a	1590
§ 113	906
§ 119	1617
§ 121	1617

BeurkG

§ 13a	1143
§ 14	1144

BewG

§ 12	426
§ 13	438
§ 151	576, 584, 588
§ 157	576, 584, 588
§ 280	683

BGB		§ 311c	50
§ 3	1092 f., 2472	§ 313	919, 1201
§ 13	1668	§ 319	1683
§ 101	23, 1253	§ 351	70
§ 121	2430	§ 397	1112
§ 123	1325	§ 398	20, 22, 35, 57,
§ 125	43, 1669		2420
§ 126	2482	§ 399	2420
§ 126b	1585	§ 402	1635
§ 134	1579, 1628,	§ 407	2421
	2424 f.	§ 413	20, 22
§ 137	101	§ 415	58, 72, 2412,
§ 139	42, 1142		2418 f., 2441
§ 158	784, 1174, 2433	§ 418	1509
§ 162	2495	§ 420	69
§ 166	738	§ 421	1755, 2174
§ 167	1154, 1670	§ 426	69, 1043, 1584
§ 171	996	§ 427	69, 1755
§ 176	960	§ 433	7, 13
§ 181	115	§ 434	858 f.
§ 199	1093	§ 436	2475
§ 202	940	§ 438	1046
§ 203	941	§ 442	728, 737, 744 f.
§ 241	673, 683, 805 f.,	§ 444	737, 875, 919
	809, 1092, 1320,	§ 446	878
	1325, 1828	§ 453	7, 12 f.
§ 247	1952	§ 463	1810
§ 248	1424	§ 464	667
§ 249	858	§ 489	1425
§ 276	874, 919, 1335,	§ 489	1425
	1806	§ 540	2156
§ 278	1320	§ 542	2482
§ 280	1092, 1320, 1325,	§ 548	1046
	2427	§ 550	2482, 2487
§ 305	1336	§ 566	59, 1004, 1051,
§ 305c	1577		1054, 2451,
§ 307	1338, 1340, 1345		2481
§ 311	673, 683, 736,	§ 576	1559
	805 f., 809, 873 f.,	§ 576a	1559
	976, 1092, 1107,	§ 576b	1559
	1320, 1323, 1325,	§ 578	1004, 1051,
	1334, 1806, 1828		2481
§ 311b	11, 40, 43, 1136,	§ 580a	2482
	1138 ff., 1142,	§ 606	1046
	2450	§ 613	1601

§ 613a	9, 17, 59, 185, 1004 f., 1133, 1189, 1514 ff., 1521, 1527, 1532, 1534, 1538 f., 1542, 1544 f., 1547 f., 1550, 1551, 1553, 1563, 1566 f., 1569, 1570, 1572, 1574, 1576, 1579 f., 1583 ff., 1587 ff., 1593, 1596, 1599, 1602, 1623, 1647, 2153, 2163, 2387 ff., 2398, 2400	§ 1154	2472
		§ 1155	2472
		§ 1192	2472
		§ 1363	108
		§ 1365	108, 110 f., 1166
		§ 1366	112
		§ 1415	112
		§ 1419	112, 1166
		§ 1450	112
		§ 1453	112
		§ 1629	115
		§ 1643	113, 114
		§ 1795	115
		§ 1821	82
		§ 1822	82, 113, 114
		§ 1909	115
		§ 2040	116
§ 626	1595	**BImSchG**	
§ 661	1332	§ 53	702
§ 717	2269	§ 58a	702
§ 719	1134, 2269		
§ 723	1814	**BNotO**	
§ 812	1488, 2242	§ 11	1148
§ 823	2084, 2098, 2427	§ 11a	1148
		§ 19	1096 f., 1098
§ 826	919, 1480, 2080	**BORA**	
§ 839	1097 f.	§ 3	769
§ 873	35, 2472		
§ 875	2471	**BörsG**	
§ 883	2490	§ 32	2026
§ 912	2473	§ 39	2011 f., 2014 f., 2021 f., 2030, 2032
§ 914	2473		
§ 917	2473		
§ 925	784		
§ 929	20, 35, 2422	**BOStB**	
§ 932	51	§ 28	1262
§ 952	2422	**BRAO**	
§ 985	2473	§ 43a	769
§ 1004	1035, 1047, 2473		
§ 1008	2481	**DepotG**	
§ 1018	2467	§ 17a	2203, 2204
§ 1068	2283		
§ 1071	2283	**EBRG**	
§ 1090	2467	§ 29	1622
§ 1117	2472		

EGBGB

§ 43	44
Art. 2	2424
Art. 3	44
Art. 4	2215
Art. 11	44, 2217 f., 2219, 2224, 2226
Art. 43	2206 f.
Art. 46	2206

ErbbauRG

§ 1	2465
§ 2	2465
§ 4	2465
§ 5	2465
§ 7	2465
§ 11	40

ErbStG

§ 9	2302
§ 13a	2264, 2284 f., 2299, 2300 f., 2305 f., 2309 f., 2311, 2314, 2317 f.
§ 13b	2264, 2284, 2288 f., 2290 ff., 2294 f., 2297, 2302, 2311
§ 13c	2300
§ 28a	2301 ff.

EStDV

§ 54	423

EStG

§ 2	548
§ 3	158, 174, 193, 222, 240, 244, 252, 300, 326, 562
§ 3c	243, 562 f.
§ 4f	180 ff., 357 f.
§ 4h	515, 537, 541
§ 5	180 f., 187 f., 357
§ 6	37, 157, 222 f., 365, 395 f., 2264
§ 6a	180, 357
§ 6b	144 f. 146, 161, 169, 192 f., 244, 246, 286, 302
§ 7	201
§ 7g	185
§ 10d	159, 448, 490, 498
§ 13a	2301
§ 15	456, 1747
§ 15a	322, 556
§ 16	147, 149, 152, 155, 166, 173, 245, 327 ff., 350, 436
§ 17	241, 411
§ 20	251, 314 f., 548, 567, 573
§ 21	156, 163
§ 22	438
§ 24	432, 436
§ 32d	549, 1856
§ 34	147, 151, 153, 155, 166, 173, 245, 327 ff., 350, 436
§ 34d	160
§ 35	164, 177, 303, 331, 343, 354
§ 38	1843
§ 41c	1843
§ 42d	1843
§ 42e	1863
§ 49	255, 1459

EnWG

§ 3	2527, 2556, 2561
§ 4a	2569
§ 4b	2570
§ 4c	1163, 2572
§ 6	2548, 2557
§ 6a	2560
§ 6b	2560
§ 7	2560, 2581
§ 7a	2560, 2581
§ 8	2530, 2560, 2563
§ 9	2567
§ 10	2567

§ 10a	2583	§ 4	738
§ 10e	2557, 2560, 2567, 2583	§ 5a	1453
		§ 7	991
§ 46	2531, 2546	§ 8	31 f.
EWR-Abkommen		§ 9	991
Art. 1	1355	§ 9b	1112
		§ 14	991
FKVO		§ 15	11, 84, 684, 730, 738, 1134, 1140, 1142, 1669, 1815, 2200, 2218, 2226, 2269, 2450
Art. 1	1365		
Art. 2	1371		
Art. 3	1364		
Art. 4	1368 f., 1373		
Art. 6	1374	§ 16	24, 98 f., 695, 989 ff., 994 f., 1220, 1267
Art. 7	1374		
Art. 8	1374		
Art. 9	1368	§ 24	991
Art. 21	1368, 1403	§ 26	991
Art. 22	1370	§ 29	23
		§ 30	492, 501, 1453, 1463 ff., 1474, 1478 ff., 1483, 1490, 1493 f., 1504, 1506, 1508 f., 1760
Fusionskontroll-RL			
Art. 4	1158		
Fusionskontroll-VO			
Art. 7	1158		
GBO		§ 31	501, 992
§ 29	2493	§ 35	631
§ 43	2472	§ 37	95, 1102
GebrMG		§ 40	1220, 1267
§ 8	53	§ 43	729, 1114, 1476
§ 22	53	§ 46	23, 1110, 1112
		§ 47	93, 103, 1821
GewStG		§ 56	991
§ 2	2516	§ 51a	730, 1102, 1820
§ 7	176, 335, 352	§ 51b	730
§ 8	298, 542	§ 56	991
§ 9	298, 317, 502, 2517	§ 58b	1453
		§ 58c	1453
§ 10a	451	§ 58d	1453
§ 35	473	§ 64	1477 ff., 1486
GG		**GrEStG**	
Art. 2	2425	§ 1	223, 577, 579 ff., 586 f., 590, 594
Art. 14	1635, 2016 f.		
GmbHG		§ 3	590
§ 2	1154	§ 3a	590
§ 3	991	§ 5	585

§ 6	585	§ 132	2108
§ 6a	590	§ 160	984, 996
§ 8	576	§ 161	1492
§ 9	576	§ 171	996
§ 16	591	§ 172	996, 998, 1497
§ 151	576, 584, 588	§ 176	999
		§ 246	201
GWB		§ 249	1465
§ 1	1059, 1279	§ 251	1465
§ 18	1394 ff.	§ 255	225
§ 33	1004, 1058 ff.	§ 264	805
§ 35	1375, 1391, 1393, 1399, 1403	§ 266	815 ff., 820
		§ 268	1453
§ 36	1391, 1393, 1398 ff.	§ 272	475, 1453, 1804, 1807, 2133, 2165
§ 37	1376, 1380, 1383	§ 310	529
§ 38	1392	§ 317	1078
§ 39	1158, 1388	§ 323	1076, 1080, 1082
§ 40	1404 f., 1409	§ 326	723
§ 41	920, 1158, 1409 f.	§ 347	806, 809
§ 42	1408	§ 354a	2420
§ 50c	2243	§ 377	728
§ 54	1406		
§ 63	1406 f.	**InhKontrollV**	
§ 81	1409	§ 1	2440
§ 130	1401	**InsO**	
GwG		§ 1	2375
§ 2	699	§ 15a	2347
§ 3	699	§ 17	2329
		§ 22	66, 2355 ff., 2365
HGB		§ 22a	2360
§ 8b	723, 2050	§ 26	2353
§ 12	1154	§ 38	2339, 2358, 2376
§ 15	2230	§ 47	2378 f.
§ 22	105	§ 49	2378, 2381
§ 25	55, 1004, 1006, 1008 f., 1011 f., 1015, 1019, 2377	§ 50	2378
		§ 51	2378, 2381
		§ 55	2339, 2357, 2373
§ 26	984	§ 59	117
§ 28	1004	§ 60	117, 2385
§ 75	1283	§ 61	1165, 2362, 2385
§ 87	1016	§ 67	66
§ 89b	230, 1004, 1016 f.	§ 74	66, 2359
§ 110	1492	§ 80	66, 117, 2365
§ 128	1492	§ 91	2346
§ 130	1001 f.		

§ 103	2340 ff., 2346	§ 81	1759
§ 106	2344	§ 269	1718
§ 108a	2343	§ 287	1609
§ 113	2392 f.	§ 288	1759, 1792
§ 119	2345	§ 289	77, 1759, 1793
§ 122	2397	§ 290	1759
§ 125	2394 ff., 2398	§ 291	1759, 1794
§ 126	2396, 2398	§ 292	1498, 1760, 1795
§ 127	2398	§ 330a	1787
§ 128	2398	**KrW**	
§ 129	2325 f., 2329	§ 59	702
§ 130	2328 f., 2331, 2333	**KSchG**	
§ 131	2328, 2333 f.	§ 15	2393
§ 133	2325, 2328, 2336, 2338	**KStG**	
§ 135	1416, 2130	§ 1	2446
§ 138	117	§ 4	2552
§ 142	2331	§ 8	2552
§ 143	1416, 2327, 2339	§ 8a	515, 534, 540
§ 144	2339	§ 8b	168 f., 174, 222, 261, 283 f., 287, 290, 292, 297, 300, 303, 313, 316 f., 351, 353, 370, 387, 391, 427, 460, 502, 558 f., 560
§ 156	2359		
§ 157	2359		
§ 158	117, 2361		
§ 160	117 f.		
§ 162	117 f.		
§ 163	117 f.		
§ 164	2363		
§ 166	2381 ff.	§ 8c	449, 451, 457, 459, 461 f., 464, 466, 468, 471, 490, 493, 498, 540
§ 254	2407		
§ 270	118		
§ 270a	2366		
§ 270b	2372 f.	§ 8d	463
§ 275	2369	§ 11	185
§ 276	118, 2370	§ 14	481
§ 276a	2371	§ 15	487
§ 277	2368	§ 34	461
InvG		**KWG**	
§ 2a	1163	§ 1	2430, 2436
KAGB		§ 2c	1163, 2430 ff., 2434, 2440
§ 1	1757		
§ 2	1758, 1784, 1787	§ 32	1163, 2435 ff.
§ 44	1787	**LPartG**	
§ 80	1781	§ 6	111

MarkenG		§ 11	2223 f.
§ 1	230	Art. 1	2189 f., 2425
§ 3	230	Art. 3	44, 1127, 2191 f.
§ 27	54	Art. 4	2192 ff., 2211
MiFID II		Art. 9	1516, 2223
Art. 4	2090	Art. 11	2217 ff.
		Art. 12	2200
MMVO		Art. 14	2208 f.
§ 7	2065	Art. 19	2194
§ 12	2097	Art. 21	1516, 2200, 2223
§ 14	2086, 2091	**RStV**	
§ 18	2062	§ 26	1163
§ 19	2062	§ 29	77
§ 17	2063 f., 2075, 2078 f., 2089	**SatDSiG**	
Art. 2	2062	§ 10	79
Art. 3	2083, 2097	**SEBG**	
Art. 5	2096	§ 27	1622
Art. 7	2064 f., 2066, 2068	**SE-VO**	
Art. 8	2085 f., 2090, 2092	Art. 9	1965
Art. 9	2086, 2089	**SGB IX**	
Art. 12	2093 ff.	§ 2	1641
Art. 13	2096	§ 85	2393
Art. 14	2085, 2087, 2092	§ 91	2393
Art. 15	2093, 2098	§ 95	1619
Art. 17	2062 ff., 2070, 2072 ff., 2076 ff., 2081, 2089	§ 156	1621
		SprAuG	
Art. 18	2090	§ 32	1618
Art. 19	2082, 2084	**SpruchG**	
Art. 30	2079, 2084	§ 2	1982
MuSchG		§ 11	1982
§ 9	2393	§ 12	1982
PatG		**StGB**	
§ 15	53	§ 203	769, 1262, 1628, 1631, 1636, 1642
§ 16	230		
§ 30	53	§ 206	1628, 1642
RisikoBegrG		§ 266	2348
Art. 4	1609	§ 283	2348
Rom I-VO		§ 283c	2348
§ 4	2195 ff.	§ 283d	2348

TEHG
§ 3   230

TKG
§ 55   1163

TVG
§ 4   1583

UmweltHG
§ 6   1043
§ 7   1043

UmwG
§ 1   2443
§ 2   488
§ 4   1997
§ 5   1997
§ 13   2002
§ 16   2004
§ 17   2183
§ 19   2004, 2025
§ 20   1504, 1506, 1637, 2004, 2025
§ 29   2027
§ 36   90
§ 45   984
§ 60   2024
§ 62   1993 f., 1997 ff.
§ 63   2003 f.
§ 67   90
§ 122a   2443
§ 123   363, 2159, 2168, 2176
§ 125   90
§ 126   2170, 2179, 2182
§ 133   957, 984, 1003, 2173, 2180, 2412
§ 190   494, 2024, 2028
§ 197   90
§ 220   90
§ 245   90
§ 324   1545

UmwStG
§ 3   496
§ 4   490, 498, 540
§ 7   496

§ 11   402
§ 12   490, 493, 540
§ 13   402
§ 15   2413
§ 20   253, 277, 365, 381 f., 397 f., 2165, 2167, 2177
§ 21   253, 261, 390, 843, 2165
§ 22   264, 277 ff., 299, 368, 393
§ 23   253, 369
§ 24   365 f., 381, 395, 2165, 2167, 2177, 2412
§ 27   253

UrhG
§ 32   1263
§ 32a   1263
§ 34   1263
§ 94   230

USchadG
§ 2   1047
§ 9   1049
§ 13   1047

UStG
§ 1   596, 601, 604, 626, 1025, 2497
§ 3   2506
§ 4   605, 614, 625, 1733, 2505, 2514
§ 9   605, 615, 2506, 2509, 2514
§ 13b   2510
§ 14c   603, 2500
§ 15   2510, 2513, 2515
§ 15a   601, 2501 f., 2514

UWG
§ 5   1288

VAG
§ 1b   2440
§ 7a   2440
§ 8   2442

§ 14	2419, 2441 ff.	§ 22	2038 f., 2041, 2045, 2053 f.
§ 14a	2443	§ 22a	2040
§ 70	1781	§ 25	1901, 2045 ff., 2048 ff., 2050, 2053
§ 104	1163, 2440		
§ 146	1163		
VerlG		§ 25a	1901, 2046, 2048 ff., 2053
§ 1	230		
§ 8	230	§ 26	2051, 2054
VVG		§ 26a	2050, 2052
§ 7	2444	§ 27a	2054 f.
§ 95	59, 1004, 1053 f., 1055, 2451	§ 28	2041, 2043
		§ 37b	2079
§ 96	1056	§ 37c	2079
§ 102	59	§ 38	774, 2091 f., 2098
§ 122	59	§ 39	2044, 2049, 2079, 2098
VVG-InfoV		§ 40c	2044
§ 6	2444	§ 60	1939
VwVfG		**WpÜG**	
§ 43	2028, 2030	§ 1	1872
WEG		§ 2	1872, 1901
§ 12	2464	§ 3	1876, 1883, 1913
WG		§ 4	1913
§ 16	21	§ 5	1913
		§ 7	2243
WHG		§ 9	1947
§ 64	702	§ 10	1609, 1873, 1877, 2243
WpAIV		§ 11	1882, 1883
§ 2	2090	§ 12	1884
§ 6	2074	§ 13	1888 ff.
§ 16	2090	§ 14	1609 f., 1881
WpHG		§ 15	1885 f.
§ 2	2036, 2050, 2062	§ 16	1892, 1895, 1910
§ 13	2066	§ 17	1880
§ 14	774, 777	§ 18	1894
§ 15	723, 2021, 2063, 2070	§ 19	1879
		§ 21	1891, 1899, 1904, 1916
§ 15a	2084		
§ 15b	2090	§ 22	1900
§ 20a	2021	§ 23	1901, 1903
§ 21	723, 2035 ff., 2041, 2045 ff., 2050, 2053 f.	§ 25	1895
		§ 26	1887
		§ 27	1609, 1896, 1904

§ 28	1873, 1905	§ 39c	1911
§ 29	1873 f.	§ 59	1909, 1939, 1943 f., 1958
§ 30	1874, 1933 f., 1937, 1939, 1958	§ 60	1939
§ 31	1912, 1914 ff., 1918, 1931, 1957, 2021	**WpÜG-AngebotsVO**	
		§ 2	1883
§ 32	1907	§ 3	1913
§ 33	1921	§ 4	1913
§ 33a	1924	§ 5	1913
§ 33c	1926	§ 9	1947
§ 33d	1928	**ZAG**	
§ 34	1873	§ 11	1163
§ 35	1873, 1908, 1930, 1939, 1943, 2005, 2243	**ZPO**	
		§ 1025	1683
§ 36	1940 f., 1944, 1947, 1959	§ 1029	1652, 1654
		§ 1031	1668, 1670
§ 37	1940, 1945, 1948	§ 1059	1651, 1668
§ 38	1952	§ 1062	1651
§ 39	1873, 2005, 2007	**ZVG**	
§ 39a	2005, 2007 f.	§ 10	2474
§ 39b	2006		

Stichwortverzeichnis

Abfindung 230 ff., 1967 ff., 1985 ff., 2005 ff.
- Aktienrechtlicher Squeeze-out 1984 ff.
- Ausscheidender Gesellschafter 223
- Außenstehende Aktionäre (§ 305 AktG) 1967 ff.
- Delisting 2016 ff. 2027
- für Rechtsverzicht 230
- Umwandlungsrechtlicher Squeeze-out 2005 ff.

Abfindungsanspruch 2274
Abfindungserklärung, negative 997
Abgeltungsteuer 249, 549, 1856
Abgrenzungszeitpunkt 226, 954 1232
Ablösezahlungen 230, 2493
Abonnentenkartei 232
Abonnentenvertrag 230
Absatzmöglichkeit 231
Abschluss des Unternehmenskaufvertrages 1124 ff.
Abschmelzmodell 2300
Abschreibung 305, 356
Abschreibungsdauer 208
Abschreibungspotential 369, 410
Abschreibungsvolumen 207
Absichtserklärung 312, 658 ff., 778, 1671, 1693
Absonderungsrechte 2381 ff.
Abstandszahlungen 230
Abteilung II 2466
Abteilung III 2471
Abtretungsverbot 104
Abwerbeverbot 871, 1282
Abzugsfähigkeit 476, 1512
Abwärtsverschmelzung 490 ff. 1506 f.
Abwerbeverbot 648, 871, 985, 1275, 1282 ff.

Acting in concert 1933 ff., 2039, 2045
Ad-hoc-Publizität 2062 ff.
Advisory Board 1709
AGB 1336, 2485
AGB-Lösung 2418, 2428
Alternative Investmentfonds (AIF) 1757
- Spezial 1777
Akquisitionsfinanzierung 1190
Äquivalenzinteresse 862
Aktie 20 ff., 83, 1134
- Indossament 20 ff.
- Inhaberaktie 20, 1134
- Namensaktie 21 ff., 83
- Register 22
- Übertragung 20 ff., 1134
- Urkunde 21
Aktiengesellschaft 1481 ff., 1865 ff.
- als Zielgesellschaft 1481 ff.
- börsennotierte 1865 ff.
Aktienoptionen 1557, 1841
Akquisitionsfinanzierung 1751
Allgemeines Kontinuitätsgebot 1184, 1185
All Senior Structure 1445
Alternative Investmentvehikel 1770
Altlasten 2479
Altlastenkataster 2479
Altlastenverdacht 2479
Amtspflichtverletzung 1096
Anderkonto 845
Andienungspflichten 2275
Anfechtungsgläubiger 226
Angebot 687, 741, 776
- bindendes 663 ff.
- indikatives/vorläufiges 663 ff., 1305
- konkurrierendes 1900
Angebot, konkurrierendes 1900
Angebotsbedingungen 1894
Angebotsgegenleistung 1893

Angebotsunterlage 1881
Angemessene Informations-
 grundlage 1116
Ankaufsrecht 2469, 2480
Anleger
 – „geborene" professionelle 1774
 – „gekorene" professionelle 1774
Anliegerbeitrag 2474
Anliegerbescheinigung 2476
Anmeldepflicht 1157 ff.
 – fusionskontrollrechtliche
 1347 ff.
 – präventive 1158
Annahmefrist 1892 ff.
Anrechnungsüberhänge 348
Anreizregulierung 2547
Anschaffungskosten 207, 225, 271,
 311, 355, 410, 440
 – nachträgliche 226
Anschaffungsnebenkosten 225
Anteile
 – alte unter 1 % 248
 – Alt-Einbringungsgeborene 253
 – neuere unter 1 % 249
Anteilskaufvertrag 2449 f.
Anteilstausch 390, 839
Anti-Asset Stripping 1789
 – Rules 1792
Anti-Embarrassment Klausel 1289
Anwachsung 359, 1508
Anwartschaftsrecht 48
Anwendungssoftware 230
Anzeigepflichten 75 ff.
Apostille 1153
Apothekenkonzession 230
Apostille 1153
Äquivalenzinteresse 862, 1172,
 1275
ARAG/Garmenbeck-Entscheidung
 1115
Arbeitgeberdarlehen 1558
Arbeitgeberwechsel 185, 1005,
 1515, 1563, 1611
Arbeitnehmer 1133
Arbeitnehmerähnliche Person 1552

Arbeitnehmerdaten 731
Arbeitnehmerüberlassung 1189,
 1259, 1553
Arbeitnehmervertretung 1605 ff.
 – Beteiligung von 1605 ff.
Arbeitsunfähigkeit 1551
Arbeitsverhältnis 1548
 – Fehlkauf 568
 – ruhendes 1551
Arbeitsvertrag 232
Architektenvertrag 2453
Archiv 232
Arzneimittelzulassung 230
Asset Deal 6, 34 ff., 140, 555, 785,
 987, 1136 ff., 1171, 1271, 1510,
 1634, 2198, 2449 ff., 2488, 2496,
 2505
 – Anschaffungskosten 207
 – ausländisches Vermögen 160
 – Betriebsaufgabe 170
 – Entnahme 157, 170
 – Fehlkauf 556
 – Gewerbesteuer 161
 – Grunderwerbsteuer 576
 – Kapitalgesellschaft als Ver-
 äußerer 166
 – Kombination Share Deal 361
 – künftig entstehende Sachen
 49
 – natürliche Person als Veräußerer
 140
 – mitveräußerte Kapitalgesell-
 schaftsbeteiligung 142, 168
 – Personengesellschaft als
 Veräußerer 171
 – Umsatzsteuer 595
 – Veräußerungsverlust 158
 – Vollzugshandlungen 1221
 – zurückbehaltene Wirtschafts-
 güter 156
Asset Stripping 1760, 1795
Aufklärungspflicht 675 ff., 787,
 1048, 1073, 1315 ff., 1335, 1342,
 1718;
 siehe auch Informationspflicht

Auflassungsvormerkung 2469, 2490
Aufschiebende Bedingung 416, 431; siehe Vollzugsbedingungen
Aufteilung des Kaufpreises siehe Kaufpreisallokation
Aufträge 222, 230
– Kunden- 230
Auftragsbestand 230
Auftragsmöglichkeit 232
Auftragswert 232
Aufwärtsverschmelzung 490 f., 505
Auktionsverfahren 1298
Ausfallhaftung 991
Ausfallrisiko 1180
Ausgleichsanspruch
– nach § 24 BBodSchG 1043 ff.
– von Handelsvertretern (§ 89b HGB) 1016 ff.
Ausgleichsposten, passiver 198
Ausgleichszahlung für außenstehende Aktionäre 1967 ff.
Ausgliederung 361, 363, 2411
Ausländisches Vermögen 160
Auslandsbeurkundung siehe Beurkundung mit Auslandsbezug
Auslastungsgarantie 233
Ausschüttungssperre 1453
Außenwirtschaftsgesetz (AWG) 1160 f., 2237 ff., 2585 ff.
Außenwirtschaftsverordnung (AWV) 2237
Aussonderungsrechte 2381
Automatenaufstellplätze 230
Ayse-Süzen-Entscheidung 1518, 1523 f.

Back-to back-Regelung 949
Bad Leaver 1812
Bad will 198
Bagatellmarktklausel 1399 f.
Bankable Due Diligence Report 726
Bankbürgschaft 845, 976

Banken 287
Bankerlaubnis 1429, 2435
Bankgeheimnis 1630, 2424
Barkapitalerhöhung 405
Barkaufpreis 392, 401
Barkomponente 383, 392, 401
Basel III 2409
Bauordnungsrecht 2478
Bedingung, aufschiebende 416
Behaltensfristen 192, 2264
Beherrschungsvertrag 1470, 1961
Beirat 1707
Beitritt 1419
Belastungen 226
Belieferungsrecht 230
– exklusives 230
Berateraufwand 311
Beraterhaftung 1063
Beraterhonorar 223, 226
Beratervertrag 233
Beratung 222
Berichtigungszeitraum 2501
Beschäftigungs- und Qualifizierungsgesellschaft (BQG) 1580, 2399 f.
– Personalabbau 2399
Beschränkt geschäftsfähig 113
Beschränkter Rückgriff 1499
Besichtigung der Kaufsache 720
Besitzübergang 2475
Besonderes Eigeninteresse 1069
Bestandsübertragung 2441
Bestenauslese 1569
Besteuerung 1843, 1855
– Zeitpunkt 411
– Zuflusszeitpunkt 436
Bestimmtheitsgrundsatz 35
– sachenrechtlicher 35, 1129
Beteiligte 61
Beteiligungen
– Aufwertung 294
– im Betriebsvermögen 240
– privat gehaltene über 1 % 240
– virtuelle 1840
Beteiligung an einer offenen Handelsgesellschaft 1001

673

Beteiligungs- und Gesellschaftervereinbarung 1802
Betreuungsgericht 1166
Betrieb 173, 176, 245, 365, 384
– betriebsmittelarmer 1526
– betriebsmittelgeprägter 1526
– Einbringung 381
Betriebliche Altersvorsorge 1598
Betriebliche Leitungsmacht 1543
Betriebs- und Betriebsteilbegriff 1518
Betriebs- und Produktionsgemeinschaft 1534
Betriebs- oder Teilbetriebsübergang 1515 ff.
Betriebsänderung 1606
Betriebsaufgabe 149, 162, 170, 296
Betriebsaufwand 594
Betriebserwerber, tarifgebundener 1578
Betriebsfortführung 1539 ff.
Betriebsführungsvertrag 1544
Betriebsgrundlage, wesentliche 385
Betriebsgrundstück 45
Betriebsinhaber 1543
Betriebsinhaberstellung 1542
Betriebsidentität 1537
Betriebsmittellinie 1419
Betriebspause 1534
Betriebsrat 75, 1606 ff.
– Europäischer Betriebsrat 1622
– SE-Betriebsrat 1622
Betriebssteuern 1004
Betriebsstilllegung 1534
Betriebsübergang 9, 1515
Betriebsübergangsrichtlinie 1518
Betriebsveräußerung 147, 245, 296; siehe Teilbetriebsveräußerung
Betriebsvermögen 254
Betriebsvorrichtung 2520
Betroffenheit, unmittelbare 2074
Beurkundung 2450
– Auslandsbezug 1145
– notarielle 2509

Beurkundungskosten 226
Beurkundungspflicht 1135
Beurkundung mit Auslandsbezug 1145 ff.
Bezugnahmeklausel 1576
– dynamische 1577
Bezugsrecht 409
Bezugsurkunde 1143
Bezugsvertrag 2549
Bierlieferung 230
Bilanzierung 1843
Binding Offer 653, 1307
Black Box-Vereinbarung 1411
Board resolution 1155
Bodenschutzrecht 1032 ff.
Bodenverunreinigungen 1047
Börsenkurs, durchschnittlicher 1913
BQG siehe Beschäftigungs- und Qualifizierungsgesellschaft
Brennrecht 230
Brexit 1
Briefgrundschuld 2472
Bring-Down-Verpflichtung 879
Bruchteilseigentümer 2481
Buchgrundschuld 2472
Buchwert 270
Buchwertabstockung 207, 1436
Buchwertaufstockung 207, 304
Bundesanstalt für Finanzdienstleitungsaufsicht (BaFin) 1163, 2410
Bundesbodenschutzgesetz 1036
Bundesdatenschutzgesetz 1625
Bundesnetzagentur 1163
Bundessortenamt 1270
Bundling 230
Bürgschaft 976
Business Judgement Rule 1115
Business MAC-clauses 1205 ff.
Business Plan 792
Buy and Build-Konzept 1696
Buyer Universe 1090
Buy-out 1715

Stichwortverzeichnis

Call-Option 230, 420, 666, 1679
Cap siehe Haftungshöchstbetrag
Carried Interest 1734
– Modelle 1741
Carry-Vehikel 1783
Carve-out 362, 870, 1436, 1167 f., 2099 ff.
Cash and debt free-Regelung 814
Cash-Marge 1424
Cash-Pool(ing) 1189, 2128 ff.
Cash-Pooling-Vertrag 1189
Cashflow 131
Catch-up 1744, 1809
Caveat-emptor Prinzip 675
Certain Funds 1442
Certificate of Incumbency 2234
Change of Control 1419
Change of Control-Klauseln 9, 15, 107, 696, 785, 1134, 1597
Checkliste 752
Clean-Up Period 1452
Clean Team-Vereinbarung 1411
Closing 413, 1419;
siehe Vollzug des Unternehmenskaufvertrages
Closing Accounts 811
Closing actions
siehe Vollzugshandlungen
Closing Bedingungen (conditions) 763 f. 1176;
siehe Vollzugsbedingung
Closing Bilanz 805
Closing conditions
siehe Vollzugsbedingung
Closing-Protokoll
siehe Vollzugsprotokoll
Closing minutes 1225;
siehe Vollzugsprotokoll
Comfort letter
siehe Patronatserklärung
Cold increase 1916
Commercial Due Diligence 701
Commitment Letter 1061, 1141, 1440, 1888

Compliance 699, 905, 1173, 1207, 1624
Compliance Due Diligence 699
Computerprogramme 230
Conditions precedent 1176;
siehe Vollzugsbedingung
Confidentiality Agreement
siehe Vertraulichkeitsvereinbarung
Confirmatory Due Diligence 691
Contractual Trust Arrangement (CTA) 1600
Cooling off 2583
Cooling on 2583
Corporate Governance 2580 ff.
– Codex 1838 ff.
Covenants 804, 809, 871
Cross-Option 1252
Culpa in contrahendo 1828
Cultural Due Diligence 703
Cut-off Date 892, 1754

Dachfonds 1767
Darlehen
– Ablösebetrag 2494
– notleidendes 2445
– Sicherheiten 2494
Darlehensvertrag 2494
Data Room 711
Data Room Procedures 715
Datenraum 680, 711, 928, 1306, 2476, 2492
– physischer 714
– Unterlagen 1218
– virtueller 713
Datenschutz 731, 902 f., 1624 ff., 2426
– Bedeutung 1625 ff.
– Risiken bei Verstößen 1628 ff.
– Strukturierungsüberlegungen 1632 ff.
Datensatz 230
De miminis 934
Deal, interner 503

675

Debt Fonds 1428, 1695
Debt Push Down 499, 1509
Deckungsanfechtung
– inkongruente 2333
– kongruente 2329
Deductible/spilling basket 936 f.
Delisting 2010 ff.
– kaltes 2028
– partielles 2010 ff.
– Teil- 2010 ff.
Denic eG 1270
Deutsches Patent- und Markenamt 1270
Deutscher Rahmenvertrag für Finanztermingeschäfte 1446
Dienstleistungsfreiheit, passive 1430
Dienstbarkeiten 2467, 2473
– beschränkt persönliche 2467
Dienstverhältnis Organmitglieder 1552
Differenzhaftung 991
Director's Certificate 1826
Directors' Dealings 2084
Disclaimer 726
Disclosure 745, 747
Disclosure Schedule 745, 891
Discounted Business 2439
Distribution Waterfall 1736
Dividende 315
Dividendenbezüge 298
Domain 230
Doppeloption 1252
Downstream Merger 491, 1506
Drag along 386
Drei-Objekt-Grenze 2519
Dritte 72
Drittvergütung 1843
Drohverlustrückstellung 180, 187
– Personengesellschaft 357
Drop dead date 1180; siehe Long stop date
Dual Track-Verfahren 1298
Dual use assets 38

Due Diligence 226, 685, 1118, 1638, 1819, 2478, 2480
– bei Aktiengesellschaften 773
– Commercial 701
– Compliance Due Diligence 699
– Confirmatory 691
– Cultural 703
– Environmental 702
– finanzielle 698
– Human Resources 705
– Insurance 707
– Kosten 311, 779
– Legal 693
– Purchaser 690
– rechtliche 2458 f., 2461, 2473, 2479, 2482
– Risiken 789
– steuerliche 697, 2458
– Strategic 700
– technische 704, 2458, 2473, 2478
– Vendor 690, 2459
– Verkäufer 2459
– Verschwiegenheitspflicht 1819
– Teil- 2012
Due Diligence Report 687
– Bankable 726
– Red Flag 727
Durchgriffshaftung 16

Earn-Out 269, 425, 431, 797, 829
EBITDA-Multiples 1438
EBITDA-Vortrag 446, 470, 541
Eckpunktepapier 658 ff., 651, 1443
Effective Date 801; siehe Übertragungsstichtag
EFTA 2239
Eigenhandelserfolg, kurzfristiger 288
Eigenkapital 1413
– außerbörsliches 1695
Eigenhaftung des Vertreters 1068
Eigenkapitalrendite 1450
Eigenkapitalwert 811

Eigentum 2463
- Bruchteils- 2481
- Mit- 2481
- wirtschaftliches 413, 1021, 1248 ff.
Eigentümergemeinschaft 2464
- Zustimmung Verwalter 2464
Eigentumsvorbehalt 48
Eigenverwaltung 118, 2366
Einbringung 261, 276, 299, 365, 375, 379, 388, 443
- Betrieb 381
- Kapitalgesellschaft 382, 389
- Personengesellschaft 395, 397
- Teilbetrieb 381
- Unternehmen 381
Einbringungsgewinn 264, 277, 368, 393
Einbringungsbesteuerung 393, 404
Eingliederung 481 f., 1511, 1539 ff., 2031 f.
- finanzielle 481 f.
- identitätszerstörende 1539 ff.
- Mehrheitseingliederung 2031 f.
Einheitsgesellschaft 2450
Einkommensteuer 140
Einlage 475
Einlagenrückgewähr 1497
Einlagepflicht 991
Einzelbewertung 194, 228
Einzelübertragung 363
Einzelwirtschaftsgüter, immaterielle 227
EMIR 1446 Fn. 884
Emissionsberechtigung 230
Emittent 642, 1759, 1790, 2011 ff., 2021 ff., 2035 ff. 2050 ff., 2070 ff.
- Inlandsemittent 2050 ff.
Entflechtung 2523 ff. 2548, 2555 ff.
- Arten 2560 ff.
- Hintergrund 2555 ff.
Entity Value 811, 814
Entlastung 1110

Entleiherbetrieb 1553
Entnahme 157, 170
Entscheidungsprozess, mehrstufig 2069
Energieversorgungsunternehmen 2527
Energiewende 2525
Equity Commitment Letter 1149
Equity Kicker 1424
Equity Value 801, 811, 814
Erbbaurecht 230, 1136, 2465, 2468
- Belastung 2465
- Übertragung 2465
Erbaurechtsvertrag 2465
Erbengemeinschaft 116
Erbfolge, vorweggenommene 2276
Erbschaftsteuer 2286 ff.
- Verschonungsoption 2299 ff.
Erfindungen, ungeschützte 230
Erfüllungswahlrecht 2340 ff.
Ergänzungsbilanz 172, 356, 410
Ergänzungspfleger 115
Ergebnissaldierung 310, 476, 561
Ergebnisverteilung 1734
Ermäßigter Steuersatz, § 34 Abs. 3 EStG 151
Erneuerbare-Energien-Gesetz 2524
Erneuerbare-Energie-Projekte 2542
Ersatztatbestand 278
Erschließungskosten 2474
Ertragsanteil 438
Ertragszuschuss 475
Erwerb
- eines Unternehmens im Ganzen 1020
- gescheiterter 313
Erwerberkonzept 1567
Erwerbsangebote, einfache 1873
Erwerbsfolgegewinn 188
Erwerbsunfähigkeit 1551
Escrow 422
Escrow Account 845, 851, 976
ESMA 2075

EStG, § 6b 144, 161, 169, 192, 244, 246, 302, 443
EU Passport 1782
Europäischer Wirtschaftsraum 1355
Europäische Venture Capital Fonds 1782
Europäisches Verhinderungsverbot 1924
European Securities and Markets Authority siehe ESMA
EuVECA Fonds 1782
EWR-Abkommen 1356
Excuse Rights 1725
Executive Summary 726
Existenzvernichtender Eingriff 1479, 1480 ff., 1507
Exit 1301, 1697, 1800, 1809 f.
– Exiterlöse 1809, 1840
Exklusivbelieferungsrecht 230
Exklusivität 655 ff., 1307, 1671, 1694
Exklusivitätsvereinbarung 655 ff., 1307, 1671, 1694
Exkulpationsmöglichtkeit 890

Facilities Agreement 1440
Failing company defence 2402
Fälligkeitsvoraussetzung 2464 f., 2467 ff., 2489, 2495
Familienunternehmen 2252
Family Office 2
Fee Letter 1444
Feederfonds 1765
Fehlkauf 309, 554
Festkaufpreis 419, 1188
Filmrecht 230
Final Enterprise 811
Final Equity Value 818
Financial Assistance 1488
Financial Due Diligence 698
Finanzierung 2467
– Asset basierte 1451
– strukturierte 1435
Finanzierungsaufwand 318, 476

Finanzierungsbestätigung 1888
Finanzierungdokumentation 1439
Finanzierungshilfen 275, 569
Finanzierungskosten 222 f., 226, 310
Finanzierungsstruktur 1434
Finanzunternehmen 301
Finanzierungsrunde 454
Finanzierungsvertrag
– konzerninterner 1189
Finanzinstrumente 2045
Finanzinstitute 290
Finanzdienstleistungsunternehmen 290
Finanzkrise 2
Finanzplandarlehen 570
Finanzunternehmen 287, 370, 560
Finanzverbindlichkeiten 814 ff.
Firma 55, 232
Firmenname 232
Firmentarifvertrag 1575
Firmenfortführung 105, 1010 ff.
Firmware 230
Flächenschlüssel 2515
Flurkarte 2473
Fonds 1695
– Dach- 1767
– EuVECA Fonds 1782
– direktinvestierende 1762
– Feeder- 1765
– parallele 1763
– Risikokapital 1782
– Ziel- 1767
Fondsstrukturen 1761
Force-majeure-Klauseln 1185, 1205, 1211
Forderungsabtretung 2420
Formerfordernis 11, 651, 1135 ff., 1668, 2217 ff. 2382
Formstatut 2217 ff.
Formwechsel 307, 460, 505, 561 494 ff., 1941, 2024 ff., 2306
Fortsetzungsmöglichkeit 1539
Fortsetzungs-Sammelwerke 230
Forward Triangular Merger 10

Frage-Antwort-Prozess 686
Freibetrag 152, 329, 936
Freier Mitarbeiter 1552
Freigabeverfahren 1980, 2494
Freigrenze 527, 936
Freistellungen 858 ff., 868 f., 952 ff.
– Abgrenzung 858 ff.
– Haftungseinbehalt 976 ff.
– Rechtsfolgen 965 ff.
– Typische Regelungsbereiche 953 ff.
– Vermeidung überschießender Haftung 981 ff.
– W&I Versicherung 971 ff.
Freistellungsanspruch 433
Fremdkapitalinstrumente 1842
Frosta-Entscheidung 2018
Fünftel-Regelung
siehe Progressionsminderung, § 34 Abs. 1 EStG
Funktionsnachfolge 1532
Fusionskontrollverfahren 1361, 1157

Garantie 873 ff. 976, 1460, 1826, 2478
– aufsteigende 1462
– bei übertragender Sanierung 2385
– katalog 894 ff.
– selbständige 873 ff.
– Verkäufergarantie
siehe Verkäufergarantie
– zeitraumbezogen 881
Garantiedividende 1967
Gebäude 222
Gebrauchsmuster 53
Gebrauchsort 2131
Gebührenvereinbarung 1444
Gelatine-Entscheidung(en) 86, 94
Geldbeschaffungskosten
siehe Finanzierungskosten
Geldwäsche 75, 699, 1064
– EU-Geldwäsche-Richtlinie 75, 699

– Geldwäschegesetz 75, 699, 1064
– Know-Your-Customer Prinzip 75, 699
Gemeinschaftseigentum 2464
Gemeinschaftskonto 976
Gemeinschaftsordnung 2464
Genehmigungen 9, 230
– anlagenbezogene 60
– personenbezogene 60
Generalbereinigung 1112
Gesamtbetriebsrat 1608
Gesamtbeurkundungsgrundsatz 11, 41, 1137, 1140
Gesamtkapitalrendite 1450
Gesamtrechtsnachfolge 363, 1508, 1637, 2411
Gesamtschuld(ner) 69, 848, 947 f., 990 ff.
– Ausgliederung 2174
– Betriebsübergang 1584
– Nachhaftung 2180, 2412
– Versicherung 1055
Geschäft verbundenes 2450
Geschäftsbeziehung 232
Geschäftsführer 1268
Geschäftsführungsbefugnis 83
Geschäftsveräußerung im Ganzen 2497 ff., 2505
Geschäftswert 197, 201, 207, 213, 222, 231, 306
– negativer 198
– geschäftswertbildende Faktoren 231
Gesellschafter
– ausscheidender 223
– persönlich haftender 1001
Geschäftsanteile 23 f., 842
– Abtretung 23
– gutgläubiger Erwerb 24
Geschäftsführung zwischen Abschluss und Vollzug des Unternehmenskaufvertrages 1182 ff.
Gesellschafterbürgschaft 275
Gesellschaftsinteresse 1119 f., 1820

Gesellschaftsstatut 1127, 1146, 2197, 2202 ff.
Gesellschafterdarlehen 275, 545, 559, 563, 569, 1413
– Steuerausländer 550
Gesellschaftersicherheiten 570
Gesellschaftervereinbarung 1854
Gesellschaftsstatut 2127
Gestundeter Kaufpreis 269, 422
Gewährleistungsanspruch 433
Gewährleistungseinbehalt 422
Gewerbesteuer 161, 166, 175, 247, 296, 303, 331, 352, 356, 410, 451, 469, 497, 502, 513, 542, 549, 2516
– Kürzung 2517, 2520
– (Teil-)Betriebsaufgabe 162
– (Teil-)Betriebsveräußerung 162
Gewerbesteueranrechnung, § 35 EStG 164, 303, 331, 343, 354
Gewerbesteuerfreiheit 176, 335, 352
Gewinn- und Verlustrechnung 805
Gewinnabführungsvertrag 481, 1468, 1961
Gewinnabgrenzung 1253 f.
Gewinnanspruch 314
– Mitveräußerung 314
Gewinnaussichten 230
Gewinnbezugsrecht 417, 1234
Gewinnchancen 232
Gewinnerwartungen 232
Gläubigerausschuss 1165
Gläubigervereinbarung 1445
Gläubigerversammlung 1165
Gleichstellungsabrede 1576
GmbH & Co. KG 1496
GmbH-Anteile 1134, 1140
– gutgläubiger Erwerb 24
Going Private 1697, 2009
Good Leaver 1812
Gremienvorbehalte 1169 f.
Grund und Boden 222
Grundbuch 2466, 1269, 2471, 2473
– Abteilung II 2466
– Abteilung III 2471
– Vormerkungen 2469

Grundbuchamt 2488
Grundbuchänderungen 1269
Grunddienstbarkeit 1269, 2467
Grunderwerbsteuer 223, 574, 2452, 2455
– Anschaffungskosten 594
– Asset Deal 576
– Aufwand 594
– Kapitalgesellschaft 586
– Konzernumstrukturierung 590
– Option 592
– Organschaft 593
– Personengesellschaft 579
– Rückabwicklung 591
– Share Deal 578
Grundpfandrecht 1269, 2382, 2471, 2493
Grundschuldbrief 2472
Grundschulden 1458, 2465, 2467, 2493
Grundsteuer 2474 f.
Grundstück 40 ff., 1136
– dingliche Belastung 2466
– Zugang zu einer öffentlichen Straße 2473
Grundstückskaufvertrag 2449 f.
Gründungstheorie 2202
Gründungsvorschrift 31
Gun Jumping 880
Gutachterkosten 223, 226
Güterfernverkehrskonzession 230
Gütergemeinschaft 112
Güterverkehrsgenehmigung 230
Gutgläubiger Erwerb 51, 98
– von Aktien 20 ff.
– von GmbH-Anteilen 24

Hafteinlage 996 ff.
Haftung 735, 858 ff.
– Beraterhaftung 1063 ff.
– Betriebsübernehmer, § 75 AO 237, 604, 1019 ff., 2496, 2503
– Erfüllung von Nebenpflichten 991

- existenzvernichtender Eingriff 1480 ff., 1507
- gesamtschuldnerische siehe Gesamtschuld
- Geschäftsführungsorgane 1099 ff.
- Firmenfortführung 55
- Haftung Dritter 1061 ff.
- Käuferhaftung siehe Käuferhaftung
- Notare 1094
- teilschuldnerische 1755; siehe Teilschuld
- Verkäufer 785, 925
- Verkäuferhaftung 785, 858 ff., 925; siehe auch Verkäufergarantien und Freistellung
Haftungsausschluss 925 ff., 1334 ff.
- AGB 1336 ff.
- bei Ablauf von Prüffristen 931
- bei anderweitiger Schadenskompensation 930
- bei Anspruch gegen Dritte 930
- bei Berücksichtigung im Jahresabschluss 929
- bei Käuferkenntnis 928
- bei korrespondierendem Vorteil 929
- bei nachträgliche Rechtsänderung 926
- bei Umständen aus Käufersphäre 927
- Verhältnis Hauptvertrag/ Nebenvertrag 932
- Vorsatz 1335
Haftungsbegründende Kenntnis 889
Haftungsbeschränkung 933 ff., 1086
- Betragsmäßige 934 ff.
- Freibetrag/-grenze 936 f.
- Haftungshöchstbetrag 938

- Mindestbetrag (de minimis) 935
- zeitliche 939 ff.
Haftungseinbehalt 976
Haftungshöchstbetrag 938
Haftungshöchstgrenze 807
Haftungsuntergrenze 807
Haftungsverbindlichkeit 223
Halber durchschnittlicher Steuersatz 151
Handelsgeschäft 1010
- Fortführung unter bisheriger Firma 1004
Handelsgewerbe 1008
Handelsregisteränderungen 1266
Handelsregisteranmeldung 1218
Handelsvertreter
- Ausgleichsansprüche 1004
Handelsvertreterrecht 230
Handlungs- oder Unterlassungspflicht 871
Handlungsvollmacht 1268, 1556
Hauptaktionär 1983 ff.
Hauptprüfungsverfahren 1404
Hauptversammlungsbeschluss 89 f., 95 f., 1141, 1888, 1939, 1958, 1973 ff., 1984
- Anfechtungs- und Nichtigkeitsklage 1973 ff.
- qualifizierter 89 f.
- Squeeze-out 1984
Hausgewerbetreibende 1552
Heads of Terms 658, 661; siehe Eckpunktepapier
Hebelwirkung 1448
Hedging 1446
Heimarbeiter 1552
Heimfall 2465
Hell or high water clauses 1178
High Yield Bond 1422
Hive-down 585
Hochzinsanleihe 1422
Holdback 845
Holding 560
Holdinggesellschaften 287, 1414

Holzmüller-Entscheidung 86, 94
Honorar 272
Human Resources Due Diligence 705
Hurdle Rate 1744

IDW S 6 1437
Immobilien 211
Immobilientransaktionen 598, 1174, 2449, 2496
Independent system operator (ISO) 2567
Independent transmission operator (ITO) 2567
Indicative Offer 653, 1305; siehe Angebot, indikatives
Indossament 20 ff., 2472
– Blankoindossament 21
– Grundschuld 2472
– Vollindossament 21
Information Memorandum 664, 1090, 1105, 1304
Informations- und Aufklärungspflichten 675
Informations- und Zugangsrechte 1295
Informationsmemorandum 1304
Informationsobliegenheiten 943
Informationspflichten 74 f. 1782, 1826 ff., 2444; siehe auch Aufklärungspflichten
Inhaberaktie 20
Inhaberkontrollverordnung (InhKontrollV) 2430
Inhaberschuldverschreibung 1430
Inlandsauswirkung 1401
Inlandsemittent 2050 ff.
Insider 2082 ff.
– Unternehmensinsider 2082 ff.
Insiderhandel 1876, 2034, 2085 ff.
Insiderinformation 642, 774, 2063 ff., 2077 ff., 2090 ff.
Insiderverzeichnis 642, 2090 ff.
– Insiderverzeichnisverordnung 2053

Initial Public Offering 1800, 1854
Initiativrecht 1186
Initiatoren 1704
Insolvenz 9, 117, 1165, 1415
Insolvenzanfechtung 2325
Insolvenzarbeitsrecht 2392
Insolvenzeröffnungsverfahren 2355
Insolvenzmasse 1024
Insolvenzplanverfahren 2405
Insolvenzreife 2347
Insolvenzverfahren 2320 ff.
– Absonderungsrechte 2381 ff.
– arbeitsrechtliche Besonderheiten 2387 ff.
– Aussonderungsrechte 2379 f.
– Eigenverwaltung 2366
– Insolvenzplanverfahren 2405 ff.
– kartellrechtliche Besonderheiten 2401 f.
– Regelinsolvenzverfahren 2365
– Schutzschirmverfahren 2372 ff.
– steuerrechtliche Besonderheiten 2403
– Übertragende Sanierung 2349 ff.
– Unternehmenskauf 2320 ff.
– Verfahrensarten 2364 ff.
Insolvenzverfahren, eröffnetes 2369
Insolvenzverwalter 2340 ff.
– Erfüllungswahlrecht 2340 ff.
– vorläufiger 2357
Insurance Due Diligence 707
Intercreditor Agreement 1445
Interessenkonflikte 765 ff.
Integration des Zielunternehmens 1190
Interner Deal 503
Internet 230
Investitionskontrolle
– außenwirtschaftsrechtliche 1160
Investitionsstrategie 1714, 1719
Investitionsprüfungsverfahren 2237 ff.

- sektorspezifisches 2248 ff.
- sektorübergreifendes 2239 ff.
Investmentbanken 1071
Investoren 1706
- semiprofessionelle 1782, 1787
Investorenbeirat 1709
Investorenrechte 1707
IPO 1800
ISDA 1446
IT Due Diligence 704

Joint Venture 10, 861, 980, 2536
- contractual 10
- equity 10

KAGB 1757, 1771
Kapitalabrufe 1721
Kapitalerhaltung 1453
Kapitalerhöhung 454
- Umsatzsteuer 626
Kapitalertragsteuer 250, 502, 547, 550
Kapitalgesellschaft
- Grunderwerbsteuer 586
Kapitalgesellschaftsbeteiligungen 192, 222, 326, 389
- Einbringung 389
Kapitalkonto 321
- negatives steuerliches 322
Kapitalzusagen 1721
Kartellbehörden 1157
Kassenarztzulassung 230, 232
Kaufoptionen 420
Käuferhaftung 977 ff.
- Altlasten 1032 ff.
- Ausgleichsansprüche von Handelsvertretern 1016 ff.
- Betriebssteuern, § 75 AO 1019 ff.
- Betriebsübergang 1005
- Firmenfortführung 1006 ff.
- Freistellungspflichten 981 ff.
- für Verkäuferverbindlichkeiten 989 ff.
- für Verbindlichkeiten des Zielunternehmens 986 ff., 1004 ff.
- Kartellrechtsverstöße 1058 ff.
- Käufergarantien 979 f.
- Mietverträge 1051 f.
- Pflichtverletzung 985
- umwandlungsrechtliche 1003
- Versicherungsprämien 1053 ff.
Käuferobliegenheit 946
- Caveat-emptor Prinzip 675
Kaufgegenstand 5 ff.
- Asset Deal 34 ff.
- Bewegliche Sachen 46 ff.
- Eingetragene Schutzrechte 52 ff.
- Forderungen 57 ff.
- Genehmigungen, öffentlich-rechtliche 60
- Gesellschaftsanteile 12 ff.
- Grundstück 40 ff.
- Immaterielle Vermögenswerte 52 ff.
- Konzessionen 60
- Share Deal 12 ff.
- Verbindlichkeiten 57 ff.
- Verträge 57 ff.
Kaufpreis 783 ff., 2480
- Änderung 838
- Besicherung 853
- Besteuerung 854
- Bestimmung 787
- endgültiger 1236
- Fälligkeit 2488
- gestundeter 269, 422
- negativer 446, 474
- variabler 829, 1188
- zusätzlicher 431
Kaufpreisallokation 143, 146, 189, 321, 326, 355
Kaufpreisänderung 427
Kaufpreisanpassung, nachlaufende 1255
Kaufpreisaufteilung
siehe Kaufpreisallokation

Kaufpreiseinbehalt 976
Kaufpreiserhöhung 431
Kaufpreisfinanzierung 839
Kaufpreisforderung, gestundete 433
– Ausfall 433
Kaufpreisminderung 433
Kaufpreisrate 856
Kaufpreisstundung 855
Kaufpreisteil, aufschiebend bedingte 269, 425
Kaufpreiszahlung 2467, 2489
Kaufpreisverzinsung 426
Kaufvertrag 2453, 2488
Kenntnis, haftungsbegründende 889
Kenntnisfiktion 928
Kenntnisqualifizierung 886
Kern der Wertschöpfung 1521
Key Persons 1712
Know-how 230, 385
Kollektivrechtliche Fortgeltung 1570 ff.
– Betriebsvereinbarungen 1571 ff.
– Tarifverträge 1575 ff.
Kommanditanteile 1134, 2450
Kommanditgesellschaft 103, 996, 1972, 2450
– Kommanditistenwechsel 996
Kommission zur Ermittlung der Konzentration im Medienbereich (KEK) 1163
Kommunale Abgaben 2474
Kompensationsart 922
Kompensationsebene 923
Kompetitiver Verkaufsprozess, siehe Auktionsverfahren 1299 ff.
Komplementärbeteiligung 1001
Konsortium 1441, 1444, 1938, 2554
Kontaktverbot 647
Kontrolle 1874
Kontrollerwerb 1380
Kontrollwechsel 1419
Konzernabschluss 306
Konzernobergesellschaft 1557
Konzernprivileg 1627

Konzessionen 230
Konzessionsverträge 2531, 2546
Kooperationsvertrag 2415
Krankenversicherung 290
Kreditportfolio 2409
Kreditvertrag 1440, 2415
Krise 9, 570, 1168, 1293, 2320 ff., 2403
– Krisendarlehen 570
– Unternehmenskauf aus der Krise 2323 ff., 2403
Krisendarlehen 570
Kundenaufträge 230
Kundenbeziehungen 232
Kundendaten 732, 2423
Kundengespräch 721
Kundenkartei 232
Kundenstamm 230 ff.
Kündigung, ordentliche 2482
Kurserheblichkeit 2068
KWG 2429 ff.
– Anzeige 2430

Laufender Aufwand 222
Laufender Gewinn
– Abgrenzung zu Veräußerungsgewinn 324
– Schätzung 324
Leasingportfolio 2409
Leasingvertrag 2415
Leakage 800 f., 806; s. a. Permitted Leakage
Lebenspartner 111
Lebensversicherung 290
Legal Due Diligence 693
Legalisation 1153
Legalitätspflicht 1121
Leibrente 155, 422, 436, 856; s. a. Wiederkehrende Leistungen
Leichtermachen 139, 314
Leiharbeitnehmer 1553
Leitungsmacht 1235, 1554
Leistungen
– charakteristische 2194
– konzerninterne 1259

Letter of Intent 312, 661, 778, 1671; siehe Absichtserklärung
Leverage Effect 1448
Leveraged buy out 1695, 1715
Lex causae 1132
Lex rei cartae sitae 2203
Lex rei sitae 1132, 2206
Lieferantenbeziehungen 230
Lieferantendaten 732
Lieferbeziehungen 232
Liefervertrag 1189
Limitation Language 1472
Liquidation Preferences 1809
Lizenz 230
Lizenz- und Abgrenzungsvereinbarung 1271
LMA 1443
Local Asset transfer agreements 1132
Local share transfer agreements 1127
Locked Box 799, 1182, 1188
Locked Box-Kaufpreis 419
Locked Box-Modell 800
Lohnsummenklauseln 2264
Lohnsummenregelung 2299 ff., 2308 ff.
Lohnsteuer 1843
Lokale Anteilsübertragungsverträge 1127, 2495
Long stop date 1180, 1199, 2495
Löschungsbewilligung 2469, 2471, 2493
Löschungsunterlagen 2467, 2493

M&A-Berater 1072
M&A-Transaktionen 1676
MAC-Klausel 915, 949, 1201 ff., 1753
– Force-Majeure 1211
– Marktbezogene (*market MAC*) 1209
– Unternehmensbezogene (*business MAC*) 1206 ff.
Macrotron-Entscheidung 2016 ff.

Management 1816 ff.
– Beteiligungsprogramm 1421
– Eigenkapitalbeteiligungen 1848
– Incentives 1830
– Warranty Deeds 1679, 1826
Managementbeteiligung 374
Management Fee 1728
– Dropdown 1730
Management Interviews 718, 1105
Management-Präsentation 718, 1306
Managementbeteiligungsprogramm 1421
Mandantenstamm 230
Mandate Letter 1443
Mandatsvereinbarung 1443
Mängelansprüche 2453
Mängelgewährleistungs- und Schadensersatzrecht 859
Mantelgesellschaft 27 ff.
Marke 54, 230
Market MAC-clauses 1205, 1209 ff.
Markt, relevanter 1395
Marktauftritt 1287
Marktbeherrschung 1394
Marktstellung, überragende 1394
Marktmanipulation 2021, 2034, 2093 ff.
– Verbot der 2093 ff.
Marktmissbrauchsverordnung (MMVO) 2034, 2062 ff.
Material adverse change/effect 1201; siehe MAC-Klausel
Material Adverse Effect 1201
Mega-Dividende 500
Mehrheitseingliederung 2036
Meilensteine 431, 1804
Memorandum of understanding 661; siehe Absichtserklärung
Mezzaninkapital 1422 ff.
Mezzaninkapitalgeber 1415
Mietdauer 2480
Mietsicherheit 2480

Mietvertrag 2451, 2480 ff.
- Gewerberaum 2481
- Nachtrag 2459, 2481
Mietvorauszahlung 230
Minderjährigkeit 113
Mindestannahmeschwelle 1895
Mindestbesteuerung 159, 322, 446, 448, 498, 506
Mindestbetrag 935
Mindestlohnsumme 2317
Ministererlaubnis 1408
Mitarbeiterrabatte 1561
Mitarbeiterstamm 231
Miteigentumsanteile 2464, 2481
Mitteilungspflichten 74 ff., 1877
Mitternachtserlass 1224
Mitunternehmensanteile 327
- Aufgabe 327
- gesamte 327
- Teil 328
Mitverkaufspflicht 386
Monatsbrief 1404

Nachbargrundstück 2473
Nachfolgeplanung 2257
Nachgründungspflicht 90
Nachhaftung 957, 984, 2180, 2412
Nachlaufende Vertragspflichten 1231, 1256 ff.
Nachlieferungsvertrag 230
Nachrang, struktureller 1501
Nachschusspflicht 991
Namensaktie 21
Ne bis in idem 930
Nebenkosten 270, 2480
Nebenvertrag/-verträge 233, 1149 ff.
Negatives Interesse 1181
Nettokaltmiete 2480
Nettoumlaufvermögen 819
Netzentgelte 2547
Neubewertung 207
Neugründung, wirtschaftliche 30

Nießbrauch 2276 f.
Non-compete undertaking 1278
Non-Disclosure Agreement (NDA) siehe Vertraulichkeitsvereinbarung
Non-Leakage-Klausel 417, 1188
Non-participating 1809
Non-Performing Loans 2409, 2445, 2247
Non-recourse 1499
Non-Reliance Letter 672, 688
Non-solicit undertaking 1282
Notleitungsrechte 2473
Notverkauf 265, 386, 394, 404
Notwegerecht 2473
Nutzungsrechte 226, 230

Obergesellschaft 1968
Offene Handelsgesellschaft 16 ff., 1001
Offenlegung 745, 747 ff., 891
Öffentliche Lasten 2475
Option 230, 592, 615, 666 ff., 1841, 2506
- Aktienoption 906, 1557, 1841
- Call-Option 230, 666, 1679
- einseitige 1252
- Kaufoption (call option) 230, 420, 666, 1679
- Optionsstaffeln 882
- Put-Option 230, 666, 1679
- Umsatzsteuer 615 ff., 2504
- Verkaufsoption (put option) 230, 666, 1679
- Verschonungsoption siehe Erbschaftsteuer
- wechselseitige/Doppeloption (put/call option, cross option) 230, 420, 1252
Optionsstaffeln 882
Ordre public 1516
Ordnungsgemäßer Geschäftsgang 1130

Organkreise 521
Organkreisverkauf 464
Organschaft 480, 485, 561, 1512
– Beendigung 485
– Verkauf 485
Organisation 231 f.
Organisationsmacht 1554

Pachtvertrag 2451, 2481
Pactum de non petendo 1113
Parallel Debt 1447
Parallelfonds 1763
Participating 1809
Patente 53, 230, 385, 398
Patronatserklärung 976
Pensionsrückstellung 180, 188
– Personengesellschaft 357
Permitted Leakage 806
Personenbezogene Daten 1641
Personengesellschaft 556, 579
– Doppel- 338
– Einbringung 395
– Grunderwerbsteuer 579
– mehrstöckige 338
– Zinsschranke 520
Personengesellschaftsanteilsverkauf 319
– Kapitalgesellschaft als Verkäufer 349
– mitverkaufte Kapitalgesellschaftsbeteiligung 326, 351
– Natürliche Person als Verkäufer 325
– Verkauf des gesamten Anteils 327
Personengesellschaftsbeteiligung 397
– Einbringung 397
– Umsatzsteuer 623
Personengesellschaftsbeteiligungsverkauf
– Erwerber 355
Personenmehrheit 68 ff.
Personenverkehrsgenehmigungen 230

Pflichtangebot 1873, 1930 ff.
Phantom Shares 1840
PIK-Marge 1424
Positionspapier 660
Positives Interesse 1181
Post closing covenants 1256
Präklusionswirkung 1111
Praxiswert 216, 231
Preisfindung 794
Pre-money Bewertung 1803
Pre-Trial-Discovery 1663
Preliminary Equity Value 811
Pressemitteilung 1264
Principal-Agent-Conflict 1832
Prinzip der geschlossenen
 Versorgungsgebiete 2522
Private Equity 1695 ff.
Private Equity Fonds 374
Private Equity Fondsmanager
 1773, 1786
Private Equity-Gesellschaft 2
Private Equity-Markt 1699
Process Letter 653, 1304;
 siehe Prozessbrief
Progressionsminderung, § 34 Abs. 1
 EStG 153, 330
Projektentwicklung 2498
Projektgesellschaft 2533
Prokura 1268, 1556
Provision 226, 272
Prozessbrief 653 f., 1304 f.
Prüfer, sachverständiger 1986
Publizität 1272, 2033 ff., 2062 ff.,
 2077, 2179, 2230
– Ad-hoc Publizität 2062 ff.
– Publizitätspflichten 2033 ff.,
 2077
– Register 1272, 2179, 2230
Publizitätspflichten 2033 ff.,
 2038
Purchaser Due Diligence 690
Put-Option 230, 666, 1679

Q&A-Prozess 686, 2459
Querverbund 2550

Rahmenvertrag 232
Rangrücktritt 570
Rangrücktrittsvereinbarung 1421
Räumliche Verlagerung 1537
Re-Zertifizierungsverfahren 2572
Rebranding 1287
Recap 1312
Rechtskauf 12
Rechtsscheinhaftung 1010 f.
Rechtsübergang 2481
Repricing 1841
Red Flag Due Diligence Report 727
Refinanzierungsrisiko 1437
Refinanzierungsvertrag 2415
Regelinsolvenzverfahren 2365
Registeränderungen 1265
Reinvestitionsklausel 2306
Rekommunalisierung 2528
Reliance 2459
Reliance Letter 672, 688, 2459
RETT-Blocker 587
Reverse-Charge 2510
Res in transitu 1132
Reserve Triangular Merger 10
Restnutzungsdauer 209
Retail-Segment 1769
Richtlinie zur Regulierung alternativer Investmentvermögen (AIFM-RL) 1771
Ringfencing 893, 930, 1293
Risikokapitalfonds 1782
Roll-Over 376
Rom I-VO 2189
Rückbeteiligung 372, 1421
Rückbeziehung 323
Rücktrittsrecht(e) 1180, 1191 ff.
Rückübertragung 2469
Rückversicherungsvertrag 2415
Rückwirkung, echte 1240
Rückwirkungsverbot, steuerliches 1243
Run-off Transaktion 2409

Sabbatical 1551
Sachgegenleistung 430, 441
– Bewertung 444

Sachgesamtheit 47
Sachen als Kaufgegenstand
– bewegliche 46 ff.
– unbewegliche 40 ff.
Sachfremde Erwägungen 1116, 1119
Sachrecht, anwendbares 2187 ff.
Sachversicherungen 2451
Sanierung
– übertragende 2349
– Genehmigung 2492
Sanierungsgebiet 2492
Sanierungsvermerk 2492
Schachtelprivileg, gewerbesteuerliches 298, 317
Schaden 921 ff.
– entgangener Gewinn 924
– ersatzfähiger 924
– Folgeschaden 924
– Kompensationsart 922
– Kompensationsebene 923
– mittelbarer Schaden 924
Schaden, ersatzfähiger 924
Schadensersatz
– pauschalierter 1181
Schenkung 236
Schiedsgericht 71
– Ad hoc 1652
– institutionelles 1652
– Zusammensetzung 1658
Schiedsgericht
– einheitliches 71
Schiedsgutachterverfahren 1682
Schiedsort 1661
Schiedsrichterhonorar 1659
Schiedsvereinbarung 1652
– Exklusivitätsvereinbarung 1671
– Geheimhaltungsvereinbarung 1671
– Letter of Intent 1671
Schiedsverfahren 1650
Schlüsselpersonen 1712
Schriftformerfordernis 2482
Schriftformheilungsklausel 2485
– qualifizierte 2487

Schriftformklausel, qualifizierte 2484
Schriftformmangel 2487
Schuldendienstfähigkeit 1434
Schuldübernahme 500
– befreiende 1509
Schuldverhältnis, vorvertragliches 628, 673
Schutzlandprinzip 2213
Schutzrechte 52 ff., 230
– Due Diligence 724 f.
– Garantien im Unternehmenskaufvertrag 902
– gewerbliche 724, 1270
– maßgebliches Statut 2212 ff.
– Umschreibung von 1270 ff.
Schutzschirmverfahren 2372
Schutzwirkung zugunsten Dritter 1067
Schwebende Geschäfte 230
Schwerbehindertenvertretung 1619 ff.
Second Lien Darlehen 1426
Secondary Sale 1800
Secretary's certificate 1155
Seed-Phase 1799
Segmentswechsel 2013
Selbstbefreiung 2072
Senior Darlehen 1420
Share Buy Back 1800
Share Deal 6, 12 ff., 238 ff., 987, 1171, 1271, 1596, 2197, 1633, 2449 ff., 2496
– Erwerber 304
– Fehlkauf 557
– Gewerbesteuer 247, 296
– Grunderwerbsteuer 578
– Kapitalgesellschaft als Veräußerer 282
– Kombination Asset Deal 361
– Personengesellschaft als Veräußerer 300
– Steuerausländer als Verkäufer 255
– Umsatzsteuer 614

– Veräußerung durch eine natürliche Person 239
– Veräußerungsgewinn-Berechnung 266
– Veräußerungsverlust 243
– Vollzugshandlungen 1219
Share for Share Deal 10, 373, 861, 980
Sicherheiten 1447, 1456
– aufsteigende 1462
Sicherheitentreuhänder 1447
Siebenpunktekatalog oder 7-Punkte-Katalog 1522 f.
SIEC-Test 1371
Sitztheorie 2202
Sofortbesteuerung 436
Sofortversteuerung 257
Software 230
Solvency II 2409
Sonderbetriebsaufwand 497
Sonderbetriebsausgaben 512
Sonderbetriebsvermögen 63, 173, 327, 336, 397
Sonderbilanz 398
Sondereigentum 2464
Sondergebiete, städtebauliche 2491 f.
Sondergesellschaftsrecht der Netzbetreiber 2580
Sonderkundenvertrag 2549
Sonderrechtsnachfolgevermerk 996
Sozietätspraxiswert 217
Special purpose vehicle (SPV) 2449, 2463, 2533
Sperrfrist 264, 277, 299, 368, 386, 393, 396, 399, 404
Spieler 230
Sprecherausschuss 1618
Spruchverfahren 1969, 1977, 1981 f., 1991 f.
Squeeze-out 1985
– aktienrechtlicher 1986
– übernahmerechtlicher 2007
– umwandlungsrechtlicher 1995
Städtebaulichen Sondergebiet 2492

Stalking horse 1328
Stammesprinzip 2273
Stand Still Agreement 1437
Standort 231 f.
– Deutschland 2
Startup 1798
Stellplatz 2478
Step-up 281, 304, 307, 490, 498, 2454
Steuerabzugsbeträge 1026
Steuerausländer 255
Steuerbefreiung 2505
Steuerfreiheit (Veräußerungsgewinn, § 8b KStG) 300, 351, 387
– Gewerbesteuer 353
Steuerklausel 279
Steuerliche Integration 476
Steuerplanung 126, 236
– des Erwerbers 131
– für die Gegenseite 133
Steuersatz
– ermäßigter, § 34 Abs. 3 EStG 151, 329
– halber durchschnittlicher 151, 329
Steuerverbindlichkeit 2454
Steuervorauszahlung 423
StGB, § 203 1631
Stichtag
– Bilanz 801 ff.
– wirtschaftlicher 801 ff.
Stillhaltevereinbarung 1437
Stille Reserven
– Aufteilung 189
Stiller-Reserven-Escape 457
Stilllegungsabsicht 203
Stilllegungsprognose 1538
Stimmrecht 418
Stimmverbot 93, 103
Strategic Due Diligence 700
Streubesitzbeteiligungen 292
Streubesitzdividende 317
Struktur 1746, 2411
Strukturierungsfaktoren beim Unternehmenskauf 6 ff.
Strukturmaßnahme 1960

Stundung 976
Subsidiarität 1097
Subordination Agreement 1421
Super Carry 1739
Systemsoftware 230

Tarifvertrag 1575
– Firmen- 1575
Tatsache, wertaufhellende 898
Tax Due Diligence 697
Teaser 1303
Teilangebot 1879
Teilbetrieb 150, 173, 176, 245, 365, 381, 384
– Einbringung 381
Teilbetriebsaufgabe 162
Teilbetriebsübergang 9
Teilbetriebsveräußerung 147, 162, 245
Teileigentum 2464
Teileinkünfteverfahren 142, 161, 240, 300, 326, 342, 388, 549, 562, 1856
Teiloption 2511
Teilschuld(ner) 69, 947 ff., 1755
Teilungserklärung 2464
Teilwert 199
Teilwertabschreibung 214, 222, 286, 309, 316, 558, 565
Telekommunikationsgesetz 1625
Term Sheet 658, 661, 1443; siehe Eckpunktepapier
Thesaurierter Gewinn – Mitveräußerung 314
Threshold/tipping basket 936 f.
Tochtergesellschaft 1452
Trade Sale 1800
Tracking Stocks 2554
Transparenz 320
Transaktionsarten 5 ff.
Transaktionssicherheit 656, 776, 949, 1170, 1179, 1193, 1752
Transparenzprinzip 171, 355
Transportnetze 2530
Transportnetzbetreiber 2582

Transition(al) Service Agrement (TSA) siehe Übergangsvereinbarungen
Treuhandanderkonto 845
Treuhandkonto 976
Treuhandvertrag 1150
Triple Track-Verfahren 1312
Triangular Merger 10
- Forward 10
- Reverse 10
Trivialprogramme 230
True and fair view-Prinzip 805
TUPE 9
Überbau 2473
Überbaurente 2473
Übergang des wirtschaftlichen Eigentums 413
Übergangsvereinbarungen 1151, 1218, 1259, 2141 ff.
Über-Kreuz-Ablösung 1576
Übernahme von Verbindlichkeiten siehe Verbindlichkeitsübernahme
Übernahmeangebot 1865 ff., 1873
- einfache Erwerbsangebote 1873, 1877 ff.
- (freiwillige) Übernahmeangebote 1873, 1906 ff.
- öffentliches 1865
- Pflichtangebote 1873, 1930 ff.
Übernahmerecht 1865 ff.
Übertragende Auflösung 2034
Übertragungsstichtag 1217, 1232 ff.
- weichender 1238
Umsatzsteuer 2447, 2505
- Asset Deal 595
- Einzelwirtschaftsgüter 605
- Geschäftsveräußerung im Ganzen 596
- Immobilientransaktion 598
- Kapitalerhöhung 626
- Personengesellschaftsbeteiligung 623
- Share Deal 614

- Transaktionskosten 612, 618
- vertragliche Vereinbarung 606
- Vorsteuererstattungsanspruch 609
Umsatzsteuerschlüssel 2515
Umstrukturierung
- konzerninterne 1387
Umwandlungsgesetz 2443
Umweltrecht 2479
Umweltschadensgesetz 1047
Unbedenklichkeitsbescheinigung 1161, 1163, 2245 f.
Unbundling 2557
Und-Konto 976
Unionsweite Bedeutung 1365
Unitranche 1420
Unterbilanz 1463
Unterbilanzhaftung 32 f., 991
Untergesellschaft 1967
Unternehmen
- Einbringung 381
Unternehmensinsider 2082 ff.
Unternehmensregister 723
Unternehmensruf 231 f.
Unternehmenssanierung 405
Unternehmenstransaktionen 1
Unternehmensübertragung 2255
Unternehmenswert 811
Unternehmerische Entscheidung 1117
Unterrichtungsanspruch 1609
Unterrichtungsschreiben 1585
Unterschriftsbeglaubigung 1155
Upstream Guarantee 1462
Upstream Merger 489, 1504
Upstream Security 1462, 1751
Urheberrecht 1263, 2212 ff.

VAG 2429, 2439
- Anzeige 2440
Vendor Due Diligence 690, 2459
Vender Loan 269, 422, 797, 840, 976, 1149, 1420
Vendor Note 797, 840
Venture Capital 1715, 1798 ff.

Venture-Capital-Bereich 405
Veränderung, nachteilige 1201 ff.
Veräußerungsbefugnis 63
Veräußerungserlös 268
Veräußerungsgewinn 266
– Abgrenzung zu Laufenden Gewinn bei Personengesellschaft 324
– Personengesellschaftsanteil 321
– Steuerfreiheit, § 8b KStG 283
Veräußerungskosten, nachträgliche 435
Veräußerungsnebenkosten 270
Veräußerungsverlust 158, 243, 285
Veräußerungsverbot 97, 110, 1290
– absolutes 110
Verbindlichkeitsübernahme 178, 196, 503
– Bewertungseinschränkung 180
– Bilanzierungsverbot 180
– Personengesellschaft 357
Verbrauchsteuern 1026
Verdeckte Gewinnausschüttung 236, 274, 492, 503, 544 f.
Vereinbarung, ergänzend schuldrechtliche 2470
Verfügungsbefugnis 65
Verfügungsbeschränkung(en) 2268 ff.
– familienrechtliche 112, 1166
– schuldrechtliche 1858
– Vinkulierung 84, 100, 1134, 2269 ff.
Vergütungsordnung 1578
Verkäuferdarlehen siehe Vendor Loan
Verkäufer-Due-Diligence 2459
Verkäufergarantie(n) 858 ff., 873 ff.
– Abgrenzung 862 ff., 865 ff.
– Disclosure Schedules 891 f.
– Drittansprüche 942
– Einschränkung durch Offenlegung 891 f.
– Garantiekatalog 894 ff.

– Garantieverletzung 943 ff.
– Haftungseinbehalt 976 ff.
– Käuferobliegenheiten 914 ff.
– Kenntnisqualifizierung 886 ff.
– maßgeblicher Zeitpunkt 877
– Ringfencing 893
– Wesentlichkeitsvorbehalt 883 ff.
– W&I-Versicherung 971 ff.
– Zeitliche Beschränkung 939 ff.
Verkäuferhaftung 858 ff., 925; siehe auch Verkäufergarantien und Freistellungen
Verlagsarchiv 232
Verlagsobjekt 230
Verlagsrecht 230
Verlagswert 230
Verleiherbetrieb 1553
Verluste 446
Verlustgeschäft 309
Verlustverrechnung 251
Verlustvortrag 138, 159, 322, 446, 490, 493, 498, 506
– Ausgleichspflicht 471
– Erwerberkreis 452
– Konzernklausel 462
– Organkreisverkauf 464
– Personengesellschaft 469
– Sanierungsklausel 461
– stiller-Reserven-Escape 457
– vororganschaftlicher 485, 487, 505
Vermietungsrecht 230
Vermittlungsvertrag 2415
Vermögen
– begünstigungsfähiges 2287
– gegenwärtiges 1139
Vermögensholding 261
– private 261
Vermutungsschwellen 1396
Veröffentlichungspflichten 1877
Verpfändung 845
Verschmelzung 307, 375, 399 ff., 460, 488 ff., 507, 561, 1014, 1504 ff., 1637, 1993 ff., 2024 ff.

Stichwortverzeichnis

Verschonungsbedarfsprüfung 2301 ff.
Verschuldungsgrad 1428
Verschwiegenheitspflicht 1819
Versorgungsleitung 2473
Versicherungen 287
Versicherungsportfolio 2409
Versicherungssteuern 1026
Versicherungsvertrag 2415
Versorgungsrente 436
Versorgungszusagen 1601
Verteidigungshandlung 1920
Verteilnetzbetreiber 2581
Vertrag 230
– zugunsten Dritter 1067
Vertragspflichten
– nachlaufende 1231, 1257
Vertragsstatut 2200, 2220
Vertragsstrafe 1181
Vertragsvollzug siehe Vollzug des Unternehmenskaufvertrags
Verteidigungsübernahme, Recht zur 945, 2417
Vertragsverhandlungen
– Abbruch 684
Vertragsvorbereitung 226
Vertraulichkeitserklärung 734
Vertraulichkeitsklauseln 733
Vertraulichkeitspflicht(en) 760, 1262
– Bankgeheimnis 1630
– nachlaufende 1277, 1297
– Berufsverschwiegenheit 1631
Vertraulichkeitsvereinbarung 629 ff., 1303
– Datenschutz 2427
Vertreterrecht 230
Vertretungsbefugnis 65
Vertretungsnachweis 1218
Verwahrstelle, alternative 1781
Verwaltungsvermögen 2290 ff.
– unschädliches 2296
Verwässerungsschutzrechte 1807
Verwendungsrecht 230
Verzicht 2468
Vetorecht 1186

Vesting 1812
Vinkulierung 84, 100, 1134, 2269 ff.
– Mittelbare 2274
Vollausschüttung 496
Vollfinanzierung 1419
Vollmacht 1152 ff., 1218, 2227 ff.
– Closing 1218
– Formfragen bei Auslandsbezug 2227 ff.
– Gebrauchsort 2231
– Handlungsvollmacht 1556
– Nachweis 2233 ff.
– Prokura 1556
– Schiedsvereinbarung 1670
– Stimmrechtsvollmacht 418
– Stimmrechtszurechnung 2038
Vollzug des Unternehmenskaufvertrages 1213 ff.
– Abgrenzung 1215 ff.
– Rechtsfolgen, gewillkürte 1228 ff.
– Vollzugshandlungen 1218 ff.
Vollzugsbedingung 1174 ff.
Vollzugshandlungen 1218 ff.
Vollzugsprotokoll 1225 ff.
Vollzugsverbot 1158 f., 1409
– kartellrechtliches 418
Vollzugsvoraussetzung 1174
Vorabausschüttungen 1453
Vorauszahlung 423
Vorbehaltsvermerk 2002
Vorerwerb 1913
Vorkaufsrecht 2468
Verlustausgleichspflicht 483
Vormietrecht 2480
Vormundschaft 113
Vormundschaftsgerichtliche Genehmigung 113
Vorräte 222
Vorratsermächtigung 1922
Vorratsgesellschaft 27 ff., 90, 617
Vorsatzanfechtung 2336
Vorsteuer 2500, 2510
Vorsteuerabzug 2510, 2513

693

Vorsteuerberichtigung 2513
Vorvereinbarungen 627 ff.
– materielle 627
– prozessleitende 629 ff.
Vorvertrag 670
Vorkaufsrecht 2276, 2480, 2491
– gesetzliches 1164
Vorratsgesellschaft 27
Vorzugskonditionen 1561

Warenzeichen 230
Warranty Deed 1679, 1826
Warranty and Indemnity (W&I) Insurance 845, 971
Wasserstandsmeldung 1901 f.
Website 230
Wegelagerergebühr 283
Wegzug 255
Wegzugbesteuerung 257
Weiterveräußerungsbeschränkung 1289 ff.
Werbung 223
Werbungskosten 251
Werkdienstwohnung 1559
Werkmietwohnung 1559
Werkswohnung 1559
Wertende Gesamtbetrachtung 1521
Wertpapiererwerbs- und Übernahmegesetz (WpÜG) 1867
Wesentlichkeitsvorbehalte 883
Wettbewerblich erheblicher Einfluss 1385
Wettbewerbsverbot 230, 233, 871, 1231, 1278 ff., 1823
– nachvertragliches 56, 1560, 1812
Wettbewerbsvorteil 1179, 2082
Wiedereinstellungsanspruch 1538
Wiederkehrende Leistungen 155, 422, 436, 856
– Anschaffungskosten 440
Wirtschaftliche Neugründung 30
Wirtschaftsausschuss 75, 1611

Wirtschaftliches Eigentum 413, 1248 ff.
– Übergang 413, 1248 ff.
Wirtschaftsausschuss 1611 ff.
Wirtschaftsgüter
– abnutzbare 209, 222
– geringwertige 222 f.
– immaterielle 385
– immerwährende 229
– kurz- und mittelfristig abnutzbare 222
– kurzlebige 222
– langlebige 222
– nichtabnutzbare 222
– selbst erstellte immaterielle 398
– zurückbehaltene 156
Wirtschaftsjahr 482
– Umstellung 482
– Rückumstellung 482
Wissenszurechnung 737
Wohnungseigentum 2464
Wohnmietvertrag 2481
Wrong pockets clauses 39, 1131

Zahlungsbescheid 2475
Zahlungsunfähigkeit 1477, 2347
Zertifizierungsverfahren 2572
Zielfonds 1767
Zielunternehmen 72
– Beschränkung der Weiterveräußerung 1289
– Pflichten zur Sicherung 1291
Zinsabzug 476, 514
Zinsaufwendungen
– Privatvermögen 548
Zinscap 1446
Zinslauf 428
Zinsschranke 515, 549, 1512
– ausländischer Gesellschafter 536
– betriebliche Personengesellschaft 520
– EBITDA-Vortrag 541
– Eigenkapitaltest 531
– Freigrenze 509, 527, 537

Stichwortverzeichnis

– Gesellschafterfremd-
  finanzierung 534
– Kapitalertragsteuer 536
– Konzern 531
– konzernfreier Betrieb 529
– Mitunternehmerschaft 520
– Organgesellschaft 539
– Verfassungswidrigkeit 516
– Zinsvortrag 537
Zinsvortrag 446, 470, 537
Zinszahlung 426
Zubehör 50
Zugewinngemeinschaft 108
Zulassung als Vertragsarzt 232
Zurechnungsvorschriften 2038
Zurückbehaltene Wirtschaftsgüter
  156
Zusammenschluss durch Vermögens-
  erwerb 1377

Zusammenschlusskontrolle,
  präventive 1157 ff., 1347 ff., 1388
– Deutsche Zusammenschluss-
  kontrolle 1375 ff.
– EU-Zusammenschlusskontrolle
  1361 ff.
Zusammenschlusstatbestand 1364,
  1376 ff., 1401
Zusammenschlussvorhaben 1157
Zustimmungserfordernis 2269
Zustimmungspflicht (§ 179a AktG)
  95
Zustimmungsschreiben 2418
Zustimmungsvorbehalt 944,
  1184 ff., 1186 ff., 1808, 2465
Zwangsversteigerung 2474
Zwei-Stufen-Test 2287
Zwergbeteiligung 248, 254, 566
Zwischenbilanz 324